ŒUVRES ILLUSTRÉES

DE

GEORGE SAND

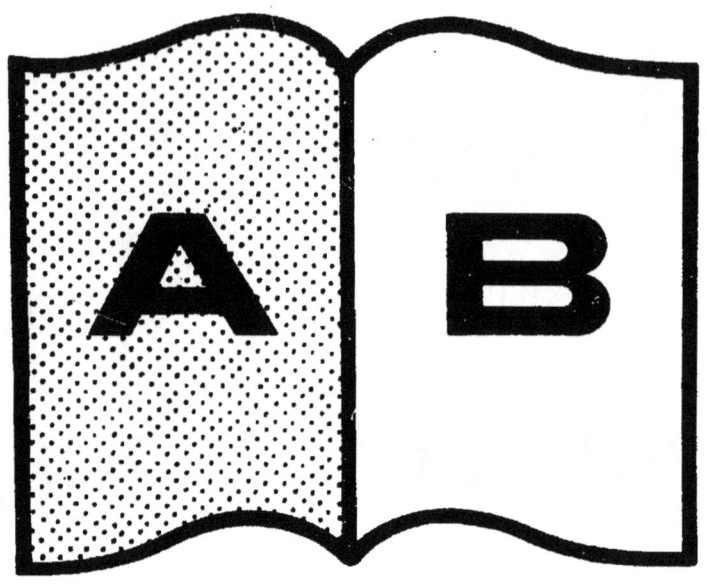

Contraste insuffisant
NF Z 43-120-14

CE VOLUME CONTIENT

La Comtesse de Rudolstadt. — Un Hiver à Majorque. — Spiridion.

* * * * * * * *

OEUVRES ILLUSTRÉES

DE

GEORGE SAND

PRÉFACES ET NOTICES NOUVELLES PAR L'AUTEUR

DESSINS

DE TONY JOHANNOT

ET MAURICE SAND

ÉDITION J. HETZEL

LIBRAIRIE BLANCHARD	**1856**	LIBRAIRIE CENTRALE
Ancienne Librairie HETZEL	—	des Publications à 20 centimes
78 RUE RICHELIEU, 78.	PARIS	5 RUE DU PONT-DE-LODI, 5

LA COMTESSE DE RUDOLSTADT

I.

La salle de l'Opéra italien de Berlin, bâtie durant les premières années du règne de Frédéric le Grand, était alors une des plus belles de l'Europe. L'entrée en était gratuite, le spectacle étant payé par le roi. Il fallait néanmoins des billets pour y être admis, car toutes les loges avaient leur destination fixe : ici les princes et princesses de la famille royale ; là le corps diplomatique, puis les voyageurs illustres, puis l'Académie, ailleurs les généraux ; enfin partout la famille du roi, la maison du roi, les salariés du roi, les protégés du roi ; et, sans qu'on eût lieu de s'en plaindre, puisque c'étaient le théâtre du roi et les comédiens du roi. Restait, pour les bons habitants de la bonne ville de Berlin, une petite partie du parterre ; car la majeure partie était occupée par les militaires, chaque régiment ayant le droit d'y envoyer un certain nombre d'hommes par compagnie. Au lieu du peuple joyeux, impressionnable et intelligent de Paris, les artistes avaient donc sous les yeux un parterre de *héros de six pieds*, comme les appelait Voltaire, coiffés de hauts bonnets, et la plupart surmontés des femmes qu'ils prenaient sur leurs épaules, le tout formant une société assez brutale, sentant fort le tabac et l'eau-de-vie, ne comprenant rien de rien, ouvrant de grands yeux, ne se permettant d'applaudir ni de siffler, par respect pour la consigne, et faisant néanmoins beaucoup de bruit par son mouvement perpétuel.

Il y avait infailliblement derrière ces messieurs deux rangs de loges d'où les spectateurs ne voyaient et n'entendaient rien ; mais, par convenance, ils étaient forcés d'assister régulièrement au spectacle que Sa Majesté avait la munificence de leur payer. Sa Majesté elle-même ne manquait aucune représentation. C'était une manière de tenir militairement sous ses yeux les nombreux membres de sa famille et l'inquiète fourmilière de ses courtisans. Son père, le Gros-Guillaume, lui avait donné cet exemple, dans une salle de planches mal jointes, où, en présence de mauvais histrions allemands, la famille royale et la cour se morfondaient douloureusement tous les soirs d'hiver, et recevaient la pluie sans sourciller, tandis que le roi dormait. Frédéric avait souffert de cette tyrannie domestique, il l'avait maudite, il l'avait subie, et il l'avait bientôt remise en vigueur dès qu'il avait été maitre à son tour, ainsi que beaucoup d'autres coutumes beaucoup plus despotiques et cruelles, dont il avait reconnu l'excellence depuis qu'il était le seul de son royaume à n'en plus souffrir.

Cependant on n'osait se plaindre. Le local était superbe, l'Opéra monté avec luxe, les artistes remarquables; et le roi, presque toujours debout à l'orchestre près de la rampe, la lorgnette braquée sur le théâtre, donnait l'exemple d'un dilettantisme infatigable.

On sait tous les éloges que Voltaire, dans les premiers temps de son installation à Berlin, donnait aux splendeurs de la cour du *Salomon du Nord*. Dédaigné par Louis XV, négligé par sa protectrice madame de Pompadour, persécuté par la plèbe des jésuites, sifflé au Théâtre-Français, il était venu chercher, plus loin qu'un jour de gloire, des honneurs, des appointements, un titre de chambellan, un grand cordon et l'intimité d'un roi philosophe, plus flatteuse à ses yeux que le reste. Comme un grand enfant, le grand Voltaire boudait la France, et croyait faire *crever de dépit* ses ingrats compatriotes. Il était donc un peu enivré de sa nouvelle gloire lorsqu'il écrivait à ses amis que Berlin valait bien Versailles, que l'opéra de *Phaéton* était le plus beau spectacle qu'on pût voir, et que la prima donna avait la plus belle voix de l'Europe.

Cependant, à l'époque où nous reprenons notre récit (et, pour ne pas faire travailler l'esprit de nos lectrices, nous les avertirons qu'un an s'est presque écoulé depuis les dernières aventures de Consuelo), l'hiver se faisant sentir dans toute sa rigueur à Berlin, et le grand roi s'étant un peu montré sous son véritable jour, Voltaire commençait à se désillusionner singulièrement de la Prusse. Il était là dans sa loge entre d'Argens et La Mettrie, ne faisant plus semblant d'aimer la musique, qu'il n'avait jamais sentie plus que la véritable poésie. Il avait des douleurs d'entrailles et il se rappelait mélancoliquement cet ingrat public des brûlantes banquettes de Paris, dont la résistance lui avait été si amère, dont les applaudissements lui avaient été si doux, dont le contact, en un mot, l'avait si terriblement ému qu'il avait juré de ne plus s'y exposer, quoiqu'il ne pût s'empêcher d'y songer sans cesse et de travailler pour lui sans relâche.

Ce soir-là pourtant le spectacle était excellent. On était en carnaval; toute la famille royale, même les margraves mariés au fond de l'Allemagne, était réunie à Berlin. On donnait le *Titus* de Métastase et de Hasse, et les deux premiers sujets de la troupe italienne, le Porporino et la Porporina, remplissaient les deux premiers rôles.

Si nos lectrices daignent faire un léger effort de mémoire, elles se rappelleront que ces deux personnages dramatiques n'étaient pas mari et femme comme leur nom de guerre semblerait l'indiquer; mais que le premier était le signor Uberti, excellent contralto, et le second, la Zingarella Consuelo, admirable cantatrice, tous deux élèves du professeur Porpora, qui leur avait permis, suivant la coutume italienne du temps, de porter le glorieux nom de leur maitre.

Il faut avouer que la signora Porporina ne chantait pas en Prusse avec tout l'élan dont elle s'était sentie capable dans des jours meilleurs. Tandis que le limpide contralto de son camarade résonnait sans défaillance sous les voûtes de l'Opéra berlinois, à l'abri d'une existence assurée, d'une habitude de succès incontestés, et d'un traitement invariable de quinze mille livres de rente pour deux mois de travail; la pauvre Zingarella, plus romanesque peut-être, plus désintéressée à coup sûr, et moins accoutumée aux glaces du Nord et à celles d'un public de caporaux prussiens, ne se sentait point électrisée, et chantait avec cette méthode consciencieuse et parfaite qui ne laisse pas de prise à la critique, mais qui ne suffit pas pour exciter l'enthousiasme. L'enthousiasme de l'artiste dramatique et celui de l'auditoire ne peuvent se passer l'un de l'autre. Or il n'y avait pas d'enthousiasme à Berlin sous le glorieux règne de Frédéric le Grand. La régularité, l'obéissance, et ce qu'on appelait au dix-huitième siècle et particulièrement chez Frédéric *la raison*, c'étaient là les seules vertus qui pussent éclore dans cette atmosphère pesée et mesurée de la main du roi. Dans toute assemblée présidée par lui, on ne soufflait, on ne respirait qu'autant que le roi voulait bien le permettre. Il n'y avait dans toute cette masse de spectateurs qu'un spectateur libre de s'abandonner à ses impressions, et c'était le roi. Il était à lui seul tout le public, et, quoiqu'il fût bon musicien, quoiqu'il aimât la musique, toutes ses facultés, tous ses goûts étaient subordonnés à une logique si glacée, que le lorgnon royal attaché à tous les gestes et, on eût dit, à toutes les inflexions de voix de la cantatrice, au lieu de la stimuler, la paralysait entièrement.

Bien lui prenait, au reste, de subir cette pénible fascination. La moindre dose d'inspiration, la moindre accès d'entraînement imprévu, eussent probablement scandalisé le roi et la cour; tandis que les traits savants et difficiles, exécutés avec la pureté d'un mécanisme irréprochable, ravissaient le roi, la cour et Voltaire. Voltaire disait, comme chacun sait : « La musique italienne l'emporte de beaucoup sur la musique française, parce qu'elle est plus ornée, *et que la difficulté vaincue est au moins quelque chose.* » Voilà comme Voltaire entendait l'art. Il eût pu dire comme un certain plaisant de nos jours, à qui l'on demandait s'il aimait la musique: Elle ne me gêne pas précisément.

Tout allait fort bien, et l'opéra arrivait sans encombre au dénoûment; le roi était fort satisfait, et se tournait de temps en temps vers son maitre de chapelle pour lui exprimer d'un signe de tête son approbation; il s'apprêtait même à applaudir la Porporina à la fin de sa cavatine, ainsi qu'il avait la bonté de le faire en personne et toujours judicieusement, lorsque, par un caprice inexplicable, la Porporina, au milieu d'une roulade brillante qu'elle n'avait jamais manquée, s'arrêta court, fixa des yeux hagards vers un coin de la salle, joignit les mains en s'écriant : *O mon Dieu!* et tomba évanouie tout de son long sur les planches. Porporino s'empressa de la relever, il fallut l'emporter dans la coulisse, et un bourdonnement de questions, de réflexions et de commentaires s'éleva dans la salle. Pendant cette agitation le roi apostropha le ténor resté en scène, et, à la faveur du bruit qui couvrait sa voix :

« Eh bien, qu'est-ce que c'est? dit-il de son ton bref et impérieux; qu'est-ce que cela veut dire? Conciolini, allez donc voir, dépêchez-vous! »

Conciolini revint au bout de quelques secondes, et se penchant respectueusement au-dessus de la rampe près de laquelle le roi se tenait accoudé et toujours debout :

« Sire, dit-il, la signora Porporina est comme morte. On craint qu'elle ne puisse pas achever l'opéra.

— Allons donc! dit le roi en haussant les épaules; qu'on lui donne un verre d'eau, qu'on lui fasse respirer quelque chose, et que cela finisse le plus tôt possible. »

La sopraniste, qui n'avait nulle envie d'impatienter le roi et d'essuyer en public une bordée de mauvaise humeur, rentra dans la coulisse en courant comme un rat, et le roi se mit à causer avec vivacité avec le chef d'orchestre et les musiciens, tandis que la partie du public qui s'intéressait beaucoup plus à l'humeur du roi qu'à la pauvre Porporina, faisait des efforts inouïs, mais inutiles, pour entendre les paroles du monarque.

Le baron de Pœlnitz, grand chambellan du roi et directeur des spectacles, vint bientôt rendre compte à Frédéric de la situation. Chez Frédéric, rien ne se passait avec cette solennité qu'impose un public indépendant et puissant. Le roi était partout chez lui, le spectacle était à lui et pour lui. Personne ne s'étonna de le voir devenir le principal acteur de cet intermède si peu imprévu.

« Eh bien! voyons, baron! disait-il assez haut pour être entendu d'une partie de l'orchestre, cela finira-t-il bientôt? c'est ridicule! Est-ce que vous n'avez pas un médecin dans la coulisse? vous devez toujours avoir un médecin sur le théâtre.

— Sire, le médecin est là. Il n'ose saigner la cantatrice, dans la crainte de l'affaiblir et de l'empêcher de continuer son rôle. Cependant il sera forcé d'en venir là, si elle ne sort pas de cet évanouissement.

— C'est donc sérieux ! ce n'est donc pas une grimace, au moins ?

— Sire, cela me paraît fort sérieux.

— En ce cas, faites baisser la toile, et allons-nous-en ; ou bien que Porporino vienne nous chanter quelque chose pour nous dédommager, et pour que nous ne finissions pas sur une catastrophe. »

Porporino obéit, chanta admirablement deux morceaux. Le roi battit des mains, le public l'imita, et la représentation fut terminée. Une minute après, tandis que la cour et la ville sortaient, le roi était sur le théâtre, et se faisait conduire par l'Œlnitz à la loge de la prima donna.

Une actrice qui se trouve mal en scène n'est pas un événement auquel tout public compatisse comme il le devrait ; en général, quelque adorée que soit l'idole, il entre tant d'égoïsme dans les jouissances du *dilettante*, qu'il est beaucoup plus contrarié d'en perdre une partie par l'interruption du spectacle, qu'il n'est affecté des souffrances et de l'angoisse de la victime. Quelques femmes *sensibles*, comme on disait dans ce temps-là, déplorèrent en ces termes la catastrophe de la soirée :

« Pauvre petite ! elle aura eu *un chat* dans le gosier au moment de faire son trille, et, dans la crainte de le manquer, elle aura préféré se trouver mal.

— Moi, je croirais assez qu'elle n'a pas fait semblant, dit une dame encore plus sensible : on ne tombe pas de cette force-là quand on n'est pas véritablement malade.

— Ah ! qui sait, ma chère ? reprit la première ; quand on est grande comédienne, on tombe comme l'on veut, et on ne craint pas de se faire un peu de mal. Cela fait si bien dans le public.

— Que diable a donc eu cette Porporina ce soir, pour nous faire un pareil esclandre ! disait, dans un autre endroit du vestibule, où se pressait le beau monde en sortant, La Mettrie au marquis d'Argens ! Est-ce que son amant l'aurait battue ?

— Ne parlez pas ainsi d'une fille charmante et vertueuse, répondit le marquis ; elle n'a pas d'amant, et si elle en a jamais, elle ne méritera pas d'être outragée par lui, à moins qu'il ne soit le dernier des hommes.

— Ah ! pardon, marquis ; j'oubliais que je parlais au preux chevalier de toutes les filles de théâtre, passées, présentes et futures ! A propos, comment se porte mademoiselle Cochois ?

— Ma chère enfant, disait au même instant la princesse Amélie de Prusse, sœur du roi, abbesse de Quedlimbourg, à sa confidente ordinaire, la belle comtesse de Kleist, en revenant dans sa voiture au palais, as-tu remarqué l'agitation de mon frère pendant l'aventure de ce soir ?

— Non, Madame, répondit madame de Maupertuis, grande gouvernante de la princesse, personne très-dévote, fort simple et fort distraite ; je ne l'ai pas remarquée.

— Eh ! ce n'est pas à toi que je parle, reprit la princesse avec ce ton brusque et décidé qui lui donnait parfois tant d'analogie avec Frédéric : est-ce que tu remarques quelque chose, toi ? Tiens ! remarque les étoiles dans ce moment-ci : j'ai quelque chose à dire à Kleist, que je ne veux pas que tu entendes »

Madame de Maupertuis ferma consciencieusement l'oreille, et la princesse, se penchant vers madame de Kleist, assise vis-à-vis d'elle, continua ainsi :

« Tu diras ce que tu voudras ; il me semble que pour la première fois depuis quinze ans ou vingt ans peut-être, depuis que je suis en âge d'observer et de comprendre, le roi est amoureux.

— Votre Altesse royale en disait autant l'année dernière à propos de mademoiselle Barberini, et cependant Sa Majesté n'y avait jamais songé.

— Jamais songé ! Tu te trompes, mon enfant. Il y avait tellement songé, que lorsque le jeune chancelier Cocceï en a fait sa femme, mon frère a été travaillé, pendant trois jours, de la plus belle colère rentrée qu'il ait eue de sa vie.

— Votre Altesse sait bien que Sa Majesté ne peut pas souffrir les mésalliances.

— Oui, les mariages d'amour, cela s'appelle ainsi. Mésalliance ! ah ! le grand mot ! vide de sens, comme tous les mots qui gouvernent le monde et tyrannisent les individus. »

La princesse fit un grand soupir, et, passant rapidement, selon sa coutume, à une autre disposition d'esprit, elle dit, avec ironie et impatience, à sa grande gouvernante :

« Maupertuis, tu nous écoutes ! tu ne regardes pas les astres, comme je te l'ai ordonné. C'est bien la peine d'être la femme d'un si grand savant, pour écouter les balivernes de deux folles comme de Kleist et moi ! — Oui, je te dis, reprit-elle en s'adressant à sa favorite, que le roi a eu une velléité d'amour pour cette Barberini. Je sais, de bonne source, qu'il a été souvent prendre le thé, avec Jordan et Chazols, dans son appartement, après le spectacle ; et que même elle a été plus d'une fois des soupers de Sans-Souci, ce qui était, avant elle, sans exemple dans la vie de Potsdam. Veux-tu que je te dise davantage ? Elle y a demeuré, elle y a eu un appartement, pendant des semaines et peut-être des mois entiers. Tu vois que je sais assez bien ce qui se passe, et que les airs mystérieux de mon frère ne m'en imposent pas.

— Puisque Votre Altesse royale est si bien informée, elle n'ignore pas que, pour des raisons... d'État, qu'il ne m'appartient pas de deviner, le roi a voulu quelquefois faire accroire aux gens qu'il n'était pas si austère qu'on le présumait, bien qu'au fond...

— Bien qu'au fond ! mon frère n'ait jamais aimé aucune femme, pas même la sienne, à ce qu'on dit, et à ce qu'il semble ? Eh bien, moi, je ne crois pas à cette vertu, encore moins à cette froideur. Frédéric a toujours été hypocrite, vois-tu. Mais il ne me persuadera pas que mademoiselle Barberini ait demeuré dans son palais pour faire seulement semblant d'être sa maîtresse. Elle est jolie comme un ange, elle a de l'esprit comme un diable, elle est instruite, elle parle je ne sais combien de langues.

— Elle est très-vertueuse, elle adore son mari.

— Et son mari l'adore, d'autant plus que c'est une épouvantable mésalliance, n'est-ce pas, de Kleist ? Allons, tu ne veux pas me répondre ? Je te soupçonne, noble veuve, d'en méditer une avec quelque pauvre page, ou quelque mince bachelier ès sciences.

— Et Votre Altesse voudrait voir aussi une mésalliance de cœur s'établir entre le roi et quelque demoiselle d'Opéra ?

— Ah ! avec la Porporina la chose serait plus probable et la distance moins effrayante. J'imagine qu'au théâtre, comme à la cour, il y a une hiérarchie, car c'est la fantaisie et la maladie du genre humain que ce préjugé-là. Une chanteuse doit s'estimer beaucoup plus qu'une danseuse ; et l'on dit d'ailleurs que cette Porporina a encore plus d'esprit, d'instruction, de grâce, enfin qu'elle sait encore plus de langues que la Barberini. Parler les langues qu'il ne sait pas, c'est la manie de mon frère. Et puis la musique, qu'il fait semblant d'aimer aussi beaucoup, quoiqu'il ne s'en doute pas, vois-tu ?... C'est encore un point de contact avec notre prima donna. Enfin elle va aussi à Potsdam l'été, elle a l'appartement que la Barberini occupait au nouveau Sans-Souci, elle chante dans les petits concerts du roi... N'en est-ce pas assez pour que ma conjecture soit vraie ?

— Votre Altesse se flatte en vain de surprendre une faiblesse dans la vie de notre grand prince. Tout cela est fait trop ostensiblement et trop gravement pour que l'amour y soit pour rien.

— L'amour, non, Frédéric ne sait ce que c'est que l'amour ; mais un certain attrait, une petite intrigue. Tout le monde se dit cela tout bas, tu n'en peux pas disconvenir.

— Personne ne le croit, madame. On se dit que le roi pour se désennuyer, s'efforce de s'amuser du caquet et des jolies roulades d'une actrice ; mais qu'au bout d'un quart d'heure de paroles et de roulades, il lui dit, comme il dirait à un de ses secrétaires : « C'est assez pour aujourd'hui ; si j'ai envie de vous entendre demain, je vous ferai avertir.

— Ce n'est pas galant. Si c'est ainsi qu'il faisait la cour à madame de Cocceï, je ne m'étonne pas qu'elle n'ait jamais pu le souffrir. Dit-on que cette Porporina ait l'humeur aussi sauvage avec lui ?

— On dit qu'elle est parfaitement modeste, convenable, craintive et triste.

— Eh bien, ce serait le meilleur moyen de plaire au roi. Peut-être est-elle fort habile. Si elle pouvait l'être ! et si l'on pouvait se fier à elle !

— Ne vous fiez à personne, madame, je vous en supplie, pas même à madame de Maupertuis, qui dort si profondément dans ce moment-ci.

— Laisse-la ronfler. Éveillée ou endormie, c'est toujours la même bête... C'est égal, de Kleist, je voudrais connaître cette Porporina, et savoir si l'on peut tirer d'elle quelque chose. Je regrette beaucoup de n'avoir pas voulu la recevoir chez moi, lorsque le roi m'a proposé de me l'amener le matin pour faire de la musique : tu sais que j'avais une prévention contre elle...

— Mal fondée, certainement. Il était bien impossible...

— Ah ! qu'il en soit ce que Dieu voudra ! le chagrin et l'épouvante m'ont tellement travaillée depuis un an, que les soucis secondaires se sont effacés. J'ai envie de voir cette fille. Qui sait si elle ne pourrait pas obtenir du roi ce que nous implorons vainement ? Je me suis figuré cela depuis quelques jours, et comme je ne pense pas à autre chose qu'à ce que tu sais, en voyant Frédéric s'agiter et s'inquiéter ce soir à propos d'elle, je me suis affermie dans l'idée qu'il y avait là une porte de salut.

— Que Votre Altesse y prenne bien garde... le danger est grand.

— Tu dis toujours cela ; j'ai plus de méfiance et de prudence que toi. Allons, il faudra y penser. Réveille ma chère gouvernante, nous arrivons. »

II.

Pendant que la jeune et belle abbesse [1] se livrait à ses commentaires, le roi entrait sans frapper dans la loge de la Porporina, au moment où elle commençait à reprendre ses esprits.

« Eh bien, Mademoiselle, lui dit-il d'un ton peu compatissant et même peu poli, comment vous trouvez-vous ? Êtes-vous donc sujette à ces accidents-là ? dans votre profession, ce serait un grave inconvénient. Est-ce une contrariété que vous avez eue ? Êtes-vous si malade que vous ne puissiez répondre ? Répondez, vous, Monsieur, dit-il au médecin qui soignait la cantatrice, est-elle gravement malade ?

— Oui, Sire, répondit le médecin, le pouls est à peine sensible. Il y a un désordre très-grand dans la circulation, et toutes les fonctions de la vie sont comme suspendues ; la peau est glacée.

— C'est vrai, dit le roi en prenant la main de la jeune fille dans la sienne ; l'œil est fixe, la bouche décolorée. Faites-lui prendre des gouttes d'Hoffmann, que diable ! Je craignais que ce ne fût une scène de comédie, je me trompais. Cette fille est fort malade. Elle n'est ni méchante, ni capricieuse, n'est-ce pas, monsieur Porporino ? Personne ne lui a fait de chagrin ce soir ? Personne n'a jamais eu à se plaindre d'elle, n'est-ce pas ?

— Sire, ce n'est pas une comédienne, répondit Porporino, c'est un ange.

— Rien que cela ! En êtes-vous amoureux ?

— Non, Sire, je la respecte infiniment ; je la regarde comme ma sœur.

— Grâce à vous deux et à Dieu, qui ne damne plus les comédiens, mon théâtre va devenir une école de vertu ! Allons, la voilà qui revient un peu. Porporina, est-ce que vous ne me reconnaissez pas ?

---

[1] On sait que Frédéric donnait des abbayes, des canonicats et des évêchés à ses favoris, à ses officiers, et à ses parents protestants. La princesse Amélie, ayant refusé obstinément de se marier, avait été dotée par lui de l'abbaye de Quedlimbourg, prébende royale qui rapportait cent mille livres de rente, et dont elle porta le titre à la manière des chanoinesses catholiques.

— Non, Monsieur, répondit la Porporina en regardant d'un air effaré le roi qui lui frappait dans les mains.

— C'est peut-être un transport au cerveau, dit le roi ; vous n'avez pas remarqué qu'elle fût épileptique ?

— Oh ! Sire, jamais ! ce serait affreux, répondit le Porporino, blessé de la manière brutale dont le roi s'exprimait sur le compte d'une personne si intéressante.

— Ah ! tenez, ne la saignez pas, dit le roi en repoussant le médecin qui voulait s'armer de sa lancette ; je n'aime pas à voir froidement couler le sang innocent hors du champ de bataille. Vous n'êtes pas des guerriers, vous êtes des assassins, vous autres ! laissez-la tranquille ; donnez-lui de l'air. Porporino, ne la laissez pas saigner ; cela peut tuer, voyez-vous ! Ces messieurs-là ne doutent de rien. Je vous la confie. Ramenez-la dans votre voiture, Poelnitz ! Enfin vous m'en répondez. C'est la plus grande cantatrice que nous ayons encore eue, et nous n'en retrouverions pas une pareille de si tôt. A propos, qu'est-ce que vous me chanterez demain, monsieur Conciolini ? »

Le roi descendit l'escalier du théâtre avec le ténor en parlant d'autre chose, et alla se mettre à souper avec Voltaire, La Mettrie, d'Argens, Algarotti et le général Quintus Icilius.

Frédéric était dur, violent et profondément égoïste. Avec cela, il était généreux et bon, même tendre et affectueux à ses heures. Ceci n'est point un paradoxe. Tout le monde connaît le caractère à la fois terrible et séduisant de cet homme à faces multiples, organisation compliquée et remplie de contrastes, comme toutes les natures puissantes, surtout lorsqu'elles sont investies du pouvoir suprême, et qu'une vie agitée les développe dans tous les sens.

Tout en soupant, tout en raillant et devisant avec amertume et avec grâce, avec brutalité et avec finesse, au milieu de ces chers amis qu'il n'aimait pas, et de ces admirables *beaux-esprits* qu'il n'admirait guère, Frédéric devint tout à coup rêveur, et se leva au bout de quelques instants de préoccupation, en disant à ses convives :

« Causez toujours, je vous entends. »

Là-dessus, il passe dans la chambre voisine, prend son chapeau et son épée, fait signe à un page de le suivre, et s'enfonce dans les profondes galeries et les mystérieux escaliers de son vieux palais, tandis que ses convives, le croyant tout près, mesurent leurs paroles et n'osent rien se dire qu'il ne puisse entendre. Au reste, ils se méfiaient tellement (et pour cause) les uns des autres, qu'en quelque lieu qu'ils fussent sur la terre de Prusse, ils sentaient toujours planer sur eux le fantôme redoutable et malicieux de Frédéric.

La Mettrie, médecin peu consulté et lecteur peu écouté du roi, était le seul qui ne connût pas la crainte et qui n'en inspirât à personne. On le regardait comme tout à fait inoffensif, et il avait trouvé le moyen que personne ne pût lui nuire. C'était de faire tant d'impertinences, de folies et de sottises devant le roi, qu'il eût été impossible d'en supposer davantage, et qu'aucun ennemi, aucun délateur n'eût su lui attribuer un tort qu'il ne se fût pas hautement et audacieusement donné de lui-même aux yeux du roi. Il paraissait prendre au pied de la lettre le philosophisme égalitaire que le roi affectait dans sa vie intime avec les sept ou huit personnes qu'il honorait de sa familiarité. A cette époque, après dix ans de règne environ, Frédéric, encore jeune, n'avait pas dépouillé entièrement l'affabilité populaire du prince royal, du philosophe hardi de *Remusberg*. Ceux qui le connaissaient n'avaient garde de s'y fier. Voltaire, le plus gâté de tous et le dernier venu, commençait à s'en inquiéter et à voir le tyran percer sous le bon prince, le Denys sous le Marc-Aurèle. Mais La Mettrie, soit candeur inouïe, soit calcul profond, soit insouciance audacieuse, traitait le roi avec aussi peu de façons que le roi avait prétendu vouloir l'être. Il ôtait sa cravate, sa perruque, voire ses souliers dans ses appartements, s'étendait sur les sofas, avait son franc parler avec lui, le contredisait ouvertement, se prononçait lestement sur le peu de cas à faire des grandeurs de ce monde, de la royauté comme de la religion, et de tous les autres *préjugés* battus en brèche par la *raison* du jour; en un mot, se comportait en vrai cynique, et donnait tant de motifs à une disgrâce et à un renvoi, que c'était miracle de le voir resté debout, lorsque tant d'autres avaient été renversés et brisés pour de minces peccadilles. C'est que sur les caractères ombrageux et méfiants comme était Frédéric, un mot insidieux rapporté par l'espionnage, une apparence d'hypocrisie, un léger doute, font plus d'impressions que mille imprudences. Frédéric tenait son La Mettrie pour insensé, et souvent il s'arrêtait pétrifié de surprise devant lui, en se disant :

« Voilà un animal d'une impudence vraiment scandaleuse. »

Puis il ajoutait à part :

« Mais c'est un esprit sincère, et celui-là n'a pas deux langages, deux opinions sur mon compte. Il ne peut pas me maltraiter en cachette plus qu'il ne fait en face; au lieu que tous les autres, qui sont à mes pieds, que me disent-ils pas et que ne pensent-ils pas, quand je tourne le dos et qu'ils se relèvent? Donc La Mettrie est le plus honnête homme que je possède, et je dois le supporter d'autant plus qu'il est insupportable. »

Le pli était donc pris. La Mettrie ne pouvait plus fâcher le roi, et même il réussissait à lui faire trouver plaisant de sa part ce qui eût été révoltant de celle de tout autre. Tandis que Voltaire s'était embarqué, dès le commencement, dans un système d'adulations impossible à soutenir, et dont il commençait à se fatiguer et à se dégoûter étrangement lui-même, le cynique La Mettrie allait son train, s'amusait pour son compte, était aussi à l'aise avec Frédéric qu'avec le premier venu, ne se trouvait pas dans la nécessité de maudire et de renverser une idole à laquelle il n'avait jamais rien sacrifié ni rien promis. Le résultat de cet état de son âme que Frédéric, qui commençait à s'ennuyer de Voltaire lui-même, s'amusait toujours cordialement avec La Mettrie et ne pouvait guère s'en passer, parce que, de son côté, c'était le seul homme qui ne fit pas semblant de s'amuser avec lui.

Le marquis d'Argens, chambellan à six mille francs d'appointements (le premier chambellan Voltaire en touchait vingt mille), était ce philosophe léger, cet écrivain facile et superficiel, véritable Français de son temps, bon, étourdi, libertin, sentimental, à la fois brave et efféminé, spirituel, généreux et moqueur; homme entre deux âges, romanesque comme un adolescent, et sceptique comme un vieillard. Ayant passé toute sa jeunesse avec les actrices, tour à tour trompeur et trompé, toujours amoureux fou de la dernière, il avait fini par épouser en secret mademoiselle Cochois, premier sujet de la Comédie-Française à Berlin, personne fort laide, mais fort intelligente, et qu'il s'était plu à instruire. Frédéric ignorait encore cette union mystérieuse, et d'Argens n'avait garde de la révéler à ceux qui pouvaient le trahir. Voltaire cependant était dans la confidence. D'Argens aimait sincèrement le roi; mais il n'en était pas plus aimé que les autres. Frédéric ne croyait à l'affection de personne, et le pauvre d'Argens était tantôt le complice, tantôt le plastron de ses plus cruelles plaisanteries.

On sait que le colonel décoré par Frédéric du surnom emphatique de Quintus Icilius était un Français d'origine, nommé Guichard, militaire énergique et tacticien savant, du reste grand pillard, comme tous les gens de son espèce, et courtisan dans la force du terme.

Nous ne dirons rien d'Algarotti, pour ne pas fatiguer le lecteur d'une galerie de personnages historiques. Il nous suffira d'indiquer les préoccupations des convives de Frédéric pendant son alibi, et nous avons déjà dit qu'au lieu de se sentir soulagés de la secrète gêne qui les opprimait, ils se trouvèrent plus mal à l'aise, et ne purent se dire un mot sans regarder cette porte entr'ouverte par laquelle était sorti le roi, et derrière laquelle il était peut-être occupé à les surveiller.

La Mettrie fit seul exception, et, remarquant que le service de la table était fort négligé en l'absence du roi :

« Parbleu ! s'écria-t-il, je trouve le maître de la maison fort mal appris de nous laisser ainsi manquer de serviteurs et de champagne, et je m'en vais voir s'il est là dedans pour lui porter plainte. »

Il se leva, alla, sans crainte d'être indiscret jusque dans la chambre du roi, et revint en s'écriant :

« Personne ! voilà qui est plaisant. Il est capable d'être monté à cheval de faire faire une manœuvre aux flambeaux pour activer sa digestion. Le drôle de corps !

— C'est vous qui êtes un drôle de corps ! dit Quintus Icilius, qui ne pouvait pas s'habituer aux manières étranges de La Mettrie.

— Ainsi le roi est sorti ? dit Voltaire en commençant à respirer plus librement.

— Oui, le roi est sorti, dit le baron de Pœlnitz en entrant. Je viens de le rencontrer dans une arrière-cour avec un page pour toute escorte. Il avait revêtu son grand incognito et endossé son habit couleur de muraille : aussi ne l'ai-je pas reconnu du tout. »

Il nous faut bien dire un mot de ce troisième chambellan qui vient d'entrer, autrement le lecteur ne comprendrait pas qu'un autre que La Mettrie osât s'exprimer aussi lestement sur le compte du maître. Pœlnitz, dont l'âge était problématique que le traitement et les fonctions, était ce baron prussien, ce roué de la Régence, qui brilla dans sa jeunesse à la cour de madame Palatine, mère du duc d'Orléans, ce joueur effréné dont le roi de Prusse ne voulait plus payer les dettes, grand aventurier, libertin cynique, très-espion, un peu escroc, courtisan effronté, nourri, enchaîné, méprisé, raillé, et fort mal salarié par son maître, qui pourtant ne pouvait se passer de lui, parce qu'un monarque absolu a toujours besoin d'avoir sous la main un homme capable de faire les plus mauvaises choses, tout en y trouvant le dédommagement de ses humiliations et la nécessité de son existence. Pœlnitz était en outre, à cette époque, le directeur des théâtres de Sa Majesté, une sorte d'intendant suprême de ses menus plaisirs. On l'appelait déjà le vieux Pœlnitz, et on l'appela encore ainsi trente ans plus tard. C'était le courtisan éternel. Il avait été page du dernier roi. Il joignait aux vices raffinés de la régence la grossièreté cynique de la tabagie de Gros-Guillaume et l'impertinente raideur du règne bel esprit et militaire de Frédéric le Grand. Sa faveur auprès de ce dernier étant un état chronique de disgrâce, il se souciait peu de la perdre; et d'ailleurs, faisant toujours le rôle d'agent provocateur, il ne craignait réellement les mauvais offices de personne auprès du maître qui l'employait.

« Pardieu ! mon cher baron, s'écria La Mettrie, vous auriez bien dû suivre le roi pour venir nous raconter ensuite son aventure. Nous l'aurions fait damner à son retour en lui disant comme quoi, sans quitter la table, nous avions vu ses faits et gestes.

— Encore mieux ! dit Pœlnitz en riant. Nous lui aurions dit cela demain seulement, et nous aurions mis la divination sur le compte du sorcier.

— Quel sorcier ? demanda Voltaire.

— Le fameux comte de Saint-Germain qui est ici depuis ce matin.

— En vérité ? Je suis fort curieux de savoir si c'est un charlatan ou un fou.

— Et voilà la difficile, dit la Mettrie. Il cache si bien son jeu, que personne ne peut se prononcer à cet égard.

— Et ce n'est pas si fou, cela ! dit Algarotti.

— Parlez-moi de Frédéric, dit La Mettrie; je veux piquer sa curiosité par quelque bonne histoire, afin qu'il nous régale un de ces jours à souper du Saint-Germain et de ses aventures d'avant le déluge. Cela m'amusera. Voyons ! où peut-être notre cher monarque à cette heure ? Baron, vous le savez ! vous êtes trop curieux pour ne pas l'avoir suivi, ou trop malin pour ne l'avoir pas deviné.

— Voulez-vous que je vous le dise? dit Pœlnitz.

— J'espère, Monsieur, dit Quintus en devenant tout violet d'indignation, que vous n'allez pas répondre aux étranges questions de M. La Mettrie. Si Sa Majesté...

— Oh! mon cher, dit La Mettrie, il n'y a pas de Majesté ici, de dix heures du soir à deux heures du matin. Frédéric l'a posé en statut une fois pour toutes, et je ne connais que la loi : « Il n'y a pas de roi quand on soupe. » Vous ne voyez donc pas que ce pauvre roi s'ennuie, et vous ne voulez pas l'aider, mauvais serviteur et mauvais ami que vous êtes, à oublier pendant les douces heures de la nuit le fardeau de sa grandeur? Allons, Pœlnitz, cher baron, parlez; où est le roi à cette heure?

« Je ne veux pas le savoir! dit Quintus en se levant et en quittant la table.

— A votre aise, dit Pœlnitz. Que ceux qui ne veulent pas m'entendre se bouchent les oreilles.

— J'ouvre les miennes, dit La Mettrie.

— Ma foi, et moi aussi, dit Algarotti en riant.

Messieurs, dit Pœlnitz, Sa Majesté est chez la signora Porporina.

— Vous nous la baillez belle! s'écria La Mettrie. »

Et il ajouta une phrase en latin, que je ne puis traduire parce que je ne sais pas le latin.

Quintus Icilius devint pâle et sortit. Algarotti récita un sonnet italien que je ne comprends pas beaucoup non plus; et Voltaire improvisa quatre vers pour comparer Frédéric à Jules-César; après quoi, ces trois érudits se regardèrent en souriant; et Pœlnitz reprit d'un air sérieux :

« Je vous donne ma parole d'honneur que le roi est chez la Porporina.

— Ne pourriez-vous pas donner quelque autre chose? dit d'Argens, à qui cela déplaisait au fond, parce qu'il n'était pas homme à trahir les autres pour augmenter son crédit. »

« Pœlnitz répondit sans se troubler :

« Mille diables, monsieur le marquis, quand le roi nous dit que vous êtes chez mademoiselle Cochois, cela ne nous scandalise point. Pourquoi vous scandalisez-vous de ce qu'il est chez mademoiselle Porporina?

— Cela devrait vous édifier, au contraire, dit Algarotti; et si cela est vrai, je l'irai dire à Rome.

— Et Sa Sainteté, qui est un peu *gausseuse*, ajouta Voltaire, dira de fort jolies choses là-dessus.

— Sur quoi Sa Sainteté *gaussera-t-elle*? demanda le roi en paraissant brusquement sur le seuil de la salle à manger.

— Sur les amours de Frédéric le Grand avec la Porporina de Venise, répondit effrontément La Mettrie. »

Le roi pâlit, et lança un regard terrible sur les convives, qui tous pâlirent plus ou moins, excepté La Mettrie.

« Que voulez-vous, dit celui-ci tranquillement; M. de Saint-Germain avait prédit, ce soir, à l'Opéra, qu'à l'heure où Saturne passerait entre Régulus et la Vierge, Sa Majesté suivie d'un page...

— Décidément, qu'est-ce que ce comte de Saint-Germain? » dit le roi en s'asseyant avec la plus grande tranquillité, et en tendant son verre à La Mettrie, pour qu'il le lui remplît de champagne.

On parla du comte de Saint-Germain; et l'orage fut ainsi détourné sans explosion. Au premier choc, l'impertinence de Pœlnitz, qui l'avait trahi, et l'audace de La Mettrie, qui osait le lui dire, avaient transporté le roi de colère; mais, pendant le temps que La Mettrie disait trois paroles, Frédéric s'était rappelé qu'il avait recommandé à Pœlnitz de bavarder sur certain chapitre, et de faire bavarder les autres, à la première occasion. Il était donc rentré en lui-même avec cette facilité et cette liberté d'esprit qu'il possédait au plus haut degré, et il ne fut pas plus question de sa promenade nocturne que si elle n'eût été remarquée de personne. La Mettrie eût bien osé revenir à la charge s'il y eût songé; mais la légèreté de son esprit suivit la nouvelle route que Frédéric lui ouvrait, et c'est ainsi que Frédéric dominait souvent La Mettrie lui-même. Il le traitait comme un enfant que l'on voit prêt à briser une glace ou à sauter par une fenêtre, et à qui l'on montre un jouet pour le distraire et le détourner de sa fantaisie. Chacun fit son commentaire sur le fameux comte de Saint-Germain; chacun raconta son anecdote. Pœlnitz prétendit l'avoir vu en France, il y avait vingt ans. Et je l'ai revu ce matin, ajouta-t-il, aussi peu vieilli que si je l'avais quitté d'hier. Je me souviens qu'un soir, en France, entendant parler de la passion de Notre-Seigneur Jésu-Christ, il s'écria, de la façon la plus plaisante et avec un sérieux incroyable : « Je lui avais bien dit qu'il finirait par se faire un mauvais parti chez ces méchants Juifs. Je lui ai même prédit à peu près tout ce qui lui est arrivé; mais il ne m'écoutait pas : son zèle lui faisait mépriser tous les dangers. Aussi sa fin tragique m'a fait une peine dont je ne me consolerai jamais, et je n'y puis songer sans répandre des larmes. » En disant cela, ce diable de comte pleurait tout de bon; et peu s'en fallait qu'il ne nous fît pleurer aussi.

« Vous êtes un si bon chrétien, dit le roi, que cela ne m'étonne point de vous. »

Pœlnitz avait changé trois ou quatre fois de religion, du matin au soir, pour postuler des bénéfices et des places dont le roi l'avait leurré par forme de plaisanterie.

« Cette anecdote traîne partout, dit d'Argens au baron, et ce n'est qu'une facétie. J'en ai entendu de meilleures; et ce qui rend, à mes yeux, ce comte de Saint-Germain un personnage intéressant et remarquable, c'est la quantité d'appréciations tout à fait neuves et ingénieuses au moyen desquelles il explique des événements restés à l'état de problèmes fort obscurs dans l'histoire. Sur quelque sujet et sur quelque époque qu'on l'interroge, on est surpris, dit-on, de le voir connaître ou de lui entendre inventer une foule de choses vraisemblables, intéressantes, et propres à jeter un nouveau jour sur les faits les plus mystérieux.

— S'il dit des choses vraisemblables, observa Algarotti, il faut que ce soit un homme prodigieusement érudit et doué d'une mémoire extraordinaire.

— Mieux que cela! dit le roi. L'érudition ne suffit pas pour expliquer l'histoire. Il faut que cet homme ait une puissante intelligence et une profonde connaissance du cœur humain. Reste à savoir si cette belle organisation a été faussée par le travers de vouloir jouer un rôle bizarre, en s'attribuant une existence éternelle et la mémoire des événements antérieurs à sa vie humaine; ou si, à la suite de longues études et de profondes méditations, le cerveau s'est dérangé, et s'est laissé frapper de monomanie.

— Je puis au moins, dit Pœlnitz, garantir à Votre Majesté la bonne foi et la modestie de notre homme. On ne le fait pas parler aisément des choses merveilleuses dont il croit avoir été témoin. Il sait qu'on l'a traité de rêveur et de charlatan, et il en paraît fort affecté; car maintenant il refuse de s'expliquer sur sa puissance surnaturelle.

— Eh bien, Sire, est-ce que vous ne mourez pas d'envie de le voir et de l'entendre? dit La Mettrie. Moi j'en grille.

— Comment pouvez-vous être curieux de cela? reprit le roi. Le spectacle de la folie n'est rien moins que gai.

— Si c'est de la folie, d'accord; mais si ce n'en est pas?

— Entendez-vous, Messieurs, reprit Frédéric; voici l'incrédule, l'athée par excellence, qui se prend au merveilleux, et qui croit déjà à l'existence éternelle de M. de Saint-Germain! Au reste, cela ne doit pas étonner, quand on sait que La Mettrie a peur de la mort, du tonnerre et des revenants.

— Des revenants, je confesse que c'est une faiblesse, dit La Mettrie; mais du tonnerre et de tout ce qui peut donner la mort, je soutiens que c'est raison et sagesse. De quoi diable aurait-on peur, je vous le demande, si ce n'est de ce qui porte atteinte à la sécurité de l'existence?

— Vive Panurge, dit Voltaire.

— J'en reviens à mon Saint-Germain, reprit La Mettrie; messire Pantagruel devrait l'inviter à souper demain avec nous.

— Je m'en garderai bien, dit le roi; vous êtes assez fou comme cela, mon pauvre ami, et il suffirait qu'il eût mis le pied dans ma maison pour que les imaginations superstitieuses, qui abondent autour de nous, rêvassent à l'instant cent contes ridicules qui auraient bientôt fait le tour de l'Europe. Oh! la raison, mon cher Voltaire, que son règne nous arrive ! voilà la prière qu'il faut faire chaque soir et chaque matin.

— La raison, la raison ! dit La Mettrie, je la trouve séante et bénévole quand elle me sert à excuser et à légitimer mes passions, mes vices... ou mes appétits... donnez-leur le nom que vous voudrez ! mais quand elle m'ennuie, je demande à être libre de la mettre à la porte. Que diable ! je ne veux pas d'une raison qui me force à faire le brave quand j'ai peur, le stoïque quand je souffre, le résigné quand je suis en colère... Foin d'une pareille raison ! ce n'est pas la mienne, c'est un monstre, une chimère de l'invention de ces vieux radoteurs de l'antiquité que vous admirez tous, je ne sais pas pourquoi. Que son règne n'arrive pas ! je n'aime pas les pouvoirs absolus d'aucun genre, et si l'on voulait me forcer à ne pas croire en Dieu, ce que je fais de bonne grâce et de tout mon cœur, je crois que, par esprit de contradiction, j'irais tout de suite à confesse.

— Oh ! vous êtes capable de tout, on le sait bien, dit d'Argens, même de croire à la pierre philosophale du comte de Saint-Germain.

— Et pourquoi non ? ce serait si agréable et j'en aurais tant besoin...

— Ah ! pour celle-là, s'écria Pœlnitz en secouant ses poches vides et muettes, et en regardant le roi d'un air expressif, que son règne arrive au plus tôt ! c'est la prière que tous les matins et tous les soirs...

— Oui-da ! interrompit Frédéric, qui faisait toujours la sourde oreille à cette sorte d'insinuation ; ce monsieur Saint-Germain donne aussi dans le secret de faire de l'or ? Vous ne me disiez pas cela !

— Or donc, permettez-moi de l'inviter à souper demain de votre part, dit La Mettrie ; car m'est d'avis qu'un peu de son secret ne vous ferait pas de peine non plus, sire Gargantua ! Vous avez de grands besoins et un estomac gigantesque, comme roi et comme réformateur.

— Tais-toi, Panurge, répondit Frédéric. Ton Saint-Germain est jugé maintenant. C'est un imposteur et un impudent que je vais faire surveiller d'importance, car nous savons qu'avec ce beau secret-là on emporte plus d'argent d'un pays qu'on n'y en laisse. Eh ! Messieurs, ne vous souvient-il déjà plus du grand nécromant Cagliostro, que j'ai fait chasser de Berlin, à bon escient, il n'y a pas plus de six mois ?

— Et qui m'a emporté cent écus, dit La Mettrie ; que le diable les lui reprenne !

— Et qui les aurait emportés à Pœlnitz, s'il les avait eus, dit d'Argens.

— Vous l'avez fait chasser, dit La Mettrie à Frédéric, et il vous a joué un bon tour, pas moins.

— Lequel ?

— Ah ! vous ne le savez pas ! Eh bien, je vais vous régaler d'une histoire.

— Le premier mérite d'une histoire est d'être courte, observa le roi.

— La mienne n'a que deux mots. Le jour où Votre Majesté pantagruélique ordonna au sublime Cagliostro de remballer ses alambics, ses spectres et ses démons, il est de notoriété publique qu'il sortit en personne de sa voiture, à midi sonnant, par toutes les portes de Berlin à la fois. Oh ! cela est attesté par plus de vingt mille personnes. Les gardiens de toutes les portes l'ont vu, avec le même chapeau, la même perruque, la même voiture, le même bagage, le même attelage ; et jamais vous ne leur ôterez de l'esprit qu'il y a eu, ce jour-là, cinq ou six Cagliostro sur pied. »

Tout le monde trouva l'histoire plaisante. Frédéric seul n'en rit pas. Il prenait au sérieux les progrès de sa chère raison, et la superstition, qui donnait tant d'esprit et de gaîté à Voltaire, lui causait du l'indignation et dépit.

« Voilà le peuple, s'écria-t-il en haussant les épaules ; ah ! Voltaire, voilà le peuple ! et cela dans le temps que vous vivez, et que vous secouez sur le monde la vive lumière de votre flambeau ! On vous a banni, persécuté, combattu de toutes manières, et Cagliostro n'a qu'à se montrer pour fasciner des populations ! Peu s'en faut qu'on ne le porte en triomphe !

— Savez-vous bien, dit La Mettrie que vos plus grandes dames croient à Cagliostro tout autant que les bonnes femmes des carrefours ? apprenez que c'est d'une des plus belles de votre cour que je tiens cette aventure.

— Je parie que c'est de madame de Kleist ! dit le roi.

— *C'est toi qui l'as nommée !* répondit La Mettrie en déclamant.

— Le voilà qui tutoie le roi, à présent ! grommela Quintus Icilius, qui était rentré depuis quelques instants.

— Cette bonne de Kleist est folle, reprit Frédéric ; c'est plus intrépide visionnaire, la plus engouée d'horoscopes et de sortilèges... Elle a besoin d'une leçon, qu'elle prenne garde à elle ! Elle renverse la cervelle de toutes nos dames, et on dit même qu'elle a rendu fou monsieur son mari, qui sacrifiait des boucs noirs à Satan pour découvrir les trésors enfouis dans nos sables du Brandebourg.

— Mais tout cela est du meilleur ton chez vous, père Pantagruel, dit La Mettrie. Je ne sais pas pourquoi vous voulez que les femmes se soumettent à votre rechigneuse déesse Raison. Les femmes sont au monde pour s'amuser et pour nous amuser. Pardieu ! le jour où elles ne seront plus folles, nous serons bien sots ! Madame de Kleist est charmante avec toutes ses histoires de sorciers ; elle en régale *Soror Amalia*...

— Que veut-il dire avec sa *soror Amalia* ? dit le roi étonné.

— Eh ! votre noble et charmante sœur, l'abbesse de Quedlimburg, qui donne dans la magie de tout son cœur, comme chacun sait...

— Tais-toi, Panurge ! répéta le roi d'une voix de tonnerre, et en frappant de sa tabatière sur la table. »

III.

Il y eut un moment de silence pendant lequel minuit sonna lentement [1]. Ordinairement Voltaire avait l'art de renouer la conversation quand un nuage passait sur le front de son cher Trajan, et d'effacer la mauvaise impression qui rejaillissait sur les autres convives. Mais ce soir-là, Voltaire, triste et souffrant, ressentait les sourdes atteintes de ce spleen prussien, qui s'emparait bien vite de tous les heureux mortels appelés à contempler Frédéric dans sa gloire. C'était précisément le matin que La Mettrie lui avait répété ce fatal mot de Frédéric, qui fit succéder à une feinte amitié une aversion très-réelle entre ces deux grands hommes [2]. Tant il y a qu'il ne dit mot. « Ma foi, pensait-il, qu'il jette l'écorce de La Mettrie quand bon lui semblera ; qu'il ait de l'humeur ; qu'il souffre, et que le souper finisse. J'ai la colique, et tous les compliments ne m'empêcheront pas de le sentir. »

Frédéric fut donc forcé de s'exécuter et de reprendre tout seul sa philosophique sérénité.

« Puisque nous sommes sur le chapitre de Cagliostro, dit-il, et que l'heure des histoires de revenants vient de sonner, je vais vous raconter la mienne, et vous jugerez ce qu'il faut croire de la science des sorciers. Mon histoire est très-véritable, et je la tiens de la personne même à qui elle est arrivée l'été dernier. C'est l'incident survenu ce soir au théâtre qui me la remet en mémoire, et peut-être cet incident est-il lié à ce que vous allez entendre.

— L'histoire sera-t-elle un peu effrayante ? demanda La Mettrie.

— Peut-être ! répondit le roi.

— En ce cas, reprit-il, je vais fermer la porte qui est derrière moi. Je ne peux pas souffrir une porte ouverte quand on parle de revenants et de prodiges. »

---

1. L'Opéra commençait et finissait plus tôt que de nos jours. Frédéric commençait à souper à dix heures.

2. Je le garde encore parce que j'ai besoin de lui. Dans un an je n'en aurai plus que faire, et je m'en débarrasserai. *Je presse l'orange, et après je jetterai l'écorce.* On sait que ce mot fut une plaie vive pour l'orgueil de Voltaire.

Et tomba évanouie... (Page 2.)

La Mettrie ferma la porte, et le roi parla ainsi :
« Cagliostro, vous le savez, avait l'art de montrer aux gens crédules des tableaux, ou plutôt des miroirs magiques, sur lesquels il faisait apparaître des personnes absentes. Il prétendait les surprendre dans le moment même, et révéler ainsi les occupations et les actions les plus secrètes de leur vie. Les femmes jalouses allaient apprendre chez lui les infidélités de leurs maris ou de leurs amants; il y a même des amants et des maris qui ont eu chez lui d'étranges révélations sur la conduite de certaines dames, et le miroir magique a trahi, dit-on, des mystères d'iniquité. Quoi qu'il en soit, les chanteurs italiens de l'Opéra se réunirent un soir et lui offrirent un joli souper accompagné de bonne musique, à condition qu'il leur ferait quelques tours de son métier. Il accepta l'échange et donna jour à Porporino, à Conciolini, à mesdemoiselles Astrua et Porporina, pour leur montrer chez lui l'enfer ou le paradis à volonté. La famille Barberini fut même de la partie. Mademoiselle Jeanne Barberini demanda à voir le feu doge de Venise ; et comme M. Cagliostro ressuscite très-proprement les morts, elle le vit, elle en eut grand'peur, et sortit toute bouleversée du cabinet noir où le sorcier l'avait mise en tête-à-tête avec le revenant. Je soupçonne fort la Barberini, qui est un peu gausseuse, comme dit Voltaire, d'avoir joué l'épouvante pour se moquer de nos histrions italiens qui, par état, ne sont pas braves, et qui refusèrent net de se soumettre à la même épreuve. Mademoiselle Porporina, avec cet air tranquille que vous lui connaissez, dit à M. Cagliostro qu'elle croirait à sa science s'il lui montrait une personne à laquelle elle pensait dans ce moment-là, et qu'elle n'avait pas besoin de lui nommer, puisqu'il était sorcier et devait lire dans son âme comme dans un livre. « Ce que vous me demandez est grave, répondit Cagliostro, et pourtant je crois pouvoir vous satisfaire, si vous me jurez, sur tout ce qu'il y a de plus solennel et de plus terrible, de ne pas adresser la parole à la personne que je vous montrerai, et de ne pas faire le moindre mouvement, le moindre geste, le moindre bruit pendant l'apparition. » La Porporina s'y engagea par serment, et entra dans le cabinet noir avec beaucoup de résolution. Il n'est pas inutile de vous rappeler, messieurs, que cette jeune personne est un des esprits les plus fermes et les plus droits qui se

Est-ce que vous ne me reconnaissez pas? (Page 4.)

puissent rencontrer; elle est instruite, raisonne bien sur toutes choses, et j'ai des motifs de croire qu'elle n'est accessible à aucune idée fausse ou étroite. Elle resta donc dans la chambre aux apparitions pendant assez longtemps pour étonner et inquiéter ses camarades. Tout se passa pourtant dans le plus grand silence. Lorsqu'elle en sortit, elle était fort pâle, et des larmes coulaient, dit-on, de ses yeux. Mais elle dit aussitôt à ses camarades : « Mes amis, si M. Cagliostro est sorcier, c'est un sorcier menteur, ne croyez rien de ce qu'il vous montrera. » Elle ne voulut pas s'expliquer davantage. Mais Conciolini m'ayant raconté, quelques jours après, à un de mes concerts, cette merveilleuse soirée, je me promis d'interroger la Porporina, ce que je ne manquai pas de faire la première fois qu'elle vint chanter à Sans-Souci. J'eus quelque peine à la faire parler. Voici enfin ce qu'elle me raconta :

« Sans aucun doute, M. Cagliostro possède des moyens extraordinaires pour produire des apparitions tellement semblables à la réalité, qu'il est impossible aux esprits les plus calmes de n'en être pas ému. Pourtant il n'est pas sorcier, et sa prétention de lire dans ma pensée n'était fondée que sur la connaissance qu'il avait, à coup sûr, de quelques particularités de ma vie : mais c'est une connaissance incomplète, et je ne vous conseillerais pas, Sire (c'est toujours la Porporina qui parle, observa le roi), de le prendre pour votre ministre de la police, car il ferait de graves bévues. Ainsi, lorsque je lui demandai de me montrer la personne absente que je désirais voir, je pensais à maître Porpora, mon maître de musique, qui est maintenant à Vienne; et, au lieu de lui, je vis apparaître dans la chambre magique un ami bien cher que j'ai perdu cette année.

— Peste! dit d'Argens, cela est beaucoup plus sorcier que d'en faire voir un vivant!

— Attendez, messieurs. Cagliostro, mal informé, ne se doutait pas que la personne qu'il montrait fût morte; car, lorsque le fantôme eut disparu, il demanda à mademoiselle Porporina si elle était satisfaite de ce qu'elle venait d'apprendre. « D'abord, monsieur, répondit-elle, je désirerais le comprendre. Veuillez me l'expliquer. — Cela dépasse mon pouvoir, répondit-il; qu'il vous suffise de savoir que votre ami est tranquille et qu'il s'occupe utilement. » Sur quoi la signora reprit : « Hélas !

monsieur, vous m'avez fait bien du mal sans le savoir : vous m'avez montré une personne que je ne songeais point à revoir jamais, et vous me la donnez maintenant pour vivante, tandis que je lui ai fermé les yeux il y a six mois. » Voilà, messieurs, continua Frédéric, comment ces sorciers se trompent en voulant tromper les autres, et comment leurs trames sont déjouées par un ressort qui manque à leur police secrète. Ils pénètrent jusqu'à un certain point les mystères des familles et celui des affections intimes. Comme toutes les histoires de ce monde se ressemblent plus ou moins, et qu'en général les gens enclins au merveilleux n'y regardent pas de si près, ils tombent juste vingt fois sur trente; mais dix fois sur trente ils donnent à côté, et on n'y fait pas attention, tandis qu'on fait grand bruit des épreuves qui ont réussi. C'est absolument comme dans les horoscopes, où l'on vous prédit une série banale d'événements qui doivent nécessairement arriver à tout le monde, tels que voyages, maladies, perte d'un ami ou d'un parent, héritage, rencontre, lettre intéressante, et autres lieux communs de la vie humaine. Voyez un peu cependant à quelles catastrophes et à quels chagrins domestiques les fausses révélations d'un Cagliostro exposent des esprits faibles et passionnés! Qu'un mari se fie à cela et tue sa femme innocente ; qu'une mère devienne folle de douleur en croyant voir expirer son fils absent, et mille autres désastres qu'a occasionnés la prétendue science divinatoire des magiciens! Tout cela est infâme, et convenez que j'ai eu raison d'éloigner de mes États ce Cagliostro qui devine si juste, et qui donne de si bonnes nouvelles des gens morts et enterrés.

— Tout cela est bel et bon, dit La Mettrie, mais ne m'explique pas comment *la Porporina de Votre Majesté* a vu debout cet homme mort. Car enfin, si elle est douée de fermeté et de raison, comme *Votre Majesté* l'affirme, cela prouve contre l'argument de *Votre Majesté*. Le sorcier s'est trompé, il est vrai, en tirant de son magasin un mort pour un vivant qu'on lui demandait ; mais il n'en est que plus certain qu'il dispose de la mort et de la vie ; et, en cela, il en sait plus long que *Votre Majesté*, laquelle, n'en *déplaise à Votre Majesté*, a fait tuer beaucoup d'hommes à la guerre, et n'en a jamais pu ressusciter un seul.

— Ainsi nous croirons au diable, mon cher *sujet*, dit le roi, riant des regards comiques que lançait La Mettrie à Quintus Icilius, chaque fois qu'il prononçait avec emphase le titre de Majesté.

— Pourquoi ne croirions-nous pas à ce pauvre compère Satan, qui est si calomnié et qui a tant d'esprit? repartit La Mettrie.

— Au feu le manichéen! dit Voltaire en approchant une bougie de la perruque du jeune médecin.

— Enfin, sublime Fritz, reprit celui-ci, je vous ai posé un argument embarrassant : ou la charmante Porporina est folle et crédule, et elle a vu son mort ; ou elle est philosophe, et n'a rien vu du tout. Cependant elle a eu peur, elle en convient?

— Elle n'a pas eu peur, dit le roi, elle a eu du chagrin, comme on en éprouverait à la vue d'un portrait qui vous rappellerait exactement une personne aimée qu'on sait trop que l'on ne reverra plus. Mais s'il faut que je vous dise tout, je pense un peu qu'elle a eu peur après coup, et que sa force morale n'est pas sortie de cette épreuve aussi saine qu'elle y est entrée. Depuis ce temps, elle a été sujette à des accès de mélancolie noire, qui sont toujours une preuve de faiblesse ou de désordre dans nos facultés. Je suis sûr qu'elle a l'esprit frappé, bien qu'elle le nie. On ne joue pas impunément avec le mensonge. L'espèce d'attaque qu'elle a eue ce soir est, selon moi, une conséquence de tout cela ; et je parierais qu'il y a dans sa cervelle troublée quelque frayeur de la puissance magique attribuée à M. de Saint-Germain. On m'a dit que depuis qu'elle est rentrée chez elle, elle n'a fait que pleurer.

— Ah! cela, vous me permettrez de n'en rien croire, chère Majesté, dit La Mettrie. Vous avez été la voir, donc elle ne pleure plus.

— Vous êtes bien curieux, Panurge, de savoir le but de ma visite? Et vous aussi, d'Argens, qui ne dites rien, et qui avez l'air de n'en pas penser davantage? Et vous aussi, peut-être, cher Voltaire, qui ne dites mot non plus, et qui n'en pensez pas moins, certainement?

— Comment ne serait-on pas curieux de tout ce que Frédéric le Grand juge à propos de faire? répondit Voltaire, qui fit un effort de complaisance en voyant le roi en train de parler ; peut-être que certains hommes n'ont le droit de rien cacher, lorsque la moindre de leurs paroles est un précepte, et la moindre de leurs actions un exemple.

— Mon cher ami, vous voulez me donner de l'orgueil. Qui n'en aurait d'être loué par Voltaire? Cela n'empêche pas que vous ne vous soyez pas moqué de moi pendant un quart d'heure que j'ai été absent. Eh bien! pendant ce quart d'heure, pourtant, vous ne pouvez supposer que j'aie eu le temps d'aller jusqu'auprès de l'Opéra, où demeure la Porporina, de lui réciter un long madrigal, et d'en revenir à pied, car j'étais à pied.

— Bah! sire, l'Opéra est bien près d'ici, dit Voltaire, et il ne vous faut pas plus de temps que cela pour gagner une bataille.

— Vous vous trompez, il faut beaucoup plus de temps, répliqua le roi assez froidement ; demandez à Quintus Icilius. Quant au marquis, qui connaît si bien la vertu des femmes de théâtre, il vous dira qu'il faut plus d'un quart d'heure pour les conquérir.

— Eh! eh! sire, cela dépend.

— Oui, cela dépend : mais j'espère pour vous que mademoiselle Cochois vous a donné plus de peine. Tant y a, messieurs, que je n'ai pas vu mademoiselle Porporina cette nuit, et que j'ai été seulement parler à sa servante, et m'informer de ses nouvelles.

— Vous, sire? s'écria La Mettrie.

— J'ai voulu lui porter moi-même un flacon dont je me suis souvenu tout à coup d'avoir éprouvé de très-bons effets, quand j'étais sujet à des spasmes d'estomac qui me faisaient quelquefois perdre connaissance. Eh bien, vous ne dites mot? Vous voilà tous ébahis? Vous avez envie de donner des louanges à ma bonté paternelle et royale, et vous n'osez pas, parce qu'au fond du cœur, vous me trouvez parfaitement ridicule.

— Ma foi, sire, si vous êtes amoureux comme un simple mortel, je ne le trouve pas mauvais, dit La Mettrie, et je ne vois pas là matière à un éloge ni à raillerie?

— Eh bien, mon bon Panurge, je ne suis pas amoureux du tout, puisqu'il faut parler net. Je suis un simple mortel, il est vrai ; mais je n'ai pas l'honneur d'être roi de France, et les mœurs galantes qui conviennent à un grand monarque comme Louis XV iraient fort mal à un petit marquis de Brandebourg tel que moi. J'ai d'autres chats à fouetter pour faire marcher ma pauvre boutique, et je n'ai pas le loisir de m'endormir dans les bosquets de Cythère.

— En ce cas, je ne comprends rien à votre sollicitude pour cette petite chanteuse de l'Opéra, dit La Mettrie ; et, à moins que ce ne soit par suite d'une rage musicale, je donne ma langue aux chats.

— Cela étant, sachez, mes amis, que je ne suis ni amant ni amoureux de la Porporina, mais que je lui suis très-attaché, parce que, dans une circonstance trop longue à vous dire maintenant, elle m'a sauvé la vie sans me connaître. L'aventure est bizarre, et je vous la raconterai une autre fois. Ce soir il est trop tard, et M. de Voltaire s'endort. Qu'il vous suffise de savoir que si je suis ici, et non dans l'enfer, où la dévotion voulait m'envoyer, je le dois à cette fille. Vous comprenez maintenant que, la sachant dangereusement indisposée, je puisse aller voir si elle n'est pas morte, et lui porter un flacon de Stahl, sans, pour cela, avoir envie de passer à vos yeux pour un Richelieu ou pour un Lauzun. Allons, messieurs, je vous donne le bonsoir. Il y a dix-huit heures que je n'ai quitté mes bottes, et il me faudra les reprendre dans six. Je prie Dieu qu'il vous ait en sa sainte et digne garde, comme au bas d'une lettre. »

. . . .

Au moment où minuit avait sonné à la grande horloge du palais, la jeune et mondaine abbesse de Quedlimburg venait de se mettre dans son lit de satin rose, lorsque sa première femme de chambre, en lui plaçant ses mules sur son tapis d'hermine, tressaillit et laissa échapper un cri. On venait de frapper à la porte de la chambre à coucher de la princesse.

« Eh bien, es-tu folle? dit la belle Amélie, en entr'ouvrant son rideau : qu'as-tu à sauter et à soupirer de la sorte?

— Est-ce que Votre Altesse royale n'a pas entendu frapper?

— On a frappé? En ce cas, va voir ce que c'est.

— Ah! madame! quelle personne vivante oserait frapper à la porte de Votre Altesse, quand on sait qu'elle est couchée?

— Aucune personne vivante n'oserait, dis-tu? En ce cas c'est une personne morte. Va lui ouvrir en attendant. Tiens, on frappe encore ; va donc, tu m'impatientes. »

La femme de chambre, plus morte que vive, se traîna vers la porte, et demanda *qui est là?* d'une voix tremblante.

« C'est moi, madame de Kleist, répondit une voix bien connue; si la princesse ne dort pas encore, dites-lui que j'ai quelque chose d'important à lui dire.

— Eh vite! eh vite! fais-la entrer, cria la princesse, et laisse-nous. »

Dès que l'abbesse et sa favorite furent seules, cette dernière s'assit sur le pied du lit de sa maîtresse, et parla ainsi :

« Votre Altesse royale ne s'était pas trompée. Le roi est amoureux de la Porporina, et il n'est pas encore son amant, ce qui donne certainement à cette fille un crédit illimité, pour le moment, sur son esprit.

— Et comment sais-tu cela depuis une heure?

— Parce qu'en me déshabillant pour me mettre au lit, j'ai fait babiller ma femme de chambre, laquelle m'a appris qu'elle avait une sœur au service de cette Porporina. Là-dessus je la questionne, je lui tire les vers du nez, et, de fil en aiguille, j'apprends que madite soubrette sort à l'instant même de chez sa sœur, et qu'à l'instant où je te parle le roi sortait de chez la Porporina.

— Es-tu bien sûre de cela?

— Ma fille de chambre venait de voir le roi comme je vous vois. Il lui avait parlé à elle-même, la prenant pour sa sœur, laquelle était occupée, dans une autre pièce, à soigner sa maîtresse malade, ou feignant de l'être. Le roi s'est informé de la santé de la Porporina avec une sollicitude extraordinaire; il a frappé du pied d'un air tout à fait chagrin, en apprenant qu'elle ne cessait de pleurer; il n'a pas demandé à la voir, *dans la crainte de la gêner*, a-t-il dit ; il a remis pour elle un flacon très-précieux; enfin il s'est retiré, en recommandant bien qu'on dît à la malade, le lendemain, qu'il était venu la voir à onze heures du soir.

— Voilà une aventure, j'espère! s'écria la princesse, et je n'ose en croire mes oreilles. Ta soubrette connaît-elle bien les traits du roi?

— Qui ne connaît la figure d'un roi toujours à cheval? D'ailleurs, un page avait été envoyé en éclaireur cinq minutes à l'avance pour voir s'il n'y avait personne chez la belle. Pendant ce temps, le roi, enveloppé et emmitouflé, attendait en bas dans la rue, en grand incognito, selon sa coutume.

— Ainsi, du mystère, de la sollicitude, et surtout du respect : c'est de l'amour, ou je ne m'y connais pas, de Kleist. Et tu es venue, malgré le froid et la nuit, m'apprendre cela bien vite! Ah! ma pauvre enfant, que tu es bonne!

— Dites aussi malgré les revenants. Savez-vous qu'il y a une panique nouvelle dans le château depuis quelques nuits, et que mon chasseur tremblait comme un grand imbécile en traversant les corridors pour m'accompagner?

— Qu'est-ce que c'est? encore la femme blanche?

— Oui, *la Balayeuse*.

— Cette fois, ce n'est pas nous qui faisons ce jeu-là, ma pauvre de Kleist! Nos fantômes sont bien loin, et fasse le ciel que ces revenants-là puissent revenir!

— Je pensais d'abord que c'était le roi qui s'amusait à revenir, puisque maintenant il a des motifs pour écarter les valets curieux de dessus son passage. Mais, ce qui m'a fort étonné, c'est que le sabbat ne se passe pas autour de ses appartements, ni sur sa route pour aller chez la Porporina. C'est autour de Votre Altesse que les esprits se promènent, et j'avoue que maintenant que je n'y suis plus pour rien, cela m'effraie un peu.

— Que dis-tu là, enfant? Comment pourrais-tu croire aux spectres, toi qui les connais si bien?

— Et voilà le *hic*! on dit que quand on les imite, cela les fâche, et qu'ils se mettent à vos trousses tout de bon pour vous punir.

— En ce cas, ils s'y prendraient un peu tard avec nous; car depuis plus d'un an, ils nous laissent en repos. Allons, ne t'occupe pas de ces balivernes. Nous savons bien ce qu'il faut croire de ces âmes en peine. Certainement c'est quelque page ou quelque bas officier qui vient la nuit demander des prières à la plus jolie de mes femmes de chambre. Aussi la vieille, à qui on ne demande rien du tout, a-t-elle une frayeur épouvantable. J'ai vu le moment où elle ne voudrait pas t'ouvrir. Mais de quoi parlons-nous là? De Kleist, nous tenons le secret du roi, il faut en profiter. Comment allons-nous nous y prendre?

— Il faut accaparer cette Porporina, et nous dépêcher avant que sa faveur la rende vaine et méfiante.

— Sans doute, il ne faut épargner ni présents, ni promesses, ni cajoleries. Tu iras dès demain chez elle; tu lui demanderas de ma part... de la musique, des autographes du Porpora; elle doit avoir beaucoup de choses inédites des maîtres italiens. Tu lui promettras en retour des manuscrits de Sébastien Bach. J'en ai plusieurs. Nous commencerons par des échanges. Et puis, je lui demanderai de venir m'enseigner les mouvements et dès que je la tiendrai chez moi, je me charge de la séduire et de la dominer.

— J'irai demain matin, Madame.

— Bonsoir, de Kleist. Tiens, viens m'embrasser. Tu es ma seule amie, toi; va te coucher, et si tu rencontres *la Balayeuse* dans les galeries, regarde bien si elle n'a pas d'éperons sous sa robe. »

IV.

Le lendemain, la Porporina, en sortant fort accablée d'un pénible sommeil, trouva sur son lit deux objets que sa femme de chambre venait d'y déposer. D'abord, un flacon de cristal de roche avec un fermoir d'or sur lequel était gravée une F, surmontée d'une couronne royale, et ensuite un rouleau cacheté. La servante interrogée raconta comme quoi le roi était venu en personne, la veille au soir, apporter ce flacon; et, en apprenant les circonstances d'une visite si respectueuse et si délicatement naïve, la Porporina fut attendrie. Homme étrange! pensa-t-elle. Comment concilier tant de bonté dans la vie privée, avec tant de dureté et de despotisme dans la vie publique? Elle tomba dans la rêverie, et peu à peu, oubliant le roi, et songeant à elle-même, elle se remit à pleurer.

« Eh quoi! Mademoiselle, lui dit la soubrette qui était une bonne créature passablement babillarde, vous allez encore sangloter comme hier soir en vous endormant? Cela fendait le cœur, et le roi, qui vous écoutait à travers la porte, a secoué la tête deux ou trois fois comme un homme qui a du chagrin. Pourtant, Mademoiselle, votre sort ferait envie à bien d'autres. Le roi ne fait pas la cour à tout le monde; on dit même qu'il ne la fait à personne, et il est bien certain que le voilà amoureux de vous!

— Amoureux! que dis-tu là, malheureuse? s'écria la Porporina en tressaillant; ne répète jamais une parole si

inconvenante et si absurde. Le roi amoureux de moi, grand Dieu !
— Eh bien, Mademoiselle, quand cela serait ?
— Le ciel m'en préserve ! mais cela n'est pas et ne sera jamais. Qu'est-ce que ce rouleau, Catherine ?
— Un domestique l'a apporté de grand matin.
— Le domestique de qui ?
— Un domestique de louage, qui d'abord n'a pas voulu me dire de quelle part il venait, mais qui a fini par m'avouer qu'il était employé par les gens d'un certain comte de Saint-Germain, arrivé ici d'hier seulement.
— Et pourquoi avez-vous interrogé cet homme ?
— Pour savoir, Mademoiselle !
— C'est naïf ! laisse-moi. »

Dès que la Porporina fut seule, elle ouvrit le rouleau et y trouva un parchemin couvert de caractères bizarres et indéchiffrables. Elle avait entendu beaucoup parler du comte de Saint-Germain, mais elle ne le connaissait pas. Elle retourna le manuscrit dans tous les sens ; et n'y pouvant rien comprendre, ne concevant pas pourquoi ce personnage avec lequel elle n'avait jamais eu de relations, lui envoyait une énigme à deviner, elle en conclut, avec bien d'autres, qu'il était fou ; cependant en examinant cet envoi, elle lut sur un petit feuillet détaché : « La « princesse Amélie de Prusse s'occupe beaucoup de la « science divinatoire et des horoscopes. Remettez-lui ce « parchemin, et vous pouvez être assurée de sa protec- « tion et de ses bontés. » Ces lignes n'étaient pas signées. L'écriture était inconnue, et le rouleau ne portait point d'adresse. Elle s'étonna que le comte de Saint-Germain, pour parvenir jusqu'à la princesse Amélie, se fût adressé à elle, qui ne l'avait jamais approchée ; et pensant que le domestique avait commis une erreur en lui apportant ce paquet, elle se prépara à le rouler et à le renvoyer. Mais en touchant la feuille de gros papier blanc qui enveloppait le tout, elle remarqua que sur le verso intérieur était tracée de la musique gravée. Un souvenir se réveilla en elle. Chercher au coin du feuillet une marque convenue, la reconnaître pour avoir été tracée fortement au crayon par elle-même, dix-huit mois auparavant, constater que la feuille de musique se rapportait très-bien au morceau complet qu'elle avait donné comme signe de reconnaissance, tout cela fut l'affaire d'un instant ; et l'attendrissement qu'elle éprouva en recevant ce souvenir d'un ami absent et malheureux lui fit oublier ses propres chagrins. Restait à savoir ce qu'elle avait à faire du grimoire, et dans quelle intention on la chargeait de le remettre à la princesse de Prusse. Était-ce pour lui assurer, en effet, la faveur et la protection de cette dame ? La Porporina n'en avait ni souci, ni besoin ; était-ce pour établir entre la princesse et le prisonnier des rapports utiles au salut ou au soulagement de ce dernier ? La jeune fille hésita ; elle se rappela le proverbe : « Dans le doute, abstiens-toi. » Puis elle pensa qu'il y a de bons et mauvais proverbes, les uns à l'usage de l'égoïsme prudent, les autres à celui du dévouement courageux. Elle se leva en se disant :

« *Dans le doute, agis*, lorsque tu ne compromets que toi-même, et que tu peux espérer être utile à ton ami, à ton semblable. »

Elle achevait à peine sa toilette, qu'elle faisait un peu lentement, car elle était très-affaiblie et brisée par la crise de la veille, et tout en nouant ses beaux cheveux noirs, elle songeait au moyen de faire parvenir promptement et d'une manière sûre le grimoire à la princesse, lorsqu'un grand laquais galonné vint s'informer si elle était seule, et si elle pouvait recevoir une dame qui ne se nommait pas et qui désirait lui parler. La jeune cantatrice maudissait souvent cette sujétion où les artistes de ce temps-là vivaient à l'égard des grands ; elle fut tentée, pour renvoyer la dame importune, de faire répondre que messieurs les chanteurs du théâtre étaient chez elle ; mais elle pensa que si c'était un moyen d'effaroucher la pruderie de certaines dames, c'était le plus sûr pour attirer plus vite certaines autres. Elle se résigna donc à recevoir la visite, et madame de Kleist fut bientôt près d'elle.

La grande dame bien stylée avait résolu d'être charmante avec la cantatrice et de lui faire oublier toutes les distances du rang ; mais elle était gênée, parce que, d'une part, on lui avait dit que cette jeune fille était très-fière, et que, de l'autre, étant fort curieuse pour son propre compte, madame de Kleist eût bien voulu la faire causer et pénétrer le fond de ses pensées. Quoiqu'elle fût bonne et inoffensive, cette belle dame avait donc, dans ce moment, quelque chose de faux et de forcé dans toute sa contenance qui n'échappa point à la Porporina. La curiosité est si voisine de la perfidie, qu'elle peut enlaidir les plus beaux visages.

La Porporina connaissait très-bien la figure de madame de Kleist, et son premier mouvement, en voyant chez elle la personne qui lui apparaissait tous les soirs d'opéra dans la loge de la princesse Amélie, fut de lui demander, sous prétexte de nécromancie, dont elle la savait très-friande, une entrevue avec sa maîtresse. Mais n'osant pas se fier à une personne qui avait la réputation d'être un peu extravagante et un peu intrigante par-dessus le marché, elle résolut de la voir venir, et se mit de son côté à l'examiner avec cette tranquille pénétration de la défensive, si supérieure aux attaques de l'inquiète curiosité.

Enfin la glace étant rompue, et la dame ayant présenté la supplique musicale de la princesse, la cantatrice, dissimulant un peu la satisfaction que lui causait cet heureux concours de circonstances, courut chercher plusieurs partitions inédites. Alors se sentant inspirée tout à coup :

« Ah ! madame, s'écria-t-elle, je mettrai avec joie tous mes petits trésors aux pieds de Son Altesse, et je serais bien heureuse, si elle me faisait la grâce de les recevoir de moi-même.

— En vérité, ma belle enfant, dit madame de Kleist, vous désirez de parler à Son Altesse royale ?

— Oui madame, répondit la Porporina ; je me jetterais à ses pieds et je lui demanderais une grâce, que, j'en suis certaine, elle ne me refuserait pas ; car elle est, dit-on, grande musicienne, et elle doit protéger les artistes. On dit aussi qu'elle est aussi bonne qu'elle est belle. J'ai donc l'espérance que si elle daignait m'entendre, elle m'aiderait à obtenir de Sa Majesté le rappel de mon maître, l'illustre Porpora, qui, ayant été appelé à Berlin, du consentement du roi, en a été chassé et comme banni en mettant le pied sur la frontière, sous prétexte d'un défaut de forme dans son passe-port ; sans que depuis, malgré les assurances et les promesses de Sa Majesté, j'aie pu obtenir le résultat de cette interminable affaire. Je n'ose plus importuner le roi d'une requête qui ne peut l'intéresser que médiocrement et qu'il a toujours oubliée, j'en suis certaine ; mais si la princesse daignait dire un mot aux administrateurs chargés d'expédier cette formalité, j'aurais le bonheur d'être enfin réunie à mon père adoptif, à mon seul appui dans ce monde.

— Ce que vous me dites m'étonne infiniment, s'écria madame de Kleist. Quoi ! la belle Porporina, que je croyais toute puissante sur l'esprit du monarque, est obligée de recourir à la protection d'autrui pour obtenir une chose qui paraît si simple ? Permettez-moi de croire, en ce cas, que Sa Majesté redoute dans votre père adoptif, comme vous l'appelez, un surveillant trop sévère, ou un conseil trop influent contre lui.

— Je fais de vains efforts, madame, pour comprendre ce que vous me faites l'honneur de me dire, répondit la Porporina avec une gravité qui déconcerta madame de Kleist.

— C'est qu'apparemment je me suis trompée sur l'extrême bienveillance et l'admiration sans bornes que le roi professe pour la plus grande cantatrice de l'univers.

— Il ne convient pas à la dignité de madame de Kleist, reprit la Porporina, de se moquer d'une pauvre artiste inoffensive et sans prétentions.

— Me moquer ! Qui pourrait songer à se moquer d'un ange tel que vous ? vous ignorez vos mérites, mademoiselle, et votre candeur me pénètre de surprise et d'admiration. Tenez, je suis sûre que vous ferez la conquête de la princesse : c'est une personne de premier mouvement. Il ne lui faudra que vous voir de près, pour raffoler de votre personne, comme elle raffole déjà de votre talent.

— On m'avait dit, au contraire, madame, que Son Altesse royale avait toujours été fort sévère pour moi ; que ma pauvre figure avait eu le malheur de lui déplaire, et qu'elle désapprouvait hautement ma méthode de chant.

— Qui a pu vous faire de pareils mensonges ?

— C'est le roi qui en a menti, en ce cas ! répondit la jeune fille avec un peu de malice.

— C'était un piége, une épreuve tentée sur votre modestie et votre douceur, reprit madame de Kleist ; mais comme je tiens à vous prouver que, simple mortelle, je n'ai pas le droit de mentir comme un grand roi très-malin, je veux vous emmener à l'heure même dans ma voiture, et vous présenter avec vos partitions chez la princesse.

— Et vous pensez, madame, qu'elle me fera un bon accueil ?

— Voulez-vous vous fier à moi ?

— Et si cependant vous vous trompez, madame, sur qui retombera l'humiliation ?

— Sur moi seule ; je vous autoriserai à dire partout que je me vante de l'amitié de la princesse, et qu'elle n'a pour moi ni estime ni déférence.

— Je vous suis, madame, dit la Porporina, en sonnant pour prendre son manchon et son mantelet. Ma toilette est fort simple ; mais vous me prenez à l'improviste.

— Vous êtes charmante ainsi, et vous allez trouver notre chère princesse dans un négligé encore plus simple. Venez ! »

La Porporina mit le rouleau mystérieux dans sa poche, chargea de partitions la voiture de madame de Kleist, et la suivit résolument, en se disant : Pour un homme qui a exposé sa vie pour moi, je puis bien m'exposer à faire antichambre pour rien chez une petite princesse.

Introduite dans un cabinet de toilette, elle y resta cinq minutes pendant lesquelles l'abbesse et sa confidente échangèrent ce peu de mots dans la pièce voisine :

« Madame, je vous l'amène ; elle est là.

— Déjà ? ô admirable ambassadrice ! Comment faut-il la recevoir ? comment est-elle ?

— Réservée, prudente ou niaise, profondément dissimulée ou admirablement bête.

— Oh ! nous verrons bien ! s'écria la princesse, dont les yeux brillèrent du feu d'un esprit exercé à la pénétration et à la méfiance. Qu'elle entre ! »

Pendant cette courte station dans le cabinet, la Porporina avait observé avec surprise le plus étrange attirail qui ait jamais décoré le sanctuaire des atours d'une belle princesse : sphères, compas, astrolabes, cartes astrologiques, bocaux remplis de mixtures sans nom, têtes de mort, enfin tout le matériel de la sorcellerie. « Mon ami ne se trompe pas, pensa-t-elle, et le public est bien informé des secrets de la sœur du roi. Il ne me paraît même pas qu'elle en fasse mystère, puisqu'on me laisse apercevoir ces objets bizarres. Allons, du courage. »

L'abbesse de Quedlimburg était alors âgée de vingt-huit à trente ans. Elle avait été jolie comme un ange ; elle l'était encore le soir aux lumières et à distance ; mais en la voyant de près, au grand jour, la Porporina s'étonna de la trouver flétrie et couperosée. Ses yeux bleus, qui avaient été les plus beaux du monde, désormais cernés de rouge comme ceux d'une personne qui vient de pleurer, avaient un éclat maladif et une transparence profonde qui n'inspirait point la confiance. Elle avait été adorée de sa famille et de toute la cour ; et, pendant longtemps, elle avait été la plus affable, la plus enjouée, la plus bienveillante et la plus gracieuse fille de roi dont le portrait ait jamais été tracé dans les romans à grands personnages de l'ancienne littérature patricienne. Mais, depuis quelques années, son caractère s'était altéré comme sa beauté. Elle avait des accès d'humeur, et même de violence, qui la faisaient ressembler à Frédéric par ses plus mauvais côtés. Sans chercher à se modeler sur lui, et même en le critiquant beaucoup en secret, elle était comme invinciblement entraînée à prendre tous les défauts qu'elle blâmait en lui, et à devenir maîtresse impérieuse et absolue, esprit sceptique et amer, savante, étroite et dédaigneuse. Et pourtant, sous ces travers affreux qui l'envahissaient chaque jour fatalement, on voyait encore percer une bonté native, un sens droit, une âme courageuse, un cœur passionné. Que se passait-il donc dans l'âme de cette malheureuse princesse ? Un chagrin terrible la dévorait, et il fallait qu'elle l'étouffât dans son sein, qu'elle le portât stoïquement et d'un air enjoué devant un monde curieux, malveillant ou insensible. Aussi, à force de se farder et de se contraindre, avait-elle réussi à développer en elle deux êtres bien distincts : l'un qu'elle n'osait révéler presque à personne, l'autre qu'elle affichait avec une sorte de haine et de désespoir. On remarquait qu'elle était devenue plus vive et plus brillante dans la conversation ; mais cette gaieté inquiète et forcée était pénible à voir, et on ne pouvait s'en expliquer l'effet glacial et presque effrayant. Tour à tour sensible jusqu'à la puérilité, et dure jusqu'à la cruauté, elle tentait les autres et s'étonnait elle-même. Des torrents de pleurs éteignaient les feux de sa colère, et puis tout à coup une ironie féroce, un dédain impie l'arrachaient à ces abattements salutaires qu'il ne lui était pas permis de nourrir et de montrer.

La première remarque que fit la Porporina, en l'abordant, fut celle de cette espèce de dualité dans son être. La princesse avait deux aspects, deux visages : l'un caressant, l'autre menaçant ; deux voix : l'une douce et harmonieuse, qui semblait lui avoir été donnée par le ciel pour chanter comme un ange ; l'autre rauque et âpre, qui semblait sortir d'une poitrine brûlante, animée d'un souffle diabolique. Notre héroïne, pénétrée de surprise devant un être si bizarre, partagée entre la peur et la sympathie, se demanda si elle allait être envahie et dominée par un bon ou par un mauvais génie.

De son côté, la princesse trouva la Porporina beaucoup plus redoutable qu'elle ne se l'était imaginé. Elle avait espéré que, dépouillée de ses costumes de théâtre et de ce fard qui enlaidit extrêmement les femmes, quoiqu'on en puisse dire, elle justifierait ce que madame de Kleist lui avait dit pour la rassurer, qu'elle était plutôt laide que belle. Mais ce teint brun-clair, si uni et si pur, ces yeux noirs si puissants et si doux, cette bouche si franche, cette taille souple, aux mouvements si naturels et si aisés, tout cet ensemble d'une créature honnête, bonne et remplie du calme ou tout au moins de la force intérieure que donnent la droiture et la vraie sagesse, imposèrent à l'inquiète Amélie une sorte de respect et même de honte, comme si elle eût pressenti une âme inattaquable dans sa loyauté.

Les efforts qu'elle fit pour cacher son malaise furent remarqués de la jeune fille, qui s'étonna, comme on peut le croire, de voir une si haute princesse intimidée devant elle. Elle commença donc, pour ranimer une conversation qui tombait d'elle-même à chaque instant, à ouvrir une de ses partitions, où elle avait glissé la lettre cabalistique ; et elle s'arrangea de manière à ce que ce grand papier et ces gros caractères frappassent les regards de la princesse. Dès que l'effet fut produit, elle feignit de vouloir retirer cette feuille, comme si elle eût été surprise de la trouver là ; mais l'abbesse s'en empara précipitamment, en s'écriant :

« Qu'est-ce cela, mademoiselle ? Au nom du ciel, d'où cela vous vient-il ?

— S'il faut l'avouer à Votre Altesse, répondit la Porporina d'un air significatif, c'est une opération astrologique que je me proposais de lui présenter, lorsqu'il lui plairait de m'interroger sur un sujet auquel je ne suis pas tout à fait étrangère. »

La princesse fixa ses yeux ardents sur la cantatrice, les reporta sur les caractères magiques, courut à l'embrasure d'une fenêtre, et, ayant examiné le grimoire un instant, elle fit un grand cri, et tomba comme suffoquée dans les bras de madame de Kleist, qui s'était élancée vers elle en la voyant chanceler.

« Sortez, mademoiselle, dit précipitamment la favorite à la Porporina ; passez dans le cabinet, et ne dites rien ; n'appelez personne, personne, entendez-vous ?

— Non, non, qu'elle ne sorte pas... dit la princesse d'une voix étouffée, qu'elle vienne ici... ici, près de moi. Ah ! mon enfant, s'écria-t-elle dès que la jeune fille fut auprès d'elle, quel service vous m'avez rendu ! »

Et saisissant la Porporina dans ses bras maigres et blancs, animés d'une force convulsive, la princesse la serra sur son cœur et couvrit ses joues de baisers saccadés et pointus dont la pauvre enfant se sentit le visage tout meurtri et l'âme toute consternée.

« Décidément, ce pays-ci rend fou, pensa-t-elle ; j'ai cru plusieurs fois le devenir, et je vois bien que les plus grands personnages le sont encore plus que moi. Il y a de la démence dans l'air. »

La princesse lui détacha enfin ses bras du cou, pour les jeter autour de celui de madame de Kleist, en criant et en pleurant, et en répétant de sa voix la plus étrange :

« Sauvé ! sauvé ! il est sauvé ! mes amies, mes bonnes amies ! Trenck s'est enfui de la forteresse de Glatz ; il se sauve, il court, il court encore !... »

Et la pauvre princesse tomba dans un accès de rire convulsif, entrecoupé de sanglots qui faisaient mal à voir et à entendre.

« Ah ! madame, pour l'amour du ciel, contenez votre joie ! dit madame de Kleist ; prenez garde qu'on ne vous entende ! »

En ramassant la prétendue cabale, qui n'était autre chose qu'une lettre en chiffres du baron de Trenck, elle aida la princesse à en poursuivre la lecture, que celle-ci interrompit mille fois par les éclats d'une joie fébrile et quasi forcenée.

V.

« Séduire, grâce aux moyens que mon *incomparable* « amie m'en a donnés, les bas officiers de la garnison, « m'entendre avec un prisonnier aussi friand que moi de « sa liberté, donner un grand coup de poing à un sur-« veillant, un grand coup de pied à un autre, un grand « coup d'épée à un troisième, faire un saut prodigieux « au bas du rempart, en précipitant devant moi mon ami « qui ne se décidait pas assez vite, et qui se démit le pied « en tombant, le ramasser, le prendre sur mes épaules, « courir ainsi pendant un quart d'heure, traverser la « Neiss dans l'eau jusqu'à la ceinture, par un brouillard « à ne pas voir le bout de son nez, courir encore sur « l'autre rive, marcher toute la nuit, une épouvantable « nuit !... s'égarer, tourner dans la neige, autour d'une « montagne sans savoir où l'on est, et entendre sonner « quatre heures du matin à l'horloge de Glatz ! c'est-à-« dire avoir perdu son temps et sa peine pour arriver à « se retrouver sous les murs de la ville au point du « jour... reprendre courage, entrer chez un paysan, lui « enlever deux chevaux, le pistolet sur la gorge, et fuir « à toute bride et à tout hasard ; conquérir sa liberté « avec mille ruses, mille terreurs, mille souffrances, « mille fatigues ; et se trouver enfin sans argent, sans « habits, presque sans pain, par un froid rigoureux en « pays étranger ; mais se sentir libre après avoir été con-« damné à une captive épouvantable, éternelle ; penser « à une *adorable amie*, se dire que cette nouvelle la « comblera de joie, faire mille projets audacieux et ravis-« sants pour se rapprocher d'elle, c'est être plus heu-« reux que Frédéric de Prusse, c'est être le plus heureux « des hommes, c'est être l'élu de la Providence. »

Telle était en somme la lettre du jeune Frédéric de Trenck à la princesse Amélie ; et la facilité avec laquelle madame de Kleist lui en fit la lecture, prouva à la Porporina, surprise et attendrie, que cette correspondance par cahiers leur était très-familière. Il y avait un *postscriptum* ainsi conçu : « La personne qui vous remettra « cette lettre est aussi sûre que les autres l'étaient peu. « Vous pouvez enfin vous confier à elle sans réserve et « lui remettre toutes vos dépêches pour moi. Le comte « de Saint-Germain lui fournira les moyens de me les « faire parvenir ; mais il est nécessaire que ledit comte, « auquel je ne saurais me fier sous tous les rapports, « n'entende jamais parler de vous, et me croie épris de « la signora Porporina, quoiqu'il n'en soit rien, et que « je n'aie jamais eu pour elle qu'une paisible et pure « amitié. Qu'aucun nuage n'obscurcisse donc le beau front « de la *divinité que j'adore*. C'est pour elle seule que je « respire, et j'aimerais mieux mourir que de la tromper. »

Pendant que madame de Kleist déchiffrait ce *postscriptum* à haute voix, et en pesant sur chaque mot, la princesse Amélie examinait attentivement les traits de la Porporina, pour essayer d'y surprendre une expression de douleur, d'humiliation ou de dépit. La sérénité angélique de cette digne créature la rassura entièrement, et elle recommença à l'accabler de caresses en s'écriant :

« Et moi qui vous soupçonnais, pauvre enfant ! Tu ne sais pas combien j'ai été jalouse de toi, combien je t'ai haïe et maudite ! Je voulais te trouver laide et méchante actrice, justement parce que je craignais de te trouver trop belle et trop bonne. C'est que mon frère redoutant de me voir nouer des relations avec toi, tout en feignant de vouloir t'amener à mes concerts, avait eu soin de me faire entendre que tu avais été à Vienne la maîtresse, l'idole de Trenck. Il voulait bien que c'était le moyen de m'éloigner à jamais de toi. Et je le croyais, tandis que tu te dévoues aux plus grands dangers, pour m'apporter cette bienheureuse nouvelle ! Tu n'aimes donc pas le roi ? Ah ! tu fais bien, c'est le plus pervers et le plus cruel des hommes !

— Oh ! madame, madame ! dit madame de Kleist, effrayée de l'abandon et de la volubilité délirante avec lesquels la princesse parlait devant la Porporina, à quels dangers vous vous exposeriez vous-même en ce moment, si mademoiselle n'était pas un ange de courage et de dévouement !

— C'est vrai... je suis dans un état !... Je crois bien que je n'ai pas ma tête. Ferme bien les portes, de Kleist, et regarde auparavant si personne dans les antichambres n'a pu m'écouter. Quant à elle, ajouta la princesse en montrant la Porporina, regarde-la, et dis-moi s'il est possible de douter d'une figure comme la sienne. Non, non ! je ne suis pas si imprudente que j'en ai l'air ; chère Porporina, ne croyez pas que je vous parle à cœur ouvert par distraction, ni que je vienne à m'en repentir quand je serai calme. J'ai un coup d'œil qui ne m'a jamais trompée. C'est dans la famille, cela, et mon frère le roi, qui s'en pique, ne me vaut pas sous ce rapport-là. Non, vous ne me tromperez pas, je le vois, je le sais !... vous ne voudriez pas tromper une femme qui est dévorée d'un amour malheureux, et qui a souffert des maux dont personne n'aura jamais l'idée.

— Oh ! madame, jamais ! dit la Porporina en s'agenouillant près d'elle, comme pour prendre Dieu à témoin de son serment : ni vous, ni M. de Trenck, qui m'a sauvé la vie, ni personne au monde, d'ailleurs.

— Il t'a sauvé la vie ? Ah ! je suis sûr qu'il l'a sauvée à bien d'autres ! il est si brave, si bon, si beau ! Il est bien beau, n'est-ce pas ? mais tu ne dois pas trop l'avoir regardé ; autrement tu en serais devenue amoureuse, et tu ne l'es pas, n'est-il pas vrai ? Tu me raconteras comment tu l'as connu, et comment il t'a sauvé la vie ; mais pas maintenant. Je ne pourrais pas t'écouter. Il faut que je parle, mon cœur déborde. Il y a si longtemps qu'il se dessèche dans ma poitrine ! Je veux parler, parler encore ; laisse moi tranquille, de Kleist. Il faut que ma joie s'exhale, ou que j'éclate. Seulement, ferme les portes, fais le guet, garde-moi, aie soin de moi. Ayez pitié de moi, mes amies, car je suis bien heureuse ! »

Et la princesse fondit en larmes.

« Tu sauras, reprit-elle au bout de quelques instants et d'une voix entrecoupée par des larmes, mais avec une agitation que rien ne pouvait calmer, qu'il m'a plu dès le premier jour où je l'ai vu. Il avait dix-huit ans, il était beau comme un ange, et si instruit, si franc, si brave ! On voulait me marier au roi de Suède. Ah bien oui! et ma sœur Ulrique qui pleurait de dépit de me voir devenir reine et de rester fille! « Ma bonne sœur, lui dis-je, il y a moyen de nous arranger. Les grands qui gouvernent la Suède veulent une reine catholique; moi je ne veux pas abjurer. Ils veulent une bonne petite reine, bien indolente, bien tranquille, bien étrangère à toute action politique; moi, si j'étais reine, je voudrais régner. Je vais me prononcer nettement sur ces points-là devant les ambassadeurs, et tu verras que demain ils écriront à leur prince que c'est toi qui conviens à la Suède, et non pas moi. » Je l'ai fait comme je l'ai dit, et ma sœur est reine de Suède. Et j'ai joué la comédie, depuis ce jour-là, tous les jours de ma vie. Ah! Porporina, vous croyez que vous êtes actrice? Non, vous ne savez pas ce que c'est que de jouer un rôle toute sa vie, le matin, le jour, le soir, et souvent la nuit. Car tout ce qui respire autour de nous n'est occupé qu'à nous épier, à nous deviner et à nous trahir. J'ai été forcée de faire semblant d'avoir bien du regret et du dépit, quand, par mes soins, ma sœur m'a escamoté le trône de Suède. J'ai été forcée de faire semblant de détester Trenck, de le trouver ridicule, de me moquer de lui, que sais-je! Et cela dans le temps où je l'adorais, où j'étais sa maîtresse, où j'étouffais d'ivresse et de bonheur comme aujourd'hui!... ah! plus qu'aujourd'hui, hélas! Mais Trenck n'avait pas ma force et ma prudence. Il n'était pas né prince, il ne savait pas feindre et mentir comme moi. Le roi a tout découvert, et, suivant la coutume des rois, il a menti, il a feint de ne rien voir; mais il a persécuté Trenck, et ce beau page, son favori, est devenu l'objet de sa haine et de sa fureur. Il l'a accablé d'humiliations et de duretés. Il le mettait aux arrêts sept jours sur huit. Mais le huitième, Trenck était dans mes bras; car rien ne l'effraie, rien ne le rebute. Comment ne pas adorer tant de courage? Eh bien, le roi a imaginé de lui confier une mission à l'étranger. Et quand il l'a eu remplie avec autant d'habileté que de promptitude, mon frère a eu l'infamie de l'accuser d'avoir livré à son cousin Trenck le Pandour, qui est au service de Marie-Thérèse, les plans de nos forteresses et les secrets de la guerre. C'était le moyen, non-seulement de l'éloigner de moi par une captivité éternelle, mais de le déshonorer, et de le faire périr de chagrin, de désespoir et de rage dans les horreurs du cachot. Vois si je puis estimer et bénir mon frère. Mon frère est un grand homme, à ce qu'on dit. Moi, je vous dis que c'est un monstre! Ah! garde-toi de l'aimer, jeune fille; car il te brisera comme une branche! Mais il faut faire semblant, vois-tu! toujours semblant! dans l'air où nous vivons, il faut respirer en semblant. Moi, je fais semblant d'adorer mon frère. Je suis sa sœur bien-aimée, tout le monde le sait, ou croit le savoir... Il est aux petits soins pour moi. Il cueille lui-même des cerises sur les espaliers de Sans-Souci, et il s'en prive, lui qui n'aime que cela sur la terre, pour me les envoyer; et avant de les remettre au page qui m'apporte la corbeille, il les compte pour que le page n'en mange pas en route. Quelle attention délicate! quelle naïveté digne de Henri IV et du roi René! Mais il fait périr mon amant dans un cachot sous terre, et il essaie de le déshonorer à mes yeux pour me punir de l'avoir aimé! Quel grand cœur et quel bon frère! aussi comme nous nous aimons!... »

Tout en parlant, la princesse pâlit, sa voix s'affaiblit peu à peu et s'éteignit; ses yeux devinrent fixes et comme sortis de leurs orbites; elle resta immobile, muette et livide. Elle avait perdu connaissance. La Porporina, effrayée, aida madame de Kleist à la délacer et à la porter dans son lit, où elle reprit un peu de sentiment, et continua à murmurer des paroles inintelligibles.

« L'accès va se passer, grâce au ciel, lui dit madame de Kleist à la cantatrice. Quand elle aura repris l'empire de la volonté, j'appellerai ses femmes. Quant à vous, ma chère enfant, il faut absolument que vous passiez dans le salon de musique et que vous chantiez pour les murailles ou plutôt pour les oreilles de l'antichambre. Car le roi saura infailliblement que vous êtes venue ici, et il ne faut pas que vous paraissiez vous être occupée avec la princesse d'autre chose que de la musique. La princesse va être malade, cela servira à cacher sa joie. Il ne faut pas qu'elle paraisse se douter de l'évasion de Trenck, ni vous non plus. Le roi la sait à l'heure qu'il est, cela est certain. Il aura de l'humeur, des soupçons affreux, et sur tout le monde. Prenez bien garde à vous. Vous êtes perdue tout aussi bien que moi, s'il découvre que vous avez remis cette lettre à la princesse; et les femmes vont à la forteresse aussi bien que les hommes dans ce pays-ci. On les y oublie à dessein, tout comme les hommes; elles y meurent, tout comme les hommes. Vous voilà avertie, adieu. Chantez, et partez sans bruit comme sans mystère. Nous serons au moins huit jours sans vous revoir, pour détourner tout soupçon. Comptez sur la reconnaissance de la princesse. Elle est magnifique, et sait récompenser le dévouement... »

— Hélas! Madame, dit tristement la Porporina, vous croyez donc qu'il faut des menaces et des promesses avec moi? Je vous plains d'avoir cette pensée! »

Brisée de fatigue après les émotions violentes qu'elle venait de partager, et malade encore de sa propre émotion de la veille, la Porporina se mit pourtant au clavecin, et commençait à chanter, lorsqu'une porte s'ouvrit derrière elle si doucement, qu'elle ne s'en aperçut pas; et tout à coup, elle vit dans la glace à laquelle touchait l'instrument la figure du roi se dessiner à côté d'elle. Elle tressaillit et voulut se lever; mais le roi, appuyant le bout de ses doigts secs sur son épaule, la contraignit de rester assise et de continuer. Elle obéit avec beaucoup de répugnance et de malaise. Jamais elle ne s'était sentie moins disposée à chanter, jamais la présence de Frédéric ne lui avait semblé plus glaciale et plus contraire à l'inspiration musicale.

« C'est chanté dans la perfection, dit le roi lorsqu'elle eut fini son morceau, pendant lequel elle avait remarqué avec terreur qu'il était allé sur la pointe du pied écouter derrière la porte entr'ouverte de la chambre à coucher de sa sœur. Mais je remarque avec chagrin, ajouta-t-il, que cette belle voix est un peu altérée ce matin. Vous eussiez dû vous reposer, au lieu de céder à l'étrange caprice de la princesse Amélie, qui vous fait venir pour ne pas vous écouter.

— Son Altesse royale s'est trouvée subitement indisposée, répondit la jeune fille effrayée de l'air sombre et soucieux du roi, et on m'a ordonné de continuer à chanter pour la distraire.

— Je vous assure que c'est peine perdue, et qu'elle ne vous écoute pas du tout, reprit le roi sèchement. Elle est là dedans qui chuchote avec madame de Kleist, comme si de rien n'était; et puisque c'est ainsi, nous pouvons bien chuchoter ensemble ici, sans nous soucier d'elles. La maladie ne me paraît pas grave. Je crois que votre sexe va très-vite et en ce genre d'un excès à l'autre. On vous croyait morte hier au soir; qui se serait douté que vous fussiez ici ce matin à soigner et à divertir ma sœur? Auriez-vous la bonté de me dire par quel hasard vous vous êtes fait présenter ici de but en blanc? »

La Porporina, étourdie de cette question, demanda au ciel de l'inspirer.

« Sire, répondit-elle en s'efforçant de prendre de l'assurance, je n'en sais trop rien moi-même. On m'a fait demander ce matin la partition que voici. J'ai pensé qu'il était de mon devoir de l'apporter moi-même. Je croyais déposer mes livres dans l'antichambre et m'en retourner bien vite. Madame de Kleist m'a aperçue. Elle m'a nommée à Son Altesse, qui a eu apparemment la curiosité de me voir de près. Son Altesse a daigné m'interroger sur le style de divers morceaux de musique; puis se sentant malade, elle m'a ordonné de lui faire entendre celui-ci pendant qu'elle se mettrait au lit. Et maintenant, je pense qu'on daignera me permettre d'aller à la répétition...

— Ce n'est pas encore l'heure, dit le roi : je ne sais pourquoi les pieds vous grillent de vous sauver quand je veux causer avec vous.

— C'est que je crains toujours d'être déplacée devant Votre Majesté.

Telle était en somme la lettre... (Page 14.)

— Vous n'avez pas le sens commun, ma chère.
— Raison de plus, Sire !
— Vous resterez, » reprit-il en la forçant de se rasseoir devant le piano, et en se plaçant debout vis-à-vis d'elle.
Et il ajouta en l'examinant d'un air moitié père, moitié inquisiteur :
« Est-ce vrai, tout ce que vous venez de me conter là ! »
La Porporina surmonta l'horreur qu'elle avait pour le mensonge. Elle s'était dit souvent qu'elle serait sincère sur son propre compte avec cet homme terrible, mais qu'elle saurait mentir s'il s'agissait jamais du salut de ses victimes. Elle se voyait arrivée inopinément à cet instant de crise où la bienveillance du maître pouvait se changer en fureur. Elle en eût fait volontiers le sacrifice plutôt que de descendre à la dissimulation; mais le sort de Trenck et celui de la princesse reposaient sur sa présence d'esprit et sur son intelligence. Elle appela l'art de la comédienne à son secours, et soutint avec un sourire malin le regard d'aigle du roi : c'était plutôt celui du vautour dans ce moment-là.

« Eh bien, dit le roi, pourquoi ne répondez-vous pas ?

— Pourquoi Votre Majesté veut-elle m'effrayer en feignant de douter de ce que je viens de dire ?
— Vous n'avez pas l'air effrayé du tout. Je vous trouve, au contraire, le regard bien hardi ce matin.
— Sire, on n'a peur que de ce qu'on hait. Pourquoi voulez-vous que je vous craigne ? »
Frédéric hérissa son armure de crocodile pour ne pas être ému de cette réponse, la plus coquette qu'il eût encore obtenue de la Porporina. Il changea aussitôt de propos, suivant sa coutume, ce qui est un grand art, plus difficile qu'on ne pense.
— Pourquoi vous êtes-vous évanouie, hier soir, sur le théâtre ?
— Sire, c'est le moindre souci de Votre Majesté, et c'est mon secret à moi.
— Qu'avez-vous donc mangé à votre déjeûner pour être si dégagée dans votre langage avec moi, ce matin ?
— J'ai respiré un certain flacon qui m'a remplie de confiance dans la bonté et dans la justice de celui qui me l'avait apporté.
— Ah ! vous avez pris cela pour une déclaration ! dit Frédéric d'un ton glacial et avec un mépris cynique.

Frédéric.

— Dieu merci, non! répondit la jeune fille avec un mouvement d'effroi très-sincère.
— Pourquoi dites-vous *Dieu merci*?
— Parce que je sais que Votre Majesté ne fait que des déclarations de guerre, même aux dames.
— Vous n'êtes ni la czarine, ni Marie-Thérèse; quelle guerre puis-je avoir avec vous?
— Celle que le lion peut avoir avec le moucheron.
— Et quelle mouche vous pique, vous, de citer une pareille fable? Le moucheron fit périr le lion à force de le harceler.
— C'était sans doute un pauvre lion, colère et par conséquent faible. Je n'ai donc pu penser à cet apologue.
— Mais le moucheron était âpre et piquant. Peut-être que l'apologue vous sied bien!
— Votre Majesté le pense?
— Oui.
— Sire, vous mentez? »
Frédéric prit le poignet de la jeune fille, et le serra convulsivement jusqu'à le meurtrir. Il y avait de la colère et de l'amour dans ce mouvement bizarre. La Porporina ne changea pas de visage, et le roi ajouta en regardant sa main rouge et gonflée : « Vous avez du courage!
— Non, Sire, mais je ne fais pas semblant d'en manquer comme tous ceux qui vous entourent.
— Que voulez-vous dire?
— Qu'on fait souvent le mort pour n'être pas tué. A votre place, je n'aimerais pas qu'on me crût si terrible.
— De qui êtes-vous amoureuse? dit le roi changeant encore une fois de propos.
— De personne, Sire.
— Et en ce cas, pourquoi avez-vous des attaques de nerfs?
— Cela n'intéresse point le sort de la Prusse, et par conséquent le roi ne se soucie pas de le savoir.
— Croyez-vous donc que ce soit le roi qui vous parle?
— Je ne saurais l'oublier.
— Il faut pourtant vous y décider. Jamais le roi ne vous parlera; ce n'est pas au roi que vous avez sauvé la vie, Mademoiselle.
— Mais je n'ai pas retrouvé ici le baron de Kreutz.
— Est-ce un reproche? Il serait injuste. Le roi n'eût

pas été hier s'informer de votre santé. Le capitaine Kreutz y a été.
— La distinction est trop subtile pour moi, monsieur le capitaine.
— Eh bien tâchez de l'apprendre. Tenez, quand je mettrai mon chapeau sur ma tête, comme cela, un peu à gauche, je serai le capitaine; et quand je le mettrai comme ceci, à droite, je serai le roi; et selon ce que je serai, vous serez Consuelo, ou mademoiselle Porporina.
— J'entends, Sire; eh bien, cela me sera impossible. Votre Majesté est libre d'être deux, d'être trois, d'être cent; moi je ne sais être qu'une.
— Vous mentez! vous ne me parleriez pas sur le théâtre devant vos camarades comme vous me parlez ici.
— Sire, ne vous y fiez pas!
— Ah çà, vous avez donc le diable au corps aujourd'hui?
— C'est que le chapeau de Votre Majesté n'est ni à droite ni à gauche, et que je ne sais pas à qui je parle. »
Le roi, vaincu par l'attrait qu'il éprouvait, dans ce moment surtout, auprès de la Porporina, porta la main à son chapeau d'un air de bonhomie enjouée, et le mit sur l'oreille gauche avec tant d'exagération, que sa terrible figure en devint comique. Il voulut faire le simple mortel et le roi en vacances autant que possible; mais tout d'un coup, se rappelant qu'il était venu là, non pour se distraire de ses soucis, mais pour pénétrer les secrets de l'abbesse de Quedlimburg, il ôta son chapeau tout à fait, d'un mouvement brusque et chagrin; le sourire expira sur ses lèvres, son front se rembrunit, et il se leva en disant à la jeune fille:
« Restez ici, je viendrai vous y reprendre. »
Et il passa dans la chambre de la princesse, qui l'attendait en tremblant. Madame de Kleist, l'ayant vu causer avec la Porporina, n'avait osé bouger d'auprès du lit de sa maîtresse. Elle avait fait de vains efforts pour entendre cet entretien; et, n'en pouvant saisir un mot à cause de la grandeur des appartements, elle était plus morte que vive.
De son côté, la Porporina frémit de ce qui allait se passer. Ordinairement grave et respectueusement sincère avec le roi, elle venait de se faire violence pour le distraire, par des coquetteries de franchise un peu affectées, de l'interrogatoire dangereux qu'il commençait à lui faire subir. Elle avait espéré le détourner tout à fait de tourmenter sa malheureuse sœur. Mais Frédéric n'était pas homme à s'en départir, et les efforts de la pauvrette échouaient devant l'obstination du despote. Elle recommanda la princesse Amélie à Dieu; car elle comprit fort bien que le roi la forçait à rester là, afin de confronter ses explications avec celles qu'on préparait dans la pièce voisine. Elle n'en douta plus en voyant le soin avec lequel, en y passant, il ferma la porte derrière lui. Elle resta donc un quart d'heure dans une pénible attente, agitée d'un peu de fièvre, effrayée de l'intrigue où elle se voyait enveloppée, mécontente du rôle qu'elle était forcée de jouer, se retraçant avec épouvante ces insinuations qui commençaient à lui venir de tous côtés de la possibilité de l'amour du roi pour elle, et l'espèce d'agitation que le roi lui-même venait de trahir à cet égard dans ses étranges manières.

VI.

Mais, mon Dieu! l'habileté du plus terrible dominicain qui ait jamais fait les fonctions de grand inquisiteur peut-elle lutter contre celle de trois femmes, quand l'amour, la peur et l'amitié inspirent chacune d'elles dans le même sens? Frédéric eut beau s'y prendre de toutes les manières, par l'amabilité caressante et par la provoquante ironie, par les questions imprévues, par une feinte indifférence, par des menaces détournées, rien ne lui servit. L'explication de la présence de Consuelo dans les appartements de la princesse se trouva absolument conforme, dans la bouche de madame de Kleist et dans les affirmations d'Amélie, à celle que la Porporina avait si heureusement improvisée. C'était la plus naturelle, la plus vraisemblable. Mettre tout sur le compte du hasard est le meilleur moyen. Le hasard ne parle pas et ne donne pas de démentis.

De guerre lasse, le roi abandonna la partie, ou changea de tactique; car il s'écria tout d'un coup:

« Et la Porporina, que j'oublie là dedans! Chère petite sœur, puisque vous vous trouvez mieux, faites-la rentrer, son caquet nous amusera.

— J'ai envie de dormir, répondit la princesse, qui redoutait quelque piège.

— Eh bien, souhaitez-lui le bonjour, et congédiez-la vous-même. »

En parlant ainsi, le roi, devançant madame de Kleist, alla lui-même ouvrir la porte et appela la Porporina.

Mais, au lieu de la congédier, il entama sur-le-champ une dissertation sur la musique allemande et la musique italienne; et lorsque le sujet fut épuisé, il s'écria tout d'un coup:

« Ah! signora Porporina, une nouvelle que j'oubliais de vous dire, et qui va vous faire plaisir certainement: Votre ami, le baron de Trenck, n'est plus prisonnier.

— Quel baron de Trenck, Sire? demanda la jeune fille avec une habile candeur: j'en connais deux, et tous deux sont en prison.

— Oh! Trenck le Pandoure périra au Spielberg. C'est Trenck le prussien qui a pris la clef des champs.

— Eh bien, Sire, répondit la Porporina, pour ma part, je vous en rends grâces. Votre Majesté a fait là un acte de justice et de générosité.

— Bien obligé du compliment, Mademoiselle. Qu'en pensez-vous, ma chère sœur?

— De quoi parlez-vous donc? dit la princesse. Je ne vous ai pas écouté, mon frère, je commençais à m'endormir.

— Je parle de votre protégé, le beau Trenck, qui s'est enfui de Glatz par-dessus les murs.

— Ah! Il a bien fait, répondit Amélie avec un grand sang-froid.

— Il a mal fait, reprit sèchement le roi. On allait examiner son affaire, et il eût pu se justifier peut-être des charges qui pèsent sur sa tête. Sa fuite est l'aveu de ses crimes.

— S'il en est ainsi, je l'abandonne, dit Amélie, toujours impassible.

— Mademoiselle Porporina persisterait à le défendre, j'en suis certain, reprit Frédéric; je vois cela dans ses yeux.

— C'est que je ne puis croire à la trahison, dit-elle.

— Surtout quand le traître est un si beau garçon? Savez-vous, ma sœur, que mademoiselle Porporina est très-liée avec le baron de Trenck?

— Grand bien lui fasse! dit Amélie froidement. Si c'est un homme déshonoré, je lui conseille pourtant de l'oublier. Maintenant, je vous souhaite le bonjour, Mademoiselle, car je me sens très-fatiguée. Je vous prie de vouloir bien revenir dans quelques jours pour m'aider à lire cette partition, elle me paraît fort belle.

— Vous avez donc repris goût à la musique? dit le roi. J'ai cru que vous l'aviez abandonnée tout à fait.

— Je veux essayer de m'y remettre, et j'espère, mon frère, que vous voudrez bien venir m'aider. On dit que vous avez fait de grands progrès, et maintenant vous me donnerez des leçons.

— Nous en prendrons tous deux de la signora. Je vous l'amènerai.

— C'est cela. Vous me ferez grand plaisir. »

Madame de Kleist reconduisit la Porporina jusqu'à l'antichambre, et celle-ci se trouva bientôt seule dans de longs corridors, ne sachant trop par où se diriger pour sortir du palais, et ne se rappelant guère par où elle avait passé pour venir jusque-là.

La maison du roi étant montée avec la plus stricte économie, pour ne pas dire plus, on rencontrait peu de laquais dans l'intérieur du château. La Porporina n'en trouva pas un seul de qui elle pût se renseigner, et se mit à errer à l'aventure dans ce triste et vaste manoir.

Préoccupée de ce qui venait de se passer, brisée de

fatigue, à jeun depuis la veille, la Porporina se sentait la tête très-affaiblie; et, comme il arrive quelquefois en pareil cas, une excitation maladive soutenait encore sa force physique. Elle marchait au hasard, plus vite qu'elle n'eût fait en état de santé; et poursuivie par une idée toute personnelle, qui depuis la veille la tourmentait étrangement, elle oublia complétement en quel lieu elle se trouvait, s'égara, traversa des galeries, des cours, revint sur ses pas, descendit et remonta des escaliers, rencontra diverses personnes, ne songea plus à leur demander son chemin, et se trouva enfin, comme au sortir d'un rêve, à l'entrée d'une vaste salle remplie d'objets bizarres et confus, au seuil de laquelle un personnage grave et poli la salua avec beaucoup de courtoisie, et l'invita à entrer.

La Porporina reconnut le très-docte académicien Stoss, conservateur du cabinet de curiosités et de la bibliothèque du château. Il était venu plusieurs fois chez elle pour lui faire essayer de précieux manuscrits de musique protestante, des premiers temps de la réformation, trésors calligraphiques dont il avait enrichi la collection royale. En apprenant qu'elle cherchait une issue pour sortir du palais, il s'offrit aussitôt à la reconduire chez elle; mais il la pria si instamment de jeter un coup d'œil sur le précieux cabinet confié à ses soins, et dont il était fier à juste titre, qu'elle ne put refuser d'en faire le tour, appuyée sur son bras. Facile à distraire comme toutes les organisations d'artiste, elle y prit bientôt plus d'intérêt qu'elle ne s'était crue disposée à le faire, et son attention fut absorbée entièrement par un objet que lui fit particulièrement remarquer le très-digne professeur.

« Ce tambour, qui n'a rien de particulier au premier coup d'œil, lui dit-il, et que je soupçonne même d'être un monument apocryphe, jouit pourtant d'une grande célébrité. Ce qu'il y a de certain, c'est que la partie résonnante de cet instrument guerrier est une peau humaine, ainsi que vous pouvez l'observer vous-même par l'indice du renflement des pectoraux. Ce trophée, enlevé à Prague par Sa Majesté dans la glorieuse guerre qu'elle vient de terminer, est, dit-on, la peau de *Jean Ziska du Calice*, le célèbre chef de la grande insurrection des Hussites au quinzième siècle. On prétend qu'il avait légué cette dépouille sacrée à ses compagnons d'armes, leur promettant que *là où elle serait, la serait aussi la victoire*. Les Bohémiens prétendent que le son de ce redoutable tambour mettait en fuite leurs ennemis, qu'il évoquait les ombres de leurs chefs morts en combattant pour la sainte cause, et mille autres merveilles... Mais outre que, dans le brillant siècle de *raison* où nous avons le bonheur de vivre, de semblables superstitions ne méritent que le mépris, M. Lenfant, prédicateur de Sa Majesté la reine mère, et auteur d'une recommandable histoire des Hussites, affirme que Jean Ziska a été enterré avec sa peau, et que par conséquent... Il me semble, Mademoiselle, que vous pâlissez. Seriez-vous souffrante, ou la vue de cet objet bizarre vous causerait-elle du dégoût? Ce Ziska était un grand scélérat et un rebelle bien féroce...

— C'est possible, Monsieur, répondit la Porporina; mais j'ai habité la Bohême, et j'y ai entendu dire que c'était un bien grand homme; et qu'il vivait encore aussi vivant que celui de Louis XIV peut l'être en France, et on l'y considère comme le sauveur de sa patrie.

— Hélas! c'est une patrie bien mal sauvée, répondit en souriant M. Stoss, et j'aurais beau faire résonner la poitrine sonore de son libérateur, je ne ferais pas même apparaître son ombre honteusement captive dans le palais du vainqueur de ses descendants. »

En parlant ainsi, d'un ton pédant, le recommandable M. Stoss promena ses doigts sur le tambour, qui rendit un son mat et sinistre, comme celui que produisent ces instruments voilés de deuil, lorsqu'on les bat sourdement dans les marches funèbres. Mais le savant conservateur fut brusquement interrompu dans ce divertissement profane, par un cri perçant de la Porporina, qui se jeta dans ses bras, et se cacha le visage sur son épaule, comme un enfant épouvanté de quelque objet bizarre ou terrible.

Le grave M. Stoss regarda autour de lui pour chercher la cause de cette épouvante soudaine, et vit, arrêtée au seuil de la salle, une personne dont l'aspect ne lui causa qu'un sentiment de dédain. Il allait faire signe à cette personne de s'éloigner, mais elle avait passé outre, avant que la Porporina, cramponnée à lui, lui eût laissé la liberté de ses mouvements.

« En vérité, Mademoiselle, lui dit-il en la conduisant à une chaise où elle se laissa tomber anéantie et tremblante, je ne comprends pas ce qui vous arrive. Je n'ai rien vu qui pût motiver l'émotion que vous ressentez.

— Vous n'avez rien vu, vous n'avez vu personne? lui dit la Porporina d'une voix éteinte et d'un air égaré. Là, sur cette porte... vous n'avez pas vu un homme arrêté, qui me regardait avec des yeux effrayants?

— J'ai vu parfaitement un homme qui erre souvent dans le château et qui voudrait peut-être se donner des airs effrayants comme vous dites fort bien; mais je vous confesse qu'il m'intimide peu, et que je ne suis pas de ses dupes.

— Vous l'avez vu? ah! Monsieur, il était donc là, en effet? Je ne l'ai pas rêvé? Mon Dieu, mon Dieu! qu'est-ce que cela signifie?

— Cela signifie qu'en vertu de la protection spéciale d'une aimable et auguste princesse qui s'amuse, je crois, de ses folies plus qu'elle n'y ajoute foi, il est entré dans le château et se rend aux appartements de Son Altesse Royale.

— Mais qui est-il? comment le nommez-vous?

— Vous l'ignorez! d'où vient donc que vous avez peur?

— Au nom du ciel, Monsieur, dites-moi quel est cet homme?

— Eh mais, c'est Trismégiste, le sorcier de la princesse Amélie! Un de ces charlatans qui font le métier de prédire l'avenir et de révéler les trésors cachés, de faire de l'or, et mille autres talents de société qui ont été fort de mode ici avant le glorieux règne de Frédéric le Grand. Vous n'êtes pas sans avoir entendu dire, signora, que l'abbesse de Quedlimburg conserve le goût...

— Oui, oui, Monsieur, je sais qu'elle étudie la cabale, par curiosité sans doute...

— Oh! certainement. Comment supposer qu'une princesse si éclairée, si instruite, s'occupe sérieusement de pareilles extravagances?

— Enfin, Monsieur, vous connaissez cet homme!

— Oh! depuis longtemps; il y a bien quatre ans qu'on le voit paraître ici au moins une fois tous les six ou huit mois. Comme il est fort paisible et ne se mêle point d'intrigues, Sa Majesté, qui ne veut priver sa sœur chérie d'aucun divertissement innocent, tolère sa présence dans la ville et même son entrée libre dans le palais. Il n'en abuse pas, et n'exerce sa prétendue science dans ce pays-ci qu'auprès de Son Altesse. M. de Golowkin le protége et répond de lui. Voilà tout ce que je puis vous en dire; mais en quoi cela peut-il vous intéresser si vivement, Mademoiselle?

— Cela ne m'intéresse nullement, Monsieur, je vous assure; et pour que vous ne me croyiez pas folle, je dois vous dire que cet homme m'a semblé avoir, c'est sans doute une illusion, une ressemblance frappante avec une personne qui m'a été chère, et qui me l'est encore; car la mort ne brise pas les liens de l'affection, n'est-il pas vrai, Monsieur?

— C'est un noble sentiment que vous exprimez là, Mademoiselle, et bien digne d'une personne de votre mérite. Mais vous avez été très-émue, et je vois que vous pouvez à peine vous soutenir. Permettez-moi de vous reconduire. »

En arrivant chez elle, la Porporina se mit au lit, et y resta plusieurs jours, tourmentée par la fièvre et par une agitation nerveuse extraordinaire. Au bout de ce temps, elle reçut un billet de madame de Kleist qui l'engageait à venir faire de la musique chez elle, à huit heures du soir. Cette musique n'était qu'un prétexte pour la conduire furtivement au palais. Elles pénétrèrent, par des passages dérobés, chez la princesse, qu'elles trouvèrent dans une charmante parure, quoique son appartement fût à peine éclairé, et toutes les personnes attachées à son service congédiés pour ce soir-là, sous prétexte d'indisposition. Elle reçut la cantatrice avec mille caresses; et, passant familièrement son bras sous le sien, elle la conduisit à une jolie petite pièce en rotonde, éclairée de cinquante bougies, et dans laquelle était servi un souper friand avec un luxe de bon goût. Le *rococo* français n'avait pas encore fait irruption à la cour de Prusse. On affichait d'ailleurs, à cette époque, un souverain mépris pour la cour de France, et on s'en tenait à imiter les traditions du siècle de Louis XIV, pour lequel Frédéric, secrètement préoccupé de singer le grand roi, professait une admiration sans bornes. Cependant, la princesse Amélie était parée dans le dernier goût, et, pour être plus chastement ornée que madame de Pompadour n'avait coutume de l'être, elle n'en était pas moins brillante. Madame de Kleist avait revêtu aussi les plus aimables atours; et pourtant il n'y avait que trois couverts, et pas un seul domestique.

« Vous êtes ébahie de notre petite fête, dit la princesse en riant. Eh bien, vous le serez davantage quand vous saurez que nous allons souper toutes les trois, en nous servant nous-mêmes; comme déjà nous avons tout préparé nous-mêmes, madame de Kleist et moi. C'est nous deux qui avons mis le couvert et allumé les bougies, et jamais je ne me suis tant amusée. Je me suis coiffée et habillée toute seule pour la première fois de ma vie, et je n'ai jamais été mieux arrangée, du moins à ce qu'il me semble. Enfin, nous allons nous divertir *incognito* ! Le roi couche à Potsdam, la reine est à Charlottembourg, mes sœurs sont chez la reine mère, à Montbijou ; mes frères, je ne sais où; nous sommes seules dans le château. Je suis censée malade, et je profite de cette nuit de liberté pour me sentir vivre un peu, et pour fêter avec vous deux (les seules personnes au monde auxquelles je puisse me lier) l'évasion de mon cher Trenck. Aussi nous allons boire du champagne à sa santé, et si l'une de nous se grise, les autres lui garderont le secret. Ah ! les beaux soupers philosophiques de Frédéric vont être effacés par la splendeur et la gaieté de celui-ci ! »

On se mit à table, et la princesse se montra sous un jour tout nouveau à la Porporina. Elle était bonne, sympathique, naturelle, enjouée, belle comme un ange, adorable en un mot ce jour-là, comme elle l'avait été aux plus beaux jours de sa première jeunesse. Elle semblait nager dans le bonheur, et c'était un bonheur pur, généreux, désintéressé. Son amant fuyait loin d'elle, elle ignorait si elle le reverrait jamais ; mais il était libre, il avait cessé de souffrir, et cette amante radieuse bénissait la destinée.

« Ah ! que je me sens bien entre vous deux ! disait-elle à ses confidentes qui formaient avec elle le plus beau trio qu'une coquetterie raffinée ait jamais dérobé aux regards des hommes : je me sens libre comme Trenck l'est à cette heure ; je me sens bonne comme il l'a toujours été, lui, et comme je croyais ne plus l'être ! Il me semblait que la forteresse de Glatz pesait à toute heure sur mon âme : la nuit elle était sur ma poitrine comme un cauchemar. J'avais froid dans mon lit d'édredon, en songeant que celui que j'aime grelottait sur les dalles humides d'un sombre caveau. Je ne vivais plus, je ne pouvais plus jouir de rien. Ah! chère Porporina, imaginez-vous l'horreur qu'on éprouve à se dire : Il souffre tout cela pour moi ! c'est mon fatal amour qui le précipite tout vivant dans un tombeau ! »

Cette pensée changeait tous les aliments en fiel, comme le souffle des harpies.

« Verse-moi du Champagne, Porporina : je ne l'ai jamais aimé, il y a deux ans que je ne bois que de l'eau. Eh bien, il me semble que je bois de l'ambroisie. La clarté des bougies est riante, ces fleurs sentent bon, ces friandises sont recherchées, et surtout vous êtes belles comme deux anges, de Kleist et toi. Oh ! oui, je vois, j'entends, je respire ; je suis devenue vivante, de statue, de cadavre que j'étais. Tenez, portez avec moi la santé de Trenck d'abord, et puis celle de l'ami qui s'est enfui avec lui ; ensuite, nous porterons celle des braves gardiens qui l'ont laissé fuir, et puis enfin celle de mon frère Frédéric, qui n'a pas pu l'en empêcher. Non, aucune pensée amère ne troublera ce jour de fête. Je n'ai plus d'amertume contre personne ; il me semble que j'aime le roi. Tiens ! à la santé du roi, Porporina ; vive le roi ! »

Ce qui ajoutait au bien-être que la joie de cette pauvre princesse communiquait à ses deux belles convives, c'était la bonhomie de ses manières et l'égalité parfaite qu'elle faisait régner entre elles trois. Elle se levait, changeait les assiettes quand son tour venait, découpait elle-même, et servait ses compagnes avec un plaisir enfantin et attendrissant.

« Ah ! si je n'étais pas née pour la vie d'égalité, du moins l'amour me l'a fait comprendre, disait-elle, et le malheur de ma condition m'a révélé l'imbécillité de ces préjugés du rang et de la naissance. Mes sœurs ne sont pas comme moi. Ma sœur d'Anspach porterait sa tête sur l'échafaud plutôt que de faire la première révérence à une Altesse non régnante. Ma sœur de Bareith, qui fait la philosophe et l'esprit fort avec M. Voltaire, arracherait les yeux à une duchesse qui se permettrait d'avoir un pouce d'étoffe de plus qu'elle à la queue de sa robe. C'est qu'elles n'ont jamais aimé, voyez-vous ! Elles passeront leur vie dans cette machine pneumatique qu'elles appellent la dignité de leur rang. Elles mourront embaumées dans leur majesté comme des momies ; elles n'auront pas connu mes amères douleurs, mais aussi elles n'auront pas eu, dans toute leur vie d'étiquette et de gala, un quart d'heure de laisser-aller, de plaisir et de confiance comme celui que je savoure dans ce moment ! Mes chères petites, il faut que vous me rendiez la fête complète, il faut que vous me tutoyiez ce soir. Je veux être Amélie pour vous ; plus d'Altesse ; Amélie tout court. Ah ! tu fais mine de refuser, toi, de Kleist ! La cour t'a gâtée, mon enfant ; malgré toi tu en as respiré l'air malsain : mais toi, chère Porporina, qui, bien que comédienne, sembles un enfant de la nature, tu céderas à mon innocent désir.

—Oui, ma chère Amélie, je le ferai de tout mon cœur pour t'obliger, répondit la Porporina en riant. »

—Ah ! ciel ! s'écria la princesse, si tu savais quel effet cela me fait d'être tutoyée, et de m'entendre appeler *Amélie* ! oh ! comme il disait bien mon nom, *lui* ! Il me semblait que c'était le plus beau nom de la terre, le plus doux qu'une femme ait jamais porté, quand il le prononçait.

Peu à peu la princesse poussa le ravissement de l'âme jusqu'à s'oublier elle-même pour ne plus s'occuper que de ses amies ; et dans cet essai d'égalité, elle se sentit devenir si grande, si heureuse et si bonne, qu'elle dépouilla instinctivement l'âpre personnalité développée en elle par la passion et la souffrance. Elle cessa de parler d'elle exclusivement, elle ne songea plus à se faire un petit mérite d'être si aimable et si simple ; elle interrogea madame de Kleist sur sa famille, sa position et ses sentiments, ce qu'elle n'avait pas fait depuis qu'elle était sur ses propres chagrins. Elle voulut aussi connaître la vie d'artiste, les émotions du théâtre, les idées et les affections de la Porporina. Elle inspirait la confiance en même temps qu'elle la ressentait, et elle goûta un plaisir infini à voir enfin, dans ces êtres différents d'elle jusque là, des êtres semblables dans leur essence, aussi méritants devant Dieu, aussi bien doués de la nature, aussi importants sur la terre qu'elle s'était longtemps persuadée devoir l'être de préférence aux autres.

Ce fut la Porporina surtout dont les réponses ingénues et l'expansion sympathique la frappèrent d'un respect mêlé de douce surprise.

« Tu me parais un ange, lui dit-elle. Toi, une fille de théâtre ! Tu parles et tu penses plus noblement qu'aucune tête couronnée que je connaisse. Tiens, je me prends pour toi d'une estime qui va jusqu'à l'engouement. Il faut que tu m'accordes la tienne tout entière, belle Porporina. Il faut que tu m'ouvres ton cœur, et que tu me racontes ta vie, ta naissance, ton éducation, tes amours, tes malheurs, tes fautes même, si tu en as commis. Ce ne peuvent être que de nobles fautes, comme celle que je porte, non sur la conscience, comme on dit, mais dans le sanctuaire de mon cœur. Il est onze heures, nous avons toute la nuit devant nous; notre petite *orgie* tire à sa fin, car nous ne faisons plus que bavarder, et je vois que la seconde bouteille de champagne aura tort. Veux-tu me raconter ton histoire, telle que je te la demande? Il me semble que la connaissance de ton cœur, et le tableau d'une vie où tout me sera nouveau et inconnu va m'instruire de véritables devoirs de ce monde, plus que toutes mes réflexions ne l'ont jamais pu faire. Je me sens capable de t'écouter et de te suivre comme je n'ai jamais pu écouter rien de ce qui était étranger à ma passion. Veux-tu me satisfaire?

— Je le ferais de grand cœur, Madame... répondit la Porporina.

— Quelle dame? où prends-tu ici cette Madame, interrompit gaiement la princesse.

— Je dis, ma chère Amélie, reprit la Porporina, que je le ferais avec plaisir, si, dans ma vie, il ne se trouvait un secret important, presque formidable, auquel tout se rattache, et qu'aucun besoin d'épanchement, aucun entraînement de cœur ne me permettent de révéler.

— Eh bien, ma chère enfant, je le sais, ton secret! et si je ne t'en ai pas parlé dès le commencement de notre souper, c'est par un sentiment de discrétion au-dessus duquel je sens maintenant que mon amitié pour toi peut se placer sans scrupule.

— Vous savez mon secret! s'écria la Porporina pétrifiée de surprise. Oh! Madame, pardonnez! cela me paraît impossible.

— *Un gage!* Tu me traites toujours en Altesse.

— Pardonnez-moi, Amélie... mais tu ne peux pas savoir mon secret, à moins d'être réellement d'accord avec Cagliostro, comme on le prétend.

— J'ai entendu parler de ton aventure avec Cagliostro dans le temps, et je mourais d'envie d'en connaître les détails; mais ce n'est pas la curiosité qui me pousse ce soir, c'est l'amitié, comme je te l'ai dit sincèrement. Ainsi, pour t'encourager, je te dirai que, depuis ce matin, je sais fort bien que la signora Consuelo Porporina pourrait légitimement prendre, si elle le voulait, le titre de comtesse de Rudolstadt.

— Au nom du ciel, madame... Amélie... qui a pu vous instruire...

— Ma chère Rudolstadt, tu ne sais donc pas que ma sœur, la margrave de Bareith, est ici?

— Je le sais.

— Et avec elle son médecin Supperville?

— J'entends. M. Supperville a manqué à sa parole, à son serment. Il parlé!

— Rassure-toi. Il n'a parlé qu'à moi, et sous le sceau du secret. Je ne vois pas d'ailleurs, pourquoi tu crains tant de voir ébruiter une affaire qui est si honorable pour ton caractère et qui ne peut plus nuire à personne. La famille de Rudolstadt est éteinte, à l'exception d'une vieille chanoinesse qui ne peut tarder à rejoindre ses frères au tombeau. Nous avons, il est vrai, en Saxe, des princes de Rudolstadt qui se trouvent tes proches parents, tes cousins issus de germain, qui sont fort vains de leur nom; mais si mon frère veut te soutenir, tu porteras ce nom sans qu'ils osent réclamer... à moins que tu ne persistes à préférer ton nom de Porporina, qui est tout aussi glorieux et beaucoup plus doux à l'oreille.

— Telle est mon intention, en effet, répondit la cantatrice, quelque chose qui arrive; mais je voudrais bien savoir à quel propos M. Supperville vous a raconté tout cela... Quand je le saurai, et que ma conscience sera dégagée de son serment, je vous promets... de te raconter les détails de ce triste et étrange mariage.

— Voici le fait, dit la princesse. Une de mes femmes étant malade, j'ai fait prier Supperville, qui se trouvait, m'a-t-on dit, dans le château auprès de ma sœur, de passer chez moi pour la voir. Supperville est un homme d'esprit que j'ai connu lorsqu'il résidait ici, et qui n'a jamais aimé mon frère. Cela m'a mise à l'aise pour causer avec lui. Le hasard a amené la conversation sur la musique, sur l'opéra, et sur toi par conséquent; je lui ai parlé de toi avec tant d'éloges, que, soit pour me faire plaisir, soit par conviction, il a renchéri sur moi, et t'a porté aux nues. Je prenais goût à l'entendre, et je remarquais une certaine affectation qu'il mettait à me faire pressentir en toi une existence romanesque digne d'intérêt, et une grandeur d'âme supérieure à toutes mes bonnes présomptions. Je l'ai pressé beaucoup, je te le confesse, et il s'est laissé prier beaucoup aussi, je dois le dire pour le justifier. Enfin, après m'avoir demandé ma parole de ne pas le trahir, il m'a raconté ton mariage au lit de mort du comte de Rudolstadt, et la renonciation généreuse que tu avais faite de tous tes droits et avantages. Tu vois, mon enfant, que tu peux, sans scrupule, me dire le reste, si rien ne t'engage à me le cacher.

— Cela étant, dit la Porporina après un moment de silence et d'émotion, quoique ce récit doive réveiller en moi des souvenirs bien pénibles, surtout depuis mon séjour à Berlin, je répondrai par ma confiance à l'intérêt de Votre Altesse... je veux dire de ma bonne Amélie. »

VII.

« Je suis née dans je ne sais quel coin de l'Espagne, je ne sais pas précisément en quelle année; mais je dois avoir vingt-trois ou vingt-quatre ans. J'ignore le nom de mon père; et quant à celui de ma mère, je crois bien qu'elle était, à l'égard de ses parents, dans la même incertitude que moi. On l'appelait à Venise, la *Zingara*, et moi la *Zingarella*. Ma mère m'avait donné pour patronne Maria del Consuelo, comme qui dirait, en français, Notre-Dame de Consolation. Mes premières années furent errantes et misérables. Nous courions le monde à pied, ma mère et moi, vivant de nos chansons. J'ai un vague souvenir que, dans la forêt de Bohême, nous reçûmes l'hospitalité dans un château, où un bel adolescent, fils du seigneur, et nommé Albert, me combla de soins et d'amitiés, et donna une guitare à ma mère. Ce château, c'était le château des géants, dont je devais refuser un jour, d'être la châtelaine : ce jeune seigneur, c'était le comte Albert de Rudolstadt, dont je devais devenir l'épouse.

« A dix ans, je commençais à chanter dans les rues. Un jour que je disais ma petite chanson sur la place Saint-Marc, à Venise, devant un café, maître Porpora, qui se trouvait là, frappé de la justesse de ma voix et de la méthode naturelle que ma mère m'avait transmise, m'appela, me questionna, me suivit jusqu'à mon galetas, donna quelques secours à ma mère, et lui promit de me faire entrer dans la *scuola dei mendicanti*, une de ces écoles gratuites de musique qui abondent en Italie, et d'où sortent tous les artistes éminents de l'un et l'autre sexe; car ce sont les meilleurs maîtres qui en ont la direction. J'y fis de rapides progrès; et maître Porpora prit pour moi une amitié qui m'exposa bientôt à la jalousie et aux mauvais tours de mes camarades. Leurs dépits injustes et le mépris qu'elles affichaient pour mes haillons me donnèrent de bonne heure l'habitude de la patience, de la réserve et de la résignation.

« Je ne me souviens pas du premier jour où je le vis; mais il est certain qu'à l'âge de sept ou huit ans, j'aimais déjà un jeune homme ou plutôt un enfant, orphelin, abandonné, étudiant comme moi la musique par protection et par charité, vivant, comme moi, sur le pavé. Notre amitié, ou notre amour, car c'était la même chose, était un sentiment chaste et délicieux. Nous passions ensemble, dans un vagabondage innocent, les heures qui n'étaient pas consacrées à l'étude. Ma mère, après l'avoir inutilement combattue, sanctionna notre inclination par la promesse qu'elle nous fit contracter, à son lit de mort, de nous marier ensemble, aussitôt que notre travail nous aurait mis à même d'élever une famille.

« A l'âge de dix-huit ou dix-neuf ans, j'étais assez avancée dans le chant. Le comte Zustiniani, noble vénitien, propriétaire du théâtre San Samuel, m'entendit chanter à l'église, et m'engagea comme première cantatrice, pour remplacer la Corilla, belle et robuste virtuose, dont il avait été l'amant, et qui lui était infidèle. Ce Zustiniani était précisément le protecteur de mon fiancé Anzoleto. Anzoleto fut engagé avec moi pour chanter les premiers rôles d'homme. Nos débuts s'annoncèrent sous les plus brillants auspices. Il avait une voix magnifique, une facilité naturelle extraordinaire, un extérieur séduisant : toutes les belles dames le protégeaient. Mais il était paresseux ; il n'avait pas eu un professeur aussi habile et aussi zélé que le mien. Son succès fut moins brillant. Il en eut du chagrin d'abord, et puis du dépit, enfin de la jalousie ; et je perdis ainsi son amour.

— Est-il possible ? dit la princesse Amélie ; pour une semblable cause ? Il était donc bien vil ?

— Hélas ! non, madame ; mais il était vain et artiste. Il se fit protéger par la Corilla, la cantatrice disgraciée et furieuse, qui m'enleva son cœur, et l'amena rapidement à offenser et à déchirer le mien. Un soir, maître Porpora, qui avait toujours combattu mes sentiments, parce qu'il prétend qu'une femme, pour être grande artiste, doit rester étrangère à toute passion et à tout engagement de cœur, me fit découvrir la trahison d'Anzoleto. Le lendemain soir, le comte Zustiniani me fit une déclaration d'amour, à laquelle j'étais loin de m'attendre, et qui m'offensa profondément. Anzoleto feignit d'être jaloux, de me croire corrompue... Il voulait briser avec moi. Je m'enfuis de mon logement, dans la nuit ; j'allai trouver mon maître, qui est un homme de prompte inspiration, et qui m'avait habituée à être prompte dans l'exécution. Il me donna des lettres, une forte somme, un itinéraire de voyage ; il me mit dans une gondole, m'accompagna jusqu'à la terre ferme, et je partis seule, au point du jour, pour la Bohême.

— Pour la Bohême ? dit madame de Kleist, à qui le courage et la vertu de la Porporina faisaient ouvrir de grands yeux.

— Oui, Madame, reprit la jeune fille. Dans notre langage d'artistes aventuriers, nous disons souvent *courir la Bohême*, pour signifier qu'on s'embarque dans les hasards d'une vie pauvre, laborieuse et souvent coupable, dans la vie des Zingari, qu'on appelle aussi Bohémiens, en français. Quant à moi, je partais, non pour cette Bohême symbolique à laquelle mon sort semblait me destiner comme tant d'autres, mais pour le malheureux et chevaleresque pays des Tchèques, pour la patrie de Huss et de Ziska, pour le Bœhmer-Wald, enfin pour le château des Géants, où je fus généreusement accueillie par la famille des Rudolstadt.

— Et pourquoi allais-tu dans cette famille ? demanda la princesse, qui écoutait avec beaucoup d'attention : se souvenait-on de t'y avoir vue enfant ?

— Nullement. Je ne m'en souvenais pas moi-même, et ce n'est que longtemps après, et par hasard, que le comte Albert retrouva et m'aida à retrouver le souvenir de cette petite aventure ; mais mon maître le Porpora avait été fort lié en Allemagne avec le respectable Christian de Rudolstadt, chef de la famille. La jeune baronne Amélie, nièce de ce dernier, demandait une gouvernante, c'est-à-dire une demoiselle de compagnie qui fît semblant de lui enseigner la musique, et qui la désennuyât de la vie austère et triste qu'on menait à Riesenburg[1]. Ses nobles et bons parents m'accueillirent comme une amie, presque comme une parente. Je n'enseignai rien, malgré mon bon vouloir, à ma jolie et capricieuse élève, et...

— Et le comte Albert devint amoureux de toi, comme cela devait arriver ?

[1]. Château des Géants, en allemand.

— Hélas ! Madame, je ne saurais parler légèrement d'une chose si grave et si douloureuse. Le comte Albert, qui passait pour fou, et qui unissait à une âme sublime, à un génie enthousiaste, des bizarreries étranges, une maladie de l'imagination tout à fait inexplicable...

— Supperville m'a raconté tout cela, sans y croire et sans me le faire comprendre. On attribuait à ce jeune homme des facultés surnaturelles, le don des prophéties, la seconde vue, le pouvoir de se rendre invisible... Sa famille racontait là-dessus des choses inouïes... Mais tout cela est impossible, et j'espère que tu n'y ajoutes pas foi ?

— Épargnez-moi, Madame, la souffrance et l'embarras de me prononcer sur des faits qui dépassent la portée de mon intelligence. J'ai vu des choses inconcevables, et, en de certains moments, le comte Albert m'a semblé un être supérieur à la nature humaine. En d'autres moments, je n'ai vu en lui qu'un être malheureux, privé, par l'excès même de sa vertu, du flambeau de la raison ; mais en aucun temps je ne l'ai vu semblable aux vulgaires humains. Dans le délire comme dans le calme, dans l'enthousiasme comme dans l'abattement, il était toujours le meilleur, le plus juste, le plus sagement éclairé ou le plus poétiquement exalté des hommes. En un mot, je ne saurais penser à lui ni prononcer son nom sans un frémissement de respect, sans une attendrissement profond, et sans une sorte d'épouvante ; car je suis la cause involontaire, mais non tout à fait innocente, de sa mort.

— Voyons, chère comtesse, essuie tes beaux yeux, prends courage, et continue. Je t'écoute sans ironie et sans légèreté profane, je te le jure.

— Il m'aima d'abord sans que je pusse m'en douter. Il ne m'adressait jamais la parole, il ne semblait même pas me voir. Je crois qu'il s'aperçut pour la première fois de ma présence dans le château, lorsqu'il m'entendit chanter. Il faut vous dire qu'il était très-grand musicien, et qu'il jouait du violon comme personne au monde ne se doute qu'on puisse en jouer. Mais je crois bien être la seule qui l'ait jamais entendu à Riesenburg ; car sa famille n'a jamais su qu'il possédât cet incomparable talent. Son amour naquit donc d'un élan d'enthousiasme et de sympathie musicale. Sa cousine, la baronne Amélie, qui était fiancée avec lui depuis deux ans, et qu'il n'aimait pas, prit du dépit contre moi, quoiqu'elle ne l'aimât pas non plus. Elle me le témoigna avec plus de franchise que de méchanceté ; car, au milieu de ses travers, elle avait une certaine grandeur d'âme ; elle se lassa des froideurs d'Albert, de la tristesse du château, et, un beau matin, nous quitta, enlevant, pour ainsi dire, son père le baron Frédéric, frère du comte Christian, homme excellent et borné, indolent d'esprit et simple de cœur, esclave de sa fille et passionné pour la chasse.

— Tu ne me dis rien de l'*invisibilité* du comte Albert, de ses disparitions de quinze et vingt jours, au bout desquelles il reparaissait tout d'un coup, croyant ou feignant de croire qu'il n'avait pas quitté la maison, et ne pouvant ou ne voulant pas dire ce qu'il était devenu pendant qu'on le cherchait de tous côtés.

— Puisque M. Supperville vous a raconté ce fait merveilleux en apparence, je vais vous en donner l'explication ; moi seule puis le faire, car ce point est toujours resté un secret entre Albert et moi. Il y a près du château des Géants une montagne appelée Schreckenstein[1], qui recèle une grotte et plusieurs chambres mystérieuses, antique construction souterraine qui date du temps des Hussites. Albert, tout en parcourant une série d'opinions philosophiques très-hardies, et d'enthousiasme religieux porté jusqu'au mysticisme, était resté hussite, ou, pour mieux dire, taborite dans le cœur. Descendant par sa mère du roi Georges Podiebrad, il avait conservé et développé en lui-même les sentiments d'indépendance patriotique et d'égalité évangélique que la prédication de Jean Huss et les victoires de Jean Ziska ont, pour ainsi dire, inoculés aux Bohémiens...

[1]. La Pierre d'épouvante.

— Comme elle parle d'histoire et de philosophie! s'écria la princesse en regardant madame de Kleist: qui m'eût jamais voulu dire qu'une fille de théâtre comprendrait ces choses-là comme moi qui ai passé ma vie à les étudier dans les livres? Quand je te le disais, de Kleist, qu'il y avait parmi ces êtres que l'opinion des cours relègue aux derniers rangs de la société, des intelligences égales, sinon supérieures, à celles qu'on forme aux premiers avec tant de soin et de dépense!

— Hélas! Madame, reprit la Porporina, je suis fort ignorante, et je n'avais jamais rien lu avant mon séjour à Riesenburg. Mais là j'ai tant entendu parler de ces choses, et j'ai été forcée de tant réfléchir pour comprendre ce qui se passait dans l'esprit d'Albert, que j'ai fini par m'en faire une idée.

— Oui, mais tu es devenue mystique et un peu folle toi-même; mon enfant! Admirer les campagnes de Jean Ziska et le génie républicain de la Bohême, j'y consens, j'ai des idées tout aussi républicaines que toi là-dessus peut-être; car, moi aussi, l'amour m'a révélé une vérité contraire à celle que mes pédants m'avaient enseignée sur les droits des peuples et le mérite des individus; mais je ne partage pas ton admiration pour le fanatisme taborite et pour leur délire d'égalité chrétienne. Ceci est absurde, irréalisable, et entraîne à des excès féroces. Qu'on renverse les trônes, j'y consens, et... j'y travaillerais au besoin! Qu'on fasse des républiques à la manière de Sparte, d'Athènes, de Rome, ou de l'antique Venise; voilà ce que je puis admettre. Mais tes sanguinaires et crasseux Taborites ne me vont pas plus que les Vaudois de flamboyante mémoire, les odieux Anabaptistes de Munster et les Picards de la vieille Allemagne.

— J'ai ouï dire au comte Albert que tout cela n'était pas précisément la même chose, reprit modestement Consuelo; mais je n'oserais discuter avec Votre Altesse sur des matières qu'elle a étudiées. Vous avez ici des historiens et des savants qui se sont occupés de ces graves matières, et vous pouvez juger, mieux que moi, de leur sagesse et de leur justice. Cependant, quand même j'aurais le bonheur d'avoir toute une académie pour m'instruire, je crois que mes sympathies ne changeraient pas. Mais je reprends mon récit.

— Oui, je t'ai interrompue par des réflexions pédantes, et je t'en demande pardon. Poursuis. Le comte Albert, engoué des exploits de ses pères (cela est bien concevable et bien pardonnable), amoureux de toi, d'ailleurs, ce qui est plus naturel et plus légitime encore, n'admettait pas que tu ne fusses pas son égale devant Dieu et devant les hommes? Il avait bien raison, mais ce n'était pas un motif pour déserter la maison paternelle, et pour laisser tout son monde dans la désolation.

— C'est là où je voulais venir, reprit Consuelo; il allait rêver et méditer depuis longtemps dans la grotte des Hussites au Schreckenstein, et il s'y plaisait d'autant plus, que seul, et un pauvre paysan fou qui le suivait dans ses promenades, avaient connaissance de ces demeures souterraines. Il prit l'habitude de s'y retirer chaque fois qu'un chagrin domestique ou une émotion violente lui faisaient perdre l'empire de sa volonté. Il sentait venir ses accès, et, pour dérober à ses parents consternés, il gagnait le Schreckenstein par un conduit souterrain qu'il avait découvert, et dont l'entrée était une citerne située auprès de son appartement, dans un parterre de fleurs. Une fois arrivé à sa caverne, il oubliait les heures, les jours et les semaines. Soigné par Zdenko, ce paysan poète et visionnaire, dont l'exaltation avait quelques rapports avec la sienne, il ne songeait plus à revoir la lumière et à retrouver ses parents que lorsque l'accès commençait à passer; et malheureusement ces accès devenaient chaque fois plus intenses et plus longs à dissiper. Une fois enfin, il resta si longtemps absent, qu'on le crut mort, et j'entrepris de découvrir le lieu de sa retraite. J'y parvins avec beaucoup de peine et de dangers. Je descendis dans cette citerne, qui se trouvait dans ses jardins, et par laquelle j'avais vu, une nuit, sortir Zdenko à la dérobée. Ne sachant pas me diriger dans ces abîmes, je faillis y perdre la vie. Enfin je trouvai Albert; je réussis à dissiper la torpeur douloureuse où il était plongé; je le ramenai à ses parents, et je lui fis jurer qu'il ne retournerait jamais sans moi dans la fatale caverne. Il céda; mais il me prédit que c'était le condamner à mort; et sa prédiction ne s'est que trop réalisée!

— Comment cela? C'était le rendre à la vie, au contraire.

— Non, Madame, à moins que je ne parvinsse à l'aimer, et à n'être jamais pour lui une cause de douleur.

— Quoi! tu ne l'aimais pas? tu descendais dans un puits, tu risquais ta vie dans ce voyage souterrain...

— Où Zdenko l'insensé, ne comprenant pas mon dessein, et jaloux, comme un chien fidèle et stupide, de la sécurité de son maître, faillit m'assassiner. Un torrent faillit m'engloutir. Albert, ne me reconnaissant pas d'abord, faillit me faire partager sa folie, car la frayeur et l'émotion rendent les hallucinations contagieuses... Enfin, il fut repris d'un accès de délire en me ramenant dans le souterrain, et manqua m'y abandonner en me fermant l'issue... Et je m'exposai à tout cela sans aimer Albert.

— Alors tu avais fait un vœu à Maria del Consuelo, pour opérer sa délivrance?

— Quelque chose comme cela, en effet, répondit la Porporina avec un triste sourire; un mouvement de tendre pitié pour sa famille, de sympathie profonde pour lui, peut-être un attrait romanesque, de l'amitié sincère à coup sûr, mais pas l'apparence d'amour, du moins rien de semblable à cet amour aveugle, enivrant et suave que j'avais éprouvé pour l'ingrat Anzoleto, dans lequel je crois bien que mon cœur s'était usé prématurément!... Que vous dirai-je, Madame? à la suite de cette terrible expédition, j'eus un transport au cerveau, et je fus à deux doigts de la mort. Albert, qui était aussi grand médecin que grand musicien, me sauva. Ma lente convalescence, et ses soins assidus nous mirent sur un pied d'intimité fraternelle. Sa raison revint entièrement. Son père me bénit et me traita comme une fille chérie. Une vieille tante bossue, la chanoinesse Wenceslawa, ange de tendresse et patricienne remplie de préjugés, se fût résignée elle-même à m'accepter, Albert implorait mon amour. Le comte Christian en vint jusqu'à se faire l'avocat de son fils. J'étais émue, j'étais effrayée; j'aimais Albert comme on aime la vertu, la vérité, le beau idéal; mais j'avais encore peur de lui; je répugnais à devenir comtesse, à faire un mariage qui soulèverait contre lui et contre sa famille la noblesse du pays, et qui me ferait accuser de vues sordides et de basses intrigues. Et puis, faut-il l'avouer? c'est là mon seul crime peut-être!... je regrettais ma profession, ma liberté, mon vieux maître, ma vie d'artiste, et cette arène émouvante du théâtre, où j'avais paru un instant pour briller et disparaître comme un météore; ces planches brûlantes où mon amour s'était brisé, mon malheur consommé, où je croyais pouvoir maudire et mépriser toujours, et où cependant je rêvais toutes les nuits que j'étais applaudie ou sifflée... Cela doit vous sembler étrange et misérable; mais quand on a été élevée pour le théâtre, quand on a travaillé toute sa vie pour se livrer ces combats et remporter ces victoires, quand on y a gagné les premières batailles, l'idée de n'y jamais retourner est aussi effrayante que vous le seriez, Madame et chère Amélie, celle de n'être plus princesse que sur des tréteaux, comme je le suis maintenant deux fois par semaine...

— Tu te trompes, tu déraisonnes, amie! Si je pouvais devenir princesse, artiste, j'épouserais Trenck, et je serais heureuse. Tu ne voulais pas devenir d'artiste, princesse pour épouser Rudolstadt. Je vois bien que tu ne l'aimais pas! mais ce n'est pas ta faute... on n'aime pas qui l'on veut!

— Madame, voilà un aphorisme dont je voudrais bien pouvoir me convaincre; ma conscience serait en repos. Mais c'est à résoudre ce problème que j'ai employé ma vie, et je n'en suis pas encore venue à bout.

— Voyons, dit la princesse; ceci est un fait grave, et, comme abbesse, je dois essayer de prononcer sur les cas

A la santé du roi!... (Page 20.)

de conscience. Tu doutes que nous soyons libres d'aimer ou de ne pas aimer? Tu crois donc que l'amour peut faire son choix et consulter la raison?

— Il devrait le pouvoir. Un noble cœur devrait soumettre son inclination, je ne dis pas à cette raison du monde qui n'est que folie et mensonge, mais à ce discernement noble, qui n'est que le goût du beau, l'amour de la vérité. Vous êtes la preuve de ce que j'avance, Madame, et votre exemple me condamne. Née pour occuper un trône, vous avez immolé la fausse grandeur à la passion vraie, à la possession d'un cœur digne du vôtre. Moi, née pour être reine aussi (sur les planches) je n'ai pas eu le courage et la générosité de sacrifier joyeusement le clinquant de cette gloire menteuse à la vie calme et à l'affection sublime qui s'offrait à moi. J'étais prête à le faire par dévouement, mais je ne le faisais pas sans douleur et sans effroi; et Albert, qui voyait mon anxiété, ne voulait pas accepter ma foi comme un sacrifice. Il me demandait de l'enthousiasme, des joies partagées, un cœur libre de tout regret. Je ne devais pas le tromper; d'ailleurs peut-on tromper sur de telles choses? Je demandai donc du temps, et on m'en accorda. Je promis de faire mon possible pour arriver à cet amour semblable au sien. J'étais de bonne foi; mais je sentais avec terreur que j'eusse voulu ne pas être forcée par ma conscience à prendre cet engagement formidable.

— Étrange fille! Tu aimais encore l'*autre*, je le parierais?

— O mon Dieu! je croyais bien ne plus l'aimer: mais un matin que j'attendais Albert sur la montagne, pour me promener avec lui, j'entends une voix dans le ravin; je reconnais un chant que j'ai étudié autrefois avec Anzoleto, je reconnais surtout cette voix pénétrante que j'ai tant aimée, et cet accent de Venise si doux à mon souvenir; je me penche, je vois passer un cavalier, c'était lui, Madame, c'était Anzoleto!

— Eh! pour Dieu! qu'allait-il faire en Bohême?

— J'ai su depuis qu'il avait rompu son engagement, qu'il fuyait Venise et le ressentiment du comte Zustiniani. Après s'être lassé bien vite de l'amour querelleur et despotique de la Corilla, avec laquelle il était remonté avec succès sur le théâtre de San Samuel, il avait obtenu les faveurs d'une certaine Clorinda, seconde cantatrice, mon ancienne camarade d'école, dont Zustiniani avait

La princesse Amélie.

fait sa maîtresse. En homme du monde, c'est-à-dire en libertin frivole, le comte s'était vengé en reprenant Corilla sans congédier l'autre. Au milieu de cette double intrigue, Anzoleto, persiflé par son rival, prit du dépit, passa à la colère, et, par une belle nuit d'été, donna un grand coup de pied à la gondole où Zustiniani prenait le frais avec la Corilla. Ils en furent quittes pour chavirer et prendre un bain tiède. Les eaux de Venise ne sont pas profondes partout. Mais Anzoleto, pensant bien que cette plaisanterie le conduirait aux Plombs, prit la fuite, et, en se dirigeant sur Prague, passa devant le château des Géants.

« Il passa outre, et je rejoignis Albert pour faire avec lui un pèlerinage à la grotte du Schreckenstein qu'il désirait revoir avec moi. J'étais sombre et bouleversée. J'eus, dans cette grotte, les émotions les plus pénibles. Ce lieu lugubre, les ossements hussites dont Albert avait fait un autel au bord de la source mystérieuse, le son admirable et déchirant de son violon, je ne sais quelles terreurs, les ténèbres, les idées superstitieuses qui lui revenaient dans ce lieu, et dont je ne me sentais plus la force de le préserver...

— Dis tout! il se croyait Jean Ziska. Il prétendait avoir l'existence éternelle, la mémoire des siècles passés; enfin il avait la folie du comte de Saint-Germain?

— Eh bien, oui, Madame, puisque vous le savez, et sa conviction à cet égard a fait sur moi une si vive impression, qu'au lieu de l'en guérir, j'en suis venue presque à la partager.

— Serais-tu donc un esprit faible, malgré ton cœur courageux?

— Je ne puis avoir la prétention d'être un esprit fort. Où aurais-je pris cette force? La seule éducation sérieuse que j'aie reçue, c'est Albert qui me l'a donnée. Comment n'aurais-je pas subi son ascendant et partagé ses illusions? il y avait tant et de si hautes vérités dans son âme, que je ne pouvais discerner l'erreur de la certitude. Je sentis dans cette grotte que ma raison s'égarait. Ce qui m'épouvanta le plus, c'est que je n'y trouvai pas Zdenko comme je m'y attendais. Il y avait plusieurs mois que Zdenko ne paraissait plus. Comme il avait persisté dans sa fureur contre moi, Albert l'avait éloigné, chassé de sa présence, après quelque discussion violente, sans doute, car il paraissait en avoir des remords. Peut-être croyait-il qu'en le quittant, Zdenko s'était suicidé; du moins il parlait de lui dans des termes énigmatiques, et avec des réticences mystérieuses qui me faisaient frémir. Je m'imaginais (que Dieu me pardonne cette pensée!) que, dans un accès d'égarement, Albert, ne pouvant faire renoncer ce malheureux au projet de m'ôter la vie, la lui avait ôtée à lui-même.

— Et pourquoi ce Zdenko te haïssait-il de la sorte?

— C'était une suite de sa démence. Il prétendait avoir rêvé que je tuais son maître et que je dansais ensuite sur sa tombe. O Madame! cette sinistre prédiction s'est accomplie. Mon amour a tué Albert, et huit jours après je débutais ici dans un opéra bouffe des plus gais; j'y étais forcée, il est vrai, et j'avais la mort dans l'âme; mais le sombre destin d'Albert s'était accompli, conformément aux terribles pronostics de Zdenko.

— Ma foi, ton histoire est si diabolique, que je commence à ne plus savoir où j'en suis, et à perdre l'esprit en t'écoutant. Mais continue. Tout cela va s'expliquer sans doute?

— Non, Madame, ce monde fantastique qu'Albert et Zdenko portaient dans leurs âmes mystérieuses ne m'a jamais été expliqué, et il faudra, comme moi, vous contenter d'en comprendre les résultats.

— Allons! M. de Rudolstadt n'avait pas tué son pauvre bouffon, au moins?

— Zdenko n'était pas pour lui un bouffon, mais un compagnon de malheur, un ami, un serviteur dévoué. Il le pleurait; mais, grâce au ciel, il n'avait jamais eu la pensée de l'immoler à son amour pour moi. Cependant, moi, folle et coupable, je me persuadai que ce meurtre avait été consommé. Une tombe fraîchement remuée qui était dans la grotte, et qu'Albert m'avoua renfermer ce qu'il avait eu de plus cher au monde avant de me connaître, en même temps qu'il s'accusait de je ne sais quel crime, me fit venir une sueur froide. Je me crus certaine que Zdenko était enseveli en ce lieu, et je m'enfuis de la grotte en criant comme une folle et en pleurant comme un enfant.

— Il y avait bien de quoi, dit madame de Kleist, et j'y serais morte de peur. Un amant comme votre Albert ne m'eût pas convenu le moins du monde. Le digne M. de Kleist croyait au diable, et lui faisait des sacrifices. C'est lui qui m'a rendu poltronne comme je le suis; si je n'avais pris le parti de divorcer, je crois qu'il m'aurait rendue folle.

— Tu en as de beaux restes, dit la princesse Amélie. Je crois que tu as divorcé un peu trop tard. Mais n'interromps pas notre comtesse de Rudolstadt.

— En rentrant au château avec Albert, qui me suivait sans songer à se justifier de mes soupçons, j'y trouvai, devinez qui, Madame?

— Anzoleto!

— Il s'était présenté comme mon frère, il m'attendait. Je ne sais comment il avait appris en continuant sa route, que je demeurais là, et que j'allais épouser Albert; car on le disait dans le pays avant qu'il y eût rien de conclu à cet égard. Soit dépit, soit un reste d'amour, soit amour du mal, il était revenu sur ses pas, avec l'intention soudaine de faire manquer ce mariage, et de m'enlever au comte. Il mit tout en œuvre pour y parvenir, prières, larmes, séductions, menaces. J'étais inébranlable en apparence : mais au fond de mon lâche cœur, j'étais troublée, et je ne me sentais plus maîtresse de moi-même. A la faveur du mensonge qui lui avait servi à s'introduire, et que je n'osai pas démentir, quoique je n'eusse jamais parlé à Albert de ce frère que je n'ai jamais eu, il resta toute la journée au château. Le soir, le vieux comte nous fit chanter des airs vénitiens. Ces chants de ma patrie adoptive réveillèrent tous les souvenirs de mon enfance, de mon pur amour, de mes beaux rêves, de mon bonheur passé. Je sentis que j'aimais encore... et que ce n'était pas celui que je devais, que je voulais, que j'avais promis d'aimer. Anzoleto me conjura tout bas de le recevoir la nuit dans ma chambre, et me menaça d'y venir malgré moi à ses risques et périls, et aux miens surtout. Je n'avais jamais été que sa sœur, aussi colorait-il son projet des plus belles intentions. Il se soumettait à mon arrêt, il partait à la pointe du jour; mais il voulait me dire adieu. Je pensai qu'il voulait faire du bruit dans le château, un esclandre; qu'il y aurait quelque scène terrible avec Albert, que je serais souillée par ce scandale. Je pris une résolution désespérée, et je l'exécutai. Je fis à minuit un petit paquet des hardes les plus nécessaires, j'écrivis un billet pour Albert, je pris le peu d'argent que je possédais (et, par parenthèse, j'en oubliai la moitié); je sortis de ma chambre, je sautai sur le cheval de louage qui avait amené Anzoleto, je payai son guide pour aider ma fuite, je franchis le pont-levis, et je gagnai la ville voisine. C'était la première fois de ma vie que je montais à cheval. Je fis quatre lieues au galop, puis je renvoyai le guide, et, feignant d'aller attendre Anzoleto sur la route de Prague, je donnai à cet homme de fausses indications sur le lieu où mon prétendu frère devait me retrouver. Je pris la direction de Vienne, et à la pointe du jour je me trouvai seule, à pied, sans ressources, dans un pays inconnu, et marchant le plus vite possible pour échapper à ces deux amours qui me paraissaient également funestes. Cependant je dois dire qu'au bout de quelques heures, le fantôme du perfide Anzoleto s'effaça de mon âme pour n'y jamais rentrer, tandis que l'image pure de mon noble Albert me suivit, comme une égide et une promesse d'avenir, à travers les dangers et les fatigues de mon voyage.

— Et Pourquoi allais-tu à Vienne plutôt qu'à Venise?

— Mon maître Porpora venait d'y arriver, amené par notre ambassadeur qui voulait lui faire réparer sa fortune épuisée, et retrouver son ancienne gloire pâlie et découragée devant les succès de novateurs plus heureux. Je fis heureusement la rencontre d'un excellent enfant, déjà musicien plein d'avenir, qui, en passant par le Bœhmer-Wald, avait entendu parler de moi, et s'était imaginé de venir me trouver pour me demander ma protection auprès du Porpora. Nous revînmes ensemble à Vienne, à pied, souvent bien fatigués, toujours gais, toujours amis et frères. Je m'attachai d'autant plus à lui qu'il ne songea pas à me faire la cour, et que je n'eus pas moi-même la pensée qu'il pût y songer. Je me déguisai en garçon, et je jouai si bien mon rôle, que je donnai lieu à toutes sortes de méprises plaisantes; mais il y en eut une qui faillit nous être funeste à tous deux. Je passerai les autres sous silence, pour ne pas trop prolonger ce récit, et je mentionnerai seulement celle-là parce que je sais qu'elle intéressera Votre Altesse, beaucoup plus que tout le reste de mon histoire.

VIII.

— Je devine que tu vas me parler de *lui*, dit la princesse en écartant les bougies pour mieux voir la narratrice, et en posant ses deux coudes sur la table.

— En descendant le cours de la Moldaw, sur la frontière bavaroise, nous fûmes enlevés par des recruteurs au service du roi votre frère, et flattés de la riante espérance de devenir fifre et tambour, Haydn et moi, dans les glorieuses armées de Sa Majesté.

— Toi, tambour? s'écria la princesse en éclatant de rire. Ah! si de Kleist t'avait vue ainsi, je gage que tu lui aurais tourné la tête. Mon frère t'eût pris pour son page, et Dieu sait quels ravages tu eusses faits dans le cœur de nos belles dames. Mais que parles-tu d'Haydn? Je connais ce nom-là; j'ai reçu dernièrement de la musique de ce Haydn, je me le rappelle, et c'est de la bonne musique. Ce n'est pas l'enfant dont tu parles?

— Pardonnez-moi, Madame, c'est un garçon d'une vingtaine d'années, qui a l'air d'en avoir quinze. C'est mon compagnon de voyage, c'était mon ami sincère et fidèle. A la lisière d'un petit bois où nos ravisseurs s'arrêtèrent pour déjeuner, nous prîmes la fuite; on nous poursuivit, nous courûmes comme des lièvres, et nous eûmes le bonheur d'atteindre un carrosse de voyage qui renfermait le noble et beau Frédéric de Trenck, et un ci-devant nquérant, le comte Hoditz de Roswald.

— Le mari de ma tante la margrave de Culmbach? s'écria la princesse : encore un mariage d'amour, de Kleist! c'est, au reste, la seule chose honnête et sage que ma grosse tante ait faite en sa vie. Comment est-il, ce comte Hoditz? »

Consuelo allait entreprendre un portrait détaillé du châtelain de Roswald; mais la princesse l'interrompit pour lui faire mille questions sur Trenck, sur le costume qu'il portait ce jour-là, sur les moindres détails; et lorsque Consuelo lui raconta comme quoi Trenck avait volé à sa défense, comme quoi il avait failli être atteint d'une balle, comme quoi enfin il avait mis en fuite les brigands, et délivré un malheureux déserteur qu'ils emmenaient pieds et poings liés dans leur carriole, il fallut qu'elle recommençât, qu'elle expliquât les moindres circonstances, et qu'elle rapportât les paroles les plus indifférentes. La joie et l'attendrissement de la princesse furent au comble lorsqu'elle apprit que Trenck et le comte Hoditz ayant emmené les deux jeunes voyageurs dans leur voiture, le baron n'avait fait aucune attention à Consuelo, qu'il n'avait cessé de regarder un portrait caché dans son sein, de soupirer, et de parler au comte d'un amour mystérieux pour une personne haut placée qui faisait le bonheur et le désespoir de sa vie.

Quand il fut permis à Consuelo de passer outre, elle raconta que le comte Hoditz, ayant deviné son sexe à Passaw, avait voulu se prévaloir un peu trop de la protection qu'il lui avait accordée, et qu'elle s'était sauvée avec Haydn pour reprendre son voyage modeste et aventureux, sur un bateau qui descendait le Danube.

Enfin, elle raconta de quelle manière, en jouant du pipeau, tandis que Haydn, muni de son violon, faisait danser les paysans pour avoir de quoi dîner, elle était arrivée, un soir, à un joli prieuré, toujours déguisée, et se donnant pour le signor Bertoni, musicien ambulant et *zingaro* de son métier.

« L'hôte de ce prieuré était, dit-elle, un mélomane passionné, de plus un homme d'esprit et un cœur excellent. Il nous prit, moi particulièrement, en grande amitié, et voulut même m'adopter, me promettant un joli bénéfice, si je voulais prendre seulement les ordres mineurs. Le sexe masculin commençait à me lasser. Je ne me sentais pas plus de goût pour la tonsure que pour le tambour; mais un événement bizarre me fit prolonger un peu mon séjour chez cet aimable hôte. Une voyageuse, qui courait la poste, fut prise des douleurs de l'enfantement à la porte du prieuré, et y accoucha d'une petite fille qu'elle abandonna le lendemain matin, et que je persuadai au bon chanoine d'adopter à ma place. Elle fut nommée Angèle, du nom de son père Anzoleto; et madame Corilla, sa mère, alla briguer à Vienne un engagement au théâtre de la cour. Elle l'obtint, à mon exclusion. M. le prince de Kaunitz la présenta à l'impératrice Marie-Thérèse comme une respectable veuve; et je fus rejetée, comme accusée et véhémentement soupçonnée d'avoir de l'amour pour Joseph Haydn, qui recevait les leçons du Porpora, et qui demeurait dans la même maison que nous. »

Consuelo détailla son entrevue avec la grande impératrice. La princesse était fort curieuse d'entendre parler de cette femme extraordinaire, à la vertu de laquelle on ne voulait point croire à Berlin, et à qui l'on donnait pour amants le prince de Kaunitz, le docteur Van Swieten et le poëte Métastase.

Consuelo raconta enfin sa réconciliation avec la Corilla, à propos d'Angèle, et son début, dans les premiers rôles, au théâtre impérial, grâce à un remords de conscience et à un élan généreux de cette fille singulière. Puis elle dit les relations de noble et douce amitié qu'elle avait eues avec le baron de Trenck, chez l'ambassadeur de Venise, et rapporta minutieusement qu'en recevant les adieux de cet aimable jeune homme, elle était convenue avec lui d'un moyen de s'entendre, si la persécution du roi de Prusse venait à en faire naître la nécessité. Elle parla du cahier de musique dont les feuillets devaient servir d'enveloppe et de signature aux lettres qu'il lui ferait parvenir, au besoin, pour l'objet de ses amours, et elle expliqua comment elle avait été éclairée récemment, par un de ces feuillets, sur l'importance de l'écrit cabalistique qu'elle avait remis à la princesse.

On pense bien que ces explications prirent plus de temps que le reste du récit. Enfin, la Porporina, ayant dit son départ de Vienne avec le Porpora, et de quelle manière elle avait rencontré le roi de Prusse, sous l'habit d'un simple officier et sous le nom du baron de Kreutz, au château merveilleux de Roswald, en Moravie, elle fut obligée de mentionner le service capital qu'elle avait rendu au monarque sans le connaître.

« Voilà ce que je suis curieuse d'apprendre, dit madame de Kleist. M. de Pœlnitz, qui babille volontiers, m'a confié que dernièrement à souper Sa Majesté avait déclaré à ses convives que son amitié pour la belle Porporina avait des causes plus sérieuses qu'une simple amourette.

— J'ai fait une chose bien simple, pourtant, répondit madame de Rudolstadt. J'ai usé de l'ascendant que j'avais sur un malheureux fanatique pour l'empêcher d'assassiner le roi. Karl, ce pauvre géant bohémien, que le baron de Trenck avait arraché des mains des recruteurs en même temps que moi, était entré au service du comte Hoditz. Il venait de reconnaître le roi; il voulait venger sur lui la mort de sa femme et de son enfant, que la misère et le chagrin avaient tués à la suite de son second enlèvement. Heureusement cet homme n'avait pas oublié que j'avais contribué aussi à son salut, et que j'avais donné quelques secours à sa femme. Il se laissa convaincre et ôter le fusil des mains. Le roi, caché dans un pavillon voisin, entendit tout, ainsi qu'il me l'a dit depuis, et, de crainte que son assassin n'eût quelque retour de fureur, il prit, pour s'en aller, un autre chemin que celui où Karl s'était proposé de l'attendre. Le roi voyageait seul à cheval, avec M. de Buddenbrock; il est donc fort probable qu'un habile tireur comme Karl, à qui, le matin, j'avais vu abattre trois fois le pigeon sur un mât dans la fête que le comte Hoditz nous avait donnée, n'aurait pas manqué son coup.

— Dieu sait, dit la princesse d'un air rêveur, quels changements ce malheur aurait amenés dans la politique européenne et dans le sort des individus! Maintenant, ma chère Rudolstadt, je crois que je sais très-bien le reste de ton histoire jusqu'à la mort du comte Albert. A Prague, tu as rencontré son oncle le baron, qui t'a amenée au château des Géants pour le voir mourir d'étisie, après t'avoir épousée au moment de rendre le dernier soupir. Tu n'avais donc pas pu te décider à l'aimer?

— Hélas! Madame, je l'ai aimé trop tard, et j'ai été bien cruellement punie de mes hésitations et de mon amour pour le théâtre. Forcée, par mon maître Porpora, de débuter à Vienne, trompée par lui sur les dispositions d'Albert, dont il avait supprimé les dernières lettres, et que je croyais guéri de son fatal amour, je m'étais laissé entraîner par les prestiges de la scène, et j'avais fini, en attendant que je fusse engagée à Berlin, par jouer à Vienne avec une sorte d'ivresse.

— Et avec gloire! dit la princesse; nous savons cela.

— Gloire misérable et funeste, reprit Consuelo. Ce que Votre Altesse ne sait point, c'est qu'Albert était venu secrètement à Vienne, qu'il m'avait vue jouer; qu'attaché à tous mes pas, comme une ombre mystérieuse, il m'avait entendue avouer à Joseph Haydn, dans la coulisse, que je ne saurais pas renoncer à mon art sans un affreux regret. Cependant j'aimais Albert! je jure devant Dieu que j'avais reconnu en moi qu'il m'était encore plus impossible de renoncer à lui qu'à ma vocation, et que je lui avais écrit pour le lui dire; mais le Porpora, qui traitait cet amour de chimère et de folie, avait surpris et brûlé ma lettre. Je retrouvai Albert dévoré par une rapide consomption; je lui donnai ma foi, et ne pus lui rendre la vie. Je l'ai vu sur son lit de parade, vêtu comme un seigneur des anciens jours, beau dans les bras de la mort, et le front serein comme celui de l'ange du pardon; mais je n'ai pu l'accompagner jusqu'à sa dernière demeure. Je l'ai laissé dans la chapelle ardente du château des Géants, sous la garde de Zdenko, ce pauvre prophète insensé, qui m'a tendu la main en riant, et en se réjouissant du tranquille sommeil de son ami. Lui, du moins, plus pieux et plus fidèle que moi, l'a déposé dans la tombe de ses pères, sans comprendre qu'il ne se relèverait plus de ce lit de repos! Et moi, je suis partie, entraînée par le Porpora, ami dévoué mais farouche, cœur paternel mais inflexible, qui me criait aux oreilles jusque sur le cercueil de mon mari : « Tu débutes samedi prochain dans les *Virtuoses ridicules!* »

— Étrange vicissitude, en effet, d'une vie d'artiste! dit la princesse en essuyant une larme ; car la Porporina sanglotait en achevant son histoire : mais tu ne me dis pas, chère Consuelo, le plus beau trait de ta vie, et c'est de quoi Supperville m'a informée avec admiration. Pour ne pas affliger la vieille chanoinesse et ne pas te départir de ton désintéressement romanesque, tu as renoncé à ton titre, à ton douaire, à ton nom ; tu as demandé le secret à Supperville et au Porpora, seuls témoins de ce mariage précipité, et tu es venue ici, pauvre comme devant, Zingarella comme toujours...

— Et artiste à jamais ! répondit Consuelo, c'est-à-dire indépendante, vierge, et morte à tout sentiment d'amour, telle enfin que le Porpora me représentait sans cesse le type idéal de la prêtresse des Muses ! Il l'a emporté, mon terrible maître et me voilà arrivée au point où il voulait. Je ne crois point que j'en sois plus heureuse, ni que j'en vaille mieux. Depuis que je n'aime plus et que je ne me sens plus capable d'aimer, je ne sens plus le feu de l'inspiration ni les émotions du théâtre. Ce climat glacé et cette atmosphère de la cour me jettent dans un morne abattement. L'absence du Porpora, l'espèce d'abandon où je me trouve, et la volonté du roi qui prolonge mon engagement malgré moi.., je puis vous l'avouer, n'est-ce pas, Madame ?

— J'aurais dû le deviner ! Pauvre enfant, on te croit fière de l'espèce de préférence que le roi t'honore ; mais tu es sa prisonnière et son esclave, comme moi, comme toute sa famille, comme ses favoris, comme ses soldats, comme ses pages, comme ses petits chiens. O prestige de la royauté, auréole des grands princes ! que tu es maussade à ceux dont la vie s'épuise à te fournir de rayons et de lumière ! Mais, chère Consuelo, tu as encore bien des choses à me dire, et ce ne sont pas celles qui m'intéressent le moins. J'attends de la sincérité que tu m'apprennes positivement en quels termes tu es avec mon frère, et la provoqueras-tu la mienne. Croyant que tu étais sa maîtresse, et me flattant que tu pourrais obtenir de lui la grâce de Trenck, je t'avais recherchée pour remettre notre cause entre tes mains. Maintenant que, grâce au ciel, nous n'avons plus besoin de toi pour cela, et que je suis heureuse de t'aimer pour toi-même, je crois que tu peux me dire tout sans te compromettre, d'autant plus que les affaires de mon frère ne me paraissent pas bien avancées avec toi.

— La manière dont vous vous exprimez sur ce chapitre me fait frémir, Madame, répondit Consuelo en pâlissant. Il y a huit jours seulement que j'entends chuchoter autour de moi d'un air sérieux sur cette prétendue inclination du roi *notre maître* pour sa triste et tremblante sujette. Jusque là je n'avais jamais vu de possible entre lui et moi qu'une causerie enjouée, bienveillante de sa part, respectueuse de la mienne. Il m'a témoigné de l'amitié et une reconnaissance trop grande pour la conduite si simple que j'ai tenue à Roswald. Mais de là à l'amour, il y a un abîme, et j'espère bien que sa pensée ne l'a pas franchi.

— Moi, je crois le contraire. Il est brusque, taquin et familier avec toi ; il te parle comme à un petit garçon, il te passe la main sur la tête comme à ses lévriers ; il affecte devant ses amis, depuis quelques jours, d'être moins amoureux de toi que de qui ce soit. Tout cela prouve qu'il est en train de le devenir. Je le connais bien, moi ; je te réponds qu'avant peu il faudra te prononcer. Quel parti prendras-tu ? Si tu lui résistes, tu es

perdue ; si tu lui cèdes, tu l'es encore plus. Que feras-tu, le cas échéant ?

— Ni l'un ni l'autre, Madame ; je ferai comme ses recrues, je déserterai.

— Cela n'est pas facile, et je n'en ai guère envie, car je m'attache à toi singulièrement, et je crois que je mettrais les recruteurs encore une fois à tes trousses plutôt que de te voir partir. Allons, nous chercherons un moyen. Le cas est grave et demande réflexion. Raconte-moi tout ce qui s'est passé depuis la mort du comte Albert.

— Quelques faits bizarres et inexplicables au milieu d'une vie monotone et sombre. Je vous les dirai tels qu'ils sont, et Votre Altesse m'aidera peut-être à les comprendre.

— J'essaierai, à condition que tu m'appelleras Amélie, comme tout à l'heure. Il n'est pas minuit, et je ne veux être Altesse que demain au grand jour. »

La Porporina reprit son récit en ces termes :

« J'ai déjà raconté à madame de Kleist, lorsqu'elle m'a fait l'honneur de venir chez moi pour la première fois, que j'avais été séparée du Porpora en arrivant de Bohême, à la frontière prussienne. J'ignore encore aujourd'hui si le passe-port de mon maître n'était pas en règle, ou si le roi avait devancé notre arrivée par un de ces ordres dont la rapidité tient du prodige, pour interdire au Porpora l'entrée de ses États. Cette pensée, peut-être coupable, m'est venue d'abord ; car je me souvenais de la légèreté brusque et de la sincérité frondeuse que le Porpora avait mises à défendre l'honneur de Trenck et à blâmer la dureté du roi, lorsqu'à un souper chez le comte Hoditz, en Moravie, le roi, se donnant pour le baron de Kreutz, nous avait annoncé lui-même la prétendue trahison de Trenck et sa réclusion à Glatz...

— En vérité ! s'écria la princesse ; c'est à propos de Trenck que maître Porpora a déplu au roi ?

— Le roi ne m'en a jamais reparlé, et j'ai craint de l'en faire souvenir. Mais il est certain que, malgré mes prières et les promesses de Sa Majesté, le Porpora n'a jamais été rappelé.

— Et il ne le sera jamais, reprit Amélie, car le roi n'oublie rien et ne pardonne jamais la franchise quand elle blesse son amour-propre. Le Salomon du Nord hait et persécute quiconque doute de l'infaillibilité de ses jugements ; surtout quand son arrêt n'est qu'une feinte grossière, un odieux prétexte pour se débarrasser d'un ennemi. Ainsi, fais-en ton deuil, mon enfant, tu ne reverras jamais le Porpora à Berlin.

— Malgré le chagrin que j'éprouve de son absence, je ne désire plus le voir ici, Madame ; et je ne ferai plus de démarches pour que le roi lui pardonne. J'ai reçu ce matin une lettre de mon maître qui m'annonce la réception d'un opéra de lui au théâtre impérial de Vienne. Après bien des traverses, il est donc enfin arrivé à son but, et la pièce va être mise à l'étude. Je songerais plutôt désormais à le rejoindre qu'à l'attirer ; mais je crains fort de ne pas être plus libre de sortir d'ici que je n'ai été libre de n'y pas entrer.

— Que veux-tu dire ?

— À la frontière, lorsque je vis que l'on forçait mon maître à remonter en voiture et à retourner sur ses pas, je voulus l'accompagner et renoncer à mon engagement avec Berlin. J'étais tellement indignée de la brutalité et de l'apparente mauvaise foi d'une telle réception, que j'aurais payé le dédit en travaillant à la sueur de mon front, plutôt que de ne pénétrer plus avant dans un pays si despotiquement régi. Mais au premier témoignage que je donnai de mes intentions, je fus sommée par l'officier de police de monter dans une autre chaise de poste qui fut amenée et attelée en un clin d'œil ; et comme je me vis entourée de soldats bien déterminés à m'y contraindre, j'embrassai mon maître, en pleurant, et je pris le parti de me laisser conduire à Berlin, où j'arrivai, brisée de fatigue et de douleur, à minuit. On me déposa tout près du palais, non loin de l'Opéra, dans une jolie maison appartenant au roi, et disposée de manière à ce que j'y fusse logée absolument seule. J'y trouvai des domestiques à mes ordres et un souper tout préparé. J'ai su que M. de Pœlnitz avait reçu l'ordre de tout disposer pour mon arrivée. J'y étais à peine installée, lorsqu'on me fit demander de la part du baron de Kreutz si j'étais visible. Je m'empressai de le recevoir, impatiente que j'étais de me plaindre à lui de l'accueil fait au Porpora, et de lui en demander la réparation. Je feignis donc de ne pas savoir que le baron de Kreutz était Frédéric II. Je pouvais l'ignorer. Le déserteur Karl, en me confiant son projet de l'assassiner, comme officier supérieur prussien, ne me l'avait pas nommé, et je ne l'avais appris que de la bouche du comte Hoditz, après que le roi eut quitté Roswald. Il entra d'un air riant et affable que je ne lui avais pas vu sous son pseudonyme, et en pays étranger, il était un peu gêné. A Berlin, il me sembla avoir retrouvé toute la majesté de son rôle, c'est-à-dire la bonté protectrice et la douceur généreuse dont il sait si bien orner dans l'occasion sa toute-puissance. Il vint à moi en me tendant la main et en me demandant si je me souvenais de l'avoir vu quelque part. « Oui, monsieur le baron, lui répondis-je, et je me souviens que vous m'avez offert et promis vos bons services à Berlin, si je venais à en avoir besoin. » Alors je lui racontai avec vivacité ce qui m'était arrivé à la frontière, et je lui demandai s'il ne pouvait pas faire parvenir au roi la demande d'une réparation pour cet outrage fait à un maître illustre et pour toute contrainte exercée envers moi. » — Une réparation! répondit le roi en souriant avec malice, rien que cela? M. Porpora voudrait-il appeler en champ clos le roi de Prusse! et mademoiselle Porporina exigerait peut-être qu'il mît un genou en terre devant elle!

Cette raillerie augmenta mon dépit: « Votre Majesté peut ajouter à l'ironie à ce que j'ai déjà souffert, répondis-je, mais j'aimerais mieux avoir à la bénir qu'à la craindre. »

Le roi me secoua le bras un peu rudement : « Ah! vous jouez aussi au plus fin, dit-il en attachant ses yeux pénétrants sur les miens : je vous croyais simple et pleine de droiture, et voilà que vous me connaissiez parfaitement bien à Roswald? » — Non, Sire, répondis-je, je ne vous connaissais pas, et plût au ciel que je ne vous eusse jamais connu! — « Je n'en puis dire autant, reprit-il avec douceur; car sans vous, je serais peut-être resté dans quelque fossé du parc de Roswald. Le succès des batailles n'est point une égide contre la balle d'un assassin, et je n'oublierai jamais que si le destin de la Prusse est encore entre mes mains, c'est à une bonne petite âme, ennemie des lâches complots que je le dois. Ainsi, ma chère Porporina, votre mauvaise humeur ne me rendra pas ingrat. Calmez-vous, je vous prie, et racontez-moi bien ce dont vous avez à vous plaindre, car jusqu'ici je n'y comprends pas grand'chose. »

« Soit que le roi feignît de ne rien savoir, soit qu'en effet les gens de sa police eussent cru voir quelque défaut de forme dans les papiers de mon maître, il écouta mon récit avec beaucoup d'attention, et me dit ensuite de l'air calme d'un juge qui ne veut pas se prononcer à la légère : « J'examinerai tout cela, et vous en rendrai bon compte; je serais fort surpris que mes gens eussent cherché noise, sans motif, à un voyageur en règle. Il faut qu'il y ait quelque malentendu. Je le saurai! soyez tranquille, et si quelqu'un a outre-passé son mandat, il sera puni. — Sire, ce n'est pas là ce que je demande. Je vous demande le rappel du Porpora.

— Et je vous le promets, répondit-il. Maintenant, prenez un air moins sombre, et racontez-moi comment vous avez découvert le secret de mon incognito. »

Je causai alors librement avec le roi, et je le trouvai si bon, si aimable, si séduisant par la parole, que j'oubliai toutes les préventions que j'avais contre lui, pour n'admirer que son esprit à la fois judicieux et brillant, ses manières aisées dans la bienveillance que je n'avais pas trouvées chez Marie-Thérèse; enfin, la délicatesse de ses sentiments sur toutes les matières auxquelles il toucha dans la conversation. « Écoutez, me dit-il en prenant son chapeau pour sortir. J'ai un conseil d'ami à vous donner dès votre arrivée ici; c'est de ne parler à qui que ce soit du service que vous m'avez rendu, et de la visite que je vous ai faite ce soir. Bien qu'il n'y ait rien que de fort honorable pour nous deux dans mon empressement à vous remercier, cela donnerait lieu à une idée très-fausse des relations d'esprit et d'amitié que je désire avoir avec vous. On vous croirait avide de ce que, dans le langage des cours, on appelle la faveur du maître. Vous seriez un objet de méfiance pour les uns, et de jalousie pour les autres. Le moindre inconvénient serait de vous attirer une nuée de sollicitations qui voudraient faire de vous le canal de leurs sottes demandes; et comme vous auriez sans doute le bon esprit de ne pas vouloir jouer ce rôle, vous seriez en butte à leur obsession ou à leur inimitié. — « Je promets à Votre Majesté, répondis-je, d'agir comme elle vient de me l'ordonner. — Je ne vous ordonne rien, Consuelo, reprit-il; mais je compte sur votre sagesse et sur votre droiture. J'ai vu en vous, du premier coup d'œil, une belle âme et un esprit juste; et c'est parce que je désirais faire de vous la perle fine de mon département des beaux-arts, que j'avais envoyé, du fond de la Silésie, l'ordre de vous fournir une voiture à mes frais pour vous amener de la frontière, dès que vous vous y présenteriez. Ce n'est pas ma faute si on vous en a fait une espèce de prison roulante, et si on vous a séparée de votre protecteur. En attendant qu'on vous le rende, je veux le remplacer, si vous me trouvez digne de la même confiance et du même attachement que vous avez pour lui. »

J'avoue, *ma chère Amélie*, que je fus vivement touchée de ce langage paternel et de cette amitié délicate. Il s'y mêla peut-être un peu d'orgueil; et les larmes me vinrent aux yeux, lorsque le roi me tendit la main en me quittant. Je faillis la lui baiser, comme c'était sans doute mon devoir; mais puisque je suis en train de me confesser, je dois dire qu'au moment de le faire, je me sentis saisie de terreur et comme paralysée par le froid de la méfiance. Il me sembla que le roi me cajolait et flattait mon amour-propre, pour m'empêcher de raconter cette scène de Roswald, qui pouvait produire, dans quelques esprits, une impression contraire à sa politique. Il me sembla aussi qu'il craignait le ridicule d'avoir été bon et reconnaissant envers moi. Et puis, tout à coup, en moins d'une seconde, je me rappelai la terrible régime militaire de la Prusse, dont le baron Trenck m'avait informée minutieusement; la férocité des recruteurs, les malheurs de Karl, la captivité de ce noble Trenck, que j'attribuais à la délivrance du pauvre déserteur; les cris d'un soldat que j'avais vu battre, le matin, en traversant un village; et tout ce système despotique qui fait la force et la gloire du grand Frédéric. Je ne pouvais plus le haïr personnellement; mais déjà je revoyais en lui le maître absolu, cet ennemi naturel des cœurs simples qui ne comprennent pas la nécessité des lois inhumaines, et qui ne sauraient pénétrer les arcanes des empires.

X.

« Depuis ce jour, continua la Porporina, je n'ai pas revu le roi chez moi; mais il m'a mandée quelquefois à Sans-Souci, où j'ai même passé plusieurs jours de suite avec mes camarades Porporino ou Concialini; et ici, pour tenir le clavecin à ses petits concerts et accompagner le violon de M. Graun, ou celui de Benda, ou la flûte de M. Quantz, ou enfin le roi lui-même.

— Ce qui beaucoup moins agréable que d'accompagner les précédents, dit la princesse de Prusse; car je sais par expérience que mon cher frère, lorsqu'il fait de fausses notes ou lorsqu'il manque à la mesure, s'en prend à ses concertants et leur cherche noise.

— Il est vrai, reprit la Porporina; et son habile maître, M. Quantz lui-même, n'a pas toujours été à l'abri de ses petites injustices. Mais Sa Majesté, lorsqu'elle s'est laissé entraîner de la sorte, répare bientôt son tort par des actes de déférence et des louanges délicates qui versent du baume sur les plaies de l'amour-propre. C'est ainsi que par un mot affectueux, par une simple exclamation admirative, il réussit à se faire pardonner ses duretés et ses emportements, même par les artistes, les gens les plus susceptibles du monde.

— Mais toi, après tout ce que tu savais de lui, et avec ta droiture modeste, pouvais-tu te laisser fasciner par ce basilic?

— Je vous avouerai, Madame, que j'ai subi bien souvent son ascendant sans m'en apercevoir. Comme ces petites ruses m'ont toujours été étrangères, j'en suis toujours dupe, et ce n'est que par réflexion que je les devine après coup. J'ai revu aussi le roi fort souvent sur le théâtre, et même dans ma loge quelquefois, après la représentation. Il s'est toujours montré paternel envers moi. Mais je ne me suis jamais trouvée seule avec lui que deux ou trois fois dans les jardins de Sans-Souci, et je dois confesser que c'était après avoir épié l'heure de sa promenade et m'être placée sur son chemin tout exprès. Il m'appelait alors ou venait courtoisement à ma rencontre, et je saisissais l'occasion par les cheveux pour lui parler du Porpora et renouveler ma requête. J'ai toujours reçu les mêmes promesses, sans en voir jamais arriver les résultats. Plus tard, j'ai changé de tactique, et j'ai demandé la permission de retourner à Vienne; mais le roi a écouté ma prière tantôt avec des reproches affectueux, tantôt avec une froideur glaciale, et le plus souvent avec une humeur assez marquée. Cette dernière tentative n'a pas été, en somme, plus heureuse que les autres; et même, quand le roi m'avait répondu sèchement: « Partez, mademoiselle, vous êtes libre, » je n'obtenais ni règlement de comptes, ni passe-port, ni permission de voyager. Les choses en sont restées là, et je ne vois plus de ressources que dans la fuite, si ma position ici me devient trop difficile à supporter. Hélas! Madame, j'ai été souvent blessée du peu de goût de Marie-Thérèse pour la musique; je ne me doutais pas alors qu'un roi mélomane fût bien plus à redouter qu'une impératrice sans oreille.

« Je vous ai raconté en gros toutes mes relations avec Sa Majesté. Jamais je n'ai eu lieu de redouter ni même de soupçonner ce caprice que Votre Altesse veut lui attribuer de m'aimer. Seulement j'ai eu l'orgueil quelquefois de penser que, grâce à mon petit talent musical et à cette circonstance romanesque où j'ai eu le bonheur de préserver sa vie, le roi avait pour moi une espèce d'amitié. Il me l'a dit souvent avec tant de grâce, avec un air d'abandon si sincère; il a paru prendre, à causer avec moi, un plaisir si empreint de bonhomie, que je me suis habituée, à mon insu peut-être, et à coup sûr bien malgré moi, à l'aimer aussi d'une espèce d'amitié. Le mot est bizarre et sans doute déplacé dans ma bouche, mais le sentiment de respect affectueux et de confiance craintive que m'inspirent la présence, le regard, la voix et les douces paroles de ce royal basilic, comme vous l'appelez, est aussi étrange que sincère. Nous sommes ici avec vous tout seuls, et il est convenu que je ne me gênerai en rien; eh bien, je déclare que le roi me fait peur, et presque horreur, quand je ne le vois pas et que je respire l'air raréfié de son empire; mais que, lorsque je le vois, je suis sous le charme, et prête à lui donner toutes les preuves de dévouement qu'une fille craintive, mais pieuse, peut donner à un père rigide, mais bon.

— Tu me fais trembler, s'écria la princesse; bon Dieu! si tu allais te laisser dominer ou enjôler au point de trahir notre cause?

— Oh! pour cela, Madame, jamais! soyez sans crainte. Quand il s'agit de mes amis, ou tout simplement des autres, je défie le roi et de plus habiles encore, s'il en est, de me faire tomber dans un piége.

— Je te crois; tu exerces sur moi, par ton air de franchise, le même prestige que tu subis de la part de Fré-déric. Allons, ne t'émeus pas, je ne vous compare point. Reprends ton histoire, et parle-moi de Cagliostro. On m'a dit qu'à une séance de magie, il t'avait fait voir un mort que je suppose être le comte Albert?

— Je suis prête à vous satisfaire, noble Amélie; mais si je me résous à vous raconter encore une aventure pénible, que je voudrais pouvoir oublier, j'ai le droit de vous adresser quelques questions, selon la convention que nous avons faite.

— Je suis prête à te répondre.

— Eh bien, Madame, croyez-vous que les morts puissent sortir du tombeau, ou du moins qu'un reflet de leur figure, animée par l'apparence de la vie, puisse être évoqué au gré des magiciens et s'emparer de notre imagination au point de se reproduire ensuite devant nos yeux, et de troubler notre raison?

— La question est fort compliquée, et tout ce que je puis répondre, c'est que je ne crois à rien de ce qui est impossible. Je ne crois pas plus au pouvoir de la magie qu'à la résurrection des morts. Quant à notre pauvre folle d'imagination, je la crois capable de tout.

— Votre Altesse... pardon; ton Altesse ne croit pas à la magie, et cependant... Mais la question est indiscrète, sans doute?...

— Achève: « Et cependant je suis adonnée à la magie; » cela est connu. Eh bien, mon enfant, permets-moi de ne te donner l'explication de cette inconséquence bizarre qu'en temps et lieu. D'après le grimoire envoyé par le sorcier Saint-Germain, qui était en réalité une lettre de Trenck pour moi, tu peux déjà pressentir que cette prétendue nécromancie peut servir de prétexte à bien des choses. Mais te révéler tout ce qu'elle cache aux yeux du vulgaire, tout ce qu'elle dérobe à l'espionnage des cours et à la tyrannie des lois, ne serait pas l'affaire d'un instant. Prends patience, j'ai résolu de t'initier à tous mes secrets. Tu le mérites mieux que ma chère de Kleist, qui est un esprit timide et superstitieux. Oui, telle que tu la vois, cet ange de bonté, ce tendre cœur n'a pas le sens commun. Elle croit au diable, aux sorciers, aux revenants et aux présages, tout comme si elle n'avait pas sous les yeux et dans les mains les fils mystérieux du grand œuvre. Elle est comme ces alchimistes du temps passé qui créaient patiemment et savamment des monstres, et qui s'effrayaient ensuite de leur propre ouvrage, jusqu'à devenir esclaves de quelque démon familier sorti de leur alambic.

— Peut-être ne serais-je pas plus brave que madame de Kleist, reprit la Porporina, et j'avoue que j'ai par devers moi un échantillon du pouvoir, sinon de l'infaillibilité de Cagliostro. Figurez-vous qu'après m'avoir promis de me faire voir la personne à laquelle je pensais, et dont il prétendait lire apparemment le nom dans mes yeux, il m'en montra une autre; et encore, en me la montrant vivante, il parut ignorer complétement qu'elle fût morte. Mais malgré cette double erreur, il ressuscita devant mes yeux l'époux que j'ai perdu, ce qui sera à jamais pour moi une énigme douloureuse et terrible.

— Il t'a montré un fantôme quelconque, et c'est ton imagination qui a fait tous les frais.

— Mon imagination n'était nullement en jeu, je puis vous l'affirmer. Je m'attendais à voir dans une glace, ou derrière une gaze, quelque portrait de maître Porpora; car j'avais parlé de lui plusieurs fois à souper, et, en déplorant tout haut son absence, j'avais remarqué que M. Cagliostro faisait beaucoup d'attention à mes paroles. Pour lui rendre sa tâche plus facile, j'avais, dans ma pensée, la figure du Porpora, pour le sujet de l'apparition; et je l'attendais de pied ferme, ne prenant point jusque-là cette épreuve au sérieux. Enfin, s'il est un seul moment dans ma vie, où je n'aie point pensé à M. de Rudolstadt, c'est précisément celui-là. M. Cagliostro me demanda en entrant dans son laboratoire magique avec moi, si je voulais consentir à me laisser bander les yeux et à le suivre en le tenant par la main. Comme je le savais homme de bonne compagnie, je n'hésitai point à accepter son offre, et j'y mis seulement la condition qu'il ne me quitterait pas un instant. « J'allais précisément, me dit-il, vous adresser la prière de ne point vous éloigner de moi d'un pas, et de ne point quitter ma main, quelque chose qui arrive, quelque émotion que vous veniez à éprouver. » Je le lui promis, mais une simple affirmation ne le satisfit pas. Il me fit solennellement jurer que je ne ferais pas un geste, pas une exclamation, enfin que je resterais muette et impassible pendant l'apparition. Ensuite il mit son gant, et, après m'avoir couvert la tête d'un capuchon de velours noir, qui me tombait jusque sur les épaules, il me fit marcher pendant environ cinq minutes sans que j'entendisse ouvrir ou fermer aucune porte. Le capuchon m'empêchait de sentir aucun changement dans l'atmosphère ; ainsi je ne pus savoir si j'étais sortie du cabinet, tant il me fit faire de tours et de détours pour m'ôter l'appréciation de la direction que je suivais. Enfin, il s'arrêta, et d'une main m'enleva le capuchon si légèrement que je ne le sentis pas. Ma respiration, devenue plus libre, m'apprit seule que j'avais la liberté de regarder ; mais je me trouvais dans de si épaisses ténèbres que je n'en étais pas plus avancée. Peu à peu, cependant, je vis une étoile lumineuse d'abord vacillante et faible, et bientôt claire et brillante, se dessiner devant moi. Elle semblait d'abord très-loin, et lorsqu'elle fut entièrement éclairée, elle me parut tout près. C'était l'effet, je pense, d'une lumière plus ou moins intense derrière un transparent. Cagliostro me fit approcher de l'étoile, qui était percée dans le mur, et je vis, de l'autre côté de cette muraille, une chambre décorée singulièrement et remplie de bougies placées dans un ordre systématique. Cette pièce avait dans ses ornements et dans sa disposition, tout le caractère d'un lieu destiné aux opérations magiques. Mais je n'eus pas le loisir de l'examiner beaucoup ; mon attention était absorbée par un personnage assis devant une table. Il était seul et cachait sa figure dans ses mains, comme s'il eût été plongé dans une profonde méditation. Je ne pouvais donc voir ses traits, et sa taille était déguisée par un costume que je n'ai encore vu à personne. Autant que je pus le remarquer, c'était une robe, ou un manteau de satin blanc doublé de pourpre, et agrafé sur la poitrine par des bijoux hiéroglyphiques en or où je distinguai une rose, une croix, un triangle, une tête de mort, et plusieurs riches cordons de diverses couleurs. Tout ce que je pouvais comprendre, c'est que ce n'était point là le Porpora. Mais au bout d'une ou deux minutes, ce personnage mystérieux, que je commençais à prendre pour une statue, dérangea lentement ses mains, et je vis distinctement le visage du comte Albert, tel que je l'avais vu la dernière fois, couvert des ombres de la mort, mais animé dans sa pâleur, et plein d'âme dans sa sérénité, tel enfin que je l'avais vu dans ses plus belles heures de calme et de confiance. Je faillis laisser échapper un cri, et briser, d'un mouvement involontaire, la glace qui me séparait de lui. Mais une violente pression de la main de Cagliostro me rappela mon serment, et m'imprima je ne sais quelle vague terreur. D'ailleurs, au même instant, une porte s'ouvrit au fond de l'appartement où je voyais Albert, et plusieurs personnages inconnus, vêtus à peu près comme lui, entrèrent l'épée à la main. Après avoir fait divers gestes singuliers, comme s'ils eussent joué une pantomime, ils lui adressèrent, chacun à son tour, et d'un ton solennel, des paroles incompréhensibles. Il se leva, marcha vers eux, et leur répondit des paroles également obscures, et qui n'offraient aucun sens à mon esprit, quoique je sache aussi bien l'allemand à présent que ma langue maternelle. Ce dialogue ressemblait à ceux qu'on entend dans les rêves ; et la bizarrerie de cette scène, le merveilleux de cette apparition tenaient effectivement du songe, à tel point que j'essayai de remuer pour m'assurer que je ne dormais point. Mais Cagliostro me forçait de rester immobile, et je reconnaissais la voix d'Albert si parfaitement, qu'il m'était impossible de douter de la réalité de ce que je voyais. Enfin, emportée par le désir de lui parler, j'allais oublier mon serment, lorsque le capuchon noir retomba sur ma tête. Je l'arrachai violemment, mais l'étoile de cristal s'était effacée, et tout était replongé dans les ténèbres. « Si vous faites le moindre mouvement, murmura sourdement Cagliostro d'une voix tremblante, ni vous ni moi ne reverrons jamais la lumière. » J'eus la force de le suivre et de marcher encore longtemps avec lui en zigzags dans un vide inconnu. Enfin, lorsqu'il m'ôta définitivement le capuchon, je me retrouvai dans son laboratoire éclairé faiblement, comme il l'était au commencement de cette aventure. Cagliostro était fort pâle, et tremblait encore ; car j'avais senti, en marchant avec lui, que son bras était agité d'un tressaillement convulsif, et qu'il me faisait aller très-vite, comme s'il eût été en proie à une grande frayeur. Les premières paroles qu'il me dit furent des reproches amers sur mon *manque de loyauté*, et sur les *dangers épouvantables* auxquels je l'avais exposé en cherchant à violer mes promesses. « J'aurais dû me rappeler, ajouta-t-il d'un ton dur et courroucé, que la parole d'honneur des femmes ne les engage pas, et que l'on doit bien se garder de céder à leur vaine et téméraire curiosité. »

« Jusque-là je n'avais pas songé à partager la terreur de mon guide. J'avais été si frappée de l'idée de retrouver Albert vivant, que je ne m'étais pas demandé si cela était humainement possible. J'avais même oublié que la mort m'eût à jamais enlevé cet ami si précieux et si cher. L'émotion du magicien me rappela enfin que tout cela tenait du prodige, et que je venais de voir un spectre. Cependant, ma raison repoussait l'impossible, et l'âcreté des reproches de Cagliostro fit passer en moi une irritation maladive, qui me sauva de la faiblesse : « Vous feignez de prendre au sérieux vos propres mensonges, lui dis-je avec vivacité ; mais vous jouez là un jeu bien cruel. Oh ! oui, vous jouez avec les choses les plus sacrées, avec la mort même. — Ame sans foi et sans force ! me répondit-il avec emportement, mais avec une expression imposante ; vous croyez à la mort comme le vulgaire, et cependant vous avez eu un grand maître, un maître qui vous a dit cent fois : « *On ne meurt pas, rien ne meurt, il n'y a pas de mort.* » Vous m'accusez de mensonge, et vous semblez ignorer que le seul mensonge qu'il y ait ici, c'est le nom même de la mort dans votre bouche impie. » Je vous avoue que cette réponse étrange bouleversa toutes mes pensées, et vainquit un instant toutes les résistances de mon esprit troublé. Comment cet homme pouvait-il connaître si bien mes relations avec Albert, et jusqu'au secret de sa doctrine ? Partageait-il sa foi, ou s'en faisait-il une arme pour prendre de l'ascendant sur mon imagination ?

« Je restai confuse et atterrée. Mais bientôt je me dis que cette manière grossière d'interpréter la croyance d'Albert ne pouvait pas être la mienne, et qu'il ne dépendait que de Dieu, et non de l'imposteur Cagliostro, d'évoquer la mort ou de réveiller la vie. Convaincue, enfin, que j'étais la dupe d'une illusion inexplicable, mais dont je trouverais peut-être le mot quelque jour, je me levai en louant froidement le sorcier de son savoir-faire, et en lui demandant, avec un peu d'ironie, l'explication des discours bizarres que tenaient ses ombres entre elles. Là-dessus, il me répondit qu'il lui était impossible de me satisfaire, et que je devais me contenter d'avoir vu *cette personne* calme et *utilement occupée*. « Vous me demanderiez vainement, ajouta-t-il, quelles sont ses pensées et son action dans la vie. J'ignore d'elle jusqu'à son nom. Lorsque vous avez songé à elle en me demandant à la voir, il s'est formé entre elle et vous une communication mystérieuse que mon pouvoir a su rendre efficace jusqu'au point de l'amener devant vous. Ma science ne va pas au delà. — Votre science, lui dis-je, ne va pas même jusque-là, car j'avais pensé à maître Porpora, et ce n'est pas maître Porpora que votre pouvoir a évoqué. — Je n'en sais rien, répondit-il avec un sérieux effrayant ; je ne veux pas le savoir. Je n'ai rien vu, ni dans votre pensée, ni dans le tableau magique. Ma raison ne supporterait pas de pareils spectacles, et j'ai besoin de conserver toute ma lucidité pour exercer ma puissance. Mais les lois de la science sont infaillibles, et il faut bien que, sans en avoir conscience peut-être, vous ayez pensé à un autre qu'au Porpora, puisque ce n'est pas lui que vous avez vu. »

En disant cela sa figure devint si terrible... (Page 35.)

— Voilà bien les belles paroles de cette espèce de fous! dit la princesse en haussant les épaules. Chacun d'eux a sa manière de procéder; mais tous, au moyen d'un certain raisonnement captieux qu'on pourrait appeler la logique de la démence, s'arrangent pour ne jamais rester court et pour embrouiller par de grands mots les idées d'autrui.

— Les miennes l'étaient à coup sûr, reprit Consuelo, et je n'avais plus la faculté d'analyser. Cette apparition d'Albert, vraie ou fausse, me fit sentir plus vivement la douleur de l'avoir perdu à jamais, et je fondis en larmes. « Consuelo! me dit le magicien d'un ton solennel, en m'offrant la main pour sortir (et vous pensez bien que mon nom véritable, inconnu ici à tout le monde, fut une nouvelle surprise pour moi, en passant par sa bouche), vous avez de grandes fautes à réparer, et j'espère que vous ne négligerez rien pour reconquérir la paix de votre conscience. » Je n'eus pas la force de répondre. J'essayai en vain de cacher mes pleurs à mes camarades, qui m'attendaient avec impatience dans le salon voisin. J'étais plus impatiente encore de me retirer; et dès que je fus seule, après avoir donné un libre cours à ma douleur, je passai la nuit à me perdre en réflexions et en commentaires sur les scènes de cette fatale soirée. Plus je cherchais à la comprendre, plus je m'égarais dans un dédale d'incertitudes; et je dois avouer que mes suppositions furent souvent plus folles et plus maladives que ne l'eût été une crédulité aveugle aux oracles de la magie. Fatiguée de ce travail sans fruit, je résolus de suspendre mon jugement jusqu'à ce que la lumière se fît. Mais depuis ce temps je restai impressionnable, sujette aux vapeurs, malade d'esprit et profondément triste. Je ne ressentis pas plus vivement que je ne l'avais fait jusque-là, la perte de mon ami; mais le remords, que son généreux pardon avait assoupi en moi, vint me tourmenter continuellement. En exerçant sans entraves ma profession d'artiste, j'arrivai très-vite à me blaser sur les enivrements frivoles du succès; et puis, dans ce pays où il me semble que l'esprit des hommes est sombre comme le climat...

— Et comme le despotisme, ajouta l'abbesse.

— Dans ce pays où je me sens assombrie et refroidie moi-même, je reconnus bientôt que je ne ferais pas les progrès que j'avais rêvés...

En ce moment un gros chat... (Page 36.)

— Et quels progrès veux-tu donc faire? Nous n'avons jamais entendu rien qui approchât de toi, et je ne crois pas qu'il existe dans l'univers une cantatrice plus parfaite. Je te dis ce que je pense, et ceci n'est pas un compliment à la Frédéric.

— Quand même Votre Altesse ne se tromperait pas, ce que j'ignore, ajouta Consuelo en souriant (car excepté la Romanina et la Tési, je n'ai guère entendu d'autre cantatrice que moi), je pense qu'il y a toujours beaucoup à tenter et quelque chose à trouver au delà de tout ce qui a été fait. Eh bien, cet idéal que j'avais porté en moi-même, j'eusse pu en approcher dans une vie d'action, de lutte, d'entreprise audacieuse, de sympathies partagées, d'enthousiasme en un mot! Mais la régularité froide qui règne ici, l'ordre militaire établi jusque dans les coulisses des théâtres, la bienveillance calme et continuelle d'un public qui pense à ses affaires en nous écoutant, la haute protection du roi qui nous garantit des succès décrétés d'avance, l'absence de rivalité et de nouveauté dans le personnel des artistes et dans le choix des ouvrages, et surtout l'idée d'une captivité indéfinie; toute cette vie bourgeoise, froidement laborieuse, tristement glorieuse et forcément cupide que nous menons en Prusse, m'a ôté l'espoir et jusqu'au désir de me perfectionner. Il y a des jours où je me sens tellement privée d'énergie et dépourvue de cet amour-propre chatouilleux qui aide à la conscience de l'artiste, que je paierais un sifflet pour me réveiller. Mais hélas! que je manque mon entrée ou que je m'éteigne avant la fin de ma tâche, ce sont toujours les mêmes applaudissements. Ils ne me font aucun plaisir quand je ne les mérite pas: ils me font de la peine quand, par hasard, je les mérite; car ils sont alors tout aussi officiellement comptés, tout aussi bien mesurés par l'étiquette qu'à l'ordinaire, et je sens pourtant que j'en mériterais de plus spontanés! Tout cela doit vous sembler puéril, noble Amélie; mais vous désiriez connaître le fond de l'âme d'une actrice, et je ne vous cache rien.

— Tu expliques cela si naturellement, que je le conçois comme si je l'éprouvais moi-même. Je suis capable, pour te rendre service, de te siffler lorsque je te verrai engourdie, sauf à te jeter une couronne de roses quand je t'aurai éveillée!

— Hélas! bonne princesse, ni l'un ni l'autre n'aurait

l'agrément du roi. Le roi ne veut pas qu'on offense ses comédiens, parce qu'il sait que l'engouement suit de près les huées. Mon ennui est donc sans remède, malgré votre généreuse intention. A cette langueur se joint tous les jours davantage le regret d'avoir préféré une existence si fausse et si vide d'émotions à une vie d'amour et de dévouement. Depuis l'aventure de Cagliostro surtout, une noire mélancolie est venue me saisir au fond de l'âme. Il ne se passe pas de nuit que je ne rêve d'Albert, et que je ne le revoie irrité contre moi, ou indifférent et préoccupé, parlant un langage incompréhensible, et livré à des méditations tout à fait étrangères à notre amour, tel que je l'ai vu dans la scène magique. Je me réveille baignée d'une sueur froide, et je pleure en songeant que, dans la nouvelle existence où la mort l'a fait entrer, son âme douloureuse et consternée se ressent peut-être de mes dédains et de mon ingratitude. Enfin, je l'ai tué, cela est certain ; et il n'est au pouvoir d'aucun homme, eût-il fait un pacte avec toutes les puissances du ciel et de l'enfer, de me réunir à lui. Je ne puis donc rien réparer en cette vie que je traîne inutile et solitaire, et je n'ai d'autre désir que d'en voir bientôt la fin.

X.

« N'as-tu donc pas contracté ici des amitiés nouvelles? dit la princesse Amélie. Parmi tant de gens d'esprit et de talent que mon frère se vante d'avoir attirés à lui de tous les coins du monde, n'en est-il aucun qui soit digne d'estime?

— Il en est certainement, Madame; et si je ne m'étais sentie portée à la retraite et à la solitude, j'aurais pu trouver des âmes bienveillantes autour de moi. Mademoiselle Cochois...

— La marquise d'Argens, tu veux dire?
— J'ignore si elle s'appelle ainsi.
— Tu es discrète, tu as raison. Eh bien, c'est une personne distinguée?

— Extrêmement, et fort bonne au fond, quoiqu'elle soit un peu vaine des soins et des leçons de M. le marquis, et qu'elle regarde un peu du haut de sa grandeur, les artistes, ses confrères.

— Elle serait fort humiliée, si elle savait qui tu es. Le nom de Rudolstadt est un des plus illustres de la Saxe, et celui d'Argens n'est qu'une mince gentilhommerie provençale ou languedocienne. Et madame de Coccei, comment est-elle? la connais-tu?

— Comme, depuis son mariage, mademoiselle Barberini ne danse plus à l'Opéra, et vit à la campagne le plus souvent, j'ai eu peu d'occasions de la voir. C'est de toutes les femmes de théâtre celle pour qui j'éprouvais le plus de sympathie, et j'ai été invitée souvent par elle et par son mari à aller les voir dans leurs terres; mais le roi m'a fait entendre que cela lui déplairait beaucoup, et j'ai été forcée d'y renoncer, sans savoir pourquoi je subissais cette privation.

— Je vais te l'apprendre. Le roi a fait la cour à mademoiselle Barberini, qui lui a préféré le fils du grand chancelier, et le roi craint pour toi le mauvais exemple. Mais parmi les hommes, ne t'es-tu liée avec personne?

— J'ai beaucoup d'amitié pour M. François Benda, le premier violoniste de Sa Majesté. Il y a des rapports entre sa destinée et la mienne. Il a mené la vie de zingaro dans sa jeunesse, comme moi dans mon enfance; comme moi, il est fort peu enivré des grandeurs de ce monde, et il préfère la liberté à la richesse. Il m'a raconté souvent qu'il s'était enfui de la cour de Saxe pour partager la destinée errante, joyeuse et misérable des artistes de grand chemin. Le monde ne sait pas qu'il y a sur les routes et dans les rues des virtuoses d'un grand mérite. Ce fut un vieux juif aveugle qui fit, par monts et par vaux, l'éducation de Benda. Il s'appelait Loebel, et Benda n'en parle qu'avec admiration, bien qu'il soit mort sur une botte de paille, ou peut-être même dans un fossé. Avant de s'adonner au violon, M. Franz Benda avait une voix superbe, et faisait du chant sa profession. Le chagrin et l'ennui la lui firent perdre à Dresde. Dans l'air pur de la vagabonde liberté, il acquit un autre talent, son génie prit un nouvel essor; et c'est de ce conservatoire ambulant qu'est sorti le magnifique virtuose dont Sa Majesté ne dédaigne pas le concours dans sa musique de chambre. George Benda, son plus jeune frère, est aussi un original plein de génie, tour à tour épicurien et misanthrope. Son esprit fantasque n'est pas toujours aimable, mais il intéresse toujours. Je crois que celui-là ne parviendra pas à se *ranger* comme ses autres frères, qui tous portent avec résignation maintenant la chaîne dorée du dilettantisme royal. Mais lui, soit parce qu'il est le plus jeune, soit parce que son naturel est indomptable, parle toujours de prendre la fuite. Il s'ennuie de si bon cœur ici, que c'est un plaisir pour moi de m'ennuyer avec lui.

— Et n'espères-tu pas que cet ennui partagé amènera un sentiment plus tendre? Ce ne serait pas la première fois que l'amour serait né de l'ennui.

— Je ne le crains ni ne l'espère, répondit Consuelo; car je sens que cela n'arrivera jamais. Je vous l'ai dit, chère Amélie, il se passe en moi quelque chose d'étrange. Depuis qu'Albert n'est plus, je l'aime, je ne pense qu'à lui, je ne puis aimer que lui. Je crois bien, pour le coup, que c'est la première fois que l'amour est né de la mort, et c'est pourtant ce qui m'arrive. Je ne me console pas de n'avoir pas donné du bonheur à un être qui en était digne, et ce regret tenace est devenu une idée fixe, une sorte de passion, une folie peut-être !

— Cela m'en a un peu l'air, dit la princesse. C'est du moins une maladie... Et pourtant c'est un mal que je conçois bien et que j'éprouve aussi ; car j'aime un absent que je ne reverrai peut-être jamais : n'est-ce pas à peu près comme si j'aimais un mort?... Mais, dis-moi, le prince Henri, mon frère, n'est-il pas un aimable cavalier?

— Oui, certainement.
— Très-amateur du beau, une âme d'artiste, un héros à la guerre, une figure qui frappe et plaît sans être belle, un esprit fier et indépendant, l'ennemi du despotisme, l'esclave insoumis et menaçant de mon frère le tyran, enfin le meilleur de la famille à coup sûr. On dit qu'il est fort épris de toi; ne te l'a-t-on pas dit?

— J'ai écouté cela comme une plaisanterie.
— Et tu n'as pas envie de le prendre au sérieux?
— Non, Madame.
— Tu es fort difficile, ma chère; que lui reproches-tu?
— Un grand défaut, ou du moins un obstacle invincible à mon amour pour lui : il est prince.

— Merci du compliment, méchante! Ainsi il n'était pour rien dans ton évanouissement au spectacle ces jours passés? On a dit que le roi, jaloux de la façon dont il te regardait, l'avait envoyé aux arrêts au commencement du spectacle, et que le chagrin t'avait rendue malade.

— J'ignorais absolument que le prince eût été mis aux arrêts, et je suis bien sûre de n'en pas être la cause. Celle de mon accident est bien différente. Imaginez, Madame, qu'au milieu du morceau que je chantais, un peu machinalement, comme cela ne m'arrive que trop souvent ici, mes yeux se portent au hasard sur une des loges du premier rang qui avoisinent la scène ; et tout à coup, dans celle de M. Golowkin, je vois une figure pâle se dessiner dans le fond et se pencher insensiblement comme pour me regarder. Cette figure, c'était celle d'Albert, Madame. Je le jure devant Dieu, je l'ai vu, je l'ai reconnu ; j'ignore si c'était une illusion, mais il est impossible d'en avoir une plus terrible et plus complète.

— Pauvre enfant! tu as des visions, cela est certain.
— Oh! ce n'est pas tout. La semaine dernière, lorsque je vous eus remis la lettre de M. de Trenck, comme je me retirais, je m'égarai dans le palais et rencontrai, à l'entrée du cabinet de curiosités, M. Stoss, avec qui je m'arrêtai à causer. Eh bien, je revis cette même figure d'Albert, et je la revis menaçante comme je l'avais vue indifférente la veille au théâtre, comme je la revois sans cesse dans mes rêves, courroucée ou dédaigneuse.

— Et M. Stoss la vit aussi?

— Il la vit fort bien, et me dit que c'était un certain Trismégiste que Votre Altesse s'amuse à consulter comme nécromancien.

— Ah! juste ciel! s'écria madame de Kleist en pâlissant; j'étais bien sûre que c'était un sorcier véritable! Je n'ai jamais pu regarder cet homme sans frayeur. Quoiqu'il ait de beaux traits et l'air noble, il y a quelque chose de diabolique dans la physionomie, et je suis sûre, qu'il prend, comme un Protée, tous les aspects qu'il veut pour faire peur aux gens. Avec cela il est grondeur et frondeur comme tous les gens de son espèce. Je me souviens qu'une fois, en me tirant mon horoscope, il me reprocha à brûle-pourpoint d'avoir divorcé avec M. de Kleist, parce que M. de Kleist était ruiné. Il m'en faisait un grand crime. Je voulus m'en défendre, et comme il le prenait un peu haut avec moi, je commençais à me fâcher, lorsqu'il me prédit avec véhémence que je me remarierais, et que mon second mari périrait par ma faute, encore plus misérablement que le premier, mais que j'en serais bien punie par mes remords et par la réprobation publique. En disant cela, sa figure devint si terrible, que je crus voir celle de M. Kleist ressuscité, et que je m'enfuis dans l'appartement de son Altesse royale, en jetant de grands cris.

— Oui, c'était une scène plaisante, dit la princesse qui, par instants, reprenait comme malgré elle, son ton sec et amer : j'en ai ri comme une folle.

— Il n'y avait pas de quoi! dit naïvement Consuelo. Mais enfin qu'est-ce donc que ce Trismégiste? et puisque Votre Altesse ne croit pas aux sorciers...

— Je t'ai promis de te dire un jour ce que c'est que la sorcellerie. Ne sois pas si pressée. Quant à présent, sache que le devin Trismégiste est un homme dont je fais grand cas, et qui pourra nous être fort utile à toutes trois... et à bien d'autres!...

— Je voudrais bien le revoir, dit Consuelo; et quoique je tremble d'y penser, je voudrais m'assurer de sang-froid s'il ressemble à M. de Rudolstadt autant que je me le suis imaginé.

— S'il ressemble à M. de Rudolstadt, dis-tu?... Eh bien, tu me rappelles une circonstance que j'aurais oubliée, et qui va expliquer, peut-être fort platement, tout ce grand mystère... Attends! laisse-moi y penser un peu... oui, j'y suis. Écoute ma pauvre enfant, et apprends à te méfier de tout ce qui semble surnaturel. C'est Trismégiste que Cagliostro t'a montré; car Trismégiste a des relations avec Cagliostro, et s'est trouvé ici l'an dernier en même temps que lui. C'est Trismégiste que tu as vu au théâtre dans la loge du comte Golowkin; car Trismégiste demeure dans sa maison, et ils s'occupent ensemble de chimie ou d'alchimie. Enfin c'est Trismégiste que tu as vu dans le château le lendemain; car ce jour-là, et peu de temps après t'avoir congédiée, j'ai vu Trismégiste; et par parenthèse, il m'a donné d'amples détails sur l'évasion de Trenck.

— A l'effet de se vanter d'y avoir contribué, dit madame de Kleist, et de se faire rembourser par Votre Altesse des sommes qu'il n'a certainement pas dépensées pour cela. Votre Altesse en pensera ce qu'elle voudra ; mais, j'oserai le lui dire, cet homme est un chevalier d'industrie.

— Ce qui ne l'empêche pas d'être un grand sorcier, n'est-ce pas, de Kleist? Comment concilies-tu tant de respect pour sa science et de mépris pour sa personne?

— Eh! Madame, cela n'ensemble on ne peut mieux. On craint les sorciers, mais on les déteste. C'est absolument comme on fait à l'égard du diable.

— Et cependant on veut voir le diable, et on ne peut pas se passer des sorciers? Voilà ta logique, ma belle de Kleist!

— Mais, Madame, dit Consuelo qui écoutait avec avidité cette discussion bizarre, d'où savez-vous que cet homme ressemble au comte de Rudolstadt?

— J'oubliais de te le dire, et c'est un hasard bien simple qui me l'a fait savoir. Ce matin, comme Supperville me racontait ton histoire et celle du comte Albert, tout ce qu'il me disait sur ce personnage étrange me donna la curiosité de savoir s'il était beau, et si sa physionomie répondait à son imagination extraordinaire. Supperville rêva quelques instants, et finit par me répondre : « Tenez, Madame, il me sera facile de vous en donner une juste idée; car vous avez parmi vos *joujoux* un original qui ressemblerait effroyablement à ce pauvre Rudolstadt s'il était plus décharné, plus hâve, et coiffé autrement. C'est votre sorcier Trismégiste. » Voilà le fin mot de l'affaire, ma charmante veuve ; et ce mot n'est pas plus sorcier que Cagliostro, Trismégiste, Saint-Germain et compagnie.

— Vous m'ôtez une montagne de dessus la poitrine, dit la Porporina, et un voile noir de dessus la tête. Il me semble que je renais à la vie, que je m'éveille d'un pénible sommeil! Grâces vous soient rendues pour cette explication! Je ne suis donc pas folle, je n'ai donc pas de visions, je n'aurai donc plus peur de moi-même!... Eh bien pourtant, voyez ce que c'est que le cœur humain! ajouta-t-elle après un instant de rêverie; je crois que je regrette ma peur et ma faiblesse. Dans mon extravagance, je m'étais presque persuadé qu'Albert n'était pas mort, et qu'un jour, après m'avoir fait expier par d'effrayantes apparitions le mal que je lui ai causé, il reviendrait à moi sans nuage et sans ressentiment. Maintenant je suis bien sûre qu'Albert dort dans le tombeau de ses ancêtres, qu'il ne se relèvera pas, que la mort ne lâchera pas sa proie, et c'est une déplorable certitude.

— Tu as pu en douter? Eh bien, il y a du bonheur à être folle; quant à moi, je n'espérais pas que Trenck sortirait des cachots de la Silésie, et pourtant cela était possible, et cela est!

— Si je vous disais, belle Amélie, toutes les suppositions auxquelles mon pauvre esprit se livrait, vous verriez que, malgré leur invraisemblance, elles n'étaient pas toutes impossibles. Par exemple, une léthargie..... Albert y était sujet... Mais je ne veux point rappeler ces conjectures insensées; elles me font trop de mal, maintenant que la figure que je prenais pour Albert est celle d'un chevalier d'industrie.

— Trismégiste n'est pas ce que l'on croit... Mais ce qu'il y a de certain, c'est qu'il n'est pas le comte de Rudolstadt; car il y a plusieurs années que je le connais, et qu'il fait, en apparence du moins, le métier de devin. D'ailleurs il n'est pas si semblable au comte de Rudolstadt que tu le persuades. Supperville, qui est un trop habile médecin pour faire enterrer un homme en léthargie, et qui ne croit pas aux revenants, a constaté des différences que ton trouble ne t'a pas permis de remarquer.

— Oh! je voudrais bien revoir ce Trismégiste! dit Consuelo d'un air préoccupé.

— Tu ne le verras peut-être pas de si tôt, répondit froidement la princesse. Il est parti pour Varsovie le jour même où tu l'as vu dans ce palais. Il ne reste jamais plus de trois jours à Berlin. Mais il reviendra à coup sûr dans un an.

— Et si c'était Albert!... » reprit Consuelo, absorbée dans une rêverie profonde.

La princesse haussa les épaules.

— Décidément, dit-elle, le sort me condamne à n'avoir pour amis que des fous ou des folles. Celle-ci prend mon sorcier pour son mari feu le chanoine de Kleist, celle-là pour son défunt époux le comte de Rudolstadt: il est heureux pour moi d'avoir une tête forte, car je le prendrais peut-être pour Trenck, et Dieu sait ce qui en arriverait. Trismégiste est un pauvre sorcier de ne point profiter de toutes ces méprises! Voyons, Porporina, ne me regardez pas d'un air effaré et consterné, ma toute belle. Reprenez vos esprits. Comment supposez-vous que si le comte Albert, au lieu d'être mort, s'était réveillé d'une léthargie, une aventure si intéressante n'eût point fait de bruit dans le monde? N'avez-vous conservé aucune relation, d'ailleurs, avec sa famille, et ne vous en aurait-elle pas informée?

— Je n'en ai conservé aucune, répondit Consuelo. La chanoinesse Wenceslawa m'a écrit deux fois en un an pour m'annoncer deux tristes nouvelles : la mort de son frère aîné Christian, père de mon mari, qui a terminé sa longue et douloureuse carrière sans recouvrer la mémoire de son malheur; et la mort du baron Frédéric, frère de Christian et de la chanoinesse, qui s'est tué à la chasse, en roulant de la fatale montagne de Schreckenstein, au fond d'un ravin. J'ai répondu à la chanoinesse comme je le devais. Je n'ai pas osé lui offrir d'aller lui porter mes tristes consolations. Son cœur m'a paru, d'après ses lettres, partagé entre sa bonté et son orgueil. Elle m'appelait sa *chère enfant*, sa *généreuse amie*, mais elle ne paraissait désirer nullement les secours ni les soins de mon affection.

— Ainsi tu supposes qu'Albert, ressuscité, vit tranquille et inconnu au château des Géants, sans s'envoyer de billet de faire part, et sans que personne s'en doute hors de l'enceinte dudit château?

— Non, Madame, je ne le suppose pas; car ce serait tout à fait impossible, et je suis folle de vouloir en douter, » répondit Consuelo, en cachant dans ses mains son visage inondé de larmes.

La princesse semblait, à mesure que la nuit s'avançait, reprendre son mauvais caractère; le ton railleur et léger avec lequel elle parlait de choses si sensibles au cœur de Consuelo faisait un mal affreux à cette dernière.

« Allons, ne te désole pas ainsi, reprit brusquement Amélie. Voilà une belle partie de plaisir que nous faisons là! Tu nous as raconté des histoires à porter le diable en terre; de Kleist n'a pas cessé de pâlir et de trembler, je crois qu'elle en mourra de peur; et moi, qui voulais être heureuse et gaie, je souffre de te voir souffrir, ma pauvre enfant!... »

La princesse prononça ces dernières paroles avec le bon diapason de sa voix, et Consuelo, relevant la tête, vit qu'une larme de sympathie coulait sur sa joue, tandis que le sourire d'ironie contractait encore ses lèvres. Elle baisa la main que lui tendait l'abbesse, et la plaignit intérieurement de ne pouvoir pas être bonne pendant quatre heures de suite.

« Quelque mystérieux que soit ton château des Géants, ajouta la princesse, quelque sauvage que soit l'orgueil de la chanoinesse, et quelque discrets que puissent être ses serviteurs, sois sûre qu'il ne se passe rien là qui soit plus qu'ailleurs à l'abri d'une certaine publicité. On avait beau cacher la bizarrerie du comte Albert, toute la province à bientôt réussi à la connaître, et il y avait longtemps qu'on en avait parlé à la petite cour de Bareith, lorsque Supperville fut appelé pour soigner ton pauvre époux. Il y a maintenant dans cette famille un autre mystère qu'on ne cache pas avec moins de soin sans doute, et qu'on n'a pas préservé davantage de la malice du public. C'est la fuite de la jeune baronne Amélie, qui s'est fait enlever par un bel aventurier peu de temps après la mort de son cousin.

— Et moi, madame, je l'ai ignoré assez longtemps. Je pourrais vous dire même que tout ne se découvre pas dans ce monde; car jusqu'ici on n'a pas pu savoir le nom et l'état de l'homme qui a enlevé la jeune baronne, non plus que le lieu de sa retraite.

— C'est ce que Supperville m'a dit en effet. Allons, cette vieille Bohême est le pays aux aventures mystérieuses: mais ce n'est pas une raison pour que le comte Albert soit...

— Au nom du ciel, Madame, ne parlons plus de cela. Je vous demande pardon de vous avoir fatiguée de cette longue histoire, et quand Votre Altesse m'ordonnera de me retirer...

— Deux heures du matin! s'écria madame de Kleist, que le son lugubre de l'horloge du château fit tressaillir.

— En ce cas, il faut nous séparer, mes chères amies, dit la princesse en se levant; car ma sœur d'Anspach va venir dès sept heures me réveiller pour m'entretenir des fredaines de son cher margrave, qui est revenu de Paris dernièrement, amoureux fou de mademoiselle Clairon. Ma belle Porporina, c'est vous autres reines de théâtre qui êtes reines du monde par le fait, comme nous le sommes par le droit, et votre lot est le meilleur. Il n'est point de tête couronnée que vous ne puissiez nous enlever quand il vous en prend fantaisie, et je ne serais pas étonnée de voir un jour mademoiselle Hippolyte Clairon, qui est une fille d'esprit, devenir margrave d'Anspach, en concurrence avec ma sœur, qui est une bête. Allons, donne-moi une pelisse, de Kleist, je veux vous reconduire jusqu'au bout de la galerie.

— Et Votre Altesse reviendra seule? dit madame de Kleist, qui paraissait fort troublée.

— Toute seule, répondit Amélie, et sans aucune crainte du diable et des farfadets qui tiennent pourtant cour plénière dans le château depuis quelques nuits, à ce qu'on assure. Viens, viens, Consuelo! nous allons voir la belle peur de madame de Kleist en traversant la galerie.

La princesse prit un flambeau et marcha la première, entraînant madame de Kleist, qui était en effet très-peu rassurée. Consuelo les suivit, un peu effrayée aussi, sans savoir pourquoi.

« Je vous assure, Madame, disait madame de Kleist, que c'est l'heure sinistre, et qu'il y a de la témérité à traverser cette partie du château dans ce moment-ci. Que vous coûterait-il de nous laisser attendre une demi-heure de plus? A deux heures et demie, il n'y a plus rien.

— Non pas, non pas, reprit Amélie, je ne serais pas fâchée de la rencontrer et de voir comment elle est faite.

— De quoi donc s'agit-il? demanda Consuelo en doublant le pas pour s'adresser à madame de Kleist.

— Ne le sais-tu pas? dit la princesse. La femme blanche qui balaie les escaliers et les corridors du palais, lorsqu'un membre de la famille royale est près de mourir, est revenue nous visiter depuis quelques nuits. Il paraît que c'est par ici qu'elle prend ses ébats. Donc ce sont mes jours qui sont menacés. Voilà pourquoi tu me vois si tranquille. Ma belle-sœur, la reine de Prusse (la plus pauvre tête qui ait jamais porté couronne!), n'en dort pas, à ce qu'on assure, et va coucher tous les soirs à Charlottenbourg; mais, comme elle respecte infiniment la balayeuse, ainsi que la reine ma mère, qui n'a pas plus de raison qu'elle à cet endroit-là, ces dames ont eu soin de défendre qu'on épiât le fantôme et qu'on le dérangeât en rien de ses nobles occupations. Aussi le château est-il balayé d'importance, et de la propre main de Lucifer, ce qui ne l'empêche pas d'être fort malpropre, comme tu vois. »

En ce moment un gros chat, accouru du fond ténébreux de la galerie, passa en ronflant et en jurant auprès de madame de Kleist, qui fit un cri perçant et voulut courir vers l'appartement de la princesse; mais celle-ci la retint de force en remplissant l'espace sonore de ses éclats de rire âpres et rauques, plus lugubres encore que ceux qui sifflait dans les profondeurs de ce vaste local. Le froid faisait grelotter Consuelo, et peut-être aussi la peur; car la figure décomposée de madame de Kleist semblait attester un danger réel, et la gaieté fanfaronne et forcée de la princesse n'annonçait pas une sécurité bien sincère.

« J'admire l'incrédulité de Votre Altesse royale, dit madame de Kleist d'une voix entrecoupée et avec un peu de dépit; si elle avait vu et entendu comme moi cette femme blanche, la veille de la mort du roi son auguste père...

— Hélas! répondit Amélie d'un ton satanique, comme je suis bien sûre qu'elle ne vient pas annoncer maintenant celle du roi mon auguste frère, je suis fort aise qu'elle vienne pour moi. La diablesse sait bien que pour être heureuse, il me faut l'une ou l'autre de ces deux morts.

— Ah! Madame, ne parlez pas ainsi dans un pareil moment! dit madame de Kleist, dont les dents se serraient tellement, qu'elle prononçait avec peine. Tenez, au nom du ciel, arrêtez-vous et écoutez: cela ne fait-il pas frémir? »

La princesse s'arrêta d'un air moqueur, et le bruit de sa robe de soie, épaisse et cassante comme du carton, cessant de couvrir les bruits plus éloignés, nos trois héroïnes, parvenues presque à la grande cage d'escalier qui s'ouvrait au fond de la galerie, entendirent distinctement le bruit sec d'un balai qui frappait inégalement les degrés de pierre, et qui semblait se rapprocher en montant de marche en marche, comme eût fait un valet pressé de terminer son ouvrage.

La princesse hésita un instant, puis elle dit d'un air résolu :

« Comme il n'y a rien là de surnaturel, je veux savoir si c'est un laquais somnambule ou un page espiègle. Baisse ton voile, Porporina, il ne faut pas qu'on te voie dans ma compagnie. Quant à toi, de Kleist, tu peux te trouver mal si cela t'amuse. Je t'avertis que je ne m'occupe pas de toi. Allons, brave Rudolstadt, toi qui as affronté de pires aventures, suis-moi si tu m'aimes. »

Amélie marcha d'un pas assuré vers l'entrée de l'escalier ; Consuelo la suivit sans qu'elle lui permît de tenir le flambeau à sa place ; et madame de Kleist, aussi effrayée de rester seule que d'avancer, se traîna derrière elles en se cramponnant au mantelet de la Porporina.

Le balai infernal ne se faisait plus entendre, et la princesse arriva jusqu'à la rampe au-dessus de laquelle elle avança son flambeau pour mieux voir à distance. Mais, soit qu'elle fût moins calme qu'elle ne voulait le paraître, soit qu'elle eût aperçu quelque objet terrible, la main lui manqua, et le flambeau de vermeil, avec la bougie et sa collerette de cristal découpée, allèrent tomber avec fracas au fond de la spirale retentissante. Alors madame de Kleist, perdant la tête et ne se souciant pas plus de la princesse que de la comédienne, se mit à courir jusqu'à ce qu'elle eût rencontré dans l'obscurité la porte des appartements de sa maîtresse, où elle chercha un refuge, tandis que celle-ci, partagée entre une émotion insurmontable et la honte de s'avouer vaincue, reprenait avec Consuelo le même chemin, d'abord lentement, et puis peu à peu en doublant le pas ; car d'autres pas se faisaient entendre derrière les siens, et ce n'étaient pas ceux de la Porporina, qui marchait sur la même ligne qu'elle, plus résolûment peut-être, quoiqu'elle ne fît aucune bravade. Ces pas étranges, qui de seconde en seconde, se rapprochaient de leurs talons, résonnaient dans les ténèbres comme ceux d'une vieille femme chaussée de mules, et claquaient sur les dalles, tandis que le balai faisait toujours son office et se heurtait lourdement à la muraille, tantôt à droite, tantôt à gauche. Ce court trajet parut bien long à Consuelo. Si quelque chose peut aiderir le courage des esprits vraiment fermes et sains, c'est un danger qui ne peut être ni prévu ni compris. Elle ne se piqua point d'une audace inutile, et ne détourna pas la tête une seule fois. La princesse prétendit ensuite l'avoir fait inutilement dans les ténèbres ; personne ne pouvait démentir ni constater le fait. Consuelo se souvint seulement qu'elle n'avait pas ralenti sa marche, qu'elle ne lui avait pas adressé un mot durant cette retraite forcée, et qu'en rentrant un peu précipitamment dans son appartement, elle avait failli lui pousser la porte sur le visage, tant elle avait hâte de la refermer. Cependant Amélie ne convint pas de sa faiblesse, et reprit assez vite son sang-froid pour railler madame de Kleist, qui était presque en convulsions, et pour lui faire, sur sa lâcheté et son manque d'égards, des reproches très-amers. La bonté compatissante de Consuelo, qui souffrait de l'état violent de la favorite, ramena quelque pitié dans le cœur de la princesse. Elle daigna s'apercevoir que madame de Kleist était incapable de l'entendre, et qu'elle était pâmée sur un sofa, la figure enfoncée dans les coussins. L'horloge sonna trois heures avant que cette pauvre personne eût parfaitement repris ses esprits ; sa terreur se manifestait encore par des larmes. Amélie était lasse de n'être plus princesse, et ne se soucait pas de se déshabiller seule et de se servir elle-même, outre qu'elle avait peut-être l'esprit frappé de quelque pressentiment sinistre. Elle résolut donc de garder madame de Kleist jusqu'au jour.

« Jusque-là, dit-elle, nous trouverons bien quelque prétexte pour colorer l'affaire, si mon frère en entend parler. Quant à toi, Porporina, ta présence ici serait bien plus difficile à expliquer, et je ne voudrais pour rien au monde qu'on te vît sortir de chez moi. Il faut donc que tu te retires seule, et dès à présent, car on est fort matinal dans cette chienne d'hôtellerie. Voyons, de Kleist, calme-toi, je te garde, et si tu peux dire un mot de bon sens, explique-nous par où tu es entrée et dans quel coin tu as laissé ton chasseur, afin que la Porporina s'en serve pour retourner chez elle. »

La peur rend si profondément égoïste, que madame de Kleist, enchantée de ne plus avoir à affronter les terreurs de la galerie, et se souciant fort peu de l'angoisse que Consuelo pourrait éprouver en faisant seule ce trajet, retrouva toute sa lucidité pour lui expliquer le chemin qu'elle avait à prendre et le signal qu'elle aurait à donner pour rejoindre son serviteur affidé à la sortie du palais, dans un endroit bien abrité et bien désert, où elle lui avait commandé d'aller l'attendre.

Munie de ces instructions, et bien certaine cette fois de ne pas s'égarer dans le palais, Consuelo prit congé de la princesse, qui ne s'amusa nullement à la reconduire le long de la galerie. La jeune fille partit donc seule, à tâtons, et gagna le redoutable escalier sans encombre. Une lanterne suspendue, qui brûlait en bas, l'aida à descendre, ce qu'elle fit sans mauvaise rencontre, et même sans frayeur. Cette fois elle s'était armée de volonté ; elle sentait qu'elle remplissait un devoir envers la malheureuse Amélie, et, dans ces cas-là, elle était toujours courageuse et forte. Enfin, elle parvint à sortir du palais par la petite porte mystérieuse dont madame de Kleist lui avait remis la clef, et qui donnait sur un coin d'arrière-cour. Lorsqu'elle fut tout à fait dehors, elle longea le mur extérieur pour chercher le chasseur. Dès qu'elle eut articulé le signal convenu, une ombre, se détachant du mur, vint droit à sa rencontre, et un homme, enveloppé d'un large manteau, s'inclina devant elle, et lui présenta le bras en silence dans une attitude respectueuse.

XI

Consuelo se souvint que madame de Kleist, pour mieux dissimuler ses fréquentes visites secrètes à la princesse Amélie, venait souvent à pied le soir au château, la tête enveloppée d'une épaisse coiffe noire, la taille d'une mante de couleur sombre, et le bras appuyé sur un domestique. De cette façon, elle n'était point remarquée des gens du château, et pouvait passer pour une de ces personnes dans la détresse qui se cachent de mendier, et qui reçoivent ainsi quelques secours de la libéralité des princes. Mais malgré toutes les précautions de la confidente et de sa maîtresse, leur secret était un peu celui de la comédie ; et si le roi n'en prenait pas d'ombrage, c'est qu'il est de petits scandales qu'il vaut mieux tolérer qu'ébruiter en les combattant. Il savait bien que ces deux dames s'occupaient ensemble de Trenck plus que de magie ; et bien, qu'il condamnât presque également ces deux sujets d'entretien, il fermait les yeux et savait gré intérieurement à sa sœur une affectation de mystère qui mettait sa responsabilité à couvert aux yeux de certaines gens. Il voulait bien feindre d'être trompé ; il ne voulait pas avoir l'air d'approuver l'amour et les folies de sa sœur. C'était donc sur le malheureux Trenck que sa sévérité s'était appesantie, et encore avait-il fallu l'accuser de crimes imaginaires pour que le public ne pressentît sa faveur que les véritables motifs de sa disgrâce.

La Porporina, pensant que le serviteur de madame de Kleist devait aider à son incognito, en lui donnant le bras de même qu'à sa maîtresse, n'hésita point à accepter ses services, et à s'appuyer sur lui pour marcher sur le pavé enduit de glace. Mais elle n'eut pas fait trois pas ainsi, que cet homme lui dit d'un ton dégagé :

« Eh bien, ma belle comtesse, dans quelle humeur avez-vous laissé votre fantasque Amélie ? »

Malgré le froid et la bise, Consuelo sentit le sang lui monter aux joues. Selon toute apparence, ce valet la prenait pour sa maîtresse, et trahissait ainsi une intimité révoltante avec elle. La Porporina, saisie de dégoût, retira son bras de celui de cet homme, en lui disant sèchement :

« Vous vous trompez.

— Je n'ai pas l'habitude de me tromper, reprit l'homme au manteau avec la même aisance. Le public peut ignorer que la divine Porporina est comtesse de Rudolstadt ; mais le comte de Saint-Germain est mieux instruit.

— Qui êtes-vous donc, dit Consuelo bouleversée de surprise ; n'appartenez-vous pas à la maison de madame la comtesse de Kleist?

— Je n'appartiens qu'à moi-même, et ne suis serviteur que de la vérité, reprit l'inconnu. Je viens de dire mon nom ; mais je vois qu'il est ignoré de madame de Rudolstadt.

— Seriez-vous donc le comte de Saint-Germain en personne?

— Et quel autre pourrait vous donner un nom que le public ignore? Tenez, madame la comtesse, voici deux fois que vous avez failli tomber en deux pas que vous avez faits sans mon aide. Daignez reprendre mon bras. Je sais fort bien le chemin de votre demeure, et je me fais un devoir et un honneur de vous y reconduire saine et sauve.

— Je vous remercie de votre bonté, monsieur le comte, répondit Consuelo, dont la curiosité était trop excitée pour refuser l'offre de cet homme intéressant et bizarre : auriez-vous celle de me dire pourquoi vous m'appelez ainsi?

— Parce que je désire obtenir votre confiance d'emblée en vous montrant que j'en suis digne. Il y a longtemps que je sais votre mariage avec Albert, et je vous ai gardé à tous deux un secret inviolable, comme je le garderai tant que ce sera votre volonté.

— Je vois que ma volonté à cet égard est fort peu respectée par M. Supperville, dit Consuelo qui se pressait d'attribuer à ce dernier les notions de M. de Saint-Germain sur sa position.

— N'accusez pas ce pauvre Supperville, reprit le comte. Il n'a rien dit, si ce n'est à la princesse Amélie, pour lui faire sa cour. Ce n'est pas de lui que je tiens le fait.

— Et de qui donc, en ce cas, Monsieur?

— Je le tiens du comte Albert de Rudolstadt lui-même. Je sais bien que vous allez me dire qu'il est mort pendant qu'on achevait la cérémonie religieuse de votre hyménée ; mais je vous répondrai qu'il n'y a pas de mort, que personne, que rien ne meurt, et que l'on peut s'entretenir encore avec ce que le vulgaire appelle les trépassés, quand on connaît leur langage et les secrets de leur vie.

— Puisque vous savez tant de choses, Monsieur, vous n'ignorez peut-être pas que de semblables assertions ne me peuvent aisément convaincre, et qu'elles me font beaucoup de mal, en me présentant sans cesse l'idée d'un malheur que je sais être sans remède, en dépit des promesses menteuses de la magie.

— Vous avez raison d'être en garde contre les magiciens et les imposteurs. Je sais que Cagliostro vous a effrayée d'une apparition au moins intempestive. Il a cédé à la gloriole de vous montrer son pouvoir, sans s'inquiéter de la disposition de votre âme et de la sublimité de sa mission. Cagliostro n'est cependant pas un imposteur, tant s'en faut! Mais c'est un vaniteux, et c'est par là qu'il a mérité souvent le reproche de charlatanisme.

— Monsieur le comte, on vous fait le même reproche ; et comme cependant on ajoute que vous êtes un homme supérieur, je me sens le courage de vous dire franchement les préventions qui combattent mon estime pour vous.

— C'est parler avec la noblesse qui convient à Consuelo, répondit M. de Saint-Germain avec calme, et je vous sais gré de faire cet appel à ma loyauté. J'en serai digne, et je vous parlerai sans mystère. Mais nous voici à votre porte, et le froid, ainsi que l'heure avancée, me

défendent de vous retenir ici plus longtemps. Si vous voulez apprendre des choses de la dernière importance, et d'où votre avenir dépend, permettez-moi de vous entretenir en liberté.

— Si Votre Seigneurie veut venir me voir dans la journée, je l'attendrai chez moi à l'heure qu'elle m'indiquera.

— Il faut que je vous parle demain ; et demain vous recevrez la visite de Frédéric, que je ne veux pas rencontrer, parce que je ne fais aucun cas de lui.

— De quel Frédéric voulez-vous parler, monsieur le comte?

— Oh! ce n'est pas de notre ami Frédéric de Trenck que nous avons réussi à tirer de ses mains. C'est de ce méchant petit roi de Prusse vous fait la cour. Tenez, il y aura demain grande redoute à l'Opéra : soyez-y. Quelque déguisement que vous preniez, je vous reconnaîtrai et me ferai reconnaître de vous. Dans cette cohue, nous trouverons l'isolement et la sécurité. Autrement, mes relations avec vous amasseraient de grands malheurs sur des têtes sacrées. A demain donc, madame la comtesse! »

En parlant ainsi, le comte de Saint-Germain salua profondément Consuelo et disparut, la laissant pétrifiée de surprise au seuil de sa demeure.

« Il y a décidément, dans ce royaume de la raison, une conspiration permanente contre la raison, se disait la cantatrice en s'endormant. A peine ai-je échappé à un des périls qui menacent la mienne, qu'un autre se présente. La princesse Amélie m'avait donné l'explication des dernières énigmes, et je me croyais bien tranquille ; mais, au même instant, nous rencontrons, ou du moins nous entendons la balayeuse fantastique, qui se promène dans ce château du doute, dans cette forteresse de l'incrédulité, aussi impérieusement qu'elle l'eût fait il y a deux cents ans. Je me débarrasse de la frayeur que me causait Cagliostro, et voici un autre magicien qui paraît encore mieux instruit de mes affaires. Que ces devins tiennent registre de tout ce qui concerne la vie des rois et des personnages puissants ou illustres, je le conçois ; mais que moi, pauvre fille humble et discrète, je ne puisse dérober aucun fait de ma vie à leurs investigations, voilà qui me confond et m'inquiète malgré moi. Allons, suivons le conseil de la princesse. Comptons que l'avenir expliquera encore ce prodige, et, en attendant, abstenons-nous de juger. Ce qu'il y aurait de plus extraordinaire peut-être dans celui-ci, c'est que la visite du roi, prédite par M. de Saint-Germain, eût lieu effectivement demain. Ce sera la troisième fois seulement que le roi sera venu chez moi. Ce M. de Saint-Germain serait-il son confident? On dit qu'il faut se méfier surtout de ceux qui parlent mal du maître. Je tâcherai de ne pas l'oublier. »

Le lendemain, à une heure précise, une voiture sans livrée et sans armoiries entra dans la cour de la maison qu'habitait la cantatrice, et le roi, qui l'avait fait prévenir, deux heures auparavant, d'être seule et de l'attendre, pénétra dans ses appartements le chapeau sur l'oreille gauche, le sourire sur les lèvres, et un petit panier à la main.

« Le capitaine Kreutz vous apporte des fruits de son jardin, dit-il. Des gens malintentionnés entrent que cela vient des jardins de Sans-Souci, et que c'était destiné au dessert du roi. Mais le roi ne pense point à nous, Dieu merci, et le petit baron vient passer une heure ou deux avec sa petite amie. »

Cet agréable début, au lieu de mettre Consuelo à son aise, la troubla étrangement. Depuis qu'elle conspirait contre sa volonté et en recevant les confidences de la princesse Amélie, elle ne pouvait plus braver avec une impassible franchise le royal inquisiteur. Il eût fallu désormais le ménager, le flatter peut-être, détourner ses soupçons par d'adroites agaceries. Consuelo sentait que ce rôle ne lui convenait pas, qu'elle le jouerait mal, surtout s'il était vrai que Frédéric eût *du goût* pour elle, comme on disait à la cour, où l'on eût cru rabaisser la majesté royale en se servant du mot d'amour à propos d'une comédienne. Inquiète et troublée, Consuelo remercia gauchement le roi de l'excès de ses bontés, et tout aussitôt la physionomie du roi changea, et devint aussi morose qu'elle s'était annoncée radieuse.

« Qu'est-ce, dit-il brusquement en fronçant le sourcil. Avez-vous de l'humeur? êtes-vous malade? pourquoi m'appelez-vous *sire?* Ma visite vous dérange de quelque amourette?

— Non, Sire, répondit la jeune fille en reprenant la sérénité de la franchise. Je n'ai ni amourette ni amour.

— A la bonne heure! Quand cela serait, après tout, que m'importe? mais j'exigerais que vous m'en fissiez l'aveu.

— L'aveu? M. le capitaine veut dire la confidence, sans doute?

— Expliquez la distinction.

— Monsieur le capitaine la comprend de reste.

— Comme vous voudrez; mais distinguer n'est pas répondre. Si vous étiez amoureuse, je voudrais le savoir.

— Je ne comprends pas pourquoi.

— Vous ne le comprenez pas du tout? regardez-moi donc en face. Vous avez le regard bien vague aujourd'hui!

— Monsieur le capitaine, il me semble que vous voulez singer le roi. On dit, que quand il interroge un accusé, il lui lit dans le blanc des yeux. Croyez-moi, ces façons-là ne vont qu'à lui; et encore, s'il venait chez moi pour me les faire subir, je le prierais de retourner à ses affaires.

— C'est cela; vous lui diriez : « Va te promener, Sire. »

— Pourquoi non? La place du roi est sur son cheval ou sur son trône, et s'il avait le caprice de venir chez moi, je serais en droit de ne pas le souffrir maussade.

— Vous auriez raison; mais dans tout cela vous ne me répondez pas. Vous ne voulez pas me prendre pour le confident de vos prochaines amours?

— Il n'y a point de prochaines amours pour moi, je vous l'ai dit souvent, baron.

— Oui, en riant, parce que je vous interrogeais de même; mais si je parle sérieusement à cette heure?

— Je réponds de même.

— Savez-vous que vous êtes une singulière personne?

— Pourquoi cela?

— Parce que vous êtes la seule femme de théâtre qui ne soit pas occupée de belles passions ou de galanterie.

— Vous avez une mauvaise idée des femmes de théâtre, monsieur le capitaine?

— Non! j'en ai connu de sages; mais elles visaient à de riches mariages, et vous, on ne sait à quoi vous songez.

— Je songe à chanter ce soir.

— Ainsi vous vivez au jour le jour?

— Désormais, je ne vis pas autrement.

— Il n'en a donc pas été toujours ainsi?

— Non, Monsieur.

— Vous avez aimé?

— Oui, Monsieur.

— Sérieusement.

— Oui, Monsieur.

— Et longtemps?

— Oui, Monsieur.

— Et qu'est devenu votre amant?

— Mort!

— Mais vous en êtes consolée?

— Non.

— Oh! vous vous en consolerez bien?

— Je crains que non.

— Cela est étrange. Ainsi, vous ne voulez pas vous marier?

— Jamais.

— Et vous n'aurez pas d'amour?

— Jamais.

— Pas même un ami?

— Pas même un ami comme l'entendent les belles dames.

— Bast, si vous alliez à Paris, et que le roi Louis XV, ce galant chevalier...

— Je n'aime pas les rois, monsieur le capitaine, et je déteste les rois galants.

— Ah! je comprends; vous aimez mieux les pages. Un joli cavalier, comme Trenck, par exemple!

— Je n'ai jamais songé à sa figure.

— Et cependant vous avez conservé des relations avec lui!

— Si cela était, elles seraient de pure et honnête amitié.

— Vous convenez donc que ces relations subsistent?

— Je n'ai pas dit cela, répondit Consuelo, qui craignit de compromettre la princesse par ce seul indice.

— Alors vous le niez.

— Je n'aurais pas de raisons pour le nier, si cela était; mais d'où vient que le capitaine Kreutz m'interroge de la sorte? Quel intérêt peut-il prendre à cela?

— Le roi en prend apparemment, repartit Frédéric en ôtant son chapeau et en le posant brutalement sur la tête d'une Polymnie en marbre blanc dont le buste antique ornait la console.

— Si le roi me faisait l'honneur de venir chez moi, dit Consuelo en surmontant la terreur qui s'emparait d'elle, je penserais qu'il désire entendre de la musique, et je me mettrais à mon clavecin pour lui chanter l'air d'*Ariane abandonnée*...

— Le roi n'aime pas les prévenances. Quand il interroge, il veut qu'on lui réponde clair et net. Qu'est-ce que vous avez été faire cette nuit dans le palais du roi? Vous voyez bien que le roi a le droit de venir faire le maître chez vous, puisque vous allez chez lui à des heures indues sans sa permission? »

Consuelo trembla de la tête aux pieds; mais elle avait heureusement dans toutes sortes de dangers une présence d'esprit qui l'avait toujours sauvée comme par miracle. Elle se rappela que Frédéric plaidait souvent le faux pour savoir le vrai, et qu'il passait pour arracher les aveux par la surprise plus que par tout autre moyen. Elle se tint sur ses gardes, et, souriant à travers sa pâleur, elle répondit :

« Voilà une singulière accusation, et je ne sais ce qu'on peut répondre à des demandes fantastiques.

— Vous n'êtes plus laconique comme tout à l'heure, reprit le roi; comme on voit bien que vous mentez! Vous n'avez pas été cette nuit au palais? répondez *oui* ou *non?*

— Eh bien, non! dit Consuelo avec courage, préférant la honte d'être convaincue de mensonge, à la lâcheté de livrer le secret d'autrui pour se disculper.

— Vous n'en êtes pas sortie à trois heures du matin, toute seule?

— Non, répondit Consuelo, qui retrouvait ses forces en voyant une imperceptible irrésolution dans la physionomie du roi, et qui jouait déjà la surprise avec supériorité.

— Vous avez osé dire trois fois non! s'écria le roi d'un air courroucé et avec des regards foudroyants.

— J'oserai le dire une quatrième fois, si Votre Majesté l'exige, répondit Consuelo, résolue de faire face à l'orage jusqu'au bout.

— Oh! je sais bien qu'une femme soutiendrait le mensonge dans les tortures, comme les premiers chrétiens y soutenaient ce qu'ils croyaient être la vérité. Qui pourra se flatter d'arracher une réponse sincère à un être féminin? Écoutez, Mademoiselle, j'ai jusqu'ici de l'estime pour vous, parce que je pensais que vous faisiez seule exception aux vices de votre sexe. Je ne vous croyais ni intrigante, ni perfide, ni effrontée. J'avais dans votre caractère une confiance qui allait jusqu'à l'amitié...

— Et maintenant, Sire...

— Ne m'interrompez pas. Maintenant, j'ai mon opinion, et vous en sentirez les effets. Mais écoutez-moi bien. Si vous aviez le malheur de vous immiscer dans de petites intrigues de palais, d'accepter certaines confidences déplacées, de rendre certains services dangereux, vous vous flatteriez vainement de me tromper longtemps, et je vous chasserais d'ici aussi honteusement que je vous ai reçue avec distinction et bonté.

— Sire, répondit Consuelo avec audace, comme le plus cher et le plus constant de mes vœux est de quitter

En même temps il leva sa canne... (Page 40).

la Prusse, quels que soient le prétexte de mon renvoi et la dureté de votre langage, je reçois avec reconnaissance l'ordre de mon départ.

— Ah! vous le prenez ainsi, s'écria Frédéric transporté de colère, et vous osez me parler de la sorte! »

En même temps il leva sa canne comme s'il eût voulu frapper Consuelo; mais l'air de mépris tranquille avec lequel elle attendit cet outrage le fit rentrer en lui-même, et il jeta sa canne loin de lui, en disant d'une voix émue:

« Tenez, oubliez les droits que vous avez à la reconnaissance du capitaine Krentz, et parlez au roi avec le respect convenable; car si vous me poussez à bout, je suis capable de vous corriger comme un enfant mutin.

— Sire, je sais qu'on bat les enfants dans votre auguste famille, et j'ai ouï dire que Votre Majesté, pour se soustraire à de tels traitements, avait autrefois essayé de prendre la fuite. Ce moyen sera plus facile à une zingara comme moi qu'il ne l'a été au prince royal Frédéric. Si Votre Majesté ne me fait pas sortir de ses États dans les vingt-quatre heures, j'aviserai moi-même à la rassurer sur mes intrigues, en quittant la Prusse sans passe-port, fallût-il fuir à pied et en sautant les fossés, comme font les déserteurs et les contrebandiers.

— Vous êtes une folle! dit le roi en haussant les épaules et en marchant à travers la chambre pour cacher son dépit et son repentir. Vous partirez, je ne demande pas mieux, mais sans scandale et sans précipitation. Je ne veux pas que vous me quittiez ainsi, mécontente de moi et de vous-même. Où diable avez-vous pris l'insolence dont vous êtes douée? et quel diable me pousse à la débonnaireté dont j'use avec vous?

— Vous la prenez sans doute dans un scrupule de générosité dont Votre Majesté peut se dispenser. Elle croit m'être redevable d'un service que j'aurais rendu au dernier de ses sujets avec le même zèle. Qu'elle se regarde donc comme quitte envers moi, mille fois, et qu'elle me laisse partir au plus vite: ma liberté sera une récompense suffisante, et je n'en demande pas d'autre.

— Encore? dit le roi confondu de l'obstination hardie de cette jeune fille. Toujours le même langage? Vous n'en changerez pas avec moi? Ah! ce n'est pas du courage, cela! c'est de la haine!

Vous êtes la princesse Amélie. (Page 43.)

— Et si cela était, reprit Consuelo, est-ce que Votre Majesté s'en soucierait le moins du monde?
— Juste ciel! que dites-vous là, pauvre petite fille! dit le roi avec un accent de douleur naïve. Vous ne comprenez pas ce que vous dites, malheureuse enfant! il n'y a qu'une âme perverse qui puisse être insensible à la haine de son semblable.
— Frédéric le Grand regarde-t-il la Porporina comme un être de la même nature que lui?
— Il n'y a que l'intelligence et la vertu qui élèvent certains hommes au-dessus des autres. Vous avez du génie dans votre art. Votre conscience doit vous dire si vous avez de la loyauté... Mais elle vous dit le contraire dans ce moment-ci, car vous avez l'âme remplie de fiel et de ressentiment.
— Et si cela était, la conscience du grand Frédéric n'aurait-elle rien à se reprocher pour avoir allumé ces mauvaises passions dans une âme habituellement paisible et généreuse?
— Allons! vous êtes en colère, » dit Frédéric en faisant un mouvement pour prendre la main de la jeune fille; mais il s'arrêta, retenu par cette gaucherie qu'un fond de mépris et d'aversion pour les femmes lui avait fait contracter.

Consuelo, qui avait exagéré son dépit pour refouler dans le cœur du roi un sentiment de tendresse prêt à faire explosion au milieu de la colère, remarqua combien il était timide, et perdit toutes ses craintes en voyant qu'il attendait ses avances. C'était une singulière destinée, que la seule femme capable d'exercer sur Frédéric une sorte de prestige ressemblant à l'amour, fût peut-être la seule dans tout son royaume qui n'eût voulu à aucun prix encourager cette disposition. Il est vrai que la répugnance et la fierté de Consuelo étaient peut-être son principal attrait aux yeux du roi. Cette âme rebelle tentait le despote comme la conquête d'une province; et sans qu'il s'en rendît compte, sans qu'il voulût mettre sa gloire à ce genre d'exploits frivoles, il sentait une admiration et une sympathie d'instinct pour un caractère fortement trempé qui lui semblait avoir, à quelque égard, une sorte de parenté avec le sien.

« Voyons, dit-il en fourrant brusquement dans la poche de son gilet la main qu'il avait avancée vers Consuelo, ne me dites plus que je ne me soucie pas d'être haï; car vous me feriez croire que je le suis et cette pensée me serait odieuse!

— Et cependant vous voulez qu'on vous craigne.

— Non, je veux qu'on me respecte.

— Et c'est à coups de canne que vos caporaux inspirent à vos soldats le respect de votre nom.

— Qu'en savez-vous? De quoi parlez-vous là? De quoi vous mêlez-vous?

— Je réponds *clair* et *net* à l'interrogatoire de Votre Majesté.

— Vous voulez que je vous demande pardon d'un moment d'emportement provoqué par votre folie?

— Au contraire; si vous pouviez briser sur ma tête la canne-sceptre qui gouverne la Prusse, je prierais Votre Majesté de ramasser ce jonc.

— Bah! quand je vous aurais un peu caressé les épaules avec, comme c'est une canne que Voltaire m'a donnée, vous n'en auriez peut-être que plus d'esprit et de malice. Tenez, j'y tiens beaucoup, à cette canne-là; mais il vous faut une réparation, je le vois bien. »

En parlant ainsi, le roi ramassa sa canne, et se mit en devoir de la briser. Mais il eut beau s'aider du genou, le jonc plia et ne voulut point rompre.

« Voyez, dit le roi en la jetant dans le feu, ma canne n'est pas, comme vous le prétendez, l'image de mon sceptre. C'est celle de la Prusse fidèle, qui plie sous ma volonté, et qui ne sera point brisée par elle. Faites de même, Porporina, et vous vous en trouverez bien.

— Et quelle est donc la volonté de Votre Majesté à mon égard? Voilà un beau sujet pour exercer l'autorité et pour troubler la sérénité d'un grand caractère!

— Ma volonté est que vous renonciez à quitter Berlin, la trouvez-vous offensante? »

Le regard vif et presque passionné de Frédéric expliquait assez cette espèce de réparation. Consuelo sentit renaître ses terreurs, et, feignant de ne pas comprendre :

« Pour cela, répondit-elle, je ne m'y résignerai jamais. Je vois trop qu'il faudrait payer l'honneur d'amuser quelquefois Votre Majesté par mes roulades. Le soupçon pèse ici sur tout le monde. Les êtres les plus intimes et les plus obscurs ne sont point à l'abri d'une accusation, et je ne saurais vivre ainsi.

— Vous êtes mécontente de votre traitement, reprit le roi. Allons! il sera augmenté.

— Non, Sire. Je suis satisfaite de mon traitement, je ne suis pas cupide. Votre Majesté le sait.

— C'est vrai. Vous n'aimez pas l'argent, c'est une justice à vous rendre. On ne sait ce que vous aimez, d'ailleurs!

— La liberté, Sire.

— Et qui gêne votre liberté? Vous me cherchez querelle, et vous n'avez aucun motif à faire valoir. Vous voulez partir, voilà ce qu'il y a de clair.

— Oui, Sire.

— Oui? c'est bien décidé?

— Oui, Sire.

— En ce cas, allez au diable! »

Le roi prit son chapeau, sa canne qui, en roulant sur les chenets, n'avait pas brûlé, et, tournant le dos, s'avança vers la porte. Mais, au moment de l'ouvrir, il se retourna vers Consuelo, et lui montra un visage si ingénûment triste, si paternellement affligé, si différent, en un mot, de son terrible front royal, ou de son amer sourire de philosophe sceptique, que la pauvre enfant se sentit émue et repentante. L'habitude qu'elle avait prise avec le Porpora de ces orages domestiques, lui fit oublier qu'il y avait pour elle dans le cœur de Frédéric quelque chose de personnel et de farouche, qui n'était jamais entré dans l'ame chastement et généreusement ardente de son père adoptif. Elle se détourna pour cacher une larme furtive, qui s'échappait de sa paupière; mais le regard du lynx n'est pas plus rapide que ne le fut celui du roi. Il revint sur ses pas, et, levant de nouveau sa canne sur Consuelo, mais cette fois avec l'air de tendresse dont il eût joué avec l'enfant de ses entrailles :

« Détestable créature! lui dit-il, d'une voix émue et caressante, vous n'avez pas la moindre amitié pour moi!

— Vous vous trompez beaucoup, monsieur le baron, répondit la bonne Consuelo, fascinée par cette demi-comédie, qui réparait si adroitement le véritable accès de colère brutale de Frédéric. J'ai autant d'amitié pour le capitaine Kreutz que j'ai d'éloignement pour le roi de Prusse.

— C'est que vous ne comprenez pas, c'est que vous ne pouvez pas comprendre le roi de Prusse, reprit Frédéric. Ne parlons donc pas de lui. Un jour viendra, quand vous aurez habité ce pays assez longtemps pour en connaître l'esprit et les besoins, où vous rendrez plus de justice à l'homme qui s'efforce de le gouverner comme il convient. En attendant, soyez un peu plus aimable avec ce pauvre baron, qui s'ennuie si profondément de la cour et des courtisans, et qui venait chercher ici un peu de calme et de bonheur, auprès d'une âme pure et d'un esprit candide. Je n'avais qu'une heure pour en profiter, et vous n'avez fait que me quereller. Je reviendrai une autre fois, à condition que vous me recevrez un peu mieux. J'amènerai *Mopsule* pour vous divertir, et, si vous êtes bien sage, je vous ferai cadeau d'un beau petit lévrier blanc qu'elle nourrit dans ce moment. Il faudra en avoir grand soin! Ah! j'oubliais! Je vous ai apporté des vers de ma façon, des strophes sur la musique; vous pourrez y adapter un air, et ma sœur Amélie s'amusera à le chanter. »

Le roi s'en alla tout doucement, après être revenu plusieurs fois sur ses pas en causant avec une familiarité gracieuse, et en prodiguant à l'objet de sa bienveillance de frivoles cajoleries. Il savait dire des riens quand il le voulait, quoique en général sa parole fut concise, énergique et pleine de sens. Nul homme n'avait plus de ce qu'on appelait *du fond* dans la conversation, et rien n'était plus rare à cette époque que le ton sérieux et ferme dans les entretiens familiers. Mais avec Consuelo, il eût voulu être bon enfant, et il réussissait assez à s'en donner l'air, pour qu'elle en fût parfois naïvement émerveillée. Quand il fut parti, elle se repentit, comme à l'ordinaire, de ne pas avoir réussi à le dégoûter d'elle et de la fantaisie de ces dangereuses visites. De son côté, il aimait Consuelo à sa manière, et il eût voulu lui inspirer en réalité l'attachement et l'admiration que ses faux amis les beaux esprits jouaient auprès de lui. Il eût donné peut-être beaucoup, lui qui n'aimait guère à donner, pour connaître une fois dans sa vie le plaisir d'être aimé de bonne foi et sans arrière-pensée. Mais il sentait bien que cela n'était pas facile à concilier avec l'autorité dont il ne voulait pas se départir; et, comme un chat rassasié qui joue avec la souris prête à fuir, il ne savait trop s'il voulait l'apprivoiser ou l'étrangler. « Elle va trop loin, et cela finira mal, se disait-il en remontant dans sa voiture; si elle continue à faire la mauvaise tête, je serai forcé de lui faire commettre quelque faute, et de l'envoyer dans une forteresse pendant quelque temps, afin que le régime émousse ce fier courage. Pourtant j'aimerais mieux l'éblouir et la gouverner par le prestige que j'exerce sur tant d'autres. Il est impossible que je n'en vienne pas à bout avec un peu de patience. C'est un petit travail qui m'irrite et qui m'amuse en même temps. Nous irons bien! Ce qu'il y a de certain, c'est qu'il ne faut pas qu'elle parte maintenant, pour aller se vanter de m'avoir dit mes vérités impunément. Non, non! elle ne me quittera que soumise ou brisée. » Puis le roi qui avait bien d'autres choses dans l'esprit, comme on peut croire, ouvrit un livre pour ne pas perdre cinq minutes à d'inutiles rêveries, et descendit de sa voiture sans trop se rappeler dans quelles idées il y était monté.

La Porporina, inquiète et tremblante, se préoccupa un peu plus longtemps des dangers de sa situation. Elle se reprocha beaucoup de n'avoir pas insisté jusqu'au bout sur son départ, et de s'être laissé engager tacitement à y renoncer. Mais elle fut tirée de ses méditations par un envoi d'argent et de lettres que madame de Kleist lui faisait passer pour M. de Saint-Germain. Tout cela était destiné à Trenck, et Consuelo devait en accepter la responsabilité; elle devait au besoin accepter aussi le rôle d'amante du fugitif, pour couvrir le secret de la princesse Amélie. Elle se voyait donc embarquée dans une situation désagréable et dangereuse, d'autant plus qu'elle ne se sentait pas très-rassurée sur la loyauté de ces agents mystérieux avec lesquels on la mettait en relation, et qui semblaient vouloir s'immiscer par contre-coup dans ses propres secrets. Elle s'occupa de son déguisement pour le bal de l'Opéra, où elle avait accepté le rendez-vous avec Saint-Germain, tout en se disant avec une terreur résignée qu'elle était sur le bord d'un abîme.

XII.

Aussitôt après l'opéra, la salle fut nivelée, illuminée, décorée suivant l'usage, et le grand bal masqué, appelé à Berlin la *redoute*, fut ouvert à minuit précis. La société y était passablement mêlée, puisque les princes et peut-être même les princesses du sang royal s'y trouvaient confondus avec les acteurs et les actrices de tous les théâtres. La Porporina s'y glissa seule, déguisée en religieuse, costume qui lui permettait de cacher son cou et ses épaules sous le voile, et sa taille sous une robe très-ample. Elle sentait la nécessité de se rendre méconnaissable pour échapper aux commentaires que pourrait faire naître sa rencontre avec M. de Saint-Germain; et elle n'était pas fâchée d'éprouver la perspicacité de ce dernier, qui s'était vanté à elle de la reconnaître quelque déguisée qu'elle fût. Elle avait donc composé seule, et sans mettre même sa suivante dans la confidence, cet habit simple et facile; et elle était sortie bien enveloppée d'une longue pelisse qu'elle ne déposa qu'en se trouvant au milieu de la foule. Mais elle n'eut pas fait le tour de la salle, qu'elle remarqua une circonstance inquiétante. Un masque de sa taille, et qui paraissait être de son sexe, revêtu d'un costume de nonne exactement semblable au sien, vint se placer auprès d'elle à plusieurs reprises, en lui faisant des plaisanteries sur leur identité.

« Chère sœur, lui disait cette nonne, je voudrais bien savoir laquelle de nous est l'ombre de l'autre; et comme il me semble que tu es plus légère et plus diaphane que moi, je demande à te toucher la main pour m'assurer si tu es ma sœur jumelle ou mon spectre. »

Consuelo repoussa ces attaques, et s'efforça de gagner sa loge afin d'y changer de costume, ou de faire au sien quelque modification qui empêchât l'équivoque. Elle craignait que le comte de Saint-Germain, au cas où il aurait eu, en dépit de ses précautions, quelque révélation sur son déguisement, n'allât s'adresser à son Sosie et lui parler des secrets qu'il lui avait annoncés la veille. Mais elle n'eut point le loisir. Déjà un capucin s'était mis à sa poursuite, et bientôt il s'empara, bon gré, mal gré, de son bras.

« Vous ne m'éviterez pas, ma sœur, lui dit-il à voix basse, je suis votre père confesseur, et je vais vous dire vos péchés. Vous êtes la princesse Amélie.

— Tu es un novice, frère, répondit Consuelo en contrefaisant sa voix celle d'usage au bal masqué. Tu connais bien mal tes pénitentes.

— Oh! il est très-inutile de contrefaire ta voix, sœur. Je ne sais pas si tu as le costume de l'ordre, mais tu es l'abbesse de Quedlimbourg, et tu peux bien en convenir avec moi qui suis ton frère Henri. »

Consuelo reconnaissait effectivement la voix du prince, qui lui avait parlé souvent, et qui avait une espèce de grasseyement assez remarquable. Pour s'assurer que son Sosie était bien la princesse, elle nia encore, et le prince ajouta :

« J'ai vu ton costume chez le tailleur; et comme il n'y a pas de secrets pour les princes, j'ai surpris le tien. Allons, ne perdons pas le temps à babiller. Vous ne pouvez avoir la prétention de m'intriguer, ma chère sœur, et ce n'est nullement pour vous tourmenter que je m'attache à vos pas. J'ai des choses sérieuses à vous dire. Venez un peu à l'écart avec moi. »

Consuelo se laissa emmener par le prince, bien résolue à lui montrer ses traits plutôt que d'abuser de sa méprise pour surprendre des secrets de famille. Mais, au premier mot qu'il lui adressa lorsqu'ils eurent gagné une loge, elle devint attentive malgré elle, et crut avoir le droit d'écouter jusqu'au bout.

« Prenez garde d'aller trop vite avec la Porporina, dit le prince à sa prétendue sœur. Ce n'est pas que je doute de sa discrétion ni de la noblesse de son cœur. Les personnages les plus importants de *l'ordre* s'en portent garants; et dussiez-vous me plaisanter encore sur la nature de mes sentiments pour elle, je vous dirai encore que je partage votre sympathie pour cette aimable personne. Mais ni ces personnages ni moi sommes d'avis que vous vous compromettiez vis-à-vis d'elle avant que l'on se soit assuré de ses dispositions. Telle entreprise qui saisira d'emblée une imagination ardente comme la vôtre et un esprit justement irrité comme le mien, peut épouvanter au premier abord une fille timide, étrangère sans doute à toute philosophie et à toute politique. Les raisons qui ont agi sur vous ne sont pas celles qui feront impression sur une femme placée dans une sphère si différente. Laissez donc à Trismégiste ou à Saint-Germain le soin de cette initiation.

— Mais Trismégiste n'est-il pas parti? dit Consuelo, qui était trop bonne comédienne pour ne pas pouvoir imiter la voix rauque et changeante de la princesse Amélie.

— S'il est parti, vous devez le savoir mieux que moi, puisque je n'en ai nul rapport avec vous. Pour moi, je ne le connais pas. Mais M. de Saint-Germain me paraît l'ouvrier le plus habile et le plus extraordinairement versé dans la science qui nous occupe. Il s'est fait fort de nous attacher cette belle cantatrice et de la soustraire aux dangers qui la menacent.

— Est-elle réellement en danger? demanda Consuelo.

— Elle y sera si elle persiste à repousser les soupirs de *M. le Marquis*.

— Quel marquis? demanda Consuelo étonnée.

— Vous êtes distraite, ma sœur! Je vous parle de Fritz ou du *grand lama*.

— Oui, du marquis de Bandebourg! reprit la Porporina, comprenant enfin qu'il s'agissait du roi. Mais vous êtes donc bien sûr qu'il pense à cette petite fille?

— Je ne dirai pas qu'il l'aime, mais il en est jaloux. Et puis, ma sœur, il faut bien reconnaître que vous la compromettez... cette Porporina, en la prenant pour votre confidente... Allons! je ne sais rien de cela, je n'en veux rien savoir; mais, au nom du ciel, soyez prudente, et ne laissez pas soupçonner à *nos amis* que vous soyez mue par un autre sentiment que celui de la liberté politique. Nous avons résolu d'adopter votre comtesse de Rudolstadt. Quand elle sera initiée et liée par des serments, des promesses et des menaces, vous ne risquerez plus rien avec elle. Jusque-là, je vous en conjure, abstenez-vous de la voir et de lui parler de vos affaires et des nôtres... Et pour commencer, ne restez pas dans ce bal où votre présence n'est guère convenable, et où le *grand lama* saura certainement que vous êtes venue. Donnez-moi le bras jusqu'à la sortie. Je ne puis vous reconduire plus loin. Je suis censé garder les arrêts à Potsdam, et les murailles du palais ont des yeux qui perceraient un masque de fer. »

En ce moment on frappa à la porte de la loge, et comme le prince n'ouvrait pas, on insista.

« Voilà un drôle bien impertinent de vouloir entrer dans une loge où se trouve une dame! » dit le prince en montrant son masque barbu à la lucarne de la loge. Mais un domino rouge, à face blême, dont l'aspect avait quelque chose d'effrayant, lui apparut, et lui dit avec un geste singulier :

« *Il pleut.* »

Cette nouvelle parut faire grande impression sur le prince.

« Dois-je donc sortir ou rester? demanda-t-il au domino rouge.

— Vous devez chercher, répondit ce domino, une nonne toute semblable à celle-ci, qui erre dans la cohue. Moi, je me charge de madame, » ajouta-t-il en désignant Consuelo, et en entrant dans la loge que le prince lui ouvrait avec empressement.

Ils échangèrent bas quelques paroles, et le prince sortit sans adresser un mot de plus à la Porporina.

« Pourquoi, dit le domino rouge en s'asseyant dans le fond de la loge, et en s'adressant à Consuelo, avez-vous pris un déguisement tout pareil à celui de la princesse? C'est l'exposer, ainsi que vous, à des méprises fatales. Je ne reconnais là ni votre prudence ni votre dévouement.

— Si mon costume est pareil à celui d'une autre personne, je l'ignore entièrement, répondit Consuelo, qui se tenait sur ses gardes avec ce nouvel interlocuteur.

— J'ai cru que c'était une plaisanterie de carnaval arrangée entre vous deux. Puisqu'il n'en est rien, madame la comtesse, et que le hasard seul s'en est mêlé, parlons de vous, et abandonnons la princesse à son destin.

— Mais si quelqu'un est en danger, Monsieur, il me semble pas que le rôle de ceux qui parlent de dévouement soit, de rester les bras croisés.

— La personne qui vient de vous quitter veillera sur cette auguste tête folle. Sans doute, vous n'ignorez pas que la chose l'intéresse plus que nous, car cette personne vous fait la cour *aussi*?

— Vous vous trompez, Monsieur, et je ne connais pas cette personne plus que vous. D'ailleurs, votre langage n'est ni celui d'un ami, ni celui d'un plaisant. Permettez donc que je retourne au bal.

— Permettez-moi de vous demander auparavant un portefeuille qu'on vous a chargée de me remettre.

— Nullement, je ne suis chargée de rien pour qui que ce soit.

— C'est bien ; vous devez parler ainsi. Mais avec moi, c'est inutile : je suis le comte de Saint-Germain.

— Je n'en sais rien.

— Quand même j'ôterais mon masque, comme vous n'avez vu mes traits que par une nuit obscure, vous ne me reconnaîtriez pas. Mais voici une lettre de créance. »

Le domino rouge présenta à Consuelo une feuille de musique accompagnée d'un signe qu'elle ne pouvait méconnaître. Elle remit le portefeuille, non sans trembler, et en ayant soin d'ajouter :

« Prenez acte de ce que je vous ai dit. Je ne suis chargée d'aucun message pour vous ; c'est moi, moi seule, qui fais parvenir ces lettres et les traites qui y sont jointes à la personne que vous savez.

— Ainsi, c'est vous qui êtes la maîtresse du baron de Trenck? »

Consuelo, effrayée du mensonge pénible qu'on exigeait d'elle, garda le silence.

« Répondez, madame, reprit le domino rouge : le baron ne nous cache point qu'il reçoit des consolations et des secours d'une personne qui l'aime. C'est donc bien vous qui êtes l'amie du baron ?

— C'est moi, répondit Consuelo avec fermeté, et je suis aussi surprise que blessée de vos questions. Ne puis-je être l'amie du baron sans m'exposer aux expressions brutales et aux soupçons outrageants dont il vous plaît de vous servir avec moi ?

— La situation est trop grave pour que vous deviez vous arrêter à des mots. Écoutez bien : vous me chargez d'une mission qui me compromet, et qui m'expose à des dangers personnels de plus d'un genre. Il peut y avoir sous jeu quelque trame politique, et je ne me soucie pas de m'en mêler. J'ai donné ma parole aux amis de M. de Trenck de le servir dans une affaire d'amour. Entendons-nous bien : je n'ai pas promis de servir *l'amitié*. Ce mot est trop vague, et me laisse des inquiétudes. Je vous sais incapable de mentir. Si vous me dites positivement que de Trenck est votre amant, et si je puis en informer Albert de Rudolstadt...

— Juste ciel ! Monsieur, ne me torturez pas ainsi ; Albert n'est plus !...

— Au dire des hommes, il est mort, je le sais ; mais pour vous comme pour moi il est éternellement vivant.

— Si vous l'entendez dans un sens religieux et symbolique, c'est la vérité ; mais si c'est dans un sens matériel...

— Ne discutons pas. Un voile couvre encore votre esprit, mais ce voile sera soulevé. Ce qu'il m'importe de savoir à présent, c'est votre position à l'égard de Trenck. S'il est votre amant, je me charge de cet envoi d'où sa vie dépend peut-être ; car il est privé de toutes ressources. Si vous refusez de vous prononcer, je refuse d'être votre intermédiaire.

— Eh bien, dit Consuelo avec un pénible effort, il est mon amant. Prenez le portefeuille, et hâtez-vous de le lui faire tenir.

— Il suffit, dit M. de Saint-Germain en prenant le portefeuille. Maintenant, noble et courageuse fille, laisse-moi te dire que je t'admire et te respecte. Ceci n'est qu'une épreuve à laquelle j'ai voulu soumettre ton dévouement et ton abnégation. Va, je sais tout ! Je sais fort bien que tu mens par générosité, et que tu as été saintement fidèle à ton époux. Je sais que la princesse Amélie, tout en se servant de moi, ne daigne pas m'accorder sa confiance, et qu'elle travaille à s'affranchir de la tyrannie du *grand lama* sans cesser de faire la princesse et la réservée. Elle est dans son rôle, et elle ne rougit pas de t'exposer, toi, pauvre fille sans aveu (comme disent les gens du monde), à un malheur éternel ; oui, au plus grand des malheurs ! celui d'empêcher la brillante résurrection de ton époux, et de plonger son existence présente dans les limbes du doute et du désespoir. Mais heureusement, entre l'âme d'Albert et la tienne, une chaîne de mains invisibles est tendue incessamment pour mettre en rapport celle qui agit sur la terre à la lumière du soleil, avec celui qui travaille dans un monde inconnu, à l'ombre du mystère, loin du regard des vulgaires humains. »

Ce langage bizarre émut Consuelo, bien qu'elle eût résolu de se méfier des captieuses déclamations des prétendus prophètes.

« Expliquez-vous, Monsieur le comte, dit-elle en s'efforçant de garder en son calme et froid. Je sais bien que le rôle d'Albert n'est pas fini sur la terre, et que son âme n'a pas été anéantie par le souffle de la mort. Mais les rapports qui peuvent subsister entre elle et moi sont couverts d'un voile que ma propre mort peut seule soulever, s'il plaît à Dieu de nous laisser un vague souvenir de nos existences précédentes. Ceci est un point mystérieux, et il n'est au pouvoir de personne d'aider à l'influence céleste qui rapproche dans une vie nouvelle ceux qui se sont aimés dans une vie passée. Que prétendez-vous donc me faire accroire, en disant que certaines sympathies veillent sur moi pour opérer ce rapprochement ?

— Je pourrais vous parler de moi seulement, répondit M. de Saint-Germain, et vous dire qu'ayant connu Albert de tout temps, aussi bien lorsque je servais sous ses ordres dans la guerre des Hussites contre Sigismond, que plus tard, dans la guerre de trente ans, lorsqu'il était...

— Je sais, Monsieur, que vous avez la prétention de vous rappeler toutes vos existences antérieures, comme Albert en avait la persuasion maladive et funeste. A Dieu ne plaise que j'aie jamais suspecté sa bonne foi à cet égard ! mais cette croyance était tellement liée chez lui à un état d'exaltation délirante, que je n'ai jamais cru à la réalité de cette puissance exceptionnelle et peut-être inadmissible. Épargnez-moi donc l'embarras d'écouter les bizarreries de votre conversation sur ce chapitre. Je sais que beaucoup de gens, poussés par une curiosité frivole, voudraient être maintenant à ma place, et recueillir, avec un sourire d'encouragement et de crédulité simulée, les merveilleuses histoires qu'on dit que vous racontez si bien. Mais moi je ne sais pas jouer la comédie quand je n'y suis pas forcée, et je ne pourrais m'amuser de ce qu'on appelle vos rêveries. Elles me rappelleraient trop celles qui m'ont tant effrayée et tant affligée dans le comte de Rudolstadt. Daignez les réserver pour ceux qui peuvent les partager. Je ne voudrais pour rien au monde vous tromper en feignant d'y croire; et quand même ces rêveries ne réveilleraient en moi aucun souvenir déchirant, je ne saurais pas me moquer de vous. Veuillez donc répondre à mes questions, sans chercher à égarer mon jugement par des paroles vagues et à double sens. Pour aider à votre franchise, je vous dirai que je sais déjà que vous avez sur moi des vues particulières et mystérieuses. Vous devez m'initier à je ne sais quelle redoutable confidence, et des personnes d'un haut rang comptent sur vous pour me donner les premières notions de je ne sais quelle science occulte.

— Les personnes d'un haut rang divaguent parfois étrangement, madame la comtesse, répondit le comte avec beaucoup de calme. Je vous remercie de la loyauté avec laquelle vous me parlez, et je m'abstiendrai de toucher à des choses que vous ne comprendriez pas, faute peut-être de vouloir les comprendre. Je vous dirai seulement qu'il y a, en effet, une science occulte dont je me pique, et dans laquelle je suis aidé par des lumières supérieures. Mais cette science n'a rien de surnaturel, puisque c'est purement et simplement celle du cœur humain, ou, si vous l'aimez mieux, la connaissance approfondie de la vie humaine, dans ses ressorts les plus intimes et dans ses actes les plus secrets. Et pour vous prouver que je ne me vante pas, je vous dirai exactement ce qui se passe dans votre propre cœur depuis que vous êtes séparée du comte de Rudolstadt, si toutefois vous m'y autorisez.

— J'y consens, répondit Consuelo, car sur ce point je sais que vous ne pourrez m'abuser.

— Eh bien, vous aimez pour la première fois de votre vie, vous aimez complétement, véritablement; et celui que vous aimez ainsi, dans les larmes du repentir, car vous ne l'aimiez pas il y a un an, celui dont l'absence vous est amère, et dont la disparition a décoloré votre vie et désenchanté votre avenir, ce n'est pas le baron de Trenck, pour lequel vous n'avez qu'une amitié de reconnaissance et de sympathie tranquille; ce n'est pas Joseph Haydn, qui n'est pour vous plus qu'un jeune frère en Apollon; ce n'est pas le roi Frédéric, qui vous effraie et vous intéresse en même temps; ce n'est pas même le bel Anzoleto, que vous ne pouvez plus estimer; c'est celui que vous avez vu couché sur un lit de mort et revêtu des ornements que l'orgueil des nobles familles place jusque dans la tombe, sur le linceul des trépassés : c'est Albert de Rudolstadt.

Consuelo fut un instant frappée de cette révélation de ses sentiments intimes dans la bouche d'un homme qu'elle ne connaissait pas. Mais en songeant qu'elle avait raconté toute sa vie et mis à nu son propre cœur la nuit précédente, devant la princesse Amélie, en se rappelant tout ce que le prince Henri venait de lui faire pressentir des relations de la princesse avec une affiliation mystérieuse où le comte de Saint-Germain jouait un des principaux rôles, elle cessa de s'étonner, et avoua ingénument à ce dernier qu'il ne lui faisait pas un grand mérite de savoir des choses récemment confiées à une amie indiscrète.

« Vous voulez parler de l'abbesse de Quedlimbourg, dit M. de Saint-Germain. Eh bien, voulez-vous croire à ma parole d'honneur ?

— Je n'ai pas le droit de la révoquer en doute, répondit la Porporina.

— Je vous donne donc ma parole d'honneur, reprit le comte, que la princesse ne m'a pas dit un mot de vous, par la raison que jamais je n'ai eu l'avantage d'échanger une seule parole avec elle, non plus qu'avec sa confidente madame de Kleist.

— Cependant, Monsieur, vous avez des rapports avec elle, au moins indirectement ?

— Quant à moi, tous ces rapports consistent à lui faire passer les lettres de Trenck et à recevoir les siennes pour lui par des tiers. Vous voyez que sa confiance en moi ne va pas bien loin, puisqu'elle se persuade que j'ignore l'intérêt qu'elle prend à notre fugitif. Du reste,

cette princesse n'est point perfide; elle n'est que folle, comme les natures tyranniques le deviennent lorsqu'elles sont opprimées. Les serviteurs de la vérité ont beaucoup espéré d'elle, et lui ont accordé leur protection. Fasse le ciel qu'ils n'aient point à s'en repentir!

— Vous jugez mal une princesse intéressante et malheureuse, Monsieur le comte, et peut-être connaissez-vous mal ses affaires. Quant à moi, je les ignore...

— Ne mentez pas inutilement, Consuelo. Vous avez soupé avec elle la nuit dernière, et je puis vous dire toutes les circonstances. »

Ici le comte de Saint-Germain rapporta les moindres détails du souper de la veille, depuis les discours de la princesse et de madame de Kleist jusqu'à la parure qu'elles portaient, le menu du repas, la rencontre de la *balayeuse*, etc. Il ne s'arrêta pas là, et raconta de même la visite que le roi avait faite le matin à notre héroïne, les paroles échangées entre eux, la canne levée sur Consuelo, les menaces et le repentir de Frédéric, tout, jusqu'aux moindres gestes et à l'expression des physionomies, comme s'il eût assisté à cette scène. Il termina en disant :

« Et vous avez eu grand tort, naïve et généreuse enfant, de vous laisser prendre à ces retours d'amitié et de bonté que le roi sait avoir dans l'occasion. Vous vous en repentirez. Le tigre royal vous fera sentir ses ongles, à moins que vous n'acceptiez une protection plus efficace et plus honorable, une protection vraiment paternelle et toute-puissante, qui ne se bornera pas aux étroites limites du marquisat de Brandebourg, mais qui planera sur vous sur toute la surface de la terre, et qui vous suivrait jusque dans les déserts du nouveau monde.

— Je ne sache que Dieu, répondit Consuelo, qui puisse exercer une telle protection, et qui veuille l'étendre jusque sur un être aussi insignifiant que moi. Si je cours quelque danger ici, c'est en lui que je mets mon espoir. Je me méfierais de toute autre sollicitude dont je ne connaîtrais ni les moyens ni les motifs.

— La méfiance sied mal aux grandes âmes, reprit le comte; et c'est parce que madame de Rudolstadt est une grande âme, qu'elle a droit à la protection des véritables serviteurs de Dieu. Voilà donc le seul motif de celle qui vous est offerte. Quant à ses moyens, ils sont immenses, et différent autant par leur puissance et leur moralité de ceux que possèdent les rois et les princes, que la cause de Dieu diffère, par sa sublimité, de celle des despotes et des glorieux de ce monde. Si vous n'avez d'amour et de confiance que dans la justice divine, vous êtes forcée de reconnaître son action dans les hommes de bien et d'intelligence, qui sont ici-bas les ministres de sa volonté et les exécuteurs de sa loi suprême. Redresser les torts, protéger les faibles, réprimer la tyrannie, encourager et récompenser la vertu, répandre les principes de la morale, conserver le dépôt sacré de l'honneur, telle a été de tout temps la mission d'une phalange illustre et vénérable, qui, sous divers noms et diverses formes, s'est perpétuée depuis l'origine des sociétés jusqu'à nos jours. Voyez les lois grossières et antihumaines qui régissent les nations, voyez les préjugés et les erreurs des hommes, voyez partout les traces monstrueuses de la barbarie! Comment concevriez-vous que, dans un monde si mal géré par l'ignorance des masses et la perfidie des gouvernements, il pût éclore quelques vertus et circuler quelques doctrines vraies? Cela est, pourtant, on voit de-ci de-là sans tache, des fleurs sans souillure, des âmes comme la vôtre, comme celle d'Albert, croître et briller sur la fange terrestre. Mais croyez-vous qu'elles pussent conserver leur parfum, se préserver des morsures immondes des reptiles, et résister aux orages, si elles n'étaient soutenues et préservées par des forces secourables, par des mains amies? Croyez-vous qu'Albert, cet homme sublime, étranger à toutes les turpitudes vulgaires, supérieur à l'humanité jusqu'à paraître insensé aux profanes, ait puisé en lui seul toute sa grandeur et toute sa foi? Croyez-vous qu'il fût un fait isolé dans l'univers, et qu'il ne se soit jamais retrempé à un foyer de sympathie et d'espérance? Et vous-même, pensez-vous que vous seriez ce que vous êtes, si le souffle divin n'eût passé de l'esprit d'Albert dans le vôtre? Mais maintenant que vous voilà séparée de lui, jetée dans une sphère indigne de vous, exposée à tous les périls, à toutes les séductions, fille de théâtre, confidente d'une princesse amoureuse, et réputée maîtresse d'un roi usé par la débauche et glacé par l'égoïsme, espérez-vous conserver la pureté immaculée de votre candeur primitive, si les ailes mystérieuses des archanges ne s'étendent sur vous comme une égide céleste? Prenez-y garde, Consuelo! ce n'est pas en vous-même, en vous seule, du moins, que vous puiserez la force dont vous avez besoin. La prudence même dont vous vous vantez sera fa ilement déjouée par les ruses de l'esprit de malice qui erre dans les ténèbres, autour de votre chevet virginal. Apprenez donc à respecter la sainte milice, l'invisible armée de la foi qui déjà forme un rempart autour de vous. On ne vous demande ni engagements, ni services; on vous ordonne seulement d'être docile et confiante quand vous sentirez les effets inattendus de l'adoption bienfaisante. Je vous en ai dit assez. C'est à vous de réfléchir mûrement à mes paroles; et lorsque le temps viendra, lorsque vous verrez des prodiges s'accomplir autour de vous, ressouvenez-vous que tout est possible à ceux qui croient et qui travaillent en commun, à ceux qui sont égaux et libres; oui, à ceux-là, rien n'est impossible pour récompenser le mérite; et si le vôtre s'élevait assez haut pour obtenir d'eux un prix sublime, sachez qu'ils pourraient même ressusciter Albert et vous le rendre. »

Ayant ainsi parlé d'un ton animé par une conviction enthousiaste, le domino rouge se leva, et, sans attendre la réponse de Consuelo, il s'inclina devant elle et sortit de la loge, où elle resta quelques instants immobile et comme perdue dans d'étranges rêveries.

XIII.

Ne songeant plus qu'à se retirer, Consuelo descendit enfin, et rencontra dans les corridors deux masques qui l'accostèrent, et dont l'un lui dit à voix basse:

« Méfie-toi du comte de Saint-Germain. »

Elle crut reconnaître la voix d'Uberti Porporino, son camarade, et le saisit par la manche de son domino en lui disant:

« Qui est le comte de Saint-Germain? je ne le connais pas. »

Mais l'autre masque, sans chercher à déguiser sa voix, que Consuelo reconnut aussitôt pour celle du jeune Benda, le mélancolique violoniste, lui prit l'autre main en lui disant:

« Méfie-toi des aventures et des aventuriers. »

Et ils passèrent outre assez précipitamment, comme s'ils eussent voulu éviter ses questions.

Consuelo s'étonna d'être si facilement reconnue après s'être donné tant de soins pour se bien déguiser; en conséquence, elle se hâta pour sortir. Mais elle vit bientôt qu'elle était observée et suivie par un masque qu'à sa démarche et à sa taille elle crut reconnaître pour M. de Pœlnitz, le directeur des théâtres royaux et le chambellan du roi. Elle n'en douta plus lorsqu'il lui adressa la parole, quelque soin qu'il prît pour changer son organe et sa prononciation. Il lui tint des discours oiseux, auxquels elle ne répondit pas, car elle vit bien qu'il désirait la faire parler. Elle réussit à se débarrasser de lui, et traversa la salle, afin de le dérouter s'il songeait à la suivre encore. Il y avait foule, et elle eut beaucoup de peine à gagner la sortie. En ce moment, elle se retourna pour s'assurer qu'elle n'était point remarquée, et fut assez surprise de voir, dans un coin, Pœlnitz, ayant l'air de causer confidemment avec le domino rouge qu'elle supposait être le comte de Saint-Germain. Elle ignorait que Pœlnitz l'eût connu en France; et, craignant quelque trahison de la part de l'*aventurier*, elle rentra chez elle dévorée d'inquiétude, non pas tant pour elle-

même que pour la princesse, dont elle venait de livrer le secret, malgré elle, à un homme fort suspect.

A son réveil le lendemain, elle trouva une couronne de roses blanches suspendue au-dessus de sa tête, au crucifix qui lui venait de sa mère, et dont elle ne s'était jamais séparée. Elle remarqua en même temps que la branche de cyprès qui, depuis une certaine soirée de triomphe à Vienne, où elle lui avait été jetée sur le théâtre par une main inconnue, n'avait jamais cessé d'orner le crucifix, avait disparu. Elle la chercha en vain de tous côtés. Il semblait qu'en posant à la place cette fraîche et riante couronne, on eût enlevé à dessein le lugubre trophée. Sa suivante ne put lui dire comment ni à quelle heure cette substitution avait été opérée. Elle prétendait n'avoir pas quitté la maison de la veille, et n'avoir ouvert à personne. Elle n'avait pas remarqué, en préparant le lit de sa maîtresse, si la couronne y était déjà. En un mot, elle était si ingénument étonnée de cette circonstance, qu'il était difficile de suspecter sa bonne foi. Cette fille avait l'âme fort désintéressée; Consuelo en avait eu plus d'une preuve, et le seul défaut qu'elle lui connût, c'était une grande démangeaison de parler, et de prendre sa maîtresse pour confidente de toutes ses billevesées. Elle n'eût pas manqué cette occasion pour la fatiguer d'un long récit et des plus fastidieux détails, si elle eût pu lui apprendre quelque chose. Elle ne fit que se lancer dans des commentaires à perte de vue sur la mystérieuse galanterie de cette couronne; et Consuelo en fut bientôt si ennuyée, qu'elle la pria de ne pas s'en inquiéter davantage et de la laisser tranquille. Restée seule, elle examina la couronne avec le plus grand soin. Les fleurs étaient aussi fraîches que si on les eût cueillies un instant auparavant, et aussi parfumées que si l'on n'eût pas été en plein hiver. Consuelo soupira amèrement en songeant qu'il n'y avait guère d'aussi belles roses dans cette saison que dans les serres des résidences royales, et que sa soubrette pourrait bien avoir eu raison en attribuant cet hommage au roi. « Il ne savait pourtant pas combien je tenais à mon cyprès, pensa-t-elle; pourquoi me l'aurait-il fait enlever? N'importe; quelle que soit la main qui a commis cette profanation, maudite soit-elle! » Mais comme la Porporina jetait avec chagrin cette couronne loin d'elle, elle en vit tomber une petite bande de parchemin qu'elle ramassa, et sur laquelle elle lut ces mots d'une écriture inconnue:

« Toute noble action mérite une récompense, et la
« seule récompense digne des grandes âmes, c'est l'hom-
« mage des âmes sympathiques. Que le cyprès disparaisse
« de ton chevet, généreuse sœur, que ces fleurs cei-
« gnent la tête, ne fût-ce qu'un instant. C'est ton dia-
« dème de fiancée, c'est le gage de ton éternel hymen
« avec la vertu, et celui de ton admission à la commu-
« nion des croyants. »

Consuelo, stupéfaite, examina longtemps ces caractères, où son imagination s'efforçait en vain de saisir quelque vague ressemblance avec l'écriture du comte Albert. Malgré la méfiance que lui inspirait l'espèce d'initiation à laquelle on semblait la convier, malgré la répulsion qu'elle éprouvait pour les promesses de la magie, alors si répandues en Allemagne et dans toute l'Europe philosophique, enfin malgré les avertissements que ses amis lui avaient donnés de se tenir sur ses gardes, les dernières paroles du domino rouge et les expressions de ce billet anonyme enflammaient son imagination de cette curiosité riante que l'on pourrait appeler plutôt une attente poétique. Sans trop savoir pourquoi, elle obéissait à l'injonction affectueuse de ces amis inconnus. Elle posa la couronne sur ses cheveux épars, et fixa ses yeux sur une glace comme si elle se fût attendue à voir apparaître derrière elle une ombre chérie.

Elle fut tirée de sa rêverie par un coup de sonnette sec et brusque qui la fit tressaillir, et on vint l'avertir que M. de Buddenbrock avait un mot à lui dire sur-le-champ. Ce mot fut prononcé avec toute l'arrogance que l'aide de camp du roi mettait dans ses manières et son langage, lorsqu'il n'était plus sous les yeux de son maître.

« Mademoiselle, dit-il, lorsqu'elle l'eut rejoint dans le salon, vous allez me suivre tout de suite chez le roi. Dépêchez-vous, le roi n'attend pas.

— Je n'irai pas chez le roi en pantoufles et en robe de chambre, répondit la Porporina.

— Je vous donne cinq minutes pour vous habiller décemment, reprit Buddenbrock en tirant sa montre, et en lui faisant signe de rentrer dans sa chambre. »

Consuelo, effrayée, mais résolue d'assumer sur sa tête tous les dangers et tous les malheurs qui pourraient menacer la princesse et le baron de Trenck, s'habilla en moins de temps qu'on lui en avait donné, et reparut devant Buddenbrock avec une tranquillité apparente. Celui-ci avait vu au roi un air irrité, en donnant l'ordre d'amener la délinquante, et l'ire royale avait passé aussitôt en lui, sans qu'il sût de quoi il s'agissait. Mais en trouvant Consuelo si calme, il se rappela que le roi avait un grand faible pour cette fille : il se dit qu'elle pourrait bien sortir victorieuse de la lutte qui allait s'engager, et lui garder rancune de ses mauvais traitements. Il jugea à propos de redevenir humble avec elle, pensant qu'il serait toujours temps de l'accabler lorsque sa disgrâce serait consommée. Il lui offrit la main avec une courtoisie gauche et guindée, pour la faire monter dans la voiture qu'il avait amenée ; et, prenant un air judicieux et fin :

« Voilà, Mademoiselle, lui dit-il en s'asseyant vis-à-vis d'elle, le chapeau à la main, une magnifique matinée d'hiver !

— Certainement, monsieur le baron, répondit Consuelo d'un air moqueur, le temps est magnifique pour faire une promenade hors des murs. »

En parlant ainsi, Consuelo pensait, avec un enjouement stoïque qu'elle pourrait bien passer, en effet, le reste de cette magnifique journée sur la route de quelque forteresse. Mais Buddenbrock, qui ne concevait pas la sérénité d'une résignation héroïque, crut qu'elle le menaçait de le faire disgracier et enfermer si elle triomphait de l'épreuve orageuse qu'elle allait affronter. Il pâlit, s'efforça d'être agréable, n'en put venir à bout, et resta soucieux et décontenancé, se demandant avec angoisse en quoi il avait pu déplaire à la Porporina.

Consuelo fut introduite dans un cabinet, dont elle eut le loisir d'admirer l'ameublement couleur de rose, fané, éraillé par les petits chiens qui s'y vautraient sans cesse, saupoudré de tabac, en un mot très-malpropre. Le roi n'y était pas encore, mais elle entendit sa voix dans la chambre voisine, et c'était une affreuse voix lorsqu'elle était en colère.

« Je vous dis que je ferai un exemple de ces canailles, et que je purgerai la Prusse de cette vermine qui la ronge depuis trop longtemps, criait-il en faisant craquer ses bottes, comme s'il eût arpenté l'appartement avec agitation.

— Et Votre Majesté rendra un grand service à la raison et à la Prusse, répondit son interlocuteur ; mais ce n'est pas un motif pour qu'une femme...

— Si, c'est un motif, mon cher Voltaire. Vous ne savez donc pas que les pires intrigues et les plus infernales machinations éclosent dans ces petites cervelles-là ?

— Une femme, Sire, une femme !...

— Eh bien, quand vous le répéterez encore une fois ! Vous aimez les femmes, vous ! vous avez eu le malheur de vivre sous l'empire d'un cotillon, et vous ne savez pas qu'il faut les traiter comme des soldats, comme des esclaves, quand elles s'ingèrent dans les affaires sérieuses.

— Mais Votre Majesté ne peut croire qu'il y ait rien de sérieux dans toute cette affaire ? Ce sont des calmants et des douches qu'il faudrait employer avec les fabricants de miracles et adeptes du grand œuvre.

— Vous ne savez de quoi vous parlez, monsieur de Voltaire ! Si je vous disais, moi, que ce pauvre La Mettrie a été empoisonné !

— Comme le sera quiconque mangera plus que son estomac ne peut contenir et digérer. Une indigestion est un empoisonnement.

— Je vous dis, moi, que ce n'est pas sa gourmandise seulement qui l'a tué. On lui a fait manger un pâté d'aigle, en lui disant que c'était du faisan.

— L'aigle prussienne est fort meurtrière, je le sais ; mais c'est avec la foudre, et non avec le poison qu'elle frappe...

— Bien, bien ! épargnez-vous les métaphores. Je gagerais cent contre un que c'est un empoisonnement. La Mettrie avait donné dans leurs extravagances, le pauvre diable, et il racontait à qui voulait l'entendre, moitié sérieusement, moitié en se moquant, qu'on lui avait fait voir des revenants et des démons. Ils avaient frappé de folie cet esprit si incrédule et si léger. Mais, comme il avait abandonné Trenck, après avoir été son ami, ils l'ont châtié à leur manière. A mon tour, je les châtierai, moi ! et ils s'en souviendront. Quant à ceux qui veulent, à l'abri de ces supercheries infâmes, tramer des conspirations et déjouer la vigilance des lois... »

Ici le roi poussa la porte, qui était restée légèrement entr'ouverte, et Consuelo n'entendit plus rien. Au bout d'un quart d'heure d'attente et d'angoisse, elle vit enfin paraître le terrible Frédéric, affreusement vieilli et enlaidi par la colère. Il ferma toutes les portes avec soin, sans la regarder et sans lui parler ; et quand il revint vers elle, il avait dans les yeux quelque chose de si diabolique, qu'elle crut un instant qu'il avait dessein de l'étrangler. Elle savait que, dans ses accès de fureur, il retrouvait, comme malgré lui, les farouches instincts de son père, et qu'il ne se faisait pas faute de meurtrir les jambes de ses fonctionnaires publics à coups de botte, lorsqu'il était mécontent de leur conduite. La Mettrie riait de ces lâches brutalités, et assurait que cet exercice était excellent pour la goutte, dont le roi était prématurément attaqué. Mais La Mettrie ne devait plus faire rire le roi ni rire à ses dépens. Jeune, alerte, gras et fleuri, il était mort deux jours auparavant, à la suite d'un excès de table, et je ne sais quelle sombre fantaisie suggérait au roi le soupçon dans lequel il se complaisait, d'attribuer sa mort tantôt à la haine des jésuites, tantôt aux machinations des sorciers à la mode. Frédéric lui-même était, sans se l'avouer, sous le coup de cette vague et puérile terreur que les sciences occultes inspiraient à toute l'Allemagne.

« Écoutez-moi bien, vous ! dit-il à Consuelo, en la foudroyant de son regard. Vous êtes démasquée, vous êtes perdue ; vous n'avez qu'un moyen de vous sauver, c'est de tout confesser à l'instant même, sans détour, sans restriction. » Et comme Consuelo s'apprêtait à répondre : « A genoux, malheureuse, à genoux ! s'écria-t-il en lui montrant le parquet : ce n'est pas debout que vous pouvez faire de pareils aveux. Vous devriez être déjà le front dans la poussière. A genoux, vous dis-je, ou je ne vous écoute pas.

— Comme je n'ai absolument rien à vous dire, répondit Consuelo d'un ton glacial, vous n'avez pas à m'écouter ; et quant à me mettre à genoux, c'est ce que vous n'obtiendrez jamais de moi. »

Le roi songea pendant un instant à renverser par terre et à fouler aux pieds cette fille insensée. Consuelo regarda involontairement les mains de Frédéric qui s'étendaient vers elle convulsivement, et il lui sembla voir ses ongles s'alonger et sortir de ses doigts comme ceux des chats au moment de s'élancer sur leur proie. Mais les griffes royales rentrèrent aussitôt. Frédéric, au milieu de ses petitesses, avait trop de grandeur dans l'esprit, pour ne pas admirer le courage chez les autres. Il sourit en affectant un mépris qu'il était loin d'éprouver.

« Malheureuse enfant ! dit-il d'un air de pitié, ils ont réussi à faire de toi une fanatique. Mais écoute ! les moments sont précieux. Tu peux encore racheter ta vie ; dans cinq minutes il sera trop tard. Je te les donne, ces cinq minutes ; mets-les à profit. Décide-toi à tout révéler, ou bien prépare-toi à mourir.

— J'y suis toute préparée, répondit Consuelo, indignée d'une menace qu'elle jugeait irréalisable et mise en avant pour l'effrayer.

— Taisez-vous, et faites vos réflexions, » dit le roi, en s'asseyant devant son bureau et en ouvrant un livre

Je vous donne cinq minutes... (Page 47.)

avec une affectation de tranquillité qui ne cachait pas entièrement une émotion pénible et profonde.

Consuelo, tout en se rappelant comme M. de Buddenbrock avait singé grotesquement le roi, en lui donnant aussi, montre en main, cinq minutes pour s'habiller, prit le parti de mettre, comme on lui prescrivait, le temps à profit pour se tracer un plan de conduite. Elle sentait que ce qu'elle devait le plus éviter, c'était l'interrogatoire habile et pénétrant dont le roi allait l'envelopper comme d'un filet. Qui pouvait se flatter de déjouer un pareil juge criminel? Elle risquait de tomber dans ses piéges, et de perdre la princesse en croyant la sauver. Elle prit donc la généreuse résolution de ne pas chercher à se justifier, de ne pas même demander de quoi on l'accusait, et d'irriter le juge par son audace, jusqu'à ce qu'il eût prononcé sans lumière et sans équité sa sentence *ab irato*. Dix minutes se passèrent sans que le roi levât les yeux de dessus son livre. Peut-être voulait-il lui donner le temps de se raviser; peut-être sa lecture avait-elle réussi à l'absorber.

« Avez-vous pris votre parti? dit-il en posant enfin le livre, et en croisant ses jambes, le coude appuyé sur la table.

— Je n'ai point de parti à prendre, répondit Consuelo. Je suis sous l'empire de l'injustice et de la violence. Il ne me reste qu'à en subir les inconvénients.

— Est-ce moi que vous taxez de violence et d'injustice?

— Si ce n'est vous, c'est le pouvoir absolu que vous exercez, qui corrompt votre âme, et qui égare votre jugement.

— Fort bien : c'est vous qui vous posez en juge de ma conduite, et vous oubliez que vous n'avez que peu d'instants pour vous racheter de la mort.

— Vous n'avez pas le droit de disposer de ma vie; je ne suis pas votre sujette, et si vous violez le droit des gens, tant pis pour vous. Quant à moi, j'aime mieux mourir que de vivre un jour de plus sous vos lois.

— Vous me haïssez ingénument! dit le roi, qui semblait pénétrer le dessein de Consuelo, et qui le faisait échouer en s'armant d'un sang-froid méprisant. Je vois que vous avez été à bonne école, et ce rôle de vierge

Madame de Kleist.

spartiate, que vous jouez si bien, accuse vos complices, et révèle leur conduite plus que vous ne pensez. Mais vous connaissez mal le droit des gens et les lois humaines. Tout souverain a le droit de faire périr quiconque vient dans ses États conspirer contre lui.

— Moi, je conspire? s'écria Consuelo, emportée par la conscience de la vérité; et, trop indignée pour se disculper, elle haussa les épaules et tourna le dos comme pour s'en aller sans trop savoir ce qu'elle faisait.

— Où allez-vous? dit le roi, frappé de son air de candeur irrésistible.

— Je vais en prison, à l'échafaud, où bon vous semblera, pourvu que je sois dispensée d'entendre cette absurde accusation.

— Vous êtes fort en colère, reprit le roi avec un rire sardonique; voulez-vous que je vous dise pourquoi? C'est que vous êtes venue ici avec la résolution de vous draper en Romaine devant moi, et que vous voyez que votre comédie me sert de divertissement. Rien n'est mortifiant, surtout pour une actrice, comme de ne pas faire de l'effet dans un rôle. »

Consuelo, dédaignant de répondre, se croisa les bras et regarda fixement le roi avec une assurance qui faillit le déconcerter. Pour échapper à la colère qui se réveillait en lui, il fut forcé de rompre le silence et de revenir à ses railleries accablantes, espérant toujours qu'il irriterait l'accusée, et que pour se défendre elle perdrait sa réserve et sa méfiance.

« Oui, dit-il, comme s'il eût répondu au langage muet de cette physionomie altière, je sais fort bien qu'on vous a fait accroire que j'étais amoureux de vous, et que vous pensez pouvoir me braver impunément. Tout cela serait fort comique, si des personnes auxquelles je tiens un peu plus qu'à vous n'étaient en cause dans l'affaire. Exaltée par la vanité de jouer une belle scène, vous devriez pourtant savoir que les confidents subalternes sont toujours sacrifiés par ceux qui les emploient. Aussi n'est-ce pas ceux-là que je compte châtier : ils me tiennent de trop près pour que je puisse les punir autrement qu'en vous châtiant sévèrement vous-même, sous leurs yeux. C'est à vous de voir si vous devez subir ce malheur pour des personnes qui ont trahi vos intérêts, et qui ont mis tout le mal sur le compte de votre zèle indiscret et ambitieux.

— Sire, répondit Consuelo, je ne sais pas ce que vous voulez dire; mais la manière dont vous parlez des confidents et de ceux qui les emploient me fait frémir pour vous.

— C'est-à-dire ?

— C'est-à-dire que vous me donneriez à penser que, dans un temps où vous étiez la première victime de la tyrannie, vous auriez livré le major Katt à l'inquisition paternelle. »

Le roi devint pâle comme la mort. Tout le monde sait qu'après une tentative de fuite en Angleterre dans sa jeunesse, il avait vu trancher la tête de son confident par les ordres de son père. Enfermé dans une prison, il avait été conduit et tenu de force devant la fenêtre, pour voir couler le sang de son ami sur l'échafaud. Cette scène horrible, dont il était aussi innocent que possible, avait fait sur lui une épouvantable impression. Mais il est dans la destinée des princes de suivre l'exemple du despotisme, même quand ils en ont le plus cruellement souffert. L'esprit de Frédéric s'était assombri dans le malheur, et, à la suite d'une jeunesse enchaînée et douloureuse, il était monté sur le trône plein des principes et des préjugés de l'autorité absolue. Aucun reproche ne pouvait être plus sanglant que celui que feignait de lui adresser Consuelo pour lui rappeler ses anciennes infortunes et lui faire sentir son injustice présente. Il en fut frappé jusqu'au cœur; mais l'effet de la blessure fut aussi peu salutaire à son âme endurcie que le supplice du major Katt l'avait été jadis. Il se leva, et dit d'une voix altérée :

« C'est assez, vous pouvez vous retirer. »

Il sonna, et durant le peu de secondes qui s'écoulèrent avant l'arrivée de ses gens, il rouvrit son livre, et feignit de s'y replonger. Mais un tremblement nerveux agitait sa main et faisait crier la feuille qu'il s'efforçait de retourner.

Un valet entra, le roi lui fit un signe, et Consuelo emmenée dans une autre pièce. Une des petites levrettes du roi qui n'avait cessé de la regarder en remuant la queue, et de gambader autour d'elle pour provoquer ses caresses, se mit en devoir de la suivre; et le roi, qui n'avait d'entrailles paternelles que pour ces petits animaux, fut forcé de rappeler Mopsule, au moment où elle franchissait la porte sur les traces de la condamnée. Le roi avait la manie, non dénuée de raison peut-être, de croire ses chiens doués d'une espèce de divination instinctive des sentiments de ceux qui l'approchaient. Il prenait de la méfiance lorsqu'il les voyait s'obstiner à faire mauvais accueil à certaines gens, et au contraire il se persuadait qu'il pouvait compter sur les personnes que ses chiens caressaient volontiers. Malgré son agitation intérieure, la sympathie bien marquée de Mopsule pour la Porporina ne lui avait pas échappé, et lorsqu'elle revint vers lui en baissant la tête d'un air de tristesse et de regret, il frappa sur la table en se disant à lui-même et en pensant à Consuelo : « Et pourtant, elle n'a pas de mauvaises intentions contre moi ! »

« Votre Majesté m'a fait demander? dit Buddenbrock en se présentant à une autre porte.

— Non! dit le roi, indigné de l'empressement avec lequel le courtisan venait s'abattre sur sa proie; sortez, je vous sonnerai. »

Blessé d'être traité comme un valet, Buddenbrock sortit, et pendant quelques instants que le roi passa à méditer, Consuelo fut gardée à vue dans la salle des Gobelins. Enfin, la sonnette se fit entendre, et l'aide de camp mortifié n'en fut pas moins prompt à s'élancer vers son maître. Le roi paraissait adouci et communicatif.

« Buddenbrock, dit-il, cette fille est un admirable caractère ! A Rome, elle eût mérité le triomphe, le char à huit chevaux et les couronnes de chêne ! Fais atteler une chaise de poste, conduis-la toi-même hors de la ville et mets-la sous bonne escorte sur la route de Spandaw, pour y être enfermée et soumise au régime des prisonniers d'État, non le plus doux, tu m'entends ?

— Oui, Sire.

— Attends un peu ! Tu monteras dans la voiture avec elle pour traverser la ville, et tu l'effraieras par tes discours. Il sera bon de lui donner à penser qu'elle va être livrée au bourreau et fouettée à tous les carrefours de la ville, comme cela se pratiquait du temps du roi mon père. Mais, tout en lui faisant ces contes-là, tu te souviendras que tu ne dois pas déranger un cheveu de sa tête, et tu mettras ton gant pour lui offrir la main. Va, et apprends en admirant son dévouement stoïque, comment on doit se conduire envers ceux qui vous honorent de leur confiance. Cela ne te fera point de mal. »

XIV.

Consuelo fut reconduite chez elle dans la même voiture qui l'avait amenée au palais. Deux factionnaires furent posés devant chaque porte de son appartement, dans l'intérieur de la maison, et M. de Buddenbrock lui donna, *montre en main*, suivant son habitude imitée de la rigide ponctualité du maître, une heure pour faire ses préparatifs, non sans l'avertir que ses paquets seraient soumis à l'examen des employés de la forteresse qu'elle allait habiter. En rentrant dans sa chambre, elle trouva tous ses effets dans un désordre pittoresque. Pendant sa conférence avec le roi, des agents de la police secrète étaient venus, par ordre, forcer toutes les serrures et s'emparer de tous les papiers. Consuelo, qui ne possédait, en fait d'écritures, que de la musique, éprouva quelque chagrin en pensant qu'elle ne reverrait peut-être jamais ses précieux et chers auteurs, la seule richesse qu'elle eût amassée dans sa vie. Elle regretta beaucoup moins quelques bijoux, qui lui avaient été donnés par divers grands personnages à Vienne et à Berlin, comme récompense de ses soirées de chant. On les prenait, sous prétexte qu'ils pouvaient contenir des bagues à poison ou des emblèmes séditieux. Le roi n'en sut jamais rien, et Consuelo ne les revit jamais. Les employés aux basses œuvres de Frédéric se livraient sans pudeur à ces honnêtes spéculations, étant peu payés d'ailleurs, et sachant que le roi aimait mieux fermer les yeux sur leurs rapines que d'augmenter leurs salaires.

Le premier regard de Consuelo fut pour son crucifix; et en voyant qu'on n'avait pas songé à le saisir, sans doute à cause de son peu de valeur, elle le décrocha bien vite et le mit dans sa poche. Elle vit la couronne de roses flétrie et gisante sur le plancher; puis, en la ramassant pour l'examiner, elle remarqua avec effroi que la bande de parchemin qui contenait de mystérieux encouragements n'y était plus attachée. C'était la seule preuve qu'on pût avoir contre elle de sa complicité avec une prétendue conspiration; mais à combien de commentaires pouvait donner lieu ce faible indice ! Tout en le cherchant avec anxiété, elle porta la main à sa poche et l'y trouva. Elle l'y avait mis machinalement au moment où Buddenbrock était venu la chercher une heure auparavant.

Rassurée sur ce point, et sachant bien que l'on ne trouverait rien dans ses papiers qui pût compromettre qui que ce fût, elle se hâta de rassembler les effets nécessaires à un éloignement dont elle ne se dissimulait pas la durée possible. Elle n'avait personne pour l'aider, car on avait arrêté sa servante pour l'interroger; et, au milieu de ses costumes arrachés des armoires et jetés en désordre sur tous les meubles, elle avait, outre le trouble que lui causait sa situation, quelque peine à se reconnaître. Tout à coup le bruit d'un objet sonore, tombant au milieu de sa chambre, attira son attention; c'était un gros clou qui traversait un mince billet. Le style était laconique :

« Voulez-vous fuir? Montrez-vous à la fenêtre. Dans « trois minutes vous serez en sûreté. »

Le premier mouvement de Consuelo fut de courir à la fenêtre. Mais elle s'arrêta à moitié chemin; car elle pensa que sa fuite, au cas qu'elle pût l'effectuer, serait comme l'aveu de sa culpabilité, et un tel aveu, en pareil cas, fait toujours supposer des complices. O princesse Amélie ! pensa-t-elle, s'il est vrai que vous m'ayez trahie, moi, je ne vous trahirai pas! Je paierai ma dette envers Trenck. Il m'a sauvé la vie; s'il le faut, je la perdrai pour lui.

Ranimée par cette idée généreuse, elle acheva son paquet avec beaucoup de présence d'esprit, et se trouva prête lorsque Buddenbrock vint la prendre pour partir. Elle lui trouva l'air encore plus hypocrite et plus méchant que de coutume. A la fois rampant et rogue, Buddenbrock était jaloux des sympathies de son maître, comme les vieux chiens qui mordent tous les amis de la maison. Il avait été blessé de la leçon que le roi lui avait donnée, tout en le chargeant de faire souffrir la victime, et il ne demandait qu'à s'en venger sur elle.

« Vous me voyez tout en peine, Mademoiselle, lui dit-il, d'avoir à exécuter des ordres aussi rigoureux. Il y avait bien longtemps qu'on n'avait vu à Berlin pareille chose... Non, cela ne s'était pas vu depuis le temps du roi Frédéric-Guillaume l'auguste père de Sa Majesté régnante. Ce fut un cruel exemple de la sévérité de nos lois et du pouvoir terrible de nos princes. Je m'en souviendrai toute ma vie.

— De quel exemple voulez-vous parler, Monsieur? dit Consuelo qui commençait à croire qu'on en voulait à sa vie.

— D'aucun en particulier, reprit Buddenbrock; je voulais parler du règne de Frédéric-Guillaume qui fut, d'un bout à l'autre, un exemple de fermeté, à ne jamais l'oublier. Dans ce temps-là, on ne respectait ni âge ni sexe, quand on pensait avoir une faute grave à punir. Je me souviens d'une jeune personne fort jolie, fort bien née et fort aimable, qui, pour avoir reçu quelquefois la visite d'un auguste personnage contre le gré du roi, fut livrée au bourreau et chassée de la ville après avoir été battue de verges.

— Je sais cette histoire, Monsieur, répondit Consuelo partagée entre la terreur et l'indignation. La jeune personne était sage et pure. Tout son crime fut d'avoir fait de la musique avec Sa Majesté aujourd'hui régnante, comme vous dites, et alors prince royal. Ce même Frédéric a-t-il donc si peu souffert des catastrophes attirées par lui sur la tête des autres, qu'il veuille maintenant m'épouvanter par la menace de quelque infamie semblable?

— Je ne pense pas, Signora. Sa Majesté ne fait rien que de grand et de juste; et c'est à vous de savoir si votre innocence vous met à l'abri de sa colère. Je voudrais le croire; cependant j'ai vu tout à l'heure le roi irrité comme cela ne lui était peut-être jamais arrivé. Il s'est écrié qu'il avait tort de vouloir régner avec indulgence, et que jamais, du vivant de son père, une femme n'eût montré l'audace que vous affichiez. Enfin quelques autres paroles de Sa Majesté me font craindre pour vous quelque peine avilissante, j'ignore laquelle... Je ne veux pas le pressentir. Mon rôle, en ceci, est fort pénible; et si, à la porte de la ville, il se trouvait que le roi eût donné des ordres contraires à ceux que j'ai reçus de vous conduire immédiatement à Spandaw, je me hâterais de m'éloigner, la dignité de mes fonctions ne me permettant pas d'assister... »

M. de Buddenbrock, voyant que l'effet était produit, et que la malheureuse Consuelo était près de s'évanouir, s'arrêta. En cet instant, elle faillit se repentir de son dévouement, et ne put s'empêcher d'invoquer, dans son cœur, ses protecteurs inconnus. Mais comme elle fixait d'un œil hagard les traits de Buddenbrock, elle y trouva l'hésitation du mensonge, et commença à se rassurer. Son cœur battit pourtant à lui rompre la poitrine, lorsqu'un agent de police se présenta à la porte de Berlin pour échanger quelques mots avec M. de Buddenbrock. Pendant ce temps, un des grenadiers qui accompagnaient à cheval s'approcha de la portière opposée, et lui dit rapidement et à demi-voix:

« Soyez tranquille, Signora, il y aurait bien du sang de versé avant qu'on vous fît aucun mal. »

Dans son trouble, Consuelo ne distingua pas les traits de cet ami inconnu, qui s'éloigna aussitôt. La voiture prit, au grand galop, la route de la forteresse; et au bout d'une heure, la Porporina fut incarcérée dans le château de Spandaw avec toutes les formalités d'usage ou plutôt avec le peu de formalités dont un pouvoir absolu a besoin pour procéder.

Cette citadelle, réputée alors inexpugnable, est bâtie au milieu d'un étang formé par le confluent de la Havel et de la Sprée. La journée était devenue sombre et brumeuse, et Consuelo, ayant accompli son sacrifice, ressentit cet épuisement apathique qui suit les actes d'énergie et d'enthousiasme. Elle se laissa donc conduire dans le triste domicile qu'on lui assignait, sans rien regarder autour d'elle. Elle se sentait épuisée; et, bien qu'on fût à peine au milieu du jour, elle se jeta, tout habillée, sur son lit, et s'y endormit profondément. A la fatigue qu'elle éprouvait se joignait cette sorte de sécurité délicieuse dont une bonne conscience recueille les fruits; et, quoique son lit fût bien dur et bien étroit, elle y goûta le meilleur sommeil.

Depuis quelque temps, elle ne faisait plus que dormir à demi, lorsqu'elle entendit sonner minuit à l'horloge de la citadelle. La répercussion du son est si vive pour les oreilles musicales, qu'elle en fut réveillée tout à fait. En se soulevant sur son lit, elle comprit qu'elle était en prison, et qu'il fallait y passer la première nuit à réfléchir, puisqu'elle avait dormi tout le jour. La perspective d'une pareille insomnie dans l'inaction et l'obscurité n'était pas très-riante; elle se dit qu'il fallait s'y résigner et travailler tout de suite à s'y habituer. Elle s'étonnait de ne pas souffrir du froid, et s'applaudissait de ne pas subir ce malaise physique qui paralyse la pensée. Le vent mugissait au dehors d'une façon lamentable, la pluie fouettait les vitres, et Consuelo n'apercevait, par une étroite fenêtre, que le grillage serré se dessinant sur le bleu sombre et voilé d'une nuit sans étoiles.

La pauvre captive passa la première heure de ce supplice tout à fait nouveau et inconnu pour elle dans une grande lucidité d'esprit et dans des pensées pleines de logique, de raison et de philosophie. Mais peu à peu cette nuit fatigua son cerveau, et la nuit commença à lui sembler lugubre. Ses réflexions positives se changèrent en rêveries vagues et bizarres. Des images fantastiques, des souvenirs pénibles, des appréhensions effrayantes l'assaillirent, et elle se trouva dans un état qui n'était ni la veille ni le sommeil, et où toutes ses idées prenaient une forme et semblaient flotter dans les ténèbres de sa cellule. Tantôt elle se croyait sur le théâtre, et elle chantait mentalement tout un rôle qui la fatiguait, et dont le souvenir l'obsédait, sans qu'elle pût s'en débarrasser; tantôt elle se voyait dans les mains du bourreau, les épaules nues, devant une foule stupide et curieuse, et déchirée par les verges, tandis que le roi la regardait d'un air courroucé du haut d'un balcon, et qu'Anzoleto riait dans un coin. Enfin, elle tomba dans une sorte de torpeur, et n'eut plus devant les yeux que le spectre d'Albert couché sur son cénotaphe, et faisant de vains efforts pour se relever et venir à son secours. Puis cette image s'effaça, et elle se crut endormie par terre dans la grotte du Schreckenstein, tandis que le chant sublime et déchirant du violon d'Albert exprimait, dans le lointain de la caverne, une prière éloquente et douloureuse. Consuelo dormait effectivement à moitié, et le son de l'instrument caressait son oreille et ramenait le calme dans son âme. Les phrases en étaient suivies, quoique affaiblies par l'éloignement, et les modulations si distinctes, qu'elle se persuadait l'entendre réellement, sans songer à s'en étonner. Il lui sembla que cette audition fantastique durait plus d'une heure, et qu'elle finissait par se perdre dans les airs en dégradations insensibles. Consuelo s'était rendormie tout de bon, et le jour commençait à poindre lorsqu'elle rouvrit les yeux.

Son premier soin fut d'examiner sa chambre, qu'elle n'avait pas même regardée la veille, tant la vie morale avait absorbé en elle le sentiment de la vie physique. C'était une cellule toute nue, mais propre et bien chauffée par un poêle en briques qu'on allumait à l'extérieur, et qui ne jetait aucune clarté dans l'appartement, mais qui entretenait une température très-supportable. Une seule ouverture cintrée éclairait cette pièce, qui n'était cependant pas trop sombre; les murs étaient blanchis à la chaux et peu élevés.

On frappa trois coups à la porte, et le gardien cria à travers, d'une voix forte :

« Prisonnière numéro trois, levez-vous et habillez-vous ; on entrera chez vous dans un quart d'heure. »

Consuelo se hâta d'obéir et de refaire son lit avant le retour du gardien, qui lui apporta du pain et de l'eau pour sa journée, d'un air très-respectueux. Il avait la tournure empesée d'un ancien majordome de bonne maison, et il posa ce frugal ordinaire de la prison sur la table, avec autant de soin et de propreté qu'il en eût mis à servir un repas des plus recherchés.

Consuelo examina cet homme, qui était d'un âge avancé, et dont la physionomie fine et douce n'avait rien de repoussant au premier abord. On l'avait choisi pour servir les femmes, à cause de ses mœurs, de sa bonne tenue, et de sa discrétion à toute épreuve. Il s'appelait Schwartz, et déclina son nom à Consuelo.

« Je demeure au-dessous de vous, dit-il, et si vous veniez à être malade, il suffira que vous m'appeliez par votre fenêtre.

— N'avez-vous pas une femme? lui demanda Consuelo.

— Sans doute, répondit-il, et si vous avez absolument besoin d'elle, elle sera à vos ordres. Mais il lui est défendu de communiquer avec les dames prisonnières, sauf le cas de maladie. C'est le médecin qui en décide. J'ai aussi un fils, qui partagera avec moi l'honneur de vous servir...

— Je n'ai pas besoin de tant de serviteurs, et si vous voulez bien le permettre, monsieur Schwartz, je n'aurai affaire qu'à vous ou à votre femme.

— Je sais que mon âge et ma physionomie rassurent les dames. Mais mon fils n'est pas plus à craindre que moi; c'est un excellent enfant, plein de piété, de douceur et de fermeté. »

Le gardien prononça ce dernier mot avec une netteté expressive que la prisonnière entendit fort bien.

« Monsieur Schwartz, lui dit-elle, ce n'est pas avec moi que vous aurez besoin de faire usage de votre fermeté. Je suis venue ici presque volontairement, et je n'ai aucune intention de m'échapper. Tant que l'on me traitera avec décence et convenance, comme on paraît disposé à le faire, je supporterai sans me plaindre le régime de la prison, quelque rigoureux qu'il puisse être. »

En parlant ainsi, Consuelo, qui n'avait rien pris depuis vingt-quatre heures, et qui avait souffert de la faim toute la nuit, se mit à rompre le pain bis et à le manger avec appétit.

Elle remarqua alors que sa résignation faisait impression sur le vieux gardien, et qu'il en était à la fois émerveillé et contrarié.

« Votre Seigneurie n'a donc pas de répugnance pour cette nourriture grossière? lui dit-il avec un peu d'embarras.

— Je ne vous cacherai pas que, dans l'intérêt de ma santé, à la longue, j'en désirerais une plus substantielle; mais si je dois me contenter de celle-ci, ce ne sera pas pour moi une grande contrariété.

— Vous étiez cependant habituée à mieux vivre? Vous aviez chez vous une bonne table, je suppose?

— Eh! mais, sans doute.

— Et alors, reprit Schwartz d'un air insinuant, pourquoi ne vous feriez-vous pas servir ici, à vos frais, un ordinaire convenable?

— Cela est donc permis?

— A coup sûr! s'écria Schwartz, dont les yeux brillèrent à l'idée d'exercer son trafic, après avoir eu la crainte de trouver une personne trop pauvre ou trop sobre pour lui assurer ce profit. Si Votre Seigneurie a eu la précaution de cacher quelque argent sur elle en entrant ici... il ne m'est pas défendu de lui fournir la nourriture qu'elle aime. Ma femme fait fort bien la cuisine, et nous possédons une vaisselle plate fort propre.

— C'est fort aimable de votre part, dit Consuelo, qui découvrait la cupidité de M. Schwartz avec plus de dégoût que de satisfaction. Mais la question est de savoir si j'ai de l'argent en effet. On m'a fouillée en entrant ici; je sais qu'on m'a laissé un crucifix auquel je tenais beaucoup, mais je n'ai pas remarqué si on me prenait ma bourse.

— Votre Seigneurie ne l'a pas remarqué?

— Non; cela vous étonne?

— Mais Votre Seigneurie sait sans doute ce qu'il y avait dans sa bourse?

— A peu de chose près. » Et en parlant ainsi, Consuelo faisait la revue de ses poches, et n'y trouvait pas une obole. « M. Schwartz, lui dit-elle avec une gaieté courageuse, on ne m'a rien laissé, à ce que je vois. Il faudra donc que je me contente du régime des prisonniers. Ne vous faites pas d'illusions là-dessus.

— Eh bien, Madame, reprit Schwartz, non sans faire un visible effort sur lui-même, je vais vous prouver que ma famille est honnête, et que vous avez affaire à des gens estimables. Votre bourse est dans ma poche; la voici! » Et il fit briller la bourse aux yeux de la Porporina, puis il la remit tranquillement dans son gousset.

« Puisse-t-elle vous profiter! dit Consuelo étonnée de son impudence.

— Attendez! reprit l'avide et méticuleux Schwartz. C'est ma femme qui vous a fouillée. Elle a ordre de ne point laisser d'argent aux prisonnières, de crainte qu'elles ne s'en servent pour corrompre leurs gardiens. Mais quand les gardiens sont incorruptibles, la précaution est inutile. Elle n'a donc pas jugé qu'il fût de son devoir de remettre votre argent au gouverneur. Mais comme il y a une consigne de laquelle on est obligé, en conscience, de se conformer, votre bourse ne saurait retourner directement dans vos mains.

— Gardez-la donc! dit Consuelo, puisque tel est votre bon plaisir.

— Sans aucun doute, je la garderai, et vous m'en remercierez. Je suis dépositaire de votre argent, et je l'emploierai, pour vos besoins comme vous l'entendrez. Je vous apporterai les mets qui vous seront agréables; j'entretiendrai votre poêle avec soin ; je vous fournirai même un meilleur lit et du linge à discrétion. J'établirai mon compte chaque jour, et je me paierai sur votre avoir jusqu'à due concurrence.

— A la bonne heure! dit Consuelo; je vois qu'il est avec le ciel des accommodements, et j'apprécie l'honnêteté de M. Schwartz comme je le dois. Mais quand cette somme, qui n'est pas bien considérable, sera épuisée, vous me fournirez donc les moyens de me procurer de nouveaux fonds?

— Que Votre Seigneurie ne s'exprime pas ainsi! ce serait manquer à mon devoir, et je ne le ferai jamais. Mais Votre Seigneurie n'en souffrira pas; elle me désignera, soit à Berlin, soit ailleurs, la personne dépositaire de ses fonds, et je ferai passer mes comptes à cette personne pour qu'ils soient régulièrement soldés. Ma consigne ne s'oppose point à cela.

— Fort bien. Vous avez trouvé la manière de corriger cette consigne, qui est fort inconséquente, puisqu'elle vous permet de nous bien traiter, et qu'elle nous ôte cependant les moyens de vous y déterminer. Quand mes ducats d'or seront à bout, j'aviserai à vous satisfaire. Commencez donc par m'apporter du chocolat; vous me servirez à dîner un poulet et des légumes; dans la journée vous me procurerez des livres, et le soir vous me fournirez de la lumière.

— Pour le chocolat, Votre Seigneurie va l'avoir dans cinq minutes; le dîner ira comme sur des roulettes; j'y ajouterai une bonne soupe, des friandises que les dames ne dédaignent pas, et du café, qui est fort salutaire pour combattre l'air humide de cette résidence. Quant aux livres et à la lumière, c'est impossible. Je serais chassé sur-le-champ, et ma conscience me défend de manquer à ma consigne.

— Mais les aliments recherchés et les friandises sont également prohibés?

— Non. Il nous est permis de traiter les dames, et

particulièrement Votre Seigneurie, avec humanité, dans tout ce qui a rapport à la santé et au bien-être.

— Mais l'ennui est également préjudiciable à la santé!

— Votre Seigneurie se trompe. En se nourrissant bien et en laissant reposer l'esprit, on engraisse toujours ici. Je pourrais vous citer telle dame qui y est entrée svelte comme vous voilà, et qui en est sortie, au bout de vingt ans, pesant au moins cent quatre-vingts livres.

— Grand merci, monsieur Schwartz. Je ne désire pas cet embonpoint formidable, et j'espère que vous ne me refuserez pas les livres et la lumière.

— J'en demande humblement pardon à Votre Seigneurie, je n'enfreindrai pas mes devoirs. D'ailleurs, Votre Seigneurie ne s'ennuiera pas; elle aura ici son clavecin et sa musique.

— En vérité? Est-ce à vous que je devrai cette consolation, monsieur Schwartz?

— Non, Signora, ce sont les ordres de Sa Majesté, et j'ai là un ordre du gouverneur pour laisser passer et déposer dans votre chambre lesdits objets. »

Consuelo, enchantée de pouvoir faire de la musique, ne songea plus à rien demander. Elle prit gaiement son chocolat, tandis que M. Schwartz mettait en ordre son mobilier, composé d'un pauvre lit, de deux chaises de paille et d'une petite table de sapin.

« Votre Seigneurie aura besoin d'une commode, dit-il de cet air caressant que prennent les gens disposés à nous combler de soins et de douceurs pour notre argent; et puis d'un meilleur lit, d'un tapis, d'un bureau, d'un fauteuil, d'une toilette...

— J'accepte la commode et la toilette, répondit Consuelo, qui songeait à ménager ses ressources. Quant au reste, je vous en tiens quitte. Je ne suis pas délicate, et je vous prie de ne me fournir que ce que je vous demande. »

Maître Schwartz hocha la tête d'un air d'étonnement et presque de mépris; mais il ne répliqua pas; et lorsqu'il eut rejoint sa très-digne épouse:

« Ce n'est pas méchant, lui dit-il en lui parlant de la nouvelle prisonnière, mais c'est pauvre. Nous n'aurons pas grands profits avec ça.

— Qu'est-ce que tu veux que ça dépense? reprit madame Schwartz en haussant les épaules. Ce n'est pas une grande dame, celle-là! c'est une comédienne à ce qu'on dit!

— Une comédienne, s'écria Schwartz. Ah bien! j'en suis charmé pour notre fils Gottlieb.

— Fi donc! reprit madame Schwartz en fronçant le sourcil. Veux-tu en faire un saltimbanque?

— Tu ne m'entends pas, femme. Il sera pasteur. Je n'en démordrai pas. Il a étudié pour cela, et il est du bois dont on les fait. Mais comme il faudra bien qu'il prêche et comme il ne montre pas jusqu'ici grande éloquence, cette comédienne lui donnera des leçons de déclamation.

— L'idée n'est pas mauvaise. Pourvu qu'elle ne veuille pas rabattre le prix de ses leçons sur nos mémoires!

— Sois donc tranquille! Elle n'a pas le moindre esprit. » répondit Schwartz en ricanant et en se frottant les mains.

XV.

Le clavecin arriva dans la journée. C'était le même que Consuelo louait à Berlin à ses frais. Elle fut fort aise de n'avoir pas à risquer avec un autre instrument une nouvelle connaissance moins agréable et moins sûre. De son côté, le roi, qui veillait aux moindres détails d'affaires, s'était informé, en donnant l'ordre d'expédier le clavecin à la prison, si celui-là appartenait à la primadonna; et, en apprenant que c'était un *locatis*, il avait fait savoir au luthier propriétaire qu'il lui en garantissait la restitution, mais que la location resterait aux frais de la prisonnière. Sur quoi le luthier s'était permis d'observer qu'il n'avait point de recours contre une personne en prison, surtout si elle venait à y mourir. M. de Pœlnitz, chargé de cette importante négociation, avait répliqué en riant:

« Mon cher Monsieur, vous ne voudriez pas chicaner le roi sur une semblable vétille, et d'ailleurs cela ne servirait à rien. Votre clavecin est décrété de prise de corps, pour être écroué aujourd'hui même à Spandaw. »

Les manuscrits et les partitions de la Porporina lui furent également apportés; et, comme elle s'étonnait de tant d'aménité dans le régime de sa prison, le commandant major de place vint lui rendre visite pour lui expliquer qu'elle aurait à continuer ses fonctions de première chanteuse au théâtre royal.

« Telle est la volonté de Sa Majesté, lui dit-il. Toutes les fois que le semainier de l'Opéra vous portera sur le programme pour une représentation, une voiture escortée vous conduira au théâtre à l'heure dite, et vous ramènera coucher à la forteresse immédiatement après le spectacle. Ces déplacements se feront avec la plus grande exactitude et avec les égards qui vous sont dus. J'espère, Mademoiselle, que vous ne nous forcerez, par aucune tentative d'évasion, à redoubler la rigueur de votre captivité. Conformément aux ordres du roi, vous avez été placée dans une chambre à feu, et il vous sera permis de vous promener sur le rempart que vous voyez, aussi souvent qu'il vous sera agréable. En un mot, nous sommes responsables, non-seulement de votre personne, mais de votre santé et de votre voix. La seule contrariété que vous éprouverez de notre part sera d'être tenue au secret, et de ne pouvoir communiquer avec personne, soit de l'intérieur, soit de l'extérieur. Comme nous avons ici peu de dames, et qu'un seul gardien suffit pour le corps de logis qu'elles occupent, vous n'aurez pas le désagrément d'être servie par des gens grossiers. L'honnête figure et les bonnes manières de monsieur Schwartz doivent vous tranquilliser sur ce point. Un peu d'ennui sera donc le seul mal que vous aurez à supporter, et je conçois qu'à votre âge et dans la situation brillante où vous étiez...

— Soyez tranquille, monsieur le major, répondit Consuelo avec un peu de fierté. Je ne m'ennuie jamais quand je peux m'occuper. Je ne demande qu'une grâce; c'est d'avoir de quoi écrire, et de la lumière pour pouvoir faire de la musique le soir.

— Cela est tout à fait impossible. Je suis au désespoir de refuser l'unique demande d'une personne aussi courageuse. Mais je puis, en compensation, vous donner l'autorisation de chanter à toutes les heures du jour et de la nuit, si bon vous semble. Votre chambre est la seule habitée dans cette tour isolée. Le logement du gardien est au-dessous, il est vrai; mais M. Schwartz est trop bien élevé pour se plaindre d'entendre une aussi belle voix, et, quant à moi, je regrette de n'être pas à portée d'en jouir. »

Ce dialogue, auquel assistait maître Schwartz, fut terminé par de grandes révérences, et le vieil officier se retira, convaincu, d'après la tranquillité de la cantatrice, qu'elle était là pour quelque infraction à la discipline du théâtre, et pour quelques semaines tout au plus. Consuelo ne savait pas elle-même si elle était sous la prévention de complicité dans une conspiration politique, ou pour le seul crime d'avoir rendu service à Frédéric de Trenck, ou enfin pour avoir été tout simplement la confidente discrète de la princesse Amélie.

Pendant deux ou trois jours, notre captive éprouva plus de malaise, de tristesse et d'ennui qu'elle ne voulait se l'avouer. La longueur des nuits, qui était encore de quatorze heures dans cette saison, lui fut particulièrement désagréable, tant qu'elle espéra pouvoir s'y soustraire en obtenant de M. Schwartz la lumière, l'encre et les plumes. Mais il ne lui fallut pas beaucoup de temps pour se convaincre que cet homme obséquieux était doué d'une ténacité inflexible. Schwartz n'était pas méchant, il n'avait pas, comme la plupart des gens de son espèce, le goût de faire souffrir. Il était même pieux et dévot à sa manière, croyant servir Dieu et faire son salut, pourvu qu'il se conformât à ceux des engagements de sa profession qu'il ne pouvait point éluder. Il est vrai que ces cas réservés étaient en petit nombre, et portaient sur les articles où il avait moins de chance de profit avec les prisonniers que de chances de danger relativement à sa place.

« Est-elle simple, disait-il en parlant de Consuelo à sa femme, de s'imaginer que pour gagner tous les jours quelques *groschen* sur une bougie, je vais m'exposer à être chassé !

— Fais bien attention, lui répondait son épouse, qui était l'Égérie de ses inspirations cupides, de ne pas lui avancer un seul dîner quand sa bourse sera épuisée.

— Ne t'inquiète pas. Elle a des économies, elle me l'a dit, et M. Porporino, chanteur du théâtre, en est le dépositaire.

— Mauvaise créance ! reprenait la femme. Relis donc le code de nos lois prussiennes ; tu en verras une relative aux comédiens, qui dégage tout débiteur de toute réclamation de leur part. Prends donc garde que le dépositaire de ladite demoiselle n'invoque la loi, et ne retienne l'argent quand tu lui présenteras tes comptes.

— Mais puisque son engagement avec le théâtre n'est pas rompu par l'emprisonnement, puisqu'elle doit continuer ses fonctions, je ferai une saisie sur la caisse du théâtre.

— Et qui t'assure qu'elle touchera ses appointements ? Le roi connaît la loi mieux que personne, et si c'est son bon plaisir de l'invoquer...

— Tu penses à tout, femme ! disait M. Schwartz. Je serai sur mes gardes. Pas d'argent ? pas de cuisine, pas de feu, le mobilier de rigueur. La consigne à la lettre. »

C'est ainsi que le couple Schwartz devisait sur le sort de Consuelo. Quant à elle, lorsqu'elle se fut bien assurée que l'honnête gardien était incorruptible à l'endroit de la bougie, elle prit son parti, et arrangea ses journées de manière à ne point trop souffrir de la longueur des nuits. Elle s'abstint de chanter durant le jour, afin de se réserver cette occupation pour le soir. Elle s'abstint même autant que possible de penser à la musique et d'entretenir son esprit de réminiscences ou d'inspirations musicales avant les heures de l'obscurité. Au contraire, elle donna la matinée et la journée aux réflexions que lui suggérait sa position, au souvenir des événements de sa vie, et à la recherche rêveuse des éventualités de l'avenir. De cette manière, elle réussit, en peu de temps, à faire deux parts de sa vie, une toute philosophique, une toute musicale ; et elle reconnut qu'avec l'exactitude et de la persévérance on peut, jusqu'à un certain point, faire fonctionner régulièrement et soumettre à la volonté ce coursier capricieux et rétif de la fantaisie, cette muse fantasque de l'imagination. En vivant sobrement, en dépit des prescriptions et des insinuations de M. Schwartz, et en faisant beaucoup d'exercice, même sans plaisir, sur le rempart, elle parvint à se sentir très-calme le soir, et à employer agréablement ces heures de ténèbres aux prisonniers, on voulant forcer le sommeil pour échapper à l'ennui, remplissent de fantômes et d'agitations. Enfin, en ne donnant que six heures au sommeil, elle fut bientôt assurée de dormir paisiblement toutes les nuits, sans que jamais un excès de repos empiétât sur la tranquillité de la nuit suivante.

Au bout de huit jours, elle s'était déjà si bien faite à sa prison, qu'il lui semblait qu'elle n'eût jamais vécu autrement. Ses soirées, si redoutables d'abord, étaient devenues ses heures les plus agréables ; et les ténèbres, loin de lui causer l'effroi qu'elle en attendait, lui révélèrent des trésors de conception musicale, qu'elle portait en elle depuis longtemps sans avoir pu en faire usage et les formuler, dans l'agitation de sa profession de virtuose. Lorsqu'elle sentit que l'improvisation, d'une part, et de l'autre l'exécution de mémoire suffiraient à remplir ses soirées, elle se permit de consacrer quelques heures de la journée à noter ses inspirations, et à étudier ses auteurs avec plus de soin encore qu'elle n'avait pu le faire au milieu de mille émotions, ou sous l'œil d'un professeur impatient et systématique. Pour écrire la musique, elle se servit d'abord d'une épingle, au moyen de laquelle elle piquait les notes dans les interlignes, puis de petits éclats de bois enlevés à ses meubles, qu'elle faisait ensuite noircir contre le poêle, au moment où il était le plus ardent. Mais comme ces procédés prenaient du temps, et qu'elle avait une très-petite provision de papier réglé, elle reconnut qu'il valait mieux exercer encore la robuste mémoire dont elle était douée, et y loger avec ordre les nombreuses compositions que chaque soir faisait éclore. Elle en vint à bout, et, en pratiquant, elle put revenir de l'une à l'autre sans les avoir écrites et sans les confondre.

Cependant, comme sa chambre était fort chaude, grâce au surcroît de combustibles que M. Schwartz ajoutait bénévolement à la ration de l'établissement, et comme le rempart où elle se promenait était sans cesse rasé par un vent glacial, elle ne put échapper à quelques jours d'enrouement, qui la privèrent de la distraction d'aller chanter au théâtre de Berlin. Le médecin de la prison, qui avait été chargé de la voir deux fois par semaine, et de rendre compte de l'état de sa santé à M. de Pœlnitz, écrivit qu'elle avait une extinction de voix, précisément le jour où le baron se proposait, avec l'agrément du roi, de la faire reparaître devant le public. Sa sortie fut donc retardée, sans qu'elle en eût le moindre chagrin ; elle ne désirait pas respirer l'air de la liberté, avant de s'être assez familiarisée avec sa prison pour y rentrer sans regret.

En conséquence, elle ne soigna pas son rhume avec tout l'amour et toute la sollicitude qu'une cantatrice nourrit ordinairement pour le précieux organe de son gosier. Elle ne s'abstint pas de la promenade, et il en résulta un peu de fièvre durant plusieurs nuits. Elle éprouva alors un petit phénomène que tout le monde connaît. La fièvre amène dans le cerveau de chaque individu une illusion plus ou moins pénible. Les uns s'imaginent que l'angle formé par les murailles de l'appartement se rapproche d'eux, en se rétrécissant, jusqu'à les presser et leur écraser la tête. Ils sentent peu à peu l'angle se desserrer, s'élargir, les laisser libres, retourner à sa place, pour revenir encore, se resserrer de nouveau et recommencer continuellement la même alternative de gêne et de soulagement. D'autres prennent leur lit pour une vague qui les soulève, les porte jusqu'au baldaquin, et les laisse retomber, pour se soulever encore et les ballotter obstinément. Le narrateur de cette véridique histoire voyait la fièvre sous la forme bizarre d'une grosse ombre noire, qu'il voit se dessiner horizontalement sur une surface brillante au milieu de laquelle il se trouve placé. Cette tache d'ombre, nageant sur le sol imaginaire, est dans un continuel mouvement de contraction et de dilatation. Elle s'élargit jusqu'à couvrir entièrement la surface brillante, et tout aussitôt elle diminue, se resserre, et arrive à n'être plus qu'une ligne déliée comme un fil, après quoi elle s'étend de nouveau pour se développer et s'atténuer sans cesse. Cette vision n'aurait rien de désagréable pour le rêveur, si, par une sensation maladive assez difficile à faire comprendre, il ne s'imaginait être lui-même ce reflet obscur d'un objet inconnu flottant sans repos sur une arène embrasée par les feux d'un soleil invisible : à tel point que lorsque l'ombre imaginaire se contracte, il lui semble que son être s'amoindrit et s'allonge jusqu'à devenir l'ombre d'un cheveu ; tandis que lorsqu'elle se dilate, il sent sa substance se dilater également jusqu'à figurer l'ombre d'une montagne enveloppant une vallée. Mais il n'y a dans le rêve ni montagne ni vallée. Il n'y a rien que le reflet d'un corps opaque faisant sur un reflet de soleil le même exercice que la prunelle noire du chat dans son iris transparente, et cette hallucination, qui n'est point accompagnée de sommeil, devient une angoisse des plus étranges.

Nous pourrions citer une personne qui, dans la fièvre, voit tomber le plafond à chaque instant ; une autre qui se croit devenue un globe flottant dans l'espace ; une troisième qui prend la ruelle de son lit pour un précipice, et qui croit toujours tomber à gauche, tandis qu'une quatrième se sent toujours entraînée à droite. Mais chaque lecteur pourrait fournir ses observations et les phénomènes de sa propre expérience; ce qui n'avancerait point la question, et n'expliquerait pas plus que nous ne pouvons le faire, pourquoi chaque individu, durant toute sa vie, ou tout au moins durant une longue série d'années, retombe, la nuit, dans un certain rêve qui est le sien et non celui d'un autre, et subit, à chaque accès de fièvre, une certaine hallucination qui lui présente toujours les mêmes caractères et le même genre d'angoisses. Cette question est du ressort de la physiologie; et nous pensons que le médecin y trouverait peut-être quelques indications, je ne dis pas sur le siége du mal patent, lequel se révèle par d'autres symptômes non moins évidents, mais sur celui d'un mal latent, provenant, chez le malade, du côté faible de son organisation, et qu'il est dangereux de provoquer par certains réactifs.

Mais cette question n'est pas de mon ressort, et je demande pardon au lecteur d'avoir osé l'effleurer.

Quant à notre héroïne, l'hallucination que lui causait la fièvre devait naturellement présenter un caractère musical, et porter sur ses organes auditifs. Elle retomba donc dans le rêve qu'elle avait eu tout éveillée, ou du moins à demi éveillée, la première nuit qu'elle avait passée dans la prison. Elle s'imagina entendre le son plaintif et les phrases éloquentes du violon d'Albert, tantôt forts et distincts, comme si l'instrument eût résonné dans sa chambre, tantôt faibles, comme s'il fût parti de l'horizon. Il y avait, dans cette fluctuation de l'intensité des sons imaginaires, quelque chose d'étrangement pénible. Lorsque la vibration lui semblait se rapprocher, Consuelo éprouvait un sentiment de terreur; lorsqu'elle paraissait éclater, c'était avec une vigueur qui foudroyait la malade. Puis le son faiblissait, et elle en ressentait du soulagement; car la fatigue d'écouter avec une attention toujours croissante ce chant qui se perdait dans l'espace lui causait bientôt une sorte de défaillance, durant laquelle il lui semblait ne plus subir aucun bruit. Mais le retour incessant de la rafale harmonieuse lui apportait le frisson, l'épouvante, et les bouffées d'une chaleur insupportable, comme si le vigoureux coup de l'archet fantastique eût embrasé l'air, et déchaîné l'orage autour d'elle.

XVI.

Cependant, comme Consuelo ne s'alarma pas de son état et ne changea presque rien à son régime, elle fut promptement rétablie. Elle put reprendre ses soirées de chant, et elle retrouva le profond sommeil de ses nuits paisibles.

Un matin, c'était le douzième de sa captivité, elle reçut de M. de Pœlnitz un billet qui lui donnait avis d'une sortie pour le lendemain soir:

« J'ai obtenu du roi, disait-il, la permission d'aller
« moi-même vous chercher avec une voiture de sa mai-
« son. Si vous me donnez votre parole de ne point vous
« envoler par une des glaces, j'espère même pouvoir
« vous dispenser de l'escorte, et vous faire reparaître au
« théâtre sans ce lugubre attirail. Croyez que vous
« n'avez pas d'ami plus dévoué que moi, et que je dé-
« plore la rigueur du traitement, peut-être injuste que
« vous subissez. »

La Porporina s'étonna un peu de l'amitié soudaine et de l'attention délicate du baron. Jusque-là dans ses fréquents rapports d'administration théâtrale avec la prima-donna, M. de Pœlnitz, qui, en qualité d'ex-roué, n'aimait pas les filles vertueuses, lui avait témoigné beaucoup de froideur et de sécheresse. Il lui avait même parlé souvent de sa conduite régulière et de ses manières réservées avec une ironie désobligeante. On savait bien à la cour que le vieux chambellan était le mouchard du roi, mais Consuelo n'était pas initiée aux secrets de cour, et elle ne savait pas qu'on pût faire cet odieux métier sans perdre les avantages d'une apparente considération dans le grand monde. Cependant un vague instinct de répulsion disait à Consuelo que Pœlnitz avait contribué plus que tout autre à son malheur. Elle veilla donc à toutes ses paroles lorsqu'elle se trouva seule avec lui le lendemain, dans la voiture qui les conduisait rapidement à Berlin, vers le déclin du jour.

« Eh bien, ma pauvre recluse, lui dit-il, vous voilà diablement matée! Sont-ils farouches ces cuistres de vétérans qui vous gardent! Jamais ils n'ont voulu me permettre d'entrer dans la citadelle, sous prétexte que je n'avais point de permission, et voilà, sans reproche, un quart d'heure que je gèle en vous attendant. Allons, enveloppez-vous bien de cette fourrure que j'ai apportée pour préserver votre voix, et contez-moi donc un peu vos aventures. Que diable s'est-il donc passé à la dernière redoute du carnaval? Tout le monde se le demande, et personne ne le sait. Plusieurs originaux qui, selon moi, ne faisaient de mal à personne, ont disparu comme par enchantement. Le comte de Saint-Germain, qui est de vos amis, je crois; un certain Trismégiste, qu'on disait caché chez M. de Golowkin, et que vous connaissez peut-être aussi, car on dit que vous êtes au mieux avec tous ces enfants du diable...

— Ces personnes ont été arrêtées? demanda Consuelo.

— Ou elles ont pris la fuite: les deux versions ont cours à la ville.

— Si ces personnes ne savent pas mieux que moi pourquoi on les persécute, elles eussent mieux fait d'attendre de pied ferme leur justification.

— Ou la nouvelle lune qui peut changer l'humeur du monarque; c'est encore le plus sûr, et je vous conseille de bien chanter ce soir. Cela fera plus d'effet sur lui que de belles paroles. Comment diable avez-vous été assez maladroite, ma belle amie, pour vous laisser envoyer à Spandaw? Jamais, pour des vétilles pareilles à celles dont on vous accuse, le roi n'eût prononcé une condamnation aussi discourtoise envers une dame; il faut que vous lui ayez répondu avec arrogance, le bonnet sur l'oreille et la main sur la garde de votre épée, comme une petite folle que vous êtes. Qu'aviez-vous fait de criminel? Voyons, racontez-moi ça. Je parie arranger vos affaires, et, si vous voulez suivre mes conseils, vous ne retournerez pas dans cette humide souricière de Spandaw; vous irez coucher ce soir dans votre joli appartement de Berlin. Allons, confessez-vous. On dit que vous avez fait un souper fin dans le palais avec la princesse Amélie, et que vous vous êtes amusée, au beau milieu de la nuit, à faire le revenant et à jouer du balai dans les corridors, pour effrayer les filles d'honneur de la reine. Il paraît que plusieurs de ces demoiselles en ont fait fausse-couche, et que les plus vertueuses mettront au monde des enfants marqués d'un petit balai sur le nez. On dit aussi que vous vous êtes fait dire votre bonne aventure par le *planétaire* de madame de Kleist, et que M. de Saint-Germain vous a révélé les secrets de la politique de Philippe le Bel. Êtes-vous assez simple pour croire que le roi veuille faire autre chose que de rire avec sa sœur de ces folies? Le roi est d'ailleurs, pour madame l'abbesse, d'une faiblesse qui va jusqu'à l'enfantillage; et quant aux devins, il veut seulement savoir s'ils prennent de l'argent pour débiter leurs sornettes, auquel cas il les prie de quitter le pays, et tout est dit. Vous voyez bien que vous vous abusez sur l'importance de votre rôle, et que si vous aviez voulu répondre tranquillement à quelques questions sans conséquence, vous n'auriez point passé un si triste carnaval dans les prisons de l'État. »

Consuelo laissa babiller le vieux courtisan sans l'interrompre, et lorsqu'il la pressa de répondre, elle persista à dire qu'elle ne savait pas de quoi il voulait lui parler. Elle sentait un piège sous cette frivolité bienveillante, et elle ne s'y laissa point prendre.

Alors Pœlnitz changea de tactique, et d'un ton sérieux:

« C'est bien! lui dit-il, vous vous méfiez de moi. Je ne vous en veux pas, et, au contraire, je fais grand cas de la prudence. Puisque vous êtes ainsi, Mademoiselle, je vais, moi, vous parler à découvert. Je vois bien qu'on peut se fier à vous, et que notre secret est en bonnes mains. Apprenez donc, signora Porporina, que je suis

Il s'appelait Schwartz. (Page 52.)

votre ami plus que vous ne pensez, car je suis un des vôtres; je suis du parti du prince Henry.

— Le prince Henry a donc un parti? dit la Porporina, curieuse d'apprendre dans quelle intrigue elle se trouvait enveloppée.

— Ne faites pas semblant de l'ignorer, reprit le baron. C'est un parti que l'on persécute beaucoup en ce moment, mais qui est loin d'être désespéré. Le *grand lama*, ou, si vous aimez mieux, *M. le marquis*, n'est pas si solide sur son trône qu'on ne puisse le faire dégringoler. La Prusse est un bon cheval de bataille; mais il ne faut pas le pousser à bout.

— Ainsi, vous conspirez, monsieur le baron? Je ne m'en serais jamais douté!

— Qui ne conspire pas à l'heure qu'il est? Le tyranneau est environné de serviteurs dévoués en apparence, mais qui ont juré sa perte.

— Je vous trouve fort léger, monsieur le baron, de me faire une pareille confidence.

— Si je vous la fais, c'est parce que j'y suis autorisé par le prince et la princesse.

— De quelle princesse parlez-vous?

— De celle que vous savez. Je ne pense pas que les autres conspirent!... A moins que ce ne soit la margrave de Bareith, qui est mécontente de sa chétive position, et en colère contre le roi, depuis qu'il l'a rabrouée, au sujet de ses intelligences avec le cardinal de Fleury. C'est déjà une vieille histoire; mais rancune de femme est de longue durée, et la margrave *Guillemette*[1] n'est pas un esprit ordinaire : que vous en semble?

— Je n'ai jamais eu l'honneur de lui entendre dire un seul mot.

— Mais vous l'avez vue chez l'abbesse de Quedlimburg!

— Je n'ai jamais été qu'une seule fois chez la princesse Amélie, et la seule personne de la famille royale que j'y aie rencontrée, c'est le roi.

— N'importe! le prince Henry m'a donc chargé de vous dire...

— En vérité, monsieur le baron! dit Consuelo d'un ton méprisant; le prince vous a chargé de me dire quelque chose?

— Vous allez voir que je ne plaisante pas. Il vous fait

[1] Sophie Wilhelmine. Elle signait *sœur Guillemette*, en écrivant à Voltaire.

En somme, Gottlieb avait été déclaré idiot... (Page 61.)

savoir que ses affaires ne sont point gâtées, comme on veut vous le persuader; qu'aucun de ses confidents ne l'a trahi; que Saint-Germain est déjà en France, où il travaille à former une alliance entre notre conjuration et celle qui va replacer incessamment Charles-Édouard sur le trône d'Angleterre; que Trismégiste seul a été arrêté, mais qu'il le fera évader, et qu'il est sûr de sa discrétion. Quant à vous, il vous conjure de ne point vous laisser intimider par les menaces du *marquis*, et surtout de ne point croire à ceux qui feindraient d'être dans vos intérêts, pour vous faire parler. Voilà pourquoi, tout à l'heure, je vous ai soumise à une petite épreuve, dont vous êtes sortie victorieuse; et je dirai à notre héros, à notre brave prince, à notre roi futur, que vous êtes un des plus solides champions de sa cause! »

Consuelo, émerveillée de l'aplomb de M. de Pœlnitz, ne put réprimer un éclat de rire; et quand le baron, piqué de son mépris, lui demanda le motif de cette gaieté déplacée, elle ne put lui rien répondre, sinon :

« Vous êtes admirable, sublime, monsieur le baron! »

Et elle recommença à rire malgré elle. Elle eût ri sous le bâton, comme la Nicole de M. Jourdain.

« Quand cette attaque de nerfs sera finie, dit Pœlnitz sans se déconcerter, vous daignerez peut-être m'expliquer vos intentions. Voudriez-vous trahir le prince? Croiriez-vous, en effet, que la princesse vous eût livrée à la colère du roi? Vous regarderiez-vous comme dégagée de vos serments? Prenez garde, Mademoiselle! vous vous en repentiriez peut-être bientôt. La Silésie ne tardera pas à être livrée par nous à Marie-Thérèse, qui n'a point abandonné ses projets, et qui deviendra dès lors notre puissante alliée. La Russie, la France, donneraient certainement les mains au prince Henry; madame de Pompadour n'a point oublié les dédains de Frédéric. Une puissante coalition, quelques années de lutte, peuvent facilement précipiter du trône ce fier souverain qui ne tient encore qu'à un fil... Avec l'amour du nouveau monarque, vous pourriez prétendre à une haute fortune. Le moins qu'il puisse arriver de tout cela, c'est que l'électeur de Saxe soit dépossédé de la royauté polonaise, et que le prince Henry aille régner à Varsovie... Ainsi...

— Ainsi, monsieur le baron, il existe, selon vous, une conspiration qui, pour satisfaire le prince Henry, veut mettre, encore une fois, l'Europe à feu et à sang? Et ce prince, pour assouvir son ambition, ne reculerait pas devant la honte de livrer son pays à l'étranger? J'ai beaucoup de peine à croire de pareilles lâchetés possibles; et si, par malheur, vous dites vrai, je suis fort humiliée de passer pour votre complice. Mais finissons cette comédie, je vous en conjure. Voilà un quart d'heure que vous vous évertuez fort ingénieusement à me faire avouer des crimes imaginaires. Je vous ai écouté pour savoir de quel prétexte on se servait pour me tenir en prison; il me reste à apprendre en quoi j'ai pu mériter la haine qui s'acharne si bassement après moi. Si vous voulez me le dire, je tâcherai de me disculper. Jusque là je ne puis rien répondre à toutes les belles choses que vous m'apprenez, sinon qu'elles me surprennent fort, et que de semblables projets n'ont aucune de mes sympathies.

— En ce cas, Mademoiselle, si vous n'êtes pas plus au courant que cela, reprit Pœlnitz très-mortifié, je m'étonne de la légèreté du prince, qui m'engage à vous parler sans détour, avant de s'être assuré de votre adhésion à tous ses projets.

— Je répète, monsieur le baron, que j'ignore absolument les projets du prince; mais je suis bien certaine d'une chose : c'est qu'il ne vous a jamais chargé de m'en dire un seul mot. Pardonnez-moi de vous donner ce démenti. Je respecte votre âge; mais je ne puis m'empêcher de mépriser le rôle affreux que vous jouez auprès de moi en ce moment.

— Les soupçons absurdes d'une tête féminine ne m'atteignent guère, répondit Pœlnitz, qui ne pouvait plus reculer devant ses mensonges. Un temps viendra où vous me rendrez justice. Dans le trouble que cause la persécution, et avec les idées chagrines que la prison doit nécessairement engendrer, il n'est pas étonnant que vous manquiez tout à coup de pénétration et de clairvoyance. Dans les conspirations, on doit s'attendre à de pareilles lubies, surtout de la part des dames. Je vous plains et vous pardonne. Il est possible, d'ailleurs, que vous ne soyez en tout ceci que l'amie dévouée de Trenck et la confidente d'une auguste princesse... Ces secrets sont d'une nature trop délicate pour que je veuille vous en parler. Le prince Henry lui-même ferme les yeux là-dessus, quoiqu'il n'ignore pas que le seul motif qui ait décidé sa sœur à entrer dans la conspiration soit l'espérance de voir Trenck réhabilité, et peut-être celle de l'épouser.

— Je ne sais rien de cela non plus, monsieur le baron, et je pense que si vous étiez sincèrement dévoué à quelque auguste princesse, vous ne me raconteriez pas de si étranges choses sur son compte. »

Le bruit des roues sur le pavé mit fin à cette conversation, au grand contentement du baron, qui ne savait plus quel expédient inventer pour se tirer d'affaire. On entrait dans la ville. La cantatrice, escortée jusqu'à la porte de sa loge et dans les coulisses par deux factionnaires qui ne la perdaient presque pas de vue, reçut de ses camarades un accueil assez froid. Elle en était aimée, mais aucun d'eux ne se sentait le courage de protester par des témoignages extérieurs contre la disgrâce prononcée par le roi. Ils étaient tristes, contraints, et comme frappés de la peur de la contagion. Consuelo qui ne voulut pas attribuer cette manière d'être à la lâcheté, mais à la compassion, crut lire dans leur contenance abattue l'arrêt d'une longue captivité. Elle s'efforça de leur montrer qu'elle n'en s'en effrayait pas, et parut sur la scène avec une confiance courageuse.

Il se passa en ce moment quelque chose d'assez bizarre dans la salle. L'arrestation de la Porporina ayant fait beaucoup de bruit, et l'auditoire n'étant composé que de personnes dévouées par conviction ou par position à la volonté royale, chacun mit ses mains dans ses poches, afin de résister au désir et à l'habitude d'applaudir la cantatrice disgraciée. Tout le monde avait les yeux sur le monarque, qui, de son côté, promenait des regards investigateurs sur la foule et semblait lui imposer le silence le plus profond. Tout à coup une couronne de fleurs, partie on ne sait d'où, vint tomber aux pieds de la cantatrice, et plusieurs voix prononcèrent simultanément et assez haut pour être entendues des divers points de la salle où elles s'étaient distribuées, les mots : *C'est le roi! c'est le pardon du roi!* Cette singulière assertion passa de bouche en bouche avec la rapidité de l'éclair; et chacun croyant faire son devoir et complaire à Frédéric, une tempête d'applaudissements, telle que de mémoire d'homme on n'en avait ouï à Berlin, se déchaîna depuis les combles jusqu'au parterre. Pendant plusieurs minutes, la Porporina, interdite et confondue d'une si audacieuse protestation, ne put commencer son rôle. Le roi, stupéfait, se retourna vers les spectateurs avec une expression terrible, qu'on prit pour un signe d'adhésion et d'encouragement. Buddenbrock lui-même, placé non loin de lui, ayant demandé au jeune Benda de quoi il s'agissait, et celui-ci lui ayant répondu que la couronne était partie de la place du roi, se mit à battre des mains d'un air de mauvaise humeur vraiment comique. La Porporina croyait rêver; le roi se tâtait pour savoir s'il était bien éveillé.

Quels que fussent la cause et le but de ce triomphe, Consuelo en ressentit l'effet salutaire; elle se surpassa elle-même, et fut applaudie avec le même transport durant tout le premier acte. Mais pendant l'entr'acte, la méprise s'étant peu à peu éclaircie, il n'y eut plus qu'une partie de l'auditoire, la plus obscure et la moins à portée d'être redressée par les confidences des courtisans, qui s'obstinât à donner des signes d'approbation. Enfin, au deuxième entr'acte, les orateurs des corridors et du foyer apprirent à tout le monde que le roi paraissait fort mécontent de l'attitude insensée du public; qu'une cabale avait été montée par la Porporina avec une audace inouïe; enfin que quiconque serait signalé comme ayant pris part à cette échauffourée s'en repentirait certainement. Quand vint le troisième acte, le silence fut si profond dans la salle, en dépit des merveilles que fit la prima-donna, qu'on aurait entendu voler une mouche à la fin de chaque morceau chanté par elle, et qu'en revanche les autres chanteurs recueillirent tous les fruits de la réaction.

Quant à la Porporina, elle avait été bientôt désillusionnée de son triomphe.

« Ma pauvre amie, lui avait dit Conciolini en lui présentant la couronne dans la coulisse après la première scène, je te plains d'avoir des amis si dangereux. Ils achèveront de te perdre. »

Dans l'entr'acte, le Porporino vint dans sa loge, et lui parlant à demi-voix :

« Je t'avais dit de te méfier de M. de Saint-Germain, lui dit-il; mais il était trop tard. Chaque parti a ses traîtres. N'en sois pas moins fidèle à l'amitié et docile à la voix de ta conscience. Tu es protégée par un bras plus puissant que celui qui t'opprime.

— Que veux-tu dire, s'écria la Porporina? es-tu de ceux...

— Je dis que Dieu te protégera, répondit le Porporino, qui semblait craindre d'avoir été entendu, et il lui montra la cloison qui séparait les loges d'acteurs les unes des autres. Ces cloisons avaient environ dix pieds de haut; mais elles laissaient entre leur sommité et le plafond commun un espace assez considérable, de sorte qu'on pouvait facilement entendre d'une loge à l'autre ce qui se passait.

« J'ai prévu, lui dit-il en parlant encore plus bas et en lui remettant une bourse, que tu aurais besoin d'argent, et je t'en apporte.

— Je te remercie, répondit Consuelo; si le gardien, qui me vend chèrement les vivres, venait te réclamer quelque paiement, comme voici de quoi le satisfaire pour longtemps, refuse de solder ses comptes. C'est un usurier.

— Il suffit, répliqua le bon et loyal Porporino. Je te quitte; j'aggraverais ta position si je paraissais avoir des secrets avec toi. »

Il s'esquiva, et Consuelo reçut la visite de madame de Cocceï (la Barberini), qui lui témoigna courageusement beaucoup d'intérêt et d'affection. La marquise d'Argens (la Cochois) vint les rejoindre d'un air plus empesé, et avec les belles paroles d'une reine qui protège le malheur. Consuelo ne lui en sut pas moins de gré de sa démarche, et le supplia de ne pas compromettre la faveur de son époux en prolongeant sa visite.

Le roi dit à Pœlnitz :

« Eh bien, l'as-tu interrogée ? As-tu trouvé moyen de la faire parler ?

— Pas plus qu'une borne, répondit le baron.

— Lui as-tu fait entendre que je pardonnerais tout, si elle voulait seulement me dire ce qu'elle sait de *la balayeuse*, et ce que Saint-Germain lui a dit ?

— Elle s'en soucie comme de l'quarante.

— L'as-tu effrayée sur la longueur de sa captivité ?

— Pas encore. Votre Majesté m'avait dit de la prendre par la douceur.

— Tu l'effraieras en la reconduisant.

— J'essaierai, mais je ne réussirai pas.

— C'est donc une sainte, une martyre ?

— C'est une fanatique, une possédée, peut-être le diable en cotillons.

— En ce cas, malheur à elle ! je l'abandonne. La saison de l'opéra italien finit dans quelques jours ; arrange-toi pour qu'on n'ait plus besoin de cette fille jusque là, et que je n'entende plus parler d'elle jusqu'à l'année prochaine.

— Un an ! Votre Majesté n'y tiendra pas.

— Mieux que la tête ne tient sur ton cou, Pœlnitz ! »

XVII.

Pœlnitz avait assez de motifs de ressentiment contre la Porporina pour saisir cette occasion de se venger. Il n'en fit rien pourtant ; son caractère était éminemment lâche, et il n'avait la force d'être méchant qu'avec ceux qui s'abandonnaient à lui. Pour peu qu'on le remit à sa place, il devenait craintif, et on eût dit qu'il éprouvait un respect involontaire pour ceux qu'il ne réussissait pas à tromper. On l'avait vu même se détacher de ceux qui caressaient ses vices pour suivre, l'oreille basse, ceux qui le foulaient aux pieds. Était-ce le sentiment de sa faiblesse, ou le souvenir d'une jeunesse moins avilie ? On aimerait à croire que, dans les âmes les plus corrompues, quelque chose accuse encore de meilleurs instincts étouffés et demeurés seulement à l'état de souffrance et de remords. Il est certain que Pœlnitz s'était attaché longtemps aux pas du prince Henry, en feignant de prendre part à ses chagrins ; que souvent il l'avait excité à se plaindre des mauvais traitements du roi et lui en avait donné l'exemple, afin d'aller ensuite rapporter ses paroles à Frédéric, même en les envenimant, pour augmenter la colère de ce dernier. Pœlnitz avait fait cet infâme métier pour le plaisir de le faire ; car, au fond, il ne haïssait pas le prince. Il ne haïssait personne, si ce n'est le roi, qui le déshonorait de plus en plus sans vouloir l'enrichir. Pœlnitz aimait donc la ruse pour elle-même. Tromper était un triomphe flatteur à ses yeux. Il avait d'ailleurs un plaisir réel à dire du mal du roi et à en faire dire ; et quand il venait rapporter ces médictions à Frédéric, tout en se vantant de les avoir provoquées, il se réjouissait intérieurement de pouvoir jouer le même tour à son maître, en lui cachant le bonheur qu'il avait goûté à le railler, à le trahir, à révéler ses travers, ses ridicules et ses vices à ses ennemis. Ainsi, chaque partie lui servait de dupe, et cette vie d'intrigue où il fomentait la haine sans servir précisément celle de personne avait pour lui des voluptés secrètes.

Cependant le prince Henry avait fini par remarquer que chaque fois qu'il laissait paraître son aigreur devant le complaisant Pœlnitz, il trouvait, quelques heures après, le roi plus courroucé et plus outrageant avec lui qu'à l'ordinaire. S'était-il plaint devant Pœlnitz d'être aux arrêts pour vingt-quatre heures, il voyait le lendemain sa condamnation doublée. Ce prince, aussi franc que brave, aussi confiant que Frédéric était ombrageux, avait enfin ouvert les yeux sur le caractère misérable du baron. Au lieu de le ménager prudemment, il l'avait accablé de son indignation ; et depuis ce temps-là, Pœlnitz, courbé jusqu'à terre devant lui, l'avait plus desservi. Il semblait même qu'il l'aimât au fond du cœur, autant qu'il était capable d'aimer. Il s'attendrissait en parlant de lui avec admiration, et ces témoignages de respect paraissaient si sincères qu'on s'en étonnait comme d'une bizarrerie incompréhensible de la part d'un tel homme.

Le fait est que Pœlnitz, le trouvant plus généreux et plus tolérant mille fois que Frédéric, eût préféré l'avoir pour maître ; pressentant ou devinant vaguement, ainsi que le faisait le roi, une sorte de conjuration mystérieuse autour du prince, il eût voulu pour beaucoup en tenir les fils et savoir s'il pouvait compter assez sur le succès pour s'y associer. C'était donc avec l'intention de s'éclairer pour son propre compte qu'il avait tâché de surprendre la religion de Consuelo. Si elle lui eût révélé le peu qu'elle en savait, il ne l'eût pas rapporté au roi, à moins pourtant que ce dernier ne lui eût donné beaucoup d'argent. Mais Frédéric était trop économe pour avoir de grands scélérats à ses ordres.

Pœlnitz avait arraché quelque chose de ce mystère au comte de Saint-Germain. Il lui avait dit, avec tant de conviction, tant de mal du roi, que cet habile aventurier ne s'était pas assez méfié de lui. Disons, en passant, que l'aventurier avait un grain d'enthousiasme et de folie ; que s'il était charlatan et même jésuitique à beaucoup d'égards, il avait au fond de tout cela une conviction fanatique qui présentait de singuliers contrastes et lui faisait commettre beaucoup d'inconséquences.

En ramenant Consuelo à la forteresse, Pœlnitz, qui était un peu blasé sur le mépris qu'on avait pour lui, et qui ne se souvenait déjà plus guère de celui qu'elle lui avait témoigné, se conduisit assez naïvement avec elle. Il lui confessa, sans se faire prier, qu'il ne savait rien, et que tout ce qu'il avait dit des projets du roi, à l'égard des puissances étrangères, n'était qu'un commentaire gratuit de la conduite bizarre et des relations secrètes du prince et de sa sœur avec des gens suspects.

« Ce commentaire ne fait pas honneur à la loyauté de Votre Seigneurie, répondit Consuelo, et peut-être ne devrait-elle pas s'en vanter.

— Le commentaire n'est pas de moi, répondit tranquillement Pœlnitz ; il est éclos dans la cervelle du roi notre maître, cervelle maladive et chagrine, s'il en fut, quand le soupçon s'en empare. Quant à donner des suppositions pour des certitudes, c'est une méthode tellement consacrée par l'usage des cours et par la science des diplomates, que vous êtes tout à fait pédante de vous en scandaliser. Au reste, ce sont les rois qui me l'ont apprise ; ce sont eux qui ont fait mon éducation, et tous mes vices viennent, de père en fils, des deux monarques prussiens que j'ai eu l'honneur de servir. Plaider le faux pour savoir le vrai ! Frédéric n'en fait jamais d'autre, et on le tient pour un grand homme ; ce que c'est que d'avoir la vogue ! tandis qu'on me traite de scélérat parce que je suis ses errements ; quel préjugé ! »

Pœlnitz tourmenta Consuelo, tant qu'il put, pour savoir ce qui se passait entre elle, le prince, l'abbesse, Trenck, les aventuriers Saint-Germain et Trismégiste, et un grand nombre de personnages très-importants, disait-il, qui étaient mêlés à une intrigue inexplicable. Il lui avoua naïvement que si cette affaire avait quelque consistance, il n'hésiterait pas à s'y jeter. Consuelo vit bien qu'il parlait enfin à cœur ouvert ; mais comme elle ne savait réellement rien, elle n'eût pas de mérite à persister dans ses dénégations.

Quand Pœlnitz eut vu les portes de la citadelle se refermer sur Consuelo et sur son prétendu secret, il rêva à la conduite qu'il devait tenir à son égard ; et en fin de cause, espérant qu'elle se laisserait pénétrer si, grâce à lui, elle revenait à Berlin, il résolut de la disculper auprès du roi. Mais dès le premier mot qu'il lui en dit le lendemain, le roi l'interrompit :

« Qu'a-t-elle révélé ?

— Rien, Sire.
— En ce cas, laissez-moi tranquille. Je vous ai défendu de me parler d'elle.
— Sire, elle ne sait rien.
— Tant pis pour elle! Qu'il ne vous arrive plus jamais de prononcer son nom devant moi. »

Cet arrêt fut proclamé d'un ton qui ne permettait pas de répliquer. Frédéric souffrait certainement en songeant à la Porporina. Il y avait au fond de son cœur et de sa conscience un tout petit point très-douloureux qui tressaillait alors, comme lorsqu'on passe le doigt sur une mince épine enfoncée dans les chairs. Pour se soustraire à cette pénible sensation, il prit le parti d'en oublier irrévocablement la cause, et il n'eut pas de peine à y réussir. Huit jours ne s'étaient pas écoulés, que grâce à son robuste tempérament royal et à la servile soumission de tous ceux qui l'approchaient, il ne se souvenait pas que Consuelo eût jamais existé. Cependant l'infortunée était à Spandaw. La saison du théâtre était finie, et on lui avait retiré son clavecin. Le roi avait eu cette attention pour elle le soir où on l'avait applaudie à sa barbe, croyant lui complaire. Le prince Henry était aux arrêts indéfiniment. L'abbesse de Quedlimburg était gravement malade; le roi avait eu la cruauté de lui faire croire que Trenck avait été repris et replongé dans les cachots. Trismégiste et Saint-Germain avaient réellement disparu, et la balayeuse avait cessé de hanter le palais. Ce que son apparition présageait semblait avoir reçu une sorte de confirmation. Le plus jeune des frères du roi était mort d'épuisement à la suite d'infirmités prématurées.

A ces chagrins domestiques vint se joindre la brouille définitive de Voltaire avec le roi. Presque tous les biographes ont déclaré que, dans cette lutte misérable, l'honneur était demeuré à Voltaire. En examinant mieux les pièces du procès, on s'aperçoit qu'il ne fait honneur au caractère d'aucune des parties, et que le rôle le moins mesquin est peut-être même celui de Frédéric. Plus froid, plus implacable, plus égoïste que Voltaire, Frédéric ne connaissait ni l'envie ni la haine; et ces brûlantes petites passions ôtaient à Voltaire la fierté et la dignité dont Frédéric savait prendre au moins l'apparence. Parmi les amères bisbilles qui amenèrent goutte à goutte l'explosion, il y en eut une où Consuelo ne fut pas nommée, mais qui aggrava la sentence d'oubli volontaire prononcée sur elle. D'Argens lisait un soir les gazettes parisiennes à Frédéric, Voltaire présent. On y rapportait l'aventure de mademoiselle Clairon, interrompue au beau milieu de son rôle par un spectateur mal placé qui lui avait crié : « *Plus haut;* » sommée de faire des excuses au public pour avoir répondu royalement : « *Et vous plus bas;* » enfin recevait à la Bastille pour avoir soutenu son rôle avec autant d'orgueil que de fermeté. Les papiers publics ajoutaient que cet aventure ne priverait pas le théâtre de mademoiselle Clairon, parce que, durant sa séquestration, elle serait amenée de la Bastille sous escorte, pour jouer Phèdre ou Chimène, après quoi elle retournerait coucher en prison jusqu'à l'expiration de sa peine qu'on présumait et qu'on espérait devoir être de courte durée.

Voltaire était fort lié avec Hippolyte Clairon, qui avait puissamment contribué au succès de ses œuvres dramatiques. Il fut indigné de cet événement, et oubliant qu'il s'en passait un analogue et plus grave encore sous ses yeux :

« Voici qui ne fait guère honneur à la France! s'écriat-il en interrompant d'Argens à chaque mot: le manant! interpeller si bêtement et si grossièrement une actrice comme mademoiselle Clairon! butor de public! lui vouloir faire faire des excuses! à une femme! à une femme charmante, les cuistres! les Welches!... La Bastille? jour de Dieu! n'avez-vous pas la berlue, marquis? Une femme à la Bastille, dans ce temps-ci? pour un mot plein d'esprit, de goût et d'à-propos? pour une repartie ravissante? et cela en France?

— Sans doute, dit le roi, la Clairon jouait Électre ou Sémiramis, et le public, qui ne voulait pas en perdre un seul mot, devrait trouver grâce devant M. de Voltaire. »

En un autre temps, cette réflexion du roi eût été flatteuse; mais elle fut prononcée avec un ton d'ironie qui frappa le philosophe et lui rappela tout à coup quelle maladresse il venait de faire. Il avait tout l'esprit nécessaire pour la réparer; il ne le voulut point. Le dépit du roi rallumait le sien, et il répliqua :

« Non, Sire, mademoiselle Clairon eût-elle abîmé un rôle écrit par moi, je ne concevrai jamais qu'il y ait au monde une police assez brutale pour traîner la beauté, le génie et la faiblesse dans les prisons de l'État. »

Cette réponse, jointe à bien d'autres, et surtout à des mots sanglants, à des railleries cyniques, rapportés au roi par plus d'un *Pœlnitz* officieux, amena la rupture que tout le monde sait, et fournit à Voltaire les plaintes les plus piquantes, les imprécations les plus comiques, les reproches les plus acérés. Consuelo n'en fut que plus *oubliée* à Spandaw, tandis qu'au bout de trois jours, mademoiselle Clairon sortait triomphante et adorée de la Bastille. Privée de son clavecin, la pauvre enfant s'arma de tout son courage pour continuer à chanter le soir et à composer de la musique. Elle en vint à bout et ne tarda pas à s'apercevoir que sa voix et son exquise justesse d'oreille gagnaient encore à cet exercice aride et difficile. La crainte de s'égarer la rendait beaucoup plus circonspecte; elle s'écoutait davantage, ce qui nécessitait un travail de mémoire et d'attention excessif. Sa manière devenait plus large, plus sérieuse, plus parfaite. Quant à ses compositions, elles prirent un caractère plus simple, et elle composa dans sa prison des airs d'une beauté remarquable et d'une tristesse grandiose. Elle ne tarda pourtant pas à ressentir le préjudice que la perte du clavecin portait à sa santé et au calme de son esprit. Éprouvant le besoin de s'occuper sans relâche, et ne pouvant se reposer du travail émouvant et orageux de la production et de l'exécution par un travail plus tranquille de lectures et de recherches, elle sentit la fièvre s'allumer lentement dans ses veines, et la douleur envahir toutes ses pensées. Ce caractère actif, heureux et plein d'affectueuse expansion, n'était pas fait pour l'isolement et pour l'absence de sympathies. Elle eût succombé peut-être à quelques semaines de ce cruel régime, si la Providence ne lui eût envoyé un ami, là où certainement elle ne s'attendait pas à le trouver.

XVIII.

Au-dessous de la cellule qu'occupait notre recluse, une grande pièce enfumée, dont la voûte épaisse et lugubre ne recevait jamais d'autre clarté que celle du feu allumé dans une vaste cheminée toujours remplie de marmites de fer, bouillant et grondant sur tous les tons, renfermait pendant toute la journée la famille Schwartz, et ses savantes opérations culinaires. Tandis que la femme combinait mathématiquement le plus grand nombre de dîners possible avec le moins de comestibles et d'ingrédients imaginables, le mari, assis devant une table noircie d'encre et d'huile, composait artistement, à la lueur d'une lampe toujours allumée dans ce sombre sanctuaire, les mémoires les plus formidables, chargés des détails les plus fabuleux. Les maigres dîners étaient pour le bon nombre de prisonniers que l'officieux gardien avait su mettre sur la liste de ses pensionnaires : les mémoires devaient être présentés à leurs banquiers ou à leurs parents, sans toutefois être soumis au contrôle des expérimentateurs de cette fastueuse alimentation. Pendant que le couple spéculateur se livrait ardemment à son travail, deux personnages plus paisibles, enfoncés sous le manteau de la cheminée, vivaient là en silence, parfaitement étrangers aux douceurs et aux profits de l'opération. Le premier était un grand chat maigre, roux, pelé, dont l'existence se consumait à lécher ses pattes et à se rouler sur la cendre. Le second était un jeune homme, ou plutôt un enfant, encore plus laid dans son espèce, dont la vie immobile et contemplative était partagée entre la lecture d'un vieux bouquin plus gras que les marmites de sa mère, et d'éternelles rêveries qui ressemblaient à la béatitude de l'idiotisme plus qu'à la méditation d'un être pensant. Le chat avait été baptisé par l'enfant du nom de Belzébuth, par antithèse sans doute à celui que l'enfant avait reçu de monsieur et madame Schwartz, ses père et mère, le nom pieux et sacré de Gottlieb.

Gottlieb, destiné à l'état ecclésiastique, avait fait jusqu'à l'âge de quinze ans de bonnes études et de rapides progrès dans la liturgie protestante. Mais, depuis quatre ans, il vivait inerte et malade, près des tisons, sans vouloir se promener, sans désirer de voir le soleil, sans pouvoir continuer son éducation. Une crue rapide et désordonnée l'avait réduit à cet état de langueur et d'indolence. Ses longues jambes grêles pouvaient à peine supporter cette stature démesurée et quasi disloquée. Ses bras étaient si faibles et ses mains si gauches, qu'il ne touchait à rien sans le briser. Aussi sa mère avare lui en avait-elle interdit l'usage, et il n'était que trop porté à lui obéir en ce point. Sa face bouffie et imberbe, terminée par un front élevé et découvert, ne ressemblait pas mal à une poire molle. Ses traits étaient aussi peu réguliers que les proportions de son corps. Ses yeux semblaient complétement égarés, tant ils étaient louches et divergents. Sa bouche épaisse avait un sourire niais ; son nez était informe, son teint blême, ses oreilles plates et plantées beaucoup trop bas : des cheveux rares et raides couronnaient tristement cette insipide figure, plus semblable à un navet mal épluché qu'à la mine d'un chrétien ; du moins telle était la poétique comparaison de madame sa mère.

Malgré les disgrâces que la nature avait prodiguées à ce pauvre être, malgré la honte et le chagrin que madame Schwartz éprouvait en le regardant, Gottlieb, fils unique, malade inoffensif et résigné, n'en était pas moins le seul amour et le seul orgueil des auteurs de ses jours. On s'était flatté, alors qu'il était moins laid, qu'il pourrait devenir un assez joli garçon. On s'était réjoui de son enfance studieuse et de son avenir brillant. Malgré l'état précaire où on le voyait réduit, on espérait qu'il reprendrait de la force, de l'intelligence, de la beauté, lorsqu'il aurait fini son interminable croissance. D'ailleurs, il n'est pas besoin d'expliquer que l'amour maternel s'accommode de tout, et se contente de peu. Madame Schwartz, tout en le brusquant et en le raillant, adorait son vilain Gottlieb, et si elle ne l'eût pas vu à toute heure planté *comme une statue de sel* (c'était son expression) dans le coin de sa cheminée, elle n'aurait plus eu le courage d'allonger ses sauces ni d'enfler ses mémoires. Le père Schwartz, qui mettait comme beaucoup d'hommes, plus d'amour-propre que de tendresse dans son sentiment paternel, persistait à rançonner et à voler ses prisonniers dans l'espérance qu'un jour Gottlieb serait ministre et fameux prédicateur, ce qui était son idée fixe, parce que, avant sa maladie, l'enfant s'était exprimé avec facilité. Mais il y avait bien quatre ans qu'il n'avait dit une parole de bon sens ; et s'il lui arrivait d'en coudre deux ou trois ensemble, ce n'était jamais qu'à son chat Belzébuth qu'il daignât les adresser. En somme, Gottlieb avait été déclaré idiot par les médecins, et ses parents seuls croyaient à la possibilité de sa guérison.

Un jour cependant, Gottlieb, sortant tout à coup de son apathie, avait manifesté à ses parents le désir d'apprendre un métier pour se désennuyer, et utiliser ses tristes années de langueur. On avait accédé à cette innocente fantaisie quoiqu'il ne fût guère de la dignité d'un futur membre de l'Église réformée de travailler de ses mains. Comme l'esprit de Gottlieb paraissait si bien déterminé à se reposer, qu'il fallut bien lui permettre d'aller étudier l'art de la chaussure dans une boutique de cordonnier. Son père eût souhaité qu'il choisit une profession plus élégante ; mais on eut beau passer en revue devant lui toutes les branches de l'industrie, il s'arrêta obstinément à l'œuvre de saint Crépin, et déclara même qu'il se sentait appelé par la Providence à embrasser cette partie. Comme ce désir devint chez lui une idée fixe, et que la seule crainte d'en être empêché le jetait dans une profonde mélancolie, on le laissa passer un mois dans l'atelier d'un maître, après quoi il revint un beau matin, muni de tous les outils et matériaux nécessaires, et se réinstalla sous le manteau de sa chère cheminée, déclarant qu'il en savait assez, et qu'il n'avait plus besoin de leçons. Cela n'était guère vraisemblable ; mais ses parents, espérant que cette tentative l'avait dégoûté, et qu'il allait peut-être se remettre à l'étude de la théologie, acceptèrent son retour sans reproche et sans raillerie. Alors commença dans la vie de Gottlieb une ère nouvelle, qui fut entièrement remplie et charmée par la confection imaginaire d'une paire de souliers. Trois ou quatre heures par jour, il prenait sa forme et son alêne, et travaillait à une chaussure qui ne chaussa jamais personne ; car elle ne fut jamais terminée. Tous les jours recoupée, tendue, battue, piquée, elle prit toutes les figures possibles, excepté celle d'un soulier, ce qui n'empêcha pas le paisible artisan de poursuivre son œuvre avec un plaisir, une attention, une lenteur, une patience et un contentement de lui-même, au-dessus des atteintes de toute critique. Les Schwartz s'effrayèrent un peu d'abord de cette monomanie ; puis ils s'y habituèrent comme au reste, et le soulier interminable, alternant dans les mains de Gottlieb avec son volume de sermons et de prières, ne fut plus compté dans sa vie que pour une infirmité de plus. On n'exigea de lui autre chose que d'accompagner de temps en temps son père dans les galeries et les cours, afin de prendre l'air. Mais ces promenades chagrinaient beaucoup M. Schwartz, parce que les enfants des autres gardiens et employés de la citadelle ne cessaient de courir après Gottlieb, en contrefaisant sa démarche nonchalante et disgracieuse, et en criant sur tous les tons :

« Des souliers ! des souliers ! cordonnier, fais-nous des souliers ! »

Gottlieb ne prenait point ces huées en mauvaise part ; il souriait à cette méchante engeance avec une sérénité angélique, et même il s'arrêtait pour répondre :

« Des souliers ? certainement, de tout mon cœur : venez chez moi, vous faire prendre mesure. Qui veut des souliers ? »

Mais M. Schwartz l'entraînait pour l'empêcher de se compromettre avec la canaille, et le *cordonnier* ne paraissait ni fâché ni inquiet d'être ainsi arraché à l'empressement de ses pratiques.

Dès les premiers jours de sa captivité, Consuelo avait été humblement requise par M. Schwartz, d'entrer en conférence avec Gottlieb pour essayer de réveiller en lui le souvenir et le goût de cette éloquence dont il avait paru être doué dans son enfance. Tout en avouant l'état maladif et l'apathie de son héritier, M. Schwartz, fidèle à la loi de nature si bien exprimée par La Fontaine :

« Nos petits sont mignons
Beaux, bien faits, et jolis sur tous leurs compagnons. »

n'avait pas décrit très-fidèlement les agréments du pauvre Gottlieb, sans quoi Consuelo n'eût peut-être pas refusé, comme elle le fit, de recevoir dans sa cellule un jeune homme de dix-neuf ans, qu'on lui dépeignait ainsi qu'il suit : « Un grand gaillard de cinq pieds huit pouces, qui eût fait venir l'eau à la bouche de tous les recruteurs du pays, si malheureusement pour sa santé, et heureusement pour son indépendance, un peu de faiblesse dans les bras et dans les jambes ne l'eût rendu impropre au métier des armes. » La captive pensa que la société d'un *enfant* de cet âge et de cette taille, était peu convenable dans sa situation, et elle refusa net de le recevoir ; désobligeance que la mère Schwartz lui fit expier en ajoutant une pinte d'eau chaque jour à son bouillon.

Pour se promener sur l'esplanade où on lui avait permis d'aller prendre l'air tous les jours, Consuelo était forcée de descendre dans la résidence nauséabonde de la famille Schwartz et de la traverser, le tout avec la permission et l'escorte de son gardien, qui, du reste, ne se faisait pas prier, l'article *complaisance infatigable* (dans tout ce qui tient aux services autorisés par la consigne) étant porté en compte et coté à un prix fort élevé. Il arriva donc qu'en traversant cette cuisine dont une porte s'ouvrait sur l'esplanade, Consuelo finit par apercevoir et remarquer Gottlieb. Cette figure d'enfant avorté sur le corps d'un géant mal bâti la frappa de dégoût d'abord, et ensuite de pitié. Elle lui adressa la parole, l'interrogea avec bonté, et s'efforça de le faire causer. Mais elle trouva son esprit paralysé soit par la maladie, soit par une excessive timidité; car il ne la suivait sur le rempart que poussé de force par ses parents, et ne répondait à ses questions que par monosyllabes. Elle craignit donc, en s'occupant de lui, d'aggraver l'ennui qu'elle lui supposait, et s'abstint de lui parler, et même de le regarder, après avoir déclaré à son père qu'elle ne lui trouvait pas la moindre disposition pour l'art oratoire.

Consuelo avait été de nouveau fouillée par madame Schwartz, le soir où elle avait revu son camarade Porporino et le public de Berlin pour la dernière fois. Mais elle avait réussi à tromper la vigilance du cerbère femelle. L'heure était avancée, la cuisine était sombre, et madame Schwartz de mauvaise humeur d'être réveillée dans son premier sommeil. Tandis que Gottlieb dormait dans une chambre, ou plutôt dans une niche donnant sur l'atelier culinaire, et que M. Schwartz montait pour ouvrir d'avance la double porte de fer de la cellule, Consuelo s'était approchée du feu qui dormait sous la cendre, et, tout en feignant de caresser Belzébuth, elle avait cherché un moyen de sauver ses ressources des griffes de la *fouilleuse*, afin de n'être plus à sa discrétion absolue. Pendant que madame Schwartz rallumait sa lampe et mettait ses lunettes, Consuelo avait remarqué, au fond de la cheminée, à la place où Gottlieb se tenait habituellement, un enfoncement dans la muraille, à la hauteur de son bras, et, dans cette case mystérieuse, le livre des sermons et le soulier éternel du pauvre idiot. C'était là sa bibliothèque et son atelier. Ce trou noirci par la suie et la fumée contenait toutes les richesses, toutes les délices de Gottlieb. D'un mouvement prompt et adroit, Consuelo y posa sa bourse, et se laissa ensuite examiner patiemment par la vieille parque, qui l'importuna longtemps en passant ses doigts huileux et crochus sur tous les plis de son vêtement, surprise et courroucée de n'y rien trouver. Le sang-froid de Consuelo qui, après tout, ne mettait pas beaucoup d'importance à réussir dans sa petite entreprise, finit par persuader à la geôlière qu'elle n'avait rien; et elle put, dès que l'examen fut fini, reprendre lestement sa bourse et la garder dans sa main sous sa pelisse jusque chez elle. Là elle s'occupa de la cacher, sachant bien que, pendant sa promenade, on venait chaque jour examiner sa cellule avec soin. Elle ne trouva rien de mieux que de porter toujours sa petite fortune sur elle, cousue dans une ceinture, madame Schwartz n'ayant pas le droit de la fouiller, hors le cas de sortie.

Cependant la première somme que madame Schwartz avait saisie sur sa prisonnière le jour de son arrivée était déjà épuisée depuis longtemps, grâce à la rédaction ingénieuse des mémoires de M. Schwartz. Lorsqu'il eut fait de nouveaux frais assez maigres, et un nouveau mémoire assez rond, selon la prudente et lucrative coutume, trop timoré pour parler d'affaires et pour demander de l'argent à une personne condamnée à n'en point avoir, mais bien renseigné par elle, dès le premier jour, sur les économies qu'elle avait confiées au Porporino, ledit Schwartz s'était rendu, sans lui rien dire, à Berlin, et avait présenté sa note à ce fidèle dépositaire. Le Porporino, averti par Consuelo, avait refusé de solder la note avant qu'elle fût approuvée par la consommatrice, et avait renvoyé le créancier à son amie, qu'il savait munie par lui d'une nouvelle somme.

Schwartz rentra pâle et désespéré, criant à la banqueroute, et se regardant comme volé, bien que les cent premiers ducats saisis sur la prisonnière eussent payé le quadruple de toute la dépense qu'elle avait faite depuis deux mois. Madame Schwartz supporta ce prétendu dommage avec la philosophie d'une tête plus forte et d'un esprit plus persévérant.

« Sans doute nous sommes pillés comme dans un bois, dit-elle; mais est-ce que tu as jamais compté sur cette prisonnière pour gagner ta pauvre vie? Je t'avais averti de ce qui t'arrive. Une comédienne! cela n'a pas d'économies. Un comédien pour mandataire? cela n'a pas d'honneur. Allons, nous avons fait une perte de deux cents ducats. Mais nous nous rattraperons sur les autres pratiques qui sont bonnes. Cela t'apprendra seulement à ne pas offrir inconsidérément tes services aux premiers venus. Je ne suis pas fâchée, Schwartz, que tu reçoives cette petite leçon. Maintenant je vais me donner le plaisir de mettre au pain sec, et même au pain moisi, cette péronnelle, qui n'a pas même l'attention de mettre un frédéric d'or dans sa poche en rentrant, pour payer la peine de la fouilleuse, et qui a l'air de regarder Gottlieb comme un imbécile sans ressources, parce qu'il ne lui fait pas la cour. *Espèce*, va!... »

En grommelant ainsi, et en haussant les épaules, madame Schwartz reprit le cours de ses occupations, et, se trouvant sous la cheminée auprès de Gottlieb, elle lui dit, tout en écumant ses pots :

« Qu'est-ce que tu dis de cela, toi, petit futé? »

Elle parlait ainsi pour parler, car elle savait bien que Gottlieb entendait tout de la même oreille que son chat Belzébuth.

« Mon soulier avance, mère! répondit Gottlieb avec un sourire égaré. Je vais bientôt en recommencer une nouvelle paire!

— Oui! dit la vieille en hochant la tête d'un air de pitié. Comme cela tu en fais une paire tous les jours? Continue mon garçon... cela te fera un beau revenu!... Mon Dieu, mon Dieu!... » ajouta-t-elle en recouvrant ses marmites, et d'un ton de plainte résignée, comme si l'indulgence maternelle eût donné des entrailles pieuses à ce cœur pétrifié à tous égards.

Ce jour-là, Consuelo, ne voyant point paraître son dîner, se douta de ce qui était arrivé, bien qu'elle eût peine à croire que cent ducats eussent été absorbés en si peu de temps et par un si chétif ordinaire. Elle s'était tracé d'avance un plan de conduite à l'égard des Schwartz. N'ayant pas encore reçu une obole du roi de Prusse, et craignant fort de rester sur les promesses du passé pour son salaire (Voltaire s'en allait payé de la même monnaie), elle savait bien que le peu d'argent qu'elle avait gagné en charmant les oreilles de quelques personnages moins avares, mais moins riches, ne la mènerait pas loin, pour peu que sa captivité se prolongeât, et que M. Schwartz ne modifiât pas ses prétentions. Elle voulait le forcer à en rabattre, et, pendant deux ou trois jours, elle se contenta du pain et de l'eau qu'il lui apportait, sans faire mine de s'apercevoir de ce changement dans son régime. Le poêle commençait à être aussi négligé que les autres soins, et Consuelo souffrit le froid sans se plaindre. Heureusement il n'était plus d'une rigueur insupportable; on était au mois d'avril, saison moins printanière en Prusse que chez nous, mais où la température commençait pourtant à s'adoucir.

Avant d'entrer en pourparler avec son tyran cupide, elle songeait à mettre ses fonds en sûreté; car elle ne pouvait pas trop se flatter de n'être pas soumise à un examen arbitraire et à une saisie nouvelle aussitôt qu'elle avouerait ses ressources. La nécessité rend clairvoyant quand elle ne peut nous rendre ingénieux. Consuelo n'avait aucun outil avec lequel elle pût creuser le bois ou soulever la pierre. Mais le lendemain, en examinant, avec la minutieuse patience dont les prisonniers sont seuls capables, tous les recoins de sa cellule, elle finit par découvrir une brique qui ne paraissait pas être aussi bien jointe au mur que les autres. A force d'en gratter les contours avec ses ongles, elle enleva l'enduit, et remarqua qu'il n'était pas formé de ciment, comme dans les autres endroits, mais d'une matière friable qu'elle présuma être de la mie de pain desséchée. Elle réussit à détacher la brique, et trouva, derrière, un petit espace, ménagé certainement par quelque prisonnier, entre cette pièce mobile et les briques adhérentes qui formaient l'épaisseur de la muraille. Elle n'en douta plus, lorsqu'en fouillant cette cachette, ses doigts y rencontrèrent plusieurs objets, véritables trésors pour un prisonnier : un paquet de crayons, un canif, une pierre à fusil, de l'amadou et plusieurs rouleaux de cette mince bougie tortillée qu'on appelle chez nous *rat de cave*. Ces objets n'étaient nullement altérés, le mur étant fort sec; et d'ailleurs ils pouvaient avoir été laissés là peu de jours avant sa prise de possession de la cellule. Elle y joignit sa bourse, son petit crucifix de filigrane, que plusieurs fois M. Schwartz avait regardé avec convoitise, en disant que ce *joujou* serait bien du goût de Gottlieb. Puis elle replaça la brique et la cimenta avec la mie de pain de son déjeuner, qu'elle noircit un peu en la frottant sur le plancher, pour lui donner la même couleur que le reste de l'enduit. Tranquille pour quelque temps sur ses moyens d'existence et sur l'emploi de ses soirées, elle attendit de pied ferme la visite domiciliaire des Schwartz, et se sentit aussi fière et aussi joyeuse que si elle eût découvert un nouveau monde.

Cependant Schwartz se lassa bientôt de ne pas trouver matière à spéculer. Dût-il faire, comme il disait, de petites affaires, mieux valait peu que rien, et il rompit le premier le silence pour demander à *sa prisonnière* n° 3 si elle n'avait rien désormais à lui commander. Alors Consuelo se décida à lui déclarer, non qu'elle avait de l'argent, mais qu'elle en recevait régulièrement toutes les semaines par une voie qu'il serait impossible de découvrir.

« Si pourtant cela vous arrivait, dit-elle, le résultat serait de m'empêcher de faire aucune dépense, et c'est à vous de voir si vous préférez la rigueur de votre consigne à d'honnêtes bénéfices. »

Après avoir beaucoup bataillé et avoir examiné sans succès, pendant quelques jours, les vêtements, la paillasse, le plancher, les meubles, Schwartz commença à penser que Consuelo recevait de quelque fonctionnaire supérieur de la prison même les moyens de correspondre avec l'extérieur. La corruption était partout dans la hiérarchie guichetière, et les subalternes trouvaient leur profit à ne pas contrôler leurs confrères plus puissants.

« Prenons ce que Dieu nous envoie ! » dit Schwartz en soupirant.

Et il se résigna à compter toutes les semaines avec la Porporina. Elle ne le contraria point sur l'emploi des premiers fonds: mais elle régla l'avenir de manière à ne payer chaque objet que le double de sa valeur, procédé qui parut bien mesquin à madame Schwartz, mais qui ne l'empêcha pas de recevoir son salaire et de le gagner tant bien que mal.

XIX.

Pour quiconque s'est attaché à la lecture des histoires de prisonniers, la simplicité de cette cachette échappant toutefois à l'avide examen des gardiens intéressés à la découvrir ne paraîtra point un fait miraculeux. Le petit secret de Consuelo ne fut pas découvert, et lorsqu'elle regarda ses trésors en rentrant de la promenade, elle les retrouva intacts. Son premier soin fut de placer son matelas devant la fenêtre que la nuit fut venue, d'allumer sa petite bougie, et de se mettre à écrire. Nous la laisserons parler elle-même; car nous sommes possesseur de ce manuscrit, qui est demeuré longtemps après sa mort dans les mains du chanoine ***. Nous le traduisons de l'italien.

JOURNAL DE CONSUELO,

DITE PORPORINA.

Prisonnière à Spandaw, avril 175*.

Le 2. — « Je n'ai jamais écrit que de la musique, et quoique je puisse parler facilement plusieurs langues, j'ignore si je saurais m'exprimer d'un style correct dans aucune. Il ne m'a jamais semblé que je dusse peindre ce qui occuperait mon cœur et ma vie dans une autre langue que celle de l'art divin que je professe. Des mots, des phrases, cela me paraissait si froid au prix de ce que je pouvais exprimer avec le chant ! Je compterais les lettres, ou plutôt les billets que j'ai tracés à la hâte, et sans savoir comment, dans les trois ou quatre circonstances les plus décisives de ma vie. C'est donc la première fois, depuis que j'existe, que je sens le besoin de retracer par des paroles ce que j'éprouve et ce qui m'arrive. C'est même un grand plaisir pour moi de l'essayer. Illustre et vénéré Porpora, aimable et cher Haydn, excellent et respectable chanoine ***, vous, mes seuls amis, et peut-être vous aussi, noble et infortuné baron de Trenck, c'est à vous que je songe en écrivant; c'est à vous que je raconte mes revers et mes épreuves. Il me semble que je vous parle, que je suis avec vous, et que dans ma triste solitude j'échappe au néant de la mort en vous initiant au secret de ma vie. Peut-être mourrai-je ici d'ennui et de misère, quoique jusqu'à présent ma santé ni mon courage ne soient sensiblement altérés. Mais j'ignore les maux que me réserve l'avenir, et si j'y succombe, du moins une trace de moi et une peinture de mon agonie resteront dans vos mains; ce sera l'héritage de quelque prisonnier qui me succédera dans cette cellule, et qui retrouvera dans la cachette de la muraille où j'ai trouvé moi-même le papier et le crayon qui me servent à vous écrire. Oh ! maintenant, je remercie ma mère de m'avoir fait apprendre à écrire, elle qui ne le savait pas ! Oui, c'est un grand soulagement que d'écrire en prison. Mon triste chant ne perçait pas l'épaisseur de ces murailles et ne pouvait aller jusqu'à vous. Mon écriture vous parviendra un jour... et qui sait si je ne trouverai pas un moyen de vous l'envoyer bientôt ? J'ai toujours compté sur la Providence.

Le 3. — « J'écrirai brièvement et sans m'arrêter à de longues réflexions. Cette petite provision de papier, fin comme de la soie, ne sera pas éternelle, et ma captivité le sera peut-être. Je vous dirai quelques mots chaque soir avant de m'endormir. Je veux aussi ménager ma bougie. Je ne puis écrire le jour, je risquerais d'être surprise. Je ne vous raconterai pas pourquoi j'ai été envoyée ici : je ne le sais pas, et, en tâchant de le deviner avec vous, je compromettrais peut-être des personnes qui ne m'ont pourtant rien confié. Je ne me plaindrai pas non plus des auteurs de mon infortune. Il me semble que si je me laissais aller au reproche et au ressentiment, je perdrais la force qui me soutient. Je ne veux penser ici qu'à ceux que j'aime, et à celui que j'ai aimé.

« Je chante tous les soirs pendant deux heures, et il me semble que je fais des progrès. A quoi cela me servira-t-il ? Les voûtes de mon cachot me répondent; elles ne m'entendent pas... Mais Dieu m'entend, et quand j'ai composé un cantique que je lui chante dans la ferveur de mon âme, j'éprouve un calme céleste, et je m'endors presque heureuse. Il me semble que du ciel on me répond, et qu'une voix mystérieuse me chante dans mon sommeil un autre cantique plus beau que le mien, que j'essaie le lendemain de me rappeler et de chanter à mon tour. A présent que j'ai des crayons, comme il me reste un peu de papier réglé, je vais écrire mes compositions. Un jour peut-être, vous les essaierez, mes chers amis, et je ne serai pas morte tout entière.

Le 4. — « Ce matin le rouge-gorge est entré dans ma chambre, et il est resté plus d'un quart d'heure. Il y a quinze jours que je l'invite à me faire cet honneur, et enfin il s'y est décidé aujourd'hui. Il demeure dans un vieux lierre qui se traîne jusqu'à ma fenêtre, et que mes gardiens épargnent, parce qu'il donne un peu de verdure à leur porte située à quelques pieds au-dessous. Le joli petit oiseau me regardait depuis longtemps d'un air curieux et méfiant. Attiré par la mie de pain que je lui roule en forme de petits vers, et que je fais tourner

Attiré par la mie de pain... (Page 63.)

dans mes doigts pour l'agacer par l'aspect d'une proie vivante, il venait légèrement, et comme porté par un coup de vent, jusque auprès de mes barreaux ; mais dès qu'il s'apercevait de la tromperie, il s'en allait d'un air de reproche, et faisait entendre un petit râlement qui ressemblait à une injure. Et puis ces vilains barreaux de fer, si serrés et si noirs, à travers lesquels nous avons fait connaissance, ressemblent tant à une cage, qu'il en avait horreur. Cependant aujourd'hui, comme je ne pensais plus à lui, il s'est déterminé à les traverser, et il est venu, sans penser à moi, je le crois bien aussi, se poser sur un barreau de chaise, dans ma chambre. Je n'ai pas bougé afin de ne pas l'effaroucher, et il s'est mis à regarder autour de lui d'une manière étonnée. Il avait l'air d'un voyageur qui vient de découvrir un pays inconnu, et qui fait ses observations afin de raconter des choses merveilleuses à ses amis. C'était moi qui l'étonnais le plus, et tant que je n'ai pas remué, il a eu l'air de me trouver fort comique. Avec son grand œil rond et son bec en l'air comme un petit nez retroussé, il a une physionomie étourdie et impertinente qui est la plus spirituelle du monde. Enfin j'ai toussé un peu pour entamer la conversation, et il s'est envolé tout effrayé. Mais dans sa précipitation, il n'a pas su retrouver la fenêtre. Il s'est élevé jusqu'au plafond, et il a tourné en rond pendant une minute comme un être qui a perdu la tête. Enfin il s'est calmé, en voyant que je ne songeais pas à le poursuivre, et, fatigué de sa peur plus que de son vol, il est venu s'abattre sur le poêle. Il a paru fort agréablement surpris de cette chaleur, car c'est un oiseau très-frileux ; et après avoir fait encore quelques tours au hasard, il est revenu à plusieurs reprises y réchauffer ses pieds mignons avec une secrète volupté. Il a pris courage jusqu'à becqueter mes petits vers en mie de pain qui étaient sur la table, et après les avoir secoués d'un air de mépris, et éparpillés autour de lui, il a fini, pressé de la faim sans doute, par en avaler un qu'il n'a pas trouvé trop mauvais. En ce moment M. Schwartz (mon gardien) est entré, et le cher petit visiteur a retrouvé la fenêtre pour se sauver. Mais j'espère qu'il reviendra, car il ne s'est guère éloigné de la journée, et il n'a cessé de me regarder comme pour me le promettre et me dire qu'il n'a plus si mauvaise opinion de moi et de mon pain.

M. de Saint-Germain.

« En voilà bien long sur un rouge-gorge. Je ne me croyais pas si enfant. Est-ce que la prison conduirait à l'idiotisme? ou bien y a-t-il un mystère de sympathie et d'affection entre tout ce qui respire sous le ciel? J'ai eu ici mon clavecin pendant quelques jours. J'ai pu travailler, étudier, composer, chanter... rien de tout cela ne m'a émue jusqu'ici autant que la visite de ce petit oiseau, de cet être! Oui, c'est un être, et c'est pour cela que mon cœur a battu en le voyant près de moi. Cependant mon gardien est un être aussi, un être de mon espèce; sa femme, son fils que je vois plusieurs fois le jour, la sentinelle qui se promène jour et nuit sur le rempart et qui ne me perd pas de vue, ce sont des êtres mieux organisés, des amis naturels, des frères devant Dieu; pourtant leur aspect m'est beaucoup plus pénible qu'agréable. Ce gardien me fait l'effet d'un guichet, sa femme d'un cadenas, son fils d'une pierre scellée dans le mur. Dans le soldat qui me garde je ne vois qu'un fusil braqué sur moi. Il me semble que ces gens-là n'ont rien d'humain, rien de vivant, que ce sont des machines, des instruments de torture et de mort. Si ce n'était la crainte d'être impie, je les haïrais... O mon rouge-gorge! toi, je t'aime, il n'y a pas à dire, je le sens. Explique qui pourra ce genre d'amour. »

Le 5. — « Autre événement. Voilà le billet que j'ai reçu ce matin, d'une écriture peu lisible, sur un morceau de papier fort malpropre :

« Ma sœur, puisque l'esprit te visite, tu es une sainte, « j'en étais bien sûr. Je suis ton ami et ton serviteur. « Dispose de moi, et commande tout ce que tu voudras à « ton frère. »

« Quel est cet ami, ce frère improvisé? Impossible de deviner. J'ai trouvé cela sur ma fenêtre ce matin, en l'ouvrant pour dire bonjour au rouge-gorge. Serait-ce lui qui me l'aurait apporté? Je suis tentée de croire que c'est lui qui me l'a écrit. Tant il y a qu'il me connaît, le cher petit être, et qu'il commence à m'aimer. Il ne s'approche presque jamais de la cuisine des Schwartz, dont la lucarne exhale une odeur de graisse chaude qui monte chez moi, et qui n'est pas le moindre désagrément de mon habitation. Mais je ne désire plus d'en changer depuis que mon petit oiseau l'adopte. Il a trop

bon goût pour se familiariser avec ce porte-clefs gar-
gotier, sa méchante femme et sa laide progéniture [1].
C'est à moi décidément qu'il accorde sa confiance et son
amitié. Il est rentré dans ma chambre aujourd'hui. Il y a
déjeuné avec appétit, et quand je me suis promenée à
midi sur l'esplanade, il est descendu de son lierre, et il
est venu voltiger autour de moi. Il faisait entendre son
petit râle, comme pour m'agacer et attirer mon attention. Le vilain Gottlieb était sur le pas de sa porte, et
me regardait, en ricanant, avec ses yeux égarés. Cet
être est toujours accompagné d'un affreux chat roux qui
regarde mon rouge-gorge d'un œil plus horrible encore
que celui de son maître. Cela me fait frémir. Je hais ce
chat presque autant que madame Schwartz la fouilleuse.

Le 6. — « Encore un billet ce matin ! Voilà qui devient
bizarre. Même écriture crochue, pointue, pataraffée,
malpropre ; même papier à sucre. Mon Lindor n'est pas
un hidalgo, mais il est tendre et enthousiaste : « Chère
« sœur, âme élue et marquée du doigt de Dieu, tu te
« méfies de moi. Tu ne veux pas me parler. N'as-tu rien
« à me commander ? Ne puis-je te servir en rien ? Ma vie
« t'appartient. Commande donc à ton frère. » Je regarde la
sentinelle. C'est un butor de soldat qui tricote son bas en
se promenant de long en large, le fusil sur l'épaule. Il
me regarde aussi, et semble plus disposé à m'envoyer
une balle qu'un poulet. De quelque côté que je tourne
les yeux, je ne vois que d'immenses murailles grises,
hérissées d'orties, bordées d'un fossé, lequel est bordé
lui-même d'un autre ouvrage de fortification, dont je ne
sais ni le nom ni l'usage, mais qui me prive de la vue
de l'étang ; et sur le haut de cet ouvrage avancé, une
autre sentinelle dont j'aperçois le bonnet et le bout du
fusil, et dont j'entends le cri sauvage à chaque barque
qui rase la citadelle : *Passez au large !* Si je voyais au
moins ces barques, et un peu d'eau courante, et un
coin de paysage ! J'entends seulement le clapotement de
la rame, quelquefois une chanson de pêcheur, et au loin,
quand le vent souffle de ce côté, le bouillonnement des
deux rivières qui se réunissent à une certaine distance
de la prison. Mais d'où me viennent ces billets mystérieux et ce beau dévouement dont je ne sais que faire ?
Peut-être que mon rouge-gorge le sait, mais le rusé ne
voudra pas me le dire. »

Le 7. — « En regardant de tous mes yeux, pendant
que je me promenais sur mon rempart, j'ai aperçu une
petite ouverture étroite pratiquée dans le flanc de la
tour que j'habite, à une dizaine de pieds au-dessus de
ma fenêtre, et presque entièrement cachée par les dernières branches du lierre qui montent jusque là. Un si
petit jour ne peut éclairer la demeure d'un vivant,
pensai-je en frémissant. J'ai pourtant voulu savoir à
quoi m'en tenir, et j'ai essayé d'attirer Gottlieb sur le
rempart en flattant sa monomanie ou plutôt sa passion
malheureuse, qui est de faire des souliers. Je lui ai
demandé s'il pourrait bien me fabriquer une paire de
pantoufles ; et, pour la première fois, il s'est approché
de moi sans y être forcé, et il m'a répondu sans embarras. Mais sa manière de parler est aussi étrange que
sa figure, et je commence à croire qu'il n'est pas idiot,
mais fou :

« — Des souliers pour toi ? m'a-t-il dit (car il tutoie
tout le monde) ; non, je n'oserais. Il est écrit : *Je ne suis
pas digne de délier les cordons de ses souliers.*

« Je voyais sa mère à trois pas de la porte et prête à
venir se mêler à la conversation. N'ayant donc pas le
temps de m'arrêter à comprendre le motif de son humilité ou de sa vénération, je me suis hâtée de lui demander
si l'étage au-dessus de cet étage était habité, n'espérant
guère, cependant, obtenir une réponse raisonnable.

« — Il n'est pas habité, m'a répondu très-judicieuse-
ment Gottlieb ; il ne pourrait pas l'être, il n'y a qu'un
escalier qui conduit à la plate-forme.

« — Et la plate-forme ? Elle ne communique
avec rien ?

[1] Consuelo donnait quelques détails, dans un paragraphe précédent, sur la famille Schwartz. On a supprimé de son manuscrit tout ce qui serait une répétition pour le lecteur.

« — Pourquoi me demandes-tu cela, puisque tu le
sais ?

« — Je ne le sais pas et ne tiens guère à le savoir.
C'est pour te faire parler, Gottlieb, et pour voir si tu as
autant d'esprit qu'on le dit.

« — J'ai beaucoup, beaucoup d'esprit, m'a répondu
le pauvre Gottlieb d'un ton grave et triste, qui con-
trastait avec le comique de ses paroles.

« — En ce cas, tu peux m'expliquer, ai-je repris (car
les moments étaient précieux), comment cette cour est
construite.

« — Demande-le au rouge-gorge, a-t-il répondu avec
un étrange sourire. Il le sait, lui qui vole et qui va partout. Moi je ne sais rien, puisque je ne vais nulle part.

« — Quoi ! pas même jusqu'au haut de cette tour où tu
demeures ? Tu ne sais pas ce qu'il y a derrière cette
muraille ?

« — J'y ai peut-être passé, mais je n'y ai pas fait attention. Je ne regarde presque jamais rien ni personne.

« — Cependant tu regardes le rouge-gorge ; tu le
vois, tu le connais.

« — Oh ! lui c'est différent. On connaît bien les
anges : ce n'est pas une raison pour regarder les murs.

« — C'est très-profond ce que tu dis là, Gottlieb.
Pourrais-tu me l'expliquer ?

« — Demande au rouge-gorge, je te dis qu'il sait tout,
lui ; il peut aller partout, mais il n'entre jamais que chez
ses pareils. C'est pourquoi il entre dans ta chambre.

« — Grand merci, Gottlieb, tu me prends pour un
oiseau.

« — Le rouge-gorge n'est pas un oiseau.

« — Qu'est-ce donc ?

« — C'est un ange, tu le sais.

« — En ce cas, j'en suis un aussi.

« — Tu l'as dit.

« — Tu es galant, Gottlieb.

« — *Galant !* a dit Gottlieb en me regardant d'un air
profondément étonné ; qu'est-ce que c'est que *galant ?*

« — Tu ne connais pas ce mot-là ?

« — Non.

« — Comment sais-tu que le rouge-gorge entre dans
ma chambre ?

« — Je l'ai vu ; et d'ailleurs il me l'a dit.

« — Il te parle donc ?

« — Quelquefois, a dit Gottlieb en soupirant, bien
rarement ! Mais hier il m'a dit : « Non ! je n'entrerai
jamais dans ton enfer de cuisine. Les anges n'ont pas
commerce avec les méchants esprits. »

« — Est-ce que tu serais un méchant esprit, Gottlieb ?

« — Oh ! non, pas moi ; mais...»

Ici Gottlieb a posé un doigt sur ses grosses lèvres,
d'un air mystérieux.

« — Mais qui ?

« Il n'a rien répondu, mais il m'a montré son chat à la
dérobée et comme s'il craignait d'en être aperçu.

« — C'est donc pour cela que tu l'appelles d'un si
vilain nom ? Belzébuth, je crois ?

« — Chut ! a repris Gottlieb, c'est son nom et il le
connaît bien. Il le porte depuis que le monde existe.
Mais il ne le portera pas toujours.

« — Sans doute ; quand il sera mort !

« — Il ne mourra pas, lui ! Il ne peut pas mourir, et
il en est bien fâché, parce qu'il ne sait pas qu'un jour
viendra où il sera pardonné. »

« Ici nous fûmes interrompus par l'approche de madame Schwartz, qui s'émerveillait de voir Gottlieb
causer enfin librement avec moi. Elle en était toute
joyeuse, et me demanda si j'étais contente de lui.

« — Très-contente, je vous assure. Gottlieb est fort
intéressant, et j'aurai maintenant du plaisir à le faire
parler.

« — Ah ! Mademoiselle, vous nous rendrez grand
service, car le pauvre enfant n'a personne à qui causer,
et avec nous c'est comme un fait exprès, il ne veut pas
desserrer les dents. Es-tu original, mon pauvre Gottlieb, et têtu ! voilà que tu causes très-bien avec made-

moiselle, que tu ne connais pas, tandis qu'avec tes parents... »

« Gottlieb tourna aussitôt les talons et disparut dans la cuisine, sans paraître avoir entendu seulement la voix de sa mère.

« — Voilà comme il fait toujours! s'écria madame Schwartz; quand son père ou moi lui adressons la parole, on jurerait, vingt-neuf fois sur trente, qu'il est devenu sourd. Mais enfin, que vous disait-il donc, Mademoiselle? De quoi, diantre, pouvait-il vous parler si longtemps?

« — Je vous avoue que je ne l'ai pas bien compris, répondis-je. Il faudrait savoir à quoi se rapportent ses idées. Laissez-moi le faire causer de temps en temps sans le déranger, et quand je serai au fait, je vous expliquerai ce qui se passe dans sa tête.

« — Mais enfin, Mademoiselle, il n'a pas l'esprit dérangé ?

« — Je ne le pense pas, » ai-je répondu; et j'ai fait là un gros mensonge, que Dieu me le pardonne !

« Mon premier mouvement a été d'épargner l'illusion de cette pauvre femme, qui est une méchante sorcière, à la vérité, mais qui est mère, et qui a le bonheur de ne pas voir la folie de son fils. Cela est toujours fort étrange. Il faut que Gottlieb, qui m'a montré si naïvement ses bizarreries, ait une folie silencieuse avec ses parents. En y songeant, je me suis imaginé que je tirerais peut-être de la simplicité de ce malheureux quelques renseignements sur les autres habitants de ma prison, et que je découvrirais, par le hasard de ses réponses, l'auteur de mes billets anonymes. Je veux donc m'en faire un ami, d'autant plus que ses sympathies me paraissent soumises à celles du rouge-gorge, et que, décidément, le rouge-gorge m'honore de la sienne. Il y a de la poésie dans l'esprit malade de ce pauvre enfant! Le petit oiseau un ange, le chat un méchant esprit qui sera pardonné! Qu'est-ce que tout cela? Il y a dans ces têtes germaniques, même les plus détraquées, un luxe d'imagination que j'admire.

« Tant il y a que madame Schwartz est fort contente de ma condescendance, et que me voilà très-bien avec elle pour le moment. Les billevesées de Gottlieb me seront une distraction. Pauvre être! Celui-là, depuis aujourd'hui que je le connais, il ne m'inspire plus d'éloignement. Un fou, cela ne doit pas être méchant dans ce pays-ci, où les gens d'esprit et de haute raison sont si loin d'être bons!

« Le 8. — Troisième billet sur ma fenêtre.

« Chère sœur, la plate-forme est isolée; mais l'escalier
« qui y monte communique avec un autre corps de bâti-
« ment au bout duquel se trouve l'appartement d'une
« dame qui est prisonnière comme toi. Son nom est un
« mystère, mais le rouge-gorge te le dira si tu l'inter-
« roges. Voilà, au reste, ce que tu voulais savoir du
« pauvre Gottlieb, et ce qu'il ne pouvait t'apprendre. »

« Quel est donc cet ami qui sait, qui voit, qui entend tout ce que je fais et tout ce que je dis? Je m'y perds. Il est donc invisible? Tout cela me paraît si merveilleux que je m'en amuse sérieusement. Il me semble que, comme dans mon enfance, je vis au milieu d'un conte de fées, et que mon rouge-gorge va parler tout d'un coup. Mais s'il est vrai de dire de ce charmant petit lutin qu'il ne lui manque que la parole, il n'est que trop certain qu'elle lui manque absolument, ou que je ne puis comprendre son langage. Le voilà tout à fait habitué à moi. Il entre dans ma chambre, il en sort, il y revient, il est chez lui. Je remue, je marche, il ne s'enfuit plus qu'à la portée du bras, et il revient aussitôt. S'il aimait beaucoup le pain, il m'aimerait davantage, car je ne puis me faire illusion sur la cause de son attachement pour moi. C'est la faim, et un peu aussi le besoin et le désir de se réchauffer à mon poêle. Si je peux réussir à attraper une mouche (elles sont encore si rares!), je suis certaine qu'il viendra la prendre dans mes doigts; car déjà il examine de très-près les morceaux que je lui présente, et si la tentation était plus forte, il mettrait de côté toute cérémo-

nie. Je me souviens maintenant d'avoir entendu dire à Albert qu'il ne fallait, pour apprivoiser les animaux les plus craintifs, pour peu qu'ils eussent une étincelle d'intelligence, que quelques heures d'une patience à toute épreuve. Il avait rencontré une zingara, prétendue sorcière, qui ne restait pas un jour entier dans un même coin de la forêt, sans que quelques oiseaux vinssent se poser sur elle. Elle passait pour avoir un charme, et elle prétendait recevoir d'eux, comme Apollonius de Tyane, dont Albert m'a raconté aussi l'histoire, des révélations sur les choses cachées. Albert assurait que tout son secret c'était la patience avec laquelle elle avait étudié les instincts de ces petites créatures, outre une certaine affinité de caractère qui se rencontre souvent entre des êtres de notre espèce et des êtres d'une espèce particulière. A Venise, on élève beaucoup d'oiseaux, avec passion, et je le conçois maintenant. C'est que cette belle ville, séparée de la terre, a quelque chose d'une prison. On y excelle dans l'éducation des rossignols. Les pigeons, protégés par une loi spéciale, et presque vénérés par la population, y vivent librement sur les vieux édifices, et sont si familiers que, dans les rues et sur les places, il faut se déranger pour ne pas les écraser en marchant. Les goëlands du port se posent sur les bras des matelots. Aussi il y a à Venise des oiseleurs fameux. J'ai été fort liée, quand j'étais moi-même un enfant, avec un enfant du peuple qui faisait ce trafic, et à qui il suffisait de confier une heure l'oiseau le plus farouche pour qu'il vous le rendît aussi apprivoisé que s'il eût été élevé dans la domesticité. Je m'amuse à répéter ces expériences sur mon rouge-gorge, et le voilà qui se familiarise de minute en minute. Quand je suis dehors, il me suit, il m'appelle; quand je me mets à ma fenêtre, il accourt et vient à moi. M'aimerait-il? pourrait-il m'aimer? Moi, je sens que je l'aime; mais lui, il me connaît et ne me craint pas, voilà tout. L'enfant au berceau n'aime pas autrement sa nourrice, sans doute. Un enfant! quelle tendresse cela doit inspirer! Hélas! je crois qu'on n'aime passionnément que ce qui ne peut guère nous le rendre. L'ingratitude et le dévouement, ou tout au moins l'indifférence et la passion, c'est là l'éternel hyménée des êtres. Anzoleto, tu ne m'a pas aimée... Et toi, Albert, qui m'aimais tant, je t'ai laissé mourir!... Me voilà réduite à aimer un rouge-gorge! et je me plaindrais de n'avoir pas mérité mon sort! Vous croyez peut-être, mes amis, que j'ose plaisanter sur un pareil sujet! Ma tête s'égare peut-être dans la solitude; mon cœur, privé d'affections, se consume, et ce papier est trempé de mes larmes.

« Je m'étais promis de ne pas le gaspiller, ce précieux papier; et voilà que je le couvre de puérilités. J'y trouve un grand soulagement, et ne puis m'en défendre Il a plu toute la journée. Je n'ai pas revu Gottlieb; je ne me suis pas promenée. Je me suis occupée du rouge-gorge tout ce temps, et cet enfantillage a fini par m'attrister étrangement. Quand l'oiseau, spiègle et inconstant a cherché à me quitter en becquetant la vitre, je lui ai cédé. J'ai ouvert la fenêtre par un sentiment de respect pour la sainte liberté que les hommes ne craignent pas de ravir à leurs semblables : mais j'ai été blessée de cet abandon momentané, comme si cette bête me devait quelque chose pour tant de soins et d'amour. Je crois bien que je deviens folle, et qu'avant peu je comprendrai parfaitement les divagations de Gottlieb. »

Le 9. — « Qu'ai-je appris? ou plutôt qu'ai-je cru apprendre? car je ne sais rien encore; mais mon imagination travaille énormément.

« D'abord j'ai découvert l'auteur des billets mystérieux. C'est le dernier que j'eusse imaginé. Mais ce n'est déjà plus de cela que je songe à m'émerveiller. N'importe, je vous raconterai toute cette journée.

« Dès le matin, j'ai ouvert ma petite fenêtre composée d'un seul carreau de vitre assez grand, assez clair, grâce à la propreté avec laquelle je l'essuie pour ne rien perdre du peu de jour qui m'arrive et que me dispute le vilain grillage. Même le lierre menace de m'envahir et de me plonger dans l'obscurité; mais je n'ose encore en arracher une seule feuille; ce lierre vit, il est libre dans sa nature d'existence. Le contrarier, le mutiler! Il faudra pourtant bien s'y résoudre. Il ressent l'influence du mois d'avril; il se hâte de grandir, il s'étend, il s'accroche de tous côtés; il a ses racines scellées dans la pierre; mais il monte, il cherche l'air et le soleil. La pauvre pensée humaine en fait autant. Je comprends maintenant qu'il y ait eu jadis des plantes sacrées... des oiseaux sacrés... Le rouge-gorge est venu aussitôt, il s'est posé sur mon épaule sans plus de façon; puis il s'est mis selon sa coutume, à regarder tout, à toucher à tout; pauvre être! il y a si peu de chose ici pour l'amuser! Et pourtant il est libre, il peut habiter les champs, et il préfère la prison, son vieux lierre et ma triste cellule. M'aimerait-il? non. Il a chaud dans ma chambre, et il prend goût à mes miettes de pain. Je suis effrayée maintenant de l'avoir si bien apprivoisé. S'il allait entrer dans la cuisine de Schwartz et devenir la proie de son vilain chat! Ma sollicitude lui causerait cette mort affreuse... Être déchiré, dévoré par une bête féroce! Et que faisons-nous donc, nous autres faibles humains, cœurs sans détours et sans défense, sinon d'être torturés et détruits par des êtres sans pitié qui nous font sentir en nous tuant lentement, leurs griffes et leur dent cruelle!

« Le soleil s'est levé clair, et ma cellule était presque couleur de rose, comme autrefois ma chambre de la *corte-Minelli* quand le soleil de Venise... mais il ne faut pas penser à ce soleil-là; il ne se lèvera plus sur ma tête. Puissiez-vous, ô mes amis, saluer pour moi la riante Italie, et les *cieux immenses*, et *il firmamento lucido*... que je ne reverrai sans doute plus.

« J'ai demandé à sortir; on me l'a permis quoique ce fût de meilleure heure que de coutume : j'appelle cela sortir! Une plate-forme de trente pieds de long, bordée d'un marécage et encaissée entre de hautes murailles! Pourtant ce lieu n'est pas sans beauté, du moins je me le figure à présent que je l'ai contemplé sous tous ses aspects. La nuit, il est beau à force d'être triste. Je suis sûre qu'il y a ici bien des gens innocents comme moi et beaucoup plus mal partagés; des cachots d'où l'on ne sort jamais; où jamais le jour ne pénètre; que la lune même, l'amie des cœurs désolés, ne visite point. Ah! j'aurais tort de murmurer. Mon Dieu! si j'avais une part de puissance sur la terre, je voudrais faire des heureux!...

« Gottlieb est accouru vers moi clopin-clopant, et souriant autant que sa bouche pétrifiée peut sourire. On ne l'a pas troublé, on l'a laissé seul avec moi; et tout à coup, miracle! Gottlieb s'est mis à parler presque comme un homme raisonnable.

« — Je ne t'ai pas écrit cette nuit, m'a-t-il dit, et tu n'as pas trouvé de billet sur ta fenêtre. C'est que je ne t'avais pas vue hier, et que tu ne m'avais rien commandé.

« — Que dis-tu! Gottlieb, c'était toi qui m'écrivais?

« — Et quel autre eût pu le faire? Tu n'avais pas deviné que c'était moi? Mais je ne t'écrirai plus inutilement à présent que tu veux bien me parler. Je ne veux pas t'importuner, mais te servir.

« — Bon Gottlieb, tu me plains donc? tu prends donc intérêt à moi?

« — Oui, puisque j'ai reconnu que tu étais un esprit de lumière!

« — Je ne suis rien de plus que toi, Gottlieb, tu te trompes.

« — Je ne me trompe pas. Ne t'entends-je pas chanter?

« — Tu aimes donc la musique?

« — J'aime la tienne; elle est selon Dieu et selon mon cœur.

« — Ton cœur est pieux, ton âme est pure, je le vois, Gottlieb.

« — Je travaille à les rendre tels. Les anges m'assisteront, et je vaincrai l'esprit des ténèbres qui s'est appesanti sur mon pauvre corps, mais qui n'a pu s'emparer de mon âme. »

« Peu à peu Gottlieb s'est mis à parler avec enthousiasme, mais sans cesser d'être noble et vrai dans ses symboles poétiques. Enfin, que vous dirai-je? cet idiot, ce fou est arrivé à une véritable éloquence en parlant de la bonté de Dieu, des misères humaines, de la justice future d'une Providence rémunératrice, des vertus évangéliques, des devoirs du vrai croyant, des arts même, de la musique et de la poésie. Je n'ai pas pu comprendre dans quelle religion il avait puisé toutes ses idées, et cette fervente exaltation; car il ne m'a semblé ni catholique ni protestant, et tout en me disant, à plusieurs reprises, qu'il croyait à la seule, à la vraie religion, il ne m'a rien appris, sinon qu'il est, à l'insu de ses parents, d'une secte particulière : je suis trop ignorante pour deviner laquelle. J'étudierai peu à peu le mystère de cette âme singulièrement forte et belle, singulièrement malade et affligée; car, en somme, le pauvre Gottlieb est fou, comme Zdenko l'était dans sa poésie... comme Albert l'était aussi dans sa vertu sublime!... La démence de Gottlieb a reparu, lorsque après avoir parlé quelque temps avec chaleur, son enthousiasme est devenu plus fort que lui; et alors il s'est mis à divaguer d'une manière enfantine qui me faisait mal, sur l'ange rouge-gorge et sur le chat démon; et aussi sur sa mère, qui a fait alliance avec le chat et avec le mauvais esprit qui est en lui; enfin de son père, qui a été changé en pierre par un regard de ce pauvre matou Belzébuth. J'ai réussi à le calmer en le distrayant de ses sombres fantaisies, et je l'ai interrogé sur les autres prisonniers. Je n'avais plus aucun intérêt personnel à apprendre ces détails, puisque les billets, au lieu d'être jetés sur ma fenêtre du haut de la tour, comme je le supposais, étaient hissés d'en bas par Gottlieb, avant le jour, au moyen de je ne sais quel engin sans doute fort simple. Mais Gottlieb, obéissant à mes intentions avec une docilité singulière, s'était déjà enquis de ce que la veille j'avais paru désirer de savoir. Il m'a appris que la prisonnière qui demeure dans le bâtiment situé derrière moi, était jeune et belle, et qu'il l'avait aperçue. Je ne faisais pas grande attention à ses paroles, lorsque tout à coup il m'a dit son nom, qui m'a fait tressaillir. Cette captive s'appelle *Amélie*.

« Amélie! quelle mer d'inquiétudes, quel monde de souvenirs ce nom réveille en moi! J'ai connu deux Amélies qui toutes deux ont précipité ma destinée dans l'abîme par leurs confidences. Celle-ci est-elle la princesse de Prusse ou la jeune baronne de Rudolstadt? Sans doute ni l'une ni l'autre. Gottlieb, qui n'a aucune curiosité pour son compte, et qui semble ne pas pouvoir s'aviser de faire lui-même une question si je ne le pousse en avant comme un automate, n'a rien su me dire de plus que ce prénom d'Amélie. Il a vu la captive, mais il l'a vue à sa manière, c'est-à-dire à travers un nuage. Elle doit être jeune et belle, madame Schwartz le dit. Mais lui, Gottlieb, avoue qu'il ne s'y connaît pas. Il a seulement pressenti, en l'apercevant à sa fenêtre, que ce n'est pas un *bon esprit*, *un ange*. On fait mystère de son nom de famille. Elle est riche et fait de la dépense chez Schwartz. Mais elle est au secret comme moi. Elle ne sort jamais. Elle est souvent malade. Voilà tout ce que j'ai pu arracher. Gottlieb n'a pu écouter le caquet de ses parents pour en savoir davantage, car on ne se gêne pas devant lui. Il m'a promis d'écouter, et de me dire depuis combien de temps cette Amélie est ici. Quant à son autre nom, il paraîtrait que les Schwartz l'ignorent. Pourraient-ils l'ignorer, si c'était l'abbesse de Quedlimbourg? Le roi aurait-il mis sa sœur en prison? On y met les princesses comme les autres, et plus que les autres. La jeune baronne de Rudolstadt... Pourquoi serait-elle ici? De quel droit Frédéric l'aurait-il privée de sa liberté? Allons! une curiosité de recluse qui me travaille, et mes commentaires, sur un simple prénom, sont aussi d'une imagination oisive et peu saine. N'importe : j'aurai une montagne sur le cœur tant que je ne saurai pas quelle est cette compagne d'infortune qui porte un nom si émouvant pour moi. »

Le 1ᵉʳ mai. — « Plusieurs jours se sont passés sans que j'aie pu écrire. Divers événements ont rempli cet intervalle; je me hâte de le combler en vous les racontant.

« D'abord j'ai été malade. De temps en temps, depuis

que je suis ici, je ressens les atteintes d'une fièvre au cerveau qui ressemble en petit à ce que j'ai éprouvé en grand au château des Géants, après avoir été dans le souterrain à la recherche d'Albert. J'ai des insomnies cruelles, entrecoupées de rêves durant lesquels je ne saurais dire si je veille ou si je dors; et dans ces moments-là, il me semble toujours entendre ce terrible violon jouant ses vieux airs bohémiens, ses cantiques et ses chants de guerre. Cela me fait bien du mal, et pourtant quand cette imagination commence à s'emparer de moi, je ne puis me défendre de prêter l'oreille, et de recueillir avec avidité les faibles sons qu'une brise lointaine semble m'apporter. Tantôt je me figure que ce violon joue en glissant sur les eaux qui dorment autour de la citadelle; tantôt qu'il descend du haut des murailles, et d'autres fois qu'il s'échappe du soupirail d'un cachot. J'en ai la tête et le cœur brisés. Et pourtant quand la nuit vient, au lieu de songer à me distraire en écrivant, je me jette sur mon lit, et je m'efforce de retomber dans ce demi-sommeil qui m'apporte mon rêve ou plutôt mon demi-rêve musical; car il y a quelque chose de réel là-dessous. Un véritable violon résonne certainement dans la chambre de quelque prisonnier : mais que joue-t-il, et de quelle façon? Il est trop loin pour que j'entende autre chose que des sons entrecoupés. Mon esprit malade invente le reste, je n'en doute pas. Il est dans ma destinée désormais de ne pouvoir douter de la mort d'Albert, et de ne pouvoir pas non plus l'accepter comme un malheur accompli. C'est qu'apparemment il est dans ma nature d'espérer en dépit de tout, et de ne point me soumettre à la rigueur du sort.

« Il y a trois nuits, je m'étais enfin endormie tout à fait, lorsque je fus réveillée par un léger bruit dans ma chambre. J'ouvris les yeux. La nuit était fort sombre, et je ne pouvais rien distinguer. Mais j'entendis distinctement marcher auprès de mon lit, quoiqu'on marchât avec précaution. Je pensai que c'était madame Schwartz qui prenait la peine de venir s'assurer de mon état, et je lui adressai la parole; mais on ne me répondit pas que par un profond soupir, et on sortit sur la pointe du pied; j'entendis refermer et verrouiller ma porte; et comme j'étais fort accablée, je me rendormis sans faire beaucoup d'attention à cette circonstance. Le lendemain, j'en avais un souvenir si confus et si lourd, que je n'étais pas sûre de ne pas l'avoir rêvé. J'eus le soir un dernier accès de fièvre plus complet que les autres, mais que je préférai beaucoup à mes insomnies inquiètes et à mes rêveries décousues. Je dormis complètement, je rêvai beaucoup, je n'entendis pas le lugubre violon, et, chaque fois que je m'éveillai, je sentis bien nettement la différence du sommeil au réveil. Dans un de ces intervalles, j'entendis la respiration égale et forte d'une personne endormie non loin de moi. Il me semblait même distinguer quelqu'un sur mon fauteuil. Je ne fus point effrayée. Madame Schwartz était venue à minuit m'apporter de la tisane; je crus que c'était elle encore. J'attendis quelque temps sans vouloir l'éveiller, et lorsque je crus m'apercevoir qu'elle s'éveillait d'elle-même, je la remerciai de sa sollicitude, et lui demandai l'heure qu'il était. Alors on s'éloigna, et j'entendis comme un sanglot étouffé, si déchirant, si effrayant, que la sueur m'en vient encore au front quand je me le rappelle. Je ne saurais dire pourquoi il me fit tant d'impression; il me sembla qu'on me regardait comme très-malade, peut-être comme mourante, et qu'on m'accordait quelque pitié : mais je ne me trouvais pas assez mal pour me croire en danger, et d'ailleurs il m'était tout à fait indifférent de mourir d'une mort si peu douloureuse, si peu sentie, et au milieu d'une vie si peu regrettable. Dès que madame Schwartz rentra chez moi à sept heures du matin, comme je ne m'étais pas rendormie et que j'avais passé les dernières heures de la nuit dans un état de lucidité parfaite, j'avais un souvenir très-net de cette étrange visite. Je priai ma geôlière de me l'expliquer; mais elle secoua la tête en me disant qu'elle ne savait ce que je voulais dire, qu'elle n'était pas revenue depuis minuit, et que, comme elle avait toutes les clés des cellules confiées à sa garde sous son oreiller pendant qu'elle dormait, il était bien certain que j'avais fait un rêve ou que j'avais eu une vision. J'étais pourtant si loin d'avoir eu le délire, que je me sentis assez bien vers midi pour désirer prendre l'air. Je descendis sur l'esplanade, toujours accompagnée de mon rouge-gorge qui semblait me féliciter sur le retour de mes forces. Le temps était fort agréable. La chaleur commence à se faire sentir ici, et les brises apportent de la campagne de tièdes bouffées d'air pur, de vagues parfums d'herbes, qui réjouissent le cœur malgré qu'on en ait. Gottlieb accourut. Je le trouvai fort changé, et beaucoup plus laid que de coutume. Pourtant il y a une expression de bonté angélique et même de vive intelligence dans le chaos de cette physionomie lorsqu'elle s'illumine. Il avait ses gros yeux si rouges et si éraillés, que je lui demandai s'il y avait mal.

« — J'y ai mal, en effet, me répondit-il, parce que j'ai beaucoup pleuré.

« — Et quel chagrin as-tu donc, mon pauvre Gottlieb?

« — C'est qu'à minuit, ma mère est descendue de la cellule en disant à mon père : « Le numéro 3 est très-malade ce soir. Il a la fièvre tout de bon. Il faudra mander le médecin. Je ne me soucie pas que cela nous meure entre les mains. » Ma mère croyait que j'étais endormi; mais moi je n'avais pas voulu m'endormir avant de savoir ce qu'elle dirait. Je savais bien que tu avais la fièvre; mais quand j'ai entendu que c'était dangereux, je n'ai pas pu m'empêcher de pleurer, jusqu'à ce que le sommeil m'ait vaincu. Je crois bien pourtant que j'ai pleuré toute la nuit en dormant, car je me suis éveillé ce matin avec les yeux en feu, et mon coussin était tout trempé de larmes. »

« L'attachement du pauvre Gottlieb m'a vivement attendrie, et je l'en ai remercié en serrant sa grande patte noire qui sent le cuir et la poix d'une lieue. Puis l'idée m'est venue que Gottlieb pourrait bien, dans son zèle naïf, m'avoir rendu cette visite nocturne plus qu'inconvenante. Je lui ai demandé s'il ne s'était pas levé, et s'il n'était pas venu écouter à ma porte. Il m'a assuré n'avoir pas bougé, et j'en suis persuadée maintenant. Il faut que l'endroit où il couche soit situé de façon à ce que, de ma chambre, j'entende respirer et gémir par quelque fissure de la muraille, par la cachette où je mets mon argent et mon journal, peut-être. Qui sait si cette ouverture ne communique pas, par une coulée invisible, à celle où Gottlieb met aussi ses trésors, son livre et ses outils de cordonnier, dans la cheminée de la cuisine? J'ai du moins en ceci un rapport bien particulier avec Gottlieb, puisque tous deux nous avons, comme les rats ou les chauves-souris, un méchant nid dans un trou de mur, où toutes nos richesses sont enfouies à l'ombre. J'allais risquer quelques interrogations là-dessus, lorsque j'ai vu sortir du logis des Schwartz et s'avancer sur l'esplanade un personnage que je n'avais pas encore vu ici, et dont l'aspect m'a causé une terreur incroyable, bien que je ne fusse pas encore sûre de ne pas me tromper sur son compte.

« — Qu'est-ce que cet homme-là? ai-je demandé à Gottlieb à demi-voix.

« — Ce n'est rien de bon, m'a-t-il répondu de même. C'est le nouvel adjudant. Voyez comme Belzébuth fait le gros dos en se frottant contre ses jambes ! Ils se connaissent bien, allez !

« — Mais comment s'appelle-t-il?

« Gottlieb allait me répondre, lorsque l'adjudant lui dit d'une voix douce et avec un sourire bienveillant, en lui montrant la cuisine : « Jeune homme, on vous demande là dedans. Votre père vous appelle. »

« Ce n'était qu'un prétexte pour être seul avec moi, et Gottlieb s'étant éloigné, je me trouvai face à face... devine avec qui, ami Beppo? Avec le gracieux et féroce recruteur que nous avons si mal à propos rencontré dans les sentiers du Bœhmer-Wald, il y a deux ans, avec M. Mayer en personne. Je ne pouvais plus le méconnaître; sauf qu'il a pris encore plus d'embonpoint, c'est le même homme, avec son air avenant, sans façon, son regard faux, sa perfide bonhomie, et son *broum, broum* éternel, comme s'il faisait une étude de trompette avec sa bouche. De la musique militaire, il avait passé dans la fourniture de chair à canon; et de là, pour récompense de ses loyaux et honorables services, le voilà officier de place, ou plutôt geôlier militaire, ce qui, après tout, lui convient aussi bien que le métier de geôlier ambulant dont il s'acquittait avec tant de grâce.

« — Mademoiselle, m'a-t-il dit en français, je suis votre humble serviteur! Vous avez là pour vous promener une petite plate-forme tout à fait gentille! de l'air, de l'espace, une belle vue! Je vous en fais mon compliment. Il me paraît que vous la *passez douce* en prison! avec cela qu'il fait un temps magnifique, et qu'il y a vraiment du plaisir à être à Spandaw par un si beau soleil, *broum! broum!* »

« Ces insolentes railleries me causaient un tel dégoût, que je ne lui répondais pas. Il n'en fut pas déconcerté, et reprenant la parole en italien:

« — Je vous demande pardon; je vous parlais une langue que vous n'entendez peut-être point. J'oubliais que vous êtes Italienne, cantatrice italienne, n'est-ce pas? une voix superbe, à ce qu'on dit. Tel que vous me voyez, je suis un mélomane renforcé. Aussi je me sens disposé à rendre votre existence aussi agréable que me le permettra ma consigne. Ah ça, où diable ai-je eu le bonheur de vous voir? Je connais votre figure... mais parfaitement, d'honneur!

« — C'est sans doute au théâtre de Berlin, où j'ai chanté cet hiver.

« — Non! j'étais en Silésie; j'étais sous-adjudant à Glatz. Heureusement ce démon de Trenck a fait son équipée pendant que j'étais en tournée... je veux dire en mission, sur les frontières de la Saxe; autrement je n'aurais pas eu d'avancement, et je ne serais pas ici, où je me trouve très-bien à cause de la proximité de Berlin; car c'est une bien triste vie, Mademoiselle, que celle d'un officier de place. Vous ne pouvez pas vous figurer comme on s'ennuie, quand on est loin d'une grande ville, dans un pays perdu; pour moi qui aime la musique de passion... Mais où diantre ai-je donc eu le plaisir de vous rencontrer?

« — Je ne me rappelle pas, Monsieur, avoir jamais eu cet honneur.

« — Je vous aurai vue sur quelque théâtre, en Italie ou à Vienne... Vous avez beaucoup voyagé? combien avez-vous fait de théâtres? »

« Et comme je ne lui répondais pas, il reprit avec son insouciance effrontée: — N'importe! cela me reviendra. Que vous disais-je? ah! vous ennuyez-vous aussi, vous?

« — Non, Monsieur.

« — Mais est-ce que vous n'êtes pas au secret? c'est bien vous qu'on appelle la Porporina?

« Oui, Monsieur.

« — C'est cela! prisonnière n° 3. Eh bien, vous ne désirez pas un peu de distraction? de la société?

« — Nullement, Monsieur, répondis-je avec empressement, pensant qu'il allait me proposer la sienne.

« — Comme il vous plaira. C'est dommage. Il y a ici une autre prisonnière fort bien élevée... une femme charmante, ma foi, qui, j'en suis sûr, eût été enchantée de faire connaissance avec vous.

« — Puis-je vous demander son nom, Monsieur?

« — Elle s'appelle Amélie.

« — Amélie qui?

« — Amélie... *broum! broum!* ma foi, je n'en sais rien. Vous êtes curieuse, à ce que je vois; c'est la maladie des prisons. »

« J'en étais à me repentir d'avoir repoussé les avances de M. Mayer; car après avoir désespéré de connaître cette mystérieuse Amélie, et y avoir renoncé, je me sentais de nouveau entraînée vers elle par un sentiment de commisération, et aussi par le désir d'éclaircir mes soupçons. Je tâchai donc d'être un peu plus aimable avec ce repoussant Mayer, et bientôt il me fit l'offre de me mettre en rapport avec la prisonnière n° 2; c'est ainsi qu'il désigne cette Amélie.

« — Si cette infraction à mon arrêt ne vous compromet pas, Monsieur, répondis-je, et que je puisse être utile à cette dame qu'on dit malade de tristesse et d'ennui...

« — *Broum! broum!* Vous prenez donc les choses au pied de la lettre, vous? vous êtes encore bonne enfant! C'est ce vieux cuistre de Schwartz qui vous aura fait peur de la consigne. La consigne! est-ce que ce n'est pas là une chimère? c'est bon pour les portiers, pour les guichetiers; mais nous autres officiers (et en disant ce mot, le Mayer se rengorgea comme un homme qui n'est pas encore habitué à porter un titre aussi honorable), nous fermons les yeux sur les infractions innocentes. Le roi lui-même les fermerait, s'il était à notre place. Tenez, quand vous voudrez obtenir quelque chose, Mademoiselle, ne vous adressez qu'à moi, et je vous promets que vous ne serez pas contrariée et opprimée inutilement. Je suis naturellement indulgent et humain, moi, Dieu m'a fait comme cela; et puis j'aime la musique... Si vous voulez me chanter quelque chose de temps en temps, le soir, par exemple, je viendrai vous écouter d'ici, et avec cela vous ferez de moi tout ce que vous voudrez.

« — J'abuserai le moins possible de votre obligeance, monsieur Mayer.

« — Mayer! s'écria l'adjudant en interrompant avec brusquerie le *broum... broum...* qui voltigeait encore sur ses lèvres noires et gercées. Pourquoi m'appelez-vous Mayer! Je ne m'appelle pas Mayer. Où diable avez-vous pêché ce nom de Mayer?

« — C'est une distraction, monsieur l'adjudant, répondis-je, je vous en demande pardon... J'ai eu un maître de chant qui s'appelait ainsi, et j'ai pensé à lui toute la matinée.

« — Un maître de chant? ce n'est pas moi. Il y a beaucoup de Mayer en Allemagne. Mon nom est Nanteuil. Je suis d'origine française.

« — Eh bien, monsieur l'officier, comment m'annoncerai-je à cette dame? Elle ne me connaît pas, et refusera peut-être ma visite, comme tout à l'heure j'ai failli refuser de la connaître. On devient si sauvage quand on vit seul!

« — Oh! quelle qu'elle soit, cette belle dame sera charmée de trouver à qui parler, je vous en réponds. Voulez-vous lui écrire un mot?

« — Mais je n'ai pas de quoi écrire.

« — C'est impossible; vous n'avez donc pas le sou?

« — Quand j'aurais de l'argent, M. Schwartz est incorruptible; et, d'ailleurs, je ne sais pas corrompre.

« — Eh bien, tenez, je vous conduirai ce soir au n° 2 moi-même... après, toutefois, que vous m'aurez chanté quelque chose.

« Je fus effrayée de l'idée que M. Mayer, ou M. Nanteuil, comme il lui plaît de s'appeler maintenant, voulait peut-être s'introduire dans ma chambre, et j'allais refuser, lorsqu'il me fit mieux comprendre ses intentions, soit qu'il n'eût pas songé à m'honorer de sa visite, soit qu'il lût mon épouvante et ma répugnance sur ma figure.

« — Je vous écouterai de la plate-forme qui domine la tourelle que vous habitez, dit-il. La voix monte, et j'entendrai fort bien. Puis, je vous ferai ouvrir les portes et conduire par une femme. Je ne vous verrai pas. Il ne serait pas convenable, au fait, que j'eusse l'air de vous pousser moi-même à la désobéissance, quoiqu'après tout, *broum... broum...* en pareille occasion, il y ait un moyen bien simple de se tirer d'affaire... On fait sauter la tête de la prisonnière n° 3, d'un coup de pistolet, et on dit qu'on l'a surprise en flagrant délit de tentative d'évasion. Eh! eh! l'idée est drôle, n'est-ce pas? En prison, il faut toujours avoir des idées riantes. Votre serviteur très-humble, mademoiselle Porporina, à ce soir. »

« Je me perdais en commentaires sur l'obligeance prévenante de ce misérable, et, malgré moi, j'avais une peur affreuse de lui. Je ne pouvais croire qu'une âme si étroite et si basse aimât la musique au point d'agir ainsi que pour le plaisir de m'entendre. Je supposais que la prisonnière en question n'était autre que la princesse de Prusse, et que, par l'ordre du roi, on me ménageait une entrevue avec elle, afin de nous épier et de surprendre les secrets d'État dont on croit qu'elle m'a fait la confidence. Dans cette pensée, je redoutais l'entrevue autant que je la désirais ; car j'ignore absolument ce qu'il peut y avoir de vrai dans cette prétendue conspiration dont on m'accuse d'être complice.

« Néanmoins, regardant comme mon devoir de tout braver pour porter quelque secours moral à une compagne d'infortune, quelle qu'elle fût, je me mis à chanter à l'heure dite, pour les oreilles de fer-blanc de monsieur l'adjudant. Je chantai bien pauvrement : l'auditoire ne m'inspirait guère ; j'avais encore un peu de fièvre, et d'ailleurs je sentais bien qu'il ne m'écoutait pas pour la forme ; peut-être même ne m'écoutait-il pas du tout. Quand onze heures sonnèrent, je fus prise d'une terreur assez puérile. Je m'imaginai que M. Mayer avait reçu l'ordre secret de se débarrasser de moi, et qu'il allait me tuer tout de bon, comme il me l'avait prédit sous forme d'agréable plaisanterie, aussitôt que je ferais un pas hors de ma cellule. Lorsque ma porte s'ouvrit, je tremblais de tous mes membres. Une vieille femme, fort malpropre et fort laide (beaucoup plus laide et plus malpropre encore que madame Schwartz), me fit signe de la suivre, et monta devant moi un escalier étroit et raide pratiqué dans l'intérieur du mur. Quand nous fûmes en haut, je me trouvai sur la plate-forme de la tour, à trente pieds environ au-dessus de l'esplanade où je me promène dans la journée, et à quatre-vingts ou cent pieds au-dessus du fossé qui baigne toute cette portion des bâtiments sur une assez longue étendue. L'affreuse vieille qui me guidait me dit de l'attendre là un instant, et disparut je ne sais par où. Mes inquiétudes s'étaient dissipées, et j'éprouvais un tel bien-être à me trouver dans un air pur, sous le clair de lune magnifique, et à une élévation considérable qui me permettait de contempler enfin un vaste horizon, que je ne m'inquiétai pas de la solitude où on me laissait. Les grandes eaux mortes où la citadelle enfonce ses ombres noires et immobiles, les arbres et les terres que je voyais vaguement au loin sur le rivage, l'immensité du ciel, et jusqu'au libre vol des chauves-souris errantes dans la nuit, mon Dieu ! que tout cela me semblait grand et majestueux, après deux mois passés à contempler des pans de mur et à compter les rares étoiles qui passent dans l'étroite zone de firmament qu'on aperçoit de ma cellule ! Mais je n'eus pas le loisir d'en jouir longtemps. Un bruit de pas m'obligea de me retourner, et toutes mes terreurs se réveillèrent lorsque je me vis face à face avec M. Mayer.

« — Signora, me dit-il, je suis désespéré d'avoir à vous apprendre que vous ne pouvez pas voir la prisonnière numéro 2, du moins quant à présent. C'est une personne fort capricieuse, à ce qu'il me paraît. Hier, elle montrait le plus grand désir d'avoir de la société ; mais tout à l'heure, je viens de lui proposer la vôtre, et voici ce qu'elle m'a répondu : « La prisonnière numéro 3, celle qui chante dans la tour, et que j'entends tous les soirs ? Oh ! je connais bien sa voix, et vous n'avez pas besoin de me dire son nom. Je vous suis infiniment obligée de la compagnie que vous voulez me donner. J'aimerais mieux ne revoir jamais âme vivante que de subir la vue de cette malheureuse créature. Elle est la cause de tous mes maux, et fasse le ciel qu'elle les expie aussi durement que j'expie moi-même l'amitié imprudente que j'ai eue pour elle ! » Voilà, Signora, l'opinion de ladite dame sur votre compte. Reste à savoir si elle est méritée ou non ; cela regarde, comme on dit, le tribunal de votre conscience. Quant à moi, je ne m'en mêle pas, et je suis prêt à vous reconduire chez vous quand bon semblera.

« — Tout de suite, Monsieur, répondis-je, extrêmement mortifiée d'avoir été accusée de trahison devant un misérable de l'espèce de celui-là, et ressentant au fond du cœur beaucoup d'amertume contre celle des deux Amélie qui me témoigne tant d'injustice ou d'ingratitude.

« — Je ne vous presse pas à ce point, reprit le nouvel adjudant. Vous me paraissez prendre plaisir à regarder la lune. Regardez-la donc tout à votre aise. Cela ne coûte rien, et ne fait de tort à personne. »

« J'eus l'imprudence de profiter encore un instant de la condescendance de ce drôle. Je ne pouvais pas me décider à m'arracher si vite au beau spectacle dont j'allais être privée peut-être pour toujours ; et malgré moi, le Mayer me faisait l'effet d'un méchant laquais trop honoré d'attendre mes ordres. Il profita de mon mépris pour s'enhardir à vouloir faire la conversation.

« — Savez-vous, Signora, me dit-il, que vous chantez diablement bien ? Je n'ai rien entendu de plus fort en Italie, où j'ai pourtant suivi les meilleurs théâtres et passé en revue les premiers artistes. Où avez-vous débuté ? Depuis combien de temps courez-vous le pays ? Vous avez beaucoup voyagé ? »

« Et comme je feignais de ne pas entendre ses interrogations, il ajouta sans se décourager :

« — Vous voyagez quelquefois à pied, habillée en homme ? »

« Cette demande me fit tressaillir, et je me hâtai de répondre négativement. Mais il ajouta :

« — Allons ! vous ne voulez pas en convenir ; mais moi, je n'oublie rien, et j'ai bien retrouvé dans ma mémoire une plaisante aventure que vous ne pouvez pas avoir oubliée non plus.

« — Je ne sais de quoi vous voulez parler, Monsieur, repris-je en quittant les créneaux de la tour pour reprendre le chemin de ma cellule.

« — Un instant, un instant ! dit Mayer. Votre clef est dans ma poche, et vous ne pouvez pas rentrer comme cela sans que je vous reconduise. Permettez-moi donc, *ma belle enfant*, de vous dire deux mots.

« — Pas un de plus, Monsieur ; je désire rentrer chez moi, et je regrette d'en être sortie.

« — Pardine ! vous faites bien la mijaurée ! comme si on ne savait pas un peu de vos aventures ! Vous pensiez donc que j'étais assez simple pour ne pas vous reconnaître quand vous arpentiez le Bœhmer-Wald avec un petit brun pas trop mal tourné ? A d'autres ! J'enlevais bien le jouvenceau pour les armées du roi de Prusse ; mais la jouvencelle n'eût pas été pour son nez ; oui-dà ! quoiqu'on dise que vous avez été de son goût, et que c'est pour avoir essayé de vous en vanter que vous êtes venue ici ! Que voulez-vous ? La fortune a des caprices contre lesquels il est fort inutile de regimber. Vous voilà tombée de bien haut ! mais je vous conseille de ne pas faire la fière et de vous contenter de ce qui se présente. Je ne suis qu'un petit officier de place, mais je suis plus puissant ici qu'un roi que personne ne connaît et que personne ne craint, parce qu'il y commande de trop haut et de trop loin pour y être obéi. Vous voyez bien que j'ai le pouvoir d'éluder la consigne et d'adoucir vos arrêts. Ne soyez pas ingrate, et vous verrez que la protection d'un adjudant vaut à Spandaw autant que celle d'un roi à Berlin. Vous m'entendez ? Ne courez pas, ne criez pas, ne faites pas de folies. Ce serait du scandale en pure perte ; je dirai ce que je voudrai, et vous, on ne vous croira pas. Allons, je ne veux pas vous effrayer. Je suis d'un naturel doux et compatissant. Seulement, faites vos réflexions ; et quand je vous reverrai, rappelez-vous que je puis disposer de votre sort, vous jeter dans un cachot, ou vous entourer de distractions et d'amusements, vous faire mourir de faim sans qu'on m'en demande compte, ou vous faire évader sans qu'on me soupçonne, réfléchissez, vous dis-je, je vous en laisse le temps... » Et comme je ne répondais pas, atterrée que j'étais de ne pouvoir me soustraire à l'outrage de pareilles prétentions et à l'humiliation cruelle de les entendre exprimer, cet odieux homme ajouta, croyant sans doute que j'hésitais :

« Et pourquoi ne vous prononceriez-vous pas tout de suite ? Faut-il vingt-quatre heures pour reconnaître le seul parti raisonnable qu'il y ait à prendre, et pour répondre à l'amour d'un galant homme, encore jeune, et assez riche pour vous faire habiter, en pays étranger, une plus jolie résidence que ce vilain château-fort ? »

Une figure, qui paraissait gigantesque, courait .. (Page 72.)

« En parlant ainsi, l'ignoble recruteur se rapprochait de moi, et faisait mine, avec son air à la fois gauche et impudent, de vouloir me barrer le passage et me prendre les mains. Je courus vers les créneaux de la tour, bien déterminée à me précipiter dans le fossé, plutôt que de me laisser souiller par la moins significative de ses caresses. Mais en ce moment un spectacle bizarre frappa mes yeux, et je me hâtai d'attirer l'attention de l'adjudant sur cet objet, afin de la détourner de moi. Ce fut mon salut, mais hélas! il a failli en coûter la vie à un être qui vaut peut-être mieux que moi!

« Sur le rempart élevé qui borde l'autre rive du fossé, en face de l'esplanade, une figure, qui paraissait gigantesque, courait ou plutôt voltigeait sur le parapet avec une rapidité et une adresse qui tenaient du prodige. Arrivé à l'extrémité de ce rempart, qui est flanqué d'une tour à chaque bout, le fantôme s'élança sur le toit de la tour, qui se trouvait de niveau avec la balustrade, et gravissant ce cône escarpé avec la légèreté d'un chat, parut se perdre dans les airs.

« — Que diable est-ce là? s'écria l'adjudant, oubliant son rôle de galant pour reprendre ses soucis de geôlier.

Un prisonnier qui s'évade, le diable m'emporte! Et la sentinelle endormie, par le corps de Dieu! Sentinelle! cria-t-il d'une voix de Stentor, prenez garde à vous! alerte, alerte! Et, courant vers un créneau où est suspendue une cloche d'avertissement, il la mit en mouvement avec une vigueur digne d'un aussi remarquable professeur de musique infernale. Je n'ai rien entendu de plus lugubre que ce tocsin interrompant de son timbre mordant et âpre l'auguste silence de la nuit. C'était le cri sauvage de la violence et de la brutalité, troublant l'harmonie des libres respirations de l'onde et de la brise. En un instant, tout fut en émoi dans la prison. J'entendis le bruit sinistre des fusils agités dans la main des sentinelles, qui faisaient claquer la batterie et couchaient en joue, au hasard, le premier objet qui se présenterait. L'esplanade s'illumina d'une lueur rouge qui fit pâlir les beaux reflets azurés de la lune. C'était M. Schwartz qui allumait un fanal. Des signaux se répondirent d'un rempart à l'autre, et les échos se les renvoyèrent d'une voix plaintive et affaiblie. Le canon d'alarme vint bientôt jeter sa note terrible et solennelle dans cette diabolique symphonie. Des pas lourds reten-

C'est lui ! me disait Gottlieb... (Page 78.)

tissaient sur les dalles. Je ne voyais rien ; mais j'entendais tous ces bruits, et mon cœur était serré d'épouvante. Mayer m'avait quittée avec précipitation ; mais je ne songeais pas à me réjouir d'en être délivrée : je me reprochais amèrement de lui avoir signalé, sans savoir de quoi il s'agissait, l'évasion de quelque malheureux prisonnier. J'attendais, glacée de terreur, la fin de l'aventure, frémissant à chaque coup de fusil tiré par intervalles, écoutant avec anxiété si les cris du fugitif blessé ne m'annonceraient pas son désastre.

« Tout cela dura plus d'une heure ; et, grâce au ciel, le fugitif ne fut ni aperçu ni atteint. Pour m'en assurer, j'avais été rejoindre les Schwartz sur l'esplanade. Ils étaient tellement troublés et agités eux-mêmes, qu'ils ne songèrent pas à s'étonner de me voir hors de ma cellule, au milieu de la nuit. Peut-être aussi avaient-ils été d'accord avec Mayer pour m'en laisser sortir cette nuit-là. Schwartz, après avoir couru comme un fou et s'être assuré qu'aucun des captifs confiés à sa garde ne lui manquait, commençait à se tranquilliser un peu ; mais sa femme et lui étaient frappés d'une consternation douloureuse, comme si le salut d'un homme était, à leurs yeux, une calamité publique et privée, un énorme attentat contre la justice céleste. Les autres guichetiers, les soldats qui allaient et venaient tout effarés, échangeaient avec eux des paroles qui exprimaient le même désespoir, la même terreur : à leurs yeux, c'est apparemment le plus noir des crimes que la tentative d'une évasion. O Dieu de bonté ! qu'ils me parurent affreux, ces mercenaires dévoués au barbare emploi de priver leurs semblables du droit sacré d'être libres ! Mais tout à coup il sembla que la suprême équité eût résolu d'infliger un châtiment exemplaire à mes deux gardiens. Madame Schwartz, étant rentrée un instant dans son bouge, en ressortit avec de grands cris :

« — Gottlieb ! Gottlieb ! disait-elle d'une voix étouffée. Arrêtez ! ne tirez pas, ne tuez pas mon fils ! c'est lui ; bien certainement c'est lui ! »

« Au milieu de l'agitation des deux Schwartz, je compris, par leurs discours entrecoupés, que Gottlieb ne se trouvait ni dans son lit, ni dans aucun coin de leur demeure, et que probablement il avait repris, sans qu'on s'en aperçût, ses anciennes habitudes de courir, en dormant, sur les toits. Gottlieb était somnambule !

« Aussitôt que cet avis eut circulé dans la citadelle, l'émotion se calma peu à peu. Chaque geôlier avait eu le temps de faire sa ronde et de constater qu'aucun prisonnier n'avait disparu. Chacun retournait à son poste avec insouciance. Les officiers étaient enchantés de ce dénouement; les soldats riaient de leur alarme; madame Schwartz, hors d'elle-même, courait de tous côtés, et son mari explorait tristement le fossé, craignant que la commotion des coups de canon et de la fusillade n'y eût fait tomber le pauvre Gottlieb, réveillé en sursaut dans sa course périlleuse. Je le suivis dans cette exploration. Le moment eût été bon, peut-être, pour tenter de m'évader moi-même; car il me sembla voir des portes ouvertes et des gens distraits; mais je ne m'arrêtai pas à cette pensée, absorbée que j'étais par celle de retrouver le pauvre malade qui m'a témoigné tant d'affection.

« Cependant M. Schwartz, qui ne perd jamais tout à fait la tête, voyant poindre le jour, me pria de retourner chez moi, vu qu'il était tout à fait contraire à sa consigne de me laisser errer ainsi à des heures indues. Il me reconduisit, afin de me renfermer à clef; mais le premier objet qui frappa mes regards en rentrant dans ma chambre fut Gottlieb, paisiblement endormi sur mon fauteuil. Il avait eu le bonheur de se réfugier là avant que l'alarme fût tout à fait répandue dans la forteresse, ou bien son sommeil avait été si profond et sa course si agile, qu'il avait pu échapper à tous les dangers. Je recommandai à son père de ne pas l'éveiller brusquement, et promis de veiller sur lui jusqu'à ce que madame Schwartz fût avertie de cette heureuse nouvelle.

« Lorsque je fus seule avec Gottlieb, je posai doucement la main sur son épaule, et lui parlant à voix basse, j'essayai de l'interroger. J'avais ouï dire que les somnambules peuvent se mettre en rapport avec des personnes amies et leur répondre avec lucidité. Mon essai réussit à merveille.

« — Gottlieb, lui dis-je, où as-tu donc été cette nuit?

« — Cette nuit? répondit-il; il fait déjà nuit? Je croyais voir briller le soleil du matin sur les toits.

« — Tu as donc été sur les toits?

« — Sans doute. Le rouge-gorge, ce bon petit ange, est venu m'appeler à ma fenêtre; je me suis envolé avec lui, et nous avons été bien haut, bien loin dans le ciel, tout près des étoiles, et presque dans la demeure des anges. Nous avons bien, en partant, rencontré Belzébuth qui courait sur les toitures et sur les parapets pour nous attraper. Mais il ne peut pas voler, lui! parce que Dieu le condamne à une longue pénitence, et il regarde voler les anges et les oiseaux sans pouvoir les atteindre.

« — Et après avoir couru dans les nuages, tu es redescendu ici, pourtant?

« — Le rouge-gorge m'a dit : Allons voir ma sœur qui est malade, et je suis revenu avec lui te trouver dans ta cellule.

« — Tu pouvais donc entrer dans ma cellule, Gottlieb?

« — Sans doute, j'y suis venu plusieurs fois te veiller depuis que tu es malade. Le rouge-gorge vole les clefs sous le chevet de ma mère, et Belzébut a beau faire, il ne peut pas la réveiller une fois que l'ange l'a endormie, en voltigeant invisible autour de sa tête.

« — Qui t'a donc enseigné à connaître si bien les anges et les démons?

« — C'est mon maître! répondit le somnambule avec un sourire enfantin où se peignit un naïf enthousiasme.

« — Et qui est ton maître? lui demandai-je.

« — Dieu, d'abord, et puis... le sublime cordonnier!

« — Comment l'appelles-tu, ce sublime cordonnier?

« — Oh! c'est un grand nom! mais il ne faut pas le dire, vois-tu; c'est un nom que ma mère ne connaît pas. Elle ne sait pas que j'ai deux livres dans le trou de la cheminée. Un que je ne lis pas, et un autre que je dévore depuis quatre ans, et qui est mon pain céleste, ma vie spirituelle, le livre de la vérité, le salut et la lumière de l'âme.

« — Et qui a fait ce livre?

« — Lui, le cordonnier de Gorlitz, Jacques Bœhm! »

« Ici nous fûmes interrompus par l'arrivée de madame Schwartz, que j'eus bien de la peine à empêcher de se précipiter sur son fils pour l'embrasser. Cette femme adore sa progéniture : que ses péchés lui soient remis! Elle voulut lui parler; mais Gottlieb ne l'entendit pas, et je pus, seule, le déterminer à retourner à son lit, où l'on m'a assuré ce matin qu'il avait paisiblement continué son sommeil. Il ne s'est aperçu de rien, quoique son étrange maladie et l'alerte de cette nuit fassent aujourd'hui la nouvelle de tout Spandaw.

« Me voilà rentrée dans ma cellule après quelques heures d'une demi-liberté bien douloureuse et bien agitée. Je ne désire pas d'en ressortir à pareil prix. Pourtant j'aurais pu m'échapper peut-être!... Je ne songerai plus qu'à cela maintenant que je me sens ici sous la main d'un scélérat, et menacée de dangers pires que la mort, pires qu'une éternelle souffrance. J'y veux penser sérieusement désormais, et qui sait? j'y parviendrai peut-être! On dit qu'une volonté persévérante vient à bout de tout. O mon Dieu, protégez-moi! »

Le 5 mai. — « Depuis ces derniers événements, j'ai vécu assez tranquille. J'en suis venue à compter mes jours de repos comme des jours de bonheur, et à rendre grâces à Dieu, comme dans la prospérité on le remercie pour des années écoulées sans désastre. Il est certain qu'il faut connaître le malheur pour sortir de cette ingratitude où l'on vit ordinairement. Je me reproche aujourd'hui d'avoir laissé passer tant de beaux jours de mon insouciante jeunesse sans en sentir le prix et sans bénir la Providence qui me les accordait. Je ne me suis point assez dit, dans ce temps-là, que je ne les méritais pas, et c'est pour cela, sans doute, que je mérite un peu les maux dont je suis accablée aujourd'hui.

« Je n'ai pas revu cet odieux recruteur, devenu pour moi plus effrayant qu'il ne le fut sur les bords de la Moldaw, alors que je le prenais tout simplement pour un ogre, mangeur d'enfants. Aujourd'hui je vois en lui un persécuteur plus abominable et plus dangereux encore. Quand je songe aux prétentions révoltantes de ce misérable, à l'autorité qu'il peut avoir autour de moi, à la facilité qu'il peut avoir de s'introduire la nuit dans ma cellule, sans que les Schwartz, animaux serviles et cupides, voulussent peut-être me protéger contre lui, je me sens mourir de honte et de désespoir... Je regarde ces barreaux impitoyables qui ne me permettraient pas de m'élancer par la fenêtre. Je ne puis me procurer de poison, je n'ai pas même une arme pour m'ouvrir la poitrine... Cependant j'ai quelques motifs d'espoir et de confiance que je me plais à invoquer dans ma pensée, car je ne veux pas me laisser affaiblir par la peur. D'abord Schwartz n'aime pas l'adjudant, qui, à ce que j'ai pu comprendre, exploite avant lui les besoins et les désirs de ses prisonniers, en leur vendant, au grand préjudice de Schwartz, qui voudrait en avoir le monopole, un peu d'air, un rayon de soleil, un morceau de pain en sus de la ration, et autres munificences du régime de la prison. Ensuite ces Schwartz, la femme surtout, commencent à avoir de l'amitié pour moi, à cause de celle que me porte Gottlieb, et à cause de l'influence salutaire qu'ils disent que j'ai sur son esprit. Si j'étais menacée, ils ne viendraient peut-être pas à mon secours; mais dès que je le serais assez sérieusement, je pourrais faire parvenir par eux mes plaintes au commandant de place. C'est un homme qui m'a paru doux et humain la seule fois que je l'ai vu... Gottlieb, d'ailleurs, sera prompt à me rendre ce service, et, sans lui rien expliquer, je me suis déjà concertée avec lui à cet effet. Il est tout prêt à porter une lettre que je tiens prête aussi. Mais j'hésite à demander secours avant le péril; car mon ennemi, s'il cesse de me tourmenter, pourrait tourner en plaisanterie une déclaration que j'aurais eu la pruderie ridicule de prendre au sérieux. Quoi qu'il en soit, je ne dors pas d'un œil, et j'exerce mes forces musculaires pour un pugilat, s'il en est besoin. Je soulève mes meubles, je raidis mes bras contre les barreaux de fer de ma fenêtre, j'endurcis mes mains en frappant contre les murailles. Quiconque me verrait faire ces exercices me croirait folle ou désespérée. Je m'y livre pourtant avec le plus triste sang-froid, et j'ai découvert que ma force physique était bien plus grande que je ne le supposais. Dans l'état de sécurité où la vie ordinaire s'écoule, nous n'interrogeons pas nos moyens de défense, nous ne les connaissons pas. En me sentant forte, je me sens devenir brave, et ma confiance en Dieu s'accroît de mes efforts pour seconder sa protection. Je me rappelle souvent ces beaux vers que le Porpora m'a dit avoir lus sur les murs d'un cachot de l'inquisition à Venise :

Di che mi fido, mi guarda Iddio;
Di che non mi fido, mi guardero Io [1].

Plus heureuse que l'infortuné qui traça cette sombre invocation, je puis, du moins, me fier sans restriction à la chasteté et au dévouement de ce pauvre exalté de Gottlieb. Ses accès de somnambulisme n'ont pas reparu ; sa mère le surveille d'ailleurs assidûment. Dans le jour, il vient causer avec moi dans ma chambre. Je n'ai pas voulu descendre sur l'esplanade depuis que j'y ai rencontré Mayer.

« Gottlieb m'a expliqué ses idées religieuses. Elles m'ont paru fort belles, quoique souvent bizarres, et j'ai voulu lire sa théologie de Bœhm, puisque décidément il est Bœhmiste, afin de savoir ce qu'il ajoutait de son cru aux rêveries enthousiastes de l'illustre cordonnier. Il m'a prêté ce livre précieux, et je m'y suis plongée à mes risques et périls. Je comprends maintenant comment cette lecture a troublé un esprit simple qui a pris au pied de la lettre les symboles d'un mystique un peu fou lui-même. Je ne me pique pas de les bien comprendre et de les bien expliquer ; mais il me semble voir là un rayon de haute divination religieuse et l'inspiration d'une généreuse poésie. Ce qui m'a le plus frappée, c'est sa théorie sur le diable. « Dans le combat avec le Lucifer, « Dieu ne l'a pas détruit. Homme aveugle, vous n'en « voyez pas la raison. C'est que Dieu combattait contre « Dieu. C'était la lutte d'une portion de la divinité contre « l'autre. » Je me rappelle qu'Albert expliquait à peu près de même le règne terrestre et transitoire du principe du mal, et que le chapelain de Riesenburg l'écoutait avec horreur, et traitait cette croyance de *manichéisme*. Albert prétendait que notre christianisme était un manichéisme plus complet et plus superstitieux que le sien, puisqu'il consacrait l'éternité du principe du mal, tandis que, dans son système, il admettait la réhabilitation du mauvais principe, c'est-à-dire la conversion et la réconciliation. Le mal, suivant Albert, n'était que l'erreur, et la lumière divine devait un jour dissiper l'erreur et faire cesser le mal. J'avoue, mes amis, dussé-je vous sembler très-hérétique, que cette éternelle condamnation de Satan à susciter le mal, à l'aimer, et à fermer les yeux à la vérité, me paraissait aussi et me paraît toujours une idée impie.

« Enfin, Jacques Bœhm me semble millénaire, c'est-à-dire partisan de la résurrection des justes et de leur séjour avec Jésus-Christ, sur une nouvelle terre, née de la dissolution de celle-ci, pendant mille ans d'un bonheur sans nuage et d'une sagesse sans voile ; après quoi viendra la réunion complète des âmes avec Dieu, et les récompenses de l'éternité, plus parfaites encore que le *millenium*. Je me souviens bien d'avoir entendu expliquer ce symbole par Albert, lorsqu'il me racontait l'histoire orageuse de sa vieille Bohême et de ses chers Taborites, lesquels étaient imbus de ces croyances renouvelées des premiers temps du christianisme. Albert croyait à tout cela dans un sens moins matériel, et sans se prononcer sur la durée de la résurrection ni sur le chiffre de l'âge futur du monde. Mais il pressentait et voyait prophétiquement une prochaine dissolution de la société humaine, devant faire place à une ère de rénovation sublime ; et Albert ne doutait pas que son âme, sortant des passagères étreintes de la mort, pour recommencer ici-bas une nouvelle série d'existences, ne fût appelée à contempler cette rémunération providentielle

[1]. Que Dieu me préserve de ceux auxquels je me fie !
Je me garderai, moi, de ceux dont je me mêle. »

et ces jours, tour à tour terribles et magnifiques, promis aux efforts de la race humaine. Cette foi magnanime qui semblait monstrueuse aux orthodoxes de Riesenburg, et qui a passé en moi après m'avoir semblé d'abord si nouvelle et si étrange, c'est une foi de tous les temps et de tous les peuples ; et, malgré les efforts de l'Église romaine pour l'étouffer, ou malgré son impuissance pour l'éclaircir et la purifier du sens matériel et superstitieux, je vois bien qu'elle a rempli et enthousiasmé beaucoup d'âmes ardemment pieuses. On dit même que de grands saints l'ont eue. Je m'y livre donc sans remords et sans effroi, certaine qu'une idée adoptée par Albert ne peut être qu'une idée grande. Elle me sourit, d'ailleurs, et répand toute une poésie céleste sur la pensée que je me fais de la mort et des souffrances qui en rapprocheront sans doute le terme pour moi. Ce Jacques Bœhm me plaît. Ce disciple qui est là dans la sale cuisine des Schwartz, occupé de rêveries sublimes et entouré de visions célestes, tandis que ses parents pétrissent, trafiquent et s'abrutissent, me paraît bien pur et bien touchant, avec son livre qu'il sait par cœur sans le bien comprendre, et son soulier qu'il a entrepris pour modeler sa vie sur celle de son maître, sans pouvoir en venir à bout. Infirme de corps et d'esprit, mais naïf, candide, et de mœurs angéliques ! Pauvre Gottlieb, destiné sans doute à te briser le crâne du haut d'un rempart dans ton vol imaginaire à travers les cieux, ou à succomber sous le poids d'infirmités prématurées ! tu auras passé sur la terre comme un saint méconnu, comme un ange exilé, sans avoir compris le mal, sans avoir connu le bonheur, sans avoir seulement senti la chaleur du soleil qui éclaire le monde, à force de contempler le soleil mystique qui brille dans ta pensée ! Personne ne t'aura connu, personne ne t'aura plaint et admiré comme je te mérites ! Et moi qui, seule, ai surpris le secret de tes méditations, moi qui, en comprenant aussi le beau idéal, aurais eu des forces pour le chercher et le réaliser dans ma vie, je mourrai comme toi dans la fleur de ma jeunesse, sans avoir agi, sans avoir vécu. Il y a dans les fentes de ces murailles qui nous abritent et nous nourrissent tous les deux, de pauvres petites plantes que le vent brise et que le soleil ne colore jamais. Elles s'y dessèchent sans fleurir et sans fructifier. Cependant elles semblent s'y renouveler ; mais ce sont des semences lointaines que la brise apporte aux mêmes lieux, et qui essaient de croître et de vivre sur les débris des anciennes. Ainsi végètent les captifs, ainsi se repeuplent les prisons ?

« Mais n'est-il pas étrange que je me trouve ici avec un extatique d'un ordre inférieur à celui d'Albert, mais attaché comme lui à une religion secrète, à une croyance raillée, persécutée ou méprisée ? Gottlieb assure qu'il y a beaucoup d'autres Bœhmistes que lui dans ce pays, que plusieurs cordonniers professent sa doctrine ouvertement, et que le fond de cette doctrine est implanté de tout temps dans les âmes populaires de nombreux philosophes et prophètes inconnus, qui ont jadis fanatisé la Bohême, et qui, aujourd'hui, couvent un feu sacré sous la cendre dans toute l'Allemagne. Je me souviens, en effet, des ardents cordonniers hussites dont Albert me racontait les prédications audacieuses et les exploits terribles au temps de Jean Ziska. Le nom même de Jacques Bœhm atteste cette origine glorieuse. Moi, je ne sais pas bien ce qui se passe dans ces cerveaux contemplatifs de la patiente Germanie. Ma vie bruyante et dissipée m'éloignait d'un pareil examen. Mais Gottlieb et Zdenko fussent-ils les derniers disciples de la religion mystérieuse qu'Albert conservait comme un précieux talisman, je n'en sens pas moins que cette religion est la mienne, puisqu'elle proclame la future égalité entre tous les hommes et la future manifestation de la justice et de la bonté de Dieu sur la terre. Oh oui ! il faut que je croie à ce règne de Dieu annoncé aux hommes par le Christ ; il faut que je compte sur un bouleversement de ces iniques monarchies et de ces impures sociétés pour ne pas douter de la Providence en me voyant ici !

« De la prisonnière n° 2, aucune nouvelle. Si Mayer ne m'a pas fait un mensonge impudent en me rapportant ses paroles, c'est Amélie de Prusse qui m'accuse ainsi de trahison. Que Dieu lui pardonne de douter de moi, qui n'ai pas douté d'elle, malgré les mêmes accusations sur son compte ! Je ne veux plus faire de démarches pour la voir. En cherchant à me justifier, je pourrais la compromettre encore, comme je l'ai fait déjà sans savoir comment.

« Mon rouge-gorge me tient fidèle compagnie. En voyant Gottlieb sans son chat dans ma cellule, il s'est familiarisé avec lui, et le pauvre Gottlieb achève d'en devenir fou d'orgueil et de joie. Il l'appelle *seigneur*, et ne se permet pas de le tutoyer. C'est avec le plus profond respect et une sorte de tremblement religieux qu'il lui présente sa nourriture. Je fais de vains efforts pour lui persuader que ce n'est qu'un oiseau comme les autres; je ne lui ôterai pas l'idée que c'est un esprit céleste qui a pris cette forme. Je tâche de le distraire en lui donnant quelques notions de musique, et véritablement il a, j'en suis certaine, une très-belle intelligence musicale. Ses parents sont enchantés de mes soins, et ils m'ont offert de mettre une épinette dans une de leurs chambres où je pourrai donner des leçons à leur fils et travailler pour mon compte. Mais cette proposition qui m'eût comblée de joie il y a quelques jours, je n'ose l'accepter. Je n'ose même plus chanter dans ma cellule, tant je crains d'attirer par ici ce mélomane grossier, cet ex-professeur de trompette que Dieu confonde ! »

Le 10 mai. — « Depuis longtemps je me demandais ce qu'étaient devenus ces amis inconnus, ces protecteurs merveilleux dont le comte de Saint-Germain m'avait annoncé l'intervention dans mes affaires, et qui ne s'en sont mêlés apparemment que pour hâter les désastres dont me menaçait la bienveillance royale. Si c'étaient là les conspirateurs dont je partage le châtiment, ils ont été tous dispersés et abattus, pensais-je, en même temps que moi, ou bien ils m'ont abandonnée sur mon refus de m'échapper des griffes de M. Buddenbrock, le jour où j'ai été transférée de Berlin à Spandaw. Eh bien, les voilà qui reparaissent, et ils ont pris Gottlieb pour leur émissaire. Les téméraires ! puissent-ils ne pas attirer sur la tête de cet innocent les mêmes maux que sur la mienne !

« Ce matin Gottlieb m'a apporté furtivement un billet ainsi conçu :

« Nous travaillons à ta délivrance ; le moment appro-
« che. Mais un nouveau danger te menace, qui retarde-
« rait le succès de notre entreprise. Méfie-toi de qui-
« conque te pousserait à la fuite avant que nous t'ayons
« donné des avis certains et des détails précis. On te
« tend un piége. Sois sur tes gardes et persévère dans ta
« force.

« Tes frères :

« *Les Invisibles.* »

« Ce billet est tombé aux pieds de Gottlieb comme il traversait ce matin une des cours de la prison. Il croit fermement, lui, que cela est tombé du ciel et que le rouge-gorge s'en est mêlé. En le faisant causer, sans trop chercher à contrarier ses idées féeriques, j'ai pourtant appris des choses étranges, qui ont peut-être un fond de vérité. Je lui ai demandé s'il savait ce que c'était que les *Invisibles*.

« — Nul ne le sait, m'a-t-il répondu, bien que tout le monde feigne de le savoir.

« — Comment, Gottlieb, tu as donc entendu parler de gens qu'on appelle ainsi ?

« — Dans le temps que j'étais en apprentissage chez le maître cordonnier de la ville, j'ai entendu beaucoup de choses là-dessus.

« — On en parle donc ? le peuple les connaît ?

« — Voici comment cela est venu à mes oreilles, et, de toutes les paroles que j'ai entendues, celles-là sont du petit nombre qui valent la peine d'être écoutées et retenues. Un pauvre ouvrier de nos camarades s'était blessé la main si grièvement, qu'il était question de la lui couper. Il était l'unique soutien d'une nombreuse famille qu'il avait assistée jusque-là avec beaucoup de courage et d'amour. Il venait nous voir avec sa main empaquetée, et, tristement, il nous disait en nous regardant travailler : « Vous êtes bien heureux, vous autres, d'avoir les mains libres ! Pour moi, il faudra bientôt, je pense, que j'aille à l'hôpital et que ma vieille mère demande l'aumône pour que mes petits frères et mes petites sœurs ne meurent pas de faim. » On proposa une collecte ; mais nous étions tous si pauvres, et moi, quoique né de parents riches, j'avais si peu d'argent à ma disposition, que nous ne réunîmes pas de quoi assister convenablement notre pauvre camarade. Chacun ayant vidé sa poche, chercha dans sa cervelle un moyen de tirer Franz de ce mauvais pas. Mais nul n'en trouvait, car Franz avait frappé à toutes les portes, et il avait été repoussé de partout. On dit que le roi est très-riche et que son père lui a laissé un gros trésor. Mais on dit aussi qu'il l'emploie à équiper des soldats ; et comme c'était le temps de la guerre, que le roi était absent, que tout le monde avait peur de manquer, le pauvre peuple souffrait beaucoup, et Franz ne pouvait trouver d'aide suffisante chez les bons cœurs. Quant aux mauvais cœurs ils n'ont jamais une obole à leur disposition. Tout à coup un jeune homme de l'atelier dit à Franz : « A ta place, je sais bien ce que je ferais ! mais peut-être n'en auras-tu pas le courage. — Ce n'est pas le courage qui me manque, dit Franz ; quo faut-il faire ? — Il faut t'adresser aux *Invisibles.* » Franz parut comprendre ce dont il s'agissait, car il secoua la tête d'un air de répugnance, et ne répondit rien. Quelques jeunes gens qui, comme moi, ne savaient ce que cela signifiait, en demandèrent l'explication, et il leur fut répondu de tous côtés : « Vous ne connaissez pas les Invisibles ? On voit bien que vous êtes des enfants ! Les Invisibles, ce sont des gens qu'on ne voit pas, mais qui agissent. Ils font toute sorte de bien et toute sorte de mal. On ne sait pas s'ils demeurent quelque part, mais il y en a partout. On dit qu'on en trouve dans les quatre parties du monde. Ce sont eux qui assassinent beaucoup de voyageurs et qui prêtent main-forte à beaucoup d'autres contre les brigands, selon que ces voyageurs sont jugés par eux dignes de châtiment ou de protection. Ils sont les instigateurs de toutes les révolutions : ils ont dans toutes les cours, dirigent toutes les affaires, décident la guerre ou la paix, rachètent les prisonniers, soulagent les malheureux, punissent les scélérats, font trembler les rois sur leurs trônes ; enfin ils sont cause de tout ce qui arrive d'heureux et de malheureux dans le monde. Ils se trompent peut-être plus d'une fois ; mais enfin on dit qu'ils ont bonne intention, et d'ailleurs qui peut dire si ce qui est malheur aujourd'hui ne sera pas la cause d'un grand bonheur demain ? »

« Nous écoutions cela avec grand étonnement et grande admiration, poursuivit Gottlieb, et à peu à près j'en entendis assez pour pouvoir vous dire tout ce qu'on pense des Invisibles parmi les ouvriers et le pauvre peuple ignorant. Les uns disent que ce sont de méchantes gens, voués au diable qui leur communique sa puissance, le don de connaître les choses cachées, le pouvoir de séduire les hommes par l'appât des richesses et des honneurs dont ils disposent, la faculté de connaître l'avenir, de faire de l'or, de guérir les malades, de rajeunir les vieillards, de ressusciter les morts, d'empêcher les vivants de mourir, car ce sont eux qui ont découvert la pierre philosophale et l'élixir de longue vie. D'autres pensent que ce sont des hommes religieux et bienfaisants qui ont mis en commun leurs fortunes pour assister les malheureux, et qui s'entendent pour redresser les torts et récompenser la vertu. Dans notre atelier, chacun faisait son commentaire : « C'est l'ancien ordre des Templiers, disait l'un. — On les appelle aujourd'hui francs-maçons, disait l'autre. — Non, disait un troisième, ce sont les *Herrnhuters* de Zinzendorf, autrement dit les frères Moraves, les anciens frères de l'Union, les anciens orphelins du mont Thabor ; enfin c'est la vieille Bohême qui est toujours debout et qui menace en secret toutes les puissances de l'Europe, parce qu'elle veut faire de l'univers une république. »

« D'autres encore prétendaient que c'était seulement une poignée de sorciers, élèves et disciples de Paracelse, de Bœhm, de Swedenborg, et *maintenant de Schrœpfer le limonadier* (voilà un beau rapprochement), qui, par des prestiges et des pratiques infernales, voulaient gouverner le monde et renverser les empires. La plupart s'accordaient à dire que c'était l'antique tribunal secret des francs-juges, qui ne s'était jamais dissous en Allemagne, et qui, après avoir agi dans l'ombre durant plusieurs siècles, commençait à relever la tête fièrement, et à faire sentir son bras de fer, son épée de feu, et ses balances de diamant.

« Quant à Franz, il hésitait à s'adresser à eux, parce que, disait-il, quand on avait accepté leurs bienfaits, on se trouvait lié à eux pour cette vie et pour l'autre, au grand préjudice du salut, et avec de grands périls pour ses proches. Cependant la nécessité l'emporta sur la crainte. Un de nos camarades, celui qui lui avait donné le conseil, et qui fut grandement soupçonné d'être affilié aux Invisibles, bien qu'il le niât fortement, lui donna en secret les moyens de faire ce qu'il appelait le signal de détresse. Nous n'avons jamais su en quoi consistait ce signal. Les uns ont dit que Franz avait tracé avec son sang sur sa porte un signe cabalistique. D'autres, qu'il avait été à minuit sur un tertre entre quatre chemins, au pied d'une croix où un cavalier noir lui était apparu. Enfin il en est qui ont parlé simplement d'une lettre qu'il aurait déposée dans le creux d'un vieux saule pleureur à l'entrée du cimetière. Ce qu'il y a de certain, c'est qu'il fut secouru, que sa famille put attendre sa guérison sans mendier, et qu'il eut le moyen de se faire traiter par un habile chirurgien qui le tira d'affaire. Des Invisibles, il n'en dit jamais un mot, si ce n'est qu'il les bénirait toute sa vie. Et voilà, ma sœur, ce que j'ai appris pour la première fois l'existence de ces êtres terribles et bienfaisants.

« — Mais toi, qui es plus instruit que ces jeunes gens de ton atelier, dis-je à Gottlieb, que penses-tu des Invisibles ? Sont-ce des sectaires, des charlatans, ou des conspirateurs ? »

« Ici Gottlieb, qui s'était exprimé jusque là avec beaucoup de raison, retomba dans ses divagations accoutumées, et je ne pus rien en tirer, sinon que c'étaient des êtres d'une nature véritablement invisible, impalpable, et qui, comme Dieu et les anges, ne pouvaient tomber sous les sens, qu'en empruntant, pour communiquer avec les hommes, de certaines apparences.

« — Il est bien évident, me dit-il, que la fin du monde approche. Des signes manifestes ont éclaté. L'Antechrist est né. Il y en a qui disent qu'il est en Prusse et qu'il s'appelle Voltaire ; mais je ne connais pas ce Voltaire, et ce peut bien être quelque autre, d'autant plus que *V* n'est pas *W*, et que le nom que l'Antechrist portera parmi les hommes commencera par cette lettre, et sera allemand [1]. En attendant les grands prodiges qui vont éclater dans le courant de ce siècle, Dieu qui ne se mêle de rien ostensiblement, Dieu qui est le *silence éternel* [2], suscite parmi nous des êtres d'une nature supérieure pour le bien et pour le mal, des puissances occultes, des anges et des démons : ceux-ci pour éprouver les justes, ceux-là pour les faire triompher. Et puis, le grand combat entre les deux principes est déjà commencé. Le roi du mal, le père de l'erreur et de l'ignorance se défend en vain. Les archanges ont tendu l'arc de la science et de la vérité. Leurs traits ont traversé la cuirasse de Satan. Satan rugit et se débat encore ; mais bientôt il va renoncer au mensonge, perdre tout son venin, et au lieu du sang impur des reptiles, sentir circuler dans ses veines la rosée du pardon. Voilà l'explication claire et certaine de ce qui se passe d'incompréhensible et d'effrayant dans le monde. Le mal et le bien sont aux prises dans une région supérieure, inaccessible aux efforts des hommes. La victoire et la défaite planent sur nous sans que nul puisse les fixer à son gré. Frédéric de Prusse attribue à la force de ses armes des succès que le destin seul lui a octroyés en attendant qu'il le brise ou le relève encore suivant ses fins cachées. Oui, te dis-je, il est tout simple que les hommes ne comprennent plus rien à ce qui se passe sur la terre. Ils voient l'impiété prendre les armes de la foi, et réciproquement. Ils souffrent l'oppression, la misère, et tous les fléaux de la discorde, sans que leurs prières soient entendues, sans que les miracles de l'ancienne religion interviennent. Ils ne s'entendent plus sur rien, ils se querellent sans savoir pourquoi. Ils marchent, les yeux bandés, vers un abîme. Ce sont les Invisibles qui les y poussent ; mais on ne sait si les prodiges qui signalent leur mission sont de Dieu ou du diable, de même qu'au commencement du christianisme Simon le magicien paraissait à beaucoup d'hommes tout aussi puissant, tout aussi divin que le Christ. Moi, je te dis que tous les prodiges viennent de Dieu, puisque Satan n'en peut faire sans qu'il le permette, et que parmi ceux qu'on appelle les Invisibles, il y en a qui agissent par la lumière directe de l'Esprit-Saint, tandis que d'autres reçoivent la puissance à travers le nuage, et font le bien fatalement croyant faire le mal.

« — Voilà une explication bien abstraite, mon cher Gottlieb ; est-elle de Jacques Bœhm ou de toi ?

« Elle est de lui, si on veut l'entendre ainsi ; elle est de moi, si son inspiration ne me l'a pas suggérée.

« — A la bonne heure, Gottlieb ! me voilà aussi avancée qu'auparavant, puisque j'ignore si ces Invisibles sont pour moi de bons ou de mauvais anges. »

Le 12 mai. — « Les prodiges commencent, en effet, et ma destinée s'agite dans les mains des Invisibles. Je dirai comme Gottlieb : « Sont-ils de Dieu ou du diable ? » Aujourd'hui Gottlieb a été parlé par la sentinelle qui garde l'esplanade, et qui fait sa faction sur le petit bastion qui la termine. Cette sentinelle, suivant Gottlieb, n'est autre qu'un Invisible, un esprit. La preuve en est que Gottlieb, qui connaît tous les factionnaires, et qui cause volontiers avec eux, quand ils s'amusent à lui commander des souliers, n'a jamais vu celui-là ; et puis il lui a paru d'une stature plus qu'humaine, et sa figure était d'une expression indéfinissable. « Gottlieb, lui a-t-il dit en lui parlant bien bas, il faut que la Porporina soit délivrée dans trois nuits. Cela dépend de toi ; tu peux prendre les clefs de sa chambre sous l'oreiller de la mère, lui faire traverser votre cuisine, et l'amener jusqu'ici, au bout de l'esplanade. Là je me charge du reste. Préviens-la, afin qu'elle se tienne prête ; et souviens-toi que si tu manques de prudence et de zèle, elle, toi et moi sommes perdus. »

« Voilà où j'en suis. Cette nouvelle m'a rendue malade d'émotion. Toute cette nuit, j'en ai eu la fièvre ; toute cette nuit, j'ai entendu le violon fantastique. Fuir ! quitter cette triste prison, échapper surtout aux terreurs que me cause ce Mayer ! Ah ! s'il ne faut risquer que ma vie pour cela, je suis prête ; mais quelles seront les conséquences de ma fuite pour Gottlieb, pour ce factionnaire que je ne connais pas et qui se dévoue si gratuitement, enfin pour ces complices inconnus, qui vont assumer sur eux une nouvelle charge? Je tremble, j'hésite, je ne suis décidée à rien. Je vous écris encore sans songer à préparer ma fuite. Non ! je ne fuirai pas, à moins d'être rassurée sur le sort de mes amis et de mes protecteurs. Ce pauvre Gottlieb est résolu à tout, lui ! Quand je lui demande s'il ne redoute rien, il me répond qu'il souffrirait avec joie le martyre pour moi ; et quand j'ajoute que peut-être il aura des regrets de ne plus me voir, il ajoute que cela le regarde, que je ne sais pas ce qu'il compte faire. D'ailleurs tout cela lui paraît un ordre du ciel, et il obéit sans réflexion à la puissance inconnue qui le pousse. Mais moi, je relis attentivement le billet des Invisibles, que j'ai reçu ces jours derniers, et je crains que l'avis de ce factionnaire ne soit, en effet, le piège dont je dois me méfier. J'ai encore quarante-huit heures devant moi. Si

---

[1]. Ce pouvait être Weishaupt. Il naquit en 1718.
[2]. Expression de Jacques Bœhm. (*Notes de l'éditeur.*)

Mayer reparaît, je risque tout; s'il continue à m'oublier, et que je n'aie pas de meilleure garantie que l'avertissement d'un inconnu, je reste.

Le 13. — « Oh! décidément, je me fie à la destinée, à la Providence, qui m'envoie des secours inespérés. Je pars, je m'appuie sur le bras puissant qui me couvre de son égide!... En me promenant, ce matin, sur l'esplanade, où je me suis risquée, dans l'espérance de recevoir des *esprits* qui m'environnent quelque nouvelle révélation, j'ai regardé sur le bastion où se tient le factionnaire. Ils étaient deux, un qui montait la garde, l'arme au bras; un autre qui allait et venait, comme s'il eût cherché quelque chose. La grande taille de ce dernier attirait mon attention; il me semblait qu'il ne m'était pas inconnu. Mais je ne devais le regarder qu'à la dérobée, et à chaque tour de promenade, il fallait lui tourner le dos. Enfin, dans un moment où j'allais vers lui, il vint aussi vers nous, comme par hasard; et, quoiqu'il fût sur un glacis beaucoup plus élevé que le nôtre, je le reconnus complétement. Je faillis laisser échapper un cri. C'était Karl le Bohémien, le déserteur que j'ai sauvé des griffes de Mayer, dans la forêt de Bohême; le Karl que j'ai revu ensuite à Roswald, en Moravie, chez le comte Hoditz, et qui m'a sacrifié un projet de vengeance formidable... C'est un homme qui m'est dévoué, corps et âme, et dont la figure sauvage, le nez épaté, la barbe rouge et les yeux de faïence m'ont semblé aujourd'hui beaux comme les traits de l'ange Gabriel.

« —C'est lui! me disait Gottlieb tout bas, c'est l'émissaire des Invisibles, un Invisible lui-même, j'en suis certain! du moins il le serait s'il le voulait. C'est votre libérateur, c'est celui qui vous fera sortir d'ici, la nuit prochaine. »

« Mon cœur battait si fort, que je pouvais à peine me soutenir; des larmes de joie s'échappaient de mes yeux. Pour cacher mon émotion à l'autre factionnaire, je m'approchai du parapet, en m'éloignant du bastion, et je feignis de contempler les herbes du fossé. Je voyais pourtant à la dérobée Karl et Gottlieb échanger, sans trop de mystère, des paroles que je n'entendais pas. Au bout de quelques instants, Gottlieb revint près de moi, et me dit rapidement :

« — Il va descendre ici, *il* va entrer chez nous et y boire une bouteille de vin. Feignez de ne pas faire attention à lui. Mon père est sorti. Pendant que ma mère ira chercher le vin à la cantine, vous rentrerez dans la cuisine, comme pour remonter chez vous, et vous pourrez *lui* parler un instant. »

« En effet, lorsque Karl eut causé quelques minutes avec madame Schwartz, qui ne dédaigne pas de faire rafraîchir à son profit les vétérans de la citadelle, je vis Gottlieb paraître sur le seuil. Je compris que c'était le signal. J'entrai, je me trouvai seule avec Karl. Gottlieb avait suivi sa mère à la cantine. Le pauvre enfant! il semble que l'amitié lui ait révélé tout à coup la ruse et la présence d'esprit nécessaires à la pratique des choses réelles. Il fit à dessein mille gaucheries, laissa tomber la bougie, impatienta sa mère, et la retint assez longtemps pour que je pusse m'entendre avec mon sauveur.

« — Signora, me dit Karl, me voilà! vous voici donc enfin! J'ai été repris par les recruteurs, c'était dans ma destinée. Mais le roi m'a reconnu et m'a fait grâce, à cause de vous peut-être. Puis, il m'a permis de m'en aller, en me promettant même de l'argent, que d'ailleurs il ne m'a pas donné. Je m'en retournais au pays, quand j'ai appris que vous étiez ici. J'ai été trouver un fameux sorcier, pour savoir comment je m'y prendrai pour vous servir. Le sorcier m'a envoyé au prince Henry, et le prince Henry m'a renvoyé à Spandaw. Il y a autour de nous des gens puissants que je ne connais pas, mais qui travaillent pour vous. Ils n'épargnent ni l'argent, ni les démarches, je vous assure! Enfin, tout est prêt. Demain soir, les portes s'ouvriront d'elles-mêmes devant nous. Tout ce qui pourrait nous barrer le passage est gagné. n'y a que les Schwartz qui ne soient pas dans nos intérêts. Mais ils auront demain le sommeil plus lourd que de coutume, et quand ils s'éveilleront, vous serez déjà loin. Nous enlevons Gottlieb, qui demande à vous suivre. Je décampe avec vous, nous ne risquons rien, tout est prévu. Soyez prête, Signora, et maintenant retournez sur l'esplanade, afin que la vieille ne vous trouve pas ici. »

« Je n'exprimai ma reconnaissance à Karl que par des pleurs, et je courus les cacher au regard inquisiteur de madame Schwartz.

« O mes amis, je vous reverrai donc! je vous presserai donc dans mes bras! J'échapperai encore une fois à l'affreux Mayer! Je reverrai l'étendue des cieux, les riantes campagnes, Venise, l'Italie; je chanterai encore, je retrouverai des sympathies! Oh! cette prison a retrempé ma vie et renouvelé mon cœur qui s'éteignait dans la langueur de l'indifférence. Comme je vais vivre, comme je vais aimer, comme je vais être pieuse et bonne!

« Et pourtant, énigme profonde du cœur humain! je me sens terrifiée et presque triste à l'idée de quitter cette cellule où j'ai passé trois mois dans un effort perpétuel de courage et de résignation, cette esplanade où j'ai promené tant de mélancoliques rêveries, ces vieilles murailles qui paraissaient si hautes, si froides, si sereines au clair de la lune! Et ce grand fossé dont l'eau morne était d'un si beau vert, ces milliers de tristes fleurs que le printemps avait semées sur ses rives! Et mon rouge-gorge surtout! Gottlieb prétend qu'il nous suivra; mais à cette heure-là, il sera endormi de lierre, et ne s'apercevra pas de notre départ. O cher petit être! puisses-tu faire la société et la consolation de celle qui me succédera dans cette cellule! Puisse-t-elle te soigner et te respecter comme je l'ai fait!

« Allons! je vais essayer de dormir pour être forte et calme demain. Je cachette ce manuscrit, que je veux emporter. Je me suis procuré, au moyen de Gottlieb, une nouvelle provision de papier, de crayons et de bougie, que je veux laisser dans ma cachette, afin que ces richesses inappréciables aux prisonniers fassent la joie de quelque autre après moi. »

Ici finissait le journal de Consuelo. Nous reprendrons le récit fidèle de ses aventures.

Il est nécessaire d'apprendre au lecteur que Karl ne s'était pas faussement vanté d'être aidé et employé par de puissants personnages. Ces chevaliers invisibles qui travaillaient à la délivrance de notre héroïne avaient répandu l'or à pleines mains. Plusieurs guichetiers, huit ou dix vétérans, et jusqu'à un officier, s'étaient engagés à se tenir coi, à ne rien voir, et, en cas d'alarme, à ne courir sus aux fugitifs que pour la forme. Le soir fixé pour l'évasion, Karl avait soupé chez les Schwartz, et, feignant d'être ivre, il les avait invités à boire avec lui. La mère Schwartz avait le gosier ardent comme la plupart des femmes adonnées à l'art culinaire. Son mari ne haïssait pas l'eau-de-vie de sa cantine, quand il la dégustait aux frais d'autrui. Une drogue narcotique, furtivement introduite par Karl dans le flacon, aida à l'effet du breuvage énergique. Les époux Schwartz regagnèrent leur lit avec peine, et y ronflèrent si fort, que Gottlieb, qui attribuait tout à des influences surnaturelles, ne manqua pas de les croire enchantés lorsqu'il retourné sur le bastion pour y faire sa faction. Consuelo arriva sans peine avec Gottlieb jusqu'à cet endroit, et monta intrépidement l'échelle de corde que lui jeta le déserteur. Mais le pauvre Gottlieb, qui s'obstinait à fuir avec elle malgré toutes ses remontrances, devint un grand embarras dans ce passage. Lui qui, dans ses accès de somnambulisme, courait comme un chat dans les gouttières, il n'était pas capable de faire agilement trois pas sur le sol le plus uni dès qu'il était éveillé. Soutenu par la conviction qu'il suivait un envoyé du ciel, il n'avait aucune peur, et se fût jeté sans hésitation en bas des remparts si Karl le lui eût conseillé. Mais sa confiance audacieuse ajoutait aux dangers de sa gaucherie. Il marchait au hasard, dédaignant de rien voir et de rien calculer. Après avoir fait frissonner vingt fois Consuelo qui le crut vingt fois perdu, il atteignit enfin la plateforme du bastion, et de là nos trois fugitifs se dirigèrent à travers les corridors de cette partie de la citadelle où se trouvaient logés les fonctionnaires initiés à leur complot. Ils s'avançaient sans obstacles, lorsque tout à coup ils se trouvèrent face à face avec l'adjudant Nanteuil, autrement dit, l'ex-recruteur Mayer. Consuelo se crut perdue; mais Karl l'empêcha de prendre la fuite en lui disant : « Ne craignez rien, Signora, monsieur l'adjudant est dans vos intérêts. »

« — Arrêtez-vous ici, leur dit Nanteuil à la hâte; il y a une anicroche. L'adjudant Weber ne s'est-il pas avisé de venir souper dans notre quartier avec ce vieux imbécile de lieutenant? Ils sont dans la salle que vous êtes obligés de traverser. Il faut trouver un moyen de les renvoyer. Karl, retournez vite à votre faction, on pourrait s'apercevoir trop tôt de votre absence. J'irai vous chercher quand il sera temps. Madame va entrer dans ma chambre. Gottlieb va venir avec moi. Je prétendrai qu'il est en somnambulisme; mes deux nigauds courront après lui pour le voir, et quand la salle sera évacuée, j'en prendrai la clef pour qu'ils n'y reviennent pas. »

Gottlieb, qui ne se savait pas somnambule, ouvrit de gros yeux; mais Karl lui ayant fait signe d'obéir, il obéit aveuglément. Consuelo éprouvait une insurmontable répugnance à entrer dans la chambre de Mayer.

« Que craignez-vous de cet homme? lui dit Karl à voix basse. Il a une trop grosse somme à gagner pour songer à vous trahir. Son conseil est bon : je retourne sur le bastion. Trop de hâte nous perdrait.

— Trop de sang froid et de prévoyance pourrait bien nous perdre aussi, » pensa Consuelo. Néanmoins elle céda. Elle avait une arme sur elle. En traversant la cuisine de Schwartz, elle s'était emparée d'un petit couperet dont la compagnie la rassurait un peu. Elle avait remis à Karl son argent et ses papiers, ne gardant sur elle que son crucifix, qu'elle n'était pas loin de regarder comme un amulette.

Mayer l'enferma dans sa chambre pour plus de sûreté, et s'éloigna avec Gottlieb. Au bout de dix minutes, qui parurent un siècle à Consuelo, Nanteuil revint la trouver, et elle remarqua avec terreur qu'il refermait la porte sur lui et mettait la clef dans sa poche.

« Signora, lui dit-il en italien, vous avez encore une demi-heure à patienter. Les drôles sont ivres, et ne lèveront le siège que quand l'horloge sonnera une heure; alors le gardien qui a le soin de ce quartier les mettra dehors.

— Et qu'avez-vous fait de Gottlieb, Monsieur?

— Votre ami Gottlieb est en sûreté derrière un tas de fagots où il pourra bien s'endormir; mais il n'en marchera peut-être que mieux pour vous suivre.

— Karl sera averti, n'est-il pas vrai?

— A moins que je ne veuille le faire pendre, répondit l'adjudant avec une expression qui parut diabolique à Consuelo, je n'aurai garde de le laisser là. Êtes-vous contente de moi, Signora?

— Je ne suis pas à même de vous prouver maintenant ma gratitude, Monsieur, répondit Consuelo avec une froideur dont elle s'efforçait en vain de dissimuler le dédain, mais j'espère m'acquitter bientôt honorablement envers vous.

— Pardieu, vous pouvez vous acquitter tout de suite (Consuelo fit un mouvement d'horreur) en me témoignant un peu d'amitié, ajouta Mayer d'un ton de lourde et grossière cajolerie. Là, voyons, si je n'étais pas un mélomane passionné... et si vous n'étiez pas une si jolie personne, je serais non coupable de manquer ainsi à mes devoirs pour vous faire évader. Croyez-vous que ce soit l'attrait du gain qui m'ait porté à cela? Baste! je suis assez riche pour me passer de vous autres, et le prince Henry n'est pas assez puissant pour me sauver de la corde ou de la prison perpétuelle, si je suis découvert. Dans tous les cas, ma mauvaise surveillance va entraîner ma disgrâce, ma translation dans une forteresse moins agréable, moins voisine de la capitale... Tout cela exige bien quelque consolation. Allons, ne faites pas tant la fière. Vous savez bien que je suis amoureux de vous. J'ai le cœur tendre, moi! Ce n'est pas une raison pour abuser de ma faiblesse; vous n'êtes pas une religieuse, une bigote, que diable! Vous êtes une charmante fille de théâtre, et je parie bien que vous n'avez pas fait votre chemin dans les premiers emplois sans faire l'aumône d'un peu de tendresse à vos directeurs. Pardieu! si vous avez chanté devant Marie-Thérèse, comme on le dit, vous avez traversé le boudoir du prince de Kaunitz. Vous voici dans un appartement moins splendide; mais je tiens votre liberté dans mes mains, et la liberté est plus précieuse encore que la faveur d'une impératrice.

— Est-ce une menace, Monsieur? répondit Consuelo pâle d'indignation et de dégoût.

— Non, c'est une prière, belle Signora.

— J'espère que ce n'est pas une condition?

— Nullement! Fi donc! Jamais! ce serait une indignité, » répondit Mayer avec une impudente ironie, en s'approchant de Consuelo les bras ouverts.

Consuelo, épouvantée, s'enfuit au bout de la chambre. Mayer l'y suivit. Elle vit bien qu'elle était perdue si elle ne sacrifiait l'humanité à l'honneur; et, subitement inspirée par la terrible fierté des femmes espagnoles, elle reçut l'étreinte de l'ignoble Mayer en lui enfonçant quelques lignes de couteau dans la poitrine. Mayer était fort gras, et la blessure ne fut pas dangereuse; mais en voyant son sang couler, comme il était aussi lâche que sensuel, il se crut mort, et alla tomber en défaillance sur son lit, en murmurant : « Je suis assassiné! je suis perdu! » Consuelo crut l'avoir tué, et faillit s'évanouir elle-même. Au bout de quelques instants de terreur silencieuse, elle osa pourtant s'approcher de lui, et, le voyant immobile, elle se hasarda à ramasser la clef de la chambre, qu'il avait laissée tomber à ses pieds. A peine la tint-elle, qu'elle sentit renaître son courage; elle sortit sans hésitation, et s'élança au hasard dans les galeries. Elle trouva toutes les portes ouvertes devant elle, et descendit un escalier sans savoir où il la conduirait. Mais ses jambes fléchirent lorsqu'elle entendit retentir la cloche d'alarme, et peu après le roulement du tambour, et ce canon qui l'avait émue si fort la nuit où le somnambulisme de Gottlieb avait causé une alerte. Elle tomba à genoux sur les dernières marches, et, joignant les mains, elle invoqua Dieu pour le pauvre Gottlieb et pour le généreux Karl. Séparée d'eux après les avoir laissés s'exposer à la mort pour elle, elle ne se sentit plus aucune force, aucun désir de salut. Des pas lourds et précipités retentissaient à ses oreilles, la clarté des flambeaux jaillissait devant ses yeux effarés, et elle ne savait déjà plus si c'était la réalité ou l'effet de son propre délire. Elle se laissa glisser dans un coin, et perdit tout à fait connaissance.

XX.

Lorsque Consuelo reprit connaissance, elle éprouva un bien-être incomparable, sans pouvoir se rendre compte ni du lieu où elle était, ni des événements qui l'y avaient amenée. Elle était couchée en plein air; et, sans ressentir aucunement le froid de la nuit, elle voyait librement les étoiles briller dans le ciel vaste et pur. A ce coup d'œil enchanteur succéda bientôt la sensation d'un mouvement assez rapide, mais souple et agréable. Le bruit de la rame qui s'enfonçait dans l'eau, à intervalles rapprochés, lui fit comprendre qu'elle était dans une barque, et qu'elle traversait l'étang. Une douce chaleur pénétrait ses membres; et il y avait, dans la placidité des eaux dormantes où la brise agitait de nombreux herbages aquatiques, quelque chose de suave qui rappelait les lagunes de Venise, dans les belles nuits du printemps. Consuelo souleva sa tête alanguie, regarda autour d'elle, et vit deux rameurs faisant force de bras chacun à une extrémité de la barque. Elle chercha des yeux la citadelle, et la vit déjà loin, sombre comme une montagne de pierre, dans le cadre transparent de l'air et de l'onde. Elle se dit qu'elle était sauvée; mais aussitôt

« Je suis assassiné ! Je suis perdu ! » (Page 79.)

elle se rappela ses amis, et prononça le nom de Karl avec anxiété. « Je suis là ! Pas un mot, Signora, le plus profond silence ! » répondit Karl qui ramait devant elle. Consuelo pensa que l'autre rameur était Gottlieb ; et, trop faible pour se tourmenter plus longtemps, elle se laissa retomber dans sa première attitude. Une main ramena autour d'elle le manteau souple et chaud dont on l'avait enveloppée ; mais elle l'écarta doucement de son visage, afin de contempler l'azur constellé qui se déroulait sans bornes au-dessus de sa tête.

A mesure qu'elle sentait revenir ses forces et l'élasticité de ses mouvements, paralysés par une violente crise nerveuse, elle recueillait ses pensées ; et le souvenir de Mayer se présenta horrible et sanglant devant elle. Elle fit un effort pour se soulever de nouveau, en s'apercevant qu'elle avait la tête appuyée sur les genoux et le corps soutenu par le bras d'un troisième passager qu'elle n'avait pas encore vu, ou plutôt qu'elle avait pris pour un ballot, tant il était enveloppé, caché et immobile, étendu derrière elle, dans le fond de la barque.

Une profonde terreur s'empara de Consuelo lorsqu'elle se rappela l'imprudente confiance que Karl avait témoignée à Mayer, et qu'elle supposa possible la présence de ce misérable auprès d'elle. Le soin qu'il semblait prendre de se cacher aggravait les soupçons de la fugitive. Elle était pleine de confusion d'avoir reposé contre le sein de cet homme, et reprochait presque à la Providence de lui avoir laissé goûter, sous sa protection, quelques instants d'un oubli salutaire et d'un bien-être ineffable.

Heureusement la barque touchait terre en ce moment, et Consuelo se hâta de se lever pour prendre la main de Karl et s'élancer sur le rivage ; mais la secousse de l'atterrissement la fit chanceler et retomber dans les bras du personnage mystérieux. Elle le vit alors debout, et, à la faible clarté des étoiles, elle distingua qu'il portait un masque noir sur le visage. Mais il avait toute la tête de plus que Mayer ; et quoiqu'il fût enveloppé d'un long manteau, sa stature avait l'élégance d'un corps svelte et dégagé. Ces circonstances rassurèrent complétement la fugitive ; elle accepta le bras qu'il lui offrit en silence, et fit avec lui une cinquantaine de pas sur la grève, suivie de Karl et de l'autre individu, qui lui avaient renouvelé, par signes, l'injonction de ne

Je n'ai pas pu me retenir de lui donner un coup... (Page 82.)

pas dire un seul mot. La campagne était muette et déserte; aucune agitation ne se faisait plus pressentir dans la citadelle. On trouva, derrière un hallier, une voiture attelée de quatre chevaux, où l'inconnu monta avec Consuelo. Karl se mit sur le siége. Le troisième individu disparut, sans que Consuelo y prît garde. Elle cédait à la hâte silencieuse et solennelle de ses libérateurs; et bientôt le carrosse, qui était excellent et d'une souplesse recherchée, roula dans la nuit avec la rapidité de la foudre. Le bruit des roues et le galop des chevaux ne disposent guère à la conversation. Consuelo se sentait fort intimidée et même un peu effrayée de son tête-à-tête avec l'inconnu. Cependant lorsqu'elle vit qu'il n'y avait plus aucun danger à rompre le silence, elle crut devoir lui exprimer sa reconnaissance et sa joie; mais elle n'en obtint aucune réponse. Il s'était placé vis-à-vis d'elle, en signe de respect; il lui prit la main, et la serra dans les siennes, sans dire un seul mot; puis il se renfonça dans le coin de la voiture; et Consuelo, qui avait espéré engager la conversation, n'osa insister contre ce refus tacite. Elle désirait vivement savoir à quel ami généreux et dévoué elle était redevable de son salut; mais elle éprouvait pour lui, sans le connaître, un sentiment instinctif de respect mêlé de crainte, et son imagination prêtait à cet étrange compagnon de voyage toutes les qualités romanesques que comportait la circonstance. Enfin la pensée lui vint que c'était un agent subalterne des *invisibles*, peut-être un fidèle serviteur qui craignait de manquer aux devoirs de sa condition en se permettant de lui parler la nuit dans le tête-à-tête.

Au bout de deux heures de course rapide, on s'arrêta au milieu d'un bois fort sombre; le relais qu'on y devait trouver n'était pas encore arrivé. L'inconnu s'éloigna un peu pour voir s'il approchait, ou pour dissimuler son impatience et son inquiétude. Consuelo mit pied à terre aussi, et se promena sur le sable d'un sentier voisin avec Karl, à qui elle avait mille questions à faire.

« Grâce à Dieu, Signora, vous voilà vivante, lui dit ce fidèle écuyer.
— Et toi-même, cher Karl?
— On ne peut mieux, puisque vous êtes sauvée.
— Et Gottlieb, comment se trouve-t-il?

— Je présume qu'il se trouve bien dans son lit à Spandaw.

— Juste ciel! Gottlieb est donc resté? Il va donc payer pour nous?

— Il ne paiera ni pour lui-même, ni pour personne. L'alarme donnée, je ne sais par qui, j'ai couru pour vous rejoindre à tout hasard, voyant bien que c'était le moment de risquer le tout pour le tout. J'ai rencontré l'adjudant Nanteuil, c'est-à-dire le recruteur Mayer, qui était fort pâle...

— Tu l'as rencontré, Karl? Il était debout, il marchait?

— Pourquoi non?

— Il n'était donc pas blessé?

— Ah! si fait : il m'a dit qu'il s'était un peu blessé en tombant dans l'obscurité sur un faisceau d'armes. Mais je n'y ai pas fait grande attention, et lui ai demandé vite où vous étiez. Il n'en savait rien, il avait perdu la tête. Je crus même voir qu'il avait l'intention de nous trahir; car la cloche d'alarme que j'avais entendue, et dont j'avais bien reconnu le timbre, est celle qui part de son alcôve et qui sonne pour son quartier. Mais il paraissait s'être ravisé, car il savait bien, le drôle, qu'il y avait beaucoup d'argent à gagner en vous délivrant. Il m'a donc aidé à détourner l'orage, en disant à tous ceux que nous rencontrions que c'était le somnambule de Gottlieb qui avait encore une fois causé une fausse alerte. En effet, comme si Gottlieb eût voulu lui donner raison, nous le trouvâmes endormi dans un coin, de ce sommeil singulier dont il est pris souvent au beau milieu du jour, là où il se trouve, fût-ce sur le parapet de l'esplanade. On eût dit que l'agitation de sa fuite le faisait dormir debout, ce qui est, ma foi, bien merveilleux, à moins qu'il n'ait bu par mégarde à souper quelques gouttes du breuvage que j'ai versé à pleins bords à ses chers parents! Ce que je sais, c'est qu'on l'a enfermé dans la première chambre venue pour l'empêcher de s'aller promener sur les glacis, et que j'ai jugé à propos de le laisser là jusqu'à nouvel ordre. On ne pourra l'accuser de rien, et ma fuite expliquera suffisamment la vôtre. Les Schwartz dormaient trop bien de leur côté pour entendre la cloche, et personne n'aura été voir si votre chambre était ouverte ou fermée. Ce ne sera donc que demain que l'alarme sera sérieuse. M. Nanteuil m'a aidé à la dissiper, et je me suis mis à votre recherche, en feignant de retourner à mon dortoir. J'ai eu le bonheur de vous trouver à trois pas de la porte que nous devions franchir pour nous sauver. Les guichetiers de par là étaient tous gagnés. D'abord j'ai été effrayé de vous trouver presque morte. Mais morte ou vivante, je ne voulais pas vous laisser là. Je vous ai portée sans encombre dans la barque qui nous attendait le long du fossé. Et alors... il m'est arrivé une petite aventure assez désagréable que je vous raconterai une autre fois, Signora... Vous avez eu assez d'émotions comme cela aujourd'hui, et ce que je vous dirais pourrait vous causer un peu de saisissement.

— Non, non, Karl, je veux tout savoir, je suis de force à tout entendre.

— Oh! je vous connais, Signora! vous me blâmerez. Vous avez votre manière de voir. Je me souviens de Roswald, où vous m'avez empêché...

— Karl, ton refus de parler me tourmenterait cruellement. Parle, je t'en conjure, je le veux.

— Eh bien, Signora, c'est un petit malheur, après tout; et s'il y a péché, cela ne regarde que moi. Comme je vous passais dans la barque sous une arcade basse, bien lentement pour ne pas faire trop de bruit avec mes rames dans cet endroit sonore, voilà que sur le bout d'une petite jetée qui se trouve là et qui barre à demi l'arcade, je suis arrêté par trois hommes qui me prennent au collet tout en sautant dans la barque. Il faut vous dire que la personne qui voyage avec vous dans la voiture, et qui était déjà des nôtres, ajouta Karl en baissant la voix, avait eu l'imprudence de remettre les deux tiers de la somme convenue à Nanteuil, en traversant la dernière poterne. Nanteuil, pensant qu'il pouvait bien s'en contenter et regagner le reste en nous trahissant, s'était aposté là avec deux vauriens de son espèce pour vous rattraper. Il espérait se défaire d'abord de votre protecteur et de moi, afin que personne ne pût parler de l'argent qu'il avait reçu. Voilà pourquoi, sans doute, ces garnements se mirent en devoir de nous assassiner. Mais votre compagnon de voyage, Signora, tout paisible qu'il a un air, est un lion dans le combat. Je vous jure que je m'en souviendrai longtemps. En deux tours de bras, il se débarrassa d'un premier coquin en le jetant dans l'eau; le second, intimidé, ressauta sur la chaussée, et se tint à distance pour voir comment finirait la lutte que j'avais avec l'adjudant. Ma foi, Signora, je ne m'en acquittai pas avec autant de grâce que sa brillante Seigneurie... dont j'ignore le nom. Cela dura bien une demi-minute, ce qui ne me fait pas honneur; car ce Nanteuil, qui est ordinairement fort comme un taureau, paraissait mou et affaibli, comme s'il eût eu peur, ou comme si la blessure dont il m'avait parlé lui eût donné du souci. Enfin, le sentant lâcher prise, je l'enlevai et lui trempai un peu les pieds dans l'eau. *Sa Seigneurie* me dit alors : « Ne le tuez pas, c'est inutile. » Mais moi, qui l'avais bien reconnu, et qui savais comme il nage, comme il est tenace, cruel, capable de tout, moi qui avais senti ailleurs la force de ses poings, et qui avais de vieux comptes à régler avec lui, je n'ai pas pu me retenir de lui donner un coup de ma main fermée sur la tête.... coup qui le préservera d'en recevoir et d'en appliquer jamais d'autres, Signora! Que Dieu fasse paix à son âme et miséricorde à la mienne? Il s'enfonça dans l'eau tout droit comme un soliveau, dessina un grand rond, et ne reparut pas plus que s'il eût été de marbre. Le compagnon de Sa Seigneurie avait renvoyé de notre barque par le même chemin avait fait un plongeon, et déjà il était au bord de la jetée. où son camarade, le plus prudent des trois, l'aidait à tâcher de reprendre pied. Ce n'était pas facile; la levée est si étroite dans cet endroit-là que l'un entraînait l'autre, et qu'ils retombaient à l'eau tous les deux. Pendant qu'ils se débattaient en jurant l'un contre l'autre, et faisaient une petite partie de natation, moi je faisais force de rames, et j'eus bientôt gagné un endroit où un second rameur, bon pêcheur de son métier, m'avait donné parole de venir m'aider d'un ou deux coups d'aviron pour traverser l'étang. Bien m'a pris, du reste, Signora, de m'être exercé au métier de marin sur les eaux douces du parc de Roswald. Je ne savais pas, le jour où je fis partie, sous vos yeux, d'une si belle répétition, que j'aurais un jour l'occasion de soutenir pour vous un combat naval, un peu moins magnifique, mais un peu plus sérieux. Cela m'a traversé la mémoire quand je me suis trouvé en pleine eau, et voilà qu'il m'a pris un fou rire... mais un fou rire bien désagréable! Je ne faisais pas le moindre bruit, du moins je ne m'entendais pas. Mais mes dents claquaient dans ma bouche, j'avais comme une main de fer sur la gorge, et la sueur me coulait du front, froide comme glace!... Ah! je vois bien qu'on ne tue pas un homme aussi tranquillement qu'une mouche. Ce n'est pourtant pas le premier, puisque j'ai fait la guerre; mais c'était la guerre! Au lieu que comme cela dans un coin, la nuit, derrière un mur, sans se dire un mot, cela ressemble à un meurtre prémédité. Et pourtant c'était le cas de légitime défense! Et encore ne n'eût pas été le premier assassinat que j'aurais prémédité!... Vous vous en souvenez, Signora? Sans vous... je l'aurais fait! Mais je ne sais si je ne m'en serais pas plus tard repenti après. Ce qu'il y a de sûr, c'est que j'ai ri d'un vilain rire sur l'étang... Et encore à présent, je ne peux pas m'empêcher... Il était si drôle en s'enfonçant tout droit dans le fossé! comme un roseau qu'on plante dans la vase! et quand je n'ai plus vu que sa tête près de disparaître, sa tête aplatie par mon poing... miséricorde! qu'il était laid! Il m'a fait peur!... Je le vois encore!

Consuelo, craignant l'effet de cette terrible émotion sur le pauvre Karl, chercha à surmonter la sienne propre pour le calmer et le distraire. Karl était né doux et patient comme un véritable serf bohémien. Cette vie tragique, où la destinée l'avait jeté, n'était pas faite pour lui; et en accomplissant des actes d'énergie et de vengeance, il éprouvait l'horreur du remords et les terreurs de la dévotion. Consuelo le détourna de ses pensées lugubres, pour donner peut-être aussi le change aux siennes propres. Elle aussi s'était armée cette nuit-là pour le meurtre. Elle aussi avait frappé et fait couler quelques gouttes du sang de la victime impure. Une âme droite et pieuse ne saurait aborder la pensée et concevoir la résolution de l'homicide sans maudire et déplorer les circonstances qui placent l'honneur et la vie sous la sauvegarde du poignard. Consuelo était navrée et atterrée, et elle n'osait plus se dire que sa liberté méritât d'être achetée au prix du sang, même de celui d'un scélérat.

« Mon pauvre Karl, dit-elle, nous avons fait l'office du bourreau cette nuit! cela est affreux. Console-toi par l'idée que nous n'avions ni résolu ni prévu ce à quoi la nécessité nous a poussés. Parle-moi de ce seigneur qui a travaillé si généreusement à ma délivrance. Tu ne le connais donc pas?

— Nullement, Signora, je l'ai vu ce soir pour la première fois, et je ne sais pas son nom.

— Mais où nous mène-t-il, Karl?

— Je ne sais pas, Signora. Il m'est défendu de m'en informer; et je suis même chargé, d'autre part, de vous dire que si vous faisiez en route la moindre tentative pour savoir où vous êtes et où vous allez, on serait forcé de vous abandonner en chemin. Il est certain qu'on ne nous veut que du bien : je suis donc résolu, pour ma part, à me laisser conduire comme un enfant.

— As-tu vu la figure de ce seigneur?

— Je l'ai aperçue, au reflet d'une lanterne, au moment où je vous déposais dans la barque. C'est une belle figure, Signora, je n'en ai jamais vu de plus belle. On dirait un roi.

— Rien que cela, Karl? Est-il jeune?

— Quelque chose comme trente ans.

— Quelle langue te parle-t-il?

— Le franc bohême, la vraie langue du chrétien! Il ne m'a dit que quatre ou cinq mots. Mais quel plaisir cela m'eût fait de les entendre dans ma langue... si ce n'eût été dans un vilain moment! « Ne le tue pas, c'est inutile. » Oh! il se trompait, c'était grandement nécessaire, n'est-ce pas, Signora?

— Qu'a-t-il dit, lui, quand tu as pris ce terrible parti?

— Je crois, Dieu me pardonne! qu'il ne s'en est pas aperçu. Il s'était jeté au fond de la barque où vous étiez comme morte; et, dans la crainte que vous ne fussiez atteinte de quelque coup, il vous faisait un rempart de son corps. Et quand nous nous sommes trouvés en sûreté, en pleine eau, il vous a soulevée dans ses bras, il vous a enveloppée d'un bon manteau qu'il avait apporté pour vous apparemment, et il vous soutenait contre son cœur, comme une mère qui tient son enfant. Oh! il paraît grandement vous chérir, Signora! Il est impossible que vous ne le connaissiez pas.

— Je le connais peut-être, mais puisque je n'ai pu venir à bout d'apercevoir son visage!...

— Voilà qui est singulier, qu'il se cache de vous! Au reste, rien ne doit étonner de la part de ces gens-là.

— Quelles gens, dis-moi?

— Ceux qu'on appelle les *chevaliers*, les *masques noirs*, les *invisibles*. Je n'en sais pas plus long que vous sur leur compte, Signora, bien que depuis deux mois ils me conduisent par la lisière et me mènent pas à pas de vous secourir et à vous sauver. »

Le bruit amorti du galop des chevaux sur l'herbe se fit entendre. En deux minutes, l'attelage fut renouvelé ainsi que le postillon qui n'appartenait pas à l'ordonnance royale, et qui échangea à l'écart quelques paroles rapides avec l'inconnu. Celui-ci vint présenter la main à Consuelo, qui rentra dans la voiture. Il s'y assit au fond, à la plus grande distance d'elle possible; mais il n'interrompit le silence solennel de la nuit que pour faire sonner deux heures à sa montre. Le jour était encore loin de paraître, quoiqu'on entendît le chant de la caille dans les bruyères et l'aboiement lointain des chiens de ferme. La nuit était magnifique, la constellation de la grande ourse s'élargissait en se renversant sur l'horizon. Le roulement de la voiture étouffa les voix harmonieuses de la campagne, et on tourna le dos aux grandes étoiles boréales. Consuelo comprit qu'elle marchait vers le sud. Karl, sur le siège de la voiture, s'efforçait de repousser le spectre de Mayer, qu'il croyait voir flotter à tous les carrefours de la forêt, au pied des croix, ou sous les grands sapins des futaies. Il ne songeait donc guère à remarquer vers quelles régions sa bonne ou sa mauvaise étoile le dirigeait.

XXI.

La Porporina, jugeant que c'était un parti pris, chez son compagnon, de ne point échanger une seule parole avec elle, crut ne pouvoir mieux faire que de respecter le vœu bizarre qu'il semblait observer, à l'exemple des antiques chevaliers errants. Pour échapper aux sombres images et aux tristes réflexions que le récit de Karl lui suggérait, elle s'efforça de ne penser qu'à l'avenir inconnu qui s'ouvrait devant elle; et peu à peu elle tomba dans une rêverie pleine de charmes. Peu d'organisations privilégiées ont seules le don de commander à leur pensée dans l'état d'oisiveté contemplative. Consuelo avait eu souvent, et principalement durant les trois mois d'isolement qu'elle venait de passer à Spandaw, l'occasion d'exercer cette faculté, accordée d'ailleurs, moins aux heureux de ce monde qu'à ceux qui disputent leur vie au travail, aux persécutions et aux dangers. Car il faut bien reconnaître le mystère providentiel des *grâces d'état*; sans quoi la force et la sérénité de certains infortunés paraîtrait impossible à ceux qui n'ont guère connu le malheur.

Notre fugitive se trouvait, d'ailleurs, dans une situation assez bizarre pour donner lieu à beaucoup de châteaux en Espagne. Ce mystère qui l'enveloppait comme un nuage, cette fatalité qui l'attirait dans un monde fantastique, cette sorte d'amour paternel qui l'environnait de miracles, c'en était bien assez pour charmer une jeune imagination riche de poésie. Elle se rappelait ces paroles de l'Écriture que, dans ses jours de captivité, elle avait mises en musique.

« J'enverrai vers toi un de mes anges qui te portera
« dans ses bras, afin que ton pied ne heurte point la
« pierre. . . . .
« . . . .
« Je marche dans les ténèbres, et j'y marche sans
« crainte, parce que le Seigneur est avec moi. »

Ces mots avaient désormais un sens plus clair et plus divin pour elle. Dans un temps où l'on ne croit plus à la révélation directe et à la manifestation sensible de la Divinité, la protection et le secours du ciel se traduisent sous la forme d'assistance, d'affection et de dévouement de la part de nos semblables. Il y a quelque chose de si doux à abandonner la conduite de sa propre destinée à qui nous aime, et à se sentir, pour ainsi dire, porté par autrui! C'est un bonheur si grand qu'il nous corromprait vite, si nous ne combattions nous-mêmes pour ne pas en abuser. C'est le bonheur de l'enfant, dont les songes dorés ne sont troublés, sur le sein maternel, par aucune des appréhensions de la vie réelle.

Ces pensées, qui se présentaient comme un rêve à Consuelo, au sortir subit et imprévu d'une existence si cruelle, la bercèrent d'une sainte volupté, jusqu'à ce que le sommeil vint les noyer et les confondre dans cette sorte de repos de l'âme et du corps qu'on pourrait appeler un néant senti et savouré. Elle avait totalement oublié la présence de son muet compagnon de voyage, lorsqu'elle se réveilla tout près de lui, la tête appuyée sur son épaule. Elle ne pensa pas d'abord à se déranger; elle venait de rêver qu'elle voyageait en charrette avec sa mère, et le bras qui la soutenait lui semblait être celui de la Zingara. Un réveil plus complet lui fit sentir la confusion de son inadvertance; mais le bras de l'inconnu semblait être devenu une chaîne magique. Elle fit à la dérobée de vaines tentatives pour s'en dégager; l'inconnu paraissait dormir lui-même et avoir reçu machinalement sa compagne dans ses bras lorsque la fatigue et le mouvement de la voiture l'y avaient fait glisser. Il avait joint ses deux mains ensemble autour de la taille de Consuelo, comme pour se préserver lui-même de la laisser tomber à ses pieds en s'endormant. Mais son sommeil n'avait pas relâché la force de ses doigts entrelacés, et il eût fallu, en essayant de les détacher, le réveiller complétement. Consuelo ne l'osa pas. Elle espéra que de lui-même il lui rendrait sa liberté sans le savoir, et qu'elle pourrait retourner à sa place sans paraître avoir remarqué positivement toutes ces circonstances délicates de leur tête-à-tête.

Mais en attendant que l'inconnu s'endormît plus profondément, Consuelo, que le calme de sa respiration et l'immobilité de son repos avaient rassurée, se rendormit elle-même, vaincue par l'épuisement qui succède aux grandes agitations. Lorsqu'elle se réveilla de nouveau, la tête de son compagnon s'était penchée sur la sienne, son masque s'était détaché, leurs joues se touchaient, leurs haleines se confondaient. Elle fit un mouvement brusque pour se retirer, sans songer à regarder les traits de l'inconnu, ce qui, d'ailleurs, eût été assez difficile vu l'obscurité qui régnait au dehors et surtout dans la voiture. L'inconnu rapprocha Consuelo de sa poitrine, dont la chaleur embrasa magnétiquement la sienne, et lui ôta la force et le désir de s'éloigner. Cependant il n'y avait rien de violent ni de brutal dans l'étreinte douce et brûlante de cet homme. La chasteté ne se sentait ni effrayée ni souillée par ses caresses; et Consuelo, comme si un charme eût été jeté sur elle, oubliant la retenue, on pourrait même dire la froideur virginale dont elle n'avait jamais été tentée de se départir, même dans les bras du fougueux Anzoleto, rendit à l'inconnu le baiser enthousiaste et pénétrant qu'il cherchait sur ses lèvres.

Comme tout était bizarre et insolite chez cet être mystérieux, le transport involontaire de Consuelo ne parut ni le surprendre, ni l'enhardir, ni l'enivrer. Il la pressa encore lentement contre son cœur, et quoique ce fût avec une force extraordinaire, elle ne ressentit pas la douleur qu'une violente pression cause toujours à un être délicat. Elle n'éprouva pas non plus l'effroi et la honte qu'un si notable oubli de sa pudeur accoutumée eût dû lui apporter après un instant de réflexion. Aucune pensée ne vint troubler la sécurité ineffable de cet instant d'amour senti et partagé comme par miracle. C'était le premier de sa vie. Elle en avait l'instinct, ou plutôt la révélation; et le charme en était si complet, si profond, si divin, que rien ne semblait pouvoir jamais l'altérer. L'inconnu lui paraissait un être à part, quelque chose d'angélique dont l'amour la sanctifiait. Il passa légèrement le bout de ses doigts, plus doux que le tissu d'une fleur, sur les paupières de Consuelo, et à l'instant elle se rendormit comme par enchantement. Il resta éveillé cette fois, mais calme en apparence, comme s'il eût été invincible, comme si les traits de la tentation n'eussent pu pénétrer son armure. Il veillait en entraînant Consuelo vers des régions inconnues, tel qu'un archange emportant sous son aile un jeune séraphin anéanti et consumé par le rayonnement de la Divinité.

Le jour naissant et le froid du matin tirèrent enfin Consuelo de cette espèce de léthargie. Elle se trouva seule dans la voiture, et se demanda si elle avait rêvé qu'elle aimait. Elle essaya de baisser une des jalousies: mais elles étaient toutes fermées par un verrou extérieur ou par un ressort dont elle ne connaissait pas le jeu. Elle pouvait recevoir l'air et voir courir en lignes brisées et confuses les marges blanches ou vertes du chemin; mais elle ne pouvait rien discerner dans la campagne, ni par conséquent faire aucune observation, aucune découverte sur la route qu'elle tenait. Il y avait quelque chose d'absolu et de despotique dans la protection étendue sur elle. Cela ressemblait à un enlèvement, elle commença à en prendre souci et frayeur.

L'inconnu disparu, la pauvre pécheresse sentit arriver enfin toutes les angoisses de la honte, toute la stupeur de l'étonnement. Il n'était peut-être pas beaucoup de *filles d'Opéra* (comme on appelait alors les cantatrices et les danseuses) qui se fussent tourmentées pour un baiser rendu dans les ténèbres à un inconnu fort discret, surtout avec la garantie donnée par Karl à la Porporina que c'était un jeune homme d'une prestance et d'une figure admirables. Mais cet acte de folie était tellement en dehors des mœurs et des idées de la bonne et sage Consuelo, qu'elle en fut profondément humiliée. Elle en demanda pardon aux mânes d'Albert, et rougit jusqu'au fond de l'âme d'avoir été infidèle à son souvenir d'une façon si brusque, et avec si peu de réflexion et de dignité. Il faut, pensa-t-elle, que les événements tragiques de la soirée et la joie de ma délivrance m'aient donné un accès de délire. Autrement, comment aurais-je pu me figurer que j'éprouvais de l'amour pour un homme qui ne m'a pas adressé un seul mot, dont je ne sais pas le nom, et dont je n'ai pas seulement vu les traits! Cela ressemble aux plus honteuses aventures de bal masqué, à ces ridicules surprises des sens dont la Corilla s'accusait devant moi, et dont je ne pouvais pas concevoir la possibilité pour une autre femme qu'elle. Quel mépris cet homme doit avoir conçu pour moi! S'il n'a pas abusé de mon égarement, c'est que j'étais sous la garantie de son honneur, ou bien qu'un serment le lie sans doute à des devoirs plus respectables, ou bien enfin qu'il m'a justement dédaignée! Puisse-t-il avoir compris ou deviné que ce n'était de ma part qu'un accès de fièvre, qu'un transport au cerveau!

Consuelo avait beau se faire tous ces reproches, elle ne pouvait se défendre d'une amertume plus grande encore que toutes les railleries de sa conscience : le regret d'avoir perdu ce compagnon de voyage qu'elle ne se sentait le droit ni la force d'accuser ou de maudire. Il restait au fond de sa pensée comme un être mystérieux investi d'une puissance magique, peut-être diabolique, mais à coup sûr irrésistible. Elle en avait peur, et pourtant elle désirait n'en être pas si brusquement et à jamais séparée.

La voiture se mit au pas, et Karl vint ouvrir la jalousie. « Si vous voulez marcher un peu, Signora, lui dit-il, *monsieur le chevalier* vous y engage. La montée est rude pour les chevaux, et nous sommes en plein bois; il paraît qu'il n'y a pas de danger. »

Consuelo s'appuya sur l'épaule de Karl, et sauta sur le sable sans lui donner le temps de baisser le marchepied. Elle espérait voir son compagnon de voyage, son amant improvisé. Elle le vit en effet, mais à trente pas devant elle, le dos tourné par conséquent, et toujours drapé de ce vaste manteau gris qu'il paraissait décidé à garder le jour comme la nuit. Sa démarche et le peu qu'on apercevait de sa chevelure et de sa chaussure annonçaient une grande distinction, et l'élégance d'un homme soigneux de rehausser par une toilette *galante*, comme on disait alors, *les avantages de sa personne*. La poignée de son épée, recevant les rayons du soleil levant, brillait à son flanc comme une étoile, et le parfum de la poudre que les gens de bon ton choisissaient alors avec la plus grande recherche laissait derrière lui, dans l'atmosphère du matin, la trace embaumée d'un homme *comme il faut*.

Hélas! mon Dieu, pensa Consuelo, c'est peut-être quelque fat, quelque seigneur de contrebande, ou quelque noble orgueilleux. Quel qu'il soit, il me tourne le dos ce matin, et il a bien raison!

« Pourquoi l'appelles-tu *le chevalier*? demanda-t-elle à Karl en continuant tout haut ses réflexions.

— C'est parce que je l'entends appeler ainsi par les postillons.

— Le chevalier de quoi?

— M. le chevalier tout court. Mais pourquoi cherchez-vous à le savoir, Signora? Puisqu'il désire vous rester inconnu, il me semble qu'il vous rend d'assez grands services au péril de sa vie, pour que vous ayez l'obligeance de rester tranquille à cet égard. Quant à moi, je voyagerais bien dix ans avec lui sans lui demander où il me mène. Il est si beau, si brave, si bon, si gai!...

— Si gai? cet homme-là est gai?

— Certes. Il est si content de vous avoir sauvée, qu'il ne peut s'en taire. Il me fait mille questions sur Spandaw, sur vous, sur Gottlieb, sur moi, sur le roi de Prusse. Moi, je lui dis tout ce que je sais, tout ce qui m'est arrivé, même l'aventure de Roswald! Cela fait tant de bien de parler le bohémien et d'être écouté par un homme d'esprit qui vous comprend, au lieu que tous ces ânes de Prussiens n'entendent que leur chienne de langue.

— Il est donc Bohémien, lui?

— Je me suis permis de lui faire cette question, et il m'a répondu *non* tout court, même un peu sèchement. Aussi j'avais tort de l'interroger, lorsque son bon plaisir était de me faire répondre.

— Est-il toujours masqué?

— Seulement quand il s'approche de vous, Signora. Oh! c'est un plaisant; il veut sans doute vous intriguer. »

L'enjouement et la confiance de Karl ne rassuraient pas entièrement Consuelo. Elle voyait bien qu'il joignait à beaucoup de détermination et de bravoure une droiture et une simplicité de cœur dont on pouvait aisément abuser. N'avait-il pas compté sur la bonne foi de Mayer? Ne l'avait-il pas poussée elle-même dans la chambre de ce misérable? Et maintenant il la soumettait aveuglément à un inconnu pour enlever Consuelo, et l'exposer peut-être à des séductions plus raffinées et plus dangereuses! Elle se rappelait le billet des *invisibles* : « On te tend « un piège, un nouveau danger te menace. Méfie-toi de « quiconque t'engagerait à fuir avant que nous t'ayons « donné des avis certains. Persévère dans ta force, etc. »

Aucun autre billet n'était venu confirmer celui-là, et Consuelo, s'abandonnant à la joie de retrouver Karl, avait cru ce digne serviteur suffisamment autorisé à la servir. L'inconnu n'était-il pas un traitre? Où le conduisait-il avec tant de mystère? Consuelo ne se connaissait pas d'ami dont la ressemblance pût s'accommoder à la brillante tournure du chevalier, à moins que ce ne fût Frédéric de Trenck. Mais Karl connaissait parfaitement ce dernier, ce n'était donc pas. Le comte de Saint-Germain était plus âgé, Cagliostro moins grand. A force de regarder de loin l'inconnu pour tâcher de découvrir en lui un ancien ami, Consuelo arriva à trouver qu'elle n'avait jamais vu personne marcher avec tant d'aisance et de grâce. Albert seul eût été doué d'autant de majesté; mais sa démarche lente et son abattement habituel excluaient cet air de force, cette allure chevaleresque qui caractérisaient l'inconnu.

Le bois s'éclaircissait et les chevaux commençaient à trotter pour rejoindre les voyageurs qui les avaient devancés. Le chevalier, sans se retourner, étendit les bras, et secoua son mouchoir plus blanc que la neige. Karl comprit ce signal, et fit remonter Consuelo en en voiture en lui disant :

« A propos, Signora, vous trouverez dans de grands coffres, sous les banquettes, du linge, des vêtements, et tout ce qu'il vous faudra pour déjeuner et dîner au besoin. Il y aussi des livres. Enfin, il paraît que c'est une hôtellerie roulante, et que vous n'en sortirez pas de si tôt.

— Karl, dit Consuelo, je te prie de demander à monsieur le chevalier si je serai libre, lorsque nous aurons passé la frontière, de lui faire mes remerciements et d'aller où bon me semblera.

— Oh! Signora, je n'oserai jamais dire une chose si désobligeante à un homme si aimable!

— C'est égal, je l'exige. Tu me rendras sa réponse au prochain relais, puisqu'il ne veut pas me parler. »

La réponse de l'inconnu fut que la voyageuse était parfaitement libre, et que tous ses désirs seraient des ordres; mais qu'il y allait de son salut et de la vie de son guide, ainsi que de celle de Karl, à ne pas contrarier les desseins qu'on avait sur sa route, et sur le choix de son asile. Karl ajouta, d'un air de reproche naïf, que cette méfiance avait paru faire bien du mal au chevalier, et qu'il était devenu triste et morne. Elle en eut des remords, et lui fit dire qu'elle remettait son sort entre les mains des *invisibles*.

La journée entière se passa sans aucun incident. Enfermée et cachée dans la voiture comme un prisonnier d'État, Consuelo ne put faire aucune conjecture sur la direction de son voyage. Elle changea de toilette avec la plus grande satisfaction; car elle avait aperçu au jour quelques gouttes du sang noir de Mayer sur ses vêtements, et ces traces lui faisaient horreur. Elle essaya de lire; mais son esprit était trop préoccupé. Elle prit le parti de dormir le plus possible, espérant oublier de plus en plus la mortification de sa dernière aventure. Mais lorsque la nuit fut venue, et que l'inconnu resta sur le siège, elle éprouva une plus grande confusion encore. Évidemment il n'avait rien oublié, lui, et sa respectueuse délicatesse rendait Consuelo plus ridicule et plus coupable encore à ses propres yeux. En même temps elle s'affligeait du malaise et de la fatigue qu'il supportait sur ce siège, étroit pour deux personnes côte à côte, lui qui paraissait si recherché, avec un soldat fort proprement travesti en domestique, à la vérité, mais dont la conversation confiante et prolixe pouvait bien lui peser à la longue; enfin, exposé au frais de la nuit et privé de sommeil. Tant de courage ressemblait peut-être aussi à de la présomption; se croyait-il irrésistible? Pensait-il que Consuelo, revenue d'une première surprise de l'imagination, ne se défendrait pas de sa familiarité par trop paternelle? La pauvre enfant se disait tout cela pour consoler son orgueil abattu; mais le plus certain, c'est qu'elle désirait le revoir, et craignait, par-dessus tout, son dédain ou le triomphe d'un excès de vertu qui les eût à jamais rendus étrangers l'un à l'autre.

Vers le milieu de la nuit, on s'arrêta dans une ravine. Le temps était sombre. Le bruit du vent dans le feuillage ressemblait à celui d'une eau courante : « Signora, dit Karl en ouvrant la portière, nous voici arrivés au moment le moins commode de notre voyage : il nous faut passer la frontière. Avec de l'audace et de l'argent, on se tire de tout, dit-on. Cependant il ne serait pas prudent de nous fier ici au grand chemin et sous l'œil des gens de police. Je ne risque rien, moi qui ne suis rien. Je vais conduire le carrosse au pas, avec un seul cheval, comme si je menais cette nouvelle acquisition chez mes maîtres, à une campagne voisine. Vous, vous prendrez la traverse avec monsieur le chevalier, et vous passerez peut-être par des sentiers un peu difficiles. Vous sentez-vous la force de faire une lieue à pied sur de mauvais chemins? »

Sur la réponse affirmative de Consuelo, elle trouva le bras du chevalier prêt à recevoir le sien; Karl ajouta : « Si vous arrivez avant moi au lieu du rendez-vous, vous m'attendrez sans crainte, n'est-ce pas, Signora?

— Je ne crains rien, répondit Consuelo avec un mélange de tendresse et de fierté envers l'inconnu, puisque je suis sous la protection de Monsieur. Mais, mon pauvre Karl, ajouta-t-elle, n'y a-t-il point de danger pour toi? »

Karl haussa les épaules en baisant la main de Consuelo; puis il courut procéder à l'arrangement du cheval; et Consuelo partit aussitôt à travers champs avec son taciturne protecteur.

XXII.

Le temps s'obscurcissait de plus en plus; le vent s'élevait toujours, et nos deux fugitifs marchaient péniblement depuis une demi-heure, tantôt sur des sentiers pierreux, tantôt dans les ronces et les longues herbes, lorsque la pluie se déclara soudainement avec une violence extraordinaire. Consuelo n'avait pas encore dit un mot à son compagnon; mais le voyant s'inquiéter pour elle et chercher un abri, elle lui dit enfin :

« Ne craignez rien pour moi, Monsieur; je suis forte,

et n'ai de chagrin que celui de vous voir exposé à tant de fatigues et de soucis pour une personne qui ne vous est rien et qui ne sait comment vous remercier. »

L'inconnu fit un mouvement de joie en apercevant une masure abandonnée, dans un coin de laquelle il réussit à mettre sa compagne à couvert des torrents de pluie. La toiture de cette ruine avait été enlevée, et l'espace abrité par un retour de la maçonnerie était si exigu, qu'à moins de se placer tout près de Consuelo, l'inconnu était forcé de recevoir la pluie. Il respecta pourtant sa situation, au point de s'éloigner d'elle pour lui ôter toute crainte. Mais Consuelo ne put souffrir longtemps d'accepter tant d'abnégation. Elle le rappela ; et, voyant qu'il persistait, elle quitta son abri, en lui disant d'un ton qu'elle s'efforça de rendre enjoué :

« Chacun son tour, Monsieur le chevalier ; je puis bien me mouiller un peu. Vous allez prendre ma place, puisque vous refusez d'en prendre votre part. »

Le chevalier voulut reconduire Consuelo à cette place qui faisait l'objet d'un combat de générosité ; mais elle lui résista :

« Non, dit-elle, je ne vous céderai pas. Je vois bien que je vous ai offensé aujourd'hui en exprimant le désir de vous quitter à la frontière. Je dois expier mes torts. Je voudrais qu'il m'en coûtât un bon rhume ! »

Le chevalier céda, et se mit à l'abri. Consuelo, sentant bien qu'elle lui devait une grande réparation, vint s'y placer à ses côtés, quoiqu'elle fût humiliée d'avoir peut-être l'air de lui faire des avances ; mais elle aimait mieux lui paraître légère qu'ingrate, et elle voulut s'y résigner, en expiation de son tort. L'inconnu le comprit si bien, qu'il resta aussi éloigné d'elle que pouvait le permettre un espace de deux ou trois pieds carrés. Appuyé sur les gravois, il affectait même de détourner la tête, pour ne pas l'embarrasser et ne pas se montrer enhardi par sa sollicitude. Consuelo admirait qu'un homme condamné au mutisme, et qui l'y condamnait elle-même jusqu'à un certain point, la devinât si bien, et se fit si bien comprendre. Chaque instant augmentait son estime pour lui ; et cette estime singulière lui causait de si forts battements de cœur, qu'elle pouvait à peine respirer dans l'atmosphère embrasée par la respiration de cet homme incompréhensiblement sympathique.

Au bout d'un quart d'heure, l'averse s'apaisa au point de permettre aux deux voyageurs de se remettre en route ; mais les sentiers détrempés étaient devenus presque impraticables pour une femme. Le chevalier souffrit quelques instants, avec sa contenance impassible, que Consuelo glissât et se retînt à lui pour ne pas tomber à chaque pas. Mais, tout à coup, las de la voir se fatiguer, il la prit dans ses bras, et l'emporta comme un enfant, quoiqu'elle lui en fît des reproches ; mais ces reproches n'allaient pas jusqu'à la résistance. Consuelo se sentait fascinée et dominée. Elle traversait le vent et l'orage emportée par ce sombre cavalier, qui ressemblait à l'esprit de la nuit, et qui franchissait ravins et fondrières, avec son fardeau, d'un pas aussi rapide et aussi assuré que s'il eût été d'une nature immatérielle. Ils arrivèrent ainsi au gué d'une petite rivière. L'inconnu s'élança dans l'eau en élevant Consuelo dans ses bras, à mesure que le gué devenait plus profond.

Malheureusement, cette trombe de pluie si épaisse et si soudaine avait enflé le cours du ruisseau, qui était devenu un torrent, et qui courait, troublé et couvert d'écume, avec un murmure sourd et sinistre. Le chevalier en avait déjà jusqu'à la ceinture ; et dans l'effort qu'il faisait pour soutenir Consuelo au-dessus de la surface, il était à craindre que ses pieds engagés dans la vase ne vinssent à fléchir. Consuelo eut peur pour lui :

« Lâchez-moi, dit-elle, je sais nager. Au nom du ciel, lâchez-moi ! L'eau augmente toujours, vous allez vous noyer ! »

En ce moment, un coup de vent furieux abattit un des arbres du rivage vers lequel nos voyageurs se dirigeaient, ce qui entraîna l'éboulement d'énormes masses de terre et de pierres qui semblèrent, pour un instant, opposer une digue naturelle à la violence du courant. L'arbre était heureusement tombé en sens inverse de la rivière, et l'inconnu commençait à respirer, lorsque l'eau, se frayant un passage entre les obstacles qui l'encombraient, se resserra en un courant d'une telle force qu'il lui devint à peu près impossible de lutter davantage. Il s'arrêta, et Consuelo essaya de se dégager de ses bras.

« Laissez-moi, dit-elle, je ne veux pas être cause de votre perte. J'ai de la force et du courage, moi aussi ! laissez-moi lutter avec vous. »

Mais le chevalier la serra contre son cœur avec une nouvelle énergie. On eût dit qu'il avait dessein de périr là avec elle. Elle eut peur de ce masque noir, de cet homme silencieux qui, comme les ondins des antiques ballades allemandes, semblait vouloir l'entraîner dans le gouffre. Elle n'osa plus résister. Pendant d'un quart d'heure, l'inconnu combattit contre la fureur du flot et du vent, avec une froideur et une obstination vraiment effrayantes, soutenant toujours Consuelo au-dessus de l'eau, et gagnant un pied de terrain en quatre ou cinq minutes. Il jugeait sa situation avec calme. Il lui était aussi difficile de reculer que d'avancer ; il avait passé l'endroit le plus profond, et il sentait que, dans le mouvement qu'il serait forcé de faire pour se retourner, l'eau pourrait le soulever et lui faire perdre pied. Il atteignit enfin la rive, et continua sa marche sans permettre à Consuelo de marcher elle-même, et sans reprendre haleine, jusqu'à ce qu'il eût entendu le sifflet de Karl qui l'attendait avec anxiété. Alors il déposa son précieux fardeau dans les bras du déserteur, et tomba anéanti sur le sable. Sa respiration ne s'exhalait plus qu'en sourds gémissements ; on eût dit que sa poitrine allait se briser.

« O mon Dieu, Karl, il va mourir ! dit Consuelo en se jetant sur le chevalier. Vois ! c'est le râle de la mort. Ôtons-lui ce masque qui l'étouffe... »

Karl allait obéir ; mais l'inconnu, soulevant avec effort sa main glacée, arrêta celle du déserteur.

« C'est juste ! dit Karl ; mon serment, Signora. Je lui ai juré que quand même il mourrait sous vos yeux, je ne toucherais pas à son masque. Courez à la voiture, Signora, apportez-moi ma gourde d'eau-de-vie, qui est sur le siège ; quelques gouttes le ranimeront. »

Consuelo voulut se lever, mais le chevalier la retint. S'il devait mourir, il voulait expirer à ses pieds.

« C'est encore juste, dit Karl, qui, malgré sa rude enveloppe, comprenait les mystères de l'amour (il avait aimé)! Vous le soignerez mieux que moi. Je vais chercher la gourde. Tenez, Signora, ajouta-t-il à voix basse, je crois bien que si vous l'aimiez un peu, et que si vous aviez la charité de lui dire, il ne se laisserait pas mourir. Sans cela, je ne réponds de rien. »

Karl s'en alla en souriant. Il ne partageait pas tout à fait l'effroi de Consuelo ; il voyait bien que déjà la suffocation du chevalier commençait à s'alléger. Mais Consuelo épouvantée, et croyant assister aux derniers moments de cet homme généreux, l'entoura de ses bras et couvrit de baisers le haut de son front, seule partie de son visage que le masque laissait à découvert.

« O mon Dieu, dit-elle ; ôtez cela ; je ne vous regarderai pas, je m'éloignerai ; au moins vous pourrez respirer. »

L'inconnu prit les deux mains de Consuelo, et les posa sur sa poitrine haletante, autant pour en sentir la douce chaleur que pour lui ôter l'envie de le soulager en découvrant son visage. En ce moment, toute l'âme de la jeune fille était dans cette chaste étreinte. Elle se rappela ce que Karl lui avait dit d'un air moitié goguenard, moitié attendri.

« Ne mourez pas, dit-elle à l'inconnu ; oh ! ne vous laissez pas mourir ; ne sentez-vous donc pas bien que je vous aime ? »

Elle n'eut pas plus tôt dit ces paroles, qu'elle crut les avoir dites dans un rêve. Mais elles s'étaient échappées de ses lèvres, comme malgré elle. Le chevalier les avait entendues. Il fit un effort pour se soulever, se mit sur ses genoux, et embrassa ceux de Consuelo qui fondit en larmes sans savoir pourquoi.

Karl revint avec sa gourde. Le chevalier repoussa ce spécifique favori du déserteur, et s'appuyant sur lui, gagna la voiture, où Consuelo s'assit à ses côtés. Elle s'inquiétait beaucoup du froid que devaient lui causer ses vêtements mouillés.

« Ne craignez rien, Signora, dit Karl, M. le chevalier n'a pas eu le temps de se refroidir. Je vais lui mettre sur le corps mon manteau, que j'ai eu soin de serrer dans la voiture quand j'ai vu venir la pluie ; car je me suis bien douté que l'un de vous se mouillerait. Quand on s'enveloppe de vêtements bien secs et bien épais sur des habits mouillés, on peut conserver assez longtemps la chaleur. On est comme dans un bain tiède, et ce n'est pas malsain.

— Mais toi, Karl, fais de même, dis Consuelo ; prends mon mantelet, car tu t'es mouillé pour nous préserver.

— Oh ! moi, dit Karl, j'ai la peau plus épaisse que vous autres. Mettez encore le mantelet sur le chevalier. Empaquetez-le bien ; et moi, dussé-je crever ce pauvre cheval, je vous conduirai jusqu'au relais sans m'engourdir en chemin. »

Pendant une heure Consuelo tint ses bras enlacés autour de l'inconnu ; et sa tête, qu'il avait attirée sur son sein, y ramena la chaleur de la vie mieux que toutes les recettes et les prescriptions de Karl. Elle interrogeait quelquefois son front, et le réchauffait de son haleine, pour que la sueur dont il était baigné ne s'y refroidît pas. Lorsque la voiture s'arrêta, il la pressa contre son cœur avec une force qui lui prouva bien qu'il était dans toute la plénitude de la vie et du bonheur. Puis il descendit précipitamment le marchepied, et disparut.

Consuelo se trouva sous une espèce de hangar, face à face avec un vieux serviteur, à demi paysan qui portait une lanterne sourde, et qui la conduisit, par un sentier bordé de haies, le long d'une maison de médiocre apparence, jusqu'à un pavillon, dont il referma la porte derrière elle, après l'y avoir fait entrer sans lui. Voyant une seconde porte ouverte, elle pénétra dans un petit appartement fort propre et fort simple, composé de deux pièces : une chambre à coucher bien chauffée, avec un bon lit tout préparé, et une autre pièce éclairée à la bougie et munie d'un souper confortable. Elle remarqua avec chagrin qu'il n'y avait qu'un couvert ; et lorsque Karl vint lui apporter ses paquets et lui offrir ses services pour la table, elle n'osa pas lui dire que tout ce qu'elle souhaitait, c'eût été la compagnie de son protecteur pour souper.

« Va manger et dormir toi-même, mon bon Karl, dit-elle, je n'ai besoin de rien. Tu dois être plus fatigué que moi.

— Je ne suis pas plus fatigué que si je venais de dire mes prières au coin du feu avec ma pauvre femme, à qui Dieu fasse paix ! Oh ! c'est pour le coup que j'ai baisé la terre quand je me suis vu encore une fois hors de Prusse, quoiqu'en vérité je ne sache pas si nous sommes en Saxe, en Bohême, en Pologne, ou *en Chine*, comme on disait chez M. le comte Hoditz à Roswald.

— Et comment est-il possible, Karl, que, voyageant sur le siège de la voiture, tu n'aies pas reconnu dans la journée un seul des endroits où nous avons passé ?

— C'est qu'apparemment je n'ai jamais fait cette route-là, Signora ; et puis, c'est que je ne sais pas lire ce qui est écrit sur les murs et sur les poteaux, et enfin que nous ne nous sommes arrêtés dans aucune ville ni village, et que nous avons toujours pris nos relais dans quelque bois ou dans la cour de quelque maison particulière. Enfin il y a une quatrième raison, c'est que j'ai donné ma parole d'honneur à M. le chevalier de ne pas vous le dire, Signora.

— C'est par cette raison-là que tu aurais dû commencer, Karl ; je n'aurais pas fait d'objections. Mais, dis-moi, le chevalier te paraît-il malade ?

— Nullement, Signora, il va et vient dans la maison, où véritablement il ne me semble pas avoir de grandes affaires, car je n'y aperçois d'autre figure que celle d'un vieux jardinier peu causeur.

— Va donc lui offrir tes services, Karl. Cours, laisse-moi.

— Comment donc faire ? il les a refusés, en me commandant de ne m'occuper que de vous.

— Eh bien, occupe-toi de toi-même, mon ami, et fais de bons rêves sur ta liberté. »

Consuelo se coucha aux premières lueurs du matin ; et lorsqu'elle fut relevée et habillée, sa montre marqua deux heures. La journée paraissait claire et brillante. Elle essaya d'ouvrir les persiennes ; mais dans l'une et l'autre pièce elle les trouva fermées par un secret, comme celles de la chaise de poste où elle avait voyagé. Elle essaya de sortir ; les portes étaient verrouillées en dehors. Elle revint à la fenêtre, et distingua les premiers plans d'un verger modeste. Rien n'annonçait le voisinage d'une ville ou d'une route fréquentée. Le silence était complet dans la maison ; au dehors il n'était troublé que par le bourdonnement des insectes, le roucoulement des pigeons sur le toit, et de temps en temps par le cri plaintif d'une roue de brouette dans les allées où son regard ne pouvait plonger. Elle écouta machinalement ces bruits agréables à son oreille, si longtemps privée des échos de la vie rustique. Consuelo était encore prisonnière, et tous les soins qu'on prenait pour lui cacher sa situation lui donnaient bien quelque inquiétude. Mais elle se fût résignée pour quelque temps à une captivité dont l'aspect était si peu farouche, et l'amour du chevalier ne lui causait pas la même horreur que celui de Mayer.

Quoique le fidèle Karl lui eût recommandé de sonner aussitôt qu'elle serait levée, elle ne voulut pas le déranger jugeant qu'il avait besoin d'un plus long repos qu'elle. Elle craignait surtout de réveiller son autre compagnon de voyage, dont la fatigue devait être excessive. Elle passa dans la pièce attenante à sa chambre, et à la place du repas de la veille, qui avait été enlevé sans qu'elle s'en aperçût, elle trouva la table chargée de livres et des objets nécessaires pour écrire.

Les livres la tentèrent peu ; elle était trop agitée pour en faire usage, et comme au milieu de ses perplexités elle trouvait un irrésistible plaisir à se retracer les événements de la nuit précédente, elle ne fit aucun effort pour s'en distraire. Peu à peu l'idée lui vint, puisqu'elle était toujours tenue au secret, de continuer son journal, et elle écrivit pour préambule cette page sur une feuille volante.

« Cher Beppo, c'est pour toi seul que je reprendrai le récit de mes bizarres aventures. Habituée à te parler avec l'expansion qu'inspire la conformité des âges et le rapport des idées, je pourrai te confier des émotions que mes autres amis ne comprendraient pas, et qu'ils jugeraient sans doute plus sévèrement que toi. Ce début te fera deviner que je ne me sens pas exempte de torts ; j'en ai à mes propres yeux, bien que j'en ignore jusqu'à présent la portée et les conséquences.

« Joseph, avant de te raconter comment je me suis enfuie de Spandaw (ce qui, en vérité, ne me paraît presque plus rien au prix de ce qui m'occupe maintenant), il faut que je te dise... comment te le dirais-je ?... je ne le sais pas moi-même. Est-ce un rêve que j'ai fait ? Je sens pourtant que ma tête brûle et que mon cœur tressaille, comme s'il voulait s'élancer hors de moi et se perdre dans une autre âme... Tiens, je te le dirai tout simplement, car tout est dans ce mot, mon cher ami, mon bon camarade, j'aime !

« J'aime un inconnu, un homme dont je n'ai pas vu la figure et dont je n'ai pas entendu la voix. Tu vas dire que je suis folle, tu auras bien raison : l'amour n'est-il pas une folie sérieuse ? Écoute, Joseph, et ne doute pas de mon bonheur qui surpasse toutes les illusions de mon premier amour de Venise, un bonheur si enivrant qu'il m'empêche de sentir la honte de l'avoir si vite et si follement accepté, la crainte d'avoir mal placé mon affection, celle même de ne pas être payée de retour... Oh ! c'est que je suis aimée, je le sens si bien !... Sois certain que je ne me trompe pas, et que j'aime, cette fois, véritablement, oserai-je dire éperdument ? Pourquoi non ? l'amour nous vient de Dieu. Il ne dépend pas de nous de l'allumer dans notre sein, comme nous allumerions un flambeau sur

O mon Dieu, Karl, il va mourir!.. (Page 86.)

l'autel. Tous mes efforts pour aimer Albert (celui dont je ne trace plus le nom qu'en tremblant!) n'avaient pas réussi à faire éclore cette flamme ardente et sacrée; depuis que je l'ai perdu, j'ai aimé son souvenir plus que je n'avais aimé sa personne. Qui sait de quelle manière je pourrais l'aimer, s'il m'était rendu?... »

À peine Consuelo eut-elle tracé ces derniers mots, qu'elle les effaça, pas assez peut-être pour qu'on ne pût les lire encore, mais assez pour se soustraire à l'effroi de les avoir eus dans la pensée. Elle était vivement excitée; et la vérité de son inspiration amoureuse se trahissait, malgré elle, dans ce qu'elle avait de plus intime. Elle voulut en vain continuer d'écrire, afin de mieux s'expliquer à elle-même le mystère de son propre cœur. Elle ne trouvait rien à dire pour en rendre la nuance délicate que ces terribles mots : « Qui sait comment je pourrais aimer Albert, s'il m'était rendu ? »

Consuelo ne savait pas mentir; elle avait cru aimer d'amour le souvenir d'un mort; mais elle sentait la vie déborder de son sein, et une passion réelle anéantir une passion imaginaire.

Elle essaya de relire tout ce qu'elle venait d'écrire, pour sortir de ce désordre d'esprit. En le relisant, elle n'y trouva précisément que désordre, et, désespérant de pouvoir goûter assez de calme pour se résumer, sentant que cet effort lui donnait la fièvre, elle froissa dans ses mains la feuille écrite, et la jeta sur la table, en attendant qu'elle pût la brûler. Tremblante comme une âme coupable, le visage en feu, elle marchait avec agitation, et ne se rendait plus compte de rien, sinon qu'elle aimait, et qu'il ne dépendait plus d'elle d'en douter.

On frappa à la porte de sa chambre à coucher, et elle rentra pour ouvrir à Karl. Il avait la figure échauffée, l'œil troublé, la mâchoire un peu lourde. Elle le crut malade de fatigue; mais elle comprit bientôt à ses réponses, qu'il avait un peu trop fêté, le matin en arrivant, le vin ou la bière de l'hospitalité. C'était là le seul défaut du pauvre Karl. Une certaine dose le rendait confiant à l'excès; une dose plus forte pouvait le rendre terrible. Heureusement il s'était tenu à la dose de l'expansion et de la bienveillance, et il lui en restait quelque chose, même après avoir dormi toute la journée. Il raffolait de M. le chevalier, il ne pouvait pas parler d'autre chose. M. le chevalier était si bon, si humain, si peu fier

Elle s'élança et saisit cette main.. (Page 91.)

avec le pauvre monde! Il avait fait asseoir Karl vis-à-vis de lui, au lieu de lui permettre de le servir à table, et il l'avait contraint de partager son repas, et il lui avait versé du meilleur vin, trinquant avec lui à chaque verre, et lui tenant tête comme un vrai Slave.

« Quel dommage que ce ne soit qu'un Italien! disait Karl : il mériterait bien d'être Bohême; il porte aussi bien le vin que moi-même.

— Ce n'est peut-être pas beaucoup dire, répondit Consuelo, peu flattée de cette grande aptitude du chevalier à boire avec les valets. »

Mais elle se reprocha aussitôt de pouvoir considérer Karl comme inférieur à elle ou à ses amis, après les services qu'il lui avait rendus. D'ailleurs, c'était, sans doute, pour entendre parler d'elle que le chevalier avait recherché la société de ce serviteur dévoué. Les discours de Karl lui firent voir qu'elle ne se trompait pas.

« Oh! Signora, ajouta-t-il naïvement, ce digne jeune homme vous aime comme un fou, il ferait pour vous des crimes, des bassesses même!

— Je l'en dispenserais fort, répondit Consuelo, à qui ces expressions déplurent quoique sans doute Karl n'en comprit pas la portée. Pourrais-tu m'expliquer, lui dit-elle pour changer de propos, pourquoi je suis si bien enfermée ici?

— Oh! pour cela, Signora, si je le savais, on me couperait la langue plutôt que de me le faire dire; car j'ai donné ma parole d'honneur au chevalier de ne répondre à aucune de vos questions.

— Grand merci, Karl! Ainsi tu aimes beaucoup mieux le chevalier que moi?

— Oh! jamais! Je ne dis pas cela; mais puisqu'il m'a prouvé que c'était dans vos intérêts, je dois vous servir malgré vous.

— Comment t'a-t-il prouvé cela?

— Je n'en sais rien ; mais j'en suis bien persuadé. De même, Signora, qu'il m'a chargé de vous enfermer, de vous surveiller, de vous tenir prisonnière, au secret, en un mot, jusqu'à ce que nous soyons arrivés.

— Nous ne restons donc pas ici?

— Nous repartons dès la nuit. Nous ne voyagerons plus le jour, pour ne pas vous fatiguer, et pour d'autres raisons que je ne sais pas.

— Et tu vas être mon geôlier tout ce temps?

— Comme vous dites, Signora; j'ai juré sur l'Évangile.
— Allons! M. le chevalier est facétieux. J'en prends mon parti, Karl; j'aime mieux avoir affaire à toi qu'à M. Schwartz.
— Et je vous garderai un peu mieux, répondit Karl en riant d'un air de bonhomie. Je vais, pour commencer, faire préparer votre dîner, Signora.
— Je n'ai pas faim, Karl.
— Oh! ce n'est pas possible : il faut que vous dîniez, et que vous dîniez très-bien, Signora, c'est ma consigne; c'est ma consigne, comme disait maître Schwartz.
— Si tu l'imites en tout, tu ne me forceras pas à manger. Il était fort aise de me faire payer, le lendemain, le dîner de la veille qu'il me réservait consciencieusement.
— Cela faisait ses affaires. Avec moi c'est différent, par exemple. Les affaires regardent M. le chevalier. Il n'est pas avare, celui-là; il verse l'or à pleines mains. Il faut qu'il soit fièrement riche, ou bien son patrimoine n'ira pas loin. »

Consuelo se fit apporter une bougie, et rentra dans la pièce voisine pour brûler son écrit. Mais elle le chercha en vain; il lui fut impossible de le retrouver.

XXIII.

Peu d'instants après, Karl rentra avec une lettre dont l'écriture était inconnue à Consuelo et dont voici à peu près le contenu :

« Je vous quitte pour ne vous revoir peut-être jamais. Je renonce à trois jours que j'aurais pu passer encore auprès de vous, trois jours que je ne retrouverai peut-être pas dans toute ma vie! J'y renonce volontairement. Je le dois. Vous apprécierez un jour la sainteté de mon sacrifice.

« Oui, je vous aime, je vous aime *éperdument*, moi aussi! Je ne vous connais pourtant guère plus que vous ne me connaissez. Ne me sachez donc aucun gré de ce que j'ai fait pour vous. J'obéissais à des ordres suprêmes, j'accomplissais le devoir de ma charge. Ne me tenez compte que de l'amour que j'ai pour vous, et que je ne puis vous prouver qu'en m'éloignant. Cet amour est violent autant qu'il est respectueux. Il sera aussi durable qu'il a été subit et irréfléchi. J'ai à peine vu vos traits, je ne sais rien de votre vie; mais j'ai senti que mon âme vous appartenait, et que je ne pourrais jamais la reprendre. Votre passé fût-il aussi souillé que votre front est pur, vous ne m'en serez pas moins respectable et chère. Je m'en vais le cœur plein d'orgueil, de joie et d'amertume. Vous m'aimez! Comment supporterai-je l'idée de vous perdre, si la terrible volonté qui dispose de vous et de moi m'y condamne?... Je l'ignore. En ce moment je ne puis pas être malheureux, malgré mon épouvante, je suis trop enivré de votre amour et du mien pour souffrir. Dussé-je vous chercher en vain toute ma vie, je ne me plaindrai pas de vous avoir rencontrée, et d'avoir goûté dans un baiser de vous un bonheur qui me laissera d'éternels regrets. Je ne pourrai pas non plus perdre l'espérance de vous retrouver un jour; et ne fût-ce qu'un instant, n'eussé-je jamais d'autre témoignage de votre amour que ce baiser si saintement donné et rendu, je me trouverai encore cent fois plus heureux que je ne l'avais été avant de vous connaître.

« Et maintenant, sainte fille, pauvre fille troublée, rappelle-toi aussi sans honte et sans effroi ces courts et divins moments où tu as senti mon amour passer dans ton cœur. Tu l'as dit, l'amour nous vient de Dieu, et il ne dépend pas de nous de l'étouffer ou de l'allumer malgré lui. Fussé-je indigne de toi, l'inspiration soudaine qui t'a forcée de répondre à mon étreinte n'en serait pas moins céleste. Mais la Providence qui te protège, n'a pas voulu que le trésor de ton affection tombât dans la fange d'un cœur égoïste et froid. Si j'étais ingrat, ce ne serait de la part qu'un noble instinct égaré, qu'une sainte inspiration perdue : je t'adore, et, quel que je sois, d'ailleurs, tu ne t'es pas fait d'illusion en te croyant aimée. Tu n'as pas été profanée par le battement de mon cœur, par l'appui de mon bras, par le souffle de mes lèvres. Notre mutuelle confiance, notre foi aveugle, notre impérieux élan nous a élevés en un instant à l'abandon sublime que sanctifie une longue passion. Pourquoi le regretter? Je sais bien qu'il y a quelque chose d'effrayant dans cette fatalité qui nous a poussés l'un vers l'autre. Mais c'est le doigt de Dieu, vois-tu! Nous ne pouvons pas le méconnaître. J'emporte ce terrible secret. Garde-le aussi, ne le confie à personne. *Beppo* ne le comprendrait peut-être pas. Quel que soit cet ami, moi seul puis le respecter dans la folie et le vénérer dans la faiblesse, puisque cette faiblesse et cette folie sont les miennes. Adieu! c'est peut-être un adieu éternel. Et pourtant je suis libre selon le monde, il me semble que tu l'es aussi. Je ne puis aimer que toi, et vois bien que tu n'en aimes pas un autre... Mais notre sort ne nous appartient plus. Je suis engagé par des vœux éternels, et tu vas l'être sans doute bientôt; du moins tu es au pouvoir des invisibles, et c'est un pouvoir sans appel. Adieu donc... mon sein se déchire, mais Dieu me donnera la force d'accomplir ce sacrifice, et de plus rigoureux encore s'il en existe. Adieu... Adieu! Ô grand Dieu, ayez pitié de moi! »

Cette lettre sans signature était d'une écriture pénible ou contrefaite.

« Karl! s'écria Consuelo pâle et tremblante, c'est bien le chevalier qui t'a remis ceci?
— Oui, Signora.
— Et il l'a écrit lui-même?
— Oui, Signora, et non sans peine. Il a la main droite blessée.
— Blessée, Karl? gravement?
— Peut-être. La blessure est profonde, quoiqu'il ne paraisse guère y songer.
— Mais où s'est-il blessé ainsi?
— La nuit dernière, au moment où nous changions de chevaux, avant de gagner la frontière, le cheval de brancard a voulu s'emporter avant que le postillon fût monté sur son porteur. Vous étiez seule dans la voiture; le postillon et moi étions à quatre ou cinq pas. Le chevalier a retenu le cheval avec la force d'un diable et le courage d'un lion, car c'était un terrible animal...
— Oh! oui, j'ai senti de violentes secousses. Mais tu m'as dit que ce n'était rien.
— Je n'avais pas vu que monsieur le chevalier s'était fendu le dos de la main contre une boucle du harnais.
— Toujours pour moi! Et dis-moi, Karl, est-ce que le chevalier a quitté cette maison?
— Pas encore, Signora; mais on selle son cheval, et je viens de faire son porte-manteau. Il dit que vous n'avez rien à craindre maintenant, et la personne qui doit le remplacer auprès de vous est déjà arrivée. J'espère que nous le reverrons bientôt, car j'aurais bien du chagrin qu'il en fût autrement. Cependant il ne s'engage à rien, et à toutes mes questions il répond : *Peut-être!*
— Karl! où est le chevalier?
— Je n'en sais rien, Signora. Sa chambre est par ici. Voulez-vous que je lui dise de votre part...
— Ne lui dis rien, je vais écrire. Non... dis-lui que je veux le remercier... le voir un instant, lui presser la main seulement... Va, dépêche-toi, je crains qu'il ne soit déjà parti. »

Karl sortit; et Consuelo se repentit aussitôt de lui avoir confié ce message. Elle se dit que si le chevalier ne s'était jamais tenu près d'elle durant ce voyage que dans le cas d'absolue nécessité, ce n'était pas sans doute sans en avoir pris l'engagement avec les bizarres et redoutables invisibles. Elle résolut de lui écrire ; mais à peine avait-elle tracé et déjà effacé quelques mots, qu'un léger bruit lui fit lever les yeux. Elle vit alors glisser un pan de boiserie qui faisait une porte secrète de communication avec le cabinet où elle avait écrit en une pièce voisine, sans doute celle qu'occupait le chevalier. La boiserie ne s'écarta cependant qu'autant qu'il le fallait pour le passage d'une main gantée qui semblait appeler celle de Consuelo. Elle s'élança et saisit cette main en disant : « L'autre main, la main blessée ! »

L'inconnu s'effaçait derrière le panneau de manière à ce qu'elle ne pût le voir. Il lui passa sa main droite, dont Consuelo s'empara, et défaisant précipitamment la ligature, elle vit la blessure qui était profonde en effet. Elle y porta ses lèvres et l'enveloppa de son mouchoir; puis tirant de son sein la petite croix en filigrane qu'elle chérissait superstitieusement, elle la mit dans cette belle main dont la blancheur était rehaussée par le pourpre du sang :

« Tenez, dit-elle, voici ce que je possède de plus précieux au monde, c'est l'héritage de ma mère, mon porte-bonheur qui ne m'a jamais quitté. Je n'avais jamais aimé personne au point de lui confier ce trésor. Gardez-le jusqu'à ce que je vous retrouve. »

L'inconnu attira la main de Consuelo derrière la boiserie qui le cachait, et la couvrit de baisers et de larmes. Puis, au bruit des pas de Karl, qui venait chez lui remplir son message, il la repoussa, et referma précipitamment la boiserie. Consuelo entendit le bruit d'un verrou. Elle écouta en vain, espérant saisir le son de la voix de l'inconnu. Il parlait bas, ou il s'était éloigné.

Karl revint chez Consuelo peu d'instants après.

« Il est parti, Signora, dit-il tristement ; parti sans vouloir vous faire ses adieux, et en remplissant mes poches de je ne sais combien de ducats, pour les besoins imprévus de votre voyage, à ce qu'il a dit, vu que les dépenses régulières sont à la charge de ceux... à la charge de Dieu ou du diable, n'importe ! Il y a là un petit homme noir qui ne desserre les dents que pour commander d'un ton clair et sec, et qui ne me plaît pas le moins du monde ; c'est lui qui remplace le chevalier, et j'aurai l'honneur de sa compagnie sur le siége, ce qui ne me promet pas une conversation fort enjouée. Pauvre chevalier ! fasse le ciel qu'il nous soit rendu !

— Mais sommes-nous donc obligés de suivre ce petit homme noir ?

— On ne peut plus obligés, Signora. Le chevalier m'a fait jurer que je lui obéirais comme à lui-même. Allons, Signora, voilà votre dîner. Il ne faut pas le bouder, il a bonne mine. Nous partons à la nuit pour ne plus nous arrêter qu'où il plaira... à Dieu ou au diable, comme je vous le disais tout à l'heure. »

Consuelo, abattue et consternée, n'écouta plus le babil de Karl. Elle ne s'inquiéta de rien quant à son voyage et à son nouveau guide. Tout lui devenait indifférent, du moment que le cher inconnu l'abandonnait. En proie à une tristesse profonde, elle essaya machinalement de faire plaisir à Karl en goûtant à quelques mets. Mais ayant plus d'envie de pleurer que de manger, elle demanda une tasse de café pour se donner au moins un peu de force et de courage physique. Le café lui fut apporté.

« Tenez, Signora, dit Karl, le petit Monsieur a voulu le préparer lui-même, afin qu'il fût excellent. Cela m'a tout l'air d'un ancien valet de chambre ou d'un maître d'hôtel, et, après tout, il n'est pas si diable qu'il est noir ; je crois qu'au fond c'est un bon enfant, quoiqu'il n'aime pas à causer. Il m'a fait boire de l'eau-de-vie de cent ans au moins, la meilleure que j'aie jamais bue. Si vous vouliez en essayer un peu, cela vous vaudrait mieux que ce café, quelque succulent qu'il puisse être...

— Mon bon Karl, va-t-en boire tout ce que tu voudras, et laisse-moi tranquille, dit Consuelo en avalant son café, dont elle ne songea guère à apprécier la qualité. »

A peine se fut-elle levée de table, qu'elle se sentit accablée d'un pesanteur d'esprit extraordinaire. Lorsque Karl vint lui dire que la voiture était prête, il la trouva assoupie sur sa chaise.

« Donne-moi le bras, lui dit-elle, je ne me soutiens pas. Je crois bien que j'ai la fièvre. »

Elle était si anéantie qu'elle vit confusément la voiture, son nouveau guide, et le concierge de la maison, auquel Karl ne put rien faire accepter de sa part. Dès qu'elle fut en route, elle s'endormit profondément. La voiture avait été arrangée et garnie de coussins comme un lit. A partir de ce moment, Consuelo n'eut plus conscience de rien. Elle ne sut pas combien de temps durait son voyage ; elle ne remarqua même pas s'il faisait jour ou nuit, si elle faisait halte ou si elle marchait sans interruption. Elle aperçut Karl une ou deux fois à la portière, et ne comprit ni ses questions ni son effroi. Il lui sembla que le petit homme lui tâtait le pouls, et lui faisait avaler une potion rafraîchissant en disant :

« Ce n'est rien, Madame va très-bien. »

Elle éprouvait pourtant un malaise vague, un abattement insurmontable. Ses paupières appesanties ne pouvaient laisser passer son regard, et sa pensée n'était pas assez nette pour se rendre compte des objets qui frappaient sa vue. Plus elle dormait, plus elle désirait dormir. Elle ne songeait pas seulement à se demander si elle était malade, et elle ne pouvait répondre à Karl que les derniers mots qu'elle lui avait dits : « Laisse-moi tranquille, bon Karl. »

Enfin elle se sentit un peu plus libre de corps et d'esprit, et, regardant autour d'elle, elle comprit qu'elle était couchée dans un excellent lit, entre quatre vastes rideaux de satin blanc à franges d'or. Le petit homme du voyage, masqué de noir comme le chevalier, lui faisait respirer un flacon qui semblait dissiper les nuages de son esprit, et faire succéder la clarté du jour au brouillard dont elle était enveloppée.

« Êtes-vous médecin, Monsieur ? dit-elle enfin avec un peu d'effort.

— Oui, madame la comtesse, j'ai cet honneur, répondit-il d'une voix qui ne lui sembla pas tout à fait inconnue.

— Ai-je été malade ?

— Seulement un peu indisposée. Vous devez vous trouver beaucoup mieux ?

— Je me sens bien, et je vous remercie de vos soins.

— Je vous présente mes devoirs, et ne paraîtrai plus devant Votre Seigneurie qu'elle ne me fasse appeler pour cause de maladie.

— Suis-je arrivée au terme de mon voyage ?

— Oui, Madame.

— Suis-je libre ou prisonnière ?

— Vous êtes libre, madame la comtesse, dans toute l'enceinte réservée à votre habitation.

— Je comprends, je suis dans une grande et belle prison, dit Consuelo en regardant sa chambre vaste et claire, tendue de lampas blanc à ramages d'or, et relevée de boiseries magnifiquement sculptées et dorées. Pourrai-je voir Karl ?

— Je l'ignore, Madame, je ne suis pas le maître ici. Je me retire ; vous n'avez plus besoin de mon ministère ; et il m'est défendu de céder au plaisir de causer avec vous. »

L'homme noir sortit ; et Consuelo, encore faible et nonchalante, essaya de se lever. Le seul vêtement qu'elle trouva sous sa main fut une longue robe en étoffe de laine blanche, d'un tissu merveilleusement souple, ressemblant assez à la tunique d'une dame romaine. Elle la prit, et en fit tomber un billet sur lequel était écrit en lettres d'or : « Ceci est la robe sans « tache des néophytes. Si ton âme est souillée, cette « noble parure de l'innocence sera pour toi la tunique « dévorante de Déjanire. »

Consuelo, habituée à la paix de sa conscience (peut-être même à une paix trop profonde), sourit et passa la belle robe avec un plaisir naïf. Elle ramassa le billet pour le lire encore, et le trouva puérilement emphatique. Puis elle se dirigea vers une riche toilette de marbre blanc, qui soutenait une grande glace encadrée d'enroulements dorés d'un goût exquis. Mais son attention fut attirée par une inscription placée dans l'ornement qui couronnait ce miroir : « Si ton âme est aussi pure « que mon cristal, tu t'y verras éternellement jeune et « belle ; mais si le vice a flétri ton cœur, crains de « trouver en moi un reflet sévère de la laideur morale. »

« Je n'ai jamais été ni belle ni coupable, pensa Consuelo : ainsi cette glace ment dans tous les cas. »

Elle s'y regarda sans crainte, et ne s'y trouva point laide. Cette belle robe flottante et ses longs cheveux noirs dénoués lui donnaient l'aspect d'une prêtresse de l'antiquité; mais son extrême pâleur la frappa. Ses yeux étaient moins purs et moins brillants qu'à l'ordinaire. « Serais-je enlaidie, pensa-t-elle aussitôt, ou le miroir m'accuserait-il?

Elle ouvrit un tiroir de la toilette, et y trouva, avec les mille recherches d'un soin luxueux, divers objets accompagnés de devises et de sentences à la fois naïves et pédantes; un pot de rouge avec ces mots gravés sur le couvercle : « Mode et mensonge! Le fard ne rend « point aux joues la fraîcheur de l'innocence, et n'efface « pas les ravages du désordre; » des parfums exquis, avec cette devise sur le flacon : « Une âme sans foi, « une bouche indiscrète, sont comme des flacons ouverts, « dont la précieuse essence s'est répandue ou corrompue; » enfin des rubans blancs avec ces mots tissus en or dans la soie : « A un front pur les bandelettes sa- « crées; à une tête chargée d'infamie le cordon, supplice des esclaves. »

Consuelo releva ses cheveux, et les rattacha complaisamment, à la manière antique, avec ces bandelettes. Puis elle examina curieusement le bizarre palais enchanté où sa destinée romanesque l'avait amenée. Elle passa dans les diverses pièces de son riche et vaste appartement. Une bibliothèque, un salon de musique, rempli d'instruments parfaits, de partitions nombreuses et de précieux manuscrits; un boudoir délicieux, une petite galerie ornée de tableaux superbes et de charmantes statues. C'était un logement digne d'une reine pour la richesse, d'une artiste pour le goût, et d'une religieuse pour la chasteté. Consuelo, étourdie de cette somptueuse et délicate hospitalité, se réserva d'examiner en détail et à tête reposée tous les symboles cachés dans le choix des livres, des objets d'art et des tableaux qui décoraient ce sanctuaire. La curiosité de savoir en quel lieu de la terre était située cette résidence merveilleuse lui fit abandonner l'intérieur pour l'extérieur. Elle s'approcha d'une fenêtre; mais avant de lever le store de taffetas qui la couvrait, elle y lut encore une sentence : « Si la pensée du mal « est dans ton cœur, tu n'es pas digne de contempler le « divin spectacle de la nature. Si la vertu habite dans « ton âme, regarde et bénis le Dieu qui t'ouvre l'entrée « du paradis terrestre. » Elle se hâta d'ouvrir la fenêtre pour voir si l'aspect de cette contrée répondait aux orgueilleuses promesses de l'inscription. C'était un paradis terrestre, en effet, et Consuelo crut faire un rêve. Le jardin, planté à l'anglaise, chose fort rare à cette époque, mais orné dans ses détails avec la recherche allemande, offrait les perspectives riantes, les magnifiques ombrages, les fraîches pelouses, les libres développements d'un paysage naturel, en même temps que l'exquise propreté, les fleurs abondantes et suaves, les sables fins, les eaux cristallines qui caractérisent un jardin entretenu avec intelligence et avec amour. Au-dessus de ces beaux arbres, hautes barrières d'un étroit vallon semé ou plutôt tapissé de fleurs, et coupé de ruisseaux gracieux et limpides, s'élevait un sublime horizon de montagnes bleues, aux croupes variées, aux cimes imposantes. Le pays était inconnu à Consuelo. Aussi loin que sa vue pouvait s'étendre, elle ne trouvait aucun indice révélateur d'une contrée particulière en Allemagne, où il y a tant de beaux sites et de nobles montagnes. Seulement, la floraison plus avancée et le climat plus chaud qu'en Prusse lui attestaient quelques pas de plus faits vers le Midi. « O mon bon chanoine, où êtes-vous? pensa Consuelo en contemplant les bois de lilas blancs et les haies de roses, et la terre jonchée de narcisses, de jacinthes et de violettes. O Frédéric de Prusse, béni soyez-vous pour m'avoir appris par de longues privations et de cruels ennuis à savourer, comme je le dois, les délices d'un pareil refuge! Et vous, tout-puissant invisible, retenez-moi éternellement dans cette douce captivité; j'y consens de toute mon âme... surtout si le chevalier... » Consuelo n'acheva pas de formuler son désir. Depuis qu'elle était sortie de sa léthargie, elle n'avait pas encore pensé à l'inconnu. Ce souvenir brûlant se réveilla en elle, et la fit réfléchir au sens des paroles menaçantes inscrites sur tous les murs, sur tous les meubles du palais magique, et jusque sur les ornements dont elle s'était ingénument parée.

XXIV.

Consuelo ressentait, par dessus tout, un désir et un besoin de liberté, bien naturels après tant de jours d'esclavage. Elle éprouva donc un plaisir extrême à s'élancer dans un vaste espace, que les soins de l'art et l'ingénieuse disposition des massifs et des allées faisaient paraître beaucoup plus vaste encore. Mais au bout de deux heures de promenade, elle se sentit attristée par la solitude et le silence qui régnaient dans ces beaux lieux. Elle en avait fait déjà plusieurs fois le tour, sans y rencontrer seulement la trace d'un pied humain sur le sable fin et fraîchement passé au râteau. Des murailles assez élevées, que masquait une épaisse végétation, ne lui permettaient pas de s'égarer au hasard dans des sentiers inconnus. Elle savait déjà par cœur tous ceux qui se croisaient sous ses pas. Dans quelques endroits, le mur s'interrompait pour être remplacé par de larges fossés remplis d'eau, et les regards pouvaient plonger sur de belles pelouses montant en collines et terminées par des bois, ou sur l'entrée des mystérieuses et charmantes allées qui se perdaient sous le taillis en serpentant. De sa fenêtre, Consuelo avait vu toute la nature à sa disposition : de plain-pied, elle se trouvait dans un terrain encaissé, borné de toutes parts, et dont toutes les recherches intérieures ne pouvaient lui dissimuler le sentiment de sa captivité. Elle chercha le palais enchanté où elle s'était éveillée. C'était un très-petit édifice à l'italienne, décoré avec luxe à l'intérieur, élégamment bâti au dehors, et adossé contre un rocher à pic d'un effet pittoresque, mais qui formait une meilleure clôture naturelle pour tout le fond du jardin et un plus impénétrable obstacle à la vue que les plus hautes murailles et les plus épais glacis de Spandaw. « Ma forteresse est belle, se dit Consuelo, mais elle n'en est que mieux close, je le vois bien. »

Elle alla se reposer sur la terrasse d'habitation, qui était ornée de vases de fleurs et surmontée d'un petit jet d'eau. C'était un endroit ravissant; et pour n'embrasser que l'intérieur d'un jardin, quelques échappées sur un grand parc, et de hautes montagnes dont les cimes bleues dépassaient celles des arbres, la vue n'en était que plus fraîche et plus suave. Mais Consuelo, instinctivement effrayée du soin qu'on prenait de l'installer, peut-être pour longtemps, dans une nouvelle prison, eût donné tous les catalpas en fleurs et toutes les plates-bandes émaillées pour un coin de franche campagne, avec une maisonnette en chaume, des chemins raboteux et l'aspect libre d'un pays possible à connaître et à explorer. D'où elle était, elle n'avait pas de plans intermédiaires à découvrir entre les hautes murailles de verdure de son enclos et les vagues horizons dentelés, déjà perdus dans la brume du couchant. Les rossignols chantaient admirablement, mais pas un son de voix humaine n'annonçait le voisinage d'une habitation. Consuelo voyait bien que la sienne, située aux confins d'un grand parc et d'une forêt peut-être immense, n'était qu'une dépendance d'un plus vaste manoir. Ce qu'elle apercevait du parc ne servait qu'à lui faire désirer d'en voir davantage. Elle n'y distinguait d'autres promeneurs que des troupeaux de biches et de chevreuils paissant aux flancs des collines, avec autant de confiance que si l'approche d'un mortel eût été pour eux un événement inconnu. Enfin la brise du soir écarta un rideau de peupliers qui fermait un des côtés du jardin, et Consuelo aperçut, aux dernières lueurs du jour, les tourelles blanches et les toits aigus d'un château assez considérable, à demi caché derrière un mamelon boisé, à la distance d'un quart de lieue environ. Malgré tout son désir de ne plus penser au chevalier, Consuelo se persuada qu'il devait être là; et ses yeux se fixèrent avidement sur ce château, peut-être imaginaire, dont l'approche lui semblait interdite, et que les voiles du crépuscule faisaient lentement disparaître dans l'éloignement.

Lorsque la nuit fut tout à fait tombée, Consuelo vit le reflet des lumières, à l'étage inférieur de son pavillon, courir sur les arbustes voisins, et elle descendit à la hâte, espérant voir enfin une figure humaine dans sa demeure. Elle n'eut pas ce plaisir ; celle du domestique qu'elle trouva occupé à allumer les bougies et à servir le souper était, comme celle du docteur, couverte d'un masque noir, qui semblait être l'uniforme des Invisibles. C'était un vieux serviteur, en perruque lisse et roide comme du laiton, proprement vêtu d'un habit complet couleur pomme d'amour.

« Je demande humblement pardon à Madame, dit-il d'une voix cassée, de me présenter devant elle avec ce visage-là. C'est ma consigne, et il ne m'appartient pas d'en comprendre la nécessité. J'espère que Madame aura la bonté de s'y habituer, et qu'elle daignera ne pas avoir peur de moi. Je suis aux ordres de Madame. Je m'appelle Matteus. Je suis à la fois gardien de ce pavillon, directeur du jardin, maître d'hôtel et valet de chambre. On m'a dit que Madame, ayant beaucoup voyagé, avait un peu l'habitude de se servir toute seule ; que, par exemple, elle n'exigerait peut-être pas l'aide d'une femme. Il me serait difficile de procurer une à Madame, vu que je n'en ai point, et que la fréquentation de ce pavillon est interdite à toutes celles du château. Cependant, une servante entrera ici le matin pour m'aider à faire le ménage, et un garçon jardinier viendra de temps en temps arroser les fleurs et entretenir les allées. J'ai, à ce propos, une très-humble observation à faire à Madame : c'est que tout domestique, autre que moi, à qui Madame serait seulement soupçonnée d'avoir adressé un mot ou fait un signe serait chassé à l'instant même ; ce qui serait bien malheureux pour lui, car la maison est bonne et l'obéissance bien récompensée. Madame est trop généreuse et trop juste, sans doute, pour vouloir exposer ces pauvres gens...

— Soyez tranquille, monsieur Matteus, répondit Consuelo, je ne serais pas assez riche pour les dédommager, et il n'est pas dans mon caractère de détourner qui que ce soit de son devoir.

— D'ailleurs, je ne les perdrai jamais de vue, reprit Matteus, comme se parlant à lui-même.

— Vous pouvez vous épargner toute précaution à cet égard. J'ai de trop grandes obligations aux personnes qui m'ont amenée ici, et je pense, aussi à celles qui m'y reçoivent, pour rien tenter qui puisse leur déplaire.

— Ah ! Madame est ici de son plein gré ? demanda Matteus, à qui la curiosité ne semblait pas aussi interdite que l'expansion.

— Je vous prie de m'y considérer comme captive volontaire, et sur parole.

— Oh ! c'est bien ainsi que je l'entends. Je n'ai jamais gardé personne autrement, quoique j'aie vu bien souvent mes prisonniers sur parole pleurer et se tourmenter comme s'ils regrettaient de s'être engagés. Et Dieu sait pourtant qu'ils étaient bien ici ! Mais, dans ces cas-là, on leur rendait toujours leur parole quand ils l'exigeaient, on ne retient ici personne de force. Le souper de Madame est servi. »

L'avant-dernier mot du majordome couleur de tomate eut le pouvoir de rendre tout à coup l'appétit à sa nouvelle maîtresse ; et elle trouva le souper si bon, qu'elle en fit de grands compliments à l'auteur. Celui-ci parut très-flatté de se voir apprécié, et Consuelo vit bien qu'elle avait gagné son estime ; mais il n'en fut ni plus confiant ni moins circonspect. C'était un excellent homme, à la fois naïf et rusé. Consuelo connut tôt son caractère, en voyant avec quel mélange de bonhomie et d'adresse il prévenait toutes les questions qu'elle eût pu lui faire, pour n'en être pas embarrassé, et arranger les réponses à son gré. Elle apprit de lui tout ce qu'elle ne lui demandait pas, sans rien apprendre toutefois : « Ses maîtres étaient des personnages fort riches, fort puissants, très-généreux, mais très-sévères, particulièrement sur l'article de la discrétion. Le pavillon faisait partie d'une belle résidence, tantôt habitée par les maîtres, tantôt confiée à la garde de serviteurs très-fidèles, très-bien payés et très-discrets. Le pays était riche, fertile et bien gouverné. Les habitants n'avaient pas l'habitude de se plaindre de leurs seigneurs : d'ailleurs ils n'eussent pas eu beau jeu avec maître Matteus, qui vivait dans le respect des lois et des personnes, et qui ne pouvait souffrir les paroles indiscrètes. » Consuelo fut si ennuyée de ses savantes insinuations et de ses renseignements officieux, qu'elle lui dit en souriant, aussitôt après le souper :

« Je craindrais d'être indiscrète moi-même, monsieur Matteus, en jouissant plus longtemps de l'agrément de votre conversation ; je n'ai plus besoin de rien pour aujourd'hui, et je vous souhaite le bonsoir.

— Madame me fera l'honneur de me sonner quand elle voudra quoi que ce soit, reprit-il. Je demeure derrière la maison, sous le rocher, dans un joli ermitage où je cultive des melons d'eau magnifiques. Je serais bien flatté que Madame pût leur accorder un coup d'œil d'encouragement ; mais il m'est particulièrement interdit d'ouvrir jamais cette porte à Madame.

— J'entends, maître Matteus, je ne dois jamais sortir que dans le jardin, et je ne dois pas m'en prendre à votre caprice, mais à la volonté de mes hôtes. Je m'y conformerai.

— D'autant plus que Madame aurait bien de la peine à ouvrir cette porte. Elle est si lourde...; et puis il y a un secret à la serrure qui pourrait blesser grièvement les mains de Madame, si elle n'était pas prévenue.

— Ma parole est plus solide encore que tous vos verrous, monsieur Matteus. Dormez en paix, comme je suis disposée à le faire de mon côté. »

Plusieurs jours s'écoulèrent sans que Consuelo reçût signe de vie de la part de ses hôtes, et sans qu'elle eût d'autre visage sous les yeux que le masque noir de Matteus, plus agréable peut-être que sa véritable figure. Ce digne serviteur la servait avec un zèle et une ponctualité dont elle ne pouvait assez le remercier ; mais il l'ennuyait prodigieusement par sa conversation, qu'elle était obligée de subir ; car il refusa constamment avec stoïcisme les dons qu'elle voulut lui faire, et il n'eut pas d'autre manière de lui marquer sa reconnaissance qu'en la laissant babiller. Il aimait passionnément l'usage de la parole, et cela était d'autant plus remarquable que, voué par état à une sorte de réserve bizarre, il ne s'en départait jamais, et possédait l'art de toucher à beaucoup de sujets sans jamais effleurer les cas réservés confiés à sa discrétion. Consuelo apprit de lui combien le potager du château produisait au juste chaque année de carottes et d'asperges ; combien il naissait de faons dans le parc, l'histoire de tous les cygnes de la pièce d'eau, de tous les poussins de la faisanderie, et de tous les ananas de la serre. Mais elle ne put soupçonner un instant dans quel pays elle se trouvait ; si le maître ou les maîtres du château étaient absents ou présents, si elle devait communiquer un jour avec eux, ou rester indéfiniment seule dans le pavillon.

En un mot, rien de ce qui l'intéressait réellement ne s'échappa des lèvres prudentes et pourtant actives de Matteus. Elle eût craint de manquer à toute délicatesse en approchant seulement à la portée de la voix du jardinier ou de la servante, qui, du reste, étaient fort matineux et disparaissaient presque aussitôt qu'elle était levée. Elle se borna à jeter de temps en temps un regard dans le parc, sans y voir passer personne, si ce n'est de trop loin pour l'observer, et à contempler la faîte du château qui s'illuminait le soir de rares lumières toujours éteintes de bonne heure.

Elle ne tarda pas à tomber dans une profonde mélancolie, et l'ennui, qu'elle avait victorieusement combattu à Spandaw, vint l'assaillir et la dominer dans cette riche demeure, au milieu de toutes les aises de la vie. Est-il des biens sur la terre dont on puisse jouir absolument seul ? La solitude prolongée assombrit et désenchante les plus beaux objets ; elle répand l'effroi dans l'âme la plus forte. Consuelo trouva bientôt l'hospitalité des Invisibles encore plus cruelle que bizarre, et un dégoût mortel s'empara de toutes ses facultés. Son magnifique clavecin lui sembla répandre des sons trop éclatants dans ces chambres vides et sonores, et les accents de sa propre voix lui firent peur. Lorsqu'elle se hasardait à chanter, si les premières ombres de la nuit la surprenaient dans cette occupation, elle s'imaginait entendre les échos lui répondre d'un ton courroucé, et croyait voir courir, contre les murs tendus de soie et sur les tapis silencieux, des ombres inquiètes et furtives, qui, lorsqu'elle essayait de les regarder, s'effaçaient et allaient se tapir derrière les meubles pour chuchoter, la railler et la contrefaire. Ce n'étaient pourtant que les brises du soir courant parmi le feuillage qui encadrait ses croisées, ou les vibrations de son propre chant qui frémissaient autour d'elle. Mais son imagination, lasse d'interroger tous ces muets témoins de son ennui, les statues, les tableaux, les vases du Japon remplis de fleurs, les grandes glaces claires et profondes, commençait à se laisser frapper d'une crainte vague, comme celle que produit l'attente d'un événement inconnu. Elle se rappelait le pouvoir étrange attribué aux Invisibles par le vulgaire, les prestiges dont elle avait été environnée par Cagliostro, l'apparition de la femme blanche dans le palais de Berlin, les promesses merveilleuses du comte de Saint Germain relativement à la résurrection du comte Albert : elle se disait que toutes ces choses inexplicables émanaient probablement de l'action secrète des Invisibles dans la société et dans sa destinée particulière. Elle ne croyait point à leur pouvoir surnaturel, mais elle voyait bien qu'ils s'attachaient à conquérir les esprits par tous les moyens, en s'adressant soit au cœur, soit à l'imagination, par des menaces ou des promesses, par des terreurs ou des séductions. Elle était donc sous le coup de quelque révélation formidable ou de quelque mystification cruelle, et, comme les enfants poltrons, elle eût pu dire qu'elle avait *peur d'avoir peur*.

A Spandaw, elle avait roidi sa volonté contre des périls extrêmes, contre des souffrances réelles ; elle avait triomphé de tout avec vaillance ; et puis la résignation lui semblait naturelle à Spandaw. L'aspect sinistre d'une forteresse est en harmonie avec les tristes méditations de la solitude ; au lieu que dans sa nouvelle prison tout semblait disposé pour une vie d'épanchement poétique ou de paisible intimité ; et ce silence éternel, cette absence de toute sympathie humaine en détruisaient l'harmonie comme un monstrueux contre-sens. On eût dit de la délicieuse retraite de deux amants heureux ou d'une élégante famille, riant foyer tout à coup délaissé à cause de quelque rupture douloureuse ou de quelque soudaine catastrophe. Les nombreuses inscriptions qui la décoraient, et qui se trouvaient placées dans tous les ornements, ne la faisaient plus sourire comme d'emphatiques puérilités. C'étaient des encouragements joints à des menaces, des éloges conditionnels corrigés par d'humiliantes accusations. Elle ne pouvait plus lever les yeux autour d'elle sans découvrir quelque nouvelle sentence qu'elle n'avait pas encore remarquée, et qui semblait lui défendre de respirer à l'aise dans ce sanctuaire d'une justice soupçonneuse et vigilante. Son âme s'était affaissée sur elle-même après la crise de son évasion et celle de son amour improvisé pour *l'inconnu*. L'état léthargique qu'on avait provoqué, sans doute à dessein, chez elle, pour lui cacher la situation de son asile, lui avait laissé une secrète langueur, jointe à l'irritabilité nerveuse qui en est la conséquence. Elle se sentit donc en peu de temps devenir à la fois inquiète et nonchalante, tour à tour effrayée d'un rien et indifférente à tout.

Un soir, elle crut entendre les sons, à peine saisissables, d'un orchestre dans le lointain. Elle monta sur la terrasse, et vit le château resplendissant de lumières à travers le feuillage. Une musique de symphonie, fière et vibrante, parvint distinctement jusqu'à elle. Le contraste d'une fête et de son isolement l'émut plus qu'elle ne voulait se l'avouer. Il y avait si longtemps qu'elle n'avait échangé une parole avec des êtres intelligents ou raisonnables ! Pour la première fois de sa vie, elle se fit une idée merveilleuse d'une nuit de concert ou de bal, et, comme Cendrillon, elle souhaita que quelque bonne fée l'enlevât dans les airs et la fît entrer dans le palais enchanté par une fenêtre, fût-ce pour y rester invisible, et y jouir de la vue d'une réunion d'êtres humains animés par le plaisir.

La lune n'était pas encore levée. Malgré la pureté du ciel, l'ombre était si épaisse sous les arbres, que Consuelo pouvait bien s'y glisser sans être aperçue, fût-elle entourée d'invisibles surveillants. Une violente tentation vint s'emparer d'elle, et toutes les raisons spécieuses que la curiosité nous suggère quand elle veut livrer un assaut à notre conscience, se présentèrent en foule à son esprit. L'avait-on traitée avec confiance, en l'amenant endormie et à demi morte dans cette prison dorée, mais implacable ? Avait-on le droit d'exiger d'elle une aveugle soumission, lorsqu'on ne daignait même pas la lui demander ? D'ailleurs, ne voulait-on pas la tenter et l'attirer par le simulacre d'une fête ? Qui sait ? tout était bizarre dans la conduite des Invisibles. Peut-être, en essayant de sortir de l'enclos, allait-elle trouver précisément une porte ouverte, une gondole sur le ruisseau qui entrait du parc dans son jardin par une arcade pratiquée dans la muraille. Elle s'arrêta à cette dernière supposition, la plus gratuite de toutes, et descendit au jardin, résolue de tenter l'aventure. Mais elle n'eut pas fait cinquante pas qu'elle entendit dans les airs un bruit assez semblable à celui que produirait un oiseau gigantesque en s'élevant vers les nues avec une rapidité fantastique. En même temps elle vit autour d'elle une grande lueur d'un bleu livide, qui s'éteignit au bout de quelques secondes, pour se reproduire presque aussitôt avec une détonation assez forte. Consuelo comprit alors que ce n'était ni la foudre ni un météore, mais le feu d'artifice qui commençait au château. Ce divertissement de ses hôtes lui promettait un beau spectacle du haut de la terrasse, et, comme un enfant qui cherche à secouer l'ennui d'une longue pénitence, elle retourna de ce côté vers le pavillon. Mais, à la clarté de ces longs éclairs factices, tantôt rouges et tantôt bleus, qui embrasaient le jardin, elle vit par deux fois un grand homme noir, debout et immobile à côté d'elle. Elle n'avait pas eu le temps de le regarder, que la bombe lumineuse, retombant en pluie de feu, s'éteignait rapidement, et laissait tous les objets plongés dans une obscurité plus profonde pour les yeux un instant éblouis. Alors Consuelo, effrayée, courait dans un sens opposé à celui où le spectre lui était apparu ; mais, au retour de la lueur sinistre, elle se retrouvait à deux pas de lui. A la troisième fois, elle avait gagné le perron du pavillon ; il était devant elle, lui barrant le passage. Saisie d'une terreur insurmontable, elle fit un cri perçant et chancela. Elle fût tombée à la renverse sur les degrés, si le mystérieux visiteur ne l'eût saisie dans ses bras. Mais à peine eut-il effleuré son front de ses lèvres, qu'elle sentit et reconnut le chevalier, *l'inconnu*, celui qu'elle aimait, et dont elle se savait aimée.

XXV.

La joie qu'elle éprouva de le retrouver comme un ange de consolation dans cette insupportable solitude fit taire tous les scrupules et toutes les craintes qu'elle avait encore dans l'esprit un instant auparavant, en songeant à lui sans espérance prochaine de le revoir. Elle répondit à son étreinte avec passion ; et, comme il tâchait déjà de se dégager de ses bras pour ramasser son masque noir qui était tombé, elle le retint en s'écriant : « Ne me quittez pas, ne m'abandonnez pas ! » Sa voix était suppliante, ses caresses irrésistibles. L'inconnu se laissa tomber à ses pieds, et, cachant son visage dans les plis de sa robe, qu'il couvrit de baisers, il resta quelques instants comme partagé entre le ravissement et le désespoir ; puis, ramassant son masque et glissant une lettre dans la main de Consuelo, il s'élança dans le pavillon, et disparut sans qu'elle eût pu apercevoir ses traits.

Elle le suivit, et, à la lueur d'une petite lampe d'albâtre que Matteus allumait chaque soir au fond de l'escalier, elle espéra le retrouver; mais, avant qu'elle eût monté quelques marches, il était devenu insaisissable. Elle parcourut en vain tous les recoins du pavillon; elle n'aperçut aucune trace de lui, et, sans la lettre qu'elle tenait dans sa main tremblante, elle eût pu croire qu'elle avait rêvé.

Enfin elle se décida à rentrer dans son boudoir, pour lire cette lettre dont l'écriture lui parut cette fois plutôt contrefaite à dessein qu'altérée par la souffrance. Elle contenait à peu près ce qui suit :

« Je ne puis ni vous voir ni vous parler; mais il ne m'est pas défendu de vous écrire. Me le permettrez-vous ? Oserez-vous répondre à l'*inconnu* ? Si j'avais ce bonheur, je pourrais trouver vos lettres et placer les miennes, durant votre sommeil, dans un livre que vous laisseriez le soir sur le banc du jardin au bord de l'eau. Je vous aime avec passion, avec idolâtrie, avec égarement. Je suis vaincu, ma force est brisée; mon activité, mon zèle, mon enthousiasme pour l'œuvre à laquelle je me suis voué, tout, jusqu'au sentiment du devoir, est anéanti en moi, si vous ne m'aimez pas. Lié à des devoirs étranges et terribles par mes serments, par le don et l'abandon de ma volonté, je flotte entre la pensée de l'infamie et celle du suicide; car je ne puis me persuader que vous m'aimiez réellement, et qu'à l'heure où nous sommes, la méfiance et la peur n'aient pas déjà effacé votre amour involontaire pour moi. Pourrait-il en être autrement? Je ne suis pour vous qu'une ombre, le rêve d'une nuit, l'illusion d'un instant. Eh bien! pour me faire aimer de vous, je me sens prêt, vingt fois le jour, à sacrifier mon honneur, à trahir ma parole, à souiller ma conscience d'un parjure. Si vous parveniez à fuir cette prison, je vous suivrais au bout du monde, dussé-je expier, pour une vie de honte et de remords, l'ivresse de vous voir, ne fût-ce qu'un jour, et de vous entendre dire encore, ne fût-ce qu'une fois : « Je vous aime. » Et cependant, si vous refusez de vous associer à l'œuvre des Invisibles, aux serments qu'on va sans doute exiger de vous bientôt vous effraient et vous répugnent, il me sera défendu de vous revoir jamais!... Mais je n'obéirai pas, je ne pourrai pas obéir. Non ! j'ai assez souffert, j'ai assez travaillé, j'ai assez servi la cause de l'humanité; si vous n'êtes pas la récompense de mon labeur, j'y renonce; je me perds en retournant au monde, à ses lois et à ses habitudes. Ma raison est troublée, vous le voyez. Oh! ayez, ayez pitié! Ne me dites pas que vous ne m'aimez plus. Je ne pourrais supporter ce coup, je ne voudrais pas le croire, ou, si je le croyais, il faudrait mourir. »

Consuelo lut ce billet au milieu du bruit des fusées et des bombes du feu d'artifice qui éclatait dans les airs sans qu'elle l'entendît. Tout entière à sa lecture, elle éprouvait cependant, sans en avoir conscience, la commotion électrique que causent, surtout aux organisations impressionnables, la détonation de la poudre et en général tous les bruits violents. Celui-là influe particulièrement sur l'imagination, quand il n'agit pas physiquement sur un corps débile et maladif par des tressaillements douloureux. Il exalte, au contraire, l'esprit et les sens des gens braves et bien constitués. Il réveille même chez quelques femmes des instincts intrépides, des idées de combat, une sorte de vagues regrets de ne pas être hommes. Enfin, s'il y a un accent bien marqué qui fait trouver une sorte de jouissance quasi musicale dans la voix du torrent qui se précipite, dans le mugissement de la vague qui se brise, dans le roulement de la foudre; cet accent de colère, de menace, de fierté, cette voix de la force, pour ainsi dire, se retrouve dans le bondissement du canon, dans le sifflement des boulets, et dans les mille déchirements de l'air qui simulent le choc d'une bataille dans les feux d'artifice. Consuelo en éprouva peut-être l'effet, en lisant la première lettre d'amour proprement dite, le premier *billet doux* qu'elle eût jamais reçu.

Elle se sentit courageuse, brave, et quasi téméraire. Une sorte d'enivrement lui fit trouver cette déclaration d'amour plus chaleureuse et plus persuasive que toutes les paroles d'Albert, de même qu'elle avait trouvé le baiser de l'inconnu plus suave et plus ardent que tous ceux d'Anzoleto. Elle se mit donc à écrire sans hésitation, et, tandis que les boîtes fulminantes ébranlaient les échos du parc, que l'odeur du salpêtre étouffait le parfum des fleurs, et que les feux du Bengale illuminaient la façade du pavillon sans qu'elle daignât s'en apercevoir, Consuelo répondit :

« Oui, je vous aime, je l'ai dit, je vous l'ai avoué, et, dussé-je m'en repentir, dussé-je en rougir mille fois, je ne pourrai jamais effacer du livre bizarre et incompréhensible de ma destinée cette page que j'y ai écrite moi-même, et qui est entre vos mains! C'était l'expression d'un élan condamnable, insensé peut-être, mais profondément vrai et ardemment senti. Fussiez-vous le dernier des hommes, je n'en aurais pas moins placé en vous mon idéal! Dussiez-vous m'avilir par une conduite méprisante et cruelle, je n'en aurais pas moins éprouvé, au contact de votre cœur, une ivresse que je n'avais jamais goûtée, et qui m'a paru aussi sainte que les anges sont purs. Vous le voyez, je vous répète ce que vous m'écriviez en réponse aux confidences que j'avais adressées à *Beppo*. Nous ne faisons que nous répéter l'un à l'autre ce dont nous sommes, je le crois, vivement pénétrés et loyalement persuadés tous les deux. Pourquoi et comment nous tromperions-nous? Nous ne nous connaissons pas; nous ne nous connaîtrons peut-être jamais. Étrange fatalité! nous nous aimons pourtant, et nous ne pouvons pas plus nous expliquer les causes premières de cet amour qu'en prévoir les fins mystérieuses. Tenez, je m'abandonne à votre parole, à votre honneur; je ne combats point le sentiment que vous m'inspirez. Ne me laissez pas m'abuser moi-même. Je ne vous demande au monde qu'une chose, c'est de ne pas feindre de m'aimer, c'est de jamais me revoir si vous ne m'aimez pas ; c'est de m'abandonner à mon sort, quel qu'il soit, sans craindre que je vous accuse ou que je vous maudisse pour cette rapide illusion de bonheur que vous m'aurez donnée. Il me semble que ce que je vous demande là est si facile! Il est des instants où je suis effrayée, je vous le confesse, de l'aveugle confiance qui me pousse vers vous. Mais dès que vous paraissez, dès que ma main touche la vôtre, ou quand je regarde votre écriture (votre écriture qui est pourtant contrefaite et tourmentée, comme si vous ne vouliez pas que je puisse connaître de vous le moindre indice extérieur et visible) ; enfin, quand j'entends seulement le bruit de vos pas, toutes mes craintes s'évanouissent, et je ne puis pas me défendre de croire que vous êtes mon meilleur ami sur la terre. Mais pourquoi vous cacher ainsi? Quel effrayant secret couvrent donc votre masque et votre silence? Vous ai-je vu ailleurs? Dois-je vous craindre et vous repousser le jour où je saurai votre nom, où je verrai vos traits? Si vous m'êtes absolument inconnu, comme vous me l'avez écrit, d'où vient que vous obéissez si aveuglément à la loi étrange des Invisibles, lorsque vous m'écrivez pourtant aujourd'hui que vous êtes prêt à vous en affranchir pour me suivre au bout du monde? Et si je l'exigeais, pour fuir avec vous, que vous n'eussiez plus de secrets pour moi, ôteriez-vous ce masque? me parleriez-vous? Pour arriver à vous connaître, il faut, dites-vous, que je m'engage... à quoi? que je me lie par des serments aux Invisibles?... Mais pour quelle œuvre? Quoi! il faut que les yeux fermés, la conscience muette, et l'esprit dans les ténèbres, je *donne* et j'*abandonne* ma volonté, comme vous l'avez fait vous-même du moins avec connaissance de cause? Et pour me décider à ces actes inouïs d'un dévouement aveugle, vous ne ferez pas la plus légère infraction aux règlements de votre ordre! Car, je le vois bien, vous appartenez à un de ces ordres mystérieux qu'on appelle ici *sociétés secrètes*, et qu'on dit être nombreuses en Allemagne. A moins que ce ne soit tout simplement un complot politique contre... comme on me le disait à Berlin. Eh bien, quoi que ce soit, si on me laisse

Au-dessus de ces beaux arbres... (Page 92.)

la liberté de refuser quand on m'aura instruite de ce qu'on exige de moi, je m'engagerai par les plus terribles serments à ne jamais rien révéler. Puis-je faire plus sans être indigne de l'amour d'un homme qui pousse le scrupule et la fidélité à son serment jusqu'à ne pas vouloir me faire entendre ce mot que j'ai prononcé moi-même, au mépris de la prudence et de la pudeur imposées à mon sexe : *Je vous aime!* »

Consuelo mit cette lettre dans un livre qu'elle alla déposer dans le jardin au lieu indiqué; puis elle s'éloigna à pas lents, et se tint longtemps cachée dans le feuillage, espérant voir arriver le chevalier, et tremblant de laisser là cet aveu de ses plus intimes sentiments, qui pouvait tomber dans des mains étrangères. Cependant, comme les heures s'écoulaient sans que personne parût, et qu'elle se souvenait de ces paroles de la lettre de l'inconnu : « J'irai prendre votre réponse durant votre sommeil, » elle jugea qu'elle devait se conformer en tout à ses avis, et se retira dans son appartement où, après mille rêveries agitées, tour à tour pénibles et délicieuses, elle finit par s'endormir au bruit incertain de la musique du bal qui recommençait, des fanfares qui sonnèrent durant le souper, et du roulement lointain des voitures qui annonça, au lever de l'aube, le départ des nombreux hôtes de la résidence.

A neuf heures précises, la recluse entra dans la salle où elle prenait ses repas, qu'elle y trouvait toujours servis avec une exactitude scrupuleuse et une recherche digne du local. Matteus se tenait debout derrière sa chaise, dans l'attitude respectueusement flegmatique qui lui était habituelle. Consuelo venait de descendre au jardin. Le chevalier était venu prendre sa lettre, car elle n'était plus dans le livre. Mais Consuelo avait espéré trouver une nouvelle lettre de lui, et elle l'accusait déjà de mettre de la tiédeur dans leur correspondance. Elle se sentait inquiète, excitée, et un peu poussée à bout par l'immobilité de la vie qu'on semblait s'obstiner à lui faire. Elle se décida donc à s'agiter au hasard pour voir si elle ne hâterait pas le cours des événements lentement préparés autour d'elle. Précisément ce jour-là, pour la première fois, Matteus était sombre et taciturne.

« Maître Matteus, dit-elle avec une gaieté forcée, je vois à travers votre masque que vous avez les yeux battus et le teint fatigué; vous n'avez guère dormi cette nuit.

Au fond de cette pièce, dont l'aspect... (Page 99.)

— Madame me fait trop d'honneur de vouloir bien me railler, répondit Matteus avec un peu d'aigreur ; mais comme Madame a le bonheur de vivre le visage découvert, je suis plus à portée de voir qu'elle m'attribue la fatigue et l'insomnie dont elle a souffert elle-même cette nuit.

— Vos miroirs parlants m'ont dit cela avant vous, monsieur Matteus : je sais que je suis fort enlaidie, et je pense que je le serai bientôt davantage si l'ennui s'obstine à me consumer.

— Madame s'ennuie? reprit Matteus du ton dont il eût dit « madame a sonné? »

— Oui, Matteus, je m'ennuie énormément, et je commence à ne pouvoir plus supporter cette réclusion. Comme on ne m'a fait ni l'honneur d'une visite, ni celui d'une lettre, je présume qu'on m'a oubliée ici ; et puisque vous êtes la seule personne qui veuille bien n'en pas faire autant, je crois qu'il m'est permis de vous dire que je commence à trouver ma situation embarrassante et bizarre.

— Je ne peux pas me permettre de juger la situation de Madame, répondit Matteus ; mais il me semblait que Madame avait reçu, il n'y a pas longtemps, une visite et une lettre?

— Qui vous a dit pareille chose, maître Matteus? s'écria Consuelo en rougissant.

— Je le dirais, répondit-il d'un ton ironiquement patelin, si je ne craignais d'offenser Madame, et de l'ennuyer en me permettant de causer avec elle.

— Si vous étiez mon domestique, maître Matteus, j'ignore quels airs de grandeur je pourrais prendre avec vous ; mais comme jusqu'à présent je n'ai guère eu d'autre serviteur que moi-même, et que, d'ailleurs, vous me paraissez être ici mon gardien encore plus que mon majordomo, je vous engage à causer, si cela vous plaît, autant que les autres jours. Vous avez trop d'esprit ce matin pour m'ennuyer.

— C'est que Madame s'ennuie trop elle-même pour être difficile en ce moment. Je dirai donc à Madame qu'il y a eu cette nuit grande fête au château.

— Je le sais, j'ai entendu le feu d'artifice et la musique.

— Alors, une personne qui est fort surveillée ici depuis l'arrivée de Madame, a cru pouvoir profiter du désordre et du bruit pour s'introduire dans le parc réservé, au mépris de la défense la plus sévère. Il en est résulté un événement fâcheux... Mais je crains de causer quelque chagrin à Madame en le lui apprenant.

— Je crois maintenant le chagrin préférable à l'ennui et à l'inquiétude. Dites donc vite, monsieur Matteus?

— Eh bien! madame, j'ai vu conduire en prison, ce matin, le plus aimable, le plus jeune, le plus beau, le plus brave, le plus généreux, le plus spirituel, le plus grand de tous mes maîtres, le chevalier de Liverani.

— Liverani? Qui s'appelle Liverani? s'écria Consuelo, vivement émue. En prison, le chevalier? Dites-moi!... Oh! mon Dieu! quel est ce chevalier, quel est ce Liverani?

— Je l'ai assez désigné à Madame. J'ignore si elle le connaît peu ou beaucoup; mais, ce qu'il y a de certain, c'est qu'il a été conduit à la grosse tour pour avoir parlé et écrit à Madame, et pour n'avoir pas voulu faire connaître à Son Altesse la réponse que Madame lui a faite.

— La grosse tour... Son Altesse... tout ce que vous me dites là est-il sérieux, Matteus? Suis-je ici sous la dépendance d'un prince souverain qui me traite en prisonnière d'État, qui châtie ses sujets, pour peu qu'ils me témoignent quelque intérêt et quelque pitié? Ou bien suis-je mystifiée par quelque riche seigneur à idées bizarres, qui essaie de m'effrayer afin d'éprouver ma reconnaissance pour les services rendus?

— Il ne m'est point défendu de dire à Madame qu'elle est en même temps chez un prince fort riche, chez un homme d'esprit grand philosophe...

— Et chez le chef suprême du conseil des Invisibles? ajouta Consuelo.

— J'ignore ce que Madame entend par là, répondit Matteus avec la plus complète indifférence. Dans la liste des titres et dignités de Son Altesse, je n'ai jamais entendu mentionner cette qualité.

— Mais ne me sera-t-il pas permis de voir ce prince, de me jeter à ses pieds, de lui demander la liberté de ce chevalier Liverani, qui est innocent de toute indiscrétion, j'en puis faire le serment?

— Je n'en sais rien, et je crois que ce sera au moins très-difficile à obtenir. Cependant j'ai accès tous les soirs auprès de Son Altesse, pendant quelques instants, pour lui rendre compte de la santé et des occupations de Madame; et si Madame écrivait, peut-être réussirais-je à faire lire le billet sans qu'il passât par les mains des secrétaires.

— Cher monsieur Matteus, vous êtes la bonté même, et je suis sûre que vous devez avoir la confiance du prince. Oui, certainement, j'écrirai, puisque vous êtes assez généreux pour vous intéresser au chevalier.

— Il est vrai que je m'y intéresse plus qu'à tout autre. Il m'a sauvé la vie, au risque de la sienne, dans un incendie. Il m'a soigné et guéri de mes brûlures. Il a remplacé les effets que j'avais perdus. Il a passé des nuits à me veiller, comme s'il eût été mon serviteur et moi son maître. Il a arraché au vice une nièce que j'avais, et il en a fait, par ses bonnes paroles et ses généreux secours, une honnête femme. Que de bien n'a-t-il pas fait dans toute cette contrée et dans toute l'Europe, à ce qu'on assure. C'est le jeune homme le plus parfait qui existe, et Son Altesse l'aime comme son propre fils.

— Et pourtant Son Altesse l'envoie en prison pour une faute légère?

— Oh! Madame ignore qu'il n'y a point de faute légère aux yeux de Son Altesse, en fait d'indiscrétion.

— C'est donc un prince bien absolu?

— Admirablement juste, mais terriblement sévère.

— Et comment puis-je être pour quelque chose dans les préoccupations de son esprit et dans les décisions de son conseil?

— Cela, je l'ignore, comme Madame peut bien le penser. Beaucoup de secrets s'agitent en tout temps dans ce château, surtout lorsque le prince y vient passer quelques semaines, ce qui n'arrive pas souvent. Un pauvre serviteur tel que moi qui se permettrait de vouloir les approfondir n'y serait pas souffert longtemps; et comme je suis le doyen des personnes attachées à la maison, Madame doit comprendre que je ne suis ni curieux ni bavard; autrement...

— J'entends, monsieur Matteus. Mais sera-ce une indiscrétion de vous demander si la prison que subit le chevalier est rigoureuse?

— Elle doit l'être, Madame. Quoique je ne sache rien de ce qui se passe dans la tour et dans les souterrains, j'y ai vu entrer plus de gens que je n'en ai vu sortir. J'ignore s'il y a des issues dans la forêt : pour moi, je n'en connais pas dans le parc.

— Vous me faites trembler, Matteus. Serait-il possible que j'eusse attiré sur la tête de ce digne jeune homme des malheurs sérieux? Dites-moi, le prince est-il d'un caractère violent ou froid? Ses arrêts sont-ils dictés par une indignation passagère ou par un mécontentement réfléchi et durable?

— Ce sont là des détails dans lesquels il ne me convient pas d'entrer, répondit froidement Matteus.

— Eh bien, parlez-moi du chevalier, au moins. Est-il homme à demander et à obtenir grâce, ou à se renfermer dans un silence hautain?

— Il est tendre et doux, plein de respect et de soumission pour son Altesse. Mais si Madame lui a confié quelque secret, elle peut être tranquille : il se laisserait torturer plutôt que de livrer le secret d'un autre, fût-ce à l'oreille d'un confesseur.

— Eh bien, je le révélerai moi-même à son Altesse, ce secret qu'elle juge assez important pour allumer sa colère contre un infortuné. Oh! mon bon Matteus, ne pouvez-vous porter ma lettre tout de suite?

— Impossible avant la nuit, Madame.

— C'est égal, je vais écrire maintenant; une occasion imprévue peut se présenter. »

Consuelo rentra dans son cabinet, et écrivit pour demander au prince anonyme une entrevue dans laquelle elle s'engageait à répondre sincèrement à toutes les questions qu'il daignerait lui adresser.

À minuit, Matteus lui rapporta cette réponse cachetée :

« Si c'est au prince que vous voulez parler, votre demande est insensée. Vous ne le verrez, vous ne le connaîtrez jamais; vous ne saurez jamais son nom. — Si c'est devant le conseil des Invisibles que tu veux comparaître, tu seras entendue; mais réfléchis aux conséquences de ta résolution : elle décidera de ta vie et de celle d'un autre. »

XXVI.

Il fallut encore patienter vingt-quatre heures après cette lettre reçue. Matteus déclarait qu'il aimerait mieux se couper une main que d'aller voir le prince avant après minuit. Au déjeuner du lendemain, il se montra encore un peu plus expansif que la veille, et Consuelo crut remarquer que l'emprisonnement du chevalier l'avait aigri contre le prince, au point de lui donner une assez vive démangeaison d'être indiscret pour la première fois de sa vie. Cependant, lorsqu'elle l'eut fait causer pendant plus d'une heure, elle remarqua qu'il n'était pas plus avancée qu'auparavant. Soit qu'il eût joué la simplicité pour étudier les pensées et les sentiments de Consuelo, soit qu'il ne sût rien relativement à l'existence des Invisibles et à la part que son maître prenait à leurs actes, il se trouva que Consuelo flottait dans une confusion étrange de notions contradictoires. Sur tout ce qui touchait à la position sociale du prince, Matteus s'était retranché dans l'impossibilité de manquer au silence rigoureux qu'on lui avait imposé. Il haussait, il est vrai, les épaules, en parlant de cette bizarre injonction. Il avouait qu'il ne comprenait pas la nécessité de porter un masque pour communiquer avec les personnes qui s'étaient succédé par des intervalles plus ou moins rapprochés, et pour des retraites plus ou moins longues, dans le pavillon. Il ne *pouvait s'empêcher de dire* que son maître avait des caprices inexplicables, et se livrait à des travaux incompréhensibles; mais toute curiosité, de même que toute indiscrétion, était paralysée chez lui par la crainte de châtiments terribles, sur la nature desquels il ne s'expliquait pas. En somme, Consuelo n'apprit rien, sinon qu'il se passait des choses singulières au château, que l'on n'y dormait guère la nuit, que tous les domestiques y avaient vu des esprits, que Matteus lui-même, qui se déclarait hardi et sans préjugés, avait rencontré souvent l'hiver, dans le parc, à des époques où le prince était absent et le château désert, des figures qui l'avaient fait frémir, qui étaient entrées là sans qu'il sût comment et qui en étaient sorties de même. Tout cela ne jetait pas une grande clarté sur la situation de Consuelo. Il lui fallut se résigner à attendre le soir pour envoyer cette nouvelle pétition :

« Quoi qu'il en puisse résulter pour moi, je demande instamment et humblement à comparaître devant le tribunal des Invisibles. »

La journée lui sembla d'une longueur mortelle; elle s'efforça de maîtriser son impatience et ses inquiétudes en chantant tout ce qu'elle avait composé en prison sur les douleurs et les ennuis de la solitude, et elle termina cette répétition à l'entrée de la nuit, par le sublime air d'Almirena dans le *Rinaldo* de Haëndel :

Lascia ch'io pianga
La dura sorte,
E ch'io sospiri
La libertà

A peine l'eut-elle fini, qu'un violon d'une vibration extraordinaire répéta au dehors la phrase admirable qu'elle venait de dire, avec une expression aussi douloureuse et aussi profonde que la sienne propre. Consuelo courut à la fenêtre, mais elle ne vit personne, et la phrase se perdit dans l'éloignement. Il lui sembla que cet instrument et ce jeu remarquables ne pouvaient appartenir qu'au comte Albert; mais elle chassa bientôt cette pensée, comme rentrant dans la série d'illusions pénibles et dangereuses dont elle avait déjà tant souffert. Elle n'avait jamais entendu Albert jouer aucune phrase de musique moderne, et il n'y avait qu'un esprit frappé qui pût s'obstiner à évoquer un spectre chaque fois que le son d'un violon se faisait entendre. Néanmoins cette émotion troubla Consuelo, et la jeta dans de si tristes et si profondes rêveries, qu'elle s'aperçut seulement à neuf heures du soir que Matteus ne lui avait apporté ni à dîner ni à souper, et qu'elle était à jeun depuis le matin. Cette circonstance lui fit craindre que, comme le chevalier, Matteus n'eût été victime de l'intérêt qu'il lui avait marqué. Sans doute, les murs avaient des yeux et des oreilles. Matteus lui avait peut-être trop parlé; il avait murmuré un peu contre la disparition de Liverani : c'en était assez probablement pour qu'on lui fît partager son sort.

Ces nouvelles anxiétés empêchèrent Consuelo de sentir le malaise de la faim. Cependant la soirée s'avançait, Matteus ne paraissait pas; elle se risqua à sonner. Personne ne vint. Elle éprouvait une grande faiblesse, et surtout une grande consternation. Appuyée sur le bord de sa croisée, la tête dans ses mains, elle repassait dans son cerveau, déjà un peu troublé par les souffrances de l'inanition, les incidents bizarres de sa vie, et se demandait si c'était le souvenir de la réalité ou celui d'un long rêve, lorsqu'une main froide comme le marbre s'appuya sur sa tête, et une voix basse et profonde prononça ces mots :

« Ta demande est accueillie, suis-moi. »

Consuelo, qui n'avait pas encore songé à éclairer son appartement, mais qui avait, jusque-là, nettement distingué les objets dans le crépuscule, essaya de regarder celui qui lui parlait ainsi. Elle se trouvait tout à coup dans d'aussi épaisses ténèbres que si l'atmosphère était devenue compacte, et le ciel étoilé une voûte de plomb. Elle porta la main à son front privé d'air, et reconnut un capuchon à la fois léger et impénétrable comme celui que Cagliostro lui avait jeté une fois sur la tête sans qu'elle le sentît. Entraînée par une main invisible, elle descendit l'escalier du pavillon; mais elle ne tarda pas à s'apercevoir qu'il avait plus de degrés qu'elle ne lui en connaissait, et qu'il s'enfonçait dans des caves où elle marcha pendant près d'une demi-heure. La fatigue, la faim, l'émotion et une chaleur accablante ralentissaient de plus en plus ses pas, et, à chaque instant prête à défaillir, elle fut tentée de demander grâce. Mais une certaine fierté, qui lui faisait craindre de paraître reculer devant sa résolution, l'engagea à lutter courageusement. Elle arriva enfin au terme du voyage, et on la fit asseoir. Elle entendit en ce moment un timbre lugubre, comme celui du tam-tam, frapper minuit lentement, et au douzième coup le capuchon lui fut enlevé de son front baigné de sueur.

Elle fut éblouie d'abord de l'éclat des lumières qui, toutes rassemblées sur un même point vis-à-vis d'elle, dessinaient une large croix flamboyante sur la muraille. Lorsque ses yeux purent supporter cette transition, elle vit qu'elle était dans une vaste salle d'un style gothique, dont la voûte, divisée en arceaux surbaissés, ressemblait à celle d'un cachot profond ou d'une chapelle souterraine. Au fond de cette pièce, dont l'aspect et le luminaire étaient vraiment sinistres, elle distingua sept personnages enveloppés de manteaux rouges, et la face couverte de masques d'un blanc livide, qui les faisaient ressembler à des cadavres. Ils étaient assis derrière une longue table de marbre noir. En avant de la table et sur un gradin plus bas, un huitième spectre, vêtu de noir et masqué de blanc, était également assis. De chaque côté des murailles latérales, une vingtaine d'hommes à manteaux et à masques noirs étaient rangés dans un profond silence. Consuelo se retourna, et vit derrière elle d'autres fantômes noirs. A chaque porte, il y en avait deux debout, une large épée brillante à la main.

En d'autres circonstances, Consuelo se fût peut-être dit que ce cérémonial lugubre n'était qu'un jeu, une de ces épreuves dont elle avait entendu parler à Berlin à propos des loges de francs-maçons. Mais outre que les francs-maçons ne s'érigeaient pas en tribunal, et ne s'attribuaient pas le droit de faire comparaître dans leurs assemblées secrètes des personnes non initiées, elle était disposée, par tout ce qui avait précédé cette scène, à la trouver sérieuse, effrayante même. Elle s'aperçut qu'elle tremblait visiblement, et sans les cinq minutes d'un profond silence où se tint l'assemblée, elle n'eût pas eu la force de se remettre et de se préparer à répondre.

Enfin, le huitième juge se leva et fit signe aux deux introducteurs, qui se tenaient, l'épée à la main, à la droite et à la gauche de Consuelo, de l'amener jusqu'au pied du tribunal, où elle resta debout, dans une attitude de calme et de courage un peu affectés.

« Qui êtes-vous, et que demandez-vous ? » dit l'homme noir sans se lever.

Consuelo demeura quelques instants interdite; enfin elle prit courage et répondit :

« Je suis Consuelo, cantatrice de profession, dite la Zingarella et la Porporina.

— N'as-tu point d'autre nom ? » reprit l'interrogateur.

Consuelo hésita, puis elle dit :

« J'en pourrais revendiquer un autre; mais je me suis engagée sur l'honneur à ne jamais le faire.

— Espères-tu donc cacher quelque chose à ce tribunal? Te crois-tu devant des juges vulgaires, élus pour juger de vulgaires intérêts, au nom d'une loi grossière et aveugle? Que viens-tu faire ici, si tu prétends nous abuser par de vaines défaites? Nomme-toi, fais-toi connaître pour ce que tu es, ou retire-toi.

— Vous qui savez qui je suis, vous savez sans doute également que mon silence est un devoir, et vous m'encouragerez à y persister. »

Un des manteaux rouges se pencha, fit signe à un des manteaux noirs, et en un instant tous les manteaux noirs sortirent de la salle, à l'exception de l'examinateur, qui resta à sa place et reprit la parole en ces termes :

« Comtesse de Rudolstadt, maintenant que l'examen devient secret, et que vous êtes seule en présence de vos juges, nierez-vous que vous soyez légitimement mariée au comte Albert Podiebrad, dit de Rudolstadt par les prétentions de sa famille?

— Avant de répondre à cette question, dit Consuelo avec fermeté, je demande à savoir quelle autorité dispose ici de moi, et quelle loi m'oblige à la reconnaître.

— Quelle loi prétendrais-tu donc invoquer? Est-ce une loi divine ou humaine? La loi sociale te place encore sous la dépendance absolue de Frédéric II, roi de Prusse, électeur de Brandebourg, sur les terres duquel nous t'avons enlevée pour te soustraire à une captivité indéfinie, et à des dangers plus affreux encore, tu le sais!

— Je sais, dit Consuelo en fléchissant le genou, qu'une reconnaissance éternelle me lie à vous. Je ne prétends donc invoquer que la loi divine, et je vous prie de me définir celle de la reconnaissance. Me commande-t-elle de vous bénir et de me dévouer à vous du fond de mon cœur? je l'accepte : mais si elle me prescrit de manquer, pour vous complaire, aux arrêts de ma conscience, ne dois-je pas la récuser? Jugez vous-mêmes.

— Puisses-tu penser et agir dans le monde comme tu parles! Mais les circonstances qui te placent ici dans notre dépendance échappent à tous les raisonnements ordinaires. Nous sommes au-dessus de toute loi humaine, tu as pu le reconnaître à notre puissance. Nous sommes également en dehors de toute considération humaine : préjugés de fortune, de rang et de naissance, scrupules et délicatesse de position, crainte de l'opinion, respect même des engagements contractés avec les idées et les personnes du monde, rien de tout cela n'a de sens pour nous, ni de valeur à nos yeux, alors que réunis loin de l'œil des hommes, et armés du glaive de la justice de Dieu, nous pesons dans le creux de notre main les hochets de votre frivole et craintive existence. Explique-toi donc sans détour devant nous qui sommes les appuis, la famille et la loi vivante de tout être libre. Nous ne t'écouterons pas, que nous ne sachions en quelle qualité tu comparais ici. Est-ce la Zingarella Consuelo, est-ce la comtesse de Rudolstadt qui nous invoque?

— La comtesse de Rudolstadt, ayant renoncé à tous ses droits dans la société, n'en a aucun à réclamer ici. La Zingarella Consuelo...

— Arrête, et pèse les paroles que tu viens de dire. Si ton époux était vivant, aurais-tu le droit de lui retirer ta foi, d'abjurer son nom, de repousser sa fortune, et en un mot, de redevenir la Zingarella Consuelo, pour ménager l'orgueil puéril et insensé de sa famille et de sa caste?

— Non sans doute.

— Et penses-tu donc que la mort ait rompu à jamais vos liens? ne dois-tu à la mémoire d'Albert ni respect, ni amour, ni fidélité? »

Consuelo rougit et se troubla, puis elle redevint pâle. L'idée qu'on allait, comme Cagliostro et le comte de Saint-Germain, lui parler de la résurrection possible d'Albert, et même lui en montrer le fantôme, la remplit d'une telle frayeur, qu'elle ne put répondre.

« Épouse d'Albert Podiebrad, reprit l'examinateur, ton silence t'accuse. Albert est mort tout entier pour toi, et ton mariage n'est à tes yeux qu'un incident de ta vie aventureuse, sans aucune conséquence, sans aucune obligation pour l'avenir. Zingara, tu peux te retirer. Nous ne nous sommes intéressés à ton sort qu'en raison de tes liens avec le plus excellent des hommes. Tu n'étais pas digne de notre amour, car tu ne fus pas digne du sien. Nous ne regrettons pas la liberté que nous t'avons rendue; toute réparation des maux qu'inflige le despotisme est un devoir et une jouissance pour nous. Mais notre protection n'ira pas plus loin. Dès demain tu quitteras cet asile que nous t'avions donné avec l'espérance que tu en sortirais purifiée et sanctifiée : tu retourneras au monde : à la chimère de la gloire, à l'enivrement des folles passions. Que Dieu ait pitié de toi! nous t'abandonnons sans retour. »

Consuelo resta quelques moments atterrée sous cet arrêt. Quelques jours plus tôt, elle ne l'eût pas accepté sans appel; mais le mot de *folles passions* qui venait d'être prononcé lui remettait sous les yeux, à cette heure, l'amour insensé qu'elle avait conçu pour *l'inconnu*, et qu'elle avait accueilli dans son cœur presque sans examen et sans combat.

Elle était humiliée à ses propres yeux, et la sentence des Invisibles lui paraissait méritée jusqu'à un certain point. L'austérité de leur langage lui inspirait un respect mêlé de terreur, et elle ne songeait plus à se révolter contre le droit qu'ils s'attribuaient de la juger et de la condamner, comme un être relevant de leur autorité. Il est rare que, quelle que soit notre fierté naturelle, ou l'irréprochabilité de notre vie, nous ne subissions pas l'ascendant d'une parole grave qui nous accuse au dépourvu, et qu'au lieu de discuter avec elle, nous ne fassions pas un retour sur nous-mêmes pour voir avant tout si nous ne méritons pas de blâme. Consuelo ne se sentait pas à l'abri de tout reproche, et l'appareil déployé autour d'elle rendait sa position singulièrement pénible. Cependant, elle se rappela promptement qu'elle n'avait pas demandé à comparaître devant ce tribunal sans s'être préparée et résignée à sa rigueur. Elle y était venue, résolue à subir des admonestations, un châtiment quelconque, s'il le fallait, pourvu que le chevalier fût disculpé ou pardonné. Mettant donc de côté tout amour-propre, elle accepta les reproches sans amertume, et médita quelques instants sa réponse.

« Il est possible que je mérite cette dure malédiction, dit-elle enfin; je suis loin d'être contente de moi. Mais en venant ici je me suis fait des Invisibles une idée que je veux vous dire. Le peu que j'ai appris de vous par la rumeur populaire, et le bienfait de la liberté que je tiens de vous, m'ont fait penser que vous étiez des hommes aussi parfaits dans la vertu que puissants dans la société. Si vous êtes tels que je me plais à le croire, d'où vient que vous me repoussez si brusquement, sans m'avoir indiqué la route à suivre pour sortir de l'erreur et pour devenir digne de votre protection? Je sais qu'à cause d'Albert de Rudolstadt, le plus excellent des hommes, comme vous l'avez bien nommé, sa veuve méritait quelque intérêt; mais ne fussé-je pas la femme d'Albert, ou bien eussé-je été en tout temps indigne de l'être, la Zingara Consuelo, la fille sans nom, sans famille et sans patrie, n'a-t-elle pas encore des droits à votre sollicitude paternelle? Supposez que je sois une grande pécheresse; n'êtes-vous pas comme le royaume des cieux où la conversion d'un maudit apporte plus de joie que la persévérance de cent élus? Enfin, si la loi qui vous rassemble et qui vous inspire est une loi divine, vous y manquez en me repoussant. Vous aviez entrepris, dites-vous, de me purifier et de me sanctifier. Essayez d'élever mon âme à la hauteur de la vôtre. Je suis ignorante, non rebelle. Prouvez-moi que vous êtes saints, en vous montrant patients et miséricordieux, et je vous accepterai pour mes maîtres et mes modèles. »

Il y eut un moment de silence. L'examinateur se retourna vers les juges, et ils parurent se consulter. Enfin l'un d'eux prit la parole et dit :

« Consuelo, tu t'es présentée ici avec orgueil; pourquoi ne veux-tu pas te retirer de même? Nous avions le droit de te blâmer, puisque tu venais nous interroger. Nous n'avons pas celui d'enchaîner ta conscience et de nous emparer de ta vie, si tu ne nous abandonnes volontairement et librement l'une et l'autre. Pouvons-nous te demander ce sacrifice? Tu ne nous connais pas. Ce tribunal dont tu invoques la sainteté est peut-être le plus pervers ou tout au moins le plus audacieux qui ait jamais agi dans les ténèbres contre les principes qui régissent le monde : qu'en sais-tu? Et si nous avions à te révéler la science profonde d'une vertu toute nouvelle, aurais-tu le courage de te vouer à une étude si longue et si ardue, avant d'en savoir le but? Nous-mêmes pourrions-nous prendre confiance dans la foi persévérante d'un néophyte aussi mal préparé que toi? Nous aurions peut-être des secrets importants à te confier, et nous n'en chercherions la garantie que dans tes instincts généreux, nous les connaissons assez pour croire à ta discrétion : mais ce n'est pas de confidents discrets que nous avons besoin; nous n'en manquons pas. Nous avons besoin, pour faire avancer la loi de Dieu, de disciples fervents, libres de tous préjugés, de tout égoïsme, de toutes passions frivoles, de toutes habitudes mondaines. Descends en toi-même; peux-tu nous faire tous ces sacrifices? Peux-tu modeler tes actions et calquer ta vie sur les instincts que tu ressens, et sur les principes que nous te donnerions pour les développer? Femme, artiste, enfant, oserais-tu répondre que tu peux t'associer à des hommes graves pour travailler à l'œuvre des siècles?

— Tout ce que vous dites est bien sérieux, en effet, répondit Consuelo, et je le comprends à peine. Voulez-vous me donner le temps d'y réfléchir? Ne me chassez pas de votre sein sans avoir interrogé mon cœur. J'ignore s'il est digne des lumières que vous y pouvez répandre. Mais quelle âme sincère est indignée de la vérité? En quoi puis-je vous être utile? Je m'effraie de mon impuissance. Femme et artiste, c'est-à-dire enfant! mais pour me protéger comme vous l'avez fait, il faut que vous ayez pressenti en moi quelque chose... Et moi, quelque chose me dit que je ne dois pas vous quitter sans avoir essayé de vous prouver ma reconnaissance. Ne me bannissez donc pas : essayez de m'instruire.

— Nous t'accordons encore huit jours pour faire tes réflexions, reprit le juge en robe rouge qui avait déjà parlé; mais tu dois auparavant t'engager sur l'honneur à ne pas faire la moindre tentative pour savoir où tu es, et quelles sont les personnes que tu vois ici. Tu dois t'engager également à ne pas franchir l'enceinte réservée à tes promenades, quand même tu verrais les portes ouvertes et les spectres de tes plus chers amis te faire signe. Tu dois n'adresser aucune question aux gens qui te servent, ni à quiconque pourrait pénétrer clandestinement chez toi.

— Cela n'arrivera jamais, répondit vivement Consuelo; je m'engage, si vous le voulez, à ne jamais recevoir personne sans votre autorisation, et en revanche je vous demande humblement la grâce...

— Tu n'as point de grâce à nous demander, point de conditions à proposer. Tous les besoins de ton âme et de ton corps ont été prévus pour le temps que tu avais à passer ici. Si tu regrettes quelque parent, quelque ami, quelque serviteur, tu es libre de partir. La solitude ou une société réglée comme nous l'entendons sera ton partage chez nous.

— Je ne demande rien pour moi-même; mais on m'a dit qu'un de vos amis, un de vos disciples ou de vos serviteurs (car j'ignore le rang qu'il occupe parmi vous) subissait à cause de moi un châtiment sévère. Me voici prête à m'accuser des torts qu'on lui impute, et c'est pour cela que j'ai demandé à comparaître devant vous.

— Est-ce une confession sincère et détaillée que tu offres de nous faire?

— S'il le faut pour qu'il soit absous... quoique ce soit, pour une femme, une étrange torture morale que de se confesser hautement devant huit hommes...

— Épargne-toi cette humiliation. Nous n'aurions aucune garantie de la sincérité, et d'ailleurs nous n'avions encore tout à l'heure aucun droit sur toi. Ce que tu as dit, ce que tu as pu dire à une heure, rentre pour nous dans ton passé. Mais songe qu'à partir de cet instant nous sommes les maîtres de sonder les plus secrets replis de ton âme. C'est à toi de garder cette âme assez pure pour être toujours prête à nous la dévoiler sans souffrance et sans honte.

— Votre générosité est délicate et paternelle. Mais il ne s'agit pas de moi seule ici. Un autre expie mes torts. Ne dois-je pas le justifier?

— Ce soin ne te regarde pas. S'il est un coupable parmi nous, il se disculpera lui-même, non par de vaines défaites et de téméraires allégations, mais par des actes de courage, de dévouement et de vertu. Si son âme a chancelé, nous la relèverons, nous l'aiderons à se vaincre. Tu parles de châtiment rigoureux; nous n'infligeons que des châtiments moraux. Cet homme, quel qu'il soit, est notre égal, notre frère; il n'y a chez nous ni maîtres, ni serviteurs, ni sujets, ni princes : de faux rapports t'ont sans doute abusée. Va en paix et ne pèche point. »

A ce dernier mot, l'examinateur agita une sonnette; les deux hommes noirs masqués et armés rentrèrent, et, replaçant le capuchon sur la tête de Consuelo, ils la reconduisirent au pavillon par les mêmes détours souterrains qu'elle avait suivis pour s'en éloigner.

XXVII.

La Porporina n'ayant plus sujet, d'après le langage bienveillant et paternel des Invisibles, d'être sérieusement inquiète du chevalier, et jugeant que Matteus n'avait pas vu très-clair dans cette affaire, éprouva en quittant ce mystérieux conciliabule, un grand soulagement d'esprit. Tout ce qu'on venait de lui dire flottait dans son imagination comme des rayons derrière un nuage; et l'inquiétude ni l'effort de la volonté ne la soutenant plus, elle éprouva bientôt en marchant une fatigue insurmontable. La faim se fit sentir assez cruellement, le capuchon gommé l'étouffait. Elle s'arrêta plusieurs fois, fut forcée d'accepter les bras de ses guides pour continuer sa route, et, en arrivant dans sa chambre, elle tomba en faiblesse. Peu d'instants après, elle se sentit ranimée par un flacon qui lui fut présenté, et par l'air bienfaisant qui circulait dans l'appartement. Alors elle remarqua que les hommes qui l'avaient ramenée sortaient à la hâte, tandis que Matteus s'empressait de servir un souper des plus appétissants, et que le petit docteur masqué, qui l'avait mise en léthargie pour l'amener à cette résidence, lui tâtait le pouls et lui prodiguait ses soins. Elle le reconnaissait facilement à sa perruque, et à sa voix qu'elle avait entendue quelque part, sans pouvoir dire en quelle circonstance.

« Cher docteur, lui dit-elle en souriant, je crois que la meilleure prescription sera de me faire souper bien vite. Je n'ai pas d'autre mal que la faim, mais je vous supplie de m'épargner cette fois le café que vous faites si bien. Je crois que je ne serais plus de force à le supporter.

— Le café préparé par moi, répondit le docteur, est un calmant recommandable. Mais soyez tranquille, madame la comtesse : mon ordonnance ne porte rien de semblable. Aujourd'hui voulez-vous vous fier à moi et me permettre de souper avec vous? La volonté de Son Altesse est que je ne vous quitte pas avant que vous soyez complétement rétablie, et je pense que, dans une demi-heure, la réfection aura chassé cette faiblesse entièrement.

— Si tel est le bon plaisir de Son Altesse et le vôtre, monsieur le docteur, ce sera le mien aussi d'avoir l'honneur de votre compagnie pour souper, dit Consuelo en laissant rouler son fauteuil par Matteus auprès de la table.

— Ma compagnie ne vous sera pas inutile, reprit le docteur, en commençant à démolir un superbe pâté de faisans, et à découper ces volatiles avec la dextérité d'un praticien consommé. Sans moi, vous vous laisseriez aller à la voracité insurmontable qu'on éprouve après un long jeûne, et vous pourriez vous en mal trouver. Moi qui ne crains pas un pareil inconvénient, j'aurai soin de vous compter les morceaux, tout en les mettant doubles sur mon assiette. »

La voix de ce docteur gastronome occupait Consuelo malgré elle. Mais sa surprise fut grande lorsque, détachant lestement son masque, il le posa sur la table en disant :

« Au diable cette puérilité qui m'empêche de respirer et de sentir le goût de ce que je mange! »

Consuelo tressaillit en reconnaissant, dans ce viveur de médecin, celui qu'elle avait vu au lit de mort de son mari, le docteur Supperville, premier médecin de la margrave de Bareith. Elle l'avait aperçu de loin à Berlin depuis, sans avoir le courage de le regarder ni de lui parler. En ce moment le contraste de son appétit glouton avec l'émotion et l'accablement qu'elle éprouvait, lui rappelèrent la sécheresse de ses idées et de ses discours au milieu de la consternation et de la douleur de la famille de Rudolstadt, et elle eut peine à lui cacher l'impression désagréable qu'il lui causait. Mais le Supperville, absorbé par le fumet du faisan, paraissait ne faire aucune attention à son trouble.

Matteus vint compléter le ridicule de la situation où se plaçait le docteur, par une exclamation naïve. Le circonspect serviteur le servait depuis cinq minutes sans s'apercevoir qu'il avait le visage découvert, et ce ne fut qu'au moment de prendre le masque pour le couvercle du pâté, et de le placer méthodiquement sur la brèche ouverte, qu'il s'écria avec terreur :

« Miséricorde, monsieur le docteur, vous avez laissé choir votre *visage* sur la table !

— Au diable ce visage d'étoffe ! te dis-je. Je ne pourrai jamais m'habituer à manger avec cela. Mets-le dans un coin, tu me le rendras quand je sortirai.

— Comme il vous plaira, monsieur le docteur, dit Matteus d'un ton consterné. Je m'en lave les mains. Mais Votre Seigneurie n'ignore pas que je suis forcé tous les soirs de rendre compte en point de tout ce qui s'est fait et dit ici. J'aurai beau dire que votre *visage* s'est détaché par mégarde, je ne pourrai pas nier que Madame n'ait vu ce qui était dessous.

— Fort bien, mon brave. Tu feras ton rapport, dit le docteur sans se déconcerter.

— Et vous remarquerez, monsieur Matteus, observa Consuelo, que je n'ai aucunement provoqué M. le docteur à cette désobéissance, et que ce n'est pas ma faute si je l'ai reconnu.

— Soyez donc tranquille, madame la comtesse, reprit Supperville la bouche pleine. Le prince n'est pas si diable qu'il est noir, et je ne le crains guère. Je lui dirai que, puisqu'il m'avait autorisé à souper avec vous, il m'avait autorisé par cela même à me délivrer de tout obstacle à la mastication et à la déglutition. D'ailleurs j'avais l'honneur d'être trop bien connu de vous pour que le son de ma voix ne m'eût pas déjà trahi. C'est donc une vaine formalité dont je me débarrasse, et dont le prince fera bon marché tout le premier.

— C'est égal, monsieur le docteur, dit Matteus scandalisé, j'aime mieux que vous ayez fait cette plaisanterie-là que moi. »

Le docteur haussa les épaules, railla le timoré Matteus, mangea énormément et but à proportion : après quoi, Matteus s'étant retiré pour changer le service, il rapprocha un peu sa chaise, baissa la voix, et parla ainsi à Consuelo :

« Chère Signora, je ne suis pas si gourmand que j'en ai l'air (Supperville, étant convenablement repu, parlait ainsi fort à son aise), et mon but, en venant souper avec vous, était de vous instruire de choses importantes qui vous intéressent très-particulièrement.

— De quelle part et en quel nom voulez-vous me révéler ces choses, monsieur? dit Consuelo, qui se rappelait la promesse qu'elle venait de faire aux Invisibles.

— C'est de mon plein droit et de mon plein gré, répondit Supperville. Ne vous inquiétez donc pas. Je ne suis pas un mouchard, moi, et je parle à cœur ouvert, peu soucieux qu'on répète mes paroles. »

Consuelo pensa un instant que son devoir était de fermer absolument la bouche au docteur, afin de ne pas se rendre complice de sa trahison : mais elle pensa aussi qu'un homme dévoué aux Invisibles au point de se charger d'empoisonner à demi les gens pour les amener, à leur insu, dans ce château, ne pouvait agir comme il le faisait sans y être secrètement autorisé. C'est un piège qu'on me tend, pensa-t-elle. C'est une série d'épreuves qui commence. Voyons, et observons l'attaque.

« Il faut donc, Madame, continua le docteur, que je vous dise où et chez qui vous êtes. »

« Nous y voilà ! » se dit Consuelo ; et elle se hâta de répondre : « Grand merci, monsieur le docteur, je ne vous l'ai pas demandé, et je désire ne pas le savoir.

— Ta ta ta! reprit Supperville, vous voilà tombée dans la voie romanesque où il plaît au prince d'entraîner tous ses amis. Mais n'allez point donner sérieusement dans ces sornettes-là : le moins qui pourrait vous en arriver serait de devenir folle et de grossir son cortège d'aliénés et de visionnaires. Je n'ai pas l'intention, pour ma part, à manquer à la parole que je lui ai donnée de ne vous dire ni son nom ni celui du lieu où vous vous trouvez. C'est là d'ailleurs ce qui doit le moins vous préoccuper ; car ce ne serait qu'une satisfaction pour votre curiosité, et ce n'est pas cette maladie que je veux traiter chez vous ; c'est l'excès de confiance, au contraire. Vous pouvez donc apprendre, sans lui désobéir et sans risquer de lui déplaire (je suis intéressé à ne pas vous trahir), que vous êtes ici chez le meilleur et le plus absurde des vieillards. Un homme d'esprit, un philosophe, une âme courageuse et tendre jusqu'à l'héroïsme, jusqu'à la démence. Un rêveur qui traite l'idéal comme une réalité, et la vie comme un roman. Un savant qui, à force de lire les écrits des sages et de chercher la quintessence des idées, est arrivé, comme don Quichotte après la lecture de tous ses livres de chevalerie, à prendre les auberges pour des châteaux, les galériens pour d'innocentes victimes, et les moulins à vent pour des monstres. Enfin un saint, si on ne considère que la beauté de ses intentions, un fou si on en pèse le résultat. Il a imaginé, entre autres choses, un réseau de conspiration permanente et universelle pour prendre à la masse et paralyser l'action des méchants dans le monde : 1° combattre et contrarier la tyrannie des gouvernants ; 2° réformer l'immoralité ou la barbarie des lois qui régissent les sociétés ; 3° verser dans le cœur de tous les hommes de courage et de dévouement l'enthousiasme de sa propagande et le zèle de sa doctrine. Rien que ça? hein? et il croit y parvenir ! Encore s'il était secondé par quelques hommes sincères et raisonnables, le peu de bien qu'il réussit à faire pourrait porter ses fruits ! Mais, par malheur, il est environné d'une clique d'intrigants et d'imposteurs audacieux qui feignent de partager sa foi et de servir ses projets, et qui se servent de son crédit pour accaparer de bonnes places dans toutes les cours de l'Europe, non sans se mettre au bout des doigts la meilleure partie de l'argent destiné à ses bonnes œuvres. Voilà l'homme et son entourage. C'est à vous de juger dans quelles mains vous êtes, et si cette protection généreuse qui vous a heureusement tirée des grilles du petit Fritz ne risque pas de vous faire tomber pis, à force de vouloir vous élever dans les nues. Vous voilà avertie. Méfiez-vous des belles promesses, des beaux discours, des scènes de tragédie, des tours de passe-passe des Cagliostro, des Saint-Germain et consorts.

— Ces deux derniers personnages sont-ils donc actuellement ici? demanda Consuelo un peu troublée, et flottante entre le danger d'être jouée par le docteur et la vraisemblance de ses assertions.

— Je n'en sais rien, répondit-il. Tout s'y passe mystérieusement. Il y a deux châteaux : un visible et palpable, où l'on voit arriver des gens du monde qui ne se doutent de rien, où l'on donne des fêtes, où l'on déploie l'appareil d'une existence princière, frivole et inoffensive. Ce château-là couvre et cache l'autre, qui est un petit monde souterrain assez habilement masqué. Dans le château invisible s'élucubrent tous les songes creux de Son Altesse. Novateurs, réformateurs, inventeurs, sorciers, prophètes, alchimistes, tous architectes d'une société nouvelle toujours prête, selon leur dire, à avaler l'ancienne demain ou après-demain ; voilà les hôtes mystérieux que l'on reçoit, que l'on héberge, et que l'on consulte sans que personne le sache à la surface du sol, ou du moins sans qu'aucun profane puisse expliquer le bruit de ces caves autrement que par la présence d'esprits follets et de revenants tracassiers dans les œuvres basses du bâtiment. Maintenant concluez : les susdits charlatans peuvent être à cent lieues d'ici, car ils sont grands voyageurs de leur nature, ou à deux pas de nous, dans de bonnes chambres à portes secrètes et à double fond. On dit que ce vieux château a servi autrefois de rendez-vous aux francs-juges, et que depuis, à cause de certaines traditions héréditaires, les ancêtres de notre prince se sont toujours divertis à y tramer des complots terribles, qui n'ont jamais, que je sache, abouti à rien. C'est une vieille mode du pays, et les plus illustres cerveaux ne sont pas ceux qui y donnent le moins. Moi, je ne suis pas initié aux merveilles du château invisible. Je passe ici quelques jours de temps en temps, quand ma souveraine, la princesse Sophie de Prusse, margrave de Bareith, me donne la permission d'aller prendre l'air hors de ses États. Or, comme je m'ennuie prodigieusement à la délicieuse cour de Bareith, qu'au fond j'ai de l'attachement pour le prince dont nous parlons, et que je ne suis pas fâché de jouer parfois un petit tour au grand Frédéric que je déteste, je rends au susdit prince quelques services désintéressés, et dont je me divertis tout le premier. Comme je ne reçois d'ordres que de lui, ces services sont toujours fort innocents. Celui d'aider à vous tirer de Spandaw, et de vous amener ici comme une pauvre colombe endormie, n'avait rien qui me répugnât. Je savais que vous y seriez bien traitée, et je pensais que vous auriez occasion de vous y amuser. Mais si, au contraire, on vous y tourmente, si les conseillers charlatans de Son Altesse prétendent s'y emparer de vous, et vous faire servir à leurs intrigues dans le monde...

— Je ne crains rien de semblable, répondit Consuelo de plus en plus frappée des explications du docteur. Je saurai me préserver de leurs suggestions, si elles blessent ma droiture et révoltent ma conscience.

— En êtes-vous bien sûre, madame la comtesse? reprit Supperville. Ne vous y fiez pas, et ne vous vantez de rien. Des gens fort raisonnables et fort honnêtes sont sortis d'ici timbrés et tout prêts à mal faire. Tous les moyens sont bons aux intrigants qui exploitent le prince, et ce cher prince est si facile à éblouir, que lui-même a mis la main à la perdition de quelques bonnes âmes en croyant les sauver. Sachez que ces intrigants sont fort habiles, qu'ils ont des secrets pour effrayer, pour convaincre, pour émouvoir, pour enivrer les sens et frapper l'imagination. D'abord une persistance de tracasseries et une foule de petits moyens incompréhensibles; et puis des recettes, des systèmes, des prestiges à leur service. Ils vous enverront des spectres, ils vous feront jeûner pour vous ôter la lucidité de l'esprit, ils vous assiégeront de fantasmagories riantes ou affreuses. Enfin ils vous rendront superstitieuse, folle peut-être, comme j'ai eu l'honneur de vous le dire, et alors...

— Et alors? que peuvent-ils attendre de moi? que suis-je dans le monde pour qu'ils aient besoin de m'attirer dans leurs filets?

— Oui-da! La comtesse de Rudolstadt ne s'en doute pas?

— Nullement, monsieur le docteur.

— Vous devez vous rappeler pourtant que mons Cagliostro vous a fait voir feu le comte Albert, votre mari, vivant et agissant?

— Comment savez-vous cela, si vous n'êtes pas initié aux mystères du monde souterrain dont vous parlez?

— Vous l'avez raconté à la princesse Amélie de Prusse, qui est un peu bavarde, comme toutes les personnes curieuses. Ignorez-vous, d'ailleurs, qu'elle est fort liée avec le spectre du comte de Rudolstadt?

— Un certain Trismégiste, à ce qu'on m'a dit!

— Précisément. J'ai vu ce Trismégiste, et il est de fait qu'il ressemble au comte d'une manière surprenante au premier abord. On peut le faire ressembler davantage en le coiffant et en l'habillant comme le comte avait coutume d'être, en lui rendant le visage blême, et en lui faisant étudier l'allure et les manières du défunt. Comprenez-vous maintenant?

— Moins que jamais. Quel intérêt aurait-on à faire passer cet homme pour le comte Albert?

— Que vous êtes simple et loyale! Le comte Albert est mort, laissant une grande fortune, qui va tomber en quenouille, des mains de la chanoinesse Wenceslawa à celles de la petite baronne Amélie, cousine du comte Albert, à moins que vous ne fassiez valoir vos droits à un douaire ou à une jouissance viagère. On tâchera d'abord de vous y décider...

— Il est vrai, s'écria Consuelo; vous m'éclairez sur le sens de certaines paroles!

— Ce n'est rien encore : cette jouissance viagère, très-contestable, du moins en partie, ne satisferait pas l'appétit des chevaliers d'industrie qui veulent vous accaparer. Vous n'avez pas d'enfant; il vous faut un mari. Eh bien, le comte Albert n'est pas mort : il était en léthargie, on l'a enterré vivant; le diable l'a tiré de là; M. de Cagliostro lui a donné une potion; M. de Saint-Germain l'a emmené promener. Bref, au bout d'un ou deux ans il reparaît, raconte ses aventures, se jette à vos pieds, consomme son mariage avec vous, part pour le château des Géants, se fait reconnaître de la vieille chanoinesse et de quelques vieux serviteurs qui n'y voient pas très-clair, provoque une enquête, s'il y a contestation, et paie les témoins. Il fait même le voyage de Vienne avec son épouse fidèle, pour réclamer ses droits auprès de l'impératrice. Un peu de scandale ne nuit pas à ces sortes d'affaires. Toutes les grandes dames s'intéressent à un bel homme, victime d'une funeste aventure et de l'ignorance d'un sot médecin. Le prince de Kaunitz, qui ne hait pas les cantatrices, vous protége; votre cause triomphe; vous retournez victorieuse à Riesenburg, vous mettez à la porte votre cousine Amélie; vous êtes riche et puissante; vous vous associez au prince d'ici et à ses charlatans pour réformer la société et changer la face du monde. Tout cela est fort agréable, et ne coûte que la peine de se tromper un peu, en prenant à la place d'un illustre époux un bel aventurier, homme d'esprit, et grand diseur de bonne aventure par-dessus le marché. Y êtes-vous, maintenant? Faites vos réflexions. Il était de mon devoir comme médecin, comme ami de la famille de Rudolstadt, et comme homme d'honneur, de vous dire tout cela. On avait compté sur moi pour constater, dans l'occasion, l'identité du Trismégisto avec le comte Albert. Mais moi qui l'ai vu mourir, non avec les yeux de l'imagination, mais avec ceux de la science, moi qui ai fort bien remarqué certaines différences entre ces deux hommes, et qui sais qu'à Berlin on connaît l'aventurier de longue date, je ne me prêterai point à une pareille imposture. Grand merci! Je sais que vous ne vous y prêteriez pas davantage, mais qu'on mettra tout en œuvre pour vous persuader que le comte Albert a grandi de deux pouces et pris de la fraîcheur et de la santé dans son cercueil. J'entends ce Matteus qui revient; c'est une bonne bête, qui ne se doute de rien. Moi, je me retire, j'ai dit. Je quitte ce château dans une heure, n'ayant que faire ici davantage.

Après avoir parlé ainsi avec une remarquable volubilité, le docteur remit son masque, salua profondément Consuelo, et se retira, la laissant achever son souper toute seule si bon lui semblait : elle n'était guère disposée à le faire. Bouleversée et atterrée de tout ce qu'elle venait d'entendre, elle se retira dans sa chambre, et n'y trouva un peu de repos qu'après avoir souffert longtemps les plus douloureuses perplexités et les plus vagues angoisses du doute et de l'inquiétude.

XXVIII.

Le lendemain Consuelo se sentit brisée au moral et au physique. Les cyniques révélations de Supperville, succédant brusquement aux paternels encouragements des Invisibles, lui faisaient l'effet d'une immersion d'eau glacée après une bienfaisante chaleur. Elle s'était élevée un instant vers le ciel, pour retomber aussitôt sur la terre. Elle en voulait presque au docteur de l'avoir désabusée; car déjà elle s'était plu, dans ses rêves, à revêtir d'une éclatante majesté ce tribunal auguste qui lui tendait les bras comme une famille d'adoption, comme un refuge contre les dangers du monde et les égarements de la jeunesse.

Le docteur semblait mériter pourtant de la gratitude, et Consuelo le reconnaissait sans pouvoir en éprouver

Au diable cette puérilité qui m'empêche de respirer.. (Page 404.)

pour lui; sa conduite n'était-elle pas d'un homme sincère, courageux et désintéressé? Mais Consuelo le trouvait trop sceptique, trop matérialiste, trop porté à mépriser les bonnes intentions et à railler les beaux caractères. Quoi qu'il lui eût dit de la crédulité imprudente et dangereuse du prince anonyme, elle se faisait encore une haute idée de ce noble vieillard, ardent pour le bien comme un jeune homme, et naïf comme un enfant dans sa foi à la perfectibilité humaine. Les discours qu'on lui avait tenus dans la salle souterraine lui revenaient à l'esprit, et lui paraissaient remplis d'autorité calme et d'austère sagesse. La charité et la bonté y perçaient sous les menaces et sous les réticences d'une sévérité affectée, prête à se démentir au moindre élan du cœur de Consuelo. Des fourbes, des cupides, des charlatans auraient-ils parlé et agi ainsi envers elle? Leur vaillante entreprise de réformer le monde, si ridicule aux yeux du frondeur Supperville, répondait au vœu éternel, aux romanesques espérances, à la foi enthousiaste qu'Albert avait inspirées à son épouse, et qu'elle avait retrouvées avec une bienveillante sympathie dans la tête malade, mais généreuse, de Gottlieb. Ce Supperville n'était-il pas haïssable de vouloir l'en dissuader, et de lui ôter sa foi en Dieu, en même temps que sa confiance dans les Invisibles?

Consuelo, bien plus portée à la poésie de l'âme qu'à la sèche appréciation des tristes réalités de la vie présente, se débattait sous les arrêts de Supperville et s'efforçait de les repousser. Ne s'était-il pas livré à des suppositions gratuites, lui qui avouait n'être pas initié au *monde souterrain*, et qui paraissait même ignorer le nom et l'existence du conseil des Invisibles? Que Trismégiste fût un chevalier d'industrie, cela était possible, quoique la princesse Amélie affirmât le contraire, et que l'amitié du comte Golowkin, le meilleur et le plus sage des grands que Consuelo eût rencontrés à Berlin, parlât en sa faveur. Que Cagliostro et Saint-Germain fussent aussi des imposteurs, cela se pouvait encore supposer, bien qu'ils eussent pu, eux aussi, être trompés par une ressemblance extraordinaire. Mais en confondant ces trois aventuriers dans le même mépris, il n'en ressortait pas qu'ils fissent partie du conseil des Invisibles, ni que cette association d'hommes vertueux ne pût repousser leurs suggestions aussitôt que Consuelo aurait constaté

La masse de constructions ruinées... (Page 110.)

elle-même que Trismégiste n'était pas Albert. Ne serait-il pas temps de leur retirer sa confiance après cette épreuve décisive, s'ils persistaient à vouloir la tromper si grossièrement? Jusque-là, Consuelo voulut tenter la destinée et connaître davantage ces Invisibles à qui elle devait sa liberté, et dont les paternels reproches avaient été jusqu'à son cœur. Ce fut à ce dernier parti qu'elle s'arrêta, et en attendant l'issue de l'aventure, elle résolut de traiter tout ce que Supperville lui avait dit comme une épreuve qu'il avait été autorisé à lui faire subir, ou bien comme un besoin d'épancher sa bile contre des rivaux mieux vus et mieux traités que lui par le prince.

Une dernière hypothèse tourmentait Consuelo plus que toutes les autres. Était-il absolument impossible qu'Albert fût vivant? Supperville n'avait pas observé les phénomènes qui avaient précédé, pendant deux ans, sa dernière maladie. Il avait même refusé d'y croire, s'obstinant à penser que les fréquentes absences du jeune comte dans le souterrain étaient consacrées à de galants rendez-vous avec Consuelo. Elle seule, avec Zdenko, avait le secret de ses crises léthargiques. L'amour-propre du docteur ne pouvait lui permettre d'avouer qu'il avait pu s'abuser en constatant la mort. Maintenant que Consuelo connaissait l'existence et la puissance matérielle du conseil des Invisibles, elle osait se livrer à bien des conjectures sur la manière dont ils avaient pu arracher Albert aux horreurs d'une sépulture anticipée et le recueillir secrètement parmi eux pour des fins inconnues. Tout ce que Supperville lui avait révélé des mystères du château et des bizarreries du prince, aidait à confirmer cette supposition. La ressemblance d'un aventurier nommé Trismégiste, pouvait compliquer le merveilleux du fait, mais elle ne détruisait pas sa possibilité. Cette pensée s'empara si fort de la pauvre Consuelo, qu'elle tomba dans une profonde mélancolie. Albert vivant, elle n'hésiterait pas à le rejoindre dès qu'on le lui permettrait, et à se dévouer à lui éternellement. Mais plus que jamais elle sentait qu'elle devait souffrir d'un dévouement où l'amour n'entrerait pour rien. Le chevalier se présentait à son imagination comme une cause d'amers regrets, et à sa conscience comme une source de futurs remords. S'il fallait renoncer à lui, l'amour naissant suivait la marche ordinaire des inclinations contrariées, il devenait passion. Consuelo ne se demandait pas avec une hypocrite résignation pourquoi ce cher Albert voulait sortir de sa tombe où il était si bien ; elle se disait qu'il était dans sa destinée de se sacrifier à cet homme, peut-être même au delà du tombeau, et elle voulait accomplir cette destinée jusqu'au bout : mais elle souffrait étrangement, et pleurait l'inconnu, son plus involontaire, son plus ardent amour.

Elle fut tirée de ses méditations par un petit bruit et le frôlement d'une aile légère sur son épaule. Elle fit une exclamation de surprise et de joie en voyant un joli rouge-gorge voltiger dans sa chambre et s'approcher d'elle sans frayeur. Au bout de quelques instants de réserve, il consentit à prendre une mouche dans sa main.

« Est-ce toi, mon pauvre ami, mon fidèle compagnon? lui disait Consuelo avec des larmes de joie enfantine. Serait-il possible que tu m'eusses cherchée et retrouvée ici? Non, cela ne se peut. Jolie créature confiante, tu ressembles à mon ami et tu ne l'es pas. Tu appartiens à quelque jardinier, et tu t'es échappé de la serre où tu as passé les jours froids parmi des fleurs toujours belles. Viens à moi, consolateur du prisonnier ; puisque l'instinct de la race te pousse vers les solitaires et les captifs, je veux reporter sur toi toute l'amitié que j'avais pour ton frère. »

Consuelo jouait sérieusement depuis un quart d'heure avec cette aimable bestiole, lorsqu'elle entendit au dehors un petit sifflement qui parut faire tressaillir l'intelligente créature. Elle laissa tomber les friandises que lui avait prodiguées sa nouvelle amie, hésita un peu, fit briller ses grands yeux noirs, et tout à coup se détermina à prendre sa volée vers la fenêtre, entraînée par le nouvel avertissement d'une autorité irrécusable. Consuelo la suivit des yeux, et la vit se perdre dans le feuillage. Mais en cherchant à l'y découvrir encore, elle aperçut au fond du jardin, sur l'autre rive du ruisseau qui le bornait, dans un endroit un peu découvert, un personnage facile à reconnaître malgré la distance. C'était Gottlieb, qui se traînait le long de l'eau d'une manière assez réjouie, en chantant et en essayant de sautiller. Consuelo, oubliant un peu la défense des Invisibles, s'efforça, en agitant son mouchoir à la fenêtre, d'attirer son attention. Mais il était absorbé par le soin de rappeler son rouge-gorge. Il levait la tête vers les arbres en sifflant, et il s'éloigna sans avoir remarqué Consuelo.

« Dieu soit béni, et les Invisibles aussi, en dépit de Supperville! se dit-elle. Ce pauvre enfant paraît heureux et mieux portant ; son ange gardien le rouge-gorge est avec lui. Il me semble que c'est aussi pour moi le présage d'une riante destinée. Allons, ne doutons plus de mes protecteurs : la méfiance flétrit le cœur. »

Elle chercha comment elle pourrait occuper son temps d'une manière fructueuse pour se préparer à la nouvelle éducation morale qu'on lui avait annoncée, et elle s'avisa de lire, pour la première fois depuis qu'elle était à ***. Elle entra dans la bibliothèque, sur laquelle elle n'avait encore jeté qu'un coup d'œil distrait, et résolut d'examiner sérieusement le choix des livres qu'on avait mis à sa disposition. Ils étaient peu nombreux, mais extrêmement curieux et probablement fort rares, sinon uniques pour la plupart. C'était une collection des écrits des philosophes les plus remarquables de toutes les époques et de toutes les nations, mais abrégés et réduits à l'essence de leurs doctrines, et traduits dans les diverses langues que Consuelo pouvait comprendre. Plusieurs, n'ayant jamais été publiés en traductions, étaient manuscrits, particulièrement ceux des hérétiques et novateurs célèbres du moyen âge, précieuses dépouilles du passé dont les fragments importants, et même quelques exemplaires complets, avaient échappé aux recherches de l'inquisition, et aux dernières violations exercées par les jésuites dans les vieux châteaux hérétiques de l'Allemagne, lors de la guerre de trente ans. Consuelo ne pouvait apprécier la valeur de ces trésors philosophiques recueillis par quelque bibliophile ardent, ou par quelque adepte courageux. Les originaux l'eussent intéressée à cause des caractères et des vignettes, mais elle n'en avait sous les yeux qu'une traduction, faite avec soin et calligraphiée avec élégance par quelque moderne. Cependant elle rechercha de préférence les traductions fidèles de Wickleff, de Jean Huss, et des philosophes chrétiens réformateurs qui se rattachaient, dans les temps antérieurs, contemporains et subséquents, à ces pères de la nouvelle ère religieuse. Elle ne les avait pas lus, mais elle les connaissait assez bien par ses longues conversations avec Albert. En les feuilletant, elle ne les lut guère davantage, et pourtant elle les connut de mieux en mieux. Consuelo avait l'âme essentiellement religieuse, sans avoir l'esprit philosophique. Si elle n'eût vécu dans ce milieu raisonneur et clairvoyant du monde de son temps, elle eût facilement tourné à la superstition et au fanatisme. Telle qu'elle était encore, elle comprenait mieux les discours exaltés de Gottlieb que les écrits de Voltaire, lus cependant avec ardeur par toutes les belles dames de l'époque. Cette fille intelligente et simple, courageuse et tendre, n'avait pas la tête façonnée aux subtilités du raisonnement. Elle était toujours éclairée par le cœur avant de l'être par le cerveau. Saisissant toutes les révélations du sentiment par une prompte assimilation, elle pouvait être instruite philosophiquement ; et elle l'avait été remarquablement pour son âge, pour son sexe et pour sa position, par l'enseignement d'une parole amie, la parole éloquente et chaleureuse d'Albert. Les organisations d'artistes acquièrent plus dans les émotions d'un cours ou d'une prédication que dans l'étude patiente et souvent froide des livres. Telle était Consuelo : elle ne pouvait pas lire une page entière avec attention ; mais si une grande pensée, heureusement rendue et résumée par une expression colorée, venait à la frapper, son âme s'y attachait ; elle se la répétait comme une phrase musicale : le sens, quelque profond qu'il fût, la pénétrait comme un rayon divin. Elle vivait sur cette idée, elle l'appliquait à toutes ses émotions. Elle y puisait une force réelle, elle se la rappelait toute sa vie. Et ce n'était pas pour elle une vaine sentence, c'était une règle de conduite, une armure pour le combat. Qu'avait-elle besoin d'analyser et de résumer le livre où elle l'avait saisie ? Tout ce livre se trouvait écrit dans son cœur, dès que l'inspiration qui l'avait produit s'était emparée d'elle. Sa destinée ne lui commandait pas d'aller au delà. Elle ne prétendait pas à concevoir savamment un monde philosophique dans son esprit. Elle sentait la chaleur des secrètes révélations qui sont accordées aux âmes poétiques lorsqu'elles sont aimantes. C'est ainsi qu'elle lut pendant plusieurs jours sans rien lire. Elle n'eût pu rendre compte de rien ; mais plus d'une page où elle n'avait vu qu'une ligne fut mouillée de ses larmes, et souvent elle courut au clavecin pour y improviser des chants dont la tendresse et la grandeur furent l'expression brûlante et spontanée de son émotion généreuse.

Une semaine entière s'écoula pour elle dans une solitude que ne troublèrent plus les rapports de Matteus. Elle s'était promis de ne plus lui adresser la moindre question, et peut-être avait-il été tancé de son indiscrétion, car il était devenu aussi taciturne qu'il avait été prolixe dans les premiers jours. Le rouge-gorge revint voir Consuelo tous les matins, mais sans être accompagné de loin par Gottlieb. Il semblait que ce petit être (Consuelo n'était pas loin de le croire enchanté) eût des heures régulières pour venir l'égayer de sa présence, et s'en retourner ponctuellement vers midi, auprès de son autre ami. Au fait, il n'y avait rien là de merveilleux. Les animaux en liberté ont des habitudes, et se font un emploi réglé de leurs journées, avec plus d'intelligence et de prévision encore que les animaux domestiques. Un jour, cependant, Consuelo remarqua qu'il ne volait pas aussi gracieusement qu'à l'ordinaire. Il paraissait contraint et impatienté. Au lieu de venir becqueter ses doigts, il ne songeait qu'à se débarrasser à coups d'ongles et de bec d'une entrave irritante. Consuelo s'approcha de lui, et vit un fil noir qui pendait à son aile. Le pauvre petit avait-il été pris dans un lacet, et ne s'en était-il échappé qu'à force de courage et d'adresse, enportant un bout de sa chaîne? Elle n'eut pas de peine à le prendre, mais elle en eut un peu à le délivrer d'un brin de soie adroitement croisé sur son dos, et qui fixait sous l'aile gauche un très-petit sachet d'étoffe brune fort mince. Dans ce sachet elle trouva un billet écrit en caractères imperceptibles sur un papier si fin, qu'elle craignait de le rompre avec son souffle. Dès les premiers mots, elle vit bien que c'était un message de son cher inconnu. Il contenait ce peu de mots :

« On m'a confié une œuvre généreuse, espérant que
« le plaisir de faire le bien calmerait l'inquiétude de ma
« passion. Mais rien, pas même l'exercice de la charité,
« ne peut distraire une âme où tu règnes. J'ai accompli
« ma tâche plus vite qu'on ne le croyait possible. Je
« suis de retour, et je t'aime plus que jamais. Le ciel
« pourtant s'éclaircit. J'ignore ce qui s'est passé entre
« toi et *eux*; mais ils semblent plus favorables, et mon
« amour n'est plus traité comme un crime, mais comme
« un malheur pour moi seulement. Un malheur! Oh!
« ils n'aiment pas! Ils ne savent pas que je ne puis être
« malheureux si tu m'aimes; et tu m'aimes, n'est-ce
« pas? Dis-le au rouge-gorge de Spandaw. C'est lui. Je
« l'ai apporté dans mon sein. Oh! qu'il me paie de mes
« soins en m'apportant un mot de toi! Gottlieb me le
« remettra fidèlement sans te regarder. »

Les mystères, les circonstances romanesques attisent le feu de l'amour. Consuelo éprouva la plus violente tentation de répondre, et la crainte de déplaire aux Invisibles, le scrupule de manquer à ses promesses, ne la retinrent que faiblement, il faut bien l'avouer. Mais, en songeant qu'elle pouvait être découverte et provoquer un nouvel exil du chevalier, elle eut le courage de s'abstenir. Elle rendit la liberté au rouge-gorge sans lui confier un seul mot de réponse, mais non sans répandre des larmes amères sur le chagrin et le désappointement que cette sévérité causerait à son amant.

Elle essaya de reprendre ses études; mais ni la lecture ni le chant ne purent la distraire de l'agitation qui bouillonnait dans son sein, depuis qu'elle savait le chevalier près d'elle. Elle ne pouvait s'empêcher d'espérer qu'il désobéirait pour deux, et qu'elle le verrait se glisser le soir dans les buissons fleuris de son jardin. Mais elle ne voulut pas l'encourager en se montrant. Elle passa la soirée enfermée, épiant, à travers sa jalousie, palpitante, remplie de crainte et de désir, résolue pourtant à ne pas répondre à son appel. Elle ne le vit point paraître, et en éprouva autant de douleur et de surprise que si elle eût compté sur une témérité dont elle eût pourtant blâmé, et qui eût réveillé toutes ses terreurs. Tous les petits drames mystérieux des jeunes et brûlantes amours s'accomplirent dans son sein en quelques heures. C'était une phase nouvelle, des émotions inconnues dans sa vie. Elle avait souvent attendu Anzoleto, le soir, sur les quais de Venise ou sur les terrasses de la *Corte Minelli*; mais elle l'avait attendu en repassant sa leçon du matin, ou en disant son chapelet, sans impatience, sans frayeur, sans palpitations et sans angoisse. Cet amour d'enfant était encore si près de l'amitié, qu'il ne ressemblait en rien à ce qu'elle sentait maintenant pour Liverani. Le lendemain, elle attendit le rouge-gorge avec anxiété, le rouge-gorge ne vint pas. Avait-il été saisi au passage par de farouches argus? L'humeur que lui donnait cette ceinture de soie et le fardeau pesant pour lui l'avait-il empêché de sortir? Mais il avait tant d'esprit, qu'il se fût rappelé que Consuelo l'en avait délivrée la veille, et il fût venu la prier de lui rendre encore ce service.

Consuelo pleura toute la journée. Elle qui ne trouvait pas de larmes dans les grandes catastrophes, et qui n'en avait pas versé une seule sur son infortune à Spandaw, elle se sentit brisée et consumée par les souffrances de son amour, et chercha en vain les forces qu'elle avait eues contre tous les autres maux de sa vie.

Le soir elle s'efforçait de lire une partition au clavecin, lorsque deux figures noires se présentèrent à l'entrée du salon de musique sans qu'elle les eût entendues monter. Elle ne put retenir un cri de frayeur à l'apparition de ces spectres; mais l'un d'eux lui dit d'une voix plus douce que la première fois :

« Suis-nous. »

Et elle se leva en silence pour leur obéir. On lui présenta un bandeau de soie en lui disant :

« Couvre tes yeux toi-même, et jure que tu le feras en conscience. Jure aussi que si ce bandeau venait à tomber ou à se déranger tu fermerais les yeux jusqu'à ce que nous t'ayons dit de les ouvrir.

— Je vous le jure, répondit Consuelo.

— Ton serment est accepté comme valide, » reprit le conducteur.

Et Consuelo marcha comme la première fois dans le souterrain; mais quand on lui eut dit de s'arrêter, une voix inconnue ajouta :

« Ote toi-même ce bandeau. Désormais personne ne portera plus la main sur toi. Tu n'auras d'autre gardien que ta parole. »

Consuelo se trouva dans un cabinet voûté et éclairé d'une seule petite lampe sépulcrale suspendue à la clef pendante du milieu. Un seul juge, en robe rouge et en masque livide, était assis sur un antique fauteuil auprès d'une table. Il était voûté par l'âge; quelques mèches argentées s'échappaient de dessous sa toque. Sa voix était cassée et tremblante. L'aspect de la vieillesse changea en respectueuse déférence la crainte dont ne pouvait se défendre Consuelo à l'approche d'un Invisible.

« Écoute-moi bien, lui dit-il, en lui faisant signe de s'asseoir sur un escabeau à quelque distance. Tu comparais ici devant ton confesseur. Je suis le plus vieux du conseil, et le calme de ma vie entière m'a rendu l'esprit aussi chaste que le plus chaste des prêtres catholiques. Je ne mens pas. Veux-tu me récuser cependant? tu es libre.

— Je vous accepte, répondit Consuelo, pourvu, toutefois, que ma confession n'implique pas celle d'autrui.

— Vain scrupule! reprit le vieillard. Un écolier ne révèle pas à un pédant la faute de son camarade; mais un fils se hâte d'avertir son père de celle de son frère, parce qu'il sait que le père réprime et corrige sans châtier. Du moins telle devrait être la loi de la famille. Tu es ici dans le sein d'une famille qui cherche la pratique de l'idéal. As-tu confiance? »

Cette question, assez arbitraire dans la bouche d'un inconnu, fut faite avec tant de douceur et d'un son de voix si sympathique, que Consuelo, entraînée et attendrie subitement, répondit sans hésiter :

« J'ai pleine confiance.

— Écoute encore, reprit le vieillard. Tu as dit, la première fois que tu as comparu devant nous, une parole que nous avons recueillie et pesée : « C'est une étrange torture morale pour une femme que de se confesser hautement devant huit hommes. » Ta pudeur a été prise en considération. Tu ne te confesseras qu'à moi, et je ne trahirai pas tes secrets. Il m'a été donné plein pouvoir, quoique je ne sois dans le conseil au-dessus de personne, de te diriger dans une affaire particulière d'une nature délicate, et qui n'a qu'un rapport indirect avec celle de ton initiation. Me répondras-tu sans embarras? Mettras-tu ton cœur à nu devant moi?

— Je le ferai.

— Je ne te demanderai rien de ton passé. On te l'a dit, ton passé ne nous appartient pas; mais on t'a avertie de purifier ton âme dès l'instant qui a marqué le commencement de ton adoption. Tu as dû faire tes réflexions sur les difficultés et les conséquences de cette adoption; ce n'est pas à moi seul que tu en dois compte : il s'agit d'autre chose entre toi et moi. Réponds donc.

— Je suis prête.

— Un de nos enfants a conçu de l'amour pour toi. Depuis huit jours, réponds-tu à cet amour ou le repousses-tu?

— Je l'ai repoussé dans toutes mes actions.

— Je le sais. Tes moindres actions nous sont connues. Je te demande le secret de ton cœur, et non celui de ta conduite. »

Consuelo sentit ses joues brûlantes et garda le silence.

« Tu trouves ma question bien cruelle. Il faut répondre cependant. Je ne veux rien deviner. Je dois connaître et enregistrer.

— Eh bien, j'aime! » répondit Consuelo, emportée par le besoin d'être vraie.

Mais à peine eut-elle prononcé ce mot avec audace, qu'elle fondit en larmes. Elle venait de renoncer à la virginité de son âme.

« Pourquoi pleures-tu? reprit le confesseur avec douceur. Est-ce de honte ou de repentir?

— Je ne sais. Il me semble que ce n'est pas de repentir ; j'aime trop pour cela.

— Qui aimes-tu?

— Vous le savez, moi je ne le sais pas.

— Mais si je l'ignorais! Son nom?

— Liverani.

— Ce n'est le nom de personne. Il est commun à tous ceux de nos adeptes qui veulent le porter et s'en servir : c'est un nom de guerre, comme tous ceux que la plupart de nous portent dans leurs voyages.

— Je ne lui en connais pas d'autre, et ce n'est pas de lui que je l'ai appris.

— Son âge?

— Je ne le lui ai pas demandé.

— Sa figure?

— Je ne l'ai pas vue.

— Comment le reconnaîtrais-tu?

— Il me semble qu'en touchant sa main je le reconnaîtrais.

— Et si l'on remettait ton sort à cette épreuve, et que tu vinsses à te tromper?

— Ce serait horrible.

— Frémis donc de ton imprudence, malheureuse enfant! ton amour est insensé.

— Je sais bien.

— Et tu ne le combats pas dans ton cœur?

— Je n'en ai pas la force.

— En as-tu le désir?

— Pas même le désir.

— Ton cœur est donc libre de toute autre affection?

— Entièrement.

— Mais tu es veuve?

— Je crois l'être.

— Et si tu ne l'étais pas?

— Je combattrais mon amour et je ferais mon devoir.

— Avec regret? avec douleur?

— Avec désespoir peut-être. Mais je le ferais.

— Tu n'as donc pas aimé celui qui a été ton époux?

— Je l'ai aimé d'amitié fraternelle; j'ai fait tout mon possible pour l'aimer d'amour.

— Et tu ne l'as pas pu?

— Maintenant que je sais ce que c'est qu'aimer, je puis dire non.

— N'aie donc pas de remords; l'amour ne s'impose pas. Tu crois aimer ce Liverani? sérieusement, religieusement, ardemment?

— Je sens tout cela dans mon cœur, à moins qu'il n'en soit indigne!...

— Il en est digne.

— O mon père! s'écria Consuelo transportée de reconnaissance et prête à s'agenouiller devant le vieillard.

— Il est digne d'un amour immense autant qu'Albert lui-même! mais il faut renoncer à lui.

— C'est donc moi qui n'en suis pas digne? répondit Consuelo douloureusement.

— Tu en serais digne, mais tu n'es pas libre. Albert de Rudolstadt est vivant.

— Mon Dieu! pardonnez-moi! » murmura Consuelo en tombant à genoux et en cachant son visage dans ses mains.

Le confesseur et la pénitente gardèrent un douloureux silence. Mais bientôt Consuelo, se rappelant les accusations de Supperville, fut pénétrée d'horreur. Ce vieillard dont la présence la remplissait de vénération, se prêtait-il à une machination infernale? exploitait-il la vertu et la sensibilité de l'infortunée Consuelo pour la jeter dans les bras d'un misérable imposteur? Elle releva la tête et, pâle d'épouvante, l'œil sec, la bouche tremblante, elle essaya de percer du regard ce masque impassible qui lui cachait peut-être la pâleur d'un coupable, ou le rire diabolique d'un scélérat.

« Albert est vivant? dit-elle : en êtes-vous bien sûr, Monsieur? Savez-vous qu'il y a un homme qui lui ressemble, et que moi-même j'ai cru voir Albert en le voyant.

— Je sais tout ce roman absurde, répondit le vieillard d'un ton calme, je sais toutes les folies que Supperville a imaginées pour se disculper du crime de lèse-science qu'il a commis en faisant porter dans le sépulcre un homme endormi. Deux mots feront écrouler cet échafaudage de folies. Le premier, c'est que Supperville a été jugé incapable de dépasser les grades insignifiants des sociétés secrètes dont nous avons une direction suprême, et que sa vanité blessée, jointe à une curiosité maladive et indiscrète, n'a pu supporter cet outrage. Le second, c'est que le comte Albert n'a jamais songé à réclamer son héritage, qu'il y a volontairement renoncé, et que jamais il ne consentirait à reprendre son nom et son rang dans le monde. Il ne pourrait plus le faire sans soulever des discussions scandaleuses sur son identité, que sa fierté ne supporterait pas. Il a peut-être mal compris ses véritables devoirs en renonçant pour ainsi dire à lui-même. Il eût pu faire de sa fortune un meilleur usage que ses héritiers. Il s'est retranché un des moyens de pratiquer la charité que la Providence lui avait mis entre les mains; mais il lui en reste assez d'autres, et d'ailleurs la voix de son amour a été plus forte en ceci que celle de sa conscience. Il s'est rappelé que vous ne l'aviez pas aimé, précisément parce qu'il était riche et noble. Il a voulu abjurer son retour possible à la fortune et son nom. Il l'a fait, et nous l'avons permis. Maintenant vous ne l'aimez pas, vous en aimez un autre. Il ne réclamera jamais de vous le titre d'époux, qu'il n'a dû, à son agonie, qu'à votre compassion. Il aura le courage de renoncer à vous. Nous n'avons pas d'autre pouvoir sur celui que vous appelez Liverani et sur vous, que celui de la persuasion. Si vous voulez fuir ensemble, nous ne pouvons l'empêcher. Nous n'avons ni cachots, ni contraintes, ni peines corporelles à notre service, quoi qu'un serviteur crédule et craintif ait pu vous dire à cet égard; nous haïssons les moyens de la tyrannie. Votre sort est dans vos mains. Allez faire vos réflexions encore une fois, pauvre Consuelo, et que Dieu vous inspire! »

Consuelo avait écouté ce discours avec une profonde stupeur. Quand le vieillard eut fini, elle se leva et dit avec énergie :

« Je n'ai pas besoin de réfléchir, mon choix est fait. Albert est-il ici? conduisez-moi à ses pieds.

— Albert n'est point ici. Il ne pouvait être témoin de cette lutte. Il ignore même la crise que vous subissez à cette heure.

— O mon cher Albert! s'écria Consuelo en levant les bras vers le ciel, j'en sortirai victorieuse. » Puis s'agenouillant devant le vieillard : « Mon père, dit-elle, absolvez-moi, et aidez-moi à ne jamais revoir ce Liverani; je ne veux plus l'aimer, je ne l'aimerai plus. »

Le vieillard étendit ses mains tremblotantes sur la tête de Consuelo; mais lorsqu'il les retira, elle ne put se relever. Elle avait refoulé ses sanglots dans son sein, et brisée par un combat au-dessus de ses forces, elle fut forcée de s'appuyer sur le bras du confesseur pour sortir de l'oratoire.

XXIX.

Le lendemain le rouge-gorge vint à midi frapper du bec et de l'ongle à la croisée de Consuelo. Au moment de lui ouvrir, elle remarqua le fil noir croisé sur sa poitrine orangée, et un élan involontaire lui fit porter la main à l'espagnolette. Mais elle la retira aussitôt. « Va-t'en, messager de malheur, dit-elle, va-t'en, pauvre innocent, porteur de lettres coupables et de paroles criminelles. Je n'aurais peut-être pas le courage de ne pas répondre à un dernier adieu. Je ne dois pas même laisser connaître que je regrette et que je souffre. »

Elle s'enfuit dans le salon de musique, afin d'échapper au tentateur ailé qui, habitué à une meilleure réception, voltigeait et se heurtait au vitrage avec une sorte de colère. Elle se mit au clavecin pour ne pas entendre les cris et les reproches de son favori qui l'avait suivie à la fenêtre de cette pièce, et elle éprouvait quelque chose de semblable à l'angoisse d'une mère qui ferme l'oreille aux plaintes et aux prières de son enfant en pénitence. Ce n'était pourtant pas au dépit et au chagrin du rouge-gorge que la pauvre Consuelo était le plus sensible dans ce moment. Le billet qu'il apportait sous son aile avait une voix bien plus déchirante; c'était cette voix qui semblait, à notre recluse romanesque, pleurer et se lamenter pour être écoutée.

Elle résista pourtant; mais il est de la nature de l'amour de s'irriter des obstacles et de revenir à l'assaut, toujours plus impérieux et plus triomphant après chacune de nos victoires. On pourrait dire, sans métaphore, que lui résister, c'est lui fournir de nouvelles armes. Vers trois heures, Matteus entra avec la gerbe de fleurs qu'il apportait chaque jour à sa prisonnière (car au fond il l'aimait pour sa douceur et sa bonté); et, selon son habitude, elle délia ces fleurs afin de les arranger elle-même dans les beaux vases de la console. C'était un des plaisirs de sa captivité; mais cette fois elle y fut peu sensible, et elle s'y livrait machinalement, comme pour tuer quelques instants de ces lentes heures qui la consumaient, lorsqu'en déliant le paquet de narcisses qui occupait le centre de la gerbe parfumée, elle fit tomber une lettre bien cachetée, mais sans adresse. En vain essaya-t-elle de se persuader qu'elle pouvait être du tribunal des Invisibles. Matteus l'eût-il apportée sans cela? Malheureusement Matteus n'était déjà plus à portée de donner des explications. Il fallut le sonner. Il avait besoin de cinq minutes pour reparaître, et par hasard au moins dix. Consuelo avait eu trop de courage contre le rouge-gorge pour en conserver contre le bouquet. La lettre était lue lorsque Matteus rentra, juste au moment où Consuelo arrivait à ce post-scriptum : « N'interrogez pas Matteus; il ignore la désobéissance que je lui fais commettre. » Matteus fut simplement requis de remonter la pendule qui s'était arrêtée.

La lettre du chevalier était plus passionnée, plus impétueuse que toutes les autres, elle était même impérieuse dans son délire. Nous ne la transcrirons pas. Les lettres d'amour ne portent l'émotion que dans le cœur qui les inspire et partage le feu qui les a dictées. Par elles-mêmes elles se ressemblent toutes : mais chaque être épris d'amour trouve dans celle qui lui est adressée une puissance irrésistible, une nouveauté incomparable. Personne ne croit être aimé autant qu'un autre, ni de la même manière; il croit être le plus aimé, le mieux aimé qui soit au monde. Là où cet aveuglement ingénu et cette fascination orgueilleuse n'existent pas, il n'y a point de passion; et la passion avait envahi enfin le paisible et noble cœur de Consuelo.

Le billet de l'inconnu porta le trouble dans toutes ses pensées. Il implorait une entrevue; il faisait plus, il l'annonçait et s'excusait d'avance sur la nécessité de mettre les derniers moments à profit. Il feignait de croire que Consuelo avait aimé Albert et pouvait l'aimer encore. Il feignait aussi de vouloir se soumettre à son arrêt, et, en attendant, il exigeait un mot de pitié, une larme de regret, un dernier adieu; toujours ce dernier adieu qui est comme la dernière apparition d'un grand artiste annoncée au public, et heureusement suivi de beaucoup d'autres.

La triste Consuelo (triste et pourtant dévorée d'une joie secrète, involontaire et brûlante à l'idée de cette entrevue) sentit, à la rougeur de son front et aux palpitations de son sein, qu'elle avait l'âme adultère en dépit d'elle-même. Elle sentit que ses résolutions et sa volonté ne la préserveraient pas d'un entraînement inconcevable, et que, si le chevalier se décidait à rompre son vœu en lui parlant et en lui montrant ses traits, comme il y semblait résolu, elle n'aurait pas la force d'empêcher cette violation des lois de l'ordre invisible. Elle n'avait qu'un refuge, c'était d'implorer le secours de ce même tribunal. Mais fallait-il accuser et trahir Liverani? Le digne vieillard qui lui avait révélé l'existence d'Albert, et qui avait paternellement accueilli ses confidences la veille, recevrait celle-ci encore sous le sceau de la confession. Il plaindrait, lui, le délire du chevalier, il ne le condamnerait que dans le secret de son cœur. Consuelo lui écrivit qu'elle voulait le voir à neuf heures, le soir même, qu'il y allait de son honneur, de son repos, de sa vie peut-être. C'était l'heure à laquelle l'inconnu s'était annoncé; mais à qui et par qui envoyer cette lettre? Matteus refusait de faire un pas hors de l'enclos avant minuit; c'était sa consigne, rien ne put l'ébranler. Il avait été vivement réprimandé pour n'avoir pas observé tous ses devoirs bien ponctuellement à l'égard de la prisonnière; il était désormais inflexible.

L'heure approchait, et Consuelo, tout en cherchant les moyens de se soustraire à l'épreuve fatale, n'avait pas songé un instant à celui d'y résister. Vertu imposée aux femmes, tu ne seras jamais qu'un nom tant que l'homme ne prendra point la moitié de la tâche! Tous tes plans de défense se réduisent à des subterfuges; toutes tes immolations du bonheur personnel échouent devant la crainte de désespérer l'objet aimé. Consuelo s'arrêta à une dernière ressource, suggestion de l'héroïsme et de la faiblesse qui se partageaient son esprit. Elle se mit à chercher l'entrée mystérieuse du souterrain qui était dans le pavillon même, résolue à s'y élancer une fois et à se présenter à tout hasard devant les Invisibles. Elle supposait assez gratuitement que le lieu de leurs séances était accessible, une fois l'entrée du souterrain franchie, et qu'ils se réunissaient chaque soir en ce même lieu. Elle ne savait pas qu'ils étaient tous absents ce jour-là, et que Liverani était seul revenu sur ses pas, après avoir feint de les suivre dans une excursion mystérieuse.

Mais tous ses efforts pour trouver la porte secrète ou la trappe du souterrain furent inutiles. Elle n'avait plus, comme à Spandau, le sang-froid, la persévérance, la foi nécessaires pour découvrir la moindre fissure d'une muraille, la moindre saillie d'une pierre. Ses mains tremblaient en interrogeant la boiserie et les lambris, sa vue était troublée; à chaque instant il lui semblait entendre les pas du chevalier sur le sable du jardin, ou sur le marbre du péristyle.

Tout à coup, il lui sembla les entendre au-dessous d'elle, comme s'il montait l'escalier caché sous ses pieds, comme s'il s'approchait d'une porte invisible, ou comme si, à la manière des esprits familiers, il allait percer la muraille pour se présenter devant ses yeux. Elle laissa tomber son flambeau et s'enfuit au fond du jardin. Le joli ruisseau qui le traversait arrêta sa course. Elle écouta, et il lui sembla, ou crut entendre marcher derrière elle. Alors elle perdit un peu la tête, et se jeta dans le batelet dont le jardinier se servait pour apporter du dehors du sable et des gazons. Consuelo s'imagina qu'en le détachant, elle irait échouer sur la rive opposée; mais le ruisseau était rapide, et sortait de l'enclos en se resserrant sous une arcade basse fermée d'une grille. Emportée à la dérive par le courant, la barque alla frapper en peu d'instants contre la grille. Consuelo s'y préserva d'un choc trop rude en s'élançant à la proue et en étendant les mains. Un enfant de Venise (et un enfant du peuple) ne pouvait pas être bien embarrassé de cette manœuvre. Mais, fortune bizarre! la grille céda sous sa main et s'ouvrit par la seule impulsion que le courant donnait au bateau. Hélas! pensa Consuelo, on ne ferme peut-être jamais ce passage, car je suis prisonnière sur parole, et pourtant je fuis, je viole mon serment! Mais je ne le fais que pour chercher protection et refuge parmi mes hôtes, non pour les abandonner et les trahir.

Elle sauta sur la rive où un détour de l'eau avait poussé son esquif, et s'enfonça dans un taillis épais. Consuelo ne pouvait pas courir bien vite sous ces ombrages sombres. L'allée serpentait en se rétrécissant. La fugitive se heurtait à chaque instant contre les arbres, et tomba plusieurs fois sur le gazon. Cependant elle sentait revenir l'espoir dans son âme; ces ténèbres la rassuraient; il lui semblait impossible que Liverani pût l'y découvrir.

Après avoir marché fort longtemps au hasard, elle se trouva au bas d'une colline parsemée de rochers, dont la silhouette incertaine se dessinait sur un ciel gris et voilé. Un vent d'orage assez frais s'était élevé, et la pluie commençait à tomber. Consuelo, n'osant revenir sur ses pas, dans la crainte que Liverani n'eût retrouvé sa trace et ne la cherchât sur les rives du ruisseau, se hasarda dans le sentier un peu rude de la colline. Elle s'imagina qu'arrivée au sommet, elle découvrirait les lumières du château, quelle qu'en fût la position. Mais lorsqu'elle y fut arrivée dans les ténèbres, les éclairs, qui commençaient à embraser le ciel, lui montrèrent devant elle les ruines d'un vaste édifice, imposant et mélancolique débris d'un autre âge.

La pluie força Consuelo d'y chercher un abri, mais elle le trouva avec peine. Les tours étaient effondrées du haut en bas, à l'intérieur, et les nuées de gerfauts et de tiercelets s'y agitèrent à son approche, en poussant ce cri aigu et sauvage qui semble la voix des esprits de malheur, habitants des ruines.

Au milieu des pierres et des ronces, Consuelo, traversant la chapelle découverte qui dessinait, à la lueur bleuâtre des éclairs, les squelettes de ses ogives disloquées, gagna le préau, dont un gazon court et uni recouvrait le nivellement; elle évita un puits profond qui ne se trahissait à la surface du sol que par le développement de ses riches capillaires où l'un superbe rosier sauvage, tranquille possesseur de sa paroi intérieure. La masse de constructions ruinées qui entouraient ce préau abandonné offrait l'aspect le plus fantastique; et, au passage de chaque éclair, l'œil avait peine à comprendre ces spectres grêles et déjetés, toutes ces formes incohérentes de la destruction; d'énormes manteaux de cheminées, encore noircis en dessous par la fumée d'un foyer à jamais éteint, et sortant du milieu des murailles dénudées, à une hauteur effrayante; des escaliers rompus, élançant leur spirale dans le vide, comme pour conduire les sorcières à leur danse aérienne; des arbres entiers installés et grandis dans des appartements encore parés d'un reste de fresques; des bancs de pierre dans les embrasures profondes des croisées, et toujours le vide au dedans comme au dehors de ces retraites mystérieuses, refuges des amants en temps de paix, tanières des guetteurs aux heures du danger; enfin des meurtrières festonnées de coquettes guirlandes, des pignons isolés s'élevant dans les airs comme des obélisques, et des portes comblées jusqu'au tympan par les atterrissements et les décombres. C'était un lieu effrayant et poétique; Consuelo s'y sentit pénétrée d'une sorte de terreur superstitieuse, comme si sa présence eût profané une enceinte réservée aux funèbres conférences et aux silencieuses rêveries des morts. Par une nuit sereine et dans une situation moins agitée, elle eût pu admirer l'austère beauté de ce monument; elle ne se fût peut-être pas apitoyée classiquement sur la rigueur du temps et des destins, qui renversent sans pitié le palais et la forteresse, et couchent leurs débris dans l'herbe à côté de ceux de la chaumière. La tristesse qu'inspirent les ruines de ces demeures formidables n'est pas la même dans l'imagination de l'artiste et dans le cœur du patricien. Mais en ce moment de trouble et de crainte, et par cette nuit d'orage, Consuelo, n'étant point soutenue par l'enthousiasme qui l'avait poussée à de plus sérieuses entreprises, se sentit redevenir l'enfant du peuple, tremblant à l'idée de voir apparaître les fantômes des vivants, et redoutant surtout ceux des antiques châtelains, farouches oppresseurs durant leur vie, spectres désolés et menaçants après leur mort. Le tonnerre élevait sa voix, le vent faisait crouler les briques et le ciment des murailles démantelées, les longs rameaux de la ronce et du lierre se tordaient comme des serpents aux créneaux des tours. Consuelo, cherchant toujours un abri contre la pluie et les éboulements, pénétra sous la voûte d'un escalier qui paraissait mieux conservé que les autres; c'était celui de la grande tour féodale, la plus ancienne et la plus solide construction de tout l'édifice. Au bout de vingt marches, elle rencontra une grande salle octogone qui occupait tout l'intérieur de la tour, l'escalier en vis étant pratiqué, comme dans toutes les constructions de ce genre, dans l'intérieur du mur, épais de dix-huit à vingt pieds. La voûte de cette salle avait la forme intérieure d'une ruche. Il n'y avait plus ni portes ni fenêtres; mais ces ouvertures étaient si étroites et si profondes, que le vent ne pouvait s'y engouffrer. Consuelo résolut d'attendre en ce lieu la fin de la tempête; et, s'approchant d'une fenêtre, elle y resta plus d'une heure à contempler le spectacle imposant du ciel embrasé, et à écouter les voix terribles de l'orage.

Enfin le vent tomba, les nuées se dissipèrent, et Consuelo songea à se retirer; mais en se retournant, elle fut surprise de voir une clarté plus permanente que celle des éclairs régner dans l'intérieur de la salle. Cette clarté, après avoir hésité, pour ainsi dire, grandit et remplit toute la voûte, tandis qu'un léger pétillement se faisait entendre dans la cheminée. Consuelo regarda de ce côté, et vit sous le demi-cintre de cet âtre antique, énorme gueule béante devant elle, un feu de branches qui venait de s'allumer comme de lui-même. Elle s'en approcha, et remarqua des bûches à demi consumées, et tous les débris d'un feu naguère entretenu, et récemment abandonné sans grande précaution.

Effrayée de cette circonstance qui lui révélait la présence d'un hôte, Consuelo qui ne voyait pourtant pas trace de mobilier autour d'elle, retourna vivement vers l'escalier et s'apprêtait à le descendre, lorsqu'elle entendit des voix en bas, et des pas qui faisaient craquer les gravois dont il était semé. Ses terreurs fantastiques se changèrent alors en appréhensions réelles. Cette tour humide et dévastée ne pouvait être habitée que par quelque garde-chasse, peut-être aussi sauvage que sa demeure, peut-être ivre et brutal, et bien vraisemblablement moins civilisé et moins respectueux que l'honnête Matteus. Les pas se rapprochaient assez rapidement. Consuelo monta l'escalier à la hâte pour n'être pas rencontrée par ces problématiques arrivants, et après avoir franchi encore vingt marches, elle se trouva au niveau du second étage où il était peu probable qu'on aurait l'occasion de la rejoindre, car il était entièrement découvert et par conséquent inhabitable. Heureusement pour elle la pluie avait cessé; elle apercevait même briller quelques étoiles à travers la végétation vagabonde qui avait envahi le couronnement de la tour, à une dizaine de toises au-dessus de sa tête. Un rayon de lumière partant de dessous ses pieds se projeta bientôt sur les sombres parois de l'édifice, et Consuelo, s'approchant avec précaution, vit par une large crevasse ce qui se passait à l'étage inférieur qu'elle venait de quitter. Deux hommes étaient dans la salle, l'un marchant et frappant du pied comme pour se réchauffer, l'autre penché sous le large manteau de la cheminée, et occupé à ranimer le feu qui commençait à monter dans l'âtre. D'abord elle ne distingua que leurs vêtements qui annonçaient une condition brillante, et leurs chapeaux qui lui cachaient leurs visages; mais la clarté du foyer s'étant répandue, et celui qui l'attisait avec la pointe de son épée s'étant relevé pour accrocher son chapeau à une pierre saillante du mur, Consuelo vit une chevelure noire qui la fit tressaillir, et le haut d'un visage qui faillit lui arracher un cri de terreur et de tendresse tout à la fois. Il éleva la voix, et Consuelo n'en douta plus, c'était Albert de Rudolstadt.

« Approchez, mon ami, disait-il à son compagnon, et réchauffez-vous à l'unique cheminée qui reste debout dans ce vaste manoir. Voilà un triste gîte, monsieur de Trenck, mais vous en avez trouvé de pires dans vos rudes voyages.

— Et même je n'en ai souvent pas trouvé du tout, répondit l'amant de la princesse Amélie. Vraiment celui-ci est plus hospitalier qu'il n'en a l'air, et je m'en serais accommodé plus d'une fois avec plaisir. Ah çà, mon cher comte, vous venez donc quelquefois méditer sur ces ruines, et faire la veillée des armes dans cette tour endiablée?

— J'y viens souvent en effet, et pour des raisons plus concevables. Je ne puis vous les dire maintenant, mais vous les saurez plus tard.

— Je les devine de reste. Du haut de cette tour, vous plongez dans un certain enclos, et vous dominez un certain pavillon.

— Non, Trenck. La demeure dont vous parlez est cachée derrière les bois de la colline, et je ne la vois pas d'ici.

— Mais vous êtes à portée de vous y rendre en peu d'instants, et de vous réfugier ensuite ici contre les surveillants incommodes. Allons, convenez que tout à l'heure, lorsque je vous ai rencontré dans le bois...

— Je ne puis convenir de rien, ami Trenck, et vous m'avez promis de ne pas m'interroger.

— Il est vrai. Je devrais songer qu'à me réjouir de vous avoir retrouvé dans ce parc immense, ou plutôt dans cette forêt, où j'avais si bien perdu mon chemin, que, sans vous, je me serais jeté dans quelque pittoresque ravin ou noyé dans quelque limpide torrent. Sommes-nous loin du château?

— A plus d'un quart de lieue. Séchez donc vos habits pendant que le vent sèche les sentiers du parc, et nous nous remettrons en route.

— Ce vieux château me plaît moins que le nouveau, je vous le confesse, et je conçois fort bien qu'on l'ait abandonné aux orfraies. Pourtant, je me sens heureux de m'y trouver seul avec vous à cette heure, et par cette soirée lugubre. Cela me rappelle notre première rencontre dans les ruines d'une antique abbaye de la Silésie, mon initiation, les serments que j'ai prononcés entre vos mains, vous, mon juge, mon examinateur et maître alors, mon frère et mon ami aujourd'hui! cher Albert! quelles étranges et funestes vicissitudes ont passé depuis sur nos têtes! Morts tous deux à nos familles, à nos patries, à nos amours peut-être!... qu'allons-nous devenir, et quelle sera désormais notre vie parmi les hommes?

— La tienne peut encore être entourée d'éclat et remplie d'enivrements, mon cher Trenck! La domination du tyran qui te hait a des limites, grâces à Dieu, sur le sol de l'Europe.

— Mais ma maîtresse, Albert? sera-t-il possible que ma maîtresse me reste éternellement et inutilement fidèle?

— Tu ne devrais pas le désirer, ami; mais il n'est que trop certain que sa passion sera aussi durable que son malheur.

— Parlez-moi donc d'elle, Albert! Plus heureux que moi, vous pouvez la voir et l'entendre, vous!...

— Je ne le pourrai plus, cher Trenck, et vous faites pas d'illusions à cet égard. Le nom fantastique et le personnage bizarre de Trismégiste dont on m'avait affublé, et qui m'ont protégé, durant plusieurs années, dans les courtes et mystérieuses relations avec le palais de Berlin, ont perdu leur prestige; mes amis seront discrets, et mes dupes (puisque pour servir notre cause et votre amour, j'ai été forcé de faire bien innocemment quelques dupes), ne seraient pas plus clairvoyantes que par le passé; mais Frédéric a senti l'odeur d'une conspiration, et je ne puis plus retourner en Prusse. Mes efforts y seraient paralysés par sa méfiance, et la prison de Spandaw ne s'ouvrirait pas une seconde fois pour mon évasion.

— Pauvre Albert! tu as dû souffrir dans cette prison, autant que moi dans la mienne, plus peut-être!

— Non, j'étais près d'*elle*. J'entendais sa voix, je travaillais à sa délivrance. Je ne regrette ni d'avoir enduré l'horreur du cachot, ni d'avoir tremblé pour ma vie. Si j'ai souffert pour moi, je ne m'en suis pas aperçu; si j'ai souffert pour elle, je ne m'en souviens plus. Elle est sauvée et elle sera heureuse.

— Par vous, Albert? Dites-moi qu'elle ne sera heureuse que par vous et avec vous, ou bien je ne l'estime plus, je lui retire mon admiration et mon amitié.

— Ne parlez pas ainsi, Trenck. C'est outrager la nature, l'amour et le ciel. Nos femmes sont aussi libres envers nous que nos amantes, et vouloir les enchaîner au nom d'un devoir profitable à nous seuls, serait un crime et une profanation.

— Je le sais, et sans m'élever à la même vertu que toi, je sens bien que si Amélie m'eût retiré sa parole au lieu de me la confirmer, je n'aurais pas cessé pour cela de l'aimer et de bénir les jours de bonheur qu'elle m'a donnés; mais il m'est bien permis de t'aimer plus que moi-même et de haïr quiconque ne t'aime pas? Tu souris, Albert, tu ne comprends pas mon amitié; et moi je ne comprends pas ton courage. Ah! s'il est vrai que celle qui a reçu ta foi se soit éprise (avant l'expiration de son deuil, l'insensée!) d'un de nos *frères*, fût-il le plus méritant d'entre nous, et le plus séduisant des hommes du monde, je ne pourrai jamais le lui pardonner. Pardonne, toi, si tu le peux!

— Trenck! Trenck! tu ne sais pas de quoi tu parles; tu ne comprends pas, et moi je ne puis m'expliquer. Ne la juge pas encore, cette femme admirable; plus tard, tu la connaîtras.

— Et qui t'empêche de la justifier à mes yeux! Parle donc! A quoi bon ce mystère? nous sommes seuls ici. Tes aveux ne sauraient la compromettre, et aucun serment que je sache, ne t'engage à me cacher ce que nous soupçonnons tous d'après ta conduite. Elle ne t'aime plus? quelle sera son excuse?

— M'avait-elle donc jamais aimé?

— Voilà son crime. Elle ne t'a jamais compris.

— Elle ne le pouvait pas, et moi je ne pouvais me révéler à elle. D'ailleurs j'étais malade, j'étais fou; on n'aime pas les fous, on les plaint et on les redoute.

— Tu n'as jamais été fou, Albert; je ne t'ai jamais vu ainsi. La sagesse et la force de ton intelligence m'ont toujours ébloui, au contraire.

— Tu m'as vu ferme et maître de moi dans l'action, tu ne m'as jamais vu dans l'agonie du repos, dans les tortures du découragement.

— Tu connais donc le découragement, toi? Je ne l'aurais jamais pensé.

— C'est que tu ne vois pas tous les dangers, tous les obstacles, tous les vices de notre entreprise. Tu n'as jamais été au fond de cet abîme où j'ai plongé toute mon âme et jeté toute mon existence; tu n'en as envisagé que le côté chevaleresque et généreux; tu n'en as embrassé que les travaux faciles et les riantes espérances.

— C'est que je suis moins grand, moins enthousiaste, et, puisqu'il faut le dire, moins fanatique que toi, noble comte! Tu as voulu boire la coupe du zèle jusqu'à la lie, et quand l'amertume t'a suffoqué, tu as douté du ciel et des hommes.

— Oui, j'ai douté, et j'en ai été bien cruellement puni.

— Et maintenant doutes-tu encore? souffres-tu toujours?

— Maintenant j'espère, je crois, j'agis. Je me sens fort, je me sens heureux. Ne vois-tu pas la joie rayonner sur mon visage, et ne sens-tu pas l'ivresse déborder de mon sein?

— Et cependant tu es trahi par ta maîtresse! que dis-je? par ta femme!

— Elle ne fut jamais ni l'une ni l'autre. Elle ne me devait, elle ne me doit rien; elle ne me trahit point. Dieu lui envoie l'amour, la plus céleste des grâces d'en haut, pour la récompenser d'avoir eu pour moi un instant de pitié à mon lit de mort. Et moi, pour la remercier de m'avoir fermé les yeux, de m'avoir pleuré, de m'avoir béni au seuil de l'éternité que je croyais franchir, je revendiquerais une promesse arrachée à sa compassion généreuse, à sa charité sublime? je lui dirais : « Femme, je suis ton maître, tu m'appartiens de par la loi, de par ton imprudence et de par ton erreur. Tu vas subir mes embrassements parce que, dans un

Et celui qui l'attisait avec la pointe de son épée... (Page 110.)

jour de séparation, tu as déposé un baiser d'adieu sur mon front glacé! Tu vas mettre à jamais ta main dans la mienne, t'attacher à mes pas, subir mon joug, briser dans ton sein un amour naissant, refouler des désirs insurmontables, te consumer de regrets dans mes bras profanes, sur mon cœur égoïste et lâche! » Oh! Trenck! pensez-vous que je pusse être heureux en agissant ainsi? Ma vie ne serait-elle pas un supplice plus amer encore que le sien? La souffrance de l'esclave n'est-elle pas la malédiction du maître? Grand Dieu! quel être est assez vil, assez abruti, pour s'enorgueillir et s'enivrer d'un amour non partagé, d'une fidélité contre laquelle le cœur de la victime se révolte? Grâce au ciel, je ne suis pas cet être là, je ne le serai jamais. J'allais ce soir trouver Consuelo; j'allais lui dire toutes ces choses, j'allais lui rendre sa liberté. Je ne l'ai pas rencontrée dans le jardin, où elle se promène ordinairement; à cette heure l'orage est venu et m'a ôté l'espérance de l'y voir descendre. Je n'ai pas voulu pénétrer dans ses appartements; j'y serais entré par le droit de l'époux. Le seul tressaillement de son épouvante, la pâleur seule de son désespoir, m'eussent fait un mal que je n'ai pu me résoudre à affronter.

— Et n'as-tu pas rencontré aussi dans l'ombre le masque noir de Liverani?

— Quel est ce Liverani?

— Ignores-tu le nom de ton rival?

— Liverani est un faux nom. Le connais-tu, toi, cet homme, ce rival heureux?

— Non. Mais tu me demandes cela d'un air étrange? Albert, je crois te comprendre : tu pardonnes à ton épouse infortunée, tu l'abandonnes, tu le dois; mais tu châtieras, j'espère, le lâche qui l'a séduite?

— Es-tu sûr que ce soit un lâche?

— Quoi! l'homme à qui on avait confié le soin de sa délivrance et la garde de sa personne durant un long et périlleux voyage! celui qui devait la protéger, la respecter, ne pas lui adresser une seule parole, ne pas lui montrer son visage!... Un homme investi des pouvoirs et de l'aveugle confiance des Invisibles! ton frère d'armes et de serment, comme je suis le tien, sans doute? Ah! si l'on m'eût confié ta femme, Albert, je n'aurais pas

Je suis Wanda de Prachatitz elle-même... (Page 124.)

seulement songé à cette criminelle trahison de me faire aimer d'elle !

— Trenck, encore une fois, tu ne sais pas de quoi tu parles ! Trois hommes seulement parmi nous savent quel est ce Liverani, et quel est son crime. Dans quelques jours tu cesseras de blâmer et de maudire cet heureux mortel à qui Dieu, dans sa bonté, dans sa justice peut-être, a donné l'amour de Consuelo.

— Homme étrange et sublime ! tu ne le hais pas ?
— Je ne puis le haïr.
— Tu ne troubleras pas son bonheur ?
— Je travaille ardemment à l'assurer, au contraire, et je ne suis ni sublime ni étrange en ceci. Tu souriras bientôt bientôt des éloges que tu me donnes.
— Quoi ! tu ne souffres même pas ?
— Je suis le plus heureux des hommes.
— En ce cas, tu aimes peu, ou tu n'aimes plus. Un tel héroïsme n'est pas dans la nature humaine ; il est presque monstrueux ; et je ne puis admirer ce que je ne comprends pas. Attends, comte ; tu me railles, et je suis bien simple. Tiens, je devine enfin : tu aimes une autre femme, et tu bénis la Providence qui te délivre de tes engagements envers la première, en la rendant infidèle.

— Il faut donc que je t'ouvre mon cœur, tu m'y contrains, baron. Écoute ; c'est toute une histoire, tout un roman à te raconter ; mais il fait froid ici ; ce feu de broussailles ne peut réchauffer ces vieux murs ; et, d'ailleurs, je crains qu'à la longue ils ne te rappellent fâcheusement ceux de Glatz. Le temps s'est éclairci, nous pouvons reprendre le chemin du château ; et, puisque tu le quittes au point du jour, je ne veux pas trop prolonger ta veillée. Chemin faisant, je te ferai un étrange récit. »

Les deux amis reprirent leurs chapeaux, après en avoir secoué l'humidité ; et, donnant quelques coups de pied aux tisons pour les éteindre, ils quittèrent la tour en se tenant par le bras. Leurs voix se perdirent dans l'éloignement, et les échos du vieux manoir cessèrent bientôt de répéter le faible bruit de leurs pas sur l'herbe mouillée du préau.

XXX.

Consuelo resta plongée dans une étrange stupeur. Ce qui l'étonnait le plus, ce que le témoignage de ses sens avait peine à lui persuader, ce n'était pas la magnanime conduite d'Albert, ni ses sentiments héroïques, mais la facilité miraculeuse avec laquelle il dénouait lui-même le terrible problème de la destinée qu'il lui avait faite. Était-il donc si aisé à Consuelo d'être heureuse? était-ce un amour si légitime que celui de Liverani? Elle croyait avoir rêvé ce qu'elle venait d'entendre. Il lui était déjà permis de s'abandonner à son entraînement pour cet inconnu. Les austères Invisibles en faisaient l'égal d'Albert, par la grandeur d'âme, le courage et la vertu: Albert lui-même le justifiait et le défendait contre le blâme de Trenck. Enfin, Albert et les Invisibles, loin de condamner leur mutuelle passion, les abandonnaient à leur libre choix, à leur invincible sympathie: et tout cela sans combat, sans effort, sans cause de regret ou de remords, sans qu'il en coûtât une larme à personne! Consuelo, tremblante d'émotion plus que de froid, redescendit dans la salle voûtée, et ranima de nouveau le feu qu'Albert et Trenck venaient de disperser dans l'âtre. Elle regarda la trace de leurs pieds humides sur les dalles poudreuses. C'était un témoignage de la réalité de leur apparition, que Consuelo avait besoin de consulter pour y croire. Accroupie sous le cintre de la cheminée, comme la rêveuse cendrillon, la protégée des lutins du foyer, elle tomba dans une méditation profonde. Un si facile triomphe sur la destinée ne lui paraissait pas fait pour elle. Cependant aucune crainte ne pouvait prévaloir contre la sérénité merveilleuse d'Albert. C'était là précisément ce que Consuelo pouvait le moins révoquer en doute. Albert ne souffrait pas; son amour ne se révoltait pas contre sa justice. Il accomplissait avec une sorte de joie enthousiaste le plus grand sacrifice qu'il soit au pouvoir de l'homme d'offrir à Dieu. L'étrange vertu de cet homme unique frappait Consuelo de surprise et d'épouvante. Elle se demandait si un tel détachement des faiblesses humaines était conciliable avec les humaines affections. Cette insensibilité apparente ne signalait-elle pas dans Albert une nouvelle phase de délire? Après l'exagération des maux qu'entraînent la mémoire et l'exclusivité du sentiment, ne subissait-il pas une sorte de paralysie du cœur et des souvenirs? Pouvait-il être guéri si vite de son amour, cet amour était-il si peu de chose, qu'un simple acte de sa volonté, une seule décision de sa logique, pût en effacer ainsi jusqu'à la moindre trace? Tout en admirant ce triomphe de la philosophie, Consuelo ne put se défendre d'un peu d'humiliation, de voir ainsi détruire d'un souffle cette longue passion dont elle avait été fière à juste titre. Elle repassait les moindres paroles qu'il venait de dire; et l'expression de son visage, lorsqu'il les avait dites, était encore devant ses yeux. C'était une expression que Consuelo ne lui connaissait pas. Albert était aussi changé dans son extérieur que dans ses sentiments. A vrai dire, c'était un homme nouveau; et si le son de sa voix, si le dessin de ses traits, si la réalité de ses discours n'eussent confirmé la vérité, Consuelo eût pu croire qu'elle voyait à sa place ce prétendu Sosie, ce personnage imaginaire de Trismégiste, que le docteur s'obstinait à vouloir lui substituer. La modification de l'état de calme et de santé avait apportée à l'extérieur et aux manières d'Albert semblait confirmer l'erreur de Supperville. Il avait perdu sa maigreur effrayante, et il semblait grandi, tant sa taille affaissée et languissante s'était redressée et rajeunie. Il avait une autre démarche; ses mouvements étaient plus souples, son pas plus ferme, sa tenue aussi élégante et aussi soignée qu'elle avait été abandonnée et, pour ainsi dire, méprisée par lui. Il n'y avait pas jusqu'à ses moindres préoccupations qui n'étonnassent Consuelo. Autrefois, il n'eût pas songé à faire du feu; il eût plaint son ami Trenck d'être mouillé, et il ne se fût pas avisé, tant les objets extérieurs et les soins matériels lui étaient devenus étrangers, de rapprocher les tisons épars sous ses pieds; il n'eût pas secoué son chapeau avant de le remettre sur sa tête; il eût laissé la pluie ruisseler sur sa longue chevelure, et il ne l'eût pas sentie. Enfin, il portait une épée, et jamais, auparavant, il n'eût consenti à manier, même en jouant, cette arme de parade, ce simulacre de haine et de meurtre. Maintenant elle ne gênait point ses mouvements; il en voyait briller la lame devant la flamme, et elle ne lui rappelait point le sang versé par ses aïeux. L'expiation imposée à Jean Ziska, dans sa personne, était un rêve douloureux, qu'un bienfaisant sommeil avait enfin effacé entièrement. Peut-être en avait-il perdu le souvenir en perdant les autres souvenirs de sa vie et son amour, qui semblait avoir été, et n'être plus sa vie même.

Il se passa quelque chose d'incertain et d'inexplicable chez Consuelo, quelque chose qui ressemblait à du chagrin, à du regret, à de l'orgueil blessé. Elle se répétait les dernières suppositions de Trenck sur un nouvel amour d'Albert, et cette supposition lui paraissait vraisemblable. Ce nouvel amour pouvait seul lui donner tant de tolérance et de miséricorde. Ses dernières paroles en emmenant son ami, et en lui promettant un *récit*, un *roman*, n'étaient-elles pas la confirmation de ce doute, l'aveu et l'explication de cette joie discrète et profonde dont il paraissait rempli? « Oui, ses yeux brillaient d'un éclat que je ne leur ai jamais vu, pensa Consuelo. Son sourire avait une expression de triomphe, d'ivresse; et il souriait, il riait presque, lui à qui le rire semblait inconnu jadis; il y a eu même comme de l'ironie dans sa voix quand il a dit au baron : « Bientôt tu souriras aussi des éloges que tu me donnes. » Plus de doute, il aime, et ce n'est plus moi. Il ne s'en défend pas, et il ne songe point à s'en combattre; il bénit mon infidélité, il m'y pousse, il s'en réjouit, il n'en rougit point pour moi; il m'abandonne à une faiblesse dont je rougirai seule, et dont toute la honte retombera sur ma tête. O ciel! Je n'étais pas seule coupable, et Albert l'était plus encore! Hélas! pourquoi ai-je surpris le secret d'une générosité que j'aurais tant admirée, et que je n'eusse jamais voulu accepter? Je le sens bien, maintenant il y a quelque chose de saint dans la foi jurée; Dieu seul qui change notre cœur, peut nous en délier. Alors les êtres unis par un serment peuvent peut-être s'offrir et accepter le sacrifice de leurs droits. Mais quand l'inconstance mutuelle préside seule au divorce, il se fait quelque chose d'affreux, et comme une complicité de parricide entre ces deux êtres : ils ont froidement tué dans leur sein l'amour qui les unissait. »

Consuelo regagna les bois aux premières lueurs du matin. Elle avait passé toute la nuit dans la tour, absorbée par mille pensées sombres et chagrines. Elle n'eut pas de peine à retrouver le chemin de sa demeure, quoiqu'elle eût fait ce chemin dans les ténèbres, et que l'empressement de sa fuite le lui eût fait paraître moins long qu'il ne le fut au retour. Elle descendit la colline et remonta le cours du ruisseau jusqu'à la grille, qu'elle franchit adroitement, en marchant sur la bande transversale qui reliait les barreaux par en bas à fleur d'eau. Elle n'était plus ni craintive ni agitée. Peu lui importait d'être aperçue, décidée qu'elle était à tout raconter naïvement à son confesseur. D'ailleurs le sentiment de sa vie passée l'occupait tellement, que les choses présentes ne lui offraient plus qu'un intérêt secondaire. C'est à peine si Liverani existait pour elle. Le cœur humain est ainsi fait : l'amour naissant a besoin de dangers et d'obstacles, l'amour éteint se ranime quand il ne dépend plus de nous de le réveiller dans le cœur d'autrui.

Cette fois les Invisibles surveillants de Consuelo semblèrent s'être endormis, et sa promenade nocturne ne parut avoir été remarquée de personne. Elle trouva une nouvelle lettre de l'inconnu dans son clavecin, aussi tendrement respectueuse que celle de la veille était hardie et passionnée. Il se plaignait qu'elle eût eu peur de lui, et lui reprochait de s'être retranchée dans ses appartements comme si elle eût douté de sa craintive vénération. Il demandait humblement qu'elle lui permît de l'apercevoir seulement dans le jardin au crépuscule; il lui promettait de ne point lui parler, de ne pas se montrer si elle l'exigeait. « Soit détachement de cœur, soit arrêt de la conscience, ajoutait-il, Albert renonce à toi, tranquillement, froidement même en apparence. Le devoir parle plus haut que l'amour dans son cœur. Dans peu de jours les Invisibles te signifieront sa résolution, et prononceront le signal de la liberté. Tu pourras alors rester ici pour te faire initier à leurs mystères, si tu persistes dans cette intention généreuse, et jusque-là je leur tiendrai mon serment, de ne point me montrer à tes yeux. Mais si tu n'as fait cette promesse que par compassion pour moi, si tu désires t'en affranchir, parle, et je romps tous mes engagements, et je fuis avec toi. Je ne suis pas Albert, moi : j'ai plus d'amour que de vertu. Choisis ! »

« Oui, cela est certain, dit Consuelo en laissant retomber la lettre de l'inconnu sur les touches de son clavecin : celui-ci m'aime et Albert ne m'aime pas. Il est possible qu'il ne m'ait jamais aimée, et que mon image n'ait été qu'une création de son délire. Pourtant cet amour me paraissait sublime, et plût au ciel qu'il le fût encore assez pour conquérir le mien par un pénible et sublime sacrifice! cela vaudrait mieux pour nous deux que le détachement tranquille de deux âmes adultères. Mieux vaudrait aussi pour Liverani d'être abandonné de moi avec effort et déchirement que d'être accueilli comme une nécessité de mon isolement, dans un jour d'indignation, de honte et de douloureuse ivresse! »

Elle répondit à Liverani ce peu de mots :

« Je suis trop fière et trop sincère pour vous tromper. Je sais ce que pense Albert, ce qu'il a résolu. J'ai surpris le secret de ses confidences à un ami commun. Il m'abandonne sans regret, et ce n'est pas la vertu seule qui triomphe de son amour. Je ne suivrai pas l'exemple qu'il me donne. Je vous aimais, et je renonce à vous sans en aimer un autre. Je dois ce sacrifice à ma dignité, à ma conscience. J'espère que vous ne vous approcherez plus de ma demeure. Si vous cédiez à une aveugle passion, et si vous m'arrachiez quelque nouvel aveu, vous vous en repentiriez. Vous devriez peut-être ma confiance à la juste colère d'un cœur brisé et à l'effroi d'une âme délaissée. Ce serait mon supplice et le vôtre. Si vous persistez, Liverani, vous n'avez pas en vous l'amour que j'avais rêvé. »

Liverani persista cependant; il écrivit encore, et fut éloquent, persuasif, sincère dans son humilité. « Vous faites un appel à ma fierté, disait-il, et je n'ai pas de fierté avec vous. Si vous regrettiez un absent dans mes bras, j'en souffrirais sans en être offensé. Je vous demanderais, prosterné et en arrosant vos pieds de mes larmes, de l'oublier et de vous fier à moi seul. De quelque façon que vous m'aimiez, et si peu que ce soit, j'en serai reconnaissant comme d'un immense bonheur. » Telle fut la substance d'une suite de lettres ardentes et craintives, soumises et persévérantes. Consuelo sentit s'évanouir sa fierté au charme pénétrant d'un véritable amour. Insensiblement elle s'habitua à l'idée qu'elle n'avait encore jamais été aimée auparavant, pas même par le comte de Rudolstadt. Repoussant alors le dépit involontaire qu'elle avait conçu de cet outrage fait à la sainteté de ses souvenirs, elle craignit, en le manifestant, de devenir un obstacle au bonheur qu'Albert pouvait se promettre d'un nouvel amour. Elle résolut donc d'accepter en silence l'arrêt de séparation dont il paraissait vouloir charger le tribunal des Invisibles, et elle s'abstint de tracer son nom dans les réponses qu'elle fit à l'inconnu, en lui ordonnant d'imiter même réserve.

Au reste, ces réponses furent pleines de prudence et de délicatesse. Consuelo en se détachant d'Albert et en accueillant dans son âme la pensée d'une autre affection, ne voulait pas céder à une tendresse aveugle. Elle défendit à l'inconnu de paraître devant elle et de manquer à son vœu de silence, jusqu'à ce que les Invisibles l'en eussent relevé. Elle lui déclara que c'était librement et volontairement qu'elle voulait adhérer à cette association mystérieuse qui lui inspirait à la fois respect et confiance: qu'elle était résolue à faire les études nécessaires pour s'instruire dans leur doctrine, et à se défendre de toute préoccupation personnelle jusqu'à ce qu'elle eût acquis, par un pur de vertu, le droit de penser à son propre bonheur. Elle n'eut pas la force de lui dire qu'elle ne l'aimait pas; mais elle eut celle de lui dire qu'elle ne voulait pas l'aimer sans réflexion.

Liverani parut se soumettre, et Consuelo étudia attentivement plusieurs volumes que Matteus lui avait remis un matin de la part du *prince*, en lui disant que *Son Altesse* et *sa cour* avaient quitté la *résidence*, mais qu'elle aurait bientôt *des nouvelles*. Elle se contenta de ce message, n'adressa aucune question à Matteus, et lut l'histoire des mystères de l'antiquité, du christianisme et des diverses sectes et sociétés secrètes qui en dérivent; compilation manuscrite fort savante, faite dans la bibliothèque de l'ordre des Invisibles par quelque adepte patient et consciencieux. Cette lecture sérieuse, et pénible d'abord, s'empara peu à peu de son attention, et même de son imagination. Le tableau des épreuves des anciens temples égyptiens lui fit faire beaucoup de rêves terribles et poétiques. Le récit des persécutions des sectes du moyen âge et de la renaissance émut son cœur plus que jamais, et cette histoire de l'enthousiasme disposa son âme au fanatisme religieux d'une initiation prochaine. Pendant quinze jours, elle ne reçut aucun avis du dehors et vécut dans la retraite, environnée des soins mystérieux du chevalier, mais ferme dans sa résolution de ne point le voir, et de ne pas lui donner trop d'espérances.

Les chaleurs de l'été commençaient à se faire sentir, et Consuelo, absorbée d'ailleurs par ses études, n'avait pour se reposer et respirer à l'aise que les heures fraîches de la soirée. Peu à peu elle avait repris ses promenades lentes et rêveuses dans le jardin, l'enclos. Elle s'y croyait seule et pourtant je ne sais quelle vague émotion lui faisait souvent rêver parfois la présence de l'inconnu non loin d'elle. Ces belles nuits, ces beaux ombrages, cette solitude, ce murmure languissant de l'eau courante à travers les fleurs, le parfum des plantes, la voix passionnée du rossignol, suivie de silences plus voluptueux encore; la lune jetant de grandes lueurs obliques sous l'ombre transparente des berceaux embaumés, le coucher de Vesper derrière les nuages roses de l'horizon, que sais-je? toutes les émotions classiques, mais éternellement fraîches et puissantes de la jeunesse et de l'amour, plongeaient l'âme de Consuelo dans de dangereuses rêveries; un rayon svelte sur le sable argenté des allées, le vol d'un oiseau réveillé par son approche, le bruit d'une feuille agitée par la brise, c'en était assez pour la faire tressaillir et doubler le pas; mais ces légères frayeurs étaient à peine dissipées qu'elles étaient remplacées par un indéfinissable regret, et les palpitations de l'attente étaient plus fortes que toutes les suggestions de la volonté.

Une fois elle fut troublée plus que de coutume par le frôlement du feuillage et les bruits incertains de la nuit. Il lui sembla qu'on marchait non loin d'elle, qu'on fuyait à son approche, qu'on s'approchait lorsqu'elle était assise. Son agitation l'avertissait plus encore : elle se sentit sans force contre une rencontre dans ces beaux lieux et sous ce ciel magnifique. Les bouffées de la brise passaient brûlantes sur son front. Elle s'enfuit vers le pavillon et s'enferma dans sa chambre. Les flambeaux n'étaient pas allumés. Elle se cacha derrière une jalousie et désira ardemment de voir celui dont elle ne voulait pas être vue. Elle vit en effet paraître un homme qui marcha lentement sous ses fenêtres sans appeler, sans faire un geste, soumis et satisfait en apparence de regarder les murs qu'elle habitait. Cet homme, c'était bien l'inconnu, du moins Consuelo le sentit d'abord à son trouble, et crut reconnaître sa stature et sa démarche. Mais bientôt d'étranges doutes et des craintes pénibles s'emparèrent de son esprit. Ce promeneur silencieux lui rappelait Albert au moins autant que Liverani. Ils étaient de la même taille; et maintenant qu'Albert, transformé par une santé nouvelle, marchait avec aisance et ne tenait plus sa tête penchée sur son sein ou appuyée sur sa main, dans une attitude chagrine ou maladive, Consuelo ne connaissait guère plus son aspect extérieur que celui du chevalier. Elle avait vu celui-ci un instant au grand jour, marchant devant elle à distance et enveloppé des plis d'un manteau. Elle avait vu Albert peu d'instants aussi dans la tour déserte, depuis qu'il était si différent de ce qu'elle le connaissait; et maintenant elle voyait l'un ou l'autre très-vaguement, à la clarté des étoiles; et chaque fois qu'elle se croyait sur le point de fixer ses doutes, il passait sous l'ombre des arbres et s'y perdait comme une ombre lui-même. Il disparut enfin tout à fait, et Consuelo resta partagée entre la joie et la crainte, se reprochant d'avoir manqué de courage pour appeler Albert à tout hasard, afin de provoquer une explication sincère et loyale entre eux.

Ce repentir devint plus vif à mesure qu'il s'éloignait, et en même temps la persuasion que c'était lui, en effet, qu'elle venait de voir. Entraînée par cette habitude de dévouement qui lui avait toujours tenu lieu d'amour pour lui, elle se dit que s'il venait ainsi errer autour d'elle, c'était dans l'espérance timide de l'entretenir. Ce n'était pas la première fois qu'il le tentait; il l'avait dit à Trenck un soir où peut-être il s'était croisé dans l'obscurité avec Liverani. Consuelo résolut de provoquer cette explication nécessaire. Sa conscience lui faisait un devoir d'éclaircir ses doutes sur les véritables dispositions de son époux, généreux ou volage. Elle redescendit au jardin et courut après lui, tremblante et pourtant courageuse; mais elle avait perdu sa trace, et elle parcourut tout l'enclos sans le rencontrer.

Enfin elle vit tout à coup, en sortant d'un bosquet, un homme debout au bord de l'eau. Était-ce bien le même qu'elle cherchait? Elle l'appela du nom d'Albert; il tressaillit, passa ses mains sur son visage, et lorsqu'il se retourna, le masque noir couvrait déjà ses traits.

« Albert, est-ce vous? s'écria Consuelo; c'est vous, vous seul que je cherche. »

Une exclamation étouffée trahit chez cet inconnu je ne sais quelle émotion de joie ou de douleur. Il sembla vouloir fuir; Consuelo avait cru reconnaître la voix d'Albert, elle s'élança et le retint par son manteau. Mais elle s'arrêta, le manteau en s'écartant avait laissé voir sur la poitrine de l'inconnu une assez large croix d'argent que Consuelo connaissait trop bien : c'était celle de sa mère, la même qu'elle avait confiée au chevalier durant son voyage avec lui, comme un gage de reconnaissance et de sympathie.

« Liverani! dit-elle, toujours vous! Puisque c'est vous, adieu! pourquoi m'avez-vous désobéi? »

Il se jeta à ses pieds, l'entoura de ses bras et lui prodigua d'ardentes et respectueuses étreintes que Consuelo n'eut plus la force de repousser.

« Si vous m'aimez et si vous voulez que je vous aime, laissez-moi, lui dit-elle. C'est devant les Invisibles que je veux vous voir et vous entendre. Votre masque m'effraie, votre silence me glace le cœur. »

Liverani porta la main à son masque, il allait l'arracher et parler. Consuelo, comme la curieuse Psyché, n'avait plus le courage de fermer les yeux... mais tout à coup le voile noir des messagers du tribunal secret tomba sur sa tête. La main de l'inconnu qui avait saisi la sienne avec précipitation fut détachée en silence. Consuelo se sentit entraînée sans violence et sans courroux apparent, mais avec rapidité. On l'enleva de terre, elle sentit fléchir sous ses pieds le plancher d'une barque. Elle descendit le ruisseau longtemps sans que personne lui adressât la parole, et lorsqu'on lui rendit la lumière, elle se trouva dans la salle souterraine où elle avait comparu pour la première fois devant le tribunal des Invisibles.

XXXI

Ils étaient là tous les sept comme la première fois, masqués, muets, impénétrables comme des fantômes.

Le huitième personnage, qui avait alors adressé la parole à Consuelo et qui semblait être l'interprète du conseil et l'initiateur des adeptes lui parla en ces termes :

« Consuelo, tu as subi déjà des épreuves dont tu es sortie à ta gloire et à notre satisfaction. Nous pouvons t'accorder notre confiance et nous allons te le prouver.

— Attendez, dit Consuelo; vous me croyez sans reproche, et je ne le suis pas. Je vous ai désobéi, je suis sortie de la retraite que vous m'aviez assignée.

— Par curiosité?
— Non.
— Peux-tu dire ce que tu as appris?
— Ce que j'ai appris m'est tout personnel; j'ai parmi vous un confesseur à qui je puis et veux le révéler. »

Le vieillard que Consuelo invoquait se leva et dit :

« Je sais tout. La faute de cette enfant est légère. Elle ne sait rien de ce que vous voulez qu'elle ignore. La confidence de ses émotions sera entre elle et moi. En attendant mettez l'heure à profit : que ce qu'elle doit savoir lui soit révélé sans retard. Je me porte garant pour elle en toutes choses. »

L'initiateur reprit la parole après s'être retourné vers le tribunal et en avoir reçu un signe d'adhésion.

« Écoute-moi bien, lui dit-il, je te parle au nom de ceux que tu vois ici rassemblés. C'est leur esprit et pour ainsi dire leur souffle qui m'inspire. C'est leur doctrine que je vais t'exposer.

« Le caractère distinctif des religions de l'antiquité est d'avoir deux faces, une extérieure et publique, une interne et secrète. L'une est l'esprit, l'autre la forme ou la lettre. Derrière le symbole matériel et grossier, le sens profond, l'idée sublime. L'Égypte et l'Inde, grands types des antiques religions, mères des pures doctrines, offrent au plus haut point cette dualité d'aspect, signe nécessaire et fatal de l'enfance des sociétés, et des misères attachées au développement du génie de l'homme. Tu as appris récemment en quoi consistaient les grands mystères de Memphis et d'Eleusis, et tu sais maintenant pourquoi la science divine, politique et sociale, concentrée avec le triple pouvoir religieux, militaire et industriel dans les mains des hiérophantes, ne descendit pas jusqu'aux classes infimes de ces antiques sociétés. L'idée chrétienne, enveloppée, dans la parole du révélateur, de symboles plus transparents et plus purs, vint au monde pour faire descendre dans les âmes populaires la connaissance de la vérité et la lumière de la foi. Mais la théocratie, abus inévitable des religions qui se constituent dans le trouble et les périls, vint bientôt s'efforcer de voiler encore une fois le dogme, et, en le voilant, elle l'altéra. L'idolâtrie reparut avec les mystères, et, dans le pénible développement du christianisme on vit les hiérophantes de la Rome apostolique perdre, par un châtiment divin, la lumière divine, et retomber dans les ténèbres où ils voulaient plonger les hommes. Le développement de l'intelligence humaine s'opéra dès lors dans un sens tout contraire à la marche du passé. Le temple ne fut plus, comme dans l'antiquité, le sanctuaire de la vérité. La superstition et l'ignorance, le symbole grossier, la lettre morte, siégèrent sur les autels et sur les trônes. L'esprit descendit enfin dans les classes trop longtemps avilies. De pauvres moines, d'obscurs docteurs, d'humbles pénitents, vertueux apôtres du christianisme primitif, firent de la religion occulte et persécutée l'asile de la vérité inconnue. Ils s'efforcèrent d'initier le peuple à la religion de l'égalité, et, au nom de saint Jean, ils prêchèrent un nouvel évangile, c'est-à-dire un interprétation plus libre, plus hardie et plus pure de la révélation chrétienne. Tu sais l'histoire de leurs travaux, de leurs combats et de leurs martyres, tu sais les souffrances des peuples, leurs ardentes inspirations, leurs élans terribles, leurs déplorables affaissements, leurs réveils orageux; et, à travers tant d'efforts tour à tour effroyables et sublimes, leur héroïque persévérance à fuir les ténèbres et à trouver les voies de Dieu. Le temps est proche où le voile du temple sera déchiré pour jamais, et où la foule emportera d'assaut les sanctuaires de l'arche sainte. Alors les symboles disparaîtront, et les abords de la vérité ne seront plus gardés par les dragons du despotisme religieux et monarchique. Tout homme pourra marcher dans le chemin de la lumière et se rapprocher de Dieu de toute la puissance de son âme. Nul ne dira plus à son frère : « Ignore et abaisse-toi. Ferme les yeux et reçois le joug. » Tout homme pourra, au contraire, demander à son semblable le secours de son œil, de son cœur et de son bras pour pénétrer dans les arcanes de la science sacrée. Mais ce temps n'est pas encore venu, et nous n'en saluons aujourd'hui que l'aube tremblante à l'horizon. Le temps de la religion secrète dure toujours, la tâche du mystère n'est pas accomplie. Nous voici encore enfermés dans le temple, occupés à forger des armes pour écarter les ennemis qui s'interposent entre les peuples et nous, et forcés de tenir encore nos portes fermées et nos paroles secrètes pour qu'on ne vienne pas arracher de nos mains l'arche sainte, sauvée avec tant de peine et réservée à la communauté des hommes.

« Te voilà donc accueilli dans le nouveau temple : mais ce temple est encore une forteresse qui tient depuis des siècles pour la liberté sans pouvoir la conquérir. La guerre est autour de nous. Nous voulons être des libérateurs, nous ne sommes encore que des combattants. Tu viens ici pour recevoir la communion fraternelle, l'étendard du salut, le signe de la liberté, et pour périr peut-être sur la brèche au milieu de nous. Voilà la destinée que tu as acceptée ; tu succomberas peut-être sans avoir vu flotter sur ta tête le gage de la victoire. C'est encore au nom de saint Jean que nous appelons les hommes à la croisade. C'est encore un symbole que nous invoquons ; nous sommes les héritiers des Johannites d'autrefois, les continuateurs ignorés, mystérieux et persévérants de Wickleff, de Jean Huss et de Luther ; nous voulons, comme ils le voulaient, affranchir le genre humain ; mais, comme eux, nous ne sommes pas libres nous-mêmes, et comme eux, nous marchons peut-être au supplice.

« Cependant le combat a changé de terrain, et les armes de nature. Nous bravons encore la rigueur ombrageuse des lois, nous nous exposons encore à la proscription, à la misère, à la captivité, à la mort, car les moyens de la tyrannie sont toujours les mêmes : mais nos moyens, à nous, ne sont plus l'appel à la révolte matérielle, et la prédication sanglante de la croix et du glaive. Notre guerre est toute intellectuelle comme notre mission. Nous nous adressons à l'esprit. Nous agissons par l'esprit. Ce n'est pas à main armée que nous pouvons renverser des gouvernements, aujourd'hui organisés et appuyés sur tous les moyens de la force brutale. Nous leur faisons une guerre plus lente, plus sourde et plus profonde, nous les attaquons au cœur. Nous ébranlons leurs bases en détruisant la foi aveugle et le respect idolâtrique qu'ils cherchent à inspirer. Nous faisons pénétrer partout, et jusque dans les cours, et même jusque dans l'esprit troublé et fasciné des princes et des rois, ce que personne n'ose déjà plus appeler le poison de la philosophie ; nous détruisons tous les prestiges ; nous lançons du haut de notre forteresse, tous les boulets rouges de l'ardente vérité et de l'implacable raison sur les autels et sur les trônes. Nous vaincrons, n'en doute pas. Dans combien d'années, dans combien de jours ? nous l'ignorons. Mais notre entreprise date de si loin, elle a été conduite avec tant de foi, étouffée avec si peu de succès, reprise avec tant d'ardeur, poursuivie avec tant de passion, qu'elle ne peut pas échouer ; elle est devenue immortelle de sa nature comme les biens immortels dont elle a résolu la conquête. Nos ancêtres l'ont commencée, et chaque génération a rêvé de la finir. Si nous ne l'espérions pas un peu aussi nous-mêmes, peut-être notre zèle serait-il moins fervent et moins efficace ; mais si l'esprit de doute et d'ironie, qui domine le monde à cette heure, venait à nous prouver, par ses froids calculs et ses raisonnements accablants, que nous poursuivons un rêve, réalisable seulement dans plusieurs siècles, notre conviction dans la sainteté de notre cause n'en serait point ébranlée ; et pour travailler avec un peu plus d'effort et de douleur, nous n'en travaillerions pas moins pour les hommes de l'avenir. C'est qu'il y a entre nous et les hommes du passé, et les générations à naître, un lien religieux si étroit et si ferme, que nous avons presque étouffé en nous le côté égoïste et personnel de l'individualité humaine. C'est ce que le vulgaire ne saurait comprendre, et pourtant il y a dans l'orgueil de la noblesse quelque chose qui ressemble à notre religieux enthousiasme héréditaire. Chez les grands, on fait beaucoup de sacrifices à la gloire, afin d'être digne de ses aïeux, et de léguer beaucoup d'honneur à sa postérité. Chez nous autres, architectes du temple de la vérité, on fait beaucoup de sacrifices à la vertu, afin de continuer l'édifice des maîtres et de former de laborieux apprentis. Nous vivons par l'esprit et par le cœur dans le passé, dans l'avenir et dans le présent tout à la fois. Nos prédécesseurs et nos successeurs sont aussi bien *nous* que nous-mêmes. Nous croyons à la transmission de la vie, des sentiments, des généreux instincts dans les âmes, comme les patriciens croient à celles d'une excellence de race dans leurs veines. Nous allons plus loin encore ; nous croyons à la transmission de la vie, de l'individualité, de l'âme et de la personne humaine. Nous nous sentons fatalement et providentiellement appelés à continuer l'œuvre que nous avons déjà rêvée, toujours poursuivie et avancée de siècle en siècle. Parmi nous il en est même quelques-uns qui ont poussé la contemplation du passé et de l'avenir au point de perdre presque la notion du présent ; c'est la fièvre sublime, c'est l'extase de nos croyants et de nos saints : car nous avons nos saints, nos prophètes, peut-être aussi nos exaltés et nos visionnaires ; mais quel que soit l'égarement ou la sublimité de leur transport, nous respectons leur inspiration, et parmi nous, Albert l'extatique et le *voyant* n'a trouvé que des frères pleins de sympathie pour ses douleurs et d'admiration pour ses enthousiasmes. Nous avons foi aussi à la conviction profonde de Saint-Germain, réputé imposteur ou aliéné dans le monde. Quoique ses réminiscences d'un passé inaccessible à la mémoire humaine aient un caractère plus calme, plus précis et plus inconcevable encore que les extases d'Albert, elles ont aussi un caractère de bonne foi et une lucidité dont il nous est impossible de nous railler. Nous comptons parmi nous beaucoup d'autres exaltés, des mystiques, des poètes, des hommes du peuple, des philosophes, des artistes, d'ardents sectaires groupés sous les bannières de divers chefs ; des bœhmistes, des théosophes, des moraves, des hernuters, des quakers, même des panthéistes, des pythagoriciens, des xérophagistes, des illuminés, des johannites, des templiers, des millénaires, des joachimites, etc. Toutes ces sectes anciennes, pour n'avoir plus le développement qu'elles eurent aux époques de leur éclosion, n'en sont pas moins existantes, et même quelque peu modifiées. Le propre de notre époque est de reproduire à la fois toutes les formes que le génie novateur ou réformateur a données tour à tour dans les siècles passés à la pensée religieuse et philosophique. Nous recrutons donc nos adeptes dans ces divers groupes sans exiger une identité de préceptes absolue, et impossible dans le temps où nous vivons. Il nous suffit de trouver en eux l'ardeur de la destruction pour les appeler dans nos rangs : toute notre science organisatrice consiste à ne choisir les *constructeurs* que parmi les esprits supérieurs aux disputes d'école, chez qui la passion de la vérité, la soif de la justice et l'instinct du beau moral l'emportent sur les habitudes de famille et les rivalités de secte. Il n'est d'ailleurs pas si difficile qu'on le croit de faire travailler de concert des éléments très-dissemblables ; ces dissemblances sont plus apparentes que réelles. Au fond, tous les hérétiques (c'est avec respect que j'emploie ce nom) sont d'accord sur le point principal, celui de détruire la tyrannie intellectuelle et matérielle, ou tout au moins de protester contre. Les antagonismes qui ont retardé jusqu'ici la fusion de ces généreuses et utiles résistances viennent de l'amour-propre et de la jalousie, vices inhérents à la condition humaine, contre-poids fatal et inévitable de tout progrès dans l'humanité. En ménageant ces susceptibilités, en permettant à chaque communion de garder ses maîtres, ses institutions et ses rites, on peut constituer, sinon une société, du moins une armée, et, je te l'ai dit, nous ne sommes encore qu'une armée marchant à la conquête d'une terre promise, d'une société idéale. Au point où en est encore la nature humaine, il y a tant de nuances de caractères chez les individus, tant de degrés différents dans la conception du vrai, tant d'aspects variés, ingénieuses manifestations de la riche nature qui créa le génie humain, qu'il est absolument nécessaire de laisser à chacun les conditions de sa vie morale et les éléments de sa force d'action.

« Notre œuvre est grande, notre tâche est immense. Nous ne voulons pas fonder seulement un empire universel sur un ordre nouveau et sur des bases équitables ; c'est une religion que nous voulons reconstituer. Nous sentons bien d'ailleurs que l'un est impossible sans l'autre. Aussi avons-nous deux modes d'action. Un tout matériel, pour miner et faire crouler l'ancien monde par la critique, par l'examen, par la raillerie même, par le voltairianisme et tout ce qui s'y rattache. Le redoutable concours de toutes les volontés hardies et de toutes les passions fortes précipite notre marche dans ce sens-là. Notre autre mode d'action est tout spirituel : il s'agit d'édifier la religion de l'avenir. L'élite des intelligences et des vertus nous assiste dans le labeur incessant de notre pensée. L'œuvre des Invisibles est un concile que la persécution du monde officiel empêche de se réunir publiquement, mais qui délibère sans relâche et qui travaille sous la même inspiration de tous les points du monde civilisé. Des communications mystérieuses apportent le grain dans l'aire à mesure qu'il mûrit, et le sèment dans le champ de l'humanité à mesure que nous le détachons de l'épi. C'est à ce dernier travail souterrain que tu peux t'associer ; nous te dirons comment quand tu l'auras accepté.

— Je l'accepte, répondit Consuelo d'une voix ferme, et en étendant le bras en signe de serment.

— Ne te hâte point de promettre, femme aux instincts généreux, à l'âme entreprenante. Tu n'as peut-être pas toutes les vertus que réclamerait une telle mission. Tu as traversé le monde ; tu y as déjà puisé les notions de la prudence, de ce qu'on appelle le savoir-vivre, la discrétion, l'esprit de conduite.

— Je ne m'en flatte pas, répondit Consuelo, en souriant avec une fierté modeste.

— Eh bien, tu y as appris du moins à douter, à discuter, à railler, à suspecter.

— A douter, peut-être. Otez-moi le doute qui n'était pas dans ma nature, et qui m'a fait souffrir ; je vous bénirai. Otez-moi surtout le doute de moi-même, qui me frapperait d'impuissance.

— Nous ne l'ôterons le doute qu'en te développant nos principes. Quant à te donner des garanties matérielles de notre sincérité et de notre puissance, nous ne le ferons pas plus que nous ne l'avons fait jusqu'ici. Que les services rendus te suffisent, nous t'assisterons toujours dans l'occasion : mais nous ne t'associerons aux mystères de notre pensée et de nos actions que selon la part d'action que nous te donnerons à toi-même. Tu ne nous connaîtras point. Tu ne verras jamais nos traits. Tu ne sauras jamais nos noms, à moins qu'un grand intérêt de la cause ne nous force en enfreindre la loi qui nous rend inconnus et invisibles à nos disciples. Peux-tu te soumettre et te fier aveuglément à des hommes qui ne seront jamais pour toi que des êtres abstraits, des idées vivantes, des appuis et des conseils mystérieux ?

— Une vaine curiosité pourrait seule me pousser à vouloir vous connaître autrement. J'espère que ce sentiment puéril n'entrera jamais en moi.

— Il ne s'agit point de curiosité, il s'agit de méfiance. La tienne serait fondée selon la logique et la prudence du monde. Un homme répond de ses actions ; son nom est une garantie ou un avertissement ; sa réputation appuie ou dément ses actes ou ses projets. Songes-tu bien que tu ne pourras jamais comparer la conduite d'aucun de nous en particulier avec les préceptes de l'ordre ? Tu devras croire en nous comme à des saints, sans savoir si nous ne sommes pas des hypocrites. Tu devras même peut-être voir émaner de nos décisions des injustices, des perfidies, des cruautés apparentes. Tu ne pourras pas plus contrôler nos démarches que nos intentions. Auras-tu assez de foi pour marcher les yeux fermés sur le bord d'un abîme ?

— Dans la pratique du catholicisme, j'ai fait ainsi dans mon enfance, répondit Consuelo après un instant de réflexion. J'ai ouvert mon cœur et abandonné la direction de ma conscience à un prêtre dont je ne voyais pas les traits derrière le voile du confessionnal, et dont je ne savais ni le nom ni la vie. Je ne voyais en lui que le sacerdoce, l'homme ne m'était rien. J'obéissais au Christ, je ne m'inquiétais pas du ministre. Pensez-vous que cela soit bien difficile ?

— Lève donc la main à présent, si tu persistes.

— Attendez, dit Consuelo. Votre réponse déciderait de ma vie ; mais me permettez-vous de vous interroger une seule, une première et dernière fois ?

— Tu le vois ! déjà tu hésites, déjà tu cherches des garanties ailleurs que dans ton inspiration spontanée et dans l'élan de ton cœur vers l'idée que nous représentons. Parle cependant. La question que tu veux nous faire nous éclairera sur tes dispositions.

— La voici. Albert est-il initié à tous vos secrets ?

— Oui.

— Sans restriction aucune ?

— Sans restriction aucune.

— Et il marche avec vous ?

— Dis plutôt que nous marchons avec lui. Il est une des lumières de notre conseil, la plus pure, la plus divine peut-être.

— Que ne me disiez-vous cela d'abord ? Je n'eusse pas hésité un instant. Conduisez-moi où vous voudrez, disposez de ma vie. Je suis à vous, je le jure.

— Tu étends la main ! mais sur quoi jures-tu ?

— Sur le Christ dont je vois l'image ici.

— Qu'est-ce que le Christ ?

— C'est la pensée divine, révélée à l'humanité.

— Cette pensée est-elle tout entière dans la lettre de l'Évangile ?

— Je ne le crois pas ; mais je crois qu'elle est tout entière dans son esprit.

— Nous sommes satisfaits de tes réponses, et nous acceptons le serment que tu viens de faire. A présent, nous allons t'instruire de tes devoirs envers Dieu et envers nous. Apprends donc d'avance les trois mots qui sont tout le secret de nos mystères, et qu'on ne révèle à beaucoup d'affiliés qu'avec tant de lenteurs et de précautions. Tu n'as pas besoin d'un long apprentissage ; et cependant, il te faudra quelques réflexions pour en comprendre toutes la portée. *Liberté, fraternité, égalité* : voilà la formule mystérieuse et profonde de l'œuvre des Invisibles.

— Est-ce là, en effet, tout le mystère ?

— Il ne te semble pas que c'en soit un ; mais examine l'état des sociétés, et tu verras que, pour des hommes habitués à être régis par le despotisme, l'inégalité, l'antagonisme, c'est toute une éducation, toute une conversion, toute une révélation, que d'arriver à comprendre nettement la possibilité humaine, la nécessité sociale et l'obligation morale de ce triple précepte : *liberté, égalité, fraternité*. Le petit nombre d'esprits droits et de cœurs purs qui protestent naturellement contre l'injustice et le désordre des tyrannies saisissent, dès le premier pas, la doctrine secrète. Leurs progrès y sont rapides ; car il ne s'agit plus, avec eux, que de leur enseigner les procédés d'application que nous avons trouvés. Mais, pour le grand nombre, avec les gens du monde, les courtisans et les puissants, imagine ce qu'il faut de précautions et de ménagements pour livrer à leur examen la formule sacrée de l'œuvre immortelle. Il faut s'environner de symboles et de détours ; il faut leur persuader qu'il ne s'agit que d'une liberté fictive et restreinte à l'exercice de la pensée individuelle ; d'une égalité relative, étendue seulement aux membres de l'association, et praticable seulement dans ses réunions secrètes et bénévoles ; enfin, d'une fraternité romanesque, consentie entre un certain nombre de personnes et bornée à des services passagers, à quelques bonnes œuvres, à des secours mutuels. Pour ces esclaves de la coutume et du préjugé, nos mystères ne sont que les statuts d'ordres héroïques, renouvelés de l'ancienne chevalerie, et ne portant nulle atteinte aux pouvoirs constitués, nul remède aux misères des peuples. Pour ceux-là, il n'y a que des grades insignifiants, des degrés de science frivole ou d'ancienneté banale, une série d'initiations dont les rites bizarres amusent leur curiosité sans éclairer leurs esprits. Ils croient tout savoir et ne savent rien.

— A quoi servent-ils ? dit Consuelo, qui écoutait attentivement.

— A protéger l'exercice et la liberté du travail de ceux qui comprennent et qui savent, répondit l'initiateur. Ceci te sera expliqué. Écoute d'abord ce que nous attendons de toi.

« L'Europe (l'Allemagne et la France principalement) est remplie de sociétés secrètes, laboratoires souterrains où se prépare une grande révolution, dont le cratère sera l'Allemagne ou la France. Nous avons la clef, et nous tentons d'avoir la direction, de toutes ces associations, à l'insu de la plus grande partie de leurs membres, et à l'insu les unes des autres. Quoique notre but ne soit pas encore atteint, nous avons réussi à mettre le pied partout, et les plus éminents, parmi ces divers affiliés, sont à nous et secondent nos efforts. Nous te ferons entrer dans tous ces sanctuaires sacrés, dans tous ces temples profanes, car la corruption ou la frivolité ont bâti aussi leurs cités ; et, dans quelques-unes, le vice et la vertu travaillent au même œuvre de destruction, sans que le mal comprenne son association avec le bien. Telle est la loi des conspirations. Tu sauras le secret des francs-maçons, grande confrérie qui, sous les formes les plus variées, et avec les idées les plus diverses, travaille à organiser la pratique et à répandre la notion de l'égalité. Tu recevras les degrés de tous les rites, quoique les femmes n'y soient admises qu'à titre d'adoption, et qu'elles ne participent pas à tous les secrets de la doctrine. Nous te traiterons comme un homme ; nous te donnerons tous les insignes, tous les titres, toutes les formules nécessaires aux relations que nous te ferons établir avec les *loges*, et aux négociations dont nous te chargerons avec elles. Ta profession, ton existence voyageuse, tes talents, le prestige de ton sexe, de ta jeunesse et de ta beauté, tes vertus, ton courage, ta droiture et ta discrétion te rendent propre à ce rôle et nous donnent les garanties nécessaires. Ta vie passée, dont nous connaissons les moindres détails, nous est un gage suffisant. Tu as subi volontairement plus d'épreuves que les mystères maçonniques n'en sauraient inventer, et tu en es sortie plus victorieuse et plus forte que leurs adeptes ne sortent des vains simulacres destinés à éprouver leur constance. D'ailleurs, l'épouse et l'élève d'Albert de Rudolstadt est notre fille, notre sœur et notre égale. Comme Albert, nous professons le précepte de l'égalité divine de l'homme et de la femme ; mais, forcés de reconnaître dans les fâcheux résultats de l'éducation de ton sexe, de sa situation sociale et de ses habitudes, une légèreté dangereuse et de capricieux instincts, nous ne pouvons pratiquer ce précepte dans toute son étendue ; nous ne pouvons nous fier qu'à un petit nombre de femmes, et il est des secrets que nous ne confierons qu'à toi seule.

« Les autres sociétés secrètes des diverses nations de l'Europe te seront ouvertes également par le talisman de notre investiture, afin que, quelque pays que tu traverses, tu y trouves l'occasion de nous seconder et de servir notre cause. Tu pénétreras même, s'il le faut, dans l'impure société des *Mopses* et dans les autres mystérieuses retraites de la galanterie et de l'incrédulité du siècle. Tu y porteras la réforme et la notion d'une fraternité plus pure et mieux étendue. Tu ne seras pas plus souillée dans ta mission, par le spectacle de la débauche des grands, que tu ne l'as été par celui de la liberté des coulisses. Tu seras la sœur de charité des âmes malades ; nous te donnerons d'ailleurs les moyens de détruire les associations que tu ne pourrais point corriger. Tu agiras principalement sur les femmes : ton génie et ta renommée t'ouvrent les portes des palais ; l'amour de Trenck et notre protection t'ont livré déjà le cœur et les secrets d'une princesse illustre. Tu verras de plus près encore des têtes plus puissantes, et tu en feras nos auxiliaires. Les moyens d'y parvenir seront l'objet de communications particulières, de toute une éducation spéciale que tu dois recevoir ici. Dans toutes les cours et dans toutes les villes de l'Europe où tu voudras porter tes pas, nous te ferons trouver des amis, des associés, des frères pour te seconder, des protecteurs puissants pour te soustraire aux dangers de ton entreprise. Des sommes considérables te seront confiées pour soulager les infortunes de nos frères et celles de tous les malheureux qui, au moyen des *signaux de détresse*, invoqueront le secours de notre ordre, dans les lieux où tu te trouveras. Tu institueras parmi les femmes des sociétés secrètes nouvelles, fondées par nous sur le principe de la nôtre, mais appropriées, dans leurs formes et dans leur composition, aux usages et aux mœurs des divers pays et des diverses classes. Tu y opéreras, autant que possible, le rapprochement cordial et sincère de la grande dame et de la bourgeoise, de la femme riche et de l'humble ouvrière, de la vertueuse matrone et de l'artiste aventureuse. *Tolérance et bienfaisance*, telle sera la formule, adoucie pour les personnes du monde, de notre véritable et austère formule : *égalité, fraternité*. Tu le vois ; au premier abord, ta mission est douce pour ton cœur et glorieuse pour ta vie ; cependant elle n'est pas sans danger. Nous sommes puissants, mais la trahison peut détruire notre entreprise et t'envelopper dans notre désastre. Spandaw peut bien n'être pas la dernière de tes prisons, et les emportements de Frédéric II la seule ire royale que tu aies à affronter. Tu dois être préparée à tout, et dévouée d'avance au martyre de la persécution.

— Je le suis, répondit Consuelo.

— Nous en sommes certains, et si nous craignons quelque chose, ce n'est pas la faiblesse de ton caractère, c'est l'abattement de ton esprit. Dès à présent nous devons te mettre en garde contre le principal dégoût attaché à ta mission. Les premiers grades des sociétés secrètes, et de la maçonnerie particulièrement, sont à peu près insignifiants à nos yeux, et ne nous servent qu'à éprouver les instincts et les dispositions des postulants. La plupart ne dépassent jamais ces premiers degrés, où, comme je te l'ai dit déjà, de vaines cérémonies amusent leur frivole curiosité. Dans les grades suivants on n'admet que les sujets qui donnent de l'espérance, et cependant on les tient encore à distance du but, on les examine, on les éprouve, on sonde leurs âmes, on les prépare à une initiation plus complète, ou on les abandonne à une interprétation qu'ils ne sauraient franchir sans danger pour la cause et pour eux-mêmes. Ce n'est encore là qu'une pépinière où nous choisissons les plantes robustes destinées à être transplantées dans la forêt sacrée. Aux derniers grades appartiennent seules les révélations importantes, et c'est par ceux-là que tu vas débuter dans la carrière. Mais le rôle de *maître* impose bien des devoirs, et là cesse le charme de la curiosité, l'enivrement du mystère, l'illusion de l'espérance. Il ne s'agit plus d'apprendre, au milieu de l'enthousiasme et de l'émotion, cette loi qui transforme le néophyte en apôtre, la novice en prêtresse. Il s'agit de la pratiquer en instruisant les autres et en cherchant à recruter, parmi les pauvres de cœur et les faibles d'esprit, des lévites pour le sanctuaire. C'est là, pauvre Consuelo, que tu connaîtras l'amertume des illusions déçues et les durs labeurs de la persévérance, lorsque tu verras, parmi tant de poursuivants avides, curieux et fanfarons de la vérité, si peu d'esprits sérieux, fermes et sincères, si peu d'âmes dignes de la recevoir et capables de la comprendre. Pour des centaines d'enfants,

Marcus, plongé dans une sombre méditation... (Page 125.)

vaniteux d'employer les formules de l'égalité et d'en affecter les simulacres, tu trouveras à peine un homme pénétré de leur importance et courageux dans leur interprétation. Tu seras obligée de leur parler par des énigmes et de te faire un triste jeu de les abuser sur le fond de la doctrine. La plupart des princes que nous enrôlons sous notre bannière sont dans ce cas, et, parés de vains titres maçonniques qui amusent leur fol orgueil, ne servent qu'à nous garantir la liberté de nos mouvements et la tolérance de la police. Quelques-uns pourtant sont sincères ou l'ont été. Frédéric dit le Grand, et capable certainement de l'être, a été reçu franc-maçon avant d'être roi, et, à cette époque, la liberté parlait à son cœur, l'égalité à sa raison. Cependant nous avons entouré son initiation d'hommes habiles et prudents, qui ne lui ont pas livré les secrets de la doctrine. Combien n'eût-on pas eu à s'en repentir! A l'heure qu'il est, Frédéric soupçonne, surveille et persécute un autre rite maçonnique qui s'est établi à Berlin, en concurrence de la loge qu'il préside, et d'autres sociétés secrètes à la tête desquelles le prince Henri, son frère, s'est placé avec ardeur. Et cependant le prince Henri n'est et ne sera jamais, non plus que l'abbesse de Quedlimbourg, qu'un initié du second degré. Nous connaissons les princes, Consuelo, et nous savons qu'il ne faut jamais compter entièrement sur eux, ni sur leurs courtisans. Le frère et la sœur de Frédéric souffrent de sa tyrannie et la maudissent. Ils conspireraient volontiers contre elle, mais à leur profit. Malgré les éminentes qualités de ces deux princes, nous ne remettrons jamais dans leurs mains les rênes de notre entreprise. Ils conspirent en effet, mais ils ne savent pas à quelle œuvre terrible ils prêtent l'appui de leur nom, de leur fortune et de leur crédit. Ils s'imaginent travailler seulement à diminuer l'autorité de leur maître, et à paralyser les envahissements de son ambition. La princesse Amélie porte même dans son zèle une sorte d'enthousiasme républicain, et elle n'est pas la seule tête couronnée qu'un certain rêve de grandeur antique et de révolution philosophique ait agitée dans ces temps-ci. Tous les petits souverains de l'Allemagne ont appris le *Télémaque* de Fénelon par cœur dès leur enfance, et aujourd'hui ils se nourrissent de Montesquieu, de Voltaire et d'Helvétius: mais ils ne vont guère au delà d'un certain idéal de gouvernement

Supperville.

aristocratique, sagement pondéré, où ils auraient, de droit, les premières places. Tu peux juger de leur logique et de leur bonne foi, à tous, par le contraste bizarre que tu a vu dans Frédéric, entre les maximes et les actions, les paroles et les faits. Ils ne sont tous que des copies, plus ou moins effacées, plus ou moins outrées, de ce modèle des tyrans philosophes. Mais comme ils n'ont pas le pouvoir absolu entre les mains, leur conduite est moins choquante, et peut faire illusion sur l'usage qu'ils feraient de ce pouvoir. Nous ne nous y laissons pas tromper; nous laissons ces maîtres ennuyés, ces dangereux amis s'asseoir sur les trônes de nos temples symboliques. Ils s'en croient les pontifes, ils s'imaginent tenir la clef des mystères sacrés, comme autrefois le chef du saint-empire, élu fictivement grand maître du tribunal secret, se persuadait commander à la terrible armée des francs-juges, maîtres de son pouvoir, de ses desseins et de sa vie. Mais, tandis qu'ils se croient nos généraux, ils nous servent de lieutenants; et jamais, avant le jour fatal marqué pour leur chute dans le livre du destin, ils ne sauront qu'ils nous aident à travailler contre eux-mêmes.

« Tel est le côté sombre et amer de notre œuvre. Il faut transiger avec certaines lois de la conscience paisible, quand on ouvre son âme à notre saint fanatisme. Auras-tu ce courage, jeune prêtresse au cœur pur, à la parole candide ?
— Après tout ce que vous venez de me dire, il ne m'est plus permis de reculer, répondit Consuelo, après un instant de silence. Un premier scrupule pourrait m'entraîner dans une série de réserves et de terreurs qui me conduiraient à la lâcheté. J'ai reçu vos austères confidences; je sens que je ne m'appartiens plus. Hélas ! oui, je l'avoue, je souffrirai souvent du rôle que vous m'imposez; car j'ai amèrement souffert déjà d'être forcée de mentir au roi Frédéric pour sauver des amis en péril. Laissez-moi rougir une dernière fois de la rougeur des âmes vierges de toute feinte, et pleurer la candeur de ma jeunesse ignorante et paisible. Je ne puis me défendre de ces regrets; mais je saurai me garder des remords tardifs et pusillanimes. Je ne dois plus être l'enfant inoffensif et inutile que j'étais naguère; je ne le suis déjà plus, puisque me voici placée entre la nécessité de conspirer contre les oppresseurs de l'humanité ou de

trahir ses libérateurs. J'ai touché à l'arbre de la science : ses fruits sont amers; mais je ne les rejetterai pas loin de moi. Savoir est un malheur; mais refuser d'agir est un crime, quand on *sait* ce qu'il faut faire.

— C'est là répondre avec sagesse et courage, reprit l'initiateur. Nous sommes contents de toi. Dès demain soir, nous procéderons à ton initiation. Prépare-toi tout le jour à un nouveau baptême, à un redoutable engagement, par la méditation et la prière, par la confession même, si tu n'as pas l'âme libre de toute préoccupation personnelle. »

XXXII.

Consuelo fut éveillée au point du jour par les sons du cor et les aboiements des chiens. Lorsque Matteus vint lui apporter son déjeuner, il lui apprit qu'il y avait grande battue aux cerfs et aux sangliers dans la forêt. Plus de cent hôtes, disait-il, étaient réunis au château pour prendre ce divertissement seigneurial. Consuelo comprit qu'un grand nombre des affiliés de l'ordre s'étaient rassemblés sous le prétexte de la chasse, dans ce château, rendez-vous principal de leurs séances les plus importantes. Elle s'effraya un peu de l'idée qu'elle aurait peut-être tous ces hommes pour témoins de son initiation, et se demanda si c'était en effet une affaire assez intéressante aux yeux de l'ordre, pour amener un si grand concours de ses membres. Elle s'efforça de lire et de méditer pour se conformer aux prescriptions de *l'initiateur;* mais elle fut distraite plus encore par une émotion intérieure et des craintes vagues, que par les fanfares, le galop des chevaux et les hurlements des limiers qui firent retentir les bois environnants pendant toute la journée. Cette chasse était-elle réelle ou simulée? Albert s'était-il converti à toutes les habitudes de la vie ordinaire au point d'y prendre part et de verser sans effroi le sang des bêtes innocentes? Liverani n'allait-il pas quitter cette partie de plaisir, et à la faveur du désordre, venir troubler la néophyte dans le secret de sa retraite?

Consuelo ne vit rien de ce qui se passait au dehors, et Liverani ne vint pas. Matteus, trop occupé, sans doute, au château pour songer à elle, ne lui apporta pas son dîner. Était-ce, comme le prétendait Supperville, un jeûne imposé à dessein pour affaiblir les forces mentales de l'adepte? Elle s'y résigna.

Vers la nuit, lorsqu'elle rentra dans la bibliothèque dont elle était sortie depuis une heure pour prendre l'air, elle recula de frayeur à la vue d'un homme vêtu de rouge et masqué, assis sur son fauteuil : mais elle se rassura aussitôt, car elle reconnut le frêle vieillard qui lui servait, pour ainsi dire, de père spirituel.

« Mon enfant, lui dit-il en se levant et en venant à sa rencontre, n'avez-vous rien à me dire? Ai-je toujours votre confiance?

— Vous l'avez, Monsieur, répondit Consuelo en le faisant rasseoir sur le fauteuil et en prenant un pliant à côté de lui, dans l'embrasure de la croisée. Je désirais vivement vous parler, et depuis longtemps. »

Alors elle lui raconta fidèlement tout ce qui s'était passé entre elle, Albert et l'inconnu depuis sa dernière confession, et elle ne cacha aucune des émotions involontaires qu'elle avait éprouvées.

Lorsqu'elle eut fini, le vieillard garda le silence assez longtemps pour troubler et embarrasser Consuelo. Pressé par elle de juger sa conduite et ses sentiments, il répondit enfin :

« Votre conduite est excusable, presque irréprochable; mais que puis-je dire de vos sentiments? L'affection soudaine, insurmontable, violente, qu'on appelle l'amour, est une conséquence des bons ou mauvais instincts que Dieu a mis ou a laissés pénétrer dans les âmes pour leur perfectionnement ou pour leur punition en cette vie. Les mauvaises lois humaines qui contrarient presque en toutes choses le vœu de la nature et les desseins de la Providence font souvent un crime de ce que Dieu avait inspiré, et maudissent le sentiment qu'il avait béni, tandis qu'elles sanctionnent des unions infâmes, des instincts immondes. C'est à nous autres, législateurs d'exception, constructeurs cachés d'une société nouvelle, de démêler autant que possible l'amour légitime et vrai de l'amour coupable et vain, afin de prononcer, au nom d'une loi plus pure, plus généreuse et plus morale que celle du monde, sur le sort que tu mérites. Voudras-tu t'en remettre à notre décision? nous accorderas-tu le droit de te lier ou de te délier?

— Vous m'inspirez une confiance absolue, je vous l'ai dit, et je le répète.

— Eh bien, Consuelo, nous allons délibérer sur cette question de vie et de mort pour ton âme et pour celle d'Albert.

— Et n'aurai-je pas le droit de faire entendre le cri de ma conscience?

— Oui, pour nous éclairer; moi, qui l'ai entendue, je serai ton avocat. Il faut que tu me relèves du secret de ta confession.

— Eh quoi! vous ne serez plus le seul confident de mes sentiments intimes, de mes combats, de mes souffrances?

— Si tu formulais une demande en divorce devant un tribunal, n'aurais-tu pas des plaintes publiques à faire? Cette souffrance te sera épargnée. Tu n'as à te plaindre de personne. N'est-il pas plus doux d'avouer l'amour que de déclarer la haine?

— Suffit-il donc d'éprouver un nouvel amour pour avoir le droit d'abjurer l'ancien?

— Tu n'as pas eu d'amour pour Albert.

— Il me semble que non; pourtant je n'en jurerais pas.

— Tu n'en douterais pas si tu l'avais aimé. D'ailleurs, la question que tu fais porte sa réponse en elle-même. Tout nouvel amour exclut l'ancien par la force des choses.

— Ne prononcez pas cela trop vite, mon père, dit Consuelo avec un triste sourire. Pour aimer Albert autrement que *l'autre,* je ne l'en aime pas moins que par le passé. Qui sait si je ne l'aime pas davantage? Je me sens prête à lui sacrifier cet inconnu, dont la pensée m'ôte le sommeil et fait battre mon cœur encore en ce moment où je vous parle.

— N'est-ce pas l'orgueil du devoir, l'ardeur du sacrifice plus que l'affection, qui te conseillent cette sorte de préférence pour Albert?

— Je ne le crois pas.

— En es-tu bien sûre? Songe que tu es ici loin du monde, à l'abri de ses jugements, en dehors de toutes ses lois. Si nous te donnons une nouvelle formule et de nouvelles notions du devoir, persisteras tu à préférer le bonheur de l'homme que tu n'aimes pas, à celui de l'homme que tu aimes?

— Ai-je donc jamais dit que je n'aimais pas Albert? s'écria Consuelo avec vivacité.

— Je ne puis répondre à tes questions que par d'autres questions, ma fille. Peut-on avoir deux amours à la fois dans le cœur?

— Oui, deux amours différents. On aime à la fois son frère et son époux.

— Mais non son époux et son amant. Les droits de l'époux et du frère sont différents en effet. Ceux de l'époux et de l'amant seraient les mêmes, à moins que l'époux ne consentît à redevenir frère. Alors la loi du mariage serait brisée dans ce qu'elle a de plus mystérieux, de plus intime et de plus sacré. Ce serait un divorce, moins la publicité. Réponds-moi, Consuelo; je suis un vieillard au bord de la tombe, et toi un enfant. Je suis ici comme ton père, comme ton confesseur. Je ne puis alarmer ta pudeur par cette question délicate, et j'espère que tu y répondras avec courage. Dans l'amitié enthousiaste qu'Albert t'inspirait, n'y a-t-il pas toujours eu une secrète et insurmontable terreur à l'idée de ses caresses?

— C'est la vérité, répondit Consuelo en rougissant. Cette idée n'était pas mêlée ordinairement à celle de son amour, elle y semblait étrangère; mais quand elle se

présentait, le froid de la mort passait dans mes veines.
— Et le souffle de l'homme que tu connais sous le nom de Liverani t'a donné le feu de la vie?
— C'est encore la vérité. Mais de tels instincts ne doivent-ils pas être étouffés par notre volonté?
— De quel droit? Dieu te les a-t-il suggérés pour rien? t'a-t-il autorisée à abjurer ton sexe, à prononcer dans le mariage le vœu de virginité, ou celui plus affreux et plus dégradant encore du servage? La passivité de l'esclavage a quelque chose qui ressemble à la froideur et à l'abrutissement de la prostitution. Est-il dans les desseins de Dieu qu'un être tel que toi soit dégradé à ce point? Malheur aux enfants qui naissent de telles unions! Dieu leur inflige quelque disgrâce, une organisation incomplète, délirante ou stupide. Ils portent le sceau de la désobéissance. Ils n'appartiennent pas entièrement à l'humanité, car ils n'ont pas été conçus selon la loi de l'humanité qui veut une réciprocité d'ardeur, une communauté d'aspirations entre l'homme et la femme. Là où cette réciprocité n'existe pas, il n'y a pas d'égalité; et là où l'égalité est brisée, il n'y a pas d'union réelle. Sois donc certaine que Dieu, loin de commander de pareils sacrifices à ton sexe, les repousse et lui dénie le droit de le faire. Ce suicide-là est aussi coupable et plus lâche encore que le renoncement à la vie. Le vœu de virginité est anti-humain et anti-social; mais l'abnégation sans l'amour est quelque chose de monstrueux dans ce sens-là. Penses-y bien, Consuelo, et si tu persistes à t'annihiler à ce point, réfléchis au rôle que tu réserverais à ton époux, s'il acceptait ta soumission sans la comprendre. A moins d'être trompé, il ne l'accepterait jamais, je n'ai pas besoin de te le dire; mais abusé par ton dévouement, enivré par ta générosité, ne te semblerait-il pas bientôt étrangement égoïste ou grossier dans sa méprise? Ne le dégraderais-tu pas à tes propres yeux, ne le dégraderais-tu pas en réalité devant Dieu, en tendant ce piége à sa candeur, et en lui fournissant cette occasion presque irrésistible d'y succomber? Où serait sa grandeur, sa vertu, sa délicatesse, s'il n'apercevait pas la pâleur sur tes lèvres, et les larmes dans tes yeux? Peux-tu te flatter que la haine n'entrerait pas malgré toi dans ton cœur, avec la honte et la douleur de n'avoir pas été comprise ou devinée? Non, femme! vous n'avez pas le droit de tromper l'amour dans votre sein; vous auriez plutôt celui de le supprimer. Quoi que de cyniques philosophes aient pu dire sur la condition passive de l'espèce féminine dans l'ordre de la nature, ce qui distinguera toujours la compagne de l'homme de celle de la brute, ce sera le discernement dans l'amour et le droit de choisir. La vanité et la cupidité font de la plupart des mariages une *prostitution jurée*, selon l'expression des antiques Lollards. Le dévouement et la générosité peuvent conduire une âme simple à de pareils résultats. Vierge, j'ai dû t'instruire de ces choses délicates, que la pureté de ta vie et de tes pensées t'empêchait de prévoir ou d'analyser. Lorsqu'une mère marie sa fille, elle lui révèle à demi, avec plus ou moins de sagesse et de pudeur, les mystères qu'elle lui a cachés jusqu'à cette heure. Cette mère t'a manqué, lorsque tu as prononcé, avec un enthousiasme plus fanatique qu'humain, le serment d'appartenir à un homme que tu aimais d'une manière incomplète. Une mère t'est donnée aujourd'hui pour t'assister et t'éclairer dans tes nouvelles résolutions à l'heure du divorce ou de la sanction définitive de cet étrange hyménée. Cette mère, c'est moi, Consuelo, moi qui ne suis pas un homme, mais une femme.

— Vous, une femme, dit Consuelo en regardant avec surprise la main maigre et bleuâtre, mais délicate et vraiment féminine qui avait pris la sienne pendant ce discours.

— Ce petit vieillard grêle et cassé, reprit le problématique confesseur, cet être accablé et souffrant, dont la voix éteinte n'a plus de sexe, est une femme brisée par la douleur, les maladies et les inquiétudes, plus que par l'âge. Je n'ai pas plus de soixante ans, Consuelo, bien que sous cet habit, que je ne porte pas hors de mes fonctions d'*Invisible*, j'aie l'aspect d'un octogénaire cacochyme. Au reste, sous les vêtements de mon sexe comme sous celui-ci, je ne suis plus qu'une ruine; pourtant j'ai été une femme grande, forte, belle et d'un extérieur imposant. Mais à trente ans, j'étais déjà courbée et tremblante comme vous me voyez. Et savez-vous, mon enfant, la cause de cet affaissement précoce? C'est le malheur dont je veux vous préserver. C'est une affection incomplète, c'est une union malheureuse, c'est un épouvantable effort de courage et de résignation qui m'a attachée dix ans à un homme que j'estimais et que je respectais sans pouvoir l'aimer. Un homme n'eût pu vous dire quels sont dans l'amour les droits sacrés et les véritables devoirs de la femme. Ils ont fait leurs lois et leurs idées sans nous consulter; j'ai pourtant éclairé souvent à cet égard la conscience de mes associés, et ils ont eu le courage et la loyauté de m'écouter. Mais, croyez-moi, je savais bien que s'ils ne me mettaient pas en contact direct avec vous, ils n'auraient pas la clef de votre cœur, et vous condamneraient peut-être à une éternelle souffrance, à un complet abaissement, en croyant assurer votre bonheur dans la force de la vertu. Maintenant ouvrez-moi donc votre âme tout entière. Dites-moi si ce Liverani...

— Hélas! je l'aime ce Liverani; cela n'est que trop vrai, dit Consuelo en portant la main de la sibylle mystérieuse à ses lèvres. Sa présence me cause plus de frayeur encore que celle d'Albert; mais que cette frayeur est différente et qu'elle est mêlée d'étranges délices! Ses bras sont un aimant qui m'attire, et son baiser sur mon front me fait entrer dans un autre monde où je respire, où j'existe autrement que dans celui-ci.

— Eh bien! Consuelo, tu dois aimer cet homme et oublier l'autre. C'est moi qui prononce ton divorce dès ce moment; c'est mon devoir et mon droit.

— Quoi que vous m'ayez dit, je ne puis accepter cette sentence avant d'avoir vu Albert, avant qu'il m'ait parlé et dit lui même qu'il renonce à moi sans regret, qu'il me rend ma parole sans mépris.

— Tu ne connais pas encore Albert, ou tu le crains; mais moi, je le connais, j'ai des droits sur lui plus encore que sur toi, et je puis parler en son nom. Nous sommes seules, Consuelo, et il ne m'est pas défendu de m'ouvrir à toi entièrement, bien que je fasse partie du conseil suprême de ceux que leurs plus proches disciples ne connaissent jamais. Mais ma situation et la tienne sont exceptionnelles; regarde donc mes traits flétris, et dis-moi s'ils te semblent inconnus. »

En parlant ainsi, la sibylle détacha en même temps son masque et sa fausse barbe, sa toque et ses faux cheveux, et Consuelo vit une tête de femme vieillie et souffrante à la vérité, mais d'une beauté de lignes incomparable, et d'une expression sublime de bonté, de tristesse et de force. Ces trois habitudes de l'âme, si diverses, et si rarement réunies dans un même être, se peignaient dans le vaste front, dans le sourire maternel et dans le profond regard de l'inconnue. La forme de sa tête et la base de son visage annonçaient une grande puissance d'organisation primitive; mais les ravages de la douleur n'étaient que trop visibles, et une sorte de tremblement nerveux faisait vaciller cette belle tête, qui rappelait celle de Niobé expirante ou plutôt celle de Marie défaillante au pied de la croix. Des cheveux gris fins et lisses comme de la soie vierge, séparés sur son large front, et serrés en minces bandeaux sur ses tempes, complétaient la noble étrangeté de cette figure saisissante. A cette époque toutes les femmes portaient leurs cheveux poudrés et crêpés, relevés en arrière, et laissant à découvert le front nu et hardi. La sibylle avait noué les siens de la manière la moins embarrassante sous son déguisement, sans songer qu'elle adoptait la plus harmonieuse à la coupe et à l'expression de son visage. Consuelo la contempla longtemps avec respect et admiration : puis tout à coup, frappée de surprise, elle s'écria en lui saisissant les deux mains :

« Oh! mon Dieu, comme vous lui ressemblez!

— Oui, je ressemble à Albert, ou plutôt Albert me

ressemble prodigieusement, répondit-elle; mais n'as-tu jamais vu un portrait de moi? » Et, voyant que Consuelo faisait des efforts de mémoire, elle ajouta pour l'aider :

« Un portrait qui m'a ressemblé autant qu'il est permis à l'art d'approcher de la réalité, et dont aujourd'hui je ne suis plus que l'ombre; un grand portrait de femme, jeune, fraîche, brillante, avec un corsage de brocart d'or chargé de fleurs en pierreries, un manteau de pourpre, et des cheveux noirs s'échappant de nœuds de rubis et de perles pour retomber en boucles sur les épaules : c'est le costume que je portais il y a plus de quarante ans, le lendemain de mon mariage. J'étais belle, mais je ne devais pas l'être longtemps; j'avais déjà la mort dans l'âme.

— Le portrait dont vous parlez, dit Consuelo pâlissant, est au château des Géants dans la chambre qu'habitait Albert... C'est celui de sa mère qu'il avait à peine connue, et qu'il adorait pourtant... et qu'il croyait voir et entendre dans ses extases. Seriez-vous donc une proche parente de la noble Wanda de Prachatitz, et par conséquent...

— Je suis Wanda de Prachatitz elle-même, répondit la sibylle en retrouvant quelque fermeté dans sa voix et dans son attitude; je suis la mère d'Albert, la veuve de Christian de Rudolstadt; je suis la descendante de Jean Ziska du Calice, et la belle-mère de Consuelo; mais je ne veux plus être que son amie et sa mère adoptive, parce que Consuelo n'aime pas Albert, et qu'Albert ne doit pas être heureux au prix du bonheur de sa compagne.

— Sa mère! vous, sa mère! s'écria Consuelo tremblante en tombant aux genoux de Wanda. Êtes-vous donc un spectre? N'étiez-vous pas pleurée comme morte au château des Géants?

— Il y a vingt-sept ans, répondit la sibylle, que Wanda de Prachatitz, comtesse de Rudolstadt, a été ensevelie au château des Géants, dans la même chapelle et sous la même dalle où Albert de Rudolstadt, atteint de la même maladie et sujet aux mêmes crises cataleptiques, fut enseveli l'année dernière, victime de la même erreur. Le fils ne se fût jamais relevé de cet affreux tombeau, si la mère, attentive au danger qui le menaçait, n'eût veillé, invisible, sur son agonie, et n'eût présidé avec angoisse à son inhumation. C'est sa mère qui a sauvé un être encore plein de force et de vie, des vers du sépulcre auquel on l'avait déjà abandonné; c'est sa mère qui l'a arraché au joug de ce monde où il n'avait que trop vécu et où il ne pouvait plus vivre, pour le transporter dans ce monde mystérieux, dans cet asile impénétrable où elle-même avait recouvré, sinon la santé du corps, du moins la vie de l'âme. C'est une étrange histoire, Consuelo, et il faut que tu la connaisses pour comprendre celle d'Albert, sa triste vie, sa mort prétendue, et sa miraculeuse résurrection. Les Invisibles n'ouvriront la séance de ton initiation qu'à minuit. Écoute-moi donc, que l'émotion de ce bizarre récit te prépare à celles qui t'attendent encore.

XXXIII.

« Riche, belle et d'illustre naissance, je fus mariée à vingt ans au comte Christian, qui en comptait déjà plus de quarante. Il eût pu être mon père, et m'inspirait de l'affection et du respect; de l'amour, jamais. J'avais été élevée dans l'ignorance de ce que peut être un pareil sentiment dans la vie d'une femme. Mes parents austères Luthériens, mais forcés de pratiquer leur culte le moins ostensiblement possible, avaient dans leurs habitudes et dans leurs idées une rigidité excessive et une grande force d'âme. Leur haine pour l'étranger, leur révolte intérieure contre le joug religieux et politique de l'Autriche, leur attachement fanatique aux antiques libertés de la patrie, avaient passé dans mon sein, et ces passions suffisaient à ma fière jeunesse. Je n'en soupçonnais pas d'autres, et ma mère, qui n'avait jamais connu que le devoir, eût cru faire un crime en me les laissant pressentir. L'empereur Charles, père de Marie-Thérèse, persécuta longtemps ma famille pour cause d'hérésie, et mit notre fortune, notre liberté, et presque notre vie à prix. Je pouvais racheter mes parents en épousant un seigneur catholique dévoué à l'empire, et je me sacrifiai avec une sorte d'orgueil enthousiaste. Parmi ceux qui me furent désignés, je choisis le comte Christian, parce que son caractère doux, conciliant, et même faible en apparence, me donnait l'espérance de le convertir secrètement aux coutumes et aux idées politiques de ma famille. Ma famille accepta mon dévouement et le bénit. Je crus que je serais heureuse par la vertu; mais le malheur, dont on comprend la portée et dont on sent l'injustice n'est pas un milieu où l'âme puisse aisément se développer; je reconnus bientôt que le sage et calme Christian cachait sous sa douceur bienveillante une obstination invincible, un attachement opiniâtre aux coutumes de sa caste et aux préjugés de son entourage, une sorte de haine miséricordieuse et de mépris douloureux pour toute idée de combat et de résistance aux choses établies. Sa sœur Wenceslawa, tendre, vigilante, généreuse, mais rivée plus encore que lui aux petitesses de sa dévotion et à l'orgueil de son rang, me fut une société à la fois douce et amère; une tyrannie caressante, mais accablante; une amitié dévouée, mais irritante au dernier point. Je souffris mortellement de cette absence de rapports sympathiques et intellectuels avec des êtres que j'aimais pourtant, mais dont le contact me tuait, dont l'atmosphère me desséchait lentement. Vous savez l'histoire de la jeunesse d'Albert, ses enthousiasmes comprimés, sa religion incomprise, ses idées évangéliques taxées d'hérésie et de démence. Ma vie fut un prélude de la sienne, et vous avez dû entendre échapper quelquefois dans la famille de Rudolstadt des exclamations d'effroi et de douleur sur cette ressemblance funeste du fils et de la mère, au moral comme au physique.

« L'absence d'amour fut le plus grand mal de ma vie, et c'est de lui que dérivèrent tous les autres. J'aimais Christian d'une forte amitié; mais rien en lui ne pouvait m'inspirer d'enthousiasme, et une affection enthousiaste m'eût été nécessaire pour comprimer cette profonde désunion de nos intelligences. L'éducation religieuse et sévère que j'avais reçue ne me permettait pas de séparer l'intelligence de l'amour. Je me dévorais moi-même. Ma santé s'altéra; une excitation extraordinaire s'empara de mon système nerveux; j'eus des hallucinations, des extases qu'on appela des accès de folie, et qu'on cacha avec soin au lieu de chercher à me guérir. On tenta pourtant de me distraire et de me mener dans le monde, comme si des bals, des spectacles et des fêtes eussent pu me tenir lieu de sympathie, d'amour et de confiance. Je tombai si malade à Vienne, qu'on me ramena au château des Géants. Je préférais encore ce triste séjour, les exorcismes du chapelain et la cruelle amitié de la chanoinesse à la cour de nos tyrans.

« La perte consécutive de mes cinq enfants me porta les derniers coups. Il me sembla que le ciel avait maudit mon union; je désirai la mort avec énergie. Je n'espérais plus rien de la vie. Je m'efforçais de ne point aimer Albert, mon dernier-né, persuadée qu'il était condamné comme les autres, et que mes soins ne pourraient pas le sauver.

« Un dernier malheur vint porter au comble l'exaspération de mes facultés. J'aimai, je fus aimée, et l'austérité de mes principes me contraignit de refouler en moi jusqu'à l'aveu intérieur de ce sentiment terrible. Le médecin qui me soignait dans mes fréquentes et douloureuses crises était moins jeune en apparence, et moins beau que Christian. Ce ne furent donc pas les grâces de la personne qui m'émurent, mais la sympathie profonde de nos âmes, la conformité d'idées ou du moins d'instincts religieux et philosophiques, un rapport incroyable de caractères. Marcus, je ne puis vous le désigner que par ce prénom, avait la même énergie, la même activité d'esprit, le même patriotisme que moi.

C'était de lui qu'on pouvait dire aussi bien que de moi ce que Shakspeare met dans la bouche de Brutus : « Je ne suis pas de ces hommes qui supportent l'injustice avec un visage serein. » La misère et l'abaissement du pauvre, le servage, les lois despotiques et leurs abus monstrueux, tous les droits impies de la conquête, soulevaient en lui des tempêtes d'indignation. Oh! que de torrents de larmes nous avons versés ensemble sur les maux de notre patrie et sur ceux de la race humaine, partout asservie ou trompée! ici abrutie par l'ignorance, là décimée par la rapacité des cupides, ailleurs violentée et dégradée par les ravages de la guerre, avilie et infortunée sur toute la face de la terre. Cependant Marcus, plus instruit que moi, concevait un remède à tant de maux, et m'entretenait souvent de projets étranges et mystérieux pour organiser une conspiration universelle contre le despotisme et l'intolérance. J'écoutais ses desseins comme des rêves romanesques. Je n'espérais plus ; j'étais trop malade et trop brisée pour croire à l'avenir. Il m'aima ardemment ; je le vis, je le sentis, je partageai sa passion : et pourtant, durant cinq années d'amitié apparente et de chaste intimité, nous ne nous révélâmes jamais l'un à l'autre le funeste secret qui nous unissait. Il n'habitait point ordinairement le Bœhmer-Wald ; du moins il faisait de fréquentes absences sous prétexte d'aller donner des soins à des clients éloignés, et, dans le fait, pour organiser cette conjuration dont il me parlait sans cesse sans me persuader de ses résultats. Chaque fois que je le revoyais, je me sentais plus enflammée pour son génie, son courage et sa persévérance. Chaque fois qu'il revenait, il me retrouvait plus affaiblie, plus rongée par un feu intérieur, plus dévastée par la souffrance physique.

« Durant une de ses absences, j'eus d'effroyables convulsions auxquelles l'ignorant et vaniteux docteur Wetzelius que vous connaissez, et qui me soignait en son absence, donna le nom de *fièvre maligne*. A la suite de ces crises, je tombai dans un anéantissement complet qu'on prit pour la mort. Mon pouls ne battait plus ; ma respiration était insensible. Cependant j'avais toute ma connaissance ; j'entendis les prières du chapelain et les larmes de ma famille. J'entendis les cris déchirants de mon seul enfant, de mon pauvre Albert, et je ne pus faire un mouvement ; je ne pus pas même le voir. On m'avait fermé les yeux, il m'était impossible de les rouvrir. Je me demandais si c'était là la mort, et si l'âme, privée de ses moyens d'action sur le cadavre, conservait dans le trépas les douleurs de la vie et l'épouvante du tombeau. J'entendis des choses terribles autour de mon lit de mort ; le chapelain, essayant de calmer les regrets vifs et sincères de la chanoinesse, lui disait qu'il fallait remercier Dieu de toutes choses, et que c'était un grand bonheur pour mon mari d'être délivré des angoisses de ma continuelle agonie et des orages de mon âme réprouvée. Il ne se servait pas de mots aussi durs, mais le sens était le même, et la chanoinesse l'écoutait et se rendait peu à peu. J'entendis même ensuite essayer de consoler Christian avec les mêmes arguments, encore plus adoucis par l'expression, mais tout aussi cruels pour moi. J'entendais distinctement, je comprenais affreusement. C'était, pensait-on, la volonté de Dieu que je m'élevasse mon fils, et qu'il fût soustrait dans son jeune âge au poison de l'hérésie dont j'étais infectée. Voilà ce qu'on trouvait à dire à mon époux lorsqu'il s'écriait, en pressant Albert sur son sein : « Pauvre enfant, que deviendras-tu sans ta mère ! » La réponse du chapelain était : « Vous l'élèverez selon Dieu ! »

« Enfin, après trois jours d'un désespoir immobile et muet, je fus portée dans la tombe, sans avoir recouvré la force de faire un mouvement, sans avoir perdu un instant la certitude de l'épouvantable mort qu'on allait me donner ! On me couvrit de diamants, on me revêtit de mes habits de fiançailles, les habits magnifiques que vous m'avez vus dans mon portrait. On me plaça une couronne de fleurs sur la tête, un crucifix d'or sur la poitrine, et on me déposa dans une longue cuvette de marbre blanc, taillée dans le pavé souterrain de la chapelle. Je ne sentis ni le froid ni le manque d'air ; je ne vivais que par la pensée.

« Marcus arriva une heure après. Sa consternation lui ôta d'abord toute réflexion. Il vint machinalement se prosterner sur ma tombe : on l'en arracha ; il y revint dans la nuit. Cette fois il s'était armé d'un marteau et d'un levier. Une pensée sinistre avait traversé son esprit. Il connaissait mes crises léthargiques ; il ne les avait jamais vues aussi longues, aussi complètes ; mais, de quelques instants de cet état bizarre observés par lui, il concluait à la possibilité d'une effroyable erreur. Il ne se fiait point à la science de Wetzelius. Je l'entendis marcher au-dessus de ma tête ; je reconnus son pas. Le bruit du fer qui soulevait la dalle me fit tressaillir, mais je ne pus faire entendre un cri, un gémissement. Quand il souleva le voile qui couvrait mon visage, j'étais tellement exténuée par les efforts que je venais de faire pour l'appeler, que je semblais plus morte que jamais. Il hésita longtemps ; il interrogea mille fois mon souffle éteint, mon cœur et mes mains glacés. J'avais la raideur d'un cadavre. Je l'entendis murmurer d'une voix déchirante : « C'en est donc fait ! plus d'espoir ! Morte, morte !... O Wanda ! » Il laissa retomber le voile, mais il ne replaça pas la pierre. Un silence épouvantable régnait de nouveau. Était-il évanoui ? M'abandonnait-il, lui aussi, oubliant, dans l'horreur que lui inspirait la vue de ce qu'il avait aimé, de refermer mon sépulcre ?

« Marcus, plongé dans une sombre méditation, formait un projet lugubre comme sa douleur, étrange comme son caractère. Il voulait dérober mon corps aux outrages de la destruction. Il voulait l'emporter secrètement, l'embaumer, le sceller dans un cercueil de métal, le conserver toujours à ses côtés. Il se demandait s'il aurait ce courage ; et tout à coup, dans une sorte de transport fanatique, il se dit qu'il l'aurait. Il me prit dans ses bras, et, sans savoir si ses forces lui permettraient d'emporter un cadavre jusqu'à sa demeure qui était éloignée de plus d'une lieue, il me déposa sur le pavé, et replaça la dalle avec le terrible sang-froid qu'on a souvent dans les actes du délire. Ensuite il m'enveloppa et me cacha entièrement avec son manteau, et sortit du château, qu'on ne fermait pas alors avec le même soin qu'aujourd'hui, parce que des bandes de malfaiteurs, désespérées par la guerre, ne s'étaient pas encore montrées aux environs. J'étais devenue si maigre, que je n'étais pas, à vrai dire, un bien pesant fardeau. Marcus traversa les bois, en choisissant les sentiers les moins fréquentés. Il me déposa plusieurs fois sur les rochers, accablé de douleur et d'épouvante plus encore que de fatigue. Il m'a dit depuis que, plus d'une fois, il avait eu horreur de ce rapt d'un cadavre, et qu'il avait été tenté de me reporter dans ma tombe. Enfin il arriva chez lui, pénétra sans bruit par son jardin, et me porta, sans être vu de personne, dans un pavillon isolé dont il avait fait un cabinet d'études. C'est là seulement que la joie de me voir sauvée, le premier mouvement de joie que j'eusse eu depuis dix ans, délia ma langue, et que je pus articuler une faible exclamation.

« Une nouvelle crise violente succéda à cet affaissement. Je retrouvai tout à coup une force exubérante ; je poussai des cris, des rugissements. La servante et le jardinier de Marcus accoururent, croyant qu'on l'assassinait. Il eut la présence d'esprit de se jeter au-devant d'eux, en leur disant qu'une dame était venue accoucher en secret chez lui, et qu'il tuerait quiconque essaierait de la voir, de même qu'il chasserait celui qui aurait le malheur de lui en dire un mot. Cette feinte réussit. Je fus dangereusement malade dans ce pavillon durant trois jours. Marcus, enfermé avec moi, m'y soigna avec un zèle et une intelligence dignes de sa volonté. Lorsque je fus sauvée et que je pus rassembler mes idées, je me jetai dans ses bras avec terreur en songeant qu'il fallait nous séparer.

« O Marcus ! m'écriai-je, pourquoi ne m'avez-vous pas laissée mourir ici, dans vos bras ! Si vous m'aimez, tuez-moi ; retourner dans ma famille est pour moi pire que la mort.

« — Madame, me répondit-il avec fermeté, vous n'y retournerez jamais, j'en ai fait le serment à Dieu et à moi-même. Vous n'appartenez plus qu'à moi. Vous ne me quitterez plus, ou vous ne sortirez d'ici qu'en passant sur mon cadavre. »

Cette terrible résolution m'épouvanta et me charma en même temps. J'étais trop troublée et trop affaiblie pour en sentir la portée. Je l'écoutai avec la soumission à la fois craintive et confiante d'un enfant. Je me laissai soigner, guérir, et peu à peu je m'habituai à l'idée de ne jamais retourner à Riesenburg, et de ne ne jamais démentir les apparences de ma mort. Marcus déploya pour me convaincre une éloquence exaltée. Il me dit que je ne pouvais pas vivre dans ce mariage, et que je n'avais pas le droit d'y aller subir une mort certaine. Il me jura qu'il avait les moyens de me soustraire à la vue des hommes pendant longtemps, et pendant toute ma vie à celle des personnes qui me connaissaient. Il me promit de veiller sur mon fils, et de me ménager les moyens de le voir en secret. Il me donna même des garanties certaines de ces possibilités étranges, et je me laissai convaincre. Je consentis à partir avec lui pour ne jamais redevenir la comtesse de Rudolstadt.

« Mais au moment où nous allions partir, dans la nuit, on vint chercher Marcus pour secourir Albert qu'on disait dangereusement malade. La tendresse maternelle, que le malheur semblait avoir étouffée, se réveilla dans mon sein. Je voulus suivre Marcus à Riesenburg ; aucune puissance humaine, pas même la sienne, n'eût pu m'en dissuader. Je montai dans sa voiture, et, enveloppée d'un long voile, j'attendis avec anxiété, à quelque distance du château, qu'il allât voir mon fils, et qu'il m'en rapportât des nouvelles. Il revint bientôt en effet, m'assura que l'enfant n'était point en danger, et voulut me ramener chez lui, afin de retourner passer la nuit auprès d'Albert. Je ne pus m'y décider. Je voulus l'attendre encore, cachée derrière les sombres murailles du château, tremblante et agitée, tandis qu'il retournait soigner mon fils. A peine fus-je seule, que mille inquiétudes me dévorèrent le cœur. Je m'imaginai que Marcus me cachait la véritable situation d'Albert, que peut-être il était mourant, qu'il allait expirer sans avoir reçu mon dernier baiser. Dominée par cette persuasion funeste, je m'élançai sous le portique du château ; un valet, que je rencontrai dans la cour, laissa tomber son flambeau, et s'enfuit en se signant. Mon voile cachait mes traits, mais l'apparition d'une femme au milieu de la nuit suffisait pour réveiller les idées superstitieuses de ces crédules serviteurs. On ne doutait pas que je fusse l'ombre de la malheureuse et impie comtesse Wanda. Un hasard inespéré voulut que je puisse pénétrer jusqu'à la chambre de mon fils sans rencontrer d'autres personnes, et que la chanoinesse fût sortie en cet instant pour chercher quelque médicament ordonné par Marcus. Mon mari, suivant sa coutume, avait été prier dans son oratoire, au lieu d'agir pour conjurer le danger. Je me précipitai sur mon fils, je le pressai sur mon sein. Il n'eut point peur de moi, il me rendit mes caresses, il n'avait pas compris ma mort. En ce moment le chapelain parut au seuil de la chambre. Marcus pensa que tout était perdu. Cependant, avec une rare présence d'esprit, il se tint immobile et parut ne point me voir à côté de lui. Le chapelain prononça, d'une voix entrecoupée, quelques paroles d'exorcisme, et tomba évanoui avant d'avoir osé faire un pas vers moi. Alors je me résignai à fuir par une autre porte, et je regagnai, dans les ténèbres, l'endroit où Marcus m'avait laissée. J'étais rassurée, j'avais vu Albert soulagé, ses petites mains étaient tièdes, et le feu de la fièvre n'était plus sur ses joues. L'évanouissement et la frayeur du chapelain furent attribués à une vision. Il soutint m'avoir vue auprès de Marcus, tenant mon fils dans mes bras. Marcus soutint n'avoir rien vu du tout. Albert s'était endormi. Mais le lendemain, il me redemanda, et les nuits suivantes, convaincu que je n'étais pas endormie pour toujours, comme on tâchait de le lui persuader, il rêva de moi, crut me voir encore, et m'appela à plusieurs reprises. A partir de ce moment, l'enfance d'Albert fut étroitement surveillée, et les âmes superstitieuses de Riesenburg firent maintes prières pour conjurer les funestes assiduités de mon fantôme autour de son berceau.

« Marcus me ramena chez lui avant le jour. Nous retardâmes encore notre départ d'une semaine, et quand mon fils fut entièrement rétabli, nous quittâmes la Bohême. Depuis ce temps j'ai mené une vie errante et mystérieuse. Toujours cachée dans mes gîtes, toujours voilée dans mes voyages, portant un nom supposé, et n'ayant pendant longtemps d'autre confident au monde que Marcus, j'ai passé plusieurs années avec lui en pays étranger. Il entretenait une correspondance suivie avec un ami qui le tenait au courant de tout ce qui se passait à Riesenburg, et qui lui donnait d'amples détails sur la santé, sur le caractère, sur l'éducation de mon fils. L'état déplorable de ma santé m'autorisait à mener la vie la plus retirée et à ne voir personne. Je passais pour la sœur de Marcus, et je vécus plusieurs années au fond de l'Italie, dans une villa isolée, tandis que, pendant une partie de chaque année, Marcus continuait ses voyages, et poursuivait l'accomplissement de ses vastes projets.

« Je ne fus point la maîtresse de Marcus ; j'étais restée sous l'empire de mes scrupules religieux, et il me fallut plus de dix années de méditations pour concevoir les droits de l'être humain à secouer le joug des lois sans pitié et sans intelligence qui régissent la société humaine. Étant censée morte, et ne voulant pas risquer la liberté que j'avais si chèrement conquise, je ne pouvais invoquer aucun pouvoir religieux ou civil pour rompre mon mariage avec Christian, et je n'eusse d'ailleurs pas voulu réveiller ses douleurs assoupies. Il ne savait pas combien j'avais été malheureuse avec lui ; il me croyait descendue, pour mon bonheur, pour la paix de sa famille et pour le salut de son fils, dans le repos de la tombe. Dans cette situation, je me regardais comme éternellement condamnée à lui être fidèle. Plus tard, quand, par les soins de Marcus, les disciples d'une foi nouvelle se furent réunis et constitués secrètement en pouvoir religieux, quand j'eus assez modifié mes idées pour accepter ce nouveau concile et entrer dans cette nouvelle Église qui eût pu prononcer mon divorce et consacrer notre union, il n'était plus temps. Marcus, fatigué de mon opiniâtreté, avait senti le bien d'aimer ailleurs, et je l'y avais héroïquement poussé. Il était marié ; j'étais l'amie de sa femme : cependant, il ne fut point heureux. Cette femme n'avait pas l'esprit et le cœur assez grands pour satisfaire l'esprit et le cœur d'un homme tel que lui. Il n'avait pu lui faire comprendre ses plans ; il se garda de l'initier à son succès. Elle mourut au bout de quelques années sans avoir deviné que Marcus m'aimait toujours. Je la soignai à son agonie ; je lui fermai les yeux sans avoir aucun reproche à me faire envers elle, sans me réjouir de voir disparaître cet obstacle à ma longue et cruelle passion. La jeunesse avait fui ; j'étais brisée ; j'avais eu une vie trop grave et trop austère pour m'en départir lorsque l'âge commençait à blanchir mes cheveux. J'entrai enfin dans le calme de la vieillesse, et je sentis profondément tout ce qu'il y a d'auguste et de sacré dans cette phase de notre vie de femme. Oui, pour nous vieillesse comme toute notre vie, quand nous la comprenons bien, a quelque chose de plus sérieux que celle de l'homme. Ils peuvent tromper le cours des années, ils peuvent aimer encore et devenir pères dans un âge plus avancé que nous, au lieu que la nature nous marque un terme après lequel il y a je ne sais quoi de monstrueux et d'impie à vouloir réveiller l'amour, et empiéter sur de ridicules délires sur les brillants privilèges de la génération qui déjà nous succède et nous efface. Les leçons et les exemples qu'elle attend de nous d'ailleurs en ce moment solennel, demandent une vie de contemplation et de recueillement que les agitations de l'amour troubleraient sans fruit. La jeunesse peut s'inspirer de sa propre ardeur et y trouver de hautes révélations. L'âge mûr n'a plus commerce avec Dieu que dans l'auguste sérénité qui lui est accordée comme un dernier bienfait. Dieu lui-même l'aide doucement et par une insensible transformation à entrer dans cette voie. Il prend soin d'apaiser nos passions et de les changer en amitiés paisibles; il nous ôte le prestige de la beauté, éloignant ainsi de nous les dangereuses tentations. Rien n'est donc si facile que de vieillir, quoi qu'en disent et quoi qu'en pensent toutes ces femmes malades d'esprit qu'on voit s'agiter dans le monde, en proie à une sorte de fureur obstinée pour cacher aux autres et à elles-mêmes la décadence de leurs charmes, et la fin de leur mission en tant que femmes. Hé quoi! l'âge nous ôte notre sexe, il nous dispense des labeurs terribles de la maternité, et nous ne reconnaîtrons pas que c'est le moment de nous élever à une sorte d'état angélique? Mais, ma chère fille, vous êtes si loin de ce terme effrayant et pourtant désirable comme le port après la tempête, que toutes mes réflexions à ce sujet sont hors de propos : qu'elles vous servent donc seulement à comprendre mon histoire. Je restai ce que j'avais toujours été, la sœur de Marcus, et ces émotions comprimées, ces désirs vaincus qui avaient torturé notre jeunesse, donnèrent au moins à l'amitié de l'âge mûr un caractère de force et de confiance enthousiaste qui ne se rencontre pas dans les vulgaires amitiés.

« Je ne vous ai encore rien dit, d'ailleurs, des travaux d'esprit et des occupations sérieuses qui, durant les quinze premières années, nous empêchèrent d'être absorbés par nos souffrances, et qui, depuis ce temps, nous ont empêchés de les regretter. Vous en connaissez la nature, le but et le résultat; vous y avez été initiée la nuit dernière; vous le serez plus encore ce soir par l'organe des Invisibles. Je puis vous dire seulement que Marcus siège parmi eux, et qu'il a lui-même formé leur conseil secret et organisé toute leur société avec le concours d'un prince vertueux, dont toute la fortune est consacrée à l'entreprise mystérieuse et grandiose que vous connaissez. J'y ai consacré également toute ma vie depuis quinze ans. Après douze années d'absence, j'étais trop oubliée d'une part, trop changée de l'autre, pour ne pouvoir pas reparaître en Allemagne. La vie étrange qui convient à certaines fonctions de notre ordre favorisait d'ailleurs mon incognito. Chargée, non pas de l'active propagande, qui est réservée à votre vie d'éclat, mais des secrètes missions que ma prudence pouvait exercer, j'ai fait quelques voyages que je vous raconterai tout à l'heure. Et depuis lors, j'ai vécu ici tout à fait cachée, exerçant en apparence les fonctions obscures de gouvernante d'une partie de la maison du prince, mais ne m'occupant en effet sérieusement que de l'œuvre secrète, tenant une vaste correspondance au nom du prince avec tous les affiliés importants, les recevant ici, et présidant souvent leurs conférences, seule avec Marcus, lorsque le prince et les autres chefs suprêmes étaient absents, enfin exerçant en tout temps une influence assez marquée sur celles de leurs décisions qui semblaient appeler les vues délicates et le sens particulier dont est doué l'esprit féminin. A part les questions philosophiques qui s'agitent et se pèsent ici, et desquelles, du reste, j'ai acquis par la maturité de mon intelligence, le droit de n'être pas écartée, il y a souvent des questions de sentiment à débattre et à juger. Vous pensez bien que, dans nos tentatives au dehors, nous rencontrons souvent le concours ou l'obstacle des passions particulières, de l'amour, de la haine, de la jalousie. J'ai eu par l'intermédiaire de mon fils, j'ai même eu en personne et sous les travestissements fort à la mode dans les cours auprès des femmes, de magicienne ou d'inspirée, des relations fréquentes avec la princesse Amélie de Prusse, avec l'intéressante et malheureuse princesse de Culmbach, enfin avec la jeune margrave de Bareith, sœur de Frédéric. Nous devions conquérir ces femmes par le cœur plus encore que par l'esprit. J'ai travaillé noblement, j'ose le dire, à nous les attacher, et j'y ai réussi. Mais cette face de ma vie n'est pas celle dont je veux vous entretenir. Dans vos futures entreprises, vous retrouverez ma trace, et vous continuerez ce que j'ai commencé. Je veux vous parler d'Albert, et vous raconter tout le côté de son existence que vous ne connaissez pas. Nous en avons encore le temps. Prêtez-moi encore un peu d'attention. Vous comprendrez comment j'ai enfin connu, dans cette vie terrible et bizarre que je me suis faite, des émotions tendres et des joies maternelles. »

XXXIV.

« Informée minutieusement, par les soins de Marcus, de tout ce qui se passait au château des Géants, je n'eus pas plus tôt appris la résolution que l'on avait prise de faire voyager Albert, et la direction qu'il devait suivre, que je courus me mettre sur son passage. Ce fut l'époque de ces voyages dont je vous parlais tout à l'heure, et dans plusieurs desquels Marcus m'accompagna. Le gouverneur et les domestiques qu'on avait donnés à Albert ne m'avaient point connue; je ne craignais donc point leurs regards. J'étais si impatiente de voir mon fils, que j'eus bien de la peine à m'en abstenir, en voyageant derrière lui à quelques heures de distance, et à gagner ainsi Venise, où il devait faire sa première station. Mais j'étais résolue à ne point me montrer à lui sans une espèce de solennité mystérieuse; car mon but n'était pas seulement l'ardent instinct maternel qui me poussait dans ses bras, j'avais un dessein plus sérieux, un devoir plus maternel encore à remplir; je voulais arracher Albert aux superstitions étroites dans lesquelles on avait essayé de l'enlacer. Je devais m'emparer de son imagination, de sa confiance, de son esprit, de son âme tout entière. Je le croyais fervent catholique, et à cette époque il l'était en apparence. Il suivait régulièrement toutes les pratiques extérieures du culte romain. Les personnes qui avaient informé Marcus de ces détails ignoraient le fond du cœur d'Albert. Son père et sa tante ne le connaissaient guère davantage. Ils ne trouvaient à lui reprocher qu'un rigorisme farouche, une manière trop naïve et trop ardente d'interpréter l'Évangile. Ils ne comprenaient pas que, dans sa logique rigide, et dans sa loyale candeur, mon noble enfant, obstiné à la pratique du vrai christianisme, était déjà un hérétique passionné, incorrigible. J'étais un peu effrayée de ce gouverneur jésuite qu'on avait attaché à ses pas; je craignais de ne pouvoir l'approcher sans être observée et contrariée par un Argus fanatique. Mais je sus bientôt que l'indigne abbé *** ne s'occupait pas même de sa santé, et qu'Albert, négligé aussi par des valets auxquels il lui répugnait de commander, vivait à peu près seul et livré à lui-même dans toutes les villes où il faisait quelque séjour. J'observais avec anxiété tous ses mouvements. Logée à Venise dans le même hôtel que lui, je le rencontrai seul et rêveur dans les escaliers, dans les galeries, sur les quais. Oh! vous pouvez bien deviner comme mon cœur battit à sa vue, comme mes entrailles s'émurent, et quels torrents de larmes s'échappèrent de mes yeux consternés et ravis ! Il me semblait si beau, si noble, et si triste, hélas! cet unique objet permis à mon amour sur la terre! je le suivis avec précaution. La nuit approchait. Il entra dans l'église de Saints-Jean-et-Paul, une austère basilique remplie de tombeaux que vous connaissez bien sans doute. Albert s'agenouilla dans un coin; je m'y glissai avec lui : je me cachai derrière une tombe. L'église était déserte; l'obscurité devenait à chaque instant plus profonde. Albert était immobile comme une statue. Cependant il paraissait plongé dans la rêverie plutôt que dans la prière. La lampe du sanctuaire éclairait faiblement ses traits. Il était si pâle ! j'en fus effrayée. Son œil fixe, ses lèvres entr'ouvertes, je ne sais quoi de désespéré dans son attitude et sa physionomie, me brisèrent le cœur; je tremblais comme la flamme vacillante de la lampe. Il me semblait que si je me révélais à lui en cet instant, il allait tomber anéanti. Je me rappelai tout ce que Marcus m'avait dit de sa sus-

Mais l'apparition d'une femme au milieu de la nuit... (Page 426.)

ceptibilité nerveuse et du danger des brusques émotions sur une organisation aussi impressionnable. Je sortis pour ne pas céder aux élans de mon amour. J'allai l'attendre sous le portique. J'avais jeté sur mes vêtements, d'ailleurs fort simples et fort sombres, une mante brune dont le capuchon cachait mon visage et me donnait l'aspect d'une femme du peuple de ce pays Lorsqu'il sortit, je fis involontairement un pas vers lui; il s'arrêta, et, me prenant pour une mendiante, il prit au hasard une pièce d'or dans sa poche, et me la présenta. Oh! avec quel orgueil et quelle reconnaissance je reçus cette aumône! Tenez, Consuelo, c'est un sequin de Venise; je l'ai fait percer pour y passer une chaîne, et je le porte toujours sur mon sein comme un bijou précieux, comme une relique. Il ne m'a jamais quitté depuis ce jour-là, ce gage que la main de mon enfant avait sanctifié. Je ne fus pas maîtresse de mon transport; je saisis cette main chérie, et je la portai à mes lèvres. Il la retira avec une sorte d'effroi; elle était trempée de mes pleurs.

« — Que faites-vous, femme? me dit-il d'une voix dont le timbre pur et sonore retentit jusqu'au fond de mes os. Pourquoi me bénissez-vous ainsi pour un si faible don? Sans doute vous êtes bien malheureuse, et je vous ai donné trop peu. Que vous faut-il pour ne plus souffrir? Parlez. Je veux vous consoler; j'espère que je le pourrai. »

« Et il prit dans ses mains, sans le regarder, tout l'or qu'il avait sur lui.

« — Tu m'as assez donné, bon jeune homme, lui répondis-je: je suis satisfaite.

« — Mais pourquoi pleurez-vous, me dit-il, frappé des sanglots qui étouffaient ma voix : vous avez donc quelque chagrin auquel ma richesse ne peut remédier?

« — Non, repris-je, je pleure d'attendrissement et de joie.

« — De joie! Il y a donc des larmes de joie? et de telles larmes pour une pièce d'or! O misère humaine! Femme, prends tout le reste, je t'en prie; mais ne pleure pas de joie. Songe à tes frères les pauvres, si nombreux, si avilis, si misérables, et que je ne puis pas soulager tous! »

« Il s'éloigna en soupirant. Je n'osai pas le suivre, de peur de me trahir. Il avait laissé son or sur le pavé, en me le tendant avec une sorte de hâte de s'en débarras-

Je sais comme eux me tapir... (Page 135.)

ser. Je le ramassai, et j'allai le mettre dans le tronc aux aumônes, afin de satisfaire la noble charité de mon fils. Le lendemain, je l'épiai encore, et je le vis entrer à Saint-Marc; j'avais résolu d'être plus forte et plus calme, je le fus. Nous étions encore seuls, dans la demi-obscurité de l'église. Il rêva encore longtemps, et tout à coup je l'entendis murmurer d'une voix profonde en se relevant :

« — O Christ! ils te crucifient tous les jours de leur vie! »

« — Oui! lui répondis-je, lisant à moitié dans sa pensée, les pharisiens et les docteurs de la loi! »

« Il tressaillit, garda le silence un instant, et dit à voix basse, sans se retourner, sans chercher à voir qui lui parlait ainsi :

« — Encore la voix de ma mère! »

« Consuelo, je faillis m'évanouir en entendant Albert évoquer ainsi mon souvenir, et garder dans la mémoire de son cœur l'instinct de cette divination filiale. Pourtant la crainte de troubler sa raison, déjà si exaltée, m'arrêta encore; j'allai encore l'attendre sous le porche, et quand il passa, satisfaite de le voir, je ne m'approchai pas de lui. Mais il m'aperçut et recula avec un mouvement d'effroi.

« — Signora, me dit-il après un instant d'hésitation, pourquoi mendiez-vous aujourd'hui? Est-ce donc une profession en effet, comme le disent les riches impitoyables! N'avez-vous pas de famille? Ne pouvez-vous être utile à quelqu'un, au lieu d'errer la nuit comme un spectre autour des églises? Ce que je vous ai donné hier ne suffit-il pas pour vous mettre à l'abri aujourd'hui? Voulez-vous donc accaparer la part qui peut revenir à vos frères? »

« — Je ne mendie pas, lui répondis-je. J'ai mis ton or dans le tronc des pauvres, excepté un sequin que je veux garder pour l'amour de toi.

« — Qui êtes-vous donc? s'écria-t-il en me saisissant le bras; votre voix me remue jusqu'au fond de l'âme. Il me semble que je vous connais. Montrez-moi votre visage!... Mais non! je ne veux pas le voir, vous me faites peur.

« — Oh! Albert! lui dis-je hors de moi et oubliant toute prudence, toi aussi, tu as donc peur de moi? »

« Il frémit de la tête aux pieds, et murmura encore

avec une expression de terreur et de respect religieux :

« — Oui, c'est sa voix, la voix de ma mère !

« — J'ignore qui est ta mère, repris-je effrayée de mon imprudence. Je sais seulement ton nom, parce que les pauvres te connaissent déjà. D'où vient que je t'effraie ? Ta mère est donc morte ?

« — Ils disent qu'elle est morte, répondit-il ; mais ma mère n'est pas morte pour moi.

« — Où vit-elle donc ?

« — Dans mon cœur, dans ma pensée, continuellement, éternellement. J'ai rêvé sa voix, j'ai rêvé ses traits, cent fois, mille fois.

« Je fus effrayée autant que charmée de cette impérieuse expansion qui le portait ainsi vers moi. Mais je voyais en lui des signes d'égarement. Je vainquis ma tendresse pour le calmer.

« Albert, lui dis-je, j'ai connu votre mère ; j'ai été son amie. J'ai été chargée par elle de vous parler d'elle un jour, quand vous seriez en âge de comprendre ce que j'ai à vous dire. Je ne suis pas ce que je parais. Je ne vous ai suivie hier et aujourd'hui que pour avoir l'occasion de m'entretenir avec vous. Écoutez-moi donc avec calme, et ne vous laissez pas troubler par de vaines superstitions. Voulez-vous me suivre sous les arcades des Procuraties, qui sont maintenant désertes, et causer avec moi ? Vous sentez-vous assez tranquille, assez recueilli pour cela ?

« — Vous, l'amie de ma mère ! s'écria-t-il. Vous, chargée par elle de me parler d'elle ? Oh ! oui, parlez, parlez ; vous voyez bien que je ne me trompais pas, qu'une voix intérieure m'avertissait ! Je sentais qu'il y avait quelque chose d'elle en vous. Non, je ne suis pas superstitieux, je ne suis pas insensé ; seulement j'ai le cœur plus vivant et plus accessible que bien d'autres à certaines choses que les autres ne comprennent pas et ne sentent pas. Vous comprendrez cela, vous, si vous avez compris ma mère. Parlez-moi donc d'elle ; parlez-moi encore avec sa voix, avec son esprit. »

« Ayant ainsi réussi, quoique imparfaitement, à donner le change à son émotion, je l'emmenai sous les arcades, et je commençai par l'interroger sur son enfance, sur ses souvenirs, sur les principes qu'on lui avait donnés, sur l'idée qu'il se faisait des principes et des idées de sa mère. Les questions que je lui faisais lui prouvaient bien que j'étais au courant des secrets de sa famille, et capable de comprendre ceux de son cœur. O ma fille ! quel orgueil enthousiaste s'empara de moi, quand je vis l'amour ardent qu'Albert nourrissait pour moi, la foi qu'il avait dans ma piété et dans ma vertu, l'horreur que lui inspirait la répulsion superstitieuse des catholiques de Riesenburg pour ma mémoire ; la pureté de son âme, la grandeur de son sentiment religieux et patriotique, enfin, tous ces sublimes instincts qu'une éducation catholique n'avait pu étouffer en lui ! Mais, en même temps, quelle douleur profonde m'inspira la précoce et incurable tristesse de cette jeune âme, et les combats qui la brisaient déjà, comme on s'était efforcé de briser la mienne ! Albert se croyait encore catholique. Il n'osait pas se révolter ouvertement contre les arrêts de l'Église. Il avait besoin de croire à une religion constituée. Déjà instruit et méditatif plus que son âge ne le comportait (il avait à peine vingt ans), il avait réfléchi beaucoup sur la longue et funèbre histoire des hérésies, et il ne pouvait se résoudre à condamner certaines de nos doctrines. Forcé pourtant de croire aux égarements des novateurs, si exagérés et si envenimés par les historiens ecclésiastiques, il flottait dans une mer d'incertitudes, tantôt condamnant la révolte, tantôt maudissant la tyrannie, et ne pouvant rien conclure, sinon que des hommes de bien s'étaient égarés dans leurs tentatives de réforme, et que des hommes de sang avaient souillé le sanctuaire en voulant le défendre.

« Il fallait donc porter la lumière dans son esprit, faire la part des fautes et des excès dans les deux camps, lui apprendre à embrasser courageusement la défense des novateurs, tout en déplorant leurs inévitables emportements, l'exhorter à abandonner le parti de la ruse, de la violence et de l'asservissement, tout en reconnaissant l'excellence de certaine mission dans un passé plus éloigné. Je n'eus pas de peine à l'éclairer. Il avait déjà prévu, déjà deviné, déjà conclu avant que j'eusse achevé de prouver. Ses admirables instincts répondaient à mes inspirations ; mais, quand il eut achevé de comprendre, une douleur plus accablante que celle de l'incertitude s'empara de son âme consternée. La vérité n'était donc reconnue nulle part sur la terre ! La loi de Dieu n'était plus vivante dans aucun sanctuaire ! Aucun peuple, aucune caste, aucune école ne pratiquait la vertu chrétienne et ne cherchait à l'éclaircir et à la développer ! Catholiques et protestants avaient abandonné les voies divines ! Partout régnait la loi du plus fort, partout le faible était enchaîné et avili ; le Christ était crucifié tous les jours sur tous les autels érigés par les hommes ! La nuit s'écoula dans cet entretien amer et pénétrant. Les horloges sonnèrent lentement les heures sans qu'Albert songeât à les compter. Je m'effrayais de cette puissance de tension intellectuelle, qui me faisait pressentir chez lui tant de goût pour la lutte et tant de facultés pour la douleur. J'admirais la mâle fierté et l'expression déchirante de mon noble et malheureux enfant ; je me retrouvais en lui tout entière ; je croyais lire dans ma vie passée et recommencer avec lui l'histoire de longues tortures de mon cœur et de mon cerveau ; je contemplais, sur son large front éclairé par la lune, l'inutile beauté extérieure et morale de ma jeunesse solitaire et incomprise ; je pleurais sur lui et sur moi en même temps. Ces plaintes furent longues et déchirantes. Je n'osais pas encore lui livrer les secrets de notre conspiration ; je craignais qu'il ne le comprît pas tout de suite, et quoi, dans sa douleur, il ne les rejetât comme d'inutiles et dangereux efforts. Inquiète de le voir veiller et marcher si longtemps, je lui promis de lui faire entrevoir un port de salut s'il consentait à attendre, et à se préparer à d'austères confidences ; j'émus doucement son imagination dans l'attente d'une révélation nouvelle, et je le ramenai à l'hôtel où nous demeurions tous deux, en lui promettant un nouvel entretien, que je reculai de plusieurs jours, afin de ne pas abuser de l'excitation de ses facultés.

« Au moment de me quitter, il songea seulement à me demander qui j'étais.

« Je ne puis vous le dire, lui répondis-je ; je porte un nom supposé ; j'ai des raisons pour me cacher ; ne parlez de moi à personne. »

« Il ne me fit jamais d'autres questions, et parut se contenter de ma réponse ; mais sa réserve fut accompagnée d'un autre sentiment étrange comme son caractère, et sombre comme ses habitudes mentales. Il m'a dit, bien longtemps après, qu'il m'avait toujours prise dès lors pour l'âme de sa mère, lui apparaissant sous une forme réelle et avec des circonstances explicables pour le vulgaire, mais surnaturelles en effet. Ainsi, mon cher Albert s'obstinait à me reconnaître en dépit de moi-même. Il aimait mieux inventer un monde fantastique que de douter de ma présence, et je ne pouvais pas réussir à tromper l'instinct victorieux de son cœur. Tous mes efforts pour ménager son exaltation ne servaient qu'à le fixer dans une sorte de délire calme et contenu, qui n'avait ni contradicteur ni confident, pas même moi qui en étais l'objet. Il se soumettait religieusement à la volonté du spectre qui lui défendait de le reconnaître et de le nommer, mais il persistait à se croire sous la puissance d'un spectre.

« De cette effrayante tranquillité qu'Albert portait dès lors dans les égarements de son imagination, de ce courage sombre et stoïque qui lui a fait toujours affronter les fantômes enfantés sur son cerveau, résulta pour moi pendant longtemps une erreur funeste. Je ne sus pas l'idée bizarre qu'il se faisait de ma réapparition sur la terre. Je crus qu'il m'acceptait pour une mystérieuse amie de sa défunte mère et de sa propre jeunesse. Je m'étonnai, il est vrai, du peu de curiosité qu'il me témoignait et du peu d'étonnement que lui causait l'assiduité de mes soins : mais ce respect aveugle, cette soumission délicate, cette absence d'inquiétude pour toutes les réalités de la vie, paraissaient si conformes à son caractère recueilli, rêveur et contemplatif, que je ne cherchai pas assez à m'en rendre compte, et à en sonder les causes secrètes. En travaillant donc à fortifier son raisonnement contre l'excès de son enthousiasme, j'aidai, sans le savoir, à développer en lui cette sorte de démence à la fois sublime et déplorable dont il a été si longtemps le jouet et la victime.

« Peu à peu, dans une suite d'entretiens qui n'eurent jamais ni confidents ni témoins, je lui développai les doctrines dont notre ordre s'est fait le dépositaire et le propagateur occulte. Je l'initiai à notre projet de régénération universelle. A Rome, dans les souterrains réservés à nos mystères, Marcus le présenta et le fit admettre aux premiers grades de la maçonnerie, mais en se réservant de lui révéler d'avance les symboles cachés sous ces formes vagues et bizarres, dont l'interprétation multiple se prête si bien à la mesure d'intelligence et de courage des adeptes. Pendant sept ans je suivis mon fils dans tous ses voyages, partant toujours des lieux qu'il abandonnait un jour après lui, et arrivant à ceux qu'il allait visiter le lendemain de son arrivée. J'eus soin de me loger toujours à une certaine distance, et de ne jamais me montrer, ni à son gouverneur, ni à ses valets qu'il eut, au reste, d'après mon avis, la précaution de changer souvent, et de tenir toujours éloignés de sa personne. Je lui demandais quelquefois s'il n'était pas surpris de me retrouver partout.

« — Oh non! me répondait-il; je sais bien que vous me suivrez partout. »

« Et lorsque je voulus lui faire exprimer le motif de cette confiance :

« — Ma mère vous a chargée de me donner la vie, répondait-il, et vous savez bien que si vous m'abandonniez maintenant, je mourrais. »

« Il parlait toujours d'une manière exaltée et comme inspirée. Je m'habituai à le voir ainsi, et je devins ainsi moi-même, à mon insu, en parlant avec lui. Marcus m'a souvent reproché, et je me suis souvent reproché moi-même d'avoir entretenu de la sorte la flamme intérieure qui dévorait Albert. Marcus eût voulu l'éclairer par des leçons plus positives, et par une logique plus froide; mais en d'autres moments je me suis rassurée en pensant que, faute des aliments que je lui fournissais, cette flamme l'eût consumé plus vite et plus cruellement. Mes autres enfants avaient annoncé les mêmes dispositions à l'enthousiasme; on avait comprimé leur âme; on avait travaillé à les éteindre comme des flambeaux dont on redoute l'éclat. Ils avaient succombé avant d'avoir la force de résister. Sans mon souffle qui ranimait sans cesse dans un air libre et pur l'étincelle sacrée, l'âme d'Albert eût été peut-être rejoindre celle de ses frères, de même que sans le souffle de Marcus, je me fusse éteinte avant d'avoir vécu. Je m'attachais d'ailleurs à distraire souvent son esprit de cette éternelle aspiration vers les choses idéales. Je lui conseillai, j'exigeai de lui des études positives; il m'obéit avec douceur, avec conscience. Il étudia les sciences naturelles, les langues des divers pays qu'il parcourait : il lut énormément; il cultiva même les arts et s'adonna sans maître à la musique. Tout cela ne fut qu'un jeu, un repos pour sa vive et large intelligence. Étranger à tous les enivrements de son âge, ennemi-né du monde et de ses vanités, il vivait partout dans une profonde retraite, et, résistant avec opiniâtreté aux conseils de son gouverneur, il ne voulut pénétrer dans aucun salon, être poussé dans aucune cour. C'est à peine s'il vit, dans deux ou trois capitales, les plus anciens et les plus sérieux amis de son père. Il se composa devant eux un maintien grave et réservé qui ne donna aucune prise à leur critique, et il n'eut d'expansion et d'intimité qu'avec quelques adeptes de notre ordre, auxquels Marcus le recommanda particulièrement. Au reste, il nous pria de ne point exiger de lui qu'il s'occupât de propagande avant de sentir éclore en lui le don de la persuasion, et il me déclara souvent avec franchise qu'il ne l'avait point, parce qu'il n'avait pas

encore une foi assez complète dans l'excellence de nos moyens. Il se laissa conduire de grade en grade comme un élève docile; mais, examinant tout avec une sévère logique et une scrupuleuse loyauté, il se réservait toujours, me disait-il, le droit de nous proposer des réformes et des améliorations quand il se sentirait suffisamment éclairé pour oser se livrer à son inspiration personnelle. Jusque-là il voulait rester humble, patient et soumis aux formes établies dans notre société secrète. Plongé dans l'étude et la méditation, il tenait son gouverneur en respect par le sérieux de son caractère et la froideur de son maintien. L'abbé en vint donc à le considérer comme un triste pédant, et à s'éloigner de lui le plus possible, pour ne s'occuper que des intrigues de son ordre. Albert fit même d'assez longues résidences en France et en Angleterre sans qu'il l'accompagnât; il était souvent à cent lieues de lui, et se bornait à lui donner rendez-vous lorsqu'il voulait voir une autre contrée : encore souvent ne voyageaient-ils pas ensemble. A ces époques j'eus la plus grande liberté de voir mon fils, et sa tendresse exclusive me paya au centuple des soins que je lui rendais. Ma santé s'était raffermie. Ainsi qu'il arrive parfois aux constitutions profondément altérées de se faire une habitude de leurs maux et de ne les plus sentir, je ne m'apercevais presque plus des miens. La fatigue, les veilles, les longs entretiens, les courses pénibles, au lieu de m'abattre, me soutenaient dans une fièvre lente et continue, qui était devenue et qui est restée mon état normal. Frêle et tremblante comme vous me voyez, il n'est plus de travaux et de lassitudes que je ne puisse supporter mieux que vous, belle fleur du printemps. L'agitation est devenue mon élément, et je m'y repose en marchant toujours, comme ces courriers de profession qui ont appris à dormir en galopant sur leur cheval.

« Cette expérimentation de ce que peut supporter et accomplir une âme énergique dans un corps maladif, m'a rendue plus confiante en la force d'Albert. Je me suis accoutumée à le voir parfois languissant et brisé comme moi, animé et fébrile comme moi à d'autres heures. Nous avons souvent souffert ensemble des mêmes douleurs physiques, résultat des mêmes émotions morales; et jamais peut-être notre intimité n'a été plus douce et plus tendre qu'à ces heures d'épreuve, où la même fièvre brûlait nos veines, où le même anéantissement confondait nos faibles soupirs. Combien de fois il nous a semblé que nous étions le même être! combien de fois nous avons rompu le silence où nous plongeait la même rêverie pour nous adresser mutuellement les mêmes paroles! Combien de fois enfin, agités ou brisés en sens contraires, nous nous sommes communiqué, en nous serrant la main, la langueur ou l'animation l'un de l'autre! Que de bien et de mal nous avons connu en commun! O mon fils! ô mon unique passion! ô la chair de ma chair et les os de mes os! que de tempêtes nous avons traversées, couverts de la même égide céleste! à combien de ravages nous avons résisté en nous serrant l'un contre l'autre, et en prononçant la même formule de salut : amour, vérité, justice!

« Nous étions en Pologne aux frontières de la Turquie, et Albert, ayant parcouru toutes les initiations successives de la maçonnerie et des grades supérieurs qui forment le dernier anneau entre cette société préparatoire et la nôtre, allait diriger ses pas vers cette partie de l'Allemagne où nous sommes, afin d'y être admis au banquet sacré des Invisibles, lorsque le comte Christian de Rudolstadt le rappela auprès de lui. Ce fut un coup de foudre pour moi. Quant à mon fils, malgré tous les soins que j'avais pris pour l'empêcher d'oublier sa famille, il ne l'aimait plus que comme un tendre souvenir du passé; il ne comprenait plus l'existence avec elle. Il ne nous vint pourtant pas à l'esprit de résister à cet ordre formulé avec la dignité froide et la confiance de l'autorité paternelle, telle qu'on l'entend dans les familles catholiques et patriciennes de notre pays. Albert se prépara à me quitter, sans savoir pour combien de temps on nous séparait, mais sans pouvoir imaginer qu'il ne dût pas me revoir bientôt, et resserrer avec Marcus les liens de l'association qui le réclamait. Albert avait peu la notion du temps, et encore moins l'appréciation des éventualités matérielles de la vie.

« — Est-ce que nous nous quittons? me disait-il en me voyant pleurer malgré moi; nous ne pouvons pas nous quitter. Toutes les fois que je vous ai appelée au fond de mon cœur, vous m'êtes apparue. Je vous appellerai encore.

« — Albert, Albert! lui répondis-je, je ne puis pas te suivre cette fois où tu vas. »

« Il pâlit et se serra contre moi comme un enfant effrayé. Le moment était venu de lui révéler mon secret :

« — Je ne suis pas l'âme de ta mère, lui dis-je après quelque préambule; je suis ta mère elle-même.

« — Pourquoi me dites-vous cela? reprit-il avec un sourire étrange; est-ce que je ne le savais pas? est-ce que nous ne nous ressemblons pas? est-ce que je n'ai pas vu votre portrait à Riesenburg? est-ce que je vous avais oubliée, d'ailleurs? est-ce que je ne vous avais pas toujours vue, toujours connue?

« — Et tu n'étais pas surpris de me voir vivante, moi que l'on croit ensevelie dans la chapelle du château des Géants?

« — Non, me répondit-il, je n'étais pas surpris; j'étais trop heureux pour cela. Dieu a le pouvoir des miracles, et ce n'est point aux hommes de s'en étonner. »

« L'étrange enfant eut plus de peine à comprendre les effrayantes réalités de mon histoire que le prodige dont il s'était bercé. Il avait cru à ma résurrection comme à celle du Christ; il avait pris à la lettre mes doctrines sur la transmission de la vie; il y croyait avec excès, c'est-à-dire qu'il ne s'étonnait pas de me voir conserver le souvenir et la certitude de mon individualité, après avoir dépouillé mon corps pour en revêtir une autre. Je ne sais pas même si je le convainquis que ma vie n'avait pas été interrompue par mon évanouissement et que mon enveloppe mortelle n'était pas restée dans le sépulcre. Il m'écoutait avec une physionomie distraite et cependant enflammée, comme s'il eût entendu sortir de ma bouche d'autres paroles que celles que je prononçais. Il se passa en lui, en ce moment, quelque chose d'inexplicable. Un lien terrible retenait encore l'âme d'Albert sur le bord de l'abîme. La vie réelle ne pouvait pas encore s'emparer de lui avant qu'il eût subi cette dernière crise dont j'étais sortie miraculeusement, cette mort apparente qui devait être en lui le dernier effort de la notion d'éternité luttant contre la notion du temps. Mon cœur se brisa en se séparant de lui; un douloureux pressentiment m'avertissait vaguement qu'il allait entrer dans cette phase pour ainsi dire climatérique, qui avait si violemment ébranlé mon existence, et que l'heure n'était pas loin où Albert serait anéanti et renouvelé. J'avais remarqué en lui une tendance à l'état cataleptique. Il avait sous mes yeux des accès de sommeil si longs, si profonds, si effrayants; sa respiration était alors si faible, son pouls si peu sensible, que je ne cessais de dire ou d'écrire à Marcus : « Ne laissons jamais ensevelir Albert, ou ne craignons pas de briser sa tombe. » Malheureusement pour nous, Marcus ne pouvait plus se présenter au château des Géants : il ne pouvait plus mettre le pied sur les terres de l'Empire. Il avait été gravement compromis dans une insurrection à Prague, à laquelle en effet son influence n'avait pas été étrangère. Il n'avait échappé que par la fuite à la rigueur des lois autrichiennes. Dévorée d'inquiétude, je revins ici. Albert m'avait promis de m'écrire tous les jours. Je me promis, de mon côté, aussitôt qu'une lettre me manquerait, de partir pour la Bohême, et de me présenter à Riesenburg, à tout risque, à tout événement.

« La douleur de notre séparation lui fut d'abord moins cruelle qu'à moi. Il ne comprit pas ce qui se passait; il sembla ne pas y croire. Mais quand il fut rentré sous ce toit funeste où l'air semble être un poison pour la poitrine ardente des descendants de Ziska, il reçut une commotion terrible dans tout son être; il courut s'enfermer dans la chambre que j'avais habitée; il m'y appela, et, ne m'y voyant pas reparaître, il se persuada que j'étais morte une seconde fois, et que je ne lui serais plus rendue dans le cours de sa vie présente. Du moins, c'est ainsi qu'il m'a expliqué depuis ce qui se passa en lui à cette heure fatale où sa raison et sa foi furent ébranlées pour des années entières. Il regarda longtemps mon portrait. Un portrait ne ressemble jamais qu'imparfaitement, et ce sentiment particulier que l'artiste a eu de nous, est toujours si au-dessus de celui que conçoivent et conservent les êtres dont nous sommes ardemment aimés, qu'aucune ressemblance ne peut les satisfaire; elle les afflige même et les indigne parfois. Albert, en comparant cette représentation de ma jeunesse et de ma beauté passée, ne retrouva pas sa vieille mère chérie, ses cheveux gris qui lui semblaient plus augustes, et cette pâleur flétrie qui parlait à son cœur. Il s'éloigna du portrait avec terreur et reparut devant ses parents, sombre, taciturne, consterné. Il alla visiter ma tombe; il y fut saisi de vertige et d'épouvante. L'idée de la mort lui parut monstrueuse; et cependant, pour le consoler, son père lui dit que j'étais là, qu'il fallait s'y agenouiller et prier pour le repos de mon âme.

« — Le repos! s'écria Albert hors de lui, le repos de l'âme! non, l'âme de ma mère n'est pas faite pour un pareil néant, non plus que la mienne. Ni ma mère ni moi ne voulons nous reposer dans une tombe. Jamais, jamais! cette caverne catholique, ces sépulcres scellés, cet abandon de la vie, ce divorce entre le ciel et la terre, entre le corps et l'âme, me font horreur! »

« C'est par de pareils discours qu'Albert commença à répandre l'effroi dans l'âme simple et timide de son père. On rapporta ses paroles au chapelain, pour qu'il essayât de les expliquer. Cet homme borné n'y vit qu'un cri arraché par le sentiment de ma damnation éternelle. La crainte superstitieuse qui se répandit dans les esprits autour d'Albert, les efforts de sa famille pour le ramener à la soumission catholique, réussirent bientôt à le torturer, et son exaltation prit tout à fait le caractère maladif que vous lui avez vu. Ses idées se confondirent : à force de voir et de toucher les preuves de ma mort, il oublia qu'il m'avait connue vivante, et je ne lui semblai plus qu'un spectre fugitif toujours prêt à l'abandonner. Sa fantaisie évoqua ce spectre et ne lui prêta plus que des discours incohérents, des cris douloureux, des menaces sinistres. Quand le calme lui revenait, sa raison restait comme voilée sous un nuage. Il avait perdu la mémoire des choses récentes; il se persuadait avoir fait un rêve de huit années auprès moi, ou plutôt ces huit années de bonheur, d'activité, de force, lui apparaissaient comme le songe d'une heure.

« Ne recevant aucune lettre de lui, j'allais courir vers lui : Marcus me retint. La poste, disait-il, interceptait nos lettres, ou la famille de Rudolstadt les supprimait. Il recevait toujours, par son fidèle correspondant, des nouvelles de Riesenburg; mon fils passait pour calme, bien portant, heureux dans sa famille. Vous savez quels soins on prenait pour cacher sa situation, et on les prit avec succès durant les premiers temps.

« Dans ses voyages, Albert avait connu le jeune Trenck; il s'était lié avec lui d'une amitié chaleureuse. Trenck, aimé de la princesse de Prusse, et persécuté par le roi Frédéric, écrivit à mon fils ses joies et ses malheurs; il l'engageait ardemment à venir le trouver à Dresde, pour lui donner conseil et assistance. Albert fit ce voyage, et à peine eut-il quitté le sombre château de Riesenburg, que la mémoire, le zèle, la raison, lui revinrent. Trenck avait rencontré mon fils dans la milice des néophytes *Invisibles*. Là ils s'étaient compris et juré une fraternité chevaleresque. Informé par Marcus de leur projet d'entrevue, je courus à Dresde, je revis Albert, je le suivis en Prusse, où il s'introduisit dans le palais des rois sous un déguisement pour servir l'amour de Trenck et remplir un message des Invisibles. Marcus jugeait avec raison que cette activité et la conscience d'un rôle utile et généreux sauveraient Albert de sa dangereuse mélancolie. Il avait raison; Albert reprenait à la vie parmi nous; Marcus voulait, au retour, l'amener ici et l'y garder quelque temps dans la société des plus vénérables chefs de l'ordre; il était convaincu qu'en respirant cette véritable atmosphère vitale de son âme supérieure, Albert recouvrerait la lucidité de son génie. Mais une circonstance fâcheuse troubla tout à coup la confiance de mon fils. Il avait rencontré sur son chemin l'imposteur Cagliostro, initié par l'imprudence des rose-croix à quelques-uns de leurs mystères. Albert, depuis longtemps reçu rose-croix, avait dépassé ce grade, et présida une de leurs assemblées comme grand-maître. Il vit alors de près ce qu'il n'avait fait encore que pressentir. Il toucha tous ces éléments divers qui composent les affiliations maçonniques; il reconnut l'erreur, l'engouement, la vanité, l'imposture, la fraude même qui commençaient dès lors à se glisser dans ces sanctuaires déjà envahis par la démence et les vices du siècle. Cagliostro, avec sa police vigilante des petits secrets du monde, qu'il présentait comme les révélations d'un esprit familier, avec son éloquence captieuse qui parodiait les grandes inspirations révolutionnaires, avec son art prestigieux qui évoquait de prétendues ombres; Cagliostro, l'intrigant et le cupide, fit horreur au noble adepte. La crédulité des gens du monde, la superstition mesquine d'un grand nombre de francs-maçons, l'avidité honteuse qu'excitaient les promesses de la pierre philosophale et tant d'autres misères du temps où nous vivons, portèrent dans son âme une lumière funeste. Dans sa vie de retraite et d'études, il n'avait pas assez deviné la race humaine; il ne s'était point préparé à la lutte avec tant de mauvais instincts. Il ne put souffrir tant de misères. Il voulait qu'on démasquât et qu'on chassât honteusement des abords de nos temples les charlatans et les sorciers. Il ne pouvait admettre qu'on dût supporter le concours dégradant de Cagliostro, parce qu'il était trop tard pour s'en défaire, parce que cet homme irrité pouvait perdre beaucoup d'hommes estimables; tandis que, flatté de leur protection et d'une apparence de confiance, il pouvait rendre beaucoup de services à la cause sans la connaître véritablement. Albert s'indigna et prononça sur notre œuvre l'anathème d'une âme ferme et ardente; il nous prédit que nous échouerions pour avoir laissé l'alliage pénétrer trop avant dans la chaîne d'or. Il nous quitta en disant qu'il allait réfléchir à ce que nous nous efforcions de lui faire comprendre des nécessités terribles de l'œuvre des conspirations, et qu'il reviendrait nous demander le baptême quand ses doutes poignants seraient dissipés. Nous ne savions pas, hélas! que les lugubres réflexions étaient les siennes dans la solitude de Riesenburg. Il ne nous les disait point; peut-être ne se les rappelait-il pas quand leur amertume était dissipée.

« Il y vécut encore un an dans une alternative de calme et de transport, de force exubérante et d'affaissement douloureux. Il nous écrivait quelquefois, sans nous dire ses souffrances et le dépérissement de sa santé. Il combattait amèrement notre marche politique. Il voulait qu'on cessât dès lors de travailler dans l'ombre et de tromper les hommes pour leur faire avaler la coupe de la régénération.

« — Jetez vos masques noirs, disait-il, sortez de vos cavernes. Effacez du fronton de votre temple le mot *mystère*, que vous avez volé à l'Église romaine, et qui ne convient pas aux hommes de l'avenir. Ne voyez-vous pas que vous avez pris les moyens de l'ordre des jésuites? Non, je ne puis pas travailler avec vous; c'est chercher la vie au milieu des cadavres. Paraissez enfin à la lumière du jour. Ne perdez pas un temps précieux à organiser votre armée. Comptez un peu plus sur son élan, et sur la sympathie des peuples, et sur la spontanéité des instincts généreux. Une armée d'ailleurs se corrompt dans le repos, et la ruse qu'elle emploie à s'embusquer lui ôte la puissance et la vie nécessaires pour combattre. »

« Albert avait raison en principe; mais le moment n'était pas venu pour qu'il eût raison dans la pratique. Ce moment est peut-être encore loin!

« Vous vîntes enfin à Riesenburg; vous le surprîtes au milieu des plus grandes détresses de son âme. Vous savez, ou plutôt vous ne savez pas, quelle action vous avez eue sur lui, jusqu'à lui faire oublier tout ce qui n'était pas vous, jusqu'à lui donner une vie nouvelle, jusqu'à lui donner la mort.

« Quand il crut que tout était fini entre vous et lui, toutes ses forces l'abandonnèrent, il se laissa dépérir. Jusque-là j'ignorais la véritable nature et le degré d'intensité de son mal. Le correspondant de Marcus lui disait que le château des Géants se fermait de plus en plus aux yeux profanes, qu'Albert n'en sortait plus, qu'il passait pour monomane auprès des gens du monde, mais que les pauvres l'aimaient et le bénissaient toujours, et que quelques personnes d'un sens supérieur qui l'avaient entrevu, après avoir été frappées de la bizarrerie de ses manières, rendaient, en le quittant, hommage à son éloquence, à sa haute sagesse, à la grandeur de ses conceptions. Mais enfin j'appris que Supperville avait été appelé, et je volai à Riesenburg, en dépit de Marcus qui, me voyant déterminée à tout, s'exposa à tout pour me suivre. Nous arrivâmes sous les murs du château, déguisés en mendiants. Personne ne nous reconnut. Il y avait vingt-sept ans qu'on ne m'avait vue; il y en avait dix qu'on n'avait vu Marcus. On nous fit l'aumône et on nous éloigna. Ainsi, nous rencontrâmes un ami, un sauveur inespéré dans la personne du pauvre Zdenko. Il nous traita en frères, et nous prit en affection parce qu'il comprit à quel point nous nous intéressions à Albert: nous sûmes lui parler le langage qui plaisait à son enthousiasme, et lui faire révéler tous les secrets de la douleur mortelle de son ami. Zdenko n'était plus le furieux pour qui votre vie a été menacée. Abattu et brisé, il venait comme nous demander humblement à la porte du château des nouvelles d'Albert, et comme nous, il était repoussé avec des réponses vagues, effrayantes pour notre angoisse. Par une étrange coïncidence avec les visions d'Albert, Zdenko prétendait m'avoir connue. Je lui étais apparue dans ses rêves, dans ses extases, et, sans se rendre compte de rien, il m'abandonnait sa volonté avec un entraînement naïf.

« — Femme, me disait-il souvent, je ne sais pas ton nom, mais tu es le bon ange de mon *Podiebrad*. Bien souvent je l'ai vu dessiner ta figure sur du papier, et décrire ta voix, ton regard et ta démarche dans ses bonnes heures, quand le ciel s'ouvrait devant lui et qu'il voyait apparaître autour de son chevet ceux qui ne sont plus, au dire des hommes. »

« Loin de repousser les épanchements de Zdenko, je les encourageai. Je flattai son illusion, et j'obtins qu'il nous recueillît, Marcus et moi, dans la grotte du Schreckenstein. En voyant cette demeure souterraine, et en apprenant que mon fils avait vécu des semaines et presque des mois entiers à l'insu de tout le monde, je compris la couleur lugubre de ses pensées. Je vis une tombe, à laquelle Zdenko semblait rendre une espèce de culte, et ce ne fut pas sans peine que j'en connus la destination. C'était le plus grand secret d'Albert et de Zdenko, et leur plus grande réserve.

« — Hélas! c'est là, me dit l'insensé, que nous avons enseveli Wanda de Prachatitz, la mère de mon Albert. Elle ne voulait pas rester dans cette chapelle, où ils l'avaient scellée dans la pierre. Ses os ne faisaient que s'agiter et bondir, et ceux d'ici, ajouta-t-il en nous montrant l'ossuaire des Taborites au bord de la source, nous reprochaient toujours de ne pas l'amener auprès d'eux. Nous avons été chercher cette tombe sacrée, et nous l'avons ensevelie ici, et tous les jours nous y apportions des fleurs et des baisers. »

« Effrayée de cette circonstance, qui pouvait par la suite amener la découverte de mon secret, Marcus questionna Zdenko, et sut qu'il avait apporté là mon cercueil sans l'ouvrir. Ainsi, Albert était malade et égaré au point de ne plus se rappeler mon existence, et de s'obstiner dans l'idée de ma mort. Mais tout cela n'était-il pas un rêve de Zdenko? Je ne pouvais en croire mes oreilles. « — O mon ami! disais-je à Marcus avec désespoir, si le flambeau de sa raison est éteint à ce point et pour jamais, Dieu lui fasse la grâce de mourir! »

« Maîtres enfin de tous les secrets de Zdenko, nous sûmes que nous pouvions nous introduire par des galeries souterraines et des passages ignorés dans le château des Géants; nous l'y suivîmes, une nuit, et nous attendîmes à l'entrée de la citerne qu'il se fût glissé dans l'intérieur de la maison. Il revint en riant et en chantant, nous dire qu'Albert était guéri, qu'il dormait, et qu'on lui avait mis des habits neufs et une couronne. Je tombai comme foudroyée, je compris qu'Albert était mort. Je ne sais plus ce qui se passa; je m'éveillai plusieurs fois au milieu de la fièvre; j'étais couchée sur des peaux d'ours et des feuilles sèches, dans la chambre souterraine où Albert avait habitée sous les Schreckenstein. Zdenko et Marcus me veillaient tour à tour. L'un me disait d'un air de joie et de triomphe que son Podiebrad était guéri, qu'il viendrait bientôt me voir; l'autre, pâle et pensif me disait : « Tout n'est pas perdu, peut-être; n'abandonnons pas l'espoir du miracle qui vous a fait sortir du tombeau. » Je ne comprenais plus, j'avais le délire; je voulais me lever, courir, crier; je ne le pouvais pas, et le désolé Marcus, me voyant dans cet état, n'avait ni la force ni le loisir de s'en occuper sérieusement. Tout son esprit, toutes ses pensées, étaient absorbés par une anxiété autrement terrible. Enfin une nuit, je crois que ce fut la troisième de ma crise, je me trouvai calme et je sentis la force me revenir. Je tâchai de rassembler mes idées, je réussis à me lever; j'étais seule dans cette horrible cave qu'une lampe sépulcrale éclairait à peine; je voulus en sortir, j'étais enfermée; où étaient Marcus, Zdenko... et surtout Albert?... La mémoire me revint, je fis un cri auquel les voûtes glacées répondirent par un cri si lugubre, que la sueur me coula du front froide comme l'humidité du sépulcre; je me crus encore une fois enterrée vivante. Que s'était-il passé? que se passait-il encore? je tombai à genoux, je tordis mes bras dans une prière désespérée, j'appelai Albert avec des cris furieux. Enfin, j'entends des pas sourds et inégaux, comme de gens qui s'approchent portant un fardeau. Un chien aboyait et gémissait, et plus prompt qu'eux, il vint à diverses reprises gratter à la porte. Elle s'ouvrit, et je vis Marcus et Zdenko m'apportant Albert, roidi, décoloré, mort enfin selon toutes les apparences. Son chien Cynabre sautait après lui et léchait ses mains pendantes. Zdenko chantait en improvisant d'une voix douce et pénétrée :

« — Viens dormir sur le sein de ta mère, pauvre ami si longtemps privé du repos; viens dormir jusqu'au jour, nous t'éveillerons pour voir lever le soleil. »

« Je m'élançai sur mon fils. « — Il n'est pas mort, m'écriai-je. Oh! Marcus, vous l'avez sauvé, n'est-ce pas? il n'est pas mort? il va se réveiller? »

« — Madame, ne vous flattez pas, dit Marcus avec une fermeté épouvantable; je n'en sais rien, je ne puis croire à rien; ayez du courage, quoi qu'il arrive. Aidez-moi, oubliez-vous vous-même. »

« Je n'ai pas besoin de vous dire quels soins nous prîmes pour ranimer Albert. Grâce au ciel, il y avait un poêle dans cette cave. Nous réussîmes à réchauffer ses membres. — Voyez, disais-je à Marcus, ses mains sont tièdes!

« — On peut donner de la chaleur au marbre, me répondait-il d'un ton sinistre; ce n'est pas lui donner la vie. Ce cœur est inerte comme de la pierre! »

« D'épouvantables heures se traînèrent dans cette attente, dans cette terreur, dans ce découragement. Marcus, à genoux, l'oreille collée contre la poitrine de mon fils, le visage morne, épiait en vain un faible indice de la vie. Défaillante, épuisée, je n'osais plus dire un mot, ni adresser une question. J'interrogeais le front terrible de Marcus. Un moment vint où je n'osai même plus le regarder; j'avais cru lire la sentence suprême.

« Zdenko, assis dans un coin, jouait avec Cynabre comme un enfant, et continuait à chanter; il s'interrompait quelquefois pour nous dire que nous tourmentions Albert, qu'il fallait le laisser dormir, que lui, Zdenko, l'avait vu ainsi des semaines entières, et qu'il se réveillerait bien de lui-même. Marcus souffrait cruellement de la confiance de cet insensé; il ne pouvait la partager; mais moi je voulais m'obstiner à y ajouter foi, et j'étais bien inspirée. L'insensé avait la divination céleste, la certitude angélique de la vérité. Enfin, je crus saisir un imperceptible mouvement sur le front d'airain de Marcus; il me sembla que ses sourcils contractés se détendaient. Je vis sa main trembler, pour se roidir dans un nouvel effort de courage; puis il soupira profondément, son oreille de la place où le cœur de mon fils avait peut-être battu, essaya de parler, se contint, effrayé de la joie peut-être chimérique qu'il allait me donner, se pencha encore, écouta de nouveau, tressaillit, et tout à coup, se relevant et se rejetant en arrière, fléchit et retomba comme prêt à mourir. « — Plus d'espérance? m'écriai-je en arrachant mes cheveux.

« — Wanda! répondit Marcus d'une voix étouffée, votre fils est vivant! »

« Et, brisé par l'effort de son attention, de son courage et de sa sollicitude, mon stoïque et tendre ami alla tomber, comme anéanti, auprès de Zdenko. »

XXXV.

La comtesse Wanda, ébranlée par l'émotion d'un tel souvenir, reprit son récit après quelques minutes de silence.

« Nous passâmes dans la caverne plusieurs jours durant lesquels la force et la santé revinrent à mon fils avec une étonnante rapidité. Marcus, surpris de ne lui trouver aucune lésion organique, aucune altération profonde dans les fonctions de la vie, s'effrayait pourtant de son silence farouche et de son indifférence apparente ou réelle devant nos transports et l'étrangeté de sa situation. Albert avait perdu entièrement la mémoire. Plongé dans une sombre méditation, il faisait vainement de secrets efforts pour comprendre ce qui se passait autour de lui. Quant à moi, qui savais bien que le chagrin était la seule cause de sa maladie et de la catastrophe qui en avait été la suite, je n'étais pas aussi impatiente que Marcus de lui voir recouvrer les poignants souvenirs de son amour. Marcus lui-même avouait que cet effacement du passé dans son esprit pouvait seul expliquer le rapide retour de ses forces physiques. Son corps se ranimait aux dépens de son esprit, aussi vite qu'il s'était brisé sous l'effort douloureux de sa pensée. « Il vit, et il vivra assurément, me disait-il; mais sa raison, est-elle à jamais obscurcie? — Sortons-le de ce tombeau le plus vite possible, répondais-je; l'air, le soleil et le mouvement le réveilleront sans doute de ce sommeil de l'âme. — Sortons-le surtout de cette vie fausse et impossible qui l'a tué, reprenait Marcus. Éloignons-le de cette famille et de ce monde qui contrariaient tous les instincts; conduisons-le auprès de ces âmes sympathiques au contact desquelles la sienne recouvrera sa clarté et sa vigueur. »

« Pouvais-je hésiter? En errant avec précaution au déclin du jour dans les environs du Schreckenstein, où je feignais de demander l'aumône aux rares passants des chemins, j'avais appris que le comte Christian était tombé dans une sorte d'enfance. Il n'eût pas compris le retour de son fils, et le spectacle de cette mort anticipée, si Albert l'eût comprise à son tour, eût achevé de l'accabler. Fallait-il donc le rendre et l'abandonner aux soins malentendus de cette vieille tante, de cet ignare chapelain et de cet oncle abruti, qui l'avaient fait si mal vivre et si tristement mourir? « Ah! fuyons avec lui, disais-je enfin à Marcus; qu'il n'ait pas sous les yeux l'agonie de son père, et le spectacle effrayant de l'idolâtrie catholique dont on entoure le lit des mourants; mon père se brise en songeant que cet époux, qui ne m'a pas comprise, mais dont j'ai vénéré toujours les vertus simples et pures, et que j'ai respecté depuis mon abandon aussi religieusement que durant mon union avec lui, va quitter la terre sans qu'il nous soit possible d'échanger un mutuel pardon. Mais, puisqu'il le faut, puisque mon apparition et celle de son fils ne pourraient que lui être indifférentes ou funestes, partons, ne rendons pas à cette tombe de Riesenburg celui que nous avons reconquis sur la mort, et à qui la vie ouvre encore, je l'espère, un chemin sublime. Ah! suivons le premier mouvement qui nous a fait venir ici! Arrachons Albert à la captivité des faux devoirs que créent le rang et la richesse; ces devoirs seront toujours des crimes à ses yeux, et s'il s'obstine à les remplir pour complaire à des parents que la vieillesse et la mort lui disputent déjà, il mourra lui même à la peine, il mourra le premier. Je sais ce que j'ai souffert dans cet esclavage de la pensée, dans cette mortelle et incessante contradiction entre la vie de l'âme et la vie positive, entre les principes, les instincts, et des habitudes forcées. Je vois bien qu'il a repassé par les mêmes chemins, et qu'il y a cueilli les mêmes poisons. Sauvons-le donc, et s'il veut revenir plus tard sur cette détermination que nous allons prendre, ne sera-t-il pas libre de le faire? Si l'existence de son père se prolonge, et si sa propre santé morale le lui permet, ne sera-t-il pas toujours à temps de revenir consoler les derniers jours de Christian par sa présence et son amour? — Difficilement! répondit Marcus. J'entrevois dans l'avenir des obstacles terribles si Albert veut revenir sur son divorce avec la société constituée, avec le monde et la famille. Mais pourquoi Albert le voudrait-il? Cette famille va s'éteindre peut-être avant qu'il ait recouvré la mémoire, et ce qu'il lui restera à conquérir sur le monde, le nom, les honneurs et la richesse, je sais bien ce qu'il en pensera, le jour où il redeviendra lui-même. Fasse le ciel que ce jour arrive! Notre tâche la plus importante et la plus pressée est de le placer dans des conditions où sa guérison soit possible. »

« Nous sortîmes donc une nuit de la grotte aussitôt qu'Albert put se soutenir. A peu de distance du Schreckenstein, nous le plaçâmes sur un cheval, et nous gagnâmes ainsi la frontière, qui est fort rapprochée de cet endroit, comme vous savez, et où nous trouvâmes des moyens de transport plus faciles et plus rapides. Les relations que notre ordre entretient avec les nombreux affiliés de l'ordre maçonnique nous assurent, dans tout l'intérieur de l'Allemagne, la facilité de voyager sans être connus et sans être soumis aux investigations de la police. La Bohême était le seul endroit périlleux pour nous, à cause des récents mouvements de Prague et de la jalouse surveillance du pouvoir autrichien.

— Et que devient Zdenko? demanda la jeune comtesse de Rudolstadt.

— Zdenko faillit nous perdre par son obstination à empêcher notre départ, ou du moins celui d'Albert, dont il ne voulait pas se séparer, et qu'il ne voulait pas suivre. Il persistait à s'imaginer qu'Albert ne pouvait pas vivre hors de la fatale et lugubre demeure du Schreckenstein. « Ce n'est que là, disait-il, que mon Podiebrad est tranquille; ailleurs on le tourmente, on l'empêche de dormir, on le force à renier nos pères du Mont-Tabor, et à mener une vie de honte et de parjure qui l'exaspère. Laissez-le-moi ici; je le soignerai bien, comme je l'y ai si souvent soigné. Je ne troublerai pas ses méditations; quand il voudra rester silencieux, je marcherai sans faire de bruit, et je tiendrai le museau de Cynabre des heures entières dans mes mains, pour qu'il n'aille pas le faire tressaillir en léchant la sienne; quand il voudra se réjouir, je lui chanterai les chansons qu'il aime, je lui en composerai de nouvelles qu'il aimera encore, car il aimait toutes mes compositions, et lui seul les comprenait. Laissez-moi mon Podiebrad, vous dis-je. Je sais mieux que vous ce qui lui convient, et quand vous voudrez encore le voir, vous le trouverez jouant du violon ou plantant de belles branches de cyprès, que j'irai lui couper dans la forêt, pour orner le tombeau de sa mère bien-aimée. Je le nourrirai bien, moi! Je sais toutes les cabanes où on ne refuse jamais ni le pain, ni le lait, ni les fruits au bon vieux Zdenko, et il y a longtemps que les pauvres paysans du Bœhmer-Wald sont habitués à nourrir, à leur insu, leur noble maître, le riche Podiebrad. Albert n'aime point les festins où l'on mange la chair des animaux; il préfère la vie d'innocence et de simplicité. Il n'a pas besoin de voir le soleil, il préfère le rayon de la lune à travers les bois, et quand il veut de la société, je l'emmène dans les clairières, dans les endroits sauvages, où campent, la nuit, nos bons amis les zingari, ces enfants du Seigneur, qui ne connaissent ni les lois ni la richesse. »

« J'écoutais attentivement Zdenko, parce que ses discours naïfs me révélaient la vie qu'Albert avait menée avec lui dans ses fréquentes retraites au Schreckenstein. Ne craignez pas, ajoutait-il, que je révèle jamais à ses ennemis le secret de sa demeure. Ils sont si menteurs et si fous, qu'ils disent à présent : « Notre enfant est mort, notre ami est mort, notre maître est mort. » Ils ne pourraient pas croire qu'il est vivant quand même ils le verraient. D'ailleurs, n'étais-je pas habitué à leur répondre, quand ils me demandaient si j'avais vu le comte Albert : « Il est sans doute mort? » Et comme je riais en disant cela, ils prétendaient que j'étais fou. Mais je parlais de mort pour me moquer d'eux, parce qu'ils croient ou font semblant de croire à la mort. Et quand les gens du château faisaient mine de me suivre, n'avais-je pas mille bons tours pour les dérouter? Oh! je connais toutes les ruses du lièvre et de la perdrix. Je sais, comme eux, me tapir dans un fourré, disparaître sous la bruyère, faire fausse route, bondir, franchir un torrent, m'arrêter dans une cachette pour me faire dépasser, et, comme le météore de nuit, les égarer et les enfoncer à leur grand risque dans les marécages et les fondrières. Ils appellent Zdenko, l'innocent. L'innocent est plus malin qu'eux tous. Il n'y a jamais qu'une fille, une sainte fille! qui a pu déjouer la prudence de Zdenko. Elle savait des mots magiques pour enchaîner sa colère; elle avait des talismans pour surmonter toutes les embûches et tous les dangers, elle s'appelait Consuelo.

« Lorsque Zdenko prononçait votre nom, Albert frémissait légèrement et détournait la tête; mais il la laissait aussitôt retomber sur sa poitrine, et sa mémoire ne se réveillait pas.

« J'essayai en vain de transiger avec ce gardien si dévoué et si aveugle, en lui promettant de ramener Albert au Schreckenstein, à condition qu'il commencerait par le suivre dans un autre endroit où Albert voulait aller. Je ne le persuadai point, et lorsque enfin moitié de gré, moitié de force, nous l'eûmes contraint à laisser sortir mon fils de la caverne, il nous suivit en pleurant, en murmurant, et en chantant d'une voix lamentable jusqu'au delà des mines de Cuttemberg. Arrivés dans un endroit célèbre où Ziska remporta jadis une de ses grandes victoires sur Sigismond, Zdenko reconnut les rochers qui marquent la frontière, car nul n'a exploré comme lui, dans ses courses vagabondes, tous les sentiers de cette contrée. Là il s'arrêta, et dit, en frappant la terre de son pied : « Jamais plus Zdenko ne quittera le sol qui porte les ossements de ses pères! Il n'y a pas longtemps qu'exilé et banni par mon Podiebrad pour avoir méconnu et menacé la sainte fille qu'il aime, j'ai passé des semaines et des mois sur la terre étrangère. J'ai cru que j'y deviendrais fou. Je suis revenu depuis peu de temps dans mes forêts chéries, pour voir dormir Albert, parce qu'une voix m'avait chanté dans mon sommeil que sa colère était passée. A présent qu'il ne me maudit plus, vous me le volez. Si c'est pour le conduire vers sa Consuelo, j'y consens. Mais, quant à quitter encore une fois mon pays, quant à parler la langue de nos ennemis, quant à leur tendre la main, quant à laisser le Schreckenstein désert et abandonné, je ne le ferai plus. Cela est au-dessus de mes forces; et d'ailleurs, les voix de mon sommeil me l'ont défendu. Zdenko doit vivre et mourir sur la terre des Slaves; il doit vivre et mourir en chantant la gloire des Slaves et leurs malheurs dans la langue de ses pères. Adieu et partez. Si Albert ne m'avait pas défendu de répandre le sang humain, vous ne me le raviriez pas ainsi; mais il me maudirait encore si je levais la main sur vous, et j'aime mieux ne plus le

Adieu, Cynabre... (Page 136.)

voir que de le voir irrité contre moi. Tu m'entends, ô mon Podiebrad! s'écria-t-il en pressant contre ses lèvres les mains de mon fils, qui le regardait et l'écoutait sans le comprendre : je t'obéis, et je m'en vais. Quand tu reviendras, tu retrouveras ton poêle allumé, tes livres rangés, ton lit de feuilles renouvelé, et le tombeau de ta mère jonché de palmes toujours vertes. Si c'est dans la saison des fleurs, il y aura des fleurs sur elle et sur les os de nos martyrs, au bord de la source... Adieu, Cynabre! » Et en parlant ainsi, d'une voix entrecoupée par les pleurs, le pauvre Zdenko s'élança sur la pente des rochers qui s'inclinent vers la Bohême, et disparut avec la rapidité d'un daim aux premières lueurs du jour.

« Je ne vous raconterai pas, chère Consuelo, les anxiétés de notre attente durant les premières semaines qu'Albert passa ici auprès de nous. Caché dans le pavillon que vous habitez maintenant, il revint peu à peu à la vie morale que nous nous efforcions de réveiller en lui, avec lenteur et précaution cependant. La première parole qui sortit de ses lèvres après deux mois de silence absolu fut provoquée par une émotion musicale. Marcus avait compris que la vie d'Albert était liée à son amour pour vous, et il avait résolu de n'invoquer le souvenir de cet amour qu'autant qu'il vous saurait digne de l'inspirer et libre d'y répondre un jour. Il prit donc sur vous les informations les plus minutieuses, et, en peu de temps, il connut les moindres détails de votre caractère, les moindres particularités de votre vie passée et présente. Grâce à l'organisation savante de notre ordre, aux rapports établis avec toutes les autres sociétés secrètes, à une quantité de néophytes et d'adeptes dont les fonctions consistent à examiner avec la plus scrupuleuse attention les choses et les personnes qui nous intéressent, il n'est rien qui puisse échapper à nos investigations. Il n'est point de secrets pour nous dans le monde. Nous savons pénétrer dans les arcanes de la politique, comme dans les intrigues des cours. Votre vie sans tache, votre caractère sans détours, n'étaient donc pas bien difficiles à connaître et à juger. Le baron de Trenck, dès qu'il sut que l'homme dont vous aviez été aimée et que vous ne lui aviez jamais nommé, n'était autre que son ami Albert, nous parla de vous avec effusion. Le comte de Saint-Germain, un des hommes les plus distraits en apparence et les plus clairvoyants en réalité, ce visionnaire

Et roula dans un précipice... (Page 139.)

étrange, cet esprit supérieur qui ne semble vivre que dans le passé et auquel rien n'échappe dans le présent, nous eut bien vite fourni sur vous les renseignements les plus complets. Ils furent tels, que dès lors je m'attachai à vous avec tendresse et vous regardai comme ma propre fille.

« Quand nous fûmes assez instruits pour nous diriger avec certitude, nous fîmes venir d'habiles musiciens sous cette fenêtre où nous voici maintenant assises. Albert était là où vous êtes, appuyé contre ce rideau, et contemplant le coucher du soleil; Marcus tenait une de ses mains et moi l'autre. Au milieu d'une symphonie composée exprès pour quatre instruments, dans laquelle nous avions fait placer divers motifs des airs bohémiens qu'Albert joue avec tant d'âme et de religion, on lui fit entendre le cantique à la Vierge avec lequel vous l'aviez charmé autrefois.

« O Consuelo de mi alma... »

« A ce moment, Albert, qui s'était montré légèrement ému à l'audition des chants de notre vieille Bohême, se jeta dans mes bras en fondant en larmes, et en s'écriant: « O ma mère! ô ma mère! »

« Marcus fit cesser la musique, il était content de l'émotion produite; il ne voulait pas en abuser pour une première fois. Albert avait parlé, il m'avait reconnue, il avait retrouvé la force d'aimer. Bien des jours se passèrent encore avant que son esprit eût recouvré toute sa liberté. Il n'eut cependant aucun accès de délire. Lorsqu'il paraissait fatigué de l'exercice de ses facultés, il retombait dans un morne silence; mais insensiblement sa physionomie prenait une expression moins sombre, et peu à peu nous combattîmes avec douceur et ménagement cette disposition taciturne. Enfin nous eûmes le bonheur de voir disparaître en lui ce besoin de repos intellectuel, et il n'y eut plus de suspension dans le travail de sa pensée qu'aux heures d'un sommeil régulier, paisible, et à peu près semblable à celui des autres hommes; Albert retrouva la conscience de sa vie, de son amour pour vous et pour moi, de sa charité et de son enthousiasme pour ses semblables et pour la vertu, de sa foi, et de son besoin de la faire triompher. Il continua de vous chérir sans amertume, sans méfiance, et sans regret de tout ce qu'il avait souffert pour vous. Mais, malgré le soin qu'il prit de nous rassurer et nous montrer son courage et son abnégation, nous vîmes bien que sa passion n'avait rien perdu de son intensité. Il avait acquis seulement plus de force morale et physique pour la supporter; nous ne cherchâmes point à la combattre. Loin de là, nous unissions nos efforts, Marcus et moi, pour lui donner de l'espérance, et nous résolûmes de vous instruire de l'existence de cet époux nouveau, portiez le deuil religieusement, non pas sur vos vêtements, mais dans votre âme. Mais Albert, avec une résignation généreuse et un sens juste de sa situation à votre égard, nous empêcha de nous hâter. Elle ne m'a pas aimé d'amour, nous dit-il; elle a eu pitié de moi dans mon agonie; elle ne se fût pas engagée sans terreur et peut-être ne songeâmes désespoir à passer sa vie avec moi. Elle reviendrait à moi par devoir maintenant. Quel malheur serait le mien de lui ravir sa liberté, les émotions de son art, et peut-être les joies d'un nouvel amour! C'est bien assez d'avoir été l'objet de sa compassion; ne me réduisez pas à être celui de son pénible dévouement. Laissez-la vivre; laissez-lui connaître les plaisirs de l'indépendance, les enivrements de la gloire, et de plus grands bonheurs encore s'il le faut! Ce n'est pas pour moi que je l'aime, et s'il est trop vrai qu'elle soit nécessaire à mon bonheur, je saurai bien renoncer à être heureux, pourvu que mon sacrifice lui profite! D'ailleurs, suis-je né pour le bonheur? Y ai-je droit lorsque tout souffre et gémit dans le monde? N'ai-je pas d'autres devoirs que celui de travailler à ma propre satisfaction? Ne trouverai-je pas dans l'exercice de ces devoirs la force de m'oublier et de ne plus rien désirer pour moi-même? Je veux du moins le tenter; si je succombe, vous prendrez pitié de moi, vous travaillerez à me donner du courage; cela vaudra mieux que de me bercer de vaines espérances, et de me rappeler sans cesse que mon cœur est malade et dévoré de l'égoïste désir d'être heureux. Aimez-moi, ô mes amis! bénissez-moi, ô ma mère, et ne me parlez pas de ce qui m'ôte la force et la vertu, quand malgré moi je sens l'aiguillon de mes tourments! Je sais bien que le plus grand mal que j'aie subi à Riesenburg, c'est celui que j'ai fait aux autres. Je redeviendrais fou, je mourrais peut-être en blasphémant, si je voyais Consuelo souffrir les angoisses que je n'ai pas su épargner aux autres objets de mon affection.

« Sa santé paraissait complètement rétablie, et d'autres secours que ceux de ma tendresse l'aidaient à combattre sa malheureuse passion. Marcus et quelques-uns des chefs de notre ordre l'initiaient avec ferveur aux mystères de notre entreprise. Il trouvait des joies sérieuses et mélancoliques dans ces vastes projets, dans ces espérances hardies, et surtout dans ces longs entretiens philosophiques où, s'il ne rencontrait pas toujours une entière similitude d'opinions entre lui et ses nobles amis, il sentait du moins son âme en contact avec la leur dans tout ce qui tenait au sentiment profond et ardent, à l'amour du bien, au désir de la justice et de la vérité. Cette aspiration vers les choses idéales, longtemps comprimée et refoulée en lui par les étroites terreurs de sa famille, trouvait enfin un libre espace pour se développer, et ce développement, secondé par de nobles sympathies, excité même par de franches et amicales contradictions, était l'atmosphère vitale dans laquelle il pouvait respirer et agir, quoique dévoré d'une peine secrète. Albert est un esprit essentiellement métaphysique. Rien ne lui a jamais souri de la vie frivole où l'égoïsme cherche ses aliments. Il est né pour la contemplation des plus hautes vérités et pour l'exercice des plus austères vertus; mais en même temps, par une perfection de beauté morale bien rare parmi les hommes, il est doué d'une âme essentiellement tendre et aimante. La charité ne lui suffit pas, il lui faut les affections. Son amour s'étend à tous, et pourtant il a besoin de se concentrer plus particulièrement sur quelques-uns. Il est fanatique de dévouement; mais sa vertu n'a rien de farouche. L'amour l'enivre, l'amitié le domine, et sa vie est un partage fécond, inépuisable entre l'être abstrait qu'il révère passionnément sous le nom d'humanité, et les êtres particuliers qu'il chérit avec délices. Enfin, son cœur sublime est un foyer d'amour; toutes les nobles passions y trouvent place et y vivent sans rivalité. Si l'on pouvait se représenter la Divinité sous l'aspect d'un être fini et périssable, j'oserais dire que l'âme de mon fils est l'image de l'âme universelle que nous appelons Dieu.

« Voilà pourquoi, faible créature humaine, infinie dans son aspiration et bornée dans ses moyens, il n'avait pu vivre auprès de ses parents. S'il ne les eût point ardemment aimés, il eût pu se faire au milieu d'eux une vie à part, une foi robuste et calme, différente de la leur, et indulgente pour leur aveuglement inoffensif; mais cette force eût réclamé une certaine froideur qui lui était aussi impossible qu'elle me l'avait été à moi-même. Il n'avait pas su vivre isolé d'esprit et de cœur; il avait invoqué avec angoisse leur adhésion, et appelé avec désespoir la communion des idées entre lui et ces êtres qui lui étaient si chers. Voilà pourquoi, enfermé seul dans la muraille d'airain de leur obstination catholique, de leurs préjugés sociaux et de leur haine pour la religion de l'égalité, il s'était brisé contre leur sein en gémissant; il s'était desséché comme une plante privée de rosée, en appelant la pluie du ciel qui lui eût donné une existence commune avec les objets de son affection. Lassé de souffrir seul, d'aimer seul, de croire et de prier seul, il avait cru retrouver la vie en vous, et lorsque vous aviez accepté et partagé ses idées, il avait recouvré le calme et la raison; mais vous ne partagiez pas ses sentiments, et votre séparation devait le replonger dans un isolement plus profond et plus insupportable. Sa foi, niée et combattue sans cesse, devint une torture au-dessus des forces humaines. Le vertige s'empara de lui. Ne pouvant retremper l'essence la plus sublime de sa vie dans des âmes semblables à la sienne, il dut se laisser mourir.

« Dès qu'il eut trouvé ces cœurs faits pour le comprendre et le seconder, nous fûmes étonnés de la douceur de sa discussion, de sa tolérance, de sa confiance et de sa modestie. Nous avions craint, d'après son passé, quelque chose de trop farouche, des opinions trop personnelles, une âpreté de paroles respectable dans un esprit convaincu et enthousiaste, mais dangereuse à ses progrès, et nuisible à une association du genre de la nôtre. Il nous étonna par la candeur de son caractère et le charme de son commerce. Lui qui nous rendait meilleurs et plus forts en nous parlant et en nous enseignant, il se persuada de recevoir de nous tout ce qu'il nous donnait. Il fut bientôt ici l'objet d'une vénération sans bornes, et vous ne devez pas vous étonner que tant de gens se soient occupés de vous ramener vers lui lorsque vous saurez que son bonheur devint le but des efforts communs, le besoin de tous ceux qui l'avaient approché, ne fût-ce qu'un instant. »

XXXVI.

« Mais le cruel destin de notre race n'était pas encore accompli. Albert devait souffrir encore, son cœur devait saigner éternellement pour cette famille, innocente de tous ses maux, mais condamnée par une bizarre fatalité à le briser en se brisant contre lui. Nous lui avions caché, aussitôt qu'il avait eu la force de supporter cette nouvelle, la mort de son respectable père, arrivée peu de temps après la sienne propre : car il faut bien que je me serve de cette étrange expression pour caractériser un événement si étrange. Albert avait pleuré son père avec un attendrissement enthousiaste, avec la certitude qu'il n'avait pas quitté cette vie pour entrer dans le néant du paradis ou de l'enfer des catholiques, avec l'espèce de joie solennelle que lui inspirait l'espoir d'une vie meilleure et plus large ici-bas pour cet homme pur et digne de récompense. Il s'affligeait donc beaucoup plus de l'abandon où restaient ses autres parents, le baron Frédéric et la chanoinesse Wenceslawa, que du départ de son père. Il se reprochait de goûter loin d'eux des consolations qu'ils ne partageaient pas, et il avait résolu d'aller les rejoindre pour quelque temps, de leur faire connaître le secret de sa guérison, de sa résurrection miraculeuse, et d'établir leur existence de la manière la plus heureuse possible. Il ignorait la disparition de sa cousine Amélie, arrivée durant sa maladie à Riesenburg, et qu'on lui avait cachée avec soin pour lui épargner un chagrin de plus. Nous n'avions pas jugé à propos de l'en instruire, nous n'avions pas pu soustraire ma malheureuse nièce à un égarement déplorable, et lorsque nous allions nous emparer de son séducteur, l'orgueil moins indulgent des Rudolstadt saxons nous avait devancés. Ils avaient fait arrêter secrètement Amélie sur les terres de Prusse, où elle se flattait de trouver un refuge; ils l'avaient livrée à la rigueur du roi Frédéric, et ce monarque leur avait donné cette gracieuse marque de protection, de faire enfermer une jeune fille infortunée dans la forteresse de Spandaw. Elle y a passé près d'un an dans une affreuse captivité, n'ayant pas de relations avec personne, et devant s'estimer heureuse de voir le secret de son déshonneur étroitement gardé par la généreuse protection du monarque geôlier.

— Oh! Madame, interrompit Consuelo avec émotion, est-elle donc encore à Spandaw?

— Nous venons de l'en faire sortir. Albert et Liverani n'ont pu l'enlever en même temps que vous, parce qu'elle était beaucoup plus étroitement surveillée; ses révoltes, ses imprudentes tentatives d'évasion, son impatience et ses emportements ayant aggravé les rigueurs de son esclavage. Mais nous avons d'autres moyens que ceux auxquels vous avez dû votre salut. Nos adeptes sont partout, et quelques-uns cultivent le crédit des cours afin de s'en servir pour la réussite de nos desseins. Nous avons fait obtenir pour Amélie la protection de la jeune margrave de Bareith, sœur du roi de Prusse, qui a demandé et obtenu sa mise en liberté, en promettant de se charger d'elle et de répondre de sa conduite à l'avenir. Dans peu de jours la jeune baronne sera auprès de la princesse Sophie Wilhelmine qui a le cœur aussi bon que la langue mauvaise, et qui lui accordera la même indulgence et la même générosité qu'elle a eues envers la princesse de Culmbach, une autre infortunée, flétrie aux yeux du monde comme Amélie, et qui a été victime comme elle du régime pénitentiaire des forteresses royales.

« Albert ignorait donc les malheurs de sa cousine, lorsqu'il prit la résolution d'aller voir son oncle et sa tante au château des Géants. Il n'eût pu se rendre compte de l'inertie de ce baron Frédéric, de la force animale de vivre, de chasser et de boire après tant de désastres, et l'impassibilité dévote de cette chanoinesse, qui craignait, en faisant des démarches pour retrouver sa parente, de donner plus d'éclat au scandale de son aventure. Nous avions combattu le projet d'Albert avec épouvante, mais il y avait persisté à notre insu. Il partit un beau matin en nous laissant une lettre qui nous promettait un prompt retour. Son absence fut courte en effet; mais qu'il en rapporta de douleurs!

« Couvert d'un déguisement, il pénétra en Bohême, et alla surprendre le solitaire Zdenko dans la grotte du Schreckenstein. De là il voulait écrire à ses parents pour leur faire connaître la vérité, et pour les préparer à la commotion de son retour. Il connaissait Amélie pour la plus courageuse en même temps que la plus frivole, et c'était à elle qu'il comptait envoyer sa première missive par Zdenko. Au moment de le faire, et comme Zdenko était sorti sur la montagne, c'était à l'approche de l'aube, il entendit un coup de fusil et un cri déchirant. Il s'élance dehors, et le premier objet qui frappe ses yeux, c'est Zdenko rapportant dans ses bras Cynabre ensanglanté. Courir vers son pauvre vieux chien, sans songer à se cacher le visage, fut le premier mouvement d'Albert; mais comme il rapportait l'animal fidèle, blessé à mort, vers l'endroit appelé la *Cave du moine*, il vit accourir vers lui autant que le permettaient la vieillesse et l'obésité, un chasseur jaloux de ramasser sa proie. C'était le baron Frédéric qui, chassant à l'affût, aux premières clartés du matin, avait pris, dans le crépuscule, la robe fauve de Cynabre pour le poil d'une bête sauvage. Il l'avait visé à travers les branches. Hélas! il avait encore le coup d'œil juste et la main sûre, il l'avait touché, il lui avait mis deux balles dans le flanc. Tout à coup il aperçut Albert, et, croyant voir un spectre, il s'arrêta glacé de terreur. N'ayant plus conscience d'aucun danger réel, il recula jusqu'au bord du sentier escarpé qu'il côtoyait, et roula dans un précipice où il tomba brisé sur les rochers. Il expira sur le coup, à la place fatale où s'était élevé, pendant des siècles, l'arbre maudit, le fameux chêne du Schreckenstein, appelé *le Hussite*, témoin et complice jadis des plus horribles catastrophes.

« Albert vit tomber son parent et quitta Zdenko pour courir vers le bord de l'abîme. Il vit alors les gens du baron qui s'empressaient à le relever en remplissant l'air de leurs gémissements, car il ne donnait plus signe de vie. Albert entendit ces mots s'élever jusqu'à lui : « Il est mort, notre pauvre maître! Hélas! que va dire madame la chanoinesse! » Albert ne songeait plus à lui-même, il cria, il appela. Aussitôt qu'on l'eut aperçu, une terreur panique s'empara de ces crédules serviteurs. Ils abandonnaient déjà le corps de leur maître pour fuir, lorsque le vieux Hanz, le plus superstitieux et aussi le plus courageux de tous, les arrêta et leur dit en faisant le signe de la croix :

« — Mes enfants, ce n'est pas notre maître Albert qui nous apparaît. C'est l'esprit du Schreckenstein qui a pris sa figure pour nous faire tous périr ici, si nous sommes lâches. Je l'ai bien vu, c'est lui qui a fait tomber monsieur le baron. Il veut emporter son corps pour le dévorer, c'est un vampire! Allons! du cœur, mes enfants. On dit que le diable est poltron. Je vais le coucher en joue; pendant ce temps, dites la prière d'exorcisme de monsieur le chapelain. »

« — En parlant ainsi, Hanz, ayant fait encore plusieurs signes de croix, leva son fusil et tira sur Albert, tandis que les autres valets se serraient autour du cadavre du baron. Heureusement Hanz était trop ému et trop épouvanté pour viser juste : il agissait dans une sorte de délire. La balle siffla néanmoins sur la tête d'Albert, car Hanz était le meilleur tireur de toute la contrée, et, s'il eût été de sang-froid, il eût infailliblement tué mon fils. Albert s'arrêta irrésolu.

« — Courage, enfants, courage! cria Hanz en rechargeant son fusil. Tirez dessus, il a peur! Vous ne le tuerez pas, les balles ne peuvent pas l'atteindre, mais vous le ferez reculer, et nous aurons le temps d'emporter le corps de notre pauvre maître. »

« Albert, voyant tous les fusils dirigés sur lui, s'enfonça dans le taillis, et descendant sans être vu la pente de la montagne, s'assura bientôt par ses yeux de l'horrible vérité. Le corps brisé de son malheureux oncle gisait sur les pierres ensanglantées. Son crâne était ouvert, et le vieux Hanz criait d'une voix désolée ces paroles épouvantables :

« — Ramassez sa cervelle et n'en laissez pas sur les rochers; car le chien du vampire viendrait la lécher.

« — Oui, oui, il y avait un chien, répondait un autre serviteur, un chien que j'ai d'abord pris pour Cynabre.

« — Mais Cynabre a disparu depuis la mort du comte Albert, disait un troisième, on ne l'a plus revu nulle part; il sera mort dans quelque coin, et le Cynabre que nous avons vu là-haut est une ombre, comme ce vampire est une ombre aussi, ressemblant au comte Albert. Abominable vision, je l'aurai toujours devant les yeux. Seigneur Dieu! ayez pitié de nous et de l'âme de monsieur le baron mort sans sacrements, par la malice de l'esprit.

« — Hélas! je lui disais bien qu'il lui arriverait malheur, reprenait Hanz d'un ton lamentable, en rassemblant les lambeaux de vêtements du baron avec des mains teintes de son sang; il voulait toujours venir chasser dans cet endroit trois fois maudit! Il se persuadait que, parce que personne n'y venait, tout le gibier de la forêt s'y était remisé; et Dieu sait pourtant qu'il n'y a jamais eu d'autre gibier sur cette infernale montagne que celui qui pendait encore, dans ma jeunesse, aux branches du chêne. Maudit hussite! arbre de perdition! le feu du ciel l'a dévoré; mais tant qu'il en restera une racine dans la terre, les méchants hussites reviendront ici pour se venger des catholiques. Allons, allons, disposez vite ce brancard et partons! on n'est pas en sûreté ici. Ah! madame la chanoinesse, pauvre maîtresse, que va-t-elle devenir! Qui est-ce qui osera se présenter le premier devant elle, pour lui dire, comme les autres jours: « Voilà monsieur le baron qui revient de la chasse. » Elle dira: « Faites bien vite servir le déjeuner : « Ah! oui, le déjeuner ! il se passera bien du temps avant que personne ait de l'appétit dans le château. Allons! allons! c'est trop de malheurs dans cette famille, et je sais bien d'où cela vient, moi! »

« Tandis qu'on plaçait le cadavre sur le brancard, Hanz, pressé de questions, répondit en secouant la tête:

« — Dans cette famille-là, tout le monde était pieux et mourait chrétiennement, jusqu'au jour où la comtesse Wanda, à qui Dieu fasse miséricorde, est morte sans confession. Depuis ce temps, il faut que tous finissent de même. Monsieur le comte Albert n'est point mort en état de grâce, quoi qu'on ait pu lui dire, et son digne père en a porté la peine: il a rendu l'âme sans savoir ce qu'il faisait; en voilà encore un qui s'en va sans sacrements, et je parie que la chanoinesse finira aussi sans avoir le temps d'y songer. Heureusement pour cette sainte femme qu'elle est toujours en état de grâce! »

« Albert ne perdit rien de ces déplorables discours, expression grossière d'une douleur vraie, et reflet terrible de l'horreur fanatique dont nous étions l'objet tous les deux à Riesenburg. Longtemps frappé de stupeur, il vit défiler au loin, à travers les sentiers du ravin, le lugubre cortège, et n'osa pas le suivre, bien qu'il sentît que, dans l'ordre naturel des choses, il eût dû être le premier à porter cette triste nouvelle à sa vieille tante, pour l'assister dans sa mortelle douleur. Mais il est bien certain que, s'il l'eût fait, son apparition l'eût frappée de mort ou de démence. Il le comprit et se retira désespéré dans sa caverne, où Zdenko, qui n'avait rien vu de l'accident le plus grave de cette funeste matinée, était occupé à laver le sang de Cynabre; mais il était trop tard. Cynabre, en voyant rentrer son maître, fit entendre un gémissement de détresse, rampa jusqu'à lui malgré ses reins brisés, et vint expirer à ses pieds, en recevant ses dernières caresses. Quatre jours après, nous vîmes revenir Albert, pâle et accablé de ces nouveaux coups. Il demeura plusieurs jours sans parler et sans pleurer. Enfin ses larmes coulèrent dans mon sein.

« Je suis maudit parmi les hommes, me dit-il, et il semble que Dieu veuille me fermer l'accès de ce monde, où n'aurais dû aimer personne. Je n'y peux plus reparaître sans y porter l'épouvante, la mort ou la folie. C'en est fait, je ne dois plus revoir ceux qui ont pris soin de mon enfance. Leurs idées sur la séparation éternelle de l'âme et du corps sont si absolues, si effrayantes, qu'ils aiment mieux me croire à jamais enchaîné dans le tombeau que d'être exposés à revoir mes traits sinistres. Étrange et affreuse notion de la vie! Les morts deviennent des objets de haine à ceux qui les ont le plus chéris, et si leur spectre apparaît, on les suppose vomis par l'enfer au lieu de les croire envoyés du ciel. Ô mon pauvre oncle! ô mon noble père! vous étiez des hérétiques à mes yeux comme je l'étais moi-même aux vôtres; et pourtant, si vous m'apparaissiez, si j'avais le bonheur de revoir votre image détruite par la mort, je la recevrais à genoux, je lui tendrais les bras, je la croirais détachée du sein de Dieu, où les âmes vont se retremper, et où les formes se recompo-

sent. Je ne vous dirais pas vos abominables formules de renvoi et de malédiction, exorcismes impies de la peur et de l'abandon; je vous appellerais au contraire; je voudrais vous contempler avec amour et vous retenir autour de moi comme des influences secourables. Ô ma mère! c'en est fait; il faut que je sois mort pour eux! qu'ils meurent par moi ou sans moi! »

Albert n'avait quitté sa patrie qu'après s'être assuré que la chanoinesse avait résisté à ce dernier choc du malheur. Cette vieille femme, aussi malade et aussi fortement trempée que moi-même, sait vivre aussi par le sentiment du devoir. Respectable dans ses convictions et dans son infortune, elle compte avec résignation les jours amers que la volonté de Dieu lui impose encore. Mais dans sa douleur, elle conserve une certaine raideur orgueilleuse qui survit aux affections. Elle disait dernièrement à une personne qui nous l'a écrit: « Si on ne supportait pas la vie par devoir, il faudrait encore la supporter par respect pour les convenances. » Ce mot vous peint toute la chanoinesse.

« Dès lors Albert ne songea plus à nous quitter, et son courage sembla grandir dans les épreuves. Il sembla avoir vaincu même son amour, et se rejetant dans une vie toute philosophique, il ne parut plus occupé que de religion, de science morale et d'action révolutionnaire; et il se livra aux travaux les plus sérieux, et sa vaste intelligence prit ainsi un développement aussi serein et aussi magnifique que son triste cœur en avait eu un excessif et fiévreux loin de nous. Cet homme bizarre, dont le délire avait consterné les âmes catholiques, devint un flambeau de sagesse pour des esprits d'un ordre supérieur. Il fut initié aux plus intimes confidences des Invisibles, et prit rang parmi les chefs et les pères de cette église nouvelle. Il leur porta bien des lumières qu'ils reçurent avec amour et reconnaissance. Les réformes qu'il proposa furent consenties, et dans l'exercice d'une foi militante, il revint à l'espérance et à la sérénité d'âme qui fait les héros et les martyrs.

« Nous pensions qu'il avait triomphé de son amour pour vous, tant il avait pris de soin de nous cacher ses combats et ses souffrances. Mais un jour, la correspondance des adeptes, sans qu'il lui fût possible de lui cacher, apporta dans notre sanctuaire un avis cruel, malgré l'incertitude dont il restait entouré. Vous passiez à Berlin dans l'esprit de quelques personnes pour la maîtresse du roi de Prusse, et les apparences ne démentaient pas cette supposition; Albert ne dit rien et devint pâle.

« — Mon amie bien-aimée, me dit-il après quelques instants de silence, cette fois tu me laisseras partir sans rien craindre; le devoir de mon amour m'appelle à Berlin, ma place est auprès de celle que j'aime et qui a accepté ma protection. Je ne m'arroge aucun droit sur elle; si elle est enivrée du triste honneur qu'on lui attribue, je n'userai d'aucune autorité pour l'y faire renoncer; mais si, comme j'en suis certain, elle est environnée de pièges et de dangers, je saurai l'y soustraire.

« — Arrêtez, Albert, lui dis-je, et craignez la puissance de cette fatale passion qui vous a déjà fait tant de mal; le mal qui vous viendra de ce côté-là est le seul au-dessus de vos forces. Je vois bien que vous ne vivez plus que par la vertu et votre amour. Si cet amour périt en vous, la vertu vous suffira-t-elle?

« — Et pourquoi mon amour périrait-il? reprit Albert avec exaltation. Vous pensez donc qu'elle aurait déjà cessé d'en être digne?

« — Et si cela était, Albert, que ferais-tu? »

« Il sourit avec ces lèvres pâles et ce regard brillant qui lui donnent ses fortes et douloureuses pensées d'enthousiasme.

« — Si cela était, répondit-il, je continuerais à l'aimer; car le passé n'est point un rêve qui s'efface en moi, et vous savez que je l'ai souvent confondu avec le présent au point de ne plus distinguer l'un de l'autre. Eh bien, je ferais encore ainsi; j'aimerais dans le passé cette figure d'ange, cette âme de poète, dont ma sombre vie a été éclairée et embrassée soudainement. Et je ne m'apercevrais pas que le passé est derrière moi, j'en garderais dans mon sein la trace brûlante, l'être égaré, l'ange tombé m'inspirerait tant de sollicitude et de tendresse encore, que ma vie serait consacrée à le consoler de sa chute et à le soustraire au mépris des hommes cruels. »

« Albert partit pour Berlin avec plusieurs de nos amis, et eut pour prétexte auprès de la princesse Amélie, sa protectrice, de l'entretenir de Trenck, alors prisonnier à Glatz, et des opérations maçonniques auxquelles elle est initiée. Vous l'avez vu présidant une loge de rose-croix, et il n'a pas su à cette époque que Cagliostro, informé malgré nous de ses secrets, s'était servi de cette circonstance pour ébranler votre raison en vous le faisant voir à la dérobée comme un spectre. Pour ce seul fait d'avoir laissé jeter à une personne *profane* un coup d'œil sur les mystères maçonniques, l'intrigant Cagliostro eût mérité d'en être à jamais exclu. Mais on l'ignora assez longtemps, et vous devez vous rappeler la terreur qu'il éprouvait en vous conduisant auprès du *Temple*. Les peines applicables à ces sortes de trahisons sont sévèrement châtiées par les adeptes, et le magicien, en faisant servir les mystères de son ordre aux prétendus prodiges de son art merveilleux, risquait plus d'une fois, tout au moins sa grande réputation de nécromancien, car on l'eût démasqué et chassé immédiatement.

« Dans le court et mystérieux séjour qu'il fit à Berlin à cette époque, Albert sut pénétrer assez avant dans vos démarches et dans vos pensées pour se rassurer sur votre situation. Il vous surveilla de près à votre insu, et revint, tranquille en apparence, mais plus ardemment épris de vous que jamais. Durant plusieurs mois, il voyagea à l'étranger, et servit notre cause avec activité. Mais ayant été averti que quelques intrigants, peut-être espions du roi de Prusse, tentaient d'ourdir à Berlin une conspiration particulière, dangereuse pour l'existence de la maçonnerie, et probablement funeste pour le prince Henri et pour sa sœur l'abbesse de Quedlimbourg, Albert courut à Berlin, afin d'avertir ces princes de l'absurdité d'une telle tentative, et de les mettre en garde contre le piège qu'elle lui semblait couvrir. Vous le vîtes alors ; et, quoique épouvantée de son apparition, vous montrâtes tant de courage ensuite, et vous exprimâtes à ses amis tant de dévouement et de respect pour sa mémoire, qu'il retrouva l'espoir d'être aimé de vous. Il fut donc résolu qu'on vous apprendrait la vérité de son existence par une suite de révélations mystérieuses. Il a été souvent près de vous, et caché jusque dans votre appartement, durant vos entretiens orageux avec le roi, sans que vous en eussiez connaissance. Pendant ce temps, les conspirateurs s'irritaient des obstacles qu'Albert et ses amis apportaient à leurs desseins coupables ou insensés. Frédéric II eut des soupçons. L'apparition de la *balayeuse*, ce spectre que tous les conspirateurs promènent dans les galeries du palais, pour y fomenter le désordre et la peur, éveilla sa surveillance. La création d'une loge maçonnique, à la tête de laquelle se plaça le prince Henri, et qui se trouva, du premier coup, en dissidence de doctrines avec celle que préside le roi en personne, parut à ce dernier un acte significatif de révolte ; et peut-être, en effet, cette création de la nouvelle loge était-elle un masque maladroit que prenaient certains conjurés, ou une tentative pour compromettre d'illustres personnages. Heureusement ils s'en garantirent ; et le roi, furieux en apparence de ne trouver que d'obscurs coupables, mais satisfait en secret de n'avoir pas à sévir contre sa propre famille, voulut au moins faire un exemple. Mon fils, le plus innocent de tous, fut arrêté et transféré à Spandaw, presque en même temps que vous, dont l'innocence n'était pas moins avérée ; mais vous aviez eu tous deux le tort de ne vouloir vous sauver aux dépens de personne, et vous payâtes pour tous les autres. Vous avez passé plusieurs mois en prison, non loin de la cellule d'Albert, et vous avez dû entendre les accents passionnés de son archet, comme il a entendu ceux de votre voix. Il avait à sa disposition des moyens d'évasion prompts et certains ; mais il ne voulut point en user avant d'avoir assuré la vôtre. La clef d'or est plus forte que tous les verrous des prisons royales ; et les geôliers prussiens, soldats mécontents ou officiers en disgrâce pour la plupart, sont éminemment corruptibles. Albert s'évada en même temps que vous, mais vous ne le vîtes pas ; et, pour des raisons que vous saurez plus tard, Liverani fut chargé de vous amener ici. Maintenant vous savez le reste. Albert vous aime plus que jamais ; mais il vous aime plus que lui-même, et il sera mille fois moins malheureux de votre bonheur avec un autre qu'il ne le serait du sien propre, si vous ne le partagiez pas entièrement. Les lois morales et philosophiques, l'autorité religieuse, sous lesquelles vous vous trouvez désormais placés l'un et l'autre, permettent son sacrifice, et rendent votre choix libre et respectable. Choisissez donc, ma fille ; mais souvenez-vous que la mère d'Albert vous demande à genoux de ne pas porter atteinte à la sublime candeur de son fils, en lui faisant un sacrifice dont l'amertume retomberait sur sa vie. Votre abandon le fera souffrir, mais votre pitié, sans votre amour, le tuera. L'heure est venue de vous prononcer. Je ne dois pas savoir votre décision. Passez dans votre chambre ; vous y trouverez deux parures bien différentes : celle que vous choisirez décidera du sort de mon fils.

« — Et laquelle des deux doit signifier de mon divorce avec lui? demanda Consuelo toute tremblante.

« — J'étais chargée de vous l'apprendre ; mais je ne le ferai point. Je veux savoir si vous le devinerez. »

La comtesse Wanda, ayant ainsi parlé, replaça son masque, pressa Consuelo contre son cœur et s'éloigna rapidement.

XXXVII.

Les deux habits que la néophyte trouva étalés dans sa chambre étaient une brillante parure de mariée, et un vêtement de deuil avec tous les signes distinctifs du veuvage. Elle hésita quelques instants. Sa résolution, quant au choix de l'époux, était prise, mais lequel de ces deux costumes témoignerait extérieurement de son intention ? Après un peu de réflexion, elle revêtit l'habit blanc, le voile, les fleurs et les perles de la fiancée. Cet ajustement était d'un goût chaste et d'une élégance extrême. Consuelo fut bientôt prête ; mais en se regardant au miroir encadré de sentences menaçantes, elle n'eut plus envie de sourire comme la première fois. Une pâleur mortelle était sur ses traits, et l'effroi dans son cœur. Quelque parti qu'elle eût résolu de prendre, elle sentait qu'il lui resterait un regret ou un remords, qu'une âme serait brisée par son abandon ; et la sienne éprouvait par avance un déchirement affreux. En voyant ses joues et ses lèvres, aussi blanches que son voile et son bouquet d'oranger, elle craignit également pour Albert et pour Liverani l'aspect d'une émotion si violente, et elle fut tentée de se mettre du fard ; mais elle y renonça aussitôt : « Si mon visage ment, pensa-t-elle, mon cœur pourra-t-il donc mentir ? »

Elle s'agenouilla contre son lit, et cachant son visage dans les draperies, elle resta absorbée dans une méditation douloureuse jusqu'au moment où la pendule sonna minuit. Elle se leva aussitôt, et vit un *Invisible* à masque noir debout derrière elle. Je ne sais quel instinct lui fit présumer que c'était Marcus. Elle ne se trompait pas, et pourtant, il ne se fit point connaître à elle, et se contenta de lui dire d'une voix basse et triste :

« Madame, tout est prêt. Veuillez vous couvrir de ce manteau, et me suivre. »

Consuelo suivit l'*Invisible* jusqu'au fond du jardin, à l'endroit où le ruisseau se perdait sous l'arcade verdoyante du parc. Là, elle trouva une gondole découverte, toute noire, toute semblable aux gondoles de Venise, et dans le rameur gigantesque qui se tenait à la proue, elle reconnut Karl, qui fit un signe de croix en la voyant.

C'était sa manière de témoigner la plus grande joie possible.

« M'est-il permis de lui parler? demanda Consuelo à son guide.

— Vous pouvez, répondit celui-ci, lui dire quelques mots à haute voix.

— Eh bien, cher Karl, mon libérateur et mon ami, dit Consuelo émue de revoir un visage connu après une si longue réclusion parmi des êtres mystérieux, puis-je espérer que rien ne trouble le plaisir que tu as de me retrouver?

— Rien! signora, répondit Karl d'une voix assurée; rien, si ce n'est le souvenir de *celle*... qui n'est plus de ce monde, et que je crois toujours voir à côté de vous. Courage et contentement, ma bonne maîtresse, ma bonne sœur! nous voici comme la nuit où nous nous évadions de Spandaw!

— C'est aussi un jour de délivrance, frère! dit Marcus. Allons, vogue avec l'adresse et la vigueur dont tu es doué, et qu'égalent maintenant la prudence de ta langue et la force de ton âme. Ceci ressemble en effet à une fuite, Madame, ajouta-t-il en s'adressant à Consuelo; mais le principal libérateur n'est plus le même... »

En prononçant ces derniers mots, Marcus lui présentait la main pour l'aider à s'asseoir sur le banc garni de coussins. Il la sentit trembler légèrement au souvenir de Liverani, et la pria de se couvrir le visage pour quelques instants seulement. Consuelo obéit, et la gondole, emportée par le bras robuste du déserteur, glissa rapidement sur les eaux sombres et muettes.

Au bout d'un trajet dont la durée ne put guère être appréciée par la pensive Consuelo, elle entendit de loin de voix et d'instruments à quelque distance; la barque se ralentit, et reçut sans s'arrêter tout à fait de légères secousses d'un atterrissement. Le capuchon tomba doucement, et la néophyte crut passer d'un rêve dans un autre, en contemplant le spectacle féerique offert à ses regards. La barque côtoyait, en l'effleurant, une rive aplanie, jonchée de fleurs et de frais herbages. L'eau du ruisseau, élargie et immobile dans un vaste bassin, était comme embrasée, et reflétait des colonnades de lumières qui se tordaient en serpenteaux de feu, ou se brisaient en pluie d'étincelles sous le sillage lent et mesuré de la gondole. Une musique admirable remplissait l'air sonore, et semblait planer sur les buissons de roses et de jasmins embaumés. Quand les yeux de Consuelo se furent habitués à cette clarté soudaine, elle put les fixer sur la façade illuminée du palais qui s'élevait à très-peu de distance, et qui se plongeait dans le miroir du bassin avec une splendeur magique. Cet édifice élégant qui se dessinait sur le ciel constellé, ces voix harmonieuses, ce concert d'instruments excellents, ces fenêtres ouvertes devant lesquelles, entre les rideaux de pourpre embrasés par la lumière, Consuelo voyait s'agiter mollement des hommes et des femmes richement parés, étincelants de broderies, de diamants, d'or et de perles, avec ces têtes poudrées, qui donnaient à l'aspect général des réunions de ce temps-là un reflet de blancheur, un je ne sais quoi d'efféminé et de fantastique; toute cette fête princière, combinée avec la beauté d'une nuit tiède et sereine qui jetait des bouffées de parfums et de fraîcheur jusque dans les salles resplendissantes, remplit Consuelo d'une vive émotion, et lui causa une sorte d'enivrement. Elle, la fille du peuple, mais la reine des fêtes patriciennes, elle ne pouvait voir un spectacle de ce genre, après tant de jours de captivité, de solitude et de sombres rêveries, sans éprouver une sorte d'élan, un besoin de chanter, un tressaillement singulier à l'approche d'un public. Elle se leva donc debout dans la barque, qui se rapprochait du château de plus en plus, et soudainement exaltée par le chœur de Hændel:

Chantons la gloire
De Juda vainqueur!

elle oublia toutes choses pour mêler sa voix à ce chant d'enthousiasme grandiose.

Mais une nouvelle secousse de la barque, qui, en rasant les bords de l'eau, rencontrait quelquefois une branche, ou une touffe d'herbe, la fit trébucher. Forcée de se retenir à la première main qui s'offrit pour la soutenir, elle s'aperçut seulement alors qu'il y avait un quatrième personnage dans la barque, un invisible masqué, qui n'y était certainement pas lorsqu'elle y était entrée.

Un vaste manteau gris sombre à longs plis, un chapeau à grands bords posé d'une certaine façon, je ne sais quoi dans les traits de ce masque, à travers lequel la physionomie humaine semblait parler; mais, plus que tout le reste, la pression de la main tremblante qui ne voulait plus se détacher de la sienne, firent reconnaître à Consuelo l'homme qu'elle aimait, le chevalier Liverani, tel qu'il s'était montré à elle la première fois sur l'étang de Spandaw. Alors la musique, l'illumination, le palais enchanté, la fête enivrante, et jusqu'à l'approche du moment solennel qui devait fixer sa destinée, tout ce qui n'était pas l'émotion présente, s'effaça de la mémoire de Consuelo. Agitée et comme vaincue par une force surhumaine, elle retomba palpitante sur les coussins de la barque, auprès de Liverani. L'autre inconnu, Marcus, était debout à la proue, et leur tournait le dos. Le jeûne, le récit de la comtesse Wanda, l'attente d'un dénoûment terrible, l'inattendu de cette fête saisie au passage, avaient brisé toutes les forces de Consuelo. Elle ne sentait plus que la main de Liverani étreignant la sienne, son bras effleurant sa taille pour être prêt à l'empêcher de s'éloigner de lui, et ce trouble divin que la présence de l'objet aimé répand jusque dans l'air qu'on respire. Consuelo resta quelques minutes ainsi, ne voyant pas plus le palais étincelant que s'il fût rentré dans la nuit profonde, n'entendant plus rien que le souffle brûlant de son amant auprès d'elle, et les battements de son propre cœur.

« Madame, dit Marcus en se retournant tout à coup vers elle, ne connaissez-vous pas l'air qu'on chante maintenant, et ne vous plairait-il pas de vous arrêter pour entendre ce magnifique ténor?

— Quels que soient l'air et la voix, répondit Consuelo préoccupée, arrêtons-nous ou continuons; que votre volonté soit faite. »

La barque touchait presque au pied du château. On pouvait distinguer les figures placées dans l'embrasure des fenêtres, et même celles qui passaient dans la profondeur des appartements. Ce n'étaient plus des spectres flottants comme dans un rêve, mais des personnages réels, des seigneurs, de grandes dames, des savants, des artistes, dont plusieurs n'étaient pas inconnus à Consuelo. Mais elle ne fit aucun effort de mémoire pour retrouver leurs noms, ni les théâtres ou les palais où elle les avait déjà aperçus. Le monde était redevenu tout à coup pour elle une lanterne magique sans signification et sans intérêt. Le seul être qui lui parût vivant dans l'univers, c'était celui dont la main brûlait furtivement la sienne sous les plis des manteaux.

« Ne connaissez-vous pas cette belle voix qui chante un air vénitien? » demanda de nouveau Marcus, surpris de l'immobilité et de l'apparente indifférence de Consuelo.

Et comme elle ne paraissait entendre ni la voix qui lui parlait ni celle qui chantait, il se rapprocha un peu et s'assit sur le banc vis-à-vis d'elle pour renouveler sa question.

« Mille pardons, Monsieur, répondit Consuelo après avoir fait un effort pour écouter; je n'y faisais pas attention. Je connais cette voix en effet, et cet air, c'est moi qui l'ai composé, il y a bien longtemps. Il est fort mauvais et fort mal chanté.

— Comment donc, reprit Marcus, s'appelle ce chanteur pour lequel vous me semblez trop sévère? Je le trouve admirable, moi!

— Ah! vous ne l'avez pas perdue? dit à voix basse Consuelo à Liverani qui venait de lui faire sentir dans le creux de sa main la petite croix de filigrane dont elle s'était séparée pour la première fois de sa vie, en la lui confiant durant son voyage de Spandaw à ***.

— Vous ne vous rappelez pas le nom de ce chanteur? reprit Marcus avec obstination en observant attentivement les traits de Consuelo.

— Pardon, Monsieur! répondit-elle avec un peu d'impatience, il s'appelle Anzoleto. Ah? le mauvais *ré!* il a perdu cette note.

— Ne souhaitez-vous pas voir son visage? Vous vous trompez peut-être. D'ici vous pourriez le distinguer parfaitement, car je le vois très-bien. C'est un bien beau jeune homme.

— A quoi bon le regarder? reprit Consuelo avec un peu d'humeur; je suis bien sûre qu'il est toujours le même. »

Marcus prit doucement la main de Consuelo, et Liverani le seconda pour la faire lever et regarder par la fenêtre toute grande ouverte. Consuelo qui eût résisté peut-être à l'un céda à l'autre, jeta un coup d'œil sur le chanteur, sur ce beau Vénitien qui était en ce moment le point de mire de plus de cent regards féminins, regards protecteurs, ardents et lascifs.

« Il est fort engraissé! dit Consuelo en se rasseyant et en résistant un peu à la dérobée aux doigts de Liverani, qui voulait lui reprendre la petite croix, et qui la reprit en effet.

— Est-ce là tout le souvenir que vous accordez à un ancien ami? reprit Marcus qui attachait toujours sur elle un regard de lynx à travers son masque.

— Ce n'est qu'un camarade, répondit Consuelo, et entre camarades, nous autres, nous ne sommes pas toujours amis.

— Mais n'auriez-vous pas quelque plaisir à lui parler? Si nous étions dans ce palais, et si l'on vous priait de chanter avec lui?

— Si c'est une *épreuve*, dit avec un peu de malice Consuelo qui commençait à remarquer l'insistance de Marcus, comme je dois vous obéir en tout, je m'y prêterai volontiers. Mais si c'est pour mon plaisir que vous me faites cette offre, j'aime mieux m'en dispenser.

— Dois-je arrêter ici, mon frère? demanda Karl en faisant un signe militaire avec la rame.

— Passe, frère, et pousse au large! répondit Marcus. »

Karl obéit, et au bout de quelques instants, la barque ayant traversé le bassin, s'enfonça sous des berceaux épais. L'obscurité devint profonde. Le petit fanal suspendu à la gondole jetait seul ses lueurs bleuâtres sur le feuillage environnant. De temps en temps, à travers des échappées de sombre verdure, on voyait encore scintiller faiblement au loin les lumières du palais. Les sons de l'orchestre s'évanouissaient lentement. La barque, en rasant la rive, effeuillait les rameaux en fleurs, et le manteau noir de Consuelo était semé de leurs pétales embaumés. Elle commençait à rentrer en elle-même, et à combattre cette indéfinissable volupté de l'amour et de la nuit. Elle avait retiré sa main de celle de Liverani, et son cœur se brisait à mesure que le voile d'ivresse tombait devant des lueurs de raison et de volonté.

« Écoutez, Madame! dit Marcus. N'entendez-vous pas d'ici les applaudissements de l'auditoire? Oui, vraiment! ce sont des battements de mains et des acclamations. On est ravi de ce qu'on vient d'entendre. Cet Anzoleto a un grand succès au palais.

— Ils ne s'y connaissent pas! » dit brusquement Consuelo en saisissant une fleur de magnolier que Liverani venait de cueillir au passage, et de jeter furtivement sur ses genoux.

Elle serra convulsivement cette fleur dans ses mains, et la cacha dans son sein, comme la dernière relique d'un amour indompté que l'épreuve fatale allait sanctifier ou rompre à jamais.

XXXVIII.

La barque prit terre définitivement à la sortie des jardins et des bois, dans un endroit pittoresque où le ruisseau s'enfonçait parmi des roches séculaires et cessait d'être navigable. Consuelo eut peu de temps pour contempler le paysage sévère éclairé par la lune. C'était toujours dans la vaste enceinte de la résidence; mais l'art ne s'était appliqué en ce lieu qu'à conserver à la nature sa beauté première : les vieux arbres semés au hasard dans de sombres gazons, les accidents heureux du terrain, les collines aux flancs âpres, les cascades inégales, les troupeaux de daims bondissants et craintifs.

Un personnage nouveau était venu fixer l'attention de Consuelo : c'était Gottlieb, assis négligemment sur le brancard d'une chaise à porteurs, dans l'attitude d'une attente calme et rêveuse. Il tressaillit en reconnaissant son amie de la prison; mais, sur un signe de Marcus, il s'abstint de lui parler.

« Vous défendez donc à ce pauvre enfant de me serrer la main? dit tout bas Consuelo à son guide.

— Après votre initiation, vous serez libre ici dans toutes vos actions, répondit-il de même. Contentez-vous maintenant de voir comme la santé de Gottlieb est améliorée et comme la force physique lui est revenue.

— Ne puis-je savoir, du moins, reprit la néophyte, s'il n'a souffert aucune persécution pour moi, après ma fuite de Spandaw? Pardonnez à mon impatience. Cette pensée n'a cessé de me tourmenter jusqu'au jour où je l'ai aperçu, passant auprès de l'enclos du pavillon.

— Il a souffert, en effet, répondit Marcus, mais peu de temps. Dès qu'il vous sut délivrée, il eut même un enthousiasme naïf d'y avoir contribué, et ses révélations involontaires durant son sommeil faillirent devenir funestes à quelques-uns d'entre nous. On voulut l'enfermer dans une maison de fous, autant pour le punir que pour l'empêcher de secourir d'autres prisonniers. Il s'enfuit alors, et comme nous avions l'œil sur lui, nous le fîmes amener ici, où nous lui avons prodigué les soins du corps et de l'âme. Nous le rendrons à sa famille et à sa patrie lorsque nous lui aurons donné la force et la prudence nécessaires pour travailler utilement à notre œuvre qui est devenue la sienne, car c'est un de nos adeptes les plus purs et les plus fervents. Mais la chaise est prête, Madame ; veuillez y monter. Je ne vous quitte pas, quoique je vous confie aux bras fidèles et sûrs de Karl et de Gottlieb. »

Consuelo s'assit docilement dans une chaise à porteurs, fermée de tous côtés, et ne recevant l'air que par quelques fentes pratiquées dans la partie qui regardait le ciel. Elle ne vit donc plus rien de ce qui se passait autour d'elle. Parfois elle vit briller les étoiles, et jugea ainsi qu'elle était encore en plein air ; d'autres fois elle vit cette transparence interceptée sans savoir si c'était par des bâtiments ou par l'ombrage épais des arbres. Les porteurs marchaient rapidement et dans le plus profond silence ; elle s'appliqua, durant quelque temps, à distinguer dans les pas qui criaient de temps à autre sur le sable, si quatre personnes ou seulement trois l'accompagnaient. Plusieurs fois elle crut saisir le pas de Liverani à droite de la chaise ; mais ce pouvait être une illusion, et, d'ailleurs, elle devait s'efforcer de n'y pas songer.

Lorsque la chaise s'arrêta et s'ouvrit, Consuelo ne put se défendre d'un sentiment d'effroi, en se voyant sous la herse, encore debout et sombre, d'un vieux manoir féodal. La lune donnait en pleine lumière sur le préau entouré de constructions en ruines, et rempli de personnages vêtus de blanc qui allaient et venaient, les uns isolés, les autres par groupes, comme des spectres capricieux. Cette arcade noire et massive de l'entrée faisait paraître le fond du tableau plus bleu, plus transparent et plus fantastique. Ces ombres errantes et silencieuses, ou se parlant à voix basse, leur mouvement sans bruit sur ces longues herbes de la cour, l'aspect de ces ruines que Consuelo reconnaissait pour celles où elle avait pénétré une fois, et où elle avait revu Albert, l'impressionnèrent tellement, qu'elle eut comme un mouvement de frayeur superstitieuse. Elle chercha instinctivement Liverani auprès d'elle. Il y était effectivement avec Marcus, mais l'obscurité de la voûte ne lui

Puis des spectres armés de glaives... (Page 444.)

permit pas de distinguer lequel des deux lui offrait la main; et cette fois, son cœur glacé par une tristesse subite et par une crainte indéfinissable, ne l'avertit pas.

On arrangea son manteau sur ses vêtements et le capuchon sur sa tête de manière à ce qu'elle pût tout voir sans être reconnue de personne. Quelqu'un lui dit à voix basse de ne pas laisser échapper un seul mot, une seule exclamation, quelque chose qu'elle pût voir; et elle fut conduite ainsi au fond de la cour, où un étrange spectacle s'offrit en effet à ses regards.

Une cloche au son faible et lugubre rassemblait les ombres en cet instant vers la chapelle ruinée où Consuelo avait naguère cherché, à la lueur des éclairs un refuge contre l'orage. Cette chapelle était maintenant illuminée de cierges disposés dans un ordre systématique. L'autel semblait avoir été relevé récemment; il était couvert d'un drap mortuaire et paré d'insignes bizarres, où les emblèmes du christianisme se trouvaient mêlés à ceux du judaïsme, à des hiéroglyphes égyptiens, et à divers signes cabalistiques. Au milieu du chœur, dont on avait rétabli l'enceinte avec des balustrades et des colonnes symboliques, on voyait un cercueil entouré de cierges, couvert d'ossements en croix, et surmonté d'une tête de mort dans laquelle brillait une flamme couleur de sang. On amena auprès de ce cénotaphe un jeune homme dont Consuelo ne put voir les traits; un large bandeau couvrait la moitié de son visage; c'était un récipiendaire qui paraissait brisé de fatigue ou d'émotion. Il avait un bras et une jambe nus, ses mains étaient attachées derrière son dos, et sa rose blanche était tachée de sang. Une ligature au bras semblait indiquer qu'il venait d'être saigné en effet. Deux ombres agitaient autour de lui des torches de résine enflammée et répandaient sur son visage et sur sa poitrine des nuages de fumée et de tourbillons d'étincelles. Alors commença entre lui et ceux qui présidaient la cérémonie, et qui portaient des signes distinctifs de leurs dignités diverses, un dialogue bizarre qui rappela à Consuelo celui que Cagliostro lui avait fait entendre à Berlin, entre Albert et des personnages inconnus. Puis, des spectres armés de glaives, et qu'elle entendit appeler les *Frères terribles*, couchèrent le récipiendaire sur les dalles, et appuyèrent sur son cœur la pointe de leurs armes, tandis que plusieurs autres commencèrent,

Et plusieurs adeptes s'étant armés de barre de fer... (Page 147.)

à grand cliquetis d'épées, un combat acharné, les uns prétendant empêcher l'admission du nouveau frère, le traitant de pervers, d'indigne et de traître, tandis que les autres disaient combattre pour lui au nom de la vérité et d'un droit acquis. Cette scène étrange émut Consuelo comme un rêve pénible. Cette lutte, ces menaces, ce culte magique, ces sanglots que de jeunes adolescents faisaient entendre autour du cercueil, étaient si bien simulés, qu'un spectateur non initié d'avance en eût été réellement épouvanté. Lorsque les *parrains* du récipiendaire l'eurent emporté dans la dispute et dans le combat contre les opposants, on le releva, on lui mit un poignard dans la main, et on lui ordonna de marcher devant lui, et de frapper quiconque s'opposerait à son entrée dans le temple.

Consuelo n'en vit pas davantage. Au moment où le nouvel initié se dirigeait, le bras levé, et dans une sorte de délire, vers une porte basse où on le poussait, les deux guides, qui n'avaient pas abandonné les bras de Consuelo, l'emmenèrent rapidement comme pour lui dérober la vue d'un spectacle affreux; et, lui rabattant le capuchon sur le visage, ils la conduisirent par de nombreux détours, et parmi des décombres où elle trébucha plus d'une fois, dans un lieu où régnait le plus profond silence. Là, on lui rendit la lumière, et elle se vit dans la grande salle octogone où elle avait surpris précédemment l'entretien d'Albert et de Trenck. Toutes les ouvertures étaient, cette fois, fermées et voilées avec soin; les murs et le plafond étaient tendus de noir; des cierges brûlaient aussi en ce lieu, dans un ordre particulier, différent de celui de la chapelle. Un autel en forme de calvaire, et surmonté de trois croix, masquait la grande cheminée. Un tombeau sur lequel étaient déposés un marteau, des clous, une lance et une couronne d'épines se dressait au milieu de la salle. Des personnages vêtus de noir et masqués étaient agenouillés ou assis à l'entour sur des tapis semés de larmes d'argent; ils ne pleuraient ni ne gémissaient; leur attitude était celle d'une méditation austère, ou d'une douleur muette et profonde.

Les guides de Consuelo la firent approcher jusqu'auprès du cercueil, et les hommes qui le gardaient s'étant levés et rangés à l'autre extrémité, l'un d'eux lui parla ainsi:

« Consuelo, tu viens de voir la cérémonie d'une réception maçonnique. Tu as vu, je l'ai comme ici, un culte inconnu, des signes mystérieux, des images funèbres, des pontifes initiateurs, un cercueil. Qu'as-tu compris à cette scène simulée, à ces épreuves effrayantes pour le récipiendaire, aux paroles qui lui ont été adressées, et à ces manifestations de respect, d'amour et de douleur autour d'une tombe illustre?

— J'ignore si j'ai bien compris, répondit Consuelo. Cette scène me troublait; cette cérémonie me semblait barbare. Je plaignais ce récipiendaire, dont le courage et la vertu étaient soumis à des épreuves toutes matérielles, comme s'il suffisait du courage physique pour être initié à l'œuvre du courage moral. Je blâme ce que j'ai vu, et déplore ces jeux cruels d'un sombre fanatisme, ou ces expériences puériles d'une foi tout extérieure et idolâtrique. J'ai entendu proposer des énigmes obscures, et l'explication qu'en a donnée le récipiendaire m'a paru dictée par un catéchisme méfiant ou grossier. Cependant cette tombe sanglante, cette victime immolée, cet antique mythe d'Hiram, architecte divin assassiné par les travailleurs jaloux et cupides, ce mot sacré perdu depuis des siècles, et promis à l'initié comme la clef magique qui doit lui ouvrir le temple, tout cela ne me paraît pas un symbole sans grandeur et sans intérêt; mais pourquoi la fable est-elle si mal tissue ou d'une interprétation si captieuse?

— Qu'entends-tu par là? As-tu bien écouté ce récit que tu traites de fable?

— Voici ce que j'ai entendu et ce qu'auparavant j'avais appris dans les livres qu'on m'a ordonné de méditer durant ma retraite: Hiram, conducteur des travaux du temple de Salomon, avait divisé les ouvriers par catégories. Ils avaient un salaire différent, des droits inégaux. Trois ambitieux de la plus basse catégorie résolurent de participer au salaire réservé à la classe rivale, et d'arracher à Hiram le mot d'ordre, la formule secrète qui lui servait à distinguer les compagnons des maîtres, à l'heure solennelle de la répartition. Ils le guettèrent dans le temple où il était resté seul après cette cérémonie, et se postant à chacune des trois issues du saint lieu, ils l'empêchèrent de sortir, le menacèrent, le frappèrent cruellement et l'assassinèrent sans avoir pu lui arracher son secret, le mot fatal qui devait les rendre égaux à lui et à ses privilégiés. Puis ils emportèrent son cadavre et l'ensevelirent sous des décombres, et depuis ce jour, les fidèles adeptes du temple, les amis d'Hiram pleurent son destin funeste, cherchant sa parole sacrée, et rendant des honneurs presque divins à sa mémoire.

— Et maintenant, comment expliques-tu ce mythe?

— Je l'ai médité avant de venir ici, et voici comment je le comprends. Hiram, c'est l'intelligence froide et l'habileté gouvernementale des antiques sociétés; elles reposent sur l'inégalité des conditions, sur le régime des castes. Cette fable égyptienne convenait au despotisme mystérieux des hiérophantes. Les trois ambitieux, c'est l'indignation, la révolte et la vengeance; ce sont peut-être les trois castes inférieures à la caste sacerdotale qui essaient de prendre leurs droits par la violence. Hiram assassiné, c'est le despotisme qui a perdu son prestige et sa force, et qui est descendu au tombeau emportant avec lui le secret de dominer les hommes par l'aveuglement et la superstition.

— Est-ce ainsi, véritablement, que tu interpréterais ce mythe?

— J'ai lu dans vos livres qu'il avait été apporté d'Orient par les templiers, et qu'ils l'avaient fait servir à leurs initiations. Ils devaient donc l'interpréter à peu près ainsi; mais en baptisant *Hiram*, la théocratie, et les *assassins*, l'impiété, l'anarchie et la férocité, les templiers, qui voulaient asservir la société à une sorte de despotisme monacal, pleuraient sur leur impuissance personnifiée par l'anéantissement d'Hiram. Le mot perdu et retrouvé de leur empire, c'était celui d'association ou de ruse, quelque chose comme la cité antique, ou le temple d'Osiris. Voilà pourquoi je m'étonne de voir cette fable servir encore pour vos initiations à l'œuvre de la délivrance universelle. Je voudrais croire qu'elle n'est proposée à vos adeptes que comme une épreuve de leur intelligence et de leur courage.

— Eh bien, nous qui n'avons point inventé ces formes de la maçonnerie, et qui ne nous en servons effectivement que comme d'épreuves morales, nous qui sommes plus que compagnons et maîtres dans cette science symbolique, puisque, après avoir traversé tous les grades maçonniques, nous sommes arrivés à n'être plus maçons comme on l'entend dans les rangs vulgaires de cet ordre; nous t'adjurons de nous expliquer le mythe d'Hiram comme tu l'entends, afin que nous portions sur ton zèle, ton intelligence et ta foi le jugement qui t'arrêtera ici à la porte du véritable temple, ou qui te livrera l'entrée du sanctuaire.

— Vous me demandez le mot d'Hiram, *la parole perdue*. Ce n'est point celle qui m'ouvrira les portes du temple; car ce mot, c'est tyrannie ou mensonge. Mais je sais les mots véritables, nous des trois portes de l'édifice divin par lesquels les destructeurs d'Hiram entrèrent pour forcer ce chef à s'ensevelir sous les débris de son œuvre; c'est liberté, fraternité, égalité.

— Consuelo, ton interprétation, exacte ou non, nous révèle le fond de ton cœur. Sois donc dispensée de t'agenouiller jamais sur la tombe d'Hiram. Tu ne passeras pas non plus au grade où le néophyte se prosterne sur le simulacre des cendres de Jacques Molay, le grand maître et la grande victime du temple, des moines-soldats et des prélats-chevaliers du moyen âge. Tu sortirais victorieuse de cette seconde épreuve comme de la première. Tu discernerais les traces mensongères d'une barbarie fanatique, nécessaires encore aujourd'hui comme formules de garantie à des esprits imbus du principe d'inégalité. Rappelle-toi donc bien que les francs-maçons des premiers grades n'aspirent, pour la plupart, qu'à construire un temple profane, un abri mystérieux pour une association élevée à l'état de caste. Tu comprends autrement, et tu vas marcher droit au temple universel qui doit recevoir tous les hommes confondus dans un même culte, dans un même amour. Cependant tu dois faire ici une dernière station, et te prosterner devant ce tombeau. Tu dois adorer le Christ et reconnaître en lui le seul vrai Dieu.

— Vous dites cela pour m'éprouver encore, répondit Consuelo avec fermeté; mais vous avez daigné m'ouvrir les yeux à de hautes vérités, en m'apprenant à lire dans vos livres secrets. Le Christ est un homme divin que nous révérons comme le plus grand philosophe et le plus grand des temps antiques. Nous l'adorons autant qu'il est permis d'adorer le meilleur et le plus grand des maîtres et des martyrs. Nous pouvons bien l'appeler le sauveur des hommes, en ce sens qu'il a enseigné à ceux de son temps des vérités qu'ils n'avaient fait qu'entrevoir, et qui devaient faire entrer l'humanité dans une phase nouvelle de lumière et de sainteté. Nous pouvons bien nous agenouiller auprès de sa cendre, pour remercier Dieu de nous avoir suscité un tel prophète, un tel exemple, un tel ami; mais nous adorons Dieu en lui, et nous ne commettons pas le crime d'idolâtrie. Nous distinguons la divinité de la révélation de celle du révélateur. Je consens donc à rendre à ces emblèmes d'un supplice à jamais illustre et sublime, l'hommage d'une pieuse reconnaissance et d'un enthousiasme final; mais je ne crois pas que le dernier mot de la révélation ait été compris et proclamé par les hommes au temps de Jésus, car il n'a pas encore été officiellement sur la terre. J'attends de la sagesse et de la foi de ses disciples, de la continuation de son œuvre durant dix-sept siècles, une vérité plus pratique, une application plus complète de la parole sainte et de la doctrine fraternelle. J'attends le développement de l'Évangile, j'attends quelque chose de plus que l'égalité devant Dieu, je l'attends et je l'invoque parmi les hommes.

— Tes paroles sont audacieuses et tes doctrines sont grosses de périls. Y as-tu bien songé dans la solitude? As-tu prévu les malheurs que la foi nouvelle amassait d'avance sur ta tête? Connais-tu le monde et tes propres forces? Sais-tu que nous sommes un contre cent mille dans les pays les plus civilisés du globe? Sais-tu qu'au temps où nous vivons, entre ceux qui rendent au sublime révélateur Jésus un culte injurieux et grossier, et ceux, presque aussi nombreux désormais, qui nient sa mission et jusqu'à son existence, entre les idolâtres et les athées, il n'y a place pour nous au soleil qu'au milieu des persécutions, des railleries, de la haine et des mépris de l'espèce humaine? Sais-tu qu'en France, à l'heure qu'il est, on proscrit presque également Rousseau et Voltaire, le philosophe religieux et le philosophe incrédule? Sais-tu, chose plus effrayante et plus inouïe! que, du fond de leur exil, ils se proscrivent l'un l'autre? Sais-tu que tu vas retourner dans un monde où tout conspirera pour ébranler ta foi et pour corrompre tes pensées? Sais-tu enfin qu'il faudra exercer ton apostolat à travers les périls, les doutes, les déceptions et les souffrances?

— J'y suis résolue, répondit Consuelo en baissant les yeux et en posant la main sur son cœur : Dieu me soit en aide!

— Eh bien, ma fille, dit Marcus, qui tenait toujours Consuelo par la main, tu vas être soumise par nous à quelques souffrances morales, non pour éprouver ta foi, dont nous ne saurions douter maintenant, mais pour la fortifier. Ce n'est pas dans le calme du repos, ni dans les plaisirs de ce monde, c'est dans la douleur et les larmes que la foi grandit et s'exalte. Te sens-tu le courage d'affronter de pénibles émotions et peut-être de violentes terreurs?

— S'il le faut, et si mon âme doit en profiter, je me soumets à votre volonté, » répondit Consuelo légèrement oppressée.

Aussitôt les Invisibles se mirent à enlever les tapis et les flambeaux qui entouraient le cercueil. Le cercueil fut roulé dans une des profondes embrasures de croisées, et plusieurs adeptes s'étant armés de barres de fer, se hâtèrent de lever une dalle ronde qui occupait le milieu de la salle. Consuelo vit alors une ouverture circulaire assez large pour le passage d'une personne, et dont la margelle de granit, noircie et usée par le temps, était incontestablement aussi ancienne que les autres détails de l'architecture de la tour. On apporta une longue échelle, et on la plongea dans le vide ténébreux de l'ouverture. Puis Marcus, amenant Consuelo à l'entrée, lui demanda par trois fois, d'un ton solennel, si elle se sentait la force de descendre seule dans les souterrains de la grande tour féodale.

« Écoutez, mes pères ou mes frères, car j'ignore comment je dois vous appeler..., répondit Consuelo...

— Appelle-les tes frères, reprit Marcus, tu es ici parmi les Invisibles, tes égaux en grade, si tu persévères encore une heure. Tu vas leur dire adieu ici pour les retrouver dans une heure en présence du conseil des chefs suprêmes, de ceux dont on n'entend jamais la voix, dont on ne voit jamais le visage. Ceux-là, tu les appelleras tes pères. Ils sont pontifes souverains, chefs spirituels et temporels de notre temple. Nous paraîtrons devant eux et devant toi à visage découvert, si tu es bien décidée à venir nous rejoindre à la porte du sanctuaire, par ce chemin sombre et semé d'épouvante, qui s'ouvre ici sous tes pieds, où tu dois marcher seule et sans autre égide que celle de ton courage et de ta persévérance.

— J'y marcherai s'il le faut, répondit la néophyte tremblante ; mais cette épreuve, que vous m'annoncez si austère, est-elle donc inévitable? O mes frères, vous ne voulez pas, sans doute, jouer avec la raison déjà bien assez éprouvée d'une femme sans affectation et sans fausse vanité? Vous m'avez condamnée aujourd'hui à un long jeûne, et, bien que l'émotion fasse taire la faim depuis plusieurs heures, je me sens affaiblie physiquement ; j'ignore si je ne succomberai pas aux travaux que vous m'imposez. Peu m'importe, je vous le jure, que mon corps souffre et faiblisse, mais ne prendrez-vous pas pour une lâcheté morale ce qui ne sera qu'une défaillance de la matière? Dites-moi que vous me pardonnerez si j'ai les nerfs d'une femme, pourvu que, revenue à moi-même, j'aie encore le cœur d'un homme.

— Pauvre enfant, répondit Marcus, j'aime mieux t'entendre avouer ta faiblesse que si tu cherchais à nous éblouir par une folle audace. Nous consentirons, si tu le veux, à te donner un guide, un seul, pour t'assister et te secourir au besoin dans ton pèlerinage. Mon frère, ajouta-t-il en s'adressant au chevalier Liverani, qui s'était tenu pendant tout ce dialogue auprès de la porte, les yeux fixés sur Consuelo, prends la main de ta sœur, et conduis-la par les souterrains au lieu du rendez-vous général.

— Et vous, mon frère, dit Consuelo éperdue, ne voulez-vous pas m'accompagner aussi?

— Cela m'est impossible. Tu ne peux avoir qu'un guide, et celui que je te désigne est le seul qu'il me soit permis de te donner.

— J'aurai du courage, répondit Consuelo, en s'enveloppant de son manteau ; j'irai seule.

— Tu refuses le bras d'un frère et d'un ami?

— Je ne refuse ni sa sympathie ni son intérêt ; mais j'irai seule.

— Va donc, noble fille, et ne crains rien. Celle qui est descendue seule dans la citerne *des pleurs*, à Riesenburg, celle qui a bravé tant de périls pour trouver la grotte cachée du Schreckenstein, saura facilement traverser les entrailles de notre pyramide. Va donc, comme les jeunes héros de l'antiquité, chercher l'initiation à travers les épreuves des mystères sacrés. Frères, présentez-lui la coupe, cette relique précieuse qu'un descendant de Ziska a apportée parmi nous, et dans laquelle nous consacrons l'auguste sacrement de la communion fraternelle. »

Liverani alla prendre sur l'autel un calice de bois grossièrement travaillé, et, l'ayant rempli, il le présenta à Consuelo avec un pain.

« Ma sœur, reprit Marcus, ce n'est pas seulement un vin doux et généreux et un pain de pur froment que nous t'offrons pour réparer tes forces physiques, c'est le corps et le sang de l'homme divin, tel qu'il l'entendait lui-même, c'est-à-dire le signe à la fois céleste et matériel de l'égalité fraternelle. Nos pères les martyrs de l'église taborite, pensaient que l'intervention des prêtres impies et sacrilèges ne valait pas, pour la consécration du sacrement auguste, les mains pures d'une femme ou d'un enfant. Communie donc avec nous ici, en attendant que tu t'asseyes au banquet de la cène, où le grand mystère de la cène te sera révélé plus explicitement. Prends cette coupe, et bois la première. Si tu portes de la foi dans cet acte, quelques gouttes de ce breuvage seront pour ton corps un fortifiant souverain, et ton âme fervente emportera tout ton être sur des ailes de flamme. »

Consuelo avant bu la première, tendit la coupe à Liverani qui la lui avait présentée ; et quand celui-ci eut bu à son tour, il la fit passer à tous les frères. Marcus en ayant épuisé les dernières gouttes, bénit Consuelo et engagea l'assemblée à se recueillir et à prier pour elle ; puis il présenta à la néophyte une petite lampe d'argent, et l'aida à mettre les pieds sur les premiers barreaux de l'échelle.

« Je n'ai pas besoin de vous dire, ajouta-t-il, qu'aucun danger ne menace vos jours ; mais craignez pour votre âme ; craignez de ne jamais arriver à la porte du temple, si vous avez le malheur de regarder une seule fois derrière vous en marchant. Vous aurez plusieurs stations à faire en divers endroits ; vous devrez alors examiner tout ce qui s'offrira à vos regards ; mais qu'une porte s'ouvrira devant vous, franchissez-la, et ne vous retournez pas. C'est, vous le savez, la prescription rigide des antiques initiations. Vous devez aussi, d'après les rites anciens, conserver soigneusement la flamme de votre lampe, emblème de votre foi et de votre zèle. Allez, ma fille, et que cette pensée vous donne un courage surhumain ; ce que vous êtes condamnée à souffrir maintenant est nécessaire au développement de votre esprit et de votre cœur dans la vertu et dans la foi véritable. »

Consuelo descendit les échelons avec précaution, et dès qu'elle eut atteint le dernier, on retira l'échelle, et elle entendit la lourde dalle retomber avec bruit et fermer l'entrée du souterrain au-dessus de sa tête.

XXXIX.

Dans les premiers instants, Consuelo, passant d'une salle où brillait l'éclat de cent flambeaux, dans un lieu qu'éclairait seule la lueur de sa petite lampe, ne distingua rien qu'un brouillard lumineux répandu autour d'elle, et que son regard ne pouvait percer. Mais peu à peu ses yeux s'accoutumèrent aux ténèbres, et comme elle ne vit rien d'effrayant entre elle et les parois d'une salle en tout semblable, pour l'étendue et la forme octogone, à celle dont elle sortait, elle se rassura au point d'aller examiner de près les étranges caractères qu'elle apercevait sur les murailles. C'était une seule et longue inscription disposée sur plusieurs lignes circulaires qui faisaient le tour de la salle, et que n'interrompait aucune ouverture. En faisant cette observation, Consuelo ne se demanda pas comment elle sortirait de ce cachot, mais quel pouvait avoir été l'usage d'une pareille construction. Des idées sinistres qu'elle repoussa d'abord lui vinrent à l'esprit; mais bientôt ces idées furent confirmées par la lecture de l'inscription qu'elle lut en marchant lentement et en promenant sa lampe à la hauteur des caractères.

« Contemple la beauté de ces murailles assises sur le roc, épaisses de vingt-quatre pieds, et debout depuis mille ans, sans que ni les assauts de la guerre, ni l'action du temps, ni les efforts de l'ouvrier aient pu les entamer! Ce chef-d'œuvre de maçonnerie architecturale a été élevé par les mains des esclaves, sans doute pour enfouir les trésors d'un maître magnifique. Oui! pour enfouir dans les entrailles du rocher, dans les profondeurs de la terre, des trésors de haine et de vengeance. Ici ont péri, ici ont souffert, ici ont pleuré, rugi et blasphémé vingt générations d'hommes, innocents pour la plupart, quelques-uns héroïques; tous victimes ou martyrs : les prisonniers de guerre, des serfs révoltés ou trop écrasés de taxes pour en payer de nouvelles, des novateurs religieux, des hérétiques sublimes, des infortunés, des vaincus, des fanatiques, des saints, des scélérats aussi, hommes dressés à la férocité des camps, à la loi de meurtre et de pillage, soumis à leur tour à d'horribles représailles. Voilà les catacombes de la féodalité, du despotisme militaire ou religieux. Voilà les demeures que les hommes puissants ont fait construire par des hommes asservis, pour étouffer les cris et cacher les cadavres de leurs frères vaincus et enchaînés. Ici, point d'air pour respirer, pas un rayon de jour, pas une pierre pour reposer sa tête; seulement des anneaux de fer scellés au mur pour passer le bout de la chaîne des prisonniers, et les empêcher de choisir une place pour reposer sur le sol humide et glacé. Ici, de l'air, du jour et de la nourriture quand il plaisait aux gardes postés dans la salle supérieure d'entr'ouvrir un instant le caveau, et de jeter un morceau de pain à des centaines de malheureux entassés les uns sur les autres, le lendemain d'une bataille, blessés ou meurtris pour la plupart; et, chose plus affreuse encore! quelquefois, un seul resté le dernier, et s'éteignant dans la souffrance et le désespoir au milieu des cadavres putréfiés de ses compagnons, quelquefois mangé des mêmes vers avant d'être mort tout à fait, et tombant en putréfaction lui-même avant que le sentiment de la vie et l'horreur de la réflexion fussent anéantis dans son cerveau. Voilà, ô néophyte, la source des grandeurs humaines, que tu as peut-être contemplées avec admiration et jalousie dans le monde des puissants! des crânes décharnés, des os humains brisés et desséchés, des larmes, des taches de sang, voilà ce que signifient les emblèmes de tes armoiries, si tes pères t'ont légué la tache du patriciat; voilà ce qu'il faudrait représenter sur les écussons des princes que tu as servis, ou que tu aspires à servir si tu es sorti de la plèbe. Oui, voilà le fondement des titres de noblesse, voilà la source des gloires et des richesses héréditaires de ce monde; voilà comment s'est élevée et conservée une caste que les autres castes redoutent, flattent et caressent encore. Voilà, voilà ce que les hommes ont inventé pour s'élever de père en fils au-dessus des autres hommes! »

Après avoir lu cette inscription en faisant trois fois le tour de la geôle, Consuelo, navrée de douleur et d'effroi, posa sa lampe à terre et se plia sur ses genoux pour se reposer. Un profond silence régnait dans ce lieu lugubre, et des réflexions épouvantables s'y éveillaient en foule. La vive imagination de Consuelo évoquait autour d'elle de sombres visions. Elle croyait voir des ombres livides et couvertes de plaies hideuses s'agiter autour des murailles, ou ramper sur la terre à ses côtés. Elle croyait entendre leurs gémissements lamentables, leur râle d'agonie, leurs faibles soupirs, le grincement de leurs chaînes. Elle ressuscitait dans sa pensée la vie du passé telle qu'elle devait être au moyen âge, telle qu'elle avait été encore naguère durant les guerres de religion. Elle croyait entendre au-dessus d'elle, dans la salle des gardes, le pas lourd et sinistre de ces hommes chaussés de fer; le retentissement de leurs piques sur le pavé, leurs rires grossiers, leurs chants d'orgie : leurs menaces et leurs jurons quand la plainte des victimes montait jusqu'à eux, et venait interrompre leur affreux sommeil; car ils avaient dormi, ces geôliers, ils avaient dû, ils avaient pu dormir sur cette geôle, sur cet abîme infect, d'où s'exhalaient les miasmes du tombeau et les rugissements de l'enfer. Pâle, les yeux fixes, et les cheveux dressés par l'épouvante, Consuelo ne voyait et n'entendait plus rien. Lorsqu'elle se rappela sa propre existence, et qu'elle se releva pour échapper au froid qui la gagnait, elle s'aperçut qu'une dalle du sol avait été déracinée et jetée en bas durant sa pénible extase, et qu'un chemin nouveau s'ouvrait devant elle. Elle en approcha, et vit un escalier étroit et rapide qu'elle descendit avec peine, et qui la conduisait dans une nouvelle cave, plus étroite et plus écrasée que la première. En touchant le sol, qui était doux et comme moelleux sous le pied, Consuelo baissa sa lampe pour s'assurer qu'elle ne s'enfonçait pas dans la vase. Elle ne vit qu'une poussière grise, plus fine que le sable le plus fin, et présentant çà et là pour accidents, en guise de cailloux, une côte rompue, une tête de fémur, un débris de crâne, une mâchoire encore garnie de dents blanches et solides, témoignage de la jeunesse et de la force brusquement brisées par une mort violente. Quelques squelettes presque entiers avaient été retirés de cette poussière, et dressés contre les murs. Il y en avait un parfaitement conservé, debout et enchaîné par le milieu du corps, comme s'il eût été condamné à périr là sans pouvoir se coucher. Son corps, au lieu de se courber et de tomber en avant, plié et disloqué, s'était roidi, ankylosé, et rejeté en arrière dans une attitude de fierté superbe et d'implacable dédain. Les ligaments de sa charpente et de ses membres s'étaient ossifiés. Sa tête, renversée, semblait regarder la voûte, et ses dents, serrées par une dernière contraction des mâchoires, paraissaient rire d'un rire terrible, ou d'un élan de fanatisme sublime. Au-dessus de lui, son nom et son histoire étaient écrits en gros caractères rouges sur la muraille. C'était un obscur martyr de la persécution religieuse, et la dernière des victimes immolées dans ce lieu. A ses pieds était agenouillé un squelette dont la tête, détachée des vertèbres, gisait sur le pavé, mais dont les bras roidis tenaient encore embrassés les genoux du martyr: c'était sa femme. L'inscription portait, entre autres détails :

« N*** a péri ici avec sa femme, ses trois frères et ses deux enfants, pour n'avoir pas voulu abjurer la foi de Luther, et pour avoir persisté, jusque dans les tortures, à nier l'infaillibilité du pape. Il est mort debout et desséché, pétrifié en quelque sorte, et sans pouvoir regarder à ses pieds sa famille agonisante sur la cendre de ses amis et de ses pères. »

En face de cette inscription, on lisait celle-ci :
« Néophyte, le sol friable que tu foules est épais de vingt pieds. Ce n'est ni du sable, ni de la terre, c'est de la poussière humaine. Ce lieu était l'ossuaire du château. C'est ici qu'on jetait ceux qui avaient expiré dans la geôle placée au-dessus, quand il n'y avait plus de place pour les nouveax venus. C'est la cendre de vingt générations de victimes. Heureux et rares, les patriciens qui peuvent compter parmi leurs ancêtres vingt générations d'assassins et de bourreaux! »

Consuelo fut moins épouvantée de l'aspect de ces objets funèbres qu'elle ne l'avait été dans la geôle par les suggestions de son propre esprit. Il y a quelque chose de trop grave et de trop solennel dans l'aspect de la mort même, pour que les faiblesses de la peur et les déchirements de la pitié puissent obscurcir l'enthousiasme ou la sérénité des âmes fortes et croyantes. En présence de ces reliques la noble adepte de la religion d'Albert sentit plus de respect et de charité que d'effroi ou de consternation. Elle se mit à genoux devant la dépouille du martyr, et, sentant revenir ses forces morales, elle s'écria en baisant cette main décharnée :

« Oh! ce n'est pas l'auguste spectacle d'une glorieuse destruction qui peut faire horreur ou pitié! c'est plutôt l'idée de la vie en lutte avec les tourments de l'agonie. C'est la pensée de ce qui a dû se passer dans ces âmes désolées, qui remplit d'amertume et de terreur la pensée des vivants! Mais toi, malheureuse victime, morte debout, et la tête tournée vers le ciel, tu n'es point à plaindre, car tu n'as point faibli, et ton âme s'est exhalée dans un transport de ferveur qui me remplit de vénération. »

Consuelo se leva lentement et détacha avec une sorte de calme son voile de mariée qui s'était accroché aux ossements de la femme agenouillée à ses côtés. Une porte étroite et basse venait de s'ouvrir devant elle. Elle reprit sa lampe, et, soigneuse de ne pas se retourner, elle entra dans un couloir étroit et sombre qui descendait en pente rapide. A sa droite et à gauche elle vit l'entrée de geôles étouffées sous la masse d'une architecture vraiment sépulcrale. Ces cachots étaient trop bas pour qu'on pût s'y tenir debout, et à peine assez longs pour que l'on pût s'y tenir couché. Ils semblaient l'œuvre des cyclopes, tant ils étaient fortement construits et ménagés avec art dans les massifs de la maçonnerie, comme pour servir de loges à quelques animaux farouches et dangereux. Mais Consuelo ne pouvait s'y tromper : elle avait vu les arènes de Vérone ; elle savait que les tigres et les ours réservés jadis aux amusements du cirque, aux combats de gladiateurs, étaient mieux logés mille fois. D'ailleurs, elle lisait sur les portes de fer, que ces cachots inexpugnables avaient été réservés aux princes vaincus, aux vaillants capitaines, aux prisonniers les plus importants et les plus redoutables par leur rang, leur intelligence ou leur énergie. Des précautions si formidables contre leur évasion témoignaient de l'amour ou du respect qu'ils avaient inspiré à leurs partisans. Voilà où était venu s'éteindre le rugissement de ces lions qui avaient fait tressaillir le monde à leur appel. Leur puissance et leur volonté s'étaient brisées contre un angle de mur; leur poitrine herculéenne s'était desséchée à chercher l'aspiration d'un peu d'air, auprès d'une fente imperceptible, taillée en biseau dans vingt pieds de moellons. Leur regard d'aigle s'était usé à guetter une faible lueur dans d'éternelles ténèbres. C'est là qu'on enterrait les hommes qu'on n'osait pas tuer au jour. Des têtes illustres, des cœurs magnanimes avaient expié là l'exercice, et sans doute aussi l'abus des droits de la force.

Après avoir erré quelque temps dans ces galeries obscures et humides qui s'enfonçaient sous le roc, Consuelo entendit un bruit d'eau courante qui lui rappela le redoutable torrent souterrain de Riesenburg; mais elle était trop préoccupée des malheurs et des crimes de l'humanité, pour songer longtemps à elle-même. Elle fut forcée de s'arrêter un peu pour faire le tour d'un puisard à fleur de terre qu'une torche éclairait. Au-dessous de la torche elle lut sur un poteau ce peu de mots, qui n'avaient pas besoin de commentaires :
« C'est là qu'on les noyait! »

Consuelo se pencha pour regarder l'intérieur du puits. L'eau du ruisseau sur lequel elle avait navigué si paisiblement il n'y avait qu'une heure, s'engouffrait là dans une profondeur effrayante, et tournoyait en rugissant, comme avide de saisir et d'entraîner une victime. La lueur rouge de la torche de résine donnait à cette onde sinistre la couleur du sang.

Enfin Consuelo arriva devant une porte massive qu'elle essaya vainement d'ébranler. Elle se demanda si, comme dans les initiations des pyramides d'Égypte, elle allait être enlevée dans les airs par des chaînes invisibles, tandis qu'un gouffre s'ouvrirait sous ses pieds et qu'un vent subit et violent éteindrait sa lampe. Une autre frayeur l'agitait plus sérieusement; depuis qu'elle marchait dans la galerie, elle s'était aperçue qu'elle n'était pas seule; quelqu'un marchait sur ses pas avec tant de légèreté qu'elle n'entendait pas le moindre bruit; mais elle croyait avoir senti le frôlement d'un vêtement auprès du sien, et, lorsqu'elle avait dépassé le puits, la lueur de la torche, en se trouvant derrière elle, avait envoyé aux parois du mur qu'elle suivait, deux ombres vacillantes au lieu d'une seule. Quel était donc ce redoutable compagnon qu'il lui était défendu de regarder, sous peine de perdre le fruit de tous ses travaux, et de ne jamais franchir le seuil du temple? Était-ce quelque spectre effrayant dont la laideur eût glacé son courage et troublé sa raison? Elle ne voyait plus son ombre, mais elle s'imaginait entendre le bruit de sa respiration tout près d'elle ; et cette porte fatale qui ne voulait pas s'ouvrir! Les deux ou trois minutes qui s'écoulèrent dans cette attente lui parurent un siècle. Ce muet acolyte lui faisait peur; elle craignait qu'il ne voulût l'éprouver en lui parlant, en la forçant par quelque ruse à le regarder. Son cœur battait avec violence; enfin elle vit qu'il lui restait une inscription à lire au-dessus de la porte.

« C'est ici que t'attend la dernière épreuve, et c'est la plus cruelle. Si ton courage est épuisé, frappe deux coups au battant gauche de cette porte ; sinon, frappes-en trois au battant de droite. Songe que la gloire de ton initiation sera proportionnée à tes efforts. »

Consuelo n'hésita pas et frappa les trois coups à droite. Le battant de la porte s'ouvrit comme de lui-même, et elle pénétra dans une vaste salle éclairée de nombreux flambeaux. Il n'y avait personne, et d'abord elle ne comprit rien aux objets bizarres rangés et alignés symétriquement autour d'elle. C'étaient des machines de bois, de fer et de bronze dont l'usage lui était inconnu ; des armes étranges, étalées sur des tables ou pendues à la muraille. Un instant elle se crut dans un musée d'artillerie ; car il y avait en effet des mousquets, des canons, des couleuvrines, et tout un attirail de machines de guerre servant de premier plan aux autres instruments. On s'était plu à réunir là tous les moyens de destruction inventés par les hommes pour s'immoler entre eux. Mais lorsque la néophyte eut fait quelques pas en avant à travers cet arsenal, elle vit d'autres objets d'une barbarie plus raffinée, des chevalets, des roues, des scies, des cuves de fonte, des poulies, des crocs, tout un musée d'instruments de torture; et sur un grand écriteau dressé au milieu et surmontant un trophée formé de masses, de tenailles, de ciseaux, de limes, de haches dentelées, et de tous les abominables outils du tourmenteur, on lisait : « Ils sont tous fort précieux, tous authentiques; *ils ont tous servi.* »

Alors Consuelo sentit défaillir tout son être. Une sueur froide détrempait les tresses de ses cheveux. Son cœur ne battait plus. Incapable de se soustraire à l'horreur de ce spectacle et des visions sanglantes qui l'assaillaient en foule, elle qui était loin d'avoir cette curiosité stupide et funeste qui s'empare de nous dans l'excès de l'épouvante. Au lieu de fermer les yeux, elle contemplait une sorte de cloche de bronze qui avait une tête monstrueuse et un casque rond posés sur un gros corps informe, sans jambes et tronqué à la hauteur des genoux. Cela ressemblait à une statue colossale, d'un travail grossier, destiné à orner un tombeau. Peu à peu Consuelo, sortant de sa torpeur, comprit, par une intuition involontaire, qu'on mettait le patient accroupi sous cette cloche. Le poids en était si terrible, qu'il ne pouvait, par aucun effort humain, la soulever. La dimension intérieure était si juste, qu'il ne pouvait y faire un mouvement. Cependant ce n'était pas avec le dessein de l'étouffer qu'on le mettait là, car la visière du casque rabattue à l'endroit du visage, et tout le pourtour de la tête étaient percés de petits trous dans quelques-uns desquels étaient encore plantés des stylets effilés. A l'aide de ces cruelles piqûres on tourmentait la victime pour lui arracher l'aveu de son crime réel ou imaginaire, la délation contre ses parents ou ses amis, la confession de sa foi politique ou religieuse [1]. Sur le sommet du casque, on lisait, en caractères incisés dans le métal, ces mots en langue espagnole :

Vive la sainte inquisition!

Et au-dessous, une prière qui semblait dictée par une compassion féroce, mais qui était peut-être sortie du cœur et de la main du pauvre ouvrier condamné à fabriquer cette infâme machine :

Sainte mère de Dieu, priez pour le pauvre pécheur!

Une touffe de cheveux, arrachée dans les tourments, et sans doute collée par le sang, était restée au-dessous de cette prière, comme des stigmates effrayants et indélébiles. Ils sortaient par un des trous, qu'avait élargi le stylet. C'étaient des cheveux blancs.

Tout à coup, Consuelo ne vit plus rien et cessa de souffrir. Sans être avertie par aucun sentiment de douleur physique, car son âme et son corps n'existaient plus que dans le corps et l'âme de l'humanité violentée et mutilée, elle tomba droite et raide sur le pavé comme une statue qui se détacherait de son piédestal ; mais au moment où sa tête allait frapper le bronze de l'infernale machine, elle fut reçue dans les bras d'un homme qu'elle ne vit pas. C'était Liverani.

XL.

En reprenant connaissance, Consuelo se vit assise sur des tapis de pourpre, qui recouvraient les degrés de marbre blanc d'un élégant péristyle corinthien. Deux hommes masqués en qui elle reconnut, à la couleur de leurs manteaux, Liverani et celui qu'avec raison elle pensait devoir être Marcus, la soutenaient dans leurs bras, et la ranimaient de leurs soins. Une quarantaine d'autres personnages, enveloppés et masqués, les mêmes qu'elle avait vus autour du simulacre du cercueil de Jésus, étaient rangés sur deux files, le long des degrés, et chantaient en chœur un hymne solennel, dans une langue inconnue, en agitant des couronnes de roses, des palmes et des rameaux de fleurs. Les colonnes étaient ornées de guirlandes, qui s'entre-croisaient en festons, comme un arc de triomphe, au-devant de la porte fermée du temple et au-dessus de la tête de Consuelo. La lune, près au zénith, de tout son éclat, éclairait seule cette façade blanche ; et au dehors, tout autour de ce sanctuaire, de vieux ifs, des cyprès et des pins, formaient un impénétrable bosquet, semblable à un bois sacré, sous lequel murmurait une onde mystérieuse, aux reflets argentés.

« Ma sœur, dit Marcus, en aidant Consuelo à se lever, vous êtes sortie victorieuse de vos épreuves. Ne rougissez pas d'avoir souffert et faibli physiquement sous le

[1]. Tout le monde peut voir un instrument de ce genre avec cent autres non moins ingénieux dans l'arsenal de Venise. Consuelo ne l'y avait pas vu ; ce- horribles instruments de torture, ainsi que l'intérieur des cachots du saint office et des plombs du palais ducal, n'ont été livrés à l'examen du public, à l'intérieur, qu'à l'entrée des Français à Venise, lors des guerres de la république.

poids de la douleur. Votre généreux cœur s'est brisé d'indignation et de pitié devant les témoignages palpables des crimes et des maux de l'humanité. Si vous fussiez arrivée ici debout et sans aide, nous aurions moins de respect pour vous qu'en vous y apportant mourante et navrée. Vous avez vu les cryptes d'un château seigneurial, non pas d'un lieu particulier, célèbre entre tous par les crimes dont il a été le théâtre, mais semblable à tous ceux dont les ruines couvrent une grande partie de l'Europe, débris effrayants du vaste réseau à l'aide duquel la puissance féodale enveloppa, durant tant de siècles, le monde civilisé, et fit peser sur les hommes le crime de sa domination farouche et l'horreur des guerres civiles. Ces hideuses demeures, ces sauvages forteresses ont nécessairement servi de repaire à tous les forfaits que l'humanité a dû voir s'accomplir, avant d'arriver, par les guerres de religion, par le travail des sectes émancipatrices, et par le martyre de l'élite des hommes, à la notion de la vérité. Parcourez l'Allemagne, la France, l'Italie, l'Angleterre, l'Espagne, les pays slaves : vous ne trouverez pas une vallée, vous ne graviez pas une montagne sans apercevoir au-dessus de vous les ruines imposantes de quelque terrible manoir, ou tout au moins sans découvrir à vos pieds, dans l'herbe, quelque vestige de fortification. Ce sont là les traces ensanglantées du droit de conquête, exercé par la caste patricienne sur les castes asservies. Et si vous explorez toutes ces ruines, si vous fouillez le sol qui les a dévorées, et qui travaille sans cesse à les faire disparaître, vous trouverez, dans toutes, les vestiges de ce que vous venez de voir ici : une geôle, un caveau pour le trop-plein des morts, des loges étroites et fétides pour les prisonniers d'importance, un coin pour assassiner sans bruit ; et, au sommet de quelque vieille tour, ou dans les profondeurs de quelque souterrain, un chevalet pour les serfs récalcitrants et les soldats réfractaires, une potence pour les déserteurs, des chaudières pour les hérétiques. Combien ont péri dans la poix bouillante, combien ont disparu sous les flots, combien ont été enterrés vivants dans les mines! Ah! si les murs des châteaux, si les flots des lacs et des fleuves, si les antres des rochers pouvaient parler et raconter tout ce qu'ils ont vu et enfoui d'iniquités! Le nombre en est trop considérable pour que l'histoire ait pu en enregistrer le détail !

« Mais ce ne sont pas les seigneurs seuls, ce n'est pas la race patricienne exclusivement qui a rougi la terre de tant de sang innocent. Les rois et les prêtres, les trônes et l'Église, voilà les grandes sources d'iniquités, voilà les forces vives de la destruction. Un soin austère, une sombre mais forte pensée a rassemblé dans une des salles de notre antique manoir une partie des instruments de torture inventés par la haine du fort contre le faible. La description n'en serait pas croyable, la vue peut à peine les comprendre, la pensée se refuse à les admettre. Et cependant ils ont fonctionné durant des siècles, ces hideux appareils, dans les châteaux royaux, comme dans les citadelles des petits princes, mais surtout dans les cachots du saint office; que dis-je? ils y fonctionnent encore, quoique plus rarement. L'inquisition subsiste encore, torture encore ; et, en France, le plus civilisé de tous les pays, il y a encore des parlements de province qui brûlent de prétendus sorciers.

« D'ailleurs la tyrannie est-elle donc renversée? Les rois et les princes ne ravagent-ils plus la terre? La guerre ne porte-t-elle pas la désolation dans les opulentes cités, comme dans la chaumière du pauvre, au moindre caprice du moindre souverain? La servitude n'est-elle pas encore en vigueur dans une moitié de l'Europe? Les troupes ne sont-elles pas soumises encore presque partout au régime du fouet et du bâton? Les plus beaux et les plus braves soldats du monde, les soldats prussiens, ne sont-ils pas dressés comme des animaux à coups de verge et de canne? Le knout ne mène-t-il pas les serfs russes? Les nègres ne sont-ils pas plus maltraités en Amérique que les chiens et les chevaux? Si les forteresses des vieux barons sont démantelées et converties en demeures inoffensives, celles des rois ne sont-elles pas encore debout? Ne servent-elles pas de prisons aux innocents plus souvent qu'aux coupables? Et toi, ma sœur, toi la plus douce et la plus noble des femmes, n'as-tu pas été captive à Spandaw?

« Nous te savions généreuse, nous comptions sur ton esprit de justice et de charité; mais te voyant destinée, comme une partie de ceux qui sont ici, à retourner dans le monde, à fréquenter les cours, à approcher de la personne des souverains, à être, toi particulièrement, l'objet de leurs séductions, nous avons dû te mettre en garde contre l'enivrement de cette vie d'éclat et de dangers; nous avons dû ne pas t'épargner les enseignements, même les plus terribles. Nous avons parlé à ton esprit par la solitude à laquelle nous t'avons condamnée et par les livres que nous avons mis entre tes mains; nous avons parlé à ton cœur par des paroles paternelles et des exhortations tour à tour sévères et tendres; nous avons parlé à tes yeux par des épreuves plus douloureuses et d'un sens plus profond que celles des antiques mystères. Maintenant, si tu persistes à recevoir l'initiation, tu peux te présenter sans crainte devant ces juges incorruptibles, mais paternels, que tu connais déjà, et qui t'attendent ici pour te couronner ou pour te rendre la liberté de nous quitter à jamais. »

En parlant ainsi, Marcus, élevant le bras, désignait à Consuelo la porte du temple, au-dessus de laquelle les trois mots sacramentels, *liberté, égalité, fraternité*, venaient de s'allumer en lettres de feu.

Consuelo, affaiblie et brisée physiquement, ne vivait plus que par l'esprit. Elle n'avait pu écouter debout le discours de Marcus. Forcée de se rasseoir sur le fût d'une colonne, elle s'appuyait sur Liverani, mais sans le voir, sans songer à lui. Elle n'avait pourtant pas perdu une seule parole de l'initiateur. Pâle comme un spectre, l'œil fixe et la voix éteinte, elle n'avait pas l'air égaré qui succède aux crises nerveuses. Une exaltation concentrée remplissait sa poitrine, dont la faible respiration n'était plus appréciable pour Liverani. Ses yeux noirs, que la fatigue et la souffrance enfonçaient un peu sous les orbites, brillaient d'un feu sombre Un léger pli à son front trahissait une résolution inébranlable, la première de sa vie. Sa beauté en cet instant fit peur à ceux des assistants qui l'avaient vue ailleurs invariablement douce et bienveillante. Liverani devint tremblant comme la feuille de jasmin que la brise de la nuit agitait au front de son amante. Elle se leva avec plus de force qu'il ne s'y serait attendu; mais aussitôt ses genoux faiblirent, et pour monter les degrés, elle se laissa presque porter par lui, sans que l'étreinte de ses bras, qui l'avait tant émue, sans que le voisinage de ce cœur qui avait embrasé le sien, vinssent la distraire un instant de sa méditation intérieure. Il mit entre sa main et celle de Consuelo la croix d'argent, ce talisman qui lui donnait des droits sur elle, et qui lui servait à se faire reconnaître. Consuelo ne parut reconnaître ni le gage ni la main qui le présentait. La sienne était contractée par la souffrance. C'était une pression mécanique, comme lorsqu'on saisit une branche pour se retenir au bord d'un abîme : mais le sang du cœur n'arrivait pas jusqu'à cette main glacée.

« Marcus! dit Liverani à voix basse, au moment où celui-ci passa près de lui pour aller frapper à la porte du temple, ne nous quittez pas. L'épreuve a été trop forte. J'ai peur!

— Elle t'aime! répondit Marcus.

— Oui, mais elle va peut-être mourir! » reprit Liverani en frissonnant.

Marcus frappa trois coups à la porte, qui s'ouvrit et se referma aussitôt qu'il fut entré avec Consuelo et Liverani. Les autres frères restèrent sous le péristyle, en attendant qu'on les introduisît pour la cérémonie de l'initiation; car, entre cette initiation et les dernières épreuves, il y avait toujours un entretien secret entre les chefs Invisibles et la récipiendaire.

L'intérieur du kiosque en forme de temple, qui servait à ces initiations au château de ***, était magnifiquement orné, et décoré, entre chaque colonne, des statues des plus grands amis de l'humanité. Celle de Jésus-Christ y était placée au milieu de l'amphithéâtre, entre celles de Pythagore et de Platon. Apollonius de Thyane était à côté de saint Jean, Abailard auprès de saint Bernard, Jean Huss et Jérôme de Prague à côté de sainte Catherine et de Jeanne d'Arc. Mais Consuelo ne s'arrêta pas à considérer les objets extérieurs. Toute renfermée en elle-même, elle revit sans surprise et sans émotion ces mêmes juges qui avaient sondé son cœur si profondément. Elle ne sentait plus aucun trouble en la présence de ces hommes, quels qu'ils fussent, et elle attendait leur sentence avec un grand calme apparent.

« Frère introducteur, dit à Marcus le huitième personnage, qui, assis au-dessous des sept juges, portait toujours la parole pour eux, quelle personne nous amenez-vous ici? Quel est son nom?

— Consuelo Porporina, répondit Marcus.

— Ce n'est pas là ce qu'on vous demande, mon frère, répondit Consuelo; ne voyez-vous pas que je me présente ici en habit de mariée, et non en costume de veuve? Annoncez la comtesse Albert de Rudolstadt.

— Ma fille, dit le frère orateur, je vous parle au nom du conseil. Vous ne portez plus le nom que vous invoquez; votre mariage avec le comte de Rudolstadt est rompu.

— De quel droit? et en vertu de quelle autorité? demanda Consuelo d'une voix brève et forte comme dans la fièvre. Je ne reconnais aucun pouvoir théocratique. Vous m'avez appris vous-mêmes à ne vous reconnaître de droits que ceux que je vous aurai librement donnés, et à ne me soumettre qu'à une autorité paternelle. La vôtre ne serait pas si elle brisait mon mariage sans l'assentiment de mon époux et sans le mien. Ce droit, ni lui ni moi ne vous l'avons donné.

— Tu te trompes, ma fille: Albert nous a donné le droit de disposer de son sort et du tien, et toi-même tu nous l'as donné aussi en nous ouvrant ton cœur, et en nous confessant ton amour pour un autre.

— Je ne vous ai rien confessé, répondit Consuelo, et je renie l'aveu que vous voulez m'arracher.

— Introduisez la sibylle, » dit l'orateur à Marcus.

Une femme de haute taille, toute drapée de blanc, et la figure cachée sous son voile, entra et s'assit au milieu du demi-cercle formé par les juges. A son tremblement nerveux, Consuelo reconnut facilement Wanda.

« Parle, prêtresse de la vérité, dit l'orateur; parle, interprète et révélatrice des plus intimes secrets, des plus délicats mouvements du cœur. Cette femme est-elle l'épouse d'Albert de Rudolstadt?

— Elle est son épouse fidèle et respectable, répondit Wanda; mais, dans ce moment, vous devez prononcer son divorce. Vous voyez bien, par qui elle est amenée ici; vous voyez bien que l'un de nos enfants dont elle tient la main est l'homme qu'elle aime à qui elle doit appartenir, en vertu du droit imprescriptible de l'amour dans le mariage. »

Consuelo se retourna avec surprise vers Liverani, et regarda sa propre main, qui était engourdie et comme morte dans la sienne. Elle semblait être sous la puissance d'un rêve et faire des efforts pour se réveiller. Elle se détacha enfin avec énergie de cette étreinte, et, regardant le creux de sa main, elle y vit l'empreinte de la croix de sa mère.

« C'est donc là l'homme que j'ai aimé! dit-elle, avec le sourire mélancolique d'une sainte ingénuité. Eh bien, oui! je l'ai aimé tendrement, éperdument; mais c'était un rêve! J'ai cru qu'Albert n'était plus, et vous me disiez que celui-ci était digne de mon estime et de ma confiance. Puis j'ai revu Albert; j'ai cru comprendre, à son langage, qu'il ne voulait plus être mon époux, et je ne me suis pas défendue d'aimer cet inconnu dont les lettres et les soins m'enivraient d'un fol attrait. Mais on m'a dit qu'Albert m'aimait toujours, et qu'il renonçait à moi par vertu et par générosité. Et pourquoi donc Albert s'est-il persuadé que je resterais au-dessous de lui dans le dévouement? Qu'ai-je fait de criminel jusqu'ici, pour que l'on me croie capable de briser son

Quelques squelettes presque entiers... (Page 448.

âme en acceptant un bonheur égoïste? Non, je ne me souillerai jamais d'un pareil crime. Si Albert me croit indigne de lui pour avoir eu un autre amour que le sien dans le cœur; s'il se fait un scrupule de briser cet amour, et qu'il ne désire pas m'en inspirer un plus grand, je me soumettrai à son arrêt; j'accepterai la sentence de ce divorce contre lequel pourtant mon cœur et ma conscience se révoltent; mais je ne serai ni l'épouse ni l'amante d'un autre. Adieu, Liverani, ou qui que vous soyez, à qui j'ai confié la croix de ma mère dans un jour d'abandon qui ne me laisse ni honte ni remords. Rendez-moi ce gage, afin qu'il n'y ait plus rien entre nous qu'un souvenir d'estime réciproque et le sentiment d'un devoir accompli sans amertume et sans effort.

— Nous ne reconnaissons pas une pareille morale, tu le sais, reprit la sibylle; nous n'acceptons pas de tels sacrifices; nous voulons inaugurer et sanctifier l'amour, perdu et profané dans le monde, le libre choix du cœur, l'union sainte et volontaire de deux êtres également épris. Nous avons sur nos enfants le droit de redresser la conscience, de remettre les fautes, d'assortir les sympathies, de briser les entraves de l'ancienne société. Tu n'as donc pas celui de disposer de ton être pour le sacrifice, tu ne peux pas étouffer l'amour dans ton sein et renier la vérité de ta confession, sans que nous t'y ayons autorisée.

— Que me parlez-vous de liberté, que me parlez-vous d'amour et de bonheur? s'écria Consuelo en faisant un pas vers les juges avec une explosion d'enthousiasme et un rayonnement de physionomie sublime. Ne venez-vous pas de me faire traverser des épreuves qui doivent laisser sur le front une éternelle pâleur, et dans l'âme une invincible austérité? Quel être insensible et lâche me croyez-vous, si vous me jugez encore capable de rêver et de chercher des satisfactions personnelles après ce que j'ai vu, après ce que j'ai compris, après ce que je sais désormais de la vie des hommes, et de mes devoirs en ce monde? Non, non! plus d'amour, plus d'hyménée, plus de liberté, plus de bonheur, plus de gloire, plus d'art, plus rien pour moi, si je dois faire souffrir le dernier d'entre mes semblables! Et n'est-il pas prouvé que toute joie s'achète dans ce monde d'aujourd'hui au prix de la joie de quelque autre? N'y a-t-il pas quelque chose de mieux à faire que de se contenter soi-même?

Trenck.

Albert ne pense-t-il pas ainsi, et n'ai-je pas le droit de penser comme lui? N'espère-t-il pas trouver, dans son sacrifice même, la force de travailler pour l'humanité avec plus d'ardeur et d'intelligence que jamais? Laissez-moi être aussi grande qu'Albert. Laissez-moi fuir la menteuse et criminelle illusion du bonheur. Donnez-moi du travail, de la fatigue, de la douleur et de l'enthousiasme! Je ne comprends plus la joie que dans la souffrance; j'ai soif du martyre depuis que vous m'avez fait voir imprudemment les trophées du supplice. Oh! honte à ceux qui ont compris le devoir, et qui se soucient encore d'avoir en partage le bonheur ou le repos sur la terre! Il s'agit bien de nous, il s'agit bien de moi! Oh! Liverani! si vous m'aimez d'amour après avoir subi les épreuves qui m'amènent ici, vous êtes insensé, vous n'êtes qu'un enfant indigne du nom d'homme, indigne à coup sûr que je vous sacrifie l'affection héroïque d'Albert. Et toi, Albert, si tu es ici, si tu m'entends, tu ne devrais pas refuser du moins de m'appeler ta sœur, de me tendre la main et de m'aider à marcher dans le rude sentier qui te mène à Dieu. »

L'enthousiasme de Consuelo était porté au comble; les paroles ne lui suffisaient plus pour l'exprimer. Une sorte de vertige s'empara d'elle, et, ainsi qu'il arrivait aux pythonisses, dans le paroxysme de leurs crises divines, de se livrer à des cris et à d'étranges fureurs, elle fut entraînée à manifester l'émotion qui la débordait par l'expression qui lui était la plus naturelle. Elle se mit à chanter d'une voix éclatante et dans un transport au moins égal à celui qu'elle avait éprouvé en chantant ce même air à Venise, en public pour la première fois de sa vie, et en présence de Marcello et de Porpora :

I cieli immensi narrano
Del grande Iddio la gloria!

Ce chant lui vint sur les lèvres parce qu'il est peut-être l'expression la plus naïve et la plus saisissante que la musique ait jamais donnée à l'enthousiasme religieux. Mais Consuelo n'avait pas le calme nécessaire pour contenir et diriger sa voix; après ces deux vers, l'intonation devint un sanglot dans sa poitrine, elle fondit en pleurs et tomba sur ses genoux.

Les Invisibles, électrisés par sa ferveur, s'étaient levés

simultanément, comme pour entendre debout, dans l'attitude du respect, ce chant de l'inspirée. Mais en la voyant succomber sous l'émotion, ils descendirent tous de l'enceinte et s'approchèrent d'elle, tandis que Wanda la saisissant dans ses bras et la jetant dans ceux de Liverani, lui cria :

« Eh bien ! regarde-le donc, et sache que Dieu t'accorde de pouvoir concilier l'amour et la vertu, le bonheur et le devoir. »

Consuelo, sourde pendant un instant, et comme ravie dans un autre monde, regarda enfin Liverani, dont Marcus venait d'arracher le masque. Elle fit un cri perçant et faillit expirer sur son sein en reconnaissant Albert. Albert et Liverani étaient le même homme.

XLI.

En ce moment les portes du temple s'ouvrirent en rendant un son métallique, et les Invisibles entrèrent deux à deux. La voix magique de l'harmonica, cet instrument récemment inventé[1], dont la vibration pénétrante était une merveille inconnue aux organes de Consuelo, se fit entendre dans les airs, et sembla descendre de la coupole entr'ouverte aux rayons de la lune et aux brises vivifiantes de la nuit. Une pluie de fleurs tombait lentement sur l'heureux couple placé au centre de cette marche solennelle. Wanda, debout auprès d'un trépied d'or, d'où sa main droite faisait jaillir des flammes éclatantes et des nuages de parfums, tenait de la main gauche les deux bouts d'une chaîne de fleurs et de feuillages symboliques qu'elle avait jetée autour des deux amants. Les chefs Invisibles, la face couverte de leurs longues draperies rouges, et la tête ceinte des mêmes feuillages de chêne et d'acacia consacrés par leurs rites, étaient debout, les bras étendus comme pour accueillir les frères, qui s'inclinaient en passant devant eux. Ces chefs avaient la majesté des druides antiques; mais leurs mains pures de sang n'étaient ouvertes que pour bénir, et un religieux respect remplaçait dans le cœur des adeptes la terreur fanatique des religions du passé. A mesure que les initiés se présentaient devant le vénérable tribunal, ils ôtaient leurs masques pour saluer à visage découvert ces augustes inconnus, qui ne s'étaient jamais manifestés à eux que par des actes de clémente justice, d'amour paternel et de haute sagesse. Fidèles, sans regret et sans méfiance, à la religion du serment, ils ne cherchaient pas à lire d'un regard curieux sous ces voiles impénétrables. Sans doute leurs adeptes les connaissaient sans le savoir, ces mages d'une religion nouvelle, qui, mêlés à eux dans la société et dans le sein même de leurs assemblées, étaient les meilleurs amis, les plus intimes confidents de la plupart d'entre eux, de chacun d'eux peut-être en particulier. Mais, dans l'exercice de leur culte commun, la personne du prêtre était à jamais voilée, comme l'oracle des temps antiques.

Heureuse enfance des croyances naïves, aurore quasi fabuleuse des conspirations sacrées, que la nuit du mystère enveloppe, dans tous les temps, de poétiques incertitudes ! Bien qu'un siècle à peine nous sépare de l'existence de ces Invisibles, elle est problématique pour l'historien; mais trente ans plus tard l'illuminisme reprit ces formes ignorées du vulgaire, et, puisant à la fois dans le génie inventif de ses chefs et dans la tradition des sociétés secrètes de la mystique Allemagne, il épouvanta le monde par la plus formidable et la plus savante des conjurations politiques et religieuses. Il ébranla un instant toutes les dynasties sur leurs trônes, et succomba à son tour, en léguant à la Révolution française comme un courant électrique d'enthousiasme sublime, de foi ardente et de fanatisme terrible. Un demi-siècle avant ces jours marqués par le destin, et tandis que la monarchie galante de Louis XV, le despotisme philosophique de Frédéric II, la royauté sceptique et railleuse de Voltaire, la diplomatie ambitieuse de Marie-Thérèse, et l'hérétique tolérance de Ganganelli, semblaient n'annoncer pour longtemps au monde que décrépitude, antagonisme, chaos et dissolution, la Révolution française fermentait à l'ombre et germait sous terre. Elle couvait dans des esprits croyants jusqu'au fanatisme, sous la forme d'un rêve de révolution universelle; et pendant que la débauche, l'hypocrisie ou l'incrédulité régnaient officiellement sur le monde, une foi sublime, une magnifique révélation de l'avenir, des plans d'organisation aussi profonds et plus savants peut-être que notre Fouriérisme et notre Saint-Simonisme d'aujourd'hui, réalisaient déjà dans quelques groupes d'hommes exceptionnels la conception idéale d'une société future, diamétralement opposée à celle qui couvre et cache encore leur action sous l'histoire.

Un tel contraste est un des traits les plus saisissants de ce dix-huitième siècle, trop rempli d'idées et de travail intellectuel de tous les genres, pour que la synthèse ait pu en être déjà faite avec clarté et profit par les historiens philosophiques de nos jours. C'est qu'il y a là un amas de documents contradictoires et de faits incompris, insaisissables au premier abord, sources troublées par le tumulte du siècle, et qu'il faudrait épurer patiemment pour en retrouver le fond solide. Beaucoup de travailleurs énergiques sont restés obscurs, emportant dans la tombe le secret de leur mission : tant de gloires éclatantes absorbaient alors l'attention des contemporains ! tant de brillants travaux accaparent encore aujourd'hui l'examen rétrospectif des critiques ! Mais peu à peu la lumière sortira de ce chaos; et si notre siècle arrive à se résumer lui-même, il résumera aussi la vie de son père le dix-huitième siècle, ce logogriphe immense, cette brillante nébuleuse, où tant de lâcheté s'oppose à tant de grandeur, tant de savoir à tant d'ignorance, tant de barbarie à tant de civilisation, tant de lumière à tant d'erreur, tant de sérieux à tant d'ivresse, tant d'incrédulité à tant de foi, tant de pédantisme savant à tant de moquerie frivole, tant de superstition à tant de raison orgueilleuse : cette période de cent ans, qui vit les règnes de madame de Maintenon et de madame de Pompadour : Pierre le Grand, Catherine II, Marie-Thérèse et la Dubarry; Voltaire et Swedenborg, Kant et Mesmer, Jean-Jacques Rousseau et le cardinal Dubois, Shrœpfer et Diderot, Fénelon et Law, Zinzendorf et Leibnitz, Frédéric II et Robespierre, Louis XIV et Philippe-Égalité, Marie-Antoinette et Charlotte-Corday, Weishaupt, Babeuf et Napoléon... laboratoire effrayant, où tant de formes hétérogènes ont été jetées dans le creuset, qu'elles ont vomi, dans leur monstrueuse ébullition, un torrent de fumée où nous marchons encore enveloppés de ténèbres et d'images confuses.

Consuelo pas plus qu'Albert, et les chefs Invisibles pas plus que leurs adeptes, ne portaient un regard bien lucide sur ce siècle, au sein duquel ils brûlaient de s'élancer avec l'espoir enthousiaste de le régénérer d'assaut. Ils se croyaient à la veille d'une république évangélique, comme les disciples de Jésus s'étaient crus à la veille du royaume de Dieu sur la terre, comme les Taborites de Bohême s'étaient crus à la veille de l'état paradisiaque, comme plus tard la Convention française se crut à la veille d'une propagande victorieuse sur toute la face du globe. Mais, sans cette confiance insensée, où seraient les grands dévouements, et

---

[1]. Tout le monde sait que l'harmonica fit une telle sensation en Allemagne à son apparition, que les imaginations poétiques voulurent y voir l'audition des voix surnaturelles, évoquées par les consécrateurs de certains mystères. Cet instrument, réputé magique avant de se populariser, fut élevé pendant quelque temps, par les adeptes de la théosophie allemande, aux mêmes honneurs divins que la lyre chez les anciens, et que beaucoup d'autres instruments de musique chez les peuples primitifs de l'Himalaya. Ils en firent une des figures hiéroglyphiques de leur iconographie mystérieuse. Ils le représentaient sous la forme d'une chimère fantastique. Les néophytes des sociétés secrètes, qui l'entendaient pour la première fois, après les terreurs et les émotions de leurs rudes épreuves, en étaient si fortement impressionnés, que plusieurs tombaient en extase. Ils croyaient entendre le chant des puissances invisibles, car on leur cachait l'exécutant et l'instrument avec le plus grand soin. Il y a des détails extrêmement curieux sur le rôle extraordinaire de l'harmonica dans les cérémonies de réception de l'illuminisme.

sans les grandes folies où seraient les grands résultats? Sans l'utopie du divin rêveur Jésus, où en serait la notion de la fraternité humaine? Sans les visions contagieuses de l'extatique Jeanne-d'Arc, serions-nous encore Français? Sans les nobles chimères du dix-huitième siècle, aurions-nous conquis les premiers éléments de l'égalité? Cette mystérieuse révolution, que les sectes du passé avaient rêvée chacune pour son temps, et que les conspirateurs mystiques du siècle dernier avaient vaguement prédite cinquante ans d'avance, comme une ère de rénovation politique et religieuse, Voltaire et les calmes cerveaux philosophiques de son temps, et Frédéric II lui-même, le grand réalisateur de la force logique et froide, n'en prévoyaient ni les brusques orages, ni le soudain avortement. Les plus ardents, comme les plus sages, étaient loin de lire clairement dans l'avenir. Jean-Jacques Rousseau eût renié son œuvre, si la Montagne lui était apparue en rêve, surmontée de la guillotine; Albert de Rudolstadt serait redevenu subitement le fou léthargique du Schreckenstein, si ces gloires ensanglantées, suivies du despotisme de Napoléon, et la restauration de l'ancien régime, suivie du règne des plus vils intérêts matériels, lui eussent été révélées; lui qui croyait travailler à renverser, immédiatement et pour toujours, les échafauds et les prisons, les casernes et les couvents, les maisons d'agio et les citadelles!

Ils rêvaient donc, ces nobles enfants, et ils agissaient sur leur rêve de toute la puissance de leur âme. Ils n'étaient ni plus ni moins de leur siècle que les habiles politiques et les sages philosophes leurs contemporains. Ils ne voyaient ni plus ni moins qu'eux la vérité absolue de l'avenir, cette grande inconnue que nous revêtons chacun des attributs de notre propre puissance, et qui nous trompe tous, en même temps qu'elle nous confirme, lorsqu'elle apparaît à nos fils, vêtue des mille couleurs dont chacun de nous a préparé un lambeau pour sa toge impériale. Heureusement, chaque siècle la voit plus majestueuse, parce que chaque siècle produit plus de travailleurs pour son triomphe. Quant aux hommes qui voudraient déchirer sa pourpre et la couvrir d'un deuil éternel, ils ne peuvent rien contre elle, ils ne la comprennent pas. Esclaves de la réalité présente, ils ne savent pas que l'immortelle n'a point d'âge, et que qui ne la rêve pas telle qu'elle peut être demain ne la voit nullement telle qu'elle doit être aujourd'hui.

Albert, dans cet instant de joie suprême où les yeux de Consuelo s'attachaient enfin sur les siens avec ravissement; Albert, rajeuni de tout le bienfait de la santé, et embelli de toute l'ivresse du bonheur, se sentait investi de cette foi toute-puissante qui transporterait les montagnes, s'il y avait d'autres montagnes à porter dans ces moments-là que le fardeau de notre propre raison ébranlée par l'ivresse. Consuelo était enfin devant lui comme la Galatée de l'artiste chéri des dieux, s'éveillant en même temps à l'amour et à la vie. Muette et recueillie, la physionomie éclairée d'une auréole céleste, elle était complètement, incontestablement belle pour la première fois de sa vie, parce qu'elle existait en effet complètement et réellement pour la première fois. Une sérénité sublime brillait sur son front, et ses grands yeux s'humectaient de cette volupté de l'âme dont l'ivresse des sens n'est qu'un reflet affaibli. Elle n'était si belle que parce qu'elle ignorait ce qui se passait dans son cœur et sur son visage. Albert seul existait pour elle, ou plutôt elle n'existait plus qu'en lui, et lui seul lui semblait digne d'un immense respect et d'une admiration sans bornes. C'est qu'Albert aussi était transformé et comme enveloppé d'un rayonnement surnaturel en la contemplant. Elle retrouvait bien dans la profondeur de son regard toute la grandeur solennelle des nobles douleurs qu'il avait subies; mais ces amertumes du passé n'avaient laissé sur ses traits aucune trace de souffrance physique. Il avait sur le front la placidité du martyr ressuscité, qui voit la terre rougie de son sang fuir sous ses pieds, et le ciel des récompenses infinies s'ouvrir sur sa tête. Jamais artiste inspiré ne créa une plus noble figure de héros ou de saint, aux plus beaux jours de l'art antique ou de l'art chrétien.

Tous les Invisibles, frappés d'admiration à leur tour, s'arrêtèrent, après s'être formés en cercle autour d'eux, et restèrent quelques instants livrés au noble plaisir de contempler ce beau couple, si pur devant Dieu, si chastement heureux devant les hommes. Puis vingt voix mâles et généreuses chantèrent en chœur, sur un rhythme d'une largeur et d'une simplicité antiques : *O hymen! ô hyménée!* La musique était du Porpora, à qui on avait envoyé les paroles, en lui demandant un chant d'épithalame pour un mariage illustre; et on l'avait dignement récompensé, sans qu'il sût de quelles mains venait le bienfait. Comme Mozart, à la veille d'expirer, devait trouver un jour sa plus sublime inspiration pour un *Requiem* mystérieusement commandé, le vieux Porpora avait retrouvé tout le génie de sa jeunesse pour écrire un chant d'hyménée, dont le mystère poétique avait réveillé son imagination. Dès les premières mesures, Consuelo reconnut le style de son maître chéri; et, se détachant avec effort des regards de son amant, elle se tourna vers les coryphées pour y chercher son père adoptif; mais son esprit seul était là. Parmi ceux qui s'en étaient faits les dignes interprètes, Consuelo reconnut plusieurs amis, Frédéric de Trenck, le Porporino, le jeune Benda, le comte Golowkin, Schubart, le chevalier d'Éon, qu'elle avait connu à Berlin, et dont, ainsi que toute l'Europe, elle ignorait le sexe véritable; le comte de Saint-Germain, le chancelier Coccei, époux de la Barberini, le libraire Nicolaï, Gottlieb, dont la belle voix dominait toutes les autres, enfin Marcus, qu'un mouvement de Wanda lui désigna énergiquement, et qu'un instinct sympathique lui avait fait reconnaître d'avance pour le guide qui l'avait présentée, et qui remplissait auprès d'elle les fonctions de parrain ou de père putatif. Tous les Invisibles avaient ouvert et rejeté sur leurs épaules les longues robes noires, à l'aspect lugubre. Un costume pourpre et blanc, élégant, simple, et rehaussé d'une chaîne d'or, qui portait les insignes de l'ordre, donnait à leur groupe un aspect de fête. Leur masque était passé autour de leur poignet, tout prêt à être remis sur le visage, au moindre signal du *veilleur* placé en sentinelle sur le dôme de l'édifice.

L'*orateur*, qui remplissait les fonctions d'intermédiaire entre les chefs Invisibles et les adeptes, se démasqua aussi, et vint féliciter les heureux époux. C'était le duc de***, ce riche prince qui avait voué sa fortune, son intelligence et son zèle enthousiaste à l'œuvre des Invisibles. Il était l'hôte de leur réunion, et sa résidence était, depuis longtemps, l'asile de Wanda et d'Albert, cachés d'ailleurs à tous les yeux profanes. Cette résidence était aussi le chef-lieu principal des opérations du tribunal de l'ordre, quoiqu'il en existât plusieurs autres, et que les réunions un peu nombreuses n'y fussent qu'annuelles, durant quelques jours de l'été, à moins de cas extraordinaires. Initié à tous les secrets des chefs, le duc agissait pour eux et avec eux; mais il ne trahissait point leur incognito, et, assumant sur lui seul tous les dangers de l'entreprise, il était leur interprète et leur moyen visible de contact avec les membres de l'association.

Quand les nouveaux époux eurent échangé de douces démonstrations de joie et d'affection avec leurs frères, chacun reprit sa place, et le duc, redevenu le frère orateur, parla ainsi au couple couronné de fleurs et agenouillé devant l'autel:

« Enfants très-chers et très-aimés, au nom du vrai Dieu, toute puissance, tout amour et tout intelligence; et, après lui, au nom des trois vertus qui sont un reflet de la Divinité dans l'âme humaine : activité, charité et justice, qui se traduisent, dans l'application, par notre formule : *liberté, fraternité, égalité*; enfin, au nom du tribunal des Invisibles qui s'est voué au triple devoir du zèle, de la foi et de l'étude, c'est-à-dire à la triple recherche des vérités politiques, morales et divines : Albert Podiebrad, Consuelo Porporina, je prononce la ratification et la confirmation du mariage que vous avez déjà contracté devant Dieu et devant vos parents, et même devant un prêtre de la religion chrétienne, au château des Géants, le *** de l'année 175*. Ce mariage, valide devant les hommes, n'était pas valide devant Dieu. Il y manquait trois choses : 1° le dévouement absolu de l'épouse à vivre avec un époux qui paraissait toucher à son heure dernière ; 2° la sanction d'une autorité morale et religieuse reconnue et acceptée par l'époux ; 3° le consentement d'une personne ici présente, dont il ne m'est pas permis de prononcer le nom, mais qui tient de près à l'un des époux par les liens du sang. Si maintenant ces trois conditions sont remplies, et qu'aucun de vous n'ait rien à réclamer et à objecter..., unissez vos mains et levez-vous pour prendre le ciel à témoin de la liberté de votre acte et de la sainteté de votre amour. »

Wanda qui continuait à demeurer inconnue aux frères de l'ordre, prit les mains de ses deux enfants. Un même élan de tendresse et d'enthousiasme les fit lever tous les trois, comme s'ils n'eussent fait qu'un.

Les formules du mariage furent prononcées, et les rites simples et touchants du nouveau culte s'accomplirent dans le recueillement et la ferveur. Cet engagement d'un mutuel amour ne fut pas un acte isolé au milieu de spectateurs indifférents, étrangers au lien moral qui se contractait. Ils furent tous appelés à sanctionner cette consécration religieuse de deux êtres liés à eux par une foi commune. Ils étendirent les bras sur les époux pour les bénir, puis ils se prirent tous ensemble par les mains et formèrent une enceinte vivante, une chaîne d'amour fraternel et d'association religieuse autour d'eux, en prononçant le serment de les assister, de les protéger, de défendre leur honneur et leurs jours, de soutenir leur existence au besoin, de les ramener au bien par tous leurs efforts s'ils venaient à faiblir dans la rude carrière de la vertu, de les préserver autant que possible de la persécution et des séductions du dehors, dans toutes les occasions, dans toutes les rencontres ; enfin, de les aimer aussi saintement, aussi cordialement, aussi sérieusement que s'ils étaient unis à eux par le nom et par le sang. Le beau Trenck prononça cette formule pour tous les autres dans des termes éloquents et simples ; puis il ajouta en s'adressant à l'époux :

« Albert, l'usage profane et criminel de la vieille société, dont nous nous séparons en secret pour l'amener à nous un jour, veut que le mari impose la fidélité à sa femme au nom d'une autorité humiliante et despotique. Si elle succombe, il faut qu'il tue son rival ; il a même le droit de tuer son épouse : cela s'appelle laver dans le sang la tache faite à l'honneur. Aussi, dans ce vieux monde aveugle et corrompu, tout homme est l'ennemi naturel de ce bonheur et de cet honneur si sauvagement gardés. L'ami, le frère même, s'arroge le droit de ravir à l'ami et au frère l'amour de sa compagne ; ou tout au moins on se donne le cruel et lâche plaisir d'exciter sa jalousie, de rendre sa surveillance ridicule, et de semer la méfiance et le trouble entre lui et l'objet de son amour. Ici, tu le sais, nous entendons mieux l'amitié, l'honneur et l'orgueil de la famille. Nous sommes frères devant Dieu, et celui de nous qui porterait sur la femme de son frère un regard audacieux et déloyal aurait déjà commis, à nos yeux, le crime d'inceste dans son cœur. »

Tous les frères, émus et entraînés, tirèrent leurs épées, et jurèrent de tourner cette arme contre eux-mêmes plutôt que de manquer au serment qu'ils venaient de prononcer par la bouche de Trenck.

Mais la sibylle, agitée d'un de ces transports enthousiastes qui lui donnaient tant d'ascendant sur leurs imaginations, et qui modifiaient souvent l'opinion et les décisions des chefs eux-mêmes, rompit le cercle en s'élançant au milieu. Son langage, toujours énergique et brûlant, subjuguait leurs assemblées ; sa grande taille, ses draperies flottantes sur son corps amaigri, son port majestueux, quoique chancelant, le tremblement convulsif de cette tête toujours voilée, et avec cela pourtant une sorte de grâce qui révélait l'existence passée de la beauté, ce charme si puissant chez la femme, qu'il subsiste encore après qu'il a disparu, et qu'il émeut encore l'âme alors qu'il ne peut plus émouvoir les sens ; enfin, jusqu'à sa voix éteinte qui prenait tout à coup, sous l'empire de l'exaltation, un éclat strident et bizarre, tout contribuait à en faire un être mystérieux, presque effrayant au premier abord, et bientôt investi d'une puissance persuasive et d'un irrésistible prestige.

Tous firent silence pour écouter la voix de l'inspirée. Consuelo fut émue de son attitude autant qu'eux, et plus qu'eux peut-être, parce qu'elle connaissait le secret de sa vie étrange. Elle se demanda, en frissonnant d'une terreur involontaire, si ce spectre échappé de la tombe appartenait réellement au monde et, si, après avoir exhalé son oracle, il n'allait pas s'évanouir dans les airs avec cette flamme du trépied qui le faisait paraître transparent et bleuâtre.

« Cachez-moi l'éclat de ces armes ! s'écria la frémissante Wanda. Ce sont des serments impies, ceux qui prennent pour objet de leurs invocations des instruments de haine et de meurtre. Je sais bien que l'usage du vieux monde a attaché ce fer au flanc de tout homme réputé libre, comme une marque d'indépendance et de fierté ; je sais bien que, dans les idées que vous avez conservées malgré vous de cet ancien monde, l'épée est le symbole de l'honneur, et que vous croyez prendre des engagements sacrés quand vous avez juré par le fer comme les citoyens de la Rome primitive. Mais ici, c'est profaner un serment auguste. Jurez plutôt par la flamme de ce trépied : la flamme est le symbole de la vie, de la lumière et de l'amour divin. Mais vous faut-il donc encore des emblèmes et des signes visibles ? Êtes-vous encore idolâtres, et les figures qui ornent ce temple représentent-elles pour vous autre chose que des idées ? Ah ! jurez plutôt par vos propres sentiments, par vos meilleurs instincts, par votre propre cœur ; et si vous n'osez pas jurer par le Dieu vivant, par la vraie religion éternelle et sacrée, jurez par la sainte Humanité, par les glorieux élans de votre courage, par la chasteté de cette jeune femme et par l'amour de son époux. Jurez par le génie et par la beauté de Consuelo, que votre désir et même votre pensée ne profaneront jamais cette arche sainte de l'hyménée, cet autel invisible et mystique sur lequel la main des anges grave et enregistre le serment de l'amour...

« Savez-vous bien ce que c'est que l'amour ? ajouta la sibylle après s'être recueillie un instant, et d'une voix qui devenait à chaque instant plus claire et plus pénétrante ; si vous le saviez, ô vous ! chefs vénérables de notre ordre et ministres de notre culte, vous ne feriez jamais prononcer devant vous cette formule d'un engagement éternel que Dieu seul peut ratifier, et qui, consacré par des hommes, est une sorte de profanation du plus divin de tous les mystères. Quelle force pouvez-vous donner à un engagement qui, lui-même, n'est qu'un miracle ? Oui, l'abandon de deux volontés qui se confondent en une seule est un miracle ; car toute âme est éternellement libre en vertu d'un droit divin. Et pourtant, lorsque deux âmes se donnent et s'enchaînent l'une à l'autre par l'amour, leur mutuelle possession devient aussi sacrée, aussi de droit divin que la liberté individuelle. Vous voyez bien qu'il y a là un miracle, et que Dieu s'en réserve à jamais le mystère, comme celui de la vie et de la mort. Vous allez demander à cet homme et à cette femme s'ils veulent s'appartenir exclusivement l'un à l'autre dans cette vie ; et leur ferveur est telle qu'ils vous répondront : « Non pas seulement dans cette vie, mais dans l'éternité. » Dieu leur inspire donc, par le miracle de l'amour, bien plus de foi, bien plus de force, bien plus de vertu que vous ne sauriez et que vous n'oseriez leur en demander. Arrière donc les serments sacrilèges et les lois grossières ! Laissez-leur l'idéal, et ne les attachez pas à la réalité par les chaînes de la loi. Laissez à Dieu le soin de continuer le miracle. Préparez les âmes à ce que ce miracle s'accomplisse en elles, formez-les à l'idéal de l'amour ; exhortez, instruisez, vantez et démontrez la gloire de la fidélité, sans laquelle il n'est point de force morale ni d'amour sublime. Mais n'intervenez pas, comme des prêtres catholiques, comme des magistrats du vieux monde, dans l'exécution du serment. Car, je vous le dis encore une fois, les hommes ne peuvent pas se porter garants ni se constituer gardiens de la perpétuité d'un miracle. Que savez-vous des secrets de l'Éternel ! Sommes-nous déjà entrés dans ce temple de l'avenir, dans ce monde céleste où l'homme doit, nous dit-on, converser avec Dieu sous les ombrages sacrés, comme un ami avec son ami! La loi du mariage indissoluble est-elle donc émanée de la bouche du Seigneur? Ses desseins, à cet égard, sont-ils proclamés sur la terre? Et vous-mêmes, ô enfants des hommes, l'avez-vous promulguée, cette loi, d'un accord unanime? Les pontifes de Rome n'ont-ils jamais brisé l'union conjugale, eux qui se prétendent infaillibles? Sous prétexte de nullité dans de certains engagements, ces pontifes ont consacré de véritables divorces, dont l'histoire a consigné le scandale dans ses fastes. Et des sociétés chrétiennes, des sectes réformées, l'Église grecque, ont, à l'exemple du Mosaïsme et de toutes les anciennes religions, inauguré franchement dans notre monde moderne la loi du divorce. Que devient donc la sainteté et l'efficacité d'un serment fait à Dieu, quand il est avéré que les hommes pourront nous en délier un jour? Ah! ne touchez pas à l'amour par la profanation du mariage : vous ne réussirez qu'à l'éteindre dans les cœurs purs! Consacrez l'union conjugale par des exhortations, par des prières, par une publicité qui la rende respectable, par de touchantes cérémonies; vous le devez, si vous êtes nos prêtres, c'est-à-dire nos amis, nos guides, nos conseils, nos consolateurs, nos lumières. Préparez les âmes à la sainteté d'un sacrement; et comme le père de famille cherche à établir ses enfants dans des conditions de bien-être, de dignité et de sécurité, occupez-vous assidûment, vous, nos pères spirituels, d'établir vos fils et vos filles dans des conditions favorables au développement de l'amour vrai, de la vertu, de la fidélité sublime. Et quand vous leur aurez fait subir des épreuves religieuses, au moyen desquelles vous pourrez reconnaître qu'il n'y a dans leur mutuelle recherche ni cupidité, ni vanité, ni enivrement frivole, ni aveuglement des sens dépourvu d'idéal; quand vous aurez pu vous convaincre qu'ils comprennent la grandeur de leur sentiment, la sainteté de leurs devoirs et la liberté de leur choix, alors permettez-leur de se donner l'un à l'autre, et de s'aliéner mutuellement leur inaliénable liberté. Que leur famille, et leurs amis, et la grande famille des fidèles, interviennent pour ratifier avec vous cette union que la solennité du sacrement doit rendre respectable. Mais faites bien attention à mes paroles : que le sacrement soit une permission religieuse, une autorisation paternelle et sociale, un encouragement et une exhortation à la perpétuité de l'engagement; que ce ne soit jamais un commandement, une obligation, une loi avec des menaces et des châtiments, un esclavage imposé, avec du scandale, des prisons, et des chaînes en cas d'infraction. Autrement vous ne verrez jamais s'accomplir sur la terre le miracle dans son entier et dans sa durée. La Providence éternellement féconde, Dieu, dispensateur infatigable de la grâce, amènera toujours devant vous de jeunes couples fervents et naïfs, prêts à s'engager de bonne foi pour le temps et pour l'éternité. Mais votre loi anti-religieuse, et votre sacrement anti-humain, détruiront toujours en eux l'effet de la grâce. L'inégalité des droits conjugaux selon le sexe, impiété consacrée par les lois sociales, la différence des devoirs devant l'opinion, les fausses distinctions de l'honneur conjugal, et toutes les notions absurdes que le préjugé crée à la suite des mauvaises institutions, viendront toujours éteindre et glacer l'enthousiasme des époux; et les plus sincères, les mieux disposés à la fidélité seront les plus prompts à se contrister, à s'effrayer de la durée de l'engagement, et à se désenchanter l'un de l'autre. L'abjuration de la liberté individuelle est en effet contraire au vœu de la nature et au cri de la conscience quand les hommes s'en mêlent, parce qu'ils y apportent le joug de l'ignorance et de la brutalité : elle est conforme au vœu des nobles cœurs, et nécessaire aux instincts religieux des fortes volontés, quand c'est Dieu qui nous donne les moyens de lutter contre toutes les embûches que les hommes ont tendues autour du mariage pour en faire le tombeau de l'amour, du bonheur et de la vertu, pour en faire *une prostitution jurée*, comme disaient nos pères, les Lolhards, que vous connaissez bien et que vous invoquez souvent ! Rendez donc à Dieu ce qui est de Dieu, et ôtez à César ce qui n'est point à César.

« Et vous, mes fils, dit-elle en revenant vers le centre du groupe, vous qui venez de jurer de ne point porter atteinte au lien conjugal, vous avez fait là un serment dont vous n'avez peut-être pas compris l'importance. Vous avez obéi à un élan généreux, et vous avez répondu d'enthousiasme à l'appel de l'honneur : cela est digne de vous, disciples d'une foi victorieuse. Mais maintenant, sachez bien que vous avez fait là plus qu'un acte de vertu particulière. Vous avez consacré un principe sans lequel il n'y aura jamais de chasteté ni de fidélité conjugales possibles. Entrez donc dans l'esprit d'un tel serment, et reconnaissez qu'il n'y aura point de véritable vertu individuelle, tant que les membres de la société ne seront pas tous solidaires les uns des autres en fait de vertu.

« O amour, ô flamme sublime! si puissante et si fragile, si soudaine et si fugitive! éclair du ciel qui sembles devoir traverser notre vie et t'éteindre en nous avant sa fin, dans la crainte de nous consumer et de nous anéantir ! nous sentons bien tous que tu es le feu vivifiant émané de Dieu même, et que celui de nous qui pourrait te fixer dans son sein et t'y entretenir jusqu'à sa dernière heure toujours aussi ardent et aussi complet, celui-là serait le plus heureux et le plus grand parmi les hommes. Aussi les disciples de l'idéal chercheront-ils toujours à te préparer dans leurs âmes des sanctuaires où tu te plaises, afin que tu ne te hâtes pas de les abandonner pour remonter au ciel. Mais, hélas! toi dont nous avons fait une vertu, une des bases de nos sociétés humaines pour t'honorer comme nous te désirions, tu n'as pourtant pas voulu te laisser enchaîner au gré de nos institutions, et tu es resté libre comme l'oiseau dans les airs, capricieux comme la flamme sur l'autel. Tu sembles te rire de nos serments, de nos contrats et de notre volonté même. Tu nous fuis, en dépit de tout ce que nous avons inventé pour t'immobiliser dans nos mœurs. Tu n'habites pas plus le harem gardé par de vigilantes sentinelles, que la famille chrétienne placée entre la menace du prêtre, la sentence du magistrat, et le joug de l'opinion. D'où vient ton inconstance et ton ingratitude, ô mystérieux prestige, ô amour cruellement symbolisé sous les traits d'un dieu enfant et aveugle? Quelle tendresse et quel mépris t'inspirent donc tour à tour les âmes humaines que tu viens toutes embraser de tes feux, et que tu délaisses presque toutes, pour les laisser périr dans les angoisses du regret, du repentir, ou du dégoût plus affreux encore? D'où vient qu'on t'invoque à genoux sur toute la face de notre globe, qu'on t'exalte et qu'on te déifie, que les poëtes divins te chantent comme l'âme du monde, que les peuples barbares te sacrifient des victimes humaines en précipitant les veuves dans le bûcher des funérailles de l'époux, que les jeunes cœurs t'appellent dans leurs plus doux songes, et que les vieillards maudissent la vie quand tu les abandonnes à l'horreur de la solitude? D'où vient ce culte tantôt sublime, tantôt fanatique, que l'on te décerne depuis l'enfance dorée de l'Humanité jusqu'à notre âge de fer, si tu n'es qu'une chimère, le rêve d'un moment d'ivresse, l'erreur de l'imagination exaltée par le délire des sens? — Oh ! c'est que tu n'es pas un instinct vulgaire, un simple besoin de l'animalité ! Non, tu n'es pas l'aveugle enfant du paganisme; tu es le fils du vrai Dieu et l'élément même de la Divinité ! Mais tu ne t'es encore révélé à nous qu'à travers les nuages de nos erreurs, et tu n'as pas voulu établir ta demeure parmi nous, parce que tu n'as pas voulu être profané. Tu reviendras, comme au temps fabuleux d'Astrée, comme dans les visions des poëtes, te fixer dans notre paradis terrestre, quand nous aurons mérité par des vertus sublimes la présence d'un hôte tel que toi. Oh! qu'alors le séjour de cette terre sera doux aux hommes et qu'il fera bon d'y être né ! quand nous serons tous frères et sœurs, quand les unions seront librement consenties et librement maintenues par la seule force qu'on puise en toi ; quand, au lieu de cette lutte effroyable, impossible, que la fidélité conjugale est obligée de soutenir contre les tentatives impies de la débauche, de la séduction hypocrite, de la violence effrénée, de la perfide amitié et de la dépravation savante, chaque époux ne trouvera autour de lui que de chastes sœurs, jalouses et délicates gardiennes de la félicité d'une sœur qu'elles lui auront donnée pour compagne, tandis que chaque épouse trouvera dans les autres hommes autant de frères de son époux, heureux et fiers de son bonheur, protecteurs-nés de son repos et de sa dignité! Alors la femme fidèle ne sera plus la fleur solitaire qui se cache pour garder le fragile trésor de son honneur, la victime souvent délaissée qui se consume dans la retraite et dans les larmes, impuissante à faire revivre dans le cœur de son bien-aimé la flamme qu'elle a conservée pure dans le sien. Alors le frère ne sera plus forcé de venger sa sœur, et de tuer celui qu'elle aime et qu'elle regrette, pour lui rendre un semblant de faux honneur ; alors la mère ne tremblera plus pour sa fille, alors la fille ne rougira plus de sa mère ; alors surtout l'époux ne sera plus ni soupçonneux ni despote ; l'épouse abjurera, de son côté, l'amertume de la victime ou la rancune de l'esclave. D'atroces souffrances, d'abominables injustices ne flétriront plus le riant et calme sanctuaire de la famille. L'amour pourra durer ; et qui sait alors ! peut-être un jour le prêtre et le magistrat, comptant avec raison sur le miracle permanent de l'amour, pourra-t-il consacrer au nom de Dieu même des unions indissolubles, avec autant de sagesse et de justice qu'il y porte aujourd'hui, à son insu, d'impiété et de folie.

« Mais ces jours de récompense ne sont pas encore venus. Ici, dans ce mystérieux temple où nous voici réunis, suivant le mot de l'Évangile, trois ou quatre au nom du Seigneur, nous ne pouvons que rêver et essayer la vertu entre nous. Ce monde extérieur qui nous condamnerait à l'exil, à la captivité ou à la mort, s'il pénétrait nos secrets, nous ne pouvons pas l'invoquer comme sanction de nos promesses et comme garant de nos institutions. N'imitons donc pas son ignorance et sa tyrannie. Consacrons l'amour conjugal de ces deux enfants, qui viennent nous demander la bénédiction de l'amour paternel et de l'amour fraternel, au nom du Dieu vivant, dispensateur de tous les amours. Autorisez-les à se promettre une éternelle fidélité ; mais n'inscrivez pas leurs serments sur un livre de mort, pour le leur rappeler ensuite par la terreur et la contrainte. Laissez Dieu en être le gardien ; c'est à eux de l'invoquer tous les jours de leur vie, pour qu'il entretienne en eux le feu sacré qu'il y a fait descendre. »

— C'est là où je t'attendais, ô sibylle inspirée ! s'écria Albert en recevant dans ses bras sa mère, épuisée d'avoir parlé si longtemps avec l'énergie de la conviction. J'attendais l'aveu de ce droit que tu m'accordes de tout promettre à celle que j'aime. Tu reconnais que c'est mon droit le plus cher et le plus sacré. Je lui promets donc, je lui jure de l'aimer uniquement et fidèlement toute ma vie, et j'en prends Dieu à témoin. Dis-moi, ô prophétesse de l'amour, que ce n'est pas là un blasphème.

— Tu es sous la puissance du miracle, répondit Wanda. Dieu bénit ton serment, puisque c'est lui qui t'inspire la foi de le prononcer. *Toujours* est le mot le plus passionné qui vienne aux lèvres des amants, dans l'extase de leurs plus divines joies. C'est un oracle qui s'échappe alors de leur sein. L'éternité est l'idéal de l'amour, comme c'est l'idéal de la foi. Jamais l'âme humaine n'arrive mieux au comble de sa puissance et de sa lucidité que dans l'enthousiasme d'un grand amour. Le *toujours* des amants est donc une révélation intérieure, une manifestation divine, qui doit jeter sa clarté souveraine et sa chaleur bienfaisante sur tous les instants de leur union. Malheur à quiconque profane cette formule sacrée ! Il tombe de l'état de grâce dans l'état du péché : il éteint la foi, la lumière, la force et la vie dans son cœur.

— Et moi, dit Consuelo, je reçois ton serment, ô Albert ! et je t'adjure d'accepter le mien. Je me sens, moi aussi, sous la puissance du miracle, et ce *toujours* de notre courte vie ne me semble rien au prix de l'éternité, pour laquelle je veux me promettre à toi.

— Sublime téméraire ! dit Wanda avec un sourire d'enthousiasme qui sembla rayonner à travers son voile, demande à Dieu l'éternité avec celui que tu aimes, en récompense de ta fidélité envers lui dans cette courte vie.

— Oh ! oui ! s'écria Albert en élevant vers le ciel la main de sa femme enlacée dans la sienne ; c'est là le but, l'espoir et la récompense ! S'aimer grandement et ardemment dans cette phase de l'existence, pour obtenir de se retrouver et de s'unir encore dans les autres ! Oh ! je sens bien, moi, que ceci n'est pas le premier jour de notre union, que nous nous sommes déjà aimés, déjà possédés dans la vie antérieure. Tant de bonheur n'est pas un accident du hasard. C'est la main de Dieu qui nous rapproche et nous réunit comme les deux moitiés d'un seul être inséparable dans l'éternité. »

Après la célébration du mariage, et bien que la nuit fût fort avancée, on procéda aux cérémonies de l'initiation définitive de Consuelo à l'ordre des Invisibles ; et, ensuite, les membres du tribunal ayant disparu, on se répandit sous les ombrages du bois sacré, pour revenir bientôt s'asseoir autour du banquet de communion fraternelle. Le prince (*frère orateur*) le présida, et se chargea d'en expliquer à Consuelo les symboles profonds et touchants. Ce repas fut servi par de fidèles domestiques affiliés à un certain grade de l'ordre. Karl présenta Matteus à Consuelo, et elle vit enfin à découvert son honnête et douce figure ; mais elle remarqua avec admiration que ces estimables valets n'étaient point traités en inférieurs par leurs frères des autres grades. Aucune distinction ne régnait entre eux et les personnages éminents de l'ordre, quel que fût leur rang dans le monde. Les *frères servants*, comme on les appelait, remplissaient de bon gré et avec plaisir les fonctions d'échansons et de maîtres d'hôtel ; ils vaquaient à l'ordonnance de service, comme aides compétents dans l'art de préparer un festin, qu'ils considéraient d'ailleurs comme une cérémonie religieuse, comme une pâque eucharistique. Ils n'étaient donc pas plus abaissés par cette fonction que les lévites d'un temple présidant aux détails des sacrifices. Chaque fois qu'ils avaient garni la table, ils venaient s'y asseoir eux-mêmes, non à des places marquées à part et isolées des autres, mais dans des intervalles réservés pour eux parmi les convives. C'était à qui les appellerait, et se ferait un plaisir et un devoir de remplir leur coupe et leur assiette. Comme dans les banquets maçonniques, on ne portait jamais la coupe aux lèvres sans invoquer quelque noble idée, quelque généreux sentiment ou quelque auguste patronage. Mais les bruits cadencés, les gestes puérils des francs-maçons, le maillet, l'argot des toasts, et le vocabulaire des ustensiles, étaient exclus de ce festin à la fois expansif et grave. Les frères servants y gardaient un maintien respectueux sans bassesse et modeste sans contrainte. Karl fut assis pendant un service entre Albert et Consuelo. Cette dernière remarqua avec attendrissement, outre sa sobriété et sa bonne tenue, un progrès extraordinaire dans l'intelligence de ce brave paysan, éducable par le cœur, et initié à de saines notions religieuses et morales par une rapide et admirable éducation de sentiment.

« O mon ami ! dit-elle à son époux, lorsque le déserteur eut changé de place et qu'Albert se rapprocha d'elle, voilà donc l'esclave battu de la milice prussienne, le bûcheron sauvage du Bœhmerwald, l'assassin de Frédéric le Grand ! Des leçons éclairées et charitables ont su, en si peu de jours, en faire un homme sensé, pieux et juste, au lieu d'un bandit que la justice féroce des nations eût poussé au meurtre, et corrigé à l'aide du fouet et de la potence.

— Noble sœur, dit le prince placé en cet instant à la droite de Consuelo, vous aviez donné à Roswald de grandes leçons de religion et de clémence à ce cœur égaré par le désespoir, mais doué des plus nobles instincts. Son éducation a été ensuite rapide et facile; et quand nous avions quelque chose de bon à lui enseigner, il s'y confiait d'emblée en s'écriant : « C'est ce que me disait la *signora!* » Soyez certaine qu'il serait plus aisé qu'on ne le pense d'éclairer et de moraliser les hommes les plus rudes, si on le voulait bien. Relever leur condition, et leur inoculer l'estime d'eux-mêmes, en commençant par les estimer et les aimer, ne demande qu'un charité sincère et le respect de la dignité humaine. Vous voyez cependant que ces braves gens ne sont encore initiés qu'à des grades inférieurs : c'est que nous consultons la portée de leur intelligence et leurs progrès dans la vertu pour les admettre plus ou moins dans nos mystères. Le vieux Matteus a deux grades de plus que Karl; et s'il ne dépasse pas celui qu'il occupe maintenant, ce sera parce que son esprit et son cœur n'auront pas pu aller plus loin. Aucune bassesse d'extraction, aucune humilité de condition sociale ne nous arrêteront jamais; et vous voyez ici Gottlieb le cordonnier, le fils du geôlier de Spandaw, admis à un grade égal au vôtre, bien que dans ma maison il remplisse, par goût et par habitude, des fonctions subalternes. Sa vive imagination, son ardeur pour l'étude, son enthousiasme pour la vertu, en un mot la beauté incomparable de l'âme qui habite ce vilain corps, l'ont rendu bien digne d'être traité comme un égal et comme un frère dans l'intérieur du temple. Il n'y avait presque rien à donner en fait d'idées et de vertus à ce noble enfant. Il avait trop au contraire; il fallait calmer en lui un excès d'exaltation, et le traiter des maladies morales et physiques qui l'eussent conduit à la folie. L'immoralité de son entourage et la perversité du monde officiel l'eussent irrité sans le corrompre; mais nous seuls, armés de l'esprit de Jacques Bœhm et de la véritable explication de ses profonds symboles, nous pouvions le convaincre sans le désenchanter, et redresser les écarts de sa poésie mystique sans refroidir son zèle et sa foi. Vous devez remarquer que la cure de cette âme a réagi sur le corps, que sa santé est revenue comme par enchantement, et que sa bizarre figure est déjà transformée. »

Après le repas, on reprit les manteaux, et on se promena sur le revers adouci de la colline qu'ombrageait le bois sacré. Les ruines du vieux château réservé aux épreuves dominaient ce beau site, dont Consuelo reconnut peu à peu les sentiers, parcourus à la hâte durant une nuit d'orage peu de temps auparavant. La source abondante qui s'échappait d'une grotte rustiquement taillée dans le roc, et consacrée jadis à une dévotion superstitieuse, courait en murmurant, parmi les bruyères, vers le fond du vallon, où elle formait le beau ruisseau que la captive du pavillon connaissait si bien. Des allées, naturellement couvertes d'un sable fin, argenté par la lune, se croisaient sous ces beaux ombrages, où les groupes errants se rencontraient, se mêlaient, et échangeaient de doux entretiens. De hautes barrières à claire-voie fermaient cet enclos, dont le kiosque vaste et riche passait pour un cabinet d'étude, retraite favorite du prince, et interdite aux oisifs et aux indiscrets. Les frères servants se promenaient aussi, par groupes, mais en suivant les barrières, et en faisant le guet pour avertir les *frères*, en cas d'approche d'un profane. Ce danger n'était pas très à redouter. Le duc paraissait s'occuper seulement des mystères maçonniques; comme en effet, il s'en occupait secondairement; mais la franc-maçonnerie était tolérée dès lors par les lois et protégée par les princes qui y étaient ou qui s'y croyaient initiés. Personne ne soupçonnait l'importance des grades supérieurs, qui, de degré en degré, aboutissaient au tribunal des Invisibles.

D'ailleurs, en ce moment, la fête ostensible qui illuminait au loin la façade du palais ducal absorbait trop les nombreux hôtes du prince, pour qu'on songeât à quitter les brillantes salles et les nouveaux jardins pour les rochers et les ruines du vieux parc. La jeune margrave de Bareith, amie intime du duc, faisait pour lui les honneurs de la fête. Il avait feint une indisposition pour disparaître; et aussitôt après le banquet des Invisibles, il alla présider le souper de ses illustres hôtes du palais. En voyant briller bien loin ces lumières, Consuelo, appuyée sur le bras d'Albert, se ressouvint d'Anzoleto, et s'accusa naïvement, devant son époux qui le lui reprochait, d'un instant de cruauté et d'ironie envers le compagnon chéri de son enfance.

« Oui, c'était un mouvement coupable, lui dit-elle; mais j'étais bien malheureuse dans ce moment-là. J'étais résolue à me sacrifier au comte Albert, et les malicieux et cruels Invisibles me jetaient encore une fois dans les bras du dangereux Liverani. J'avais la mort dans l'âme. Je retrouvais avec délices celui dont il fallait se séparer avec désespoir, et Marcus voulait me distraire de ma souffrance en me faisant admirer le bel Anzoleto! Ah! je n'aurais jamais cru le revoir avec tant d'indifférence! Mais je m'imaginais être condamnée à l'épreuve de chanter avec lui, et j'étais prête à le haïr de m'enlever ainsi mon dernier instant, mon dernier rêve de bonheur. A présent, ô mon ami, je pourrai le revoir sans amertume, et le traiter avec indulgence. Le bonheur rend si bon et si clément! Puissé-je lui être utile un jour, et lui inspirer l'amour sérieux de l'art, sinon le goût de la vertu!

— Pourquoi en désespérer? dit Albert. Attendons-le dans un jour de malheur et d'abandon. Maintenant au milieu de ses triomphes, il serait sourd aux conseils de la sagesse. Mais qu'il perde sa voix et sa beauté, nous nous emparerons peut-être de son âme.

— Chargez-vous de cette conversion, Albert.

— Non pas sans vous, ma Consuelo.

— Vous ne craignez donc pas les souvenirs du passé?

— Non; je suis présomptueux au point de ne rien craindre. Je suis sous la puissance du miracle.

— Et moi aussi, Albert, je ne saurais douter de moi-même! Oh! vous avez bien raison d'être tranquille. »

Le jour commençait à poindre, et l'air pur du matin faisait monter mille senteurs exquises. On était dans les plus beaux jours de l'été. Les rossignols chantaient sous la feuillée, et se répondaient d'une colline à l'autre. Les groupes qui se formaient à chaque instant autour des deux époux, loin de leur être importuns, ajoutaient à leur ivresse les douceurs d'une amitié fraternelle, ou tout au moins des plus exquises sympathies. Tous les Invisibles présents à cette fête furent présentés à Consuelo, comme les membres de sa nouvelle famille. C'était l'élite des talents, des intelligences et des vertus de l'ordre : les uns illustres dans le monde du dehors, d'autres obscurs dans ce monde-là, mais illustres dans le temple par leurs travaux et leurs lumières. Plébéiens et patriciens étaient mêlés dans une tendre intimité. Consuelo dut apprendre leurs véritables noms et ceux plus poétiques qu'ils portaient dans le secret de leurs relations fraternelles : c'étaient Vesper, Ellops, Péon, Hylas, Euryale, Bellérophon, etc. Jamais elle ne s'était vue entourée d'un choix aussi nombreux d'âmes nobles et de caractères intéressants. Les récits qu'ils lui faisaient de leurs travaux de prosélytisme, des dangers qu'ils avaient affrontés et des résultats obtenus, la charmaient autant que des poèmes dont elle n'aurait pas cru la réalité conciliable avec le train du monde insolent et corrompu qu'elle avait traversé. Ces témoignages d'amitié et d'estime qui allaient jusqu'à l'attendrissement et à l'effusion, et qui n'étaient pas entachés de la moindre banalité de galanterie, ni de la moindre insinuation de familiarité dangereuse, ce langage élevé, ce charme des relations où l'égalité et la fraternité étaient réalisées dans ce qu'elles peuvent avoir de plus sublime; cette belle aube dorée qui se levait sur la vie en même temps que dans le ciel, tout cela fut comme un rêve divin dans l'existence de Consuelo et d'Albert. Enlacés

Albert et Consuelo, guidés par Marcus... (Page 461.)

au bras l'un de l'autre, ils ne songeaient pas à s'éloigner de leurs frères chéris. Une ivresse morale, douce et suave comme l'air du matin, remplissait leur poitrine et leur âme. L'amour dilatait trop leur sein pour le faire tressaillir. Trenck racontait les souffrances de sa captivité à Glatz, et les dangers de sa fuite. Comme Consuelo et Haydn dans le Bœhmerwald, il avait voyagé à travers la Pologne, mais par un froid rigoureux, couvert de haillons, avec un compagnon blessé, l'*aimable Shelles*, que ses mémoires nous ont peint depuis comme le plus gracieux des amis. Il avait joué du violon pour avoir du pain, et servi de ménétrier aux paysans, comme Consuelo sur les rives du Danube. Puis il lui parlait tout bas de la princesse Amélie, de son amour et de ses espérances. Pauvre jeune Trenck! l'épouvantable orage qui s'amassait sur sa tête, il ne le prévoyait pas plus que l'heureux couple, destiné à passer de ce beau songe d'une nuit d'été à une vie de combats, de déceptions et de souffrances!

Le Porporino chanta sous les cyprès un hymne admirable composé par Albert, à la mémoire des martyrs de leur cause; le jeune Benda l'accompagna sur son violon; Albert lui-même prit l'instrument, et ravit les auditeurs avec quelques notes. Consuelo ne put chanter, elle pleurait de joie et d'enthousiasme. Le comte de Saint-Germain raconta les entretiens de Jean Huss et de Jérôme de Prague avec tant de chaleur, d'éloquence et de vraisemblance, qu'en l'écoutant il était impossible de ne pas croire qu'il y eût assisté. Dans de telles heures d'émotion et de ravissement, la triste raison ne se défend pas des prestiges de la poésie. Le chevalier d'Éon peignit, en traits d'une finesse acérée et d'un goût enchanteur, les misères et les ridicules des plus illustres tyrans de l'Europe, et les vices des cours, et la faiblesse de cet échafaudage social qu'il semblait à l'enthousiasme si facile de faire plier sous son vol brûlant. Le comte Golowkin peignit délicieusement la grande âme et les naïfs travers de son ami Jean-Jacques Rousseau. Ce seigneur philosophe (on dirait aujourd'hui excentrique) avait une fille fort belle, qu'il élevait selon ses idées, et qui était à la fois Émile et Sophie, tantôt le plus beau des garçons, tantôt la plus charmante des filles. Il devait la présenter à l'initiation, et charger Consuelo de l'instruire. L'illustre Zinzendorf exposa l'organisation et les mœurs

En ce moment Karl entra... (Page 165.)

évangéliques de sa colonie de Moraves hernhuters. Il consultait Albert avec déférence sur plusieurs difficultés, et la sagesse semblait parler par la bouche d'Albert. C'est qu'il était inspiré par la présence et le doux regard de son amie. Il semblait un dieu à Consuelo. Il réunissait pour elle tous les prestiges : philosophe et artiste, martyr éprouvé, héros triomphant, grave comme un sage du Portique, beau comme un ange, enjoué parfois et naïf comme un enfant, comme un amant heureux, parfait enfin comme l'homme qu'on aime! Consuelo avait cru mourir de fatigue et d'émotion en frappant à la porte du temple. Maintenant elle se sentait forte et animée comme au temps où elle jouait sur la grève de l'Adriatique dans toute la vigueur de l'adolescence, sous un soleil brûlant tempéré par la brise de mer. Il semblait que la vie dans toute sa puissance, le bonheur dans toute son intensité, se fussent emparés d'elle par toutes ses fibres, et qu'elles les aspirât par tous ses pores. Elle ne comptait pas les heures : elle eût voulu que cette nuit enchantée ne finît jamais. Pourquoi ne peut-on arrêter le soleil sous l'horizon, dans de certaines veillées où l'on se sent dans toute la plénitude de l'être, et où tous les rêves de l'enthousiasme semblent réalisés ou réalisables!

Enfin le ciel se teignit de pourpre et d'or; une cloche argentine avertit les Invisibles que la nuit leur retirait ses voiles protecteurs. Ils chantèrent un dernier hymne au soleil levant, emblème du jour nouveau qu'ils rêvaient et préparaient pour le monde. Puis ils se firent de tendres adieux, se donnèrent rendez-vous, les uns à Paris, les autres à Londres, d'autres à Madrid, à Vienne, à Pétersbourg, à Varsovie, à Dresde, à Berlin. Tous s'engagèrent à se retrouver dans un an, à pareil jour, à la porte de ce temple béni, avec de nouveaux néophytes ou d'anciens frères maintenant absents. Puis ils croisèrent leurs manteaux pour cacher leurs élégants costumes, et se dispersèrent sans bruit sous les sentiers ombragés du parc.

Albert et Consuelo, guidés par Marcus, descendirent le ravin jusqu'au ruisseau; Karl les reçut dans sa gondole fermée, et les conduisit au pavillon, sur le seuil duquel ils s'arrêtèrent un instant pour contempler la majesté de l'astre qui montait dans le ciel. Jusque-là Consuelo, en répondant aux discours passionnés d'Albout, lui avait toujours donné son nom véritable; mais lorsqu'il l'arracha à la contemplation où elle semblait s'oublier, elle ne put que lui dire, en appuyant son front brûlant sur son épaule :

« O Liverani! »

ÉPILOGUE.

Si nous avions pu nous procurer sur l'existence d'Albert et de Consuelo, après leur mariage, les documents fidèles et détaillés qui nous ont guidé jusqu'ici, nul doute que nous ne pussions fournir encore une longue carrière, en vous racontant leurs voyages et leurs aventures. Mais, ô lecteur persévérant, nous ne pouvons vous satisfaire; et vous, lecteur fatigué, nous ne vous demandons plus qu'un instant de patience. Ne nous en faites, l'un et l'autre, ni un reproche ni un mérite. La vérité est que les matériaux à l'aide desquels nous eussions pu, ainsi que nous l'avons fait jusqu'à présent, coordonner les événements de cette histoire, disparaissent, en grande partie, pour nous, à partir de la nuit romanesque qui vit bénir et consacrer l'union de nos deux héros, chez les Invisibles. Soit que les engagements contractés par eux, dans le Temple, les aient empêchés de se confier à l'amitié dans leurs lettres, soit que leurs amis, affiliés eux-mêmes aux mystères, aient, dans des temps de persécution, jugé prudent d'anéantir leur correspondance, nous ne les apercevons plus qu'à travers un nuage, sous le voile du Temple ou sous le masque des adeptes. Si nous nous en rapportions, sans examen, aux rares traces de leur existence qui nous apparaissent dans notre provision de manuscrits, nous nous égarerions souvent à les poursuivre; car des preuves contradictoires nous les montrent tous deux sur plusieurs points géographiques à la fois, ou suivant certaines directions diverses dans le même temps. Mais nous devinons aisément qu'ils donnèrent volontairement lieu à ces méprises, étant, tantôt voués à quelque entreprise secrète dirigée par les Invisibles, et tantôt forcés de se soustraire, à travers mille périls, à la police inquisitoriale des gouvernements. Ce que nous pouvons affirmer sur l'existence de cette âme en deux personnes qui s'appela Consuelo et Albert, c'est que leur amour tint ses promesses, mais que la destinée démentit cruellement celles qu'elle avait semblé leur faire durant ces heures d'ivresse qu'ils appelaient leur *songe d'une nuit d'été*. Cependant ils ne furent point ingrats envers la Providence, qui leur avait donné ce rapide bonheur dans toute sa plénitude et qui, au milieu de leurs revers, continua en eux le miracle de l'amour annoncé par Wanda. Au sein de la misère, de la souffrance et de la persécution, ils se reportaient toujours à ce doux souvenir qui marqua dans leur vie comme une vision céleste, comme un bail fait avec la divinité pour la jouissance d'une vie meilleure, après une phase de travaux, d'épreuves et de sacrifices.

Tout devient, d'ailleurs, tellement mystérieux pour nous dans cette histoire, que nous n'avons pas seulement pu découvrir dans quelle partie de l'Allemagne était située cette résidence enchantée, où, protégé par le tumulte des chasses et des fêtes, un prince, anonyme dans nos documents, servit de point de ralliement et de moteur principal à la conspiration sociale et philosophique des Invisibles. Ce prince avait reçu d'eux un nom symbolique, qu'après mille peines pour découvrir le chiffre dont se servaient les adeptes, nous présumons être celui de Christophore, *porte-Christ*, ou peut-être bien *chrysostôme*, *bouche d'or*. Le temple où Consuelo fut mariée et initiée, ils l'appelaient poétiquement le *saint Graal*, et les chefs du tribunal, les *templistes*, emblèmes romanesques, renouvelés des antiques légendes de l'âge d'or de la chevalerie. Tout le monde sait que, d'après ces riantes fictions, le saint Graal était caché dans un sanctuaire mystérieux, au fond d'une grotte inconnue aux mortels. C'était là que les templistes, illustres saints du Christianisme primitif, voués, dès ce monde, à l'immortalité, gardaient la coupe précieuse dont Jésus s'était servi pour consacrer le miracle de l'Eucharistie, en faisant la pâque avec ses disciples. Cette coupe contenait, sans doute, la grâce céleste, figurée tantôt par le sang, tantôt par les larmes du Christ, une liqueur divine, enfin une substance eucharistique, sur la nature mystique de laquelle on ne s'expliquait pas, mais qu'il suffisait de voir pour être transformé au moral et au physique, pour être à jamais à l'abri de la mort et du péché. Les pieux paladins qui, après des vœux formidables, des macérations terribles et des exploits à faire trembler la terre, se vouaient à la vie ascétique du *chevalier errant*, avaient pour idéal de trouver le saint Graal au bout de leurs pérégrinations. Ils le cherchaient sous les glaces du Nord, sur les grèves de l'Armorique, au fond des forêts de la Germanie. Il fallait, pour réaliser cette sublime conquête, affronter des périls analogues à ceux du jardin des Hespérides, vaincre les monstres, les éléments, les peuples barbares, la faim, la soif, la mort même. Quelques-uns de ces Argonautes chrétiens découvraient, dit-on, le sanctuaire, et furent régénérés par la divine coupe; mais ils ne trahirent jamais ce secret terrible. On connut leur triomphe à la force de leur bras, à la sainteté de leur vie, à leurs armes invincibles, à la transfiguration de tout leur être; mais ils survécurent peu, parmi nous, à une si glorieuse initiation : ils disparurent d'entre les hommes, comme Jésus après sa résurrection, et passèrent de la terre au ciel, sans subir l'amère transition de la mort.

Tel était le magique symbole qui s'adaptait en réalité fort bien à l'œuvre des Invisibles. Durant plusieurs années, les nouveaux templistes conservèrent l'espoir de rendre le saint Graal accessible à tous les hommes. Albert travailla efficacement, sans aucun doute, à répandre les idées mères de la doctrine. Il parvint aux grades les plus avancés de l'ordre; car nous trouvons quelque part la liste de ses titres, ce qui prouverait qu'il eut le temps de les conquérir. Or chacun sait qu'il fallait vingt et un mois pour s'élever seulement aux trente-trois degrés de la maçonnerie, et nous croyons être certain qu'il en fallait ensuite beaucoup davantage pour franchir le nombre illimité des degrés mystérieux du saint Graal. Les noms des grades maçonniques ne sont plus un mystère pour personne; mais il ne nous saura peut-être pas mauvais gré d'en rappeler ici quelques-uns, car ils peignent assez bien le génie enthousiaste et la riante imagination qui présidèrent à leur création successive :

« Apprenti, compagnon et maître maçon, maître secret et maître parfait, secrétaire, prévôt et juge, maître anglais et maître irlandais, maître en Israël, maître élu des neuf et des quinze, élu de l'inconnu, sublime chevalier élu, grand maître architecte, royal-arche, grand Écossais de la loge sacrée ou sublime maçon, chevalier de l'épée, chevalier d'Orient, prince de Jérusalem, chevalier d'Orient et d'Occident, rose-croix de France, d'Hérédom et de Kilwinning, grand pontife ou sublime Écossais, architecte de la voûte sacrée, pontife de la Jérusalem céleste, souverain prince de la maçonnerie ou maître *ad vitam*, noachite, prince du Liban, chef du tabernacle, chevalier du serpent d'airain, Écossais trinitaire ou prince de merci, grand commandeur du temple, chevalier du soleil, patriarche des croisades, grand maître de la lumière, chevalier Kadosh, chevalier de l'aigle blanc et de l'aigle noir, chevalier du phénix, chevalier de l'Iris, chevalier des Argonautes, chevalier de la toison d'or, grand inspecteur-inquisiteur-commandeur, sublime prince du royal secret, sublime maître de l'anneau lumineux, etc., etc. [1] »

[1] Plusieurs de ces grades sont de diverses créations et de divers rites.

A ces titres, ou du moins à la plupart d'entre eux, nous trouvons des titres moins connus accolés au nom d'Albert Podiebrad, dans un chiffre moins lisible que celui des francs-maçons, tels que chevalier de Saint-Jean, sublime Joannite, maître du nouvel Apocalypse, docteur de l'Évangile éternel, élu de l'Esprit-Saint, templiste, aréopagite, mage, homme-peuple, homme-pontife, homme-roi, homme nouveau, etc. Nous avons été surpris de voir ici quelques titres qui sembleraient empruntés par anticipation à l'Illuminisme de Weishaupt; mais cette particularité nous a été expliquée plus tard, et n'aura pas besoin de commentaire pour nos lecteurs à la fin de cette histoire.

À travers le labyrinthe de faits obscurs, mais profonds, qui se rattachent aux travaux, aux succès, à la dispersion et à l'extinction apparente des Invisibles, nous avons bien de la peine à suivre de loin l'étoile aventureuse de notre jeune couple. Cependant, en suppléant par un commentaire prudent à ce qui nous manque, voici à peu près l'historique abrégé des principaux événements de leur vie. L'imagination du lecteur aidera à la lettre; et pour notre compte, nous ne doutons pas que les meilleurs dénouements ne soient ceux dont le lecteur veut bien se charger pour son compte, à la place du narrateur [1].

Il est probable que ce fut en quittant le *saint Graal* que Consuelo se rendit à la petite cour de Bareith, où la margrave, sœur de Frédéric, avait des palais, des jardins, des kiosques et des cascades, dans le goût de ceux du comte Hoditz à Roswald, quoique moins somptueux et moins dispendieux; car cette spirituelle princesse avait été mariée sans dot à un très-pauvre prince, et il n'y avait pas longtemps qu'elle avait des robes dont la queue fût raisonnable, et des pages dont le pourpoint ne montrât pas la corde. Ses jardins, ou plutôt son jardin, pour parler sans métaphore, était situé dans un paysage admirable, et elle s'y donnait le plaisir d'un opéra italien, dans un temple antique, d'un goût un peu Pompadour. La margrave était très-philosophe, c'est-à-dire voltairienne. Le jeune margrave héréditaire, son époux, était chef zélé d'une loge maçonne que. J'ignore si Albert fut en relations avec lui et si son incognito fut protégé par le secret des *frères*, ou bien s'il se tint éloigné de cette cour pour rejoindre sa femme un peu plus tard. Sans doute Consuelo avait là quelque mission secrète. Peut-être aussi, pour éviter d'attirer sur son époux l'attention qu'il se fixait en tous lieux sur elle, elle ne vécut pas publiquement auprès de lui dans les premiers temps. Leurs amours eurent sans doute alors tout l'attrait du mystère, et si la publicité de leur union, consacrée par la sanction fraternelle des templistes, leur avait paru douce et vivifiante, le secret dont ils s'entourèrent dans un monde hypocrite et licencieux fut pour eux, dans les commencements, une égide nécessaire, et une sorte de muette protestation, où ils puisèrent leur enthousiasme et leur force.

Plusieurs chanteuses et chanteurs italiens firent à cette époque les délices de la petite cour de Bareith. La Corilla et Anzoleto y parurent, et l'inconséquente prima donna s'enflamma de nouveaux feux pour le traître qu'elle avait voué naguère à toutes les furies de l'enfer. Mais Anzoleto, en cajolant la tigresse, s'efforça prudemment, et avec une mystérieuse réserve, de trouver grâce auprès de Consuelo, dont le talent grandi par tant de secrètes et profondes révélations, éclipsait toutes les rivalités. L'ambition était devenue la passion dominante du jeune ténor; l'amour avait été étouffé sous le dépit, la volupté même sous la satiété. Il n'aimait

---

Quelques-uns sont peut-être postérieurs à l'époque dont nous parlons. Nous renvoyons la rectification aux *thuleurs* érudits. Il y a eu, je crois, plus de cent grades dans certains rites.

1. A telles enseignes que l'histoire de Jean Kreyssler nous paraît être le roman le plus merveilleux d'Hoffmann. La mort ayant mis l'auteur avant à bride son œuvre, le poème se termine dans les divagations sous mille formes différentes qui fait que les unes dans les autres. C'est ainsi qu'un beau fleuve se ramifie vers son embouchure et se perd en mille filets capricieux dans les sables dorés de la grève.

---

donc ni la chaste Consuelo, ni la fougueuse Corilla; mais il ménageait l'une et l'autre, tout prêt à se rattacher en apparence à celle des deux qui le prendrait à sa suite et l'aiderait à se faire avantageusement connaître. Consuelo lui témoigna une paisible amitié, et ne lui épargna pas les bons conseils et les consciencieuses leçons qui pouvaient donner l'essor à son talent. Mais elle ne sentit plus auprès de lui aucun trouble, et la mansuétude de son pardon lui révéla à elle-même l'absolue consommation de son détachement. Anzoleto ne s'y méprit pas. Après avoir écouté avec fruit les enseignements de l'artiste, et feint d'entendre avec aménité les conseils de l'amie, il perdit la patience en perdant l'espoir, et sa profonde rancune, son amour dépit, percèrent malgré lui dans son maintien et dans ses paroles.

Sur ces entrefaites, il paraît que la jeune baronne Amélie de Rudolstadt arriva à la cour de Bareith avec la princesse de Culmbach, fille de la comtesse Hditz. S'il faut en croire quelques témoins indiscrets ou exagérateurs, de petits drames assez bizarres se passèrent alors entre ces quatre personnes, Consuelo, Amélie, Corilla et Anzoleto. En voyant paraître à l'improviste le beau ténor sur les planches de l'opéra de Bareith, la jeune baronne s'évanouit. Personne ne s'avisa de remarquer la coïncidence, mais le regard de lynx de la Corilla avait saisi sur le front du ténor un rayonnement particulier de vanité satisfaite. Il avait manqué son passage *d'effet*; la cour, distraite par la pamoison de la jeune baronne, n'avait pas encouragé le chanteur; et, au lieu de maugréer entre ses dents, comme il le faisait toujours en pareil cas, il avait sur les lèvres un sourire de triomphe non équivoque.

« Tiens ! dit la Corilla d'une voix étouffée à Consuelo en rentrant dans la coulisse, ce n'est ni toi ni moi qu'il aime, c'est cette petite sotte qui vient de faire une scène pour lui. La connais-tu? qui est-elle?
— Je ne sais, répondit Consuelo qui n'avait rien remarqué; mais je puis t'assurer que ce n'est ni elle, ni toi, ni moi qui l'occupons.
— Qui donc, en ce cas?
— Lui-même, *al solito !* » reprit Consuelo en souriant.

La chronique ajoute que le lendemain matin Consuelo fut mandée dans un bosquet retiré de la résidence pour s'entretenir avec la baronne Amélie à peu près ainsi qu'il suit:

« Je sais tout ! aurait dit cette dernière d'un air irrité, avant de permettre à Consuelo d'ouvrir la bouche; c'est vous qu'il aime ! c'est vous, malheureuse, fléau de ma vie, qui m'avez enlevé le cœur d'Albert et le *sien*.
— Le sien, Madame? J'ignore...
— Ne feignez pas, Anzoleto vous aime, vous êtes sa maîtresse, vous l'avez été à Venise, vous l'êtes encore...
— C'est une infâme calomnie, ou une supposition indigne de vous, Madame.
— C'est la vérité, vous dis-je. Il me l'a avoué cette nuit.
— Cette nuit ! oh ! Madame, que m'apprenez-vous ? » s'écria Consuelo en rougissant de honte et de chagrin...

Amélie fondit en larmes, et quand la bonne Consuelo eut réussi à calmer sa jalousie, elle obtint malgré elle la confidence de cette malheureuse passion. Amélie avait vu Anzoleto chanter sur le théâtre de Prague; elle avait été enivrée de sa beauté et de ses succès. Ne comprenant rien à la musique, elle l'avait pris sans hésitation pour le premier chanteur du monde, d'autant plus qu'à Prague il avait eu un succès de vogue. Elle l'avait mandé auprès d'elle comme maître de chant, et pendant que son pauvre père, le vieux baron Frédéric, paralysé par l'inaction, dormait dans son fauteuil en rêvant de meutes en fureur et de sangliers aux abois, elle avait succombé à la séduction. L'ennui et la vanité l'avaient poussée à sa perte. Anzoleto, flatté de cette illustre conquête, et voulant se mettre à la mode par un scandale, lui avait persuadé qu'elle avait de l'étoffe pour devenir la plus grande cantatrice de son siècle, que la vie d'artiste était un paradis sur la terre, et qu'elle n'avait rien de mieux à faire que de s'enfuir avec lui pour aller débuter au théâtre de Hay-Market dans les opéras de Hændel. Amélie avait d'abord rejeté avec horreur l'idée d'abandonner son vieux père ; mais, au moment où Anzoleto quittait Prague, feignant un désespoir qu'il n'éprouvait pas, e le avait cédé à une sorte de vortige, elle avait fui avec lui.

Son enivrement n'avait pas été de longue durée; l'insolence d'Anzoleto et la grossièreté de ses mœurs, quand il ne jouait plus le personnage de séducteur, l'avaient fait rentrer en elle-même. C'était donc avec une sorte de joie que, trois mois après son évasion, elle avait été arrêtée à Hambourg et ramenée en Prusse, où, sur la demande des Rudolstadt de Saxe, elle avait été incarcérée mystérieusement à Spandaw; mais la pénitence avait été trop longue et trop sévère. Amélie s'était dégoûtée du repentir aussi vite que de la passion; elle avait soupiré après la liberté, les aises de la vie, et la considération de son rang, dont elle avait été si brusquement et si cruellement privée. Au milieu de ses souffrances personnelles, elle avait à peine senti la douleur de perdre son père. En apprenant qu'elle était libre, elle avait enfin compris tous les malheurs qui avaient frappé sa famille; mais n'osant retourner auprès de la chanoinesse, et craignant l'ennui amer d'une vie de réprimandes et de sermons, elle avait imploré la protection de la margrave de Bareith; et la princesse de Culmbach, alors à Dresde, s'était chargée de la conduire auprès de sa parente. Dans cette cour philosophique et frivole, elle trouvait l'aimable *tolérance* dont les vices à la mode faisaient alors l'unique vertu de l'avenir. Mais en revoyant Anzoleto, elle subissait déjà le diabolique ascendant qu'il savait exercer sur les femmes, et contre lequel la chaste Consuelo elle-même avait eu tant de luttes à soutenir. L'effroi et le chagrin l'avaient d'abord frappée au cœur; mais après son évanouissement, étant sortie seule la nuit dans les jardins pour prendre l'air, elle l'avait rencontré, enhardi par son émotion, et l'imagination irritée par les obstacles survenus entre eux. Maintenant elle l'aimait encore, elle en rougissait, elle en était effrayée, et elle confessait ses fautes à son ancienne maîtresse de chant avec un mélange de pudeur féminine et de cynisme philosophique.

Il paraît certain que Consuelo sut trouver le chemin de son cœur par de chaleureuses exhortations, et qu'elle la décida à retourner au château des Géants, pour y éteindre dans la retraite sa dangereuse passion, et soigner les vieux jours de sa tante.

Après cette aventure, le séjour de Bareith ne fut plus supportable pour Consuelo. L'orageuse jalousie de la Corilla, qui, toujours folle et toujours bonne au fond, l'accusait avec grossièreté et se jetait à ses pieds l'instant d'après, la fatigua singulièrement. De son côté Anzoleto, qui s'était imaginé pouvoir se venger de ses dédains, en jouant à la passion avec Amélie, ne lui pardonna pas d'avoir soustrait la jeune baronne au danger. Il lui fit mille mauvais tours, comme de lui faire manquer toutes ses entrées sur la scène, de prendre sa partie au milieu d'un duo, pour la décourer, et, par son propre aplomb, donner à croire au public ignorant que c'était elle qui se trompait. Si elle avait un jeu de scène avec lui, il allait à droite au lieu d'aller à gauche, essayait de la faire tomber, ou la forçait de s'embrouiller parmi les comparses. Ces méchantes espiègleries échouèrent devant le calme et la présence d'esprit de Consuelo; mais elle fut moins stoïque lorsqu'elle s'aperçut qu'il répandait les plus indignes calomnies contre elle, et qu'il était écouté par ces grands seigneurs désœuvrés aux yeux desquels une actrice vertueuse était un phénomène impossible à admettre, ou tout au moins fatigant à respecter. Elle vit des libertins de tout âge et de tout rang s'enhardir auprès d'elle, et, refusant de croire à la sincérité de sa résistance, se joindre à Anzoleto pour la diffamer et la déshonorer, dans un sentiment de vengeance lâche et de dépit féroce.

Ces cruelles et misérables persécutions furent le commencement d'un long martyre que subit héroïquement

l'infortunée prima donna durant toute sa carrière théâtrale. Toutes les fois qu'elle rencontra Anzoleto, il lui suscita mille chagrins, et il est triste de dire qu'elle rencontra plus d'un Anzoleto dans sa vie. D'autres Corilla la tourmentèrent de leur envie et de leur malveillance, plus ou moins perfide ou brutale; et de toutes ces rivales, la première fut encore la moins méchante et la plus capable d'un bon mouvement de cœur. Mais quoi qu'on puisse dire de la méchanceté et de la jalousie des femmes de théâtre, Consuelo éprouva que quand leurs vices entraient dans le cœur d'un homme, ils le dégradaient encore davantage que le leur et le rendaient plus indigne de son rôle dans l'humanité. Les seigneurs arrogants et débauchés, les directeurs de théâtres et les gazetiers, dépravés aussi par le contact de tant de souillures; les belles dames, protectrices curieuses et fantasques, promptes à s'imposer, mais irritées bientôt de rencontrer chez une fille *de cette espèce* plus de vertu qu'elles n'en avaient et n'en voulaient avoir; enfin le public souvent ignare, presque toujours ingrat ou partial, ce furent là autant d'ennemis contre lesquels l'épouse austère de Liverani eut à se débattre dans d'incessantes amertumes. Persévérante et fidèle, dans l'art comme dans l'amour, elle ne se rebuta jamais et poursuivit sa carrière, grandissant toujours dans la science de la musique, comme dans la pratique de la vertu; échouant souvent même dans l'épineuse poursuite du succès, se relevant souvent aussi par de justes triomphes, restant malgré tout la prêtresse de l'art, mieux que ne l'entendait le Porpora lui-même, et puisant toujours de nouvelles forces dans sa foi religieuse, d'immenses consolations dans l'amour ardent et dévoué de son époux.

La vie de cet époux, quoique marchant parallèlement à la sienne, car il l'accompagna dans tous ses voyages, est enveloppée de nuages plus épais. Il est à présumer qu'il ne se fit pas l'esclave de la fortune de sa femme, et qu'il ne s'adonna point au rôle de teneur de livres pour les recettes et les dépenses de sa profession. La profession de Consuelo lui fut d'ailleurs assez peu lucrative. Le public ne rétribuait pas alors les artistes avec la prodigieuse munificence qui distingue celui de notre temps. Les artistes s'enrichissaient principalement des dons des princes et des grands, et les femmes qui savaient *tirer parti de leur position* acquéraient déjà des trésors; mais la chasteté et le désintéressement sont les plus grands ennemis de la fortune d'une femme de théâtre. Consuelo eut beaucoup de succès d'estime, quelques-uns d'enthousiasme, quand par hasard la perversité de son entourage ne s'interposa pas trop entre elle et le vrai public; mais elle n'eut aucun succès de galanterie, et l'infamie ne la couronna point de diamants et de millions. Ses lauriers demeurèrent sans tache, et ne lui furent pas jetés sur la scène par des mains intéressées. Après dix ans de travail et de courses, elle n'était pas plus riche qu'à son point de départ, elle n'avait pas su spéculer, et, de plus, elle ne l'avait pas voulu : deux conditions moyennant lesquelles la richesse ne vient chercher malgré eux les travailleurs d'aucune classe. En outre, elle n'avait point mis en réserve le fruit souvent contesté de ses peines; elle l'avait constamment employé en bonnes œuvres, et, dans une vie consacrée secrètement à une active propagande, ses ressources mêmes n'avaient pas toujours suffi; le gouvernement central des Invisibles y avait quelquefois pourvu.

Quel fut le succès réel de l'ardent et infatigable pèlerinage qu'Albert et Consuelo poursuivirent à travers la France, l'Espagne, l'Angleterre et l'Italie? Il n'y en eut point de manifeste pour le monde, et je crois qu'il faut se reporter à vingt ans plus tard pour retrouver, par induction, l'action des sociétés secrètes dans l'histoire du dix-huitième siècle. Ces sociétés eurent-elles plus d'effet en France que dans le sein de l'Allemagne qui les avait enfantées? La Révolution française répond avec énergie pour l'affirmative. Cependant la conspiration européenne de l'Illuminisme et les gigantesques conceptions de Weishaupt montrent aussi que le divin rêve du saint Graal n'avait pas cessé d'agiter les imaginations allemandes, depuis trente années, malgré la dispersion ou la défection des premiers adeptes.

D'anciennes gazettes nous apprennent que la Porporina chanta avec un grand éclat à Paris dans les opéras de Pergolèse, à Londres dans les oratorios et les opéras de Hændel, à Madrid avec Farinelli, à Dresde avec la Faustina et la Mingotti, à Venise, à Rome et à Naples dans les opéras et la musique d'église du Porpora et des autres grands maîtres.

Toutes les démarches d'Albert nous sont inconnues. Quelques billets de Consuelo à Trenck ou à Wanda nous montrent ce mystérieux personnage plein de foi, de confiance, d'activité, et jouissant, plus qu'aucun autre homme, de la lucidité de ses pensées jusqu'à une époque où les documents certains nous manquent absolument. Voici ce qui a été raconté, dans un certain groupe de personnes à peu près toutes mortes aujourd'hui, sur la dernière apparition de Consuelo à la scène.

Ce fut à Vienne vers 1760. La cantatrice pouvait avoir environ trente ans; elle était, dit-on, plus belle que dans sa première jeunesse. Une vie pure, des habitudes de calme moral et de sobriété physique, l'avaient conservée dans toute la puissance de sa grâce et de son talent. De beaux enfants l'accompagnaient; mais on ne connaissait pas son mari, bien que la renommée publiât qu'elle en avait un, et qu'elle lui avait été irrévocablement fidèle. Le Porpora, après avoir fait plusieurs voyages en Italie, était revenu à Vienne, et faisait représenter un nouvel opéra au théâtre impérial. Les vingt dernières années de ce maître sont tellement ignorées, que nous n'avons pu trouver dans aucune de ses biographies le nom de ce dernier œuvre. Nous savons seulement que la Porporina y remplit le principal rôle avec un succès incontestable, et qu'elle arracha des larmes à toute la cour. L'impératrice daigna être satisfaite. Mais dans la nuit qui suivit ce triomphe, la Porporina reçut, de quelque messager invisible, une nouvelle qui lui apporta l'épouvante et la consternation. Dès sept heures du matin, c'est-à-dire au moment où l'impératrice était avertie par le fidèle valet qu'on appelait le frotteur de Sa Majesté (vu que ses fonctions consistaient effectivement à ouvrir les persiennes, à faire le feu et à frotter la chambre, tandis que Sa Majesté s'éveillait peu à peu), la Porporina, ayant gagné à prix d'or et à force d'éloquence tous les gardiens des avenues sacrées, se présenta derrière la porte même de l'auguste chambre à coucher.

« Mon ami, dit-elle au frotteur, il faut que je me jette aux pieds de l'impératrice. La vie d'un honnête homme est en danger, l'honneur d'une famille est compromis. Un grand crime sera peut-être consommé dans quelques jours, si je ne vois Sa Majesté à l'instant même. Je sais que vous êtes incorruptible, je sais aussi que vous êtes un homme généreux et magnanime. Tout le monde le dit; vous avez obtenu bien des grâces que les courtisans les plus fiers n'eussent pas osé solliciter.

— Bonté du ciel! est-ce vous que je revois enfin, ô ma chère maîtresse! s'écria le frotteur, en joignant les mains et en laissant tomber son plumeau.

— Karl! s'écria à son tour Consuelo, oh! merci, mon Dieu, je suis sauvée. Albert a un bon ange jusque dans ce palais.

— Albert? Albert! reprit Karl, est-ce lui qui est en danger, mon Dieu? En ce cas, entrez vite, Signora, dussé-je être chassé.. Et Dieu sait que je regretterais ma place, car j'y fais quelque bien, et j'y sers notre sainte cause mieux que je n'ai encore pu le faire ailleurs... Mais Albert! Tenez, l'impératrice est une bonne femme quand elle ne gouverne pas, ajouta-t-il à voix basse. Entrez, vous serez censée m'avoir surprise. Que la faute retombe sur ces coquins de valets qui ne méritent pas de servir une reine, car ils ne lui disent que des mensonges! »

Consuelo entra, et l'impératrice, en ouvrant ses yeux appesantis, la vit à genoux et comme prosternée au pied de son lit.

« Qu'est-ce-là? s'écria Marie-Thérèse, en drapant son couvre-pied sur ses épaules avec une majesté d'habitude qui n'avait plus rien de joué, et en se soulevant, aussi superbe, aussi redoutable en cornettes de nuit et sur son chevet, que si elle eût été assise sur son trône, le diadème en tête et l'épée au flanc.

— Madame, répondit Consuelo, c'est une humble sujette, une mère infortunée, une épouse au désespoir qui, à genoux, vous demande la vie et la liberté de son mari. »

En ce moment, Karl entra, feignant une grande surprise.

« Malheureuse! s'écria-t-il en jouant l'épouvante et la fureur, qui vous a permis d'entrer ici?

— Je te fais mon compliment, Karl! dit l'impératrice, de la vigilance et de la fidélité. Jamais pareille chose ne m'est arrivée de ma vie, d'être ainsi réveillée en sursaut, avec cette insolence!

— Que Votre Majesté dise un mot, reprit Karl avec audace, et je tue cette femme sous ses yeux. »

Karl connaissait fort bien l'impératrice; il savait qu'elle aimait à faire des actes de miséricorde devant témoins, et qu'elle savait être grande reine et grande femme, même devant ses valets de chambre.

« C'est trop de zèle! répondit-elle avec un sourire majestueux et maternel en même temps. Va-t-en, et laisse parler cette pauvre femme qui pleure. Je ne suis en danger avec aucun de mes sujets. Que voulez-vous, madame? Eh mais, c'est toi, ma belle Porporina! tu vas te gâter la voix à sangloter de la sorte.

— Madame, répondit Consuelo, je suis mariée devant l'Église catholique depuis dix ans. Je n'ai pas une seule faute contre l'honneur à me reprocher. J'ai des enfants légitimes, et je les élève dans la vertu. J'ose dire...

— Dans la vertu, je le sais, dit l'impératrice, mais non dans la religion. Vous êtes sage, on me l'a dit, mais vous n'allez jamais à l'église. Cependant, parlez. Quel malheur vous a frappé?

— Mon époux, dont je ne m'étais jamais séparée, reprit la suppliante, est actuellement à Prague, et j'ignore par quelle infâme machination il vient d'être arrêté, jeté dans un cachot, accusé de vouloir prendre un nom et un titre qui ne lui appartiennent pas, de vouloir spolier un héritage, d'être enfin un intrigant, un imposteur et un espion, accusé pour un fait de haute trahison, et condamné à la détention perpétuelle, à la mort peut-être dans ce moment-ci.

— A Prague? un imposteur? dit l'impératrice avec calme; j'ai une histoire comme cela dans les rapports de ma police secrète. Comment appelez-vous votre mari? car vous autres, vous ne portez pas le nom de vos maris?

— Il s'appelle Liverani.

— C'est cela. Eh bien, mon enfant, je suis désolée de vous savoir mariée à un pareil misérable. Ce Liverani est en effet un chevalier d'industrie ou un fou qui, grâce à une ressemblance parfaite, veut se faire passer pour un comte de Rudolstadt, mort il y a plus de dix ans, le fait est avéré. Il s'est introduit auprès d'une vieille chanoinesse de Rudolstadt, dont il ose se dire le neveu, et dont, à coup sûr, il eût capté l'héritage, si, au moment de faire son testament en sa faveur, la pauvre dame, tombée en enfance, n'eût été délivrée de son obsession par des gens de bien dévoués à sa famille. On l'a arrêté, et on a fort bien fait. Je connais votre chagrin, mais je n'y puis porter remède. On instruit le procès. S'il est reconnu que cet homme, comme je voudrais le croire, est aliéné, on le placera dans un hôpital, où vous pourrez le voir et le soigner. Mais s'il n'est qu'un escamoteur, comme je le crains, il faudra bien le détenir un peu plus sévèrement, pour l'empêcher de troubler la possession de la véritable héritière des Rudolstadt, une baronne Amélie, je crois, qui, après quelques travers de jeunesse, est sur le point de se marier avec un de mes officiers. J'aime à me persuader, *mademoiselle*, que vous ignorez la conduite de votre mari, et que vous vous faites illusion sur son caractère : autrement je trouverais vos instances très-déplacées. Mais je vous plains trop pour vouloir vous humilier... Vous pouvez vous retirer. »

Consuelo vit qu'elle n'avait rien à espérer, et qu'en essayant de faire constater l'identité de Liverani et d'Albert de Rudolstadt, elle rendrait sa cause de plus en plus mauvaise. Elle se releva et marcha vers la porte, pâle et prête à s'évanouir. Marie-Thérèse, qui la savait d'un œil scrutateur, eut pitié d'elle, et la rappelant :

« Vous êtes fort à plaindre, lui dit-elle d'une voix moins sèche. Tout cela n'est pas votre faute, j'en suis certaine. Remettez-vous, soignez-vous. L'affaire sera examinée consciencieusement ; et si votre mari ne veut pas se perdre lui-même, je ferai en sorte qu'il soit considéré comme atteint de démence. Si vous pouvez communiquer avec lui, faites-lui entendre cela. Voilà le conseil que j'ai à vous donner.

— Je le suivrai, et je bénis Votre Majesté. Mais sans sa protection, je ne pourrai rien. Mon mari est enfermé à Prague, et je suis engagée au théâtre impérial de Vienne. Si Votre Majesté ne daigne m'accorder un congé et me délivrer un ordre pour communiquer avec mon mari qui est au secret...

— Vous demandez beaucoup ! J'ignore si M. de Kaunitz voudra vous accorder ce congé, et s'il sera possible de vous remplacer au théâtre. Nous verrons cela dans quelques jours.

— Dans quelques jours !... s'écria Consuelo en retrouvant son courage. Mais dans quelques jours il ne sera plus temps ! il faut que je parte à l'instant même !

— C'est assez, dit l'impératrice. Votre insistance vous sera fâcheuse, si vous la portez devant des juges moins calmes et moins indulgents que moi. Allez, Mademoiselle. »

Consuelo courut chez le chanoine *** et lui confia ses enfants, en lui annonçant qu'elle partait, et qu'elle ignorait la durée de son absence.

« Si vous nous quittez pour longtemps, tant pis ! répondit le bon vieillard. Quant aux enfants, je ne m'en plains pas. Ils sont parfaitement élevés, et ils feront société à Angèle, qui s'ennuie un peu avec moi.

— Écoutez ! reprit Consuelo qui ne put retenir ses larmes après avoir été serrer ses enfants une dernière fois sur son cœur, ne leur dites pas que mon absence sera longue, mais sachez qu'elle peut être éternelle. Je vais subir peut-être des douleurs dont je ne me relèverais pas à moins que Dieu ne fît un miracle en ma faveur ; priez-le pour moi, et faites prier mes enfants. »

Le bon chanoine n'essaya pas de lui arracher son secret ; mais comme son âme paisible et nonchalante n'admettait pas facilement l'idée d'un malheur sans ressources, il s'efforça de la consoler. Voyant qu'il ne réussissait pas à lui rendre l'espérance, il voulut au moins lui mettre l'esprit en repos sur le sort de ses enfants.

« Mon cher Bertoni, lui dit-il avec l'accent du cœur, et en s'efforçant de prendre un air enjoué à travers ses larmes, si tu ne reviens pas, tes enfants m'appartiennent, songes-y ! Je me charge de leur éducation. Je marierai la fille, ce qui diminuera un peu la dot d'Angèle, et la rendra plus laborieuse. Quant aux garçons, je te préviens que j'en ferai des musiciens !

— Joseph Haydn partagera ce fardeau, reprit Consuelo en baisant les mains du chanoine, et le vieux Porpora leur donnera bien encore quelques leçons. Mes pauvres enfants sont dociles, et annoncent de l'intelligence ; leur existence matérielle ne m'inquiète pas. Ils pourront un jour gagner honnêtement leur vie. Mais mon amour et mes conseils... vous seul pouvez me remplacer auprès d'eux.

— Et je te le promets, s'écria le chanoine ; j'espère bien vivre assez longtemps pour les voir tous établis. Je ne suis pas encore trop gros, j'ai toujours la jambe ferme. Je n'ai pas plus de soixante ans, quoique autrefois cette scélérate de Brigitte voulût me vieillir pour m'engager à faire mon testament. Allons, ma fille ! courage et santé. Pars et reviens. Le bon Dieu est avec les honnêtes gens. »

Consuelo, sans s'embarrasser de son congé, fit atteler des chevaux de poste à sa voiture. Mais, au moment d'y monter, elle fut retardée par le Porpora, qu'elle n'avait pas voulu voir, prévoyant bien l'orage, et qui s'effrayait de la voir partir. Il craignait ! malgré les promesses qu'elle lui faisait d'un air contraint et préoccupé, qu'elle ne fût pas de retour pour l'opéra du lendemain.

« Qui diable songe à aller à la campagne au cœur de l'hiver ? disait-il avec un tremblement nerveux, moitié de vieillesse, moitié de colère et de crainte. Si tu t'enrhumes, voilà mon succès compromis, et cela allait si bien ! je ne le conçois pas. Nous triomphons hier, et tu voyages aujourd'hui ! »

Cette discussion fit perdre un quart d'heure à Consuelo, et donna le temps à la direction du théâtre, qui avait déjà l'éveil, de faire avertir l'autorité. Un piquet de houlans vint faire dételer. On pria Consuelo de rentrer, et on monta la garde autour de sa maison pour l'empêcher de fuir. La fièvre la prit. Elle ne s'en aperçut pas, et continua d'aller et de venir dans son appartement, en proie à une sorte d'égarement, et ne répondant que par des regards sombres et fixes aux irritantes interpellations du Porpora et du directeur. Elle ne se coucha point, et passa la nuit en prières. Le matin, elle parut calme, et alla à la répétition par ordre. Sa voix n'avait jamais été plus belle, mais elle avait des distractions qui terrifiaient le Porpora. « O maudit mariage ! ô infernale folie d'amour ! » murmurait-il dans l'orchestre en frappant sur son clavecin de façon à le briser. Le vieux Porpora était toujours le même ; il eût dit volontiers : Périssent tous les amants et tous les maris de la terre plutôt que mon opéra !

Le soir, Consuelo fit sa toilette comme à l'ordinaire, et se présenta sur la scène. Elle se posa, ses lèvres articulèrent un mot... mais pas un son ne sortit de sa poitrine, elle avait perdu la voix.

Le public stupéfait se leva en masse. Les courtisans, qui commençaient à savoir vaguement sa tentative de fuite, déclarèrent que c'était un caprice intolérable. Il y eut des cris, des huées, des applaudissements à chaque nouvel effort de la cantatrice. Elle essaya de parler, et ne put faire entendre une seule parole. Cependant, elle resta debout et morne, ne songeant pas à la perte de sa voix, ne se sentant pas humiliée par l'indignation de ses tyrans, mais résignée et fière comme l'innocent condamné à subir un supplice inique, et remerciant Dieu de lui envoyer cette infirmité subite qui allait lui permettre de quitter le théâtre et de rejoindre Albert.

Il fut proposé à l'impératrice de mettre l'artiste récalcitrante en prison pour lui faire retrouver la voix et la bonne volonté. Sa Majesté avait eu un instant de colère, et on croyait lui faire la cour en accablant l'accusée. Mais Marie-Thérèse, qui permettait quelquefois les crimes dont elle profitait, n'aimait point à faire souffrir sans nécessité.

« Kaunitz, dit-elle à son premier ministre, faites délivrer à cette pauvre créature un permis de départ, et qu'il n'en soit plus question. Si son extinction de voix est une ruse de guerre, c'est du moins un acte de vertu. Peu d'actrices sacrifieraient une heure de succès à une vie d'amour conjugal. »

Consuelo, munie de tous les pouvoirs nécessaires, partit enfin, toujours malade, mais ne le sentant pas. Ici nous perdons encore le fil des événements. Le procès d'Albert eût pu être une cause célèbre, on en fit une cause secrète. Il est probable que ce fut un procès analogue, quant au fond, à celui que, vers la même époque, Frédéric de Trenck entama, soutint et perdit après bien des années de lutte. Qui connaîtra aujourd'hui en France les détails de cette inique affaire, si Trenck lui-même n'eût pris soin de les publier et de répéter ses plaintes chaleureuses durant trente ans de sa vie ? Mais Albert ne laissa point d'écrits. Nous allons donc être forcé de nous reporter à l'histoire du baron de Trenck, puisque aussi bien il est un de nos héros, et, peut-être ses embarras jetteront-ils quelque lumière sur les malheurs d'Albert et de Consuelo.

Un mois à peine après la réunion du saint Graal, circonstance sur laquelle Trenck a gardé le plus profond secret dans ses Mémoires, il avait été repris et enfermé à Magdebourg, où il consuma les dix plus belles années de sa jeunesse, dans un cachot affreux, assis sur une pierre qui portait son épitaphe anticipée : *Ci-gît Trenck*, et chargé de quatre-vingts livres de fers. Tout le monde connaît cette célèbre infortune, les circonstances odieuses qui l'accompagnèrent, telles que les angoisses de la faim qu'on lui fit subir pendant dix-huit mois, et le soin de faire bâtir une prison pour lui aux frais de sa sœur, pour punir celle-ci, en la ruinant, de lui avoir donné asile ; ses miraculeuses tentatives d'évasion, l'incroyable énergie qui ne l'abandonna jamais et que déjouèrent ses imprudences chevaleresques ; ses travaux d'art dans la prison, les merveilleuses ciselures qu'il vint à bout de faire avec une pointe de clou sur des gobelets d'étain, et dont les sujets allégoriques et les devises en vers sont si profondes et si touchantes[1] ; enfin, ses relations secrètes, en dépit de tout, avec la princesse Amélie de Prusse ; le désespoir où celle-ci se consuma, le soin qu'elle prit de s'entr'aider avec une liqueur corrosive qui lui fit presque perdre la vue, l'état déplorable où elle réduisit volontairement sa propre santé afin d'échapper à la nécessité du mariage, la révolution affreuse qui s'opéra dans son caractère ; enfin, ces dix années de désolation qui firent de Trenck un martyr, et de son illustre amante une femme vieille, laide et méchante, au lieu d'un ange de douceur et de beauté qu'elle avait été naguère et qu'elle eût pu continuer d'être dans le bonheur[2]. Tout cela est historique, mais on ne s'en est pas assez souvenu quand on a tracé le portrait de Frédéric le Grand. Ce crime, accompagné de cruautés gratuites et raffinées, est une tache ineffaçable à la mémoire du despote philosophe.

Enfin, Trenck fut mis en liberté, comme l'on sait, grâce à l'intervention de Marie-Thérèse, qui le réclama comme son sujet ; et cette protection tardive lui fut acquise enfin par les soins du *frotteur de la chambre de Sa Majesté*, le même que notre Karl. Il y a, sur les ingénieuses intrigues de ce magnanime plébéien auprès de sa souveraine, des pages bien curieuses et bien attendrissantes dans les mémoires du temps.

Pendant les premières années de la captivité de Trenck, son cousin, le fameux Pandoure, victime d'accusations plus méritées, mais non moins haineuses et cruelles, était mort empoisonné, au Spielberg. À peine libre, Trenck le Prussien vint à Vienne réclamer l'immense succession de Trenck l'Autrichien. Mais Marie-Thérèse n'était point du tout d'avis de la lui rendre. Elle avait profité des exploits du pandoure, elle l'avait puni de ses violences, elle voulait profiter de ses rapines, et elle en profita en effet. Comme Frédéric II, comme toutes les grandes intelligences couronnées, tandis que la puissance de son rôle éblouissait les masses, elle ne se faisait pas faute de ces secrètes iniquités dont Dieu et les hommes demanderont au jour du jugement, et qui pèseront autant dans un plateau de la balance que les vertus officielles dans l'autre. Conquérants et souverains, c'est en vain que vous employez vos trésors à bâtir des temples : vous n'en êtes pas moins des impies, quand une seule pièce de cet or est le prix du sang et de la souffrance. C'est en vain que vous soumettez des races entières par l'éclat de vos armes : les hommes les plus aveuglés par le prestige de la gloire vous reprocheront un seul homme, un seul brin d'herbe froidement brisé. La muse de l'histoire, encore aveugle et incertaine, accorde presque qu'il est dans le passé de grands crimes nécessaires et justiciables ; mais la conscience inviolable de l'humanité proteste contre sa propre erreur, en réprouvant au moins les crimes inutiles au succès des grandes causes.

Les desseins cupides de l'impératrice furent merveilleusement secondés par ses mandataires, les agents ignobles qu'elle avait nommés curateurs des biens du pandoure, et les magistrats prévaricateurs qui prononcèrent sur les droits de l'héritier. Chacun eut sa part à la curée. Marie-Thérèse crut se faire celle du lion ; mais ce fut en vain que, quelques années plus tard, elle envoya à la prison et aux galères les infidèles complices de cette grande dilapidation : elle ne put rentrer complétement dans les bénéfices de l'affaire. Trenck fut ruiné, et n'obtint jamais justice. Rien ne nous a mieux fait connaître le caractère de Marie-Thérèse que cette partie des Mémoires de Trenck où il rend compte de ses entretiens avec elle à ce sujet. Sans s'écarter du respect envers la royauté, qui était alors une religion officielle pour les patriciens, il nous fait pressentir la sécheresse, l'hypocrisie et la cupidité de cette grande femme, réunion de contrastes, caractère sublime et mesquin, naïf et fourbe, comme toutes les belles âmes aux prises avec la corruption de la puissance absolue, cette cause anti-humaine de tout mal, cet écueil inévitable contre lequel tous les nobles instincts sont fatalement entraînés à se briser. Résolue d'éconduire le plaignant, la souveraine daigna souvent le consoler, lui rendre l'espérance, lui promettre sa protection contre les juges infâmes qui le dépouillaient ; et à la fin, feignant d'avoir échoué dans la poursuite de la vérité et de ne rien comprendre au dédale de cet interminable procès, elle lui offrit, pour dédommagement, un chétif grade de major et la main d'une vieille dame laide, dévote et galante. Sur le refus de Trenck, la *matrimoniomane* impératrice lui déclara qu'il était un fou, un présomptueux, qu'elle ne savait aucun moyen de satisfaire son ambition, et lui tourna le dos pour ne plus s'occuper de lui. Les raisons qu'on avait fait valoir pour confisquer la succession du pandoure avaient varié selon les personnes et les circonstances. Tel tribunal avait décidé que le pandoure, mort sous le poids d'une condamnation infamante, n'avait pas été apte à tester ; tel autre, que s'il y avait un testament valide, les droits de l'héritier, comme sujet prussien, ne l'étaient pas ; tel autre, enfin, que les dettes du défunt absorbaient au delà de la succession, etc. On éleva incident sur incident ; on vendit maintes fois la justice au réclamant, et on ne la lui fit jamais[1].

Pour dépouiller et proscrire Albert, on n'eut pas besoin de tous ces artifices, et la spoliation s'opéra sans doute sans tant de façons. Il suffisait de le considérer comme mort, et de lui interdire le droit de ressusciter mal à propos. Albert n'avait bien certainement rien réclamé. Nous savons seulement qu'à l'époque de son arrestation, la chanoinesse Wenceslawa venait de mourir à Prague, où elle était venue pour se faire traiter d'une ophthalmie aiguë. Albert, apprenant qu'elle était à l'extrémité, ne put résister à la voix de son cœur, qui lui criait d'aller fermer les yeux à sa chère parente. Il quitta Consuelo à la frontière d'Autriche, et courut à Prague. C'était la première fois qu'il remettait le pied en Allemagne depuis l'année de son mariage. Il se flattait qu'une absence de dix ans, et certaines précautions d'ajustement l'empêcheraient d'être reconnu, et il approcha

---

1. Nous rappellerons ici au lecteur, pour ne plus y revenir, le reste de l'histoire de Trenck. Il vieillit dans la pauvreté, occupa son énergie par la publication de journaux d'une opposition fort avancée pour son temps, et, marié à une femme de son choix, père de nombreux enfants, persécuté pour ses opinions, pour ses écrits, et sans doute aussi pour son affiliation aux sociétés secrètes, il se réfugia en France dans une vieillesse avancée. Il y fut accueilli avec l'enthousiasme et la confiance des premiers temps de la Révolution. Mais, dessiné à être la victime des plus funestes méprises, il fut arrêté comme agent étranger à l'époque de la terreur et conduit à l'échafaud. Il marcha avec une grande fermeté. Il s'était vu naguère précosinsé et représenté sur la scène dans un mélodrame qui retraçait l'histoire de sa captivité et de sa délivrance. Il disait salue avec transport la liberté française. Sur la fatale charrette, il disait en souriant : « Ceci est encore une comédie. »

Il n'avait revu la princesse Amélie qu'une seule fois depuis plus de soixante ans. En apprenant la mort de Frédéric le Grand, il avait couru à Berlin. Les deux amants, effrayés d'abord à la vue l'un de l'autre, fondirent en larmes, et se jurèrent une nouvelle affection. L'abbesse lui ordonna de faire venir sa première fille, se chargea de leur fortune, et voulut prendre une de ses filles auprès d'elle pour lectrice ou gouvernante ; mais elle ne put leur ses promesses. Au bout de huit jours elle était morte ! — Les Mémoires de Trenck, écrits avec la passion d'un jeune homme et la prolixité d'un vieillard, sont pourtant un des monuments les plus nobles et les plus attachants de l'histoire du siècle dernier.

---

1. On en a encore dans quelques musées particuliers de l'Allemagne.
2. Voir dans Thiébault le portrait de l'abbesse de Quedlimbourg et les curieuses révélations qui s'y rattachent.

Que votre majesté dise un mot, reprit Karl... (Page 165.)

de sa tante sans beaucoup de mystère. Il voulait obtenir sa bénédiction, et réparer, dans une dernière effusion d'amour et de douleur, l'abandon où il avait été forcé de la laisser. La chanoinesse, presque aveugle, fut seulement frappée du son de sa voix. Elle ne se rendit pas bien compte de ce qu'elle éprouvait, mais elle s'abandonna aux instincts de tendresse qui avaient survécu en elle à la mémoire et à l'activité du raisonnement; elle le pressa dans ses bras défaillants en l'appelant son Albert bien-aimé, son fils à jamais béni. Le vieux Hanz était mort; mais la baronne Amélie, et une femme du Bœhmerwald qui servait la chanoinesse, et qui avait été autrefois garde-malade d'Albert lui-même, s'étonnèrent et s'effrayèrent de la ressemblance de ce prétendu médecin avec le jeune comte. Il ne paraît pourtant pas qu'Amélie l'eût positivement reconnu; nous ne voulons pas la croire complice des persécutions qui s'acharnèrent après lui. Nous ne savons pas quelles circonstances donnèrent l'éveil à cette nuée d'agents semi-magistrats, semi-mouchards, à l'aide desquels la cour de Vienne gouvernait les nations assujetties. Ce qu'il y a de certain, c'est qu'à peine la chanoinesse eut-elle exhalé son dernier souffle dans les bras de son neveu, que celui-ci fut arrêté et interrogé sur sa condition et sur les intentions qui l'avaient amené au chevet de la moribonde. On voulut voir son diplôme de médecin; il en avait un en règle; mais on lui contesta son nom de Liverani, et certaines gens se rappelèrent l'avoir rencontré ailleurs sous celui de Trismégiste. On l'accusa d'avoir exercé la profession d'empirique et de magicien. Il fut impossible de prouver qu'il eût jamais reçu d'argent pour ses cures. On le confronta avec la baronne Amélie, et ce fut sa perte. Irrité et poussé à bout par les investigations auxquelles on le soumettait, las de se cacher et de se déguiser, il avoua brusquement à sa cousine, dans un tête-à-tête observé, qu'il était Albert de Rudolstadt. Amélie le reconnut sans doute en ce moment; mais elle s'évanouit, terrifiée par un événement si bizarre. Dès lors l'affaire prit une autre tournure.

On voulut considérer Albert comme un imposteur; mais, afin d'élever une de ces interminables contestations qui ruinent les deux parties, des fonctionnaires, du genre de ceux qui avaient dépouillé Trenck, s'acharnèrent à compromettre l'accusé, en lui faisant dire et

Par où prendrons-nous, me dit Spartacus... (Page 470.)

soutenir qu'il était Albert de Rudolstadt. Une longue enquête s'ensuivit. On invoqua le témoignage de Supperville, qui, de bonne foi sans doute, se refusa à douter qu'il l'eût vu mourir à Riesenburg. On ordonna l'exhumation de son cadavre. On trouva dans sa tombe un squelette qu'il n'avait pas été difficile d'y placer la veille. On persuada à sa cousine qu'elle devait lutter contre un aventurier résolu à la dépouiller. Sans doute on ne leur permit plus de se voir. On étouffa les plaintes du captif et les ardentes réclamations de sa femme sous les verrous et les tortures de la prison. Peut-être furent-ils malades et mourants dans des cachots séparés. Une fois l'affaire entamée, Albert ne pouvait plus réclamer pour son honneur et sa liberté qu'en proclamant la vérité. Il avait beau protester de sa renonciation à l'héritage, et vouloir tester à l'heure même en faveur de sa cousine, on voulait prolonger et embrouiller le procès, et on y réussit sans peine, soit que l'impératrice fût trompée, soit qu'on lui eût fait entendre que la confiscation de cette fortune n'était pas plus à dédaigner que celle du pandoure. Pour y parvenir, on chercha querelle à Amélie elle-même, on revint sous main sur le scandale de son ancienne escapade, on observa son manque de dévotion, et on la menaça en secret de la faire enfermer dans un couvent, si elle n'abandonnait ses droits à une succession litigieuse. Elle dut le faire et se contenter de la succession de son père, qui se trouva fort réduite par les frais énormes qu'elle eut à payer pour un procès auquel on l'avait contrainte. Enfin le château et les terres de Riesenburg furent confisqués au profit de l'État, quand les avocats, les gérants, les juges et les rapporteurs eurent prélevé sur cette dépouille des hypothèques montant aux deux tiers de sa valeur.

Tel est notre commentaire sur ce mystérieux procès qui dura cinq ou six ans, et à la suite duquel Albert fut chassé des États autrichiens comme un dangereux aliéné, par grâce spéciale de l'impératrice. A partir de cette époque, il est à peu près certain qu'une vie obscure et de plus en plus pauvre fut le partage des deux époux. Ils reprirent leurs plus jeunes enfants avec eux. Haydn et le chanoine refusèrent tendrement de leur rendre les aînés, qui faisaient leur éducation sous les yeux et aux frais de ces fidèles amis. Consuelo avait irrévocablement perdu la voix. Il paraît trop certain que la captivité, l'inaction et la douleur des maux qu'éprouvait sa compagne avaient de nouveau ébranlé la raison d'Albert. Il ne paraît cependant point que leur amour en fût devenu moins tendre, leur âme moins fière et leur conduite moins pure. Les Invisibles avaient disparu sous la persécution. L'œuvre avait été ruinée, surtout par les charlatans qui avaient spéculé sur l'enthousiasme des idées nouvelles et l'amour du merveilleux. Persécuté de nouveau comme franc-maçon dans les pays d'intolérance et de despotisme, Albert dut se réfugier en France ou en Angleterre. Peut-être y continua-t-il sa propagande; mais ce dut être parmi le peuple, et ses travaux, s'ils portèrent leurs fruits, n'eurent aucun éclat.

Ici il y a une grande lacune, à laquelle notre imagination ne peut suppléer. Mais un dernier document authentique et très-détaillé nous fait retrouver, vers l'année 1774, le couple errant dans la forêt de Bohême. Nous allons transcrire ce document tel qu'il nous est parvenu. Ce sera pour nous le dernier mot sur Albert et Consuelo; car ensuite de leur vie et de leur mort nous ne savons absolument rien.

LETTRE DE PHILON[1]
A IGNACE JOSEPH MARTINOWICZ,
Professeur de physique à l'université de Lemberg.

Emportés dans son tourbillon comme les satellites d'un astre roi, nous avons suivi *Spartacus*[2] à travers les sentiers escarpés, et sous les plus silencieux ombrages du Boëhmerwald. O ami! que n'étiez-vous là! Vous eussiez oublié de ramasser des cailloux dans le lit argenté des torrents, d'interroger tour à tour les veines et les ossements de notre mystérieuse aïeule, *terra parens*. La parole ardente du maître nous donnait des as; nous franchissions les ravins et les cimes sans compter nos pas, sans regarder à nos pieds les abîmes que nous dominions, sans chercher à l'horizon le gîte lointain où nous devions trouver le repos du soir. Jamais *Spartacus* ne nous avait paru plus grand et plus pénétré de la toute-puissante vérité. Les beautés de la nature agissent sur son imagination comme celles d'un grand poëme; et à travers les éclairs de son enthousiasme, jamais son esprit d'analyse savante et de combinaison ingénieuse ne l'abandonne entièrement. Il explique le ciel et les astres, et la terre et les hommes, avec la même clarté, le même ordre, qui président à ses dissertations sur le droit et les choses arides de ce monde. Mais comme son âme s'agrandit, quand, seul et libre avec ses disciples sous l'azur des cieux constellés, ou en face de l'aube rougie des feux précurseurs du soleil, il franchit le temps et l'espace pour embrasser d'un coup d'œil la race humaine dans son ensemble et dans ses détails, pour pénétrer le destin fragile des empires et l'avenir imposant des peuples! Vous l'avez entendu dans sa chaire, ce jeune homme à la parole lucide; que ne l'avez-vous vu et entendu sur la montagne, cet homme en qui la sagesse devance les années, et qui semble avoir vécu parmi les hommes depuis l'enfance du monde!

Arrivés à la frontière, nous saluâmes la terre qui vit les exploits du grand Ziska, et nous nous inclinâmes encore plus bas devant les gouffres qui servirent de tombes aux martyrs de l'antique liberté nationale. Là nous résolûmes de nous séparer, afin de diriger nos recherches et nos informations sur tous les points à la fois. *Caton*[1] prit vers le nord-est, *Celse*[2] vers le sud-est, *Ajax*[3] suivit la direction transversale d'occident en orient, et le rendez-vous général fut à Pilsen.

Spartacus me garda avec lui, et résolut d'aller au hasard, comptant, disait-il, sur la fortune, sur une certaine inspiration secrète qui devait nous diriger. Je m'étonnai un peu de cet abandon du calcul et du raisonnement; cela me semblait contraire à ses habitudes de méthode.

« Philon, me dit-il quand nous fûmes seuls, je crois bien que les hommes comme nous sont ici-bas les ministres de la Providence : mais penses-tu que je la croie inerte et dédaigneuse, cette Providence maternelle par laquelle nous sentons, nous voulons et nous agissons! J'ai remarqué que tu étais plus favorisé d'elle que moi; tes desseins réussissent presque toujours. En avant donc! je te suis, et j'ai foi en ta seconde vue, cette clarté mystérieuse qu'invoquaient naïvement nos ancêtres de l'Illuminisme, les pieux fanatiques du passé! »

Il semble vraiment que le maître ait prophétisé. Avant la fin du second jour, nous avions trouvé l'objet de nos recherches, et voici comment je fus l'instrument de la destinée.

Nous étions parvenus à la lisière du bois, et le chemin se bifurquait devant nous. L'un s'enfonçait en fuyant vers les basses terres, l'autre côtoyant les flancs adoucis de la montagne.

« Par où prendrons-nous? me dit *Spartacus* en s'asseyant sur un fragment de rocher. Je vois par ici des champs cultivés, des prairies, de chétives cabanes. On nous a dit qu'*il* était pauvre; *il* doit vivre avec les pauvres. Allons nous informer de lui auprès des humbles pasteurs de la vallée.

— Non, maître, lui répondis-je en lui montrant le chemin à mi-côte : je vois sur ma droite des mamelons escarpés, et les murailles croulantes d'un antique manoir. On nous a dit qu'il était poëte; il doit aimer les ruines et la solitude.

— Aussi bien, reprit *Spartacus* en souriant, je vois Vesper qui monte, blanc comme une perle, dans le ciel encore rose, au-dessus des ruines du vieux domaine. Nous sommes les bergers qui cherchent un prophète, et l'étoile miraculeuse marche devant nous »

Nous eûmes bientôt atteint les ruines. C'était une construction imposante, bâtie à diverses époques; mais les vestiges du temps de l'empereur Charles gisaient à côté de ceux de la féodalité. Ce n'étaient pas les siècles, c'était la main des hommes qui avait présidé récemment à cette destruction. Il faisait encore grand jour quand nous gravîmes le revers d'un fossé desséché, et quand nous pénétrâmes sous la herse rouillée et immobile. Le premier objet que nous rencontrâmes, assis sur les décombres, à l'entrée du préau, fut un vieillard couvert de haillons bizarres, et plus semblable à un homme du temps passé qu'à un contemporain. Sa barbe, couleur d'ivoire jauni, tombait sur sa poitrine, et sa tête chauve brillait comme la surface d'un lac aux derniers rayons du soleil. *Spartacus* tressaillit, et, s'approchant de lui à la hâte, lui demanda le nom du château. Le vieillard parut ne pas nous entendre; il fixa sur nous des yeux vitreux qui semblaient ne pas voir. Nous lui demandâmes son nom; il ne nous répondit pas : sa physionomie n'exprimait qu'une indifférence rêveuse. Cependant ses traits socratiques n'annonçaient pas l'abrutissement de l'idiotisme; il y avait dans sa laideur cette certaine beauté qui vient d'une âme pure et sereine. Spartacus lui mit une pièce d'argent dans la main; il la porta très-près de ses yeux, et la laissa tomber sans paraître en comprendre l'usage.

« Est-il possible, dis-je au maître, qu'un vieillard totalement privé de l'usage de ses sens et de sa raison

---

1. Probablement le célèbre baron de Knigge, connu sous le nom de Philon dans l'ordre des illuminés.
2. On sait que c'était le nom de guerre d'Adam Weishaupt. Est-ce réellement de lui qu'il est question ici? Tout porte à le croire.

1. Sans doute Xavier Zwack, qui fut conseiller aulique et subit l'exil pour avoir été un des principaux chefs de l'Illuminisme.
2. Bader, qui fut médecin de l'électrice douairière, illuminé.
3. Massenhausen, qui fut conseiller à Munich, illuminé.

soit ainsi abandonné loin de toute habitation, au milieu des montagnes, sans un guide, sans un chien pour le conduire et mendier à sa place !
— Emmenons-le, et conduisons-le à un gîte, » répondit *Spartacus*.

Mais comme nous nous mettions en devoir de le soulever, pour voir s'il pouvait se tenir sur ses jambes, il nous fit signe de ne pas le troubler, en posant un doigt sur ses lèvres, et en nous désignant de l'autre main le fond du préau. Nos regards se portèrent de ce côté; nous n'y vîmes personne, mais aussitôt nos oreilles furent frappées des sons d'un violon d'une force et d'une justesse extraordinaires. Jamais je n'ai entendu aucun maître donner à son archet une vibration si pénétrante et si large, et mettre dans un rapport si intime les cordes de l'âme et celles de l'instrument. Le chant était simple et sublime. Il ne ressemblait à rien de ce que j'ai entendu dans nos concerts et sur nos théâtres. Il portait dans le cœur une émotion pieuse et belliqueuse à la fois. Nous tombâmes, le maître et moi, dans une sorte de ravissement, et nous nous disions par nos regards qu'il y avait là quelque chose de grand et de mystérieux. Ceux du vieillard avaient repris une sorte d'éclat vague comme celui de l'extase. Un sourire de béatitude entr'ouvrait ses lèvres flétries, et montrait assez qu'il n'était pas sourd ni insensible.

Tout rentra dans le silence après une courte et adorable mélodie, et bientôt nous vîmes sortir d'une chapelle située vis à vis de nous, un homme d'un âge mûr, dont l'extérieur nous remplit d'émotion et de respect. La beauté de son visage austère et les nobles proportions de sa taille contrastaient avec les membres difformes et les traits sauvages du vieillard que *Spartacus* comparait à un *faune converti et baptisé*. Le joueur de violon marchait droit à nous, son instrument sous le bras, et son archet passé dans sa ceinture de cuir. De larges pantalons d'une étoffe grossière, des sandales qui ressemblaient à des cothurnes antiques, et une saie de peau de mouton comme celle que portent nos paysans du Danube, lui donnaient l'apparence d'un pâtre ou d'un laboureur. Mais ses mains blanches et fines n'annonçaient pas un homme voué aux travaux de la terre. C'étaient les mains d'un artiste, de même que la propreté de son vêtement et la fierté de son regard semblaient protester contre sa misère, et n'en point vouloir subir les conséquences hideuses et dégradantes. Le maître fut frappé de l'aspect de cet homme. Il me serra la main, et je sentis le tremblement de la sienne.

« C'est lui! me dit-il. J'ignorais qu'il fût musicien; mais je reconnais son visage pour l'avoir vu dans mes songes. »

Le joueur de violon s'avança vers nous sans témoigner ni embarras ni surprise. Il nous rendit avec une bienveillante dignité le salut que nous lui adressions, et s'approchant du vieillard :

« Allons, Zdenko, lui dit-il, je m'en vais, appuie-toi sur ton ami. »

Le vieillard fit un effort, le musicien le souleva dans ses bras, et, se courbant sous lui comme pour lui servir de bâton, il guida ses pas chancelants en ralentissant sa marche d'après la sienne. Il y avait dans ce soin filial, dans cette patience d'un homme noble et beau, encore agile et vigoureux, qui se traîna sous le poids d'un vieillard en haillons, quelque chose de plus touchant, s'il est possible, que la sollicitude d'une jeune mère mesurant sa marche sur les premiers pas incertains de son enfant. Je vis les yeux du maître se remplir de larmes, et je fus ému aussi, en contemplant tour à tour notre *Spartacus*, cet homme de génie et d'avenir, et cet inconnu en qui je pressentais la même grandeur enfouie dans les ténèbres du passé.

Résolus à le suivre et à l'interroger, mais ne voulant pas le distraire du soin pieux qu'il remplissait, nous marchions derrière lui à une certaine distance. Il se dirigeait vers la chapelle d'où il était sorti; et quand il y fut entré, il s'arrêta et parut contempler des tombes brisées que la ronce et la mousse avaient envahies. Le vieillard s'était agenouillé, et quand il se releva, son ami baisa une de ces tombes, et se mit en devoir de s'éloigner avec lui.

C'est alors seulement qu'il nous vit près de lui, et il parut éprouver quelque surprise ; mais aucune méfiance ne se peignit dans son regard, à la fois brillant et placide comme celui d'un enfant. Cet homme paraissait pourtant avoir compté plus d'un demi-siècle, et ses épais cheveux gris ondés autour de son mâle visage faisaient ressortir l'éclat de ses grands yeux noirs. Sa bouche avait une expression indéfinissable de force et de simplicité. On eût dit qu'il avait deux âmes, une toute d'enthousiasme pour les choses célestes, une toute de bienveillance pour les hommes d'ici-bas.

Nous cherchions un prétexte pour lui adresser la parole, lorsque, se mettant tout à coup en rapport d'idées avec nous, par une naïveté d'expansion extraordinaire :

« Vous m'avez vu baiser ce marbre, nous dit-il, et ce vieillard s'était prosterné sur ces tombeaux. Ne prenez pas ceci pour des actes d'idolâtrie. On baise le vêtement d'un saint, comme on porte sur son cœur le gage de l'amour et de l'amitié. La dépouille des morts n'est qu'un vêtement usé. Nous ne le foulons pas sous les pieds avec indifférence ; nous le gardons avec respect et nous nous en détachons avec regret. O mon père, ô mes parents bien-aimés! je sais bien que vous n'êtes pas ici, et ces inscriptions mentent quand elles disent : *Ici reposent les Rudolstadt!* Les Rudolstadt sont tous debout, tous vivants et agissants dans le monde selon la volonté de Dieu. Il n'y a sous ces marbres que des ossements, des formes où la vie s'est produite et qu'elle a abandonnées pour revêtir d'autres formes. Bénies soient les cendres des aïeux! bénis soient l'herbe et le lierre qui les couronnent! bénies la terre et la pierre qui les défendent! mais béni, avant tout, soit le Dieu vivant qui dit aux morts : « Levez-vous et rentrez dans mon âme féconde, où rien ne meurt, où tout se renouvelle et s'épure! »

— Liverani ou Ziska Trismégiste, est-ce vous que je retrouve ici sur la tombe de vos ancêtres? s'écria *Spartacus* éclairé d'une certitude céleste.

— Ni Liverani, ni Trismégiste, ni même Jean Ziska ! répondit l'inconnu. Des spectres ont assiégé ma jeunesse ignorante; mais la lumière divine les a absorbés, et le nom des aïeux s'est effacé de ma mémoire. Mon nom est *homme* et je ne suis rien de plus que les autres hommes.

— Vos paroles sont profondes, mais elles indiquent de la méfiance, reprit le maître. Fiez-vous à ce signe ; ne le reconnaissez-vous pas ? »

Et aussitôt *Spartacus* lui fit les signes maçonniques des hauts grades.

« J'ai oublié ce langage, répondit l'inconnu. Je ne le méprise pas, mais il m'est devenu inutile. Frère, ne m'outrage pas en supposant que je me méfie de toi. Ton nom, à toi aussi, n'est-il pas *homme*? Les hommes ne m'ont jamais fait de mal, ou, s'ils m'en ont fait, je ne le sais plus. C'était donc un mal très-borné, au prix du bien infini qu'ils peuvent se faire les uns aux autres et dont je dois leur savoir gré d'avance.

— Est-il possible, ô homme de bien, s'écria Spartacus, que tu ne comptes le temps pour rien dans ta notion et dans ton sentiment de la vie?

— Le temps n'existe pas; et si les hommes méditaient davantage l'essence divine, ils ne compteraient pas plus que moi les siècles et les années. Qu'importe à celui qui participe de Dieu au point d'être éternel, à celui qui a toujours vécu et qui ne cessera jamais de vivre, un peu plus ou un peu moins de sable au fond de la clepsydre? La main qui retourne le sablier peut se hâter ou s'engourdir; celle qui fournit le sable ne s'arrêtera pas.

— Tu veux dire que l'homme peut oublier de compter et de mesurer le temps, mais que la vie coule toujours abondante et féconde du sein de Dieu? Est-ce là ta pensée?

— Tu m'as compris, jeune homme. Mais j'ai une plus belle démonstration des grands mystères.

— Des mystères? Oui, je suis venu de bien loin pour t'interroger et m'instruire auprès de toi.

— Écoute donc! dit l'inconnu en faisant asseoir sur une tombe le vieillard qui lui obéissait avec la confiance d'un petit enfant. Ce lieu-ci m'inspire particulièrement, et c'est ici qu'aux derniers feux du soleil et aux premières blancheurs de la lune, je veux élever ton âme à la connaissance des plus sublimes vérités. »

Nous palpitions de joie à l'idée d'avoir trouvé enfin, après deux années de recherches et de perquisitions, ce mage de notre religion, ce philosophe à la fois métaphysicien et organisateur qui devait nous confier le fil d'Ariane et nous faire retrouver l'issue du labyrinthe des idées et des choses passées. Mais l'inconnu, saisissant son violon, se mit à en jouer avec verve. Son vigoureux archet faisait frémir les plantes comme le vent du soir, et résonner les ruines comme la voix humaine. Son chant avait un caractère particulier d'enthousiasme religieux, de simplicité antique et de chaleur entraînante. Les motifs étaient d'une ampleur majestueuse dans leur brièveté énergique. Rien, dans ces chants inconnus, n'annonçait la langueur et la rêverie. C'étaient comme des hymnes guerriers, et ils faisaient passer devant nos yeux des armées triomphantes, portant des bannières, des palmes et les signes mystérieux d'une religion nouvelle. Je voyais l'immensité des peuples réunis sous un même étendard; aucun tumulte dans les rangs, une fièvre sans délire, un élan impétueux sans colère, l'activité humaine dans toute sa splendeur, la victoire dans toute sa clémence, et la foi dans toute son expansion sublime.

« Cela est magnifique! m'écriai-je quand il eut joué avec feu cinq ou six de ces chants admirables. C'est le *Te Deum* de l'Humanité rajeunie et réconciliée, remerciant le Dieu de toutes les religions, la lumière de tous les hommes.

— Tu m'as compris, enfant! dit le musicien en essuyant la sueur et les larmes qui baignaient son visage; et tu vois que le temps n'a qu'une voix pour proclamer la vérité. Regarde ce vieillard, il a compris aussi bien que toi, et le voilà rajeuni de trente années. »

Nous regardâmes le vieillard auquel nous ne songions déjà plus. Il était debout, il marchait avec aisance, et frappait la terre de son pied en mesure, comme s'il eût voulu s'élancer et bondir comme un jeune homme. La musique avait fait en lui un miracle; il descendit avec nous la colline sans vouloir s'appuyer sur aucun de nous. Quand sa marche se ralentissait, le musicien lui disait :

« Zdenko, veux-tu que je te joue encore la marche de *Procope le Grand*, ou la bénédiction du drapeau des Orébites? »

Mais le vieillard lui faisait signe qu'il avait encore de la force, comme s'il eût craint d'abuser d'un remède céleste et d'user l'inspiration de son ami.

Nous nous dirigions vers le hameau que nous avions laissé sur la droite au fond de la vallée, lorsque nous avions pris le chemin des ruines. Chemin faisant, *Spartacus* interrogea l'inconnu.

« Tu nous a fait entendre des mélodies incomparables, lui dit-il, et j'ai compris que, par ce brillant prélude, tu voulais disposer nos sens à l'enthousiasme qui déborde, tu voulais t'exalter toi-même, comme les pythonisses et les prophètes, pour arriver à prononcer des oracles, armé de toute la puissance de l'inspiration, et tout rempli de l'esprit du Seigneur. Parle donc maintenant. L'air est calme, le sentier est facile, la lune éclaire nos pas. La nature entière semble plongée dans le recueillement pour t'écouter, et nos cœurs appellent tes révélations. Notre noble science, notre orgueilleuse raison, s'humilieront sous la parole brûlante. Parle, le moment est venu. »

Mais l'inconnu refusa de s'expliquer.

« Que te dirais-je que je ne t'aie dit tout à l'heure dans une langue plus belle? Est-ce ma faute si tu ne m'as pas compris? Tu crois que j'ai voulu parler à tes sens, et c'était mon âme qui te parlait! Que dis-je! c'était l'âme de l'Humanité tout entière qui te parlait par la mienne. J'étais vraiment inspiré alors. Maintenant je ne le suis plus. J'ai besoin de me reposer. Tu éprouverais le même besoin si tu avais reçu tout ce que je voulais faire passer de mon être dans le tien. »

Il fut impossible à *Spartacus* d'en obtenir autre chose ce soir-là. Quand nous eûmes atteint les premières chaumières :

« Amis, nous dit l'inconnu, ne me suivez pas davantage, et revenez me voir demain. Vous pouvez frapper à la première porte venue. Partout ici vous serez bien reçus, si vous connaissez la langue du pays. »

Il ne fut pas nécessaire de faire briller le peu d'argent dont nous étions munis. L'hospitalité du paysan bohème est digne des temps antiques. Nous fûmes reçus avec une obligeance calme, et bientôt avec une affectueuse cordialité, quand on nous entendit parler la langue slave sans difficulté; le peuple d'ici est encore en méfiance de quiconque l'aborde avec des paroles allemandes à la bouche.

Nous sûmes bientôt que nous étions au pied de la montagne et du château *des Géants*, et, d'après ce nom, nous eussions pu nous croire transportés par enchantement dans la grande chaîne septentrionale des Karpathes. Mais on nous apprit qu'un des ancêtres de la famille Podiebrad avait ainsi baptisé son domaine, par souvenir d'un vœu qu'il avait fait dans le *Riesengebirge*. On nous raconta aussi comment les descendants de Podiebrad avaient changé leur propre nom, après les désastres de la guerre de trente ans, pour prendre celui de Rudolstadt; la persécution s'étendait alors jusqu'à germaniser les noms des villes, des terres, des familles et des individus. Toutes ces traditions sont encore vivantes dans le cœur des paysans bohèmes. Ainsi le mystérieux Trismégiste, que nous cherchions, est bien réellement le même Albert Podiebrad, qui fut enterré vivant, il y a vingt-cinq ans, et qui, arraché de la tombe, on n'a jamais su par quel miracle, disparut longtemps et fut persécuté et enfermé, dix ou quinze ans plus tard, comme faussaire, imposteur et surtout comme franc-maçon et rose-croix; c'est bien ce fameux comte de Rudolstadt, dont l'étrange procès fut étouffé avec soin, et dont l'identité n'a jamais pu être constatée. Ami, ayez donc confiance aux inspirations du maître; vous trembliez de nous voir, d'après des révélations vagues et incomplètes, courir à la recherche d'un homme qui pouvait être, comme tant d'autres illuminés de la précédente formation, un chevalier d'industrie impudent ou un aventurier ridicule. Le maître avait deviné juste. A quelques traits épars, à quelques écrits mystérieux de ce personnage étrange, il avait pressenti un homme d'intelligence et de vérité, un précieux gardien du feu sacré et des saines traditions de l'Illuminisme antérieur, un adepte de l'antique secret, un docteur de l'interprétation nouvelle. Nous l'avons trouvé, et nous en savons plus long aujourd'hui sur l'histoire de la maçonnerie, sur les fameux Invisibles, dont nous révoquions en doute les travaux et jusqu'à l'existence, sur les mystères anciens et modernes, que nous n'en avions appris en cherchant à déchiffrer des hiéroglyphes perdus, ou en consultant d'anciens adeptes usés par la persécution et avilis par la peur. Nous avons trouvé enfin un homme, et nous vous reviendrons avec ce feu sacré, qui fit jadis d'une statue d'argile un être intelligent, un nouveau dieu, rival des antiques dieux farouches et stupides. Notre maître est le Prométhée. Trismégiste avait la flamme dans son cœur, et nous lui en avons assez dérobé pour vous initier tous à une vie nouvelle.

Les récits de nos bons hôtes nous tinrent assez longtemps éveillés autour du foyer rustique. Ils ne s'étaient pas souciés, eux, des jugements et des attestations légales qui déclaraient Albert de Rudolstadt déchu, par une attaque de catalepsie, de son nom et de ses droits. L'amour qu'ils portaient à sa mémoire, la haine de l'étranger, ces spoliateurs autrichiens qui vinrent, après avoir arraché la condamnation de l'héritier légitime, se partager ses terres et son château; le gaspillage éhonté de cette grande fortune, dont Albert eût fait un si noble usage, et surtout le marteau du démolisseur, s'acharnant à cette antique demeure seigneuriale, pour en vendre à bas prix les matériaux, comme si certains animaux destructeurs et profanateurs de leur nature avaient besoin de salir et de gâter la proie qu'ils ne peuvent emporter : c'en était bien assez pour que les paysans du Bœhmerwald préférassent une vérité poétiquement miraculeuse aux assertions raisonnablement odieuses des vainqueurs. Vingt-cinq ans se sont écoulés depuis la disparition d'Albert Podiebrad ; et personne ici n'a voulu croire à sa mort, bien que toutes les gazettes allemandes l'aient publiée, en confirmation d'un jugement inique, bien que toute l'aristocratie de la cour de Vienne ait ri de mépris et de pitié en écoutant l'histoire d'un fou qui se prenait de bonne foi pour un mort ressuscité. Et voilà que depuis huit jours Albert de Rudolstadt est dans ces montagnes, et qu'il va prier et chanter, chaque soir, sur les ruines du château de ses pères. Et voilà aussi que, depuis huit jours, tous les hommes assez âgés pour l'avoir vu jeune, le reconnaissent sous ses cheveux gris et se prosternent devant lui, comme devant leur véritable maître et leur ancien ami. Il y a quelque chose d'admirable dans ce souvenir et dans l'amour que lui portent ces gens-là ; rien, dans notre monde corrompu, ne peut donner l'idée des mœurs pures et des nobles sentiments que nous avons rencontrés ici. *Spartacus* en est pénétré de respect, et il en est d'autant plus frappé, qu'une petite persécution que nous avons subie de la part de ces paysans est venue nous confirmer leur fidélité au malheur et à la reconnaissance.

Voici le fait : quand, dès la pointe du jour, nous voulûmes sortir de la chaumière pour nous enquérir du joueur de violon, nous trouvâmes un piquet de fantassins improvisés, gardant toutes les issues de notre gîte.

« Pardonnez-nous, me dit le chef de la famille avec calme, d'avoir appelé tous nos parents et nos amis, avec leurs fléaux et leurs faux, pour vous retenir ici malgré vous. Vous serez libres ce soir. » Et comme nous nous étonnions de cette violence : « Si vous êtes d'honnêtes gens, reprit notre hôte d'un air grave, si vous comprenez l'amitié et le dévouement, vous ne serez point en colère contre nous. Si, au contraire, vous êtes des fourbes et des espions envoyés ici pour persécuter et enlever notre Podiebrad, nous ne le souffrirons pas, et nous ne vous laisserons sortir que quand il sera bien loin, hors de vos atteintes. »

Nous comprîmes que la méfiance était venue dans la nuit à ces honnêtes gens, d'abord si expansifs avec nous, et nous ne pûmes qu'admirer leur sollicitude. Mais le maître était désespéré de perdre de vue ce précieux hiérophante que nous étions venus chercher avec tant de peine et si près de succès. Il prit le parti d'écrire à Trismégiste dans le chiffre maçonnique, de lui dire son nom, sa position, de lui faire pressentir ses desseins, et d'invoquer sa loyauté pour nous soustraire à la méfiance des paysans. Peu d'instants après que cette lettre eut été portée à la chaumière voisine, nous vîmes arriver une femme devant laquelle les paysans ouvrirent avec respect leur phalange hérissée d'armes rustiques. Nous les entendîmes murmurer ; La *Zingara !* la *Zingara de consolation !* Et bientôt cette femme entra dans la chaumière avec nous, et, fermant les portes derrière elle, se mit à nous interroger par les signes et les formules de la maçonnerie écossaise, avec une sévérité scrupuleuse. Nous étions fort surpris de voir une femme initiée à ces mystères qu'aucune autre n'a jamais possédés que je sache ; et l'air imposant, le regard scrutateur de celle-là, nous inspiraient un certain respect, en dépit du costume bien évidemment zingaro qu'elle portait avec l'aisance que donne l'habitude. Sa jupe rayée, son grand manteau de bure fauve rejeté sur son épaule comme une draperie antique, ses cheveux noirs comme la nuit, séparés sur son front et rattachés par une bandelette de laine bleue, ses grands yeux pleins de feu, ses dents blanches comme l'ivoire, sa peau hâlée mais fine, ses petits pieds et ses mains effi

lées, et, pour compléter son portrait, une guitare assez belle passée en sautoir sous son manteau, tout dans sa personne et dans son costume accusait au premier abord le type et la profession d'une Zingara. Comme elle était fort propre et que ses manières étaient pleines de calme et de dignité, nous pensâmes que c'était la reine de son camp. Mais lorsqu'elle nous eut appris qu'elle était la femme de Trismégiste, nous la regardâmes avec plus d'intérêt et d'attention. Elle n'est plus jeune, et cependant on ne saurait dire si c'est une personne de quarante ans flétrie par la fatigue, ou une de cinquante remarquablement conservée. Elle est encore belle, et sa taille élégante et légère a des attitudes si nobles, une grâce si chaste, qu'en la voyant marcher on la prendrait pour une jeune fille. Quand la première sévérité de ses traits se fut adoucie, nous fûmes peu à peu pénétrés du charme qui était en elle. Son regard est angélique, et le son de sa voix nous remue le cœur comme une mélodie céleste. Quelle que soit cette femme, épouse légitime du philosophe ou généreuse aventurière attachée à ses pas par suite d'une ardente passion, il est impossible de penser, en la regardant et en l'écoutant parler, qu'aucun vice, aucun instinct dégradant ait pu souiller un être si calme, si franc et si bon. Nous avions été effrayés, dans le premier moment, de trouver notre sage au milieu par des liens grossiers. Il ne nous fallut pas longtemps pour découvrir que, dans les rangs de la véritable noblesse, celle du cœur et de l'intelligence, il avait rencontré une poétique amante, une âme sœur de la sienne, pour traverser avec lui les orages de la vie.

« Pardonnez-moi mes craintes et ma méfiance, nous dit-elle quand nous eûmes satisfait à ses questions. Nous avons été persécutés, nous avons beaucoup souffert. Grâce au ciel, mon ami a perdu la mémoire du malheur ; rien ne peut plus l'inquiéter ni le faire souffrir. Mais moi que Dieu a placée près de lui pour le préserver, je dois m'inquiéter à sa place et veiller à ses côtés. Vos physionomies et l'accent de vos voix me rassurent plus encore que ces signes et ces paroles que nous venons d'échanger ; car on a étrangement abusé des mystères, et il y a eu autant de faux frères que de faux docteurs. Nous devrions être autorisés par la prudence humaine à ne plus croire à rien ni à personne ; mais que Dieu nous préserve d'en venir à ce point d'égoïsme et d'impiété ! La famille des fidèles est dispersée, il est vrai ; il n'y a plus de temple pour communier en esprit et en vérité. Les adeptes ont perdu le sens des mystères ; la lettre a tué l'esprit. L'art divin est méconnu et profané parmi les hommes ; mais qu'importe, si la foi persiste dans quelques-uns ? Qu'importe, si la parole de vie reste en dépôt dans quelque sanctuaire ? Elle en sortira encore, elle se répandra encore dans le monde, et le temple sera peut-être reconstruit par la foi de la Chananéenne et le denier de la veuve.

— Nous venons chercher précisément cette parole de vie, répondit le maître. On la prononce dans tous les sanctuaires, et il est vrai qu'on ne la comprend plus. Nous l'avons commentée avec ardeur, nous l'avons portée en nous avec persévérance ; et, après des années de travail et de méditation, nous avons cru trouver l'interprétation véritable. C'est pourquoi nous venons demander à votre époux la sanction de notre foi ou le redressement de notre erreur. Laissez-nous parler avec lui. Obtenez qu'il nous écoute et qu'il nous réponde.

— Cela ne dépendra pas de moi, répondit la Zingara, et de lui encore moins. Trismégiste n'est pas toujours inspiré, bien qu'il vive désormais sous le charme des illusions poétiques. La musique est sa manifestation habituelle. Rarement ses idées métaphysiques sont assez lucides pour s'abstraire des émotions du sentiment exalté. A l'heure qu'il est, il ne saurait rien vous dire de satisfaisant. Sa parole est toujours claire pour moi, mais elle serait obscure pour vous qui ne le connaissez pas. Il faut bien que je vous en avertisse ; au dire des hommes aveuglés par leur froide raison, Trismégiste est fou ; et tandis que le peuple poète offre humblement les dons de l'hospitalité au virtuose sublime qui l'a ému et ravi, le monde vulgaire jette l'aumône de la pitié au rapsode vagabond qui promène son inspiration à travers les cités. Mais j'ai appris à nos enfants qu'il ne fallait pas ramasser cette aumône, ou qu'il fallait la ramasser seulement pour le mendiant infirme qui passe à côté de nous et à qui le ciel a refusé le génie pour émouvoir et persuader les hommes. Nous autres, nous n'avons pas besoin de l'argent du riche, nous ne mendions pas; l'aumône avilit celui qui la reçoit et endurcit celui qui la fait. Tout ce qui n'est pas l'échange doit disparaître dans la société future. En attendant, Dieu nous permet, à mon époux et à moi, de pratiquer cette vie d'échange, et d'entrer ainsi dans l'idéal. Nous apportons l'art et l'enthousiasme aux âmes susceptibles de sentir l'un et d'aspirer à l'autre. Nous recevons l'hospitalité religieuse du pauvre, nous partageons son gîte modeste, son repas frugal; et quand nous avons besoin d'un vêtement grossier, nous le gagnons par un séjour de quelques semaines et des leçons de musique à la famille. Quand nous passons devant la demeure orgueilleuse du châtelain, comme il est notre frère aussi bien que le pâtre, le laboureur et l'artisan, nous chantons sous sa fenêtre et nous nous éloignons sans attendre un salaire; nous le considérons comme un malheureux qui ne peut rien échanger avec nous, et c'est nous alors qui lui faisons l'aumône. Enfin nous avons réalisé la vie d'artiste comme nous l'entendions; car Dieu nous avait faits artistes; et nous devions user de ses dons. Nous avons partout des amis et des frères dans les derniers rangs de cette société qui croirait s'avilir en nous demandant notre secret pour être probes et libres. Chaque jour nous faisons de nouveaux disciples de l'art; et quand nos forces seront épuisées, quand nous ne pourrons plus nourrir et porter nos enfants, ils nous porteront à leur tour, et nous serons nourris et consolés par eux. Si nos enfants venaient à nous manquer, à être entraînés loin de nous par des vocations différentes, nous ferions comme le vieux Zdenko que vous avez vu hier, et qui, après avoir charmé pendant quarante ans, par ses légendes et ses chansons, tous les paysans de la contrée, est accueilli et soigné par eux dans ses dernières années comme un ami et comme un maître vénérable. Avec des goûts simples et des habitudes frugales, l'amour des voyages, la santé que donne une vie conforme au vœu de la nature, avec l'enthousiasme de la poésie, l'absence de mauvaises passions et surtout la foi dans l'avenir du monde, croyez-vous que l'on soit fou de vivre comme nous faisons? Cependant Trismégiste vous paraîtra peut-être égaré par l'enthousiasme, comme autrefois il me parut à moi égaré par la douleur. Mais en le suivant un peu, peut-être reconnaîtrez-vous que c'est la démence des hommes et l'erreur des institutions qui font paraître fous les hommes de génie et d'invention. Tenez, venez avec nous, et voyagez comme nous toute cette journée, s'il le faut. Il y aura peut-être une heure où Trismégiste sera en train de parler d'autre chose que de musique Il ne faut pas le solliciter, cela viendra de soi-même dans un moment donné. Un hasard peut réveiller ses anciennes idées. Nous partons dans une heure, notre présence ici peut attirer sur la tête de mon époux des dangers nouveaux. Partout ailleurs nous ne risquons pas d'être reconnus après tant d'années d'exil. Nous allons à Vienne, par la chaîne du Bœhmerwald et le cours du Danube. C'est un voyage que j'ai fait autrefois, et que je recommencerai avec plaisir Nous allons voir deux de nos enfants, nos aînés, que des amis dans l'aisance ont voulu garder pour les faire instruire; car tous les hommes ne naissent pas pour être artistes, et chacun doit marcher dans la vie par le chemin que la Providence lui a tracé.

Telles sont les explications que cette femme étrange, pressée par nos questions, et souvent interrompue par nos objections, nous donna du genre de vie qu'elle avait adoptée d'après les goûts et les idées de son époux. Nous acceptâmes avec joie l'offre qu'elle nous faisait de la suivre; et, lorsque nous sortîmes avec elle de la chaumière, la garde civique qui s'était formée pour nous arrêter, avait ouvert ses rangs pour nous laisser partir.

« Allons, enfants, leur cria la Zingara de sa voix pleine et harmonieuse, votre ami vous attend sous les tilleuls. C'est le plus beau moment de la journée, et nous aurons la prière du matin en musique. Fiez-vous à ces deux amis, ajouta-t-elle en nous désignant de son beau geste naturellement théâtral : ils sont des nôtres, et ne nous veulent que du bien. »

Les paysans s'élancèrent sur nos pas en criant et en chantant. Tout en marchant, la Zingara nous apprit qu'elle et sa famille quittaient le hameau ce matin même.

« Il ne faut pas le dire, ajouta-t-elle; une telle séparation ferait verser trop de larmes, car nous avons bien des amis ici. Mais nous n'y sommes pas en sûreté. Quelque ancien ennemi peut venir à passer et reconnaître Albert de Rudolstadt sous le costume bohémien. »

Nous arrivâmes sur la place du hameau, une verte clairière, environnée de superbes tilleuls qui laissaient paraître, entre leurs flancs énormes d'humbles maisonnettes et de capricieux sentiers tracés et battus par le pied des troupeaux. Ce lieu nous parut enchanté, aux premières clartés du soleil oblique qui faisait briller le tapis d'émeraudes des prairies, tandis que les vapeurs argentées du matin se repliaient sur le flanc des montagnes environnantes. Les endroits ombragés semblaient avoir conservé quelque chose de la clarté bleuâtre de la nuit, tandis que les cimes des arbres se teignaient d'or et de pourpre. Tout était pur et distinct, tout nous paraissait frais et jeune, même les antiques tilleuls, les toits rongés de mousse, et les vieillards à barbe blanche qui sortaient de leurs chaumières en souriant. Au milieu de l'espace libre, où un mince filet d'eau cristalline coulait en se divisant, et se croisant sous les pas, nous vîmes Trismégiste environné de ses enfants, deux charmantes petites filles, et un garçon de quinze ans, beau comme l'Endymion des sculpteurs et des poètes.

« Voici Wanda, nous dit la Zingara, nous présentant l'aînée de ses filles, et la cadette s'appelle Wenceslawa. Quant à notre fils, il a reçu le nom chéri du meilleur de ses pères, il s'appelle Zdenko. Le vieux Zenko a pour lui une préférence marquée. Vous voyez qu'il tient ma Wenceslawa entre ses jambes, et l'autre sur ses genoux. Mais ce n'est point à elles qu'il songe : il a les yeux fixés sur mon fils, comme s'il ne pouvait se rassasier de le voir. »

Nous regardâmes le vieillard. Deux ruisseaux de larmes coulaient sur ses joues, et sa figure osseuse, sillonnée de rides, avait l'expression de la béatitude et de l'extase en contemplant ce jeune homme, ce dernier rejeton des Rudolstadt, qui portait son nom d'esclave avec joie, et qui se tenait debout près de lui, une main dans la sienne. J'aurais voulu peindre ce groupe, et Trismégiste auprès d'eux, les contemplant tour à tour d'un air attendri, tout en accordant son violon et en essayant son archet.

« C'est vous, amis? dit-il en répondant à notre salut respectueux avec cordialité. Ma femme a donc été vous chercher? Elle a bien fait. J'ai de bonnes choses à dire aujourd'hui, et je serai heureux que vous les entendiez »

Il joua alors du violon avec plus d'ampleur et de majesté encore que la veille. Du moins telle fut notre impression, devenue plus forte et plus délicieuse par le contact de cette champêtre assemblée, qui frémissait de plaisir et d'enthousiasme, à l'audition des vieilles ballades de la patrie et des hymnes sacrés de l'antique liberté. L'émotion se traduisait diversement sur ces mâles visages Les uns, ravis comme Zdenko dans la vision du passé, retenaient leur souffle, et semblaient s'imprégner de cette poésie, comme la plante altérée qui boit avec recueillement les gouttes d'une pluie bienfaisante. D'autres, transportés d'une sainte fureur en songeant aux maux du présent, fermaient le poing, et, menaçant des ennemis invisibles, semblaient prendre le ciel à témoin de leur dignité avilie, de leur vertu outragée. Il y eut des sanglots, des rugissements, des applaudissements frénétiques et des cris de délire.

« Amis, nous dit Albert en terminant, voyez ces hommes simples! ils ont parfaitement compris ce que j'ai voulu leur dire ; ils ne me demandent pas, comme vous le faisiez hier, le sens de mes prophéties.

— Tu ne leur as pourtant parlé que du passé, dit *Spartacus*, avide de ses paroles.

— Le passé, l'avenir, le présent! quelles vaines subtilités! reprit Trismégiste en souriant; l'homme ne les porte-t-il pas tous les trois dans son cœur, et son existence n'est-elle pas tout entière de ce triple milieu? Mais, puisqu'il vous faut absolument des mots pour peindre vos idées, écoutez mon fils; il va vous chanter un cantique dont sa mère a fait la musique, et moi les vers. »

Le bel adolescent s'avança, d'un air calme et modeste, au milieu du cercle. On voyait que sa mère, sans croire caresser une faiblesse, s'était dit que, par droit et peut-être aussi par devoir, il fallait respecter et soigner la beauté de l'artiste. Elle l'habille avec une certaine recherche; ses cheveux superbes sont peignés avec soin, et les étoffes de son costume agreste sont d'une couleur plus vive et d'un tissu plus léger que ceux du reste de la famille. Il ôta sa toque, salua ses auditeurs d'un baiser envoyé collectivement du bout des doigts, auquel cent baisers envoyés de même répondirent avec effusion; et, après que sa mère eut préludé sur la guitare avec un génie particulier empreint de la couleur méridionale, il se mit à chanter, accompagné par elle, les paroles suivantes, que je traduis pour vous du slave, et dont ils ont bien voulu me laisser noter aussi le chant admirable :

LA BONNE DÉESSE DE LA PAUVRETÉ,

BALLADE.

« Chemins sablés d'or, landes verdoyantes, ravins aimés des chamois, grandes montagnes couronnées d'étoiles, torrents vagabonds, forêts impénétrables, laissez-la, laissez la passer, la bonne déesse, la déesse de la pauvreté!

« Depuis que le monde existe, depuis que les hommes ont été produits, elle traverse le monde, elle habite parmi les hommes, elle voyage en chantant, ou elle chante en travaillant, la déesse, la bonne déesse de la pauvreté!

« Quelques hommes se sont assemblés pour la maudire. Ils l'ont trouvée trop belle et trop gaie, trop agile et trop forte. Arrachons ses ailes, ont-ils dit; donnons-lui des chaînes, brisons-la de coups, et qu'elle souffre, et qu'elle périsse, la déesse de la pauvreté!

« Ils ont enchaîné la bonne déesse, ils l'ont battue et persécutée ; mais ils n'ont pu l'avilir : elle s'est réfugiée dans l'âme des poètes, dans l'âme des paysans, dans l'âme des artistes, dans l'âme des martyrs, et dans l'âme des saints, la bonne déesse, la déesse de la pauvreté!

« Elle a marché plus que le Juif errant; elle a voyagé plus que l'hirondelle; elle est plus vieille que la cathédrale de Prague, et plus jeune que l'œuf du roitelet; elle a pullulé sur la terre que les fraises dans le Bœhmerwald, la déesse, la bonne déesse de la pauvreté!

« Elle a eu beaucoup d'enfants, et elle leur a enseigné le secret de Dieu ; elle a parlé au cœur de Jésus sur la montagne ; aux yeux de la reine Libussa lorsqu'elle s'enamoura d'un laboureur ; à l'esprit de Jean et de Jérôme sur le bûcher de Constance : elle en sait plus que tous les docteurs et tous les évêques, la bonne déesse de la pauvreté!

« Elle fait toujours les plus grandes et les plus belles choses que l'on voit sur la terre; c'est elle qui cultive les champs et qui émonde les arbres; c'est elle qui conduit les troupeaux en chantant les plus beaux airs; c'est elle qui voit poindre l'aube et qui reçoit le premier sourire du soleil, la bonne déesse de la pauvreté!

« C'est elle qui bâtit de rameaux verts la cabane du bûcheron, et qui donne au braconnier le regard de l'aigle ; c'est elle qui élève les plus beaux marmots et qui rend la charrue et la bêche légères aux mains du vieillard, la bonne déesse de la pauvreté!

« C'est elle qui inspire le poète et qui rend le violon, la guitare et la flûte éloquents sous les doigts de l'artiste vagabond ; c'est elle qui le porte sur son aile légère de la source de la Moldau à celle du Danube ; c'est elle qui couronne ses cheveux des perles de la rosée, et qui fait briller pour lui les étoiles plus larges et plus claires, la déesse, la bonne déesse de la pauvreté.

« C'est elle qui instruit l'artisan ingénieux et qui lui apprend à couper la pierre, à tailler le marbre, à façonner l'or et l'argent, le cuivre et le fer; c'est elle qui rend, sous les doigts de la vieille mère et de la jeune fille, le lin souple et fin comme un cheveu, la bonne déesse de la pauvreté!

« C'est elle qui soutient la chaumière ébranlée par l'orage; c'est elle qui ménage la résine de la torche et l'huile de la lampe; c'est elle qui pétrit le pain de la famille et qui tisse les vêtements d'hiver et d'été; c'est elle qui nourrit et alimente le monde, la bonne déesse de la pauvreté!

« C'est elle qui a bâti les grands châteaux et les vieilles cathédrales ; c'est elle qui porte le sabre et le fusil; c'est elle qui fait la guerre et les conquêtes ; c'est elle qui ramasse les morts, qui soigne les blessés et qui cache le vaincu, la bonne déesse de la pauvreté!

« Tu es de toute douceur, toute patience, toute force et toute miséricorde, ô bonne déesse! c'est toi qui réunis tous tes enfants dans un saint amour, et qui donnes la charité, la foi, l'espérance, ô déesse de la pauvreté!

« Tes enfants cesseront un jour de porter le monde sur leurs épaules ; ils seront récompensés de leur peine et de leur travail. Le temps approche où il n'y aura plus ni riches, ni pauvres, où tous les hommes consommeront les fruits de la terre, et jouiront également des bienfaits de Dieu ; mais tu ne seras point oubliée dans leurs hymnes, ô bonne déesse de la pauvreté!

« Ils se souviendront que tu fus leur mère féconde, leur nourrice robuste et leur église militante. Ils répandront le baume sur tes blessures, et ils te feront de la terre rajeunie et embaumée un lit où tu pourras enfin te reposer, ô bonne déesse de la pauvreté!

« En attendant le jour du Seigneur, torrents et forêts, montagnes et vallées, landes qui fourmillez de petites fleurs et de petits oiseaux, chemins sablés d'or qui n'avez pas de maîtres, laissez-la, laissez-la passer, la bonne déesse, la déesse de la pauvreté ! »

Imaginez-vous cette ballade, rendue en beaux vers dans une langue douce et naïve qui semble avoir été faite pour les lèvres de l'adolescence, adaptée à une mélodie qui remue le cœur et en arrache les larmes les plus pures, une voix séraphique qui chante avec une pureté exquise, un accent musical incomparable ; et tout cela dans la bouche du fils de Trismégiste, de l'élève de la Zingara, du plus beau, du plus candide et du mieux doué des enfants de la terre! Si vous pouvez vous représenter pour cadre un vaste groupe de figures mâles, ingénues et pittoresques, au milieu d'un paysage de Ruysdael, et le torrent qui ne voyait pas mieux, mais qui envoyait, du fond du ravin, comme une fraîche harmonie mêlée à la clochette lointaine des chèvres sur la montagne, vous concevrez notre émotion et l'ineffable jouissance poétique où nous restâmes longtemps plongés.

« Maintenant, mes enfants, dit Albert Podiebrad aux villageois, nous avons prié, il faut travailler. Allez aux champs; moi je vais chercher, avec ma famille, l'inspiration et la vie à travers la forêt.

— Tu reviendras ce soir? » s'écrièrent tous les paysans.

La Zingara fit un signe d'affection qu'ils prirent pour une promesse. Les deux petites filles, qui ne comprenaient rien au cours du temps ni aux chants du voyage, crièrent : « Oui ! oui ! » avec une joie enfantine, et les paysans se dispersèrent. Le vieux Zdenko s'assit sur le

Allons, Zdenko, je m'en vais... (Page 474.)

seuil de la chaumière, après avoir veillé d'un air paternel à ce que l'on garnît la gibecière de son filleul du déjeuner de la famille. Puis la Zingara nous fit signe de suivre, et nous quittâmes le village sur les traces de nos musiciens ambulants. Nous avions le revers du ravin à monter. Le maître et moi prîmes chacun une des petites filles dans nos bras, et ce fut pour nous une occasion d'aborder Trismégiste, qui, jusque-là, n'avait pas semblé s'apercevoir de notre présence.

« Vous me voyez un peu rêveur, me dit-il. Il m'en coûte de tromper ces amis que nous quittons, et ce vieillard que j'aime et qui nous cherchera demain par tous les sentiers de la forêt. Mais Consuelo l'a voulu ainsi, ajouta-t-il en nous désignant sa femme. Elle croit qu'il y a du danger pour nous à rester plus longtemps ici. Moi, je ne puis me persuader que nous fassions désormais peur ou envie à personne. Qui comprendrait notre bonheur? Mais elle assure que nous attirons le même danger sur la tête de nos amis, et, bien que je ne sache pas comment, je cède à cette considération. D'ailleurs, sa volonté a toujours été ma volonté, comme la mienne a toujours été la sienne. Nous ne rentrerons pas ce soir au hameau. Si vous êtes nos amis comme vous en avez l'air, vous y retournerez à la nuit, quand vous vous serez assez promenés, et vous leur expliquerez cela. Nous ne leur avons pas fait d'adieux pour ne pas les affliger, mais vous leur direz que nous reviendrons. Quant à Zdenko, vous n'avez qu'à lui dire *demain*, ses prévisions ne vont pas au delà. Tous les jours, toute la vie, c'est pour lui *demain*. Il a dépouillé l'erreur des notions humaines. Il a les yeux ouverts sur l'éternité, dans le mystère de laquelle il est prêt à s'absorber pour y prendre la jeunesse de la vie. Zdenko est un sage, l'homme le plus sage que j'aie jamais connu. »

L'espèce d'égarement de Trismégiste produisait sur sa femme et sur ses enfants un effet digne de remarque. Loin d'en rougir devant nous, loin d'en souffrir pour eux-mêmes, ils écoutaient chacune de ses paroles avec respect, et il semblait qu'ils trouvassent dans ses oracles la force de s'élever au-dessus de la vie présente et d'eux-mêmes. Je crois qu'on eût bien étonné et bien indigné ce noble adolescent qui épiait avidement chaque pensée de son père, si on lui eût dit que c'étaient les pensées d'un fou. Trismégiste parlait rarement, et nous

Elle se mit à nous interroger par les signes... (Page 173.)

remarquâmes aussi que ni sa femme ni ses enfants ne l'y provoquaient jamais sans une absolue nécessité. Ils respectaient religieusement le mystère de sa rêverie, et quoique la Zingara eût les yeux sans cesse attachés sur lui, elle semblait bien plutôt craindre pour lui les importunités, que l'ennui de l'isolement où il se plaçait. Elle avait étudié sa bizarrerie, et je me sers de ce mot pour ne plus prononcer celui de folie qui me répugne encore davantage quand il s'agit d'un tel homme et d'un état de l'âme si respectable et si touchant. J'ai compris, en voyant ce Trismégiste, la vénération que les paysans, grands théologiens et grands métaphysiciens sans le savoir, et les peuples de l'Orient portent aux hommes privés de ce qu'on appelle le flambeau de la raison. Ils savent que quand on ne trouble pas par de vains efforts et de cruelles moqueries cette abstraction de l'intelligence, elle peut devenir une faculté exceptionnelle du genre le plus poétiquement divin, au lieu de tourner à la fureur ou à l'abrutissement. J'ignore ce que deviendrait Trismégiste, si sa famille ne s'interposait pas comme un rempart d'amour et de fidélité entre le monde et lui. Mais s'il devait dans ce cas succomber à son délire, ce serait une preuve de plus de ce qu'on doit de respect et de sollicitude aux infirmes de sa trempe, et à tous les infirmes quels qu'ils soient.

Cette famille marchait avec une aisance et une agilité qui eurent bientôt épuisé nos forces. Les petits enfants eux-mêmes, si on ne les eût empêchés de se fatiguer en les portant, eussent dévoré l'espace. On dirait qu'ils se sentent nés pour marcher comme le poisson pour nager. La Zingara ne veut pas que son fils prenne les petites dans ses bras, malgré son bon désir, tant qu'il n'aura pas achevé sa croissance et que sa voix n'aura pas subi la crise que les chanteurs appellent la mue. Elle soulève sur son épaule robuste ces créatures souples et confiantes, et les porte aussi légèrement que sa guitare. La force physique est un des bénéfices de cette vie nomade qui devient une passion pour l'artiste pauvre, comme pour le mendiant ou le naturaliste.

Nous étions très-fatigués, lorsqu'à travers les plus rudes sentiers nous arrivâmes à un lieu sauvage et romantique appelé le Schreckenstein. Nous remarquâmes qu'aux approches de ce lieu, la Consuelo regardait son mari avec plus d'attention, et marchait plus près de lui, comme si elle eût redouté quelque danger ou quelque émotion pénible. Rien ne troubla cependant la placidité de l'artiste. Il s'assit sur une grande pierre qui domine une colline aride. Il y a quelque chose d'effrayant dans cet endroit. Les rocs s'y entassent en désordre, et y brisent continuellement les arbres sous leur chute. Ceux de ces arbres qui ont résisté ont leurs racines hors du sol, et semblent s'accrocher par ces membres noueux à la roche qu'ils menacent d'entraîner. Un silence de mort règne sur ce chaos. Les pâtres et les bûcherons s'en éloignent avec terreur, et la terre y est labourée par les sangliers. Le sable y porte les traces du loup et du chamois, comme si les animaux sauvages étaient assurés d'y trouver un refuge contre l'homme. Albert rêva longtemps sur cette pierre, puis il reporta ses regards sur ses enfants qui jouaient à ses pieds, et sur sa femme qui, debout devant lui, cherchait à lire à travers son front. Tout à coup il se leva, se mit à genoux devant elle, et réunissant ses enfants d'un geste : « Prosternez-vous devant votre mère, leur dit-il avec une émotion profonde, car c'est la consolation envoyée du ciel aux hommes infortunés ; c'est la paix du Seigneur promise aux hommes de bonne intention ! »

Les enfants s'agenouillèrent autour de la Zingara, et pleurèrent en la couvrant de caresses. Elle pleura aussi en les pressant sur son sein, et, les forçant de se retourner, elle leur fit rendre le même hommage à leur père. *Spartacus* et moi, nous nous étions prosternés avec eux.

Quand la Zingara eut parlé, le maître reporta son hommage vers Trismégiste, et saisit ce moment pour l'interpeller avec éloquence, pour lui demander la lumière, en lui racontant tout ce qu'il avait étudié, tout ce qu'il avait médité et souffert pour le recevoir. Pour moi, je restai comme enchanté aux pieds de la Zingara. Je ne sais si j'oserais vous dire ce qui se passait en moi. Cette femme pourrait être ma mère, sans doute ; eh bien, je ne sais quel charme émane d'elle encore. Malgré le respect que j'ai pour son époux, malgré la terreur dont la seule idée de l'oublier m'eût pénétré en cet instant, je sentais mon âme tout entière s'élancer vers elle avec un enthousiasme que ni l'éclat de la jeunesse ni le prestige du luxe ne m'ont jamais inspiré. Ô puissé-je rencontrer une femme semblable à cette Zingara pour lui consacrer ma vie ! Mais si je ne l'espère pas, et maintenant que je ne la reverrai plus, il y au fond de mon cœur une sorte de désespoir, comme s'il m'eût été révélé qu'il n'y a pas pour moi une autre femme à aimer sur la terre.

La Zingara ne me voyait seulement pas. Elle écoutait *Spartacus*, elle était frappée de son langage ardent et sincère. Trismégiste en fut pénétré aussi. Il lui serra la main, et le fit asseoir sur la pierre du Schreckenstein auprès de lui.

« Jeune homme, lui dit-il, tu viens de réveiller en moi tous les souvenirs de ma vie. J'ai cru m'entendre parler moi-même à l'âge que tu as maintenant, lorsque je demandais ardemment la science de la vertu à des hommes mûris par l'âge et l'expérience. J'étais décidé à ne te rien dire. Je me méfiais, non de ton intelligence ni de ta probité, mais de la naïveté et de la flamme de ton cœur. Je ne me sentais pas capable d'ailleurs de retranscrire, dans une langue que j'ai parlée autrefois, les pensées que je me suis habitué depuis à manifester par la poésie de l'art, par le sentiment. Ta foi a vaincu, elle a fait un miracle, et je sens que je dois te parler. Oui, ajouta-t-il après avoir examiné en silence pendant un instant, qui nous parut le dernier du siècle, car nous tremblions de voir cette inspiration lui échapper ; oui, je te reconnais maintenant ! Je me souviens de toi ; je t'ai vu, je t'ai aimé, j'ai travaillé avec toi dans quelque autre phase de ma vie antérieure. Ton nom était grand parmi les hommes, mais je ne l'ai pas retenu ; je me rappelle seulement ton regard, ta parole, et cette âme dont la mienne ne s'est détachée qu'avec effort. Je lis mieux dans l'avenir que dans le passé maintenant, et les siècles futurs m'apparaissent souvent, aussi incessants de lumière que les jours qui me restent à vivre sous cette forme d'aujourd'hui. Eh bien, je te le dis, tu seras grand encore dans ce siècle-ci, et tu feras de grandes choses. Tu seras blâmé, accusé, calomnié, haï, flétri, persécuté, exilé... Mais ton idée te survivra sous d'autres formes, et tu auras agité les choses présentes avec un plan formidable, des conceptions immenses que le monde n'oubliera pas, et qui porteront peut-être les derniers coups au despotisme social et religieux. Oui, tu as raison de chercher ton action dans la société. Tu obéis à ta destinée, c'est-à-dire à ton inspiration. Ceci m'éclaire. Ce que j'ai senti en t'écoutant, ce que tu as su me communiquer de ton espérance est une grande preuve de la réalité de ta mission. Marche donc, agis et travaille. Le ciel t'a fait organisateur de destruction : détruis et dissous, voilà ton œuvre. Il faut de la foi pour abattre comme pour élever. Moi, je m'étais éloigné volontairement des voies où tu t'élances : je les avais jugées mauvaises. Elles ne l'étaient sans doute qu'accidentellement. Si de vrais serviteurs de la cause se sentent appelés à les tenter encore, c'est qu'elles sont redevenues praticables. Je croyais qu'il n'y avait plus rien à espérer de la société officielle, et qu'on ne pouvait la réformer en y restant. Je me suis placé en dehors d'elle, et, désespérant de voir le salut descendre sur le peuple du faîte de cette corruption, j'ai consacré les dernières années de ma force à agir directement sur le peuple. Je me suis adressé aux pauvres, aux faibles, aux opprimés, et je leur ai apporté ma prédication sous la forme de l'art et de la poésie, qu'ils comprennent parce qu'ils l'aiment. Il est possible que je me sois trop méfié des bons instincts qui palpitent encore chez les hommes de la science et du pouvoir. Je ne les connais plus depuis que, dégoûté de leur scepticisme impie et de leur superstition plus impie encore, je me suis éloigné d'eux avec dégoût pour chercher les simples de cœur. Il est probable qu'ils ont dû changer, se corriger et s'instruire. Que dis-je ? il est certain que ce monde a marché, qu'il s'est épuré, et qu'il a grandi depuis quinze ans ; car toute chose humaine gravite sans cesse vers la lumière, et tout s'enchaîne, le bien et le mal, pour s'élancer vers l'idéal divin. Tu veux t'adresser au monde des savants, des patriciens et des riches ; tu veux niveler par la persuasion : tu veux séduire, même les rois, les princes et les prélats, par les charmes de la vérité. Tu sens bouillonner en toi cette confiance et cette force qui surmontent tous les obstacles, et rajeunissent tout ce qui est vieux et usé. Obéis, obéis au souffle de l'esprit ! continue et agrandis notre œuvre ; ramasse nos armes éparses sur le champ de bataille où nous avons été vaincus. »

Alors s'engagea entre *Spartacus* et le divin vieillard un entretien que je n'oublierai de ma vie. Car il se passa là une chose merveilleuse. Ce Rudolstadt, qui n'avait d'abord voulu nous parler qu'avec les sons de la musique, comme autrefois Orphée, cet artiste qui nous disait avoir depuis longtemps abandonné la logique et la raison pure pour le pur sentiment, cet homme que des juges infâmes ont appelé un insensé et qui a accepté de passer pour tel, faisant comme un effort sublime par charité et amour divin, devint tout à coup le plus raisonnable des philosophes, au point de nous guider dans la voie de la vraie méthode et de la certitude. *Spartacus*, de son côté, laissait voir toute l'ardeur de son âme. L'un était l'homme complet, en qui toutes les facultés sont à l'unisson ; l'autre était comme un néophyte plein d'enthousiasme. Je me rappelai l'Évangile, où il est dit que Jésus s'entretint sur la montagne avec Moïse et les Prophètes.

« Oui, disait *Spartacus*, je me sens une mission. Je me suis approché de ceux qui gouvernent la terre, et j'ai été frappé de leur stupidité, de leur ignorance, et de leur dureté de cœur. Oh ! que la Vie est belle, que la Nature est belle, que l'Humanité est belle ! Mais que font-ils de la Vie, de la Nature, et de l'Humanité !... Et j'ai pleuré longtemps en voyant et moi, et les hommes mes frères, et toute l'œuvre divine, esclaves de pareils misérables !... Et quand j'ai eu longtemps gémi comme une faible femme, je me suis dit : Qui m'empêche de m'arracher de leurs chaînes et de vivre libre?... Mais après une phase de stoïcisme solitaire, j'ai vu qu'être libre seul, ce n'est pas être libre. L'homme ne peut pas vivre seul. L'homme a l'homme pour objet ; il ne peut pas vivre sans son objet nécessaire. Et je me suis dit : Je suis encore esclave, délivrons mes frères... Et j'ai trouvé de nobles cœurs qui se sont associés à moi... et mes amis m'appellent *Spartacus*.

— Je t'avais bien dit que tu ne ferais que détruire ! répondit le vieillard. Spartacus fut un esclave révolté. Mais n'importe, encore une fois. Organise pour détruire. Qu'une société secrète se forme à ta voix pour détruire la forme actuelle de la grande iniquité. Mais si tu la veux forte, efficace, puissante, mets le plus que tu pourras de principes vivants, éternels, dans cette société destinée à détruire afin d'abord qu'elle détruise (car pour détruire, il faut être, toute vie est positive), et ensuite pour que de l'œuvre de destruction renaisse un jour ce qui doit renaître.

— Je t'entends, tu bornes beaucoup ma mission. N'importe : petite ou grande, je l'accepte.

— Tout ce qui est dans les conseils de Dieu est grand. Sache une chose qui doit être la règle de ton âme. *Rien ne se perd.* Ton nom et la forme de tes œuvres disparaîtraient, tu travaillerais *sans nom* comme moi, que ton œuvre ne serait pas perdue. La balance divine est la mathématique même ; et dans le creuset du divin chimiste, tous les atomes sont comptés à leur exacte valeur.

— Puisque tu approuves mes desseins, enseigne-moi donc, et ouvre-moi la route. Que faut-il faire? Comment faut-il agir sur les hommes? Est-ce surtout par l'imagination qu'il faut les prendre? Faut-il profiter de leur faiblesse et de leur penchant pour le merveilleux? Tu as vu toi-même qu'on peut faire du bien avec le merveilleux !...

— Oui, mais j'ai vu aussi tout le mal qu'on peut faire. Si tu savais bien la doctrine, tu saurais à quelle époque de l'humanité nous vivons, et tu conformerais tes moyens d'action à notre temps.

— Enseigne-moi donc la doctrine, enseigne-moi la méthode pour agir, enseigne-moi la certitude.

— Tu demandes la méthode et la certitude à un artiste, à un homme que les hommes ont accusé de folie, et persécuté sous ce prétexte ! Il semble que tu t'adresses mal ; va demander cela aux philosophes, aux savants.

— C'est à toi que je m'adresse. Eux, je sais ce que vaut leur science.

— Eh bien, puisque tu insistes, je te dirai que la méthode est identique avec la doctrine même, parce qu'elle est identique avec la vérité suprême révélée dans la doctrine. Et, en y pensant, tu comprendras qu'il ne peut en être autrement. Tout se réduit donc à la connaissance de la doctrine. »

Spartacus réfléchit, et après un moment de silence :
« Je voudrais entendre de ta bouche la formule suprême de la doctrine.

— Tu l'entendras, non pas de ma bouche, mais de celle de Pythagore, écho lui-même de tous les sages : O DIVINE TÉTRADE ! Voilà la formule. C'est celle que, sous toutes sortes d'images, de symboles et d'emblèmes, l'humanité a proclamée par la voix des grandes religions, quand elle n'a pu la saisir d'une façon purement spirituelle, sans incarnation, sans idolâtrie, telle qu'il a été donné aux révélateurs de se la révéler à eux-mêmes.

— Parle, parle. Et pour te faire comprendre, rappelle-moi quelques-uns de ces emblèmes. Ensuite tu prendras le langage austère de l'absolu.

— Je ne puis séparer, comme tu le voudrais, ces deux choses, la religion en elle-même, dans son essence, et la religion manifestée. Il est de la nature humaine, à notre époque, de voir les deux ensemble. Nous jugeons le passé, et, sans y vivre, nous trouvons en lui la confirmation de nos idées. Mais je vais me faire entendre. Voyons, parlons d'abord de Dieu. La formule s'applique-t-elle à Dieu, à l'essence infinie? Ce serait un crime qu'elle ne s'appliquât pas à celui dont elle découle. As-tu réfléchi sur la nature de Dieu? Sans doute ; car je sens que tu portes le Ciel, le vrai Ciel, dans ton cœur. Eh bien, qu'est-ce que Dieu?

— C'est l'Être, c'est l'Être absolu. *Sum qui sum*, dit le grand livre, la Bible.

— Oui, mais ne savons-nous rien de plus sur sa nature? Dieu n'a-t-il pas révélé à l'Humanité quelque chose de plus?

— Les chrétiens disent que Dieu est trois personnes en un, le Père, le Fils, l'Esprit.

— Et que disent les traditions des anciennes sociétés secrètes que tu as consultées?

— Elles disent la même chose.

— Ce rapport ne t'a-t-il pas frappé? Religion officielle et triomphante, religion secrète et proscrite, s'accordent sur la nature de Dieu. Je pourrais te parler des cultes antérieurs au Christianisme : tu trouverais, cachée dans leur théologie, la même vérité. L'Inde, l'Égypte, la Grèce, ont connu le Dieu un en trois personnes; mais nous reviendrons sur ce point. Ce que je veux te faire comprendre maintenant, c'est la formule dans toute son extension, sous toutes ses faces, pour arriver à ce qui t'intéresse, la méthode, l'organisation, la politique. Je continue. De Dieu, passons à l'homme. Qu'est-ce que l'homme?

— Après une question difficile, tu m'en poses une qui ne l'est guère moins. L'oracle de Delphes avait déclaré que toute sagesse consistait dans la réponse à cette question : *Homme, connais-toi toi-même.*

— Et l'oracle avait raison. C'est de la nature humaine bien comprise que sort toute sagesse, comme toute morale, toute organisation, toute vraie politique. Permets donc que je te répète ma question. Qu'est-ce que l'homme?

— L'homme est une émanation de Dieu...

— Sans doute, comme tous les êtres qui vivent, puisque Dieu seul est l'Être, l'Être absolu. Mais tu ne ressembles pas, je l'espère, aux philosophes que j'ai vus en Angleterre, en France, et aussi en Allemagne, à la cour de Frédéric. Tu ne ressembles pas à ce Locke, dont on parle tant aujourd'hui sur la foi de son vulgarisateur Voltaire, tu ne ressembles pas à M. Helvétius, avec qui je me suis souvent entretenu, ni à Lamettrie dont la hardiesse matérialiste plaisait tant à la cour de Berlin. Tu ne dis pas, comme eux, que l'homme n'a rien de particulier qui le différencie des animaux, des arbres, des pierres. Dieu, sans doute, fait vivre toute la nature, comme il fait vivre l'homme ; mais il y a de l'ordre dans sa théodicée. Il y a des distinctions dans sa pensée, et par conséquent dans ses œuvres, qui sont sa pensée réalisée. Lis le grand livre qu'on appelle la *Genèse*, ce livre que le vulgaire regarde avec raison comme sacré, sans le comprendre : tu y verras que c'est par la lumière divine établissant la distinction des êtres que se fait l'éternelle création : *fiat lux*, et *facta est lux*. Tu y verras aussi que chaque être ayant une pensée divine dans son espèce : *creavit cuncta juxta genus suum* et *secundum speciem suam*. Quelle est donc la formule particulière de l'homme?

— J'entends. Tu veux que je te donne une formule de l'homme analogue à celle de Dieu. La Trinité divine doit se retrouver dans toutes les œuvres de Dieu ; chaque œuvre de Dieu doit refléter la nature divine, mais d'une manière spéciale ; chacune, en un mot, suivant son espèce.

— Assurément. La formule de l'homme, je vais te la dire. Il se passera encore longtemps avant que les philosophes, divisés aujourd'hui dans leurs manières de voir, se réunissent pour la comprendre. Cependant il y en a un qui l'a comprise, il y a déjà bien des années. Celui-là est plus grand que les autres, bien qu'il soit infiniment moins célèbre pour le vulgaire. Tandis que l'école de Descartes se perd dans la raison pure, faisant de l'homme une machine à raisonnement, à syllogismes, un instrument de logique ; tandis que Locke et son école se perdent dans la sensation, faisant de l'homme une sensitive ; tandis que d'autres, tels que j'en pourrais citer en Allemagne, s'absorbent dans le sentiment, faisant de l'homme un égoïsme à deux, s'il s'agit de l'amour, à trois ou quatre, ou plus encore, s'il s'agit de la famille ; lui, le plus grand de tous, a commencé à comprendre que l'homme était tout cela en un, tout cela indivisiblement. Ce philosophe, c'est Leibnitz. Il comprenait les grandes choses, celui-là ; il ne partageait pas l'absurde mépris que notre siècle ignorant fait de l'antiquité et du christianisme. Il a osé dire qu'il y avait des perles dans le fumier du moyen âge. Des perles ! Je le crois bien ! la vérité est éternelle, et tous les prophètes l'ont reçue. Je te dis donc avec lui, et avec une affirmation plus forte que la sienne, que l'homme est une trinité, comme Dieu. Et cette trinité s'appelle, dans le langage humain : sensation, sentiment, connaissance. Et l'unité de ces trois choses forme la Tétrade humaine, répondant à la Tétrade divine. De là sort toute l'histoire, de là sort toute la politique ; et c'est là qu'il te faut puiser, comme à une source toujours vivante.

— Tu franchis des abîmes que mon esprit, moins rapide que le tien, ne saurait si vite franchir, reprit *Spartacus*. Comment, de la définition psychologique que tu viens de me donner, sort-il une méthode et une règle de certitude ? Voilà ce que je te demande d'abord.

— Cette méthode en sort aisément, reprit Rudolstadt. La nature humaine étant connue, il s'agit de la cultiver conformément à son essence. Si tu comprenais le livre sans rival d'où l'Évangile lui-même est dérivé, si tu comprenais la *Genèse*, attribuée à Moïse, et qui, si elle vient réellement de ce prophète, fut emportée par lui des temples de Memphis, tu saurais que la *dissolution* humaine, ou ce que la *Genèse* appelle le *déluge*, n'a d'autre cause que la séparation de ces trois facultés de la nature humaine, sorties ainsi de l'unité, et par là sans rapport avec l'unité divine, où l'intelligence, l'amour et l'activité restent éternellement associés. Tu comprendrais donc comment tout organisateur doit imiter Noé, le *régénérateur*, ce que l'Écriture appelle les générations de Noé, avec l'ordre dans lequel elle les place, et l'harmonie qu'elle établit entre elles te servirait de guide. Tu trouverais ainsi, du même coup, dans la vérité métaphysique, une méthode de certitude pour cultiver dignement la nature humaine dans chaque homme, et une lumière pour t'éclairer sur la véritable organisation des sociétés. Mais, je te le dis encore, je ne crois pas le temps présent fait pour organiser : il y a trop à détruire. C'est donc surtout comme méthode que je te recommande de t'attacher à la doctrine. Le temps de la dissolution approche, ou plutôt il est déjà venu. Oui, le temps est venu où les trois facultés de la nature humaine vont de nouveau se séparer, et où leur séparation donnera la mort au corps social, religieux et politique. Qu'arrivera-t-il ? La sensation produira ses faux prophètes, et ils préconiseront la sensation. Le sentiment produira ses faux prophètes, et ils préconiseront le sentiment. La connaissance produira ses faux prophètes, et ils préconiseront l'intelligence. Les derniers seront des orgueilleux qui ressembleront à Satan. Les seconds seront des fanatiques prêts à tomber dans le mal comme à marcher vers le bien, sans *critérium* de certitude et sans règle. Les autres seront ce qu'Homère dit que devinrent les compagnons d'Ulysse sous la baguette de Circé. Ne suis aucune de ces trois routes, qui, prises séparément, conduisent à des abîmes ; l'une au matérialisme, la seconde au mysticisme, la troisième à l'athéisme. Il n'y a qu'une route certaine vers la vérité : c'est celle qui répond à la nature humaine complète, à la nature humaine développée sous tous les aspects. Ne la quitte pas, cette route ; et pour cela, médite sans cesse la doctrine et sa sublime formule.

— Tu m'apprends là des choses que j'avais entrevues. Mais demain je ne l'aurai plus. Qui me guidera dans la connaissance théorique de la vérité, et par là dans la pratique ?

— Il te restera d'autres guides certains. Avant tout, lis la *Genèse*, et fais effort pour en saisir le sens. Ne la prends pas pour un livre d'histoire, pour un monument de chronologie. Il n'y a rien de si insensé que cette opinion, qui cependant a cours partout, chez les savants comme chez les écoliers, et dans toutes les communions chrétiennes. Lis l'*Évangile*, en regard de la *Genèse*, et comprends-le par la *Genèse*, après l'avoir goûté avec ton cœur. Sort étrange ! l'*Évangile* est, comme la *Genèse*, adoré et incompris. Voilà les grandes choses. Mais il y en a encore d'autres. Recueille pieusement ce qui nous est resté de Pythagore. Lis aussi les écrits conservés sous le nom du théosophe divin dont j'ai porté le nom dans le Temple. Ce nom vénéré de Trismégiste, ne croyez pas, mes amis, que j'eusse osé de moi-même le prendre : ce furent les invisibles qui m'ordonnèrent de le porter. Ces écrits d'Hermès, aujourd'hui dédaignés des pédants, qui les croient sottement une invention de quelque chrétien du second ou du troisième siècle, renferment l'ancienne science égyptienne. Un jour viendra, où, expliqués et mis en lumière, ils paraîtront ce qu'ils sont, des monuments plus précieux que ceux de Platon, car Platon a puisé là sa science, et il faut ajouter qu'il a étrangement méconnu et faussé la vérité dans sa *République*. Lis donc Trismégiste et Platon, et ceux qui ont médité après eux sur le grand mystère. Dans ce nombre, je te recommande le noble moine Campanella, qui souffrit d'horribles tortures pour avoir rêvé ce que tu rêves, l'organisation humaine fondée sur la vérité et la science. »

Nous écoutions en silence.

« Quand je vous parle de livres, continua Trismégiste, ne croyez pas que, comme les catholiques, j'incarne idolâtriquement la vie dans des tombeaux. Je vous dirai des livres ce que je vous disais hier d'autres monuments du passé. Les livres, les monuments sont des débris de la vie dont la vie peut et doit se nourrir. Mais la vie est toujours présente, et l'éternelle Trinité est mieux gravée en nous et au front des étoiles que dans les livres de Platon ou d'Hermès. »

Sans le vouloir, je fis tourner la conversation un peu au hasard.

« Maître, lui dis-je, vous venez de vous exprimer ainsi : La Trinité est mieux gravée au front des étoiles... Qu'entendez-vous par là ? Je vois bien, comme dit la Bible, la gloire de Dieu reluire dans l'éclat des astres, mais je ne vois pas dans les astres une preuve de la loi générale de la vie que vous énoncez.

— C'est, me répondit-il, que les sciences physiques sont encore trop peu avancées, ou plutôt, c'est que tu ne les a pas étudiées au point où elles sont aujourd'hui. As-tu entendu parler des découvertes sur l'électricité ? Sans doute, car elles ont occupé l'attention de tous les hommes instruits. Eh bien, n'as-tu pas remarqué que les savants si incrédules, si railleurs, quand il s'agit de la Trinité divine, en sont venus, à propos de ces phénomènes, à reconnaître la Trinité ? car ils disent eux-mêmes qu'il n'y a pas d'électricité sans chaleur et sans lumière, et réciproquement, en un mot, ils voient là *trois en un*, ce qu'ils ne veulent pas admettre de Dieu ! »

Il commença alors à nous parler de la nature et de la nécessité de rattacher tous ses phénomènes à une loi générale.

« La vie, disait-il, est une ; il n'y a qu'un acte de la vie. Il s'agit seulement de comprendre comment tous les êtres particuliers vivent par la grâce et l'intervention de l'Être universel sans être pour cela absorbés en lui. »

J'aurais été enchanté, pour mon compte, de l'entendre développer ce grand sujet. Mais depuis quelque temps *Spartacus* paraissait faire moins d'attention à ses paroles. Ce n'est pas qu'il n'y prît intérêt : mais la tension d'esprit du vieillard ne durerait pas toujours, et il voulait en profiter en le ramenant à son sujet favori.

Rudolstadt s'aperçut de cette sorte d'impatience.

« Tu ne me suis plus, lui dit-il ; est-ce que la science de la nature te paraîtrait inabordable de la façon que je l'entends ? Si c'est là ce que tu penses, tu te trompes. Je fais autant de cas que toi des travaux actuels des sa-

Son regard semblait lire dans un livre invisible... (Page 183.)

vants, tournés uniquement vers l'expérimentation. Mais, en continuant dans cette direction, on ne fera pas de la science, on ne fera que des nomenclatures. Je ne suis pas, au surplus, le seul à le croire. J'ai connu en France un philosophe que j'ai beaucoup aimé, Diderot, qui s'écriait souvent, à propos de l'entassement des matériaux scientifiques sans idée générale : C'est tout au plus une œuvre de tailleur de pierres, mais je ne vois là ni un édifice, ni un architecte. Sache donc que tôt ou tard la doctrine aura affaire avec les sciences naturelles ; il faudra bâtir avec ces pierres. Et puis, crois-tu que les physiciens puissent aujourd'hui véritablement comprendre la nature? Dépouillée par eux du Dieu vivant qui la remplit, peuvent-ils la sentir, la connaître? Ils prennent, par exemple, la lumière pour de la matière, le son pour de la matière, quand c'est la lumière et le son...

— Ah! s'écria *Spartacus*, en l'interrompant, ne croyez pas que je repousse vos intuitions sur la nature. Non, je sens qu'il n'y aura de science véritable que par la connaissance de l'unité divine et de la similitude parfaite de tous les phénomènes. Mais vous nous ouvrez tous les chemins, et je tremble en pensant que bientôt vous allez vous taire. Je voudrais que vous me fissiez faire quelques pas avancés dans une de ces routes.

— Laquelle? demanda Rudolstadt.

— C'est l'avenir de l'humanité, qui m'occupe.

— J'entends : tu voudrais que je te dise mon utopie, reprit, en souriant, le vieillard.

— C'est là ce que je suis venu te demander, dit *Spartacus*, c'est ton utopie; c'est la société nouvelle que tu portes dans ton cerveau et dans tes entrailles. Nous savons que la société des Invisibles en a cherché et rêvé les bases. Tout ce travail a mûri en toi. Fais que nous en profitions. Donne-nous ta république; nous l'essaierons, en tant qu'elle nous paraîtra réalisable, et les étincelles de ton foyer commenceront à remuer le monde.

— Enfants, vous me demandez mes rêves? répondit le philosophe. Oui, j'essaierai de lever les coins du voile qui me dérobe si souvent à moi-même l'avenir! Ce sera peut-être pour la dernière fois, mais je dois le tenter encore aujourd'hui; car j'ai la foi qu'avec vous tout ne sera pas perdu dans les songes dorés de ma poésie! »

Alors Trismégiste entra dans une sorte de transport divin ; ses yeux rayonnaient comme des astres, et sa voix nous pliait comme l'ouragan. Pendant plus de quatre heures il parla, et sa parole était belle et pure comme un chant sacré. Il composa, avec l'œuvre religieuse, politique et artistique de tous les siècles, le plus magnifique poëme qui se puisse concevoir. Il interpréta toutes les religions du passé, tous les mystères des temples, des poëmes et des législations ; tous les efforts, toutes les tendances, tous les travaux de l'humanité antérieure. Dans les choses qui nous avaient toujours semblé mortes ou condamnées, il retrouva les éléments de la vie, et, des ténèbres de la Fable même, il fit jaillir les éclairs de la vérité. Il expliqua les mythes antiques ; il établit, dans sa démonstration lucide et ingénieuse, tous les liens, tous les points de contact des religions entre elles. Il nous montra les véritables besoins de l'humanité plus ou moins compris par les législateurs, plus ou moins réalisés par les peuples. Il reconstitua à nos yeux l'unité de la vie dans l'humanité, et l'unité de dogme dans la religion ; et de tous les matériaux épars dans le monde ancien et nouveau, il forma les bases de son monde futur. Enfin il fit disparaître les solutions de continuité qui nous avaient arrêtés si longtemps dans nos études. Il combla les abîmes de l'histoire qui nous avaient tant épouvantés. Il déroula en une seule spirale infinie ces milliers de bandelettes sacrées qui enveloppaient la momie de la science. Et quand nous eûmes compris avec la rapidité de l'éclair ce qu'il nous enseignait avec la rapidité de la foudre ; quand nous eûmes saisi l'ensemble de sa vision, et que le passé, père du présent, se dressa devant nous comme « l'homme lumineux de l'Apocalypse, il s'arrêta et nous dit avec un sourire :

« Maintenant vous comprenez le passé et le présent ; ai-je besoin de vous faire connaître l'avenir ? L'Esprit saint ne brille-t-il pas devant vos yeux ? Ne voyez-vous pas que tout ce que l'homme a rêvé et désiré de sublime est possible et certain dans l'avenir, par cette seule raison que la vérité est éternelle et absolue, en dépit de la faiblesse de nos organes pour la concevoir et la posséder ? Et cependant nous la possédons tous par l'espérance et le désir : elle vit en nous, elle existe de tout temps dans l'humanité à l'état de germe qui attend la fécondation suprême. Je vous le dis en vérité, nous gravitons vers l'idéal, et cette gravitation est infinie comme l'idéal lui-même. »

Il parla encore ; et son poëme de l'avenir fut aussi magnifique que celui du passé. Je n'essaierai pas de vous le traduire ici : je le gâterais, et il faut être soi-même sous le feu de l'inspiration pour transmettre ce que l'inspiration a émis. Il me faudra peut-être deux ou trois ans de méditation pour écrire dignement ce que Trismégiste nous a dit en deux ou trois heures. L'œuvre de la vie de Socrate a été l'œuvre de la vie de Platon, et celle de Jésus a été celle de dix-sept siècles. Vous voyez que moi, malheureux et indigne, je dois frémir à l'idée de ma tâche. Je n'y renonce cependant pas. Le maître ne s'embarrasse point de cette transcription, telle que je veux la faire. Homme d'action, il a déjà rédigé un code qui résume, à son point de vue, toute la doctrine de Trismégiste avec autant de netteté et de précision que s'il l'eût commentée et approfondie lui-même toute sa vie. Il s'est assimilé, comme par un contact électrique, toute l'intelligence, toute l'âme du philosophe. Il la possède, il en est maître ; il s'en servira en homme politique : il sera la traduction vivante et immédiate, au lieu de la lettre tardive et morte que je médite. Et avant que j'aie fait mon œuvre, il aura transmis la doctrine à son école. Oui, peut-être dans deux ans, la parole étrange et mystérieuse qui vient de s'élever dans le désert aura jeté ses racines parmi de nombreux adeptes ; et nous verrons ce vaste monde souterrain des sociétés secrètes, qui s'agite aujourd'hui dans les ténèbres, se réunir sous une seule doctrine, recevoir une législation nouvelle, et retrouver son action en s'initiant à la parole de vie. Nous vous l'apportons, ce monument tant désiré, qui confirme les prévisions de *Spartacus*, qui sanctionne les vérités déjà conquises par lui, et qui agrandit son horizon de toute la puissance d'une foi inspirée. Pendant que Trismégiste parlait, et que j'écoutais, avide et tremblant de perdre un son de cette parole, qui me faisait l'effet d'une musique sacrée, *Spartacus*, maître de lui-même dans son exaltation, l'œil en feu, mais la main ferme, et l'esprit plus ouvert encore que l'oreille, traçait rapidement sur ses tablettes des signes et des figures, comme si la conception métaphysique de cette doctrine se fût présentée à lui sous des formes de géométrie. Quand, le soir même, il s'est reporté à ces notes bizarres, qui ne m'offraient aucun sens, j'ai été surpris de le voir s'en servir pour écrire et mettre en ordre, avec une incroyable précision, les déductions de la logique poétique du philosophe. Tout s'était simplifié et résumé, comme par magie, dans ce mystérieux alambic de l'intelligence pratique de notre maître [1].

Cependant il n'était pas encore satisfait. L'inspiration semblait abandonner Trismégiste. Ses yeux perdaient leur éclat, son corps semblait s'affaisser, et la Zingara nous faisait signe de ne pas l'interroger davantage. Mais, ardent à la poursuite de la vérité, *Spartacus* ne l'écoutait plus, et pressait le poëte de questions impérieuses.

« Tu m'as peint le royaume de Dieu sur la terre, lui disait-il en secouant sa main refroidie ; mais Jésus a dit : « Mon royaume n'est pas *encore de ce temps-ci* ; » il y a dix-sept siècles que l'humanité attend en vain la réalisation de ses promesses. Je ne me suis pas élevé à la même hauteur que toi dans la contemplation de l'éternité. Le temps le présente comme à Dieu même, le spectacle comme l'idée d'une activité permanente, dont toutes les phases répondent à toute heure à ton sentiment exalté. Quant à moi, je vis plus près de la terre ; je compte les siècles et les années. Je veux lire dans ma propre vie. Dis-moi, prophète, ce que j'ai à faire dans cette phase où tu me vois, ce que ta parole aura produit en moi, et ce qu'elle produira par moi dans le siècle qui s'élève. Je ne veux pas y avoir passé en vain.

— Que t'importe ce que j'en puis savoir ? répondit le poëte ; nul ne vit en vain ; rien n'est perdu. Aucun de nous n'est inutile. Laisse-moi détourner mes regards de ce détail, qui attriste le cœur et rétrécit l'esprit. La fatigue m'accable d'y avoir songé un instant.

— Révélateur, tu n'as pas le droit de céder à cet accablement, reprenait *Spartacus* avec énergie, en s'efforçant de communiquer le feu de son regard au regard vague et déjà rêveur du poëte. Si tu détournes la vue du spectacle des misères humaines, tu n'es pas l'homme véritable, l'homme complet dont un ancien a dit : *Homo sum et nihil humani a me alienum puto*. Non, tu n'aimes pas les hommes, tu n'es pas leur frère, si tu ne t'intéresses pas aux maux qu'ils souffrent à chaque heure de l'éternité, et si tu n'en cherches pas le remède à la hâte dans l'application de ton idéal. O malheureux artiste ! qui ne sent pas une fièvre dévorante le consumer dans cette recherche terrible et délicieuse !

— Que me demandes-tu donc ? reprit le poëte ému et presque irrité à son tour. Est-ce donc l'orgueil d'être le seul ouvrier, et penses-tu que je m'attribue l'honneur d'être le seul inspirateur ? Je ne suis point un devin ; je méprise les faux prophètes, je me suis assez longtemps débattu contre eux. Mes prédictions, à moi, sont des raisonnements ; mes visions sont des perceptions élevées à leur plus haute puissance. Le poëte est autre chose que le sorcier. Il rêve à coup sûr, tandis que l'autre invente au hasard. Je crois à mon action, parce que je sens le contact de la puissance ; je crois à la sublimité de mes songes, parce que je me sens capable de les produire, et que l'humanité est assez grande, assez généreuse, pour réaliser au centuple et en masse ce qu'un de ses membres a pu concevoir isolé.

— Eh bien, reprit *Spartacus*, ce sont les destinées

[1]. On sait que Weishaupt, éminemment organisateur, se servait de signes matériels pour résumer son système, et qu'il envoyait à ses disciples éloignés toute sa théorie représentée par des cercles et des lignes sur un petit carré de papier.

de cette humanité que je te demande au nom de l'humanité qui s'agite aussi dans mes entrailles, et que je porte en moi avec plus d'anxiété et peut-être d'amour que toi-même. Un rêve enchanteur te voile ses souffrances, et moi je les touche en frémissant à chaque heure de ma vie. J'ai soif de les apaiser, et, comme un médecin au chevet d'un ami expirant, je la tuerais par imprudence plutôt que de la laisser mourir sans secours. Tu le vois, je suis un homme dangereux, un monstre peut-être, si tu ne fais de moi un saint. Tremble pour l'agonisante, si tu ne mets le remède aux mains de l'enthousiaste! L'humanité rêve, chante et prie en toi. En moi elle souffre, crie et se lamente. Tu m'as ouvert ton avenir, mais ton avenir est loin, quoi que tu en dises, et il me faudra bien des sueurs pour extraire quelques gouttes de ton dictame sur des blessures qui saignent. Des générations languissent et passent sans lumière et sans action. Moi, l'Humanité souffrante incarnée; moi, le cri de détresse et la volonté du salut, je veux savoir si mon action sera funeste ou bienfaisante. Tu n'as pas tellement détourné tes yeux du mal que tu ne saches qu'il existe. Où faut-il courir d'abord? Que faut-il faire d'abord? Est-ce par la douceur, est-ce par la violence qu'il faut combattre les ennemis du bien? Rappelle-toi tes chers Taborites; ils voyaient une mer de sang et de larmes à franchir avant d'entrer dans le paradis terrestre. Je ne te prends pas pour un devin; mais je vois en toi une logique puissante, une clarté magnifique à travers tes symboles; si tu peux prédire à coup sûr l'avenir le plus éloigné, tu peux plus sûrement encore percer l'horizon voilé qui borne l'essor de ma vue. »

Le poëte paraissait en proie à une vive souffrance. La sueur coulait de son front. Il regardait *Spartacus* tour à tour avec effroi et avec enthousiasme: une lutte terrible l'oppressait. Sa femme, épouvantée, l'entourait de ses bras, et adressait de muets reproches à notre maître par des regards où se peignait cependant une crainte respectueuse. Jamais je n'ai mieux senti la puissance de *Spartacus* que dans cet instant où il dominait de toute sa volonté fanatique de droiture et de vérité les tortures de ce prophète aux prises avec l'inspiration, la douleur de cette femme suppliante, l'effroi de leurs enfants, et les reproches de son propre cœur. J'étais tremblant moi-même, je le trouvais cruel. Je craignais de voir cette belle âme du poëte se briser dans un dernier effort, et les larmes qui brillaient aux cils noirs de la Consuelo tombaient amères et brûlantes sur mon cœur. Tout à coup Trismégiste se leva, et, repoussant à la fois *Spartacus* et la Zingara, faisant signe aux enfants de s'éloigner, il nous parut comme transfiguré. Son regard semblait lire dans un livre invisible, vaste comme le monde, écrit en traits de lumière à la voûte du ciel.

Il s'écria:

« Ne suis-je pas *l'homme*?... Pourquoi ne dirais-je pas ce que la nature humaine appelle et par conséquent réalisera?... Oui, je suis *l'homme*: donc je puis dire ce que veut *l'homme*, et ce qu'il causera. Celui qui voit le nuage s'amonceler peut prédire la foudre et l'ouragan. Moi, je suis ce que j'ai dans mon âme et ce qui en sortira. Je suis *l'homme*, et je suis en rapport avec *l'humanité* de mon temps. J'ai vu l'Europe, et je sais les orages qui grondent dans son sein... Amis, nos rêves ne sont pas des rêves; j'en jure par la nature humaine! Ces rêves ne sont des rêves que par rapport à la forme actuelle du monde. Mais qui a l'initiative, de l'esprit ou de la matière? L'Évangile dit: *l'Esprit souffle où il veut*. L'Esprit soufflera, et changera la face du monde. Il est dit dans la Genèse que l'Esprit soufflait sur les eaux quand tout était chaos et ténèbres. Or la création est éternelle. Créons donc, c'est-à-dire obéissons au souffle de l'Esprit. Je vois les ténèbres et le chaos! pourquoi resterions-nous ténèbres? *Veni, creator Spiritus!* »

Il s'interrompit, et reprit ainsi:

« Est-ce Louis XV qui peut lutter contre toi, *Spartacus*?... Frédéric, le disciple de Voltaire, n'est pas si puissant que son maître... Et si je comparais Marie-Thérèse à ma Consuelo... Mais quel blasphème! »

Il s'interrompit encore:

« Allons, Zdenko! toi, mon fils, toi le descendant des Podiébrad, et qui portes le nom d'un esclave, prépare-toi à nous soutenir. Tu es l'homme nouveau: quel parti prendras-tu? Seras-tu avec ton père et ta mère, ou avec les tyrans du monde? En toi est la force, génération nouvelle: confirmeras-tu l'esclavage ou la liberté? Fils de Consuelo, fils de la Bohémienne, filleul de l'esclave, j'espère que tu seras avec la Bohémienne et l'esclave. Sans cela, moi, né des rois, je te renie. »

Il ajouta:

« Celui qui oserait dire que l'essence divine, qui est beauté, bonté, puissance, ne se réalisera pas sur la terre, celui-là est Satan. »

Il ajouta encore:

« Celui qui oserait dire que l'essence humaine créée à l'image de Dieu, comme dit la Bible, et qui est sensation, sentiment, connaissance, ne se réalisera pas sur la terre, celui-là est Caïn. »

Il resta quelque temps muet, et reprit ainsi:

« Ta forte volonté, *Spartacus*, a fait l'effet d'une conjuration... Que ces rois sont faibles sur leur trône!... Ils se croient puissants, parce que tout plie devant eux... Ils ne voient pas ce qui menace... Ah! vous avez renversé les nobles et leurs hommes d'armes, les évêques et leur clergé; et vous vous croyez bien forts!... Mais ce que vous avez renversé était votre force; ce ne sont pas vos maîtresses, vos courtisans, ni vos abbés, qui vous défendront, pauvres monarques, vains fantômes... Cours en France, *Spartacus*! la France bientôt va détruire... Elle a besoin de toi... Cours, te dis-je, hâte-toi, si tu veux prendre part à l'œuvre... C'est la France qui est la prédestinée des nations. Joins-toi, mon fils, aux aînés de l'espèce humaine... J'entends retentir sur la France cette voix d'Isaïe: « Lève-toi, sois illuminée; car « ta lumière est venue, et la gloire de l'Éternel est des- « cendue sur toi, et les nations marcheront à ta lumière. » Les Taborites chantaient cela du Tabor: aujourd'hui le Tabor, c'est la France! »

Il se tut quelque temps. Sa physionomie avait pris l'expression du bonheur.

« Je suis heureux, s'écria-t-il; gloire à Dieu!... Gloire à Dieu dans le ciel, comme dit l'Évangile, et paix sur la terre aux hommes de bonne volonté!... Ce sont les anges, qui chantent cela; je me sens comme les anges, et je chanterais avec eux... Qu'est-il donc arrivé?... Je suis toujours au milieu de vous, mes amis, je suis toujours avec toi, ô mon Ève, ô ma Consuelo! voilà mes enfants, les âmes de mon âme. Mais nous ne sommes plus dans les monts de la Bohême, sur les débris du château de mes pères. Il me semble que je respire la lumière, et que je puis jouir de l'éternité... Qui donc d'entre vous disait tout à l'heure: Oh! que la vie est belle, que la nature est belle, que l'humanité est belle! Mais il ajoutait: Les tyrans ont gâté tout cela... Des tyrans! il n'y en a plus. L'homme est égal à l'homme. La nature humaine est comprise, reconnue, sanctifiée. L'homme est libre, égal, et frère. Il n'y a plus d'autre définition de l'homme. Plus de maîtres, plus d'esclaves... Entendez-vous ce cri: *Vive la république!* Entendez-vous cette foule innombrable qui proclame la *liberté*, la *fraternité*, l'*égalité*... Ah! c'était la formule qui, dans nos mystères, était prononcée à voix basse, et que les adeptes des hauts grades se communiquaient seuls les uns aux autres. Il n'y a donc plus lieu au secret. Les sacrements sont pour tout le monde. La coupe à tout le monde! comme disaient nos pères les Hussites. »

Mais tout à coup, hélas! il se prit à pleurer à chaudes larmes:

« Je savais bien que la doctrine n'était pas assez avancée!... Pas assez d'hommes la portaient dans leur cœur, ou la comprenaient dans leur esprit!...

« Quelle horreur! continua-t-il. La guerre partout! et quelle guerre! »

Il pleura longtemps. Nous ne savions quelles visions se présentaient devant ses yeux. Il nous sembla qu'il revoyait la guerre des Hussites. Toutes ses facultés paraissaient troublées; son âme était comme celle du Christ sur le Calvaire.

Je souffrais beaucoup, en le voyant tant souffrir : *Spartacus* était ferme comme un homme qui consulte les oracles.

« Seigneur! Seigneur! s'écria le prophète après avoir longtemps pleuré et gémi, ayez pitié de nous. Nous sommes dans votre main, faites de nous ce que vous voudrez. »

En prononçant ces dernières paroles, Trismégiste étendit ses mains pour chercher celles de sa femme et de son fils, comme s'il eût été instantanément privé de la vue. Les petites filles vinrent se presser tout effrayées sur son cœur, et ils restèrent tous enlacés dans le plus profond silence. Les traits de la Zingara exprimaient la terreur, et le jeune Zdenko interrogeait avec effroi les regards de sa mère. *Spartacus* ne les voyait pas. La vision du poëte se peignait-elle encore devant ses yeux? Enfin, il se rapprocha du groupe, et la Zingara lui fit signe de ne pas réveiller son mari. Il avait les yeux ouverts et fixes devant lui, soit qu'il dormît à la manière des somnambules, soit qu'il vît s'effacer lentement à l'horizon les rêves qui l'avaient agité. Au bout d'un quart d'heure, il respira fortement, ses yeux s'animèrent, et il rapprocha de son sein sa femme et son fils, qu'il y tint longtemps embrassés.

Puis il se leva, et fit signe qu'il désirait se remettre en route.

« Le soleil est bien chaud pour toi à cette heure, lui dit la Consuelo; ne préfères-tu pas faire la sieste sous ces arbres?

— Ce soleil est bon, répondit-il avec un sourire ingénu, et si tu ne le crains pas plus que de coutume, il me fera grand bien. »

Chacun reprit son fardeau, le père le sac de voyage, le jeune homme les instruments de musique, et la mère les mains de ses deux filles.

« Vous m'avez fait souffrir, dit-elle à Spartacus; mais je sais qu'il faut souffrir pour la vérité.

— Ne craignez-vous pas que cette crise n'ait des suites fâcheuses? lui demandai-je avec émotion. Laissez-moi vous suivre encore, je puis vous être utile.

— Soyez béni de votre charité, reprit-elle, mais ne nous suivez pas. Je ne crains rien pour *lui*, qu'un peu de mélancolie, durant quelques heures. Mais il y avait dans ce lieu-ci un danger, un souvenir affreux, dont vous l'avez préservé en l'occupant d'autres pensées. Il avait voulu y venir, et, grâce à vous, il n'a pas même reconnu l'endroit. Je vous bénis donc de toutes façons, et vous souhaite l'occasion et les moyens de servir Dieu de toute votre volonté et de toute votre puissance.

Je retins les enfants pour les caresser et pour prolonger les instants qui s'envolaient; mais leur mère me les reprit, et je me sentis comme abandonné de tous, quand elle me dit adieu pour la dernière fois.

Trismégiste ne nous fit point d'adieux : il semblait qu'il nous eût oubliés. Sa femme nous conjura de ne pas le distraire. Il descendit la colline d'un pied ferme. Son visage était calme, et il aidait, avec une sorte de gaieté heureuse, sa fille aînée à sauter les buissons et les rochers.

Le beau Zdenko marchait derrière lui avec sa mère et sa plus jeune sœur. Nous les suivîmes longtemps des yeux sur le chemin *sablé d'or*, le chemin *sans maître* de la forêt. Enfin, ils se perdirent derrière les sapins; et au moment où elle allait disparaître la dernière, nous vîmes la Zingara enlever sa petite Wenceslawa et la placer sur son épaule robuste. Puis elle se hâta de rejoindre sa chère caravane, alerte comme une vraie fille de Bohême, poétique comme la bonne déesse de la pauvreté. . . . .

Et nous aussi, nous sommes en route, nous marchons! La vie est un voyage qui a la vie pour but, et non la mort, comme on le dit dans un sens matériel et grossier. Nous avons consolé de notre mieux les habitants du hameau, et nous avons laissé le vieux Zdenko attendant *son lendemain* : nous avons rejoint nos frères à Pilsen, où je vous ai écrit ce récit, et nous allons repartir pour d'autres recherches. Et vous aussi, ami! tenez-vous prêt au voyage sans repos, à l'action sans défaillance : nous allons au triomphe ou au martyre[1]!

[1]. Martinowicz, à qui cette lettre était adressée, savant distingué et illuminé enthousiaste, eut la tête tranchée à Bude en 1795, avec plusieurs seigneurs hongrois, ses complices dans la conspiration.

FIN DE LA COMTESSE DE RUDOLSTADT.

LIBRAIRIE BLANCHARD
RUE RICHELIEU, 78

ÉDITION J. HETZEL

LIBRAIRIE MARESCQ ET Cⁱᵉ
5, RUE DU PONT-DE-LODI

UN HIVER A MAJORQUE

NOTICE

Ce livre porte sa date dans une lettre dédicace à mon ami François Rollinat, et sa raison d'être dans les réflexions qui ouvrent le chapitre IV ; je ne saurais que les répéter : « Pourquoi voyager quand on n'y est pas forcé ? » Aujourd'hui, revenant des mêmes latitudes traversées sur un autre point de l'Europe méridionale, je m'adresse la même réponse qu'autrefois à mon retour de Majorque : « C'est qu'il ne s'agit pas tant de voyager que de partir : quel est celui de nous qui n'a pas quelque douleur à distraire ou quelque joug à secouer ? »

GEORGE SAND.

Nohant, 25 août 1855.

LETTRE

D'UN EX-VOYAGEUR A UN AMI SÉDENTAIRE.

Sédentaire par devoir, tu crois, mon cher François, qu'emporté par le fier et capricieux *dada* de l'indépendance, je n'ai pas connu de plus ardent plaisir en ce monde que celui de traverser mers et montagnes, lacs et vallées. Hélas! mes plus beaux, mes plus doux voyages, je les ai faits au coin de mon feu, les pieds dans la cendre chaude et les coudes appuyés sur les bras râpés du fauteuil de ma grand'mère. Je ne doute pas que tu n'en fasses d'aussi agréables et de plus poétiques mille fois : c'est pourquoi je te conseille de ne pas trop regretter ton temps, ni ta peine, ni tes sueurs sous les tropiques, ni tes pieds glacés sur les plaines neigeuses du pôle, ni les affreuses tempêtes essuyées sur mer, ni les attaques de brigands, ni aucun des dangers, ni aucune des fatigues que tous les soirs tu affrontes en imagination sans quitter tes pantoufles, et sans autre dommage que quelques brûlures de cigare à la doublure de ton pourpoint.

Pour te réconcilier avec la privation d'espace réel et de mouvement physique, je t'envoie la relation du dernier voyage que j'ai fait hors de France, certain que tu me plaindras plus que tu ne m'envieras, et que tu trouveras trop chèrement achetés quelques élans d'admiration et quelques heures de ravissement disputés à la mauvaise fortune.

Cette relation, déjà écrite depuis un an, m'a valu de la part des habitants de Majorque une diatribe des plus fulminantes et des plus comiques. Je regrette qu'elle soit trop longue pour être publiée à la suite de mon récit; car le ton dont elle est conçue et l'aménité des reproches qui m'y sont adressés confirmeraient mes assertions sur l'hospitalité, le goût et la délicatesse des Majorquins à l'égard des étrangers. Ce serait une pièce justificative assez curieuse : mais qui pourrait la lire jusqu'au bout? Et puis, s'il y a de la vanité et de la sottise à publier les compliments qu'on reçoit, n'y en aurait-il pas peut-être plus encore, par le temps qui court, à faire bruit des injures dont on est l'objet?

Je t'en fais donc grâce, et me bornerai à te dire, pour compléter les détails que je te dois sur cette naïve population majorquine, qu'après avoir lu ma relation, les plus habiles avocats de Palma, au nombre de quarante, m'a-t-on dit, se réunirent pour composer à frais communs d'imagination un terrible factum contre l'*écrivain immoral* qui s'était permis de rire de leur amour pour le gain et de leur sollicitude pour l'éducation du porc. C'est le cas de dire *avec l'autre* qu'à eux tous ils eurent de l'esprit comme quatre.

Mais laissons en paix ces bonnes gens, si échauffés contre moi : ils ont eu le temps de se calmer, et moi celui d'oublier leur façon d'agir, de parler et d'écrire. Je ne me rappelle plus, des insulaires de ce beau pays, que les cinq ou six personnes dont l'accueil obligeant et les manières affectueuses seront toujours dans mon souvenir comme une compensation et un bienfait du sort. Si je ne les ai pas nommées, c'est parce que je ne me considère pas comme un personnage assez important pour les honorer et les illustrer par ma reconnaissance; mais je suis sûr (et je crois l'avoir dit dans le courant de mon récit) qu'elles auront gardé aussi de moi un souvenir amical qui les empêchera de se croire comprises dans mes irrévérencieuses moqueries, et de douter de mes sentiments pour elles.

Je ne t'ai rien dit de Barcelone, où nous avons passé cependant quelques jours fort remplis avant de nous embarquer pour Majorque. Aller par mer de Port-Vendres à Barcelone, par un beau temps et un bon bateau à vapeur, est une promenade charmante. Nous commençâmes à retrouver sur le rivage de Catalogne l'air printanier qu'au mois de novembre nous venions de respirer à Nîmes, mais qui nous avait quittés à Perpignan ; la chaleur de l'été nous attendait à Majorque. A Barcelone, une fraîche brise de mer tempérait un soleil brillant, et balayait de tout nuage les vastes horizons encadrés au loin de cimes tantôt noires et chauves, tantôt blanches de neige. Nous fîmes une excursion dans la campagne, non sans que les bons petits chevaux andalous qui nous conduisaient eussent bien mangé l'avoine, afin de pouvoir, en cas de mauvaise rencontre, nous ramener lestement sous les murs de la citadelle.

Tu sais qu'à cette époque (1838) les factieux parcouraient tout ce pays par bandes vagabondes, coupant les routes, faisant invasion dans les villes et villages, rançonnant jusqu'aux moindres habitations, élisant domicile dans les maisons de plaisance jusqu'à une demi-lieue de la ville, et sortant à l'improviste du creux de chaque rocher pour demander au voyageur la bourse ou la vie.

Nous nous hasardâmes cependant jusqu'à plusieurs lieues au bord de la mer, et ne rencontrâmes que des détachements de christinos qui descendaient à Barcelone. On nous dit que c'étaient les plus belles troupes de l'Espagne : c'étaient d'assez beaux hommes, et pas trop mal tenus pour des gens qui viennent de faire campagne ; mais hommes et chevaux étaient si maigres, les uns avaient la face si jaune et si hâve, les autres la tête si basse et les flancs si creusés, qu'on sentait en les voyant le mal de la faim.

Un spectacle plus triste encore, c'était celui des fortifications élevées autour des moindres hameaux et devant la porte des plus pauvres chaumières : un petit mur d'enceinte en pierres sèches, une tour crénelée grande et épaisse comme un nougat devant chaque porte, ou bien de petites murailles à meurtrières autour de chaque toit, attestaient qu'aucun habitant de ces riches campagnes ne se croyait en sûreté. En bien des endroits, ces petites fortifications ruinées portaient les traces récentes de l'attaque et de la défense.

Quand on avait franchi les formidables et immenses fortifications de Barcelone, je ne sais combien de portes, de ponts-levis, de poternes et de remparts, rien n'annonçait plus qu'on fût dans une ville de guerre. Derrière une triple enceinte de canons, et isolée du reste de l'Espagne par le brigandage et la guerre civile, la brillante jeunesse se promenait au soleil sur la *rambla*, longue allée plantée d'arbres et de maisons comme nos boulevards : les femmes, belles, gracieuses et coquettes, occupées uniquement du pli de leurs mantilles et du jeu de leurs éventails ; les hommes occupés de leurs cigares, riant, causant, lorgnant les dames, s'entretenant de l'opéra italien, et ne paraissant pas douter de ce qui se passait de l'autre côté de leurs murailles. Mais quand la nuit était venue, l'opéra fini, les guitares éloignées, la ville livrée aux vigilantes promenades des *serenos*, on n'entendait plus, au milieu du bruissement monotone de la mer, que les cris sinistres des sentinelles, et des coups de feu, plus sinistres encore, qui, à intervalles inégaux, partaient, tantôt rares, tantôt précipités, de plusieurs points, soit tour à tour, soit spontanément, tantôt bien loin, parfois bien près, et toujours jusqu'aux premières lueurs du matin. Alors tout rentrait dans le silence pendant une heure ou deux, et les bourgeois semblaient dormir profondément, pendant que le port s'éveillait et que le peuple des matelots commençait à s'agiter.

Si aux heures du plaisir et de la promenade on s'avisait de demander quels étaient ces bruits étranges et effrayants de la nuit, il vous était répondu en souriant que cela ne regardait personne et qu'il n'était pas prudent de s'en informer.

PREMIÈRE PARTIE.

I.

Deux touristes anglais découvrirent, il y a, je crois, une cinquantaine d'années, la vallée de Chamounix, ainsi que l'atteste une inscription taillée sur un quartier de roche à l'entrée de la Mer-de-Glace.

La prétention est un peu forte, si l'on considère la position géographique de ce vallon, mais légitime jusqu'à un certain point, si ces touristes, dont je n'ai pas retenu les noms, indiquèrent les premiers aux poëtes et aux peintres ces sites romantiques où Byron rêva son admirable drame de *Manfred*.

On peut dire en général, et en se plaçant au point de vue de la mode, que la Suisse n'a été découverte par le beau monde et par les artistes que depuis le siècle dernier. Jean-Jacques Rousseau est le véritable Christophe Colomb de la poésie alpestre, et, comme l'a très-bien observé M. de Chateaubriand, il est le père du romantisme dans notre langue.

N'ayant pas précisément les mêmes titres que Jean-Jacques à l'immortalité, et en cherchant bien ceux que je pourrais avoir, j'ai trouvé que j'aurais peut-être pu m'illustrer de la même manière que les deux Anglais de la vallée de Chamounix, et réclamer l'honneur d'avoir découvert l'île de Majorque. Mais le monde est devenu si exigeant, qu'il ne m'eût pas suffi aujourd'hui de faire inciser mon nom sur quelque roche baléarique. On eût exigé de moi une description assez exacte, ou tout au moins une relation assez poétique de mon voyage, pour donner envie aux touristes de l'entreprendre sur ma parole; et comme je ne me sentis point dans une disposition d'esprit extatique en ce pays-là, je renonçai à la gloire de ma découverte, et ne la constatai ni sur le granit ni sur le papier.

Si j'avais écrit sous l'influence des chagrins et des contrariétés que j'éprouvais alors, il ne m'eût pas été possible de me vanter de cette découverte; car chacun, après m'avoir lu, m'eût répondu qu'il n'y avait pas de quoi. Et cependant, il y avait de quoi, j'ose le dire aujourd'hui; car Majorque est pour les peintres un des plus beaux pays de la terre et un des plus ignorés. Là où il n'y a que la beauté pittoresque à décrire, l'expression littéraire est si pauvre et si insuffisante, que je ne songeai même pas à m'en charger. Il faut le crayon et le burin du dessinateur pour révéler les grandeurs et les grâces de la nature aux amateurs de voyages.

Donc, si je secoue aujourd'hui la léthargie de mes souvenirs, c'est parce que j'ai trouvé un de ces derniers matins sur ma table un joli volume intitulé :
Souvenirs d'un Voyage d'art à l'île de Majorque, par J.-B. Laurens.

Ce fut pour moi une véritable joie que de retrouver Majorque avec ses palmiers, ses aloès, ses monuments arabes et ses costumes grecs. Je reconnaissais tous les sites avec leur couleur poétique, et je retrouvais toutes mes impressions effacées déjà, du moins à ce que je croyais. Il n'y avait pas une masure, pas une broussaille, qui ne réveillât en moi un monde de souvenirs, comme on dit aujourd'hui; et alors je me suis senti, sinon la force de raconter mon voyage, du moins celle de rendre compte de celui de M. Laurens, artiste intelligent, laborieux, plein de rapidité et de conscience dans l'exécution, et auquel il faut certainement restituer l'honneur que je m'attribuais d'avoir découvert l'île de Majorque.

Ce voyage de M. Laurens au fond de la Méditerranée, sur des rives où la mer est parfois aussi peu hospitalière que les habitants, est beaucoup plus méritoire que la promenade de nos deux Anglais au Montanvert. Néanmoins, si la civilisation européenne était arrivée à ce point de supprimer les douaniers et les gendarmes, ces manifestations visibles des méfiances et des antipathies nationales; si la navigation à la vapeur était organisée directement de chez nous vers ces parages, Majorque ferait bientôt grand tort à la Suisse; car on pourrait s'y rendre en aussi peu de jours, et on y trouverait certainement des beautés aussi hautes et des grandeurs étranges et sublimes qui fourniraient à la peinture de nouveaux aliments.

Pour aujourd'hui, je ne puis en conscience recommander ce voyage qu'aux artistes robustes de corps et passionnés d'esprit. Un temps viendra sans doute où les amateurs délicats, et jusqu'aux jolies femmes, pourront aller à Palma sans plus de fatigue et de déplaisir qu'à Genève.

Longtemps associé aux travaux artistiques de M. Taylor sur les vieux monuments de la France, M. Laurens, livré maintenant à ses propres forces, a imaginé, l'an dernier, de visiter les Baléares, sur lesquelles il avait eu si peu de renseignements, qu'il confesse avoir éprouvé un grand battement de cœur en touchant ces rives où tant de déceptions l'attendaient peut-être en réponse à ses songes dorés. Mais ce qu'il allait chercher là, il devait le trouver, et toutes ses espérances furent réalisées; car, je le répète, Majorque est l'Eldorado de la peinture. Tout y est pittoresque, depuis la cabane du paysan, qui a conservé dans ses moindres constructions la tradition du style arabe, jusqu'à l'enfant drapé dans ses guenilles, et triomphant dans sa *malpropreté grandiose*, comme dit Henri Heine à propos des femmes du marché aux herbes de Vérone. Le caractère du paysage, plus riche en végétation que celui de l'Afrique ne l'est en général, a tout autant de largeur, de calme et de simplicité. C'est la verte Helvétie sous le ciel de la Calabre, avec la solennité et le silence de l'Orient.

En Suisse, le torrent qui roule partout et le nuage qui passe sans cesse donnent aux aspects une mobilité de couleur et pour ainsi dire une continuité de mouvement que la peinture n'est pas toujours heureuse à reproduire. La nature semble s'y jouer de l'artiste. A Majorque, elle semble l'attendre et l'inviter. Là, la végétation affecte des formes altières et bizarres; mais elle ne déploie pas ce luxe désordonné sous lequel les lignes du paysage suisse disparaissent trop souvent. La cime du rocher dessine ses contours bien arrêtés sur un ciel étincelant, le palmier se penche de lui-même sur les précipices sans que la brise capricieuse dérange la majesté de sa chevelure, et, jusqu'au moindre cactus rabougri au bord du chemin, tout semble poser avec une sorte de vanité pour le plaisir des yeux.

Avant tout, nous donnerons une description très-succincte de la grande Baléare, dans la forme vulgaire d'un article de dictionnaire géographique. Cela n'est point si facile qu'on le suppose, surtout quand on cherche à s'instruire dans le pays même. La prudence de l'Espagnol et la méfiance de l'insulaire y sont poussées si loin, qu'un étranger ne doit adresser à qui que ce soit la question la plus oiseuse du monde, sous peine de passer pour un agent politique. Ce bon M. Laurens, pour s'être permis de *croquer* un castillo en ruines dont l'aspect lui plaisait, a été fait prisonnier par l'ombrageux gouverneur, qui l'accusait de lever le plan de sa forteresse [1]. Aussi notre voyageur, résolu à compléter son album ailleurs que dans les prisons d'État de Majorque, s'est-il bien gardé de s'enquérir d'autre chose que des sentiers de la montagne et d'interroger d'autres documents que les pierres des ruines. Après avoir passé quatre mois à Majorque, je ne serais pas plus avancé que lui, si je n'eusse consulté le peu de détails qui nous ont été transmis sur ces contrées. Mais là ont recommencé mes incertitudes; car ces ouvrages, déjà anciens, se contredisent tellement entre eux, et, selon la coutume des voyageurs, se démentent et se dénigrent si superbement les uns les autres, qu'il faut se résoudre à redresser quelques inexactitudes, sauf à en commettre beaucoup d'autres. Voici toutefois mon article de dictionnaire géographique; et, pour ne pas me départir de mon rôle de voyageur, je commence par déclarer qu'il est incontestablement supérieur à tous ceux qui le précèdent.

II.

Majorque, que M. Laurens appelle *Balearis Major*, comme les Romains, que le roi des historiens majorquins, le docteur Juan Dameto, dit avoir été plus anciennement appelée *Clumba* ou *Columba*, se nomme réellement aujourd'hui par corruption Mallorca, et la capitale ne s'est jamais appelée Majorque, comme il a plu à plusieurs de nos géographes de l'établir, mais Palma.

Cette île est la plus grande et la plus fertile de l'archipel Baléare, vestige d'un continent dont la Méditer-

---

[1] « La seule chose qui captiva mon attention sur ce rivage fut une mesure couleur d'ocre foncé et entourée d'une haie de cactus. C'était le castillo de Soller. A peine avais-je arrêté les lignes de mon dessin, que je vis fondre sur moi quatre individus montrant une mine à faire peur, ou plutôt à faire rire. J'étais coupable de lever, contrairement aux lois du royaume, le plan d'une forteresse. Elle devint à l'instant une prison pour moi.

« J'étais trop loin d'avoir de l'éloquence dans la langue espagnole pour démontrer à ces gens l'absurdité de leur procédé. Il fallut recourir à la protection du consul français de Soller, et, quel que fût son empressement, je n'en restai pas moins captif pendant trois mortelles heures, gardé par le señor *Sei-Dedos*, gouverneur du fort, véritable dragon des Hespérides. La tentation me prenait quelquefois de jeter à la mer, du haut de son bastion, ce dragon risible si je n'eusse toujours désarmé ma colère. Si j'avais eu le talent de Charlet, j'aurais passé mon temps à étudier mon gouverneur, excellent modèle de caricature. Au reste, je lui pardonnai son dévouement trop aveugle au salut de l'État. Il était bien naturel que le pauvre homme, n'ayant d'autre distraction que celle de fumer son cigare en regardant la mer, profitât de l'occasion que je lui offrais de varier ses occupations. Je revins donc à Soller, riant de bon cœur (avoir été pris pour un ennemi de la patrie et de la constitution. » (*Souvenirs d'un voyage d'art à l'île de Majorque*, par J.-B. Laurens.)

ranée doit avoir envahi le bassin, et qui, ayant uni sans doute l'Espagne à l'Afrique, participe du climat et des productions de l'une et de l'autre. Elle est située à 25 lieues sud-est de Barcelone, à 45 du point le plus voisin de la côte africaine, et je crois à 95 ou 100 de la rade de Toulon. Sa surface est de 1,234 milles carrés [1], son circuit de 143, sa plus grande extension de 54, et la moindre de 28. Sa population, qui, en l'année 1787, était de 136,000 individus, est aujourd'hui d'environ 160,000. La ville de Palma en contient 36,000, au lieu de 32,000 qu'elle comptait à cette époque.

La température varie assez notablement suivant les diverses expositions. L'été est brûlant dans toute la plaine; mais la chaîne de montagnes qui s'étend du nord-est au sud-ouest (indiquant par cette direction son identité avec les territoires de l'Afrique et de l'Espagne, dont les points les plus rapprochés affectent cette inclinaison et correspondent à ses angles les plus saillants) influe beaucoup sur la température de l'hiver. Ainsi Miguel de Vargas rapporte qu'en rade de Palma, durant le terrible hiver de 1784, le thermomètre de Réaumur se trouva une seule fois à 6 degrés au-dessus de glace dans un jour de janvier; que d'autres jours il monta à 16, et que le plus souvent il se maintint à 11. — Or, cette température à peu près celle que nous eûmes dans un hiver ordinaire sur la montagne de Valdemosa, qui est réputée une des plus froides régions de l'île. Dans les nuits les plus rigoureuses, et lorsque nous avions deux pouces de neige, le thermomètre n'était qu'à 6 ou 7 degrés. A huit heures du matin, il était remonté à 9 ou 10, et à midi il s'élevait à 12 ou 14. Ordinairement, vers trois heures, c'est-à-dire après que le soleil était couché pour nous derrière les pics de montagnes qui nous entouraient, le thermomètre redescendait subitement à 9 et même à 8 degrés.

Les vents du nord y soufflent souvent avec fureur, et, dans certaines années, les pluies d'hiver tombent avec une abondance et une continuité dont nous n'avons en France aucune idée. En général, le climat est sain et généreux dans toute la partie méridionale qui s'abaisse vers l'Afrique, et que préservent de ces furieuses bourrasques du nord la Cordillère médiane et l'escarpement considérable des côtes septentrionales. Ainsi, le plan général de l'île est une surface inclinée du nord-ouest au sud-est, et la navigation, à peu près impossible au nord à cause des déchirures et des précipices de la côte, *escarpada y horrorosa, sin abrigo ni resguardo* (Miguel de Vargas), est facile et sûre au midi.

Malgré ses ouragans et ses aspérités, Majorque, à bon droit nommée par les anciens l'île dorée, est extrêmement fertile, et ses produits sont d'une qualité exquise. Le froment y est si pur et si beau, que les habitants l'exportent, et qu'on s'en sert exclusivement à Barcelone pour faire la pâtisserie blanche et légère, appelée *pan de Mallorca*. Les Marjorquins font venir de Galice et de Biscaye un blé plus grossier et à plus bas prix, dont ils se nourrissent; ce qui fait que, dans le pays le plus riche en blé excellent, on mange du pain détestable. J'ignore si cette spéculation leur est fort avantageuse.

Dans nos provinces du centre, où l'agriculture est le plus arriérée, l'usage du cultivateur ne prouve rien autre chose que son obstination et son ignorance. A plus forte raison en est-il ainsi à Majorque, où l'agriculture, bien que fort minutieusement soignée, est à l'état d'enfance. Nulle part je n'ai vu travailler la terre si patiemment et si mollement. Les machines les plus simples sont inconnues; les bras de l'homme, bras fort maigres et fort débiles, comparativement aux nôtres, suffisent à tout, mais avec une lenteur inouïe. Il faut une demi-journée, pour bêcher moins de terre qu'on n'en expédierait chez nous en deux heures, et il faut cinq ou six hommes des plus robustes pour remuer un fardeau que le moindre de nos portefaix enlèverait gaiement sur ses épaules.

Malgré cette nonchalance, tout est cultivé, et en apparence bien cultivé à Majorque. Ces insulaires ne connaissent point, dit-on, la misère; mais au milieu de tous les trésors de la nature, et sous le plus beau ciel, leur vie est plus rude et plus tristement sobre que celle de nos paysans.

Les voyageurs ont coutume de faire des phrases sur le bonheur de ces peuples méridionaux, dont les figures et les costumes pittoresques leur apparaissent le dimanche aux rayons du soleil, et dont ils prennent l'absence d'idées et le manque de prévoyance pour l'idéale sérénité de la vie champêtre. C'est une erreur que j'ai souvent commise moi-même, mais dont je suis bien revenu, surtout depuis que j'ai vu Majorque.

Il n'y a rien de si triste et de si pauvre au monde que ce paysan qui ne sait que prier, chanter, travailler, et qui ne pense jamais. Sa prière est une formule stupide qui ne présente aucun sens à son esprit; son travail est une opération des muscles qu'aucun effort de son intelligence ne lui enseigne à simplifier, et son chant est l'expression de cette morne mélancolie qui l'accable à son insu, et dont la poésie nous frappe sans se révéler à lui. N'était la vanité qui l'éveille de temps en temps de sa torpeur pour le pousser à la danse, ses jours de fête seraient consacrés au sommeil.

Mais je m'échappe déjà hors du cadre que je me suis tracé. J'oublie que, dans la rigueur de l'usage, l'article géographique doit mentionner avant tout l'économie productive et commerciale, et ne s'occuper qu'en dernier ressort, après les céréales et le bétail, de l'espèce Homme.

Dans toutes les géographies descriptives que j'ai consultées, j'ai trouvé à l'article *Baléares* cette courte indication que je confirme ici, sauf à revenir plus tard sur les considérations qui en atténuent la vérité: « Ces insulaires sont *fort affables* (on sait que, dans toutes les îles, la race humaine se classe en deux catégories: ceux qui sont anthropophages et ceux qui sont fort affables). Ils sont doux, hospitaliers, il est rare qu'ils commettent des crimes, et le vol est presque inconnu chez eux. » En vérité, je reviendrai sur ce texte.

Mais, avant tout, parlons des produits; car je crois qu'il a été prononcé dernièrement à la chambre quelques paroles (au moins imprudentes) sur l'occupation réalisable de Majorque par les Français, et je présume que, si cet écrit tombe entre les mains de quelqu'un de nos députés, il s'intéressera beaucoup plus à la partie des denrées qu'à mes réflexions philosophiques sur la situation intellectuelle des Majorquins.

Je dis donc que le sol de Majorque est d'une fertilité admirable, et qu'une culture plus active et plus savante en décuplerait les produits. Le principal commerce extérieur consiste en amandes, en oranges et en cochons. O belles plantes hespérides gardées par ces dragons immondes, ce n'est pas ma faute si je suis forcé d'accoler votre souvenir à celui de ces ignobles pourceaux dont le Majorquin est plus jaloux et plus fier que de vos fleurs embaumées et de vos pommes d'or! Mais ce Majorquin qui vous cultive n'est pas plus poétique que le député qui me lit.

Je reviens donc à mes cochons. Ces animaux, cher lecteur, sont les plus beaux de la terre, et le docteur Miguel Vargas fait, avec la plus naïve admiration, le portrait d'un jeune porc qui, à l'âge candide d'un an et demi, pesait vingt-quatre arrobes, c'est-à-dire six cents livres. En ce temps-là, l'exploitation du cochon ne jouissait pas à Majorque de cette splendeur qu'elle a acquise de nos jours. Le commerce des bestiaux était entravé par la rapacité des *assentistes* ou fournisseurs, auxquels le gouvernement espagnol confiait, c'est-à-dire vendait l'en-

---

[1] « Medida por el ayre. Cada milla de mil pasos geometricos y un paso de 5 pies geometricos. » (Miguel de Vargas, *Descripciones de las islas Pithiusas y Baleares.* Madrid, 1787.)

treprise des approvisionnements. En vertu de leur pouvoir discrétionnaire, ces spéculateurs s'opposaient à toute exportation de bétail, et se réservaient la faculté d'une importation illimitée.

Cette pratique usuraire eut le résultat de dégoûter les cultivateurs du soin de leurs troupeaux. La viande se vendant à vil prix et le commerce extérieur étant prohibé, ils n'eurent plus qu'à se ruiner ou à abandonner complétement l'éducation du bétail. L'extinction en fut rapide. L'historien que je cite déplore pour Majorque le temps où les Arabes la possédaient, et où la seule montagne d'Arta comptait plus de têtes de vaches fécondes et de nobles taureaux qu'on n'en pourrait rassembler aujourd'hui, dit-il, dans toute la plaine de Majorque.

Cette dilapidation ne fut pas la seule qui priva le pays de ses richesses naturelles. Le même écrivain rapporte que les montagnes, et particulièrement celles de Torella et de Galatzo, possédaient de son temps les plus beaux arbres du monde. Certain olivier avait quarante-deux pieds de tour et quatorze de diamètre; mais ces bois magnifiques furent dévastés par les charpentiers de marine, qui, lors de l'expédition espagnole contre Alger, en tirèrent toute une flottille de chaloupes canonnières. Les vexations auxquelles les propriétaires de ces bois furent soumis alors, et la mesquinerie des dédommagements qui leur furent donnés, engagèrent les Majorquins à détruire leurs bois, au lieu de les augmenter. Aujourd'hui la végétation est encore si abondante et si belle que le voyageur ne songe point à regretter le passé; mais aujourd'hui comme alors, et à Majorque comme dans toute l'Espagne, l'*abus* est encore le premier de tous les pouvoirs. Cependant le voyageur n'entend jamais une plainte, parce qu'au commencement d'un régime injuste le faible se tait par crainte, et que, quand le mal est fait, il se tait encore par habitude.

Quoique la tyrannie des *assentistes* ait disparu, le bétail ne s'est point relevé de sa ruine, et il ne s'en relèvera pas, tant que le droit d'exportation sera limité au commerce des pourceaux. On voit fort peu de bœufs et de vaches dans la plaine, aucunement dans la montagne. La viande est maigre et coriace. Les brebis sont de belle race, mais mal nourries et mal soignées; les chèvres, qui sont de race africaine, ne donnent pas la dixième partie du lait que donnent les nôtres.

L'engrais manque aux terres, et, malgré tous les éloges que les Majorquins donnent à leur manière de les cultiver, je crois que l'algue qu'ils emploient est un très-maigre fumier, et que ces terres sont loin de rapporter ce qu'elles devraient produire sous un ciel aussi généreux. J'ai regardé attentivement ce blé si précieux que les habitants ne se croient pas dignes de le manger: c'est absolument le même que nous cultivons dans les provinces centrales, et que nos paysans appellent blé blanc ou blé d'Espagne; il est chez nous tout aussi beau, malgré la différence du climat. Celui de Majorque devrait avoir pourtant une supériorité marquée sur celui que nous disputons à nos hivers si rudes et à nos printemps si variables. Et pourtant notre agriculture est fort barbare aussi, et, sous ce rapport, nous avons tout à apprendre; mais le cultivateur français a une persévérance et une énergie que le Majorquin mépriserait comme une agitation désordonnée.

La figue, l'olive, l'amande et l'orange viennent en abondance à Majorque; cependant, faute de chemins dans l'intérieur de l'île, ce commerce est loin d'avoir l'extension et l'activité nécessaires. Cinq cents oranges se vendent sur place environ 3 francs; mais, pour faire transporter à dos de mulet cette charge volumineuse du centre à la côte, il faut dépenser presque autant que la valeur première. Cette considération fait négliger la culture de l'oranger dans l'intérieur du pays. Ce n'est que dans la vallée de Soller et dans le voisinage des criques, où nos petits bâtiments viennent charger, que ces arbres croissent en abondance. Pourtant ils réussiraient partout, et dans notre montagne de Valdemosa, une des plus froides régions de l'île, nous avions des citrons et des oranges magnifiques, quoique plus tardives que celles de Soller. A la Granja, dans une autre région montagneuse, nous avons cueilli des limons gros comme la tête. Il me semble qu'à elle seule l'île de Majorque pourrait entretenir de ces fruits exquis toute la France, au même prix que les détestables oranges que nous tirons d'Hyères et de la côte de Gênes. Ce commerce, tant vanté à Majorque, est donc, comme le reste, entravé par une négligence superbe.

On peut en dire autant du produit immense des oliviers, qui sont certainement les plus beaux qu'il y ait au monde, et que les Majorquins, grâce aux traditions arabes, savent cultiver parfaitement. Malheureusement ils ne savent en tirer qu'une huile rance et nauséeuse qui nous ferait horreur, et qu'ils ne pourront jamais exporter abondamment en Espagne, où le goût de cette huile infecte règne également. Mais l'Espagne elle-même est très-riche en oliviers, et si Majorque lui fournit de l'huile, ce doit être à fort bas prix.

Nous faisons une immense consommation d'huile d'olive en France, et nous l'avons fort mauvaise à un prix exorbitant. Si notre fabrication était connue à Majorque et si Majorque avait des chemins, enfin si la navigation commerciale était réellement organisée dans cette direction, nous aurions l'huile d'olive beaucoup au-dessous de ce que nous la payons, et nous l'aurions pure et abondante, quelle que fût la rigueur de l'hiver. Je sais bien que les industriels qui cultivent l'olivier de paix en France préfèrent de beaucoup vendre au poids de l'or quelques tonnes de ce précieux liquide, que nos épiciers noient dans des foudres d'huile d'œillet et de colza pour nous l'offrir au *prix coûtant*; mais il serait étrange qu'on s'obstinât à disputer cette denrée à la rigueur du climat, si, à vingt-quatre heures de chemin, nous pouvions nous la procurer meilleure à bon marché.

Que nos *assentistes* français ne s'effraient pourtant pas trop : nous promettrions au Majorquin et, je crois, à l'Espagnol en général, de nous approvisionner chez eux et de décupler leur richesse, qu'ils ne changeraient rien à leur coutume. Ils méprisent si profondément l'amélioration qui vient de l'étranger, et surtout de la France, que je ne sais si pour de l'argent (cet argent que cependant ils ne méprisent pas en général) ils se résoudraient à changer quelque chose au procédé qu'ils tiennent de leurs pères [1].

III.

Ne sachant ni engraisser les bœufs, ni utiliser la laine, ni traire les vaches (le Majorquin déteste le lait et le beurre autant qu'il méprise l'industrie); ne sachant pas faire pousser assez de froment pour oser en manger ; ne daignant guère cultiver le mûrier et recueillir la soie; ayant perdu l'art de la menuiserie autrefois très-florissant chez lui et aujourd'hui complétement inconnu; n'ayant pas de chevaux (l'Espagne s'empare maternellement de tous les poulains de Majorque pour ses armées, d'où il résulte que le pacifique Majorquin n'est pas si sot que de travailler pour alimenter la cavalerie du royaume); ne jugeant pas nécessaire d'avoir une seule route, un seul sentier praticable dans toute son île, puisque le droit d'exportation est livré au caprice d'un gouvernement qui n'a pas le temps de s'occuper de si peu de chose, le Majorquin végétait et n'avait plus rien à faire qu'à dire son

[1]. Cette huile est si infecte qu'on peut dire que dans l'île de Majorque, maisons, habitants, voitures, et jusqu'à l'air des champs, tout est imprégné de sa puanteur. Comme elle entre dans la composition de tous les mets, chaque mur la voit fumer deux ou trois fois par jour, et les murailles en sont imbibées. En pleine campagne, si vous êtes égaré, vous n'avez qu'à ouvrir les narines; et si une odeur d'huile rance arrive sur les ailes de la brise, vous pouvez être sûr que derrière le rocher ou sous le massif de cactus vous allez trouver une habitation. Si dans le lieu le plus sauvage et le plus désert cette odeur vous poursuit, levez la tête; vous verrez à cent pas de vous un Majorquin sur son âne descendre la colline et se diriger vers vous. Ceci n'est ni une plaisanterie ni une hyperbole; c'est l'exacte vérité.

chapelet et rapiécer ses chausses, plus malades que celles de don Quichotte, son patron en misère et en fierté, lorsque le cochon est venu tout sauver. L'exportation de ce quadrupède a été permise, et l'ère nouvelle, l'ère du salut, a commencé.

Les Majorquins nommeront ce siècle, dans les siècles futurs, l'âge du cochon, comme les musulmans comptent dans leur histoire l'âge de l'éléphant.

Maintenant l'olive et la caroube ne jonchent plus le sol, la figue du cactus ne sert plus de jouet aux enfants, et les mères de famille apprennent à économiser la fève et la patate. Le cochon ne permet plus de rien gaspiller, car le cochon ne laisse rien perdre; et il est le plus bel exemple de voracité généreuse, jointe à la simplicité des goûts et des mœurs, qu'on puisse offrir aux nations. Aussi jouit-il à Majorque des droits et des prérogatives qu'on n'avait point songé jusque là à offrir aux hommes. Les habitations ont été élargies, aérées; les fuits qui pourrissaient sur la terre ont été ramassés, triés et conservés, et la navigation à la vapeur, qu'on avait jugée superflue et déraisonnable, a été établie de l'île au continent.

C'est donc grâce au cochon que j'ai visité l'île de Majorque; car si j'avais eu la pensée d'y aller il y a trois ans, le voyage, long et périlleux sur les caboteurs, m'y eût fait renoncer. Mais, à dater de l'exportation du cochon, la civilisation a commencé à pénétrer.

On a acheté en Angleterre un joli petit *steamer*, qui n'est point de taille à lutter contre les vents du nord, si terribles dans ces parages; mais qui, lorsque le temps est serein, transporte une fois par semaine deux cents cochons et quelques passagers par-dessus le marché, à Barcelone.

Il est beau de voir avec quels égards et quelle tendresse ces messieurs (je ne parle point des passagers) sont traités à bord, et avec quel amour on les dépose à terre. Le capitaine du steamer est un fort aimable homme, qui, à force de vivre et de causer avec ces nobles bêtes, a pris tout à fait leur cri et même un peu de leur désinvolture. Si un passager se plaint du bruit qu'ils font, le capitaine répond que c'est le son de l'or monnayé roulant sur le comptoir. Si quelque femme est assez bégueule pour remarquer l'infection répandue dans le navire, son mari est là pour lui répondre que l'argent ne sent point mauvais, et que sans le cochon il n'y aurait plus pour elle ni robe de soie, ni chapeau de France, ni mantille de Barcelone. Si quelqu'un a le mal de mer, qu'il n'essaie pas de réclamer le moindre soin des gens de l'équipage; car les cochons aussi ont le mal de mer, et cette indisposition est chez eux accompagnée d'une langueur spleenétique et d'un dégoût de la vie qu'il faut combattre à tout prix. Alors, abjurant toute compassion et toute sympathie pour conserver l'existence à ses chers clients, le capitaine en personne, armé d'un fouet, se précipite au milieu d'eux, et derrière lui les matelots et les mousses, chacun saisissant ce qui lui tombe sous la main, qui une barre de fer, qui un bout de corde, en un instant toute la bande muette et couchée sur le flanc est fustigée d'une façon paternelle, obligée de se lever, de s'agiter, et de combattre par cette émotion violente l'influence funeste du roulis.

Lorsque nous revînmes de Majorque à Barcelone, au mois de mars, il faisait une chaleur étouffante; cependant il ne nous fut point possible de mettre le pied sur le pont. Quand même nous eussions bravé le danger d'avoir les jambes avalées par quelque pourceau de mauvaise humeur, le capitaine ne nous eût point permis, sans doute, de les contrarier par notre présence. Ils se tinrent fort tranquilles pendant les premières heures; mais, au milieu de la nuit, le pilote remarqua qu'ils avaient un sommeil bien morne, et qu'ils semblaient en proie à une noire mélancolie. Alors on leur administra le fouet, et régulièrement, à chaque quart d'heure, nous fûmes réveillés par des cris et des clameurs si épouvantables, d'une part la douleur et la rage des cochons fustigés, de l'autre les encouragements du capitaine à ses gens et les jurements que l'émulation inspirait à ceux-ci, que plusieurs fois nous crûmes que le troupeau dévorait l'équipage.

Quand nous eûmes jeté l'ancre, nous aspirions certainement à nous séparer d'une société aussi étrange; et j'avoue que celle des insulaires commençait à me peser presque autant que l'autre; mais il ne nous fut permis de prendre l'air qu'après le débarquement des cochons. Nous eussions pu mourir asphyxiés dans nos chambres que personne ne s'en fût soucié, tant qu'il y avait un cochon à mettre à terre et à délivrer du roulis.

Je ne crains point la mer, mais quelqu'un de ma famille était dangereusement malade. La traversée, la mauvaise odeur et l'absence de sommeil n'avaient pas contribué à diminuer ses souffrances. Le capitaine n'avait eu d'autre attention pour nous que de nous prier de ne pas faire coucher notre malade dans le meilleur lit de la cabine, parce que, selon le préjugé espagnol, toute maladie est contagieuse; et comme notre homme pensait déjà à faire brûler la couchette où reposait le malade, il désirait que ce fût la plus mauvaise. Nous le renvoyâmes à ses cochons; et quinze jours après, lorsque nous revenions en France sur *le Phénicien*, un magnifique bateau à vapeur de notre nation, nous comparions le dévouement du Français à l'hospitalité de l'Espagnol. Le capitaine d'*el Mallorquin* avait disputé un lit à un mourant; le capitaine marseillais, ne trouvant pas notre malade assez bien couché, avait ôté les matelas de son propre lit pour les lui donner... Quand je voulus solder notre passage, le Français me fit observer que je lui donnais trop; le Majorquin m'avait fait payer double.

D'où je ne conclus pas que l'homme soit exclusivement bon sur un coin de ce *globe terraqué*, ni exclusivement mauvais sur un autre coin. Le mal moral n'est, dans l'humanité, que le résultat du mal matériel. La souffrance engendre la peur, la méfiance, la fraude, la lutte dans tous les sens. L'Espagnol est ignorant et superstitieux; par conséquent il croit à la contagion, il craint la maladie et la mort, il manque de foi et de charité. — Il est misérable et pressuré par l'impôt; par conséquent il est avide, égoïste, fourbe avec l'étranger. Dans l'histoire, nous voyons que là où il a pu être grand, il a montré que la grandeur était en lui; mais il est homme, et, dans la vie privée, là où l'homme doit succomber, il succombe.

J'ai besoin de poser ceci en principe avant de parler des hommes tels qu'ils me sont apparus à Majorque; car aussi bien je pourrais qu'on me tient quitte de parler davantage des olives, des vaches et des pourceaux. La longueur même de ce dernier article n'est pas de trop bon goût. J'en demande pardon à ceux qui pourraient s'en trouver personnellement blessés, et je prends maintenant mon récit au sérieux; car je croyais n'avoir rien à faire ici, qu'à suivre M. Laurens pas à pas dans son *Voyage d'art*, et je vois que beaucoup de réflexions viendront m'assaillir en repassant par la mémoire dans les âpres sentiers de Majorque.

IV.

Mais, puisque vous n'entendez rien à la peinture, me dira-t-on, *que diable alliez-vous faire sur cette maudite galère?* — Je voudrais bien entretenir le lecteur le moins possible de moi et des miens; cependant je serai forcé de dire souvent, en parlant de ce que j'ai vu à Majorque, *moi et nous*; moi et nous, c'est la *subjectivité* fortuite sans laquelle l'*objectivité* majorquine ne se fût point révélée sous de certains aspects, sérieusement utiles peut-être à révéler maintenant au lecteur. Je prie donc ce dernier de regarder ici ma personnalité comme une chose toute passive, comme une lunette d'approche à travers laquelle il pourra regarder ce qui se passe en ces pays lointains desquels on dit volontiers avec le proverbe: J'aime mieux croire que d'y aller voir. Je le supplie en outre d'être bien persuadé que je n'ai pas la prétention de l'intéresser aux accidents qui me concernent. J'ai un but quelque peu philosophique en les retraçant ici; et quand j'aurai formulé ma pensée à cet égard, on me rendra la justice de reconnaître qu'il n'y entre pas la moindre préoccupation de moi-même.

Je dirai donc sans façon à mon lecteur pourquoi j'allai dans cette galère, et le voici en deux mots : c'est que j'avais envie de voyager. — Et, à mon tour, je ferai une question à mon lecteur : Lorsque vous voyagez, cher lecteur, pourquoi voyagez-vous? — Je vous entends d'ici me répondre ce que je répondrais à votre place : Je voyage pour voyager. — Je sais bien que le voyage est un plaisir par lui-même; mais, enfin, qui vous pousse à ce plaisir dispendieux, fatigant, périlleux parfois, et toujours semé de déceptions sans nombre? — Le besoin de voyager. — Eh bien! dites-moi donc ce que c'est que ce besoin-là, pourquoi nous en sommes tous plus ou moins obsédés, et pourquoi nous y cédons tous, même après avoir reconnu mainte et mainte fois que lui-même monte en croupe derrière nous pour ne nous point lâcher, et ne se contenter de rien?

Si vous ne voulez pas me répondre, moi, j'aurai la franchise de le faire à votre place. C'est que nous ne sommes réellement bien nulle part en ce temps-ci, et que de toutes les faces que prend l'idéal (ou, si ce mot vous ennuie, le sentiment du *mieux*), le voyage est une des plus souriantes et des plus trompeuses. Tout va mal dans le monde officiel : ceux qui le nient le sentent aussi profondément et plus amèrement que ceux qui l'affirment. Cependant la divine espérance va toujours son train, poursuivant son œuvre dans nos pauvres cœurs, et nous soufflant toujours ce sentiment du mieux, cette recherche de l'idéal.

L'ordre social, n'ayant pas même les sympathies de ceux qui le défendent, ne satisfait aucun de nous, et chacun va de son côté où il lui plaît. Celui-ci se jette dans l'art, cet autre dans la science, le plus grand nombre s'étourdit comme il peut. Tous, quand nous avons un peu de loisir et d'argent, nous voyageons, ou plutôt nous fuyons, car il ne s'agit pas tant de voyager que de partir, entendez-vous? Quel est celui de nous qui n'a pas quelque douleur à distraire ou quelque joug à secouer? Aucun.

Quiconque n'est pas absorbé par le travail ou engourdi par la paresse est incapable, je le soutiens, de rester longtemps à la même place sans souffrir et sans désirer le changement. Si quelqu'un est heureux (il faut être très-grand ou très-lâche pour cela aujourd'hui), il s'imagine ajouter quelque chose à son bonheur en voyageant; les amants, les nouveaux époux partent pour la Suisse et l'Italie tout comme les oisifs et les hypocondriaques. En un mot, quiconque ne sont vivre ou dépérir est possédé de la fièvre du juif errant, et s'en va chercher bien vite au loin quelque nid pour aimer ou quelque gîte pour mourir.

A Dieu ne plaise que je déclame contre le mouvement des populations, et que je me représente dans l'avenir les hommes attachés au pays, à la terre, à la maison, comme les polypes à l'éponge! mais si l'intelligence et la moralité doivent progresser simultanément avec l'industrie, il me semble que les chemins de fer ne sont pas destinés à promener d'un point du globe à l'autre des populations attaquées du spleen ou dévorées d'une activité maladive.

Je veux me figurer l'espèce humaine plus heureuse, par conséquent plus calme et plus éclairée, ayant deux vies : l'une, sédentaire, pour le bonheur domestique, les devoirs de la cité, les méditations studieuses, le recueillement philosophique; l'autre, active, pour l'échange loyal qui remplacerait le honteux trafic que nous appelons le commerce, pour les inspirations de l'art, les recherches scientifiques et surtout la propagation des idées. Il me semble, en un mot, que le but normal des voyages est le besoin de contact, de relation et d'échange sympathique avec les hommes, et qu'il ne devrait pas y avoir plaisir là où il n'y aurait pas devoir. Et il me semble qu'au contraire, la plupart d'entre nous, aujourd'hui, voyagent en vue du mystère, de l'isolement, et par une sorte d'ombrage que la société de nos semblables porte à nos impressions personnelles, soit douces, soit pénibles.

Quant à moi, je me mis en route pour satisfaire un besoin de repos que j'éprouvais à cette époque-là particulièrement. Comme le temps manque pour toutes choses dans ce monde que nous nous sommes fait, je m'imaginai encore une fois qu'en cherchant bien, je trouverais quelque retraite silencieuse, isolée, où je n'aurais ni billets à écrire, ni journaux à parcourir, ni visites à recevoir; où je pourrais ne jamais quitter ma robe de chambre, où les jours auraient douze heures, où je pourrais m'affranchir de tous les devoirs du savoir-vivre, me détacher du mouvement d'esprit qui nous travaille tous en France, et consacrer un ou deux ans à étudier un peu l'histoire et à apprendre ma langue *par principes* avec mes enfants.

Quel est celui de nous qui n'a pas fait ce rêve égoïste de planter là un beau matin ses affaires, ses habitudes, ses connaissances et jusqu'à ses amis, pour aller dans quelque île enchantée vivre sans soucis, sans tracasseries, sans obligations, et surtout sans journaux?

On peut dire sérieusement que le journalisme, cette première et cette dernière des choses, comme eût dit Ésope, a créé aux hommes une vie toute nouvelle, pleine de progrès, d'avantages et de soucis. Cette voix de l'humanité qui vient chaque matin à notre réveil nous raconter comment l'humanité a vécu la veille, proclamant tantôt de grandes vérités, tantôt d'effroyables mensonges, mais toujours marquant chacun des pas de l'être humain, et sonnant toutes les heures de la vie collective, n'est-ce pas quelque chose de bien grand, malgré toutes les taches et les misères qui s'y trouvent?

Mais en même temps que cela est nécessaire à l'ensemble de nos pensées et de nos actions, n'est-ce pas bien affreux et bien repoussant à voir dans le détail; lorsque la lutte est partout, et que des semaines, des mois s'écoulent dans l'injure et la menace, sans avoir éclairé une seule question, sans avoir marqué un progrès sensible? Et dans cette attente qui paraît d'autant plus longue qu'on nous en signale toutes les phases minutieusement, ne nous prend-il pas souvent envie, à nous autres artistes qui n'avons point d'action au gouvernail, de nous endormir dans les flancs du navire, et de nous éveiller qu'au bout de quelques années pour saluer alors la terre nouvelle en vue de laquelle nous nous trouverons portés?

Oui, en vérité, si cela pouvait être; si nous pouvions nous abstenir de la vie collective, et nous isoler de tout contact avec la politique pendant quelque temps, nous serions frappés, en y rentrant, du progrès accompli hors de nos regards. Mais cela ne nous est pas donné; et, quand nous fuyons le foyer d'action pour chercher l'oubli et le repos chez quelque peuple à la marche plus lente et à l'esprit moins ardent que nous, nous souffrons là des maux que nous n'avions pu prévoir, et nous nous repentons d'avoir quitté le présent pour le passé, les vivants pour les morts.

Voilà tout simplement quel sera le texte de mon récit, et pourquoi je prends la peine de l'écrire, bien qu'il ne me soit point agréable de le faire, et que je fusse promis, en commençant, de me garder le plus possible des impressions personnelles; mais il me semble à présent que cette paresse serait une lâcheté, et je me rétracte.

V.

Nous arrivâmes à Palma au mois de novembre 1838, par une chaleur comparable à celle de notre mois de juin. Nous avions quitté Paris quinze jours auparavant, par un temps extrêmement froid; ce nous fut un grand

Son-Vent.

plaisir, après avoir senti les premières atteintes de l'hiver, de laisser l'ennemi derrière nous. A ce plaisir se joignit celui de parcourir une ville très-caractérisée, et qui possède plusieurs monuments de premier ordre comme beauté ou comme rareté.

Mais la difficulté de nous établir vint nous préoccuper bientôt, et nous vîmes que les Espagnols qui nous avaient recommandé Majorque comme le pays le plus hospitalier et le plus fécond en ressources s'étaient fait grandement illusion, ainsi que nous. Dans une contrée aussi voisine des grandes civilisations de l'Europe, nous ne nous attendions guère à ne pas trouver une seule auberge. Cette absence de pied-à-terre pour les voyageurs eût dû nous apprendre, en un seul fait, ce qu'était Majorque par rapport au reste du monde, et nous engager à retourner sur-le-champ à Barcelone, où du moins il y a une méchante auberge appelée emphatiquement l'*hôtel des Quatre-Nations*.

A Palma, il faut être recommandé et annoncé à vingt personnes des plus marquantes, et attendu depuis plusieurs mois, pour espérer de ne pas coucher en plein champ. Tout ce qu'il fut possible de faire pour nous, ce fut de nous assurer deux petites chambres garnies, ou plutôt dégarnies, dans une espèce de mauvais lieu, où les étrangers sont bien heureux de trouver chacun un lit de sangle avec un matelas douillet et rebondi comme une ardoise, une chaise de paille, et, en fait d'aliments, du poivre et de l'ail à discrétion.

En moins d'une heure, nous pûmes nous convaincre que, si nous n'étions pas enchantés de cette réception, nous serions vus de mauvais œil, comme des impertinents et des brouillons, ou tout au moins regardés en pitié comme des fous. Malheur à qui n'est pas content de tout en Espagne! La plus légère grimace que vous feriez en trouvant de la vermine dans les lits et des scorpions dans la soupe vous attirerait le mépris le plus profond et soulèverait l'indignation universelle contre vous. Nous nous gardâmes donc bien de nous plaindre, et peu à peu nous comprîmes à quoi tenaient ce manque de ressources et ce manque apparent d'hospitalité.

Outre le peu d'activité et d'énergie des Majorquins, la guerre civile, qui bouleversait l'Espagne depuis si longtemps, avait intercepté, à cette époque, tout mouvement entre la population de l'île et celle du continent.

Palma.

Majorque était devenue le refuge d'autant d'Espagnols qu'il y en pouvait tenir, et les indigènes, retranchés dans leurs foyers, se gardaient bien d'en sortir pour aller chercher des aventures et des coups dans la mère patrie.

A ces causes il faut joindre l'absence totale d'industrie et les douanes, qui frappent tous les objets nécessaires au bien-être[1] d'un impôt démesuré. Palma est arrangée pour un certain nombre d'habitants; à mesure que la population augmente, on se serre un peu plus, et on ne bâtit guère. Dans ces habitations, rien ne se renouvelle. Excepté peut-être chez deux ou trois familles, le mobilier n'a guère changé depuis deux cents ans. On ne connaît ni l'empire de la mode, ni le besoin du luxe, ni celui des aises de la vie. Il y a apathie d'une part, difficulté de l'autre; on reste ainsi. On a le strict nécessaire, mais on n'a rien de trop. Aussi toute l'hospitalité se passe en paroles.

Il y a une phrase consacrée à Majorque, comme dans toute l'Espagne, pour se dispenser de rien prêter; elle consiste à tout offrir : *La maison et tout ce qu'elle contient est à votre disposition*. Vous ne pouvez pas regarder un tableau, toucher une étoffe, soulever une chaise, sans qu'on vous dise avec une grâce parfaite : *Es a la disposicion de uste*. Mais gardez-vous bien d'accepter, fût-ce une épingle, car ce serait une indiscrétion grossière.

Je commis une impertinence de ce genre dès mon arrivée à Palma, et je crois bien que je ne m'en relèverai jamais dans l'esprit du marquis de ***. J'avais été très-recommandé à ce jeune *lion* palmesan, et je crus pouvoir accepter sa voiture pour faire une promenade. Elle m'était offerte d'une manière si aimable! Mais le lendemain un billet de lui me fit bien sentir que j'avais man-

[1]. Pour un piano que nous fîmes venir de France, on exigeait de nous 700 francs de droits d'entrée; c'était presque la valeur de l'instrument. Nous voulûmes le renvoyer, cela n'est point permis; le laisser dans le port jusqu'à nouvel ordre, cela est défendu; le faire passer hors de la ville (nous étions à la campagne), afin d'éviter au moins les droits de la porte, qui sont distincts des droits de douane, cela était contraire aux lois; le laisser dans la ville, afin d'éviter les droits de sortie, qui sont autres que les droits d'entrée, cela ne se pouvait pas; le jeter à la mer, c'est tout au plus si nous en avions le droit.

Après quinze jours de négociations, nous obtînmes qu'au lieu de sortir de la ville par une certaine porte, il sortirait par une autre, et nous en fûmes quittes pour 400 francs environ.

qué à toutes les convenances, et je me hâtai de renvoyer l'équipage sans m'en être servi.

J'ai pourtant trouvé des exceptions à cette règle, mais c'est de la part de personnes qui avaient voyagé, et qui, sachant bien le monde, étaient véritablement de tous les pays. Si d'autres étaient portées à l'obligeance et à la franchise par la bonté de leur cœur, aucune (il est bien nécessaire de le dire pour constater la gêne que la douane et le manque d'industrie ont apportée dans ce pays si riche), aucune n'eût pu nous céder un coin de sa maison sans s'imposer de tels embarras et de telles privations, que nous eussions été véritablement indiscrets de l'accepter.

Ces impossibilités de leur part, nous fûmes bien à même de les reconnaître lorsque nous cherchâmes à nous installer. Il était impossible de trouver dans toute la ville un seul appartement qui fût habitable.

Un appartement à Palma se compose de quatre murs absolument nus, sans portes ni fenêtres. Dans la plupart des maisons bourgeoises, on ne se sert pas de vitres; et lorsqu'on veut se procurer cette douceur, bien nécessaire en hiver, il faut faire faire les châssis. Chaque locataire, en se déplaçant (et l'on ne se déplace guère), emporte donc les fenêtres, les serrures, et jusqu'aux gonds des portes. Son successeur est obligé de commencer par les remplacer, à moins qu'il n'ait le goût de vivre en plein vent, et c'est un goût fort répandu à Palma.

Or, il faut au moins six mois pour faire faire non-seulement les portes et fenêtres, mais les lits, les tables, les chaises, tout enfin, si simple et si primitif que soit l'ameublement. Il y a fort peu d'ouvriers; ils ne vont pas vite, ils manquent d'outils et de matériaux. Il y a toujours quelque raison pour que le Majorquin ne se presse pas. La vie est si longue! Il faut être Français, c'est-à-dire extravagant et forcené, pour vouloir qu'une chose soit faite tout de suite. Et si vous avez attendu déjà six mois, pourquoi n'attendriez-vous pas six mois de plus? Et si vous n'êtes pas content du pays, pourquoi y restez-vous? Avait-on besoin de vous ici? On s'en passait fort bien. Vous croyez donc que vous allez mettre tout sens dessus dessous? Oh! que non pas! Nous autres, voyez-vous, nous laissons dire, et nous faisons à notre guise. — Mais n'y a-t-il donc rien à louer? — Louer? qu'est-ce que cela? louer des meubles? Est-ce qu'il y en a de trop pour qu'on en loue? — Mais il n'y en a donc pas à vendre? — Vendre? il faudrait qu'il y en eût de tout faits. Est-ce qu'on a du temps de reste pour faire des meubles d'avance? Si vous en voulez, faites-en venir de France, puisqu'il y a de tout dans ce pays là. — Mais pour faire venir de France, il faut attendre six mois tout au moins, et payer les droits. Or donc, quand on fait la sottise de venir ici, la seule manière de la réparer, c'est de s'en aller. — C'est ce que je vous conseille, ou bien prenez patience, beaucoup de patience; *mucha calma*, c'est là la sagesse majorquine.

Nous allions mettre ce conseil à profit, lorsqu'on nous rendit, à bonne intention certainement, le mauvais service de nous trouver une maison de campagne à louer.

C'était la villa d'un riche bourgeois qui pour un prix très-modéré, selon nous, mais assez élevé pour le pays (environ cent francs par mois), nous abandonna toute son habitation. Elle était meublée comme toutes les maisons de plaisance du pays. Toujours les lits de sangle ou de bois peint en vert, quelques-uns composés de deux tréteaux sur lesquels on pose deux planches et un mince matelas; les chaises de paille; les tables de bois brut; les murailles nues bien blanchies à la chaux, et, par surcroît de luxe, des fenêtres vitrées dans presque toutes les chambres; enfin, en guise de tableaux, dans la pièce qu'on appelait le salon, quatre horribles devants de cheminée, comme ceux qu'on voit dans nos plus misérables auberges de village, et que le senor Gomez, notre propriétaire, avait eu la naïveté de faire encadrer avec soin comme des estampes précieuses, pour en décorer les lambris de son manoir. Du reste, la maison était vaste, aérée (trop aérée), bien distribuée, et dans une très-riante situation, au pied de montagnes aux flancs arrondis et fertiles, au fond d'une vallée plantureuse que terminaient les murailles jaunes de Palma, la masse de sa cathédrale, et la mer étincelante à l'horizon.

Les premiers jours que nous passâmes dans cette retraite furent assez bien remplis par la promenade et la douce *flânerie* à laquelle nous conviaient un climat délicieux, une nature charmante et tout à fait neuve pour nous.

Je n'ai jamais été bien loin de mon pays, quoique j'aie passé une grande partie de ma vie sur les chemins. C'était donc la première fois que je voyais une végétation et des aspects de terrain essentiellement différents de ceux que présentent nos latitudes tempérées. Lorsque je vis l'Italie, je débarquai sur les plages de la Toscane, et l'idée grandiose que je m'étais faite de ces contrées m'empêcha d'en goûter la beauté pastorale et la grâce riante. Aux bords de l'Arno, je me croyais sur les rives de l'Indre, et j'allai jusqu'à Venise sans m'étonner ni m'émouvoir de rien. Mais à Majorque il n'y avait pour moi aucune comparaison à faire avec des sites connus. Les hommes, les maisons, les plantes, et jusqu'aux moindres cailloux du chemin, avaient un caractère à part. Mes enfants en étaient si frappés, qu'ils faisaient collection de tout, et prétendaient remplir nos malles de ces beaux pavés de quartz et de marbres veinés de toutes couleurs, dont les talus à *pierres sèches* bordent tous les enclos. Aussi les paysans, en nous voyant ramasser jusqu'aux branches mortes, nous prenaient les uns pour des apothicaires, les autres nous regardaient comme de francs idiots.

VI.

L'île doit la grande variété de ses aspects au mouvement perpétuel que présente un sol labouré et tourmenté par des cataclysmes postérieurs à ceux du monde primitif. La partie que nous habitions alors, nommée *Establiments*, renfermait, dans un horizon de quelques lieues, des sites fort divers.

Autour de nous, toute la culture, inclinée sur des tertres fertiles, était disposée en larges gradins irrégulièrement jetés autour de ces monticules. Cette culture en terrasse, adoptée dans toutes les parties de l'île que les pluies et les crues subites des ruisseaux menacent continuellement, est très-favorable aux arbres, et donne à la campagne l'aspect d'un verger admirablement soigné.

A notre droite, les collines s'élevaient progressivement depuis le pâturage en pente douce jusqu'à la montagne couverte de sapins. Au pied de ces montagnes coule, en hiver et dans les orages de l'été, un torrent qui ne présentait encore à notre arrivée qu'un lit de cailloux en désordre. Mais les belles mousses qui couvraient ces pierres, les petits ponts verdis par l'humidité, fendus par la violence des courants, et à demi cachés dans les branches pendantes des saules et des peupliers, l'entrelacement de ces beaux arbres sveltes et touffus qui se penchaient pour faire un berceau de verdure d'une rive à l'autre, un mince filet d'eau qui courait sans bruit parmi les joncs et les myrtes, et toujours quelque groupe d'enfants, de femmes et de chèvres accroupis dans les encaissements mystérieux, faisaient de ce site quelque chose d'admirable pour la peinture. Nous allions tous les jours nous promener dans le lit du torrent, et nous appelions ce coin de paysage *le Poussin*, parce que cette nature libre, élégante et fière dans sa mélancolie, nous rappelait les sites que ce grand maître semble avoir chéris particulièrement.

A quelques centaines de pas de notre ermitage, le torrent se divisait en plusieurs ramifications, et son cours semblait se perdre dans la plaine. Les oliviers et les caroubiers pressaient leurs rameaux au-dessus de la terre labourée, et donnaient à cette région cultivée l'aspect d'une forêt.

Sur les nombreux mamelons qui bordaient cette partie boisée s'élevaient des chaumières d'un grand style, quoique d'une dimension réellement lilliputienne. On ne se figure pas combien de granges, de hangars, d'étables, de cours et de jardins, un *payés* (paysan propriétaire) accumule dans un arpent de terrain, et quel goût inné préside à son insu à cette disposition capricieuse. La maisonnette est ordinairement composée de deux étages avec un toit plat dont le rebord avancé ombrage une galerie percée à jour, comme une rangée de créneaux que surmonterait un toit florentin. Ce couronnement symétrique donne une apparence de splendeur et de force aux constructions les plus frêles et les plus pauvres, et les énormes grappes de maïs qui sèchent à l'air, suspendues entre chaque ouverture de la galerie, forment un lourd feston alterné de rouge et de jaune d'ambre, dont l'effet est incroyablement riche et coquet. Autour de cette maisonnette s'élève ordinairement une forte haie de cactus ou nopals, dont les raquettes bizarres s'entrelacent en muraille et protégent contre les vents du froid les frêles abris d'algues et de roseaux qui servent à serrer les brebis. Comme ces paysans ne se volent jamais entre eux, ils n'ont pour fermer leurs propriétés qu'une barrière de ce genre. Des massifs d'amandiers et d'orangers entourent le jardin, où l'on ne cultive guère d'autre légume que le piment et la pomme d'amour; mais tout cela est d'une couleur magnifique, et souvent, pour couronner le joli tableau que forme cette habitation, un seul palmier déploie au milieu son gracieux parasol, ou se penche sur le côté avec grâce, comme une belle aigrette.

Cette région est une des plus florissantes de l'île, et les motifs qu'en donne M. Grasset de Saint-Sauveur dans son Voyage aux îles Baléares confirment ce que j'ai dit précédemment de l'insuffisance de la culture en général à Majorque. Les remarques que ce fonctionnaire impérial faisait, en 1807, sur l'apathie et l'ignorance des *payés* majorquins le conduisirent à en rechercher les causes. Il en trouva deux principales.

La première, c'est la grande quantité de couvents, qui absorbait une partie de la population déjà si restreinte. Cet inconvénient a disparu, grâce au décret énergique que lui donne M. Mendizabal, que les dévots de Majorque ne lui pardonneront jamais.

La seconde est l'esprit de domesticité qui règne chez eux, et qui les parque par douzaines au service des riches et des nobles. Cet abus subsiste encore dans toute sa vigueur. Tout aristocrate majorquin a une suite nombreuse que son revenu suffit à peine à entretenir, quoiqu'elle ne lui procure aucun bien-être; il est impossible d'être plus mal servi qu'on ne l'est par cette espèce de serviteurs honoraires. Quand on se demande à quoi un riche majorquin peut dépenser son revenu dans un pays où il n'y a ni luxe ni tentations d'aucun genre, on ne se l'explique qu'en voyant sa maison pleine de sales fainéants des deux sexes, qui occupent une portion des bâtiments réservée à cet usage, et qui, dès qu'ils ont passé une année au service du maître, ont droit pour toute leur vie au logement, à l'habillement et à la nourriture. Ceux qui veulent se dispenser du service le peuvent en renonçant à quelques bénéfices; mais l'usage les autorise encore à venir chaque matin manger le chocolat avec leurs anciens confrères, et à prendre part, comme Sancho chez Gamache, à toutes les bombances de la maison.

Au premier abord, ces mœurs semblent patriarcales, et on est tenté d'admirer le sentiment républicain qui préside à ces rapports de maître à valet; mais on s'aperçoit bientôt que c'est un républicanisme à la manière de l'ancienne Rome, où ces valets sont des clients enchaînés par la paresse ou la misère à la vanité de leurs patrons. C'est un luxe à Majorque d'avoir quinze domestiques pour un état de maison qui en comporterait deux tout au plus. Et quand on voit de vastes terrains en friche, l'industrie perdue, et toute idée de progrès proscrite par l'ineptie et la nonchalance, on ne sait lequel mépriser le plus, du maître qui encourage et perpétue ainsi l'abaissement moral de ses semblables, ou de l'esclave qui préfère une oisiveté dégradante au travail qui lui ferait recouvrer une indépendance conforme à la dignité humaine.

Il est arrivé cependant qu'à force de voir augmenter le budget de leurs dépenses et diminuer celui de leurs revenus, de riches propriétaires majorquins se sont décidés à remédier à l'incurie de leurs tenanciers et à la disette des travailleurs. Ils ont vendu une partie de leurs terres en viager à des paysans, et M. Grasset de Saint-Sauveur s'est assuré que, dans toutes les grandes propriétés où l'on avait essayé de ce moyen, la terre, frappée en apparence de stérilité, avait produit en telle abondance entre les mains d'hommes intéressés à son amélioration, qu'en peu d'années les parties contractantes s'étaient trouvées soulagées de part et d'autre.

Les prédictions de M. Grasset à cet égard se sont réalisées tout à fait, et aujourd'hui la région d'Establiments, entre autres, est devenue un vaste jardin; la population y a augmenté, de nombreuses habitations se sont élevées sur les tertres, et les paysans y ont acquis une certaine aisance qui ne les a pas beaucoup éclairés encore, mais qui leur a donné plus d'aptitude au travail. Il faudra bien des années encore pour que le Majorquin soit actif et laborieux; et s'il faut que, comme nous, il traverse la douloureuse phase de l'âpreté au gain individuel pour arriver à comprendre que ce n'est pas encore là le but de l'humanité, nous pouvons bien lui laisser sa guitare et son rosaire pour tuer le temps. Mais sans doute de meilleures destinées que les nôtres sont réservées à ces peuples enfants que nous initierons quelque jour à une civilisation véritable, sans leur reprocher tout ce que nous aurons fait pour eux. Ils ne sont pas assez grands pour braver les orages révolutionnaires que le sentiment de notre perfectibilité a soulevés sur nos têtes. Seuls, désavoués, raillés et combattus par le reste de la terre, nous avons fait des pas immenses, et le bruit de nos luttes gigantesques n'a pas éveillé de leur profond sommeil ces petites peuplades qui dorment à la portée de notre canon au sein de la Méditerranée. Un jour viendra où nous leur conférerons le baptême de la vraie liberté, et ils s'assiéront au banquet comme les ouvriers de la douzième heure. Trouvons le mot de notre destinée sociale, réalisons nos rêves sublimes; et tandis que les nations environnantes entreront peu à peu dans notre église révolutionnaire, ces malheureux insulaires, que leur faiblesse livre sans cesse comme une proie aux nations marâtres qui se les disputent, accourront à notre communion.

En attendant ce jour où, les premiers en Europe, nous proclamerons la loi de l'égalité pour tous les hommes et de l'indépendance pour tous les peuples, la loi du plus fort à la guerre ou du plus rusé au jeu de la diplomatie gouvernera le monde; le droit des gens n'est qu'un mot, et le sort de toutes les populations isolées et restreintes,

Comme le Transylvain, le Turc ou le Hongrois[1],

est d'être dévorées par le vainqueur. S'il en devait être toujours ainsi, je ne souhaiterais à Majorque ni l'Espagne, ni l'Angleterre, ni même la France pour tutrice, et je m'intéresserais aussi peu à l'issue fortuite de son existence, qu'à la civilisation étrange que nous portons en Afrique.

VII.

Nous étions depuis trois semaines à Establiments lorsque les pluies commencèrent. Jusque-là nous avions eu un temps adorable; les citronniers et les myrtes étaient encore en fleurs, et, dans les premiers jours de décembre, je restai en plein air sur une terrasse jusqu'à cinq

---

1. La Fontaine, fable des *Voleurs et l'Âne*.

heures du matin, livré au bien-être d'une température délicieuse. On peut s'en rapporter à moi, car je ne connais personne au monde qui soit plus frileux, et l'enthousiasme de la belle nature n'est pas capable de me rendre insensible au moindre froid. D'ailleurs, malgré le charme du paysage éclairé par la lune et le parfum des fleurs qui montait jusqu'à moi, ma veillée n'était pas fort émouvante. J'étais là, non comme eût fait un poëte cherchant l'inspiration, mais comme un oisif qui contemple et qui écoute. J'étais fort occupé, je m'en souviens, à recueillir les bruits de la nuit et à m'en rendre compte.

Il est bien certain, et chacun le sait, que chaque pays a ses harmonies, ses plaintes, ses cris, ses chuchotements mystérieux, et cette langue matérielle des choses n'est pas un des moindres signes caractéristiques dont le voyageur est frappé. Le clapotement mystérieux de l'eau sur les froides parois des marbres, le pas pesant et mesuré des sbires sur le quai, le cri aigu et presque enfantin des mulots, qui se poursuivent et se querellent sur les dalles limoneuses, enfin tous les bruits furtifs et singuliers qui troublent faiblement le morne silence des nuits de Venise, ne ressemblent en rien au bruit monotone de la mer, des *quien vive* des sentinelles et au chant mélancolique des *serenos* de Barcelone. Le lac Majeur a des harmonies différentes de celles du lac de Genève. Le perpétuel craquement des pommes de pin dans les forêts de la Suisse ne ressemble en rien non plus aux craquements qui se font entendre sur les glaciers.

A Majorque, le silence est plus profond que partout ailleurs. Les ânesses et les mules qui passent la nuit au pâturage l'interrompent parfois en secouant leurs clochettes, dont le son est moins grave et plus mélodique que celles des vaches suisses. Le bolero y résonne dans les lieux les plus déserts et dans les plus sombres nuits. Il n'est pas un paysan qui n'ait sa guitare et qui ne marche avec elle à toute heure. De ma terrasse, j'entendais aussi la mer, mais si lointaine et si faible que la poésie étrangement fantastique et saisissante des Djins me revenait en mémoire.

J'écoute,
Tout fuit.
On doute,
La nuit,
Tout passe;
L'espace
Efface
Le bruit.

Dans la ferme voisine, j'entendais le vagissement d'un petit enfant, et j'entendais aussi la mère, qui, pour l'endormir, lui chantait un joli air du pays, bien monotone, bien triste, bien arabe. Mais d'autres voix moins poétiques vinrent me rappeler la partie grotesque de Majorque.

Les cochons s'éveillèrent et se plaignirent sur un mode que je ne saurais point définir. Alors le *pagès*, père de famille, s'éveilla à la voix de ses porcs chéris, comme la mère s'était éveillée aux pleurs de son nourrisson. Je l'entendis mettre la tête à la fenêtre et gourmander les hôtes de l'étable voisine d'une voix magistrale. Les cochons l'entendirent fort bien, car ils se turent. Puis, le pagès, pour se rendormir apparemment, se mit à réciter son rosaire d'une voix lugubre, qui, à mesure que le sommeil venait et se dissipait, s'éteignait ou se ranimait comme le murmure lointain des vagues. De temps en temps encore les cochons laissaient échapper un cri sauvage; le pagès élevait alors la voix sans interrompre sa prière, et les dociles animaux, calmés par un *Ora pro nobis* ou un *Ave Maria* prononcé d'une certaine façon, se taisaient aussitôt. Quant à l'enfant, il écoutait sans doute, les yeux ouverts, livré à l'espèce de stupeur où les bruits incompris plongent cette pensée naissante de l'homme au berceau, qui fait un si mystérieux travail sur elle-même avant de se manifester.

Mais tout à coup, après des nuits si sereines, le déluge commença. Un matin, après que le vent nous eut bercés toute la nuit de ses longs gémissements, tandis que la pluie battait nos vitres, nous entendîmes, à notre réveil, le bruit du torrent qui commençait à se frayer une route parmi les pierres de son lit. Le lendemain, il parlait plus haut; le surlendemain, il roulait les roches qui gênaient sa course. Toutes les fleurs des arbres étaient tombées, et la pluie ruisselait dans nos chambres mal closes.

On ne comprend pas le peu de précautions que prennent les Majorquins contre ces fléaux du vent et de la pluie. Leur illusion ou leur fanfaronnade est si grande à cet égard, qu'ils nient absolument ces inclémences accidentelles, mais sérieuses, de leur climat. Jusqu'à la fin des deux mois de déluge que nous eûmes à essuyer, ils nous soutinrent qu'il ne pleuvait jamais à Majorque. Si nous avions mieux observé la position des pics de montagne et la direction habituelle des vents, nous serions convaincus d'avance des souffrances inévitables qui nous attendaient.

Mais une autre déception nous était réservée : c'est celle que j'ai indiquée plus haut, lorsque j'ai commencé à raconter mon voyage par la fin. Un d'entre nous tomba malade. D'une complexion fort délicate, étant sujet à une forte irritation du larynx, il ressentit bientôt les atteintes de l'humidité. La Maison du Vent (*Son-Vent* en patois), c'est le nom de la villa que le señor Gomez nous avait louée, devint inhabitable. Les murs en étaient si minces, que la chaux dont nos chambres étaient crépies se gonflait comme une éponge. Jamais, pour mon compte, je n'ai tant souffert du froid, quoiqu'il ne fît pas très-froid en réalité : mais pour nous, qui sommes habitués à nous chauffer en hiver, cette maison sans cheminée était sur nos épaules comme un manteau de glace, et je me sentais paralysé.

Nous ne pouvions nous habituer à l'odeur asphyxiante des braseros, et notre malade commença à souffrir et à tousser.

De ce moment nous devînmes un objet d'horreur et d'épouvante pour la population. Nous fûmes atteints et convaincus de phthisie pulmonaire, ce qui équivaut à la peste dans les préjugés contagionistes de la médecine espagnole. Un riche médecin, qui, pour la modique rétribution de 45 francs, daigna venir nous faire une visite, déclara pourtant que ce n'était rien, et n'ordonna rien. Nous l'avions surnommé *Malcavisco*, à cause de sa prescription unique.

Un autre médecin vint obligeamment à notre secours; mais la pharmacie de Palma était dans un tel dénûment que nous ne pûmes nous procurer que des drogues détestables. D'ailleurs, la maladie devait être aggravée par des causes qu'aucune science et aucun dévouement ne pouvaient combattre efficacement.

Un matin, que nous étions livrés à des craintes sérieuses sur la durée de ces pluies et de ces souffrances qui étaient liées les unes aux autres, nous reçûmes une lettre du farouche Gomez, qui nous déclarait, dans le style espagnol, que nous *tenions* une personne, laquelle *tenait* une maladie qui portait la contagion dans ses foyers, et menaçait par anticipation les jours de sa famille; en vertu de quoi il nous priait de déguerpir de son palais dans le plus bref délai possible.

Ce n'était pas un grand regret pour nous, car nous ne pouvions plus rester là sans crainte d'être noyés dans nos chambres; mais notre malade n'était pas en état d'être transporté sans danger, surtout avec les moyens de transport qu'on a à Majorque, et le temps qu'il faisait. Et puis la difficulté était de savoir où nous irions; car le bruit de notre phthisie s'était répandu instantanément, et nous ne devions plus espérer de trouver un gîte nulle part, fût-ce à prix d'or, fût-ce pour une nuit. Nous savions bien que les personnes obligeantes qui nous en feraient l'offre n'étaient pas elles-mêmes à l'abri du préjugé, et que d'ailleurs nous attirerions sur elles, en les approchant, la réprobation qui pesait sur nous. Sans l'hospitalité du consul de France, qui fit des miracles pour nous recueillir tous sous son toit, nous étions innacés de camper dans quelque caverne comme des Bohémiens véritables.

Un autre miracle se fit, et nous trouvâmes un asile pour l'hiver. Il y avait à la chartreuse de Valdemosa un Espagnol réfugié qui s'était caché là pour je ne sais quel motif politique. En allant visiter la chartreuse, nous avions été frappés de la distinction de ses manières, de la beauté mélancolique de sa femme, et de l'ameublement rustique et pourtant confortable de leur cellule. La poésie de cette chartreuse m'avait tourné la tête. Il se trouva que le couple mystérieux voulut quitter précipitamment le pays, et qu'il fut autant charmé de nous céder son mobilier et sa cellule que nous l'étions d'en faire l'acquisition. Pour la modique somme de mille francs, nous eûmes donc un ménage complet, mais tel que nous eussions pu nous le procurer en France pour cent écus, tant les objets de première nécessité sont rares, coûteux, et difficiles à rassembler à Majorque.

Comme nous passâmes alors quatre jours à Palma, quoique j'y aie peu quitté cette fois la cheminée que le consul avait le bonheur de posséder (le déluge continuant toujours), je ferai ici une lacune à mon récit pour décrire un peu la capitale de Majorque. M. Laurens, qui vint l'explorer et en dessiner les plus beaux aspects l'année suivante, sera le cicérone que je présenterai maintenant au lecteur, comme plus compétent que moi sur l'archéologie.

DEUXIÈME PARTIE.

I.

Quoique Majorque ait été occupée pendant quatre cents ans par les Maures, elle a gardé peu de traces réelles de leur séjour. Il ne reste d'eux à Palma qu'une petite salle de bains.

Des Romains, il ne reste rien, et des Carthaginois, quelques débris seulement vers l'ancienne capitale Alcudia, et la tradition de la naissance d'Annibal, que M. Grasset de Saint-Sauveur attribue à l'outrecuidance majorquine, quoique ce fait ne soit pas dénué de vraisemblance [1].

Mais le goût mauresque s'est perpétué dans les moindres constructions, et il était nécessaire que M. Laurens redressât toutes les erreurs archéologiques de ses devanciers, pour que les voyageurs ignorants comme moi ne crussent pas retrouver à chaque pas d'authentiques vestiges de l'architecture arabe.

« Je n'ai point vu dans Palma, dit M. Laurens, de maisons dont la date parût fort ancienne. Les plus intéressantes par leur architecture et leur antiquité appartenaient toutes au commencement du seizième siècle; mais l'art gracieux et brillant de cette époque ne s'y montre pas sous la même forme qu'en France.

« Ces maisons n'ont au-dessus du rez-de-chaussée qu'un étage et un grenier très-bas [2]. L'entrée, dans la rue, consiste en une porte à plein cintre, sans aucun ornement; mais la dimension et le grand nombre de pierres disposées en longs rayons lui donnent une grande physionomie. Le jour pénètre dans les grandes salles du premier étage à travers de hautes fenêtres divisées par des colonnes excessivement effilées, qui leur donnent une apparence entièrement arabe.

« Ce caractère est si prononcé, qu'il m'a fallu examiner plus de vingt maisons construites d'une manière identique, et les étudier dans toutes les parties de leur construction pour arriver à la certitude que ces fenêtres n'avaient pas été enlevées à quelques murs de ces palais mauresques, vraiment féeriques, dont l'Alhambra de Grenade nous reste comme échantillon.

« Je n'ai rencontré qu'à Majorque des colonnes qui, avec une hauteur de six pieds, n'ont qu'un diamètre de trois pouces. La finesse des marbres dont elles sont faites, le goût du chapiteau qui les surmonte, tout cela m'avait fait supposer une origine arabe. Quoi qu'il en soit, l'aspect de ces fenêtres est aussi joli qu'original.

« Le grenier qui constitue l'étage supérieur est une galerie, ou plutôt une suite de fenêtres rapprochées et copiées exactement sur celles qui forment le couronnement de la *Lonja*. Enfin, un toit fort avancé, soutenu par des poutres artistement ciselées, préserve cet étage de la pluie ou du soleil, et produit des effets piquants de lumière par les longues ombres qu'il projette sur la maison, et par l'opposition de la masse brune de la charpente avec les tons brillants du ciel.

« L'escalier, travaillé avec un grand goût, est placé dans une cour, au centre de la maison, et séparé de l'entrée sur la rue par un vestibule où l'on remarque des pilastres dont le chapiteau est orné de feuillages sculptés, ou de quelque blason supporté par des anges.

« Pendant plus d'un siècle encore après la renaissance, les Majorquins ont mis un grand luxe dans la construction de leurs habitations particulières. Tout en suivant la même distribution, ils ont apporté dans les vestibules et dans les escaliers les changements de goût que l'architecture devait amener. Ainsi l'on trouve partout la colonne toscane ou dorienne; des rampes, des balustrades, donnent toujours une apparence somptueuse aux demeures de l'aristocratie.

« Cette prédilection pour l'ornement de l'escalier et ce souvenir du goût arabe se retrouvent aussi dans les plus humbles habitations, même lorsqu'une seule échelle conduit directement de la rue au premier étage. Alors, chaque marche est recouverte de carreaux en faïence peinte de fleurs brillantes, bleues, jaunes ou rouges. »

Cette description est fort exacte, et les dessins de M. Laurens rendent bien l'élégace de ces intérieurs dont le péristyle fournirait à nos théâtres de beaux décors d'une extrême simplicité.

Ces petits cours pavées en dalles, et parfois entourées de colonnes comme le *cortile* des palais de Venise, ont aussi pour la plupart un puits d'un goût très-pur au milieu. Elles n'ont ni le même aspect ni le même usage que nos cours malpropres et nues. On n'y place jamais l'entrée des écuries et des remises. Ce sont de véritables préaux, peut-être un souvenir de l'atrium des Romains. Le puits du milieu y tient évidemment la place de l'impluvium.

Lorsque ces péristyles sont ornés de pots de fleurs et de tendines de jonc, ils ont un aspect à la fois élégant et sévère, dont les seigneurs majorquins ne comprennent nullement la poésie; car ils ne manquent guère de s'excuser sur la vétusté de leurs demeures; et si vous en admirez le style, ils sourient, croyant que vous les raillez, ou méprisant peut-être en eux-mêmes ce ridicule excès de courtoisie française.

Au reste, tout n'est pas également poétique dans la demeure des nobles majorquins. Il est certains détails de malpropreté dont je serais fort embarrassé de donner l'idée à mes lecteurs, à moins, comme écrivait Jacquemont en parlant des mœurs indiennes, d'achever ma lettre en latin.

Ne sachant pas le latin, je renvoie les curieux au passage que M. Grasset de Saint-Sauveur, écrivain moins sérieux que M. Laurens, mais fort véridique sur ce point, consacre à la situation des garde-mangers à Majorque et dans beaucoup d'anciennes maisons d'Espagne et d'Italie. Ce passage est remarquable à cause d'une prescription de la médecine espagnole qui règne encore dans toute sa vigueur à Majorque, et qui est des plus étranges [1].

L'intérieur de ces palais ne répond nullement à l'ex-

---

[1] « Les Majorquins prétendent qu'Hamilcar, passant d'Afrique en Catalogne avec sa femme, alors enceinte, s'arrêta sur une pointe de l'île où était bâti un temple dédié à Lucine, et qu'Annibal naquit en cet endroit. On trouve ce même conte dans l'*Histoire de Majorque*, par Dameto. » (Grasset de Saint-Sauveur.)

[2] Ce ne sont pas précisément des greniers, mais bien des étendoirs, appelés dans le pays *porchos*.

[1] Voyez Grasset de Saint-Sauveur, p. 119.

térieur. Rien de plus significatif, chez les nations comme chez les individus, que la disposition et l'ameublement des habitations.

A Paris, où les caprices de la mode et l'abondance des produits industriels font varier si étrangement l'aspect des appartements, il suffit bien, n'est-ce pas, d'entrer chez une personne aisée pour se faire en un clin d'œil une idée de son caractère, pour sé dire si elle a du goût ou de l'ordre, de l'avarice ou de la négligence, un esprit méthodique ou romanesque, de l'hospitalité ou de l'ostentation.

J'ai mes systèmes là-dessus, comme chacun a les siens, ce qui ne m'empêche pas de me tromper fort souvent dans mes inductions, ainsi qu'il arrive à bien d'autres.

J'ai particulièrement horreur d'une pièce peu meublée et très-bien rangée. A moins qu'une grande intelligence et un grand cœur, tout n'ait emportés hors de la sphère des petites observations matérielles, n'habitent là comme sous une tente, je m'imagine que l'hôte de cette demeure est une tête vide et un cœur froid.

Je ne comprends pas que, lorsqu'on habite réellement entre quatre murailles, on n'éprouve pas le besoin de les remplir, ne fût-ce que de bûches et de paniers, et d'y voir vivre quelque chose autour de soi, ne fût-ce qu'une pauvre giroflée ou un pauvre moineau.

Le vide et l'immobile me glacent d'effroi, la symétrie et l'ordre rigoureux me navrent de tristesse; et si mon imagination pouvait se représenter la damnation éternelle, mon enfer serait certainement de vivre à jamais dans certaines maisons de province où règne l'ordre le plus parfait, où rien ne change jamais de place, où l'on ne voit rien traîner, où rien ne s'use ni se brise, et où pas un animal ne pénètre, sous prétexte que les choses animées gâtent les choses inanimées. Eh! périssent tous les tapis du monde, si je ne dois en jouir qu'à la condition de n'y jamais voir gambader un enfant, un chien ou un chat.

Cette propreté rigide ne prend pas sa source dans l'amour véritable de la propreté, mais dans une excessive paresse, ou dans une économie sordide. Avec un peu plus de soin et d'activité, la *ménagère* sympathique à mes goûts peut maintenir dans notre intérieur cette propreté, dont je ne puis pas me passer non plus.

Mais que dire et que penser des mœurs et des idées d'une famille dont le *home* est vide et immobile, sans avoir l'excuse ou le prétexte de la propreté?

S'il arrive qu'on se trompe aisément, comme je le disais tout à l'heure, dans les inductions particulières, il est difficile de se tromper dans les inductions générales. Le caractère d'un peuple se révèle dans son costume et dans son ameublement, aussi bien que dans ses traits et dans son langage.

Ayant parcouru Palma pour y chercher des appartements, je suis entré dans un assez grand nombre de maisons; tout s'y ressemblait si exactement que je pouvais conclure de là à un caractère général chez leurs occupants. Je n'ai pénétré dans aucun de ces intérieurs sans avoir le cœur serré de déplaisir et d'ennui, rien qu'à voir les murailles nues, les dalles tachées et poudreuses, les meubles rares et malpropres. Tout y portait témoignage de l'indifférence et de l'inaction; jamais un livre, jamais un ouvrage de femme. Les hommes ne lisent pas, les femmes ne cousent même pas. Le seul indice d'une occupation domestique, c'est l'odeur de l'ail qui trahit le travail culinaire; et les seules traces d'un amusement intime, ce sont les bouts de cigare semés sur le pavé.

Cette absence de vie intellectuelle fait de l'habitation quelque chose de mort et de creux qui n'a pas d'analogue chez nous, et qui donne au Majorquin plus de ressemblance avec l'Africain qu'avec l'Européen.

Ainsi toutes ces maisons où les générations se succèdent sans rien transformer autour d'elles, et sans marquer aucune empreinte individuelle sur les choses qui ordinairement participent en quelque sorte à notre vie humaine, font plutôt l'effet de caravansérails que de maisons véritables; et tandis que les nôtres donnent l'idée d'un nid pour la famille, celles-là semblent des gîtes où les groupes d'une population errante se retireraient indifféremment pour passer la nuit. Des personnes qui connaissaient bien l'Espagne m'ont dit qu'il en était généralement ainsi dans toute la Péninsule.

Ainsi que je l'ai dit plus haut, le péristyle ou l'*atrium* des palais des *chevaliers* (c'est ainsi que s'intitulent encore les patriciens de Majorque) ont un grand caractère d'hospitalité et même de bien-être. Mais dès que vous avez franchi l'élégant escalier et pénétré dans l'intérieur des chambres, vous croyez entrer dans un lieu disposé uniquement pour la sieste. De vastes salles, ordinairement dans la forme d'un carré long, très-élevées, très-froides, très-sombres, toutes nues, blanchies à la chaux sans aucun ornement, avec de grands vieux portraits de famille tout noirs et placés sur une seule ligne, si haut qu'on n'y distingue rien; quatre ou cinq chaises d'un cuir gras et mangé aux vers, bordées de gros clous dorés qu'on n'a pas nettoyés depuis deux cents ans; quelques nattes valenciennes, ou seulement quelques peaux de mouton à longs poils jetées çà et là sur le pavé; des croisées placées très-haut et recouvertes de pagnes épaisses; de larges portes de bois de chêne noir ainsi que le plafond à solives, et parfois une antique portière de drap d'or portant l'écusson de la famille richement brodé, mais terni et rongé par le temps: tels sont les palais majorquins à l'intérieur. On n'y voit guère d'autres tables que celles où l'on mange; les glaces sont fort rares, et tiennent si peu de place dans ces panneaux immenses, qu'elles n'y jettent aucune clarté.

On trouve le maître de la maison debout et fumant dans un profond silence, et la maîtresse assise sur une grande chaise et jouant de l'éventail sans penser à rien. On ne voit jamais les enfants: ils vivent avec les domestiques, à la cuisine ou au grenier, je ne sais; les parents ne s'en occupent pas. Un chapelain va et vient dans la maison sans rien faire. Les vingt ou trente valets font la sieste, pendant qu'une vieille servante hérissée ouvre la porte au quinzième coup de sonnette du visiteur.

Cette vie ne manque certainement pas de *caractère*, comme nous dirions dans l'acception illimitée que nous donnons aujourd'hui à ce mot; mais, si l'on condamnait à vivre ainsi le plus calme de nos bourgeois, il y deviendrait certainement fou de désespoir, ou démagogue par réaction d'esprit.

II.

Les trois principaux édifices de Palma sont la cathédrale, la Lonja (bourse) et le Palacio-Real. La cathédrale, attribuée par les Majorquins à don Jaime le Conquérant, leur premier roi chrétien et en quelque sorte leur Charlemagne, fut en effet entreprise sous son règne, mais elle ne fut terminée qu'en 1604. Elle est d'une immense nudité; la pierre calcaire dont elle est entièrement bâtie est d'un grain très-fin et d'une belle couleur d'ambre.

Cette masse imposante, qui s'élève au bord de la mer, est d'un grand effet lorsqu'on entre dans le port; mais elle n'a de vraiment estimable, comme goût, que le portail méridional, signalé par M. Laurens comme le plus beau spécimen de l'art gothique qu'il ait jamais eu occasion de dessiner. L'intérieur est des plus sévères et des plus sombres.

Les vents maritimes pénétrant avec fureur par les larges ouvertures du portail principal et renversant les tableaux et les vases sacrés au milieu des offices, on a muré les portes et les rosaces de ce côté. Ce vaisseau n'a pas moins de cinq cent quarante palmes[1]

---

[1]. Le *palmo* espagnol est le *pan* de nos provinces méridionales.

de longueur sur trois cent soixante-quinze de largeur.

Au milieu du chœur on remarque un sarcophage de marbre fort simple, qu'on ouvre aux étrangers pour leur montrer la momie de don Jaime II, fils du *Conquistador*, prince dévot, aussi faible et aussi doux que son père fut entreprenant et belliqueux.

Les Majorquins prétendent que leur cathédrale est très-supérieure à celle de Barcelone, de même que leur Lonja est infiniment, selon eux, plus belle que celle de Valence. Je n'ai pas vérifié le dernier point; quant au premier, il est insoutenable.

Dans l'une et dans l'autre cathédrale on remarque le singulier trophée qui orne la plupart des métropoles de l'Espagne : c'est la hideuse tête de Maure en bois peint, coiffée d'un turban, qui termine le pendentif de l'orgue. Cette représentation d'une tête coupée est souvent ornée d'une longue barbe blanche et peinte en rouge en dessous pour figurer le sang impur du vaincu.

On voit sur les clefs de voûte des nefs de nombreux écussons armoriés. Apposer ainsi son blason dans la maison de Dieu était un privilége que les chevaliers majorquins payaient fort cher; et c'est grâce à cet impôt prélevé sur la vanité que la cathédrale a pu terminer dans un siècle où la dévotion était refroidie. Il faudrait être bien injuste pour attribuer aux seuls Majorquins une faiblesse qui leur a été commune avec les nobles dévots du monde entier à cette époque.

La Lonja est le monument qui m'a le plus frappé par ses proportions élégantes et un caractère d'originalité que n'excluent ni une régularité parfaite ni une simplicité pleine de goût.

Cette bourse fut commencée et terminée dans la première moitié du quinzième siècle. L'illustre Jovellanos l'a décrite avec soin, et le *Magasin Pittoresque* l'a popularisée par un dessin fort intéressant, publié il y a déjà plusieurs années. L'intérieur est une seule vaste salle soutenue par six piliers cannelés en spirale, d'une ténuité élégante.

Destinée jadis aux réunions des marchands et des nombreux navigateurs qui affluaient à Palma, la Lonja témoigne de la splendeur passée du commerce majorquin; aujourd'hui elle ne sert plus qu'aux fêtes publiques. Ce devait être une chose intéressante de voir les Majorquins, revêtus des riches costumes de leurs pères, s'ébattre gravement dans cette antique salle de bal; mais la pluie nous tenait alors captifs dans la montagne, et il ne nous fut pas possible de voir ce carnaval, moins renommé et moins triste peut-être que celui de Venise. Quant à la Lonja, quelque belle qu'elle m'ait paru, elle n'a pas fait tort dans mes souvenirs à cet adorable bijou qu'on appelle la Cadoro, l'ancien hôtel des monnaies, sur le Grand-Canal.

Le Palacio-Real de Palma, que M. Grasset de Saint-Sauveur n'hésite point à croire romain et mauresque (ce qui lui a inspiré des émotions tout à fait dans le goût de l'empire), a été bâti, dit-on, en 1309. M. Laurens se déclare troublé dans sa conscience à l'endroit des petites fenêtres géminées, et des colonnettes énigmatiques qu'il a étudiées dans ce monument.

Serait-il donc trop audacieux d'attribuer les anomalies de goût qu'on remarque dans tant de constructions majorquines à l'intercalation d'anciens fragments dans des constructions subséquentes? De même qu'en France et en Italie le goût de la renaissance introduisit des médaillons et des bas-reliefs vraiment grecs et romains dans les ornements de sculpture, n'est-il pas probable que les chrétiens de Majorque, après avoir renversé tous les ouvrages mauresques [1], en utilisèrent les riches débris et les incrustèrent de plus en plus dans leurs constructions postérieures?

Quoi qu'il en soit, le Palacio-Real de Palma est d'un aspect fort pittoresque. Rien de plus irrégulier, de plus incommode et de plus sauvagement moyen âge que cette habitation seigneuriale ; mais aussi rien de plus fier, de plus caractérisé, de plus hidalgo que ce manoir composé de galeries, de tours, de terrasses et d'arcades grimpant les unes sur les autres à une hauteur considérable, et terminées par un ange gothique, qui, du sein des nues, regarde l'Espagne par-dessus la mer.

Ce palais, qui renferme les archives, est la résidence du capitaine général, le personnage le plus éminent de l'île. Voici comment M. Grasset de Saint-Sauveur décrit l'intérieur de cette résidence :

« La première pièce est une espèce de vestibule servant de corps de garde. On passe à droite dans deux grandes salles, où à peine rencontre-t-on un siège.

« La troisième est la salle d'audience; elle est décorée d'un trône en velours cramoisi enrichi de crépines en or, porté sur une estrade de trois marches couvertes d'un tapis. Aux deux côtés sont deux lions en bois doré. Le dais qui couvre le trône est également de velours cramoisi surmonté de panaches en plumes d'autruche. Au-dessus du trône sont suspendus les portraits du roi et de la reine.

« C'est dans cette salle que le général reçoit, les jours d'étiquette ou de *gala*, les différents corps de l'administration civile, les officiers de la garnison, et les étrangers de considération. »

Le capitaine général, faisant les fonctions de gouverneur, pour qui nous avions des lettres, nous fit en effet l'honneur de recevoir dans cette salle celui de nous qui se chargea d'aller les lui présenter. Notre compagnon trouva ce haut fonctionnaire près de son trône, le même à coup sûr que décrivait Grasset de Saint-Sauveur en 1807; car il était usé, fané, râpé, et quelque peu taché d'huile et de bougie. Les deux lions n'étaient plus guère dorés, mais ils faisaient toujours une grimace très-féroce. Il n'y avait de changé que l'effigie royale; cette fois, c'était l'innocente Isabelle, monstrueuse enseigne de cabaret, qui occupait le vieux cadre doré où ses augustes ancêtres s'étaient succédé comme les modèles dans le *passe-partout* d'un élève en peinture. Le gouverneur, pour être logé comme le duc d'Irénéus d'Hoffmann, n'en était pas moins un homme fort estimé et un prince fort affable.

Un quatrième monument fort remarquable est le palais de l'Ayuntamiento, ouvrage du seizième siècle, dont on compare avec raison le style à celui des palais de Florence. Le toit est surtout remarquable par l'avancement de ses parts, comme ceux des palais florentins et des chalets suisses; mais il a cela de particulier, qu'il est soutenu par des caissons à rosaces fort richement sculptées sur bois, alternées avec de longues cariatides couchées sous cet auvent, qu'elles semblent porter en gémissant, car la plupart d'entre elles ont la face cachée dans leurs mains.

Je n'ai pas vu l'intérieur de cet édifice, dans lequel se trouve la collection des portraits des grands hommes de Majorque. Au nombre de ces illustres personnages, on voit le fameux don Jaime, sous les traits d'un *roi de carreau*. On y voit aussi un très-ancien tableau représentant les funérailles de Raymond Lulle, Majorquin, lequel offre une série très-intéressante et très-variée des anciens costumes revêtus par l'innombrable cortège du docteur illuminé. Enfin on voit dans ce palais consistorial un magnifique *Saint Sébastien* de Van Dyck,

---

1. La prise et le sac de Palma par les chrétiens, au mois de décembre de l'année 1229, sont très-pittoresquement décrits dans la chronique de Marsyli (inédite). En voici un fragment :

« Les pillards et les voleurs fouillant dans les maisons trouvaient de très belles femmes et de charmantes filles maures qui tenaient dans leur sein des pièces de monnaie d'or et d'argent, des perles et pierres précieuses, des bracelets en or et en argent, des saphirs et toute sorte de joyaux de prix. Elles étalaient tous ces objets aux yeux des hommes armés qui se présentaient à elles, et, pleurant amèrement, elles leur disaient en sarrasin : « — Que tout ceci soit à toi, mais donne-moi seulement de quoi vivre. »

L'avidité du gain fut telle, tel fut le déportement, que les hommes de la maison du roi d'Aragon ne parurent de huit jours en sa présence, occupés qu'ils étaient à chercher les objets cachés pour se les approprier.

C'était à tel point que le lendemain, comme on n'avait pu découvrir le cuisinier ni les officiers de la maison du roi, un noble aragonais, Ladro, lui dit :

« — Seigneur, je vous invite parce que j'ai bien de quoi manger, et qu'on m'annonce que j'ai dans mon logis une bonne vache; là vous prendrez un repas et coucherez cette nuit.

« Le roi en eut une grande joie et suivit ledit noble. »

Le fort de Belver.

dont personne, à Majorque, ne m'a daigné signaler l'existence.

« Palma possède une école de dessin, ajoute M. Laurens, qui a déjà formé, dans notre dix-neuvième siècle seulement, trente-six peintres, huit sculpteurs, onze architectes et six graveurs, tous professeurs célèbres, s'il faut en croire le Dictionnaire des artistes célèbres de Majorque, que vient de publier le savant Antonio Furio. J'avoue ingénument que pendant mon séjour à Palma je ne me suis pas cru entouré de tant de grands hommes, et que je n'ai rien vu qui me fît deviner leur existence...

« Quelques riches familles conservent plusieurs tableaux de l'école espagnole... Mais si vous parcourez les magasins, si vous entrez dans la maison du simple citoyen, vous n'y trouverez que ces images coloriées étalées par des colporteurs sur nos places publiques, et qui ne trouvent accès en France que sous l'humble toit du pauvre paysan. »

Le palais dont Palma se glorifie le plus est celui du comte de Montenegro, vieillard octogénaire, autrefois capitaine général, un des personnages de Majorque les plus illustres par la naissance et les plus importants par la richesse.

Ce seigneur possède une bibliothèque que nous fûmes admis à visiter, mais dont je n'ouvris pas un seul volume, et dont je ne saurais absolument rien dire (tant mon respect pour les livres est voisin de l'épouvante), si un savant compatriote ne m'eût appris l'importance des trésors devant lesquels j'étais passé indifférent, comme le coq de la fable au milieu des perles.

Ce compatriote[1], qui est resté près de deux ans en Catalogne et à Majorque pour y faire des études sur la langue romane, m'a communiqué obligeamment ses notes, et m'a autorisé, avec une générosité bien rare chez les érudits, à y puiser à discrétion. Je ne le ferai pas sans prévenir mon lecteur que ce voyageur a été aussi enthousiasmé de toutes choses à Majorque que j'y ai été désappointé.

Je pourrais dire, pour expliquer cette divergence d'impressions, que, lors de mon séjour, la population

[1] M. Tastu, un de nos linguistes les plus érudits, et l'époux d'une de nos muses au talent le plus pur et au caractère le plus noble.

Le château de Valdemorosa.

majorquine s'était gênée et resserrée pour faire place à vingt mille Espagnols que la guerre y avait refoulés, et que j'ai pu, sans erreur et sans prévention, trouver Palma moins habitable, et les Majorquins moins disposés à accueillir un nouveau surcroît d'étrangers qu'ils ne l'étaient sans doute deux ans auparavant. Mais j'aime mieux encourir le blâme d'un bienveillant redresseur que d'écrire sous une autre impression que la mienne propre.

Je serai bien heureux, d'ailleurs, d'être contredit et réprimandé publiquement, comme je l'ai été en particulier; car le public y gagnera un livre bien plus exact et bien plus intéressant sur Majorque que cette relation décousue, et peut-être injuste à mon insu, que je suis forcé de lui donner.

Que M. Tastu publie donc son voyage; je lirai avec grand contentement de cœur, je le jure, tout ce qui me pourra faire changer d'opinion sur les Majorquins : j'en ai connu quelques-uns que je voudrais pouvoir considérer comme les représentants du type général, et qui, je l'espère, ne douteront pas de mes sentiments à leur égard, si cet écrit tombe jamais entre leurs mains.

Je trouve donc dans les notes de M. Tastu, à l'endroit des richesses intellectuelles que possède encore Majorque, cette bibliothèque du comte de Montenegro, que j'ai parcourue peu révérencieusement à la suite du chapelain de la maison, occupé que j'étais d'examiner cet intérieur d'un vieux chevalier majorquin célibataire; intérieur triste et grave s'il en fut, régi silencieusement par un prêtre.

« Cette bibliothèque, dit M. Tastu, a été composée par l'oncle du comte de Montenegro, le cardinal Antonio Despuig, l'ami intime de Pie VI.

« Le savant cardinal avait réuni tout ce que l'Espagne, l'Italie et la France avaient de remarquable en bibliographie. La partie qui traite de la numismatique et des arts de l'antiquité y est surtout au grand complet.

« Parmi le petit nombre de manuscrits qu'on y trouve, il en est un fort curieux pour les amateurs de calligraphie : c'est un livre d'heures. Les miniatures en sont précieuses; il est des meilleurs temps de l'art.

« L'amateur de blason y trouvera encore un armorial où sont dessinés avec leurs couleurs les écus d'armes de la noblesse espagnole, y compris ceux des familles aragonaises, mallorquines, roussillonnaises et languedociennes. Le manuscrit, qui paraît être du seizième siècle, a appartenu à la famille Dameto, alliée aux Despuig et aux Montenegro. En le feuilletant, nous y avons trouvé l'écu de la famille des *Bonapart*, d'où descendait notre grand Napoléon, et dont nous avons tiré le *fac-similé* qu'on verra ci-après...

« On trouve encore dans cette bibliothèque la belle carte nautique du Mallorquin Valsecqua, manuscrit de 1439, chef-d'œuvre de calligraphie et de dessin topographique, sur lequel le miniaturiste a exercé son précieux travail. Cette carte avait appartenu à Améric Vespuce, qui l'avait achetée fort cher, comme l'atteste une légende en écriture du temps, placée sur le dos de ladite carte: *Questa ampla pelle di geographia fù pagata da Amerigo Vespucci CXXX ducati di oro di marco.*

« Ce précieux monument de la géographie du moyen âge sera incessamment publié pour faire suite à l'Atlas catalan-mallorquin de 1375, inséré dans le XIV° vol., 2° partie, des Notices de manuscrits de l'Académie des Inscriptions et Belles-Lettres. »

En transcrivant cette note, les cheveux me dressent à la tête, car une scène affreuse se retrace à ma pensée. Nous étions dans cette même bibliothèque de Montenegro, et le chapelain déroulait devant nous cette même carte nautique, ce monument si précieux et si rare, acheté par Améric Vespuce 130 ducats d'or, et Dieu sait combien par l'amateur d'antiquités le cardinal Despuig !.. lorsqu'un des quarante ou cinquante domestiques de la maison imagina de poser un encrier de liège sur un des coins du parchemin pour le tenir ouvert sur la table. L'encrier était plein, mais plein jusqu'aux bords !

Le parchemin, habitué à être roulé, et poussé peut-être en cet instant par quelque malin esprit, fit un effort, un craquement, un saut, et revint sur lui-même entraînant l'encrier, qui disparut dans le rouleau bondissant et vainqueur de toute contrainte. Ce fut un cri général ; le chapelain devint plus pâle que le parchemin.

On déroula lentement la carte, se flattant encore d'une vaine espérance ! Hélas ! l'encrier était vide ! La carte était inondée, et les jolis petits souverains peints en miniature voguaient littéralement sur une mer plus noire que le Pont-Euxin.

Alors chacun perdit la tête. Je crois que le chapelain s'évanouit. Les valets accoururent avec des seaux d'eau, comme s'il se fût agi d'un incendie, et, à grands coups d'éponge et de balai, se mirent à nettoyer la carte, emportant pêle-mêle rois, mers, îles et continents.

Avant que nous eussions pu nous opposer à ce zèle fatal, la carte fut en partie gâtée, mais non pas sans ressource ; M. Tastu en ayant pris le calque exact, et on pourra, grâce à lui, réparer tant bien que mal le dommage.

Mais quelle dut être la consternation de l'aumônier lorsque son seigneur s'en aperçut ! Nous étions tous à six pas de la table au moment de la catastrophe ; mais je suis bien certain que nous n'en portâmes pas moins tout le poids de la faute, et que ce fait, imputé à des Français, n'aura pas contribué à les remettre en bonne odeur à Majorque.

Cet événement tragique nous empêcha d'admirer et même d'apercevoir aucune des merveilles que renferme le palais de Montenegro, ni le cabinet de médailles, ni les bronzes antiques, ni les tableaux. Il nous tardait de fuir avant que le patron rentrât, et, certains d'être accusés auprès de lui, nous n'osâmes y retourner. La note de M. Tastu suppléera donc encore ici à mon ignorance.

« Attenant à la bibliothèque du cardinal se trouve un cabinet de médailles celtibériennes, mauresques, grecques, romaines et du moyen âge ; inappréciable collection, aujourd'hui dans un désordre affligeant, et qui attend un érudit pour être rangée et classée.

« Les appartements du comte de Montenegro sont décorés d'objets d'art en marbre ou en bronze antique, provenant des fouilles d'Ariccia, ou achetés à Rome par le cardinal. On y voit aussi beaucoup de tableaux des écoles espagnole et italienne, dont plusieurs pourraient figurer avec éclat dans les plus belles galeries de l'Europe. »

Il faut que je parle du château de Belver ou Bellver, l'ancienne résidence des rois de Majorque, quoique je ne l'aie vue que de loin, sur la colline d'où il domine la mer avec beaucoup de majesté. C'est une forteresse d'une grande antiquité, et une des plus dures prisons d'État de l'Espagne.

« Les murailles qui existent aujourd'hui, dit M. Laurens, ont été élevées à la fin du treizième siècle, et elles montrent dans un bel état de conservation un des plus curieux monuments de l'architecture militaire au moyen âge. »

Lorsque notre voyageur le visita, il y trouva une cinquantaine de prisonniers carlistes, couverts de haillons et presque nus, quelques-uns encore enfants, qui mangeaient à la gamelle avec une gaieté bruyante un chaudron de macaroni grossier cuit à l'eau. Ils étaient gardés par des soldats qui tricotaient des bas, le cigare à la bouche.

C'était au château de Belver qu'on transférait effectivement à cette époque le trop-plein des prisons de Barcelone. Mais des captifs plus illustres ont vu se fermer sur eux ces portes redoutables.

Don Gaspar de Jovellanos, un des orateurs les plus éloquents et des écrivains les plus énergiques de l'Espagne, y expia son célèbre pamphlet *Pan y toros*, dans la *torre de homenage, cuya cuva*, dit Vargas, *es la mas cruda prision*. Il y occupa ses tristes loisirs à décrire scientifiquement sa prison, et à retracer l'histoire des événements tragiques dont elle avait été le théâtre au temps des guerres du moyen âge.

Les Majorquins doivent aussi à son séjour dans leur île une excellente description de leur cathédrale et de leur Lonja. En un mot, ses Lettres sur Majorque sont les meilleurs documents qu'on puisse consulter.

Le même cachot qu'avait occupé Jovellanos, sous le règne parasite du prince de la Paix, reçut bientôt après une autre illustration scientifique et politique.

Cette anecdote peu connue de la vie d'un homme aussi justement célèbre en France que Jovellanos l'est en Espagne, intéressera d'autant plus qu'elle est un des chapitres romanesques d'une vie que l'amour de la science jeta dans mille aventures périlleuses et touchantes.

III.

Chargé par Napoléon de la mesure du méridien, M. Arago était, en 1808, à Majorque, sur la montagne appelée le *Clot de Galatzo*, lorsqu'il reçut la nouvelle des événements de Madrid et de l'enlèvement de Ferdinand. L'exaspération des habitants de Majorque fut telle alors qu'ils s'en prirent au savant français, et se dirigèrent en foule vers le Clot de Galatzo pour le tuer.

Cette montagne est située au-dessus de la côte où descendit Jaime 1er lorsqu'il conquit Majorque sur les Maures ; et comme M. Arago y faisait souvent allumer des feux pour son usage, les Majorquins s'imaginèrent qu'il faisait des signaux à une escadre française portant une armée de débarquement.

Un de ces insulaires nommé Damian, maître de timonnerie sur le brick affecté par le gouvernement espagnol aux opérations de la mesure du méridien, résolut d'avertir M. Arago du danger qu'il courait. Il devança ses compatriotes, et lui porta en toute hâte des habits de marin pour le déguiser.

M. Arago quitta aussitôt sa montagne et se rendit à Palma. Il rencontra en chemin ceux-là mêmes qui allaient pour le mettre en pièces, et qui lui demandèrent des renseignements sur le maudit *gabacho* dont ils voulaient se défaire. Parlant très-bien la langue du pays, M. Arago répondit à toutes leurs questions, et ne fut pas reconnu.

En arrivant à Palma, il se rendit à son brick ; mais le capitaine don Manoel de Vacaro, qui jusque là avait toujours déféré à ses ordres, refusa formellement de le conduire à Barcelone, et ne lui offrit à son bord pour tout refuge qu'une caisse dans laquelle, vérification faite, M. Arago ne pouvait tenir.

Le lendemain, un attroupement menaçant s'étant formé sur le rivage, le capitaine Vacaro avertit M. Arago qu'il ne pouvait plus désormais répondre de sa vie; ajoutant, sur l'avis du capitaine général, qu'il n'y avait pour lui d'autre moyen de salut que d'aller se constituer prisonnier dans le fort de Belver. On lui fournit à cet effet une chaloupe sur laquelle il traversa la rade. Le peuple s'en aperçut, et, s'élançant à sa poursuite, allait l'atteindre au moment où les portes de la forteresse se fermèrent sur lui.

M. Arago resta deux mois dans cette prison, et le capitaine général lui fit dire enfin qu'il fermerait les yeux sur son évasion. Il s'échappa donc par les soins de M. Rodriguez, son associé espagnol dans la mesure du méridien.

Le même Majorquin Damian, qui lui avait sauvé la vie au Clot de Galatzo, le conduisit à Alger sur une barque de pêcheur, ne voulant à aucun prix débarquer en France ou en Espagne.

Durant sa captivité, M. Arago avait appris des soldats suisses qui le gardaient, que des moines de l'île leur avaient promis de l'argent s'ils voulaient l'empoisonner.

En Afrique, notre savant eut bien d'autres revers, auxquels il échappa d'une façon encore plus miraculeuse ; mais ceci sortirait de notre sujet, et nous espérons qu'un jour il écrira cette intéressante relation.

Au premier abord, la capitale majorquine ne révèle pas tout le caractère qui est en elle. C'est en la parcourant dans l'intérieur, en pénétrant le soir dans ses rues profondes et mystérieuses, qu'on est frappé du style élégant et de la disposition originale de ses moindres constructions. Mais c'est surtout du côté du nord, lorsqu'on y arrive de l'intérieur des terres, qu'elle se présente avec toute sa physionomie africaine.

M. Laurens a senti cette beauté pittoresque, qui n'eût point frappé un simple archéologue, et il a retracé un des aspects qui m'avait le plus pénétré par sa grandeur et sa mélancolie; c'est la partie du rempart sur laquelle s'élève, non loin de l'église de Saint-Augustin, un énorme massif carré sans autre ouverture qu'une petite porte cintrée.

Un groupe de beaux palmiers couronne cette fabrique, dernier vestige d'une forteresse des templiers, premier plan, admirable de tristesse et de nudité, au tableau magnifique qui se déroule au bas du rempart, la plaine riante et fertile terminée au loin par les montagnes bleues de Valdemosa. Vers le soir, la couleur de ce paysage varie d'heure en heure en s'harmonisant toujours de plus en plus ; nous l'avons vu au coucher du soleil d'un rose étincelant, puis d'un violet splendide, et puis d'un lilas argenté, et enfin d'un bleu pur et transparent à l'entrée de la nuit.

M. Laurens a dessiné plusieurs autres vues prises des remparts de Palma.

« Tous les soirs, dit-il, à l'heure où le soleil colore vivement les objets, j'allais lentement par le rempart, m'arrêtant à chaque pas pour contempler les heureux accidents qui résultaient de l'arrangement des lignes des montagnes ou de la mer avec les sommités des édifices de la ville.

« Ici, le talus intérieur du rempart était garni d'une effrayante haie d'aloès d'où sortaient par centaines ces hautes tiges dont l'inflorescence rappelle si bien un candélabre monumental. Au delà, des groupes de palmiers s'élevaient dans les jardins au milieu des figuiers, des cactus, des orangers et des ricins arborescents ; plus loin apparaissaient des belvédères et des terrasses ombragées de vignes ; enfin, les aiguilles de la cathédrale, les clochers et les dômes des nombreuses églises se détachaient en silhouettes sur le fond pur et lumineux du ciel. »

Une autre promenade dans laquelle les sympathies de M. Laurens ont rencontré les miennes, c'est celle des ruines du couvent de Saint-Dominique.

Au bout d'un berceau de vigne soutenu par des piliers de marbre se trouvent quatre grands palmiers que l'élévation de ce jardin en terrasse fait paraître gigantesques, et qui font vraiment partie, à cette hauteur, des monuments de la ville avec lesquels leur cime se trouve de niveau. A travers leurs rameaux on aperçoit le sommet de la façade de Saint-Étienne, la tour massive de la célèbre horloge baléarique[1], et la tour de l'Ange du Palacio-Real.

Ce couvent de l'inquisition, qui n'offre plus qu'un monceau de débris, où quelques arbrisseaux et quelques plantes aromatiques percent çà et là les décombres, n'est pas tombé sous la main du temps. Une main plus prompte et plus inexorable, celle des révolutions, a renversé et presque mis en poudre, il y a peu d'années, ce monument que l'on dit avoir été un chef-d'œuvre, et dont les vestiges, les fragments de riche mosaïque, quelques arcs légers encore debout et se dressant dans le vide comme des squelettes, attestent du moins la magnificence.

C'est un grand sujet d'indignation pour l'aristocratie palmesane, et une source de regrets bien légitimes pour les artistes, que la destruction de ces sanctuaires de l'art catholique dans toute l'Espagne. Il y a dix ans, peut-être eussé-je été, moi aussi, plus frappé du vandalisme de cette destruction que de la page historique dont elle est la vignette.

Mais, quoiqu'on puisse avec raison, comme le fait M. Marliani dans son *Histoire politique de l'Espagne moderne*, déplorer le côté faible et violent à la fois des mesures que ce décret devait entraîner, j'avoue qu'au milieu de ces ruines je sentais une émotion qui n'était pas la tristesse que les ruines inspirent ordinairement. La foudre était tombée là, et la foudre est un instrument aveugle, une force brutale comme la colère de l'homme; mais la loi providentielle qui gouverne les éléments et préside à leurs apparents désordres sait bien que les principes d'une vie nouvelle sont cachés dans la cendre des débris. Il y eut dans l'atmosphère politique de l'Espagne, au jour où les couvents tombèrent, quelque chose d'analogue à ce besoin de renouvellement qu'éprouve la nature dans ses convulsions fécondes.

Je ne crois pas ce qu'on m'a dit à Palma, que quelques mécontents avides de vengeances ou de dépouilles aient consommé cet acte de violence à la face de la population consternée. Il faut beaucoup de mécontents pour réduire ainsi en poussière une énorme masse de bâtiments, et il faut qu'il y ait bien peu de sympathies dans une population pour qu'elle voie ainsi accomplir un décret contre lequel elle protesterait dans son cœur.

Je crois bien plutôt que la première pierre arrachée

---

[1]. « Cette horloge, que les deux principaux historiens de Majorque, Dameto et Mut, ont longuement décrite, fonctionnait encore il y a trente ans, et voici ce qu'en dit M. Grasset de Saint-Sauveur : « Cette machine, très-ancienne, est appelée *l'horloge du Soleil*. Elle marque les heures depuis le lever jusqu'au coucher de cet astre, suivant l'étendue plus ou moins grande de l'arc diurne et nocturne; de manière que le 10 juin, elle frappe la première heure du jour à cinq heures et demie, la neuvième à sept et demie, la première de la nuit à huit et demie, la neuvième à quatre et demie de la matinée suivante. C'est l'inverse à commencer du 10 décembre. Pendant tout le cours de l'année, les heures sont exactement réglées, suivant les variations du lever et du coucher du soleil. Cette horloge n'est pas d'une grande utilité pour les gens du pays, qui se règlent d'après les horloges modernes; mais elle sert aux jardiniers pour déterminer les heures de l'arrosage. On ignore d'où et à quelle époque cette machine a été apportée à Palma; on ne peut pas que ce soit d'Espagne, de France, d'Allemagne ou d'Italie, où les Romains avaient introduit l'usage de diviser le jour en douze heures, à commencer au lever du soleil.

« Cependant un ecclésiastique, recteur de l'université de Palma, assure, dans la troisième partie d'un ouvrage sur la religion séraphique, que des Juifs fugitifs, du temps de Vespasien, retirèrent cette fameuse horloge des ruines de Jérusalem et la transportèrent à Majorque, où ils s'étaient réfugiés. Voilà une origine merveilleuse, conséquente avec le penchant caractéristique des néo-insulaires pour tout ce qui tient du prodige.

« L'historien Dameto et Mut, son continuateur, ne font remonter qu'à l'année 1385 l'antiquité de l'horloge baléarique. Elle fut achetée des pères dominicains et placée dans la tour où elle existe. » (*Voyage aux îles Baléares et Pithiuses*, 1807.)

du sommet de ces dômes fit tomber de l'âme du peuple en sentiment de crainte et de respect qui n'y tenait pas plus que le clocher monacal sur sa base; et que chacun, sentant remuer ses entrailles par une impulsion mystérieuse et soudaine, s'élança sur le cadavre avec un mélange de courage et d'effroi, de fureur et de remords. Le monachisme protégeait bien des abus et caressait bien des égoïsmes; la dévotion est bien puissante en Espagne, et sans doute plus d'un démolisseur se repentit et se confessa le lendemain au religieux qu'il venait de chasser de son asile. Mais il y a dans le cœur de l'homme le plus ignorant et le plus aveugle quelque chose qui le fait tressaillir d'enthousiasme quand le destin lui confère une mission souveraine.

Le peuple espagnol avait bâti de ses deniers et de ses sueurs ces insolents palais du clergé régulier, à la porte desquels il venait recevoir depuis des siècles l'obole de la mendicité fainéante et le pain de l'esclavage intellectuel. Il avait participé à ses crimes, il avait trempé dans ses lâchetés. Il avait élevé les bûchers de l'inquisition. Il avait été complice et délateur dans les persécutions atroces dirigées contre des races entières qu'on voulait extirper de son sein. Et quand il eut consommé la ruine de ces juifs qui l'avaient enrichi, quand il eut banni ces Maures auxquels il devait sa civilisation et sa grandeur, il eut pour châtiment céleste la misère et l'ignorance. Il eut la persévérance et la piété de ne pas s'en prendre à ce clergé, son ouvrage, son corrupteur et son fléau. Il souffrit longtemps, courbé sous ce joug façonné de ses propres mains. Et puis, un jour, des voix étranges, audacieuses, firent entendre à ses oreilles et à sa conscience des paroles d'affranchissement et de délivrance. Il comprit l'erreur de ses ancêtres, rougit de son abaissement, s'indigna de sa misère, et malgré l'idolâtrie qu'il conservait encore pour les images et les reliques, il brisa ces simulacres, et crut plus énergiquement à son droit qu'à son culte.

Quelle est donc cette puissance secrète qui transporta tout d'un coup le dévot prosterné, au point de tourner son fanatisme d'un jour contre les objets de l'adoration de toute sa vie? Ce n'est, à coup sûr, ni le mécontentement des hommes, ni l'ennui des choses. C'est le mécontentement de soi-même, c'est l'ennui de sa propre timidité.

Et le peuple espagnol fut plus grand qu'on ne pense ce jour-là. Il accomplit un fait décisif, et s'ôta à lui-même les moyens de revenir sur sa détermination, comme un enfant qui veut devenir homme, et qui brise ses jouets, afin de ne plus céder à la tentation de les reprendre.

Quant à don Juan Mendizabal (son nom vaut bien la peine d'être prononcé à propos de tels événements), si ce que j'ai appris de son existence politique m'a été fidèlement rapporté, ce serait plutôt un homme de principes qu'un homme de faits, et, selon moi, c'est le plus bel éloge qu'on puisse faire de lui. De ce que cet homme d'État aurait trop présumé de la situation intellectuelle de l'Espagne en de certains jours, et trop douté en de certains autres, de ce qu'il aurait pris parfois des mesures intempestives ou incomplètes, et semé son idée sur des champs stériles où la semence devait être étouffée ou dévorée, c'est peut-être une raison suffisante pour qu'on lui dénie l'habileté d'exécution et la persistance de caractère nécessaires au succès immédiat des entreprises; mais ce n'en est pas une pour que l'histoire, prise d'un point de vue plus philosophique qu'on ne le fait ordinairement, ne le signale un jour comme un des esprits les plus généreux et les plus ardemment progressifs de l'Espagne [1].

Ces réflexions me vinrent souvent parmi les ruines des couvents de Majorque, lorsque j'entendais maudire son nom, et qu'il n'était peut-être pas sans inconvénient pour nous de le prononcer avec éloge et sympathie. Je me disais alors qu'en dehors des questions politiques du moment, pour lesquelles il m'est bien permis de n'avoir ni goût ni intelligence, il y avait un jugement synthétique que je pouvais porter sur les hommes et même sur les faits, sans crainte de m'abuser. Il n'est pas si nécessaire qu'on le croit et qu'on le dit de connaître directement une nation, d'en avoir étudié à fond les mœurs et la vie matérielle, pour se faire une idée droite, et concevoir un sentiment vrai de son histoire, de son avenir, de sa vie morale en un mot. Il me semble qu'il y a dans l'histoire générale de la vie humaine une grande ligne à suivre et qui est la même pour tous les peuples, et à laquelle se rattachent tous les fils de leur histoire particulière. Cette ligne, c'est le sentiment et l'action perpétuelle de l'idéal, ou, si l'on veut, de la perfectibilité, que les hommes ont porté en eux-mêmes, soit à l'état d'instinct aveugle, soit à l'état de théorie lumineuse. Les hommes vraiment éminents l'ont tous ressenti et pratiqué plus ou moins à leur manière, et les plus hardis, ceux qui en ont eu la plus lucide révélation, et qui ont frappé les plus grands coups dans le présent pour hâter le développement de l'avenir, sont ceux que les contemporains ont presque toujours le plus mal jugés. On les a flétris et condamnés sans les connaître, et ce n'est qu'en recueillant le fruit de leur travail qu'on les a replacés sur le piédestal d'où quelques déceptions passagères, quelques revers incompris les avaient fait descendre.

Combien de noms fameux dans notre révolution ont été tardivement et timidement réhabilités! et combien leur mission et leur œuvre sont encore mal comprises et mal développées! En Espagne, Mendizabal a été un des ministres les plus sévèrement jugés, parce qu'il a été le plus courageux, le seul courageux peut-être; et l'acte qui marque sa courte puissance d'un souvenir ineffaçable, la destruction radicale des couvents, lui a été si durement reproché, que j'éprouve le besoin de protester ici en faveur de cette audacieuse résolution et de l'enivrement avec lequel le peuple espagnol l'adopta et la mit en pratique.

Du moins c'est le sentiment dont mon âme fut remplie soudainement à la vue de ces ruines que le temps n'a pas encore noircies, et qui, elles aussi, semblent protester contre le passé et proclamer le réveil de la vérité chez le peuple. Je ne crois pas avoir perdu le goût et le respect des arts, je ne sens pas en moi des instincts de vengeance et de barbarie; enfin je ne suis pas de ceux qui disent que le culte du beau est inutile, et qu'il faut dégrader les monuments pour en faire des usines; mais un couvent de l'inquisition rasé par le bras populaire est une page de l'histoire tout aussi grande, tout aussi instructive, tout aussi émouvante qu'un aqueduc romain ou un amphithéâtre. Une administration gouvernementale qui ordonnerait de sang-froid la destruction d'un temple, pour quelque raison d'utilité mesquine ou d'économie ridicule, ferait un acte grossier et coupable; mais un chef politique qui, dans un jour de

---

[1]. Cette pensée droite, ce sentiment élevé de l'histoire, a inspiré M. Marliani lorsqu'il a tracé l'éloge de M. Mendizabal en tête de la critique de son ministère: « Ce qu'on ne pourra jamais lui refuser, ce sont des qualités d'autant plus admirables qu'elles se sont rarement trouvées dans les hommes qui l'ont précédé au pouvoir: c'est une foi vive dans l'avenir du pays, c'est un dévouement sans bornes à la cause de la liberté, c'est un sentiment passionné de nationalité, un élan inflexible vers les idées progressives et même révolutionnaires pour opérer les réformes que réclame l'état de l'Espagne; c'est une grande tolérance, une grande générosité envers ses ennemis; c'est enfin un désintéressement personnel qui lui a fait en tout temps et en toute occasion sacrifier ses intérêts à ceux de sa patrie, et qu'il a porté assez loin pour être sorti de ses différents ministères sans un ruban à la boutonnière... Il est le premier ministre qui ait pris au sérieux la régénération de son pays. Son passage aux affaires a marqué un progrès réel. Le ministre parlait cette fois le langage du patriote. Il n'eut pas la force d'abolir la censure, mais il eut la générosité de délivrer la presse de toute entrave en faveur de ses ennemis contre lui-même. Il soumit ses actes administratifs au libre examen de l'opinion publique; et quand une opposition violente s'éleva contre lui au sein des cortès, soulevée par ses anciens amis, il eut assez de grandeur d'âme pour respecter la liberté du député dans le fonctionnaire public. Il déclara à la tribune qu'il se coopérait la main plutôt que de signer la destitution d'un député qui avait été comblé de ses bienfaits et qui était devenu son plus ardent ennemi politique. Noble exemple donné par M. Mendizabal avec d'autant plus de mérite qu'il n'avait eu ce genre avant modèle à suivre! Depuis il ne s'est point trouvé de disciples de cette vertueuse tolérance. » (*Histoire politique de l'Espagne moderne*, par M. Marliani.)

cisif et périlleux, sacrifie l'art et la science à des biens plus précieux, la raison, la justice, la liberté religieuse, et un peuple qui, malgré ses instincts pieux, son amour pour la pompe catholique et son respect pour ses moines, trouve assez de cœur et de bras pour exécuter ce décret en un clin d'œil, font comme l'équipage battu de la tempête, qui se sauve en jetant ses richesses à la mer.

Pleure donc qui voudra sur les ruines! Presque tous ces monuments dont nous déplorons la chute sont des cachots où a langui durant des siècles, soit l'âme, soit le corps de l'humanité. Et viennent donc des poètes qui, au lieu de déplorer la fuite des jours de l'enfance du monde, célèbrent dans leurs vers, sur ces débris de hochets dorés et de férules ensanglantées, l'âge viril qui a su s'en affranchir! Il y a de bien beaux vers de Chamisso sur le château de ses ancêtres rasé par la révolution française. Cette pièce se termine par une pensée très-neuve en poésie, comme en politique :

« Béni sois-tu, vieux manoir, sur qui passe maintenant le soc de la charrue! et béni soit celui qui fait passer la charrue sur toi! »

Après avoir évoqué le souvenir de cette belle poésie, oserai-je transcrire quelques pages que m'inspira le couvent des dominicains? Pourquoi non, puisque aussi bien le lecteur doit s'armer d'indulgence, là où il s'agit pour lui de juger une pensée que l'auteur lui soumet en immolant son amour-propre et ses anciennes tendances? Puisse ce fragment, quel qu'il soit, jeter un peu de variété sur la sèche nomenclature d'édifices que je viens de faire!

IV.

LE COUVENT DE L'INQUISITION.

Parmi les décombres d'un couvent ruiné, deux hommes se rencontrèrent à la clarté sereine de la lune. L'un semblait à la fleur de l'âge, l'autre courbé sous le poids des années, et pourtant celui-là était le plus jeune des deux.

Tous deux tressaillirent en se trouvant face à face; car la nuit était avancée, la rue déserte, et l'heure sonnait lugubre et lente au clocher de la cathédrale.

Celui qui paraissait vieux prit le premier la parole :

« Qui que tu sois, dit-il, homme, ne crains rien de moi; je suis faible et brisé : n'attends rien de moi non plus, car je suis pauvre et nu sur la terre.

— Ami, répondit le jeune homme, je ne suis hostile qu'à ceux qui m'attaquent, et, comme toi, je suis trop pauvre pour craindre les voleurs.

— Frère, reprit l'homme aux traits flétris, pourquoi donc as-tu tressailli tout à l'heure à mon approche?

— Parce que je suis un peu superstitieux, comme tous les artistes, et que je t'ai pris pour le spectre d'un de ces moines qui ne sont plus, et dont nous foulons les tombes brisées. Et toi, l'ami, pourquoi as-tu également frémi à mon approche?

— Parce que je suis très-superstitieux, comme tous les moines, et que je t'ai pris pour le spectre d'un de ces moines qui m'ont renfermé vivant dans les tombes que tu foules.

— Que dis-tu? Es-tu donc un de ces hommes que j'ai avidement et vainement cherchés sur le sol de l'Espagne?

— Tu ne nous trouveras plus nulle part à la clarté du soleil; mais, dans les ombres de la nuit, tu pourras nous rencontrer encore. Maintenant ton attente est remplie; que veux-tu faire d'un moine?

— Le regarder, l'interroger, mon père; graver ses traits dans ma mémoire, afin de les retracer par la peinture; recueillir ses paroles, afin de les redire à mes compatriotes; le connaître enfin, pour me pénétrer de ce qu'il y a de mystérieux, de poétique et de grand dans la personne du moine et dans la vie du cloître.

— D'où te vient, ô voyageur! l'étrange idée que tu te fais de ces choses? N'es-tu pas d'un pays où la domination des papes est abattue, les moines proscrits, les cloîtres supprimés?

— Il est encore parmi nous des âmes religieuses envers le passé, et des imaginations ardentes frappées de la poésie du moyen âge. Tout ce qui peut nous en apporter un faible parfum, nous le cherchons, nous le vénérons, nous l'adorons presque. Ah! ne crois pas, mon père, que nous soyons tous des profanateurs aveugles. Nous autres artistes, nous haïssons ce peuple brutal qui souille et brise tout ce qu'il touche. Bien loin de ratifier ses arrêts de meurtre et de destruction, nous nous efforçons dans nos tableaux, dans nos poésies, sur nos théâtres, dans toutes nos œuvres enfin, de rendre la vie aux vieilles traditions, et de ranimer l'esprit de mysticisme qui engendra l'art chrétien, cet enfant sublime!

— Que dis-tu là, mon fils? Est-il possible que les artistes de ton pays libre et florissant s'inspirent ailleurs que dans le présent? Ils ont tant de choses nouvelles à chanter, à peindre, à illustrer! et ils vivraient, comme tu le dis, courbés sur la terre où dorment leurs aïeux? Ils chercheraient dans la poussière des tombeaux une inspiration riante et féconde, lorsque Dieu, dans sa bonté, leur a fait une vie si douce et si belle?

— J'ignore, bon religieux, en quoi notre vie peut être telle que tu te la représentes. Nous autres artistes, nous ne nous occupons point des faits politiques, et les questions sociales nous intéressent encore moins. Nous chercherions en vain la poésie dans ce qui se passe autour de nous. Les arts languissent, l'inspiration est étouffée, le mauvais goût triomphe, la vie matérielle absorbe les hommes; et, si nous n'avions pas le culte du passé et les monuments des siècles de foi pour nous retremper, nous perdrions entièrement le feu sacré que nous gardons à grand'peine.

— On m'avait dit pourtant que jamais le génie humain n'avait porté aussi loin que dans vos contrées la science du bonheur, les merveilles de l'industrie, les bienfaits de la liberté. On m'avait donc trompé?

— Si on t'a dit, mon père, qu'en aucun temps on n'avait puisé dans les richesses matérielles un si grand luxe, un tel bien-être, et, dans la ruine de l'ancienne société, une si effrayante diversité de goûts, d'opinions et de croyances, on t'a dit la vérité. Mais si on ne t'a pas dit que toutes ces choses, au lieu de nous rendre heureux, nous ont avilis et dégradés, on ne t'a pas dit toute la vérité.

— D'où peut donc venir un résultat si étrange? Toutes les sources du bonheur se sont empoisonnées sur vos lèvres, et ce qui fait l'homme grand, juste et bon, le bien-être et la liberté, vous a faits petits et misérables? Explique-moi ce prodige.

— Mon père, est-ce à moi de te rappeler que l'homme ne vit pas seulement de pain? Si nous avons perdu la foi, tout ce que nous avons acquis d'ailleurs n'a pu profiter à nos âmes.

— Explique-moi encore, mon fils, comment vous avez perdu la foi, alors que, les persécutions religieuses cessant chez vous, vous avez pu élargir vos âmes et lever vos yeux vers la lumière divine? C'était le moment de croire, puisque c'était le moment de savoir. Et, à ce moment-là, vous avez douté? Quel nuage a donc passé sur vos têtes?

— Le nuage de la faiblesse et de la misère humaines. L'examen n'est-il pas incompatible avec la foi, mon père?

— C'est comme si tu demandais, ô jeune homme! si la foi est compatible avec la vérité. Tu ne crois donc à rien, mon fils? ou bien tu crois au mensonge?

— Hélas! moi, je ne crois qu'à l'art. Mais n'est-ce pas assez pour donner à l'âme une force, une confiance et des joies sublimes?

— Je l'ignorais, mon fils, et je ne le comprends pas. Il y a donc encore chez vous quelques hommes heureux? Et toi-même, tu t'es donc préservé de l'abattement et de la douleur?

— Non, mon père; les artistes sont les plus malheureux, les plus indignés, les plus tourmentés des hommes; car ils voient chaque jour tomber plus bas l'objet de leur culte, et leurs efforts sont impuissants pour le relever.

— D'où vient que des hommes aussi pénétrés laissent périr les arts au lieu de les faire revivre?

— C'est qu'ils n'ont plus de foi, et que sans la foi il n'y a plus d'art possible.

— Ne viens-tu pas de me dire que l'art était pour toi une religion? Tu te contredis, mon fils, ou bien je ne sais pas te comprendre.

— Et comment ne serions-nous pas en contradiction avec nous-mêmes, ô mon père! nous autres à qui Dieu a confié une mission que le monde nous dénie, nous à qui le présent ferme les portes de la gloire, de l'inspiration, de la vie; nous qui sommes forcés de vivre dans le passé, et d'interroger les morts sur les secrets de l'éternelle beauté dont les hommes d'aujourd'hui ont perdu le culte et renversé les autels? Devant les œuvres des grands maîtres, et lorsque l'espérance de les égaler nous sourit, nous sommes remplis de force et d'enthousiasme; mais lorsqu'il faut réaliser nos rêves ambitieux, et qu'un monde incrédule et borné souffle sur nous le froid du dédain et de la raillerie, nous ne pouvons rien produire qui soit conforme à notre idéal, et la pensée meurt dans notre sein avant que d'éclore à la lumière.

Le jeune artiste parlait avec amertume, la lune éclairait son visage triste et fier, et le moine immobile le contemplait avec une surprise naïve et bienveillante.

— Asseyons-nous ici, dit ce dernier après un moment de silence, en s'arrêtant près de la balustrade massive d'une terrasse qui dominait la ville, la campagne et la mer. »

C'était à l'angle de ce jardin des dominicains, naguère riche de fleurs, de fontaines et de marbres précieux, aujourd'hui jonché de décombres et envahi par toutes les longues herbes qui poussent avec tant de vigueur et de rapidité sur les ruines.

Le voyageur, dans son agitation, en froissa une dans sa main, et la jeta loin de lui avec un cri de douleur. Le moine sourit.

« Cette piqûre est vive, dit-il, mais elle n'est point dangereuse. Mon fils, cette ronce que tu touches sans ménagement et qui te blesse, c'est l'emblème de ces hommes grossiers dont tu te plaignais tout à l'heure. Ils envahissent les palais et les couvents. Ils montent sur les autels, et s'installent sur les débris des antiques splendeurs de ce monde. Vois quelle sève et quelle puissance ces herbes folles ont rempli les parterres où nous cultivions avec soin des plantes délicates et précieuses dont pas une n'a résisté à l'abandon! De même les hommes simples et à demi sauvages qu'on jetait dehors comme des herbes inutiles ont repris leurs droits, et ont étouffé cette plante vénéneuse qui croissait dans l'ombre et qu'on appelait l'inquisition.

— Ne pouvaient-ils donc l'étouffer sans détruire avec elle les sanctuaires de l'art chrétien et les œuvres du génie?

— Il fallait arracher la plante maudite, car elle était vivace et rampante. Il a fallu détruire jusque dans leurs fondements ces cloîtres où sa racine était cachée.

— Eh bien, mon père, ces herbes épineuses qui croissent à la place, en quoi sont-elles belles et à quoi sont-elles bonnes?

Le moine rêva un instant et répondit :

« Comme vous me dites que vous êtes peintre, sans doute vous ferez un dessin d'après ces ruines?

— Certainement. Où voulez-vous en venir?

— Éviterez-vous de dessiner ces grandes ronces qui retombent en festons sur les décombres, et qui se balancent au vent, ou bien en ferez-vous un accessoire heureux de votre composition, comme je l'ai vu dans un tableau de Salvator Rosa?

— Elles sont les inséparables compagnes des ruines, et aucun peintre ne manque d'en tirer parti.

— Elles ont donc leur beauté, leur signification, et par conséquent leur utilité.

— Votre parabole n'en est pas plus juste, mon père; asseyez des mendiants et des bohémiens sur ces ruines, elles n'en seront que plus sinistres et plus désolées. L'aspect du tableau y gagnera; mais l'humanité, qu'y gagne-t-elle?

— Un beau tableau peut-être, et à coup sûr une grande leçon. Mais vous autres artistes, qui donnez cette leçon-là, vous ne comprenez pas ce que vous faites, et vous ne voyez ici que des pierres qui tombent et de l'herbe qui pousse.

— Vous êtes sévère; vous qui parlez ainsi, on pourrait vous répondre que vous ne voyez dans cette catastrophe que votre prison détruite et votre liberté recouvrée; car je soupçonne, mon père, que le couvent n'était pas de votre goût.

— Et vous, mon fils, auriez-vous poussé l'amour de l'art et de la poésie jusqu'à vivre ici sans regret?

— Je m'imagine que c'eût été pour moi la plus belle vie du monde. Oh! que ce couvent devait être vaste et d'un noble style! Que ces vestiges annoncent de splendeur et d'élégance! Qu'il devait être doux de venir ici, le soir, respirer une douce brise et rêver au bruit de la mer, lorsque ces légères galeries étaient pavées de riches mosaïques, que des eaux cristallines murmuraient dans des bassins de marbre, et qu'une lampe d'argent s'allumait comme une pâle étoile au fond du sanctuaire! De quelle paix profonde, de quel majestueux silence vous deviez jouir lorsque le respect et la confiance des hommes vous entouraient d'une invincible enceinte, et qu'on se signait en baissant la voix chaque fois qu'on passait devant ces mystérieux portiques! Eh! qui n'eût voulu pouvoir abjurer tous les soucis, toutes les fatigues et toutes les ambitions de la vie sociale pour venir s'enterrer ici, dans le calme et l'oubli du monde entier, à la condition d'y rester artiste et d'y pouvoir consacrer dix ans, vingt ans peut-être, à un seul tableau qu'on eût poli lentement, comme un diamant précieux, et qu'on eût vu placer sur un autel, non pour y être jugé et critiqué par le premier ignorant venu, mais salué et invoqué comme une digne représentation de la Divinité même!

— Étranger, dit le moine d'un ton sévère, tes paroles sont pleines d'orgueil, et tes rêves ne sont que vanité. Dans cet art dont tu parles avec tant d'emphase et que tu fais si grand, je ne vois que toi-même, et l'isolement que tu souhaiterais ne serait à tes yeux qu'un moyen de te grandir et de déifier. Je comprends maintenant comment tu peux croire à cet art égoïste sans croire à aucune religion ni à aucune société. Mais peut-être n'as-tu pas mûri ces choses dans ton esprit avant de les dire; peut-être ignores-tu ce qui se passait dans ces antres de corruption et de terreur. Viens avec moi, et peut-être ce que je vais t'en apprendre changera tes sentiments et tes pensées. »

A travers des montagnes de décombres et des précipices incertains et croulants, le moine conduisit, non sans danger, le jeune voyageur au centre du monastère détruit; et là, à la place où avaient été les prisons, il le fit descendre avec précaution le long des parois d'un massif d'architecture épais de quinze pieds, que la bêche et la pioche avaient fendu dans toute sa profondeur. Au sein de cette affreuse croûte de pierre et de ciment s'ouvraient, comme des gueules béantes du sein de la terre, des loges sans air et sans jour, séparées les unes des autres par des massifs aussi épais que ceux qui pesaient sur leurs voûtes lugubres.

« Jeune homme, dit le moine, ces fosses que tu vois, ce ne sont pas des puits, ce ne sont pas même des tombes; ce sont les cachots de l'inquisition. C'est là que, durant plusieurs siècles, ont péri lentement tous les hommes qui, soit coupables, soit innocents devant Dieu, soit dégradés par le vice, soit égarés par la fureur, soit inspirés par le génie et la vertu, ont osé avoir une pensée différente de celle de l'inquisition.

« Ces pères dominicains étaient des savants, des lettrés, des artistes même. Ils avaient de vastes bibliothèques où les subtilités de la théologie, reliées dans l'or et la moire, étalaient sur des rayons d'ébène leurs marges reluisantes de perles et de rubis; et cependant l'homme, ce livre vivant où de sa propre main Dieu a écrit sa pensée, ils le descendaient vivant et le tenaient caché dans les entrailles de la terre. Ils avaient des vases d'argent ciselés, des calices étincelants de pierreries, des tableaux magnifiques et des madones d'or et d'ivoire; et cependant l'homme, ce vase d'élection, ce calice rempli de la grâce céleste, cette vivante image de Dieu, ils le livraient vivant au froid de la mort et aux vers du sépulcre. Tel d'entre eux cultivait des roses et des jonquilles avec autant de soin et d'amour qu'on en met à élever un enfant, qui voyait sans pitié son semblable, son frère, blanchir et pourrir dans l'humidité de la tombe.

« Voilà ce que c'est que le moine, mon fils, voilà ce que c'est que le cloître. Férocité brutale d'un côté, de l'autre lâche terreur; intelligence égoïste ou dévotion sans entrailles, voilà ce que c'est que l'inquisition.

« Et de ce qu'en ouvrant ces caves infectes à la lumière des cieux la main des libérateurs a rencontré quelques colonnes et quelques dorures qu'elle a ébranlées ou ternies, faut-il replacer la dalle du sépulcre sur les victimes expirantes, et verser des larmes sur le sort de leurs bourreaux, parce qu'ils vont manquer d'or et d'esclaves? »

L'artiste était descendu dans une des caves pour en examiner curieusement les parois. Un instant il essaya de se représenter la lutte que la volonté humaine, ensevelie vivante, pouvait soutenir contre l'horrible désespoir d'une telle captivité. Mais à peine ce tableau se fut-il peint à son imagination vive et impressionnable, qu'elle en fut remplie d'angoisse et de terreur. Il crut sentir ces voûtes glacées peser sur son âme; ses membres frémirent, l'air manqua à sa poitrine, il se sentit défaillir en voulant s'élancer hors de cet abîme, et il s'écria en étendant les bras vers le moine, qui était resté à l'entrée :

« Aidez-moi, mon père, au nom du ciel, aidez-moi à sortir d'ici!

— Eh bien, mon fils, dit le moine en lui tendant la main, ce que tu éprouves en regardant maintenant les étoiles brillantes sur ta tête, imagine comment je l'éprouvai lorsque je revis le soleil après dix ans d'un pareil supplice!

— Vous, malheureux moine! s'écria le voyageur en se hâtant de marcher vers le jardin; vous avez pu supporter dix ans de cette mort anticipée sans perdre la raison ou la vie? Il me semble que, si j'étais resté là un instant de plus, je serais devenu idiot ou furieux. Non, je ne croyais pas que la vue d'un cachot pût produire d'aussi subites, d'aussi profondes terreurs, et je ne comprends pas que la pensée s'y habitue et s'y soumette. J'ai vu les instruments de torture à Venise; j'ai vu aussi les cachots du palais ducal, avec l'impasse ténébreuse où l'on tombait frappé par une main invisible, et la dalle percée de trous par où le sang allait rejoindre les eaux du canal sans laisser de traces. Je n'ai eu là que l'idée d'une mort plus ou moins rapide. Mais dans ce cachot où je viens de descendre, c'est l'épouvantable idée de la vie qui se présente à l'esprit. O mon Dieu! être là et ne pouvoir mourir!

— Regarde-moi, mon fils, dit le moine en découvrant sa tête chauve et flétrie; je ne compte pas plus d'années que n'en révèlent ton visage mâle et ton front serein, et pourtant tu m'as pris sans doute pour un vieillard.

« Comment je méritai et comment je supportai ma lente agonie, il n'importe. Je ne demande pas ta pitié; je n'en ai plus besoin, heureux et jeune que je me sens aujourd'hui en regardant ces murs détruits et ces cachots vides. Je ne veux pas non plus t'inspirer l'horreur des moines; ils sont libres, je le suis aussi; Dieu est bon pour tous. Mais, puisque tu es artiste, il te sera salutaire d'avoir connu une de ces émotions sans lesquelles l'artiste ne comprendrait pas son œuvre.

« Et si maintenant tu veux peindre ces ruines sur lesquelles tu venais tout à l'heure pleurer le passé, et parmi lesquelles je reviens chaque nuit me prosterner pour remercier Dieu du présent, ta main et ton génie seront animés peut-être d'une pensée plus haute que celle d'un lâche regret ou d'une stérile admiration. Bien des monuments, qui sont pour les antiquaires des objets d'un prix infini, n'ont d'autre mérite que de rappeler les faits que l'humanité consacra par leur érection, et souvent ce furent des faits iniques ou puérils. Puisque tu as voyagé, tu as vu à Gênes un pont jeté sur un abîme, des quais gigantesques, une riche et pesante église coûteusement élevée dans un quartier désert par la vanité d'un patricien qui ne voulait point passer l'eau ni s'agenouiller dans un temple avec les dévots de sa paroisse. Tu as vu peut-être aussi ces pyramides d'Égypte qui sont l'effrayant témoignage de l'esclavage des nations, ou ces dolmens vers lesquels le sang humain coulait par torrents pour satisfaire la soif inextinguible des divinités barbares. Mais vous autres artistes, vous ne considérez, pour la plupart, dans les œuvres de l'homme que la beauté ou la singularité de l'exécution, sans vous pénétrer de l'idée dont cette œuvre est la forme. Ainsi votre intelligence adore souvent l'expression d'un sentiment que votre cœur repousserait s'il en avait conscience.

« Voilà pourquoi vos propres œuvres manquent souvent de la vraie couleur de la vie, surtout lorsque, au lieu d'exprimer celle qui circule dans les veines de l'humanité agissante, vous vous efforcez froidement d'interpréter celle des morts que vous ne voulez pas comprendre.

— Mon père, répondit le jeune homme, je comprends tes leçons et je ne les rejette pas absolument; mais crois-tu donc que l'art puisse s'inspirer d'une telle philosophie? Tu expliques, avec la raison de notre âge, ce qui fut conçu dans un poétique délire par l'ingénieuse superstition de nos pères. Si, au lieu des riantes divinités de la Grèce, nous mettions à nu les banales allégories cachées sous leurs formes voluptueuses; si, au lieu de la divine madone des Florentins, nous peignions, comme les Hollandais, une robuste servante d'estaminet; enfin, si nous faisions de Jésus, fils de Dieu, un philosophe naïf de l'école de Platon; au lieu de divinités n'auriez-vous plus que des hommes, de même qu'ici, au lieu d'un temple chrétien, nous n'avons plus sous les yeux qu'un monceau de pierres.

— Mon fils, reprit le moine, si les Florentins ont donné des traits divins à la Vierge, c'est parce qu'ils y croyaient encore; et si les Hollandais lui ont donné des traits vulgaires, c'est parce qu'ils n'y croyaient déjà plus. Et vous vous flattez aujourd'hui de peindre des sujets sacrés, vous qui ne croyez qu'à l'art, c'est-à-dire à vous-mêmes! vous ne réussirez jamais. N'essayez donc de retracer que ce qui est palpable et vivant pour vous. »

« Si j'avais été peintre, moi, j'aurais fait un beau tableau consacré à retracer le jour de ma délivrance; j'aurais représenté des hommes hardis et robustes, le marteau dans une main et le flambeau dans l'autre, pénétrant dans ces limbes de l'inquisition que je viens de te montrer, et relevant de la dalle fétide des spectres à l'œil terne, au sourire effaré. On aurait vu, en guise d'auréole, au-dessus de toutes ces têtes, la lumière des cieux tombant sur elles par la fente des voûtes brisées, et c'eût été un sujet aussi beau, aussi approprié à mon temps que le Jugement dernier de Michel-Ange le fut au sien : car ces hommes du peuple, qui semblent si grossiers et si méprisables dans l'œuvre de la destruction, m'apparurent plus beaux et plus nobles que tous les anges du ciel; de même que cette ruine, qui est pour toi un objet de tristesse et de consternation, est pour moi un monument plus religieux qu'il ne le fut jamais avant sa chute.

« Si j'étais chargé d'ériger un autel destiné à transmettre aux âges futurs un témoignage de la grandeur et de la puissance du nôtre, je ne voudrais pas d'autre que cette montagne de débris, au faîte de laquelle j'écrirais ceci sur la pierre consacrée :

« Au temps de l'ignorance et de la cruauté, les hommes adorèrent sur cet autel le Dieu des vengeances et des supplices. Au jour de la justice, et au nom de l'hu-

Armoiries.

manité, les hommes ont renversé ces autels sanguinaires, abominables au Dieu de miséricorde. »

V.

Ce n'est pas à Palma, mais à Barcelone, dans les ruines de la maison de l'inquisition, que j'ai vu ces cachots creusés dans des massifs de quatorze pieds d'épaisseur. Il est fort possible qu'il n'y eût point de prisonniers dans ceux de Palma lorsque le peuple y pénétra. Il est bon de demander grâce à la susceptibilité majorquine pour la *licence poétique* que j'ai prise dans le fragment qu'on vient de lire.

Cependant je dois dire que, comme on n'invente rien qui n'ait un certain fonds de vérité, j'ai vu à Majorque, un prêtre, aujourd'hui curé d'une paroisse de Palma, qui m'a dit avoir passé sept ans de sa vie, *la fleur de sa jeunesse*, dans les prisons de l'inquisition, et n'en être sorti que par la protection d'une dame qui lui portait un vif intérêt. C'était un homme dans la force de l'âge, avec des yeux fort vifs et des manières enjouées. Il ne paraissait pas regretter beaucoup le régime du saint office.

A propos de ce couvent des dominicains, je citerai un passage de Grasset de Saint Sauveur, qu'on ne peut accuser de partialité; car il fait, au préalable, un pompeux éloge des inquisiteurs avec lesquels il a été en relation à Majorque :

« On voit cependant encore dans le cloître de Saint-Dominique des peintures qui rappellent la barbarie exercée autrefois sur les juifs. Chacun des malheureux qui ont été brûlés est représenté dans un tableau au bas duquel sont écrits son nom, son âge, et l'époque où il fut victimé.

« On m'a assuré qu'il y a peu d'années les descendants de ces infortunés, formant aujourd'hui une classe particulière parmi les habitants de Palma, sous la ridicule dénomination de *chouettes,* avaient en vain offert des sommes assez fortes pour obtenir qu'on effaçât ces monuments affligeants. Je me suis refusé à croire ce fait...

« Je n'oublierai cependant jamais qu'un jour, me

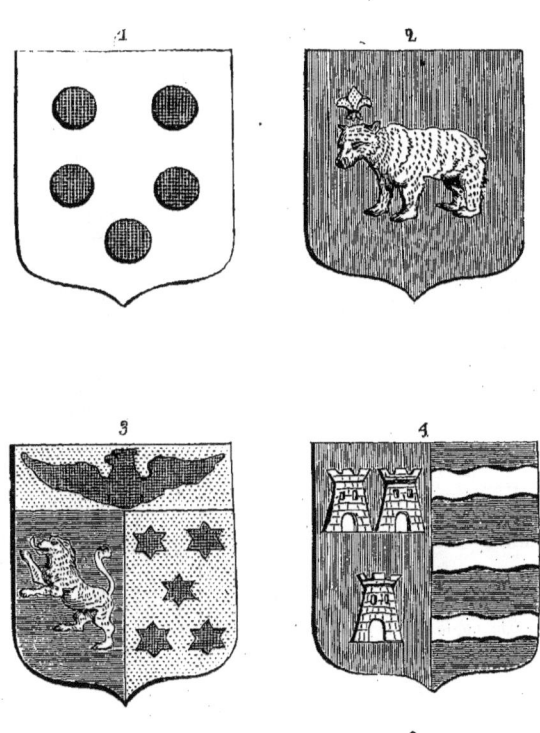

Armoiries. (Page 27.)

promenant dans le cloître des dominicains, je considérais avec douleur ces tristes peintures : un moine s'approcha de moi, et me fit remarquer parmi ces tableaux plusieurs marqués d'ossements en croix. — Ce sont, me dit-il, les portraits de ceux dont les cendres ont été exhumées et jetées au vent.

« Mon sang se glaça ; je sortis brusquement, le cœur navré et l'esprit frappé de cette scène.

« Le hasard fit tomber entre mes mains une relation imprimée en 1755 par l'ordre de l'inquisition, contenant les noms, surnoms, qualités et délits des malheureux sentenciés à Majorque depuis l'année 1645 jusqu'en 1691.

« Je lus en frémissant cet écrit : j'y trouvai quatre Majorquins, dont une femme, brûlés vifs pour cause de judaïsme ; trente-deux autres morts, pour le même délit, dans les cachots de l'inquisition, et dont les corps avaient été brûlés ; trois dont les cendres ont été exhumées et jetées au vent ; un Hollandais accusé de luthéranisme ; un Majorquin, de mahométisme ; six Portugais, dont une femme, et sept Majorquins, prévenus de judaïsme, brûlés en effigie, ayant eu le bonheur de s'échapper. Je comptai deux cent seize autres victimes, Majorquins et étrangers, accusés de judaïsme, d'hérésie ou de mahométisme, sortis des prisons, après s'être rétractés publiquement et remis dans le sein de l'Église. »

Cet affreux catalogue était clôturé par un arrêté de l'inquisition non moins horrible.

M. Grasset donne ici le texte espagnol, dont voici la traduction exacte :

« Tous les coupables mentionnés dans cette relation ont été publiquement condamnés par le saint-office, comme hérétiques formels ; tous leurs biens confisqués et appliqués au fisc royal ; déclarés inhabiles et incapables d'occuper ni d'obtenir ni dignités ni bénéfices, tant ecclésiastiques que séculiers, ni autres offices publics ni honorifiques ; ne pouvant porter sur leurs personnes, ni faire porter à celles qui en dépendent, ni or ni argent, perles, pierres précieuses, corail, soie, camelot, ni drap fin ; ni monter à cheval, ni porter des armes, ni exercer et user des autres choses qui, par droit commun, lois et pragmatiques de ce royaume, instructions et style du saint office, sont prohibées à des individus ainsi dégradés ; la même prohibition s'étendant, pour les femmes condamnées au feu, à leurs fils et à leurs filles, et pour les hommes jusqu'à leurs petits-fils en ligne masculine, condamnant en même temps la mémoire de ceux exécutés en effigie, ordonnant que leurs ossements (pouvant les distinguer de ceux des fidèles chrétiens) soient exhumés, remis à la justice et au bras séculier, pour être brûlés et réduits en cendres; que l'on effacera ou raclera toutes inscriptions qui se trouveraient sur les sépultures, ou armes, soit apposées, soit peintes, en quelque lieu que ce soit, de manière *qu'il ne reste d'eux, sur la face de la terre, que la mémoire de leur sentence et de son exécution.* »

Quand on lit de semblables documents, si voisins de notre époque, et quand on voit l'invincible haine qui, après douze ou quinze générations de juifs convertis au christianisme, poursuit encore aujourd'hui cette race infortunée à Majorque, on ne saurait croire que l'esprit de l'inquisition y fût éteint aussi parfaitement qu'on le dit à l'époque du décret de Mendizabal.

Je ne terminerai pas cet article, et je ne sortirai pas du couvent de l'inquisition, sans faire part à mes lecteurs d'une découverte assez curieuse, dont tout l'honneur revient à M. Tastu, et qui eût fait, il y a trente ans, la fortune de cet érudit, à moins qu'il ne l'eût, d'un cœur joyeux, portée au maître du monde, sans songer à en tirer parti pour lui-même, supposition qui est bien plus conforme que l'autre à son caractère d'artiste insouciant et désintéressé.

Cette note est trop intéressante pour que j'essaie de la tronquer. La voici telle qu'elle a été remise entre mes mains, avec l'autorisation de la publier.

COUVENT DE SAINT-DOMINIQUE,

A PALMA DE MALLORCA.

Un compagnon de saint Dominique, Michel de Fabra, fut le fondateur de l'ordre des frères prêcheurs à Mallorca. Il était originaire de la Vieille-Castille, et accompagnait Jacques Iᵉʳ à la conquête de la grande Baléare, en 1229. Son instruction était grande et variée, sa dévotion remarquable; ce qui lui donnait auprès du *Conquistador*, de ses nobles compagnons, et des soldats même, une puissante autorité. Il haranguait les troupes, célébrait le service divin, donnait la communion aux assistants et combattait les infidèles, comme le faisaient à cette époque les ecclésiastiques. Les Arabes disaient que la sainte Vierge et le père Michel seuls les avaient conquis. Les soldats aragonais-catalans priaient, dit-on, après Dieu et la sainte Vierge, le père Michel Fabra.

L'illustre dominicain avait reçu l'habit de son ordre à Toulouse des mains de son ami Dominique : il fut envoyé par lui à Paris avec deux autres compagnons pour y remplir une mission importante. Ce fut lui qui établit à Palma le premier couvent des dominicains, au moyen d'une donation que lui fit le procureur du premier évêque de Mallorca, D. J. R. de Torella : ceci se passait en l'an 1231.

Une mosquée et quelques toises de terrain qui en dépendaient servirent à la première fondation. Les frères prêcheurs agrandirent plus tard la communauté, au moyen d'un commerce lucratif de toute espèce de marchandises, et des donations assez fréquentes qui leur étaient faites par les fidèles. Cependant le premier fondateur, frère de Michel de Fabra, était allé mourir à Valence, qu'il avait aidé à conquérir.

Jaime Fabra fut l'architecte du couvent des dominicains. On ne dit pas que celui-ci fût de la famille du père Michel, son homonyme; on sait seulement qu'il donna ses plans vers 1296, comme il traça plus tard ceux de la cathédrale de Barcelone (1317), et bien d'autres sur les terres des rois d'Aragon.

Le couvent et son église ont dû éprouver bien des changements avec le temps, si l'on compare un instant, comme nous l'avons fait, les diverses parties des monuments ruinés par la mine. Ici reste à peine debout un riche portail, dont le style tient du quatorzième siècle; mais plus loin, faisant partie du monument, ces arches brisées, ces lourdes clefs de voûte gisantes sur les décombres, vous annoncent que des architectes autres que Jaime Fabra, mais bien inférieurs à lui, ont passé par là.

Sur ces vastes ruines où il n'est resté debout que quelques palmiers séculaires, conservés à notre instante prière, nous avons pu déplorer, comme nous l'avons fait sur celles des couvents de Sainte-Catherine et de Saint-François de Barcelone, que la froide politique eût seule présidé à ces démolitions faites sans discernement.

En effet, l'art et l'histoire n'ont rien perdu à voir tomber les couvents de Saint-Jérôme à Palma, ou le couvent de Saint-François qui bordait en la gênant la *muralla de Mar* à Barcelone; mais, au nom de l'histoire, au nom de l'art, pourquoi ne pas conserver, comme monuments, les couvents de Sainte-Catherine de Barcelone et celui de Saint-Dominique de Palma, dont les nefs abritaient les tombes des gens de bien, *las sepulturas de personas de be*, comme le dit un petit cahier que nous avons eu entre les mains, et qui faisait partie des archives du couvent? On y lisait, après les noms de N. Cotoner, grand maître de Malte, ceux des Dameto, des Muntaner, des Villalonga, des La Romana, des *Bonapart!* Ce livre, ainsi que tout ce qui était le couvent, appartient aujourd'hui à l'entrepreneur des démolitions.

Cet homme, vrai type mallorquin, dont le premier abord vous saisit, mais ensuite vous captive et vous rassure, voyant l'intérêt que nous prenions à ces ruines, à ces souvenirs historiques, et d'ailleurs, comme tout homme du peuple, partisan du grand Napoléon, s'empressa de nous indiquer la tombe armoriée des *Bonapart*, ses aïeux, car telle est la tradition mallorquine. Elle nous a paru assez curieuse pour faire quelques recherches à ce sujet; mais, occupé d'autres travaux, nous n'avons pu y donner le temps et l'attention nécessaires pour les compléter.

Nous avons retrouvé les armoiries des *Bonapart*, qui sont :

Parti d'azur, chargé de six étoiles d'or, à six pointes, deux, deux et deux, et de gueules, au lion d'or léopardé, au chef d'or, chargé d'un aigle naissant de sable;

1° Dans un nobiliaire, ou livre de blason, qui fait partie des richesses renfermées dans la bibliothèque de M. le comte de Montenegro, nous avons pris un *fac-simile* de ces armoiries;

2° A Barcelone, dans un autre nobiliaire espagnol, moins beau d'exécution, appartenant au savant archiviste de la couronne d'Aragon, et dans lequel on trouve, à la date du 15 juin 1549, les preuves de noblesse de la famille des Fortuny, au nombre desquelles figure, parmi les quatre quartiers, celui de l'aïeule maternelle, qui était de la maison de *Bonapart*.

Dans le registre : *Indice; Pedro III*, tomo II des archives de la couronne d'Aragon, se trouvent mentionnés deux actes à la date de 1276, relatifs à des membres de la famille *Bonpar*. Ce nom, d'origine provençale ou languedocienne, en subissant, comme tant d'autres de la même époque, l'altération mallorquine, serait devenu *Bonapart*.

En 1411, *Hugo Bonapart*, natif de Mallorca, passa dans l'île de Corse en qualité de *régent* ou gouverneur pour le roi Martin d'Aragon; et c'est à lui qu'on ferait remonter l'origine des *Bonaparte*, ou, comme on a dit plus tard; *Buonaparte*; ainsi *Bonapart* est le nom roman, *Bonaparte* l'italien ancien, et *Buonaparte* l'italien moderne. On sait que les membres de la famille de Napoléon signaient indifféremment *Bonaparte* ou *Buonaparte*.

Qui sait l'importance que ces légers indices, découverts quelques années plus tôt, auraient pu acquérir, s'ils avaient servi à démontrer à Napoléon, qui tenait tant à être Français, que sa famille était originaire de France?

Pour n'avoir plus la même valeur politique aujourd'hui, la découverte de M. Tastu n'en est pas moins intéressante, et si j'avais quelque voix au chapitre des fonds destinés aux lettres par le gouvernement français, je procurerais à ce bibliographe les moyens de la compléter.

Il importe assez peu aujourd'hui, j'en conviens, de s'assurer de l'origine française de Napoléon. Ce grand capitaine, qui, dans mes idées (j'en demande bien pardon à la mode), n'est pas un si grand prince, mais qui, de sa nature personnelle, était certes un grand homme, a bien su se faire adopter par la France, et la postérité ne lui demandera pas si ses ancêtres furent Florentins, Corses, Majorquins ou Languedociens; mais l'histoire sera toujours intéressée à lever le voile qui couvre cette race prédestinée, où Napoléon n'est certes pas un accident fortuit, un fait isolé. Je suis sûr qu'en cherchant bien, on trouverait dans les générations antérieures de cette famille des hommes ou des femmes dignes d'une telle descendance, et ici les blasons, ces insignes dont la loi d'égalité a fait justice, mais dont l'historien doit toujours tenir compte, comme de monuments très-significatifs, pourraient bien jeter quelque lumière sur la destinée guerrière ou ambitieuse des anciens Bonaparte.

En effet, jamais écu fut-il plus fier et plus symbolique que celui de ces chevaliers majorquins? Ce lion dans l'attitude du combat, ce ciel parsemé d'étoiles d'où cherche à se dégager l'aigle prophétique, n'est-ce pas comme l'hiéroglyphe mystérieux d'une destinée peu commune? Napoléon, qui aimait la poésie des étoiles avec une sorte de superstition, et qui donnait l'aigle pour blason à la France, avait-il donc connaissance de son écu majorquin, et, n'ayant pu remonter jusqu'à la source présumée des Bonpar provençaux, gardait-il le silence sur ses aïeux espagnols? C'est le sort des grands hommes, après leur mort, de voir les nations se disputer leurs berceaux ou leurs tombes.

BONAPART.

(Tiré d'un armorial MS., contenant les blasons des principales familles de Mallorca, etc., etc. Le MS. appartenait à D. Juan Dameto, cronista de Mallorca, mort en 1633, et se conserve dans la bibliothèque du comte de Montenegro. Le MS. est du seizième siècle.)

Mallorca, 20 septembre 1837.
M. TASTU.

PROVAS DE PERA FORTUNY A 13 DE JUNY DE 1549.

N° 1.
FORTUNY,
SON PARE, SOLAR DE MALLORCA

FORTUNY,

Son père, ancienne maison noble de Mallorca.
Camp de plata, cinq torteus negres, en dos, dos, y un.
Champ d'argent, cinq tourteaux de sable, deux, deux et un.

N° 2.
COS,
SA MARE, SOLAR DE MALLORCA.

COS,

Sa mère, maison noble de Mallorca.
Camp vermell; un os de or, portant una flor de lliri sobre lo cap, del mateix.

Champ de gueules, ours d'or couronné d'une fleur de lis de même.

N° 3.
BONAPART,
SA AVIA PATERNA, SOLAR DE MALLORCA.

BONAPART,

Son aïeule paternelle, ancienne maison noble de Mallorca.

Ici manquait l'explication du blason : les différences proviennent de celui qui a peint ce nobiliaire : il n'a pas tenu compte qu'il décalquait; d'ailleurs il a manqué d'exactitude.

N° 4.
GARI,
SA AVIA MATERNA, SOLAR DE MALLORCA.

GARI,

Son aïeule maternelle, ancienne maison noble de Mallorca.
Partit en pal, primer vermell, ad tres torres de plata, en dos, y una; segon blau, ab tres faxas ondeades, de plata.
Parti de gueules et d'azur, trois tours d'argent, deux, une, et trois fasces ondées, d'argent.

TROISIÈME PARTIE.

I.

Nous partîmes pour Valldemosa, vers la mi-décembre, par une matinée sereine, et nous allâmes prendre possession de notre chartreuse au milieu d'un de ces beaux rayons de soleil d'automne qui allaient devenir de plus en plus rares pour nous. Après avoir traversé les plaines fertiles d'Establiments, nous atteignîmes ces vagues terrains, tantôt boisés, tantôt secs et pierreux, tantôt humides et frais, et partout cahotés de mouvements abrupts qui ne ressemblaient à rien.

Nulle part, si ce n'est en quelques vallées des Pyrénées, la nature ne s'était montrée à moi aussi libre dans ses allures que sur ces bruyères de Majorque, espaces assez vastes, et qui portaient dans mon esprit un certain démenti à cette culture si parfaite à laquelle les Majorquins se vantent d'avoir soumis tout leur territoire.

Je ne songeais pourtant pas à leur en faire un reproche; car rien n'est plus beau que ces terrains négligés qui produisent tout ce qu'ils veulent, et qui ne se font faute de rien : arbres tortueux, penchés, échevelés; ronces affreuses, fleurs magnifiques, tapis de mousses et de joncs, câpriers épineux, asphodèles délicates et charmantes; et toutes choses prenant là les formes qu'il plaît à Dieu, ravin, colline, sentier pierreux tombant tout à coup dans une carrière, chemin verdoyant s'enfonçant dans un ruisseau trompeur, prairie ouverte à tout venant et s'arrêtant bientôt devant une montagne à pic; puis des taillis semés de gros rochers qu'on dirait tombés du ciel, des chemins creux au bord du torrent entre des buissons de myrte et de chèvrefeuille; enfin une ferme jetée comme une oasis au sein de ce désert, élevant son palmier comme une vigie pour guider le voyageur dans la solitude.

La Suisse et le Tyrol n'ont pas eu pour moi cet aspect de création libre et primitive qui m'a tant charmé à Majorque. Il me semblait que, dans les sites les plus sauvages des montagnes helvétiques, la nature, livrée à de trop rudes influences atmosphériques, n'échappait à la main de l'homme que pour recevoir du ciel de plus dures contraintes, et pour subir, comme une âme fougueuse livrée à elle-même, l'esclavage de ses propres déchirements. A Majorque, elle fleurit sous les baisers d'un ciel ardent, et sourit sous les coups des tièdes bourrasques qui la rasent en courant les mers La fleur couchée se relève plus vivace, le tronc brisé enfante de plus nombreux rejetons après l'orage; et quoiqu'il n'y ait point, à vrai dire, de lieux déserts dans cette île, l'absence de chemins frayés lui donne un air d'abandon ou de révolte qui doit la faire ressembler à ces belles savanes de la Louisiane, où, dans les rêves chéris de ma jeunesse, je suivais René en cherchant les traces d'Atala ou de Chactas.

Je suis bien sûr que cet éloge de Majorque ne plairait guère aux Majorquins, et qu'ils ont la prétention d'avoir des chemins très-agréables. Agréables à la vue, je ne le nie pas; mais praticables aux voitures, vous allez en juger.

La voiture *a volonté* du pays est la *tartane*, espèce de coucou-omnibus conduit par un cheval ou par un mulet, et sans aucune espèce de ressort; ou le *birlucho*, sorte de cabriolet à quatre places, portant sur son brancard comme la tartane, comme elle doué de roues solides, de ferrures massives, et garni à l'intérieur d'un demi-pied de bourre de laine. Une telle doublure vous donne bien un peu à penser quand vous vous installez pour la première fois dans ce véhicule aux abords doucereux! Le cocher s'assied sur une planchette qui lui sert de siège, les pieds écartés sur les brancards, et la croupe du cheval entre les jambes, de sorte qu'il a l'avantage de sentir non-seulement tous les cahots de sa brouette, mais encore tous les mouvements de sa bête, et d'être ainsi en carrosse et à cheval en même temps. Il ne paraît point mécontent de cette façon d'aller, car il chante tout le temps, quelque effroyable secousse qu'il reçoive; et il ne s'interrompt que pour proférer d'un air flegmatique des jurements épouvantables lorsque son cheval hésite à se jeter dans quelque précipice, ou à grimper quelque muraille de rochers.

Car c'est ainsi qu'on se promène: ravins, torrents, fondrières, haies vives, fossés, se présentent en vain; on ne s'arrête pas pour si peu. Tout cela s'appelle d'ailleurs le chemin.

Au départ, vous prenez cette course au clocher pour une gageure de mauvais goût, et vous demandez à votre guide quelle mouche le pique. — C'est le chemin, vous répond-il. — Mais cette rivière? — C'est le chemin. — Et ce trou profond? — Le chemin. — Et ce buisson aussi? — Toujours le chemin. — A la bonne heure!

Alors vous n'avez rien de mieux à faire que de prendre votre parti, de bénir le matelas qui tapisse la caisse de la voiture et sans lequel vous auriez infailliblement les membres brisés, de remettre votre âme à Dieu, et de contempler le paysage en attendant la mort ou un miracle.

Et pourtant vous arrivez quelquefois sain et sauf, grâce au peu de balancement de la voiture, à la solidité des jambes du cheval, peut-être à l'incurie du cocher, qui le laisse faire, se croise les bras et fume tranquillement son cigare, tandis qu'une roue court sur la montagne et l'autre dans le ravin.

On s'habitue très-vite à un danger dont on voit les autres ne tenir aucun compte: pourtant le danger est fort réel. On ne verse pas toujours; mais, quand on verse, on ne se relève guère. M. Tastu avait éprouvé l'année précédente un accident de ce genre sur noire route d'Establiments, et il était resté pour mort sur la place. Il en a gardé d'horribles douleurs à la tête, qui ne refroidissent pourtant pas son désir de retourner à Majorque.

Les personnes du pays ont presque toutes une sorte de voiture, et les nobles ont de ces carrosses du temps de Louis XIV, à boîte évasée, quelques-uns à huit glaces, et dont les roues énormes bravent tous les obstacles. Quatre ou six fortes mules traînent légèrement ces lourdes machines mal suspendues, pompeusement disgracieuses, mais spacieuses et solides, dans lesquelles on franchit au galop et avec une incroyable audace les plus effrayants défilés, non sans en rapporter quelques contusions, bosses à la tête, et tout au moins de fortes courbatures.

Le grave Miguel de Vargas, auteur vraiment espagnol, qui ne plaisante jamais, parle en ces termes de *los horrorosos caminos* de Mallorca: « En cuyo esencial ramo « de policia no se puede ponderar bastantemente el « abandono de esta Balear. El que llaman camino es « una cadona de precipicios intratables, y el transito « desde Palma hasta los montes de Galatzo presenta al « infeliz pasagero la muerte a cada paso, » etc.

Aux environs des villes, les chemins sont un peu moins dangereux; mais ils ont le grave inconvénient d'être resserrés entre deux murailles ou deux fossés qui ne permettent pas à deux voitures de se rencontrer. Le cas échant, il faut dételer les bœufs de la charette ou les chevaux de la voiture, et que l'un des deux équipages s'en aille à reculons, souvent pendant un long trajet. Ce sont alors d'interminables contestations pour savoir qui prendra ce parti; et, pendant ce temps, le voyageur, retardé n'a rien de mieux à faire qu'à répéter la devise majorquine: *mucha calma*, pour son édification particulière.

Avec le peu de frais où se mettent les Majorquins pour entretenir leurs routes, ils ont l'avantage d'avoir de ces routes-là à discrétion. On n'a que l'embarras du choix. J'ai fait trois fois seulement la route de la Chartreuse à Palma, et réciproquement; six fois j'ai suivi une route différente, et six fois le *birlucho* s'est perdu et nous a fait errer par monts et par vaux, sous prétexte de chercher un septième chemin qu'il disait être le meilleur de tous, et qu'il n'a jamais trouvé.

De Palma à Valldemosa on compte trois lieues, mais trois lieues majorquines, qu'on ne fait pas, en trottant bien, en moins de trois heures. On monte insensiblement pendant les deux premières; à la troisième, on entre dans la montagne et on suit une rampe très-unie (ancien travail des chartreux vraisemblablement), mais très-étroite, horriblement rapide, et plus dangereuse que tout le reste du chemin.

Là on commence à saisir le côté alpestre de Majorque; mais c'est en vain que les montagnes se dressent de chaque côté de la gorge, c'est en vain que le torrent bondit de roche en roche; c'est seulement dans le cœur de l'hiver que ces lieux prennent l'aspect sauvage que les Majorquins leur attribuent. Au mois de décembre, et malgré les pluies récentes, le torrent était encore un charmant ruisseau courant parmi des touffes d'herbes et de fleurs; la montagne était riante, et le vallon encaissé de Valldemosa s'ouvrit devant nous comme un jardin printanier.

Pour atteindre la Chartreuse, il faut mettre pied à terre; car aucune charrette ne peut gravir le chemin pavé qui y mène, chemin admirable à l'œil par son mouvement hardi, ses sinuosités parmi de beaux arbres, et les sites ravissants qui se déroulent à chaque pas, grandissant de beauté à mesure qu'on s'élève. Je n'ai rien vu de plus riant, et de plus mélancolique en même temps, que ces perspectives où le chêne vert, le caroubier, le pin, l'olivier, le peuplier et le cyprès marient leurs nuances variées en berceaux profonds; véritables abîmes de verdure, où le torrent précipite sa course sous les buissons d'une richesse somptueuse et d'une grâce inimitable. Je n'oublierai jamais un certain détour de la gorge où, en me retournant, on distingue, au sommet d'un mont, une de ces jolies maisonnettes arabes que j'ai décrites, à demi cachée dans les raquettes de ses nopals, et un grand palmier qui se penche sur l'abîme en dessinant sa silhouette dans les airs. Quand la vue des boues et des brouillards de Paris me jette dans le spleen, je ferme les yeux, et je revois comme dans un rêve cette montagne verdoyante, ces roches fauves et ce palmier solitaire perdu dans un ciel rose.

La chaîne de Valldemosa s'élève de plateaux en plateaux resserrés jusqu'à une sorte d'entonnoir entouré de hautes montagnes et fermé au nord par le versant d'un dernier plateau à l'entrée duquel repose le monastère. Les chartreux ont adouci, par un travail immense, l'âpreté de ce lieu romantique. Ils ont fait du vallon qui termine la chaîne un vaste jardin ceint de murailles qui ne gênent point la vue, et auquel une bordure de cyprès à forme pyramidale, disposés deux à deux sur divers plans, donne l'aspect *arrangé* d'un cimetière d'opéra.

Ce jardin, planté de palmiers et d'amandiers, occupe tout le fond incliné du vallon, et s'élève en vastes gradins sur les premiers plans de la montagne. Au clair de la lune, et lorsque l'irrégularité de ces gradins est dissimulée par les ombres, on dirait d'un amphithéâtre taillé pour des combats de géants. Au centre et sous un groupe de beaux palmiers, un réservoir en pierre reçoit les eaux de source de la montagne, et les déverse aux plateaux inférieurs par des canaux en dalles, tout semblables à ceux qui arrosent les alentours de Barcelone. Ces ouvrages sont trop considérables et trop ingénieux pour n'être pas, à Majorque comme en Catalogne, un travail des Maures. Ils parcourent tout l'intérieur de l'île, et ceux qui partent du jardin des chartreux, côtoyant le lit du torrent, portent à Palma une eau vive en toute saison.

La Chartreuse, située au dernier plan de ce col de montagnes, s'ouvre au nord sur une vallée spacieuse qui s'élargit et s'élève en pente douce jusqu'à la côte escarpée dont la mer frappe et ronge la base. Un des bras de la chaîne s'en va vers l'Espagne, l'autre vers l'orient. De cette chartreuse pittoresque on domine donc la mer des deux côtés. Tandis qu'on l'entend gronder au nord, on aperçoit comme une faible ligne brillante au delà des montagnes qui s'abaissent, et de l'immense plaine qui se déroule au midi; tableau sublime, encadré au premier plan par de noirs rochers couverts de sapins, au second par des montagnes au profil hardiment découpé et frangé d'arbres superbes, au troisième et au quatrième par des mamelons arrondis que le soleil couchant dore des nuances les plus chaudes, et sur la croupe desquels l'œil distingue encore, à une lieue de distance, la silhouette microscopique des arbres, fine comme l'antenne des papillons, noire et nette comme un trait de plume à l'encre de Chine sur un fond d'or étincelant. Ce fond lumineux, c'est la plaine; et à cette distance, lorsque les vapeurs de la montagne commencent à s'exhaler et à jeter un voile transparent sur l'abîme, on croirait que c'est déjà la mer. Mais la mer est encore plus loin, et, au retour du soleil, quand la plaine est comme un lac bleu, la Méditerranée trace une bande d'argent vif aux confins de cette perspective éblouissante.

C'est une de ces vues qui accablent parce qu'elles ne laissent rien à désirer, rien à imaginer. Tout ce que le poète ou le peintre peuvent rêver, la nature l'a créé en cet endroit. Ensemble immense, détails infinis, variété inépuisable, formes confuses, contours accusés, vagues profondeurs, tout est là, et l'art n'y peut rien ajouter. L'esprit ne suffit pas toujours à goûter et à comprendre l'œuvre de Dieu; et s'il fait un retour sur lui-même, c'est pour sentir son impuissance à créer une expression quelconque de cette immensité de vie qui le subjugue et l'enivre. Je conseillerais aux gens que la vanité de l'art dévore, de bien regarder de tels sites et de les regarder souvent. Il me semble qu'ils y prendraient pour cet art divin qui préside à l'éternelle création des choses un certain respect qui leur manque, à ce que je m'imagine d'après l'emphase de leur forme.

Quant à moi, je n'ai jamais mieux senti le néant des mots que dans ces heures de contemplation passées à la Chartreuse. Il me venait bien des élans religieux; mais il ne m'arrivait pas d'autre formule d'enthousiasme que celle-ci : Bon Dieu, béni sois-tu pour m'avoir donné de bons yeux!

Au reste, je crois que si la jouissance accidentelle de ces spectacles sublimes est rafraîchissante et salutaire, leur continuelle possession est dangereuse. On s'habitue à vivre sous l'empire de la sensation, c'est l'énervement. C'est ainsi que l'on peut s'expliquer l'indifférence des moines en général pour la poésie de leurs monastères, et celle des paysans et des pâtres pour la beauté de leurs montagnes.

Nous n'eûmes pas le temps de nous lasser de tout cela, car le brouillard descendait presque tous les soirs au coucher du soleil, et hâtait la chute des journées déjà si courtes que nous avions dans cet entonnoir. Jusqu'à midi nous étions enveloppés dans l'ombre de la grande montagne de gauche, et à trois heures nous retombions dans l'ombre de celle de droite. Mais quels beaux effets de lumière nous pouvions étudier, lorsque les rayons obliques pénétrant par les déchirures des rochers, ou glissant entre les croupes des montagnes, venaient tracer des crêtes d'or et de pourpre sur nos seconds plans! Quelquefois nos cyprès, noirs obélisques qui servaient de repoussoir au fond du tableau, trempaient leurs têtes dans ce fluide embrasé; les régimes de dattes de nos palmiers semblaient des grappes de rubis, et une grande ligne d'ombre, coupant la vallée en biais, la partageait en deux zones : l'une inondée des clartés de l'été, l'autre bleuâtre et froide à la vue comme un paysage d'hiver.

La chartreuse de Valldemosa contenant tout juste, suivant la règle des chartreux, treize religieux y compris le supérieur, avait échappé au décret qui ordonna, en 1836, la démolition des monastères contenant moins de douze personnes en communauté; mais, comme toutes les autres, celle-là avait été dispersée et le couvent supprimé, c'est-à-dire considéré comme domaine de l'État. L'État majorquin, ne sachant comment utiliser ces vastes bâtiments, avait pris le parti, en attendant qu'ils achevassent de s'écrouler, de louer les cellules aux personnes qui voudraient les habiter. Quoique le prix de ces loyers fût d'une modicité extrême, les villageois de Valldemosa n'en avaient pas voulu profiter, peut-être à cause de leur extrême dévotion et du regret qu'ils avaient de leurs moines, peut-être aussi par effroi superstitieux : ce qui ne les empêchait pas de venir y danser dans les nuits du carnaval, comme je le dirai ci-après ; mais ce qui leur faisait regarder de très-mauvais œil notre présence irrévérencieuse dans ces murs vénérables.

Cependant la Chartreuse est en grande partie habitée, durant les chaleurs de l'été, par les petits bourgeois palmesans, qui viennent chercher, sur ces hauteurs et sous ces voûtes épaisses, un air plus frais que dans la plaine ou dans la ville. Mais aux approches de l'hiver le froid les en chasse, et lorsque nous y demeurâmes, la Chartreuse avait pour tous habitants, outre moi et ma famille, le pharmacien, le sacristain et la Maria-Antonia.

La Maria-Antonia était une sorte de femme de charge qui était venue d'Espagne pour échapper, je crois, à la misère, et qui avait loué une cellule pour exploiter les hôtes passagers de la Chartreuse. Sa cellule était située à côté de la nôtre et nous servait de cuisine, tandis que la dame était censée nous servir de ménagère. C'était une ex-jolie femme, fine, proprette en apparence, doucereuse, se disant bien née, ayant de charmantes manières, un son de voix harmonieux, des airs patelins, et exerçant une sorte d'hospitalité fort singulière. Elle mettait toute coutume d'offrir ses services aux arrivants, et de refuser, d'un air outragé, et presque en se voilant la face, toute espèce de rétribution pour ses soins. Elle agissait ainsi, disait-elle, pour l'amour de Dieu, *por l'assistencia*, et dans le seul but d'obtenir l'amitié de ses voisins. Elle possédait, en fait de mobilier, un lit de sangle, une chaufferette, un brasero, deux chaises de paille, un crucifix, et quelques plats de terre. Elle mettait tout cela à votre disposition avec beaucoup de générosité, et vous pouviez installer chez elle votre servante et votre marmite.

Mais aussitôt elle entrait en possession de tout votre ménage, et prélevait pour elle le plus pur de vos nippes et de votre dîner. Je n'ai jamais vu de bouche dévote plus friande, ni de doigts plus agiles pour puiser, sans se brûler, au fond des casseroles bouillantes, ni de gosier plus élastique pour avaler le sucre et le café de ses hôtes chéris à la dérobée, tout en fredonnant un cantique ou un boléro. C'eût été une chose curieuse et divertissante, si on eût pu être tout à fait désintéressé dans la question, que devoir cette bonne Antonia, et la Catalina, cette grande sorcière valldemosane qui nous servait de valet de chambre; et la *niña*, petit monstre ébouriffé qui nous servait de groom, aux prises toutes trois avec notre dîner C'était l'heure de l'Angelus, et ces trois chattes ne manquaient pas de le réciter : les deux vieilles en duo, faisant main basse sur tous les plats, et la petite répondant *amen*, tout en escamotant avec une dextérité sans égale quelque côtelette ou quelque fruit confit. C'était un tableau à faire et qui valait bien la peine qu'on feignit de ne rien voir; mais lorsque les pluies interceptèrent fréquemment les communications avec Palma, et que les aliments devinrent rares, *l'assistencia* de la Maria-Antonia et de sa clique devint moins plaisante, et nous fûmes forcés de nous succéder, mes enfants et moi, dans le rôle de planton pour surveiller les vivres. Je me souviens d'avoir couvé, presque sur mon chevet, certains paniers de biscottes bien nécessaires au déjeuner du lendemain, et d'avoir plané comme un vautour sur certains plats de poisson, pour écarter de nos fourneaux en plein vent ces petits oiseaux de rapine qui ne nous eussent laissé que les arêtes.

Le sacristain était un gros gars qui avait peut-être servi la messe aux chartreux dans son enfance, et qui désormais était dépositaire des clefs du couvent. Il y avait une histoire scandaleuse sur son compte; il était atteint et convaincu d'avoir séduit et mis à mal une señorita qui avait passé quelques mois avec ses parents à la Chartreuse, et il disait pour s'excuser, qu'il n'était chargé par l'État que de garder les vierges en peinture. Il n'était pas beau le moins du monde; mais il avait des prétentions au dandysme. Au lieu du beau costume demi-arabe que portent les gens de sa classe, il avait un pantalon européen avec des bretelles qui certainement donnaient dans l'œil des filles de l'endroit. Sa sœur était la plus belle Majorquine que j'aie vue. Ils n'habitaient pas le couvent, ils étaient riches et fiers, et avaient une maison dans le village; mais ils faisaient leur ronde chaque jour et fréquentaient la Maria-Antonia, qui les invitait à manger notre dîner quand elle n'avait pas d'appétit.

Le pharmacien était un chartreux qui s'enfermait dans sa cellule pour reprendre sa robe jadis blanche, et réciter tout seul ses offices en grande tenue. Quand on sonnait à sa porte pour lui demander de la guimauve ou du chiendent (les seuls spécifiques qu'il possédât), on le voyait jeter à la hâte son froc sous son lit, et apparaître en culotte noire, en bas et en petite veste, absolument dans le costume des opérateurs que Molière faisait danser en ballet dans ses intermèdes. C'était un vieillard très-méfiant, ne se plaignant de rien, et priant peut-être pour le triomphe de don Carlos et le retour de la sainte inquisition, sans vouloir de mal à personne. Il nous vendait son chiendent à prix d'or, et se consolait par ces petits profits d'avoir été relevé de son vœu de pauvreté. Sa cellule était située bien loin de la nôtre, à l'entrée du monastère, dans une sorte de bouge dont la porte se dissimulait derrière un buisson de ricins et d'autres plantes médicinales de la plus belle venue. Caché là comme un vieux lièvre qui craint de mettre les chiens sur sa piste, il ne se montrait guère; et si nous n'eussions été plusieurs fois le réclamer pour lui demander ses juleps, nous ne nous serions jamais doutés qu'il y eût encore un chartreux à la Chartreuse.

Cette Chartreuse n'a rien de beau comme ornement d'architecture, mais c'est un assemblage de bâtiments très-fortement et très-largement construits. Avec une pareille enceinte et une telle masse de pierres de taille, il y aurait de quoi loger un corps d'armée; et pourtant cette vaste construction avait été élevée pour douze personnes. Ainsi que dans le nouveau cloître (car ce monastère se compose de trois chartreuses accolées l'une à l'autre à diverses époques), il y a douze cellules composées chacune de trois pièces spacieuses donnant sur un des côtés du cloître. Sur les deux faces latérales sont situées douze chapelles. Chaque religieux avait la sienne, dans laquelle il s'enfermait pour prier seul. Toutes ces chapelles sont diversement ornées, couvertes de dorures et de peintures du goût le plus grossier, avec des statues de saints en bois colorié, si horribles que je n'aurais pas trop aimé, je le confesse, à les rencontrer la nuit hors de leurs niches. Le pavé de ces oratoires est formé de faïences émaillées et disposées en divers dessins de mosaïque d'un très-bel effet. Le goût arabe règne encore en ceci, et c'est le seul bon goût dont la tradition ait traversé les siècles à Majorque. Enfin chacune de ces chapelles est munie d'une fontaine ou d'une conque en beau marbre du pays, chaque chartreux étant tenu de laver tous les jours son oratoire. Il règne dans ces pièces voûtées, sombres, et carrelées d'émail, une fraîcheur qui pouvait bien faire des longues heures de la prière une sorte de volupté dans les jours brûlants de la canicule.

La quatrième face du nouveau cloître, au centre duquel règne un petit préau planté symétriquement de buis qui n'ont pas encore perdu tout à fait les formes pyramidales imposées par le ciseau des moines, est parallèle à une jolie église dont la fraîcheur et la propreté contrastent avec l'abandon et la solitude du monastère. Nous espérions y trouver des orgues; nous avions oublié que la règle des chartreux supprimait toute espèce d'instruments de musique, comme un vain luxe et un plaisir des sens. L'église se compose d'une seule nef pavée en belles faïences très-finement peintes, à bouquets de fleurs artistement disposés comme sur un tapis. Les lambris boisés, les confessionnaux et les portes sont d'une grande simplicité; mais la perfection de leurs nervures et la netteté d'un travail sobrement et délicatement orné attestent une habileté dans la main-d'œuvre qu'on ne trouve plus en France dans les ouvrages de menuiserie. Malheureusement cette exécution consciencieuse est perdue aussi à Majorque. Il n'y a dans toute l'île, m'a dit M. Tastu, que deux ouvriers qui aient conservé cette profession à l'état d'art. Le menuisier que nous employions à la Chartreuse était certainement un artiste, mais seulement en musique et en peinture. Étant venu un jour à notre cellule pour y poser quelques rayons de bois blanc, il regarda tout notre petit bagage d'artistes avec cette curiosité naïve et indiscrète que j'avais remarquée autrefois chez les Grecs esclavons. Les esquisses que mon fils avait faites d'après des dessins de Goya représentant des moines en goguette, et dont il avait orné notre chambre, le scandalisèrent un peu; mais ayant aperçu la *Descente de croix* gravée d'après Rubens, il resta longtemps absorbé dans une contemplation étrange. Nous lui demandâmes ce qu'il en pensait : « Il n'y a rien dans toute l'île de Majorque, nous répondit-il dans son patois, d'aussi beau et d'aussi *naturel*. »

Ce mot de *naturel* dans la bouche d'un paysan qui avait la chevelure et les manières d'un sauvage nous frappa beaucoup. Le son du piano et le jeu de l'artiste le jetaient dans une sorte d'extase. Il abandonnait son travail et venait se placer derrière la chaise de l'exécutant, la bouche entr'ouverte et les yeux hors de la tête. Ces instincts élevés ne l'empêchaient pas d'être voleur comme tous les paysans majorquins le sont avec les étrangers; et cela sans aucune espèce de scrupule, quoiqu'ils soient d'une loyauté religieuse, dit-on, dans les rapports qu'ils ont entre eux. Il demandait de son travail un prix fabuleux, et il portait les mains avec convoitise sur tous les petits objets d'industrie française que nous avions apportés pour notre usage. J'eus bien de la peine à sauver de ses larges poches les pièces de mon nécessaire de toilette. Ce qui le tentait le plus, c'était un verre de cristal taillé, ou peut-être la brosse à dents qui s'y trouvait, et dont certainement il ne comprenait pas la destination. Cet homme avait les besoins d'art d'un Italien et les instincts de rapine d'un Malais ou d'un Cafre.

Cette digression ne me fera pas oublier de mentionner le seul objet d'art que nous trouvâmes à la Chartreuse. C'était une statue de saint Bruno en bois peint, placée dans l'église. Le dessin et la couleur en étaient remarquables; les mains, admirablement étudiées, avaient un mouvement d'invocation pieuse et déchirante; l'expression de la tête était vraiment sublime de foi et de douleur. Et pourtant c'était l'œuvre d'un ignorant; car la statue placée en regard, et exécutée par le même manœuvre, était pitoyable sous tous les rapports; mais il avait eu en créant saint Bruno un éclair d'inspiration, un élan d'exaltation religieuse peut-être, qui l'avait élevé au-dessus de lui-même. Je doute que jamais le saint fanatique de Grenoble ait été compris et rendu avec un sentiment aussi profond et aussi ardent. C'était la personnification de l'ascétisme chrétien. Mais, à Majorque même, l'emblème de cette philosophie du passé est debout dans la solitude.

L'ancien cloître, qu'il faut traverser pour entrer dans le nouveau, communique à celui-ci par un détour fort simple que, grâce à mon peu de mémoire locale, je n'ai jamais pu retrouver sans me perdre préalablement dans le troisième cloître.

Ce troisième bâtiment, que je devrais appeler le premier parce qu'il est le plus ancien, est aussi le plus petit. Il présente un coup d'œil charmant. Le préau qu'il embrasse de ses murailles brisées est l'ancien cimetière des moines. Aucune inscription ne distingue ces tombes que le chartreux creusait durant sa vie, et où rien ne devait disputer sa mémoire au néant de la mort. Les sépultures sont à peine indiquées par le renflement des touffes de gazon. M. Laurens a retracé la physionomie de ce cloître dans un joli dessin, où j'ai retrouvé avec un plaisir incroyable le petit puits à gable aigu, les fenêtres à croix de pierre où se suspendent en festons toutes les herbes vagabondes des ruines, et les grands cyprès verticaux qui s'élèvent la nuit comme des spectres noirs autour de la croix de bois blanc. Je suis fâché qu'il n'ait pas vu la lune se lever derrière la belle montagne de grès couleur d'ambre qui domine ce cloître, et qu'il n'ait pas mis au premier plan un vieux laurier au tronc énorme et à la tête desséchée qui n'existait peut-être déjà plus lorsqu'il visita la Chartreuse. Mais j'ai retrouvé dans son dessin et dans son texte une mention honorable pour le beau palmier nain (*chamærops*) que j'ai défendu contre l'ardeur naturaliste de mes enfants, et qui est peut-être un des plus vigoureux de l'Europe dans son espèce.

Autour de ce petit cloître sont disposées les anciennes chapelles des chartreux du quinzième siècle. Elles sont hermétiquement fermées, et le sacristain ne les ouvre à personne, circonstance qui piquait beaucoup notre curiosité. À force de regarder au travers des fentes dans nos promenades, nous avons cru apercevoir de beaux débris de meubles et de sculptures en bois très-anciennes. Il pourrait bien se trouver dans ces galetas mystérieux beaucoup de richesses enfouies dont personne à Majorque ne se souciera jamais de secouer la poussière.

Le second cloître a douze cellules et douze chapelles comme les autres. Ses arcades ont beaucoup de caractère dans leur délabrement. Elles ne tiennent plus à rien, et quand nous les traversions le soir par un gros temps, nous recommandions notre âme à Dieu; car il ne passait pas d'ouragan sur la Chartreuse qui ne fît tomber un pan de mur ou un fragment de voûte. Jamais je n'ai entendu le vent promener des voix lamentables et pousser des hurlements désespérés, comme dans ces galeries creuses et sonores. Le bruit des torrents, la course précipitée des nuages, la grande clameur monotone de la mer interrompue par le sifflement de l'orage, et les plaintes des oiseaux de mer qui passaient tout effarés et tout déroutés dans les rafales; puis de grands brouillards qui tombaient tout à coup comme un linceul, et qui, pénétrant dans les cloîtres par les arcades brisées, nous rendaient invisibles et faisaient paraître la petite lampe que nous portions pour nous diriger, comme un esprit follet errant sous les galeries, et mille autres détails de cette vie cénobitique qui se pressent à la fois dans mon souvenir: tout cela faisait bien de cette Chartreuse le séjour le plus romantique de la terre.

Je n'étais pas fâché de voir en plein, et en réalité une bonne fois, ce que je n'avais vu qu'en rêve, ou dans les ballades à la mode, et dans l'acte des nonnes de *Robert le Diable*, à l'Opéra. Les apparitions fantastiques ne nous manquèrent même pas, comme je le dirai tout à l'heure; et à propos de tout ce romantisme matérialisé qui posait devant moi, je n'étais pas sans faire quelques réflexions sur le romantisme en général.

À la masse des bâtiments que je viens d'indiquer, il faut joindre la partie réservée au supérieur, que nous ne pûmes visiter, non plus que bien d'autres recoins mystérieux; les cellules des frères convers, une petite église appartenant à l'ancienne Chartreuse, et plusieurs autres constructions destinées aux personnes de marque qui y venaient faire des retraites ou accomplir des dévotions pénitentiaires; plusieurs petites cours entourées d'étables pour le bétail de la communauté, des logements pour la nombreuse suite des visiteurs; enfin, tout un phalanstère, comme on dirait aujourd'hui, sous l'invocation de la Vierge et de saint Bruno.

Quand le temps était trop mauvais pour nous empêcher de gravir la montagne, nous faisions notre promenade à couvert dans le couvent, et nous en avions pour plusieurs heures à explorer l'immense manoir. Je ne sais quel attrait de curiosité me poussait à surprendre dans ces murs abandonnés le secret intime de la vie monastique. Sa trace était si récente, que je croyais toujours entendre le bruit des sandales sur le pavé et le murmure de la prière sous les voûtes des chapelles. Dans ses cellules, des oraisons latines imprimées et collées sur les murs, jusque dans des réduits secrets où je n'aurais jamais imaginé qu'on allât dire des *oremus*, étaient encore lisibles.

Un jour que nous allions à la découverte dans des galeries supérieures, nous trouvâmes devant nous une jolie tribune, d'où nos regards plongèrent dans une grande et belle chapelle, si meublée et si bien rangée, qu'on l'eût dite abandonnée de la veille. Le fauteuil du supérieur était encore à sa place, et l'ordre des exercices religieux de la semaine, affiché dans un cadre de bois noir, pendait à la voûte au milieu des stalles du chapitre. Chaque stalle avait une petite image de saint collée au dossier, probablement le patron de chaque religieux. L'odeur d'encens dont les murs avaient été si longtemps imprégnés n'était pas encore tout à fait dissipée. Les autels étaient parés de fleurs desséchées, et les cierges à demi consumés se dressaient encore dans leurs flambeaux. L'ordre et la conservation de ces objets contrastaient avec les ruines du dehors, la hauteur des ronces qui envahissaient les fenêtres, et les cris des polissons qui jouaient aux petits palets dans les cloîtres avec des fragments de mosaïque.

Quant à mes enfants, l'amour du merveilleux les portait bien plus vivement encore à ces explorations enjouées et passionnées. Certainement, ma fille s'attendait à trouver quelque palais de fée rempli de merveilles dans les greniers de la Chartreuse, et mon fils espérait découvrir la trace de quelque drame terrible et bizarre enfoui sous les décombres. J'étais souvent effrayé de les voir grimper comme des chats sur des planches déjetées et sur des terrasses tremblantes; et quand, me devançant de quelques pas, ils disparaissaient dans un tournant d'escalier en spirale, je m'imaginais qu'ils étaient perdus pour moi, et je doublais le pas avec une sorte de terreur où la superstition entrait peut-être bien pour quelque chose.

Car, on s'en défendrait en vain, ces demeures sinistres, consacrées à un culte plus sinistre encore, agissent quelque peu sur sur l'imagination, et je défierais le cerveau le plus calme et le plus froid de s'y conserver longtemps dans un état de parfaite santé. Ces petites peurs fantastiques, si je puis les appeler ainsi, ne sont pas sans attrait; elles sont pourtant assez réelles pour qu'il soit nécessaire de les combattre en soi-même. J'a-

Costumes majorcains.

voue que je n'ai guère traversé le cloître le soir sans une certaine émotion mêlée d'angoisse et de plaisir que je n'aurais pas voulu laisser paraître devant mes enfants, dans la crainte de la leur faire partager. Ils n'y paraissaient cependant pas disposés, et ils couraient volontiers au clair de la lune sous ces arceaux rompus qui vraiment avaient l'air d'appeler les danses du sabbat. Je les ai conduits plusieurs fois, vers minuit, dans le cimetière.

Cependant je ne les laissai plus sortir seuls, le soir, après que nous eûmes rencontré un grand vieillard qui se promenait parfois dans les ténèbres. C'était un ancien serviteur ou client de la communauté, à qui le vin et la dévotion faisaient souvent partir la cervelle. Lorsqu'il était ivre, il venait errer dans les cloîtres, frapper aux portes des cellules désertes avec un grand bourdon de pèlerin, où était suspendu un long rosaire, appelant les moines, dans ses déclamations avinées, et priant d'une voix lugubre devant les chapelles. Comme il voyait un peu de lumière s'échapper de notre cellule, c'était là surtout qu'il venait rôder avec des menaces et des jurements épouvantables. Il entrait chez la Maria-Antonia, qui en avait grand'peur, et, lui faisant de longs sermons entrecoupés de jurons cyniques, il s'installait auprès de son brasero jusqu'à ce que le sacristain vînt l'en arracher à force de politesses et de ruses; car le sacristain n'était pas très-brave, et craignait de s'en faire un ennemi. Notre homme venait alors frapper à notre porte à des heures indues; et quand il était fatigué d'appeler en vain le père Nicolas, qui était son idée fixe, il se laissait tomber aux pieds de la madone dont la niche était située à quelques pas de notre porte, et s'y endormait, son couteau ouvert dans une main, et son chapelet dans l'autre.

Son tapage ne nous inquiétait guère, parce que ce n'était point un homme à se jeter sur les gens à l'improviste. Comme il s'annonçait de loin par ses exclamations entrecoupées et le bruit de son bâton sur le pavé, on avait le temps de battre en retraite devant cet animal sauvage, et la double porte en plein chêne de notre cellule eût pu soutenir un siége autrement formidable; mais cet assaut obstiné pendant que nous avions un malade accablé, auquel il disputait quelques heures de

Sereno de Palma.

repos, n'était pas toujours comique. Il fallait le subir pourtant avec *mucha calma*, car nous n'eussions certes reçu aucune protection de la police de l'endroit ; nous n'allions point à la messe, et notre ennemi était un saint homme qui n'en manquait aucune.

Un soir, nous eûmes une alerte et une apparition d'un autre genre, que je n'oublierai jamais. Ce fut d'abord un bruit inexplicable et que je ne pourrais comparer qu'à des milliers de sacs de noix roulant avec continuité sur un parquet. Nous nous hâtâmes de sortir dans le cloître, pour voir ce que ce pouvait être. Le cloître était désert et sombre comme à l'ordinaire ; mais le bruit se rapprochait toujours sans interruption, et bientôt une faible clarté blanchit la vaste profondeur des voûtes. Peu à peu elles s'éclairèrent du feu de plusieurs torches, et nous vîmes apparaître, dans la vapeur rouge qu'elles répandaient, un bataillon d'êtres abominables à Dieu et aux hommes. Ce n'était rien moins que Lucifer en personne, accompagné de toute sa cour, un maître diable tout noir, cornu, avec la face couleur de sang. Le autour de lui un essaim de diablotins avec des têtes d'oiseau, des queues de cheval, des oripeaux de toutes couleurs, et des diablesses ou des bergères, en habits blancs et roses,

qui avaient l'air d'être enlevées par ces vilains gnômes. Après les confessions que je viens de faire, je puis avouer que pendant une ou deux minutes, et même encore un peu de temps après avoir compris ce que c'était, il me fallut un certain effort de volonté pour tenir ma lampe élevée au niveau de cette laide mascarade, à laquelle l'heure, le lieu et la clarté des torches donnaient une apparence vraiment surnaturelle.

C'étaient des gens du village, riches fermiers et petits bourgeois, qui fêtaient le mardi gras et venaient établir leur bal rustique dans la cellule de Maria-Antonia. Le bruit étrange qui accompagnait leur marche était celui des castagnettes, dont plusieurs gamins, couverts de masques sales et hideux, jouaient en même temps, et non sur un rhythme coupé et mesuré, comme en Espagne, mais avec un roulement continu semblable à celui du tambour battant aux champs. Ce bruit, dont ils accompagnent leurs danses, est si sec et si âpre, qu'il faut du courage pour le supporter un quart d'heure. Quand ils sont en marche de fête, ils l'interrompent tout d'un coup pour chanter à l'unisson une *coplita* sur une phrase musicale qui recommence toujours et semble ne finir jamais ; puis les castagnettes reprennent leur roulement, qui dure trois ou quatre minutes. Rien de plus sauvage que cette manière de se réjouir en se brisant le tympan avec le claquement du bois. La phrase musicale, qui n'est rien par elle-même, prend un grand caractère jetée ainsi à de longs intervalles, et par ces voix qui ont aussi un caractère très-particulier. Elles sont voilées dans leur plus grand éclat et traînantes dans leur plus grande animation.

Je m'imagine que les Arabes chantaient ainsi, et M. Tastu, qui a fait des recherches à cet égard, s'est convaincu que les principaux rhythmes majorquins, leurs fioritures favorites, que leur manière, en un mot, est de type et de tradition arabes [1].

Quand tous ces diables furent près de nous, ils nous entourèrent avec beaucoup de douceur et de politesse, car les Majorquins n'ont rien de farouche ni d'hostile, en général, dans leurs manières. Le roi Belzébuth daigna m'adresser la parole en espagnol, et me dit qu'il était avocat. Puis il essaya, pour me donner une plus haute idée encore de sa personne, de me parler en français, et, voulant me demander si je me plaisais à la Chartreuse, il traduisit le mot espagnol *cartuxa* par le mot français *cartourhe*, ce qui ne laissait pas de faire un léger contre-sens. Mais le diable majorquin n'est pas forcé de parler toutes les langues.

Leur danse n'est pas plus gaie que leur chant. Nous les suivîmes dans la cellule de Maria-Antonia, qui était décorée de petites lanternes de papier suspendues, en travers de la salle, à des guirlandes de lierre. L'orchestre, composé d'une grande et d'une petite guitare, d'une espèce de violon aigu et de trois ou quatre paires de castagnettes, commença à jouer les jotas et les fandangos indigènes, qui ressemblent à ceux de l'Espagne, mais dont le rhythme est plus original et le tour plus hardi encore.

Cette fête était donnée en l'honneur de Raphaël Torres, un riche tenancier du pays, qui s'était marié, peu de jours auparavant, avec une assez belle fille. Le nouvel époux fut le seul homme condamné à danser presque toute la soirée face à face avec une des femmes qu'il allait inviter tour à tour. Pendant ce duo, toute l'assemblée, grave et silencieuse, était assise par terre, accroupie à la manière des Orientaux et des Africains, l'alcalde lui-même, avec sa cape de moine et son grand bâton noir à tête d'argent.

Les boleros majorquins ont la gravité des ancêtres, et point de ces grâces profanes qu'on admire en Andalousie. Hommes et femmes se tiennent les bras étendus et immobiles, les doigts roulant avec précipitation et continuité sur les castagnettes. Le beau Raphaël dansait pour l'acquit de sa conscience. Quand il eut fait sa corvée, il alla s'asseoir en chien comme les autres, et les *malins* de l'endroit vinrent briller à leur tour. Un jeune gars, mince comme une guêpe, fit l'admiration universelle par la raideur de ses mouvements et des sauts sur place qui ressemblaient à des bonds galvaniques, sans éclairer sa figure du moindre éclair de gaieté. Un gros laboureur, très-coquet et très-suffisant, voulut passer la jambe et arrondir les bras à la manière espagnole ; il fut bafoué, et il le méritait bien, car c'était la plus risible caricature qu'on pût voir. Ce bal rustique nous eût longtemps captivés, n'était l'odeur d'huile rance et d'ail qu'exhalaient ces messieurs et ces dames, et qui prenait réellement à la gorge.

[1]. Lorsque nous allions de Barcelone à Palma, par une nuit tiède et sombre, éclairée seulement par une phosphorescence extraordinaire dans le sillage du navire, tout le monde dormait à bord, excepté le timonier, qui, pour résister au danger d'en faire autant, chantait toute la nuit, mais d'une voix si douce et si ménagée qu'on eût dit qu'il craignait d'éveiller les hommes de quart, ou qu'il était à demi endormi lui-même. Nous ne nous lassâmes point de l'écouter, car son chant était des plus étranges. Il suivait un rhythme et des modulations en dehors de toutes nos habitudes, et semblait aller sa voix au hasard, comme la fumée du bâtiment, emportée et balancée par la brise. C'était une rêverie plutôt qu'un chant, une sorte de divagation nonchalante de la voix, où la pensée avait peu de part, mais qui suivait le balancement du navire, le faible bruit du remous, et ressemblait à une improvisation vague, renfermée pourtant dans des formes douces et monotones.

Cette voix de la contemplation avait un grand charme.

Les déguisements de carnaval avaient moins d'intérêt pour nous que les costumes indigènes ; ceux-là sont très-élégants et très-gracieux. Les femmes portent une sorte de guimpe blanche en dentelle ou en mousseline, appelée *rebozillo*, composée de deux pièces superposées ; une qui est attachée sur la tête un peu en arrière, passant sous le menton comme une guimpe de religieuse, et qui se nomme *rebozillo en amount* ; l'autre qui flotte en pèlerine sur les épaules, et se nomme *rebozillo en volant* ; les cheveux, séparés en bandeaux lissés sur le front, sont attachés derrière pour retomber en une grosse tresse qui sort du rebozillo, flotte sur le dos et se relève sur le côté, passée dans la ceinture. En négligé de la semaine, la chevelure non tressée reste flottante sur le dos *en estoffade*. Le corsage, en mérinos ou en soie noire, décolleté, à manches courtes, est garni, au-dessus du coude et sur les coutures du dos, de boutons de métal et de chaînes d'argent passées dans les boutons avec beaucoup de goût et de richesse. Elles ont la taille fine et bien prise, le pied très-petit et chaussé avec recherche dans les jours de fête. Une simple villageoise a des bas à jour, des souliers de satin, une guimpe d'or au cou, et plusieurs rangs de chaînes d'argent autour de la taille et pendantes à la ceinture. J'en ai vu beaucoup de fort bien faites, peu de jolies ; leurs traits plus réguliers rappellent ceux des Andalouses, mais leur physionomie plus candide et plus douce. Dans le canton de Soller, où je ne suis point allé, on cite une grande réputation de beauté.

Les hommes que j'ai vus n'étaient pas beaux, mais ils le semblaient tous au premier abord, à cause du costume avantageux qu'ils portent. Il se compose, le dimanche, d'un gilet (*guarde-pits*) d'étoffe de soie bariolée, découpé en cœur et très-ouvert sur la poitrine, ainsi que la veste noire (*sayo*) courte et collante à la taille, comme un corsage de femme. Une chemise d'un blanc magnifique, attachée au cou et aux manches par une bandelette brodée, laisse le cou libre et la poitrine couverte de beau linge, ce qui donne toujours un grand lustre à la toilette. On a la taille serrée dans une ceinture de couleur, et de larges caleçons bouffants comme les Turcs, en étoffes rayées, coton et soie, fabriquées dans le pays. Avec cela, ils ont des bas de fil blanc, noir ou fauve, et des souliers de peau de veau sans apprêt et sans teint. Le chapeau à larges bords, en poil de chat sauvage (*mosine*), avec des cordons et des glands noirs en fil de soie et d'or, suit le caractère oriental de cet ajustement. Dans les maisons, ils roulent autour de leur tête un foulard ou un mouchoir d'indienne en manière de turban, qui leur sied beaucoup mieux. L'hiver, ils ont souvent une calotte de laine noire qui couvre leur tonsure ; car ils se rasent, comme des prêtres, le sommet de la tête, soit par mesure de propreté, soit par dévotion. Leur vigoureuse crinière bouffante, rude et crêpue, flotte donc (autant que du crin peut flotter) autour de leur cou. Un trait de ciseau sur le front complète cette chevelure, taillée exactement à la mode du moyen âge, et qui donne de l'énergie à toutes les figures.

Dans les champs, leur costume, plus négligé, est plus pittoresque encore. Ils ont les jambes nues ou couvertes de guêtres de cuir jaune jusqu'aux genoux, suivant la saison. Quand il fait chaud, ils n'ont pour tout vêtement que la chemise et le pantalon bouffant. Dans l'hiver, ils se couvrent d'une cape grise qui a l'air d'un froc de moine, ou d'une grande peau de chèvre d'Afrique avec le poil en dehors. Quand ils marchent par groupes avec ces peaux fauves traversées d'une raie noire sur le dos, et tombant de la tête aux pieds, on les prendrait pour un troupeau marchant sur les pieds de derrière. Presque toujours, en se rendant aux champs ou en revenant à la maison, l'un d'eux marche en tête, jouant de la guitare ou de la flûte, et les autres suivent en silence, emboîtant le pas, et baissant le nez d'un air plein d'innocence et de stupidité. Ils ne manquent pourtant pas de finesse, et bien sot qui se fierait à leur mine.

Ils sont généralement grands, et leur costume, en les rendant très-minces, les fait paraître plus grands encore. Leur cou, toujours exposé à l'air, est beau et vigoureux; leur poitrine, libre de gilets étroits et de bretelles, est ouverte et bien développée; mais ils ont presque tous les jambes arquées.

Nous avons cru observer que les vieillards et les hommes mûrs étaient, sinon beaux dans leurs traits, du moins graves et d'un type noblement accentué. Ceux-là ressemblent tous à des moines, tels qu'on se les représente poétiquement. La jeune génération nous a semblé commune et d'un type grivois, qui rompt tout à coup la filiation. Les moines auraient-ils cessé d'intervenir dans l'intimité domestique depuis une vingtaine d'années seulement?

— Ceci n'est qu'une facétie de voyage.

II.

J'ai dit plus haut que je cherchais à surprendre le secret de la vie monastique dans ces lieux où sa trace était encore si récente. Je n'entends point dire par là que je m'attendisse à découvrir des faits mystérieux relatifs à la Chartreuse en particulier; mais je demandais à ces murs abandonnés de me révéler la pensée intime des reclus licencieux qu'ils avaient, durant des siècles, séparés de la vie humaine. J'aurais voulu suivre le fil amoindri ou rompu de la foi chrétienne dans ces âmes jetées là par chaque génération comme un holocauste à ce Dieu jaloux, auquel il avait fallu des victimes humaines aussi bien qu'aux dieux barbares. Enfin j'aurais voulu ranimer un chartreux du quinzième siècle et un du dix-neuvième pour comparer entre eux ces deux catholiques séparés dans leur foi, sans le savoir, par des abîmes, et demander à chacun ce qu'il pensait de l'autre.

Il me semblait que la vie du premier était assez facile à reconstruire avec vraisemblance dans ma pensée. Je voyais ce chrétien du moyen âge tout d'une pièce, fervent, sincère, brisé au cœur par le spectacle des guerres, des discordes et des souffrances de ses contemporains, fuyant cet abîme de maux et cherchant dans la contemplation ascétique à s'abstraire et à se détacher autant que possible d'une vie où la notion de la perfectibilité des masses n'était point accessible aux individus. Mais le chartreux du dix-neuvième siècle, fermant les yeux à la marche devenue sensible et claire de l'humanité, indifférent à la vie des autres hommes, ne comprenant plus ni la religion, ni le pape, ni l'église, ni la société, ni lui-même, et ne voyant plus dans sa Chartreuse qu'une habitation spacieuse, agréable et sûre, sa vocation qu'une existence assurée, l'impunité accordée à ses instincts, et un moyen d'obtenir, sans mérite individuel, la déférence et la considération des dévots, des paysans et des femmes, celui-là je ne pouvais me le représenter aussi aisément. Je ne pouvais faire une appréciation exacte de ce qu'il devait avoir eu de remords, d'aveuglement, d'hypocrisie ou de sincérité. Il était impossible qu'il y eût une foi réelle à l'Église romaine dans cet homme, à moins qu'il ne fût absolument dépourvu d'intelligence. Il était impossible aussi qu'il y eût un athéisme prononcé; car sa vie entière eût été un odieux mensonge, et je ne saurais croire à un homme complètement stupide ou complètement vil. C'est l'image de ses combats intérieurs, de ses alternatives de révolte et de soumission, de doute philosophique et de terreur superstitieuse que j'avais devant les yeux comme un enfer; et plus je m'identifiais ce dernier chartreux qui avait habité ma cellule avant moi, plus je sentais peser sur mon imagination frappée ces angoisses et ces agitations que je lui attribuais.

Il suffisait de jeter les yeux sur les anciens cloîtres et sur la Chartreuse moderne pour suivre la marche des besoins de bien-être, de salubrité et même d'élégance, qui s'étaient glissés dans la vie de ces anachorètes, mais aussi pour signaler le relâchement des mœurs cénobitiques, de l'esprit de mortification et de pénitence. Tandis que toutes les anciennes cellules étaient sombres, étroites et mal closes, les nouvelles étaient aérées, claires et bien construites. Je ferai la description de celle que nous habitions pour donner une idée de l'austérité de la règle des chartreux, même éludée et adoucie autant que possible.

Les trois pièces qui la composaient étaient spacieuses, voûtées avec élégance et aérées au fond par des rosaces à jour, toutes diverses et d'un très-joli dessin. Ces trois pièces étaient séparées du cloître par un retour en voûte et fermé d'un fort battant de chêne. Le mur avait trois pieds d'épaisseur. La pièce du milieu était destinée à la lecture, à la prière, à la méditation, elle avait pour tout meuble un large siège à prie-Dieu et à dossier, de six ou huit pieds de haut, enfoncé et fixé dans la muraille. La pièce à droite de celle-ci était la chambre à coucher du chartreux; au fond était l'alcôve, très-basse et dallée en dessus comme un sépulcre. La pièce de gauche était l'atelier de travail, le réfectoire, le magasin du solitaire. Une armoire située au fond avait un compartiment de bois qui s'ouvrait en lucarne sur le cloître, et par où on lui faisait passer ses aliments. Sa cuisine consistait en deux petits fourneaux situés au dehors, mais non plus, suivant la règle absolue, en plein air : une voûte ouverte sur le jardin protégeait contre la pluie le travail culinaire du moine, et lui permettait de s'adonner à cette occupation un peu plus que le fondateur ne l'aurait voulu. D'ailleurs une cheminée introduite dans cette troisième pièce annonçait bien d'autres relâchements, quoique la science de l'architecte n'eût pas été jusqu'à rendre cette cheminée praticable.

Tout l'appartement avait en arrière, à la hauteur des rosaces, un boyau long, étroit et sombre, destiné à l'aération de la cellule, et au-dessus un grenier pour serrer le maïs, les oignons, les fèves et autres frugales provisions d'hiver. Au midi, les trois pièces s'ouvraient sur un parterre dont l'étendue répétait exactement celle de la totalité de la cellule, qui était séparé des jardins voisins par des murailles de dix pieds, et s'appuyait sur une terrasse fortement construite, au-dessus d'un petit bois d'orangers, qui occupait ce gradin de la montagne. Le gradin inférieur était rempli d'un beau berceau de vignes, le troisième d'amandiers et de palmiers, et ainsi de suite jusqu'au fond du vallon, qui, ainsi que je l'ai dit, était un immense jardin.

Chaque parterre de cellule avait sur toute sa longueur à droite un réservoir en pierres de taille, de trois à quatre pieds de large sur autant de profondeur, recevant, par des canaux pratiqués dans la balustrade de la terrasse, les eaux de la montagne, et les déversant dans le parterre en une croix de pierre qui le coupait en quatre carrés égaux. Je n'ai jamais compris une telle provision d'eau pour abreuver la soif d'un seul homme, ni un tel luxe d'irrigation pour un parterre de vingt pieds de diamètre. Si on ne connaissait l'horreur particulière des moines pour le bain et la sobriété des mœurs majorquines à cet égard, on pourrait croire que ces bons chartreux passaient leur vie en ablutions comme des prêtres indiens.

Quant à ce parterre planté de grenadiers, de citronniers et d'orangers, entouré d'allées exhaussées en briques et ombragées, ainsi que le réservoir; de berceaux embaumés, c'était comme un joli salon de fleurs et de verdure, où le moine pouvait se promener à pied sec les jours humides et rafraîchir ses gazons d'une nappe d'eau courante dans les jours brûlants, respirer au bord d'une belle terrasse le parfum des orangers, dont la cime touffue apportait sous ses yeux un dôme éclatant de fleurs et de fruits, et contempler, dans un repos absolu, le paysage à la fois austère et gracieux, mélancolique et grandiose, dont j'ai parlé déjà; enfin cultiver pour la volupté de ses regards des fleurs rares et précieuses, cueillir pour étancher sa soif les fruits les plus savoureux, écouter les bruits sublimes de la mer, contempler la splendeur des nuits d'été sous le plus beau ciel, et adorer l'Éternel dans le plus beau temple que jamais il ait ouvert à l'homme dans le sein de la nature. Telles me parurent au premier abord les ineffables jouissances du chartreux, telles je me les promis à moi-même en m'installant dans une de ces cellules qui semblaient avoir été disposées pour satisfaire les magnifiques caprices d'imagination ou de rêverie d'une phalange choisie de poëtes et d'artistes.

Mais quand on se représente l'existence d'un homme sans intelligence et par conséquent sans rêverie et sans méditation, sans foi peut-être, c'est-à-dire sans enthousiasme et sans recueillement, enfouie dans cette cellule aux murs massifs, muets et sourds, soumise aux abrutissantes privations de la règle, et forcée d'en observer la lettre sans en comprendre l'esprit, condamnée à l'horreur de la solitude, réduite à n'apercevoir que de loin, du haut des montagnes, l'espèce humaine rampant au fond de la vallée, à rester éternellement étrangère à quelques autres âmes captives, vouées au même silence, enfermées dans la même tombe, toujours voisines et toujours séparées, même dans la prière; enfin quand on se sent soi-même, être libre et pensant, conduit par sympathie à de certaines terreurs et à de certaines défaillances, tout cela redevient triste et sombre comme une vie de néant, d'erreur et d'impuissance.

Alors on comprend l'ennui incommensurable de ce moine pour qui la nature a épuisé ses plus beaux spectacles, et qui n'en jouit pas, parce qu'il n'a point un autre homme à qui faire partager sa jouissance; la tristesse brutale de ce pénitent qui ne souffre plus que du froid et du chaud, comme un animal, comme une plante; et le refroidissement mortel de ce chérétien chez qui rien ne ranime et ne vivifie l'esprit d'ascétisme. Condamné à manger seul, à travailler seul, à souffrir et à prier seul, il ne doit plus avoir qu'un besoin, celui d'échapper à cette épouvantable claustration; et l'on m'a dit que les derniers chartreux s'en faisaient si peu faute, que certains d'entre eux s'absentaient des semaines et des mois entiers sans qu'il fût possible au prieur de les faire rentrer dans l'ordre.

Je crains bien d'avoir fait une longue et minutieuse description de notre Chartreuse, sans avoir donné la moindre idée de ce qu'elle eut pour nous d'enchanteur au premier abord, et de ce qu'elle perdit de poésie à nos yeux quand nous l'eûmes bien interrogée. J'ai cédé, comme je fais toujours, à l'ascendant de mes souvenirs, et maintenant que j'ai tâché de communiquer mes impressions, je me demande pourquoi je n'ai pas pu dire en vingt lignes ce que j'ai dit en vingt pages, à savoir que le repos insouciant de l'esprit, et ce qui le provoque, paraissent délicieux à une âme fatiguée, mais qu'avec la réflexion ce charme s'évanouit. C'est qu'il n'appartient qu'au génie de tracer une vive et complète peinture en un seul trait de pinceau. Lorsque M. La Mennais visita les camaldules de Tivoli, il fut saisi du même sentiment, et il l'exprima en maître :

« Nous arrivâmes chez eux, dit-il, à l'heure de la
« prière commune. Ils nous parurent tous d'un âge assez
« avancé, et d'une stature au-dessus de la moyenne.
« Rangés des deux côtés de la nef, ils demeurèrent après
« l'office à genoux, immobiles, dans une méditation
« profonde. On eût dit que déjà ils n'étaient plus de la
« terre; leur tête chauve ployait sous d'autres pensées
« et d'autres soucis; nul mouvement d'ailleurs, nul signe
« extérieur de vie; enveloppés de leur long manteau
« blanc, ils ressemblaient à ces statues qui prient sur les
« vieux tombeaux.

« Nous concevons très-bien le genre d'attrait qu'a,
« pour certaines âmes fatiguées du monde et désabusées
« de ses illusions, cette existence solitaire. Qui n'a point
« aspiré à quelque chose de pareil? Qui n'a pas, plus
« d'une fois, tourné ses regards vers le désert et rêvé
« le repos en un coin de la forêt, ou dans la grotte de
« la montagne, près de la source ignorée où se désalté-
« rent les oiseaux du ciel?

« Cependant telle n'est pas la vraie destinée de
« l'homme : il est né pour l'action; il a sa tâche qu'il
« doit accomplir. Qu'importe qu'elle soit rude? n'est-ce
« point à l'amour qu'elle est proposée? » (*Affaires de Rome*.)

Cette courte page, si pleine d'images, d'aspirations, d'idées et de réflexions profondes, jetée comme par hasard au milieu du récit des explications de M. La Mennais avec le saint-siége, m'a toujours frappé, et je suis certain qu'un jour elle fournira à quelque grand peintre le sujet d'un tableau. D'un côté, les camaldules en prières, moines obscurs, paisibles, à jamais inutiles, à jamais impuissants, spectres affaissés, dernières manifestations d'un culte près de rentrer dans la nuit du passé, agenouillés sur la pierre du tombeau, froids et mornes comme elle; de l'autre, l'homme de l'avenir, le dernier prêtre, animé de la dernière étincelle du génie de l'Église, méditant sur le sort de ces moines, les regardant en artistes, les jugeant en philosophe. Ici, les lévites de la mort immobiles sous leurs suaires; là, l'apôtre de la vie, voyageur infatigable dans les champs infinis de la pensée, donnant déjà un dernier adieu sympathique à la poésie du cloître, et secouant de ses pieds la poussière de la voie des papes, pour s'élancer dans la voie sainto de la liberté morale.

Je n'ai point recueilli d'autres faits historiques sur ma Chartreuse que celui de la prédication de saint Vincent Ferrier à Valldemosa, et c'est encore à M. Tastu que j'en dois la relation exacte. Cette prédication fut l'événement important de Majorque en 1413, et il n'est pas sans intérêt d'apprendre avec quelle ardeur on désirait un missionnaire dans ce temps-là, et avec quelle solennité on le recevait.

« Dès l'année 1409, les Mallorquins, réunis en grande assemblée, décidèrent qu'on écrirait à maître Vincent Ferrer, ou Ferrier, pour l'engager à venir prêcher à Mallorca. Ce fut don Louis de Prades, évêque de Mallorca, camerlingue du pape Benoît XIII (l'anti-pape Pierre de Luna), qui écrivit, en 1412, aux jurats de Valence une lettre pour implorer l'assistance apostolique de maître Vincent, et qui, l'année suivante, l'attendit à Barcelone et s'embarqua avec lui pour Palma. Dès le lendemain de son arrivée, le saint missionnaire commença ses prédications et ordonna des processions de nuit. La plus grande sécheresse régnait dans l'île; mais au troisième sermon de maître Vincent, la pluie tomba. Ces détails furent ainsi mandés au roi Ferdinand par son procureur royal don Pedro de Casaldeguila :

« Très-haut, très-excellent prince et victorieux sei-
« gneur, j'ai l'honneur de vous annoncer que maître
« Vincent est arrivé dans cette cité le premier jour de
« septembre, et qu'il y a été solennellement reçu. Le
« samedi au matin, il a commencé à prêcher devant
« une foule immense, qui l'écoute avec tant de dévo-
« tion, que toutes les nuits on fait des processions dans
« lesquelles on voit des hommes, des femmes et des en-
« fants se flageller. Et comme depuis longtemps il n'é-
« tait tombé de l'eau, le Seigneur Dieu, touché des
« prières des enfants et du peuple, a voulu que ce
« royaume, qui périssait par la sécheresse, vît tomber,
« dès le troisième sermon, une pluie abondante sur
« toute l'île, ce qui a beaucoup réjoui les habitants.

« Que Notre-Seigneur Dieu vous aide longues années,
« très-victorieux seigneur, et exhausse votre royale cou-
« ronne.

« *Mallorca, 11 septembre 1413.* »

« La foule qui voulait entendre le saint missionnaire croissait de telle façon, que, ne pouvant l'admettre dans la vaste église du couvent de Saint-Dominique, on fut obligé de lui livrer l'immense jardin du couvent, en dressant des échafauds et abattant les murailles.

« Jusqu'au 3 octobre, Vincent Ferrier prêcha à Palma, d'où il partit pour visiter l'île. Sa première station fut à Valldemosa, dans le monastère qui devait le recevoir et le loger, et qu'il avait choisi sans doute en considération de son frère Boniface, général de l'ordre des chartreux. Le prieur de Valldemosa était venu le prendre à Palma et voyageait avec lui. A Valldemosa plus encore qu'à

Palma, l'église se trouva trop petite pour contenir la foule avide. Voici ce que rapportent les chroniqueurs :

« La ville de Valldemosa garde la mémoire du temps où saint Vincent Ferrier y sema la divine parole. Sur le territoire de ladite ville se trouve une propriété qu'on appelle *Son Gual* ; là se rendit le missionnaire, suivi d'une multitude infinie. Le terrain était vaste et uni ; le tronc creusé d'un antique et immense olivier lui servit de chaire. Tandis que le saint prêchait du haut de l'olivier, la pluie vint à tomber en abondance. Le démon, promoteur des vents, des éclairs et du tonnerre, semblait vouloir forcer les auditeurs à quitter la place pour se mettre à l'abri, ce que faisaient déjà quelques-uns d'entre eux, lorsque Vincent leur commanda de ne pas bouger, se mit en prière, et à l'instant un nuage s'étendit comme un dais sur lui et sur ceux qui l'écoutaient, tandis que ceux qui étaient restés travaillant dans le champ voisin furent obligés de quitter leur ouvrage.

« Le vieux tronc existait encore il n'y a pas un siècle, car nos ancêtres l'avaient religieusement conservé. Depuis, les héritiers de la propriété de *Son Gual* ayant négligé de s'occuper de cet objet sacré, le souvenir s'en effaça. Mais Dieu ne voulut pas que la chaire rustique de saint Vincent fût à jamais perdue. Des domestiques de la propriété, ayant voulu faire du bois, jetèrent leur vue sur l'olivier et se mirent en devoir de le dépecer ; mais les outils se brisaient à l'instant, et, comme la nouvelle en vint aux oreilles des anciens, on cria au miracle, et l'olivier sacré resta intact. Il arriva plus tard que cet arbre se fendit en trente-quatre morceaux ; et, quoique à portée de la ville, personne n'osa y toucher, le respectant comme une relique.

« Cependant le saint prédicateur allait prêchant dans les moindres hameaux, guérissant le corps et l'âme des malheureux. L'eau d'une fontaine qui coule dans les environs de Valldemosa était le seul remède ordonné par le saint. Cette fontaine ou source est connue encore sous le nom de *Sa bassa Ferrera*.

« Saint Vincent passa six mois dans l'île, d'où il fut rappelé par Ferdinand, roi d'Aragon, pour l'aider à éteindre le schisme qui désolait l'Occident. Le saint missionnaire prit congé des Mallorquins dans un sermon qu'il prêcha le 22 février 1414 à la cathédrale de Palma ; et après avoir béni son auditoire, il partit pour s'embarquer, accompagné des jurés, de la noblesse, et de la multitude du peuple, opérant bien des miracles, comme le racontent les chroniques, et comme la tradition s'en est perpétuée jusqu'à ce jour aux îles Baléares. »

Cette relation qui ferait sourire mademoiselle Fanny Elssler, donne lieu à une remarque de M. Tastu, curieuse sous deux rapports : le premier, en ce qu'elle explique fort naturellement un des miracles de saint Vincent Ferrier ; le second, en ce qu'elle confirme un fait important dans l'histoire des langues. Voici cette note :

« Vincent Ferrier écrivait ses sermons en latin, et les prononçait en langue limosine. On a regardé comme un miracle cette puissance du saint prédicateur, qui faisait qu'il était compris de ses auditeurs quoique leur parlant un idiome étranger. Rien n'est pourtant plus naturel, si on se reporte au temps où florissait maître Vincent. A cette époque, la langue romane des trois grandes contrées du nord, du centre et du midi, était, à peu de chose près, la même ; les peuples et les lettrés surtout s'entendaient très-bien. Maître Vincent eut des succès en Angleterre, en Écosse, en Irlande, à Paris, en Bretagne, en Italie, en Espagne, aux îles Baléares ; c'est que dans toutes ces contrées on comprenait, si on ne la parlait, une langue romane, sœur, parente de la langue valencienne, la langue maternelle de Vincent Ferrier.

« D'ailleurs, le célèbre missionnaire n'était-il pas le contemporain du poëte Chaucer, de Jean Froissart, de Christine de Pisan, de Boccace, d'Ausias-March, et de tant d'autres célébrités européennes [1] ? »

[1]. Les peuples baléares parlent l'ancienne langue romane limosine, cette langue que M. Raynouard, sans examen, sans distinction, a com-

III.

Je ne puis continuer mon récit sans achever de compulser les annales dévotes de Valldemosa ; car, ayant à parler de la piété fanatique des villageois avec lesquels nous fûmes en rapport, je dois mentionner la sainte dont ils s'enorgueillissent et dont ils nous ont montré la maison rustique.

« Valldemosa est aussi la patrie de Catalina Tomas, béatifiée en 1792 par le pape Pie VI. La vie de cette sainte fille a été écrite plusieurs fois, et en dernier lieu par le cardinal Antonio Despuig. Elle offre plusieurs traits d'une gracieuse naïveté. Dieu, dit la légende, ayant favorisé sa servante d'une raison précoce, on la vit observer rigoureusement les jours de jeûne, bien avant l'âge où l'Église les prescrit. Dès ses premiers ans elle s'abstint de faire plus d'un repas par jour. Sa dévotion à la passion du Rédempteur et aux douleurs de sa sainte mère était si fervente, que dans ses promenades elle récitait continuellement le rosaire, se servant, pour compter les dizaines, des feuilles des oliviers ou des lentisques. Son goût pour la retraite et les exercices religieux, son éloignement pour les bals et les divertissements profanes, l'avaient fait surnommer la *viejecita*, la petite vieille. Mais sa solitude et son abstinence étaient récompensées par les visites des anges et de toute la cour céleste : Jésus-Christ, sa mère et les saints se faisaient ses domestiques ; Marie la soignait dans ses maladies ; saint Bruno la relevait dans ses chutes ; saint Antoine l'accompagnait dans l'obscurité de la nuit, portant et remplissant sa cruche à la fontaine ; sainte Catherine sa patronne accommodait ses cheveux et la soignait en tout comme eût fait une mère attentive et vigilante ; saint Côme et saint Damien guérissaient les blessures qu'elle avait reçues dans ses luttes avec le démon, car

prise dans la langue provençale. De toutes les langues romanes, la mallorquine est celle qui a subi le moins de variations, concentrée qu'elle est dans ses îles, loin et préservée de tout contact étranger. Le languedocien, aujourd'hui même dans son état de décadence, le gracieux patois languedocien de Montpellier et de ses environs, est celui qui offre le plus d'analogie avec le mallorquin ancien et moderne. Cela s'explique par les fréquents séjours que les rois d'Aragon faisaient avec leur cour dans la ville de Montpellier. Pierre II, tué à Muret (1213), de Simon de Montfort, avait épousé Marie, fille d'un comte de Montpellier, et eut de ce mariage Jaime 1er, dit *lo Conquistador*, qui naquit dans cette ville et y passa les premières années de son enfance. Un des caractères qui distinguent l'idiôme mallorquin des autres idiômes de la langue d'oc, ce sont les articles de sa grammaire populaire, et, chose à remarquer, ces articles se trouvent pour la plupart dans la langue vulgaire de quelques localités de l'île de Sardaigne. Indépendamment de l'article *lo* masculin, et *la* féminin, le mallorquin a les articles suivants :

Masculin. — Singulier : *So*, le ; *sos*, les, au pluriel.
Féminin. — Singulier : *Sa*, la ; *sas*, les, au pluriel.
Masculin et Féminin. — Singulier : *Es*, le ; *ets*, les, au pluriel.
Masculin. — Singulier : *En*, le ; *na*, la, au féminin singulier ; *nas*, les, au féminin pluriel.

Nous devons déclarer en passant que ces articles, quoique d'un usage antique, n'ont jamais été employés dans les instruments qui datent de la conquête des Baléares par les Aragonais ; c'est-à-dire que dans ces îles, comme dans les contrées italiques, deux langues régnaient simultanément : la rustique, *plebea*, à l'usage des peuples (celle-là change peu) ; et la langue académique littéraire, *aulica illustra*, que le temps, la civilisation ou le génie épurent ou perfectionnent. Ainsi, aujourd'hui, le castillan est la langue littéraire des Espagnes ; cependant chaque province a conservé pour l'usage journalier son dialecte spécial. A Mallorca, le castillan n'est guère employé que dans les circonstances officielles ; mais dans la vie habituelle, chez le peuple comme chez les grands seigneurs, vous n'entendrez parler que le mallorquin. Si vous passez devant le bosquet où une jeune fille, une *Allota* (du mauresque *aila*, *leila*), arrose ses fleurs, c'est dans son doux idiôme national que vous l'entendrez chanter :

Sas allotes, tots es diumenges,
Quan no tenen res mes que fer,
Van à regar es claveller,
Dihent-li : Veu ! jà que no menjes !

« Les jeunes filles, tous les dimanches,
« Lorsqu'elles n'ont rien de mieux à faire
« Vont arroser le pot d'œillets,
« Et lui disent : Bois, puisque tu ne manges pas ! »

La musique qui accompagne les paroles de la jeune fille est rhythmée à la mauresque, dans un ton tristement cadencé qui vous pénètre et vous fait rêver. Cependant la mère prévoyante qui a entendu la jeune fille ne manque pas de lui répondre :

Allotes, filau ! filau !
Que sa camya se riu ;

sa victoire n'était pas sans combat; enfin saint Pierre et saint Paul se tenaient à ses côtés pour l'assister et la défendre dans les tentations.

« Elle embrassa la règle de saint Augustin dans le monastère de Sainte-Madeleine de Palma, et fut l'exemple des pénitentes, et, comme le chante l'Église en ses prières, obéissante, pauvre, chaste et humble. Ses historiens lui attribuent l'esprit de prophétie et le don des miracles. Ils rapportent que, pendant qu'on faisait à Mallorca des prières publiques pour la santé du pape Pie V, un jour Catalina les interrompit tout à coup en disant qu'elles n'étaient plus nécessaires, puisqu'à cette même heure le pontife venait de quitter ce monde, ce qui se trouva vrai.

« Elle mourut le 5 avril 1574, en prononçant ces paroles du Psalmiste : — « Seigneur, je remets mon esprit entre vos mains. »

« Sa mort fut regardée comme une calamité publique; on lui rendit les plus grands honneurs. Une pieuse dame de Mallorca, doña Juana de Puchs, remplaça le sépulcre en bois dans lequel on avait déposé d'abord la sainte fille par un autre en albâtre magnifique qu'elle commanda à Gênes; elle institua en outre, par son testament, une messe pour le jour de la translation de la bienheureuse, et une autre pour le jour de sainte Catherine sa patronne; elle voulut qu'une lampe brûlât perpétuellement sur son tombeau.

« Le corps de cette sainte fille est conservé aujourd'hui dans le couvent des religieuses de la paroisse Sainte-Eulalie, où le cardinal Despuig lui a consacré un autel et un service religieux. »

J'ai rapporté complaisamment toute cette petite légende, parce qu'il n'entre pas du tout dans mes idées de nier la sainteté, et je dis la sainteté véritable et de bon aloi, des âmes ferventes. Quoique l'enthousiasme et les visions de la petite montagnarde de Valldemosa n'aient plus le même sens religieux et la même valeur philosophique que les inspirations et les extases des saints du beau temps chrétien, la *viejecita Tomasa* n'en est pas moins une cousine germaine de la poétique bergère sainte Geneviève et de la bergère sublime Jeanne d'Arc. En aucun temps l'Église romaine n'a refusé de marquer des places d'honneur dans le royaume des cieux aux plus humbles enfants du peuple; mais les temps sont venus où elle condamne et rejette ceux des apôtres qui veulent agrandir la place du peuple dans le royaume de la terre. La *pagésa* Catalina était *obéissante, pauvre, chaste et humble :* les pagés valldemosans ont si peu profité de ses exemples et si peu compris sa vie, qu'ils voulurent un jour lapider mes enfants parce que mon fils dessinait les ruines du couvent, ce qui leur parut une profanation. Ils faisaient comme l'Église, qui d'une main allumait les bûchers de l'auto-da-fé et de l'autre encensait l'effigie de ses saints et de ses bienheureux.

Ce village de Valldemosa, qui se targue du droit de s'appeler ville dès le temps des Arabes, est situé dans le giron de la montagne, de plain-pied avec la Chartreuse, dont il semble être une annexe. C'est un amas de nids d'hirondelles de mer; il est dans une site presque inaccessible, et ses habitants sont pour la plupart des pêcheurs qui partent le matin pour ne rentrer qu'à la nuit. Pendant tout le jour, le village est rempli de femmes, les plus habillardes du monde, que l'on voit sur le pas des portes, occupées à rapetasser les filets ou les chausses de leurs maris, en chantant à tue-tête. Elles sont aussi dévotes que les hommes; mais leur dévotion est moins intolérante, parce qu'elle est plus sincère. C'est une supériorité que, là comme partout, elles ont sur l'autre sexe. En général, l'attachement des femmes aux pratiques du culte est une affaire d'enthousiasme, d'habitude ou conviction, tandis que chez les hommes c'est le plus souvent une affaire d'ambition ou d'intérêt. La France en a offert une assez forte preuve sous les règnes de Louis XVIII et de Charles X, alors que l'on achetait les grands et les petits emplois de l'administration et de l'armée avec un billet de confession ou une messe.

L'attachement des Majorquins pour les moines est fondé sur des motifs de cupidité; et je ne saurais mieux le faire comprendre qu'en citant l'opinion de M. Marliani, opinion d'autant plus digne de confiance qu'en général l'historien de l'Espagne moderne se montre opposé à la mesure de 1836, relative à l'expulsion subite des moines.

« Propriétaires bienveillants, dit-il, et peu soucieux de leur fortune, ils avaient créé des intérêts réels entre eux et les paysans; les colons qui travaillaient les biens des couvents n'éprouvaient pas de grandes rigueurs, quant à la quotité comme à la régularité des fermages. Les moines, sans avarice, ne thésaurisaient pas, et du moment où les biens qu'ils possédaient suffisaient aux exigences de l'existence matérielle de chacun d'eux, ils se montraient fort accommodants pour tout le reste. La brusque spoliation des moines blessait donc les calculs de fainéantise et d'égoïsme des paysans : ils comprirent fort bien que le gouvernement et le nouveau propriétaire seraient plus exigeants qu'une corporation de parasites sans intérêts de famille ni de société. Les mendiants qui pullulaient aux portes du réfectoire ne reçurent plus les restes d'oisifs repus. »

Le carlisme des paysans majorquins ne peut s'expliquer que par des raisons matérielles; car il est impossible, d'ailleurs, de voir une province moins liée à l'Espagne par un sentiment patriotique, ni une population moins portée à l'exaltation politique. Au milieu des vœux secrets qu'ils formaient pour la restauration des vieilles coutumes, ils étaient cependant effrayés de tout mouvement bouleversement, quel qu'il pût être; et l'alerte qui avait fait mettre l'île en état de siège, à l'époque de notre séjour, n'avait guère moins effrayé les partisans de don Carlos à Majorque que les défenseurs de la reine Isabelle. Cette alerte est un fait qui peint assez bien, je ne dirai pas la poltronnerie des Majorquins (je les crois très-capables de faire de bons soldats), mais les anxiétés

---

Note en bas de page :

Y sino l'apadassau,
No v's arribar 'à s'estiu !

« Fillettes, filez ! filez !
« Car la chemise va s'usant (littéralement, la chemise rit).
« Et si vous n'y mettez une pièce,
« Elle ne pourra vous durer jusqu'à l'été. »

Le mallorquin, sortant dans la bouche des femmes, a pour l'oreille des étrangers un charme particulier de suavité et de grâce. Lorsqu'une Mallorquine vous dit ces paroles d'adieu, si doucement mélodieuses : « Bona nit i ngua ! ce mou có no basta per a dí ; Adio ! » « Bonne nuit ! mon cœur ne suffit pas à vous dire : Adieu ! » il semble qu'on pourrait noter la molle cantilène comme une phrase musicale.

Après ces échantillons de la langue vulgaire mallorquine, je me permettrai de citer un exemple de l'ancienne langue académique. C'est le *Mercader mallorqui* (le marchand mallorquin), troubadour du quatorzième siècle, qui chante les rigueurs de sa dame et prend ainsi congé d'elle :

Corcats d'uy may, jà siats bella e pros,
'quels vostres pers, e laus, e ris plesents,
Car vengut es lo temps que m'aurets mens.
No m'aucirà vostre 'sguard amoros,
Ne la semblança gaya,
Car trobat n'ay
Altra qui m'play,
Sol que lui playa !
Altra, sens vos, per qual que l'in volray be,
E tindr' on car s'amor, que 'xi s'covve.

« Cherchez désormais, quoique vous soyez belle et noble, [vous;
« Ces mérites, ces louanges, ces sourires charmants qui n'étaient que pour
« Or, le temps est venu où vous m'aurez moins près de vous.
« Votre regard d'amour ne pourra plus me tuer,
« Ni votre salute gaieté,
« Car j'en ai trouvé
« Une autre qui me plaît ;
« Si je pouvais seulement lui plaire !
« Une autre, non plus vous, ce dont je lui saurai gré,
« De qui l'amour me sera cher : ainsi dois-je faire. »

Les Mallorquins, comme tous les peuples méridionaux, sont naturellement musiciens et poètes, ou, comme disaient leurs ancêtres, troubadours, *trobadors*, ce que nous pourrions traduire par improvisateurs. L'île de Mallorca en compte encore plusieurs qui ont une réputation méritée, entre autres les deux qui habitent Soller. C'est à ces *trobadors* que s'adressent ordinairement les amants heureux ou malheureux. Moyennant finance, et d'après les renseignements qu'on leur a donnés, les troubadours vont sous les balcons des jeunes filles, à une heure avancée de la nuit, chantant les *cobl*... improvisées sur le ton de l'éloge ou de la plainte, quelquefois même de l'injure, que leur font adresser ceux qui paient le poète-musicien. Les étrangers peuvent se donner ce plaisir, qui ne tire pas à conséquence dans l'île de Mallorca. (*Note de M. Tastu.*)

produites par le souci de la propriété et l'égoïsme du repos.

Un vieux prêtre rêva une nuit que sa maison était envahie par des brigands; il se lève tout effaré, sous l'impression de ce cauchemar, et réveille sa servante; celle-ci partage sa terreur, et, sans savoir de quoi il s'agit, réveille tout le voisinage par ses cris. L'épouvante se répand dans tout le hameau, et de là dans toute l'île. La nouvelle du débarquement de l'armée carliste s'empare de toutes les cervelles, et le capitaine-général reçoit la déposition du prêtre, qui, soit la honte de se dédire, soit le délire d'un esprit frappé, affirme qu'il a vu les carlistes. Sur-le-champ toutes les mesures furent prises pour faire face au danger : Palma fut déclarée en état de siège, et toutes les forces militaires de l'île furent mises sur pied.

Cependant rien ne parut, aucun buisson ne bougea, aucune trace d'un pied étranger ne s'imprima, comme dans l'île de Robinson, sur le sable du rivage. L'autorité punit le pauvre prêtre de l'avoir rendue ridicule, et, au lieu de l'envoyer promener comme un visionnaire, l'envoya en prison comme un séditieux. Mais les mesures de précautions ne furent pas révoquées, et, lorsque nous quittâmes Majorque, à l'époque des exécutions de Maroto, l'état de siège durait encore.

Rien de plus étrange que l'espèce de mystère que les Majorquins semblaient vouloir se faire les uns aux autres des événements qui bouleversaient alors la face de l'Espagne. Personne n'en parlait, si ce n'est en famille et à voix basse. Dans un pays où il n'y a vraiment ni méchanceté ni tyrannie, il est inconcevable de voir régner une méfiance aussi ombrageuse. Je n'ai rien lu de si plaisant que les articles du journal de Palma, et j'ai toujours regretté de n'en avoir pas emporté quelques numéros pour échantillons de la polémique majorquine. Mais voici, sans exagération, la forme dans laquelle, après avoir rendu compte des faits, on en commentait le sens et l'authenticité :

« Quelque prouvés que puissent paraître ces événements aux yeux des personnes disposées à les accueillir, nous ne saurions trop recommander à nos lecteurs d'en attendre la suite avant de les juger. Les réflexions qui se présentent à l'esprit en présence de pareils faits demandent à être mûries, dans l'attente d'une certitude que nous ne voulons pas révoquer en doute, mais que nous ne prendrons sur nous de hâter par d'imprudentes assertions. Les destinées de l'Espagne sont enveloppées d'un voile qui ne tardera pas à être soulevé, mais auquel nul ne doit porter avant le temps une main imprudente. Nous nous abstiendrons jusque-là d'émettre notre opinion, et nous conseillerons à tous les esprits sages de ne point se prononcer sur les actes des divers partis, avant d'avoir vu la situation se dessiner plus nettement, » etc.

La prudence et la réserve sont, de l'aveu même des Majorquins, la tendance dominante de leur caractère. Les paysans ne vous rencontrent jamais dans la campagne sans échanger avec vous un salut; mais si vous leur adressez une parole de plus sans être connu d'eux, ils se gardent bien de vous répondre, quand même vous parleriez leur patois. Il suffit que vous ayez un air étranger pour qu'ils vous craignent et se détournent du chemin pour vous éviter.

Nous eussions pu vivre cependant en bonne intelligence avec ces braves gens, si nous eussions fait acte de présence à leur église. Ils ne nous eussent pas moins rançonnés en toute occasion, mais nous eussions pu nous promener au milieu de leurs champs sans risquer d'être atteints de quelque pierre à la tête au détour d'un buisson. Malheureusement cet acte de prudence ne nous vint pas à l'esprit dans les commencements, et nous restâmes presque jusqu'à la fin sans savoir combien notre manière d'être les scandalisait. Ils nous appelaient païens, mahométans et juifs; ce qui est bien pis que tout, selon eux. L'alcade nous signalait à la désapprobation de ses administrés; je ne sais pas si le curé ne nous prenait point pour texte de ses sermons. La blouse et le pantalon de ma fille les scandalisaient beaucoup aussi. Ils trouvaient fort mauvais qu'une *jeune personne* de neuf ans courût les montagnes *déguisée en homme*. Ce n'étaient pas seulement les paysans qui affectaient cette pruderie.

Le dimanche, le cornet à bouquin qui retentissait dans le village et sur les chemins pour avertir les retardataires de se rendre aux offices nous poursuivait en vain dans la Chartreuse. Nous étions sourds, parce que nous ne comprenions pas, et quand nous eûmes compris, nous le fûmes encore davantage. Ils eurent alors un moyen de venger la gloire de Dieu, qui n'était pas chrétien du tout. Ils se liguèrent entre eux pour ne nous vendre leur poisson, leurs œufs et leurs légumes qu'à des prix exorbitants. Il ne nous fut permis d'invoquer aucun tarif, aucun usage. A la moindre observation : *Vous n'en voulez pas?* disait le payés d'un air de grand d'Espagne, en remettant ses oignons ou ses pommes de terre dans sa besace; *vous n'en aurez pas*. Et il se retirait majestueusement, sans qu'il fût possible de le faire revenir pour entrer en composition. Il nous faisait jeûner pour nous punir d'avoir marchandé.

Il fallait jeûner en effet. Point de concurrence ni de rabais entre les vendeurs. Celui qui venait le second demandait le double, et le troisième demandait le triple, si bien qu'il fallait être à leur merci et mener une vie d'anachorètes, plus dispendieuse que n'eût été à Paris une vie de prince. Nous avions la ressource de nous approvisionner à Palma par l'intermédiaire du cuisinier du consul, qui fut notre providence, et dont, si j'étais empereur romain, je voudrais mettre le bonnet de coton au rang des constellations. Mais les jours de pluie, aucun messager ne voulait se risquer sur les chemins, à quelque prix que ce fût; et comme il plut pendant deux mois, nous eûmes souvent du pain comme du biscuit de mer et de véritables dîners de chartreux.

C'eût été une contrariété fort mince si nous eussions tous été bien portants. Je suis fort sobre et même stoïque par nature à l'endroit du repas. Le splendide appétit de mes enfants faisait flèche de tout bois et régal de tout citron vert. Mon fils, que j'avais emmené frêle et malade, reprenait à la vie comme par miracle, et guérissait une affection rhumatismale des plus graves, en courant dès le matin, comme un lièvre échappé, dans les grandes plantes de la montagne, mouillé jusqu'à la ceinture. La Providence permettait à la bonne nature de faire pour lui ces prodiges; c'était bien assez d'un malade.

Mais l'autre, loin de prospérer avec l'air humide et les privations dépérissait d'une manière effrayante. Quoiqu'il fût condamné par toute la faculté de Palma, il n'avait aucune affection chronique; mais l'absence de régime fortifiant l'avait jeté, à la suite d'un catarrhe, dans un état de langueur dont il ne pouvait se relever. Il se résignait, comme on sait se résigner pour soi-même; nous, nous ne pouvions pas nous résigner pour lui, et je connus pour la première fois de grands chagrins pour de petites contrariétés, la colère pour un bouillon poivré ou *chippé* par les servantes, l'anxiété pour un pain frais qui n'arrivait pas, ou qui s'était changé en éponge en traversant le torrent sur les flancs d'un mulet. Je ne me souviens certainement pas de ce que j'ai mangé à Pise ou à Trieste, mais je vivrais cent ans, que je n'oublierais pas l'arrivée du panier aux provisions à la Chartreuse. Que n'eussé-je pas donné pour avoir un consommé et un verre de bordeaux à offrir tous les jours à notre malade! Les aliments majorquins, et surtout la manière dont ils étaient apprêtés, quand nous n'y avions pas l'œil et la main, lui causaient un invincible dégoût. Dirai-je jusqu'à quel point ce dégoût était fondé? Un jour qu'on nous servait un maigre poulet, nous vîmes sautiller sur son dos fumant d'énormes *maîtres Floh*, dont Hoffmann eût fait autant de malins esprits, mais qui certainement ne l'eût pas mangés en sauce. Mes enfants pris d'un si bon rire d'enfants qu'ils faillirent tomber sous la table.

Le fond de la cuisine majorquine est invariablement

Valldemosa.

le cochon sous toutes les formes et sous tous les aspects. C'est là qu'eût été de saison le dicton du petit Savoyard faisant l'éloge de sa gargotte, et disant avec admiration qu'on y mange cinq sortes de viandes, à savoir : du cochon, du porc, du lard, du jambon et du salé. A Majorque, on fabrique, j'en suis sûr, plus de deux mille sortes de mets avec le porc, et au moins deux cents espèces de boudins, assaisonnés d'une telle profusion d'ail, de poivre, de piment et d'épices corrosives de tout genre, qu'on y risque la vie à chaque morceau. Vous voyez paraître sur la table vingt plats qui ressemblent à toutes sortes de mets chrétiens : ne vous y fiez pas cependant; ce sont des drogues infernales cuites par le diable en personne. Enfin vient au dessert une tarte en pâtisserie de fort bonne mine, avec des tranches de fruit qui ressemblent à des oranges sucrées; c'est une tourte de cochon à l'ail, avec des tranches de *tomatigas*, de pommes d'amour et de piment, le tout saupoudré de sel blanc que vous prendriez pour du sucre à son air d'innocence. Il y a bien des poulets, mais ils n'ont que la peau et les os. A Valldemosa, chaque graine qu'on nous eût vendue pour les engraisser eût été taxée sans doute un réal. Le poisson qu'on nous apportait de la mer était aussi plat et aussi sec que les poulets.

Un jour nous achetâmes un calmar de la grande espèce, pour avoir le plaisir de l'examiner. Je n'ai jamais vu d'animal plus horrible. Son corps était gros comme celui d'un dindon, ses yeux larges comme des oranges, et ses bras flasques et hideux, déroulés, avaient quatre à cinq pieds de long. Les pêcheurs nous assuraient que c'était un friand morceau. Nous ne fûmes point alléchés par sa mine, et nous en fîmes hommage à la Maria-Antonia, qui l'apprêta et le dégusta avec délices.

Si notre admiration pour le calmar fit sourire ces bonnes gens, nous eûmes bien notre tour quelques jours après. En descendant la montagne, nous vîmes les pages quitter leurs travaux et se précipiter vers des gens arrêtés sur le chemin, qui portaient dans un panier une paire d'oiseaux admirables, extraordinaires, merveilleux, incompréhensibles. Toute la population de la montagne fut mise en émoi par l'apparition de ces volatiles inconnus. « Qu'est-ce que cela mange? » se disait-on en les regardant. Et quelques-uns répondaient : « Peut-être que cela ne mange pas! — Cela vit-il sur terre ou sur mer? — Probablement cela vit toujours dans l'air. » Enfin les deux oiseaux avaient failli être étouffés par l'admi-

Escalier du château de Valldemosa.

ration publique, lorsque nous vérifiâmes que ce n'étaient ni des condors, ni des phénix, ni des hippogriffes, mais bien deux belles oies de basse-cour qu'un riche seigneur envoyait en présent à un de ses amis.

A Majorque comme à Venise, les vins liquoreux sont abondants et exquis. Nous avions pour ordinaire du moscatel aussi bon et aussi peu cher que le chypre qu'on boit sur le littoral de l'Adriatique. Mais les vins rouges, dont la préparation est un art véritable, inconnu aux Majorquins, sont durs, noirs, brûlants, chargés d'alcool, et d'un prix plus élevé que notre plus simple ordinaire de France. Tous ces vins chauds et capiteux étaient fort contraires à notre malade, et même à nous, à telles enseignes que nous bûmes presque toujours de l'eau, qui était excellente. Je ne sais si c'est à la pureté de cette eau de source qu'il faut attribuer un fait dont nous fîmes bientôt la remarque : nos dents avaient acquis une blancheur que tout l'art des parfumeurs ne saurait donner aux Parisiens les plus recherchés. La cause en fut peut-être dans notre sobriété forcée. N'ayant pas de beurre, et ne pouvant supporter la graisse, l'huile nauséuse et les procédés incendiaires de la cuisine indigène, nous vivions de viande fort maigre, de poisson et de légumes, le tout assaisonné, en fait de sauce, de l'eau du torrent à laquelle nous avions parfois le sybaritisme de mêler le jus d'une orange verte fraîchement cueillie dans notre parterre. En revanche, nous avions des desserts splendides : des patates de Malaga et des courges de Valence confites, et du raisin digne de la terre de Chanaan. Ce raisin, blanc ou rose, est oblong, et couvert d'une pellicule un peu épaisse, qui aide à sa conservation pendant toute l'année. Il est exquis, et on en peut manger tant qu'on veut sans éprouver le gonflement d'estomac que donne le nôtre. Le raisin de Fontainebleau est aqueux et frais; celui de Majorque est sucré et charnu. Dans l'un il y a à manger, dans l'autre à boire. Ces grappes, dont quelques-unes pesaient de vingt à vingt-cinq livres, eussent fait l'admiration d'un peintre. C'était notre ressource dans les temps de disette. Les paysans croyaient nous le vendre fort cher en nous le faisant payer quatre fois sa valeur; mais ils ne savaient pas que, comparativement au nôtre, ce n'était rien encore; et nous avions le plaisir de nous moquer les uns des autres. Quant aux figues de cactus, nous n'eûmes pas de discussion : c'est bien le plus détestable fruit que je sache.

Si les conditions de cette vie frugale n'eussent été, je le répète, contraires et même funestes à l'un de nous, les autres l'eussent trouvée fort acceptable en elle-même. Nous avions réussi même à Majorque, même dans une chartreuse abandonnée, même aux prises avec les paysans les plus rusés du monde, à nous créer une sorte de bien-être. Nous avions des vitres, des portes et un poêle, un poêle unique en son genre, que le premier forgeron de Palma avait mis un mois à forger, et qui nous coûta cent francs. C'était tout simplement un cylindre de fer avec un tuyau qui passait par la fenêtre. Il fallait bien une heure pour l'allumer, et à peine l'était-il, qu'il devenait rouge, et qu'après avoir ouvert longtemps les portes pour faire sortir la fumée, il fallait les rouvrir presque aussitôt pour faire sortir la chaleur. En outre, le soi-disant fumiste l'avait enduit à l'intérieur, en guise de mastic, d'une matière dont les Indiens enduisent leurs maisons et même leurs personnes par dévotion, la vache étant réputée chez eux, comme on sait, un animal sacré. Quelque purifiante pour l'âme que pût être cette odeur sainte, j'atteste qu'au feu elle est peu délectable pour les sens. Pendant un mois que ce mastic mit à sécher, nous pûmes croire que nous étions dans un des cercles de l'enfer où Dante prétend avoir vu les adulateurs. J'avais beau chercher dans ma mémoire par quelle faute de ce genre j'avais pu mériter un pareil supplice, quel pouvoir j'avais encensé, quel pape ou quel roi j'avais encouragé dans son erreur par mes flatteries; je n'avais pas seulement un garçon de bureau ou un huissier de la chambre sur la conscience, pas même une révérence à un gendarme ou à un journaliste!

Heureusement le chartreux pharmacien nous vendit du benjoin exquis, reste de la provision de parfums dont on encensait naguère, dans l'église de son couvent, l'image de la Divinité; et cette émanation céleste combattit victorieusement, dans notre cellule, les exhalaisons du huitième fossé de l'enfer.

Nous avions un mobilier splendide : des lits de sangle irréprochables, des matelas peu mollets, plus chers qu'à Paris, mais neufs et propres, et de ces grands et excellents couvre-pieds en indienne ouatée et piquée que les juifs vendent assez bon marché à Palma. Une dame française, établie dans le pays, avait eu la bonté de nous céder quelques livres de plumes qu'elle avait fait venir pour elle de Marseille et dont nous avions fait deux oreillers à notre malade. C'était certes un grand luxe dans une contrée où les oies passent pour des êtres fantastiques, et où les poulets ont des démangeaisons même en sortant de la broche.

Nous possédions plusieurs tables, plusieurs chaises de paille comme celles qu'on voit dans nos chaumières de paysans, un sofa voluptueux en bois blanc avec des coussins de toile à matelas rembourrés de laine. Le sol, très-inégal et très-poudreux de la cellule, était couvert de ces nattes valenciennes à longues pailles qui ressemblent à un gazon jauni par le soleil, et de ces belles peaux de moutons à longs poils, d'une finesse et d'une blancheur admirables, qu'on prépare fort bien dans le pays.

Comme chez les Africains et les Orientaux, il n'y a point d'armoires dans les anciennes maisons de Majorque, et surtout dans les cellules de chartreux. On y serre ses effets dans de grands coffres de bois blanc. Nos malles de cuir jaune pouvaient passer là pour des meubles très-élégants. Un grand châle tartan bariolé, qui nous avait servi de tapis de pied en voyage, devint une portière somptueuse devant l'alcôve, et mon fils orna le poêle d'une de ces charmantes urnes d'argile de Felanitz, dont la forme et les ornements sont de pur goût arabe.

Felanitz est un village de Majorque qui mériterait d'approvisionner l'Europe de ces jolis vases, si légers qu'on les croirait de liége, et d'un grain si fin qu'on en prendrait l'argile pour une matière précieuse. On fait là de petites cruches d'une forme exquise dont on se sert comme de carafes, et qui conservent l'eau dans un état de fraîcheur admirable. Cette argile est si poreuse que l'eau s'échappe à travers les flancs du vase, et qu'en moins d'une demi-journée il est vide. Je ne suis pas physicien le moins du monde, et peut-être la remarque que j'ai faite est plus que niaise ; quant à moi, elle m'a semblé merveilleuse, et mon vase d'argile m'a souvent paru enchanté : nous le laissions rempli d'eau sur le poêle, dont la table en fer était presque toujours rouge, et quelquefois, quand l'eau s'était enfuie par les pores du vase, le vase, étant resté à sec sur cette plaque brûlante, ne cassa point. Tant qu'il contenait une goutte d'eau, cette eau était d'un froid glacial, quoique la chaleur du poêle fit noircir le bois qu'on posait dessus.

Ce joli vase, entouré d'une guirlande de lierre cueillie sur la muraille extérieure, était plus satisfaisant pour des yeux d'artistes que toutes les dorures de nos Sèvres modernes. Le pianino de Pleyel, arraché aux mains des douaniers après trois semaines de pourparlers et quatre cents francs de contribution, remplissait la voûte élevée et retentissante de la cellule d'un son magnifique. Enfin, le sacristain avait consenti à transporter chez nous une belle grande chaise gothique sculptée en chêne, que les rats et les vers rongeaient dans l'ancienne chapelle des Chartreux, et dont le coffre sous servait de bibliothèque, en même temps que ses découpures légères et ses aiguilles effilées, projetant sur la muraille, au reflet de la lampe du soir, l'ombre de sa riche dentelle noire et de ses clochetons agrandis, rendaient à la cellule tout son caractère antique et monacal.

Le seigneur Gomez, notre ex-propriétaire de Son-Vent, ce riche personnage qui nous avait loué sa maison en cachette, parce qu'il n'était pas convenable qu'un citoyen de Majorque eût l'air de spéculer sur sa propriété, nous avait fait un esclandre et menacés d'un procès pour avoir brisé chez lui (estropeado) quelques assiettes de terre de pipe qu'il nous fit payer comme des porcelaines de Chine. En outre, il nous fit payer (toujours par menace) le badigeonnage et le repicage de toute sa maison, à cause de la contagion du rhume. A quelque chose malheur est bon, car il s'empressa de nous vendre le linge de maison qu'il nous avait loué; et, quoiqu'il fût pressé de se défaire de tout ce que nous avions touché, il n'oublia pas de batailler jusqu'à ce que nous eussions payé son vieux linge comme du neuf. Grâce à lui, nous ne fûmes donc pas forcés de semer du lin pour avoir un jour des draps et des nappes, comme ce seigneur italien qui accordait des chemises à ses pages.

Il ne faut pas qu'on m'accuse de puérilité parce que je rapporte des vexations dont, à coup sûr, je n'ai pas conservé plus de ressentiment que ma bourse de regret ; mais personne ne contestera le peu qu'il y a de plus intéressant à observer en pays étranger, ce sont les hommes ; et quand je dirai que je n'ai pas eu une seule relation d'argent, si petite qu'elle fût, avec les Majorquins, où je n'aie rencontré de leur part une mauvaise foi impudente et une avidité grossière ; et quand j'ajouterai qu'ils étalaient leur dévotion devant nous en affectant d'être indignés de notre peu de foi, on conviendra que la piété des âmes simples, si vantée par certains conservateurs de nos jours, n'est pas toujours la chose la plus édifiante et la plus morale du monde, et qu'il doit être permis de désirer une autre manière de comprendre et d'honorer Dieu. Quant à moi, à qui l'on a tant rebattu les oreilles de ces lieux communs : que c'est un crime et un danger d'attaquer même une foi erronée et corrompue, parce que l'on n'a rien à mettre à la place; que les peuples qui ne sont point infectés du poison de l'examen philosophique et de la frénésie révolutionnaire sont seuls moraux, hospitaliers, sincères; qu'ils ont encore de la poésie, de la grandeur et des vertus antiques, etc., etc.!..... j'ai ri à Majorque un peu plus qu'ailleurs, je l'avoue, de ces graves objections. Lorsque je voyais mes petits enfants, élevés dans l'abomination de la désolation de la philosophie, servir et assister avec joie un ami souffrant, eux tout seuls, au milieu de cent soixante mille Majorquins qui se seraient détournés avec la plus dure inhumanité, avec la plus lâche terreur, d'une maladie réputée contagieuse, je me disais que ces petits scélérats avaient plus de raison et de charité que toute cette population de saints et d'apôtres.

Ces pieux serviteurs de Dieu ne manquaient pas de dire que je commettais un grand crime en exposant mes enfants à la contagion, et que, pour me punir de mon aveuglement, le ciel leur enverrait la même maladie. Je leur répondais que, dans notre famille, si l'un de nous avait la peste, les autres ne s'écarteraient pas de son lit; que ce n'était pas l'usage en France, pas plus depuis la révolution qu'auparavant, d'abandonner les malades; que des prisonniers espagnols affectés des maladies les plus intenses et les plus pernicieuses avaient traversé nos campagnes du temps des guerres de Napoléon, et que nos paysans, après avoir partagé avec eux leur gamelle et leur linge, leur avaient cédé leur lit, et s'étaient tenus auprès pour les soigner, que plusieurs avaient été victimes de leur zèle, et avaient succombé à la contagion, ce qui n'avait pas empêché les survivants de pratiquer l'hospitalité et la charité : le Majorquin secouait la tête et souriait de pitié. La notion du dévouement envers un inconnu ne pouvait pas plus entrer dans sa cervelle que celle de la probité ou même de l'obligeance envers un étranger.

Tous les voyageurs qui ont visité l'intérieur de l'île ont été émerveillés pourtant de l'hospitalité et du désintéressement du fermier majorquin. Ils ont écrit avec admiration que, s'il n'y avait pas d'auberge en ce pays, il n'en était pas moins facile et agréable de parcourir des campagnes où *une simple recommandation* suffit pour qu'on soit reçu, hébergé et fêté gratis. Cette simple recommandation est un fait assez important, ce me semble. Ces voyageurs ont oublié de dire que toutes les castes de Majorque, et partant tous les habitants, sont dans une solidarité d'intérêts qui établit entre eux de bons et faciles rapports, où la charité religieuse et la sympathie humaine n'entrent cependant pour rien. Quelques mots expliqueront cette situation financière.

Les nobles sont riches quant au fonds, indigents quant au revenu, et ruinés grâce aux emprunts. Les juifs, qui sont nombreux, et riches en argent comptant, ont toutes les terres des chevaliers en portefeuille, et l'on peut dire que de fait l'île leur appartient. Les chevaliers ne sont plus que de nobles représentants chargés de se faire les uns aux autres, ainsi qu'aux rares étrangers qui abordent dans l'île, les honneurs de leurs domaines et de leurs palais. Pour remplir dignement ces fonctions élevées, ils ont recours chaque année à la bourse des juifs, et chaque année la boule de neige grossit. J'ai dit précédemment combien le revenu des terres est paralysé à cause du manque de débouchés et d'industrie; cependant il y a un point d'honneur pour les pauvres chevaliers à consommer lentement et paisiblement leur ruine sans déroger au luxe, je ferais mieux de dire à l'indigente prodigalité de leurs ancêtres. Les agioteurs sont donc dans un rapport continuel d'intérêts avec les cultivateurs, dont ils touchent en partie les fermages, en vertu des titres à eux concédés par les chevaliers.

Ainsi le paysan, qui trouve peut-être son compte à cette division sa créance, paie à son seigneur le moins possible et au banquier le plus qu'il peut. Le seigneur est dépendant et résigné, le juif est inexorable, mais patient. Il fait des concessions, il affecte une grande tolérance, il donne du temps, car il poursuit son but avec un génie diabolique : dès qu'il a mis sa grille sur une propriété, il faut que pièce à pièce elle vienne toute à lui, son intérêt est de se rendre nécessaire jusqu'à ce que la dette ait atteint la valeur du capital. Dans vingt ans il n'y aura plus de seigneurie à Majorque. Les juifs pourront s'y constituer à l'état de puissance, comme ils ont fait chez nous, et relever leur tête encore courbée et humiliée hypocritement sous les dédains mal dissimulés des nobles et l'horreur puérile et impuissante des prolétaires. En attendant, ils sont les vrais propriétaires du terrain, et le pagès tremble devant eux. Il se retourne vers son ancien maître avec douleur; et, tout en pleurant de tendresse, il tire à soi les dernières bribes de sa fortune. Il est donc intéressé à satisfaire ces deux puissances, et même à leur complaire en toutes choses, afin de n'être pas écrasé entre les deux.

Soyez donc recommandé à un pagès, soit par un noble, soit par un riche (et par quels autres le seriez-vous, puisqu'il n'y a point là de classe intermédiaire?), et à l'instant s'ouvrira devant vous la porte du pagès. Mais essayez de demander un verre d'eau sans cette recommandation, et vous verrez !

Et pourtant ce paysan majorquin a de la douceur, de la bonté, des mœurs paisibles, une nature calme et patiente. Il n'aime point le mal, il ne connaît pas le bien. Il se confesse, il prie, il songe sans cesse à mériter le paradis; mais il ignore les vrais devoirs de l'humanité. Il n'est pas plus haïssable qu'un bœuf ou un mouton, car il n'est guère plus homme que les êtres endormis dans l'innocence de la brute. Il récite des prières, il est superstitieux comme un sauvage; mais il mangerait son semblable sans plus de remords, si c'était l'usage de son pays, et s'il n'avait pas du cochon à discrétion. Il trompe, rançonne, ment, insulte et pille, sans le moindre embarras de conscience. Un étranger n'est pas un homme pour lui. Jamais il ne dérobera une olive à son compatriote : au delà des mers l'humanité n'existe dans les desseins de Dieu que pour apporter de petits profits aux Majorquins.

Nous avions surnommé Majorque *l'île des Singes*, parce que, nous voyant environnés de ces bêtes sournoises, pillardes et pourtant innocentes, nous étions habitués à nous préserver d'elles sans plus de rancune et de dépit que n'en causent aux Indiens les jockos et les orangs espiègles et fuyards.

Cependant on ne s'habitue pas sans tristesse à voir des créatures revêtues de la forme humaine, et marquées du sceau divin, se léguer ainsi dans une sphère qui n'est point celle de l'humanité présente. On sent bien que cet être imparfait est capable de comprendre, que sa race est perfectible, que son avenir est le même que celui des races plus avancées, et qu'il n'y a là qu'une question de temps, grande à nos yeux, inappréciable dans l'abîme de l'éternité. Mais plus on a le sentiment de cette perfectibilité, plus on souffre de le voir entravée par les chaînes du passé. Ce temps d'arrêt, qui n'inquiète guère la Providence, épouvante et contriste notre existence d'un jour. Nous sentons par le cœur, par l'esprit, par les entrailles, que la vie de tous les autres est liée à la nôtre, que nous ne pouvons point nous passer d'aimer ou d'être aimés, de comprendre ou d'être compris, d'assister et d'être assistés. Le sentiment d'une supériorité intellectuelle et morale sur d'autres hommes ne réjouit que le cœur des orgueilleux. Je m'imagine que tous les cœurs généreux voudraient, non s'abaisser pour se niveler, mais élever à eux, en un clin d'œil, tout ce qui est au-dessous d'eux, afin de vivre enfin de la vraie vie de sympathie, d'échange, d'égalité et de communauté, qui est l'idéal religieux de la conscience humaine.

Je suis certain que ce besoin est au fond de tous les cœurs, et que ceux de nous qui le combattent et croient l'étouffer par des sophismes, en ressentent une souffrance étrange, amère, à laquelle ils ne savent pas donner un nom. Les hommes d'en bas s'usent ou s'éteignent quand ils ne peuvent monter ; ceux d'en haut s'indignent et s'affligent de leur tendre vainement la main ; et ceux qui ne veulent aider personne sont dévorés de l'ennui et de l'effroi de la solitude, jusqu'à ce qu'ils retombent dans un abrutissement qui les fait descendre au-dessous des premiers.

IV

Nous étions donc seuls à Majorque, aussi seuls que dans un désert; et quand la subsistance de chaque jour était conquise, moyennant la guerre aux *singes*, nous nous asseyions en famille pour en rire autour du poêle. Mais à mesure que l'hiver avançait, la tristesse paralysait dans mon sein les efforts de gaieté et de sérénité. L'état de notre malade empirait toujours ; le vent pleurait dans le ravin, la pluie battait nos vitres, la voix du tonnerre perçait nos épaisses murailles et venait jeter sa note lugubre au milieu des rires et des jeux des enfants. Les aigles et les vautours, enhardis par le brouillard, venaient dévorer nos pauvres passereaux jusque sur le grenadier qui remplissait ma fenêtre. La mer furieuse retenait les embarcations dans les ports; nous nous sentions prisonniers, loin de tout secours éclairé et de toute sympathie efficace. La mort semblait planer sur nos têtes pour s'emparer de l'un de nous, et nous étions seuls à lui disputer sa proie. Il n'y avait pas une seule créature humaine à notre portée qui n'eût voulu au contraire le pousser vers la tombe pour en finir plus vite avec le prétendu danger de son voisinage. Cette pensée d'hostilité était affreusement triste. Nous nous sentions bien assez forts pour remplacer les uns pour les autres, à force de soins et de dévouement, l'assistance et la sympathie qui nous étaient déniées; je crois même que dans de telles épreuves le cœur grandit et l'affection s'exalte, retrempée de toute la force qu'elle puise dans le sentiment de la solidarité humaine. Mais nous souffrions dans nos âmes de nous voir jetés au milieu d'êtres qui ne comprenaient pas ce sentiment, et pour lesquels, loin d'être plaints par eux, il nous fallait ressentir la plus douloureuse pitié.

J'éprouvais d'ailleurs de vives perplexités. Je n'ai aucune notion scientifique d'aucun genre, et il m'eût fallu être médecin, et grand médecin, pour soigner la maladie dont toute la responsabilité pesait sur mon cœur.

Le médecin qui nous voyait, et dont je ne révoque en doute ni le zèle ni le talent, se trompait, comme tout médecin, même des plus illustres, peut se tromper, et comme, de son propre aveu, tout savant sincère s'est trompé souvent. La bronchite avait fait place à une excitation nerveuse qui produisait plusieurs des phénomènes d'une phthisie laryngée.

Le médecin qui avait vu ces phénomènes à de certains moments, et qui ne voyait pas les symptômes contraires, évidents pour moi à d'autres heures, s'était prononcé pour le régime qui convient aux phthisiques, pour la saignée, pour la diète, pour le laitage. Toutes ces choses étaient absolument contraires, et la saignée eût été mortelle. Le malade en avait l'instinct, et moi, qui, sans rien savoir de la médecine, ai soigné beaucoup de malades, j'avais le même pressentiment. Je tremblais pourtant de m'en remettre à cet instinct qui pouvait me tromper, et de lutter contre les affirmations d'un homme de l'art; et quand je voyais la maladie empirer, j'étais véritablement livré à des angoisses que chacun doit comprendre. Une saignée le sauverait, me disait-on, et si vous vous y refusez, il va mourir. Pourtant il y avait une voix qui me disait jusque dans mon sommeil : Une saignée le tuerait, et si tu l'en préserves, il ne mourra pas. Je suis persuadé que cette voix était celle de la Providence, et aujourd'hui que notre ami, la terreur des Majorquins, est reconnu aussi peu phthisique que moi, je remercie le ciel de ne m'avoir pas ôté la confiance qui nous a sauvés.

Quant à la diète, elle était fort contraire. Quand nous en vîmes les mauvais effets, nous y conformâmes aussi peu que possible, mais malheureusement il n'y eut guère à opter entre les épices brûlantes du pays et la table la plus frugale. Le laitage, dont nous reconnûmes par la suite l'effet pernicieux, fut, par bonheur, assez rare à Majorque pour n'en produire aucun. Nous pensions encore à cette époque que le lait ferait merveille, et nous nous tourmentions pour en avoir. Il n'y a pas de vaches dans ces montagnes, et le lait de chèvre qu'on nous vendait était toujours bu en chemin par les enfants qui nous l'apportaient, ce qui n'empêchait pas que le vase ne nous arrivât plus plein qu'au départ. C'était un miracle qui s'opérait tous les matins pour le pieux messager lorsqu'il avait soin de faire sa prière dans la cour de la Chartreuse, auprès de la fontaine. Pour mettre fin à ces prodiges, nous nous procurâmes une chèvre. C'était bien la plus douce et la plus aimable personne du monde, une belle petite chèvre d'Afrique, au poil ras couleur de chamois, avec une tête sans cornes, le nez très-busqué et les oreilles pendantes. Ces animaux diffèrent beaucoup des nôtres. Ils ont la robe du chevreuil et le profil du mouton; mais ils n'ont pas la physionomie espiègle et mutine de nos biquettes enjouées. Au contraire, ils semblent pleins de mélancolie. Ces chèvres diffèrent encore des nôtres en ce qu'elles ont les mamelles fort petites et donnent fort peu de lait. Quand elles sont dans la force de l'âge, ce lait a une saveur âpre et sauvage dont les Majorquins font beaucoup de cas, mais qui nous parut repoussante.

Notre amie de la Chartreuse en était à sa première maternité; elle n'avait pas deux ans, et son lait était fort délicat; mais elle en était fort avare, surtout lorsque, séparée du troupeau avec lequel elle avait coutume, non de gambader (elle était trop sérieuse, trop majorquine pour cela), mais de rêver au sommet des montagnes; elle tomba dans un spleen qui n'était pas sans analogie avec le nôtre. Il y avait pourtant de bien belles herbes dans le préau, et des plantes aromatiques, naguère cultivées par les chartreux, croissant encore dans les rigoles de notre parterre : rien ne la consola de sa captivité. Elle errait éperdue et désolée dans les cloîtres, poussant des gémissements à fendre les pierres. Nous lui donnâmes pour compagne une grosse brebis dont la laine blanche et touffue avait six pouces de long, une de ces brebis comme on n'en voit chez nous que sur la devanture des marchands de joujoux ou sur les éventails de nos grand'mères. Cette excellente compagne lui rendit un peu de calme, et nous donna elle-même un lait assez crémeux. Mais à elles deux, et quoique bien nourries, elles en fournissaient une si petite quantité, que nous méfiâmes des fréquentes visites que la Maria-Antonia, la niña et la Catalina rendaient à notre bétail. Nous le mîmes sous clef dans une petite cour au pied du clocher, et nous eûmes le soin de traire nous-mêmes. Ce lait, des plus légers, mêlé à du lait d'amandes que nous pilions alternativement, mes enfants et moi, faisait une tisane assez saine et assez agréable. Nous n'en pouvions guère avoir d'autre. Toutes les drogues de Palma étaient d'une malpropreté intolérable. Le sucre mal raffiné qu'on y apporte d'Espagne est noir, huileux, et doué d'une vertu purgative pour ceux qui n'en ont pas l'habitude.

Un jour nous nous crûmes sauvés, parce que nous aperçûmes des violettes dans le jardin d'un riche fermier. Il nous permit d'en cueillir de quoi faire une infusion, et, quand nous eûmes fait notre petit paquet, il nous le fit payer à raison d'un sou par violette : un sou majorquin, qui vaut trois sous de France.

A ces soins domestiques se joignait la nécessité de balayer nos chambres et de faire nos lits nous-mêmes quand nous tenions à dormir la nuit; car la servante majorquine ne pouvait y toucher sans nous communiquer aussitôt, avec une intolérable prodigalité, les mêmes propriétés que mes enfants s'étaient tant réjouis de pouvoir observer sur le dos d'un poulet rôti. Il nous restait à peine quelques heures pour travailler et pour nous promener; mais ces heures étaient bien employées. Les enfants étaient attentifs à la leçon, et nous n'avions ensuite qu'à mettre le nez hors de notre tanière pour entrer dans les paysages les plus variés et les plus admirables. A chaque pas, au milieu du vaste cadre des montagnes, s'offrait un accident pittoresque, une petite chapelle sur un rocher escarpé, un bosquet de rosages jeté à pic sur une pente lézardée, un ermitage auprès d'une source pleine de grands roseaux, un massif d'arbres sur d'énormes fragments de roches mousseuses et brodées de lierre. Quand le soleil daignait se montrer un instant, toutes ces plantes, toutes ces pierres et tous ces terrains lavés par la pluie prenaient une couleur éclatante et des reflets d'une incroyable fraîcheur.

Nous fîmes surtout deux promenades remarquables. Je ne me rappelle pas la première sans plaisir, quoiqu'elle fût magnifique d'aspects. Mais notre malade, alors bien portant (c'était au commencement de notre séjour à Majorque), voulut nous accompagner, et en ressentit une fatigue qui détermina l'invasion de sa maladie.

Notre but était un ermitage situé au bord de la mer, à trois milles de la Chartreuse. Nous suivîmes le bras droit de la chaîne, et montâmes de colline en colline, par un chemin pierreux qui nous hachait les pieds, jusqu'à la côte nord de l'île. A chaque détour du sentier, nous eûmes le spectacle grandiose de la mer, vue à des profondeurs considérables, au travers de la plus belle végétation. C'était la première fois que je voyais des rives fertiles, couvertes d'arbres et verdoyantes jusqu'à la première vague, sans falaises pâles, sans grèves désolées et sans plage limoneuse. Dans tout ce que j'ai vu des côtes de France, même sur les hauteurs de Port-Vendres, où elle m'apparut enfin dans sa beauté, la mer m'a toujours semblé sale ou déplaisante à aborder. Le Lido tant vanté de Venise a des sables d'une affreuse nudité, peuplés d'énormes lézards qui sortent par milliers sous vos pieds, et semblent vous poursuivre de leur nombre toujours croissant, comme dans un mauvais rêve. A Royant, à Marseille, presque partout, je crois, sur nos rivages, une ceinture de varechs gluants et une arène stérile nous gâtent les approches de la mer. A Majorque, je la vis enfin comme je l'avais rêvée, limpide et bleue comme le ciel, doucement ondulée comme une plaine de saphir régulièrement labourée en sillons dont la mobilité est inappréciable, vue d'une certaine hauteur, et encadrée de forêts d'un vert sombre. Chaque pas que nous faisions sur la montagne sinueuse nous présentait une nouvelle perspective toujours plus sublime que la dernière. Néanmoins, comme il nous fallut redescendre beaucoup pour atteindre l'ermitage, la rive, en cet endroit, quoique très-belle, n'eut pas le caractère de grandeur que je lui trouvai en un autre endroit de la côte quelques mois plus tard.

Les ermites qui sont établis là au nombre de quatre ou cinq n'avaient aucune poésie. Leur habitation est aussi misérable et aussi sauvage que leur profession le comporte; et, de leur jardin en terrasse, que nous les trouvâmes occupés à bêcher, la grande solitude de la mer s'étend sous leurs yeux. Mais ils nous parurent personnellement les plus stupides du monde. Ils ne portaient aucun costume religieux. Le supérieur quitta sa bêche et vint à nous en veste ronde de drap bège; ses cheveux courts et sa barbe sale n'avaient rien de pittoresque. Il nous parla des austérités de la vie qu'il menait, et surtout du froid intolérable qui régnait sur ce rivage; mais quand nous lui demandâmes s'il y gelait quelquefois, nous ne pûmes jamais lui faire comprendre ce que c'était que la gelée. Il ne connaissait ce mot dans aucune langue, et n'avait jamais entendu parler de pays plus froids que l'île de Majorque. Cependant il avait une idée de la France pour avoir vu passer la flotte qui marcha en 1830 à la conquête d'Alger; ç'avait été le plus beau, le plus étonnant, on peut dire le seul spectacle de sa vie. Il nous demanda si les Français avaient réussi à prendre Alger; et quand nous lui eûmes dit qu'ils venaient de prendre Constantine, il ouvrit de grands yeux et s'écria que les Français étaient un grand peuple.

Il nous fit monter à une petite cellule fort malpropre, où nous vîmes le doyen des ermites. Nous le prîmes pour un centenaire, et fûmes surpris d'apprendre qu'il n'avait que quatre-vingts ans. Cet homme était dans un état parfait d'imbécillité, quoiqu'il travaillât encore machinalement à fabriquer des cuillers de bois avec des mains terreuses et tremblantes. Il ne fit aucune attention à nous, quoiqu'il ne fût pas sourd; et, le prieur l'ayant appelé, il souleva une énorme tête qu'on eût prise pour de la cire, et nous montra une face hideuse d'abrutissement. Il y avait toute une vie d'abaissement intellectuel sur cette cette figure décomposée, dont je détournai les yeux avec empressement, comme de la chose la plus effrayante et la plus pénible qui soit au monde. Nous leur fîmes l'aumône; ils appartenaient à un ordre mendiant, et sont encore en grande vénération parmi les paysans, qui ne les laissent manquer de rien.

En revenant à la Chartreuse, nous fûmes assaillis par un vent violent qui nous renversa plusieurs fois, et qui rendit notre marche si fatigante que notre malade en fut brisé.

La seconde promenade eut lieu quelques jours avant notre départ de Majorque, et celle-là m'a fait une impression que je n'oublierai de ma vie. Jamais le spectacle de la nature ne m'a saisi davantage, et je ne sache pas qu'il m'ait saisi à ce point plus de trois ou quatre fois dans ma vie.

Les pluies avaient enfin cessé, et le printemps se faisait tout à coup. Nous étions au mois de février; tous les amandiers étaient en fleurs, et les prés se remplissaient de jonquilles embaumées. C'était, sauf la couleur du ciel et la vivacité des tons du paysage, la seule différence que l'œil pût trouver entre les deux saisons; car les arbres de cette région sont vivaces pour la plupart. Ceux qui poussent de bonne heure n'ont point à subir les coups de la gelée; les gazons conservent toute leur fraîcheur, et les fleurs n'ont besoin que d'une matinée de soleil pour mettre le nez au vent. Lorsque notre jardin avait un demi-pied de neige, la bourrasque balançait, sur nos berceaux treillagés, de jolies petites roses grimpantes, qui, pour être un peu pâles, n'en paraissaient pas moins de fort bonne humeur.

Comme, du côté du nord, je regardais la mer de la porte du couvent, un jour que notre malade était assez bien pour rester seul deux ou trois heures, nous nous mîmes enfin en route, mes enfants et moi, pour voir la grève de ce côté-là. Jusqu'alors je n'en avais pas eu la moindre curiosité, quoique mes enfants, qui couraient comme des chamois, m'assurassent que c'était le plus bel endroit du monde. Soit que la visite à l'ermitage, première cause de notre douleur, m'eût laissé une rancune assez fondée, soit que je ne m'attendisse pas à voir de la plaine un aussi beau déploiement de mer que je l'avais vu du haut de la montagne, je n'avais pas encore eu la tentation de sortir du vallon encaissé de Valldemosa.

J'ai dit plus haut qu'au point où s'élève la Chartreuse la chaîne s'ouvre, et qu'une plaine légèrement inclinée monte entre ses deux bras élargis jusqu'à la mer. Or, en regardant tous les jours la mer monter à l'horizon bien au-dessus de cette plaine, ma vue et mon raisonnement commettaient une erreur singulière: au lieu de voir que la plaine montait et qu'elle cessait tout à coup à une distance très-rapprochée de moi, je m'imaginais qu'elle s'abaissait en pente douce jusqu'à la mer, et que le rivage était plus éloigné de cinq à six lieues. Comment m'expliquer, en effet, que cette mer, qui me paraissait de niveau avec la Chartreuse, fût plus basse de deux à trois mille pieds? Je m'étonnais bien quelquefois qu'elle eût la voix si haute, étant aussi éloignée que je la supposais; et je ne me rendais pas compte de ce phénomène, et je ne sais pas pourquoi je me permets quelquefois de me moquer des bourgeois de Paris, car j'étais plus que simple dans mes conjectures. Je ne voyais pas que cet horizon maritime dont je repaissais mes regards était à quinze ou vingt lieues de la côte, tandis que la mer battait la base de l'île à une demi-heure du chemin de la Chartreuse. Aussi, quand mes enfants m'engageaient à venir voir la mer, prétendant qu'elle était à deux pas, je n'en trouvais jamais le temps, croyant qu'il s'agissait de deux pas d'enfant, c'est-à-dire, dans la réalité, de deux pas de géant; car on sait que les enfants marchent par la tête, sans jamais se souvenir qu'ils ont des pieds, et que les bottes de sept lieues du Petit Poucet sont un mythe pour signifier que l'enfance ferait le tour du monde sans s'en apercevoir.

Enfin je me laissai entraîner par eux, certain que nous n'atteindrions jamais ce rivage fantastique qui me semblait si loin. Mon fils prétendait savoir le chemin; mais, comme tout est chemin quand on a des bottes de sept lieues, et que depuis longtemps je ne marche plus dans la vie qu'avec des pantoufles, je lui objectai que je ne pouvais pas, comme lui et sa sœur, enjamber les fossés, les haies et les torrents. Depuis un quart d'heure je m'apercevais bien que nous ne descendions pas vers la mer, car le cours des ruisseaux venait rapidement à notre rencontre, et plus nous avancions, plus la mer semblait s'enfoncer et s'abîmer à l'horizon. Je crus enfin que nous lui tournions le dos, et je pris le parti de demander au premier paysan que je rencontrerais si, par hasard, il ne nous serait pas possible de rencontrer aussi la mer.

Sous un massif de saules, dans un fossé bourbeux, trois pastourelles, peut-être trois fées travesties, remuaient la crotte avec des pelles pour y chercher je ne sais quel talisman ou quelle salade. La première n'avait qu'une dent, c'était probablement la fée Dentue, la même qui remue ses maléfices dans une casserole avec cette unique et affreuse dent. La seconde vieille était, selon toutes les apparences, Carabosse, la plus mortelle ennemie des établissements orthopédiques. Toutes deux nous firent une horrible grimace. La première avança sa terrible dent du côté de ma fille, dont la fraîcheur éveillait son appétit. La seconde hocha la tête et brandit sa béquille pour casser les reins à mon fils, dont la taille droite et svelte lui faisait horreur. Mais la troisième, qui était jeune et jolie, sauta légèrement sur la marge du fossé, et, jetant sa cape sur son épaule, nous fit signe de la main et se mit à marcher devant nous. C'était certainement une bonne petite fée; mais sous son travestissement de montagnarde il lui plaisait de s'appeler *Périca de Pier-Bruno*.

Périca est la plus gentille créature majorquine que j'aie vue. Elle et ma chèvre sont les seuls êtres vivants qui aient gardé un peu de mon cœur à Valldemosa. La petite fille était crottée comme la petite chèvre eût rougi de l'être; mais, quand elle eut un peu marché dans le gazon humide, ses pieds nus redevinrent non pas blancs, mais mignons comme ceux d'une Andalouse, et son joli sourire, son babil confiant et curieux, son obligeance désintéressée, nous la firent trouver aussi pure qu'une perle fine. Elle avait seize ans et les traits les plus délicats, avec une figure toute ronde et veloutée comme une pêche. C'était la régularité de lignes et la beauté de plans de la statuaire grecque. Sa taille était fine comme un jonc, et ses bras nus, couleur de bistre. De dessous son rebozillo de gros toile sortait sa chevelure flottante et mêlée comme la queue d'une jeune cavale. Elle nous conduisit à la lisière de son champ, puis nous fit traverser une prairie semée et bordée d'arbres et de gros blocs de rochers; et je ne vis plus du tout la mer, ce qui me fit croire que nous entrions dans la montagne, et que la malicieuse Périca se moquait de nous.

Mais tout à coup elle ouvrit une petite barrière qui fermait le pré, où nous vîmes un sentier qui tournait autour d'une grosse roche en pain de sucre. Nous tournâmes avec le sentier, et, comme par enchantement, nous nous trouvâmes au-dessus de la mer, au-dessus de l'immensité, avec un autre rivage à une lieue de distance sous nos pieds. Le premier effet de ce spectacle inattendu fut le vertige, et je commençai par m'asseoir. Peu à peu je me rassurai et m'enhardis jusqu'à descendre le sentier, quoiqu'il ne fût pas tracé pour des pas humains, mais bien pour des pieds de chèvre. Ce que je voyais était si beau, que, pour le coup, j'avais, non pas des bottes de sept lieues, mais des ailes d'hirondelle dans le cerveau; et je me mis à tourner autour des grandes aiguilles calcaires qui se dressaient comme des géants de cent pieds de haut le long des parois de la côte, cherchant à entrevoir le fond d'une anse qui s'enfonçait sur ma droite dans les terres, et où les barques de pêcheurs paraissaient grosses comme des mouches.

Tout à coup je ne vis plus rien devant moi et au-dessous de moi que la mer toute bleue. Le sentier avait été se promener je ne sais où : la Périca criait au-dessus de ma tête, et mes enfants, qui me suivaient à quatre pattes, se mirent à crier plus fort. Je me retournai et vis ma fille toute en pleurs. Je revins sur mes pas pour l'interroger; et, quand j'eus fait un peu de réflexion, je m'aperçus que la terreur et le désespoir de ces enfants n'étaient pas mal fondés. Un pas de plus, et je fusse descendu beaucoup plus vite qu'il ne fallait, à moins que je n'eusse réussi à marcher à la renverse, comme une mouche sur le plafond; car les rochers où je m'aventurais surplombaient le petit golfe, et la base

de l'île était rongée profondément au-dessous. Quand je vis le danger où j'avais failli entraîner mes enfants, j'eus une peur épouvantable, et je me dépêchai de remonter avec eux; mais, quand je les eus mis en sûreté derrière un des gigantesques pains de sucre, il me prit une nouvelle rage de revoir le fond de l'anse et le dessous de l'excavation.

Je n'avais jamais rien vu de semblable à ce que je pressentais là, et mon imagination prenait le grand galop. Je descendis par un autre sentier, m'accrochant aux ronces et embrassant les aiguilles de pierre dont chacune marquait une nouvelle cascade du sentier. Enfin, je commençais à entrevoir la bouche immense de l'excavation où les vagues se précipitaient avec une harmonie étrange. Je ne sais quels accords magiques je croyais entendre, ni quel monde inconnu je me flattais de découvrir, lorsque mon fils, effrayé et un peu furieux, vint me tirer violemment en arrière. Force me fut de tomber de la façon la moins poétique du monde, non pas en avant, ce qui eût été la fin de l'aventure et la mienne; mais assis comme une personne raisonnable. L'enfant me fit de si belles remontrances que je renonçai à mon entreprise, mais non pas sans un regret qui me poursuit encore; car mes pantoufles deviennent tous les ans plus lourdes, et je ne pense pas que les ailes que j'eus ce jour-là repoussent jamais pour me porter sur de pareils rivages.

Il est certain cependant, et je le sais aussi bien qu'un autre, que ce qu'on voit ne vaut pas toujours ce qu'on rêve. Mais cela n'est absolument vrai qu'en fait d'art et d'œuvre humaine. Quant à moi, soit que j'aie l'imagination paresseuse ou l'ordinaire, soit que Dieu ait plus de talent que moi (ce qui ne serait pas impossible), j'ai le plus souvent trouvé la nature infiniment plus belle que je ne l'avais prévu, et je ne me souviens pas de l'avoir trouvée maussade, si ce n'est à des heures où je l'étais moi-même.

Je ne me consolerai donc jamais de n'avoir pas pu tourner le rocher. J'aurais peut-être vu là Amphitrite en personne sous une voûte de nacre et le front couronné d'algues murmurantes. Au lieu de cela, je n'ai vu que des aiguilles de roches calcaires, les unes montant de ravin en ravin comme des colonnes, les autres pendantes comme des stalactites de caverne en caverne, et toutes affectant des formes bizarres et des attitudes fantastiques. Des arbres d'une vigueur prodigieuse, mais tous déjetés et à moitié déracinés par les vents, se penchaient sur l'abîme, et du fond de cet abîme une autre montagne s'élevait à pic jusqu'au ciel, une montagne de cristal, de diamant et de saphir. La mer, vue d'une hauteur considérable, produit cette illusion, comme chacun sait, de paraître un plan vertical. L'explique qui voudra.

Mes enfants se mirent à vouloir emporter des plantes. A nous trois, nous arrachâmes enfin un oignon d'amaryllis écarlate, que nous ne portâmes point jusqu'à la Chartreuse, tant il était lourd. Mon fils le coupa en morceaux pour montrer à notre malade un fragment, gros comme sa tête, de cette plante merveilleuse. Périca, chargée d'un grand fagot qu'elle avait ramassé en chemin, et dont, avec ces mouvements brusques et rapides, elle nous donnait à chaque instant par le nez, nous reconduisit jusqu'à l'entrée du village. Je la forçai de venir jusqu'à la Chartreuse pour lui faire un petit présent que j'eus beaucoup de peine à lui faire accepter. Pauvre petite Périca, tu n'as pas su et tu ne sauras jamais quel bien tu me fis en me montrant parmi les singes d'une créature humaine douce, charmante et serviable sans arrière-pensée ! Le soir nous étions tous réjouis de ne pas quitter Valldemosa sans avoir rencontré un être sympathique.

V.

Entre ces deux promenades, la première et la dernière que nous fîmes à Majorque, nous en avions fait plusieurs autres que je ne me rappelle pas, de peur de montrer à mon lecteur un enthousiasme monotone pour cette nature belle partout, et partout semée d'habitations pittoresques à qui mieux mieux, chaumières, palais, églises, monastères. Si jamais quelqu'un de nos grands paysagistes entreprend de visiter Majorque, je lui recommande la maison de campagne de la Granja de Fortuñy, avec le vallon aux cédrats qui s'ouvre devant ses colonnades de marbre, et tout le chemin qui y conduit. Mais, sans aller jusque là, il ne saurait faire dix pas dans cette île enchantée sans s'arrêter à chaque angle du chemin, tantôt devant une citerno arabe ombragée de palmiers, tantôt devant une croix de pierre, délicat ouvrage du quinzième siècle, et tantôt à la lisière d'un bois d'oliviers.

Rien n'égale la force et la bizarrerie de formes de ces antiques pères nourriciers de Majorque. Les Majorquins en font remonter la plantation la plus récente au temps de l'occupation de leur île par les Romains. C'est ce que je ne contesterai pas, ne sachant aucun moyen de prouver le contraire, quand même j'en aurais envie, et j'avoue que je n'en ai pas le moindre désir. A voir l'aspect formidable, la grosseur démesurée et les attitudes furibondes de ces arbres mystérieux, mon imagination les a volontiers acceptés pour des contemporains d'Annibal. Quand on se promène le soir sous leur ombrage, il est nécessaire de bien se rappeler que ce sont là des arbres; car si on en croyait les yeux et l'imagination, on serait saisi d'épouvante au milieu de tous ces monstres fantastiques, les uns se courbant vers vous comme des dragons énormes, la gueule béante et les ailes déployées; les autres se roulant sur eux-mêmes comme des boas engourdis; d'autres s'embrassant avec fureur comme des lutteurs géants. Ici c'est un centaure au galop, emportant sur sa croupe je ne sais quelle hideuse guenon; là un reptile sans nom qui dévore une bête pantelante; plus loin un satyre qui danse avec un bouc moins laid que lui; et souvent c'est un seul arbre crevassé, noueux, tordu, bossu, que vous prendriez pour un groupe de dix arbres distincts, et qui représente tous ces monstres divers pour se réunir en une seule tête, horrible comme celle des fétiches indiens, et couronnée d'une seule branche verte comme d'un cimier. Les curieux qui jetteront un coup d'œil sur les planches de M. Laurens ne doivent pas craindre qu'il ait exagéré la physionomie des oliviers qu'il a dessinés. Il aurait pu choisir des spécimens encore plus extraordinaires, et j'espère que le *Magasin pittoresque*, cet amusant et infatigable vulgarisateur des merveilles de l'art et de la nature, se mettra en route un beau matin pour nous en rapporter quelques échantillons de premier choix.

Mais pour rendre le grand style de ces arbres sacrés d'où l'on s'attend toujours à entendre sortir des voix prophétiques, et le ciel étincelant où leur âpre silhouette se dessine si vigoureusement, il ne faudrait rien moins que le pinceau hardi et grandiose de Rousseau [1]. Les eaux limpides où se mirent les asphodèles et les myrtes appelleraient Dupré. Des parties plus arrangées et où la nature, quoique libre, semble prendre, par excès de coquetterie, des airs classiques et fiers, tenteraient le sévère Corot. Mais pour rendre les adorables *fouillis* où tout un monde de graminées, de fleurs sauvages, de vieux troncs et de guirlandes éplorées se penche sur la source mystérieuse où la cigogne vient tremper ses longues jambes, j'aurais voulu avoir, comme une baguette magique, à ma disposition, le burin de Huet dans ma poche.

Combien de fois, en voyant un vieux chevalier majorquin au seuil de son palais jauni et délabré, n'ai-je pas songé à Decamps, le grand maître de la caricature sérieuse et ennoblie jusqu'à la peinture historique, l'homme de génie, qui sait donner de l'esprit, de la gaieté, de la poésie, de la vie en un mot, aux murailles même! Les beaux enfants basanés qui jouaient dans notre cloître, en costume de moines, l'auraient diverti au suprême degré. Il aurait eu là des singes à discrétion, et des anges à côté des singes, des pourceaux à face humaine, puis des chérubins mêlés aux pourceaux et non moins malpropres; Perica, belle comme Galatée, crottée comme un barbet, et riant au soleil comme tout ce qui est beau sur la terre.

Mais c'est vous, Eugène, mon vieux ami, mon cher artiste, que j'aurais voulu mener la nuit dans la montagne lorsque la lune éclairait l'inondation livide.

Ce fut une belle campagne où je faillis être noyé avec mon pauvre enfant de quatorze ans, mais où le courage ne lui manqua pas, non plus qu'à moi la faculté de voir comme la nature s'était faite ce soir-là archi-romantique, archi-folle et archi-sublime.

Nous étions partis de Valldemosa, l'enfant et moi, au milieu des pluies de l'hiver, pour aller disputer le pianino de Pleyel aux féroces douaniers de Palma. La matinée avait été assez pure et les chemins praticables; mais, pendant que nous courions par la ville, l'averse recommença de plus belle. Ici, nous nous plaignons de la pluie, et nous ne savons ce que c'est: nos plus longues pluies ne durent pas deux heures; un nuage succède à un autre, et entre les deux il y a toujours un peu de répit. A Majorque, un nuage permanent enveloppe l'île, et s'y installe jusqu'à ce qu'il soit épuisé; cela dure quarante, cinquante heures, voire quatre et cinq jours, sans interruption aucune et même sans diminution d'intensité.

Nous remontâmes, vers le coucher du soleil, dans le birlocho, espérant arriver à la Chartreuse en trois heures. Nous en mîmes sept, et faillîmes coucher avec les grenouilles au sein de quelque lac improvisé. Le birlocho était d'une humeur massacrante; il avait fait mille difficultés pour se mettre en route: son cheval était déferré, son mulet boiteux, son essieu cassé, que sais-je! Nous commencions à connaître assez le Majorquin pour ne pas nous laisser convaincre, et nous le forçâmes de monter sur son brancard, où il fit la plus triste mine du monde pendant les premières heures. Il ne chantait pas, il refusait nos cigares; il ne jurait même pas après son mulet, ce qui était bien mauvais signe; il avait la mort dans l'âme. Espérant nous effrayer, il avait commencé par prendre le plus mauvais des sept chemins à lui connus. Le chemin s'enfonçant de plus en plus, nous eûmes bientôt rencontré le torrent, et nous y entrâmes, mais nous n'en sortîmes pas. Le bon torrent, mal à l'aise dans son lit, avait fait une pointe sur le chemin; et il n'y avait plus de chemin, mais bien une rivière dont les eaux bouillonnantes nous arrivaient de face, à grand bruit et au pas de course.

Quand le malicieux birlocho, qui avait compté sur notre pusillanimité, vit que notre parti était pris, il perdit son sang-froid et commença à pester et à jurer à faire crouler la voûte des cieux. Les rigoles de pierres taillées qui portent les eaux de source à la ville s'étaient si bien enflées, qu'elles avaient crevé comme la grenouille de la fable. Puis, ne sachant où se promener, elles s'étaient répandues en flaques, puis en mares, puis en lacs, puis en bras de mer sur toute la campagne. Bientôt le birlocho ne sut plus à quel saint se vouer, ni au quel diable se damner. Il prit un bain de jambes qu'il avait assez bien mérité, et dont il nous trouva peu disposés à le plaindre. La brouette fermait très-bien, et nous étions encore à sec; mais d'instant en instant, au dire de mon fils, *la marée montait*, nous allions au hasard, recevant des secousses effroyables, et tombant dans des trous dont le dernier semblait toujours devoir nous donner la sépulture. Enfin, nous penchâmes si bien, que le mulet s'arrêta comme pour se recueillir avant de rendre l'âme: le birlocho se leva et se mit en devoir de grimper sur la berge du chemin qui se trouvait à la hauteur de sa tête; mais il s'arrêta en reconnaissant, à la lueur du crépuscule, que cette berge n'était autre chose que le canal de Valldemosa, devenu fleuve, qui, de distance en distance, se déversait en

---

[1] Rousseau, un des plus grands paysagistes de nos jours, n'est point connu du public, grâce à l'obstination du jury de peinture, qui lui interdit depuis plusieurs années le droit d'exposer des chefs-d'œuvre.

cascade sur notre sentier, devenu fleuve aussi à un niveau inférieur.

Il y eut là un moment tragi-comique. J'avais un peu peur pour mon compte, et grand'peur pour mon enfant. Je le regardai; il riait de la figure du birlocho, qui, debout, les jambes écartées sur son brancard, mesurait l'abîme, et n'avait plus la moindre envie de s'amuser à nos dépens. Quand je vis mon fils si tranquille et si gai, je repris confiance en Dieu. Je sentis qu'il portait en lui l'instinct de sa destinée, et je m'en remis à ce pressentiment que les enfants ne savent pas dire, mais qui se répand comme un nuage ou comme un rayon de soleil sur leur front.

Le birlocho, voyant qu'il n'y avait pas moyen de nous abandonner à notre malheureux sort, se résigna à le partager, et devenant tout à coup héroïque : « N'ayez pas peur, mes enfants! » nous dit-il d'une voix paternelle. — Puis il fit un grand cri, et fouetta son mulet, qui trébucha, s'abattit, se releva, trébucha encore, et se releva enfin à demi noyé. La brouette s'enfonça de côté : « Nous y voilà! » se rejeta de l'autre côté : « Nous y voilà encore! » fit des craquements sinistres, des bonds fabuleux, et sortit enfin triomphante de l'épreuve, comme un navire qui a touché les écueils sans se briser.

Nous paraissions sauvés, nous étions à sec; mais il fallut recommencer cet essai de voyage nautique en carriole une douzaine de fois avant de gagner la montagne. Enfin, nous atteignîmes la rampe; mais là le mulet, épuisé d'une part, et de l'autre effarouché par le bruit du torrent et du vent dans la montagne, se mit à reculer jusqu'au précipice. Nous descendîmes pour pousser chacun une roue, pendant que le birlocho tirait maître Aliboron par ses longues oreilles. Nous mîmes ainsi pied à terre je ne sais combien de fois, et au bout de deux heures d'ascension, pendant lesquelles nous n'avions pas fait une demi-lieue, le mulet s'étant acculé sur le pont et tremblant de tous ses membres, nous prîmes le parti de laisser là l'homme, la voiture et la bête, et de gagner la Chartreuse à pied.

Ce n'était pas une petite entreprise. Le sentier rapide était un torrent impétueux contre lequel il fallait lutter avec de bonnes jambes. D'autres menus torrents improvisés, descendant du haut des rochers à grand bruit, débusquaient tout d'un coup à notre droite, et il fallait souvent se hâter pour passer avant eux, ou les traverser à tout risque, dans la crainte qu'en un instant ils ne devinssent infranchissables. La pluie tombait à flots ; de gros nuages plus noirs que l'encre voilaient à chaque instant la face de la lune ; et alors, enveloppés dans des ténèbres grisâtres et impénétrables, courbés par un vent impétueux, sentant la cime des arbres se plier jusque sur nos têtes, entendant craquer les sapins et rouler les pierres autour de nous, nous étions forcés de nous arrêter pour attendre, comme disait un poëte narquois, que Jupiter eût mouché la chandelle.

C'est dans ces intervalles d'ombre et de lumière que vous eussiez vu, Eugène, le ciel et la terre pâlir et s'illuminer tour à tour des reflets et des ombres les plus sinistres et les plus étranges. Quand la lune reprenait son éclat et semblait vouloir régner dans un coin d'azur rapidement balayé devant elle par le vent, les nuées sombres arrivaient comme des spectres avides de l'envelopper dans les plis de leurs linceuls. Ils couraient sur elle et quelquefois se déchiraient pour nous la montrer plus belle et plus secourable. Alors la montagne ruisselante de cascades et les arbres déracinés par la tempête nous donnaient l'idée du chaos. Nous pensions à ce beau sabbat que vous avez vu dans je ne sais quel rêve, et que vous avez esquissé avec je ne sais quel pinceau trempé dans les ondes rouges et bleues du Phlégéton et de l'Érèbe. Et à peine avions-nous contemplé ce tableau infernal qui posait en réalité devant nous, que la lune, dévorée par les monstres de l'air, disparaissait et nous laissait dans des limbes bleuâtres, où nous semblions flotter nous-mêmes comme des nuages, car nous ne pouvions même pas voir le sol où nous hasardions les pieds.

Enfin nous atteignîmes le pavé de la dernière montagne, et nous fûmes hors de danger en quittant le cours des eaux. La fatigue nous accablait, et nous étions nu-pieds, ou peu s'en faut; nous avions mis trois heures à faire cette dernière lieue.

Mais les beaux jours revinrent, et le steamer majorquin put reprendre ses courses hebdomadaires à Barcelone. Notre malade ne semblait pas en état de soutenir la traversée, mais il semblait également incapable de supporter une semaine de plus à Majorque. La situation était effrayante; il y avait des jours où je perdais l'espoir et le courage. Pour nous consoler, la Maria-Antonia et ses habitués du village répétaient en chœur autour de nous les discours les plus édifiants sur la vie future. « Ce phthisique, disaient-ils, va aller en enfer, d'abord parce qu'il est phthisique, ensuite parce qu'il ne se confesse pas. — S'il en est ainsi, quand il sera mort, nous ne l'enterrerons pas en terre sainte, et comme personne ne voudra lui donner la sépulture, ses amis s'arrangeront comme ils pourront. Il faudra voir comment ils se tireront de là ; pour moi, je ne m'en mêlerai pas. — Ni moi. — Ni moi ; et amen ! »

Enfin nous partîmes, et j'ai dit quelle société et quelle hospitalité nous trouvâmes sur le navire majorquin.

Quand nous entrâmes à Barcelone, nous étions si pressés d'en finir pour toute l'éternité avec cette race inhumaine, que je n'eus pas la patience d'attendre la fin du débarquement. J'écrivis un billet au commandant de la station, M. Belvès, et le lui envoyai par une barque. Quelques instants après, il vint nous chercher dans son canot, et nous nous rendîmes à bord du *Méléagre*.

En mettant le pied sur ce beau brick de guerre, tenu avec la propreté et l'élégance d'un salon, en nous voyant entourés de figures intelligentes et affables, en recevant les soins généreux et empressés du commandant, du médecin, des officiers et de tout l'équipage; en serrant la main de l'excellent et spirituel consul de France, M. Gautier d'Arc, nous sautâmes de joie nous en criant du fond de l'âme : « Vive la France ! » Il nous semblait avoir fait le tour du monde et quitter les sauvages de la Polynésie pour le monde civilisé.

Et la morale de cette narration, puérile peut-être, mais sincère, c'est que l'homme n'est pas fait pour vivre avec des arbres, avec des pierres, avec le ciel pur, avec la mer azurée, avec les fleurs et les montagnes, mais bien avec les hommes ses semblables.

Dans les jours orageux de la jeunesse, on s'imagine que la solitude est le grand refuge contre les atteintes, le grand remède aux blessures du combat; c'est une grave erreur, et l'expérience de la vie nous apprend que, là où l'on ne peut vivre en paix avec ses semblables, il n'est point d'admiration poétique ni de jouissances d'art capables de combler l'abîme qui se creuse au fond de l'âme.

J'avais toujours rêvé de vivre au désert, et tout rêveur bon enfant avouera qu'il a eu la même fantaisie. Mais croyez-moi, mes frères, nous avons le cœur trop aimant pour nous passer les uns des autres; et ce qu'il nous reste de mieux à faire, c'est de nous supporter mutuellement; car nous sommes comme des enfants d'un même sein qui se taquinent, se querellent, se battent même, et ne peuvent cependant pas se quitter.

FIN D'UN HIVER A MAJORQUE.

LIBRAIRIE BLANCHARD
RUE RICHELIEU, 78

ÉDITION J. Hetzel

LIBRAIRIE MARESCQ ET Cⁱᵉ
5, RUE DU PONT-DE-LODI

SPIRIDION

NOTICE

Spiridion a été écrit en grande partie et terminé dans la Chartreuse de Valdemosa, aux gémissements de la bise dans les cloîtres en ruines. Certes, ce lieu romantique eût mieux inspiré un plus grand poëte. Heureusement le plaisir d'écrire ne se mesure pas au mérite de l'œuvre, mais à l'émotion de l'artiste; sans des préoccupations souvent douloureuses, j'aurais été bien satisfaite de cette cellule de moine dans un site sublime, où le hasard, ou plutôt la nécessité résultant de l'absence de tout autre asile, m'avait conduite et mise précisément dans le milieu qui convenait au sujet de ce livre commencé à Nohant.

GEORGE SAND.

Nohant, 25 août 1855.

A M. PIERRE LEROUX.

Ami et frère par les années, père et maître par la vertu et la science, agréez l'envoi d'un de mes contes, non comme un travail digne de vous être dédié, mais comme un témoignage d'amitié et de vénération.

GEORGE SAND.

Lorsque j'entrai comme novice au couvent des Bénédictins, j'étais à peine âgé de seize ans. Mon caractère doux et timide sembla inspirer d'abord la confiance et l'affection; mais je ne tardai pas à voir la bienveillance des frères se changer en froideur; et le père trésorier, qui seul me conserva un peu d'intérêt, me prit plusieurs fois à part pour me dire tout bas que, si je ne faisais attention à moi-même, je tomberais dans la disgrâce du Prieur.

Je le pressais en vain de s'expliquer; il mettait un doigt sur ses lèvres, et, s'éloignant d'un air mystérieux, il ajoutait pour toute réponse :

« Vous savez bien, mon cher fils, ce que je veux dire. »

Je cherchais vainement mon crime. Il m'était impossible, après le plus scrupuleux examen, de découvrir en moi des torts assez graves pour mériter une réprimande. Des semaines, des mois s'écoulèrent, et l'espèce de réprobation tacite qui pesait sur moi ne s'adoucit point. En vain je redoublais de ferveur et de zèle ; en vain je veillais à toutes mes paroles, à toutes mes pensées ; en vain j'étais le plus assidu aux offices et le plus ardent au travail ; je voyais chaque jour la solitude élargir un cercle autour de moi. Tous mes amis m'avaient quitté. Personne ne m'adressait plus la parole. Les novices les moins réguliers et les moins méritants semblaient s'arroger le droit de me mépriser. Quelques-uns même, lorsqu'ils passaient près de moi, serraient contre leur corps les plis de leur robe, comme s'ils eussent craint de toucher un lépreux. Quoique je récitasse mes leçons sans faire une seule faute, et que je fisse dans le chant de très-grands progrès, un profond silence régnait dans les salles d'étude quand ma timide voix avait cessé de résonner sous la voûte. Les docteurs et les maîtres n'avaient pas pour moi un seul regard d'encouragement, tandis que des novices nonchalants ou incapables étaient comblés d'éloges et de récompenses. Lorsque je passais devant l'abbé, il détournait la tête, comme s'il eût eu horreur de mon salut.

J'examinais tous les mouvements de mon cœur, et je m'interrogeais sévèrement pour savoir si l'orgueil blessé n'avait pas une grande part dans ma souffrance. Je pouvais du moins me rendre ce témoignage que je n'avais rien épargné pour combattre toute révolte de la vanité, et je sentais bien que mon cœur était réduit à une tristesse profonde par l'isolement où on le refoulait, par le manque d'affection, et non par le manque d'amusements et de flatteries.

Je résolus de prendre pour appui le seul religieux qui ne pût fuir mes confidences, mon confesseur. J'allai me jeter à ses pieds, je lui exposai mes douleurs, mes efforts pour mériter un sort moins rigoureux, mes combats contre l'esprit de reproche et d'amertume qui commençait à s'élever en moi. Mais quelle fut ma consternation lorsqu'il me répondit d'un ton glacial :

« Tant que vous ne m'ouvrirez pas votre cœur avec une entière sincérité et une parfaite soumission, je ne pourrai rien faire pour vous.

— O père Hégésippe ! lui répondis-je, vous pouvez lire la vérité au fond de mes entrailles ; car je ne vous ai jamais rien caché. »

Alors il se leva et me dit avec un accent terrible :

« Misérable pécheur ! âme basse et perverse ! vous savez bien que vous me cachez un secret formidable, et que votre conscience est un abîme d'iniquité. Mais vous ne tromperez pas l'œil de Dieu, vous n'échapperez point à sa justice. Allez, retirez-vous de moi ; je ne veux plus entendre vos plaintes hypocrites. Jusqu'à ce que la contrition ait touché votre cœur, et que vous ayez lavé par une pénitence sincère les souillures de votre esprit, je vous défends d'approcher du tribunal de la pénitence.

— O mon père ! mon père ! m'écriai-je, ne me repoussez pas ainsi, ne me réduisez pas au désespoir, ne me faites pas douter de la bonté de Dieu et de la sagesse de vos jugements. Je suis innocent devant le Seigneur ; ayez pitié de mes souffrances...

— Reptile audacieux ! s'écria-t-il d'une voix tonnante, glorifie-toi de ton parjure et invoque le nom du Seigneur pour appuyer tes faux serments ; mais laisse-moi, ôte-toi de devant mes yeux, ton endurcissement me fait horreur ! »

En parlant ainsi, il dégagea sa robe que je tenais dans mes mains suppliantes. Je m'y attachai avec une sorte d'égarement ; alors il me repoussa de toute sa force, et je tombai la face contre terre. Il s'éloigna, poussant violemment derrière lui la porte de la sacristie où cette scène se passait. Je demeurai dans les ténèbres. Soit par la violence de ma chute, soit par l'excès de mon chagrin, une veine se rompit dans ma gorge, et j'eus une hémorragie. Je ne pus me relever, je me sentis défaillir rapidement, et bientôt je fus étendu sans connaissance sur le pavé baigné de mon sang.

Je ne sais combien de temps je passai ainsi. Quand je commençai à revenir à moi, je sentis une fraîcheur agréable ; une brise harmonieuse semblait se jouer autour de moi, séchait la sueur de mon front et courait dans ma chevelure, puis semblait s'éloigner avec un son vague, imperceptible, murmurer je ne sais quelles notes faibles dans les coins de la salle, et revenir sur moi comme pour me rendre des forces et m'engager à me relever.

Cependant je ne pouvais m'y décider encore, car j'éprouvais un bien-être inouï, et j'écoutais dans une sorte d'aberration paisible les bruits de ce souffle d'été qui se glissait furtivement par la fente d'une persienne. Alors il me sembla entendre une voix qui partait du fond de la sacristie, et qui parlait si bas que je ne distinguais pas les paroles. Je restai immobile et prêtai toute mon attention. La voix paraissait faire une de ces prières entrecoupées que nous appelons oraisons jaculatoires. Enfin je saisis distinctement ces mots : *Esprit de vérité, relève les victimes de l'ignorance et de l'imposture.* « Père Hégésippe ! dis-je d'un ton faible, est-ce vous qui revenez vers moi ? » Mais personne ne me répondit. Je me soulevai sur mes mains et sur mes genoux, j'écoutai encore, je n'entendis plus rien. Je me relevai tout à fait, je regardai autour de moi ; j'étais tombé si près de la porte unique de cette petite salle, que personne après le départ de mon confesseur n'eût pu rentrer sans marcher sur mon corps ; d'ailleurs, cette porte ne s'ouvrait qu'en dedans par un loquet de forme ancienne. J'y touchai, et je m'assurai qu'il était fermé. Je fus pris de terreur, et je restai quelques instants sans oser faire un pas. Adossé contre la porte, je cherchais à percer de mon regard l'obscurité dans laquelle les angles de la salle étaient plongés. Une lueur blafarde, tombant d'une lucarne à volet de plein chêne, tremblait vers le milieu de cette pièce. Un faible vent, tourmentant le volet, agrandissait et diminuait tour à tour la fente qui laissait pénétrer cette rare lumière. Les objets qui se trouvaient dans cette région à demi éclairée, le prie-Dieu surmonté d'une tête de mort, quelques livres épars sur le plancher, une aube suspendue à la muraille, semblaient se mouvoir avec l'ombre du feuillage que l'air agitait derrière la croisée. Quand je crus voir que j'étais seul, j'eus honte de ma timidité : je fis un signe de croix, et je m'apprêtai à aller ouvrir tout à fait le volet ; mais un profond soupir qui partait du prie-Dieu me retint cloué à ma place. Cependant je voyais assez distinctement ce prie-Dieu pour être sûr qu'il n'y avait personne. Une idée que j'aurais dû concevoir plus tôt vint me rassurer : quelqu'un pouvait être appuyé dehors contre la fenêtre, et faire sa prière sans songer à moi. Mais qui donc pouvait être assez hardi pour émettre des vœux et prononcer des paroles comme celles que j'avais entendues ?

La curiosité, seule passion et seule distraction permise dans le cloître, s'empara de moi. Je m'avançai vers la fenêtre ; mais à peine eus-je fait un pas, qu'une ombre noire, se détachant, à ce qu'il me parut, du prie-Dieu, traversa la salle en se dirigeant vers la fenêtre, et passa devant moi comme un éclair. Ce mouvement fut si rapide que je n'eus pas le temps d'éviter ce que je prenais pour un corps, et ma frayeur fut si grande que je faillis m'évanouir une seconde fois. Mais je ne sentis rien, et, comme si j'eusse été traversé par cette ombre, je la vis disparaître à ma gauche.

Je m'élançai vers la fenêtre, je poussai le volet avec précipitation ; je jetai les yeux dans la sacristie, j'y étais absolument seul ; je les promenai sur tout le jardin, il était désert, et le vent du midi courait sur les fleurs. Je pris courage : j'explorai tous les coins de la salle, je regardai derrière le prie-Dieu, qui était fort grand ; je secouai tous les vêtements sacerdotaux suspendus aux murailles ; je trouvai toutes choses dans leur état naturel, et rien ne put m'expliquer ce qui s'était passé. La vue de tout le sang que j'avais perdu me porta à croire que mon cerveau, affaibli par cette hémorragie, avait été en proie à une hallucination. Je me retirai dans ma cellule, et j'y demeurai enfermé jusqu'au lendemain.

Je passai ce jour et cette nuit dans les larmes. L'inanition, la perte de sang, les vaines terreurs de la sacristie, avaient brisé tout mon être. Nul ne vint me secourir ou me consoler; nul ne s'enquit de ce que j'étais devenu. Je vis de ma fenêtre la troupe des novices se répandre dans le jardin. Les grands chiens qui gardaient la maison vinrent gaiement à leur rencontre, et reçurent d'eux mille caresses. Mon cœur se serra et se brisa à la vue de ces animaux, mieux traités cent fois, et cent fois plus heureux que moi.

J'avais trop de foi en ma vocation pour concevoir aucune idée de révolte ou de fuite. J'acceptais en somme ces humiliations, ces injustices et ce délaissement, comme une épreuve envoyée par le ciel et comme une occasion de mériter. Je priai, je m'humiliai, je frappai ma poitrine, je recommandai ma cause à la justice de Dieu, à la protection de tous les saints, et vers le matin je finis par goûter un doux repos. Je fus éveillé en sursaut par un rêve. Le père Alexis m'était apparu, et, me secouant rudement, il m'avait répété à peu près les paroles qu'un être mystérieux m'avait dites de la sacristie:

« Relève-toi, victime de l'ignorance et de l'imposture. »

Quel rapport le père Alexis pouvait-il avoir avec cette réminiscence? Je n'en trouvai aucun, sinon que la vision de la sacristie m'avait beaucoup occupé au moment où je m'étais endormi, et qu'à ce moment même j'avais vu de mon grabat le père Alexis rentrer du jardin dans le couvent, vers le coucher de la lune, une heure environ avant le jour.

Cette matinale promenade du père Alexis ne m'avait pourtant pas frappé comme un fait extraordinaire. Le père Alexis était le plus savant de nos moines : il était grand astronome, et il avait la garde des instruments de physique et de géométrie, dont l'observatoire du couvent était assez bien fourni. Il passait une partie des nuits à faire ses expériences et à contempler les astres; il allait et venait à toute heure, sans être astreint à celles des offices, et il était dispensé de descendre à l'église pour matines et laudes. Mais mon rêve me ramenait à ma pensée, je me mis à songer que c'était un homme bizarre, toujours préoccupé, souvent inintelligible dans ses paroles, errant sans cesse dans le couvent comme une âme en peine; qu'en un mot peut-être bien être lui qui, la veille, appuyé contre la fenêtre de la sacristie, avait murmuré une formule d'invocation, et fait passer son ombre sur le mur, par hasard, sans se douter de mes terreurs. Je résolus de le lui demander, et en réfléchissant à la manière dont il accueillerait mes questions, je m'enhardis à saisir ce prétexte pour faire connaissance avec lui. Je me rappelais que ce sombre vieillard était le seul dont je n'eusse reçu aucune insulte muette ou verbale, qu'il ne s'était jamais détourné de moi avec horreur, et qu'il paraissait absolument étranger à toutes les résolutions qui se prenaient dans la communauté. Il est vrai qu'il ne m'avait jamais dit une parole amie, que son regard n'avait jamais rencontré le mien, et qu'il ne paraissait pas se souvenir de mon nom; mais il n'accordait pas plus d'attention aux autres novices. Il vivait dans un monde à part, absorbé dans ses spéculations scientifiques. On ne savait s'il était pieux ou indifférent à la religion; il ne parlait jamais que du monde extérieur et visible, et ne paraissait pas se soucier beaucoup de l'autre. Personne n'en disait de mal, personne n'en disait de bien; et quand les novices se permettaient quelque remarque ou quelque question sur lui, les moines leur imposaient silence d'un ton sévère.

Peut-être, pensai-je, si j'allais lui confier mes tourments, il me donnerait un bon conseil; peut-être lui qui passe sa vie tout seul, si tristement, serait touché de voir pour la première fois un novice venir à lui et lui demander son assistance. Les malheureux se cherchent et se comprennent. Peut-être est-il malheureux, lui aussi; peut-être sympathisera-t-il avec mes douleurs. Je me levai, et, avant de l'aller trouver, je passai au réfectoire. Un frère convers coupait du pain; je lui en demandai, et il m'en jeta un morceau comme il eût fait à un animal importun. J'eusse mieux aimé des injures que cette muette et brutale pitié. On me trouvait indigne d'entendre le son de la voix humaine, et on me jetait ma nourriture par terre, comme si, dans mon abjection, j'eusse été réduit à ramper avec les bêtes.

Quand j'eus mangé ce pain amer et trempé de mes pleurs, je me rendis à la cellule du père Alexis. Elle était située, loin de toutes les autres, dans la partie la plus élevée du bâtiment, à côté du cabinet de physique. On y arrivait par un étroit balcon, suspendu à l'extérieur du dôme. Je frappai, on ne me répondit pas; j'entrai. Je trouvai le père Alexis endormi sur son fauteuil, un livre à la main. Sa figure, sombre et pensive jusque dans le sommeil, faillit m'ôter ma résolution. C'était un vieillard de taille moyenne, robuste, large des épaules, voûté par l'étude plus que par les années. Son crâne chauve était encore garni par derrière de cheveux noirs crépus. Ses traits énergiques ne manquaient cependant pas de finesse. Il y avait sur cette face flétrie un mélange inexprimable de décrépitude et de force virile. Je passai derrière son fauteuil sans faire aucun bruit, dans la crainte de le mal disposer en l'éveillant brusquement; mais, malgré mes précautions extrêmes, il s'aperçut de ma présence; il essaya de soulever sa tête appesantie, sans ouvrir ses yeux caves, sans témoigner ni humeur ni surprise, il me dit :

« *Je t'entends.*

— Père Alexis... lui dis-je d'une voix timide.

— Pourquoi m'appelles-tu père? reprit-il sans changer de ton ni d'attitude; tu n'as pas coutume de m'appeler ainsi. Je ne suis pas ton père, mais bien plutôt ton fils, quoique je sois flétri par l'âge, tandis que toi, tu restes éternellement jeune, éternellement beau! »

Ce discours étrange troublait toutes mes idées. Je gardai le silence. Le moine reprit :

« Eh bien! parle, je t'écoute. Tu sais bien que je t'aime comme l'enfant de mes entrailles, comme le père qui m'a engendré, comme le soleil qui m'éclaire, comme l'air que je respire, et plus que tout cela encore.

— Ô père Alexis, lui dis-je, étonné et attendri d'entendre des paroles si douces sortir de cette bouche rigide, ce n'est pas à moi, misérable enfant, que s'adressent des sentiments si tendres. Je ne suis pas digne d'une telle affection, et je n'ai le bonheur de l'inspirer à personne ; mais, puisque je vous surprends au milieu d'un heureux songe, puisque le souvenir d'un ami égaie votre cœur, bon père Alexis, que votre réveil me soit favorable, que votre regard tombe sur moi sans colère, et que votre main ne repousse pas ma tête humiliée, couverte des cendres de la douleur et de l'expiation. »

En parlant ainsi, je pliai les genoux devant lui, et j'attendis qu'il jetât les yeux sur moi. Mais à peine m'eut-il vu qu'il se leva comme saisi de fureur et d'épouvante en même temps. L'éclair de la colère brillait dans ses yeux, une sueur froide ruisselait sur ses tempes dévastées.

« Qui êtes-vous? s'écria-t-il. Que me voulez-vous? Que venez-vous faire ici? Je ne vous connais pas! »

J'essayai vainement de le rassurer par mon humble posture, par mes regards suppliants.

— Vous êtes un novice, me dit-il, je n'ai point affaire avec les novices. Je ne suis pas un directeur de consciences, ni un dispensateur de grâces et de faveurs. Pourquoi venez-vous m'espionner pendant mon sommeil? Vous me surprendrez sans le secret de mes pensées. Retournez vers ceux qui vous envoient, dites-leur que je n'ai pas longtemps à vivre, et que je demande qu'on me laisse tranquille. Sortez, sortez ; j'ai à travailler. Pourquoi violez-vous la consigne qui défend d'approcher de mon laboratoire? Vous exposez votre vie et la mienne : allez-vous-en! »

J'obéis tristement, et je me retirais à pas lents, découragé, brisé de douleur, le long de la galerie extérieure par laquelle j'étais venu. Il m'avait suivi jusqu'en dehors, comme pour s'assurer que je m'éloignais. Lorsque j'eus atteint l'escalier, je me retournai, et je le vis debout, l'œil toujours enflammé de colère, les lèvres contractées par la méfiance. D'un geste impérieux il m'ordonna de m'éloigner. J'essayai d'obéir : je n'avais plus la force de marcher, je n'avais plus celle de vivre. Je perdis l'équilibre, je roulai quelques marches, je faillis être entraîné dans ma chute par-dessus la rampe, et du haut de la tour me briser sur le pavé. Le père Alexis s'élança vers moi avec la force et l'agilité d'un chat. Il me saisit, et me soutenant dans ses bras :

« Qu'avez-vous donc? me dit-il d'un ton brusque, mais plein de sollicitude. Êtes-vous malade, êtes-vous désespéré, êtes-vous fou? »

Je balbutiai quelques paroles, et, cachant ma tête dans sa poitrine, je fondis en larmes. Il m'emporta alors comme si j'eusse été un enfant au berceau, et, entrant dans sa cellule, il me déposa sur son fauteuil, frotta mes tempes d'une liqueur spiritueuse, et en humecta mes narines et mes lèvres froides. Puis, voyant que je reprenais mes esprits, il m'interrogea avec douceur. Alors je lui ouvris mon âme tout entière : je lui racontai les angoisses auxquelles on m'abandonnait, jusqu'à me refuser le secours de la confession. Je protestai de mon innocence, de mes bonnes intentions, de ma patience, et je me plaignis amèrement de n'avoir pas un seul ami pour me consoler et me fortifier dans cette épreuve au-dessus de mes forces.

Il m'écouta d'abord avec un reste de crainte et de méfiance; puis son front austère s'éclaircit peu à peu; et, comme j'achevais le récit de mes peines, je vis de grosses larmes ruisseler sur ses joues creuses.

— Pauvre enfant, me dit-il, voilà bien ce qu'ils m'ont fait souffrir! victime, victime de l'ignorance et de l'imposture! »

A ces paroles, je crus reconnaître la voix que j'avais entendue dans la sacristie; et, cessant de m'en inquiéter, je ne songeai point à lui demander l'explication de cette aventure; seulement je fus frappé du sens de cette exclamation; et, voyant qu'il semblait comme plongé en lui-même, je le suppliai de me faire entendre encore sa voix amie, si douce à mon oreille, si chère à mon cœur au milieu de ma détresse.

« Jeune homme, me dit-il, avez-vous compris ce que vous faisiez quand vous êtes entré dans un cloître? Vous êtes-vous bien dit que c'était enfermer votre jeunesse dans la nuit du tombeau et vous résoudre à vivre dans les bras de la mort?

— O mon père, lui dis-je, je l'ai compris, je l'ai résolu, je l'ai voulu, et je le veux encore; mais c'était à la vie du siècle, à la vie du monde, à la vie de la chair que je consentais à mourir.

— Ah! tu as cru, enfant, qu'on te laisserait celle de l'âme! tu t'es livré à des moines, et tu as pu le croire!

— J'ai voulu donner la vie à mon âme, j'ai voulu élever et purifier mon esprit, afin de vivre de Dieu, dans l'esprit de Dieu; mais voilà que, au lieu de m'accueillir et de m'aider, on m'arrache violemment du sein de mon père, et on me livre aux ténèbres du doute et du désespoir...

— « *Gustans gustavi paululum mellis, et ecce morior!* » dit le moine d'un air sombre en s'asseyant sur son grabat; et, croisant ses bras maigres sur sa poitrine, il tomba dans la méditation.

Puis se levant et marchant dans sa cellule avec activité :

« Comment vous nomme-t-on? me dit-il.

— Frère Angel, pour servir Dieu et vous honorer, » répondis-je. Mais il n'écouta pas ma réponse, et après un instant de silence :

« Vous vous êtes trompé, me dit-il; si vous voulez être moine, si vous voulez habiter le cloître, il faut changer toutes vos idées; autrement *vous mourrez!*

— Dois-je donc mourir en effet pour avoir mangé le miel de la grâce, pour avoir cru, pour avoir espéré, pour avoir dit : « Seigneur, aimez-moi! »

— Oui, pour cela *tu mourras!* répondit-il d'une voix forte en promenant autour de lui des regards farouches; puis il retomba encore dans sa rêverie, et ne fit plus attention à moi. Je commençais à me trouver mal à l'aise auprès de lui; ses paroles entrecoupées, son aspect rude et chagrin, ses éclairs de sensibilité suivis aussitôt d'une profonde indifférence, tout en lui avait un caractère d'aliénation. Tout d'un coup il renouvela sa question, et me dit d'un ton presque impérieux :

« — Votre nom?

« — Angel, répondis-je avec douceur.

« — Angel! s'écria-t-il en me regardant d'un air inspiré. Il m'a été dit : « Vers la fin de tes jours un ange te sera envoyé, et tu le reconnaîtras à la flèche qui lui traversera le cœur. Il viendra te trouver, et il te dira : Retire-moi cette flèche qui me donne la mort... Et si tu lui retires cette flèche, aussitôt celle qui te traverse tombera, ta plaie sera fermée, et tu vivras. »

« — Mon père, lui dis-je, je ne connais point ce texte, je ne l'ai rencontré nulle part.

« — C'est que tu connais peu de choses, me répondit-il en posant amicalement sa main sur ma tête; c'est que tu n'as point encore rencontré la main qui doit guérir ta blessure; moi je comprends la parole de l'*Esprit*, et je te connais. Tu es celui qui devait venir vers moi; je te reconnais à cette heure, et ta chevelure est blonde comme la chevelure de celui qui t'envoie. Mon fils, sois béni, et que le pouvoir de l'*Esprit* s'accomplisse en toi... Tu es mon fils bien-aimé, et c'est en toi que je mettrai toute mon affection. »

Il me pressa sur son sein, et levant les yeux au ciel, il me parut sublime. Son visage prit une expression que je n'avais vue que dans ces têtes de saints et d'apôtres, chefs-d'œuvre de peinture qui ornaient l'église du couvent. Ce que j'avais pris pour de l'égarement à mes yeux le caractère de l'inspiration. Je crus voir un archange, et, pliant les deux genoux, je me prosternai devant lui.

Il m'imposa les mains, en disant :

« Cesse de souffrir! que la flèche acérée de la douleur cesse de déchirer ton sein; que le dard empoisonné de l'injustice et de la persécution cesse de percer ta poitrine; que le sang de ton cœur cesse d'arroser des marbres insensibles. Sois consolé, sois guéri, sois fort, sois béni. Lève-toi! »

Je me relevai et sentis mon âme inondée d'une telle consolation, mon esprit raffermi par une espérance si vive, que je m'écriai :

« Oui, un miracle s'est accompli en moi, et je reconnais maintenant que vous êtes un saint devant le Seigneur.

— Ne parle pas ainsi, mon enfant, d'un homme faible et malheureux, me dit-il avec tristesse : je suis un être ignorant et borné, dont l'*Esprit* a eu pitié quelquefois. Qu'il soit loué de cette heure, puisque j'ai eu la puissance de te guérir. Va en paix; sois prudent, ne me parle en présence de personne, et ne viens me voir qu'en secret.

— Ne me renvoyez pas encore, mon père, lui dis-je; car qui sait quand je pourrai revenir? Il y a des peines si sévères contre ceux qui approchent de votre laboratoire, que je serai peut-être longtemps avant de pouvoir goûter de nouveau la douceur de votre entretien.

— Il faut que je te quitte et que *je consulte*, répondit le père Alexis. Il est possible qu'on te persécute pour la tendresse que tu vas m'accorder; mais l'Esprit te donnera la force de vaincre tous les obstacles, car il m'a prédit ta venue, et ce qui doit s'accomplir *est dit.* »

Il se rassit sur son fauteuil, et tomba dans un profond sommeil. Je contemplai longtemps sa tête, empreinte d'une sérénité et d'une beauté surnaturelle, bien différente en ce moment de ce qu'elle m'était apparue d'abord; puis, baisant avec amour le bord de sa robe grise, je me retirai sans bruit.

Quand je ne fus plus sous le charme de sa présence, ce qui s'était passé entre lui et moi me fit l'effet d'un songe. Moi, si croyant, si orthodoxe dans mes études et dans mes intentions; moi, que le seul mot d'hérésie faisait frémir de crainte et d'horreur, par quelles paroles avais-je donc été fasciné, et par quelle formule avais-je laissé unir clandestinement ma destinée à cette destinée inconnue? Alexis m'avait soufflé l'esprit de révolte contre mes supérieurs, contre ces hommes que je devais croire et que j'avais toujours crus infaillibles. Il m'avait parlé d'eux avec un profond mépris, avec une haine concentrée, et je m'étais laissé surprendre par les figures et l'obscurité de son langage. Maintenant ma mémoire me retraçait tout ce qui eût dû me faire douter de sa foi, et je me souvenais avec terreur de lui avoir entendu citer et invoquer à chaque instant l'*Esprit*, sans qu'il y joignît jamais l'épithète consacrée par laquelle nous désignons la troisième personne de la Trinité divine. C'était peut-être au nom du malin esprit qu'il m'avait imposé les mains. Peut-être avais-je fait alliance avec les esprits de ténèbres en recevant les caresses et les consolations de ce moine suspect. Je fus troublé, agité; je ne pus fermer l'œil de la nuit. Comme la veille, je fus oublié et abandonné. De même que la nuit précédente, je m'endormis au jour et me réveillai tard. J'eus honte alors d'avoir manqué depuis tant d'heures à mes exercices de piété : je me rendis à l'église, et je priai ardemment l'Esprit saint de m'éclairer et de me préserver des embûches du tentateur.

Je me sentis si triste et si peu fortifié au sortir de l'église, que je me crus dans une voie de perdition, et je résolus d'aller me confesser. J'écrivis un mot au père Hégésippe pour le supplier de m'entendre; mais il me fit faire verbalement, par un des convers les plus grossiers, une réponse méprisante et un refus positif. En même temps ce convers m'intima, de la part du Prieur, l'ordre de sortir de l'église et de n'y jamais mettre les pieds avant la fin des offices du soir. Encore, si un religieux prolongeait sa prière dans le chœur, ou y rentrait pour s'y livrer à quelque acte de dévotion particulière, je devais à l'instant même purger la maison de Dieu de mon souffle impur, et céder ma place à un serviteur de Dieu.

Cet arrêt inique me blessa tellement que j'entrai dans une colère insensée. Je sortis de l'église en frappant du poing sur les murs comme un furieux. Le convers me chassait dehors en me traitant de blasphémateur et de sacrilége.

Au moment où je franchissais la porte au fond du chœur qui donnait sur le jardin, le chagrin et l'indignation faillirent me faire perdre encore une fois l'usage de mes sens. Je chancelai; un nuage passa devant mes yeux; mais la fierté vainquit le mal, et je m'élançai vers le jardin, en me jetant un peu de côté pour faire place à une personne que je vis tout à coup sur le seuil face à face avec moi. C'était un jeune homme d'une beauté surprenante, et portant un costume étranger. Bien qu'il fût couvert d'une robe noire, semblable à celle des supérieurs de notre ordre, il avait en dessous une jaquette demi-courte en drap fin, attachée par une ceinture de cuir à boucle d'argent, à la manière des anciens étudiants allemands. Comme lui, il portait, au lieu des sandales de nos moines, des bottines collantes, et sur son col de chemise, rabattu et blanc comme la neige, tombait à grandes ondes dorées la plus belle chevelure blonde que j'aie vue de ma vie. Il était grand, et son attitude élégante semblait révéler l'habitude du commandement. Frappé de respect et rempli d'incertitude, je le saluai à demi. Il ne me rendit point mon salut; mais il me sourit d'un air si bienveillant, et en même temps ses beaux yeux, d'un bleu sévère, s'adoucirent pour me regarder avec une compassion si tendre, que jamais ses traits ne sont sortis de ma mémoire. Je m'arrêtai, espérant qu'il me parlerait, et me persuadant, d'après la majesté de son aspect, qu'il avait le pouvoir de me protéger; mais le convers qui marchait derrière moi, et qui ne semblait faire aucune attention à lui, le força brutalement de se retirer contre le mur, et me poussa presque jusqu'à me faire tomber. Ne voulant point engager une lutte avilissante avec cet homme grossier, je me hâtai de sortir; mais, après avoir fait trois pas dans le jardin, je me retournai, et je vis l'inconnu qui restait debout à la même place et me suivait des yeux avec une affectueuse sollicitude. Le soleil donnait en plein sur lui et faisait rayonner sa chevelure. Il soupira, et, levant ses beaux yeux vers le ciel, comme pour appeler sur moi le secours de la justice éternelle et la prendre à témoin de mon infortune, il se tourna lentement vers le sanctuaire, entra dans le chœur et se perdit dans l'ombre; car la brillante clarté du jour faisait paraître ténébreux l'intérieur de l'église. J'avais envie de retourner sur mes pas malgré le convers, de suivre ce noble étranger et de lui dire mes peines; mais quel était-il pour les accueillir et les faire cesser? D'ailleurs, s'il attirait vers lui la sympathie de mon âme, il m'inspirait aussi une sorte de crainte; car il y avait dans sa physionomie autant d'austérité que de douceur.

Je montai vers le père Alexis, et lui racontai les nouvelles cruautés exercées envers moi.

« Pourquoi avez-vous douté, ô homme de peu de foi? me dit-il d'un air triste. Vous vous nommez Ange, et, au lieu de reconnaître l'esprit de vie qui tressaille en vous, vous avez voulu aller vous jeter aux pieds d'un homme ignorant, demander la vie à un cadavre! Ce directeur ignare vous repousse et vous humilie. Vous êtes puni par où vous avez péché, et votre souffrance n'a rien de noble, votre martyre rien d'utile pour vous-même, parce que vous sacrifiez les forces de votre entendement à des idées fausses ou étroites. Au reste, j'avais prévu ce qui vous arrive; vous me craignez; vous ne savez pas si je suis le serviteur des anges ou l'esclave des démons. Vous avez passé la nuit derrière à commenter toutes mes paroles, et vous avez résolu ce matin de me vendre à mes ennemis pour une absolution.

— Oh! ne le croyez pas, m'écriai-je; je me serais confessé de tout ce qui m'était personnel sans prononcer votre nom, sans redire une seule de vos paroles. Hélas! serez-vous donc, vous aussi, injuste envers moi? Serai-je repoussé de partout? La maison de Dieu m'est fermée, votre cœur me le sera-t-il de même? Le père Hégésippe m'accuse d'impiété; et vous, mon père, vous m'accusez d'être lâche !

— C'est que vous l'avez été, répondit Alexis. La puissance des moines vous intimide, leur haine vous épouvante. Vous enviez leurs suffrages et leurs cajoleries aux ineptes disciples qu'ils choient tendrement. Vous ne savez pas vivre seul, souffrir seul, aimer seul.

— Eh bien! mon père, il est vrai, je ne sais pas me passer d'affection; j'ai cette faiblesse, cette lâcheté, si vous voulez. Je suis peut-être un caractère faible, mais je sens en moi une âme tendre, et j'ai besoin d'un ami. Dieu est si grand que je me sens terrifié en sa présence. Mon esprit est si timide qu'il ne trouve pas en lui-même la force d'embrasser ce Dieu tout-puissant, et d'arracher de sa main terrible les dons de la grâce. J'ai besoin d'intermédiaire entre le ciel et moi. Il me faut des appuis, des conseils, des médiateurs. Il faut qu'on m'aime, qu'on travaille pour moi et avec moi à mon salut. Il faut qu'on prie avec moi, qu'on me dise d'espérer et qu'on me promette les récompenses éternelles. Autrement je doute, non de la bonté de Dieu, mais de celle de mes intentions. J'ai peur du Seigneur, parce que j'ai peur de moi-même. Je m'attiédis, je me décourage, je me sens mourir, mon cerveau se trouble, et je ne distingue plus la voix du ciel de celle de l'enfer. Je cherche un appui; fût-ce un maître impitoyable qui me châtiât sans cesse, je le préférerais à un père indulgent qui m'oublie.

— Pauvre ange égaré sur la terre! dit le père Alexis avec attendrissement; étincelle d'amour tombée de l'auréole du maître, et condamnée à couver sous la cendre de cette misérable vie! Je reconnais à tes tourments la nature divine qui m'anima dans ma jeunesse, avant qu'on eût épaissi sur mes yeux les ténèbres de l'endurcissement, avant qu'on eût glacé sous le cilice les battements de ce cœur brûlant, avant qu'on eût rendu mes communications avec l'*Esprit* pénibles, rares, douloureuses et à jamais incomplètes. Ils feront de toi ce qu'ils ont fait de moi. Ils rempliront ton esprit de doutes poignants, de puérils remords et d'imbéciles terreurs. Ils te rendront malade, vieux avant l'âge, infirme d'esprit; et quand tu auras secoué tous les liens de l'ignorance et de l'imposture, quand tu te sentiras assez éclairé pour déchirer tous les voiles de la superstition, tu n'en auras plus la force. Ta fibre sera relâchée, ta vue trouble, ta main débile, ton cerveau paresseux ou fatigué. Tu voudras lever les yeux vers les astres, et ta tête pesante retombera stupidement sur ta poitrine ; tu voudras lire, et des fantômes danseront devant tes yeux ; tu voudras te rappeler, et mille lueurs incertaines se joueront dans ta mémoire épuisée ; tu voudras méditer, et tu t'endormiras sur ta chaise. Et pendant ton sommeil, si l'Esprit te parle, ce sera en des termes si obscurs que tu ne pourras les expliquer à ton réveil. Ah ! victime ! victime ! je te plains, et ne puis te sauver. »

En parlant ainsi, il frissonnait comme un homme pris de fièvre : son haleine brûlante semblait raréfier l'air de sa cellule, et on eût dit, à la langueur de son être, qu'il lui restait à peine quelques instants à vivre.

« Bon père Alexis, lui dis-je, votre tendresse pour moi est-elle donc déjà fatiguée ? J'ai été faible et craintif, il est vrai ; mais vous me sembliez si fort, si vivant, que je comptais retrouver en vous assez de chaleur pour me pardonner ma faute, pour l'effacer et pour me fortifier de nouveau. Mon âme retombe dans la mort avec la vôtre : ne pouvez-vous, comme hier, faire un miracle qui nous ranime tous les deux ?

— L'esprit n'est point avec moi aujourd'hui, dit-il. Je suis triste, je doute de tout, et même de toi. Reviens demain, je serai peut-être illuminé.

— Et que deviendrai-je jusque là ?

— L'Esprit est fort, l'Esprit est bon ; peut-être t'assistera-t-il directement. En attendant, je veux te donner un conseil pour adoucir l'amertume de la situation. Je sais pourquoi les moines ont adopté envers toi ce système d'inflexible méchanceté. Ils agissent ainsi avec tous ceux dont ils craignent l'esprit de justice et la droiture naturelle. Ils ont pressenti en toi un homme de cœur, sensible à l'outrage, compatissant à la souffrance, ennemi des féroces et lâches passions. Ils se sont dit que dans un tel homme ils ne trouveraient pas un complice, mais un juge ; et ils veulent faire de toi ce qu'ils font de tous ceux dont la vertu les effraie et dont la candeur les gêne. Ils veulent t'abrutir, effacer en toi par la persécution toute notion du juste et de l'injuste, émousser par d'inutiles souffrances toute généreuse énergie. Ils veulent, par de mystérieux et vils complots, par des énigmes sans mot et des châtiments sans objet, t'habituer à vivre brutalement dans l'amour et l'estime de toi seul, à te passer de sympathie, à perdre toute confiance, à mépriser toute amitié. Ils veulent te faire désespérer de la bonté du maître, te dégoûter de la prière, te forcer à mentir ou à trahir tes frères dans la confession, te rendre envieux, sournois, calomniateur, délateur. Ils veulent te rendre pervers, stupide et infâme. Ils veulent t'enseigner que le premier des biens c'est l'intempérance et l'oisiveté, que pour s'y livrer en paix il faut tout avilir, tout sacrifier, dépouiller tout souvenir de grandeur, tuer tout noble instinct. Ils veulent t'enseigner la haine hypocrite, la vengeance patiente, la couardise et la férocité. Ils veulent que ton âme meure pour avoir été nourrie de miel, pour avoir aimé la douceur et l'innocence. Ils veulent, en un mot, faire de toi un moine. Voilà ce qu'ils veulent, mon fils : voilà ce qu'ils ont entrepris, voilà ce qu'ils poursuivent d'un commun accord, les uns par calcul, les autres par instinct, les meilleurs par faiblesse, par obéissance et par crainte.

— Qu'entends-je ? m'écriai-je, et dans quel monde d'iniquité faites-vous entrer mon âme tremblante ! Père Alexis ! père Alexis ! dans quel abîme serais-je tombé, s'il en était ainsi ! O ciel ! ne vous trompez-vous point ? N'êtes-vous point aveuglé par le souvenir de quelque injure personnelle ? Ce monastère n'est-il habité que par des moines prévaricateurs ? Dois-je chercher parmi des âmes pieuses la foi et la charité qu'un impur démon semble avoir chassées de ces murs maudits ?

— Tu chercherais en vain un couvent moins souillé et des moines meilleurs ; tous sont ainsi. La foi est perdue sur la terre, et le vice est impuni. Accepte le travail et la douleur ; car vivre, c'est travailler et souffrir.

— Je le veux, je le veux ! mais je veux semer pour recueillir. Je veux travailler dans la foi et dans l'espérance ; je veux souffrir selon la charité. Je fuirai cet abominable réceptacle de crimes ; je déchirerai cette robe blanche, emblème menteur d'une vie de pureté. Je retournerai à la vie du monde, ou je me retirerai dans une thébaïde pour pleurer sur les fautes du genre humain et me préserver de la contagion...

— C'est bien, me dit le père Alexis en prenant dans ses mains mes mains que je tordais avec désespoir ; j'aime ce mouvement d'indignation et cet éclair du courage. J'ai connu ces angoisses, j'ai formé ces résolutions. Ainsi j'ai voulu fuir, ainsi j'ai désiré de vivre parmi les hommes du siècle, ou de m'enfermer dans des cavernes inaccessibles ; mais écoute les conseils que l'Esprit m'a donnés aux temps de mon épreuve, et grave-les dans ta mémoire :

« Ne dis pas : Je vivrai parmi les hommes, et je serai le meilleur d'entre eux ; car toute chair est faible, et ton esprit s'éteindra comme le leur dans la vie de la chair.

« Ne dis pas non plus : Je me retirerai dans la solitude et j'y vivrai de l'esprit ; car l'esprit de l'homme est enclin à l'orgueil, et l'orgueil corrompt l'esprit.

« Vis avec les hommes qui sont autour de toi. Garde-toi de leur malice. Cherche ta solitude au milieu d'eux. Détourne les yeux de leur iniquité, regarde en toi-même, et garde-toi de les haïr autant que de les imiter. Fais-leur du bien dans le temps présent en ne leur fermant ni ton cœur ni ta main. Fais-leur du bien dans leur postérité en ouvrant ton esprit à la lumière de l'Esprit.

« La vie du siècle débilite, la vie du désert irrite.

« Quand un instrument est exposé aux intempéries des saisons, les cordes se détendent ; quand il est enfermé sans air dans un étui, les cordes se rompent.

« Si tu écoutes le sens des paroles humaines, tu oublieras l'Esprit, et tu ne pourras plus le comprendre. Mais si tu ne laisses venir à toi les sons de la voix humaine, tu oublieras les hommes, et tu ne pourras plus les enseigner. »

En récitant ces versets d'une Bible inconnue, le père Alexis tenait ouvert le livre que j'avais vu déjà entre ses mains, et il en tournait les pages pour les consulter, comme s'il eût aidé sa mémoire d'un texte écrit ; mais les pages de ce livre étaient blanches, et ne paraissaient pas avoir jamais porté l'empreinte d'aucun caractère.

Ce fait bizarre réveilla mes inquiétudes, et je commençai à l'observer avec curiosité. Rien dans son aspect n'annonçait en ce moment l'égarement, ou seulement l'exaltation. Il referma doucement son livre, et me parlant avec calme :

« Garde-toi donc, me dit-il en commentant son texte, de retourner au monde ; car tu es un faible enfant, et si le vent des passions venait à souffler sur toi, il éteindrait le flambeau de ton intelligence. La concupiscence et la vanité ne te trouveraient peut-être pas assez fort pour résister à leur aiguillon. Quant à moi, j'ai fui le monde, parce que j'étais fort, et que les passions eussent changé ma force en fureur. J'aurais surmonté la présomption et terrassé la luxure ; j'aurais succombé sous les tentations de l'ambition et de la haine ; j'aurais été dur, intolérant, vindicatif, orgueilleux, c'est-à-dire égoïste. Nous sommes faits l'un et l'autre pour le cloître. Quand un homme a entendu l'esprit l'appeler, ne fût-ce qu'une fois et faiblement, il doit tout quitter pour le suivre, et rester là où il l'a conduit, quelque mal qu'il s'y trouve. Retourner en arrière n'est plus en son pouvoir, et quiconque a méprisé une seule fois la chair pour l'esprit, ne peut plus revenir aux plaisirs de la chair ; car la chair révoltée se venge et veut chasser l'esprit à son tour. Alors le cœur de l'homme est le théâtre d'une lutte terrible où la chair et l'esprit se dévorent l'un l'autre ; l'homme succombe et meurt sans avoir vécu. La vie de l'esprit est une vie sublime ; mais elle est difficile et douloureuse. Ce n'est pas une vaine précaution que de mettre entre la contagion du siècle et le règne de la chair, des murailles, des remparts de pierre et des grilles d'airain. Ce n'est pas trop pour enchaîner la convoitise des choses vaines que de descendre vivant dans un cercueil scellé. Mais il est bon de voir autour de soi d'autres hommes voués au culte de l'esprit, ne fût-ce qu'en apparence. Ce fut l'œuvre d'une grande sagesse que d'instituer les communautés religieuses. Où est le temps où les hommes s'y chérissaient comme des frères et y travaillaient de concert, en s'aidant charitablement les uns les autres, à implorer, à poursuivre l'esprit, à vaincre les grossiers conseils de la matière? Toute lumière, tout progrès, toute grandeur, sont sortis du cloître; mais toute lumière, tout progrès, toute grandeur, doivent y périr, si quelques-uns d'entre nous ne persévèrent dans la lutte effroyable que l'ignorance et l'imposture livrent désormais à la vérité. Soutenons ce combat avec acharnement; poursuivons notre entreprise, eussions-nous contre nous toute l'armée de l'enfer. Si on coupe nos deux bras, saisissons le navire avec les dents; car l'esprit est avec nous. C'est ici qu'il habite; malheur à ceux qui profanent son sanctuaire! Restons fidèles à son culte, et, si nous sommes d'inutiles martyrs, ne soyons pas du moins de lâches déserteurs.

— Vous avez raison, mon père, répondis-je, frappé des paroles qu'il disait. Votre enseignement est celui de la sagesse. Je veux être votre disciple et ne me conduire que d'après vos décisions. Dites-moi ce que je dois faire pour conserver ma force et poursuivre courageusement l'œuvre de mon salut au milieu des persécutions qu'on me suscite.

— Les subir toutes avec indifférence, répondit-il; ce sera une tâche facile, si tu considères le peu que vaut l'estime des moines, et la faiblesse de leurs moyens contre nous. Il pourra se faire qu'à la vue d'une victime innocente comme toi, et comme toi maltraitée, tu sentes souvent l'indignation brûler tes entrailles; mais ton rôle en ce qui t'est personnel, c'est de sourire, et c'est aussi toute la vengeance que tu dois tirer de leurs vains efforts. En outre, ton insouciance fera tomber leur animosité. Ce qu'ils veulent, c'est de te rendre insensible à force de douleur; sois-le à force de courage ou de raison. Ils sont grossiers; ils s'y méprendront. Sèche tes larmes, prends un visage sans expression, feins un bon sommeil et un grand appétit, ne demande plus la confession, ne parais plus à l'église, ou feins d'y être malade et froid. Quand ils te verront ainsi, ils n'auront plus peur de toi; et, cessant de jouer une sale comédie, ils seront indulgents à ton égard, comme ils le sont avec un maître paresseux envers un élève inepte. Fais ce que je te dis, et avant trois jours je t'annonce que le Prieur te mandera devant lui pour faire sa paix avec toi. »

Avant de quitter le père Alexis, je lui parlai du personnage que j'avais rencontré au sortir de l'église, et lui demandai qui il pouvait être. D'abord il m'écouta avec préoccupation, hochant la tête, comme pour dire qu'il ne connaissait et ne se souciait de connaître aucun dignitaire de l'ordre; mais, à mesure que je lui détaillais les traits et l'habillement de l'inconnu, son œil s'animait, et bientôt il m'accabla de questions précipitées. Le soin minutieux que je mis à y répondre acheva de graver dans ma mémoire le souvenir de celui que je crois voir encore et ne le verrai plus.

Enfin le père Alexis, saisissant mes mains avec une grande expression de tendresse et de joie, s'écria à plusieurs reprises:

« Est-il possible? est-il possible? as-tu vu cela? Il est donc revenu? Il est donc avec nous? il t'a connu? il t'a appelé! Il ôtera la flèche de ton cœur! C'est donc bien toi, mon enfant, toi qui l'as vu!

— Quel est-il donc, mon père, cet ami inconnu vers lequel mon cœur s'est élancé tout d'abord? Faites-le-moi connaître, menez-moi vers lui, dites-lui de m'aimer comme je vous aime et comme vous semblez m'aimer aussi. Avec quelle reconnaissance n'embrasserai-je pas celui dont la vue remplit votre âme d'une telle joie!

— Il n'est pas en mon pouvoir d'aller vers lui, répondit Alexis. C'est lui qui vient vers moi, et il faut l'attendre. Sans doute, je le verrai aujourd'hui, et je te dirai ce que je dois te dire; jusque-là ne me fais pas de questions; car il m'est défendu de parler de lui, et ne dis à personne ce que tu viens de me dire. »

J'objectai que l'étranger ne m'avait pas semblé agir d'une manière mystérieuse, et que le frère convers avait dû le voir. Le père secoua la tête en souriant.

« Les hommes de chair ne le connaissent point, dit-il. »

Aiguillonné par la curiosité, je montai le soir même à la cellule du père Alexis; mais il refusa de m'ouvrir la porte.

« Laisse-moi seul, me dit-il; je suis triste, je ne pourrais te consoler.

— Et votre ami? lui dis-je timidement.

— Tais-toi, répondit-il d'un ton absolu; il n'est pas venu; il est parti sans me voir; il reviendra peut-être. Ne t'en inquiète pas. Il n'aime pas qu'on parle de lui. Va dormir, et demain conduis-toi comme je te l'ai prescrit. »

Au moment où je sortais, il me rappela pour me dire: « Angel, a-t-il fait du soleil aujourd'hui?

— Oui, mon père, un beau soleil, une brillante matinée.

— Et quand tu as rencontré cette figure, le soleil brillait?

— Oui, mon père.

— Bon, bon, reprit-il; à demain. »

Je suivis le conseil du père Alexis, et je restai au lit tout le lendemain. Le soir je descendis au réfectoire à l'heure où le chapitre était assemblé, et, me jetant sur un plat de viandes fumantes, je le dévorai avidement; puis, mettant les coudes sur la table, au lieu de faire attention à la Vie des saints qu'on lisait à haute voix, et que j'avais coutume d'écouter avec recueillement, je feignis de tomber dans une somnolence brutale. Alors les autres novices, qui avaient détourné les yeux avec horreur lorsqu'ils m'avaient vu dolent et contrit, se prirent à rire de mon abrutissement, et j'entendis les supérieurs encourager cette épaisse gaieté par la leur. Je continuai cette feinte pendant trois jours, et, comme le père Alexis me l'avait prédit, je fus mandé le soir du troisième jour dans la chambre du Prieur. Je parus devant lui dans une attitude craintive et sans dignité; j'affectai des manières gauches, un air lourd, une âme appesantie. Je faisais ces choses, non pour me réconcilier avec les hommes que je commençais à mépriser, mais pour voir si le père Alexis les avait bien jugés. Je pus me convaincre de la justesse de ses paroles en entendant le Prieur m'annoncer que la vérité était enfin connue, que j'avais été injustement accusé d'une faute qu'un novice venait de confesser.

Le Prieur devait, disait-il, à la contrition du coupable et à l'esprit de charité, de me taire son nom et la nature de sa faute; mais il m'exhortait à reprendre ma place à l'église et mes études au noviciat, sans conserver ni chagrin ni rancune contre personne. Il ajouta en me regardant avec attention :

« Vous avez pourtant droit, mon cher fils, à une réparation éclatante ou à un dédommagement agréable pour le tort que vous avez souffert. Choisissez, ou de recevoir en présence de toute la communauté les excuses de ceux des novices qui, par leurs officieux rapports, nous ont induits en erreur, ou bien d'être dispensé pendant un mois des offices de la nuit. »

Jaloux de poursuivre mon expérience, je choisis la dernière offre, et je vis aussitôt le Prieur devenir tout à fait bienveillant et familier avec moi. Il m'embrassa, et le père trésorier étant entré en cet instant,

« Tout est arrangé, lui dit-il; cet enfant ne demande, pour dédommagement du chagrin involontaire que nous lui avons fait, autre chose qu'un peu de repos pendant un mois; car sa santé a souffert dans cette épreuve. Au reste, il accepte humblement les excuses tacites de ses accusateurs, et prend son parti sur tout ceci avec une grande douceur et une aimable insouciance.

— A la bonne heure! dit le trésorier avec un gros rire et en me frappant la joue avec familiarité; c'est ainsi que nous les aimons; c'est de ce bon et paisible caractère qu'il nous les faut. »

Cependant je voyais assez distinctement le prie-dieu... (Page 2.)

Le père Alexis me donna un autre conseil, ce fut de demander la permission de m'adonner aux sciences, et de devenir son élève et le préparateur de ses expériences physiques et chimiques.

« On te verra avec plaisir accepter cet emploi, me dit-il ; parce que la chose qu'on craint le plus ici, c'est la ferveur et l'ascétisme. Tout ce qui peut détourner l'intelligence de son véritable but et l'appliquer aux choses matérielles est encouragé par le Prieur. Il m'a proposé cent fois de m'adjoindre un disciple, et, craignant de trouver un espion et un traître dans les sujets qu'on me présentait, j'ai toujours refusé sous divers prétextes. On a voulu une fois me contraindre en ce point ; j'ai déclaré que je ne m'occuperais plus de science et que j'abandonnerais l'observatoire si on ne me laissait vivre seul et à ma guise. On a cédé, parce que, d'une part, il n'y avait personne pour me remplacer, et que les moines mettent une vanité immense à paraître savants et à promener les voyageurs dans leurs cabinets et bibliothèques ; parce que, de l'autre, on sait que je ne manque pas d'énergie, et qu'on a mieux aimé se débarrasser de cette énergie au profit des spéculations scientifiques, qui ne font point de jaloux ici, que d'engager une lutte dans laquelle mon âme n'eût jamais plié. Va donc ; dis que tu as obtenu de moi l'autorisation de faire ta demande. Si on hésite, marque de l'humeur, prends un air sombre ; pendant quelques jours reste sans cesse prosterné dans l'église, jeûne, soupire, montre-toi farouche, exalté dans ta dévotion, et, de peur que tu ne deviennes un saint, on cherchera à faire de toi un savant. »

Je trouvai le Prieur encore mieux disposé à accueillir ma demande que le père Alexis ne me l'avait fait espérer. Il y eut même dans le regard pénétrant qu'il attacha sur moi, en recevant mes remerciements, quelque chose d'âcre et de satirique, équivalant à l'action d'un homme qui se frotte les mains. Il avait dans l'âme une pensée que ni le père Alexis ni moi n'avions pressentie.

Je fus aussitôt dispensé d'une grande partie de mes exercices religieux, afin de pouvoir consacrer ce temps à l'étude, et on plaça même mon lit dans une petite cellule voisine de celle d'Alexis, afin que je pusse me livrer avec lui, la nuit, à la contemplation des astres.

C'est à partir de ce moment que je contractai avec le

Au moment où je franchissais la porte... (Page 7.)

père Alexis une étroite amitié. Chaque jour elle s'accrut par la découverte des inépuisables trésors de son âme. Il n'a jamais existé sur la terre un cœur plus tendre, une sollicitude plus paternelle, une patience plus angélique. Il mit à m'instruire un zèle et une persévérance au-dessus de toute gratitude. Aussi avec quelle anxiété je voyais sa santé se détériorer de plus en plus! Avec quel amour je le soignais jour et nuit, cherchant à lire ses moindres désirs dans ses regards éteints! Ma présence semblait avoir rendu la vie à son cœur longtemps vide d'affection humaine, et, selon son expression, affamé de tendresse; l'émulation à son intelligence fatiguée de solitude et lasse de se tourmenter sans cesse en face d'elle-même. Mais en même temps que son esprit reprenait de la vigueur et de l'activité, son corps s'affaiblissait de jour en jour. Il ne dormait presque plus, son estomac ne digérait plus que des liquides, et ses membres étaient tour à tour frappés de paralysie durant des jours entiers. Il sentait arriver sa fin avec sérénité, sans terreur et sans impatience. Quant à moi, je le voyais dépérir avec désespoir, car il m'avait ouvert un monde inconnu; mon cœur avide d'amour nageait à l'aise dans cette vie de sentiment, de confiance et d'effusion qu'il venait de me révéler.

Toutes les pensées qui m'étaient venues d'abord sur le dérangement possible de son cerveau s'étaient évanouies. Il me sembla désormais que son exaltation mystérieuse était l'élan du génie; son langage obscur me devenait de plus en plus intelligible, et quand je ne le comprenais pas bien, j'en attribuais la faute à mon ignorance, et je vivais dans l'espoir d'arriver à le pénétrer parfaitement.

Cependant cette félicité n'était pas sans nuages. Il y avait comme un ver rongeur au fond de ma conscience timorée. Le père Alexis ne me semblait pas croire en Dieu selon les lois de l'Église chrétienne. Il y a plus, il me semblait parfois qu'il ne servait pas le même Dieu que moi. Nous n'étions jamais en dissidence ouverte sur aucun point, parce qu'il évitait soigneusement tout rapport entre les sujets de nos études scientifiques et les enseignements du dogme. Mais il semblait que nous nous fissions mutuellement cette concession, lui, de ne pas l'attaquer, moi, de ne pas le défendre. Quand par hasard je lui soumettais un cas de conscience ou une dif-

ficulté théologique, il refusait de s'expliquer en disant :
« Ceci n'est pas de mon ressort ; vous avez des docteurs versés dans ces matières, allez les consulter ; moi, en fait de culte, je ne m'embarrasse pas dans le labyrinthe de la scolastique, je sers mon maître comme je l'entends, et ne demande point à un directeur ce que je dois admettre ou rejeter : ma conscience est en paix avec elle-même, et je suis trop vieux pour aller me remettre sur les bancs. »

Son thème favori était de parler *sur la chair et sur l'esprit*; mais, quoiqu'il ne se déclarât jamais en dissidence avec la foi, il traitait ces matières bien plus en philosophe métaphysicien qu'en serviteur zélé de l'Église catholique et romaine.

J'avais encore remarqué une chose qui me donnait bien à penser. Il avait souvent l'air préoccupé de mon instruction scientifique, et alors il me faisait entreprendre des expériences chimiques dont j'apercevais moi-même, grâce aux enseignements qu'il m'avait déjà donnés, l'insignifiance et la grossièreté ; puis bientôt il m'interrompait au milieu de mes manipulations pour me faire chercher dans des livres inconnus des éclaircissements qu'il disait précieux. Je lisais à voix haute, en commençant à la page qu'il m'indiquait, pendant des heures entières. Lui, pendant ce temps, se promenait de long en large, levant les yeux au ciel avec enthousiasme, passant lentement la main sur son front dépouillé, et s'écriant de temps en temps : « Bon ! bon ! » Pour moi, j'avais bientôt reconnu que ce n'étaient pas là des articles de science sèche et précise, mais bien des pages pleines d'une philosophie audacieuse et d'une morale inconnue. Je continuais quelque temps par respect pour lui, espérant toujours qu'il m'arrêterait ; mais voyant qu'il me laissait aller, je me mettais à craindre pour ma foi, et, posant le livre tout d'un coup, je lui disais :

« Mais, mon père, ne sont-ce pas des hérésies que nous lisons là, et croyez-vous qu'il n'y ait rien dans ces pages, trop belles peut-être, qui soit contraire à notre sainte religion ? »

En entendant ces paroles, il s'arrêtait brusquement dans sa marche d'un air découragé, me prenait le livre des mains, et le jetait sur une table en me disant :

« Je ne sais pas ! je ne sais pas, mon enfant ; je suis une créature malade et bornée ; je ne puis juger ces choses ; je les lis, mais sans dire qu'elles sont bonnes ni mauvaises. Je ne sais pas ! je ne sais pas ! Travaillons ! »

Et nous nous remettions tous deux en silence à l'ouvrage, sans oser, moi approfondir mes pensées, lui me communiquer les siennes.

Ce qui me fâchait le plus, c'était de l'entendre citer et invoquer sans cesse les révélations d'un Esprit tout-puissant qu'il ne désignait jamais clairement. Il donnait à ce nom d'Esprit l'extension la plus vague. Tantôt il semblait s'en servir pour qualifier Dieu créateur et inspirateur de toutes choses, et tantôt il réduisait les proportions de cette essence universelle jusqu'à personnifier une sorte de génie familier avec lequel il aurait eu, comme Socrate, des communications cabalistiques. Dans ces instants-là, j'étais saisi d'une telle frayeur que je n'osais dormir ; je me recommandais à mon ange gardien, et je murmurais des formules d'exorcisme chaque fois que mes yeux appesantis voyaient passer les visions des rêves. Mon esprit devenait alors si faible que j'étais tenté d'aller encore me confesser au père Hégésippe ; si je ne le faisais pas c'est que ma tendresse pour Alexis restant inaltérable, je craignais de le perdre par mes aveux, quelque réserve et quelque prudence que je pusse y mettre. Cependant les deux choses qui m'avaient plus inquiété n'avaient plus lieu. Lorsque mon maître s'endormait un livre à la main, la tête penchée dans l'attitude d'un homme qui lit, à son réveil il ne se persuadait plus avoir lu, et ne me rapportait plus les sentences imaginaires qu'il prétendait avoir trouvées dans ce livre. En outre, je ne voyais plus paraître ce cahier sur les pages immaculées duquel il lisait couramment, affectant de se reprendre et de tourner les feuillets comme il eût fait d'un véritable livre. Je pouvais attribuer ces pratiques bizarres à un affaiblissement passager de ses facultés mentales, phase douloureuse de la maladie, dont il était sorti et dont il n'avait plus conscience. Aussi me gardais-je bien de lui en parler, dans la crainte de l'affliger. Si son état physique empirait, du moins son cerveau paraissait très-bien rétabli ; il pensait et ne rêvait plus.

Comme il ne prenait aucun soin de sa santé, il ne voulait s'astreindre à aucun régime. Je n'avais plus guère d'espérance de le voir se rétablir. Il repoussait toutes mes instances, disant que l'arrêt du destin était inévitable, et parlant avec une résignation toute chrétienne de la fatalité, qu'il semblait concevoir à la manière des musulmans. Enfin, un jour, m'étant jeté à ses pieds, et l'ayant supplié avec larmes de consulter un célèbre médecin qui se trouvait alors dans le pays, je le vis céder à mes vœux avec une complaisance mélancolique.

« Tu le veux, me dit-il ; mais à quoi bon ? que peut un homme sur un autre homme ? relever quelque peu les forces de la matière et y retenir le souffle animal quelques jours de plus ! L'esprit n'obéit jamais qu'au souffle de l'Esprit, et l'Esprit qui règne sur moi ne cédera pas à la parole d'un médecin, d'un homme de chair et d'os ! Quand l'heure marquée sonnera, il faudra restituer l'étincelle de mon âme au foyer qui me l'a départie. Que feras-tu d'un homme en enfance, d'un vieillard idiot, d'un corps sans âme ? »

Il consentit néanmoins à recevoir la visite du médecin. Celui-ci s'étonna, en le voyant, de trouver un homme encore si jeune (le père Alexis n'avait pas plus de soixante ans) et d'une constitution si robuste dans un tel état d'épuisement. Il jugea que les travaux de l'intelligence avaient ruiné ce corps trop négligé, et je me souviens qu'il lui dit ces paroles proverbiales qui frappèrent mon oreille pour la première fois :

« Mon père, la lame a usé le fourreau.
— Qu'est-ce qu'une misérable gaîne de plus ou de moins ? répondit mon maître en souriant ; la lame n'est-elle pas indestructible ?
— Oui, répondit le docteur ; mais elle peut se rouiller quand la gaîne usée ne la protége plus.
— Qu'importe qu'une lame ébréchée se rouille ? reprit le père Alexis ; elle est déjà hors de service. Il faut que le métal soit remis dans la fournaise pour être travaillé et employé de nouveau. »

Le docteur voyant que j'étais le seul qui portât un sincère intérêt au père Alexis, me prit à part et m'interrogea avec détail sur son genre de vie. Quand il sut de moi l'excès du travail auquel s'abandonnait mon maître, et l'excitation qu'il entretenait dans son cerveau, il dit comme se parlant à lui-même :

« Il est évident que le four a trop chauffé ; il y a peu de ressources ; la flamme sublime a tout dévoré ; il faudra essayer de l'éteindre un peu. »

Il écrivit une ordonnance, et m'engagea à la faire exécuter fidèlement, après quoi il demanda à son malade la permission de l'embrasser, le peu d'instants qu'il avait passés près de lui ayant gagné son cœur. Cette marque de sympathie pour mon maître me toucha et m'attrista profondément ; ce baiser ressemblait à un éternel adieu. Le docteur devait repasser dans le pays à la fin de la saison où nous venions d'entrer.

Les remèdes qu'il avait prescrits eurent d'abord un effet merveilleux. Mon bon maître retrouva l'aisance et l'activité de ses membres ; son estomac devint plus robuste, et il eut plusieurs nuits d'un excellent sommeil. Mais je n'eus pas longtemps lieu de me réjouir ; car, à mesure que son corps se fortifiait, son esprit tombait dans la mélancolie. La mélancolie fut suivie de tristesse, la tristesse d'engourdissement, l'engourdissement de désordre. Puis toutes ces phases se répétèrent alternativement dans la même journée, et toutes ses facultés perdirent leur équilibre. Je vis reparaître ces somnolences durant lesquelles son cerveau travaillait péniblement sur des chimères. Je vis reparaître aussi le maudit livre blanc qui m'avait tant déplu ; et non-seulement il y lisait, mais il y traçait chaque jour des caractères imaginaires avec une plume qu'il ne songeait point à imbiber d'encre. Un profond ennui et une inquiétude secrète semblaient miner les ressorts détendus de son âme. Pourtant il continuait à me témoigner la même bonté, la même tendresse; il essaya, malgré moi, de continuer mes leçons; mais il s'assoupissait au bout d'un instant, et, s'éveillant en sursaut, il me saisissait le bras en me disant :

« Tu l'as pourtant vu, n'est-ce pas? Tu l'as bien vu? Ne l'as-tu donc vu qu'une fois?

— O mon bon maître! lui disais-je, que ne puis-je ramener près de vous cet ami qui vous est si cher! sa présence adoucirait votre mal et ranimerait votre âme. »

Mais alors il s'éveillait tout à fait, et me disait :

« Tais-toi, imprudent, tais-toi; de quoi parles-tu là, malheureux? Tu veux donc qu'il ne revienne plus, et que je meure sans l'avoir revu? »

Je n'osais ajouter un mot; toute curiosité était morte en moi. Il n'y avait plus de place que pour la douleur, et le sentiment d'une vague épouvante était le seul qui vint parfois s'y mêler.

Une nuit qu'accablé de fatigue je m'étais endormi plus tôt et plus profondément que de coutume, je fis un songe. Je rêvai que je revoyais le bel inconnu dont l'absence affligeait tant mon maître. Il s'approchait de mon lit, et, se penchant vers moi, il me parlait à l'oreille :

« Ne dites pas que je suis là, me disait-il; car ce vieillard obstiné s'acharnerait à me voir, et je ne veux le visiter qu'à l'heure de sa mort. »

Je le suppliai d'aller vers mon maître, lui disant qu'il soupirait après sa venue, et que les douleurs de son âme étaient dignes de pitié. Je m'éveillais alors et me mettais sur mon séant; car j'avais l'esprit frappé de ce rêve, et j'avais besoin d'ouvrir les yeux et d'étendre les bras pour me convaincre que c'était un fantôme créé par le sommeil. Par trois fois ce jeune homme m'apparut dans toute sa douceur et dans toute sa beauté. Sa voix résonnait à mon oreille comme les sons éloignés d'une lyre, et sa présence répandait un parfum comme celui des lis au lever de l'aurore. Par trois fois je le suppliai d'aller visiter mon maître, et par trois fois je m'éveillai et me convainquis que c'était un songe; mais à la troisième j'entendis de la cellule voisine le père Alexis qui m'appelait avec véhémence. Je courus à lui, et, à la lueur d'une veilleuse qui brûlait sur la table, je le vis assis sur son lit, les yeux brillants, la barbe hérissée, et comme hors de lui-même.

« Vous l'avez vu! me dit-il d'une voix forte et rude, qui n'avait rien de son timbre ordinaire. Vous l'avez vu, et vous ne m'avez pas averti! il vous a parlé, et vous ne m'avez pas appelé! vous l'avez quitté, et vous ne l'avez pas envoyé vers moi! Malheureux! serpent réchauffé dans mon sein! vous m'avez enlevé mon ami, et mon hôte est devenu le vôtre; vipère! vous m'avez trahi, vous m'avez dépouillé, vous me donnez la mort! »

Il se jeta en arrière sur son chevet, et resta privé de sentiment pendant plusieurs minutes. Je crus qu'il venait d'expirer; je frottai ses tempes glacées avec l'essence qu'il avait coutume d'employer lorsqu'il était menacé de défaillance. Je réchauffai ses pieds avec ma robe, et ses mains avec mon haleine. Je ne percevais plus le bruit de la sienne, et ses doigts étaient roidis par un froid mortel. Je commençais à me désespérer, lorsqu'il revint à lui, et, se soulevant doucement, il appuya sa tête sur mon épaule :

« Angel, que fais-tu près de moi à cette heure? me dit-il avec une douceur ineffable. Suis-je donc plus malade que de coutume ! Mon pauvre enfant, je suis cause de tes soucis et de tes fatigues. »

Je ne voulus pas lui dire ce qui s'était passé, et encore moins lui demander compte de l'incroyable coïncidence de sa vision avec la mienne; j'eusse craint de réveiller son délire. Il semblait n'en avoir pas gardé le moindre souvenir, et il exigea que je retournasse à mon lit. J'obéis, mais je restai attentif à tous ses mouvements; il me sembla qu'il dormait, et que sa respiration était gênée; son oppression augmentait et diminuait comme le bruit lointain de la mer. Enfin il me parut soulagé, et je succombai au sommeil. Au bout de peu d'instants, je fus réveillé de nouveau par le son d'une voix puissante qui ne ressemblait point à la sienne.

« Non, tu ne m'as jamais connu, jamais compris, disait cette voix sévère; je suis venu vers toi cent fois et tu n'as pas osé m'appartenir une seule; mais que peut-on attendre d'un moine, sinon l'incertitude, la couardise et le sophisme? »

« — Mais je t'ai aimé! répondit la voix plaintive et affaiblie du père Alexis. Tu le sais, je t'ai imploré, je t'ai poursuivi; j'ai employé toutes les puissances de mon être à pénétrer le sens de tes paraboles, je t'ai invoqué à genoux; j'ai délaissé le culte des Hébreux; j'ai laissé le dieu des Juifs et des gentils se tordre douloureusement sur son gibet sanglant, sans lui accorder une larme, sans lui adresser une prière.

« — Et qui te l'avait commandé ainsi? reprit la voix. Moine ignorant, philosophe sans entrailles! martyr sans enthousiasme et sans foi! t'ai-je jamais prescrit de mépriser le Nazaréen?

« — Non, tu ne m'as jamais daigné te prononcer sur aucune chose, et tu n'as pas voulu faire voir la lumière à celui qui pour toi aurait passé par toutes les idolâtries. Tu le sais! si tu l'avais voulu, j'aurais déchiré le froc et ceint le glaive. J'aurais fait retentir ma parole et prêché ton Évangile aux quatre coins de la terre; j'y aurais porté le fer et la flamme; j'aurais bouleversé la face des nations et imposé ton culte aux humains du sud au septentrion, du couchant à l'aurore. J'avais la volonté, j'avais la puissance; tu n'avais qu'à dire : « Marche ! » à mettre le flambeau dans ma main et marcher devant moi comme une étoile; j'aurais en ton nom, enchaîné les mers et transporté les montagnes. Que ne l'as-tu voulu! tu aurais des autels, et j'aurais vécu ! tu serais un dieu, et je serais ton prophète.

« — Oui, oui, dit la voix inconnue, tu avais l'orgueil et l'ambition en partage; et, si je t'avais encouragé, tu aurais consenti à être dieu toi-même.

« — O maître! ne me méprise pas, ne me tourne pas en dérision ! J'avais ces instincts et je les ai refoulés. Tu as blâmé mes vœux téméraires, mon audace insensée, et je t'ai sacrifié tous mes rêves. Tu m'as dit que la violence ne gouvernait pas les siècles, et que l'*Esprit* n'habitait pas dans la vapeur du sang et dans le tumulte des armées. Tu m'as dit qu'il fallait le chercher dans l'ombre, dans la solitude, dans le silence et le recueillement. Tu m'as dit qu'on le trouvait dans l'étude, dans le renoncement, dans une vie humble et cachée, dans les veilles, dans la méditation, dans l'incessante inspiration de l'âme. Tu m'as dit de le chercher dans les entrailles de la terre, dans la poussière des livres, dans les vers du sépulcre; et je l'ai cherché où tu m'avais dit, et pourtant je ne l'ai pas trouvé, et je vais mourir dans l'horreur du doute et dans l'épouvante du néant!…

« — Tais-toi, lâche blasphémateur! reprit la voix tonnante; c'est la soif de gloire qui cause tes regrets, c'est ton orgueil qui te pousse au désespoir. Vermisseau superbe, qui ne peux te soumettre à descendre dans la tombe sans avoir pénétré le secret de la toute-puissance ! Mais qu'importe à l'inexorable passé, à l'innumérable avenir des êtres, qu'un moine de plus ou de moins ait vécu dans l'imposture et soit mort dans l'ignorance? L'intelligence universelle périra-t-elle parce qu'un bénédictin a ergoté contre elle? La puissance infinie sera-t-elle détrônée parce qu'un moine astronome n'a pu la mesurer avec son compas et ses lunettes? »

Un rire impitoyable fit retentir la cellule du père Alexis, et la voix de mon maître y répondit par un lamentable sanglot. J'avais écouté ce dialogue avec une affreuse angoisse. Debout près de la porte entr'ouverte, les pieds nus sur le carreau, retenant mon haleine, j'avais essayé de voir l'hôte inconnu de cette veillée sinistre; mais la lampe s'était éteinte, et mes yeux, troublés par la peur, ne pouvaient percer les ténèbres. La douleur de mon maître ranima mon courage ; j'entrai dans sa cellule, je rallumai la lampe avec du phosphore, et je m'approchai de son lit. Il n'y avait personne autre que lui et moi dans la chambre; aucun bruit, aucun désordre ne trahissait le départ précipité de son interlocuteur. Je surmontai mon effroi pour m'occuper de mon maître, dont le désespoir me déchirait. Assis sur son traversin, le corps plié en deux comme si une main formidable eût brisé ses reins, il cachait sa face dans ses genoux convulsifs, ses dents claquaient dans sa bouche, et des torrents de larmes ruisselaient sur sa barbe grise. Je me jetai à genoux près de lui, je mêlai mes pleurs aux siens, je lui prodiguai de filiales caresses. Il s'abandonna quelques instants à cette effusion sympathique, et s'écria plusieurs fois en se jetant dans mon sein :

« Mourir ! mourir désespéré ! mourir sans avoir vécu, et ne pas savoir si l'on meurt pour revivre?

— Mon père, mon maître bien-aimé, lui dis-je, je ne sais quelles désolantes visions troublent votre sommeil et le mien. Je ne sais quel fantôme est entré ici cette nuit pour nous tenter et nous menacer ; mais que ce soit un ministre du Dieu vivant qui vient nous inspirer une terreur salutaire, ou que ce soit un esprit de ténèbres qui vient pour nous damner en nous faisant désespérer de la bonté de Dieu, faites cesser ces choses surnaturelles en rentrant dans le giron de la sainte Église. Exorcisez les démons qui vous assiègent, ou rendez-vous favorables les anges qui vous visitent en recevant les sacrements, et en me permettant de vous dire les prières de notre sainte liturgie...

— Laisse-moi, laisse-moi, mon cher Angel, dit-il, en me repoussant avec douceur, ne fatigue pas mon cerveau par des discours puérils. Laisse-moi seul, ne trouble plus ton sommeil et le mien par de vaines frayeurs. Tout ceci est un rêve, et je me sens tout à fait bien maintenant ; les larmes m'ont soulagé, les larmes sont une pluie bienfaisante après l'orage. Que rien de ce que je puis dire dans mon sommeil ne t'étonne. Aux approches de la mort, l'âme, dans ses efforts pour briser les liens de la matière, tombe dans d'étranges détresses ; mais l'Esprit la relève et l'assiste, dit-on, au moment solennel. »

Dans la matinée, je reçus ordre de me rendre auprès du Prieur. Je descendis à sa chambre; on me dit qu'il était occupé et que j'eusse à l'attendre dans la salle du chapitre, qui y était contiguë. J'entrai dans cette salle et j'en fis le tour; c'était la seconde fois, je crois, que j'y pénétrais, et je n'avais jamais eu le loisir d'en contempler l'architecture, qui était grande et sévère. Au reste, je n'y pouvais faire en cet instant même qu'une médiocre attention ; j'étais accablé des émotions de la nuit, troublé et épouvanté dans ma conscience, affligé, par-dessus tout, des douleurs physiques et morales de mon cher maître. En outre, l'entretien auquel m'appelait le Prieur ne laissait pas de m'inquiéter ; car j'avais singulièrement négligé mes devoirs religieux depuis que j'étais le disciple d'Alexis, et je m'en faisais de sérieux reproches.

Cependant, tout en promenant mes regards mélancoliques autour de moi pour me distraire de ces tristesses et me fortifier contre ces appréhensions, je fus frappé de la belle ordonnance de cette antique salle, cintrée avec une force et une hardiesse inconnues de nos modernes architectes. Des pendentifs accolés à la muraille donnaient naissance aux rinceaux de pierre qui s'entrecroisaient en arceaux à la voûte, et au-dessous de chacun de ces pendentifs était suspendu le portrait d'un dignitaire ou d'un personnage illustre de l'ordre. C'étaient tous de beaux tableaux, richement encadrés, et cette longue galerie de graves personnages vêtus de noir avait quelque chose d'imposant et de funéraire. On était aux derniers beaux jours de l'automne. Le soleil, entrant par les hautes croisées, projetait de grands rayons d'or pâle sur les traits austères de ces morts respectables, et donnait un reste d'éclat aux dorures massives des cadres noircis par le temps. Un silence profond régnait dans les cours et dans les jardins; les voûtes me renvoyaient l'écho de mes pas.

Tout d'un coup il me sembla entendre d'autres pas derrière les miens, et ces pas avaient quelque chose de si ferme et de si solennel que je crus que c'était le Prieur. Je me retournai pour le saluer; mais je ne vis personne et je pensai m'être trompé. Je recommençai à marcher, et j'entendis ces pas une seconde fois, et une troisième, quoique je fusse absolument seul dans la salle. Alors les terreurs qui m'avaient déjà assailli recommencèrent, je songeai à m'enfuir ; mais forcé d'attendre le Prieur, j'essayai de surmonter ma faiblesse et d'attribuer ces rêveries à l'accablement de mon corps et de mon esprit. Pour y échapper, je m'assis sur un banc, vis-à-vis du tableau qui occupait le milieu parmi tous les autres. Il représentait notre patron, le grand saint Benoît. J'espérais que la contemplation de cette belle peinture chasserait les visions dont j'étais obsédé, lorsqu'il me sembla reconnaître, dans la tête pâle et douloureusement extatique du saint, les traits de l'inconnu que j'avais rencontré un matin au seuil de l'église. Je me levai, je me rassis, je m'approchai, je me reculai, et plus je regardais, plus je me convainquis que c'étaient les mêmes traits et la même expression ; seulement la chevelure du saint était rejetée en désordre derrière sa tête, son front était un peu dégarni, et ses traits annonçaient un âge plus mûr. Le costume ne consistait qu'en une robe noire qui laissait voir ses pieds nus. La découverte de cette ressemblance me causa un transport de joie. J'eus un instant l'orgueil de croire que notre saint patron m'était apparu, et que son esprit veillait sur moi. En même temps je songeai avec bonheur que le père Alexis était dans la bonne voie, et qu'il était un saint lui-même, puisque le bienheureux était en commerce avec lui, et venait l'assister tantôt de salutaires reproches, et tantôt, sans doute, de tendres encouragements.

Je m'avançai pour m'agenouiller devant cette image sacrée; mais il me sembla encore qu'on me suivait pas à pas, et je me retournai encore sans voir personne. En ce moment mes yeux se portèrent sur le tableau qui faisait face à celui de saint Benoît ; et quelle fut ma surprise en retrouvant les mêmes traits avec une expression douce et grave, et la belle chevelure ondoyante que j'avais cru voir en réalité ! Ce personnage était bien plus identique que l'autre avec ma vision. Il était debout et dans l'attitude où il m'était apparu. Il portait exactement le même costume, le même manteau, la même ceinture, les mêmes bottines. Ses grands yeux bleus, un peu enfoncés sous l'arcade régulière de ses sourcils, s'abaissaient doucement avec une expression tendre et pénétrante. La peinture était si belle qu'elle me sembla être sortie du même pinceau que le saint Benoît, et le personnage était si beau lui-même, que toutes mes méfiances à cet égard firent place à une joie extrême de le revoir, ne fût-ce qu'en effigie. Il était représenté un livre à la main, et beaucoup de livres étaient épars à ses pieds. Il paraissait fouler ceux-là avec indifférence et mépris, tandis qu'il élevait l'autre dans la main, et semblait lire ce qui était écrit en effet sur la couverture de ce livre : *Hic est veritas!*

Comme je le contemplais avec ravissement, me disant que ce ne pouvait être qu'un homme vénérable, puisque son image décorait cette salle, la porte du fond s'ouvrit, et le père trésorier, qui était un bonhomme assez volontiers bavard, vint causer avec moi en attendant l'arrivée du Prieur.

« Vous me paraissez charmé de la vue de ces tableaux, me dit-il. Notre saint Benoît est un superbe morceau, à ce qu'on assure. Quelques auteurs l'ont pris pour un Van Dyck; mais Van Dyck était mort quand cette toile a été peinte. C'est l'ouvrage d'un de ses élèves, qui continuait admirablement sa manière. Il n'y a pas à se tromper sur les dates; car lorsque Pierre Hébronius vint ici, vers l'an 1690, Van Dyck n'était plus; et, comme vous avez dû le remarquer, c'est la tête de Pierre Hébronius, alors âgé d'un peu plus de trente ans, qui a servi de modèle au peintre de saint Benoît.

— Et qui donc était ce Pierre Hébronius? demandai-je.

— Eh! mais, reprit le moine en me montrant le portrait de mon ami inconnu, c'est celui que l'on connaît ici sous le nom de l'abbé Spiridion, le vénérable fondateur de notre communauté. C'était, comme vous voyez, un des plus beaux hommes de son temps, et le peintre ne pouvait pas trouver une plus belle tête de saint.

— Et il est mort? m'écriai-je, sans songer à ce que je disais.

— Vers l'an 1698, répondit le trésorier, il y a près d'un siècle. Vous voyez que le peintre l'a représenté tenant en main un livre et en foulant plusieurs autres sous les pieds. Celui qu'il tient est, dit-on, le quatrième écrit de Bossuet contre les protestants, les autres sont les livres exécrables de Luther et de ses adeptes. Cette action faisait allusion à la conversion récente de Pierre Hébronius, et marquait son passage à la vraie foi, qu'il a servie avec éclat depuis en embrassant la vie religieuse et en consacrant ses biens à l'édification de cette sainte maison.

— J'ai ouï dire en effet, repris-je, que ce fondateur fut un homme de grand mérite, qu'il vécut et mourut en odeur de sainteté.

Le trésorier secoua la tête en souriant.

« Il est facile de bien vivre, dit-il, plus facile que de bien mourir! Il n'est pas bon de tant cultiver la science dans le cloître. L'esprit s'exalte, l'orgueil s'empare souvent des meilleures têtes, et l'ennui fait aussi qu'on se lasse de croire toujours aux mêmes vérités. On veut en découvrir de nouvelles; on s'égare. Le démon fait son profit de cela et vous suscite parfois, sous les formes d'une belle philosophie et sous les apparences d'une céleste inspiration, de monstrueuses erreurs, bien malaisées à abjurer quand l'heure de rendre compte vous surprend. J'ai ouï dire tout bas, par des gens bien informés, que l'abbé Spiridion, sur la fin de sa carrière, quoique menant une vie austère et sainte, ayant lu beaucoup de mauvais livres, sous prétexte de les réfuter à loisir, s'était laissé infecter peu à peu, et à son insu, par le poison de l'erreur. Il conserva toujours l'extérieur d'un bon religieux; mais il paraît que secrètement il était tombé dans des hérésies plus monstrueuses encore que celles de sa jeunesse. Les livres abominables du juif Spinosa et les infernales doctrines des philosophes de cette école l'avaient rendu panthéiste, c'est-à-dire athée. Mon cher fils, que l'amour de la science, et qui n'est qu'une vaine curiosité, ne vous entraîne jamais à de telles chutes! On prétend que, dans ses dernières années, Hébronius avait écrit des abominations sans nombre. Heureusement il se repentit à son lit de mort, et les brûla de sa propre main, afin que le poison n'infectât pas, par la suite, les esprits simples qui les liraient. Il est mort en paix du Seigneur, en apparence; mais ceux qui n'avaient vu que sa vie extérieure, et qui le regardaient comme un saint, furent étonnés de ce qu'il ne fît point de miracles pour eux sur son tombeau. Les esprits droits, qui avaient appris à le mieux juger, s'abstinrent toujours de dire leurs craintes sur son sort dans l'autre vie. Quelques-uns pensèrent même qu'il avait été jusqu'à se livrer à des pratiques de sorcellerie, et que le diable parut auprès de lui lorsqu'il expira. Mais ce sont des choses dont il est impossible de s'assurer pleinement, et dont il est imprudent, dangereux peut-être, de parler. Paix soit donc à sa mémoire! Son portrait est resté ici pour marquer que Dieu peut bien lui avoir tout pardonné en considération de ses grandes aumônes et de la fondation de ce monastère. »

Nous fûmes interrompus par l'arrivée du Prieur. Le trésorier s'inclina jusqu'à terre, les bras croisés sur la poitrine, et nous laissa ensemble.

Alors le Prieur, me toisant de la tête aux pieds et me parlant avec sécheresse, me demanda compte des longues veilles du père Alexis et du bruit qu'on entendait partir chaque nuit de sa cellule. J'essayai d'expliquer ces faits par l'état de maladie de mon maître; mais le Prieur me dit qu'une personne digne de foi, en allant avant le jour remonter l'horloge de l'église, avait entendu dans nos cellules un grand bruit de voix, des menaces, des cris et des imprécations.

« J'espère, ajouta le Prieur, que vous me répondrez avec sincérité et simplicité; car il y a grâce pour toutes les fautes quand le coupable se confesse et se repent; mais, si vous n'éclaircissez pas mes doutes d'une manière satisfaisante, les plus rudes châtiments vous y contraindront.

— Mon révérend père, répondis-je, je ne sais quels soupçons peuvent peser sur moi en de telles circonstances. Il est vrai que le père Alexis a parlé à voix haute toute la nuit et avec assez de véhémence; car il avait le délire. Quant à moi, j'ai pleuré, tant sa souffrance me faisait de peine; et, dans les instants où il revenait à lui-même, il murmurait à Dieu de ferventes prières. J'unissais ma voix à la sienne et mon cœur au sien.

— Cette explication ne manque pas d'habileté, reprit le Prieur d'un ton méprisant; mais comment expliquerez-vous la grande lueur qui tout d'un coup a éclairé vos cellules et le dôme entier, et la flamme qui est sortie par le faîte et qui s'est répandue dans les airs, accompagnée d'une horrible odeur de soufre?

— Je ne comprendrais pas, mon révérend père, répondis-je, qu'il y eût plus de mal à me servir de phosphore et de soufre pour allumer une lampe qu'il n'y en a, selon moi, à veiller un malade pendant la nuit et à prier auprès de son lit. Il est possible que je me sois servi imprudemment de cette composition, et que, dans mon empressement, j'aie laissé ouvert le flacon, dont l'odeur désagréable a pu se répandre dans la maison; mais j'ose affirmer que cette odeur n'a rien de dangereux, et qu'en aucun cas le phosphore ne pourrait causer un incendie. Je supplie donc Votre Révérence de me pardonner si j'ai manqué de prudence, et de n'en imputer la faute qu'à moi seul. »

Le Prieur fixa longtemps sur moi un regard inquisiteur, comme s'il eût voulu voir jusqu'où irait mon impudence; puis, levant les yeux au ciel dans un transport d'indignation, il sortit sans me dire une seule parole.

Resté seul et frappé d'épouvante, non à cause de moi, mais à cause de l'orage que je voyais s'amasser sur la tête d'Alexis, je regardai involontairement le portrait d'Hébronius, et je joignis les mains, emporté par un mouvement irrésistible de confiance et d'espoir. Le soleil frappait en cet instant le visage du fondateur, et il me sembla voir sa tête se détacher du fond, puis sa main et tout son corps quitter le cadre et se pencher en avant. Le mouvement fit ondoyer légèrement la chevelure, les yeux s'animèrent et s'attachèrent sur moi un regard vivant. Alors je fus pris d'une palpitation si violente que mon sang bourdonna dans mes oreilles, ma vue se troubla; et, sentant défaillir mon courage, je m'éloignai précipitamment.

Je me retirai fort triste et fort inquiet. Soit que la haine et la calomnie eussent envenimé des faits qui restaient pour moi à l'état de problème, soit que je fusse, ainsi que le père Alexis, en butte aux attaques du malin esprit, et qu'il se fût passé aux yeux d'un témoin véridique quelque chose de plus que ce que j'avais aperçu, je prévoyais que mon infortuné maître allait être accablé de persécutions, et que ses derniers instants, déjà si douloureux, seraient abreuvés d'amertume. J'eusse voulu lui cacher ce qui venait de se passer entre le Prieur et moi; mais le seul moyen de détourner les châtiments qu'on lui préparait sans doute, c'était de l'engager à se réconcilier avec l'esprit de l'Église.

Il écouta mon récit et mes supplications avec indifférence, et quand j'eus fini de parler :

« Sois en paix, me dit-il; l'Esprit est avec nous, et rien ne nous arrivera de la part des hommes de chair. L'Esprit est rude, il est sévère, il est irrité; mais il est pour nous. Et quand même nous serions livrés aux châtiments, quand même on plongerait ton corps délicat et mon vieux corps agonisant dans les humides ténèbres d'un cachot, l'Esprit monterait vers nous des entrailles de la terre, comme il descend sur nous à cette heure des rayons d'or du soleil. Ne crains pas, mon fils; là où est l'Esprit, là aussi sont la lumière, la chaleur et la vie. »

Je voulus lui parler encore; il me fit signe avec douceur de ne pas le troubler; et, s'asseyant dans son fauteuil, il tomba dans une contemplation intérieure durant laquelle son front chauve et ses yeux abaissés vers la terre offrirent l'image de la plus auguste sérénité. Il y avait en lui, à coup sûr, une vertu inconnue qui subjuguait toutes mes répugnances et dominait toutes mes craintes. Je l'aimais plus qu'un fils n'a jamais aimé son père. Ses maux étaient les miens, et, s'il eût été damné, malgré mon sincère désir de plaire à Dieu, j'eusse voulu partager cette damnation. Jusque-là j'avais été rongé de scrupules; mais désormais le sentiment de son danger donnait tant de force à ma tendresse que je ne connaissais plus l'incertitude. Mon choix était fait entre la voix de ma conscience et le cri de son angoisse; ma sollicitude prenait un caractère tout humain, je l'avoue. S'il ne peut être sauvé dans l'autre vie, me disais-je, qu'il achève du moins paisiblement celle-ci; et, si je dois être à jamais châtié de ce vœu, la volonté de Dieu soit faite !...

Le soir, comme il s'assoupissait doucement et que j'achevais ma prière à côté de son lit, la porte s'ouvrit brusquement, et une figure épouvantable vint se placer en face de moi. Je demeurai terrifié au point de ne pouvoir articuler un son ni faire un mouvement. Mes cheveux se dressaient sur ma tête et mes yeux restaient attachés sur cette horrible apparition comme ceux de l'oiseau fasciné par un serpent. Mon maître ne s'éveillait point, et l'odieuse chose était immobile au pied de son lit. Je fermai les yeux pour ne plus la voir et pour chercher ma raison et ma force au fond de moi-même. Je rouvris les yeux, elle était toujours là. Alors je fis un grand effort pour crier; et, un râlement sourd sortant de ma poitrine, mon maître s'éveilla. Il vit cela devant lui, et, au lieu de témoigner de l'horreur ou de l'effroi, il dit seulement du ton d'un homme un peu étonné :

« Ah! ah!

— Me voici, car tu m'as appelé, dit le fantôme.

— Mon maître haussa les épaules, et se tournant vers moi :

— Tu as peur? me dit-il; tu prends cela pour un esprit, pour le diable, n'est-ce pas? Non, non; les esprits ne revêtent pas cette forme, et, s'il en était d'aussi sottement laids, ils n'auraient pas le pouvoir de se montrer aux hommes. La raison humaine est sous la garde de l'esprit de sagesse. Ceci n'est point une vision, ajouta-t-il en se levant et en s'approchant du fantôme; ceci est un homme *de chair et d'os*. Allons, ôtez ce masque, dit-il en saisissant le spectre à la gorge, et ne pensez pas que cette crapuleuse mascarade puisse m'épouvanter. »

Alors, secouant ce fantôme avec une main de fer, il le fit tomber sur les genoux; et, Alexis lui arrachant son masque, je reconnus le frère convers qui m'avait chassé de l'église, et qui avait nom Dominique.

« Prends la lampe! me dit Alexis d'une voix forte et l'œil étincelant d'une joie ironique. Marche devant moi; il faut que j'aie raison de cette abomination. Allons, dépêche-toi! obéis! as-tu moins de force et de courage qu'un lièvre ! »

J'étais encore si bouleversé que ma main tremblait et ne pouvait soutenir la lampe.

« Ouvre la porte, » me dit mon maître d'un ton impérieux.

J'obéis; mais, en le voyant traîner, comme un haillon sur le pavé, le misérable Dominique, je fus saisi d'horreur; car le père Alexis avait, dans l'indignation, des instants de violence effrénée, et je crus qu'il allait précipiter le prétendu démon par-dessus la rampe du dôme.

« Grâce! grâce! mon père, lui dis-je en me mettant devant lui. Ne souillez pas vos mains de sang. »

Le père Alexis haussa les épaules et dit :

« Tu es insensé! Puisque tu ne veux pas marcher devant, suis-moi! »

Et, traînant toujours le convers, qui était pourtant un homme robuste, mais qui semblait terrassé par une force surhumaine, il descendit rapidement l'escalier. Alors je repris courage et le suivis. Au bruit que nous faisions, plusieurs personnes, qui attendaient sans doute au bas de l'escalier le résultat des aveux que le faux démon prétendait arracher à mon maître, se montrèrent; mais, en voyant une scène si différente de ce qu'elles attendaient, elles s'enveloppèrent dans leurs capuchons et s'enfuirent dans les ténèbres. Nous eûmes le temps de remarquer à leurs robes que c'étaient des frères convers et des novices. Aucun des pères ne s'était compromis dans cette farce sacrilège, dirigée cependant, comme nous le sûmes depuis, par des ordres supérieurs.

Alexis marchait toujours à grands pas, traînant son prisonnier. De temps en temps celui-ci faisait des efforts pour se dégager de sa main formidable; mais le père, s'arrêtant, lui imprimait un mouvement de strangulation, et le faisait rouler sur les degrés. Les ongles d'Alexis étaient imprégnés de sang, et les yeux de Dominique sortaient de leurs orbites. Je les suivais toujours, et ainsi nous arrivâmes au bas du grand escalier qui donnait sur le cloître. Là était suspendue la grosse cloche que l'on ne sonnait qu'à l'agonie des religieux, et que l'on appelait l'*articulo mortis*. Tenant toujours d'une main son démon terrassé, Alexis se mit à sonner de l'autre avec une telle vigueur que tout le monastère en fut ébranlé. Bientôt nous entendîmes ouvrir précipitamment les portes des cellules, et tous les escaliers se remplirent de bruit. Les moines, les novices, les serviteurs, toute la maison accourait, et bientôt le cloître fut plein de monde. Toutes ces figures effarées et en désordre, éclairées seulement par la lueur tremblante de ma lampe, offraient l'aspect des habitants de la vallée de Josaphat s'éveillant du sommeil de la mort au son de la trompette du jugement. Le père sonnait toujours, et en vain on l'accablait de questions, en vain on voulait arracher de ses mains le malheureux Dominique : il était animé d'une force surnaturelle; il faisait face à cette foule, et la dominant du bruit de son tocsin et de sa voix de tonnerre :

« Il me manque quelqu'un, disait-il; quand il sera ici, je parlerai, je me soumettrai, mais je ne cesserai de sonner qu'il ne soit descendu comme les autres. »

Enfin le Prieur parut le dernier, et le père Alexis cessa d'agiter la cloche. Il était si fort et si beau en cet instant, debout, les yeux étincelants, l'air victorieux, et tenant sous ses pieds cette figure de monstre, qu'on l'eût pris pour l'archange Michel terrassant le démon. Tout le monde le regardait immobile; pas un souffle ne s'entendait sous la profonde voûte du cloître. Alors le vieillard, élevant la voix au milieu de ce silence funèbre, dit en s'adressant au Prieur :

« Mon père, voyez ce qui se passe! Pendant que j'agonise sur mon lit, des hommes de cette sainte maison, et qui s'appellent mes frères, viennent assiéger mon dernier soupir d'une lâche curiosité et d'une superchérie infâme. Ils envoient dans ma cellule celui-ci, ce Dominique! (Et en disant cela il élevait assez haut la tête du convers pour que toute l'assemblée fût bien à même de le reconnaître.) Ils l'envoient, affublé d'un déguisement hideux, se placer à mon chevet et crier à mon oreille d'une voix furieuse pour me réveiller en sursaut de mon sommeil, de mon dernier sommeil peut-être! Qu'espéraient-ils? m'épouvanter, glacer par une apparition terrifiante mon esprit qu'ils supposent abattu, et arracher à mon délire de honteuses paroles et d'horribles secrets? Quelle est cette nouvelle et incroyable persécution, mon père, et depuis quand n'est-il plus permis au pécheur de passer dans le silence et dans la paix son heure suprême? S'ils eussent eu affaire à un faible d'esprit, et qu'ils m'eussent tué par cette vision infernale sans me laisser le temps de me reconnaître et d'invoquer le Seigneur, sur qui, dites-moi, aurait dû tomber le poids de ma damnation? O vous tous, hommes de bonne volonté qui vous trouvez ici, ce n'est pas pour moi que je parle, pour moi qui vais mourir; c'est pour vous qui survivez, c'est pour que vous puissiez boire tranquillement le calice de votre mort, que je vous dis de demander tous avec moi justice à notre père spirituel qui est devant nous, et au besoin à l'autre qui est au-dessus de nous. Justice donc, mon père! j'attends : faites justice!

Et les hommes de bonne volonté qui étaient là crièrent tous ensemble : « Justice! justice! » et les échos émus du cloître répétèrent : « Justice! »

Le Prieur assistait à cette scène avec un visage impassible. Seulement il me sembla plus pâle qu'à l'ordinaire. Il resta quelques instants sans répondre, le sourcil légèrement contracté. Enfin il éleva la voix, et dit :

« Mon fils Alexis, pardonne à cet homme.

— Oui, je lui pardonne à condition que vous le punirez, mon père, répondit Alexis.

— Mon fils Alexis, reprit le Prieur, sont-ce là les sentiments d'un homme qui se dit prêt à paraître devant le tribunal de Dieu? Je vous prie de pardonner à cet homme, et de retirer votre main de dessus lui. »

Alexis hésita un instant; mais il sentit que, s'il ne réprimait sa colère, ses ennemis allaient triompher. Il fit deux pas en avant, et, poussant sa proie aux pieds du Prieur sans la lâcher :

« Mon révérend, dit-il en s'inclinant, je pardonne, parce que je le dois et parce que vous le voulez; mais comme ce n'est pas moi, comme c'est le ciel qui a été offensé, comme c'est votre vertu, votre sagesse et votre autorité qui ont été outragées, j'amène le coupable à vos genoux, et, m'y prosternant avec lui, je supplie Votre Révérence de lui faire grâce, et de prier pour que la justice éternelle lui pardonne aussi. »

Les ennemis de mon maître avaient espéré que, par son emportement et sa résistance, il allait gâter sa cause; mais cet acte de soumission déjoua tous leurs mauvais desseins, et ceux qui étaient pour lui donnèrent à sa conduite de telles marques d'approbation que le Prieur fut forcé de prendre son parti, du moins en apparence.

« Mon fils Alexis, lui dit-il en le relevant et en l'embrassant, je suis touché de votre humilité et de votre miséricorde; mais je ne puis pardonner à cet homme comme vous lui pardonnez. Votre devoir était d'intercéder pour lui, le mien est de le châtier sévèrement, et il sera fait ainsi que le veulent la justice céleste et les statuts de notre ordre. »

A cet arrêt sévère, un frémissement d'effroi passa de proche en proche; car les peines contre le sacrilège étaient les plus sévères de toutes, et aucun religieux n'en connaissait l'étendue avant de les avoir subies. Il était défendu, en outre, de les révéler, sous peine de les subir une seconde fois. Les condamnés ne sortaient du cachot que dans un état épouvantable de souffrance, et plusieurs avaient succombé peu de temps après avoir reçu leur grâce. Sans doute, mon maître ne fut pas dupe de la sévérité du Prieur, car je vis un sourire étrange errer sur ses lèvres : néanmoins sa fierté était satisfaite, et alors seulement il lâcha sa proie. Sa main était tellement crispée et roidie au collet de son ennemi, qu'il fut forcé d'employer son autre main pour l'en détacher. Dominique tomba évanoui aux pieds du Prieur, qui fit un signe, et aussitôt quatre autres convers l'emportèrent aux yeux de l'assemblée consternée. Il ne reparut jamais dans le couvent. Il fut défendu de jamais prononcer ni son nom ni aucune parole qui eût rapport à son étrange faute; l'office des morts fut récité pour lui sans qu'il nous fût permis de demander ce qu'il était devenu; mais par la suite je l'ai revu dehors, gras, dispos et allègre, et riant d'un air sournois quand on lui rappelait cette aventure.

Mon maître s'appuya sur moi, chancela, pâlit, et perdant tout à coup la force miraculeuse qui l'avait soutenu jusque-là, il se traîna à grand'peine à son lit; je lui fis avaler quelques gouttes d'un cordial, et il me dit :

« Angel, je crois bien que je l'aurais tué si le Prieur l'eût protégé. »

Il s'endormit sans ajouter une parole.

Le lendemain le père Alexis s'éveilla assez tard : il était calme, mais très-faible; il eut besoin de s'appuyer sur moi pour gagner son fauteuil, et il y tomba plutôt qu'il ne s'assit, en poussant un soupir. Je ne concevais pas que ce corps si débile eût été, la veille, capable de si puissants efforts.

« Mon père, lui dis-je en le regardant avec inquiétude, est-ce que vous vous trouvez plus mal, et souffrez-vous davantage?

— Non, me répondit-il, non, je suis bien.

— Mais vous paraissez profondément absorbé.

— Je réfléchis!

— Vous réfléchissez à tout ce qui s'est passé, mon père. Je le conçois; il y a lieu à méditer. Mais vous devriez, ce me semble, être plus serein, car il y a aussi lieu à se réjouir. Nous avons fini par voir clair au fond de cet abîme, et nous savons maintenant que vous n'êtes pas réellement assiégé par les mauvais esprits. »

Alexis se mit à sourire d'un air doucement ironique, en secouant la tête :

« Tu crois donc encore aux mauvais esprits, mon pauvre Angel? me dit-il. Erreur! erreur! Crois-tu aussi, comme les physiciens d'autrefois, que la nature a horreur du vide? Il n'y a pas plus de mauvais esprits que de vide. Que serait donc l'homme, cette créature intelligente, ce fils de l'esprit, si les mauvaises passions, les vils instincts de la chair, pouvaient venir, sous une forme hideuse ou grotesque, assaillir sa veille ou fatiguer son sommeil? Non : tous ces démons, toutes ces créations infernales, dont parlent tous les jours les ignorants ou les imposteurs, sont de vains fantômes créés par l'imagination des uns pour épouvanter celle des autres. L'homme fort sent sa propre dignité, rit en lui-même des pitoyables inventions avec lesquelles on veut tenter son courage, et, sûr de leur impuissance, il s'endort sans inquiétude et s'éveille sans crainte.

— Pourtant, lui répondis-je étonné, il s'est passé ici même des choses qui doivent me faire penser le contraire. L'autre nuit, vous savez, je vous ai entendu vous entretenir avec une autre voix plus forte que la vôtre qui semblait vous gourmander durement. Vous répondiez avec l'accent de la crainte et de la douleur; et, comme j'étais effrayé de cela, je suis venu dans votre chambre pour vous secourir, et je vous ai trouvé seul, accablé et pleurant amèrement. Qu'était-ce donc?

— C'était lui.

— Lui! qui, lui?

— Tu le sais bien, puisqu'il était avec toi, puisqu'il t'avait appelé par trois fois, comme l'esprit du Seigneur appela durant la nuit le jeune Samuel endormi dans le temple.

— Comment le savez-vous, mon père? »

Alexis ne sembla pas entendre ma question. Il resta quelque temps absorbé, la tête baissée sur la poitrine; puis il reprit la parole sans changer de position ni faire aucun mouvement :

« Dis-moi, Angel, quand l'as-tu vu? c'était en plein jour?

— Oui, mon père, à l'heure de midi. Vous m'avez déjà fait cette question.

— Et le soleil brillait?

— Il rayonnait sur sa face.

— Ne l'as-tu vu que cette seule fois? »

J'hésitais à répondre; je craignais d'être dupe d'une illusion et de donner de la consistance à celles d'Alexis.

« Tu l'as vu une autre fois! s'écria-t-il avec impatience, et tu ne me l'as pas dit!

— Mon bon maître, quelle importance voulez-vous donner à des apparitions qui ne sont peut-être que l'effet d'une ressemblance fortuite ou même de simples jeux de la lumière?

— Angel, que voulez-vous dire? Ce que vous voulez me cacher m'est révélé par vos réticences mêmes. Parlez, il le faut, il y va du repos de mes derniers jours! »

Vaincu par sa persistance, je lui racontai, pour le satisfaire, la frayeur que j'avais eue dans la sacristie un jour que, me croyant seul et sortant d'un profond évanouissement, j'avais entendu murmurer des paroles et

Alors le prieur me toisant de la tête aux pieds... (Page 13.)

vu passer une ombre sans pouvoir m'expliquer ensuite ces choses d'une manière naturelle.

« Et quelles étaient ces paroles? dit Alexis.

— Un appel à Dieu en faveur des victimes de l'ignorance et de l'imposture.

— Comment appelait-il celui qu'il invoquait? Disait-il : O Esprit! ou bien disait-il : O Jehovah!

— Il disait : O Esprit de sagesse!

— Et comment était faite cette ombre?

— Je ne le sais point. Elle sortit de l'obscurité, et se perdit dans le rayon qui tombait de la fenêtre, avant que j'eusse eu le temps ou le courage de l'examiner. Mais, écoutez, mon bon maître, j'ai toujours pensé que c'était vous qui, appuyé contre la fenêtre, et vous parlant à vous-même... »

Alexis fit un geste d'incrédulité.

« Pourriez-vous avoir gardé le souvenir du contraire, sans cesse errant, à cette époque, dans les jardins, et fortement préoccupé comme vous l'êtes toujours?

— Mais tu l'as vu d'autres fois encore? interrompit Alexis avec une sorte de violence. Tu ne veux pas me dire tout, tu veux que je meure sans léguer mon secret à un ami! Réponds à cette question, du moins. Quand tu te promenais seul dans les beaux jours, le long des allées écartées du jardin, et qu'en proie à de douloureuses pensées, tu invoquais une providence amie des hommes, n'as-tu pas entendu derrière tes pas d'autres pas qui faisaient crier le sable? »

Je tressaillis, et lui dis que ce bruit de pas m'avait poursuivi dans la salle du chapitre la veille même.

« Et alors rien ne t'est apparu? »

J'avouai l'effet prodigieux du soleil sur le portrait du fondateur. Il serra ses mains l'une dans l'autre avec transport, en répétant à plusieurs reprises :

« C'est lui, c'est lui!... Il t'a choisi, il t'a envoyé, il veut que je te parle. Eh bien! je vais te parler. Recueille tes pensées, et qu'une vaine curiosité n'agite point ton âme. Reçois la confidence que je vais te faire, comme les fleurs au matin reçoivent avec calme la délicieuse rosée du ciel. As-tu jamais entendu parler de *Samuel Hébronius?*

— Oui, mon père, s'il est en effet le même que l'abbé Spiridion. »

Et je lui rapportai ce que le trésorier m'avait raconté.

Une figure épouvantable... (Page 14.)

Le père Alexis haussa les épaules avec une expression de mépris, et me parla en ces termes :

« Il est d'autres héritages que ceux de la famille, où l'on se lègue, selon la chair, les richesses matérielles. D'autres parentés plus nobles amènent souvent des héritages plus saints. Quand un homme a passé sa vie à chercher la vérité par tous les moyens et de tout son pouvoir, et qu'à force de soins et d'étude il est arrivé à quelques découvertes dans le vaste monde de l'esprit, jaloux de ne pas laisser s'enfouir dans la terre le trésor qu'il a trouvé, et rentrer dans la nuit le rayon de lumière qu'il a entrevu, dès qu'il sent approcher son terme, il se hâte de choisir parmi des hommes plus jeunes une intelligence sympathique à la sienne, dont il puisse faire, avant de mourir, le dépositaire de ses pensées et de sa science, afin que l'œuvre sacrée, ininterrompue malgré la mort du premier ouvrier, marche, s'agrandisse, et, perpétuée de race en race par des successions pareilles, parvienne à la fin des temps à son entier accomplissement. Et crois bien, mon fils, qu'il est besoin, pour entreprendre et continuer de pareils travaux, pour faire accepter de pareils legs, d'une intelligence généreuse et d'un fort dévoûment, quand on sait d'avance qu'on ne connaîtra pas le mot de la grande énigme à l'intelligence de laquelle on a pourtant consacré sa vie. Pardonne-moi cet orgueil, mon enfant; ce sera peut-être la seule récompense que je retirerai de toute cette vie de labeur; peut-être sera-ce le seul épi que je récolterai dans le rude sillon que j'ai labouré à la sueur de mon front. Je suis l'héritier spirituel du père Fulgence, comme tu seras le mien, Angel. Le père Fulgence était un moine de ce couvent; il avait, dans sa jeunesse, connu le fondateur, notre vénéré maître Hébronius, ou, comme on l'appelle ici, l'abbé Spiridion. Il était alors pour lui ce que tu es pour moi, mon fils; il était jeune et bon, inexpérimenté et timide comme toi; son maître l'aimait comme je t'aime, et il lui apprit, avec une partie de ses secrets, l'histoire de sa vie. C'est donc de l'héritier même du maître que je tiens les choses que je vais te redire.

« Pierre Hébronius ne s'appelait pas ainsi d'abord. Son vrai nom était Samuel. Il était juif, et né dans un petit village des environs d'Inspruck. Sa famille, maîtresse d'une assez grande fortune, le laissa, dans sa première jeunesse, complétement libre de suivre ses inclinations. Dès l'enfance il en montra de sérieuses. Il aimait à vivre dans la solitude, et passait ses journées et quelquefois ses nuits à parcourir les âpres montagnes et les étroites vallées de son pays. Souvent il allait s'asseoir sur le bord des torrents ou sur les rives des lacs, et il y restait longtemps à écouter la voix des ondes, cherchant à démêler le sens que la nature cachait dans ces bruits. A mesure qu'il avança en âge, son intelligence devint plus curieuse et plus grave. Il fallut donc songer à lui donner une instruction solide. Ses parents l'envoyèrent étudier aux universités d'Allemagne. Il y avait à peine un siècle que Luther était mort, et son souvenir et sa parole vivaient encore dans l'enthousiasme de ses disciples. La nouvelle loi affermissait les conquêtes qu'elle avait faites, et continuait à s'épanouir dans son triomphe. C'était, parmi les réformés, la même ardeur qu'aux premiers jours, seulement plus éclairée et plus mesurée. Le prosélytisme y régnait encore dans toute sa ferveur, et faisait chaque jour de nouveaux adeptes. En entendant prêcher une morale et expliquer des dogmes que le luthéranisme avait pris dans le catholicisme, Samuel fut pénétré d'admiration. Comme c'était un esprit sincère et hardi, il compara tout de suite les doctrines qu'on lui exposait présentement avec celles dans lesquelles on l'avait élevé; et, éclairé par cette comparaison, il reconnut tout d'abord l'infériorité du judaïsme. Il se dit qu'une religion faite pour un seul peuple à l'exclusion de tous les autres, qui ne donnait à l'intelligence ni satisfaction dans le présent, ni certitude dans l'avenir, méconnaissait les nobles besoins d'amour qui sont dans le cœur de l'homme, et n'offrait pour règle de conduite qu'une justice barbare; il se dit que cette religion ne pouvait être celle des belles âmes et des grands esprits, et que celui-là n'était pas le Dieu de vérité qui ne dictait qu'au bruit du tonnerre ses changeantes volontés, et n'appelait à l'exécution d'étroites pensées que les esclaves d'une terreur grossière. Toujours conséquent avec lui-même, Samuel, qui avait dit selon sa pensée, fit ensuite selon son dire, et, un an après son arrivée en Allemagne, il abjura solennellement le judaïsme pour entrer dans le sein de l'église réformée. Comme il ne savait pas faire les choses à moitié, il voulut, qu'il était en lui, dépouiller le vieil homme et se faire une vie toute nouvelle; c'est alors qu'il changea son nom de Samuel pour celui de Pierre. Quelque temps se passa pendant lequel il s'affermit et s'instruisit davantage dans sa nouvelle religion. Bientôt il en arriva au point de chercher pour elle des objections à réfuter et des adversaires à combattre. Comme il était audacieux et entreprenant, il s'adressa d'abord aux plus rudes. Bossuet fut le premier auteur catholique qu'il se mit à lire. Ce fut avec une sorte de dédain qu'il en commença : croyant que dans la foi qu'il venait d'embrasser résidait la vérité pure, il méprisait toutes les attaques que l'on pouvait tenter contre elle, et riait un peu d'avance des arguments irrésistibles de l'Aigle de Meaux. Mais son ironique méfiance fit bientôt place à l'étonnement, et ensuite à l'admiration. Quand il vit avec quelle logique puissante et quelle poésie grandiose le prélat français défendait l'église de Rome, il se dit que la cause plaidée par un pareil avocat en devenait au moins respectable; et, par une transition naturelle, il arriva à penser que les grands esprits ne pouvaient se dévouer qu'à de grandes choses. Alors il étudia le catholicisme avec la même ardeur et la même impartialité qu'avait fait pour le luthéranisme, se plaçant vis-à-vis de lui, non pas comme font d'ordinaire les sectaires, au point de vue de la controverse et du dénigrement, mais celui de la recherche et de la comparaison. Il alla en France s'éclairer auprès des docteurs de la religion-mère, comme il avait fait en Allemagne pour la réformée. Il vit le grand Arnauld et le second Grégoire de Nazianze, Fénelon, et ce même Bossuet. Guidé par ces maîtres, qui en vertu lui faisait aimer l'intelligence, il pénétra rapidement au fond des mystères de la morale et du dogme catholiques. Il y retrouva tout ce qui faisait pour lui la grandeur et la beauté du protestantisme, le dogme de l'unité et de l'éternité de Dieu que les deux religions avaient emprunté au judaïsme, et ceux qui semblent en découler naturellement et que pourtant celui-ci n'avait pas reconnus, l'immortalité de l'âme, le libre arbitre dans cette vie, et dans l'autre la récompense pour les bons et la punition pour les méchants. Il y retrouva, plus pure peut-être et plus élevée encore, cette morale sublime qui prêche aux hommes l'égalité entre eux, la fraternité, l'amour, la charité, le dévoûment à autrui, le renoncement à soi-même. Le catholicisme lui paraissait avoir en outre l'avantage d'une formule plus vaste et d'une unité vigoureuse qui manquait au luthéranisme. Celui-ci avait, il est vrai, en retour, conquis la liberté d'examen, qui est aussi un besoin de la nature humaine, et proclamé l'autorité de la raison individuelle; mais il avait, par cela même, renoncé au principe de l'infaillibilité, qui est la base nécessaire et la condition vitale de toute religion révélée, puisqu'on ne peut faire vivre une chose qu'en vertu des lois qui ont présidé à sa naissance, et qu'on ne peut, par conséquent, confirmer et continuer une révélation que par une autre. Or, l'infaillibilité n'est autre chose que la révélation continuée par Dieu même ou le Verbe dans la personne de ses vicaires. Le luthéranisme, qui prétendait partager l'origine du catholicisme et s'appuyer à la même révélation, avait, en brisant la chaîne traditionnelle qui rattachait le christianisme tout entier à cette même révélation, sapé de ses propres mains les fondements de son édifice. En livrant à la libre discussion la continuation de la religion révélée, il avait par là même livré aussi son commencement, et attenté ainsi lui-même à l'inviolabilité de cette origine qu'il partageait avec la secte rivale. Comme l'esprit d'Hébronius se trouvait en ce moment plus porté vers la foi que vers la critique, et qu'il avait bien moins besoin de discussion que de conviction, il se trouva naturellement porté à préférer la certitude et l'autorité du catholicisme à la liberté et à l'incertitude du protestantisme. Ce sentiment se fortifiait encore à l'aspect du caractère sacré d'antiquité que le temps avait imprimé au front de la religion-mère. Puis la pompe et l'éclat dont s'entourait le culte romain semblaient à cet esprit poétique l'expression harmonieuse et nécessaire d'une religion révélée par le Dieu de la gloire et de la toute-puissance. Enfin, après de mûres réflexions, il se reconnut sincèrement et entièrement convaincu, et reçut de nouveau le baptême des mains de Bossuet. Il ajouta sur les fonts le nom de Spiridion à celui de Pierre, en mémoire de ce qu'il avait été deux fois éclairé par l'esprit. Résolu dès lors à consacrer sa vie toute entière à l'adoration du nouveau Dieu qui l'avait appelé à lui et à l'approfondissement de sa doctrine, il passa en Italie, et y fit bâtir, à l'aide de la grande fortune que lui avait laissée un de ses oncles, catholique comme lui, le couvent où nous sommes. Fidèle à l'esprit de la loi qui avait créé les communautés religieuses, il y rassembla autour de lui les moines les mieux famés par leur intelligence et leur vertu, pour se livrer avec eux à la recherche de toutes les vérités, et travailler à l'agrandissement et à la corroboration de la foi par la science. Son entreprise parut d'abord réussir. Stimulés par son exemple, ses compagnons se livrèrent pendant quelques années avec ardeur à l'étude, à la prière et à la méditation. Ils s'étaient placés sous la protection de saint Benoît, et avaient adopté les règles de son ordre. Quand le moment fut venu pour eux de se donner un chef spirituel, ils portèrent unanimement sur Hébronius leur choix, qui fut ratifié par le pape. Le nouveau Prieur, un instant heureux de la confiance des frères qu'il s'était choisis, se remit à ses travaux avec plus d'ardeur et d'espérance que jamais. Mais son illusion ne fut pas de longue durée. Il ne fut pas longtemps à reconnaître qu'il s'était cruellement trompé sur le compte des hommes qu'il avait appelés à partager son entreprise. Comme il avait pris parmi les plus pauvres religieux de l'Italie, il n'eut pas de peine à en obtenir du zèle et du soin pendant les premières années. Accoutumés qu'ils étaient à une vie dure et active, ils avaient facilement adopté le genre d'existence qu'il leur avait donné, et s'étaient conformés volontiers à ses désirs. Mais, à mesure qu'ils s'habituèrent à l'opulence, ils devinrent moins laborieux, et se laissèrent peu à peu aller aux défauts et aux vices dont ils avaient vu autrefois l'exemple chez leurs confrères plus riches, et dont peut-être ils avaient conservé en eux-mêmes le germe. La frugalité fit place à l'intempérance, l'activité à la paresse, la charité à l'égoïsme; le jour n'eut plus de prières, la nuit plus de veilles; la médisance et la gourmandise trônèrent dans le couvent comme deux reines impures; l'ignorance et la grossièreté pénétrèrent à leur suite, et firent du temple destiné aux vertus austères et aux nobles travaux un réceptacle de honteux plaisirs et de lâches oisivetés.

« Hébronius, endormi dans sa confiance et perdu dans ses profondes spéculations, ne s'apercevait pas du ravage que faisaient autour de lui les misérables instincts de la matière. Quand il ouvrit les yeux, il était déjà trop tard : n'ayant pas vu la transition par laquelle toutes ces âmes vulgaires étaient allées du bien au mal; trop éloigné d'elles par la grandeur de sa nature pour pouvoir comprendre leurs faiblesses, il se prit pour elles d'un immense dédain; et, au lieu de se baisser vers les pécheurs avec indulgence et de chercher à les ramener à leur vertu première, il s'en détourna avec dégoût, et dressa vers le ciel sa tête désormais solitaire. Mais, comme l'aigle blessé qui monte au soleil avec le venin d'un reptile dans l'aile, il ne put, dans la hauteur de son isolement, se débarrasser des révoltantes images qui avaient surpris ses yeux. L'idée de la corruption et de la bassesse vint se mêler à toutes ses méditations théologiques, et s'attacher, comme une lèpre honteuse, à l'idée de la religion. Il ne put bientôt plus séparer, malgré sa puissance d'abstraction, le catholicisme des catholiques. Cela l'amena, sans qu'il s'en aperçût, à le considérer sous ses côtés les plus faibles, comme il l'avait jadis considéré sous les plus forts, et à en rechercher, malgré lui, les possibilités mauvaises. Avec le génie investigateur et la puissante faculté d'analyse dont il était doué, il ne fut pas longtemps à les trouver; mais, comme ces magiciens téméraires qui évoquaient des spectres et tremblaient à leur apparition, il s'épouvanta lui-même de ses découvertes. Il n'avait plus cette fougue de la première jeunesse qui le poussait toujours en avant, il sentait que, cette troisième religion une fois détruite, il n'en aurait plus aucune sous laquelle il pût s'abriter. Il s'efforça donc de raffermir sa foi, qui commençait à chanceler, et pour cela il se mit à relire les plus beaux écrits des défenseurs contemporains de l'Église. Il revint naturellement à Bossuet; mais il était déjà à un autre point de vue, et ce qui lui avait autrefois paru concluant et sans réplique lui semblait maintenant controversable ou niable en bien des points. Les arguments du docteur catholique lui rappelèrent les objections des protestants; et la liberté d'examen, qu'il avait autrefois dédaignée, rentra victorieusement dans son intelligence. Obligé de lutter individuellement contre la doctrine infaillible, il cessa de nier l'autorité de la raison individuelle. Bientôt, même, il en fit un usage plus audacieux que tous ceux qui l'avaient proclamée. Il avait hésité au début; mais, une fois son élan pris, il ne s'arrêta plus. Il remonta de conséquence en conséquence jusqu'à la révélation elle-même, l'attaqua avec la même logique que le reste, et força de redescendre sur la terre cette religion qui voulait cacher sa tête dans les cieux. Lorsqu'il eut livré à la foi cette bataille décisive, il continua presque forcément sa marche et poursuivit sa victoire; victoire funeste, qui lui coûta bien des larmes et bien des insomnies. Après avoir dépouillé de sa divinité le père du christianisme, il ne craignit pas de demander compte à lui et à ses successeurs de l'œuvre humaine qu'ils avaient accomplie. Le compte fut sévère. Hébronius alla au fond de toutes les choses. Il trouva beaucoup de mal mêlé à beaucoup de bien, et de grandes erreurs à de grandes vérités. Le grand champ catholique avait porté autant d'ivraie, peut-être, que de pur froment. Dans la nature d'esprit d'Hébronius, l'idée d'un Dieu pur esprit, tirant de lui-même un monde matériel et pouvant le faire rentrer en lui par un anéantissement pareil à sa création, lui semblait être le produit d'une imagination malade, pressée d'enfanter une théologie quelconque; et voici ce qu'il se disait souvent :
—Organisé comme il l'est, l'homme, qui ne doit pourtant juger et croire que d'après ses perceptions, peut-il concevoir qu'on fasse de rien quelque chose, et de quelque chose rien? Et sur cette base, quel édifice se trouve bâti? Que vient faire l'homme sur ce monde matériel que le pur esprit a tiré de lui-même? Il a été tiré et formé de la matière, puis placé dessus par le Dieu qui connaît l'avenir, pour être soumis à des épreuves que ce Dieu dispose à son gré et dont il sait d'avance l'issue, pour lutter, en un mot, contre un danger auquel il doit nécessairement succomber, et expier ensuite une faute qu'il n'a pu s'empêcher de commettre.

« Cette pensée des hommes appelés, sans leur consentement, à une vie de périls et d'angoisses, suivie pour la plupart de souffrances éternelles et inévitables, arrachait à l'âme droite d'Hébronius des cris de douleur et d'indignation. — Oui, s'écriait-il, oui, chrétiens, vous êtes bien les descendants de ces Juifs implacables qui, dans les villes conquises, massacraient jusqu'aux enfants des femmes et aux petits des brebis; et votre Dieu est le fils agrandi de ce Jéhovah féroce qui ne parlait jamais à ses adorateurs que de colère et de vengeance!

« Il renonça donc sans retour au christianisme; mais, comme il n'avait plus de religion nouvelle à embrasser à la place, et que, devenu plus prudent et plus calme, il ne voulait pas se faire inutilement accuser encore d'inconstance et d'apostasie, il garda toutes les pratiques extérieures de ce culte qu'il avait intérieurement abjuré. Mais ce n'était pas assez d'avoir quitté l'erreur; il aurait encore fallu trouver la vérité. Hébronius avait beau tourner les yeux autour de lui, il ne voyait rien qui y ressemblât. Alors commença pour lui une suite de souffrances inconnues et terribles. Placé face à face avec le doute, cet esprit sincère et religieux s'épouvanta de son isolement, et se prit à suer l'eau et le sang, comme le Christ sur la montagne, à la vue de son calice. Et comme il n'avait d'autre but et d'autre désir que la vérité, que rien hors elle ne l'intéressait ici-bas, il vivait absorbé dans ses douloureuses contemplations; ses regards erraient sans cesse dans le vague qui l'entourait comme un océan sans bornes, et il voyait l'horizon reculer sans cesse devant lui à mesure qu'il voulait le saisir. Perdu dans cette immense incertitude, il se sentait pris peu à peu de vertige, et se mettait à tourbillonner sur lui-même. Puis, fatigué de ses vaines recherches et de ses tentatives sans espérance, il retombait affaissé, morne et désorganisé, ne vivant plus que par la sourde douleur qu'il ressentait sans la comprendre.

« Pourtant il conservait encore assez de force pour ne rien laisser voir au dehors de sa misère intérieure. On soupçonnait bien, à la pâleur de son front, à sa lente et mélancolique démarche, à quelques larmes furtives qui glissaient de temps en temps sur ses joues amaigries, que son âme était fortement travaillée, mais on ne savait par quoi. Le manteau de sa tristesse cachait à tous les yeux le secret de sa blessure. Comme il n'avait confié à personne la cause de son mal, personne n'aurait pu dire s'il venait d'une incrédulité désespérée ou d'une foi trop vive que rien sur la terre ne pouvait assouvir. Le doute, à cet égard, n'était même guère possible. L'abbé Spiridion accomplissait avec une si irréprochable exactitude toutes les pratiques extérieures du culte et tous ses devoirs visibles de parfait catholique, qu'il ne laissait ni prise à ses ennemis ni prétexte à une accusation plausible. Tous les moines, dont sa rigide vertu contenait les vices et dont les austères labeurs condamnaient la lâche paresse, blessés à la fois dans leur égoïsme et dans leur vanité, nourrissaient contre lui une haine implacable, et cherchaient avidement les moyens de le perdre; mais, ne trouvant pas dans sa conduite l'ombre d'une faute, ils étaient forcés de ronger leur frein en silence, et se contentaient de le voir souffrir par lui-même. Hébronius connaissait le fond de leur pensée, et, tout en méprisant leur impuissance, s'indignait de leur méchanceté. Aussi, quand, par instants, il sortait de ses préoccupations intérieures pour jeter un regard sur la vie réelle, il leur faisait rudement porter le poids de leur malice. Autant il était doux avec les bons, autant il était dur avec les mauvais. Si toutes les faiblesses le trouvaient compatissant, et toutes les souffrances sympathique, tous les vices le trouvaient sévère, et toutes les impostures impitoyable. Il semblait même trouver quelque adoucissement à ses maux dans cet exercice complet de la justice. Sa grande âme s'exaltait encore à l'idée de faire le bien. Il n'avait plus de règle certaine ni de loi absolue; mais une sorte de raison instinctive, que rien ne pouvait anéantir ni détourner, le guidait dans toutes ses actions et le conduisait au juste. Ce fut probablement par ce côté qu'il se rattacha à la vie; en sentant fermenter ces généreux sentiments, il se dit que l'étincelle sacrée n'avait pas cessé de brûler en lui, mais seulement de briller; et que Dieu veillait encore dans son cœur, bien que caché à son intelligence par des voiles impénétrables. Que ce fût cette idée ou une autre qui le ranimât, toujours est-il qu'on vit peu à peu son front s'éclaircir, et ses yeux, ternis par les larmes, reprendre leur ancien éclat. Il se remit avec plus d'ardeur que jamais aux travaux qu'il avait abandonnés, et commença à mener une vie plus retirée encore qu'auparavant. Ses ennemis se réjouirent d'abord, espérant que c'était la maladie qui le retenait dans la solitude; mais leur erreur ne fut pas de longue durée. L'abbé, au lieu de s'affaiblir, reprenait chaque jour de nouvelles forces, et semblait se retremper dans les fatigues toujours plus grandes qu'il s'imposait. A quelque heure de la nuit que l'on regardât à sa fenêtre, on était sûr d'y voir de la lumière; et les curieux qui s'approchaient de sa porte pour tâcher de connaître l'emploi qu'il faisait de son temps, entendaient presque toujours dans sa cellule le bruit de feuillets qui se tournaient rapidement, ou le cri d'une plume sur le papier, souvent des pas mesurés et tranquilles, comme ceux d'un homme qui médite. Quelquefois même des paroles inintelligibles arrivaient aux oreilles des espions, et des cris confus pleins de colère ou d'enthousiasme les clouaient d'étonnement à leur place ou les faisaient fuir d'épouvante. Les moines, qui n'avaient rien compris à l'abattement de l'abbé, ne comprirent rien à son exaltation. Ils se mirent à chercher la cause de son bien-être, le but de ses travaux, et leurs sottes cervelles n'imaginèrent rien de mieux que la magie. La magie! comme si les grands hommes pouvaient rapetisser leur intelligence immortelle au métier de sorcière, et consacrer toute leur vie à souffler dans des fourneaux pour faire apparaître aux enfants effrayés des diables à queue de chien avec des pieds de bouc! Mais la matière ignorante ne comprend rien à la marche de l'esprit, et les hiboux ne connaissent pas les chemins par où les aigles vont au soleil.

« Cependant la monacaille n'osa pas dire tout haut son opinion, et la calomnie erra honteusement dans l'ombre autour du maître, sans oser l'attaquer en face. Il trouva, dans la terreur qu'inspiraient à ses imbéciles ennemis des machinations imaginaires, une sécurité qu'il n'aurait pas trouvée dans la vénération due à son génie et à sa vertu. Du mystère profond qui l'entourait, ils s'attendaient à voir sortir quelque terrible prodige, comme d'un sombre nuage des feux dévorants. C'est ainsi qu'il fut donné à Hébronius d'arriver tranquille à son heure dernière. Quand il la vit approcher, il fit venir Fulgence, pour qui il nourrissait une paternelle affection. Il lui dit qu'il l'avait distingué de tous ses autres compagnons, à cause de la sincérité de son cœur et de son ardent amour du beau et du vrai, qu'il l'avait depuis longtemps choisi pour être son héritier spirituel, et que l'instant était venu de lui révéler sa pensée. Alors il lui raconta l'histoire intime de sa vie. Arrivé à la dernière période, il s'arrêta un instant, comme pour méditer, avant de prononcer les paroles suprêmes et définitives; puis il reprit de la sorte :

« — Mon cher enfant, je t'ai initié à toutes les luttes, à tous les doutes, à toutes les croyances de ma vie. Je t'ai dit tout ce que j'avais trouvé de bon et de mauvais, de vrai et de faux dans toutes les religions que j'ai traversées. Je t'en laisse le juge, et remets à ta conscience le soin de décider. Si tu penses que j'aie tort, et que le catholicisme, où tu as vécu depuis ton enfance, satisfasse à la fois ton esprit et ton cœur, ne te laisse pas entraîner par mon exemple, et garde ta croyance. On doit rester là où l'on est bien. Pour aller d'une foi à une autre il faut traverser des abîmes, et je sais trop combien la route est pénible pour t'y pousser malgré toi. La sagesse mesure aux plantes le terrain et le vent : à la rose elle donne la plaine et la brise, au cèdre la montagne et l'ouragan. Il est des esprits hardis et curieux qui veulent et cherchent avant tout la vérité; il en est d'autres, plus timides et plus modestes, qui ne demandent que du repos. Si tu me ressemblais, si le premier besoin de ta nature était de savoir, je t'ouvrirais sans hésiter ma pensée tout entière. Je te ferais boire à la coupe de vérité que j'ai remplie de mes larmes, au risque de t'enivrer. Mais il n'en est pas ainsi, hélas! Tu es fait pour aimer bien plus que pour savoir, et ton cœur est plus fort que ton esprit. Tu es attaché au catholicisme, je te crois du moins, par des liens de sentiment que tu ne pourrais briser sans douleur; et, si tu le faisais, cette vérité, pour laquelle tu aurais immolé toutes tes sympathies, ne te paierait pas de tes sacrifices. Au lieu de t'exalter, elle t'accablerait peut-être. C'est une nourriture trop forte pour les poitrines délicates, et qui étouffe quand elle ne vivifie pas. Je ne veux donc pas te révéler cette doctrine qui fait le triomphe de ma vie et la consolation de mon heure dernière, parce qu'elle ferait peut-être ton deuil et ton désespoir. Que sait-on des âmes? Pourtant, à cause même de ton amour, il est possible que le culte du beau te mène au besoin du vrai, et l'heure peut sonner où ton esprit sincère aura soif et faim de l'absolu. Je ne veux pas alors que tu cries en vain vers le ciel, et que tu répandes sur une ignorance incurable des larmes inexaucées. Je laisse après moi une essence de moi, la meilleure partie de mon intelligence, quelques pages, fruit de toute ma vie de méditations et de travaux. De toutes les œuvres qu'ont enfantées mes longues veilles, c'est la seule que je n'aie pas livrée aux flammes, parce que c'était la seule complète. Là je suis tout entier; là est la vérité. Or le sage a dit de ne pas enfouir les trésors au fond des puits. Il faut donc que cet écrit échappe à la brutale stupidité de ces moines. Mais comme il ne doit passer qu'en des mains dignes de le toucher et ne s'ouvrir qu'à des yeux capables de le comprendre, j'y veux mettre une condition qui sera en même temps une épreuve. Je veux l'emporter dans la tombe, afin que celui de vous qui voudra un jour le lire ait assez de courage pour braver de vaines terreurs en l'arrachant à la poussière du sépulcre. Ainsi, écoute ma dernière volonté : Dès que j'aurai fermé les yeux, place cet écrit sur ma poitrine. Je l'ai enfermé moi-même dans un étui de parchemin, dont la préparation particulière pourrait le garantir de la corruption durant plusieurs siècles. Ne laisse personne toucher à mon cadavre ; c'est là un triste soin qu'on ne se dispute guère et qu'on te laissera volontiers. Roule toi-même le linceul autour de mes membres exténués, et veille sur ma dépouille d'un œil jaloux, jusqu'à ce que je sois descendu dans le sein de la terre avec mon trésor ; car le temps n'est pas venu où tu pourrais toi-même en profiter. Tu n'en adopterais l'esprit que sur la foi de ma parole, et cette foi ne suffirait pas à l'épreuve d'une lutte chaque jour renouvelée contre toi par le catholicisme. Comme chaque génération de l'humanité, chaque homme a ses besoins intellectuels, dont la limite marque celle de ses investigations et de ses conquêtes. Pour lire avec fruit ces lignes que je confie au silence de la tombe, il faudra que ton esprit soit arrivé, comme le mien, à la nécessité d'une transformation complète. Alors seulement tu dépouilleras sans crainte et sans regret le vieux vêtement, et tu revêtiras le nouveau avec la certitude d'une bonne conscience. Quand ce jour luira pour toi, brise sans inquiétude la pierre et le métal, ouvre mon cercueil et plonge dans mes entrailles desséchées une main ferme et pieuse. Ah! quand viendra cette heure, il me semble que mon cœur éteint tressaillera comme l'herbe glacée au retour d'un soleil de printemps, et que du sein de ses transformations infinies mon esprit entrera en commerce immédiat avec le tien : car l'Esprit vit à jamais, il est l'éternel producteur et l'éternel aliment de l'esprit; il nourrit ce qu'il engendre, et, comme chaque destruction alimente une production nouvelle dans l'ordre matériel, de même chaque souffle intellectuel entretient, par une invisible communion, le souffle éveillé par lui dans un sanctuaire nouveau de l'intelligence.

« Ce discours n'éveilla pas dans le sein de Fulgence une ardeur plus grande que son maître ne l'avait pressenti; Spiridion l'avait bien jugé en lui disant que l'heure de la connaissance n'était pas sonnée pour lui. Sans doute, des esprits plus hardis et des cerveaux plus vastes que celui de Fulgence eussent pu être institués dépositaires du secret de l'abbé; à cette époque il s'en trouvait encore dans le cloître. Mais, sans doute aussi, ces caractères ne lui offraient point une garantie suffisante de sincérité et de désintéressement; il devait craindre que son trésor ne devînt un moyen de puissance temporelle ou de gloire mondaine dans les mains des ambitieux, peut-être une source d'impiété, une cause d'athéisme, sous l'interprétation d'une âme aride et d'une intelligence privée d'amour. Il savait que Fulgence était, comme dit l'Écriture, *un or très-pur*, et que si, le courage lui manquant, il venait à ne point profiter du legs sacré, du moins il n'en ferait jamais un usage funeste. Quand il vit avec quelle humble résignation ce disciple bien-aimé avait écouté ses confidences, il s'applaudit de l'avoir laissé à son libre arbitre, et lui fit jurer seulement qu'il ne mourrait point sans avoir fait passer le legs en des mains dignes de le posséder. Fulgence le jura.

— Mais, ô mon maître! s'écria-t-il, à quoi connaîtrai-je ces mains pures? et si nul ne m'inspire assez de confiance pour que je lui transmette votre héritage, du sein de la tombe votre voix ne montera-t-elle pas vers moi pour tancer mon aveuglement ou ma timidité? Pourrai-je, quand la lumière sera éteinte, me diriger seul dans les ténèbres?

— Aucune lumière ne s'éteint, répondit l'abbé, et les ténèbres de l'entendement sont, pour un esprit généreux et sincère, des voiles faciles à déchirer. Rien ne se perd; la forme elle-même ne meurt pas; et, ma figure restant gravée dans le plus intime sanctuaire de ta mémoire, qui pourra dire que ma figure a disparu de ce monde et que les vers ont détruit mon image? La mort rompra-t-elle les liens de notre amitié, et ce qui est conservé dans le cœur d'un ami a-t-il cessé d'être? L'âme a-t-elle besoin des yeux du corps pour contempler ce qu'elle aime, et n'est-elle pas un miroir d'où rien ne s'efface? Va, la mer cessera de refléter l'azur des cieux avant que l'image d'un être aimé retombe dans le néant; et l'artiste qui fixe une ressemblance sur la toile ou sur le marbre ne donne-t-il pas, lui aussi, une sorte d'immortalité à la matière?

« Tels étaient les derniers entretiens de Spiridion avec son ami. Mais ici commence pour ce dernier une série de faits personnels sur lesquels j'appelle toute ton attention; les voici tels qu'ils m'ont été transmis maintes fois par lui avec la plus scrupuleuse exactitude.

« Fulgence ne pouvait s'habituer à l'idée de voir mourir son ami et son maître. En vain les médecins lui disaient que l'abbé avait peu de jours à vivre, sa maladie ayant dépassé déjà le terme où cessent les espérances et où s'arrêtent les ressources de l'art; il ne concevait pas que cet homme, encore si vigoureux d'esprit et de caractère, fût à la veille de sa destruction. Jamais il ne l'avait vu plus clair et plus éloquent dans ses paroles, plus subtil dans ses aperçus et plus large dans ses vues. Au seuil d'une autre vie, il avait encore de l'énergie et de l'activité pour s'occuper des détails de la vie qu'il allait quitter. Plein de sollicitude pour ses frères, il donnait à chacun l'instruction qui lui convenait : aux mauvais, la prédication ardente; aux bons, l'encouragement paternel. Il était plus inquiet et plus touché de la douleur de Fulgence que de ses propres souffrances physiques, et sa tendresse pour ce jeune homme lui faisait oublier ce qu'a de solennel et de terrible le pas qu'il allait franchir. »

Ici le père Alexis s'interrompit en voyant mes yeux se remplir de larmes, ma tête se pencha sur sa main glacée, à la pensée d'un rapprochement si intime entre la situation qu'il me décrivait et celle où nous nous trouvions l'un et l'autre. Il me comprit, serra ma main avec force et continua.

« Spiridion, voyant que cette âme tendre et passionnée dans ses attachements allait se briser avec le fil de sa vie, essayait de lui adoucir l'horreur dont le catholicisme environne l'idée de la mort; il lui peignait sous des couleurs sereines et consolantes ce passage d'une existence éphémère à une existence sans fin.

— Je ne vous plains pas de mourir, lui répondait Fulgence; je me plains parce que vous me quittez. Je ne suis pas inquiet de votre avenir, je sais que vous allez passer de mes bras dans ceux d'un Dieu qui vous aime; mais moi je vais gémir sur une terre aride et traîner une existence délaissée parmi des êtres qui ne vous remplaceront jamais pour moi!

— O mon enfant! ne parle pas ainsi, répondit l'abbé; il y a une providence pour les hommes bons, pour les cœurs aimants. Si elle te retire un ami dont la mission auprès de toi est remplie, elle te donnera en récompense à ta vieillesse un ami fidèle, un fils dévoué, un disciple confiant, qui entourera tes derniers jours des consolations que tu me procures aujourd'hui.

— Nul ne pourra m'aimer comme je vous aime, reprenait Fulgence, car jamais je ne serai digne d'un amour semblable à celui que vous m'inspirez; et quand même cela devrait arriver, je suis si jeune encore! Imaginez ce que j'aurai à souffrir, privé de guide et d'appui, durant les années de ma vie où vos conseils et votre protection m'eussent été le plus nécessaires!

— Écoute, lui dit un jour l'abbé, je veux te dire une pensée qui a traversé plusieurs fois mon esprit sans s'y arrêter. Nul n'est plus ennemi que moi, tu le sais, des grossières jongleries dont les moines se servent pour terrifier leurs adeptes; je ne suis pas davantage partisan des extases que d'ignorants visionnaires ou de vils imposteurs ont fait servir à leur fortune ou à la satisfaction de leur misérable vanité; mais je crois aux apparitions et aux songes qui ont jeté quelquefois une salutaire terreur ou apporté une vivifiante espérance à des esprits sincères et pieusement enthousiastes. Les miracles ne me paraissent pas inadmissibles à la raison la plus froide et la plus éclairée. Parmi les choses surnaturelles qui, loin de causer de la répugnance à mon esprit, lui sont un doux rêve et une vague croyance, j'accepterais comme possibles les communications directes de nos sens avec ce qui reste en nous et autour de nous des morts que nous avons chéris. Sans croire que les cadavres puissent briser la pierre du sépulcre et reprendre pour quelques instants les fonctions de la vie, je m'imagine quelquefois que les éléments de notre être ne se divisent pas subitement, et qu'avant leur diffusion un reflet de nous-mêmes se projette autour de nous, comme le spectre solaire frappe encore nos regards de son éclat plusieurs minutes après que l'astre s'est abaissé derrière notre horizon. S'il faut t'avouer tout ce qui se passe en moi à cet égard, je te confesserai qu'il était une tradition dans ma famille que je n'ai jamais eu la force de rejeter comme une fable. On disait que la vie était dans le sang de mes ancêtres à un tel degré d'intensité que leur âme éprouvait, au moment de quitter le corps, l'effort d'une crise étrange, inconnue. Ils voyaient alors leur propre image se détacher d'eux, et leur apparaître quelquefois double et triple. Ma mère assurait qu'à l'heure suprême où mon père rendit l'esprit, il prétendait voir de chaque côté de son lit un spectre tout semblable à lui, revêtu de l'habit qu'il portait les jours de fête pour aller à la synagogue dont il était rabbin. Il eût été si facile à la raison hautaine de repousser cette légende que je ne m'en suis jamais donné la peine. Elle plaisait à mon imagination, et j'eusse été affligé de la condamner au néant des erreurs *jugées*. Ces discours te causent quelque surprise, je le vois. Tu m'as vu repousser si durement les tentatives de nos visionnaires et railler d'une manière si impitoyable leurs hallucinations, que tu penses peut-être qu'en cet instant mon cerveau s'affaiblit. Je sens, au contraire, que les voiles se dégagent, et il me semble que jamais je n'ai pénétré avec plus de lucidité dans les perceptions inconnues d'un nouvel ordre d'idées. A l'heure d'abdiquer l'exercice de la raison superbe, l'homme sincère, sentant qu'il n'a plus besoin de se défendre des terreurs de la mort, jette son bouclier et contemple d'un œil calme le champ de bataille qu'il abandonne. Alors il peut voir que, de même que l'ignorance et l'imposture, la raison et la science ont leurs préjugés, leurs aveuglements, leurs négations téméraires, leurs étroites obstinations. Que dis-je? il voit que la raison et la science humaines ne sont que des aperçus provisoires, des horizons nouvellement découverts, au delà desquels s'ouvrent des horizons infinis, inconnus encore, et qu'il juge insaisissables, parce que la courte durée de sa vie et la faible mesure de ses forces ne lui permettent pas de pousser plus loin son voyage. Il voit, à vrai dire, que la raison et la science ne sont que la supériorité d'un siècle relativement à un autre, et qu'il en tremblant que les erreurs qui le font sourire en son temps ont été le dernier mot de la sagesse humaine pour ses devanciers. Il peut se dire que ses descendants riront également de sa science, et que les travaux de toute sa vie, après avoir porté leurs fruits pendant une saison, seront nécessairement rejetés comme le vieux tronc d'un arbre qu'on recèpe. Qu'il s'humilie donc alors, et qu'il contemple avec un calme philosophique cette suite de générations qui l'ont précédé et cette suite de générations qui le suivront; et qu'il sourie en voyant le point intermédiaire où il a végété, atome obscur, imperceptible anneau de la chaîne infinie! Qu'il dise: J'ai été plus loin que mes ancêtres, j'ai grossi ou épuré le trésor qu'ils avaient conquis. Mais qu'il me dise aussi: Ce que je n'ai pas fait est impossible à faire, ce que je n'ai pas compris est un mystère incompréhensible, et jamais l'homme ne surmontera les obstacles qu'ont m'ont arrêté. Car cela serait un blasphème, et ce serait pour de tels arrêts qu'il faudrait rallumer les bûchers où l'inquisition jette les écrits des novateurs.

« Ce jour-là, Spiridion mit sa tête dans ses mains, et ne s'expliqua pas davantage. Le lendemain, il reprit un entretien qui semblait lui plaire et le distraire de ses souffrances.

— Fulgence! dit-il, que peut signifier ce mot, *passé*? et quelle action veut marquer ce verbe, *n'être plus*? Ne sont-ce pas là des idées créées par l'erreur de nos sens et l'impuissance de notre raison? Ce qui a été peut-il cesser d'être, et ce qui est peut-il n'avoir pas été de tout temps?

— Est-ce à dire, maître, lui répliqua le simple Fulgence, que vous ne mourrez point, ou que je vous verrai encore après que vous ne serez plus?

— Je ne serai plus et je serai encore, répondit le maître. Si tu ne cesses pas de m'aimer, tu me verras, tu me sentiras, tu m'entendras partout. Ma forme sera devant tes yeux, parce qu'elle restera gravée dans ton esprit; ma voix vibrera à ton oreille, parce qu'elle restera dans la mémoire de ton cœur: mon esprit se révélera encore à ton esprit, parce que ton âme me comprend et me possède. Et peut-être, ajouta-t-il avec une sorte d'enthousiasme et comme frappé d'une idée nouvelle, peut-être te dirai-je, après ma mort, ce que mon ignorance et la tienne nous ont empêchés de découvrir ensemble et de nous communiquer l'un à l'autre. Peut-être ta pensée fécondera-t-elle la mienne; peut-être la semence laissée par moi dans ton âme fructifiera-t-elle, échauffée par ton souffle. Prie, prie! et ne pleure pas. Rappelle-toi que le jeune prophète Élisée demanda pour toute grâce au Seigneur qu'il mit sur lui une double part de l'esprit du prophète Élie, son maître. Nous sommes tous prophètes aujourd'hui, mon enfant. Nous cherchons tous la parole de vie et l'esprit de vérité.

« Le dernier jour, l'abbé reçut les sacrements avec tout le calme et toute la dignité d'un homme qui accomplit un acte extérieur et qui l'accepte comme un symbole respectable. Il reçut tous les adieux de ses frères, leur donna sa dernière bénédiction, et, se tournant vers Fulgence, il lui dit tout bas au moment où celui-ci, le voyant si fort et si tranquille, espérait presque qu'une crise favorable s'opérait et que son ami allait lui être rendu:

« Fais-les sortir, Fulgence; je veux être seul avec toi. Hâte-toi, je vais mourir. »

« Fulgence, consterné, obéit; et quand il fut seul avec l'abbé, il lui demanda, en tremblant et en pleurant, d'où lui venait, dans un moment où il semblait si calme, la pensée que sa vie allait finir si vite.

« Je me sens extraordinairement bien, en effet, répondit Spiridion, et, si je m'en rapportais au bien-être que j'éprouve dans mon corps et dans mon âme, je croirais volontiers que je ne fus jamais plus fort et mieux portant. Mais il est certain que je vais mourir; car j'ai vu tout à l'heure mon spectre qui me montrait le sablier, et qui me faisait signe de renvoyer tous ces témoins inutiles ou malveillants. Dis-moi où en est le sable?

— O mon maître! plus d'à moitié écoulé dans le réceptacle.

— C'est bien, mon enfant... Donne-moi l'écrit... place-le sur ma poitrine, et mets tout de suite le linceul autour de mes reins. »

Fulgence obéit, le front baigné d'une sueur froide. L'abbé lui prit les mains, et lui dit encore:

« Je ne m'en vais pas... Tous les éléments de mon être retournent à *Dieu*, et une partie de moi passe en toi. »

Puis il ferma les yeux et se recueillit. Au bout d'une demi-heure, il les ouvrit, et dit:

« Cet instant est ineffable; je ne fus jamais plus heureux... Fulgence, reste-t-il du sable?

« Fulgence tourna ses yeux humides vers le sablier. Il ne restait plus que quelques grains dans le récipient. Emporté par un mouvement de douleur inexprimable, il serra convulsivement les deux mains de son maître, qui étaient enlacées aux siennes, et qu'il sentait se refroidir rapidement. L'abbé lui rendit son étreinte avec force, et sourit en lui disant: « *Voici l'heure!* »

« En cet instant, Fulgence sentit une main pleine de chaleur se poser sur sa tête. Il se retourna brusquement, et vit debout derrière lui un homme en tout semblable à l'abbé, qui le regardait d'un air grave et paternel. Il reporta ses regards sur le mourant; ses mains s'étaient étendues, ses yeux étaient fermés. Il avait cessé de vivre de la vie des hommes.

« Fulgence n'osa se retourner. Partagé entre la terreur et le désespoir, il colla son visage au bord du lit, et perdit connaissance pendant quelques instants. Mais bientôt, se rappelant le devoir qu'il avait à remplir, il reprit courage, et acheva d'ensevelir son maître bien-aimé dans le linceul. Il arrangea le manuscrit avec le plus grand soin, mit le crucifix dessus, suivant l'usage, et croisa les bras du cadavre sur la poitrine. A peine y furent-ils placés, qu'ils se roidirent comme l'acier, et il sembla à Fulgence que nul pouvoir humain n'eût pu arracher le livre à ce corps privé de vie.

« Il ne le quitta pas une seule minute, et le porta lui-même, avec trois autres novices, dans l'église. Là, il se prosterna auprès de son catafalque, et y resta sans prendre aucun aliment ni goûter aucun sommeil, jusqu'à ce qu'il eût de ses mains soudé le cercueil et qu'il eût vu de ses yeux sceller la pierre du caveau. Quand ce fut fait, il se prosterna sur cette dalle, et l'arrosa de larmes amères. Alors il entendit une voix qui lui dit à l'oreille : « T'ai-je donc quitté? » Il n'osa pas regarder auprès de lui. Il ferma les yeux pour ne rien voir. Mais la voix qu'il avait entendue était bien celle de son ami. Les chants funèbres résonnaient encore sous la voûte du temple, et le cortège des moines défilait lentement.

« Là, poursuivit Alexis après s'être un peu reposé, cessent pour moi les intimes révélations de Fulgence. Lorsqu'il me raconta ces choses, il crut devoir ne me rien cacher de la vie et de la mort de son maître; mais, soit scrupule de chrétien, soit une sorte de confusion et de repentir envers la mémoire de Spiridion, il ne voulut point me raconter ce qui s'était passé depuis entre lui et l'ombre assidue à le visiter. J'ai la certitude intime qu'il eut de nombreuses apparitions dans les premiers temps; mais la crainte qu'elles lui causaient et les efforts qu'il faisait pour s'y soustraire les rendirent de plus en plus rares et confuses. Fulgence était un caractère flottant, une conscience timorée. Quand il eut perdu son maître, le charme de sa présence continuelle n'agissant plus sur lui, il fut effrayé de tout ce qu'il avait entendu, et peut-être de ce qu'il avait fait en inhumant le livre. Personne mieux que lui ne savait combien l'accusation de magie était indigne de la haute sagesse et de la puissante raison de l'abbé. Néanmoins, à force d'entendre dire, après la mort de celui-ci, qu'il s'était adonné à cet art détestable et qu'il avait eu commerce avec les démons, Fulgence, épouvanté des choses surnaturelles qu'il avait vues, et de celles qui, sans doute, se passaient encore en lui, chercha dans l'observance scrupuleuse de ses devoirs de chrétien un refuge contre la lumière qui éblouissait sa faible vue. Ce qu'il faut admirer dans cet homme généreux et droit, c'est qu'il trouva dans son cœur la force qui manquait à son esprit, et qu'il ne trahit jamais, même au sein des investigations menaçantes ou perfides du confessionnal, aucun des secrets de son maître. L'existence du manuscrit demeura ignorée, et, à l'heure de sa mort, il exécuta fidèlement la volonté suprême de Spiridion en me confiant ce que je viens de te confier.

« Spiridion avait érigé en statut particulier de notre abbaye, que tout religieux atteint d'une maladie grave serait en droit de réclamer, outre les soins de l'infirmier ordinaire, ceux d'un novice ou d'un religieux de son choix. L'abbé avait institué ce règlement peu de jours avant sa mort, en reconnaissance des consolations dont Fulgence entourait son agonie, afin que ce même Fulgens et les autres religieux eussent, dans leur dernière épreuve, ces secours et ces consolations de l'amitié, que rien ne peut remplacer. Fulgence étant donc tombé en paralysie, je fus mandé auprès de lui. Le choix qu'il faisait de moi en cette occurrence eut lieu de me surprendre; car je le connaissais à peine, et il n'avait jamais semblé me distinguer, tandis qu'il était sans cesse entouré de fervents disciples et d'amis empressés. Objet des persécutions et des méfiances de l'ordre durant les années qui suivirent la mort de l'abbé, il avait fini par faire sa paix à force de douceur et de bonté. De guerre lasse, on avait cessé de lui demander compte des écrits hérétiques qu'on soupçonnait être sortis de la plume d'Hébronius, et on se persuadait qu'il les avait brûlés. Les conjectures sur le grand œuvre étaient passées de mode depuis que l'esprit du XVIIIe siècle s'était infiltré dans nos murs. Nous avions au moins dix bons pères philosophes qui lisaient Voltaire et Rousseau en cachette, et qui poussaient l'*esprit fort* jusqu'à rompre le jeûne et soupirer après le mariage. Il n'y avait plus que le portier du couvent, vieillard de quatre-vingts ans, contemporain du père Fulgence, qui mêlât les superstitions du passé à l'orgueil du présent. Il parlait du vieux temps avec admiration, de l'abbé Spiridion avec un sourire mystérieux, et de Fulgence lui-même avec une sorte de mépris, comme d'un ignorant ou d'un paresseux qui eût pu faire part de son secret et enrichir le couvent; mais qui avait peur du diable et faisait niaisement son salut. Cependant il y avait encore de mon temps plusieurs jeunes cerveaux que la vie et la mort d'Hébronius tourmentaient comme un problème. J'étais de ce nombre; mais je dois dire que, si le sort de cette grande âme dans l'autre vie m'inspirait quelque inquiétude, je ne partageais aucune des imbéciles terreurs de ceux qui n'osaient prier pour elle, de peur de la voir apparaître. Une superstition, qui durera tant qu'il y aura des couvents, condamnait son spectre à errer sur la terre jusqu'à ce que les portes du purgatoire tombassent tout à fait devant son repentir ou devant les supplications des hommes. Mais, comme, selon les moines, il est de la nature des spectres de s'acharner après les vivants qui veulent bien s'occuper d'eux, pour en obtenir toujours plus de messes et de prières, chacun se gardait bien de prononcer son nom dans les commémorations particulières.

« Pour moi, j'avais souvent réfléchi aux choses étranges qu'on racontait au noviciat sur les anciennes apparitions de l'abbé Spiridion. Aucun novice de mon temps ne pouvait affirmer avoir vu ou entendu l'*Esprit*; mais certaines traditions s'étaient perpétuées dans cette école avec les commentaires de l'ignorance et de la peur, éléments ordinaires de l'éducation monacale. Les anciens, qui se piquaient d'être éclairés, riaient de ces traditions, sans avouer qu'ils les avaient accréditées eux-mêmes dans leur jeunesse. Pour moi, je les écoutais avec avidité, mon imagination se plaisant à la poésie de ces récits merveilleux, et ma raison ne cherchant point à les commenter. J'aimais surtout une certaine histoire que je veux te rapporter.

« Pendant les dernières années de l'abbé Spiridion, il avait pris l'habitude de marcher à grands pas dans la longue salle du chapitre depuis midi jusqu'à une heure. C'était là toute la récréation qu'il se permettait, et encore la consacrait-il aux pensées les plus graves et les plus sombres; car, si on venait l'interrompre au milieu de sa promenade, il se livrait à de violents accès de colère. Aussi les novices qui avaient quelque grâce à lui demander se tenaient-ils dans la galerie du cloître contiguë à celle du chapitre, et là ils attendaient, tout tremblants, que le coup d'une heure sonnât; l'abbé, scrupuleusement régulier dans la distribution de sa journée, n'accordait jamais une minute de plus ni de moins à sa promenade. Quelques jours après sa mort, l'abbé Déodatus, son successeur, étant entré un peu après midi dans la salle du chapitre, en sortit, au bout de quelques instants, pâle comme la mort, et tomba évanoui dans les bras de plusieurs frères qui se trouvaient dans la galerie. Jamais il ne voulut dire la cause de sa terreur ni raconter ce qu'il avait vu dans la salle. Aucun religieux n'osa plus y pénétrer à cette heure-là, et la peur s'empara de tous les novices au point qu'on passait la nuit en prières dans les dortoirs, et que plusieurs de ces jeunes gens tombèrent malades. Cependant la curiosité étant plus forte encore que la frayeur, il y en eut quelques-uns d'assez hardis pour se tenir dans la galerie à l'heure fatale. Cette galerie est, tu le sais, plus basse de quelques pieds que le sol de la salle du chapitre. Les cinq grandes fenêtres en ogive de la salle donnent donc sur la galerie, et à cette époque elles étaient, comme aujourd'hui, garnies de grands rideaux de serge rouge constamment baissés sur cette face du bâtiment. Quels furent la surprise et l'effroi de ces novices lorsqu'ils virent passer sur les rideaux la grande ombre de l'abbé Spiridion, bien reconnaissable à la silhouette de sa belle chevelure! En même temps qu'on voyait passer et repasser cette ombre, on entendait le bruit égal et rapide de ses pas. Tout le couvent voulut être témoin de ce prodige, et les esprits forts, car dès ce temps-là il y en avait quelques-uns, prétendaient que c'était Fulgence ou quelque autre des anciens favoris de l'abbé qui se promenait de la sorte. Mais l'étonnement des incrédules fut grand lorsqu'ils purent s'assurer que toute la communauté, sans en excepter un seul religieux, novice ou serviteur, était rassemblée sur la galerie, tandis que l'ombre marchait toujours et que le plancher de la salle craquait sous ses pieds comme à l'ordinaire.

« Cela dura plus d'un an. A force de messes et de prières, on satisfit, dit-on, cette âme en peine, et le

Tenant toujours d'une main son démon terrassé... (Page 44).

premier anniversaire de la mort d'Hébronius vit cesser le prodige. Cependant une autre année s'écoula encore sans que personne osât entrer dans la salle à l'heure maudite. Comme on donne à chaque chose un nom de convention dans les couvents, on avait nommé cette heure le *Miserere*, parce que, pendant l'année qu'avait duré la promenade du revenant, plusieurs novices, désignés à tour de rôle par les supérieurs, avaient été tenus d'aller réciter le *Miserere* dans la galerie. Quand cette apparition eut cessé et qu'on se fut familiarisé de nouveau avec les lieux hantés par l'esprit, on disait qu'à l'heure de midi, au moment où le soleil passait sur la figure du portrait d'Hébronius, on voyait ses yeux s'animer et paraître en tout semblables à des yeux humains.

« Cette légende ne m'avait jamais trouvé railleur et superbe. Je prenais un singulier plaisir à l'entendre raconter; et longtemps avant l'époque où je connus intimement Fulgence, je m'étais intéressé à ce savant abbé, dont l'âme agitée n'avait peut-être pu encore entrer dans le repos céleste, faute d'avoir trouvé des amis assez courageux ou des chrétiens assez fervents pour demander et obtenir sa grâce. Dans toute la naïveté de ma foi, je m'étais posé comme l'avocat de Spiridion auprès du tribunal de Dieu, et tous les soirs, avant de m'endormir, je récitais avec onction un *De profundis* pour lui. Bien qu'il fût mort une quarantaine d'années avant ma naissance, soit que j'aimasse la grandeur de ce caractère dont on rapportait mille traits remarquables, soit qu'il y eût en moi quelque chose comme une prédestination à devenir son héritier, je me sentais ému d'une vive sympathie et d'une sorte de tendresse pieuse en songeant à lui. J'avais horreur de l'hérésie, et je le plaignais si vivement d'avoir donné dans cette erreur que je ne pouvais souffrir qu'on parlât devant moi de ses dernières années.

« Néanmoins la prudence me défendait d'avouer cette sympathie. L'inquisition exercée sans cesse par les supérieurs eût incriminé la pureté de mes sentiments. Le choix que Fulgence fit de moi pour son ami et son consolateur eut lieu de me surprendre autant qu'il surprit les autres. Quelques-uns en furent blessés, mais personne ne songea à m'en faire un crime; car je ne l'avais pas cherché, et on n'en conçut point de méfiance. J'étais alors aussi fervent catholique qu'il est possible

Lorsqu'ils virent passer sur les rideaux la grande ombre de l'abbé... (Page 23.)

de l'être, et même ma dévotion avait un caractère d'orthodoxie farouche qui m'assurait, sinon la bienveillance, du moins la considération des supérieurs. Il y avait déjà quatre ans que j'avais fait profession, et cette *ferveur de novice*, qui est devenue un terme proverbial, ne s'était pas encore démentie. J'aimais la religion catholique avec une sorte de transport; elle me semblait une arche sainte à l'abri de laquelle je pourrais dormir toute ma vie en sûreté contre les flots et les orages de mes passions; car je sentais fermenter en moi une force capable de briser comme le verre tous les raisonnements de la sagesse; et les idées que renferme ce mot, *mystère*, étaient les seuls qui pussent m'enchaîner, parce qu'elles seules pouvaient gouverner ou du moins endormir mon imagination. Je me plaisais à exalter la puissance de cette révélation divine qui coupe court à toutes les controverses et promet, en revanche de la soumission de l'esprit, les éternelles joies de l'âme. Combien je la trouvais préférable à ces philosophies profanes qui cherchent vainement le bonheur dans un monde éphémère, et qui ne peuvent, après avoir lâché la bride aux instincts de la matière, reprendre le moindre empire durable sur eux par le raisonnement! J'étais chargé de presque toutes les instructions scolastiques, et je professais la théologie en apôtre exalté, faisant servir tout l'esprit de discussion et d'examen qui étaient en moi à démontrer l'excellence d'une foi qui proscrivait l'un et l'autre.

« Je semblais donc l'homme le moins propre à recevoir les confidences de l'ami d'Hébronius. Mais un seul acte de ma vie avait révélé naguère au vieux Fulgence quel fonds on pouvait faire sur la fermeté de mon caractère. Un novice m'avait confié une faute que je l'avais engagé à confesser. Il ne l'avait pas fait, et la faute ayant été découverte ainsi que la confidence que j'avais reçue, on taxait presque mon silence de complicité. On voulait pour m'absoudre que je fisse de plus amples révélations, et que je complétasse, par la délation, l'accusation portée contre ce jeune homme. J'aimai mieux me laisser charger que de le charger lui-même. Il confessa toute la vérité, et je fus disculpé. Mais on me fit un grand crime de ma résistance, et le Prieur m'adressa des reproches publics dans les termes les plus blessants pour l'orgueil irritable qui couvait dans mon sein. Il m'imposa une rude pénitence; puis, voyant la surprise et la consternation que cet arrêt sévère répandait sur le visage des novices tremblants autour de moi, il ajouta :

« — Nous avons regret à punir avec la rigueur de la justice un homme aussi régulier dans ses mœurs et aussi attaché à ses devoirs que vous l'avez été jusqu'à ce jour. Nous aimerions à pardonner cette faute, la première de votre vie religieuse qui nous ait offert de la gravité. Nous le ferions avec joie, si vous montriez assez de confiance en nous pour vous humilier devant notre paternelle autorité, et si, tout en reconnaissant vos torts, vous preniez l'engagement solennel de ne jamais retomber dans une telle résistance, en faveur des profanes maximes d'une mondaine loyauté.

« — Mon père, répondis-je, j'ai sans doute commis une grande faute, puisque vous condamnez ma conduite ; mais Dieu réprouve les vœux téméraires, et quand nous faisons un ferme propos de ne plus l'offenser, ce n'est point par des serments, mais par d'humbles vœux et d'ardentes prières que nous obtenons son assistance future. Nous ne saurions tromper sa clairvoyance, et il se rirait de notre faiblesse et de notre présomption. Je ne puis donc m'engager à ce que vous me demandez. »

« Ce langage n'était pas celui de l'Église, et, à mon insu, un instant d'indignation venait de tracer en moi une ligne de démarcation entre l'autorité de la foi et l'application de cette autorité entre les mains des hommes. Le Prieur n'était pas de force à s'engager dans une discussion avec moi. Il prit un air d'hypocrite compassion, et me dit d'un ton affligé qui déguisait mal son dépit :

« — Je serai forcé de confirmer ma sentence, puisque vous ne vous sentez pas la force de me rassurer à l'avenir sur une seconde faute de ce genre.

« — Mon père, répondis-je, je ferai double pénitence pour celle-ci. »

« Je la fis en effet ; je prolongeai tellement mes macérations qu'on fut forcé de les faire cesser. Sans m'en douter, ou du moins sans l'avoir prévu, j'allumai de profonds ressentiments, et j'excitai de vives alarmes dans l'esprit des supérieurs par l'orgueil d'une expiation qui désormais me déclarait invulnérable aux atteintes des châtiments extérieurs. Fulgence fut vivement frappé du caractère inattendu que cette conduite, de ma part, révélait aux autres et à moi-même. Il lui échappa de dire que, du temps de l'abbé Spiridion, *de telle choses ne se seraient point passées*.

« Ces paroles me frappèrent à mon tour, et je lui en demandai l'explication un jour que je me trouvai seul avec lui.

« — Ces paroles signifient deux choses, me répondit-il : d'abord, que jamais l'abbé Spiridion n'eût cherché à arracher de la bouche d'un ami le secret d'un ami ; ensuite, que, si quelqu'un l'eût osé tenter, il eût puni la tentative et récompensé la résistance. »

« Je fus fort surpris de cet instant d'abandon, le seul peut-être auquel Fulgence se fût livré depuis bien des années. Très-peu de temps après il tomba en paralysie, et me fit venir près de lui. Il me parut d'abord très-gêné avec moi, et j'attendais vainement qu'il m'expliquât par quel hasard il m'avait choisi. Mais, voyant qu'il ne faisait pas, je sentis ce qu'il y aurait eu d'indélicat à le lui demander, et je m'efforçai de lui montrer que j'étais reconnaissant et honoré de la préférence qu'il m'accordait. Il me sut gré de lui épargner toute explication, et nos relations s'établirent sur un pied de tendre intimité et de dévoûment filial. Cependant la confiance eut peine à venir, quoique nous parlassions beaucoup ensemble et avec une apparence d'abandon. Le bon vieillard semblait avoir besoin de raconter ses jeunes années, et de faire partager à un autre l'enthousiasme qu'il avait pour son bien-aimé maître Spiridion. Je l'écoutais avec plaisir, éloigné que j'étais de concevoir aucune inquiétude pour ma foi ; et bientôt je pris tant d'intérêt à ce sujet que, lorsqu'il s'en écartait, je l'y ramenais de moi-même. J'aurais bien, à cause des travaux inconnus qui avaient rempli les dernières années de l'abbé, gardé contre lui une sorte de méfiance, si les détails de sa vie m'eussent

été transmis par un catholique moins régulier que Fulgence ; mais de celui-ci rien ne m'était suspect, et, à mesure que par lui je me mis à connaître Spiridion, je me laissai aller à la sympathie étrange et toute-puissante que m'inspirait le caractère de l'homme sans m'alarmer des opinions finales du théologien. Cette sincérité vigoureuse et cette justice rigide qu'il avait apportées dans tous les actes de sa vie faisaient vibrer en moi des cordes jusque là muettes. Enfin j'arrivai à chérir ce mort illustre comme un ami vivant. Fulgence parlait de lui et des choses écoulées depuis soixante ans comme s'ils eussent été d'hier ; le charme et la vérité de ses tableaux étaient tels pour moi que je finissais par croire à la présence du maître ou à son retour prochain au milieu de nous. Je restais parfois longtemps sous l'empire de cette illusion ; et quand elle s'évanouissait, quand je revenais au sentiment de la réalité, je me sentais saisi d'une véritable tristesse, et je m'affligeais de mon erreur perdue avec une naïveté qui faisait sourire et pleurer à la fois le bon Fulgence.

« Malgré la résignation patiente avec laquelle ce digne religieux supportait son infirmité toujours croissante, malgré l'enjouement et l'expansion que ma présence lui apportait, il était facile de voir qu'un chagrin lent et profond l'avait rongé toute sa vie ; et plus ses jours déclinaient vers la tombe, plus ce chagrin mystérieux semblait lui peser. Enfin, sa mort étant proche, il m'ouvrit tout à fait son âme et me dit qu'il m'avait jugé seul capable de recevoir un secret de cette importance, à cause de la fermeté de mes principes et de celle de mon caractère. L'une devait m'empêcher, selon lui, de m'égarer dans les abîmes de l'hérésie, l'autre me préserverait de jamais trahir le secret du livre. Il désirait que je ne prisse point connaissance de ce livre ; mais il ajoutait, selon l'esprit du maître, que, si je venais à perdre la foi et à tomber dans l'athéisme, le livre, quoique entaché peut-être d'hérésie, devait certainement me ramener à la croyance de la Divinité et des points fondamentaux de la vraie religion. Sous ce rapport, c'était un trésor qu'il ne fallait pas laisser à jamais enfoui, et Fulgence me fit jurer, au cas où je n'aurais jamais besoin d'y recourir, de ne point emporter ce secret dans la tombe et de le confier à quelque ami éprouvé avant de mourir. Il y eut beaucoup d'embarras et de contradictions dans les aveux du bon religieux. Il semblait qu'il y eût en lui deux consciences, l'une tourmentée par les devoirs et les engagements de l'amitié, l'autre par les terreurs de l'enfer. Son trouble excita en moi une tendre compassion, et je ne songeai pas à porter de sévères jugements sur sa conduite en un moment si solennel et si douloureux. D'autre part, je commençais à me trouver moi-même dans la même situation que lui. Catholique et hérétique à la fois, d'une main j'invoquais l'autorité de l'Église romaine, de l'autre je plongeais dans la tombe de Spiridion pour y chercher ou du moins pour y protéger l'esprit de révolte et d'examen. Je compris bien les souffrances du moribond Fulgence, et lui cachai celles qui s'emparaient de moi. Il s'était soutenu vigoureux d'esprit tant que l'urgence de ses aveux avait été aux prises avec les scrupules de sa dévotion. A peine eut-il mis fin à ses agitations qu'il commença à baisser : sa mémoire s'affaiblit, et bientôt il sembla avoir complètement oublié jusqu'au nom de son ami. Durant les heures de la fièvre, il était livré aux plus minutieuses pratiques de dévotion, et je n'étais occupé qu'à lui réciter des prières et à lui lire des psaumes. Il s'endormait un rosaire entre les doigts, et s'éveillait en murmurant : *Miserere nobis*. On eût dit qu'il voulait expier à force de puérilités la coûteuse énergie qu'il avait déployée en exécutant la volonté dernière de son ami. Ce spectacle m'affligea. — A quoi sert toute une vie de soumission et d'aveuglement, pensai-je, s'il faut à quatre-vingts ans mourir dans l'épouvante ? Comment mourront les athées et les débauchés si les saints descendent dans la tombe pâles de terreur et manquant de confiance en la justice de Dieu ?

« Une nuit Fulgence, en proie à un redoublement de fièvre, fut agité de rêves pénibles. Il me pria de m'assoir près de son lit et de rester éveillé afin de l'éveiller lui-même s'il venait à s'endormir. A chaque instant il croyait voir un spectre approcher de lui; mais il avouait ensuite qu'il ne le voyait point, et que la peur seule de le voir faisait passer devant ses yeux des images flottantes et des formes confuses. Il faisait un beau clair de lune, et cette circonstance l'effrayait particulièrement. C'est alors que, dévoré d'une curiosité égoïste, je lui arrachai l'aveu des apparitions qu'il avait eues. Mais cet aveu fut très-incomplet; sa tête s'égarait à chaque instant. Tout ce que je pus savoir, c'est que le spectre avait cessé de le visiter pendant plus de cinquante ans. C'était environ un an avant cette maladie, sous laquelle il succombait, que l'apparition était revenue. A l'heure de la nuit où la lune entrait dans son plein, il s'éveillait et voyait l'abbé assis près de lui. Celui-ci ne lui parlait point, mais il le regardait d'un air triste et sévère, comme pour lui reprocher son oubli et lui rappeler ses promesses. Fulgence en avait conclu que son heure était proche; et, cherchant autour de lui à qui il pourrait transmettre le secret, il avait remarqué que j'étais le seul homme sur lequel il pût compter. Il n'avait voulu me faire aucune ouverture préalable, afin ne point attirer sur nos relations l'attention des supérieurs et de ne point m'exposer par la suite à des persécutions.

« La nuit se passa sans que le spectre apparût à Fulgence. Quand il vit le matin blanchir l'horizon, il secoua tristement la tête en disant :

« — C'est fini, il ne viendra plus. Il ne venait que pour me tourmenter lorsqu'il était mécontent de moi, et maintenant que j'ai fait sa volonté il m'abandonne ! O maître, ô maître, j'ai pourtant exposé pour vous mon salut éternel, et peut-être suis-je damné à jamais pour vous avoir aimé plus que moi-même ! »

« Ce dernier élan d'une affection plus forte que la peur m'attendrit profondément. Quel était donc cet homme qui soixante ans après sa mort inspirait une telle épouvante, de tels dévouements et de si tendres regrets ? Fulgence s'endormit et se réveilla vers midi.

« — C'en est fait, me dit-il, je sens la vie qui de minute en minute se retire de moi. Mon cher frère, je voudrais recevoir les derniers sacrements. Allez vite assembler nos frères et demander qu'on vienne m'administrer. Hélas ! ajouta-t-il d'un air préoccupé, je mourrai donc sans savoir si son âme a fait sa paix avec la mienne ! J'ai dormi profondément; je n'ai point entendu sa voix pendant mon sommeil. Ah ! il aimait son livre mieux que moi ! Je le savais bien ! je le lui disais quand il était parmi nous : — Maître, toute votre affection réside dans votre intelligence, et votre cœur n'a rien pour nous. C'est l'histoire des hommes forts et des hommes faibles. Quand l'esprit des forts est content de nous, ils condescendent à nous rechercher; mais nous autres, que nous approuvions ou non les spéculations de leur esprit, notre cœur leur reste indissolublement attaché.

« — Père Fulgence, ne dites pas cela, m'écriai-je en le serrant dans mes bras par un élan involontaire et sans songer à me faire l'application d'un reproche qui ne s'adressait pas à moi. Ce serait la première, la seule hérésie de votre vie. Les hommes vraiment forts aiment passionnément, et c'est parce que vous êtes un de ces hommes que vous avez tant aimé. Prenez courage à cette heure suprême. Si vous avez péché contre la science de l'Eglise en restant fidèle à l'amitié, Dieu vous absoudra, parce qu'il préfère l'amour à l'intelligence.

« — Ah ! tu parles comme parlait mon maître, s'écria Fulgence. Voici la première parole selon mon cœur que j'aie entendue depuis soixante ans. Sois béni, mon fils. Je te répéterai la bénédiction de Spiridion : « Veuille le Tout-Puissant donner à tes vieux jours un ami fidèle et tendre comme tu l'as été pour moi ! »

« Il reçut les sacrements avec une grande ferveur. Toute la communauté assistait à son agonie. Ceux des religieux que ne pouvait contenir sa cellule étaient agenouillés sur deux rangs dans la galerie, depuis sa porte jusqu'au grand escalier qu'on apercevait au fond. Tout à coup Fulgence, qui semblait expirer dans une muette béatitude, se ranima, et, m'attirant vers lui, me dit à l'oreille : — *Il vient, il monte l'escalier; va au devant de lui.* Ne comprenant rien à cet ordre, mais obéissant avec cet aveuglement que les moribonds ont droit d'exiger, je sortis doucement, et, sans troubler le recueillement des religieux, je franchis le seuil et portai mes regards sur cette vaste profondeur de l'escalier voûté, où nageait en cet instant la vapeur embrasée du soleil. Les novices, placés toujours derrière les profès, étaient à genoux de chaque côté des rampes. Je vis alors un homme qui montait les degrés et qui s'approchait vivement. Sa démarche était légère et majestueuse à la fois, comme l'est celle d'un homme actif et revêtu d'autorité. A sa haute taille pleine d'élégance, à sa chevelure blonde et rayonnante, à son costume du temps passé, je le reconnus sur-le-champ. Il était en tout conforme à la description que Fulgence m'en avait faite tant de fois. Il traversa les deux rangées de moines, qui récitaient à voix basse les litanies des Saints, sans que personne s'aperçût de sa présence, quoiqu'elle fût visible pour moi comme la lumière du jour, et que le bruit de ses pas rapides et cadencés frappât mon oreille.

« Il entra dans la cellule. Au moment où il passa près de moi, je tombai sur mes genoux. Sans s'arrêter, il tourna la tête vers moi et me regarda fixement. Je continuai à le suivre des yeux. Il s'approcha du lit, prit la main de Fulgence, et s'assit auprès de lui. Fulgence ne bougea pas. Sa main resta immobile et pendante dans celle du maître; sa bouche était entr'ouverte, ses yeux fixes et sans regard. Pendant tout le temps que durèrent les litanies, l'apparition demeura immobile, toujours penchée sur le corps de Fulgence. Au moment où elles furent achevées, celui-ci se dressa sur son séant, et, serrant convulsivement la main qui tenait la sienne, il cria d'une voix forte : « *Sancte Spiridion, ora pro nobis,* » et retomba mort. Le fantôme disparut en même temps. Je regardai autour de moi pour voir l'effet qu'avait produit cette scène sur les autres assistants : au calme qui régnait sur tous les visages, je reconnus que l'esprit n'avait été visible que pour moi seul.

« Vingt-quatre heures après on descendit le corps de Fulgence au sein de la terre. Je fus un des quatre religieux désignés pour le porter au fond du caveau destiné à son dernier sommeil. Ce caveau est situé au transept de notre église. Tu as vu souvent la pierre longue et étroite qui en marque le centre et qui porte cette étrange inscription : « *Hic est veritas.* »

— Cette inscription, dis-je en interrompant le père Alexis, a souvent distrait mes regards et occupé ma pensée pendant la prière. Malgré moi, je cherchais à pénétrer le sens d'une devise qui me paraissait opposée à l'esprit du christianisme. Comment, me disais-je, la vérité pourrait-elle être enfouie dans un sépulcre ? Quels enseignements les vivants peuvent-ils demander à la poussière des cadavres ? N'est-ce pas vers le ciel que nos regards doivent se tourner dès que l'étincelle de la vie a quitté notre chair mortelle, et que l'âme a brisé ses liens ?

— Maintenant, répondit Alexis, tu peux comprendre le sens mystérieux de cette épitaphe. Spiridion, dans son enthousiasme pour Bossuet, l'avait fait inscrire, ainsi que tu l'as vu, au dos du livre que le peintre de son portrait lui plaça dans la main. Plus tard, lorsqu'il eut dans son inaltérable bonne foi, changé une dernière fois d'opinion, voulant, en face des variations de son esprit, témoigner de la constance de son cœur, il résolut de garder sa devise, et, à sa mort, il exigea qu'elle fût gravée sur sa tombe. Noble jalousie d'un vaillant esprit que rien ne peut séparer de sa conquête et qui demande à dormir dans sa tombe avec la vérité qu'il a gagnée, comme le guerrier avec le trophée de sa victoire ! Les moines ne comprirent pas que cette protestation du mourant ne se rapportait plus à la doctrine de Bossuet; quelques-uns méditèrent même avec méfiance sur l'un de ces trois mots; nul n'osa cependant y porter une main profane, tant était grand le respect mêlé de crainte que l'abbé inspirait jusque dans son tombeau.

« Le jour des obsèques de Fulgence, cette dalle fut levée, et nous descendîmes l'escalier du caveau ; car une place avait été conservée pour l'ami de Spiridion à côté de celle même où il reposait. Telle avait été la dernière volonté du maître. Le cercueil de chêne que nous portions était fort lourd ; l'escalier roide et glissant ; les frères qui m'aidaient, des adolescents débiles, troublés peut-être par la lugubre solennité qu'ils accomplissaient. La torche tremblait dans la main du moine qui marchait en avant. Le pied manqua à un des porteurs ; il roula en laissant échapper un cri, auquel les cris de ses compagnons répondirent. La torche tomba des mains du guide, et, à demi éteinte, ne répandit plus sur les objets qu'une lumière incertaine, de plus en plus sinistre. L'horreur de cet instant fut extrême pour des jeunes gens timides, élevés dans les superstitions d'une foi grossière, et prévenus contre la mémoire de l'abbé par les imputations absurdes qui circulaient encore contre lui dans le cloître. Ils croyaient sans doute que le spectre de Spiridion allait se dresser devant eux, ou que l'esprit malin, réveillé par ces saintes ablutions, allait s'exhaler en flammes livides de la fosse ténébreuse.

« Quant à moi, plus robuste de corps ou plus ferme d'esprit, je ressentais une vive émotion, mais nulle terreur ne s'y mêlait, et c'était avec une sorte de vénération joyeuse que j'approchais des reliques d'un grand homme. Lorsque mon compagnon tomba, je retins à moi seul la dépouille respectable de mon maître ; mais les deux autres qui marchaient derrière nous s'étant laissé choir aussi, je fus entraîné par la secousse imprimée au fardeau, et j'allai tomber avec le cercueil de Fulgence sur le cercueil de Spiridion. Je me relevai aussitôt ; mais en appuyant ma main sur le sarcophage de plomb qui contenait les restes de l'abbé, je fus surpris de sentir, au lieu du froid métallique, une chaleur qui semblait tenir de la vie. Peut-être était-ce le sang d'une légère blessure que je venais de me faire à la tête, dont le sarcophage avait reçu quelques gouttes. Dans le premier moment, je ne m'aperçus point de cette blessure, et, transporté d'une sympathie étrange, inconcevable, j'embrassai ce sépulcre avec le même transport que si j'eusse senti tressaillir contre mon sein palpitant les ossements desséchés de mon père. Je me relevai à la hâte en voyant qu'un autre moine, survenant au milieu de cette scène de terreur, avait ramassé la torche.

« Je ne me rappelle pas sans une sorte de honte les pensées qui m'absorbèrent la nuit qui suivit les obsèques de Fulgence, tandis que je méditais agenouillé sur sa pierre tumulaire. Le souvenir de Spiridion m'était sans cesse présent ; ébloui par le prestige de son audace intellectuelle et de cette puissance merveilleuse dont l'influence lui avait survécu si longtemps, je me sentis tout à coup possédé d'un ardent désir de marcher sur ses traces. La jeunesse est orgueilleuse et téméraire, et les enfants croient qu'ils n'ont qu'à ouvrir les mains pour saisir les sceptres qu'ont portés les morts. Je me voyais déjà abbé du couvent, comme Spiridion, maître de son livre, éblouissant le monde entier par ma science et ma sagesse. Je ne savais pas quelle était sa doctrine ; mais, quelle qu'elle fût, je l'acceptais d'avance, comme émanée de la plus forte tête de son siècle. Enthousiasmé par ses idées, je me relevai instinctivement pour aller m'emparer du livre, et déjà je cherchais les moyens de soulever la pierre ; mais, au moment d'y porter les mains, je me sentis arrêter tout d'un coup par la pensée d'un sacrilège, et tous mes scrupules religieux, un instant écartés, revinrent m'assaillir en même temps. Je sortis de l'église à la fois charmé, tourmenté, épouvanté. L'orgueil humain et la soumission chrétienne étaient aux prises en moi, je ne savais encore lequel triompherait ; mais il me sembla que le sentiment qui avait, en une heure, pris autant de force que l'autre en dix ans, aurait bien de la peine à succomber. Cette lutte intérieure dura plusieurs jours. Enfin mon intelligence vint au secours de l'orgueil et décida la victoire. La foi s'enfuit devant la raison, comme l'obéissance fuyait devant l'ambition.

« Ce ne fut point tout d'un coup cependant, et de parti délibéré, que j'abjurai la foi catholique. Lorsque j'accordai à mon esprit le droit d'examiner sa croyance, j'étais encore tellement attaché à cette croyance affaiblie que je me flattais de la retremper au creuset de l'étude et de la méditation. Si elle devait s'écrouler au premier choc de l'intelligence, me disais-je, elle serait un bien pauvre et bien fragile édifice. La loi qui prescrit d'abaisser l'entendement devant les mystères a dû être promulguée pour les cerveaux faibles. Ces mystères divins ne peuvent être que de sublimes figures dont le sens trop vaste épouvanterait et briserait les cerveaux étroits. Mais Dieu aurait-il donné à l'intelligence sublime de l'homme, émanée de lui-même, les ténèbres pour domaine et la peur pour guide ? Non, ce serait outrager Dieu, et la lettre a dû être aux prophètes aussi claire que l'esprit. Pourquoi l'âme qui se sent détachée de la terre et ardente à voler vers les hautes régions de la pensée ne chercherait-elle pas à marcher sur les traces des prophètes ? Plus on pénétrera dans les mystères, plus on y trouvera de force et de lumière pour répondre aux arguments de l'athéisme. Celui-là est un enfant qui se craint lui-même quand sa volonté est droite et son but sublime.

« Qui sait, me disais-je encore, si le livre de Spiridion n'est pas un monument élevé à la gloire du catholicisme ? Fulgence a manqué de courage ; peut-être, s'il eût osé s'emparer de la science de son maître, eût-il vu cesser toutes ses alarmes. Peut-être, après bien des hésitations et bien des recherches, Hébronius, éclairé d'une lumière nouvelle et ranimé par une force imprévue, a-t-il proclamé dans son dernier écrit le triomphe de ces mêmes idées que depuis dix ans il passait à l'alambic. Je me rappelais alors la fable du laboureur qui confie à ses fils l'existence d'un trésor enfoui dans son champ, afin de les engager à travailler cette terre dont la fécondité doit faire leur richesse. La pensée de Spiridion a été celle-ci, me disais-je : Ne croyez pas à la foi les uns des autres, et ne suivez pas comme des animaux privés de raison, le sentier battu par ceux qui marchent devant vous. Ouvrez vous-mêmes votre voie vers le ciel ; tout chemin conduit à la vérité celui qu'une intention pure anime et que l'orgueil n'aveugle pas. La foi n'a d'efficacité véritable qu'autant qu'elle est librement consentie, et de fermeté réelle qu'autant qu'elle satisfait tous les besoins et occupe les puissances de l'âme.

« Je résolus donc de me livrer à des études sérieuses et approfondies sur la nature de Dieu et sur celle de l'homme, et de ne recourir au livre d'Hébronius qu'à la dernière extrémité, c'est-à-dire au cas où, mes forces se trouvant au-dessous d'une tâche si rude, je sentirais en moi se changer en désespoir, et mes facultés épuisées ne plus suffire à fournir le reste de ma carrière.

« Cette résolution conciliait tout, et ma curiosité qui s'éveillait aux mystères de la science, et ma conscience qui restait encore attachée à ceux de la foi. Avant d'en venir à cette conclusion, j'avais été fort agité, j'avais beaucoup souffert. Dans le mouvement de joie enthousiaste qu'elle me causa, je me laissai entraîner à une manifestation toute catholique de ma philosophie nouvelle. Je voulus faire un vœu : je pris avec moi-même l'engagement de ne point recourir au livre d'Hébronius avant l'âge de trente ans, fussé-je assailli jusque-là par les doutes les plus poignants, ou éclairé en apparence par les certitudes les plus vives. C'était à cet âge que l'abbé Spiridion avait été dans toute la ferveur de son catholicisme, et qu'après avoir abjuré déjà deux croyances, il s'était voué à la troisième par une indissoluble consécration. J'avais vingt-quatre ans, et je pensais que six années suffiraient à mes études. Dans ces dispositions, je m'agenouillai de nouveau sur la pierre qu'on appelait dans le couvent le *Hic est* ; là, dans le silence et le recueillement, je prononçai à voix basse un serment terrible, vouant mon âme à l'éternelle damnation et ma vie à l'abandon irrévocable de la Providence, si je portais les mains sur le livre d'Hébronius avant l'hiver de 1766. Je ne voulus point faire ce serment dans l'ombre de la nuit, me méfiant du trouble que la solennité funèbre de certaines heures répand dans l'esprit de l'homme ; ce fut en plein midi, par un jour brûlant et à la clarté du soleil que je voulus m'engager. La chaleur étant accablante, le Prieur avait, comme il arrive quelquefois dans cette saison, accordé à la communauté une heure de sieste à midi. J'étais donc parfaitement seul dans l'église ; un profond silence régnait partout ; on n'entendait même pas le bruit accoutumé des jardiniers au dehors, et les oiseaux, plongés dans une sorte de recueillement extatique, avaient cessé leurs chants.

« Mon âme se dilatait dans son orgueilleux enthousiasme ; les idées les plus riantes et les plus poétiques se pressaient dans mon cerveau en même temps qu'une confiance audacieuse gonflait ma poitrine. Tous les objets sur lesquels errait ma vue semblaient se parer d'une beauté inconnue. Les lames d'or du tabernacle étincelaient comme si une lumière céleste était descendue sur le Saint des saints. Les vitraux coloriés, embrasés par le soleil, se reflétant sur le pavé, formaient entre chaque colonne une large mosaïque de diamants et de pierres précieuses. Les anges de marbre semblaient, amollis par la chaleur, incliner leurs fronts, et, comme de beaux oiseaux, vouloir cacher sous leurs ailes leurs têtes charmantes, fatiguées du poids des corniches. Les battements égaux et mystérieux de l'horloge ressemblaient aux fortes vibrations d'une poitrine embrasée d'amour, et la flamme blanche et mate de la lampe qui brûle incessamment devant l'autel, luttant avec l'éclat du jour, était pour moi l'emblème d'une intelligence enchaînée sur la terre qui aspire sans cesse à se fondre dans l'éternel foyer de l'intelligence divine. Ce fut dans cet instant de béatitude intellectuelle et physique que je prononçai à demi-voix la formule de mon vœu. Mais à peine avais-je commencé que j'entendis la porte placée au fond du chœur s'ouvrir doucement, et des pas que je reconnus, car nuls pas humains ne purent jamais se comparer à ceux-là, retentirent dans le silence du lieu saint avec une indicible harmonie. Ils approchaient de moi, et ne s'arrêtèrent qu'à la place où j'étais agenouillé. Saisi de respect et transporté de joie, j'élevai la voix, et j'achevai distinctement la formule que je n'avais pas interrompue. Quand elle fut finie, je me retournai croyant trouver debout derrière moi celui que j'avais déjà vu au lit de mort de Fulgence ; mais je ne vis personne. L'esprit s'était manifesté à un seul de mes sens. Je n'étais pas encore digne apparemment de le revoir. Il reprit sa marche invisible, et, passant devant moi, il se perdit peu à peu dans l'éloignement. Quand il me parut avoir atteint la grille du chœur, tout rentra dans le silence. Je me reprochai alors de ne lui avoir point adressé la parole. Peut-être m'eût-il répondu, peut-être était-il mécontent de mon silence, et n'eût-il attendu qu'un élan plus vif de mon cœur vers lui pour se manifester davantage. Cependant je n'osai marcher sur ses traces ni invoquer son retour ; car il se mêlait une grande crainte à l'attrait irrésistible que j'éprouvais pour lui. Ce n'était pas cette terreur puérile que les hommes faibles ressentent à l'aspect d'une perturbation quelconque des faits ordinairement accessibles à leurs perceptions bornées. Ces perturbations rares et exceptionnelles, qu'on appelle à tort faits prodigieux et surnaturels, tout inexplicables qu'elles étaient pour mon ignorance, ne me causaient aucun effroi. Mais le respect que m'inspirait, après sa mort, cet homme supérieur, je l'eusse éprouvé presque au même degré si je l'eusse vu durant sa vie. Je ne pensais pas qu'il fût investi par aucune puissance invisible du droit de me nuire ou de m'effrayer ; je savais qu'à l'état de pur esprit il devait lire en moi et comprendre ce qui s'y passait avec plus de force et de pénétration encore qu'il ne l'eût fait lorsque son âme était emprisonnée dans la matière. Au contraire des caractères timides qui eussent tremblé de le voir, je ne craignais qu'une chose, c'était de ne jamais lui sembler digne de le voir une seconde fois. Lorsque j'eus perdu l'espérance de le contempler ce jour-là, je demeurai triste et humilié. J'étais arrivé à me persuader qu'il n'était point mort hérétique, et que son âme ne subissait pas les tourments du purgatoire, mais qu'au contraire elle jouissait dans les cieux d'une éternelle béatitude. Ses apparitions étaient une grâce, une bénédiction d'en haut, un miracle qui s'était accompli en faveur de Fulgence et de moi ; c'était pour moi un doux et glorieux souvenir ; mais je n'osais demander plus qu'il ne m'était accordé.

« Dès ce jour, je m'adonnai au travail avec ardeur, et, en moins de deux années j'avais dévoré tous les volumes de notre bibliothèque qui traitaient des sciences, de l'histoire et de la philosophie. Mais quand j'eus franchi ce premier pas, je m'aperçus que je n'avais rien fait que de tourner dans le cercle restreint où le catholicisme avait enfermé ma vie passée. Je me sentais fatigué, et je voyais bien que je n'avais pas travaillé ; mon esprit était attiédi et affaissé sous le poids de ces controverses incroyablement subtiles et patientes du moyen âge, que j'avais abordées courageusement. Ma confiance dans l'infaillibilité de l'Église n'avait pas eu le moindre combat à soutenir, puisque tous ces écrits tendaient à proclamer et à défendre les oracles de Rome ; mais précisément cette lutte sans adversaire et cette victoire sans péril me laissaient froid et mécontent. Ma foi avait perdu cette vigueur aventureuse, ce charme de sublime poésie qu'elle avait eus auparavant. Les grands éclairs de génie qui traversaient ce fatras d'écrits scolastiques ne compensaient pas l'inutilité verbeuse de la plupart d'entre eux. D'ailleurs, ces réfutations véhémentes de doctrines qu'il était défendu d'examiner ne pouvaient satisfaire un esprit qui s'était imposé la tâche de connaître et de comprendre par lui-même. Je résolus de lire les écrits des hérétiques. La bibliothèque du couvent n'était pas comme aujourd'hui rassemblée dans plusieurs pièces réunies sous la même clef. La collection des auteurs hérétiques, impies et profanes, que Spiridion avait tant de fois interrogée, était restée enfouie dans une pièce inaccessible aux jeunes religieux, et très-éloignée de la bibliothèque sacrée. Ce cabinet réservé était situé au bout de la grande salle du chapitre, celle même où jadis l'abbé Spiridion, avant et après sa mort, s'était promené si solennellement à certaines heures. Cette précieuse collection était restée pour les uns un objet d'horreur et d'effroi, pour la plupart un objet d'indifférence et de mépris. Un statut du fondateur en interdisait la destruction ; l'ignorance et la superstition en gardaient l'entrée. Je fus le premier peut-être, depuis le temps d'Hébronius, qui osa secouer la poussière de ces livres vénérables.

« Je ne pris pas une telle résolution sans une secrète épouvante ; mais il faut dire aussi qu'il s'y mêlait une curiosité ardente et pleine de joie. L'émotion solennelle que j'éprouvais en entrant dans ce sanctuaire avait donc plus de charme que d'angoisse, et je franchis le seuil tellement absorbé par mes sensations intimes que je ne songeai même pas à demander la permission aux supérieurs. Cette permission ne s'obtenait pas aisément, comme tu peux le croire, Angel ; peut-être même ne s'obtenait-elle pas du tout ; car j'ignore si jamais aucun de nous avait eu le courage de la demander ou l'art de se la faire octroyer.

« Pour moi, je n'y pensai seulement pas. La lutte qui s'était livrée au dedans de moi, lorsque ma soif de science s'était trouvée aux prises avec les résistances de ma foi, avait une bien autre importance que tous les combats où j'eusse pu m'engager avec des hommes. Dans cette circonstance comme dans tout le cours de ma vie, j'ai senti que j'étais doué d'une singulière insouciance pour les choses extérieures, et que le seul être qui pût m'effrayer, c'était moi-même.

« J'aurais pu pénétrer la nuit dans cet asile à l'aide de quelque fausse clef, prendre les livres que je voulais étudier, les emporter et les cacher dans ma cellule. Cette prudence et cette dissimulation étaient contraires à mes instincts. J'entrai en plein jour, à l'heure de midi, dans la salle du chapitre ; je la parcourus dans sa longueur d'un pas assuré, sans regarder derrière moi si quelqu'un me suivait. J'allai droit à la porte... porte fatale sur laquelle le destin avait écrit pour moi les paroles de Dante :

Per me si va nell' eterno dolore.

Je la poussai avec une telle résolution et tant de vigueur qu'elle obéit, bien qu'elle fût fermée par une forte serrure. J'entrai; mais aussitôt je m'arrêtai plein de surprise : il y avait quelqu'un dans la bibliothèque, quelqu'un qui ne se dérangea pas, qui ne sembla pas s'apercevoir du fracas de mon entrée, et qui ne leva pas seulement les yeux sur moi; quelqu'un que j'avais déjà vu une fois, et que je ne pouvais jamais confondre avec aucun autre. Il était assis dans l'embrasure d'une longue croisée gothique, et le soleil enveloppait d'un chaud rayon sa lumineuse chevelure blonde; il semblait lire attentivement. Je le contemplai, immobile, pendant environ une demi-minute, puis je fis un mouvement pour m'élancer à ses pieds; mais je me trouvai à genoux devant un fauteuil vide : la vision s'était évanouie dans le rayon solaire.

« Je restai si troublé que je ne pus songer, ce jour-là, à ouvrir aucun livre. J'attendis quelques instants, quoique je ne me flattasse point de revoir l'*Esprit*; mais je n'en étais pas moins enthousiasmé et fortifié par cette rapide manifestation de sa présence. Je demeurai, pensant que, s'il était mécontent de mon audace, j'en serais informé par quelque prodige nouveau; mais il ne se passa rien d'extraordinaire, et tout me parut si calme autour de moi que je doutai un instant de la réalité de l'apparition, et faillis penser que mon imagination seule avait enfanté cette figure. Le lendemain, je revins à la bibliothèque sans m'inquiéter de ce qui avait dû se passer lorsque les gardiens avaient trouvé la porte ouverte et la serrure brisée. Tout était désert et silencieux dans la salle; la porte était fermée au loquet seulement, comme je l'avais laissée, et il ne paraissait pas qu'on se fût encore aperçu de l'effraction. J'entrai donc sans résistance, je refermai la porte sur moi, et je commençai à parcourir de l'œil les titres des livres qui s'offraient en foule à mes regards. Je m'emparai d'abord des écrits d'Abeilard, et j'en lus quelques pages. Mais bientôt la cloche qui nous appelait aux offices sonna, et, malgré la répugnance que j'éprouvais à agir comme en cachette, je me décidai à emporter sous mon scapulaire ce précieux ouvrage; car la salle du chapitre n'était accessible pour moi qu'une heure dans tout le cours de la journée, et mon ardeur n'était pas de nature à se contenter de si peu. Je commençai à réfléchir à la possibilité matérielle d'étudier sans être interrompu, et je résolus d'agir avec prudence. Peut-être la chose eût été facile si j'eusse pu m'humilier jusqu'à implorer la bienveillance des supérieurs. C'est à quoi mon orgueil ne put jamais se plier; il eût fallu mentir et dire que, muni d'une foi inébranlable, je me sentais appelé à réfuter victorieusement l'hérésie. Cela n'était plus vrai. J'éprouvais le besoin de m'instruire pour moi-même, et, la science catholique épuisée pour moi, j'étais poussé vers des études plus complètes, par l'amour de la science, et non plus par l'ardeur de la prédication.

« Je dévorai les écrits d'Abeilard, et ce qui nous reste des opinions d'Arnauld de Brescia, de Pierre Valdo, et des autres hérétiques célèbres des douzième et treizième siècles. La liberté d'examen et l'autorité de la conscience, proclamées jusqu'à un certain point par ces hommes illustres, répondaient tellement aux besoins de mon âme, que je fus entraîné au delà de ce que j'avais prévu. Mon esprit entra dès lors dans une nouvelle phase, et, malgré ce que j'ai souffert dans les diverses transformations que j'ai subies, malgré l'agonie douloureuse où j'achève mes jours, je dirai que ce fut le premier degré de mon progrès. Oui, Angel, quelque rude supplice que l'âme ait à subir en cherchant la vérité, le devoir est de la chercher sans cesse, et mieux vaut perdre la vue à vouloir contempler le soleil que de rester les yeux volontairement fermés aux splendeurs de la lumière. Après avoir été un théologien catholique assez instruit, je devins donc un hérétique passionné, et d'autant plus irréconciliable avec l'Église romaine qu'à l'exemple d'Abeilard et de mes autres maîtres, j'avais l'intime et sincère conviction de mon orthodoxie. Je soutenais dans le secret de mes pensées que j'avais le droit, et même que c'était un devoir pour moi, de ne rien adopter pour article de foi que je n'en eusse senti l'utilité et compris le principe. La manière dont ces philosophes envisageaient l'inspiration divine de Platon et la sainteté des grands philosophes païens, précurseurs du Christ, me paraissait seule répondre à l'idée que le chrétien doit avoir de la bonté, de l'équité et de la grandeur de Dieu. Je blâmais sérieusement les hommes d'Église contemporains d'Abeilard, et pensais que, lors du concile de Sens, l'esprit de Dieu avait été avec lui et non avec eux. Si je ne détruisais pas encore dans ma pensée tout l'édifice du catholicisme, c'est que, par une transaction de mon esprit qui m'était tout à fait propre, j'admettais qu'en des jours mauvais l'Église avait pu se tromper, et que, si les successeurs de ces prélats égarés ne revisaient pas leurs jugements, c'était par un motif de discipline et de prudence purement humaines et politiques. Je me disais qu'à la place du pape je reconnaîtrais peut-être l'impossibilité de réhabiliter publiquement Abeilard et son école, mais qu'à coup sûr je ne proscrirais plus la lecture de leurs écrits, et je cacherais ma sympathie pour eux sous le voile de la tolérance. Je raisonnais, certes, déplorablement; car je sapais toute l'autorité de l'Église, sans songer à sortir de l'Église. J'attirais sur ma tête les ruines d'un édifice qu'on ne peut attaquer que du dehors. Ces contradictions étranges ne sont pas rares chez les esprits sincères et logiques à tout autre égard. Une malveillance d'habitude pour le corps de l'Église protestante, un attachement d'habitude et d'instinct pour l'Église romaine, leur font désirer de conserver le berceau, tandis que l'irrésistible puissance de la vérité et le besoin d'une juste indépendance ont transformé entièrement et grandi le corps auquel cette couche étroite ne peut plus convenir. Au milieu de ces contradictions, je n'apercevais pas le point principal. Je ne voyais pas que je n'étais plus catholique. En accordant aux hérésiarques des principes d'orthodoxie épurée, je reportais vers eux toute ma ferveur; et mon enthousiasme pour leur grandeur, ma compassion pour leurs infortunes, me conduisirent à les égaler aux Pères de l'Église et à m'en occuper même davantage; car les Pères avaient accaparé toute ma vie précédente, et j'avais besoin de me faire d'autres amis.

« Dire que je passai à Wiclef, à Jean Huss, et puis à Luther, et de là au scepticisme, c'est faire l'histoire de l'esprit humain durant les siècles qui m'avaient précédé, et que ma vie intellectuelle, par un enchaînement de nécessités logiques, résuma assez fidèlement. Mais, après le protestantisme, je ne pouvais plus retourner au point de départ. Ma foi dans la révélation s'ébranla, ma religion prit une forme toute philosophique; je me retournai vers les philosophies anciennes; je voulus comprendre et Pythagore et Zoroastre, Confucius, Épicure, Platon, Épictète, en un mot tous ceux qui s'étaient tourmentés grandement de l'origine et de la destinée humaine avant la venue de Jésus-Christ.

« Dans un cerveau livré à des études calmes et suivies, dans une âme qui ne reçoit de la société vivante aucune impulsion, et qui, dans une suite de jours semblables, puise goutte à goutte sa vie céleste à une source toujours pleine et limpide, les transformations intellectuelles s'opèrent insensiblement et sans qu'il soit possible de marquer la limite exacte de chacune de ses phases. De même que, d'un petit enfant que tu étais, mon cher Angel, tu es devenu par une gradation incessante, mais inappréciable à ton attention journalière, un adolescent, et puis un jeune homme; de même je devins de catholique réformiste, et de réformiste philosophe.

« Jusque-là tout avait bien été; et, tant que ces études furent pour moi purement historiques, j'éprouvai les plus vives et les plus intimes jouissances. C'était un bonheur indicible pour moi que de pénétrer, dégagé des réserves et des restrictions catholiques, dans les sublimes existences de tant de grands hommes jusque-là méconnus, et dans les clartés splendides de tant de chefs-d'œuvre jusqu'alors incompris. Mais plus j'avançais dans cette connaissance, plus je sentais la nécessité d'opter pour un système; car je croyais voir l'impossibilité d'établir un lien entre toutes ces croyances et toutes ces doctrines diverses. Je ne pouvais plus croire à la révélation depuis que tant de philosophes et de sages s'étaient levés autour de moi et m'avaient donné de si grands enseignements sans se targuer d'aucun commerce exclusif avec la Divinité. Saint Paul ne me paraissait pas plus inspiré que Platon, et Socrate ne me semblait pas moins digne de racheter les fautes du genre humain que Jésus de Nazareth. L'Inde ne se montrait certes pas moins éclairée dans l'idée de la Divinité que la Judée. Jupiter, à le suivre dans la pensée que les grands esprits du paganisme avaient eue pour lui, ne me semblait pas un dieu inférieur à Jéhovah. En un mot, tout en conservant la plus haute vénération et le plus pur enthousiasme pour le Crucifié, je ne voyais guère de raisons pour qu'il fût le fils de Dieu plus que Pythagore, et pour que les disciples de celui-ci ne fussent pas les apôtres de la foi aussi bien que les disciples de Jésus. Bref, en lisant les réformistes, j'avais cessé d'être catholique; en lisant les philosophes, je cessai d'être chrétien.

« Je gardai pour toute religion une croyance pleine de désir et d'espoir en la Divinité, le sentiment inébranlable du juste et de l'injuste, un grand respect pour toutes les religions et pour toutes les philosophies, l'amour du bien et le besoin du vrai. Peut-être aurais-je pu en rester là et vivre assez paisible avec ces grands instincts et beaucoup d'humilité; mais voilà peut-être ce qui est impossible à un catholique, voilà où l'histoire de l'individu diffère essentiellement de l'histoire des générations. Le travail des siècles modifie la nature de l'esprit humain : il arrive avec le temps à la transformer. Les pères se dépouillent lentement de leurs erreurs, et cependant ils transmettent à leurs enfants des notions beaucoup plus nettes que celles qu'ils ont eues, parce qu'eux-mêmes restent jusqu'à la fin de leurs jours empêchés par l'habitude et liés au passé par les besoins d'esprit que le passé leur a créés; tandis que leurs enfants, naissant avec d'autres besoins, se font vite d'autres habitudes, qui, vers le déclin de leur vie, n'empêcheront pas des lueurs nouvelles de se glisser en eux, mais ne seront nettement saisies que par une troisième génération. Ainsi un même homme ne renferme pas en lui-même à des degrés semblables le passé, le présent et l'avenir des générations. Si son présent s'est formé du passé avec quelque labeur et quelque sagesse, l'avenir peut être en lui comme un germe; mais quels que soient son génie et sa vertu, il n'en goûtera point le fruit. Ainsi, dans leur connaissance toujours incomplète et confuse de la vérité éternelle, les hommes ont pu passer à travers les siècles du christianisme de saint Paul à celui de saint Augustin et de celui de saint Bernard à celui de Bossuet, sans cesser d'être ou du moins sans cesser de se croire chrétiens. Ces révolutions se sont accomplies avec le temps qui leur était nécessaire; mais le cerveau d'un seul individu n'eût pu les subir et les accomplir de lui-même sans se briser ou sans se jeter hors de la ligne où la succession des temps et le concours des travaux et des volontés ont su le maintenir.

« Quelle situation terrible était donc la mienne! Au dix-huitième siècle j'avais été élevé dans le catholicisme du moyen âge; à vingt-cinq ans j'étais presque aussi ignorant de l'antiquité qu'un moine mendiant du onzième siècle. C'est du sein de ces ténèbres que j'avais voulu tout à coup embrasser d'un coup d'œil et l'avenir et le passé. Je dis l'avenir; car, étant resté par mon ignorance en arrière de six cents ans, tout ce qui était déjà dans le passé pour les autres hommes se présentait à moi revêtu des clartés éblouissantes de l'inconnu. J'étais dans la position d'un aveugle qui, recouvrant tout à coup la vue un jour, vers midi, voudrait se faire avant le soir et le lendemain une idée du lever et du coucher du soleil. Certes ces spectacles seraient encore pour lui dans l'avenir, bien que le soleil se fût levé et couché déjà bien des fois devant ses yeux inertes. Ainsi le catholique, dès qu'il ouvre les yeux de son esprit à la lumière de la vérité, est ébloui et se cache le visage dans les mains, ou sort de la voie et tombe dans les abîmes. Le catholique ne se rattache à rien dans l'histoire du genre humain et ne sait rien rattacher au christianisme. Il s'imagine être le commencement et la fin de la race humaine. C'est pour lui seul que la terre a été créée; c'est pour lui que d'innombrables générations ont passé sur la face du globe comme des ombres vaines, et sont retombées dans l'éternelle nuit afin que leur damnation lui servît d'exemple et d'enseignement; c'est pour lui que Dieu est descendu sur la terre sous une forme humaine. C'est pour la gloire et le salut du catholique que les abîmes de l'enfer se remplissent incessamment de victimes, afin que le juge suprême voie et compare, et que le catholique, élevé dans les splendeurs du Très-Haut, jouisse et triomphe dans le ciel du pleur éternel de ceux qu'il n'a pu soumettre et diriger sur la terre : aussi le catholique croit-il n'avoir ni père ni frères dans l'histoire de la race humaine. Il s'isole et se tient dans une haine et dans un mépris superbe de tout ce qui n'est pas avec lui. Hors ceux de la lignée juive, il n'a de respect filial et de sainte gratitude pour aucun des grands hommes qui l'ont précédé. Les siècles où il n'a pas vécu ne comptent pas; ceux qui ont lutté contre lui sont maudits; ceux qui l'extermineront verront aussi la fin du monde, et l'univers se dissoudra le jour apocalyptique où l'Église romaine tombera en ruines sous les coups de ses ennemis.

« Quand un catholique a perdu son aveugle respect pour l'Église catholique, où pourrait-il donc se réfugier? Dans le christianisme, tant qu'il ajoutera foi à la révélation; mais, si la révélation vient à lui manquer, il n'a plus qu'à flotter dans l'océan des siècles, comme un esquif sans gouvernail et sans boussole; car il ne s'est point habitué à regarder le monde comme sa patrie et tous les hommes comme ses semblables. Il a toujours habité une île escarpée, et ne s'est jamais mêlé aux hommes du dehors. Il a considéré le monde comme une conquête réservée à ses missionnaires, les hommes étrangers à sa foi comme des brutes qu'à lui seul il était réservé de civiliser. A quelle terre ira-t-il demander les secrets de l'origine céleste, à quel peuple les enseignements de la sagesse humaine? Il ira tâter tous les rivages, mais il ne comprendra point le sens des traces qu'il y trouvera. La science des peuples est écrite en caractères inintelligibles pour lui : l'histoire de la création est pour lui un mythe inintelligible. Hors de l'Église point de salut, hors de la Genèse point de science. Il n'y a donc pas de milieu pour le catholique : il faut qu'il reste catholique ou qu'il devienne incrédule. Il faut que sa religion soit la seule vraie, ou que toutes les religions soient fausses.

« C'est là que j'en étais venu; c'est là qu'en était venu le siècle où je vivais. Mais, comme il y était venu lentement par les voies du destin, il se trouvait bien dans cette halte qu'il venait de faire : le siècle était incrédule, mais il était indifférent. Dégoûté de la foi de ses pères, il se réjouissait dans sa philosophique insouciance, sans doute parce qu'il sentait en lui ce germe providentiel qui ne permet pas à la semence de vie de périr sous les glaces des rudes hivers. Mais moi, chrétien démoralisé, moi, catholique d'hier, qui, tout d'un coup, avais voulu franchir la distance qui me séparait de mes contemporains, j'étais comme ivre, et la joie de mon triomphe était bien près du désespoir et de la folie.

« Qui pourrait peindre les souffrances d'une âme habituée à l'exercice minutieusement ponctuel d'une doctrine aussi savamment conçue, aussi patiemment élaborée que l'est celle du catholicisme, lorsque cette âme se trouve flottante au milieu de doctrines contradictoires dont aucune ne peut hériter de sa foi aveugle et de son naïf enthousiasme! Qui pourrait redire ce que j'ai dévoré d'heures d'un accablant ennui, lorsque, à genoux dans ma stalle de chêne noir, j'étais condamné à entendre, après le coucher du soleil, la psalmodie lugubre de mes frères, dont les paroles n'avaient plus de sens pour moi, et la voix plus de sympathie? Ces heures, jadis trop courtes pour ma ferveur, se traînaient maintenant comme

Je tombai sur mes genoux... (Page 27.)

des siècles. C'est en vain que j'essayais de répondre machinalement aux offices et d'occuper ma pensée de spéculations d'un ordre plus élevé ; l'activité de l'intelligence ne pouvait pas remplacer celle du cœur. La prière a cela de particulier, qu'elle met en jeu les facultés les plus sublimes de l'âme et les fibres les plus humaines du sentiment. La prière du chrétien, entre toutes les autres, fait vibrer toutes les cordes de l'être intellectuel et moral. Dans aucune autre religion l'homme ne se sent aussi près de son Dieu ; dans aucune, Dieu n'a été fait si humain, si paternel, si abordable, si patient et si tendre. Le livre ascétique de l'*Imitation* n'est qu'un adorable traité de l'amitié, amitié étrange, ineffable, sans exemple dans l'histoire des autres religions ; amitié intime, expansive, délicate, fraternelle, entre le Dieu Jésus et le chrétien fervent. Quel sentiment appliqué aux objets terrestres peut jamais remplacer celui-là pour l'homme qui l'a connu ? quelle éducation de l'intelligence peut satisfaire en même temps et au même degré à tous les besoins du cœur ? La doctrine chrétienne apaise toutes les ardeurs inquiètes de l'esprit en disant à son adepte : Tu n'as pas besoin d'être grand ; aime, et sois humble : aime Jésus, parce qu'il est humble et doux. Et lorsque le cœur trop plein d'amour est près de se répandre sur les créatures, elle l'arrête en lui disant : Souviens-toi que tu es grand et que tu ne peux aimer que Jésus, parce qu'il est seul grand et parfait. Elle ne cherche point à endurcir les entrailles de l'homme contre la douleur ; elle l'amollit pour le fortifier, et lui fait trouver dans la souffrance une sorte de délices. L'épicuréisme le conduit au calme par la modération, le christianisme le conduit à la joie par les larmes ; la raison stoïque subit la torture, l'enthousiasme chrétien vole au martyre. Le grand œuvre du christianisme est donc le développement de la force intellectuelle par celui de la sensibilité morale, et la prière est l'inépuisable aliment où ces deux puissances se combinent et se retrempent sans cesse.

« Comme le corps, l'âme a ses besoins journaliers ; comme lui, elle se fait certaines habitudes dans la manière de satisfaire à ses besoins. Chrétien et moine, je m'étais accoutumé, durant mes années heureuses, à une expansion fréquente de tout ce que mon cœur renfermait d'amour et d'enthousiasme. C'était particulièrement

Je retins à moi seul la dépouille respectable... (Page 28.)

durant les offices du soir que j'aimais à répandre ainsi toute mon âme aux pieds du Sauveur. A ce moment d'indicible poésie, où le jour n'est plus, et où la nuit n'est pas encore, lorsque la lampe vacillante au fond du sanctuaire se réfléchit seule sur les marbres luisants, et que les premiers astres s'allument dans l'éther encore pâle, je me souviens que j'avais coutume d'interrompre mes oraisons, afin de m'abandonner aux émotions saintes et délicieuses que cet instant m'apportait. Il y avait vis-à-vis de ma stalle une haute fenêtre dont l'architecture délicate se dessinait sur le bleu transparent du ciel. Je voyais s'encadrer là, chaque soir, deux ou trois belles étoiles, qui semblaient me sourire et pénétrer mon sein d'un rayon d'amour et d'espoir. Eh bien, tout sentiment poétique était en moi tellement lié au sentiment religieux, et le sentiment religieux était lui-même tellement lié à la doctrine catholique, qu'avec la soumission aveugle à cette doctrine, je perdis et la poésie et la prière, et les saintes extases et les ardentes aspirations. J'étais devenu plus froid que les marbres que je foulais. J'essayais en vain d'élever mon âme vers le créateur de toutes choses. Je m'étais habitué à le voir sous un certain aspect qu'il n'avait plus; et depuis que j'avais élargi, par la raison, le cercle de sa puissance et de sa perfection, depuis que j'avais agrandi mes pensées et donné à mes aspirations un but plus vaste, j'étais ébloui de l'éclat de ce Dieu nouveau; je me sentais réduit au néant par son immensité et par celle de l'univers. L'ancienne forme, accessible en quelque sorte aux sens par les images et les allégories mystiques, s'effaçait pour faire place à un immense foyer de Divinité où j'étais absorbé comme un atome, sans que mes pensées eussent ni place ni valeur possible, sans qu'aucune parcelle de cette Divinité pût se faire assez menue pour se communiquer à moi autrement que par le fait, pour ainsi dire, fatal, de la vie universelle. Je n'osais donc plus essayer de communiquer avec Dieu. Il me paraissait trop grand pour s'abaisser jusqu'à m'écouter, et je craignais de faire un acte impie, d'insulter sa majesté céleste, en l'invoquant comme un roi de la terre. Pourtant j'avais toujours le même besoin de prier, le même besoin d'aimer, et quelquefois j'essayais d'élever une voix humble et craintive vers ce Dieu terrible. Mais tantôt je retombais involontairement dans les formes et dans les idées catholiques, et tantôt il m'arrivait de formuler une prière assez étrange, et dont la naïveté me ferait sourire aujourd'hui, si elle ne rappelait des souffrances profondes. « O toi! disais-je, toi qui n'as pas de nom, et qui résides dans l'inaccessible! toi qui es trop grand pour m'écouter, trop loin pour m'entendre, trop parfait pour m'aimer, trop fort pour me plaindre!... je t'invoque sans espoir d'être exaucé, parce que je sais que je ne dois rien te demander, et que je n'ai qu'une manière de mériter ici bas, qui est de vivre et de mourir inaperçu, sans orgueil, sans révolte et sans colère, de souffrir sans me plaindre, d'attendre sans désirer, d'espérer sans prétendre à rien... »

« Alors je m'interrompais, épouvanté de la triste destinée humaine que se présentait à moi, et que ma prière, pur reflet de ma pensée, résumait en des termes si décourageants et si douloureux. Je me demandais à quoi bon aimer un Dieu insensible, qui laisse à l'homme le désir céleste, pour lui faire sentir toute l'horreur de sa captivité ou de son impuissance, un Dieu aveugle et sourd, qui ne daigne pas même commander à la foudre, et qui se tient tellement caché dans la pluie d'or de ses soleils et de ses mondes qu'aucun de ces soleils et aucun de ces mondes ne le connaît ni ne l'entend. Oh! j'aimais mieux l'oracle des Juifs, la voix qui parlait à Moïse sur le Sinaï; j'aimais mieux l'esprit de Dieu sous la forme d'une colombe sacrée, ou le fils de Dieu devenu un homme semblable à moi! Ces dieux terrestres m'étaient accessibles. Tendres ou menaçants, ils m'écoutaient et me répondaient. Les colères et les vengeances du sombre Jéhovah m'effrayaient moins que l'impossible silence et la glaciale pitié de mon nouveau maître.

« C'est alors que je sentis profondément le vide et le vague de cette philosophie, de mode à cette époque-là, qu'on appelait le théisme; car, il faut bien l'avouer, j'avais déjà cherché le résumé de mes études et de mes réflexions dans les écrits des philosophes mes contemporains. J'eusse dû m'en abstenir sans doute, car rien n'était plus contraire à la disposition d'esprit où j'étais alors. Mais comment l'eussé-je prévu? Ne devais-je pas penser que les esprits les plus avancés de mon siècle sauraient mieux que moi la conclusion à tirer de toute la science et de toute l'expérience du passé? Ce passé, tout nouveau pour moi, était un aliment mal digéré dont les médecins seuls pouvaient connaître l'effet, et les hommes studieux et naïfs qui vivent dans l'ombre ont la simplicité de croire que les écrits contemporains qu'un grand éclat accompagne sont la lumière et l'hygiène du siècle. Quelle ne fut pas ma surprise lorsque, malgré toutes mes préventions en faveur de ces illustres écrivains français dont les fureurs du Vatican nous apprenaient la gloire et les triomphes, je tins dans mes mains avides une de ces éditions à bas prix que la France semait jusque sur le terrain papal, et qui pénétraient dans le secret des cloîtres, même sans beaucoup de mystère! Je crus rêver en voyant une critique si grossière, un acharnement si aveugle, tant d'ignorance ou de légèreté : je craignais d'avoir porté dans cette lecture un reste de prévention en faveur du christianisme; je voulus connaître tout ce qui s'écrivait chaque jour. Je ne changeai pas d'avis sur le fond; mais j'arrivai à apprécier beaucoup l'importance et l'utilité sociale de cet esprit d'examen et de révolte, qui préparait la ruine de l'inquisition et la chute de tous les despotismes sanctifiés. Peu à peu il m'arriva de me faire une manière d'être, de voir et de sentir, qui, sans être celle de Voltaire et de Diderot, était celle de leur école. Quel homme a jamais pu s'affranchir, même au fond des cloîtres, même au sein des thébaïdes, de l'esprit de son siècle? J'avais d'autres habitudes, d'autres sympathies, d'autres besoins que les frivoles écrivains de mon époque; mais tous les vœux et les désirs que je conservais étaient stériles; car je sentais l'imminence providentielle d'une grande révolution philosophique, sociale et religieuse; et ni moi ni mon siècle n'étions assez forts pour ouvrir à l'humanité le nouveau temple où elle pourrait s'abriter contre l'athéisme, contre le froid et la mort.

« Insensiblement je me refroidis à mon tour jusqu'à douter de moi-même. Il y avait longtemps que je doutais de la bonté et de la tendresse paternelle de Dieu. J'en vins à douter de l'amour filial que je sentais pour lui. Je pensai que ce pouvait être une habitude d'esprit que l'éducation m'avait donnée, et qui n'avait pas plus son principe dans la nature de mon être que mille autres erreurs suggérées chaque jour aux hommes par la coutume et le préjugé. Je travaillai à détruire en moi l'esprit de charité avec autant de soin que j'en avais mis jadis à développer le feu divin dans mon cœur. Alors je tombai dans un ennui profond, et, comme un ami qui ne peut vivre privé de l'objet de son affection, je me sentis dépérir et je traînai ma vie comme un fardeau.

« Au sein de ces anxiétés, de ces fatigues, six années étaient déjà consumées. Six années, les plus belles et les plus viriles de ma vie, étaient tombées dans le gouffre du passé sans que j'eusse fait un pas vers le bonheur ou la vertu. Ma jeunesse s'était écoulée comme un rêve. L'amour de l'étude semblait dominer toutes mes autres facultés. Mon cœur sommeillait; et, si je n'eusse senti quelquefois, à la vue des injustices commises contre mes frères et à la pensée de toutes celles qui se commettent sans cesse à la face du ciel, de brûlantes colères et de profonds déchirements, j'eusse pu croire que la tête seule vivait en moi et que mes entrailles étaient insensibles. A vrai dire, je n'eus point de jeunesse, tant les enivrements contre lesquels j'ai vu les autres religieux lutter si péniblement passèrent loin de moi. Chrétien, j'avais mis tout mon amour dans la Divinité; philosophe, je ne pus reporter mon amour sur les créatures, ni mon attention sur les choses humaines.

« Tu me demandes peut-être, Angel, ce que le souvenir de Fulgence et la pensée de Spiridion étaient devenus parmi tant de préoccupations nouvelles. Hélas! j'étais bien honteux d'avoir pris à la lettre les visions de ce vieillard et de m'être laissé frapper l'imagination au point d'avoir eu moi-même la vision de cet Hébronius. La philosophie moderne accablait d'un tel mépris les visionnaires que je ne savais où me réfugier contre le mortifiant souvenir de ma superstition. Tel est l'orgueil humain, que même lorsque la vie intérieure s'accomplit dans un profond mystère, et sans que les erreurs et les changements de l'homme aient d'autre témoin que sa conscience, il rougit de ses faiblesses et voudrait pouvoir se tromper lui-même. Je m'efforçais d'oublier ce qui s'était passé en moi à cette époque de trouble où une révolution avait été imminente dans tout mon être, et où la sève trop comprimée de mon esprit avait fait irruption avec une sorte de délire. C'est ainsi que je m'expliquais l'influence de Fulgence et d'Hébronius sur mon abandon du christianisme. Je me persuadais (et peut-être ne me trompais-je pas) que ce changement était inévitable; qu'il était pour ainsi dire fatal, parce qu'il était dans la nature de mon esprit de progresser en dépit de tout et à propos de tout. Je me disais que soit une cause, soit une autre, soit la fable d'Hébronius, soit tout autre hasard, je devais sortir du christianisme, parce que j'avais été condamné, en naissant, à chercher la vérité sans relâche et peut-être sans espoir. Brisé de fatigue, atteint d'un profond découragement, je me demandais si le repos que j'avais perdu valait la peine d'être reconquis. Ma foi naïve était déjà si loin, il me semblait que j'avais commencé si jeune à douter que je ne me souvenais presque plus du bonheur que j'avais pu goûter dans mon ignorance. Peut-être même n'avais-je jamais été heureux par elle. Il est des intelligences inquiètes auxquelles l'inaction est un supplice et le repos un opprobre. Je ne pouvais donc me défendre d'un certain mépris de moi-même en me contemplant dans le passé. Depuis que j'avais entrepris mon rude labeur, je n'avais pas été plus heureux, mais du moins je m'étais senti vivre; et je n'avais pas rougi de voir la lumière, car j'avais labouré de toutes mes forces le champ de l'espérance. Si la moisson était maigre, si le sol était aride, ce n'était pas la faute de mon courage, et je pouvais être une victime respectable de l'humaine impuissance.

« Je n'avais pourtant pas oublié l'existence du manuscrit précieux peut-être, et, à coup sûr, fort curieux, que renfermait le cercueil de l'abbé Spiridion. Je me promettais bien de le tirer de là et de me l'approprier ; mais il fallait, pour opérer cette extraction en secret, du temps, des précautions, et sans doute un confident. Je ne me pressai donc pas d'y pourvoir, car j'étais occupé au delà de mes forces et de mes heures dont j'avais à disposer chaque jour. Le vœu que j'avais fait de déterrer ce manuscrit le jour où j'aurais atteint l'âge de trente ans n'avait sans doute pu sortir de ma mémoire ; mais je rougissais tellement d'avoir pu faire un vœu si puéril que j'en écartais la pensée, bien résolu à ne l'accomplir en aucune façon, et ne me regardant pas comme lié par un serment qui n'avait plus pour moi ni sens ni valeur.

« Soit que j'évitasse de me retracer ce que j'appelais les misérables circonstances de ce vœu, soit qu'un redoublement de préoccupations scientifiques m'eût entièrement absorbé, il est certain que l'époque fixée par moi pour l'accomplissement du vœu arriva sans que j'y fisse la moindre attention ; et sans doute elle aurait passé inaperçue sans un fait extraordinaire et qui faillit de nouveau transformer toutes mes idées.

« Je m'étais toujours procuré des livres en pénétrant, à l'insu de tous, dans la bibliothèque située au bout de la grande salle. J'avais d'abord éprouvé beaucoup de répugnance à m'emparer furtivement de ce fruit défendu ; mais bientôt l'amour de l'étude avait été plus fort que tous les scrupules de la franchise et de la fierté. J'étais descendu à toutes les ruses nécessaires ; j'avais fabriqué moi-même une fausse clef, la serrure que j'avais brisée avant d'être remplacée sans qu'on sût à qui en imputer l'effraction. Je me glissais la nuit jusqu'au sanctuaire de la science, et chaque semaine je renouvelais ma provision de livres, sans éveiller ni l'attention ni les soupçons, du moins à ce qu'il me semblait. J'avais soin de cacher mes richesses dans la paille de ma couche, et je lisais toute la nuit. Je m'étais habitué à dormir à genoux dans l'église ; et, pendant les offices du matin, prosterné dans ma stalle, enveloppé de mon capuchon, je réparais les fatigues de la veille par un sommeil léger et fréquemment interrompu. Cependant, comme ma santé s'affaiblissait visiblement par ce régime, je trouvai le moyen de lire à l'église même durant les offices. Je me procurai une grande couverture de missel que j'adaptais à mes livres profanes, et, tandis que je semblais absorbé par le bréviaire, je me livrais avec sécurité à mes études favorites.

« Malgré toutes ces précautions, je fus soupçonné, surveillé, et enfin découvert. Une nuit que j'avais pénétré dans la bibliothèque, j'entendis marcher dans la grande salle du chapitre. Aussitôt j'éteignis ma lampe, et je me tins immobile, espérant qu'on n'était point sur ma trace, et que j'échapperais à l'attention du surveillant qui faisait une ronde inusitée. Les pas se rapprochèrent, et j'entendis une main se poser sur la clef que j'avais imprudemment laissée en dehors. On retira cette clef après avoir fermé la porte sur moi à double tour ; on replaça les grosses barres de fer que j'avais enlevées ; et, quand on m'eut ôté tout moyen d'évasion, on s'éloigna lentement. Je me trouvai seul dans les ténèbres, captif, et à la merci de mes ennemis.

« La nuit me sembla insupportablement longue ; car l'inquiétude, la contrariété et le froid qui était alors très-vif m'empêchèrent de goûter un instant de repos. J'eus un grand dépit d'avoir éteint ma lampe, et de ne pouvoir du moins utiliser par la lecture cette nuit malencontreuse. Les craintes qu'un tel événement devait m'inspirer n'étaient pourtant pas très-vives. Je me flattais de n'avoir pas été vu par celui qui m'avait enfermé. Je me disais qu'il avait fait sans mauvaise intention, et sans se douter qu'il y eût quelqu'un dans la bibliothèque ; que c'était peut-être le frère de semaine pour le service de la salle, qui avait retiré cette clef et fermé cette porte pour mettre les choses en ordre. Je me trouvai, moi, bien lâche de ne pas lui avoir parlé et de n'avoir pas fait, pour sortir tout de suite, une tentative qui, le lendemain au jour, aurait certes beaucoup plus d'inconvénients. Néanmoins je me promis de ne pas manquer l'occasion dès qu'il reviendrait, le matin, selon l'habitude, pour ranger et nettoyer la salle. Dans cette attente je me tins éveillé, et je supportai le froid avec le plus de philosophie qu'il me fut possible.

« Mais les heures s'écoulèrent, le jour parut, et le pâle soleil de janvier monta sur l'horizon sans que le moindre bruit se fît entendre dans la chambre du chapitre. La journée entière se passa sans m'apporter aucun moyen d'évasion. J'usai mes forces à vouloir enfoncer la porte. On l'avait si bien assurée contre une nouvelle effraction, qu'il était impossible de l'ébranler, et la serrure résista également à tous mes efforts.

« Une seconde nuit et une seconde journée se passèrent sans apporter aucun changement à cette étrange position. La porte du chapitre avait été sans doute condamnée. Il ne vint absolument personne dans cette salle, qui d'ordinaire était assez fréquentée à certaines heures, et je ne pus me persuader plus longtemps que ma captivité fût un événement fortuit. Outre que la salle ne pouvait avoir été fermée sans dessein, on devait s'apercevoir de mon absence ; et, si l'on était inquiet de moi, ce n'était pas le moment de fermer les portes, mais de les ouvrir toutes pour me chercher. Il était donc certain qu'on voulait m'infliger une correction pour ma faute ; mais, le troisième jour, je commençai à trouver la correction trop sévère, et à craindre qu'elle ne ressemblât aux épreuves des cachots de l'inquisition, d'où l'on ne sortait que pour revoir une dernière fois le soleil et mourir d'épuisement. La faim et le froid m'avaient si rudement éprouvé que, malgré mon stoïcisme et la persévérance que j'avais mise à lire tant que le jour me l'avait permis, je commençai à perdre courage la troisième nuit et à sentir que la force physique m'abandonnait. Alors je me résignai à mourir, et à ne plus combattre le froid par le mouvement. Mes jambes ne pouvaient plus me soutenir ; je fis une couche avec des livres ; car on avait eu la cruauté d'enlever le fauteuil de cuir qui d'ordinaire occupait l'embrasure de la croisée. Je m'enveloppai la tête dans ma robe, je m'étendis en serrant mon vêtement autour de moi, et je m'abandonnai à l'engourdissement d'un sommeil fébrile que je regardais comme le dernier de ma vie. Je m'applaudis d'être arrivé à l'extinction de mes forces physiques sans avoir perdu ma force morale, et sans avoir cédé au désir de crier pour appeler du secours. L'unique croisée de cette pièce donnait sur une cour fermée, où les novices allaient rarement. J'avais guetté vainement depuis trois jours, la porte de cette cour ne s'était pas ouverte une seule fois. Sans doute, elle avait été condamnée comme celle du chapitre. Ne pouvant faire signe à aucun être compatissant ou désintéressé, il eût fallu remplir l'air de mes cris pour arriver à me faire entendre. Je savais trop bien que, dans de semblables circonstances, la compassion est lâche et impuissante, tandis que le désir de la vengeance augmente en raison de l'abaissement de la victime. Je savais que mes gémissements causeraient à quelques-uns une terreur stupide et rien de plus. Je savais que les autres se réjouiraient de mes angoisses. Je ne voulais pas donner à ces bourreaux le triomphe de m'avoir arraché une seule plainte. J'avais donc résisté aux tortures de la faim ; je commençais à ne plus les sentir, et d'ailleurs je n'aurais plus eu assez de force pour élever la voix. Je m'abandonnai à mon sort en invoquant Épictète et Socrate, et Jésus lui-même, le philosophe immolé par les princes des prêtres et les docteurs de la loi.

« Depuis quelques heures je reposais dans un profond anéantissement, lorsque je fus éveillé par le bruit de l'horloge du chapitre qui sonnait minuit de l'autre côté de la cloison contre laquelle j'étais étendu. Alors j'entendis marcher doucement dans la salle, et il me sembla qu'on approchait de la porte de ma prison. Ce bruit ne me causa ni joie ni surprise ; je n'avais plus conscience d'aucune chose. Cependant la nature des pas que j'entendais sur le plancher de la salle voisine, leur légèreté empressée, jointe à une netteté solennelle, réveillèrent en moi je ne sais quels vagues souvenirs. Il me sembla que je reconnaissais la personne qui marchait ainsi, et que j'éprouvais une joie d'instinct à l'entendre venir vers moi; mais il m'eût été impossible de dire quelle était cette personne et où je l'avais connue.

« Elle ouvrit la porte de la bibliothèque et m'appela par mon nom d'une voix harmonieuse et douce qui me fit tressaillir. Il me sembla que je sentais la vie faire un effort en moi pour se ranimer; mais j'essayai en vain de me soulever, et je ne pus ni remuer ni parler.

« — Alexis! répéta la voix d'un ton d'autorité bienveillante, ton corps et ton âme sont-ils donc aussi endurcis l'un que l'autre? D'où vient que tu as manqué à la parole? Voici la nuit, voici l'heure que tu avais fixées.... Il y a aujourd'hui trente ans que tu vins dans ce monde, nu et pleurant comme tous les fils d'Ève. C'est aujourd'hui que tu devais te régénérer, en cherchant sous la cendre de ma dépouille terrestre une étincelle qui aurait pu rallumer en toi le feu du ciel. Faut-il donc que les morts quittent leur sépulcre pour trouver les vivants plus froids et plus engourdis que des cadavres? »

« J'essayai encore de lui répondre, mais sans réussir plus que la première fois. Alors il reprit avec un soupir:

« — Reviens donc à la vie des sens, puisque celle de l'esprit est expirée en toi... »

« Il s'approcha et me toucha, mais je ne vis rien; et lorsque, après de grands efforts inouïs, j'eus réussi à m'éveiller de ma léthargie et à me dresser sur mes genoux, tout était rentré dans le silence, et rien n'annonçait autour de moi la visite d'un être humain.

« Cependant un vent plus froid qui soufflait sur moi semblait venir de la porte. Je me traînai jusque-là. Ô prodige! elle était ouverte.

« J'eus un accès de joie insensée. Je pleurai comme un enfant, et j'embrassai la porte comme si j'eusse voulu baiser la trace des mains qui l'avaient ouverte. Je ne sais pourquoi la vie me semblait si douce à recouvrer, après avoir semblé si facile à perdre. Je me traînai le long de la salle du chapitre en suivant les murs; j'étais si faible que je tombais à chaque pas. Ma tête s'égarait, et je ne pouvais plus me rendre raison de la position de la porte que je voulais gagner. J'étais comme un homme ivre; et plus j'avais hâte de sortir de ce lieu fatal, moins il m'était possible d'en trouver l'issue. J'errais dans les ténèbres, me créant moi-même un labyrinthe inextricable dans un espace libre et régulier. Je crois que je passai là presque une heure, livré à d'inexprimables angoisses. Je n'étais plus armé de philosophie comme lorsque j'étais sous les verrous. Je voyais la liberté, la vie, qui revenaient à moi, et je n'avais pas la force de m'en emparer. Mon sang un instant ranimé se refroidissait de nouveau. Une sorte de rage délirante s'emparait de moi. Mille fantômes passaient devant mes yeux, mes genoux se roidissaient sur le plancher. Épuisé de fatigue et de désespoir, je tombai au pied des froides parois de la salle, et de nouveau j'essayai de retrouver en moi la résolution de mourir en paix. Mais mes idées étaient confuses, et la sagesse, qui m'avait semblé naguère une armure impénétrable, n'était en cet instant qu'un secours impuissant contre l'horreur de la mort.

« Tout à coup je retrouvai le souvenir, déjà effacé, de la voix qui m'avait appelé durant mon sommeil, et, me livrant à cette protection mystérieuse avec la confiance d'un enfant, je murmurai les derniers mots que Fulgence avait prononcés en rendant l'âme: « *Sancte Spiridion, ora pro me.* »

« Alors il se fit une lueur pâle dans la salle, comme serait celle d'un éclair prolongé. Cette lueur augmenta, et, au bout d'une minute environ, s'éteignit tout à fait. J'avais eu le temps de voir que cette lumière partait du portrait du fondateur, dont les yeux s'étaient allumés comme deux lampes pour éclairer la salle et pour me montrer que j'étais adossé depuis un quart d'heure contre la porte tant cherchée. — Béni sois-tu, esprit bienheureux! m'écriai-je. Et, ranimé soudain, je m'élançai hors de la salle avec impétuosité.

« Un convers, qui vaquait dans les salles basses à des préparatifs extraordinaires pour le lendemain, me vit accourir vers lui comme un spectre. Mes joues creuses, mes yeux enflammés par la fièvre, mon air égaré, lui causèrent une telle frayeur qu'il s'enfuit en laissant tomber une corbeille de riz qu'il portait, et un flambeau que je me hâtai de ramasser avant qu'il fût éteint. Quand j'eus apaisé ma faim, je regagnai ma cellule, et le lendemain, après un sommeil réparateur, je fus en état de me rendre à l'église.

« Un bruit singulier dans le couvent et le branle de toutes les grosses cloches m'avaient annoncé une cérémonie importante. J'avais jeté les yeux sur le calendrier de ma cellule, et je me demandais si j'avais perdu pendant mes jours d'inanition la notion de la marche du temps; car je ne voyais aucune fête religieuse marquée pour le jour où je croyais être. Je me glissai dans le chœur, et je gagnai ma stalle sans être remarqué. Il y avait sur tous les fronts une préoccupation ou un recueillement extraordinaire. L'église était parée comme aux grands jours fériés. On commença les offices. Je fus surpris de ne point voir le Prieur à sa place; je me penchai pour demander à mon voisin s'il était malade. Celui-ci me regarda d'un air stupéfait, et, comme s'il eût pensé avoir mal entendu ma question, il sourit d'un air embarrassé et ne me répondit point. Je cherchai des yeux le père Donatien, celui de tous les religieux que je savais m'être le plus hostile, et que j'accusais intérieurement du traitement odieux que je venais de subir. Je vis ses yeux ardents chercher à pénétrer sous mon capuchon; mais je ne lui laissai point voir mon visage, et je m'assurai que le sien était bouleversé par la surprise et la crainte; car il ne s'attendait point à trouver ma stalle occupée, et se demandait si c'était moi ou mon spectre qu'il voyait là en face de lui.

« Je ne fus au courant de ce qui se passait qu'à la fin de l'office, lorsque l'officiant récita une prière en commémoration du Prieur, dont l'âme avait paru devant Dieu, le 10 janvier 1766, à minuit, c'est-à-dire une heure avant mon incarcération dans la bibliothèque. Je compris alors pourquoi Donatien, dont l'ambition guettait depuis longtemps la première place parmi nous, avait saisi l'occasion de cette mort subite pour m'éloigner des délibérations. Il savait que, en l'estimais point, et que, malgré mon peu de goût pour le pouvoir et mon défaut absolu d'intrigue, je ne manquais pas de partisans. J'avais une réputation de science théologique qui m'attirait le respect naïf de quelques-uns; j'avais un esprit de justice et des habitudes d'impartialité qui offraient à tous des garanties. Donatien me craignait: sous-prieur depuis deux ans, et tout-puissant sur ceux qui entouraient le Prieur, il avait enveloppé ses derniers instants d'une sorte de mystère, et, avant de répandre la nouvelle de sa mort, il avait voulu me voir, sans doute pour sonder mes dispositions, pour me séduire ou pour m'effrayer. Ne me trouvant point dans ma cellule, et connaissant fort bien mes habitudes, comme je l'ai su depuis, il s'était glissé sur mes traces jusqu'à la porte de la bibliothèque qu'il avait refermée sur moi comme par mégarde. Puis il avait condamné toutes les issues par lesquelles on pouvait approcher de moi, et il avait sur-le-champ fait entrer tout le monastère en retraite, afin de procéder dignement à l'élection du nouveau chef.

« Grâce à son influence, il avait pu violer tous les usages et toutes les règles de l'abbaye. Au lieu de faire embaumer et exposer le corps du défunt pendant trois jours dans la chapelle, il avait fait ensevelir précipitamment, sous prétexte qu'il était mort d'un mal contagieux. Il avait brusqué toutes les cérémonies, abrégé le temps ordinaire de la retraite; et déjà l'on procédait à son élection, lorsque, par un fait surnaturel, je fus rendu à la liberté. Quand l'office fut fini, on chanta le *Veni Creator*; puis on resta un quart d'heure prosterné chacun dans sa stalle, livré à l'inspiration divine. Lorsque l'horloge sonna midi, la communauté défila lentement et monta à la salle du chapitre pour procéder au vote général. Je me tins dans le plus grand calme et dans la plus complète indifférence tant que dura cette cérémonie.

Rien au monde ne me tentait moins que de contre-balancer les suffrages ; en eussé-je eu le temps, je n'aurais pas fait la plus simple démarche pour contrarier l'ambition de Donatien. Mais quand j'entendis son nom sortir cinquante fois de l'urne, quand je vis, au dernier tour de scrutin, la joie du triomphe éclater sur son visage, je fus saisi d'un mouvement tout humain d'indignation et de haine.

« Peut-être, s'il eût songé à tourner vers moi un regard humble ou seulement craintif, mon mépris l'eût-il absous ; mais il me sembla qu'il me bravait, et j'eus la puérilité de vouloir briser cet orgueil, au niveau duquel je me ravalais en le combattant. Je laissai le secrétaire recompter lentement les votes. Il y en avait deux seulement pour moi. Ce n'était donc pas une espérance personnelle qui pouvait me suggérer ce que je fis. Au moment où l'on proclama le nom de Donatien, et comme il se levait d'un air hypocritement ému pour recevoir les embrassades des anciens, je me levai à mon tour et j'élevai la voix.

« — Je déclare, dis-je avec un calme apparent dont l'effet fut terrible, que l'élection proclamée est nulle, parce que les statuts de l'ordre ont été violés. Une seule voix, oubliée ou détournée, suffit pour frapper de nullité les résolutions de tout un chapitre. J'invoque cet article de la charte de l'abbé Spiridion, et déclare que moi, Alexis, membre de l'ordre et serviteur de Dieu, je n'ai point déposé mon vote aujourd'hui dans l'urne, parce que je n'ai point eu le loisir d'entrer en retraite comme les autres ; parce que j'ai été écarté, par hasard ou par malice, des délibérations communes, et qu'il m'eût été impossible, ignorant jusqu'à cet instant la mort de notre vénérable Prieur, de me décider inopinément sur le choix de son successeur. »

« Ayant prononcé ces paroles qui furent un coup de foudre pour Donatien, je me rassis et refusai de répondre aux mille questions que chacun venait m'adresser. Donatien, un instant confondu de mon audace, reprit bientôt courage, et déclara que mon vote était non-seulement inutile mais non recevable, parce qu'étant sous le poids d'une faute grave, et subissant, durant les délibérations, une correction dégradante, d'après les statuts, je n'étais point apte à voter.

« — Et qui donc a qualifié ou apprécié ma faute ? demandai-je. Qui donc s'est permis de m'en infliger le châtiment ? Le sous-prieur ? il n'en avait pas le droit. Il devait, pour me juger indigne de prendre part à l'élection, faire examiner ma conduite par six des plus anciens du chapitre, et je déclare qu'il ne l'a point fait.

« — Et qu'en savez-vous ? me dit un des anciens qui était le chaud partisan de mon antagoniste.

« — Je dis, m'écriai-je, que cela ne s'est point fait, parce que j'avais le droit d'en être informé, parce que mon jugement devait être signifié à moi d'abord, puis à toute la communauté rassemblée, et enfin placardé ici, dans ma stalle, et qu'il n'y est point et n'y a jamais été.

« — Votre faute, s'écria Donatien, était d'une telle nature...

« — Ma faute, interrompis-je, il vous plait de la qualifier de grave ; moi, il me plait de qualifier la punition que vous m'avez infligée, et je dis que c'est pour vous qu'elle est dégradante. Dites quelle fut ma faute ! Je vous somme de le dire ici ; et moi je dirai quel traitement vous m'avez fait subir, bien que vous n'eussiez pas le droit de le faire. »

« Donatien voyant que j'étais outré, et que l'on commençait à m'écouter avec curiosité, se hâta de terminer ce débat en appelant à son secours la prudence et la ruse. Il s'approcha de moi, et, du ton d'un homme pénétré de componction, me supplia, au nom du Sauveur des hommes, de cesser une discussion scandaleuse et contraire à l'esprit de charité qui devait régner entre des frères. Il ajouta que je me trompais en l'accusant de machinations si perfides, que sans doute il y avait entre nous un malentendu qui s'éclaircirait dans une explication amicale.

« — Quant à vos droits, ajouta-t-il, il m'a semblé et il me semble encore, mon frère, que vous les avez perdus. Ce serait peut-être pour la communauté une affaire à examiner ; mais il suffit que vous m'accusiez d'avoir redouté votre candidature pour que je veuille faire tomber au plus vite un soupçon si pénible pour moi. Et pour cela, je déclare que je désire vous avoir sur-le-champ pour compétiteur. Je supplie la communauté d'écarter de vous toute accusation, et de permettre que vous déposiez votre vote dans l'urne après avoir fait un nouveau tour de scrutin, sans examiner si vos droits sont contestables. Non-seulement je l'en supplie, mais au besoin je le lui commande ; car je suis, en attendant le résultat de votre candidature, le chef de cette respectable assemblée. »

« Ce discours adroit fut accueilli avec acclamations ; mais je m'opposai à ce qu'on recommençât le vote séance tenante. Je déclarai que je voulais entrer en retraite, et que, comme les autres s'étaient contentés de trois jours, bien que quarante fussent prescrits, je m'en contenterais aussi ; mais que, sous aucun prétexte, je ne croyais pouvoir me dispenser de cette préparation.

« Donatien s'était engagé trop avant pour reculer. Il feignit de subir ce contre-temps avec calme et humilité. Il supplia la communauté de n'apporter aucun empêchement à mes desseins. Il y avait bien quelques murmures contre mon obstination, mais pas autant peut-être que Donatien l'avait espéré. La curiosité, qui est l'élément vital des moines, était excitée au plus haut point par ce qui restait de mystérieux entre Donatien et moi. Ma disparition avait causé bien de l'étonnement à plusieurs. On voulait, avant de se ranger sous la loi de ce nouveau chef si mielleux et si tendre en apparence, avoir quelques notions de plus sur son vrai caractère. Je semblais l'homme le plus propre à les fournir. Sa modération tenant en ce moment en public, au milieu d'une crise si terrible pour son orgueil et son ambition, paraissait sublime à quelques-uns, sensée à plusieurs autres, étrange et de mauvais augure à un plus grand nombre. Trente voix, qui s'entendaient pas sur le choix de leur candidat, avaient combattu son élection. Il était déjà évident qu'elles allaient se reporter sur moi. Trois jours de nouvelles réflexions et de plus amples informations pouvaient détacher bien des partisans. Chacun le sentit, et la majorité, qui avait été surprise et comme enivrée par la précipitation des meneurs, se réjouit du retard que je venais apporter au dénoûment.

« Une heure après la clôture de cette séance orageuse, ma cellule était assiégée des meneurs du mon parti ; car j'avais déjà un parti malgré moi, et un parti très-ardent. Donatien n'était pas médiocrement haï, et je dois à la vérité de dire que tout ce qu'il y avait de moins avili et de moins corrompu dans l'abbaye était contre lui. Ma colère était déjà tombée et les offres qu'on me faisait n'éveillaient en moi aucun désir de puissance monacale. J'avais de l'ambition, mais une ambition vaste comme le monde, l'ambition des choses sublimes. J'aurais voulu élever un beau monument de science ou de philosophie, trouver une vérité et la promulguer, enfanter une de ces idées qui soulèvent et remplissent tout un siècle, gouverner enfin toute une génération, mais du fond de ma cellule, et sans salir mes doigts à la fange des affaires sociales ; régner par l'intelligence sur les esprits, par le cœur sur les cœurs, vivre en un mot comme Platon ou Spinosa. Il y avait loin de là à la gloriole de commander à cent moines abrutis. La petitesse pompeuse d'un tel rôle soulevait mon âme de dégoût ; mais je compris quel parti je pouvais tirer de ma position, et j'accueillis mes partisans avec prudence.

« Avant le soir, les trente voix qui avaient résisté à Donatien s'étaient déjà réunies sur moi. Donatien en fut plus irrité qu'effrayé. Il vint me trouver dans ma cellule, et il essaya de m'intimider en me disant que, si je me retirais de la candidature, il ne me reprocherait point mes hérésies, à lui bien connues ; que les choses pouvaient encore se passer honorablement pour moi et tranquillement pour lui, si je me contentais de la petite victoire que j'avais obtenue en retardant son élection ; mais que, si je me mettais sur les rangs pour le priorat, je ferai connaître quelles étaient mes occupations, mes lectures, et sans doute mes pensées, depuis plus de cinq ans. Il me menaça de dévoiler la fraude et la désobéissance où j'avais vécu tout ce temps-là, dérobant les livres défendus et me nourrissant durant les saints offices, dans le temple même du Seigneur, des plus infâmes doctrines.

« Le calme avec lequel j'affrontai ces menaces le déconcerta beaucoup. Il voulait sans doute me faire parler sur mes croyances ; peut-être avait-il placé des témoins derrière la porte pour m'entendre apostasier dans un moment d'emportement. J'étais sur mes gardes, et je vis, dans cette circonstance, combien l'homme le plus simple a de supériorité sur le plus habile, lorsque celui-ci est mû par de mauvaises passions. Je n'étais certes pas rompu à l'intrigue comme ce moine cauteleux et rusé ; mais le mépris que j'avais pour l'enjeu me donnait tout l'avantage de la partie. J'étais armé d'un sang-froid à toute épreuve, et mes reparties calmes démontaient de plus en plus mon adversaire. Il se retira fort troublé. Jusque-là il ne m'avait point connu, disait-il d'un ton amèrement enjoué. Il m'avait cru plongé dans les livres, et ne se serait jamais douté que j'apportasse tant de prudence et de calcul dans les affaires temporelles. Il ajouta sournoisement qu'il faisait des vœux pour que mon orthodoxie en matière de religion lui fût bien démontrée ; car, dans ce cas, je lui paraissais le plus propre de tous à bien gouverner l'abbaye.

« Le lendemain, mes trente partisans cabalèrent si bien qu'ils détachèrent plus de quinze poltrons, jetés par la frayeur dans le parti de mon rival. Donatien était l'homme le plus redouté et le plus haï de la communauté ; mais il avait pour lui tous les anciens, qu'il avait su accaparer, et aux vices desquels son atheisme secret offrait toutes les garanties désirables. Il n'y a pas de plus grand fléau pour une communauté religieuse qu'un chef sincèrement dévot. Avec lui, la règle, qui est ce que le moine hait et redoute le plus, est toujours en vigueur, et vient à chaque instant troubler les douces habitudes de paresse et d'intempérance ; son zèle ardent suscite chaque jour de nouvelles tracasseries, en voulant ramener les pratiques austères, la vie de labour et de privations. Donatien savait, avec le petit nombre des fanatiques, se donner les apparences d'une foi vive ; avec le grand nombre des indifférents, il savait, sans compromettre la dignité d'étiquette de la règle, et sans déroger aux apparences de la ferveur, donner à chacun le prétexte le plus convenable à la licence. Par ce moyen son autorité était sans bornes pour le mal ; il exploitait les vices d'autrui au profit des siens propres. Cette manière de gouverner les hommes en profitant de leur corruption est infaillible ; et, si j'étais le favori d'un roi, je la lui conseillerais.

« Mais ce qui contre-balançait l'autorité naissante de Donatien, c'était ce qu'on savait de son humeur vindicative. Ceux qui l'avaient offensé un jour avaient à s'en repentir longtemps, et l'on craignait avec raison que le Prieur n'oubliât pas, en recevant la crosse, les vieilles querelles du simple frère. C'est pourquoi les faibles s'étaient jetés dans son parti par frayeur, le croyant tout-puissant et ne voulant pas qu'il les punît d'avoir cabalé contre lui.

« Dès que ceux-là virent une puissance se former contre la sienne et offrir quelque garantie, ils se rejetèrent facilement de ce côté, et le troisième jour j'avais une majorité incontestable. Je ne saurais t'exprimer, Angel, combien j'eus à souffrir secrètement de cette banale préférence, basée sur des intérêts d'égoïsme et revêtue des formes menteuses de l'estime et de l'affection. Les sales caresses de ces poltrons me répugnaient ; les protestations des autres intrigants, qui se flattaient de régner à ma place tandis que je serais absorbé dans mes spéculations scientifiques, ne me causaient pas moins de dégoût et de mépris.

« — Vous triompherez, me disaient-ils d'un air lâchement fier en sortant de ma cellule.

« — Dieu m'en préserve ! répondais-je lorsqu'ils étaient sortis. »

« Le jour de l'élection, Donatien vint me réveiller avant l'aube. Il n'avait pu fermer l'œil de la nuit.

« — Vous dormez comme un triomphateur, me dit-il. Êtes-vous donc si sûr de l'emporter sur moi ? »

« Il affectait le calme ; mais sa voix était tremblante, et le trouble de toute sa contenance révélait les angoisses de son âme.

« — Je dors avec une double sécurité, lui répondis-je en souriant, celle du triomphe et celle de la plus parfaite indifférence pour ce même triomphe.

« — Frère Alexis, reprit-il, vous jouez la comédie avec un art au-dessus de tout éloge.

« — Frère Donatien, lui dis-je, vous ne vous trompez pas. Je joue la comédie ; car je brigue des suffrages dont je ne veux pas profiter. Combien voulez-vous me les payer ?

« — Quelles seraient vos conditions ? dit-il en feignant de soutenir une plaisanterie ; mais ses lèvres étaient pâles d'émotion et son œil étincelant de curiosité.

« — Ma liberté, répondis-je, rien que cela. J'aime l'étude, et je déteste le pouvoir : assurez-moi le calme et l'indépendance la plus absolue au fond de ma cellule. Donnez-moi les clefs de toutes les bibliothèques, le soin de tous les instruments de physique et d'astronomie, et la direction des fonds appliqués à leur entretien par le fondateur ; donnez-moi la cellule de l'observatoire, abandonnée depuis la mort du dernier moine astronome, enfin dispensez-moi des offices, et à ce prix vous pourrez me considérer comme mort. Je vivrai dans mon donjon, et vous sur votre chaire abbatiale, sans que nous ayons jamais rien de commun ensemble. À la première affaire temporelle dont je me mêlerai, je vous autorise à me remettre sous la règle ; mais aussi à la première tracasserie temporelle que vous me susciterez, je vous promets de vous montrer encore une fois que je ne suis pas sans influence. Tous les trois ans, lorsqu'on renouvellera votre élection, nous passerons marché comme aujourd'hui, si le marché d'aujourd'hui vous convient. Promettez-vous ? Voici la cloche qui nous appelle à l'église ; dépêchez-vous. »

« Il promit tout ce que je voulus ; mais il se retira sans confiance et sans espoir. Il ne pouvait croire qu'on renonçât à la victoire quand on la tenait dans ses mains.

« Il serait impossible de peindre l'angoisse qui contractait son visage lorsqu'on le proclama Prieur à la majorité de dix voix. Il avait l'air d'un homme foudroyé au moment d'atteindre aux astres. M'avoir tenu enfermé trois jours et trois nuits, s'être flatté de me trouver mort de faim et de froid, et tout à coup me voir sortir comme de la tombe pour lui arracher des mains la victoire et m'asseoir à sa place sur la chaire d'honneur !

« Chacun vint m'embrasser, et je subis cette cérémonie sans détromper le vaincu jusqu'à ce qu'il vînt à son tour me donner le baiser de paix. Quand il eut accompli cette dernière humiliation, je le pris par la main ; et, me dépouillant des insignes dont on m'avait déjà revêtu, je lui mis au doigt l'anneau, et à la main la crosse abbatiale ; puis je le conduisis à la chaire, et, m'agenouillant devant lui, je le priai de me donner sa bénédiction paternelle.

« Il y eut une stupéfaction inconcevable dans le chapitre, et d'abord je trouvai beaucoup d'opposition à accepter cette substitution de personne ; mais les poltrons et les faibles emportèrent de nouveau la majorité là où je voulais la constituer. Le scrutin de ce jour ne produisit rien ; mais celui du lendemain rendit, par mes soins et par mon influence, le priorat au trop heureux Donatien. Il me fit l'honneur de douter de ma loyauté jusqu'au dernier moment, me soupçonnant toujours de feindre un excès d'humilité afin de m'assurer un pouvoir sans bornes pour toute ma vie. Il y avait peu d'exemples qu'un Prieur n'eût pas été réélu tous les trois ans jusqu'à sa mort ; mais le statut n'en restait pas moins en vigueur, et l'existence d'un rival important pouvait troubler la vie du vainqueur. Donatien pensait donc que je voulais amener à moi par un semblant de vertu et de désintéressement romanesque ceux qui lui étaient le plus attachés, afin de ne point avoir à craindre une réaction vers lui au bout de trois ans. Au reste, c'est grâce à ce stratagème que la tranquillité de ma vie fut à peu près assurée. Les persécutions dont j'avais été accablé jusque-là, et dont j'ai passé le détail sous silence dans ce récit, comme n'étant que les accessoires de souffrances plus réelles et plus profondes, cessèrent à partir de ce jour. Ce n'est que depuis peu que, me voyant prêt à descendre dans la tombe, Donatien a cessé de me craindre et encouragé peut-être les vieilles haines de ses créatures.

« Quand son élection eut enfin été proclamée, et qu'il se fut assuré de ma bonne foi, sa reconnaissance me parut si servile et si exagérée que je me hâtai de m'y soustraire.

« — Payez vos dettes, lui dis-je à l'oreille, et ne me sachez aucun autre gré d'une action qui n'est point, de ma part, un sacrifice.

« Il se hâta de me proclamer directeur de la bibliothèque et du cabinet réservé aux études et aux collections scientifiques. J'eus, à partir de cet instant, la plus grande liberté d'occupations et tous les moyens possibles de m'instruire.

« Au moment où je quittais la salle du chapitre pour aller, plein d'impatience, prendre possession de ma nouvelle cellule, je levai les yeux par hasard sur le portrait du fondateur, et alors le souvenir des événements surnaturels qui s'étaient passés dans cette salle quelques jours auparavant me revint si distinct et si frappant que j'en fus effrayé. Jusque-là, les préoccupations qui avaient rempli toutes mes heures ne m'avaient pas laissé le loisir d'y songer, ou plutôt cette partie du cerveau qui conserve les impressions que nous appelons poétiques et merveilleuses (à défaut d'expression juste pour peindre les fonctions du sens divin), s'était engourdie chez moi au point de ne rendre à ma raison aucun compte des prodiges de mon évasion. Ces prodiges restaient comme enveloppés dans les nuages d'un rêve, comme les vagues réminiscences des faits accomplis durant l'ivresse ou durant la fièvre. En regardant le portrait d'Hébronius, je revis distinctement l'animation de ces yeux peints qui, tout d'un coup, étaient devenus vivants et lumineux, et ce souvenir se mêla si étrangement au présent qu'il me sembla voir encore cette toile reprendre vie, et ces yeux me regarder comme des yeux humains. Mais cette fois ce n'était plus avec éclat, c'était avec douleur, avec reproche. Il me sembla voir des larmes humecter les paupières. Je me sentis défaillir. Personne ne faisait attention à moi; mais un jeune enfant de douze ans, neveu et élève en théologie de l'un des frères, se tenait par hasard devant le portrait, et, par hasard aussi, le regardait.

« — O mon père Alexis, me dit-il en saisissant ma robe avec effroi, voyez donc! le portrait pleure! »

« Je faillis m'évanouir, mais je fis un grand effort sur moi-même, et lui répondis :

« — Taisez-vous, mon enfant; et ne dites pas de pareilles choses, aujourd'hui surtout; vous feriez tomber votre oncle en disgrâce. »

« L'enfant ne comprit pas ma réponse, mais il en fut comme effrayé, et ne parla à personne, que je sache, de ce qu'il avait vu. Il avait dès lors une maladie dont il mourut l'année suivante chez ses parents. Je n'ai pas bien su les détails de sa mort; mais il m'est revenu qu'il avait vu, à ses derniers instants, une figure vers laquelle il voulait s'élancer en l'appelant *pater Spiridion*. Cet enfant était plein de foi, de douceur et d'intelligence. Je ne l'ai connu que quelques instants sur la terre; mais je crois le retrouver dans une sphère plus sublime. Il était de ceux qui ne peuvent pas rester ici-bas, et qui ont déjà, dès cette vie, une moitié de leur âme dans un monde meilleur.

« Je m'occupai pendant quelques jours à préparer mon observatoire, à choisir les livres que je préférais, à les ranger dans ma cellule, à tout ordonner dans mon nouvel empire. Pendant que le couvent était en rumeur pour célébrer l'élection de son nouveau chef, que les uns se livraient à leurs rêves d'ambition, tandis que les autres se consolaient de leurs mécomptes en s'abandonnant à l'intempérance, je goûtais une joie d'enfant à m'isoler de cette tourbe insensée, et à chercher, dans l'oubli de tous, mes paisibles plaisirs. Quand j'eus fini de ranger la bibliothèque, les collections d'histoire naturelle et les instruments de physique et d'astronomie, ce que je fis avec tant de zèle que je me couchais chaque soir exténué de fatigue (car toutes ces choses précieuses avaient été négligées et abandonnées au désordre depuis bien des années), je rentrai un soir dans cette cellule avec un bien-être incroyable. J'estimais avoir remporté une plus grande victoire que celle de Donatien, et avoir assuré tout l'avenir de ma vie sur les seules bases qui lui convinssent. Je n'avais qu'une seule passion, celle de l'étude : j'allais pouvoir m'y livrer à tout jamais, sans distraction et sans contrainte. Combien je m'applaudissais d'avoir résisté au désir de fuir, qui m'avait tant de fois traversé l'esprit durant les années précédentes! J'avais tant souffert, n'ayant plus aucune foi, aucune sympathie catholique, d'être forcé d'observer les minutieuses pratiques du catholicisme, et d'y voir consumer un temps précieux! Je m'étais souvent méprisé pour le faux point d'honneur qui me tenait esclave de mes vœux.

« Vœux insensés, serments impies! m'étais-je écrié cent fois, ce n'est point la crainte ou l'amour de Dieu qui vous a reçus, ni qui m'empêche de vous violer. Ce Dieu n'existe plus, il n'a jamais existé. On ne doit point de fidélité à un fantôme, et les engagements pris dans un songe n'ont ni force ni réalité. C'est donc le respect humain qui fait votre plus grande force sur moi. C'est parce que, dans mes jours de jeunesse intolérante et de dévotion fougueuse, j'ai flétri à haute voix les religieux qui rompaient leur ban; c'est parce que j'ai soutenu autrefois la thèse absurde que le serment de l'homme est indélébile, qu'aujourd'hui je crains, en me rétractant, d'être méprisé par ces hommes que je méprise!

« Je m'étais dit ces choses, je m'étais fait ces reproches; j'avais résolu de partir, de jeter mon froc de moine aux ronces du chemin, d'aller chercher la liberté de conscience et la liberté d'études dans un pays éclairé, chez une nation tolérante, en France ou en Allemagne; mais je n'avais jamais trouvé le courage de le faire. Mille raisons puériles ou orgueilleuses m'en avaient empêché. Je me couchai en repassant dans mon esprit ces raisons que, par une réaction naturelle, j'aimais à trouver excellentes, puisque désormais l'état de moine et le séjour du monastère étaient pour moi la meilleure condition possible. Au nombre de ces raisons, ma mémoire vint me retracer le désir de posséder le manuscrit de Spiridion et l'importance que j'avais attachée à exhumer cet écrit précieux. A peine cette réflexion eut-elle traversé mon esprit, qu'elle y évoqua mille images fantastiques. La fatigue et le besoin de sommeil commençaient à troubler mes idées. Je me sentis dans une disposition étrange et telle que depuis longtemps je n'en avais connu. Ma raison, toujours superbe, était dans toute sa force, et méprisait profondément les visions qui m'avaient assailli dans le catholicisme; elle m'expliquait les prestiges de la nuit du 10 janvier par des causes toutes naturelles. La faim, la fièvre, l'agonie des forces morales, et aussi le désespoir secret et insurmontable de quitter la vie d'une manière si horrible, avaient dû produire sur mon cerveau un désordre voisin de la folie. Alors j'avais cru entendre une voix de la tombe et des paroles en harmonie avec les souvenirs émouvants de ma précédente existence de catholique. Les fantômes qui jadis s'étaient produits dans mon imagination avaient dû s'y reproduire par une loi physiologique à la première disposition fébrile, et l'anéantissement de mes forces physiques avait dû, en présence de ces apparitions, empêcher les fonctions de la raison et neutraliser les puissances du jugement. Un événement fortuit, peut-être le passage d'un serviteur dans la salle

Qu'il s'enfuit laissant tomber sa corbeille... (Page 36.)

du chapitre, ayant amené ma délivrance au moment où j'étais en proie à ce délire, je n'avais pu manquer d'attribuer mon salut à ces causes surnaturelles ; et le reste de la vision s'expliquait assez par la lutte qui s'était établie en moi entre le désir de ressaisir la vie et l'affaissement de tout mon être. Il n'était donc rien dans tout cela dont ma raison ne triomphât par des mots ; mais les mots ne remplaceront jamais les idées ; et quoiqu'une moitié de mon esprit se tînt pour satisfaite de ces solutions, l'autre moitié restait dans un grand trouble et repoussait le calme de l'orgueil et la sanction du sommeil.

« Alors je fus pris d'un malaise inconcevable. Je sentis que ma raison ne pouvait pas me défendre, quelque puissante et ingénieuse qu'elle fût, contre les vaines terreurs de la maladie. Je me souviens d'avoir été tellement dominé par les apparences que j'avais pris mes hallucinations pour la réalité. Naguère encore, étant plein de calme, de force et de contentement, j'avais cru voir des larmes sortir d'une toile peinte, j'avais cru entendre la parole d'un enfant qui confirmait ce prodige.

« Il est vrai qu'il y avait une légende sur ce portrait. Dans mon âge de crédulité, j'avais entendu dire qu'il pleurait à l'élection des mauvais Prieurs ; et l'enfant, nourri à son tour de cette fable, avait été fasciné par la peur, au point de voir ce que je m'étais imaginé voir moi-même. Que de miracles avaient été contemplés et attestés par des milliers de personnes abusées toutes spontanément et contagieusement par le même élan d'enthousiasme fanatique ! Il n'était pas surprenant que deux personnes l'eussent été ; mais que je fusse l'une des deux, et que je partageasse les rêveries d'un enfant, voilà ce qui m'étonnait et m'humiliait étrangement. Eh quoi ! pensai-je, l'imposture du fanatisme chrétien laisse-t-elle donc dans l'esprit de ceux qui l'ont subie des traces si profondes, qu'après des années de désabusement et de victoire, je n'en sois pas encore affranchi ? Suis-je condamné à conserver toute ma vie cette infirmité ? N'est-il donc aucun moyen de recouvrer entièrement la force morale qui chasse les fantômes et dissipe les ombres avec un mot ? Pour avoir été catholique, ne me sera-t-il jamais permis d'être un homme, et dois-je, à la moindre langueur d'estomac, au moindre accès de fièvre, être en butte aux terreurs de l'enfance ? Hélas !

Je m'élançai dans le vide en blasphémant... (Page 43.)

ceci est peut-être un juste châtiment de la faiblesse avec laquelle l'homme fléchit devant des erreurs grossières. Peut-être la vérité, pour se venger, se refuse-t-elle à éclairer complétement les esprits qui l'ont reniée longtemps ; peut-être les misérables qui, comme moi, ont servi les idoles et adoré le mensonge sont-ils marqués d'un sceau indélébile d'ignorance, de folie et de lâcheté ; peut-être qu'à l'heure de la mort mon cerveau épuisé sera livré à des épouvantails méprisables ; Satan viendra peut-être me tourmenter, et peut-être mourrai-je en invoquant Jésus, comme ont fait plusieurs malheureux philosophes, en qui de semblables maladies d'esprit expliquent et révèlent la misère humaine aux prises avec la lumière céleste?

« Livré à ces pensées douloureuses, je m'endormis fort agité, craignant d'être encore la dupe de quelque songe, et m'en effrayant d'autant plus que ma raison m'en démontrait les causes et les conséquences.

« Je fis alors un rêve étrange. Je m'imaginai être revenu au temps de mon noviciat. Je me voyais vêtu de la robe de laine blanche, un léger duvet paraissait à peine sur mon visage ; je me promenais avec mes jeunes compagnons, et Donatien, parmi nous, recueillait nos suffrages pour son élection. Je lui donnai ma voix comme les autres, avec insouciance, pour éviter les persécutions. Alors il se retira, en nous lançant un regard de triomphe méprisant, et nous vîmes approcher de nous un homme jeune et beau, que nous reconnûmes tous pour l'original du portrait de la grande salle.

« Mais, ainsi qu'il arrive dans les rêves, notre surprise fut bientôt oubliée. Nous acceptâmes comme une chose possible et certaine qu'il eût vécu jusqu'à cette heure, et même quelques-uns de nous disaient l'avoir toujours connu. Pour moi, j'en avais un souvenir confus, et, soit habitude, soit sympathie, je m'approchai de lui avec affection. Mais il nous repoussa avec indignation.

« Malheureux enfants ! nous dit-il d'une voix pleine de charme et de mélodie jusque dans la colère, est-il possible que vous veniez de m'embrasser après la lâcheté que vous venez de commettre? Eh quoi ! êtes-vous descendus à ce point d'égoïsme et d'abrutissement que vous choisissez pour chef, non le plus vertueux ni le plus capable, mais celui de tous que vous savez le plus tolérant à l'égard du vice et le plus insensible à l'endroit de la générosité? Est-ce ainsi que vous observez mes statuts? Est-ce là l'esprit que j'ai cherché à laisser parmi vous? Est-ce ainsi que je vous retrouve, après vous avoir quittés quelque temps? »

« Alors il s'adressa à moi en particulier, et me montrant aux autres:

« Voici, dit-il, le plus coupable d'entre vous; car celui-là est déjà un homme par l'esprit, et il connaît le mal qu'il fait. C'est lui dont l'exemple vous entraîne, parce que vous le savez rempli d'instruction et nourri de sagesse. Vous l'estimez tous, mais il s'estime encore plus lui-même. Méfiez-vous de lui, c'est un orgueilleux, et l'orgueil l'a rendu sourd à la voix de sa conscience.

« Et comme j'étais triste et rempli de honte, il me gourmanda fortement, mais en prenant mes mains avec une effusion de courroux paternel; et tout en me reprochant mon égoïsme, tout en me disant que j'avais sacrifié le sentiment de la justice et l'amour de la vérité au vain plaisir de m'instruire dans les sciences, il s'émut, et je vis que des larmes inondaient son visage. Les miennes coulèrent avec abondance, car je sentis les aiguillons du repentir et tous les déchirements d'un cœur brisé. Il me serra alors contre son cœur avec tendresse, mais avec douleur, et il me dit à plusieurs reprises:

« Je pleure sur toi, car c'est à toi-même que tu as fait le plus grand mal, et ta vie tout entière est condamnée à expier cette faute. Avais-tu donc le droit de t'isoler au milieu de tes frères, et de dire: Tout le mal qui se fera désormais ici me sera indifférent, parce que je n'ai pas la même croyance que ceux-ci, parce qu'ils méritent d'être traités comme des chiens, et que je n'estime ici que moi, mon repos, mon plaisir, mes livres, ma liberté? O Alexis! malheureux enfant! tu seras un vieillard infortuné; car tu as perdu le sentiment du bien et la haine du mal; parce que tu as souffert en silence le triomphe de l'iniquité; parce que tu as préféré la satisfaction à ton devoir, et que tu as édifié de tes mains le trône de Baal dans ce coin de la société humaine où tu t'étais retiré pour cultiver le bien et servir le vrai Dieu!

« Je m'agitai avec angoisse dans mon lit pour échapper à ces reproches, mais je ne pus réussir à m'éveiller; ils me poursuivaient avec une vraisemblance, une suite et un à-propos si extraordinaires; ils m'arrachaient des larmes si amères, et me couvraient d'une telle confusion, que je ne saurais dire aujourd'hui si c'était un rêve ou une vision. Peu à peu les personnages du rêve reparurent. Donatien s'avança furieux vers Spiridion, dont la voix s'éteignit et dont les traits s'effacèrent. Donatien criait à ses méchants courtisans:

« Détruisez-le! détruisez-le! Que vient-il faire parmi les vivants? Rendez-le à la tombe, rendez-le au néant!

« Alors les moines apportèrent du bois et des torches pour brûler Spiridion; mais au lieu de celui qui m'avait accablé de ses reproches et arrosé de ses larmes, je ne vis plus que le portrait du fondateur, que les partisans de Donatien arrachaient de son cadre et jetaient sur le bûcher. Dès que le feu eut commencé à consumer la toile, il se fit une horrible métamorphose. Spiridion reparut vivant, se tordant au milieu des flammes et criant:

« Alexis, Alexis! c'est toi qui me donnes la mort!

« Je m'élançai au milieu du bûcher, et ne trouvai que le portrait qui tombait en cendres. Plusieurs fois la figure vivante d'Hébronius et la toile inanimée de la représentant se métamorphosèrent l'une dans l'autre à mes yeux stupéfaits: tantôt je voyais la belle chevelure du maître flamboyer dans l'incendie, et ses yeux pleins de souffrance, de colère et de douleur se tourner vers moi; tantôt je voyais brûler seulement une effigie aux acclamations grossières et aux rires des moines. Enfin je m'éveillai baigné de sueur et brisé de fatigue. Mon oreiller était trempé de mes pleurs. Je me levai, je courus ouvrir ma fenêtre. Le jour naissant dissipa mon sommeil et mes illusions; mais je restai tout le jour accablé de tristesse, et frappé de la force et de la justesse des reproches qui retentissaient encore dans mes oreilles.

« Depuis ce jour le remords me consuma. Je reconnaissais dans ce rêve la voix de ma conscience qui me criait que dans toutes les religions, dans toutes les philosophies, c'était un crime d'édifier la puissance du fourbe et d'entrer en marché avec le vice. Cette fois la raison confirmait cet arrêt de la conscience; elle me montrait dans le passé Spiridion comme un homme juste, sévère, incorruptible, ennemi mortel du mensonge et de l'égoïsme; elle me disait que là où nous sommes jetés sur la terre, quelque fausse que soit notre position, quelque dégradés que soient les êtres qui nous entourent, notre devoir est de travailler à combattre le mal et à faire triompher le bien. Il y avait aussi un instinct de noblesse et de dignité humaine qui me disait qu'en pareil cas, lors même que nous ne pouvions faire aucun bien, il était beau de mourir à la peine en résistant au mal, et lâche de le tolérer pour vivre en paix. Enfin je tombai dans la tristesse. Ces études, dont je m'étais promis tant de joie, ne me causèrent plus que du dégoût. Mon âme appesantie s'égara dans de vains sophismes, et chercha inutilement à repousser, par de mauvaises raisons, le mécontentement d'elle-même. Je craignais tellement, dans cette disposition maladive et chagrine, de tomber en proie à de nouvelles hallucinations, que je luttai pendant plusieurs nuits contre le sommeil. A la suite de ces efforts, j'entrai dans une excitation nerveuse pire que l'affaiblissement des facultés. Les fantômes que je craignais de voir dans le sommeil apparurent plus effrayants devant mes yeux ouverts. Il me semblait voir sur tous les murs le nom de Spiridion écrit en lettres de feu. Indigné de ma propre faiblesse, je résolus de mettre fin à ces angoisses par un acte de courage. Je pris le parti de descendre dans le caveau du fondateur et d'en retirer le manuscrit. Il y avait trois nuits que je ne dormais pas. La quatrième, vers minuit, je pris un ciseau, une lampe, un levier, et je pénétrai sans bruit dans l'église, décidé à voir ce squelette et à toucher ces ossements que mon imagination revêtait, depuis six années, d'une forme céleste, ou que mon esprit allait restituer à l'éternel néant en les contemplant avec calme.

« J'arrivai à la pierre du Hic est, je la levai sans beaucoup de peine, et je commençai à descendre l'escalier; je me souvenais qu'il avait douze marches. Mais je n'en avais pas descendu six que ma tête était déjà égarée. J'ignore ce qui se passait en moi: si je ne l'avais éprouvé, je ne pourrais jamais croire que de courage de la vanité puisse couvrir tant de faiblesse et de lâche terreur. Le froid de la fièvre me saisit; la peur fit claquer mes dents; je laissai tomber ma lampe; je sentis que mes jambes pliaient sous moi.

« Un esprit sincère n'eût pas cherché à surmonter cette détresse. Il se fût abstenu de poursuivre une épreuve au-dessus de ses forces; il eût remis son entreprise à un moment plus favorable; il eût attendu avec patience et simplicité le rassérènement de ses facultés mentales. Mais je ne voulais pas avoir le démenti vis-à-vis de moi-même. J'étais indigné de ma faiblesse; ma volonté voulait briser et réduire mon imagination. Je continuai à descendre dans les ténèbres; mais je perdis l'esprit, et devins la proie des illusions et des fantômes.

« Il me sembla que je descendais toujours et que je m'enfonçais dans les profondeurs de l'Érèbe. Enfin, j'arrivai lentement à un endroit uni, et j'entendis une voix lugubre prononcer ces mots qu'elle semblait confier aux entrailles de la terre:

« Il ne remontera pas l'escalier. »

« Aussitôt, j'entendis s'élever vers moi, du fond d'abîmes invisibles, mille voix formidables qui chantaient sur un rhythme bizarre:

« Détruisons-le! Qu'il soit détruit! Que vient-il faire parmi les morts? Qu'il soit rendu à la souffrance! Qu'il soit rendu à la vie!

« Alors une faible lueur perça les ténèbres, et je vis que j'étais sur la dernière marche d'un escalier aussi vaste que le pied d'une montagne. Derrière moi, il y avait des milliers de degrés de fer rouge; devant moi, rien que le vide, l'abîme de l'éther; le bleu sombre de la nuit sous mes pieds comme au-dessus de ma tête. Je fus pris de vertige, et, quittant l'escalier, ne songeant plus qu'il me fût possible de le remonter, je m'élançai dans le vide en blasphémant. Mais à peine eus-je prononcé la formule de malédiction, que le vide se remplit de formes et de couleurs confuses, et peu à peu je me vis de plain-pied avec une immense galerie où je m'avançai en tremblant. L'obscurité régnait encore autour de moi ; mais le fond de la voûte s'éclairait d'une lueur rouge et me montrait les formes étranges et affreuses de l'architecture. Tout ce monument semblait, par sa force et sa pesanteur gigantesque, avoir été taillé dans une montagne de fer ou dans une caverne de laves noires. Je ne distinguais pas les objets les plus voisins ; mais ceux vers lesquels je m'avançais prenaient un aspect de plus en plus sinistre, et ma terreur augmentait à chaque pas. Les piliers énormes qui soutenaient la voûte, et les rinceaux de la voûte même, représentaient des hommes d'une grandeur surnaturelle, tous livrés à des tortures inouïes : les uns, suspendus par les pieds et serrés par les replis de serpents monstrueux, mordaient le pavé, et leurs dents s'enfonçaient dans le marbre ; d'autres, engagés jusqu'à la ceinture dans le sol, étaient tirés d'en haut, ceux-ci par les bras la tête en haut, ceux-là par les pieds la tête en bas, vers les chapiteaux formés d'autres figures humaines penchées sur elles et acharnées à les torturer. D'autres piliers encore représentaient un entassement de figures occupées à s'entre-dévorer, et chacune d'elles n'offrait plus qu'un tronçon rongé jusqu'aux genoux ou jusqu'aux épaules, mais dont la tête furieuse conservait assez de vie pour mordre et dévorer ce qui était auprès d'elle. Il y en avait qui, écorchées à demi, s'efforçaient, avec la partie supérieure de leur corps, de dégager la peau de l'autre moitié accrochée au chapiteau ou retenue au socle ; d'autres encore qui, en se battant, s'étaient arraché des lanières de chair par lesquelles ils se tenaient suspendus l'un à l'autre avec l'expression d'une haine et d'une souffrance indicibles. Le long de la frise, ou plutôt en guise de frise, il y avait de chaque côté une rangée d'êtres immondes, revêtus de la forme humaine, mais d'une laideur effroyable, occupés à dépecer des cadavres, à dévorer des membres humains, à torture des vivres, à se repaître de lambeaux sanglants. De la voûte pendaient, en guise de clefs et de rosaces, des enfants mutilés qui semblaient pousser des cris lamentables, ou qui, fuyant avec terreur les mangeurs de chair humaine, s'élançaient la tête en bas, et semblaient près de se briser sur le pavé.

« Plus j'avançais, plus toutes ces statues, éclairées par la lumière du fond, prenaient l'aspect de la réalité ; elles étaient exécutées avec une vérité que jamais l'art des hommes n'eût pu atteindre. On eût dit d'une scène d'horreur qu'un cataclysme inconnu aurait surprise au milieu de sa réalité vivante, et aurait noircie et pétrifiée comme l'argile dans le four. L'expression du désespoir, de la rage ou de l'agonie était si frappante sur tous ces visages contractés, le jeu ou la tension des muscles, l'exaspération de la lutte, le frémissement de la chair défaillante étaient reproduits avec tant d'exactitude qu'il était impossible d'en soutenir l'aspect sans dégoût et sans terreur. Le silence et l'immobilité de cette représentation ajoutaient peut-être encore à son horrible effet sur moi. Je devins si faible que je m'arrêtai et que je voulus retourner sur mes pas.

« Mais alors j'entendis au fond de ces ténèbres que j'avais traversées, des rumeurs confuses comme celles d'une foule qui marche. Bientôt les voix devinrent plus distinctes et les clameurs plus bruyantes, et les pas se pressèrent tumultueusement en se rapprochant avec une vitesse incroyable : c'était un bruit de course irrégulière, saccadée, mais dont chaque élan était plus voisin, plus impétueux, plus menaçant. Je m'imaginai que j'étais poursuivi par cette foule déréglée, et j'essayai de la devancer en me précipitant dans la voûte au milieu des sculptures lugubres. Mais il me sembla que les figures commençaient à s'agiter, à s'humecter de sueur et de sang, et que leurs yeux d'émail roulaient dans leurs orbites. Tout à coup je reconnus qu'elles me regardaient toutes et qu'elles étaient toutes penchées vers moi, les unes avec l'expression d'un rire affreux, les autres avec celle d'une aversion furieuse. Toutes avaient le bras levé sur moi et semblaient prêtes à m'écraser sous les membres palpitants qu'elles s'arrachaient les unes aux autres. Il y en avait qui me menaçaient avec leur propre tête dans les mains, ou avec des cadavres d'enfants qu'elles avaient arrachés de la voûte.

« Tandis que ma vue était troublée par ces images abominables, mon oreille était remplie des bruits sinistres qui s'approchaient. Il y avait devant moi des objets affreux, derrière moi des bruits plus affreux encore : des rires, des hurlements, des menaces, des sanglots, des blasphèmes, et tout à coup des silences, durant lesquels il semblait que la foule, portée par le vent, franchît des distances énormes et gagnât sur moi du terrain au centuple.

« Enfin le bruit se rapprocha tellement que, ne pouvant plus espérer d'échapper, j'essayai de me cacher derrière les piliers de la galerie ; mais les figures de marbre s'animèrent tout à coup ; et, agitant leurs bras, qu'elles tendaient vers moi avec frénésie, elles voulurent me saisir pour me dévorer.

« Je fus donc rejeté par la peur au milieu de la galerie, où leurs bras ne pouvaient m'atteindre, et la foule vint, et l'espace fut rempli de voix, le pavé inondé de pas. Ce fut comme une tempête dans les bois, comme une rafale sur les flots ; ce fut l'éruption de la lave. Il me sembla que l'air s'embrasait et que mes épaules pliaient sous le poids de la houle. Je fus emporté comme une feuille d'automne dans le tourbillon des spectres.

« Ils étaient tous vêtus de robes noires, et leurs yeux ardents brillaient sous leurs sombres capuces comme ceux du tigre au fond de son antre. Il y en avait qui semblaient plongés dans un désespoir sans bornes, d'autres qui se livraient à une joie insensée ou féroce, d'autres dont le silence farouche me glaçait et m'épouvantait plus encore. A mesure qu'ils avançaient, les figures de bronze et de marbre s'agitaient et se tordaient avec tant d'efforts qu'elles finissaient par se détacher de leur affreuse étreinte, par se dégager du pavé qui enchaînait leurs pieds, par arracher leurs bras et leurs épaules de la corniche ; et les mutilés de la voûte se détachaient aussi, et, se traînant comme des couleuvres le long des murs, ils réussissaient à gagner le sol. Et alors tous ces antropophages gigantesques, tous ces écorchés, tous ces mutilés, se joignaient à la foule des spectres qui m'entraînaient, et, reprenant les apparences d'une vie complète, se mettaient à courir et à hurler comme les autres, de sorte qu'autour de nous l'espace s'agrandissait, et la foule se répandait dans les ténèbres comme un fleuve qui a rompu ses digues ; mais la lueur lointaine l'attirait et la guidait toujours. Tout à coup cette clarté blafarde devint plus vive, et je vis que nous étions arrivés au but. La foule se divisa, se répandit dans des galeries circulaires, et j'aperçus au-dessous de moi, à une distance incommensurable, l'intérieur d'un monument tel que la main de l'homme n'eût jamais pu le construire. C'était une église gothique dans le goût de celles que les catholiques érigeaient au onzième siècle, dans ce temps où leur puissance morale, arrivée à son apogée, commençait à dresser des échafauds et des bûchers. Les piliers élancés, les arcades aiguës, les animaux symboliques, les ornements bizarres, tous les caprices d'une architecture orgueilleuse et fantasque étaient là déployés dans un espace et sur des dimensions telles qu'un million d'hommes eût pu être abrité sous la même voûte. Mais cette voûte était de plomb, et les galeries supérieures où la foule se pressait étaient si rapprochées du faîte que nul ne pouvait s'y tenir debout, et que, la tête courbée et les épaules brisées, j'étais forcé de regarder ce qui se passait tout au fond de l'église, sous mes pieds, à une profondeur qui me donnait des vertiges.

« D'abord je ne discernai rien que les effets de l'architecture, dont les parties basses flottaient dans le vague, tandis que les parties moyennes s'éclairaient de la rouges entrecoupées d'ombres noires, comme si un foyer d'incendie eût éclaté de quelque point insaisissable à ma vue. Peu à peu cette clarté sinistre s'étendit sur toutes les parties de l'édifice, et je distinguai un grand nombre de figures agenouillées dans la nef, tandis qu'une procession de prêtres revêtus de riches habits sacerdotaux défilait lentement au milieu, et se dirigeait vers le chœur en chantant d'une voix monotone :

« *Détruisons-le! détruisons-le! que ce qui appartient à la tombe soit rendu à la tombe!* »

« Ce chant lugubre réveilla mes terreurs, et je regardai autour de moi ; mais je vis que j'étais seul dans une des travées : la foule avait envahi toutes les autres ; elle semblait ne pas s'occuper de moi. Alors j'essayai de m'échapper de ce lieu d'épouvante, où un instinct secret m'annonçait l'accomplissement de quelque affreux mystère. Je vis plusieurs portes derrière moi ; mais elles étaient gardées par les horribles figures de bronze, qui ricanaient et se parlaient entre elles en disant :

« *On va le détruire, et les lambeaux de sa chair nous appartiendront.* »

« Glacé par ces paroles, je me rapprochai de la balustrade en me courbant le long de la rampe de pierre pour qu'on ne pût pas me voir. J'eus une telle horreur de ce qui allait s'accomplir que je fermai les yeux et me bouchai les oreilles. La tête enveloppée de mon capuce et courbée sur mes genoux, je vins à bout de me figurer que tout cela était un rêve et que j'étais endormi sur le grabat de ma cellule. Je fis des efforts inouïs pour me réveiller et pour échapper au cauchemar, et je crus m'éveiller en effet ; mais en ouvrant les yeux je me retrouvai dans la travée, environné à distance des spectres qui m'y avaient conduit, et je vis au fond de la nef la procession de prêtres qui était arrivée au milieu du chœur, et qui formait un groupe pressé au centre duquel s'accomplissait une scène d'horreur que je n'oublierai jamais. Il y avait un homme couché dans un cercueil, et cet homme était vivant. Il ne se plaignait pas, il ne faisait aucune résistance ; mais des sanglots étouffés s'échappaient de son sein, et ses soupirs profonds, accueillis par un morne silence, se perdaient sous la voûte qui les renvoyait à la foule insensible. Auprès de lui plusieurs prêtres armés de clous et de marteaux se tenaient prêts à l'ensevelir aussitôt qu'on aurait réussi à lui arracher le cœur. Mais c'était en vain que, les bras sanglants et enfoncés dans la poitrine entr'ouverte du martyr, chacun venait à son tour fouiller et tordre ses entrailles ; nul ne pouvait arracher ce cœur invincible que des liens de diamant semblaient retenir victorieusement à sa place. De temps en temps les bourreaux armés laissaient échapper un cri de rage, et des imprécations mêlées à des huées leur répondaient du haut des galeries. Pendant ces abominations, la foule prosternée dans l'église se tenait immobile dans l'attitude de la méditation et du recueillement.

« Alors un des bourreaux s'approcha tout sanglant de la balustrade qui sépare le chœur de la nef, et dit à ces hommes agenouillés :

« — Ames chrétiennes, fidèles fervents et purs, ô mes frères bien-aimés, priez! redoublez de supplications et de larmes, afin que le miracle s'accomplisse et que vous puissiez manger la chair et boire le sang du Christ, votre divin Sauveur. »

« Et les fidèles se mirent à prier à voix basse, à se frapper la poitrine et à répandre la cendre sur leurs fronts, tandis que les bourreaux continuaient à torturer leur proie, et que la victime murmurait en pleurant ces mots souvent répétés :

« *O mon Dieu, relève ces victimes de l'ignorance et de l'imposture!* »

« Il me semblait qu'un écho de la voûte, tel qu'une voix mystérieuse, apportait ces plaintes à mon oreille. Mais j'étais tellement glacé par la peur que, au lieu de lui répondre et d'élever ma voix contre les bourreaux, je n'étais occupé qu'à épier les mouvements de ceux qui m'environnaient, dans la crainte qu'ils ne tournassent leur rage contre moi en voyant que je n'étais pas un des leurs.

« Puis j'essayais de me réveiller, et pendant quelques secondes mon imagination me reportait à des scènes riantes. Je me voyais assis dans ma cellule par une belle matinée, entouré de mes livres favoris ; mais un nouveau soupir de la victime m'arrachait à cette douce vision, et de nouveau je me retrouvais en face d'une interminable agonie et d'infatigables bourreaux. Je regardais le patient, et il me semblait qu'il se transformait à chaque instant. Ce n'était plus le Christ, c'était Abeilard, et puis Jean Huss, et puis Luther... Je m'arrachais encore à ce spectacle d'horreur, et il me semblait que je revoyais la clarté du jour et que je fuyais léger et rapide au milieu d'une riante campagne. Mais un cri féroce, parti d'auprès de moi, me tirait en sursaut de cette douce illusion, et j'apercevais Spiridion dans le cercueil, aux prises avec les infâmes qui broyaient son cœur dans sa poitrine sans pouvoir s'en emparer. Puis ce n'était plus Spiridion, c'était le vieux Fulgence, et il appelait vers moi en disant :

« — Alexis, mon fils Alexis! vas-tu donc me laisser périr? »

« Il n'eut pas plus tôt prononcé mon nom que je vis à sa place dans le cercueil ma propre figure, le sein entr'ouvert, le cœur déchiré par des ongles et des tenailles. Cependant j'étais toujours dans la travée, caché derrière la balustrade, et contemplant un autre moi-même dans les angoisses de l'agonie. Alors je me sentis défaillir, mon sang se glaça dans mes veines, une sueur froide ruissela de tous mes membres, et j'éprouvai dans ma propre chair toutes les tortures que je voyais subir à mon spectre. J'essayai de rassembler le peu de forces qui me restaient et d'invoquer à mon tour Spiridion et Fulgence. Mes yeux se fermèrent, et ma bouche murmura des mots dont mon esprit n'avait plus conscience. Lorsque je rouvris les yeux, je vis auprès de moi une belle figure agenouillée, dans une attitude calme. La sérénité résidait sur son large front, et ses yeux ne daignaient point s'abaisser sur mon supplice. Il avait le regard dirigé vers la voûte de plomb, et je vis qu'au-dessus de sa tête la lumière du ciel pénétrait par une large ouverture. Un vent frais agitait faiblement les boucles d'or de ses beaux cheveux. Il y avait dans ses traits une mélancolie ineffable mêlée d'espoir et de pitié.

« — O toi dont je sais le nom, lui dis-je à voix basse, toi qui sembles invisible à ces fantômes effroyables, et qui daignes te manifester à moi seul, à moi seul qui te connais et qui t'aime! sauve-moi de ces terreurs, soustrais-moi à ce supplice!... »

« Il se tourna vers moi, et me regarda avec des yeux clairs et profonds, qui semblaient à la fois plaindre et mépriser ma faiblesse. Puis, avec un sourire angélique, il étendit la main, et toute la vision rentra dans les ténèbres. Alors je n'entendis plus que sa voix amie, et c'est ainsi qu'elle me parla :

« — Tout ce que tu as cru voir ici n'a d'existence que dans ton cerveau. Ton imagination a seule forgé l'horrible rêve contre lequel tu t'es débattu. Que ceci t'enseigne l'humilité, et souviens-toi de la faiblesse d'un esprit avant d'entreprendre ce que tu n'es pas encore capable d'exécuter. Les démons et les larves sont des créations du fanatisme et de la superstition. A quoi t'a servi toute ta philosophie, si tu ne sais pas encore distinguer les pures révélations que le ciel accorde, des grossières visions évoquées par la peur? Remarque que tout ce que tu as cru voir s'est passé en toi-même, et que tes sens abusés n'ont fait autre chose que de donner une forme aux idées qui depuis longtemps te préoccupent. Tu as vu dans cet édifice composé de figures de bronze et de marbre, tour à tour dévorantes et dévorées, un symbole des âmes que le catholicisme a endurcies et mutilées, une image des combats que les générations se sont livrés au sein de l'Église profanée, en se dévorant les unes les autres, en se rendant les unes aux autres le mal qu'elles avaient subi. Ce flot de spectres furieux qui t'a emporté avec lui, c'est l'incrédulité, c'est le désordre, l'athéisme, la paresse, la haine, la cupidité, l'envie, toutes les passions mauvaises qui ont envahi l'Église quand l'Église a perdu la foi; et ces martyrs dont les princes de l'Église disputaient les entrailles, c'étaient les Christs, c'étaient les martyrs de la vérité nouvelle, c'étaient les saints de l'avenir tourmentés et déchirés jusqu'au fond du cœur par les fourbes, les envieux et les traîtres. Toi-même, dans un instinct de noble ambition, tu t'es vu couché dans ce cénotaphe ensanglanté, sous les yeux d'un clergé infâme et d'un peuple imbécile. Mais tu étais double à tes propres yeux; et, tandis que la moitié la plus belle de ton être subissait la torture avec constance et refusait de se livrer aux pharisiens, l'autre moitié, qui est égoïste et lâche, se cachait dans l'ombre, et, pour échapper à ses ennemis, laissait la voix du vieux Fulgence expirer sans échos. C'est ainsi, ô Alexis! que l'amour de la vérité a su préserver ton âme des viles passions du vulgaire; mais c'est ainsi, ô moine! que l'amour du bien-être et le désir de la liberté t'ont rendu complice du triomphe des hypocrites avec lesquels tu es condamné à vivre. Allons, éveille-toi, et cherche dans la vertu la vérité que tu n'as pu trouver dans la science. »

« À peine eut-il fini de parler, que je m'éveillai; j'étais dans l'église du couvent, étendu sur la pierre du Hic est, à côté du caveau entr'ouvert. Le jour était levé, les oiseaux chantaient gaiement en voltigeant autour des vitraux; le soleil levant projetait obliquement un rayon d'or et de pourpre sur le fond du chœur. Je vis distinctement celui qui m'avait parlé entrer dans ce rayon, et s'y effacer comme s'il se fût confondu avec la lumière céleste. Je me tâtai avec effroi. J'étais appesanti par un sommeil de mort, et mes membres étaient engourdis par le froid de la tombe. La cloche sonnait matines; je me hâtai de replacer la pierre sur le caveau, et je pus sortir de l'église avant que le petit nombre des fervents qui ne se dispensaient pas des offices du matin y eût pénétré.

« Le lendemain, il ne me restait de cette nuit affreuse qu'une lassitude profonde et un souvenir pénible. Les diverses émotions que j'avais éprouvées se confondaient dans l'accablement de mon cerveau. La vision hideuse et la céleste apparition me paraissaient également fébriles et imaginaires; je répudiais autant l'une que l'autre, et n'attribuais déjà plus la douce impression de la dernière qu'au rasserénement de mes facultés et à la fraîcheur du matin.

« À partir de ce moment, je n'eus plus qu'une pensée et qu'un but, ce fut de refroidir mon imagination, comme j'avais réussi à refroidir mon cœur. Je pensai que, comme j'avais dépouillé le catholicisme pour ouvrir à mon intelligence une voie plus large, je devais dépouiller tout enthousiasme religieux pour retenir ma raison dans une voie plus droite et plus ferme. La philosophie du siècle avait mal combattu en moi l'élément superstitieux; je résolus de me prendre aux racines de cette philosophie; et, rétrogradant d'un siècle, je remontai aux causes des doctrines incomplètes qui m'avaient séduit. J'étudiai Newton, Leibnitz, Keppler, Malebranche, Descartes surtout, père des géomètres, qui avaient sapé l'édifice de la tradition et de la révélation. Je me persuadai qu'en cherchant l'existence de Dieu dans les problèmes de la science et dans les raisonnements de la métaphysique, je saisirais enfin l'idée de Dieu, telle que je voulais la concevoir, calme, invincible, infinie.

« Alors commença pour moi une nouvelle série de travaux, de fatigues et de souffrances. Je m'étais flatté d'être plus robuste que les spéculateurs auxquels j'allais demander la foi; je savais bien qu'ils l'avaient perdue en voulant la démontrer; j'attribuais cette erreur funeste à l'affaiblissement inévitable des facultés employées à de trop fortes études. Je me promettais de ménager mieux mes forces, d'éviter les puérilités où de consciencieuses recherches les avaient parfois égarés, de rejeter avec discernement tout ce qui était entré de force dans leurs systèmes; en un mot, de marcher à pas de géant dans cette carrière où ils s'étaient traînés avec peine. Là, comme partout, l'orgueil me poussait à ma perte; elle fut bientôt consommée. Loin d'être plus ferme que mes maîtres, je me laissai tomber plus bas sur le revers des sommets que je voulais atteindre et où je me targuais vainement de rester. Parvenu à ces hauteurs de la science, que l'intelligence escalade, mais au pied desquelles le sentiment s'arrête, je fus pris du vertige de l'athéisme. Fier d'avoir monté si haut, je ne voulus pas comprendre que j'avais à peine atteint le premier degré de la science de Dieu, parce que je pouvais expliquer avec une certaine logique le mécanisme de l'univers, et que pourtant je ne pouvais pénétrer la pensée qui avait présidé à cette création. Je me plus à ne voir dans l'univers qu'une machine, et à supprimer la pensée divine comme un élément inutile à la formation et à la durée des mondes. Je m'habituai à rechercher partout l'évidence et à mépriser le sentiment, comme s'il n'était pas une des principales conditions de la certitude. Je me fis donc une manière étroite et grossière de voir, d'analyser et de définir les choses; et je devins le plus obstiné, le plus vain et le plus borné des savants.

« Dix ans de ma vie s'écoulèrent dans ces travaux ignorés, dix ans qui tombèrent dans l'abîme sans faire croître un brin d'herbe sur ses bords. Je me débattis longtemps contre le froid de la raison. À mesure que je m'emparais de cette triste conquête, j'en étais effrayé, et je me demandais ce que je ferais de mon cœur si jamais il venait à se réveiller. Mais peu à peu les plaisirs de la vanité satisfaite étouffaient cette inquiétude. On ne se figure pas ce que l'homme, voué en apparence aux occupations les plus graves, y porte d'inconséquence et de légèreté. Dans les sciences, la difficulté vaincue est si enivrante que les résolutions consciencieuses, les instincts du cœur, la morale de l'âme, sont sacrifiés, en un clin d'œil, aux triomphes frivoles de l'intelligence. Plus je courais à ces triomphes, plus celui que j'avais rêvé d'abord me paraissait chimérique. J'arrivai enfin à le croire inutile autant qu'impossible; je résolus donc de ne plus chercher des vérités métaphysiques sur la voie desquelles mes études physiques me mettaient de moins en moins. J'avais étudié les mystères de la nature, la marche et le repos des corps célestes, les lois invariables qui régissent l'univers dans ses splendeurs infinies comme dans ses imperceptibles détails; partout j'avais senti la main de fer d'une puissance incommensurable, profondément insensible aux nobles émotions de l'homme, généreuse jusqu'à la profusion, ingénieuse jusqu'à la minutie en tout ce qui tend à ses satisfactions matérielles; mais vouée dans un silence inexorable en tout ce qui tient à son être moral, à ses immenses désirs, fallait-il dire à ses immenses besoins? Cette avidité avec laquelle quelques hommes d'exception cherchent à communiquer intimement avec la Divinité, n'était-elle pas une maladie du cerveau, que l'on pouvait classer à côté du déréglement de certaines croissances anormales dans le règne végétal, et de certains instincts exagérés chez les animaux? N'était-ce pas l'orgueil, cette autre maladie commune au grand nombre des humains, qui parait de couleurs sublimes et rehaussait d'appellations pompeuses cette fièvre de l'esprit, témoignage de faiblesse et de lassitude bien plus que de force et de santé? Non, m'écriai-je, c'est impudence et folie, et misère surtout, que de vouloir escalader le ciel. Le ciel qui n'existe nulle part pour le moindre écolier rompu au mécanisme de la sphère! le ciel, où le vulgaire croit voir, au milieu d'un trône de nuées formé des grossières exhalaisons de la terre, un fétiche taillé sur le modèle de l'homme, assis sur les sphères ainsi qu'un ciron sur l'Atlas! le ciel, l'éther infini parsemé de soleils et de mondes infinis, que l'homme s'imagine devoir traverser après sa mort comme les pigeons voyageurs passent d'un champ à un autre, et où de pitoyables rhéteurs théologiques choisissent apparemment une constellation pour domaine et les rayons d'un astre pour vêtement! le ciel et l'homme, c'est-à-dire l'infini et l'atome! quel étrange rapprochement d'idées! quelle ridicule antithèse! Quel est donc le premier cerveau humain qui est tombé dans une pareille démence? Et aujourd'hui un pape, qui s'intitule roi des âmes, ouvre avec une clef les deux battants de l'éternité à quiconque plie le genou devant sa discipline en disant : « *Admettez-moi*. »

« C'est ainsi que je parlais, et alors un rire amer s'emparait de moi ; et, jetant par terre les sublimes écrits des pères de l'Église et ceux des philosophes spiritualistes de toutes les nations et de tous les temps, je les foulais aux pieds dans une sorte de rage, en répétant ces mots favoris d'Hébronius, où je croyais trouver la solution de tous mes problèmes : « O ignorance, ô imposture ! »

« Tu pâlis, enfant, dit Alexis en s'interrompant ; ta main tremble dans la mienne, et ton œil effaré semble interroger le mien avec anxiété. Calme-toi, et ne crains pas de tomber dans de pareilles angoisses : j'espère que ce récit t'en préservera pour jamais.

« Heureusement pour l'homme, cette pensée de Dieu, qu'il ignore et qu'il nie si souvent, a présidé à la création de son être avec autant de soin et d'amour qu'à celle de l'univers. Elle l'a fait perfectible dans le bien, corrigible dans le mal. Si, dans la société, l'homme peut se considérer souvent comme perdu pour la société, dans la solitude l'homme n'est jamais perdu pour Dieu ; car, tant qu'il lui reste un souffle de vie, ce souffle peut faire vibrer une corde inconnue au fond de son âme ; et quiconque a aimé la vérité a bien des cordes à briser avant de périr. Souvent les sublimes facultés dont il est doué sommeillent pour se retremper comme le germe des plantes au sein de la terre, et, au sortir d'un long repos, elles éclatent avec plus de puissance. Si j'estime tant la retraite et la solitude, si je persiste à croire qu'il faut garder les vœux monastiques, c'est que j'ai connu plus qu'un autre les dangers et les victoires de ce long tête-à-tête avec la conscience, où ma vie s'est consumée. Si j'avais vécu dans le monde, j'eusse été perdu à jamais. Le souffle des hommes eût éteint ce que le souffle de Dieu a ranimé. L'appât d'une vaine gloire m'eût enivré ; et, mon amour pour la science trouvant toujours de nouvelles excitations dans le suffrage d'autrui, j'eusse vécu dans l'ivresse d'une fausse joie et dans l'oubli du vrai bonheur. Mais ici, n'étant compris de personne, vivant de moi-même, et n'ayant pour stimulant que mon orgueil et ma curiosité, je finis par apaiser ma soif et par me lasser de ma propre estime. Je sentis le besoin de faire partager mes plaisirs et mes peines à quelqu'un, à défaut de l'ami céleste que je m'étais aliéné ; et je le sentis sans m'en rendre compte, sans vouloir me l'avouer à moi-même. Outre les habitudes superbes que l'orgueil de l'esprit avait données à mon caractère, je n'étais point entouré d'êtres avec lesquels je pusse sympathiser : la grossièreté ou la méchanceté se dressait de toutes parts autour de moi pour repousser les élans de mon cœur. Ce fut encore un bonheur pour moi. Je sentais que la société d'hommes intelligents eût allumé en moi une fièvre de discussion, une soif de controverses, qui m'eussent de plus en plus affermi dans mes négations ; au lieu que dans mes longues veillées solitaires, au plus fort de mon athéisme, je sentais encore parfois des aspirations violentes vers ce Dieu que j'appelais la fiction de mes jeunes années ; et, quoique dans ces moments-là j'eusse du mépris pour moi-même, il est certain que je redevenais bon, et que mon cœur luttait avec courage contre sa propre destruction.

« Les grandes maladies ont des phases où le mal amène le bien, et c'est après la crise la plus effrayante que la guérison se fait tout à coup comme un miracle. Les temps qui précédèrent mon retour à la foi furent ceux où je crus de ma force la plus robuste adepte de la *raison pure*. J'avais réussi à étouffer toute révolte du cœur, et je triomphais dans mon mépris de toute croyance, dans mon oubli de toute émotion religieuse. A peine arrivé à cet apogée de ma force philosophique, je fus pris de désespoir. Un jour que j'avais travaillé pendant plusieurs heures à je ne sais quels détails d'observation scientifique avec une lucidité extraordinaire, je me sentis persuadé, plus que je ne l'avais encore été, de la toute-puissance de la matière et de l'impossibilité d'un esprit créateur et vivifiant autre que ce que j'appelais, en langage de naturaliste, les propriétés vitales de la matière. Alors j'éprouvai tout à coup dans mon être physique la sensation d'un froid glacial, et je me mis au lit avec la fièvre.

« Je n'avais jamais pris aucun soin de ma santé. Je fis une maladie longue et douloureuse. Ma vie ne fut point en danger ; mais d'intolérables souffrances s'opposèrent pendant longtemps à toute occupation de mon cerveau. Un ennui profond s'empara de moi ; l'inaction, l'isolement et la souffrance me jetèrent dans une tristesse mortelle. Je ne voulais recevoir les soins de personne ; mais les instances faussement affectueuses du Prieur et celles d'un certain convers infirmier, nommé Christophore, me forcèrent d'accepter une société pendant la nuit. J'avais d'insupportables insomnies, et ce Christophore, sous prétexte de m'en alléger l'ennui, venait dormir chaque nuit d'un lourd et profond sommeil auprès de mon lit. C'était bien la plus excellente et la plus bornée des créatures humaines. Sa stupidité avait trouvé grâce pour sa bonté auprès des autres moines. On le traitait comme une sorte d'animal domestique laborieux, souvent nécessaire et toujours inoffensif. Sa vie n'était qu'une suite de bienfaits et de dévouements. Comme on en tirait parti, on l'avait habitué à compter sur l'efficacité de ses soins ; et cette confiance, que j'étais loin de partager, me rendait importun à l'excès. Un sentiment de justice, que l'athéisme n'avait pu détruire en moi, me forçait à le supporter avec patience et à le traiter avec douceur. Quelquefois, dans les commencements, je m'étais emporté contre lui, et je l'avais chassé de ma cellule. Au lieu d'en être offensé, il s'affligeait de me laisser seul en proie à mon mal ; il m'asseillait une longue prière à ma porte, et au lever du jour je le trouvais assis sur l'escalier, la tête dans ses mains, dormant à la vérité, mais dormant au froid et sur la dure plutôt que de se résigner à passer dans son lit les heures qu'il avait résolu de me consacrer. Sa patience et son abnégation me vainquirent. Je supportai sa compagnie pour lui rendre service ; car, à mon grand regret, nul autre que moi n'était malade dans le couvent ; et, lorsque Christophore n'avait personne à soigner, il était l'homme le plus malheureux du monde. Peu à peu je m'habituai à le voir, lui et son petit chien, qui s'était tellement identifié avec lui qu'il avait tout son caractère, toutes ses habitudes, et que, pour un peu, il eût préparé la tisane et tâté le pouls aux malades. Ces deux êtres remuaient et dormaient de compagnie. Quand le moine allait et venait sur la pointe du pied autour de la chambre, le chien faisait autant de pas que lui ; et, dès que le bonhomme s'assoupissait, l'animal paisible en faisait autant. Si Christophore faisait sa prière, Bacco s'asseyait gravement devant lui, et se tenait ainsi fronçant l'oreille et suivant de l'œil les moindres mouvements de bras et de tête dont le moine accompagnait son oraison. Si ce dernier m'encourageait à prendre patience par de niaises consolations et de banales promesses de guérison prochaine, Bacco se dressait sur ses jambes de derrière, et, posant ses petites pattes de devant sur mon lit avec beaucoup de discrétion et de propreté, me léchait la main d'un air affectueux. Je m'accoutumai tellement à eux qu'ils me devinrent nécessaires autant l'un que l'autre. Au fond je crois que j'avais une secrète préférence pour Bacco ; car il avait beaucoup plus d'intelligence que son maître, son sommeil était plus léger, et surtout il ne parlait pas.

« Mes souffrances devinrent si intolérables que toutes mes forces furent abattues. Au bout d'une année de ce cruel supplice, j'étais tellement vaincu que je ne désirais plus la mort. Je craignais d'avoir à souffrir encore plus pour quitter la vie, et je me faisais d'une vie sans souffrance l'idéal du bonheur. Mon ennui était si grand que je ne pouvais plus me passer un instant de mon gardien. Je le forçais à manger en ma présence, et le spectacle de son robuste appétit était un amusement pour moi. Tout ce qui m'avait choqué en lui me plaisait, même son pesant sommeil, ses interminables prières et ses contes de bonne femme. J'en étais venu au point de prendre plaisir à être tourmenté par lui, et chaque soir je refusais ma potion afin de me divertir pendant un quart d'heure de ses importunités infatigables et de ses insinuations naïves, qu'il croyait ingénieuses, pour m'amener à ses fins. C'étaient là mes seules distractions, et j'y trouvais une sorte de gaieté intérieure, que le bonhomme semblait deviner, quoique mes traits flétris et contractés ne pussent pas l'exprimer même par un sourire.

« Lorsque je commençais à guérir, une maladie épidémique se déclara dans le couvent. Le mal était subit, terrible, inévitable. On était comme foudroyé. Mon pauvre Christophore en fut atteint un des premiers. J'oubliai ma faiblesse et le danger; je quittai ma cellule et passai trois jours et trois nuits au pied de son lit. Le quatrième jour il expira dans mes bras. Cette perte me fut si douloureuse que je faillis ne pas y survivre. Alors une crise étrange s'opéra en moi : je fus promptement et complétement guéri; mon être moral se réveilla comme à la suite d'un long sommeil; et, pour la première fois depuis bien des années, je compris par le cœur les douleurs de l'humanité. Christophore était le seul homme que j'eusse aimé depuis la mort de Fulgence. Une si prompte et si amère séparation me remit en mémoire mon premier ami, ma jeunesse, ma piété, ma sensibilité, tous mes bonheurs à jamais perdus. Je rentrai dans ma solitude avec désespoir. Bacco m'y suivit; j'étais le dernier malade que son maître eût soigné : il s'était habitué à vivre dans ma cellule, et il semblait vouloir reporter son affection sur moi; mais il ne put y réussir, le chagrin le consuma. Il ne dormait plus, il flairait sans cesse le fauteuil où Christophore avait coutume de dormir, et que je plaçais toutes les nuits auprès de mon chevet pour me représenter quelque chose de la présence de mon pauvre ami. Bacco n'était point ingrat à mes caresses, mais rien ne pouvait calmer son inquiétude. Au moindre bruit, il se dressait et regardait la porte avec un mélange d'espoir et de découragement. Alors j'éprouvais le besoin de lui parler comme à un être sympathique.

« Il ne viendra plus, lui disais-je, c'est moi seul que tu dois aimer maintenant.

« Il me comprenait, j'en suis certain, car il venait à moi et me léchait la main d'un air triste et résigné. Puis il se couchait et tâchait de s'endormir; mais c'était un assoupissement douloureux, entrecoupé de faibles plaintes qui me déchiraient l'âme. Quand il eut perdu tout espoir de retrouver celui qu'il attendait toujours, il résolut de se laisser mourir. Il refusa de manger, et je le vis expirer sur le fauteuil de son maître, en me regardant d'un air de reproche, comme si j'étais la cause de ses fatigues et de sa mort. Quand je vis ses yeux éteints et ses membres glacés, je ne pus retenir des torrents de larmes; je le pleurai encore plus amèrement que je n'avais pleuré Christophore. Il me sembla que je perdais celui-ci une seconde fois.

« Cet événement, si puéril en apparence, acheva de me précipiter du haut de mon orgueil dans un abîme de douleurs. A quoi m'avait servi cet orgueil? à quoi m'avait servi mon intelligence? La maladie avait frappé l'une d'impuissance; l'humilité d'un homme charitable, l'affection fidèle d'un pauvre animal, m'avaient plus secouru que l'autre. Maintenant que la mort m'enlevait les seuls objets de ma sympathie, la raison dont j'avais fait mon Dieu m'enseignait, pour toute consolation, qu'il ne restait plus rien d'eux, et qu'ils devaient être pour moi comme s'ils n'eussent jamais été. Je ne pouvais me faire à cette idée de destruction absolue, et pourtant ma science me défendait d'en douter. J'essayai de reprendre mes études, espérant chasser l'ennui qui me dévorait; cela ne servit qu'à absorber quelques heures de ma journée. Dès que je rentrais dans ma cellule, dès que je m'étendais sur mon lit pour dormir, l'horreur de l'isolement se faisait sentir chaque jour davantage; je devenais faible comme un enfant, et je baignais mon chevet de mes larmes; je regrettais les souffrances physiques qui m'avaient semblé insupportables, et qui maintenant m'eussent été douces si elles eussent pu ramener près de moi Christophore et Bacco.

« Je sentis alors profondément que la plus humble amitié est un plus précieux trésor que toutes les conquêtes du génie; que la plus naïve émotion du cœur est plus douce et plus nécessaire que toutes les satisfactions de la vanité. Je compris, par le témoignage de mes entrailles, que l'homme est fait pour aimer, et que la solitude, sans la foi et l'amour divin, est un tombeau, moins le repos de la mort. Je ne pouvais espérer de retrouver la foi, c'était un beau rêve évanoui qui me laissait plein de regrets; ce que j'appelais ma raison et mes lumières l'avaient bannie sans retour de mon âme. Ma vie ne pouvait plus être qu'une veille aride, une réalité desséchante. Mille pensées de désespoir s'agitèrent dans mon cerveau. Je songeai à quitter le cloître, à me lancer dans le tourbillon du monde, à m'abandonner aux passions, aux vices même, pour tâcher d'échapper à moi-même par l'ivresse ou l'abrutissement. Ces désirs s'effacèrent promptement; j'avais étouffé mes passions de trop bonne heure pour qu'il me fût possible de les faire revivre. L'athéisme même n'avait fait qu'affermir, par l'étude et la réflexion, mes habitudes d'austérité. D'ailleurs, à travers toutes mes transformations, j'avais conservé un sentiment du beau, un désir de l'idéal que ne répudient point à leur gré les intelligences tant soit peu élevées. Je ne me berçais plus du rêve de la perfection divine ; mais, à voir seulement l'univers matériel, à ne contempler que la splendeur des étoiles et la régularité des lois qui régissent la matière, j'avais pris tant d'amour pour l'ordre, la durée et la beauté extérieure des choses, que je n'eusse jamais pu vaincre mon horreur pour tout ce qui eût troublé ces idées de grandeur et d'harmonie.

« J'essayai de me créer de nouvelles sympathies; je n'en pus trouver dans le cloître. Je rencontrais partout la malice et la fausseté; et, quand j'avais affaire aux simples d'esprit, j'apercevais la lâcheté sous la douceur. Je tâchai de nouer quelques relations avec le monde. Du temps de l'abbé Spiridion, tout ce qu'il y avait d'hommes distingués dans le pays et de voyageurs instruits sur les chemins venaient visiter le couvent, malgré sa position sauvage et la difficulté des routes qui y conduisent. Mais, depuis qu'il était devenu un repaire de paresse, d'ignorance et d'ivrognerie, le hasard seul nous amenait, comme aujourd'hui, à de rares intervalles, quelques passants indifférents ou quelques curieux désœuvrés. Je ne trouvai personne à qui ouvrir mon cœur, et je restai seul, livré à un sombre abattement.

« Pendant des semaines et des mois, je vécus ainsi sans plaisir et presque sans peine, tant mon âme était brisée et accablée sous le poids de l'ennui. L'étude avait perdu tout attrait pour moi; elle me devint peu à peu odieuse : elle ne servait qu'à me remettre sous les yeux ce sinistre problème de la destinée de l'homme abandonné sur la terre à tous les éléments de souffrance et de destruction, sans avenir, sans promesse et sans récompense. Je me demandais alors à quoi bon vivre, mais aussi à quoi bon mourir; néant pour néant, je laissais le temps couler et mon front se dégarnir sans opposer de résistance à ce dépérissement de l'âme et du corps, qui me conduisait lentement à un repos plus triste encore.

« L'automne arriva, et la mélancolie du ciel adoucit un peu l'amertume de mes idées. J'aimais à marcher sur les feuilles sèches et à voir passer ces grandes troupes d'oiseaux voyageurs qui volent dans un ordre symétrique, et dont le cri sauvage se perd dans les nuées. J'enviais le sort de ces créatures qui obéissent à des instincts toujours satisfaits, et que la réflexion ne tourmente pas. Dans un sens, je les trouvais bien plus complets que l'homme, car ils ne désirent que ce qu'ils peuvent posséder; et, si le soin de leur conservation est un travail continuel, du moins ils ne connaissent pas l'ennui, qui est la pire des fatigues. J'aimais aussi à voir s'épanouir les dernières fleurs de l'année. Tout me semblait préférable au sort de l'homme, même celui des plantes; et, portant ma sympathie sur ces existences éphémères, je n'avais d'autre plaisir que de cultiver un

La foule vint et l'espace fut rempli de voix... (Page 43.)

petit coin du jardin et de l'entourer de palissades pour empêcher les pieds profanes de fouler mes gazons et les mains sacriléges de cueillir mes fleurs. Lorsqu'on en approchait, je repoussais les curieux avec tant d'humeur qu'on me crut fou, et que le Prieur se réjouit de me voir tomber dans un tel abrutissement.

« Les soirées étaient fraîches, mais douces; il m'arrivait souvent, après avoir cherché, dans la fatigue de mon travail manuel, l'espoir d'un peu de repos pour la nuit, de me coucher sur un banc de gazon que j'avais élevé moi-même, et de rester plongé dans une vague rêverie longtemps après le coucher du soleil. Je laissais flotter mes esprits, comme les feuilles que le vent enlevait aux arbres; je m'étudiais à végéter; j'eusse voulu désapprendre l'exercice de la pensée. J'arrivais ainsi à une sorte d'assoupissement qui n'était ni la veille ni le sommeil, ni la souffrance ni le bien-être, et ce pâle plaisir était encore le plus vif qui me restât. Peu à peu cette langueur devint plus douce, et le travail de ma volonté pour y arriver devint plus facile. Ma béatitude alors consistait surtout à perdre la mémoire du passé et l'appréhension de l'avenir. J'étais tout au présent. Je comprenais la vie de la nature, j'observais tous ses petits phénomènes, je pénétrais dans ses moindres secrets. J'écoutais ses capricieuses harmonies, et le sentiment de toutes ces choses inappréciables aux esprits agités réussissait à me distraire de moi-même. Je soulageais à mon insu, par cette douce admiration, mon cœur rempli d'un amour sans but et d'un enthousiasme sans aliment. Je contemplais la grâce d'une branche mollement bercée par le vent, j'étais attendri par le chant faible et mélancolique d'un insecte. Les parfums de mes fleurs me portaient à la reconnaissance; leur beauté, préservée de toute altération par mes soins, m'inspirait un naïf orgueil. Pour la première fois, depuis bien des années, je redevenais sensible à la poésie du cloître, sanctuaire placé sur les lieux élevés pour que l'homme y vive au-dessus des bruits du monde, recueilli dans la contemplation du ciel. Tu connais cet angle que forme la terrasse du jardin du côté de la mer, au bout du berceau de vigne que supportent des piliers quadrangulaires en marbre blanc. Là s'élèvent quatre palmiers; c'est moi qui les ai plantés, et c'est là que j'avais disposé mon parterre, aujourd'hui effacé et confondu dans le potager,

Nous allons le détruire, et les lambeaux de sa chair... (Page 44.)

qui a pris la place du beau jardin créé par Hébronius. Ce lieu était encore, à l'époque dont je te parle, un des plus pittoresques de la terre, au dire des rares voyageurs qui le visitaient. Les riches fontaines de marbre, qui ne sont plus consacrées aujourd'hui qu'à de vils usages, y murmuraient alors pour les seules délices des oreilles musicales. L'eau pure de la source tombait dans des conques de marbre rouge qui la déversaient l'une dans l'autre, et fuyait mystérieusement sous l'ombrage des cyprès et des figuiers. Les rameaux des citronniers et des caroubiers se pressaient et s'enlaçaient étroitement autour de ma retraite, et l'isolaient selon mon goût. Mais, du côté du glacis perpendiculaire qui domine le rivage, j'avais ménagé une ouverture dans mes berceaux ; et je pouvais admirer à loisir, à travers un cadre de fleurs et de verdure, le spectacle sublime de la mer brisant sur les rochers et se teignant à l'horizon des feux du couchant ou de ceux de l'aurore. Là, perdu dans des rêveries sans fin, il me semblait saisir des harmonies inappréciables aux sens grossiers des autres hommes, quelque chant plaintif, exhalé sur la rive maure, et porté sur les mers par les vents du sud, ou le cantique de quelque derviche, saint ignoré, perdu dans les âpres solitudes de l'Atlas, et plus heureux dans sa misère cénobitique avec la foi que moi au sein de mon opulence monacale avec le doute.

« Peu à peu j'en vins à découvrir un sens profond dans les moindres faits de la nature. En m'abandonnant au charme de mes impressions avec la naïveté qu'amène le découragement, je reculai insensiblement les bornes étroites du *certain* jusqu'à celles du *possible*; et bientôt le possible, vu avec une certaine émotion du cœur, ouvrit autour de moi des horizons plus vastes que ma raison n'eût osé les pressentir. Il me sembla trouver des motifs de mystérieuse prévoyance dans tout ce qui m'avait paru livré à la fatalité aveugle. Je recouvrai le sens du bonheur que j'avais si déplorablement perdu. Je cherchai les jouissances relatives de tous les êtres, comme j'avais cherché leurs souffrances, et je m'étonnai de les trouver si équitablement réparties. Chaque être prit une forme et une voix nouvelle pour me révéler des facultés inconnues à la froide et superficielle observation que j'avais prise pour la science. Des mystères infinis se déroulèrent autour de moi, contredisant toutes les sentences d'un savoir incomplet et d'un jugement précipité. En un mot, la vie prit à mes yeux un caractère sacré et un but immense, que je n'avais entrevu ni dans les religions ni dans les sciences, et que mon cœur enseigna sur nouveaux frais à mon intelligence égarée.

« Un soir j'écoutais avec recueillement le bruit de la mer calme brisant sur le sable; je cherchais le sens de ces trois lames, plus fortes que les autres, qui reviennent toujours ensemble à des intervalles réguliers, comme un rhythme marqué dans l'harmonie éternelle; j'entendis un pêcheur qui chantait aux étoiles, étendu sur le dos dans sa barque. Sans doute, j'avais entendu bien souvent le chant des pêcheurs de la côte, et celui-là peut-être aussi souvent que les autres. Mes oreilles avaient toujours été fermées à la musique, comme mon cerveau à la poésie. Je n'avais vu dans les chants du peuple que l'expression des passions grossières, et j'en avais détourné mon attention avec mépris. Ce soir-là, comme les autres soirs, je fus d'abord blessé d'entendre cette voix qui couvrait celle des flots, et qui troublait mon audition. Mais, au bout de quelques instants, je remarquai que le chant du pêcheur suivait instinctivement le rhythme de la mer, et je pensai que c'était là peut-être un de ces grands et vrais artistes que la nature elle-même prend soin d'instruire, et qui, pour la plupart, meurent ignorés comme ils ont vécu. Cette pensée répondant aux habitudes de suppositions dans lesquelles je me complaisais désormais, j'écoutai sans impatience le chant sauvage de cet homme à demi sauvage aussi, qui célébrait d'une voix lente et mélancolique les mystères de la nuit et la douceur de la brise. Ses vers avaient peu de rime et peu de mesure; ses paroles, encore moins de sens et de poésie; mais le charme de sa voix, l'habileté naïve de son rhythme, et l'étonnante beauté de sa mélodie, triste, large et monotome comme celle des vagues, me frappèrent si vivement, que tout à coup la musique me fut révélée. La musique me sembla devoir être la véritable langue poétique de l'homme, indépendante de toute parole et de toute poésie écrite, soumise à une logique particulière, et pouvant exprimer des idées de l'ordre le plus élevé, des idées trop vastes même pour être bien rendues dans toute autre langue. Je résolus d'étudier la musique, afin de poursuivre cet aperçu; et je l'étudiai en effet avec quelque succès, comme on a pu le dire. Mais une chose me gêna toujours, c'est d'avoir trop fait usage de la logique appliquée à un autre ordre de facultés. Je ne pus jamais composer, et c'était là pourtant ce que j'eusse ambitionné par-dessus tout en musique. Quand je vis que je ne pouvais rendre ma pensée dans cette langue trop sublime sans doute pour mon organisation, je m'adonnai à la poésie, et je fis des vers. Cela ne me réussit pas beaucoup mieux; mais j'avais un besoin de poésie qui cherchait une issue avant de songer à posséder un aliment, et ma poésie était faible, parce que la poésie veut être alimentée d'un sentiment profond dont je n'avais que le vague pressentiment.

« Mécontent de mes vers, je fis de la prose à laquelle je tâchai de conserver une forme lyrique. Le seul sujet sur lequel je pusse m'exercer avec un peu de facilité, c'était ma tristesse et les maux que j'avais soufferts en cherchant la vérité. Je t'en réciterai un échantillon.

« O ma grandeur! ô ma force! vous avez passé comme
« une nuée d'orage, et vous êtes tombées sur la terre
« pour ravager comme la foudre. Vous avez frappé de
« mort et de stérilité tous les fruits et toutes les fleurs
« de mon champ. Vous en avez fait une arène désolée,
« et je me suis assis tout seul au milieu de mes ruines.
« O ma grandeur! ô ma force! étiez-vous de bons ou de
« mauvais anges?

« O ma fierté! ô ma science! vous vous êtes levées
« comme les tourbillons brûlants que le simoun répand
« sur le désert. Comme le gravier, comme la poussière,
« vous m'avez enseveli les palmiers, vous avez troublé ou
« tari les fontaines. Et j'ai cherché l'onde où l'on se
« désaltère, et je ne l'ai plus trouvée; car l'insensé qui
« veut frayer sa route vers les cimes orgueilleuses de
« l'Horeb, oublie l'humble sentier qui mène à la source
« ombragée. O ma science! ô ma fierté! étiez-vous les
« envoyées du Seigneur, étiez-vous des esprits de té-
« nèbres?

« O ma vertu! ô mon abstinence! vous vous êtes
« dressées comme des tours, vous vous êtes étendues
« comme des remparts de marbre, comme des murailles
« d'airain. Vous m'avez abrité sous des voûtes glacées,
« vous m'avez enseveli dans des caves funèbres remplies
« d'angoisses et de terreurs; et j'ai dormi sur une couche
« dure et froide, où j'ai rêvé souvent qu'il y avait un ciel
« propice et des mondes féconds. Et quand j'ai cherché
« la lumière du soleil, je ne l'ai plus trouvée; car j'avais
« perdu la vue dans les ténèbres, et mes pieds débiles
« ne pouvaient plus me porter sur le bord de l'abîme.
« O ma vertu! ô mon abstinence! étiez-vous les sup-
« pôts de l'orgueil, ou les conseils de la sagesse?

« O ma religion! ô mon espérance! vous m'avez porté
« comme une barque incertaine et fragile sur des mers
« sans rivages, au milieu des brumes décevantes, vaines
« illusions, informes images d'une patrie inconnue. Et
« quand, lassé de lutter contre le vent et de gémir
« courbé sous la tempête, je vous ai demandé où vous
« me conduisiez, vous avez allumé des phares sur des
« écueils pour me montrer ce qu'il fallait fuir, et non
« ce qu'il fallait atteindre. O ma religion! ô mon espé-
« rance! étiez-vous le rêve de la folie, ou la voix mysté-
« rieuse du Dieu vivant? »

« Au milieu de ces occupations innocentes, mon âme avait repris du calme et mon corps de la vigueur; je fus tiré de mon repos par l'irruption d'un fléau imprévu. A la contagion qu'avaient éprouvée le monastère et les environs succéda la peste qui désola le pays tout entier. J'avais eu l'occasion de faire quelques observations sur la possibilité de se préserver des maladies épidémiques par un système hygiénique fort simple. Je fis part de mes idées à quelques personnes; et, comme elles eurent à se louer d'y avoir ajouté foi, on me fit la réputation d'avoir des remèdes merveilleux contre la peste. Tout en niant la science qu'on m'attribuait, je me prêtai de grand cœur à communiquer mes humbles découvertes. Alors on vint me chercher de tous côtés, et bientôt mon temps et mes forces purent à peine suffire au nombre de consultations qu'on venait me demander; il fallut même que le Prieur m'accordât la permission extraordinaire de sortir du monastère à toute heure, et d'aller visiter les malades. Mais, à mesure que la peste étendait ses ravages, les sentiments de piété et d'humanité, qui d'abord avaient porté les moines à se montrer accessibles et compatissants, s'effacèrent de leurs âmes. Une peur égoïste et lâche glaça tout esprit de charité. Défense me fut faite de communiquer avec les pestiférés, et les portes du monastère furent fermées à ceux qui venaient implorer des secours. Je ne pus m'empêcher d'en témoigner mon indignation au Prieur. Dans un autre temps, il m'eût envoyé au cachot; mais les esprits étaient tellement abattus par la crainte de la mort, qu'il m'écouta avec calme. Alors il me proposa un terme moyen; c'était d'aller m'établir à deux lieues d'ici, dans l'ermitage de Saint-Hyacinthe, et d'y demeurer avec l'ermite jusqu'à ce que la fin de la contagion et l'absence de tout danger pour *nos frères* me permissent de rentrer dans le couvent. Il s'agissait de savoir si l'ermite consentirait à me laisser vaquer aux devoirs de ma nouvelle charge de médecin, et à partager avec moi sa natte et son pain noir. Je fus autorisé à l'aller voir pour sonder ses intentions, et je m'y rendis à l'instant même. Je n'avais pas grand espoir de le trouver favorable: cet homme, qui venait une fois par mois demander l'aumône à la porte du couvent, m'avait toujours inspiré de l'éloignement. Quoique la piété des âmes simples ne le laissât pas manquer du nécessaire, il était obligé par ses vœux à mendier de porte en porte à des intervalles périodiques, plutôt pour faire acte d'abjection que pour assurer son existence. J'avais un grand mépris pour cette pratique; et cet ermite, avec son grand crâne conique, ses yeux pâles et enfoncés qui ne semblaient pas capables de supporter la lumière du soleil, son dos voûté, son silence farouche, sa barbe blanche, jaunie à toutes les intempéries de l'air, et sa grande main décharnée, qu'il tirait de dessous son manteau plutôt avec un geste de commandement qu'avec l'apparence de l'humilité, était devenu pour moi un type de fanatisme et d'orgueil hypocrite.

« Quand j'eus gravi la montagne, je fus ravi de l'aspect de la mer. Vue ainsi en plongeant de haut sur ses abîmes, elle semblait une immense plaine d'azur fortement inclinée vers les rocs énormes qui la surplombaient; et ses flots réguliers, dont le mouvement n'était plus sensible, présentaient l'apparence de sillons égaux tracés par la charrue. Cette masse bleue, qui se dressait comme une colline et qui semblait compacte et solide comme le saphir, me saisit d'un tel vertige d'enthousiasme, que je me retins aux oliviers de la montagne pour ne pas me précipiter dans l'espace. Il me semblait qu'en face de ce magnifique élément le corps devait prendre les formes de l'esprit et parcourir l'immensité dans un vol sublime. Je pensai alors à Jésus marchant sur les flots, et je me représentai cet homme divin, grand comme les montagnes, resplendissant comme le soleil. « Allégorie de la métaphysique, ou rêve d'une confiance exaltée, m'écriai-je, tu es plus grand et plus poétique que toutes nos certitudes mesurées au compas et tous nos raisonnements alignés au cordeau!... »

« Comme je disais ces paroles, une sorte de plainte psalmodiée, faible et lugubre prière qui semblait sortir des entrailles de la montagne, me força de me retourner. Je cherchai quelque temps des yeux et de l'oreille d'où pouvaient partir ces sons étranges; et enfin, étant monté sur une roche voisine, je vis sous mes pieds, à quelque distance, dans un écartement du rocher, l'ermite, nu jusqu'à la ceinture, occupé à creuser une fosse dans le sable. A ses pieds était étendu un cadavre roulé dans une natte et dont les pieds bleuâtres, maculés par les traces de la peste, sortaient de ce linceul rustique. Une odeur fétide s'exhalait de la fosse entr'ouverte, à peine refermée la veille sur d'autres cadavres ensevelis à la hâte. Auprès du nouveau mort il y avait une petite croix de bois d'olivier grossièrement taillée, ornement unique du mausolée commun; une jatte de grès avec un rameau d'hysope pour l'ablution lustrale, et un petit bûcher de genièvre fumant pour épurer l'air. Un soleil dévorant tombait d'aplomb sur la tête chauve et sur les maigres épaules du solitaire. La sueur collait à sa poitrine les longues mèches de sa barbe couleur d'ambre. Saisi de respect et de pitié, je m'élançai vers lui. Il ne témoigna aucune surprise, et jetant sa bêche, il me fit signe de prendre les pieds du cadavre, en même temps qu'il le prenait par les épaules. Quand nous l'eûmes enseveli, il s'replanta la croix, fit l'immersion d'eau bénite; et, me priant de ranimer le bûcher, il s'agenouilla, murmura une courte prière, et s'éloigna sans s'occuper de moi davantage. Quand nous eûmes gagné son ermitage, il s'aperçut seulement que je marchais près de lui; et, me regardant alors avec quelque étonnement, il me demanda si j'avais besoin de me reposer. Je lui expliquai en peu de mots le but de ma visite. Il ne me répondit que par un serrement de main; puis, ouvrant la porte de l'ermitage, il me montra, dans une salle creusée au sein du roc, quatre ou cinq malheureux pestiférés agonisants sur des nattes.

« — Ce sont, me dit-il, des pêcheurs de la côte et des contrebandiers que leurs parents, saisis de terreur, ont jetés hors des huttes. Je ne puis rien faire pour eux que de combattre le désespoir de leur agonie par des paroles de foi et de charité; et puis je les ensevelis quand ils ont cessé de souffrir. N'entrez pas, mon frère, ajouta-t-il en voyant que je m'avançais sur le seuil; ces gens-là sont sans ressources, et ce lieu est infecté; conservez vos jours pour ceux que vous pouvez sauver encore.

« — Et vous, mon père, lui dis-je, ne craignez-vous donc rien pour vous-même?

« — Rien, répondit-il en souriant; j'ai un préservatif certain.

« — Et quel est-il?

« — C'est, dit-il d'un air inspiré, la tâche que j'ai à remplir qui me rend invulnérable. Quand je ne serai plus nécessaire, je redeviendrai un homme comme les autres; et quand je tomberai, je dirai : « Seigneur, ta volonté soit faite; puisque tu me rappelles, c'est que tu n'as plus rien à me commander. »

« Comme il disait cela, ses yeux éteints se ranimèrent, et semblèrent renvoyer les rayons du soleil qu'ils avaient absorbés. Leur éclat fut tel que j'en détournai les miens et les reportai involontairement sur la mer qui étincelait à nos pieds.

« — A quoi songez-vous? me dit-il.

« — Je songe, répondis-je, que Jésus a marché sur les eaux.

« — Quoi d'étonnant? reprit le digne homme, qui ne me comprenait pas; la seule chose étonnante, c'est que saint Pierre ait douté, lui qui voyait le Sauveur face à face. »

« Je revins tout de suite au monastère pour rendre compte à l'abbé de mon message. J'aurais dû m'épargner cette peine, et me souvenir que les moines se soucient fort peu de la règle, surtout quand la peur les gouverne. Je trouvai toutes les portes closes; et quand je présentai ma tête au guichet, on me le referma au visage en me criant que, quel que fût le résultat de ma démarche, je ne pouvais plus rentrer au couvent. J'allai donc coucher à l'ermitage.

« J'y passai trois mois dans la société de l'ermite. C'était vraiment un homme des anciens jours, un saint digne des plus beaux temps du christianisme. Hors de l'exercice des bonnes œuvres, c'était peut-être un esprit vulgaire; mais sa piété était si grande qu'elle lui donnait le génie au besoin. C'était surtout dans ses exhortations aux mourants que je le trouvais admirable. Il était alors vraiment inspiré; l'éloquence débordait en lui comme un torrent des montagnes. Des larmes de componction inondaient son visage sillonné par la fatigue. Il connaissait vraiment le chemin des cœurs. Il combattait les angoisses et les terreurs de la mort, comme George le guerrier céleste terrassait les dragons. Il avait une intelligence merveilleuse des diverses passions qui avaient pu remplir l'existence de ces moribonds, et il avait un langage et des promesses appropriés à chacun d'eux. Je remarquais avec satisfaction qu'il était possédé du désir sincère de leur donner un instant de soulagement moral à leur pénible départ de ce monde, et non trop préoccupé des vaines formalités du dogme. En cela, il s'élevait au-dessus de lui-même; car sa foi avait dans l'application personnelle toutes les minuties du catholicisme le plus étroit et le plus rigide : mais la bonté est un don de Dieu au-dessus des pouvoirs et des menaces de l'Église. Une larme de ses mourants lui paraissait plus importante que les cérémonies de l'extrême-onction, et un jour je l'entendis prononcer une grande parole pour un catholique. Il avait présenté le crucifix aux lèvres d'un agonisant; celui-ci détourna la tête, et, prenant l'autre main de l'ermite, il la lui baisa en rendant l'esprit.

« — Eh bien! dit l'ermite en lui fermant les yeux, il te sera pardonné, car tu as senti la reconnaissance, et si tu as compris le dévoûment d'un homme en ce monde, tu sentiras la bonté de Dieu dans l'autre. »

« Avec les chaleurs de l'été cessa la contagion. Je passai encore quelque temps avec l'ermite avant que l'on osât me rappeler au couvent. Le repos nous était bien nécessaire à l'un et à l'autre; et je dois dire que ces derniers jours de l'année, pleins de calme, de fraîcheur et de suavité dans un des sites les plus magnifiques qu'il soit possible d'imaginer, loin de toute contrainte, et dans la société d'un homme vraiment respectable, furent au nombre des rares beaux jours de ma vie. Cette existence rude et frugale me plaisait, et puis je me sentais un autre homme qu'en arrivant à l'ermitage; un travail utile, un dévoûment sincère, m'avaient retrempé. Mon cœur s'épanouissait comme une fleur aux brises du printemps. Je comprenais l'amour fraternel sur un vaste plan; le dévoûment pour tous les hommes, la charité, l'abnégation, la vie de l'âme en un mot. Je remarquais bien quelque puérilité dans les idées de mon compagnon rendu au calme de sa vie habituelle. Lorsque l'enthousiasme ne le soutenait plus, il redevenait capucin jusqu'à un certain point; mais je n'essayai pas de combattre ses scrupules, et j'étais pénétré de respect pour la foi épurée au creuset d'une telle vertu.

« Lorsque l'ordre me vint de retourner au monastère, j'étais un peu malade; la peur de me voir rapporter un germe de contagion fit attendre très-patiemment mon retour. Je reçus immédiatement une licence pour rester dehors le temps nécessaire à mon rétablissement; temps qu'on ne me limitait pas, et dont je résolus de faire le meilleur emploi possible.

« Jusque là une des principales idées qui m'avaient empêché de rompre mon vœu, c'était la crainte du scandale : non que j'eusse aucun souci personnel de l'opinion d'un monde avec lequel je ne désirais établir aucun rapport, ni que je conservasse aucun respect pour ces moines que je ne pouvais estimer; mais une rigidité naturelle, un instinct profond de la dignité du serment, et, plus que tout cela peut-être, un respect invincible pour la mémoire d'Hébronius, m'avaient retenu. Maintenant que le couvent me rejetait, pour ainsi dire, de son enceinte, il me semblait que je pouvais l'abandonner sans faire un éclat de mauvais exemple et sans violer mes résolutions. J'examinai la vie que j'avais menée dans le cloître et celle que j'y pouvais mener encore. Je me demandai si elle pouvait produire ce qu'elle n'avait pas encore produit, quelque chose de grand ou d'utile. Cette vie de bénédictin que Spiridion avait pratiquée et rêvée sans doute pour ses successeurs, était devenue impossible. Les premiers compagnons de la savante retraite de Spiridion durent lui faire rêver les beaux jours du cloître et les grands travaux accomplis sous ces voûtes antiques, sanctuaire d'érudition et de persévérance; mais Spiridion, contemporain des derniers hommes remarquables que le cloître ait produits, mourut pourtant dégoûté de son œuvre, à ce qu'on assure, et désillusionné sur l'avenir de la vie monastique. Quant à moi, qui puis sans orgueil, puisqu'il s'agit de pénibles travaux entrepris, et non de glorieuses œuvres accomplies, dire que j'ai été le dernier des bénédictins en ce siècle, je voyais bien que même mon rôle de paisible érudit n'était plus tenable. Pour des études calmes, il faut un esprit calme; et comment le mien eût-il pu l'être au sein de la tourmente qui grondait sur l'humanité? Je voyais les sociétés prêtes à se dissoudre, les trônes trembler comme des roseaux que la vague va couvrir, les peuples se réveiller d'un long sommeil et menacer tout ce qui les avait enchaînés, le bon et le mauvais confondus dans la même lassitude du joug, dans la même haine du passé. Je voyais le rideau du temple se fendre du haut en bas comme à l'heure de la résurrection du crucifié dont ces peuples étaient l'image, et les turpitudes du sanctuaire allaient être mises à nu devant l'œil de la vengeance. Comment mon âme eût-elle pu être indifférente aux approches de ce vaste déchirement qui allait s'opérer? Comment mon oreille eût-elle pu être sourde au rugissement de la grande mer qui montait, impatiente de briser ses digues et de submerger les empires? A la veille des catastrophes dont nous sentirons bientôt l'effet, les derniers moines peuvent bien achever à la hâte de vider leurs cuves, et, gorgés de vin et de nourriture, s'étendre sur leur couche souillée pour y attendre sans souci la mort au milieu des fumées de l'ivresse. Mais je ne suis pas de ceux-là; je m'inquiète de savoir comment et pourquoi j'ai vécu, pourquoi et comment je dois mourir.

« Ayant mûrement examiné quel usage je pourrais faire de la liberté que je m'arrogeais, je ne vis, hors des travaux de l'esprit, rien qui me convînt en ce monde. Aux premiers temps de mon détachement du catholicisme, j'avais travaillé sans doute pour de vastes ambitions; j'avais fait des projets gigantesques; j'avais médité la réforme de l'Église sur un plan plus vaste que celui de Luther; j'avais rêvé le développement du protestantisme. C'est que, comme Luther, j'étais chrétien; et, conçu dans le sein de l'Église, je ne pouvais imaginer une religion, si émancipée qu'elle se fît, qui ne fût d'abord engendrée par l'Église. Mais, en cessant de croire au Christ, en devenant philosophe comme mon siècle, je ne voyais plus le moyen d'être un novateur; on avait tout osé. En fait de liberté de principes, j'avais été aussi loin que les autres, et je voyais bien que, pour élever un avis nouveau au milieu de tous ces destructeurs, il eût fallu avoir à leur proposer un plan de réédification quelconque. J'eusse pu faire quelque chose pour les sciences, et je l'eusse dû peut-être; mais, outre que je n'avais nul souci de me faire un nom dans cette branche des connaissances humaines, je ne me sentais vraiment de désirs et d'énergie que pour les questions philosophiques. Je n'avais étudié les sciences que pour me guider dans le labyrinthe de la métaphysique, et pour arriver à la connaissance de l'Être suprême. Ce but manqué, je n'aimai plus ces études qui ne m'avaient passionné qu'indirectement; et la perte de toute croyance me paraissait une chose si triste à éprouver qu'il m'eût paru également pénible de l'annoncer aux hommes. Qu'eût été, d'ailleurs, une voix de plus dans ce grand concert de malédictions qui s'élevait contre l'Église expirante? Il y aurait eu de la lâcheté à lancer la pierre contre ce moribond, déjà aux prises avec la révolution française qui commençait à éclater, et qui, n'en doute pas, Angel, aura dans nos contrées un retentissement plus fort et plus prochain qu'on ne se plaît ici à le croire. Voilà pourquoi je t'ai conseillé souvent de ne pas déserter le poste où peut-être d'honorables périls viendront bientôt nous chercher. Quant à moi, si je ne suis plus moine par l'esprit, je le suis et le serai toujours par la robe. C'est une condition sociale, je ne dirai pas comme une autre, mais c'en est une; et plus elle est déconsidérée, plus il importe de s'y comporter en homme. Si nous sommes appelés à vivre dans le monde, sois sûr que plus d'un regard d'ironie et de mépris viendra scruter la contenance de ces tristes oiseaux de nuit, dont la race habite depuis quinze cents ans les ténèbres et la poussière des vieux murs. Ceux qui se présenteront alors au grand jour avec l'opprobre de la tonsure doivent lever la tête plus haut que les autres; car la tonsure est ineffaçable, et les cheveux repoussent en vain sur le crâne : rien ne cache ce stigmate jadis vénéré, aujourd'hui abhorré des peuples. Sans doute, Angel, nous porterons la peine des crimes que nous n'avons pas commis, et des vices que nous n'avons pas connus. Que ceux qui auront mérité les supplices prennent donc la fuite; que ceux qui auront mérité des soufflets se cachent donc le visage. Mais nous, nous pouvons tendre la joue aux insultes et les mains à la corde, et porter en esprit et en vérité la croix du Christ, ce philosophe sublime que tu m'entends rarement nommer, parce que son nom illustre, prononcé sans cesse autour de moi par tant de bouches impures, ne peut sortir de mes lèvres qu'à propos des choses les plus sérieuses de la vie et des sentiments les plus profonds de l'âme.

« Que pouvais-je donc faire de ma liberté? rien qui me satisfît. Si je n'eusse écouté qu'une vaine avidité de bruit, de changement et de spectacles, je serais certainement parti pour longtemps, pour toujours peut-être. J'eusse exploré les contrées lointaines, traversé les vastes mers, et visité les nations sauvages du globe. Je vainquis plus d'une vive tentation de ce genre. Tantôt j'avais envie de me joindre à quelque savant missionnaire, et d'aller chercher, loin du bruit des nations nouvelles, le calme du passé chez les peuples conservateurs religieux des lois et des croyances de l'antiquité. La Chine, l'Inde surtout, m'offraient un vaste champ de recherches et d'observations. Mais j'éprouvai presque aussitôt une répugnance insurmontable pour ce repos de la tombe auquel je ne risquais certainement pas d'échapper, et que j'allais, tout entier, me mettre sous les yeux. Je ne voulus point voir des peuples morts intellectuellement, attachés comme des animaux stupides au joug façonné par l'intelligence de leurs aïeux, et marchant tout d'une pièce comme des momies dans leur suaire d'hiéroglyphes. Quelque violent, quelque terrible, quelque sanglant que pût être le dénoûment du drame qui se préparait autour de moi, c'était l'histoire, c'était le mouvement éternel des choses, c'était l'action fatale ou providentielle du destin, c'était la vie, en un mot, qui bouillonnait sous mes pieds comme la lave. J'aimai mieux être emporté par elle comme un brin d'herbe que d'aller chercher les vestiges d'une végétation pétrifiée sur des cendres à jamais refroidies.

« En même temps que mes idées prirent ce cours, une autre tentation vint m'assaillir : ce fut d'aller précisément me jeter au milieu du mouvement des choses, et de quitter cette terre où le réveil ne se faisait pas sentir encore, pour voir l'orage éclater. Oubliant alors que j'étais moine et que j'avais résolu de rester moine, je me sentais homme, et un homme plein d'énergie et de passions ; je songeais alors à ce que peut être la vie d'action, et, lassé de la réflexion, je me sentais emporté, comme un jeune écolier (je devrais plutôt dire comme un jeune animal), par le besoin de remuer et de dépenser mes forces. Ma vanité me berçait alors de menteuses promesses. Elle me disait que là un rôle utile m'attendait peut-être, que les idées philosophiques avaient accompli leur tâche, que le moment d'appliquer ces idées était venu, qu'il s'agissait désormais d'avoir de grands sentiments, que les caractères allaient être mis à l'épreuve, et que les grands cœurs seraient aussi nécessaires qu'ils seraient rares. Je me trompais. Les grandes époques engendrent les grands hommes ; et, réciproquement, les grandes actions naissent les unes des autres. La révolution française, tant calomniée à tes oreilles par tous ces imbéciles qu'elle épouvanta et tous ces cafards qu'elle menace, enfante tous les jours, sans que tu t'en doutes, Angel, des phalanges de héros, dont les noms n'arrivent ici qu'accompagnés de malédictions, mais dont tu chercheras un jour avidement la trace dans l'histoire contemporaine.

« Quant à moi, je quitterai ce monde sans savoir clairement le mot de la grande énigme révolutionnaire, devant laquelle viennent se briser tant d'orgueils étroits ou d'intelligences téméraires. Je ne suis pas né pour savoir. J'aurai passé dans cette vie comme sur une pente rapide conduisant à des abîmes où je serai lancé sans avoir le temps de regarder autour de moi, et sans avoir servi à autre chose qu'à marquer par mes souffrances une heure d'attente au cadran de l'éternité. Pourtant, comme je vois les hommes du présent se faire de plus grands maux encore en vue de l'avenir que nous ne nous en sommes fait en vue du passé, je me dis que tout ce mal doit amener de grands biens ; car aujourd'hui je crois qu'il y a une action providentielle, et que l'humanité obéit instinctivement et sympathiquement aux grands et profonds desseins de la pensée divine.

« J'étais aux prises avec ce nouvel élan d'ambition, dernier éclair d'une jeunesse de cœur mal étouffée, et prolongée par cela même au delà des temps marqués pour la candeur et l'inexpérience. La révolution américaine m'avait tenté vivement, celle de France me tentait plus encore. Un navire faisant voile pour la France fut jeté sur nos côtes par des vents contraires. Quelques passagers vinrent visiter l'ermitage et s'y reposer, tandis que le navire se préparait à reprendre sa route. C'étaient des personnes distinguées ; du moins elles me parurent telles, à moi qui éprouvais un si grand besoin d'entendre parler avec liberté des événements politiques et du mouvement philosophique qui les produisait. Ces hommes étaient pleins de foi dans l'avenir, pleins de confiance en eux-mêmes. Ils ne s'entendaient pas beaucoup entre eux sur les moyens ; mais il était aisé de voir que tous les moyens leur sembleraient bons dans le danger. Cette manière d'envisager les questions les plus délicates de l'équité sociale me plaisait et m'effrayait en même temps ; tout ce qui était courage et dévoûment éveillait des échos endormis dans mon sein. Pourtant les idées de violence et de destruction aveugle troublaient mes sentiments de justice et mes habitudes de patience.

« Parmi ces gens-là il y avait un jeune Corse dont les traits austères et le regard profond ne sont jamais sortis de ma mémoire. Son attitude négligée, jointe à une grande réserve, ses paroles énergiques et concises, ses yeux clairs et pénétrants, son profil romain, une certaine gaucherie gracieuse qui semblait une méfiance de lui-même prête à se changer en audace emportée au moindre défi, tout me frappa dans ce jeune homme ; et, quoiqu'il affectât de mépriser toutes les choses présentes et de n'estimer qu'un certain idéal d'austérité spartiate, je crus deviner qu'il brûlait de s'élancer dans la vie, je crus pressentir qu'il y ferait des choses éclatantes. J'ignore si je me suis trompé. Peut-être n'a-t-il pu percer encore, peut-être son nom est-il un de ceux qui remplissent aujourd'hui le monde, ou peut-être encore est-il tombé sur un champ de bataille, tranché comme un jeune épi avant le temps de la moisson. S'il vit et s'il prospère, fasse le ciel que sa puissante énergie ait servi le développement de ses principes rigides, et non celui des passions ambitieuses ! Il remarqua peu le vieux ermite, et, quoique j'en fusse bien moins digne, il concentra toute son attention sur moi, durant le peu d'heures que nous passâmes à marcher de long en large sur la terrasse de rochers qui entoure l'ermitage. Sa démarche était saccadée, toujours rapide, à chaque instant brisée brusquement, comme le mouvement de la mer qu'il s'arrêtait pour écouter avec admiration ; car il avait le sentiment de la poésie mêlé à un degré extraordinaire à celui de la réalité. Sa pensée semblait embrasser le ciel et la terre ; mais elle était sur la terre plus qu'au ciel, et les choses divines ne lui semblaient que des institutions protectrices des grandes destinées humaines. Son Dieu était la volonté, la puissance son idéal, la force son élément de vie. Je me rappelle assez distinctement l'élan d'enthousiasme qui le saisit lorsque j'essayai de connaître ses idées religieuses.

« Oh ! s'écria-t-il vivement, je ne connais que Jéhovah, parce que c'est le Dieu de la force.

« Oh ! oui, la force ! c'est là le devoir, c'est là la révélation du Sinaï, c'est là le secret des prophètes !

« L'appétition de la force, c'est le besoin de développement que la nécessité inflige à tous les êtres. Chaque chose veut être parce qu'elle doit être. Ce qui n'a pas la force de vouloir est destiné à périr, depuis l'homme sans cœur jusqu'au brin d'herbe privé des sucs nourriciers. O mon père ! toi qui étudies les secrets de la nature, incline-toi devant la force ! Vois dans tout quelle âpreté d'envahissement, quelle opiniâtreté de résistance ! comme le lichen cherche à dévorer la pierre ! comme le lierre étreint les arbres, et, impuissant à percer leur écorce, se roule à l'entour comme un aspic en fureur ! Vois le loup gratter la terre et l'ours creuser la neige avant de s'y coucher. Hélas ! comment les hommes ne se feraient-ils pas la guerre, nation contre nation, individu contre individu ? comment la société ne serait-elle pas un conflit perpétuel de volontés et de besoins contraires, lorsque tout est travail dans la nature, lorsque les flots de la mer se soulèvent les uns contre les autres, lorsque l'aigle déchire le lièvre et l'hirondelle le vermisseau, lorsque la gelée fend les blocs de marbre, et que la neige résiste au soleil ? Lève la tête ; vois ces masses granitiques qui se dressent sur nous comme des géants, et qui, depuis des siècles, soutiennent les assauts des vents déchaînés ! Que veulent ces dieux de pierre qui lassent l'haleine d'Éole ? pourquoi la résistance d'Atlas sous le fardeau de la matière ? pourquoi les terribles travaux du cyclope aux entrailles du géant, et les laves qui jaillissent de sa bouche ? C'est que chaque chose veut avoir sa place et remplir l'espace autant que sa puissance d'extension le comporte ; c'est que, pour détacher une parcelle de ces granites, il faut l'action d'une force extérieure formidable ; c'est que chaque être et chaque chose porte en soi les éléments de la production et de la destruction ; c'est que la création entière offre le spectacle d'un grand combat, où l'ordre et la durée ne reposent que sur la lutte incessante et universelle. Travaillons donc, créatures mortelles, travaillons à notre propre existence !

O homme! travaille à refaire ta société, si elle est mauvaise ; en cela tu imiteras le castor industrieux qui bâtit sa maison. Travaille à la maintenir, si elle est bonne ; en cela tu seras semblable au récif qui se défend contre les flots rongeurs. Si tu l'abandonnes, si tu laisses à la chimère du hasard le soin de ton avenir, si tu subis l'oppression, si tu négliges l'œuvre de la délivrance, tu mourras dans le désert comme la race incrédule d'Israël. Si tu t'endors dans la lâcheté, si tu souffres les maux que l'habitude t'a rendus familiers, afin d'éviter ceux que tu crois éloignés ; si tu endures la soif par méfiance de l'eau du rocher et de la verge du prophète, tu mérites que le ciel t'abandonne et que la mer roule sur toi ses flots indifférents. Oui, oui, le plus grand crime que l'homme puisse commettre, la plus grande impiété dont il puisse souiller sa vie, c'est la paresse et l'indifférence. Ceux qui ont appliqué la sainte parole de résignation à cette soumission couarde et nonchalante, ceux qui ont fait un mérite aux hommes de subir l'insolence et le despotisme d'autres hommes ; ceux-là, dis-je, ont péché ; ce sont de faux prophètes, et ils ont égaré la race humaine dans des voies de malédictions ! »

« C'est ainsi qu'il parlait tandis que la brise de mer soufflait dans ses longs cheveux noirs. Je n'essaie pas ici de te rendre la force et la concision de sa parole, je ne saurais y atteindre ; le souvenir de ses idées m'est seul resté, et sa figure a été longtemps devant mes yeux après son départ. Je l'accompagnai sur la barque qui le reconduisait à bord du navire. Il me serra la main avec force en me quittant, et ses dernières paroles furent :

« — Eh bien, vous ne voulez pas nous suivre ? »

« Mon cœur tressaillit en cet instant, comme s'il eût voulu s'échapper de ma poitrine ; je sentis pour ce jeune homme un élan de sympathie extraordinaire, comme si son énergie avait en moi un reflet ignoré. Mais, en même temps, cette face inconnue de son être qui échappait à ma pénétration me glaça de crainte, et je laissai retomber sa main blanche et froide comme le marbre. Longtemps je le suivis des yeux, du haut des rochers, d'où je l'apercevais debout sur le tillac, une longue-vue à la main, observant les récifs de la côte : déjà il ne songeait plus à moi. Quand la voile eut disparu à l'horizon, je regrettai de ne pas lui avoir demandé son nom. Je n'y avais pas songé.

« Quand je me retrouvai seul sur le rivage, il me sembla que la dernière lueur de vie venait de s'éteindre en moi et que je rentrais dans la nuit éternelle. Mon cœur se serra étroitement ; et, quoique le soleil fût ardent sur ma tête, je me trouvai tout à coup comme environné de ténèbres. Alors les paroles de mon rêve me revinrent à la mémoire, et je les prononçai tout haut dans une sorte de désespoir :

« *Que ce qui appartient à la tombe soit rendu à la tombe.*

« Je passai le reste de cette journée dans une grande agitation. Tant que les voyageurs m'avaient encouragé à les suivre, je ne m'étais senti plus fort que leurs suggestions ; maintenant qu'il n'était plus temps de me raviser, je n'étais pas sûr que mon refus ne fût pas bien plutôt un trait de lâcheté qu'un acte de sagesse. J'étais abattu, incertain ; je jetais des regards sombres autour de moi ; ma robe noire me semblait une chape de plomb ; j'étais accablé de moi-même. Je me traînai jusqu'à mon lit de joncs, et je m'endormis en formant le souhait de ne plus me réveiller.

« Je revis en rêve l'abbé Spiridion, pour la première fois depuis douze ans. Il me sembla qu'il entrait dans la cellule, qu'il passait auprès de l'ermite sans l'éveiller, et qu'il venait s'asseoir familièrement près de moi. Je ne le voyais pas distinctement, et pourtant je le reconnaissais ; j'étais assuré qu'il était là, qu'il me parlait, et je lui retrouvais le même son de voix qu'il avait eu dans mes rêves précédents, malgré le temps qui s'était écoulé depuis le dernier. Il me parla longuement, vivement, et je m'éveillai fort ému ; mais il me fut impossible de me rappeler un mot de ce qu'il m'avait dit. Pourtant j'étais sous l'impression de ses remontrances, et tout le jour je me trouvai languissant et rêveur comme un enfant repris d'une faute dont il ne connaît pas la gravité. Je me promenai poursuivi de l'idée de Spiridion, et ne songeant d'ailleurs plus à la chasser ; elle ne me causait plus d'effroi, quoiqu'elle se liât toujours dans ma pensée à une pensée d'aliénation mentale ; il m'importait assez peu désormais de perdre la raison, pourvu que ma folie fût douce ; et, comme je me sentais porté à la mélancolie, je préférais de beaucoup cet état à la lucidité du désespoir.

« La nuit suivante, je reçus la même visite, je fis le même songe, et le surlendemain aussi. Je commençai à ne plus me demander si c'était là une de ces idées fixes qui s'emparent des cerveaux troublés, ou s'il y avait véritablement un commerce possible entre l'âme des vivants et celle des morts. J'avais, sinon l'esprit, du moins le cœur assez tranquille ; car, depuis un certain temps, je m'appliquais sérieusement à la pratique du bien. J'avais quitté le désir de me rendre plus éclairé et plus habile, pour celui de me rendre plus pur et plus juste. Je me laissais donc aller au destin. Mon dernier sacrifice, quoiqu'il m'eût bien coûté, étant consommé ; j'avais fait pour le mieux. J'ignorais si cette ombre assidue à me visiter était mécontente de mon regret ; mais je n'avais plus peur d'elle, je me sentais assez fort pour ne pas me soucier des morts, moi qui avais pu rompre, à tout jamais, avec les vivants.

« Le quatrième jour, l'ordre formel me vint du haut clergé de retourner à mon couvent. L'évêque de la province avait déjà entendu parler de ma conférence avec des voyageurs dont le rapide passage avait échappé au contrôle de sa police. On craignait que je n'eusse quelques rapports secrets avec des moteurs d'insurrection, ou des étrangers imbus de mauvais principes ; on m'enjoignait de rentrer sur l'heure au monastère. Je cédai à cette injonction avec la plus complète indifférence. Le regret du bon ermite me toucha cependant, quoique son respect pour les ordres supérieurs l'eût empêché d'élever aucune objection contre mon départ, ni de laisser voir aucun mécontentement. Au moment de me voir disparaître parmi les arbres, il me rappela, se jeta dans mes bras, et s'en arracha tout en pleurs pour se précipiter dans son oratoire. Alors je courus après lui à mon tour, et, pour la première fois depuis bien des années, m'agenouillant devant un homme et devant un prêtre, je lui demandai sa bénédiction. Ce fut un éternel adieu ; il mourut l'hiver suivant, dans sa quatre-vingt-dixième année ; c'était un homme trop obscur pour que l'on songeât à Rome à le canoniser. Pourtant jamais chrétien ne mérita mieux le patriciat céleste. Les paysans de la contrée se partagèrent sa robe de bure, et en portent encore de petits morceaux comme des reliques. Les bandits des montagnes, pour lesquels sa porte n'avait jamais été fermée, payèrent un magnifique service funèbre à l'église de sa paroisse pour faire honneur à sa mémoire.

« Je le quittai vers midi, et, prenant le plus long chemin pour retourner au couvent, je suivis les grèves de la mer jusqu'à la plaine, faisant pour la dernière fois de ma vie l'école buissonnière avec des épaules courbées par l'âge et un cœur usé par la tristesse.

« La journée était chaude, car déjà le printemps s'épanouissait au flanc des rochers. Le chemin que je suivais n'était pas tracé, la mer seule l'avait creusé à la base des montagnes. Mille aspérités du roc semblaient encore disputer la rive à l'action envahissante des flots. Au bout de deux heures de marche sur les grèves ardentes, je m'assis, épuisé de fatigue, sur un bloc de granit noir au milieu de l'écume blanche des vagues. C'était un endroit sauvage, et la mer le remplissait d'harmonies lugubres. Une vieille tour ruinée, asile des pétrels et des goëlands, semblait prête à crouler sur ma tête. Rongées par l'air salin, ses pierres avaient pris le grain et la couleur des rochers voisins, et l'on ne pouvait plus distinguer en beaucoup d'endroits où finissait le travail de la nature et où commençait celui de l'homme. Je me comparai à cette ruine abandonnée que les orages emportaient pierre à pierre, et je me demandai si l'homme était forcé d'attendre ainsi sa destruction du temps et du hasard; si, après avoir accompli sa tâche ou consommé son sacrifice, il n'avait pas droit de hâter le repos de la tombe; et des pensées de suicide s'agitèrent dans mon cerveau. Alors je me levai, et me mis à marcher sur le bord du rocher, si rapidement et si près de l'abime, que j'ignore comment je n'y tombai pas. Mais en cet instant j'entendis derrière moi comme le bruit d'un vêtement qui froissait la mousse et les broussailles. Je me retournai sans voir personne et repris ma course. Mais par trois fois des pas se firent entendre derrière les miens, et, à la troisième fois, une main froide comme la glace se posa sur ma tête brûlante. Je reconnus alors l'Esprit, et, saisi de crainte, je m'arrêtai en disant :

« — Manifeste ta volonté, et je suis à toi. Mais que ce soit la volonté paternelle d'un ami et non la fantaisie d'un spectre capricieux ; car je puis échapper à tout et à toi-même par la mort. »

« Je ne reçus point de réponse, et je cessai de sentir la main qui m'avait arrêté; mais, en cherchant des yeux, je vis devant moi, à quelque distance, l'abbé Spiridion dans son ancien costume, tel qu'il m'était apparu au lit de mort de Fulgence. Il marchait rapidement sur la mer, en suivant la longue traînée de feu que le soleil y projette. Quand il eut atteint l'horizon, il se retourna, et me parut étincelant comme un astre; d'une main il me montrait le ciel, de l'autre le chemin du monastère. Puis tout à coup il disparut, et je repris ma route, transporté de joie, rempli d'enthousiasme. Que m'importait d'être fou? j'avais eu une vision sublime. »

— Père Alexis, dis-je en interrompant le narrateur, vous eûtes sans doute quelque peine à reprendre les habitudes de la vie monastique ?

— Sans doute, répondit-il, la vie cénobitique était plus conforme à mes goûts que celle du cloître; pourtant j'y songeai peu. La vaine recherche du bonheur ici-bas n'était pas le but de mes travaux; un puéril besoin de bonheur et de bien-être n'était pas l'objet de mes désirs; je n'avais eu qu'un désir dans ma vie, c'était d'arriver à l'espérance, sinon à la foi religieuse. Pourvu qu'en développant les puissances de mon âme j'eusse pu parvenir à en tirer le meilleur parti possible pour la vérité, la sagesse ou la vertu, je me serais regardé comme heureux, autant qu'il est donné à l'homme de l'être en ce monde; mais hélas ! le doute eut égard vint encore m'assaillir, après le dernier, l'immense sacrifice que j'avais consommé. J'étais, il est vrai, plus près de la vertu que je ne l'avais été en sortant de ma retraite. Fatigué de cultiver le champ stérile de la pure intelligence, ou, pour mieux dire, comprenant mieux l'étendue de ce vaste domaine de l'âme, qu'une fausse philosophie avait voulu restreindre aux froides spéculations de la métaphysique, je sentais la vanité de tout ce qui m'avait séduit, et la nécessité d'une sagesse qui me rendît meilleur. Avec l'exercice du dévoûment, j'avais retrouvé le sentiment de la charité ; avec l'amitié, j'avais compris la tendresse du cœur ; avec la poésie et les arts, je retrouvais l'instinct de la vie éternelle; avec la céleste apparition du bon génie Spiridion, je retrouvais la foi et l'enthousiasme ; mais il me restait quelque chose à faire, je le savais bien, c'était d'accomplir un devoir. Ce que j'avais fait pour soulager autour de moi quelques maux physiques n'était qu'une obligation passagère dont je ne pouvais me faire un mérite, et dont la Providence m'avait récompensé au centuple en me donnant deux amis sublimes : l'ermite de la terre, Hébronius dans le ciel. Mais, rentré dans le couvent, j'avais sans doute une mission quelconque à remplir, et la grande difficulté consistait à savoir laquelle. Il me venait donc encore à l'esprit de me méfier de ce qu'en d'autres temps j'eusse appelé les visions d'un cerveau enclin au merveilleux, et de me demander à quoi un moine pouvait être bon au fond de son monastère dans le siècle où nous vivons, après que les travaux accomplis par les grands érudits monastiques des siècles passés ont porté leurs fruits, et lorsqu'il n'existe plus dans les couvents de trésors enfouis à exhumer pour l'éducation du genre humain; lorsque, surtout, la vie monastique a cessé de prouver et de mériter pour une religion qui, elle-même, ne prouve et ne mérite plus pour les générations contemporaines. Que faire donc pour le présent quand on est lié par le passé? Comment marcher et faire marcher les autres quand on est garrotté à un poteau?

« Ceci est une grande question, ceci est la véritable grande question de ma vie. C'est à la résoudre que j'ai consumé mes dernières années, et il faut bien que je te l'avoue, mon pauvre Angel, je ne l'ai point résolue. Tout ce que j'ai pu faire, c'est de me résigner, après avoir reconnu douloureusement que je ne pouvais plus rien.

« O mon enfant! je n'ai rien fait jusqu'ici pour détruire en toi la foi catholique. Je ne suis point partisan des éducations trop rapides. Lorsqu'il s'agit de ruiner des convictions acquises, et qu'on n'a pu formuler l'inconnu d'une idée nouvelle, il ne faut pas trop se hâter de lancer une jeune tête dans les abîmes du doute. Le doute est un mal nécessaire. On peut dire qu'il est un grand bien, et que, subi avec douleur, avec humilité, avec l'impatience et le désir d'arriver à la foi, il est un des plus grands mérites qu'une âme sincère puisse offrir à Dieu. Oui, certes, si l'homme qui s'endort dans l'indifférence de la vérité est vil, si celui qui s'enorgueillit dans une négation cynique est insensé ou pervers, l'homme qui pleure sur son ignorance est respectable, et celui qui travaille ardemment à en sortir est déjà grand, même lorsqu'il n'a encore rien recueilli de son travail. Mais il faut âme forte ou une raison déjà mûre pour traverser cette mer tumultueuse du doute, sans y être englouti. Bien des jeunes esprits s'y sont risqués, et, privés de boussole, s'y sont perdus à jamais, ou se sont laissé dévorer par les monstres de l'abime, par les passions que n'enchaînait plus aucun frein. A la veille de te quitter, je te laisse aux mains de la Providence. Elle prépare ta délivrance matérielle et morale. La lumière du siècle, cette grande clarté de désabusement qui se projette si brillante sur le passé, mais qui a si peu de rayons pour l'avenir, viendra te chercher au fond de ces routes ténébreuses. Vois-la sans pâlir, et pourtant garde-toi d'en être trop enivré. Les hommes ne rebâtissent pas du jour au lendemain ce qu'ils ont abattu dans une heure de lassitude ou d'indignation. Sois sûr que la demeure qu'ils t'offriront ne sera point faite à ta taille. Fais-toi donc toi-même ta demeure, afin d'être à l'abri au jour de l'orage. Je n'ai pas d'autre enseignement à te donner que celui de ma vie. J'aurais voulu te le donner un peu plus tard; mais le temps presse, les événements s'accomplissent rapidement. Je vais mourir, et, si j'ai acquis, au prix de trente années de souffrances, quelque notions pures, je veux te les léguer : fais-en l'usage que ta conscience t'enseignera. Je te l'ai dit, et je ne suis point étonné du calme avec lequel je te le répète, ma vie a été un long combat entre la foi et le désespoir ; elle va s'achever dans la tristesse et la résignation, quant à ce qui concerne cette vie elle-même. Mais mon âme est pleine d'espérance en l'avenir éternel. Si parfois encore tu me vois en proie à de grands combats, loin d'en être scandalisé, sois-en édifié. Vois combien le désespoir est impossible à la raison et à la conscience humaine, puisque, ayant épuisé tous les sophismes de l'orgueil, tous les arguments de l'incrédulité, toutes les langueurs du découragement, toutes les angoisses de la crainte, l'espoir triomphe en moi aux approches de la mort. L'espoir, mon fils, c'est la foi de ce siècle.

« Mais reprenons notre récit. J'étais rentré au couvent dans un état d'exaltation. A peine eus-je franchi la grille, qu'il me sembla sentir tomber sur mes épaules le poids énorme de ces voûtes glacées sous lesquelles je venais une seconde fois m'ensevelir. Quand la porte se referma derrière moi avec un bruit formidable, mille échos lugubres, réveillés comme en sursaut, m'accueillirent d'un concert funèbre. Alors je fus épouvanté, et, dans un mouvement d'effroi impossible à décrire, je retournai sur mes pas et j'allai toucher cette porte fatale. Si elle

L'ermite, nu jusqu'à la ceinture... (Page 54.)

eût été entr'ouverte, je pense que c'en était fait, et que je prenais la fuite pour jamais. Le portier me demanda si j'avais oublié quelque chose.

« — Oui, lui répondis-je avec égarement, j'ai oublié de vivre. »

« J'espérais que la vue de mon jardin me consolerait, et, au lieu d'aller tout de suite faire acte de présence et de soumission chez le Prieur, je courus vers mon parterre. Je n'en trouvai plus la moindre trace : le potager avait tout envahi; mes berceaux avaient disparu, mes belles plantes avaient été arrachées; les palmiers seuls avaient été respectés : ils penchaient leurs fronts altérés dans une attitude morne, comme pour chercher sur le sol fraîchement remué les gazons et les fleurs qu'ils avaient coutume d'abriter. Je retournai à ma cellule; elle était dans le même état qu'au jour de mon départ; mais elle ne me rappelait que des souvenirs pénibles. J'allai chez le Prieur; mes traits étaient bouleversés : au premier coup d'œil qu'il jeta sur moi, il s'en aperçut et je lus sur son visage la joie d'un triomphe insultant. Alors le mépris me rendit toute mon énergie, et, bien que notre entretien roulât en apparence sur des choses générales, je lui fis sentir en peu de mots que je ne me méprenais pas sur la distance qui séparait un homme comme lui, voué à la règle par de vulgaires intérêts, et un homme comme moi rendu à l'esclavage par un acte héroïque de la volonté. Pendant quelques jours je fus en butte à une lâche et malveillante curiosité. On ne pouvait croire que la peur seule de la discipline ecclésiastique ne m'eût pas ramené au couvent, et on se réjouissait à l'idée de ma souffrance. Je ne leur donnai pas la satisfaction de surprendre un soupir dans ma poitrine ou un murmure sur mes lèvres. Je me montrai impassible; mais il m'en coûta beaucoup.

« L'éclair d'enthousiasme que m'avait apporté ma vision magnifique au bord de la mer, se dissipa promptement, car elle ne se renouvela pas, comme je m'en étais flatté; et, de nouveau rendu à la lutte des tristes réalités, j'eus le loisir de me considérer encore une fois comme un être raisonnable condamné à subir une aberration passagère, et à s'en rendre compte froidement le reste de sa vie. Dans un autre siècle, ces visions eussent pu faire de moi un saint; mais dans celui-ci, réduit à les cacher comme une faiblesse ou une maladie, je n'y voyais

Quatre ou cinq malheureux pestiférés... (Page 51.)

qu'un sujet de réflexions humiliantes sur la pauvreté bizarre de l'esprit humain. Cependant, à force de songer à ces choses, j'arrivai à me dire que la nature de l'âme étant un profond mystère, les facultés de l'âme étaient elles-mêmes profondément mystérieuses ; car, de deux choses l'une : ou mon esprit avait par moments la puissance de ranimer fictivement ce que la mort avait replongé dans le passé, ou ce que la mort a frappé avait la puissance de se ranimer pour se communiquer à moi. Or, qui pourrait nier cette double puissance dans le domaine des idées? Qui a jamais songé à s'en étonner? Tous les chefs-d'œuvre de la science et de l'art qui nous émeuvent jusqu'à faire palpiter nos cœurs et couler nos larmes, sont-ce des monuments qui couvrent des morts? La trace d'une grande destinée est-elle effacée par la mort? N'est-elle pas plus brillante encore au travers des siècles écoulés? Est-elle dans l'esprit et dans le cœur des générations à l'état d'un simple souvenir? Non, elle est vivante, elle remplit à jamais la postérité de sa chaleur et de sa lumière. Platon et le Christ ne sont-ils pas toujours présents et debout au milieu de nous? Ils pensent, ils sentent par des millions d'âmes ; ils parlent, ils agissent par des millions de corps. D'ailleurs, qu'est-ce que le souvenir lui-même? N'est-ce pas une résurrection sublime des hommes et des événements qui ont mérité d'échapper à la mort de l'oubli? Et cette résurrection n'est-elle pas le fait de la puissance du passé qui vient trouver le présent, et de celle du présent qui s'en va chercher le passé? La philosophie matérialiste a pu prononcer que, toute puissance étant brisée à jamais par la mort, les morts n'avaient pas d'autre force parmi nous que celle qu'il nous plaisait de leur restituer par la sympathie ou l'esprit d'imitation. Mais des idées plus avancées doivent restituer aux hommes illustres une immortalité plus complète, et rendre solidaires l'une de l'autre cette puissance des morts et cette puissance des vivants qui forment un invincible lien à travers les générations. Les philosophes ont été trop avides de néant, lorsque, nous fermant l'entrée du ciel, ils nous ont refusé l'immortalité sur la terre.

« Là, pourtant, elle existe d'une manière si frappante qu'on est tenté de croire que les morts renaissent dans les vivants ; et, pour mon compte, je crois à un engendrement perpétuel des âmes, qui n'obéit pas aux lois de la matière, aux liens du sang, mais à des lois mystérieuses, à des liens invisibles. Quelquefois je me suis demandé si je n'étais pas Hébronius lui-même, modifié dans une existence nouvelle par les différences d'un siècle postérieur au sien. Mais, comme cette pensée était trop orgueilleuse pour être complétement vraie, je me suis dit qu'il pouvait être moi sans avoir cessé d'être lui, de même que, dans l'ordre physique, un homme, en reproduisant la stature, les traits et les penchants de ses ancêtres, les fait revivre dans sa personne, tout en ayant une existence propre à lui-même qui modifie l'existence transmise par eux. Et ceci me conduisit à croire qu'il est pour nous deux immortalités, toutes deux matérielles et immatérielles : l'une, qui est de ce monde et qui transmet nos idées et nos sentiments à l'humanité par nos œuvres et nos travaux ; l'autre qui s'enregistre dans un monde meilleur par nos mérites et nos souffrances, et qui conserve une puissance providentielle sur les hommes et les choses de ce monde. C'est ainsi que je pouvais admettre sans présomption que Spiridion vivait en moi par le sentiment du devoir et l'amour de la vérité qui avaient rempli sa vie, et au-dessus de moi par une sorte de divinité qui était la récompense et le dédommagement de ses peines en cette vie.

« Abîmé dans ces pensées, j'oubliai insensiblement ce monde extérieur, dont le bruit, un instant monté jusqu'à moi, m'avait tant agité. Les instincts tumultueux qu'une heure d'entraînement avait éveillés en moi s'apaisèrent ; et je me dis que les uns étaient appelés à améliorer la forme sociale par d'éclatantes actions, tandis que les autres étaient réservés à chercher, dans le calme et la méditation, la solution de ces grands problèmes dont l'humanité était indirectement tourmentée ; car les hommes cherchaient, le glaive à la main, à se frayer une route sur laquelle la lumière d'un jour nouveau ne s'était pas encore levée. Ils combattaient dans les ténèbres, s'assurant d'abord une liberté nécessaire, en vertu d'un droit sacré. Mais leur droit connu et appliqué, il leur resterait à connaître leur devoir ; et c'est de quoi ils ne pouvaient s'occuper durant cette nuit orageuse, au sein de laquelle il leur arrivait souvent de frapper leurs frères au lieu de frapper leurs ennemis. Ce travail gigantesque de la révolution française, ce n'était pas, je ne pouvais pas être seulement une question de pain et d'abri pour les pauvres ; c'était beaucoup plus haut, et malgré tout ce qui s'est accompli, malgré tout ce qui s'est avorté en France à cet égard, c'est toujours, dans mes prévisions, beaucoup plus haut, que visait et qu'a porté, en effet, cette révolution. Elle devait, non-seulement donner au peuple un bien-être légitime, elle devait, et e doit, quoi qu'il arrive, n'en doute pas, mon fils, achever de donner la liberté de conscience au genre humain tout entier. Mais quel usage fera-t-il de cette liberté ? Quelles notions aura-t-il acquises de son devoir, en combattant comme un vaillant soldat durant des siècles, en dormant sous la tente, et en veillant sans cesse, les armes à la main, contre les ennemis de son droit ? Hélas ! chaque guerrier qui tombe sur le champ de bataille tourne ses yeux vers le ciel, et se demande pourquoi il a combattu, pourquoi il est un martyr, si tout est fini pour lui à cette heure amère de l'agonie. Sans nul doute, il pressent une récompense ; car, si son unique devoir, à lui, a été de conquérir son droit et celui de sa postérité, il sent bien que tout devoir accompli mérite récompense ; et il voit bien que sa récompense n'a pas été de ce monde, puisqu'il n'a pas joui de son droit. Et quand ce droit sera conquis entièrement par les générations futures, quand tous les devoirs des hommes entre eux seront établis par l'intérêt mutuel, sera-ce donc assez pour le bonheur de l'homme ? Cette âme qui me tourmente, cette soif de l'infini qui me dévore, seront-elles satisfaites et apaisées, parce que mon corps sera à l'abri du besoin, et ma liberté préservée d'envahissement ? Quelque paisible, quelque douce que vous supposiez la vie de ce monde, suffira-t-elle aux désirs de l'homme, et la terre sera-t-elle assez vaste pour sa pensée ? Oh ! ce n'est pas à moi qu'il faudrait répondre oui. Je sais trop ce que c'est que la vie réduite à des satisfactions égoïstes ; j'ai trop senti ce que c'est que l'avenir privé du sens de l'éternité ! Moine, vivant à l'abri de tout danger et de tout besoin, j'ai connu l'ennui, ce fiel répandu sur tous les aliments. Philosophe, visant à l'empire de la froide raison sur tous les sentiments de l'âme, j'ai connu le désespoir, cet abîme entr'ouvert devant toutes les issues de la pensée. Oh ! qu'on ne me dise pas que l'homme sera heureux quand il n'aura plus ni souverains pour l'accabler de corvées, ni prêtres pour le menacer de l'enfer. Sans doute, il ne lui faut ni tyrans ni fanatiques, mais il lui faut une religion ; car il a une âme, et il lui faut connaître un Dieu.

« Voilà pourquoi, suivant avec attention le mouvement politique qui s'opérait en Europe, et voyant combien mes rêves d'un jour avaient été chimériques, combien il était impossible de semer et de recueillir dans un si court espace, combien les hommes d'action étaient emportés loin de leur but par la nécessité du moment, et combien il fallait s'égarer à droite et à gauche avant de faire un pas sur cette voie non frayée, je me réconciliai avec mon sort, et reconnus que je n'étais point un homme d'action. Quoique je sentisse en moi la passion du bien, la persévérance et l'énergie, ma vie avait été trop livrée à la réflexion ; j'avais embrassé la vie tout entière de l'humanité d'un regard vaste pour faire, la hache à la main, le métier de pionnier dans une forêt de têtes humaines. Je plaignais et je respectais ces travailleurs intrépides qui, résolus à ensemencer la terre, semblables aux premiers cultivateurs, renversaient les montagnes, brisaient les rochers, et, tout sanglants, parmi les ronces et les précipices, frappaient sans faiblesse et sans pitié sur le lion redoutable et sur la biche craintive. Il fallait disputer le sol à des races dévorantes. Il fallait fonder une colonie humaine au sein d'un monde livré aux instincts aveugles de la matière. Tout était permis, parce que tout était nécessaire. Pour tuer le vautour, le chasseur des Alpes est obligé de percer aussi l'agneau qu'il tient dans ses serres. Des malheurs privés déchirent l'âme du spectateur ; pourtant le salut général rend ces malheurs inévitables. Les excès et les abus de la victoire ne peuvent être imputés ni à la cause de la guerre, ni à la volonté des capitaines. Lorsqu'un peintre retrace à nos yeux de grands exploits, il est forcé de remplir les coins de son tableau de certains détails affreux qui nous émeuvent péniblement. Ici, les palais et les temples croulent au milieu des flammes, les enfants et les femmes sont broyés sous les pieds des chevaux, ailleurs, un brave expire sur les rochers teints de son sang. Cependant le triomphateur apparaît au centre de la scène, au milieu d'une phalange de héros : le sang versé n'ôte rien à leur gloire ; on sent que la main du Dieu des armées s'est levée devant eux, et l'éclat qui brille sur leurs fronts annonce qu'ils ont accompli une mission sainte.

« Tels étaient mes sentiments pour ces hommes au milieu desquels je n'avais pas voulu prendre place. Je les admirais ; mais je comprenais que je ne pouvais les imiter ; car ils étaient d'une nature différente de la mienne. Ils pouvaient ce que je ne pouvais pas, parce que, moi, je pensais comme ils ne pouvaient penser. Ils avaient la conviction héroïque, mais romanesque, qu'ils touchaient au but, et qu'encore un peu de sang versé les ferait arriver au règne de la justice et de la vertu. Erreur que je ne pouvais partager, parce que, retiré sur la montagne, je voyais ce qu'ils ne pouvaient distinguer à travers les vapeurs de la plaine et la fumée du combat ; erreur sainte sans laquelle ils n'eussent pu imprimer au monde le grand mouvement qu'il devait subir pour sortir de ses liens ! Il faut, pour que la marche providentielle du genre humain s'accomplisse, deux espèces d'hommes dans chaque génération : les uns, toute espérance, toute confiance, toute illusion, qui travaillent pour produire une œuvre incomplet ; et les autres, toute prévoyance, toute patience, toute certitude, qui travaillent pour que cet œuvre incomplet soit accepté, estimé et continué sans découragement, lors même qu'il semble avorté. Les uns sont des matelots, les autres sont des pilotes; ceux-ci voient les écueils et les signalent, ceux-là les évitent ou viennent s'y briser, selon que le vent de la destinée les pousse à leur salut ou à leur perte; et, quoi qu'il arrive des uns et des autres, le navire marche, et l'humanité ne peut ni périr, ni s'arrêter dans sa course éternelle.

« J'étais donc trop vieux pour vivre dans le présent, et trop jeune pour vivre dans le passé. Je fis mon choix, je retombai dans la vie d'étude et de méditation philosophique. Je recommençai tous mes travaux, les regardant avec raison comme manqués. Je relus avec une patience austère tout ce que j'avais lu avec une avidité impétueuse. J'osai mesurer de nouveau la terre et les cieux, la créature et le Créateur, sonder les mystères de la vie et de la mort, chercher la foi dans mes doutes, relever tout ce que j'avais mise à l'en dépouiller. C'est là que je connus, hélas! combien il est plus difficile de bâtir que d'abattre. Il ne faut qu'un jour pour ruiner l'œuvre de plusieurs siècles. Dans le doute et la négation, j'avais marché à pas de géant; pour me refaire un peu de foi, j'employai des années, et quelles années! De combien de fatigues, d'incertitudes et de chagrins elles ont été remplies! Chaque jour a été marqué par des larmes, chaque heure par des combats. Angel, Angel, le plus malheureux des hommes est celui qui s'est imposé une tâche immense, qui en a compris la grandeur et l'importance, qui ne peut trouver hors de ce travail ni satisfaction ni repos, et qui sent ses forces le trahir et sa puissance l'abandonner! O infortuné entre tous les fils des hommes, celui qui rêve de posséder la lumière refusée à son intelligence! O déplorable entre toutes les générations des hommes, celle qui s'agite et se déchire pour conquérir la science promise à des siècles meilleurs! Placé sur un sol mouvant, j'aurais voulu bâtir un sanctuaire indestructible; mais les éléments me manquaient aussi bien que la base. Mon siècle avait des notions fausses, des connaissances incomplètes, des jugements erronés sur le passé aussi bien que sur le présent. Je le savais, quoique j'eusse en main les documents réputés les plus parfaits de mon époque sur l'histoire des hommes et sur celle de la création; je le savais, parce que je sentais en moi une logique toute puissante à laquelle tous ces documents, sur lesquels j'eusse voulu l'appuyer, venaient à chaque instant donner un démenti désespérant. Oh! si j'avais pu me transporter, sur les ailes de ma pensée, à la source de toutes les connaissances humaines, explorer la terre sur toute sa surface et jusqu'au fond de ses entrailles, interroger les monuments du passé, chercher l'âge du monde dans les cendres dont son sein est le vaste sépulcre, les ruines où des générations innombrables ont enseveli le souvenir de leur existence! Mais il fallait me contenter des observations et des conjectures de savants et de voyageurs dont je sentais l'incompétence, la présomption et la légèreté. Il y avait des moments où, échauffé par ma conviction, j'étais résolu à partir comme missionnaire, afin d'aller fouiller tous ces débris illustres qu'on n'avait pas compris, ou déterrer tous ces trésors ignorés qu'on n'avait pas soupçonnés. Mais j'étais vieux; ma santé, un instant raffermie à l'exercice et au grand air des montagnes, s'était de nouveau altérée dans l'humidité du cloître et dans les veilles du travail. Et puis, que de temps il m'eût fallu pour soulever seulement un coin imperceptible de ce voile qui me cachait l'univers! D'ailleurs, je n'étais pas un homme de détail, et ces recherches persévérantes et minutieuses, que j'admirais dans les hommes purement studieux, n'étaient pas mon fait. Je n'étais homme d'action ni dans la politique ni dans la science; je me sentais appelé à des calculs plus larges et plus élevés; j'eusse voulu manier d'immenses matériaux, bâtir, avec le fruit de tous les travaux et de toutes les études, un vaste portique pour servir d'entrée à la science des siècles futurs.

« J'étais un homme de synthèse plus qu'un homme d'analyse. En tout j'étais avide de conclure, consciencieux jusqu'au martyre, ne pouvant rien accepter qui ne satisfît à la fois mon cœur et ma raison, mon sentiment et mon intelligence, et condamné à un éternel supplice; car la soif de la vérité est inextinguible, et quiconque se contente de payer des jugements de l'orgueil, de la passion ou de l'ignorance, est appelé à souffrir sans relâche. Oh! m'écriais-je souvent, que ne suis-je un chartreux abruti par la peur de l'enfer, et dressé comme une bête de somme à creuser un coin de terre pour faire pousser quelques légumes, en attendant qu'il l'engraisse de sa dépouille! Pourquoi toute mon affaire en ce monde n'est-elle pas de réciter des offices pour arriver au repos, et de manier une bêche pour me conserver en appétit ou pour chasser la réflexion importune, et parvenir dès cette vie à un état de mort intellectuelle?

« Il m'arrivait quelquefois de jeter les yeux sur ceux de nos moines qui, par exception, se sont conservés sincèrement dévots: Ambroise, par exemple, que nous avons vu mourir l'an passé en odeur de sainteté, comme ils disent, et dont le corps était desséché par les jeûnes et les macérations: celui-là, à coup sûr, était de bonne foi; souvent il m'a fait envie. Une nuit ma lampe s'éteignit; je n'avais pas achevé mon travail; je cherchai de la lumière dans le cloître, j'en aperçus dans sa cellule; la porte était ouverte, j'y pénétrai sans bruit pour ne pas le déranger, car je le supposais en prières, je le trouvai endormi sur son grabat; sa lampe était posée sur une tablette tout auprès de son visage et donnant dans ses yeux. Il prenait cette précaution toutes les nuits depuis quarante ans au moins, pour ne pas s'endormir trop profondément et ne pas manquer d'une minute l'heure des offices. La lumière, tombant d'aplomb sur ses traits flétris, y creusait des ombres profondes, ravages d'une souffrance volontaire. Il n'était pas couché, mais appuyé seulement sur son lit et tout vêtu, afin de ne pas perdre un instant à des soins inutiles. Je regardai longtemps cette face étroite et longue, ces traits amincis par le jeûne de l'esprit encore plus que par celui du corps, ces joues collées aux os de la face comme une couche de parchemin, ce front mince et haut, jaune et luisant comme de la cire. Ce n'était vraiment pas un homme vivant, mais un squelette séché avec la peau, un cadavre qu'on avait oublié d'ensevelir, et que les vers avaient délaissé parce que sa chair ne leur offrait point de nourriture. Son sommeil ne ressemblait pas au repos de la vie, mais à l'insensibilité de la mort; aucune respiration ne soulevait sa poitrine. Il me fit peur, car ce n'était ni un homme ni un cadavre; c'était la vie dans la mort, quelque chose qui n'a pas de nom dans la langue humaine, et pas de sens dans l'ordre divin. C'est donc là un saint personnage? pensai-je; certes, les anachorètes de la Thébaïde n'ont pas jeûné, ni prié davantage; et pourtant je ne vois ici qu'un objet d'épouvante, rien qui attire le respect, parce que tout ici repousse la sympathie. Quelle compassion Dieu peut-il avoir pour cette agonie et pour cette mort anticipées sur ses décrets! Quelle admiration puis-je concevoir, moi homme, pour cette vie stérile et ce cœur glacé! O vieillard, qui chaque soir allumes ta lampe comme un voyageur pressé de partir avant l'aurore, qui donc as-tu éclairé durant la nuit, qui donc as-tu guidé durant le jour? A qui donc ton long et laborieux pèlerinage sur la terre a-t-il été secourable? Tu n'as rien donné de toi à la terre, ni la substance de la reproduction animale, ni le fruit d'une intelligence productive, ni le service grossier d'un bras robuste, ni la sympathie d'un cœur tendre. Tu crois que Dieu a créé la terre pour te servir de cuve purificatoire, et tu crois avoir assez fait pour elle en lui léguant tes os! Ah! tu as raison de craindre et de trembler à cette heure; tu fais bien de te tenir toujours prêt à paraître devant le juge! Puisses-tu trouver à ton heure dernière, une formule qui t'ouvre la porte du ciel, ou un instant de remords qui t'absolve du pire de tous les crimes, celui de n'avoir rien aimé hors de toi! Et, ainsi disant, je me retirai sans bruit, sans même vouloir allumer ma lampe à celle de l'égoïste, et, depuis ce jour, je préférai ma misère à celle des dévots.

« En proie à toute la fatigue et à toute l'inquiétude d'une âme qui cherche sa voie, il me fallut pourtant bien des jours d'épuisement et d'angoisse pour accepter l'arrêt qui me condamnait à l'impuissance. Je ne puis me le dissimuler aujourd'hui, mon mal était l'orgueil. Oui, je crois que de tout temps, et aujourd'hui encore, j'ai été et je suis un orgueilleux. Ce zèle dévorant de la vérité, c'est un louable sentiment; mais on peut aussi le porter trop loin. Il nous faut faire usage de toutes nos forces pour défricher le champ de l'avenir; mais il faudrait aussi, quand nos forces ne suffisent plus, nous contenter humblement du peu que nous avons fait, et nous asseoir avec la simplicité du laboureur au bord du sillon que nous avons tracé. C'est une leçon que j'ai souvent reçue de l'ami céleste qui me visite, et je ne l'ai jamais su mettre à profit. Il y a en moi une ambition de l'infini qui va jusqu'au délire. Si j'avais été jeté dans la vie du monde et que mon esprit n'eût pas eu le loisir de viser plus haut, j'aurais été avide de gloire et de conquêtes ; j'aurais eu sous les yeux l'existence de Charlemagne ou d'Alexandre, comme j'ai eu celle de Pythagore et de Socrate; j'aurais convoité l'empire du monde ; j'aurais fait peut-être beaucoup de mal. Grâce à Dieu, j'ai fini de vivre, et tout mon crime est de n'avoir pu faire le bien. J'avais rêvé, en rentrant au couvent, de refaire mes études avec fruit, et d'écrire un grand ouvrage sur les plus hautes questions de la religion et de la philosophie. Mais je n'avais pas assez considéré mon âge et mes forces. J'avais cinquante ans passés, et j'avais souffert, depuis vingt-cinq ans, un siècle par année. Voyant d'ailleurs combien j'étais dépourvu de matériaux qui m'inspirassent toute confiance, je résolus du moins de jeter les bases et de tracer le plan de mon œuvre, afin de léguer ce premier travail, s'il était possible, à quelque homme capable de le continuer ou de le faire continuer ; et cette idée me rappela vivement ma jeunesse, le secret légué par Fulgence à moi, comme ce même secret l'avait été par Spiridion à Fulgence, et je me persuadai que le temps était venu d'exhumer le manuscrit. Ce n'était plus une ambition vulgaire, ce n'était plus une froide curiosité qui m'y portaient, ce n'était pas non plus une obéissance superstitieuse : c'était un désir sincère de m'instruire, et d'utiliser pour les autres hommes un document précieux, sans doute, sur les questions importantes dont j'étais occupé. Je regardais la publication immédiate ou future de ce manuscrit comme un devoir; car, de quelque façon que je vinsse à considérer les rapports étranges que mon esprit avait eus avec l'esprit d'Hébronius, il me restait la conviction que, durant sa vie, cet homme avait été animé d'un grand esprit.

« Pour la troisième fois, dans l'espace d'environ vingt-cinq ans, j'entrepris donc, au milieu de la nuit, l'exhumation du manuscrit. Mais ici, un fait bien simple vint s'opposer à mon dessein ; et, tout naturel que soit ce fait, il me plongea dans un abîme de réflexions.

« Je m'étais muni des mêmes outils qui m'avaient servi la dernière fois. Cette dernière fois, tu te la rappelles, malgré la longueur de ce récit; tu te souviens que j'avais alors trente ans révolus, et que j'eus un accès de délire et une épouvantable vision. Je me la rappelais bien aussi, cette hallucination terrible; mais je n'en craignais pas le retour. Il est des images que le cerveau ne peut plus se créer quand certaines idées et certains sentiments qui les évoquaient n'habitent plus notre âme. J'étais désormais à jamais dégagé des liens du catholicisme, liens si étroitement serrés et si courts qu'il faut toute une vie pour en sortir, mais, par cela même, impossibles à renouer quand une fois on les a brisés.

« Il faisait une nuit claire et fraîche ; j'étais en assez bonne santé: j'avais précisément choisi un tel concours de circonstances, car je prévoyais que le travail matériel serait assez pénible. Mais quoi! Angel, je ne pus pas même ébranler la pierre du *Hic est*. J'y passai trois grandes heures, l'attaquant dans tous les sens, m'assurant bien qu'elle n'était rivée au pavé que par son propre poids, reconnaissant même les marques que j'y avais faites autrefois avec mon ciseau, lorsque je l'avais enlevée légèrement et sans fatigue. Tout fut inutile; elle résista à mes efforts. Baigné de sueur, épuisé de lassitude, je fus forcé de regagner mon lit et d'y rester accablé et brisé pendant plusieurs jours.

« Ce premier échec ne me rebuta pas. Je me remis à l'ouvrage la semaine suivante, et j'échouai de même. Un troisième essai, entrepris un mois plus tard, ne fut pas plus heureux, et il me fallut dès lors y renoncer; car le peu de forces physiques que j'avais conservées jusque-là m'abandonna sans retour à partir de cette époque. Sans doute, j'en dépensai le reste dans cette lutte inutile contre un tombeau. La tombe fut muette, les cadavres sourds, la mort inexorable; j'allai jeter dans un buisson du jardin mon ciseau et mon levier, et revins, tranquille et triste, m'asseoir sur cette tombe qui ne voulait pas me rendre ses trésors.

« Là, je restai jusqu'au lever du soleil, perdu dans mes pensées. La fraîcheur du matin étant venue glacer sur mon corps la sueur dont j'étais inondé, je fus paralysé ; je perdis non-seulement la puissance d'agir, mais encore la volonté; je n'entendis pas les cloches qui sonnaient les offices, je ne fis aucune attention aux religieux qui vinrent les réciter. J'étais seul dans l'univers, il n'y avait entre Dieu et moi que ce tombeau qui ne voulait ni me recevoir ni me laisser partir : image de mon existence tout entière, symbole dont j'étais vivement frappé, et dont la comparaison m'absorbait entièrement! Quand on vint me relever, comme je ne pouvais ni remuer ni parler, on se persuada que mon cerveau était paralysé comme le reste. On se trompa; j'avais toute ma raison ; je ne la perdis pas un instant durant toute la maladie qui suivit cet accident. Il est inutile de te dire qu'on l'imputa au hasard, et qu'on ne soupçonna jamais ce que j'avais tenté.

« Une fièvre ardente succéda à ce froid mortel : je souffris beaucoup, mais je ne délirai point; j'eus même la force de cacher assez la gravité de mon mal pour qu'on ne me soignât pas plus que je ne voulais l'être, et pour qu'on me laissât seul. Aux heures où le soleil brillait dans ma cellule, j'étais soulagé; des idées plus douces remplissaient mon esprit; mais la nuit j'étais en proie à une tristesse inexorable. Aux cerveaux actifs l'inaction est odieuse. L'ennui, la pire des souffrances qu'entraînent les maladies, m'accablait de tout son poids. La vue de ma cellule m'était insupportable. Ces murs qui me rappelaient tant d'agitations et de langueurs subies sans arriver à la connaissance du vrai; ce grabat où j'avais supporté si souvent et si longtemps la fièvre et les maladies, sans conquérir la santé pour prix de tant de luttes avec la mort; ces livres que j'avais vainement interrogés; ces astrolabes et ces télescopes, qui ne savaient que chercher et mesurer la matière ; tout cela me jetait dans une fureur sombre. A quoi bon survivre à soi-même? me disais-je, et pourquoi avoir vécu quand on n'a rien fait? Insensé, qui voulais, par un rayon de ton intelligence, éclairer l'humanité dans les siècles futurs, et qui n'as pas seulement la force de soulever une pierre pour voir ce qui est écrit dessous! malheureux, qui, durant l'ardeur de ta jeunesse, n'as su t'occuper qu'à refroidir ton esprit et ton cœur, et dont l'esprit et le cœur s'avisent de se ranimer quand l'heure de mourir est venue! meurs donc, puisque tu n'as plus ni tête, ni bras; car, si ton cœur a la témérité de vivre encore et de brûler pour l'idéal, ce feu divin ne servira plus qu'à consumer tes entrailles, et à éclairer ton impuissance et ta nullité.

« Et en parlant ainsi, je m'agitais sur mon lit de douleur, et des larmes de rage coulaient sur mes joues. Alors une voix pure s'éleva dans le silence de la nuit et me parla ainsi :

«—Crois-tu donc n'avoir rien à expier, toi qui oses te plaindre avec tant d'amertume? Qui accuses-tu de tes maux? N'es-tu pas ton seul, ton implacable ennemi? A qui imputeras-tu la faute de ton orgueil coupable, de cette insatiable estime de toi-même qui t'a aveuglé quand tu pouvais approcher de l'idéal par la science, et qui t'a fait chercher ton idéal en toi seul ?

« — Tu mens ! m'écriai-je avec force, sans songer même à me demander qui pouvait me parler de la sorte. Tu mens ! je me suis toujours haï ; j'ai toujours été ennuyeux, accablant, insupportable à moi-même. J'ai cherché l'idéal partout avec l'ardeur du cerf qui cherche la fontaine dans un jour brûlant ; j'ai été consumé de la soif de l'idéal, et si je ne l'ai pas trouvé...

« — C'est la faute de l'idéal, n'est-ce pas ! interrompit la voix d'un ton de froide pitié. Il faut que Dieu comparaisse au tribunal de l'homme et lui rende compte du mystère dont il a osé s'envelopper, pendant que l'homme daignait se donner la peine de le chercher, et vous n'appelez pas cela de l'orgueil, vous autres !...

« — Vous autres ! repris-je frappé d'étonnement, et qui donc es-tu, toi qui regardes en pitié la race humaine, et qui te crois, sans doute, exempt de ses misères ?

« — Je suis, répondit la voix, celui que tu ne veux pas connaître, car tu l'as toujours cherché où il n'est pas. »

« À ces mots, je me sentis baigné de sueur de la tête aux pieds ; mon cœur tressaillit à rompre ma poitrine, et, me soulevant sur mon lit, je lui dis :

« — Es-tu donc celui qui dort sous la pierre ?

« — Tu m'as cherché sous la pierre, répondit-il, et la pierre t'a résisté. Tu devrais savoir que le bras d'un homme est moins fort que le ciment et le marbre. Mais l'intelligence transporte les montagnes, et l'amour peut ressusciter les morts.

« — Ô mon maître ! m'écriai-je avec transport, je te reconnais. Ceci est la voix, ceci est ta parole. Béni sois-tu, toi qui me visites à l'heure de l'affliction. Mais où donc fallait-il te chercher, et où te retrouverai-je sur la terre ?

« — Dans ton cœur, répondit la voix. Fais-en une demeure où je puisse descendre. Purifie-le comme une maison qu'on orne et qu'on parfume pour recevoir un hôte chéri. Jusque là que puis-je faire pour toi ? »

« La voix se tut, et je parlai en vain : elle ne me répondit plus. J'étais seul dans les ténèbres. Je me sentis tellement ému que je fondis en larmes. Je repassai toute ma vie dans l'amertume de mon cœur. Je vis qu'elle était en effet un long combat et une longue erreur ; car j'avais toujours voulu choisir entre ma raison et mon sentiment, et je n'avais pas eu la force de faire accepter l'un par l'autre. Voulant toujours m'appuyer sur des preuves palpables, sur des bases jetées par l'homme, et ne trouvant pas ces bases suffisantes, je n'avais eu ni assez de courage ni assez de génie pour me passer du témoignage humain, et pour le rectifier avec cette puissante certitude que le ciel donne aux grandes âmes. Je n'avais pas osé rejeter la métaphysique et la géométrie là où elles détruisaient le témoignage de ma conscience. Mon cœur avait manqué de feu, partant mon cerveau de puissance pour dire à la science : — C'est toi qui te trompes ; nous ne savons rien, nous avons tout à apprendre. Si le chemin que nous suivons ne nous conduit pas à Dieu, c'est que nous nous sommes trompés de chemin ; retournons sur nos pas et cherchons Dieu : car nous errons loin de lui dans les ténèbres ; et les hommes ont beau nous crier que notre habileté nous a faits dieux nous-mêmes, nous sentons le froid de la mort, et nous sommes entraînés dans le vide comme des astres qui s'éteignent et qui dévient de l'ordre éternel.

« À partir de ce jour, je m'abandonnai aux mouvements les plus chaleureux de mon âme, et un grand prodige s'opéra en moi. Au lieu de me refroidir moralement avec la vieillesse, je sentis mon cœur, vivifié et renouvelé, rajeunir à mesure que mon corps penchait vers la destruction. Je sens la vie animale me quitter comme un vêtement usé ; mais à mesure que je dépouille cette enveloppe terrestre, ma conscience me donne l'intime certitude de mon immortalité. L'ami céleste est revenu souvent ; mais n'attends pas que j'entre dans le détail de ses apparitions. Ceci est toujours un mystère pour moi, un mystère que je n'ai pas cherché à pénétrer, et sur lequel il me serait impossible d'étendre le réseau d'une froide analyse : je sais trop ce qu'on risque à l'examen de certaines impressions ; l'esprit se glace à les disséquer, et l'impression s'efface. Quoique j'aie cru de mon devoir d'établir mes dernières croyances religieuses le plus logiquement possible dans quelques écrits dont je te fais le dépositaire, je me suis permis de laisser tomber un voile de poésie sur les heures d'enthousiasme et d'attendrissement qui, dissipant autour de moi les ténèbres du monde physique, m'ont mis en rapport direct avec cet esprit supérieur. Il est des choses intimes qu'il vaut mieux taire que de livrer à la risée des hommes. Dans l'histoire que j'ai écrite simplement de ma vie obscure et douloureuse, je n'ai pas fait mention de Spiridion. Si Socrate lui-même a été accusé de charlatanisme et d'imposture pour avoir révélé ses communications avec celui qu'il appelait son génie familier, combien plus un pauvre moine comme moi ne serait-il pas taxé de fanatisme s'il avouait avoir été visité par un fantôme ! Je ne l'ai pas fait, je ne le ferai pas. Et pourtant je m'en expliquerais naïvement avec le savant modeste et consciencieux qui, sans ironie et sans préjugé, voudrait pénétrer dans les merveilles d'un ordre de choses vieux comme le monde, qui attend une explication nouvelle. Mais où trouver un tel savant aujourd'hui ? L'œuvre de la science, en ces temps-ci, est de rejeter tout ce qui paraît surnaturel, parce que l'ignorance et l'imposture en ont trop longtemps abusé. De même que les hommes politiques sont forcés de trancher avec le fer les questions sociales, les hommes d'étude sont obligés, pour ouvrir un nouveau champ à l'analyse, de jeter au feu pêle-mêle le grimoire des sorciers et les miracles de la foi. Un temps viendra où, l'œuvre nécessaire de la destruction étant accomplie, on recherchera soigneusement, dans les débris du passé, une vérité qui ne peut se perdre, et qu'on saura démêler de l'erreur et du mensonge, comme jadis Crésus reconnut à des signes certains que tous les oracles étaient menteurs, excepté la Pythie de Delphes, qui lui avait révélé ses actions cachées avec une puissance incompréhensible. Tu verras peut-être l'aurore de cette science nouvelle, sans laquelle l'humanité est inexplicable, et son histoire dépourvue de sens. Tous les miracles, tous les augures, tous les prodiges de l'antiquité ne seront peut-être pas, aux yeux de tes contemporains, des tours de sorciers ou des terreurs imbéciles accréditées par les prêtres. Déjà la science n'a-t-elle pas donné une explication satifaisante de beaucoup de phénomènes qui semblaient surnaturels à nos aïeux ? Certains faits qui semblent impossibles et mensongers en ce siècle auront peut-être une explication non moins naturelle et concluante quand la science aura élargi ses horizons. Quant à moi, bien que le mot *prodige* n'ait pas de sens pour mon entendement, puisqu'il peut s'appliquer aussi bien au lever du soleil chaque matin qu'à la réapparition d'un mort, je n'ai pas essayé de porter la lumière sur ces questions difficiles : le temps m'eût manqué. J'ai entendu parler de Mesmer ; je ne sais si c'est un imposteur ou un prophète ; je me méfie de ce que j'ai entendu rapporter, parce que les assertions sont trop hardies et les prétendues preuves trop complètes pour un ordre de découvertes aussi récent. Je ne comprends pas encore ce qu'ils entendent par ce mot *magnétisme* ; je t'engage à examiner ceci en temps et lieu pour moi, je n'ai pas eu le loisir de m'égarer dans ces propositions hardies ; j'ai évité même de me laisser séduire par elles. J'avais un devoir plus clair et plus pressé à accomplir, celui d'écrire, sous l'impression de mes entretiens avec l'*Esprit*, les fragments brisés de ma méditation éternelle. »

Ici Alexis s'interrompit, et posa sa main sur un livre que je connaissais bien pour le lui avoir souvent vu consulter, à mon grand étonnement, bien qu'il ne me parût formé que de feuillets blancs. Comme je le regardais avec surprise, il sourit :

« Je ne suis pas fou, comme tu le penses, reprit-il ;

ce livre est criblé de caractères très-lisibles pour quiconque connait la composition chimique dont je me suis servi pour écrire. Cette précaution m'a paru nécessaire pour échapper à l'espionnage de la censure monastique. Je t'enseignerai un procédé bien simple au moyen duquel tu feras reparaître les caractères tracés sur ces pages quand le temps sera venu. Tu cacheras ce manuscrit en attendant qu'il puisse servir à quelque chose, si toutefois il doit jamais servir à quoi que ce soit; cela, je l'ignore. Tel qu'il est, incomplet, sans ordre et sans conclusion, il ne mérite pas de voir le jour. C'est peut-être à toi, c'est peut-être à quelque autre qu'il appartient de le refaire. Il n'a qu'un mérite, c'est d'être le récit fidèle d'une vie d'angoisse, et l'exposé naïf de mon état présent.

— Et cet état, m'est-il permis, mon père, de vous demander de me le faire mieux connaître?

— Je le ferai en trois mots qui résument pour moi la théologie, répondit-il en ouvrant son livre à la première page : « *croire, espérer, aimer*. » Si l'Église catholique avait pu conformer tous les points de sa doctrine à cette sublime définition des trois vertus théologales : la foi, l'espérance, la charité, elle serait la vérité sur la terre ; elle serait la sagesse, la justice, la perfection. Mais l'Église romaine s'est porté le dernier coup; elle a consommé son suicide le jour où elle a fait Dieu implacable et la damnation éternelle. Ce jour-là tous les grands cœurs se sont détachés d'elle; et l'élément d'amour et de miséricorde manquant à sa philosophie, la théologie chrétienne n'a plus été qu'un jeu d'esprit, un sophisme où de grandes intelligences se sont débattues en vain contre leur témoignage intérieur, un voile pour couvrir de vastes ambitions, un masque pour cacher d'énormes iniquités... »

Ici le père Alexis s'arrêta de nouveau et me regarda attentivement pour voir quel effet produirait sur moi cet anathème définitif. Je le compris, et, saisissant ses mains dans les miennes, je les pressai fortement en lui disant d'une voix ferme et avec un sourire qui devait lui révéler toute ma confiance :

« Ainsi, père, nous ne sommes plus catholiques?

— Ni chrétiens, répondit-il d'une voix forte; ni protestants, ajouta-t-il en me serrant les mains; ni philosophes comme Voltaire, Helvétius et Diderot; nous ne sommes pas même socialistes comme Jean-Jacques et la Convention française : et cependant nous ne sommes ni païens ni athées!

— Que sommes-nous donc, père Alexis? lui dis-je ; car, vous l'avez dit, nous avons une âme, Dieu existe, et il nous faut une religion.

— Nous en avons une, s'écria-t-il en se levant et en étendant vers le ciel ses bras maigres avec un mouvement d'enthousiasme. Nous avons la seule vraie, la seule immense, la seule digne de la Divinité. Nous croyons en la Divinité, c'est dire que nous la connaissons et la voulons; nous espérons en elle, c'est dire que nous la désirons et travaillons pour la posséder; nous l'aimons, c'est dire que nous la sentons et la possédons virtuellement ; et Dieu lui-même est une trinité sublime dont notre vie mortelle est le reflet affaibli. Ce qui est foi chez l'homme est science chez Dieu ; ce qui est espérance chez l'homme est puissance chez Dieu; ce qui est charité, c'est-à-dire piété, vertu, effort, chez l'homme, est amour, c'est-à-dire production, conservation et progression éternelle chez Dieu. Aussi Dieu nous connaît, nous appelle, et nous aime; c'est lui qui nous révèle cette connaissance que nous avons de lui, c'est lui qui nous commande le besoin que nous avons de lui, c'est lui qui nous inspire cet amour que nous portons pour lui; et une des grandes preuves de Dieu et de ses attributs, c'est l'homme et ses instincts. L'homme conçoit, aspire et tente sans cesse, dans sa sphère finie, ce que Dieu sait, veut et peut dans sa sphère infinie. Si Dieu pouvait cesser d'être un foyer d'intelligence, de puissance et d'amour, l'homme retomberait au niveau de la brute; et chaque fois qu'une intelligence humaine a nié la Divinité intelligente, elle s'est suicidée.

— Mais, mon père, interrompis-je, ces grands athées du siècle dont on vante les lumières et l'éloquence...

— Il n'y a pas d'athées, reprit le père Alexis avec chaleur; non, il n'y en a pas ! Il est des temps de recherche et de travail philosophique, où les hommes, dégoûtés des erreurs du passé, cherchent une nouvelle route vers la vérité. Alors ils errent sur des sentiers inconnus. Les uns, dans leur lassitude, s'asseyent et se livrent au désespoir. Qu'est-ce que ce désespoir, sinon un cri d'amour vers cette Divinité qui se voile à leurs yeux fatigués? D'autres s'avancent vers toutes les cimes avec une précipitation ardente, et, dans leur présomption naïve, s'écrient qu'ils ont atteint le but et qu'on ne peut aller plus loin. Qu'est-ce que cette présomption, qu'est-ce que cet aveuglement, sinon un désir inquiet et une impatience immodérée d'embrasser la Divinité? Non, ces athées, dont on vante avec raison la grandeur intellectuelle, sont des âmes profondément religieuses, qui se fatiguent ou qui se trompent dans leur essor vers le ciel. Si, à leur suite, on voit se traîner des âmes basses et perverses, qui invoquent le néant, le hasard, la nature brutale, pour justifier leurs vices honteux et leurs grossiers penchants, c'est encore là un hommage rendu à la majesté de Dieu. Pour se dispenser de tendre vers l'idéal, et de soutenir par le travail et la vertu la dignité humaine, la créature est forcée de nier l'idéal. Mais, si son cœur intérieur ne troublait pas l'ignoble repos de sa dégradation, elle ne se donnerait pas tant de peine pour rejeter l'existence d'un juge suprême. Quand les philosophes de ce siècle ont invoqué la Providence, la nature, les lois de la création, ils n'ont pas cessé d'invoquer le vrai Dieu sous ces noms nouveaux. En se réfugiant dans le sein d'une Providence universelle et d'une nature inépuisablement généreuse, ils ont protesté contre les anathèmes que les sectes farouches se lançaient l'une à l'autre, contre les monstruosités de l'inquisition, contre l'intolérance et le despotisme. Lorsque Voltaire, à la vue d'une nuit étoilée, proclamait le grand horloger céleste; lorsque Rousseau conduisait son élève au sommet d'une montagne pour lui révéler la première notion du Créateur au lever du soleil, quoique ce fussent là des preuves incomplètes et des vues étroites, en comparaison de ce que l'avenir réserve aux hommes de preuves éclatantes et d'infaillibles certitudes, c'étaient du moins des cris de l'âme élevés vers ce Dieu que toutes les générations humaines ont proclamé sous des noms divers et adoré sous différents symboles.

— Mais ces preuves éclatantes, mais cette certitude, lui dis-je, où les puiserons-nous, si nous rejetons la révélation, et si le sens intérieur ne nous suffit pas?

— Nous ne rejetons pas la révélation, reprit-il vivement, et le sens intérieur nous suffit jusqu'à un certain point ; mais nous y joignons d'autres preuves encore : le passé, le témoignage de l'humanité tout entière; quant au présent, l'adhésion de toutes les consciences pures au culte de la Divinité, et la voix éloquente de notre propre cœur.

— Si je vous entends bien, repris-je, vous acceptez de la révélation ce qu'elle a d'éternellement divin, les grandes notions sur la Divinité et l'immortalité, les préceptes de vertu et le devoir qui en découlent.

— L'homme, répondit-il, arrache au ciel même la connaissance de l'idéal, et la conquête des vérités sublimes qui y conduisent est un pacte, un hyménée entre l'intelligence humaine qui cherche, aspire et demande, et l'intelligence divine qui, elle aussi, cherche le cœur de l'homme, aspire à s'y répandre, et consent à y régner. Nous reconnaissons donc des maîtres, de quelque nom qu'on ait voulu les appeler. Héros, demi-dieux, philosophes, saints ou prophètes, nous pouvons nous incliner devant ces pères et ces docteurs de l'humanité. Nous pouvons adorer chez l'homme investi d'une haute science et d'une haute vertu un reflet splendide de la Divinité. O Christ! un temps viendra où l'on t'élèvera de nouveaux autels, plus dignes de toi, en te restituant ta véritable grandeur, celle d'avoir été vraiment le fils de la femme et

le sauveur, c'est-à-dire l'ami de l'humanité, le prophète de l'idéal.
— Et le successeur de Platon, ajoutai-je.
— Comme Platon fut celui des autres révélateurs que nous vénérons, et dont nous sommes les disciples.
« Oui, poursuivit Alexis après une pause, comme pour me donner le temps de peser ses paroles, nous sommes les disciples de ces révélateurs, mais nous sommes leurs libres disciples. Nous avons le droit de les examiner, de les commenter, de les discuter, de les redresser même ; car, s'ils participent par leur génie de l'infaillibilité de Dieu, ils participent par leur nature de l'impuissance de la raison humaine. Il est donc non-seulement dans notre privilège, mais dans notre devoir comme dans notre destinée, de les expliquer et d'aider à la continuation de leurs travaux.
— Nous, mon père ! m'écriai-je avec effroi ; mais quel est donc notre mandat ?
— C'est d'être venus après eux. Dieu veut que nous marchions ; et, s'il fait lever des prophètes au milieu du cours des âges, c'est pour pousser les générations devant eux, comme il convient à des hommes, et non pour les enchaîner à leur suite, comme il appartient à de vils troupeaux. Quand Jésus guérit le paralytique, il ne lui dit pas : « Prosterne-toi, et suis-moi. » Il lui dit : « Lève-toi, et marche. »
— Mais où irons-nous, mon père ?
— Nous irons vers l'avenir ; nous irons, pleins du passé et remplissant nos jours présents par l'étude, la méditation et un continuel effort vers la perfection. Avec du courage et de l'humilité, en puisant dans la contemplation de l'idéal la volonté et la force, en cherchant dans la prière l'enthousiasme et la confiance, nous obtiendrons que Dieu nous éclaire et nous aide à instruire les hommes, chacun de nous selon ses forces... Les miennes sont épuisées, mon enfant. Je n'ai pas fait ce que j'aurais pu faire si je n'eusse pas été élevé dans le catholicisme. Je t'ai raconté ce qu'il m'a fallu de temps et de peines pour arriver à proclamer sur le bord de ma tombe ce seul mot : « Je suis libre ! »
— Mais ce mot en dit beaucoup, mon père ! m'écriai-je. Dans votre bouche il est tout puissant sur moi, et c'est de votre bouche seule que j'ai pu l'entendre sans méfiance et sans trouble. Peut-être, sans un mot de vous, toute ma vie eût été livrée à l'erreur. Que j'eusse continué mes jours dans ce cloître, il est probable que j'y eusse vécu courbé et abruti sous le joug du fanatisme. Que j'eusse vécu dans le tumulte du monde, il est possible que je me fusse laissé égarer par les passions humaines et les maximes de l'impiété. Grâce à vous, j'attends mon sort de pied ferme. Il me semble que je ne peux plus succomber aux dangers de l'athéisme, et je sens que j'ai secoué pour toujours les liens de la superstition.
— Et si ce mot de ma bouche, dit Alexis, profondément ému, est le seul bien que j'ai pu faire en ce monde, ces mots de la tienne sont une récompense suffisante. Je ne mourrai donc pas sans avoir vécu, car le but de la vie est de transmettre la vie. J'ai toujours pensé que le célibat était un état sublime, mais tout à fait exceptionnel, parce qu'il entraînait des devoirs immenses. Je pense encore que celui qui se refuse à donner la vie physique à des êtres de son espèce doit donner en revanche, par ses travaux et ses lumières, la vie intellectuelle au grand nombre de ses semblables. C'est pour cela que je révère la féconde virginité du Christ. Mais, lorsque, après avoir nourri dans ma jeunesse des espérances orgueilleuses de science et de vertu, je me suis vu courbé sous les années et les mains vides de bonnes œuvres, je me suis affligé et repenti d'avoir embrassé un état à la hauteur duquel je n'avais pas su m'élever. Aujourd'hui je vois que je ne tomberai pas de l'arbre comme un fruit stérile. La semence de vie a fécondé ton âme. J'ai un fils, un enfant plus précieux qu'un fruit de mes entrailles ; j'ai un fils de mon intelligence.
— Et de ton cœur, lui dis-je en pliant les deux genoux devant lui ; car tu as un grand cœur, ô père Alexis ! un cœur plus grand encore que ton intelligence ! Et quand tu t'écries : « Je suis libre ! » cette parole puissante implique celle-ci : « J'aime et je crois. »
— J'aime, je crois et j'espère, tu l'as dit ! répondit-il avec attendrissement ; s'il en était autrement, je ne serais pas libre. La brute, au fond des forêts, ne connaît point de lois, et pourtant elle est esclave ; car elle ne sait ni le prix, ni la dignité, ni l'usage de sa liberté. L'homme privé d'idéal est l'esclave de lui-même, de ses instincts matériels, de ses passions farouches, tyrans plus absolus, maîtres plus fantasques que tous ceux qu'il a renversés avant de tomber sous l'empire de la fatalité. »

Nous causâmes ainsi longtemps encore. Il m'entretint des grands mystères de la foi pythagoricienne, platonicienne et chrétienne, qu'il disait être un même dogme continué et modifié, et dont l'essence lui semblait le fond de la vérité éternelle ; vérité progressive, disait-il, en ce sens qu'elle était enveloppée encore de nuages épais, et qu'il appartenait à l'intelligence humaine de déchirer ces voiles un à un, jusqu'au dernier. Il s'efforça de rassembler tous les éléments sur lesquels il basait sa foi en un *Dieu-Perfection* : c'est ainsi qu'il l'appelait. Il disait : 1° que la grandeur et la beauté de l'univers accessible aux calculs et aux observations de la science humaine, nous montraient dans le Créateur l'ordre, la sagesse et la science omnipotente ; 2° que le besoin qu'éprouvent les hommes de se former en société et d'établir entre eux des rapports de sympathie, de religion commune et de protection mutuelle, prouvait, dans le législateur universel, l'esprit de souveraine justice ; 3° que les élans continuels du cœur de l'homme vers l'idéal prouvaient l'amour infini du père des hommes répandu à grands flots sur la grande famille humaine, et manifesté à chaque âme en particulier dans le sanctuaire de sa conscience. De là il concluait pour l'homme trois sortes de devoirs. Le premier, appliqué à la nature extérieure : devoir de s'instruire dans les sciences, afin de modifier et de perfectionner autour de lui le monde physique. Le second, appliqué à la vie sociale : devoir de respecter ou d'établir des institutions librement acceptées par la famille humaine et favorables à son développement. Le troisième, applicable à la vie intérieure de l'individu : devoir de se perfectionner soi-même en vue de la perfection divine, et de chercher sans cesse pour soi et pour les autres les voies de la vérité, de la sagesse et de la vertu.

Ces entretiens et ces enseignements furent au moins aussi longs que le récit qui les avait amenés. Ils durèrent plusieurs jours, et nous absorbèrent tellement l'un et l'autre que nous prenions à peine le temps de dormir. Mon maître semblait avoir recouvré, pour m'instruire, une force virile. Il ne songeait plus à ses souffrances et me faisait oublier à moi-même ; il me lisait son livre et me l'expliquait à mesure. C'était un livre étrange, plein d'une grandeur et d'une simplicité sublimes. Il n'avait pas affecté une forme méthodique ; il avouait n'avoir pas eu le temps de se résumer, et avoir plutôt écrit, comme Montaigne, au jour le jour, une suite d'essais, où il avait exprimé naïvement tantôt les élans religieux, tantôt les accès de tristesse et de découragement sous l'empire desquels il s'était trouvé.

« J'ai senti, me disait-il, que je n'étais plus capable d'écrire un grand ouvrage pour mes contemporains, tel que je l'avais rêvé dans mes jours de noble, mais aveugle ambition. Alors, conformant ma manière à l'humilité de ma position, et mes espérances à la faiblesse de mon être, j'ai songé à répandre mon cœur tout entier sur ces pages intimes, afin de former un disciple qui, ayant bien compris les désirs et les besoins de l'âme humaine, consacrât son intelligence à chercher le soulagement et la satisfaction de ses désirs et de ses besoins, dont tôt ou tard, après les agitations politiques, tous les hommes sentiront l'importance. Expression véritable de la triste époque où le sort m'a jeté, je ne puis qu'élever un cri de détresse afin qu'on me rende ce qu'on m'a ôté : une foi, un dogme et un culte. Je sens bien que nul encore ne peut me répondre et que je vais mourir hors du temple,

C'est ainsi qu'il parlait... (Page 54.)

plein de trouble et de frayeur, n'emportant pour tout mérite, aux pieds du juge suprême, que le combat opiniâtre de mes sentiments religieux contre l'action dissolvante d'un siècle sans religion. Mais j'espère, et mon désespoir même enfante chez moi des espérances nouvelles; car, plus je souffre de mon ignorance, plus j'ai horreur du néant, et plus je sens que mon âme a des droits sacrés sur cet héritage céleste dont elle a l'insatiable désir... »

C'était la troisième nuit de cet entretien, et, malgré l'intérêt puissant qui m'y enchaînait, je fus tout à coup saisi d'un tel accablement, que je m'assoupis auprès du lit de mon maître tandis qu'il parlait encore, d'une voix affaiblie, au milieu des ténèbres; car toute l'huile de la lampe était consumée, et le jour ne paraissait point encore. Au bout de quelques instants, je m'éveillai; Alexis faisait entendre encore des sons inarticulés et semblait se parler à lui-même. Je fis d'incroyables efforts pour l'écouter et pour résister au sommeil; ses paroles étaient inintelligibles, et, la fatigue l'emportant, je m'endormis de nouveau, la tête appuyée sur le bord de son lit. Alors, dans mon sommeil, j'entendis une voix pleine de douceur et d'harmonie qui semblait continuer les discours de mon maître, et je l'écoutais sans m'éveiller et sans la comprendre. Enfin, je sentis comme un souffle rafraîchissant qui courait dans mes cheveux, et la voix me dit : « *Angel, Angel, l'heure est venue.* » Je m'imaginai que mon maître expirait, et, faisant un grand effort, je m'éveillai et j'étendis les mains vers lui. Ses mains étaient tièdes, et sa respiration régulière annonçait un paisible repos. Je me levai alors pour rallumer la lampe ; mais je crus sentir le frôlement d'un être d'une nature indéfinissable qui se plaçait devant moi et qui s'opposait à mes mouvements. Je n'eus point peur et je lui dis avec assurance :

« Qui es-tu, et que veux-tu? es-tu celui que nous aimons? as-tu quelque chose à m'ordonner?

— Angel, dit la voix, le manuscrit est sous la pierre, et le cœur de ton maître sera tourmenté tant qu'il n'aura pas accompli la volonté de celui... »

Ici la voix se perdit; je n'entendis plus aucun autre bruit dans la chambre que la respiration égale et faible d'Alexis. J'allumai la lampe, je m'assurai qu'il dormait, que nous étions seuls, que toutes les portes étaient fer-

Il marchait rapidement sur la mer... (Page 55.)

mées ; je m'assis incertain et agité. Puis, au bout de peu d'instants, je pris mon parti, je sortis de la cellule, sans bruit, tenant d'une main ma lampe, de l'autre une barre d'acier que j'enlevai à une des machines de l'observatoire, et je me rendis à l'église.

Comment, moi, si jeune, si timide et si superstitieux jusqu'à ce jour, j'eus tout à coup la volonté et le courage d'entreprendre seul une telle chose, c'est ce que je n'expliquerai pas. Je sais seulement que mon esprit était élevé à sa plus haute puissance en cet instant, soit que je fusse sous l'empire d'une exaltation étrange, soit qu'un pouvoir supérieur à moi agît en moi à mon insu. Ce qu'il y a de certain, c'est que j'attaquai sans trembler la pierre du *Hic est*, et que je l'enlevai sans peine. Je descendis dans le caveau, et je trouvai le cercueil de plomb dans sa niche de marbre noir. M'aidant du levier et de mon couteau, j'en dessoudai sans peine une partie ; je trouvai, à l'endroit de la poitrine où j'avais dirigé mes recherches, des lambeaux de vêtement que je soulevai et qui se roulèrent autour de mes doigts comme des toiles d'araignée. Puis, glissant ma main jusqu'à la place où ce noble cœur avait battu, je sentis sans horreur le froid de ses ossements. Le paquet de parchemin n'étant plus retenu par les plis du vêtement, roula dans le fond du cercueil ; je l'en retirai, et, refermant le sépulcre à la hâte, je retournai auprès d'Alexis et déposai le manuscrit sur ses genoux. Alors, un vertige me saisit, et je faillis perdre connaissance ; mais ma volonté l'emporta encore : car Alexis dépliait le manuscrit d'une main ferme et empressée.

« *Hic est veritas !* » s'écria-t-il en jetant les yeux sur la devise favorite de Spiridion, qui servait d'épigraphe à cet écrit « Angel, que vois-je ? en croirai-je mes yeux ? Tiens, regarde toi-même, il me semble que je suis en proie à une hallucination. »

Je regardai avec lui ; c'était un de ces beaux manuscrits du treizième siècle tracés sur parchemin avec une netteté et une élégance dont l'imprimerie n'approche point ; travail manuel, humble et patient, de quelque moine inconnu ; et ce manuscrit, quelle fut ma surprise, quelle fut la consternation de mon maître Alexis, en voyant que ce n'était pas autre chose que le livre des Évangiles selon l'apôtre saint Jean?

« Nous sommes trompés ! dit Alexis. Il y a eu là une

substitution. Fulgence aura laissé déjouer sa vigilance pendant les funérailles de son maître, ou bien Donatien a surpris le secret de nos entretiens; il a enlevé le livre et mis à la place la parole du Christ sans appel et sans commentaire.

— Attendez, mon père, m'écriai-je après avoir examiné attentivement le manuscrit; ceci est un monument bien rare et bien précieux. Il est de la propre main du célèbre abbé Joachim de Flore, moine cisternien de la Calabre... Sa signature l'atteste.

— Oui, dit Alexis en reprenant le manuscrit et en le regardant avec soin, celui qu'on appelait *l'homme vêtu de lin*, celui qu'on regardait comme un inspiré, comme un prophète, le messie du nouvel Évangile au commencement du treizième siècle! Je ne sais quelle émotion profonde remue mes entrailles à la vue de ces caractères. O chercheur de vérité, j'ai souvent aperçu la trace de tes pas sur mon propre chemin! Mais, regarde, Angel, rien ici ne doit échapper à notre attention; car ce n'est certes pas sans dessein que ce précieux exemplaire a servi de linceul au cœur d'Hébronius; vois-tu ces caractères tracés en plus grosses lettres et avec plus d'élégance que le reste du texte?

— Ils sont aussi marqués d'une couleur particulière, et ce ne sont pas les seuls peut-être. Voyons, mon père! »

Nous feuilletâmes l'Évangile de saint Jean, et nous trouvâmes dans ce chef-d'œuvre calligraphique de l'abbé Joachim, trois passages écrits en caractères plus gros, plus ornés, et d'une autre encre que le reste, comme si le copiste eût voulu arrêter la méditation du commentateur sur ces passages décisifs. Le premier, écrit en lettres d'azur, était celui qui ouvre si magnifiquement l'Évangile de saint Jean.

« LA PAROLE ÉTAIT AU COMMENCEMENT, LA PAROLE ÉTAIT AVEC DIEU, ET CETTE PAROLE ÉTAIT DIEU. TOUTES CHOSES ONT ÉTÉ FAITES PAR ELLE; ET RIEN DE CE QUI A ÉTÉ FAIT N'A ÉTÉ FAIT SANS ELLE. C'EST EN ELLE QU'ÉTAIT LA VIE, ET LA VIE ÉTAIT LA LUMIÈRE DES HOMMES. ET LA LUMIÈRE LUIT DANS LES TÉNÈBRES, ET LES TÉNÈBRES NE L'ONT POINT REÇUE. C'ÉTAIT LA VÉRITABLE LUMIÈRE QUI ÉCLAIRE TOUT HOMME VENANT EN CE MONDE. »

Le second passage était écrit en lettres de pourpre. C'était celui-ci:

« L'HEURE VIENT QUE VOUS N'ADOREREZ LE PÈRE NI SUR CETTE MONTAGNE NI A JÉRUSALEM. L'HEURE VIENT QUE LES VRAIS ADORATEURS ADORERONT LE PÈRE EN ESPRIT ET EN VÉRITÉ. »

Et le troisième, écrit en lettres d'or, était celui-ci:

« C'EST ICI LA VIE ÉTERNELLE DE TE CONNAÎTRE, TOI LE SEUL VRAI DIEU, ET CELUI QUE TU AS ENVOYÉ, JÉSUS LE CHRIST. »

Un quatrième passage était encore signalé à l'attention, mais uniquement par la grosseur des caractères; c'était celui-ci du chapitre X:

« JÉSUS LEUR RÉPONDIT : J'AI FAIT DEVANT VOUS PLUSIEURS BONNES ŒUVRES DE LA PART DE MON PÈRE; POUR LAQUELLE ME LAPIDEZ-VOUS? LES JUIFS LUI RÉPONDIRENT : CE N'EST POINT POUR UNE BONNE ŒUVRE QUE NOUS TE LAPIDONS, MAIS C'EST A CAUSE DE TON BLASPHÈME, C'EST A CAUSE QUE, ÉTANT HOMME, TU TE FAIS DIEU. JÉSUS LEUR RÉPONDIT : N'EST-IL PAS ÉCRIT DANS VOTRE LOI : « *J'ai dit : Vous êtes tous des dieux.* » SI ELLE A APPELÉ DIEUX CEUX A QUI LA PAROLE DE DIEU ÉTAIT ADRESSÉE, ET SI L'ÉCRITURE NE PEUT ÊTRE REJETÉE, DITES-VOUS QUE JE BLASPHÈME, MOI QUE LE PÈRE A SANCTIFIÉ, ET QU'IL A ENVOYÉ DANS LE MONDE, PARCE QUE J'AI DIT : JE SUIS LE FILS DE DIEU? »

« Angel! s'écria Alexis, comment ce passage n'a-t-il pas frappé les chrétiens lorsqu'ils ont conçu l'idée idolâtrique de faire de Jésus-Christ un Dieu Tout-Puissant, un membre de la Trinité divine? Ne s'est-il pas expliqué lui-même sur cette prétendue divinité? n'en a-t-il pas repoussé l'idée comme un blasphème? Oh! oui, il nous l'a dit, cet homme divin! nous sommes tous des dieux, nous sommes tous les enfants de Dieu, dans le sens où saint Jean l'entendait en exposant le dogme au début de son Évangile... « A tous ceux qui ont reçu la parole (le *logos* divin) il a donné le droit d'être faits enfants de Dieu. » Oui, la parole est Dieu; la révélation, c'est Dieu, c'est la vérité divine manifestée, et l'homme est Dieu aussi, en ce sens qu'il est le fils de Dieu, et une manifestation de la Divinité : mais il est une manifestation finie, et Dieu seul est la Trinité infinie. Dieu était en Jésus, le Verbe parlait par Jésus, mais Jésus n'était pas le Verbe.

« Mais nous avons d'autres trésors à examiner et à commenter, Angel; car voici trois manuscrits au lieu d'un. Modère l'ardeur de la curiosité, comme je dompte la mienne. Procédons avec ordre, et passons au second avant de regarder le troisième. L'ordre dans lequel Spiridion a placé ces trois manuscrits sous une même enveloppe doit être sacré pour nous, et signifie incontestablement le progrès, le développement et le complément de sa pensée. »

Nous déroulâmes le second manuscrit. Il n'était ni moins précieux ni moins curieux que le premier. C'était ce livre perdu durant des siècles, inconnu aux générations qui nous séparent de son apparition dans le monde; ce livre poursuivi par l'Université de Paris, toléré d'abord et puis condamné, et livré aux flammes par le saint-siège en 1260 : c'était la fameuse *Introduction à l'Évangile éternel*, écrite de la propre main de l'auteur, le célèbre Jean de Parme, général des Franciscains et disciple de Joachim de Flore. En voyant sous nos yeux ce monument de l'hérésie, nous fûmes saisis, Alexis et moi, d'un frisson involontaire. Cet exemplaire, probablement unique dans le monde, était dans nos mains; et par lui qu'allions-nous apprendre? avec quel étonnement nous en lûmes le sommaire, écrit à la première page :

« La religion a trois époques comme le règne des trois « personnes de la Trinité. Le règne du Père a duré pen-
« dant la loi mosaïque. Le règne du Fils, c'est-à-dire
« la religion chrétienne, ne doit pas durer toujours. Les
« cérémonies et les sacrements dans lesquels cette reli-
« gion s'enveloppe, ne doivent pas être éternels. Il doit
« venir un temps où ces mystères cesseront, et alors
« doit commencer la religion du Saint-Esprit, dans la-
« quelle les hommes n'auront plus besoin de sacre-
« ments, et rendront à l'Être suprême un culte purement
« spirituel. Le règne du Saint-Esprit a été prédit par
« saint Jean, et c'est ce règne qui va succéder à la reli-
« gion chrétienne, comme la religion chrétienne a suc-
« cédé à la loi mosaïque. »

« Quoi! s'écria Alexis, est-ce ainsi qu'il faut entendre le développement des paroles de Jésus à la Samaritaine : *L'heure vient que vous n'adorerez plus le Père ni à Jérusalem ni sur cette montagne, mais que vous l'adorerez en Esprit et en Vérité?* Oui la doctrine de l'Évangile éternel! cette doctrine de liberté, d'égalité et de fraternité qui sépare Grégoire VII de Luther, l'a entendu ainsi. Or, cette époque est bien grande : c'est elle qui, après avoir rempli le monde, féconde encore la pensée de tous les grands hérésiarques, de toutes les sectes persécutées jusqu'à nos jours. Condamné, détruit, cet œuvre vit et se développe dans tous les penseurs qu'il a produits, et des cendres de son bûcher, l'Évangile éternel projette une flamme qui embrase la suite des générations. Wiclef, Jean Huss, Jérôme de Prague, Luther! vous êtes sortis de ce bûcher, vous avez été couvés sous cette cendre glorieuse; et toi-même Bossuet, protestant mal déguisé, le dernier évêque, et toi aussi Spiridion, le dernier apôtre, et nous aussi les derniers moines! Mais quelle était donc la pensée supérieure de Spiridion par rapport à cette révélation du treizième siècle? Le disciple de Luther et de Bossuet s'était-il retourné vers le passé pour embrasser la doctrine d'Amaury, de Joachim de Flore et de Jean de Parme?

— Ouvrez le troisième manuscrit, mon père. Sans doute, il sera la clef des deux autres. »

Le troisième manuscrit était en effet l'œuvre de l'abbé Spiridion, et Alexis, qui avait vu souvent des textes sacrés, copiés de sa main, et restés entre celles de Fulgence, reconnut aussitôt l'authenticité de cet écrit. Il était fort court et se résumait dans ce peu de lignes :

« Jésus (vision adorable) m'est apparu et m'a dit :
« Des quatre évangiles, le plus divin, le moins entaché
« des formes passagères de l'humanité au moment où
« j'ai accompli ma mission, est l'évangile de Jean, de
« celui sur le sein duquel je me suis appuyé durant la
« passion, de celui à qui je recommandai ma mère en
« mourant. Tu ne garderas que cet évangile. Les trois
« autres, écrits en vue de la terre pour le temps où ils
« ont été écrits, pleins de menaces et d'anathèmes, ou
« de réserves sacerdotales dans le sens de l'antique
« mosaïque, seront pour toi comme s'ils n'étaient pas.
« Réponds; m'obéiras-tu?

« Et moi, Spiridion, serviteur de Dieu, j'ai répondu :
« J'obéirai.

« Jésus alors m'a dit : Dans ton passé chrétien, tu
« seras donc de l'école de Jean, tu seras Joannite.

« Et quand Jésus m'eut dit ces paroles, je sentis en moi
« comme une séparation qui se faisait dans tout mon
« être. Je me sentis mourir. Je n'étais plus chrétien;
« mais bientôt je me sentis renaître, et j'étais plus chré-
« tien que jamais. Car le christianisme m'était révélé,
« et j'entendis une voix qui disait à mes oreilles ce verset
« du dix-septième chapitre de *l'unique* évangile : *C'est*
« *ici la vie éternelle de te connaître, toi, le seul vrai*
« *Dieu, et celui que tu as envoyé, Jésus le Christ.*

» Alors Jésus me dit :

« Tu recueilleras à travers les siècles la tradition de
« ton école.

« Et je pensai à tout ce que j'avais lu autrefois sur l'é-
« cole de saint Jean, et ceux que j'avais si souvent appelés
« des *hérétiques* m'apparurent comme de vrais vivants.

« Jésus ajouta :

« Mais tu effaceras et tu ratureras avec soin les er-
« reurs de l'esprit prophétique, pour ne garder que la
« prophétie.

« La vision avait disparu; mais je la sentais, pour
« ainsi dire, qui se continuait secrètement en moi. Je
« courus à mes livres, et le premier ouvrage qui me
« tomba sous la main fut un manuscrit de l'évangile de
« saint Jean, de la main de Joachim de Flore.

« Le second fut l'*Introduction à l'Évangile éternel*,
« de Jean de Parme.

« Je relus l'évangile de saint Jean en adorant.

« Et je lus l'*Introduction à l'Évangile éternel* en
« souffrant et en gémissant. Quand j'eus fini de le lire,
« tout ce qui m'en resta fut cette phrase :

« *La religion a trois époques, comme les règnes des*
« *trois personnes de la Trinité.*

« Tout le reste avait disparu et était raturé de mon
« esprit. Mais cette phrase brillait devant les yeux de
« mon intelligence, comme un phare éclatant et qui ne
« doit pas s'éteindre.

» Alors Jésus m'apparut de nouveau, et me dit :

« *La religion a trois époques, comme les règnes des*
« *trois personnes de la Trinité.*

« Je répondis : ainsi soit-il!

« Jésus reprit :

« Le christianisme a eu trois époques, et les trois
« époques sont accomplies.

« Et il disparut. Et je vis passer successivement de-
« vant moi (vision adorable) saint Pierre, saint Jean et
« saint Paul.

« Derrière saint Pierre était le grand pape Grégoire VII.

« Derrière saint Jean, Joachim de Flore, le saint Jean
« du treizième siècle.

« Derrière saint Paul était Luther.

« Je m'évanouis. »

Plus loin, après un intervalle, était écrit de la même main :

« Le christianisme devait avoir trois époques, et les
« trois époques sont accomplies. Comme la Trinité divine
« a trois faces, la conception de l'esprit humain a eue
« de la Trinité dans le christianisme devait avoir trois
« faces successives. La première, qui répond à saint
« Pierre, embrasse la période de la création et du déve-
« loppement hiérarchique et militant de l'Église jusqu'à
« Hildebrand, le saint Pierre du onzième siècle; la se-
« conde, qui répond à saint Jean, embrasse la période
« depuis Abeilard jusqu'à Luther; la troisième, qui ré-
« pond à saint Paul, commence à Luther et finit à Bos-
« suet. C'est le règne du libre examen, de la connais-
« sance, comme la période antérieure est celle de l'amour
« et du sentiment, comme celle qui avait précédé est la
« période de la sensation et de l'activité. Là finit le
« christianisme, et là commence l'ère d'une nouvelle
« religion. Ne cherchons donc plus la vérité absolue
« dans l'application littérale des Évangiles, mais dans le
« développement des révélations de toute l'humanité
« antérieure à nous. Le dogme de la Trinité est la reli-
« gion éternelle; la véritable compréhension de ce dogme
« est éternellement progressive. Nous repasserons éter-
« nellement peut-être par ces trois phases de manifes-
« tations de l'activité, de l'amour et de la science, qui
« sont les trois principes de notre essence même, puis-
« que ce sont les trois principes divins que *reçoit chaque*
« *homme venant dans le monde*, à titre de fils de Dieu.
« Et plus nous arriverons à nous manifester simultané-
« ment sous ces trois faces de notre humanité, plus
« nous approcherons de la perfection divine. Hommes
« de l'avenir, c'est à vous qu'il est réservé de réaliser
« cette prophétie, si Dieu est en vous. Ce sera l'œuvre
« d'une nouvelle révélation, d'une nouvelle religion,
« d'une nouvelle société, d'une nouvelle humanité. Cette
« religion n'abjurera pas l'esprit du Christianisme, mais
« elle en dépouillera les formes. Elle sera au Christia-
« nisme ce que la fille est à la mère, lorsque l'une
« penche vers la tombe et que l'autre est en plein dans
« la vie. Cette religion, fille de l'Évangile, ne reniera
« point sa mère, mais elle continuera son œuvre; et ce
« que sa mère n'aura pas compris, elle l'expliquera; ce
« que sa mère n'aura pas osé, elle l'osera; ce que sa
« mère n'aura fait qu'entreprendre, elle l'achèvera. Ceci
« est la véritable prophétie qui est apparue sous un voile
« de deuil au grand Bossuet, à son heure dernière. Tri-
« nité divine, reçois et reprends l'être de celui que tu as
« éclair de ta lumière, embrasé de ton amour, et créé
« de ta substance même, ton serviteur *Spiridion.* »

Alexis replia le manuscrit, le plaça sur sa poitrine, croisa ses mains dessus, et resta plongé dans une méditation profonde. Une grande sérénité régnait sur son front. Je restai à ses côtés immobile, attentif, épiant tous ses mouvements, et cherchant dans l'expression de sa physionomie à comprendre les pensées qui remuaient son âme. Tout à coup je vis de grosses larmes rouler de ses yeux et inonder son visage flétri, comme une pluie bienfaisante sur la terre altérée. « Je suis bien heureux! me dit-il en se jetant dans mon sein. O ma vie! ma triste vie! ce n'était pas trop de tes douleurs et de tes fatigues pour acheter cet ineffable instant de lumière, de certitude et de charité! Charité divine, je te comprends enfin! Logique suprême, tu ne pouvais faillir! Ami Spiridion, tu le savais bien quand tu me disais : Aime et tu comprendras! O ma science frivole! ô mon érudition stérile! vous ne m'avez pas éclairé sur le véritable sens des Écritures! C'est depuis que j'ai compris l'amitié, et par elle la charité, et par la charité l'enthousiasme de la fraternité humaine, que je suis devenu capable de comprendre la parole de Dieu. Angel, laisse-moi ces manuscrits pendant le peu d'heures que j'ai encore à passer près de toi; et, quand je ne serai plus, ne les ensevelis point avec moi. Le temps est venu où la vérité ne doit plus dormir dans les sépulcres, mais agir à la lumière du soleil et remuer le cœur des hommes de bonne volonté. Tu reliras ces Évangiles, mon enfant, et en les commentant, tu rapprendras l'histoire; ton cerveau, qui a rempli de faits, de textes et de formules, est comme un livre qui porte en soi la vie, et qui n'en a pas conscience. C'est ainsi que, durant trente ans, j'avais fait de ma propre intelligence un parchemin. Celui qui a tout lu, tout examiné sans rien comprendre est le pire des ignorants; et celui qui, sans savoir lire, a compris la sagesse divine, est le plus

grand savant de la terre. Maintenant, reçois mes adieux, mon enfant, et apprête-toi à quitter le cloître et à rentrer dans la vie.
— Que dites-vous? m'écriai-je; vous quitter? retourner au monde? Est-ce là votre amitié? sont-ce là vos conseils?
— Tu vois bien, dit-il, que c'en est fait de nous. Nous sommes une race finie, et Spiridion a été, à vrai dire, le dernier moine. O maître infortuné, ajouta-t-il en levant les yeux au ciel, toi aussi tu as bien souffert, et ta souffrance a été ignorée des hommes. Mais Dieu t'a reçu en expiation de tes erreurs sublimes, et il t'a envoyé, à tes derniers instants, l'instinct prophétique qui t'a consolé; car ton grand cœur a dû oublier sa propre souffrance en apercevant l'avenir de la race humaine tourné vers l'idéal. Ainsi donc je suis arrivé au même résultat que toi. Quoique la vie ait été consacrée seulement aux études théologiques, et que la mienne ait embrassé un plus large cercle de connaissances, nous avons trouvé la même conclusion; c'est que le passé est fini et ne doit point entraver l'avenir, c'est que notre chute est aussi nécessaire que l'a été notre existence; c'est que nous ne devons ni renier l'une, ni maudire l'autre. Eh bien, Spiridion, dans l'ombre de ton cloître et dans le secret de tes méditations, tu as été plus grand que ton maître : car celui-ci est mort en jetant un cri de désespoir et en croyant que le monde s'écroulait sur lui; et toi tu t'es endormi dans la paix du Seigneur, rempli d'un divin espoir pour la race humaine. Oh! oui, je t'aime mieux que Bossuet; car tu n'as pas maudit ton siècle, et tu as noblement abjuré une longue suite d'illusions, incertitudes respectables, efforts sublimes d'une âme ardemment éprise de la perfection. Sois béni, sois glorifié : le royaume des cieux appartient à ceux dont l'esprit est vaste et dont le cœur est simple. »

Quand il eut parlé ainsi, il m'imposa les mains et me donna sa bénédiction; puis, se mettant en devoir de se lever :
« Allons, dit-il, tu sais que l'heure est venue.
— Quelle heure donc, lui dis-je, et que voulez-vous faire? Ces paroles ont déjà frappé mon oreille cette nuit, et je croyais avoir été le seul à les entendre. Dites, maître, que signifient-elles?
— Ces paroles, je les ai entendues, me répondit-il; car, pendant que tu descendais dans le tombeau de notre maître, j'avais ici un long entretien avec lui.
— Vous l'avez vu? lui dis-je.
— Je ne l'ai jamais vu la nuit, mais seulement le jour, à la clarté du soleil. Je ne l'ai jamais vu et entendu en même temps : c'est la nuit qu'il me parle, c'est le jour qu'il m'apparaît. Cette nuit, il m'a expliqué ce que nous venons de lire et plus encore; et, s'il t'a ordonné d'exhumer le manuscrit, c'est afin que jamais le doute n'entrât dans ton âme au sujet de ce que les hommes de ce siècle appelleraient nos visions et nos délires.
— Délires célestes, m'écriai-je, et qui me feraient haïr la raison, si la raison pouvait en anéantir l'effet! Mais ne le craignez pas, mon père; je porterai à jamais dans mon cœur la mémoire sacrée de ces jours d'enthousiasme.
— Maintenant, viens! dit Alexis en se mettant à marcher dans sa cellule d'un pas assuré, et en redressant son corps brisé, avec la noblesse et l'aisance d'un jeune homme.
— Eh quoi! Vous marchez! Vous êtes donc guéri! lui dis-je; ceci est un prodige nouveau.
— La volonté est seule un prodige, répondit-il, et c'est la puissance divine qui l'accomplit en nous. Suis-moi, je veux revoir le soleil, les palmiers, les murs de ce monastère, la tombe de Spiridion et de Fulgence; je me sens possédé d'une joie d'enfant; mon âme déborde. Il faut que j'embrasse cette terre de douleurs et d'espérances où les larmes sont fécondes, et que nos genoux fatigués de prières n'ont pas creusée en vain. »

Nous descendîmes pour nous rendre au jardin; mais en passant devant le réfectoire où les moines étaient rassemblés, il s'arrêta un instant, et jeta sur eux un regard de compassion.

En voyant debout devant eux cet Alexis qu'ils croyaient mourant, ils furent saisis d'épouvante, et un des convers qui les servait et qui se trouvait près de la porte, murmura ces mots :
« Les morts ressuscitent, c'est le présage de quelque malheur.
— Oui, sans doute, répondit Alexis en entrant dans le réfectoire par l'effet d'une subite résolution, un grand malheur vous menace. Et parlant à haute voix, avec un visage animé de l'énergie de la jeunesse, et les yeux étincelants du feu de l'inspiration : « Frères, dit-il, quittez la table, n'achevez pas votre pain, déchirez vos robes, abandonnez ces murs que la foudre ébranle déjà, ou bien préparez-vous à mourir! »

Les moines, effrayés et consternés, se levèrent tumultueusement, comme s'ils se fussent attendus à quelque prodige. Le Prieur leur commanda de se rasseoir.
« Ne voyez-vous pas, leur dit-il, que ce vieillard est en proie à un accès de délire? Angel, reconduisez-le à son lit, et ne le laissez plus sortir de sa cellule; je vous le commande.
— Frère, tu n'as plus rien à commander ici, reprit Alexis avec le calme de la force. Tu n'es plus chef, tu n'es plus moine, tu n'es plus rien. Il faut fuir, te dis-je; ton heure et la nôtre à tous est venue. »

Les religieux s'agitèrent encore. Donatien les contint de nouveau, et craignant quelque scène violente :
« Tenez-vous tranquilles, leur dit-il, et laissez-le parler; vous allez voir que ses idées sont troublées par la fièvre.
— O moines! dit Alexis en soupirant, c'est vous dont la fièvre a troublé l'entendement; vous, race jadis sublime, aujourd'hui abjecte; vous qui avez engendré l'esprit tant de docteurs et de prophètes que l'Église a persécutés et condamnés aux flammes! vous qui avez compris l'Évangile et qui avez tenté courageusement de le pratiquer. O vous, disciples de l'Évangile éternel, pères spirituels du grand Amaury, de David de Dinant, de Pierre Valdo, de Ségarel, de Dulcin, d'Éon de l'Étoile, de Pierre de Bruys, de Lollard, de Wiclef, de Jean Huss, de Jérôme de Prague. et enfin de Luther! moines qui avez compris l'égalité, la fraternité, la communauté, la charité et la liberté! moines qui avez proclamé les éternelles vérités que l'avenir doit expliquer et mettre en pratique, et qui maintenant ne produisez plus rien, et ne pouvez plus rien comprendre! C'est assez longtemps vous cacher sous les plis du manteau de saint Pierre, Pierre ne peut plus vous protéger; c'est en vain que vous avez fait votre paix avec les pontifes et votre soumission aux puissants de la terre; les puissants ne peuvent plus rien pour vous. Le règne de l'Évangile éternel arrive, et vous n'êtes plus ses disciples; et au lieu de marcher à la tête des peuples révoltés pour écraser les tyrannies, vous allez être abattus et foudroyés comme les suppôts de la tyrannie. Fuyez, vous dis-je, il vous reste une heure, moins d'une heure! Déchirez vos robes et cachez-vous dans l'épaisseur des bois, dans les cavernes de la montagne; la bannière du vrai Christ est dépliée, et son ombre vous enveloppe déjà.
— Il prophétise! s'écrièrent quelques moines pâles et tremblants.
— Il blasphème, il apostasie! s'écrièrent quelques autres indignés.
— Qu'on l'emmène, qu'on l'enferme! » s'écria le Prieur bouleversé et frémissant de rage.

Nul n'osa cependant porter la main sur Alexis. Il semblait protégé par un ange invisible.

Il prit mon bras, car il trouvait que je ne marchais pas assez vite, et, sortant du réfectoire, il m'entraîna sous les palmiers. Il contempla quelque temps la mer et les montagnes avec délices; puis, se retournant vers le nord, il me dit :
« Ils viennent! ils viennent avec la rapidité de la foudre.
— Qui donc, mon père?
— Les vengeurs terribles de la liberté outragée. Peut-être les représailles sont-elles insensées. Qui peut se sentir investi d'une telle mission, et garder le calme de

A mort ! à mort ! ce fanatique !... (Page 70.)

la justice? Les temps sont mûrs ; il faut que le fruit tombe ; qu'importe quelques brins d'herbe écrasés ?

— Parlez-vous des ennemis de notre pays ?

— Je parle de glaives étincelants dans la main du Dieu des armées. Ils approchent, l'Esprit me l'a révélé, et ce jour est le dernier de mes jours, comme disent les hommes. Mais je ne meurs pas, je ne te quitte pas, Angel, tu le sais.

— Vous allez mourir ? m'écriai-je en m'attachant à son bras avec un effroi insurmontable ; oh ! ne dites pas que vous allez mourir ! Il me semble que je commence à vivre d'aujourd'hui.

— Telle est la loi providentielle de la succession des êtres et des choses, répondit-il. O mon fils, adorons le Dieu de l'infini ! O Spiridion ! je ne te demande pas de m'apparaître en ce jour ; les yeux de mon âme s'ouvrent sur un monde où ta forme humaine n'est pas nécessaire à ma certitude ; tu es avec moi, tu es en moi. Il n'est plus nécessaire que le sable crie sous tes pieds pour que je sache retrouver ton empreinte sur mon chemin. Non ! plus de visions, plus de prestiges, plus de songes extatiques ! Angel, les morts ne quittent pas le sanctuaire de la tombe pour venir, sous une forme sensible, nous instruire ou nous reprendre : mais ils vivent en nous, comme Spiridion le disait à Fulgence, et notre imagination exaltée les ressuscite et les met aux prises avec notre conscience, quand notre conscience incertaine et notre sagesse incomplète rejettent la lumière que nous eussions dû trouver en eux... »

En ce moment, un bruit lointain vint tonner comme un écho affaibli sur la croupe des montagnes, et la mer le répéta au loin d'une voix plus faible encore.

« Qu'est ceci, mon père? demandai-je à Alexis qui écoutait en souriant.

— C'est le canon, répondit-il, c'est le vol de la conquête qui se dirige sur nous. »

Puis il prêta l'oreille, et le canon se faisait entendre régulièrement.

« Ce n'est pas un combat, dit-il, c'est un hymne de victoire. Nous sommes conquis, mon enfant ; il n'y a plus d'Italie. Que ton cœur ne se déchire pas à l'idée d'une patrie perdue. Ce n'est pas d'aujourd'hui que l'Italie n'existe plus ; et ce qui achève de crouler aujourd'hui, c'est l'Église des papes. Ne prions pas pour les vaincus : Dieu sait ce qu'il fait, et les vainqueurs l'ignorent. »

Comme nous rentrions dans l'église, nous fûmes abordés brusquement par le Prieur suivi de quelques moines. La figure de Donatien était décomposée par la peur.

« Savez-vous ce qui se passe ? nous dit-il ; entendez-vous le canon ? on se bat !

— On s'est battu, répondit tranquillement Alexis.

— D'où le savez-vous ? s'écria-t-on de toutes parts ; avez-vous quelque nouvelle ? Pouvez-vous nous apprendre quelque chose ?

— Ce ne sont de ma part que des conjectures, répondit-il tranquillement ; mais je vous conseille de prendre la fuite, ou d'apprêter un grand repas pour les hôtes qui vous arrivent... »

Et aussitôt, sans se laisser interroger davantage, il leur tourna le dos et entra dans l'église. A peine y étions-nous que des cris confus se firent entendre au dehors. C'était comme des chants de triomphe et d'enthousiasme, mêlés d'imprécations et de menaces. Aucun cri, aucune menace ne répondirent à ces voix étrangères. Tout ce que le pays avait d'habitants avait fui devant le vainqueur, comme une volée d'oiseaux timides à l'approche du vautour. C'était un détachement de soldats français envoyés à la maraude. Ils avaient, en errant dans les montagnes, découvert les dômes du couvent, et, fondant sur cette proie, ils avaient traversé les ravins et les torrents avec cette rapidité effrayante qu'on ne voit seulement dans les rêves. Ils s'abattaient sur nous comme une nuée d'orage. En un instant, les portes furent brisées et les cloîtres inondés de soldats ivres qui faisaient retentir les voûtes d'un chant rauque et terrible dont ces mots vinrent, entre autres, frapper distinctement mon oreille :

Liberté, liberté chérie,
Combats avec tes défenseurs !...

J'ignore ce qui se passa dans le couvent. J'entendis, le long des murs extérieurs de l'église, des pas précipités qui semblaient, dans leur fuite pleine d'épouvante, vouloir percer les marbres du pavé. Sans doute, il y eut un grand pillage, des violences, une orgie... Alexis, à genoux sur la pierre du *Hic est*, semblait sourd à tous ces bruits. Absorbé dans ses pensées, il avait l'air d'une statue sur un tombeau.

Tout à coup la porte de la sacristie s'ouvrit avec fracas ; un soldat s'avança avec méfiance ; puis, se croyant seul, il courut à l'autel, força la serrure du tabernacle avec la pointe de sa baïonnette, et commença à cacher précipitamment dans son sac les ostensoirs et les calices d'or et d'argent. Alors Alexis, voyant que j'étais ému, se tourna vers moi et me dit :

« Soumets-toi, l'heure est arrivée ; la Providence, qui me permet de mourir, te commande de vivre. »

En ce moment, d'autres soldats entrèrent et cherchèrent querelle à celui qui les avait devancés. Ils s'injurièrent et se seraient battus si le temps ne leur eût semblé précieux pour dérober d'autres objets, avant l'arrivée d'autres compagnons de pillage. Ils se hâtèrent donc de remplir leurs sacs, leurs shakos et leurs poches de tout ce qu'ils pouvaient emporter. Pour y mieux parvenir, ils se mirent à casser, avec la crosse de leurs fusils, les reliquaires, les croix et les flambeaux. Au milieu de cette destruction qu'Alexis contemplait d'un visage impassible, le christ du maître-autel, détaché de la croix, tomba avec un grand bruit.

« Tiens ! s'écria l'un des soldats, voilà le sans-culotte Jésus qui nous salue ! »

Les autres éclatèrent de rire, et, courant après les morceaux de cette statue, ils virent qu'elle était seulement de bois doré. Alors ils l'écrasèrent sous leurs pieds avec une gaieté méprisante et brutale ; et l'un d'eux, prenant la tête du crucifié, la lança contre les colonnes qui nous protégeaient ; elle vint rouler à nos pieds. Alexis se leva, et plein de foi, il dit :

« O Christ ! on peut briser tes autels, et traîner ton image dans la poussière. Ce n'est pas à toi, Fils de Dieu, que s'adressent ces outrages. Du sein de ton Père, tu les vois sans colère et sans douleur. Tu sais que c'est l'étendard de Rome, l'insigne de l'imposture et de la cupidité, que l'on renverse et que l'on déchire au nom de cette liberté que tu eusses proclamée aujourd'hui le premier, si la volonté céleste t'eût rappelé sur la terre.

— A mort ! à mort ce fanatique qui nous injurie dans sa langue ! s'écria un soldat en s'élançant vers nous le fusil en avant.

— Croisez la baïonnette sur le vieil inquisiteur ! » répondirent les autres en le suivant.

Et l'un d'eux, portant un coup de baïonnette dans la poitrine d'Alexis, s'écria :

« A bas l'inquisition ! »

Alexis se pencha et se retint sur un bras, tandis qu'il étendait l'autre vers moi pour m'empêcher de le défendre. Hélas ! déjà ces insensés s'étaient emparés de moi et me liaient les mains.

« Mon fils, dit Alexis avec la sérénité d'un martyr, nous-mêmes nous ne sommes que des images qu'on brise, parce qu'elles ne représentent plus les idées qui faisaient leur force et leur sainteté. Ceci est l'œuvre de la Providence, et la mission de nos bourreaux est sacrée, bien qu'ils ne la comprennent pas encore ! Cependant, ils l'ont entendu : c'est au nom du *sans-culotte Jésus* qu'ils profanent le sanctuaire de l'église. Ceci est le commencement du règne de l'Évangile éternel prophétisé par nos pères. »

Puis il tomba la face contre terre, et un autre soldat, lui ayant porté un coup sur la tête, la pierre du *Hic est* fut inondée de son sang.

« O Spiridion ! dit-il d'une voix mourante, ta tombe est purifiée ! O Angel ! fais que cette trace de sang soit fécondée ! O Dieu ! je t'aime, fais que les hommes te connaissent !... »

Et il expira. Alors une figure rayonnante apparut auprès de lui, je tombai évanoui.

FIN DE SPIRIDION.

WERTHER

A PROPOS DE LA TRADUCTION DE WERTHER PAR PIERRE LEROUX[1].

C'est une chose infiniment précieuse que le livre d'un homme de génie traduit dans une autre langue par un autre homme de génie. Que ne donnerait-on pas pour lire tous les chefs-d'œuvre étrangers traduits ainsi! C'est lorsque de grands écrivains ne dédaigneront pas une si noble tâche, que nous posséderons véritablement l'esprit des maîtres, et que nous participerons au génie des autres nations.

C'est que, pour traduire une œuvre capitale, il faut la juger, la sentir profondément. Pour le faire d'une manière complète, il faudrait presque être l'égal de celui qui l'a créée. Quelle idée pouvons-nous donc nous former de Shakspeare, de Dante, de Byron ou de Gœthe, si leurs ouvrages nous sont expliqués par des écoliers ou des manœuvres?

Plusieurs traductions de Werther nous avaient passé sous les yeux, et ce livre sublime nous était tombé des mains. Avec grand effort de conscience, et en nous condamnant, pour ainsi dire, à reprendre cette lecture à bâtons rompus, nous avions réussi à nous faire l'idée de cette pure conception et de ce plan admirable ; mais la force, la clarté, la rapidité et la chaude couleur du style nous échappaient absolument. Nous disions avec les autres : C'est peut-être beau en allemand ; mais la beauté du style germanique est apparemment intraduisible ; et ce mélange d'emphase obscure ou de puérile naïveté choque notre goût et rebute l'exigence de notre logique française. Nous sommes donc bien heureux qu'une grande intelligence ait pu consacrer quelque loisir de jeunesse à écrire Werther en bon et beau français ; car nous lui devons une des plus grandes jouissances de notre esprit.

En effet, nous le savons maintenant, Werther est un chef-d'œuvre, et là, comme partout, Gœthe est aussi grand comme écrivain que comme penseur. Quelle netteté, quel mouvement, quelle chaleur dans son expression! Comme il peint à grands traits, comme il raconte avec feu! Comme il est clair, surtout, lui à qui nous nous étions avisé de reprocher d'être diffus, vague et inintelligible! Grâce à Dieu, depuis quelques années, nous avons enfin des traductions très-soignées de ses principaux ouvrages, et le Werther particulièrement est désormais aussi attachant à la lecture, dans notre langue, que si Gœthe l'eût écrit lui-même en français.

La préface de M. Leroux est un morceau d'une trop grande importance philosophique, les questions de fond y sont traitées d'une manière trop complète, pour que nous puissions rien ajouter à son jugement sur la littérature du dix-huitième et du dix-neuvième siècle. Nous nous bornerons à exprimer brièvement notre admiration personnelle pour le roman de Werther, en tant qu'œuvre d'art, et en tant que forme.

Il n'appartient qu'à un génie du premier ordre d'exciter et de satisfaire tant d'intérêt dans un roman qu'on lit en deux heures, et qui laisse une impression de toute la vie. C'est bien là la touche puissante d'un grand artiste, et quel que soit le jugement porté par chaque lecteur sur le personnage de Werther, sur l'injustice de sa révolte contre la destinée, ou sur la douloureuse fatalité qui pèse sur lui, il n'en est pas moins certain que chaque lecteur est vaincu, terrifié et comme brisé avec lui en dévorant ces sombres pages d'une réalité si frappante et d'une si tragique poésie. Est-ce un roman? est-ce un poème? On n'en sait rien, tant cela ressemble à une histoire véritable; tant l'élévation fougueuse des pensées se mêle, se lie, et semble ressortir nécessairement du symbole de la narration naïve et presque trop vraisemblable. Avec quel soin, quel art et quelle facilité apparente cette tragédie domestique est composée dans toutes ses parties! Comme le type de Werther, cet esprit sublime et incomplet, est complétement tracé et soutenu sans défaillance d'un bout à l'autre de son monologue! Cet homme droit et bon ne songe pas à se peindre, il ne pose jamais devant le confident qu'il s'est choisi, et cependant il ne lui parle jamais que de lui-même, ou plutôt de son amour. Il est plongé dans un égoïsme mâle et ingénu qu'on lui pardonne, parce qu'on sent la puissance de ce caractère qui s'ignore et qui succombe faute d'aliments dignes de lui ; parce que, d'ailleurs, ce n'est pas lui, c'est l'objet de son amour qu'il contemple en lui-même ; parce que ses violences et son délire sont l'inévitable résultat des grandes qualités et de l'immense amour comprimés dans son sein. Jamais figure ne fut moins fardée et plus saisissante. Il n'est pas une femme qui ne sente qu'en dépit de toute résistance intérieure et de toute vertu conjugale elle eût aimé Werther.

On a fait, dit-on, d'immenses progrès dans l'art de composer le drame depuis cinquante ans; il est certain que cet art a bien changé, et qu'il y a déjà presque aussi loin de la forme de Werther à celle d'un roman moderne que de la forme d'un mélodrame de notre temps à celle d'une tragédie grecque. Mais est-ce réellement un progrès? Cette action compliquée, que nous cherchons avidement dans les compositions nouvelles, ce besoin insatiable d'émotions factices, de situations embrouillées, d'événements imprévus, précipités, accumulés les uns sur les autres, par lesquels nous voulons, public éteint et gâté que nous sommes, être toujours tenu en haleine ; est-ce là véritablement de l'art, et l'intérêt naît-il réellement d'un si pénible travail? Il nous semble parfois à nous-mêmes, pendant que nous sommes occupés à débrouiller et à pressentir l'énigme savante, que la lecture ou la représentation du drame moderne nous forcent à étudier. Mais cette prodigalité d'incidents, cette habileté de l'auteur à nous surprendre, à nous engager dans son labyrinthe pour nous en tirer à l'improviste par cette porte ou par celle autre, est-ce là la vraie bonne route? Et, sans être ingrats envers les adroits ouvriers qui savent nous agacer, nous contenir, nous amuser et nous étonner ainsi, ne pouvons-nous pas dire que, sans un mot de tout cela, il y a plus que tout cela dans le petit drame à un seul personnage de Werther? Il n'y a pourtant ni surprise ni ruse dans cette composition austère. Il n'y a qu'un seul coup de pistolet, un seul mort, et dès la première page on s'attend à la dernière. Le grand maître n'a songé ni à éprouver votre sagacité, ni à exciter votre impatience, ni à réveiller votre attention. Il vous présente tout d'abord un homme malheureux, qui ne peut se prendre à rien dans la société présente, qui n'est propre qu'à aimer, et qui va aimer tout de suite, passionnément, redoutablement, jusqu'à ce qu'il en meurt. Est-ce donc parce que l'art est à l'état d'enfance à l'époque où le maître compose, qu'il vous livre si complaisamment la clef de son mystère? Non, c'est qu'il sait qu'il a mis là un trésor, et que vous pouvez ouvrir en toute confiance, que vous y serez fasciné, et qu'en nous retirant vous ne vous plaindrez pas d'avoir été appelé à de vaines promesses.

En vérité, nous avons tant abusé de l'imprévu, que bientôt (si ce n'est déjà fait) l'imprévu deviendra impossible. Le lecteur s'exerce tous les jours à deviner l'issue des péripéties sans nombre où on l'enlace, comme il s'exerce à lire couramment les rébus que l'Illustration a mis à la mode. Plus on lui en donne, plus vite il apprend à absorber cette nourriture excitante, qui ne le nourrit pas véritablement. Sa sympathie, disséminée sur un trop grand nombre de personnages, son émotion, trop vite épuisée, dès les premiers événements, n'arrivent pas par la progression naturelle et nécessaire à se concentrer sur une figure principale, sur une situation dominante. L'art moderne en est là dans toutes ses branches, sous tous ses aspects. C'est une richesse sans choix, un luxe sans ordre, un essor sans mesure. La musique instrumentale et vocale, l'art du comédien et du chanteur sont arrivés, comme le reste, à cette prodigalité d'effets qui émousse tout d'abord

---

[1]. Édition Hetzel; in-8° illustré d'eaux-fortes par Tony Johannot.

le sens de l'auditoire et qui neutralise l'effet principal. Assistez à un drame lyrique : l'auteur du poëme, le compositeur, le metteur en scène et les acteurs, sachant qu'ils ont affaire à *un public Louis XIV*, qui craint d'*attendre*, se hâtent, dès les premières scènes, de le saisir tout entier, et souvent ils y réussissent, parce que les talents et l'habilité ne leur manquent certainement pas. Mais c'est bien chose impossible que de s'emparer ainsi de l'homme tout entier pendant tout un soir. L'homme de ce temps-ci, surtout, vous l'avez rendu, à force d'art et à grands frais, tellement irritable et capricieux, que son esprit redoute quelques minutes de digestion comme un supplice intolérable. C'est qu'à la place du cœur, vous avez développé la délicatesse de ses nerfs, et que vous avez mis toutes ses émotions dans ses yeux et dans ses oreilles. Son âme ne s'attache pas à votre sujet, parce que votre sujet n'a pas assez d'ensemble et d'homogénéité. Vous êtes bien forcé de le compliquer ainsi, puisque votre public veut désormais n'avoir pas une minute sans surprise et sans excitation. Ainsi l'acteur, d'accord avec son rôle, donne dès son entrée toute la mesure de sa force, toute l'étendue de ses facultés. Il enfle sa voix, il précipite ses gestes, il s'applique à des minuties de détail, il multiplie ses intentions, il fait des miracles de volonté. Lui aussi, il a la fièvre, ou il feint de l'avoir, pour entretenir la fièvre dans son auditoire. Mais que lui reste-t-il au bout d'une heure de cette puissance factice? Épuisé, il ne peut plus arriver à la véritable émotion qui commanderait l'émotion à son public. On ne donne pas ce qu'on n'a plus. L'artiste dramatique, identifié forcément, d'ailleurs, avec le personnage qu'il représente, est bientôt contraint de retomber dans les mêmes effets déjà employés et de les forcer jusqu'à l'absurde. Ce n'est plus qu'un forcené à qui le souffle manque, qui crie et fausse s'il est à l'Opéra, qui se tord et grimace s'il est sur toute autre scène, qui râle et ne s'exprime plus que par points d'exclamation s'il est figuré seulement dans un livre. Non, non! tout cela n'est pas l'art véritable, c'est l'art qui a fait fausse route; nous le répétons, c'est un gaspillage de merveilleuses facultés, c'est une orgie de puissances dont l'abus est infiniment regrettable.

Mais quoi? faisons-nous la guerre ici aux talents de notre époque? A Dieu ne plaise! Nous leur avons dû, en dépit de cette calamité publique qui pèse sur eux, des moments d'émotion et de transport véritable; car, malgré la mauvaise manière et le faux goût qui dominent une époque, le feu sacré se trahit toujours à de certains moments et reprend tous ses droits dans les intelligences d'élite. Nous ne sommes donc point ingrats parce que nous regrettons de les voir engagés malgré eux dans cette mauvaise voie.

Faisons-nous aussi la guerre au public, au mauvais goût de cette mauvaise époque? Est-ce le public qui a gâté ses artistes, ou les artistes qui ont corrompu leur public? Ce serait une question puérile. Public et artistes ne sont qu'un et sont condamnés à réagir continuellement l'un sur l'autre. La faute en est au siècle tout entier, à l'histoire, s'il est possible de s'exprimer ainsi, aux événements qui nous pressent, à la destruction qui s'est opérée en nous d'anciennes croyances, à l'absence de nouvelles doctrines dans l'art comme dans tout le reste. La richesse règne et domine, mais aucun prestige, fondé sur un droit naturel et sur l'équité des religions, n'accompagne cette richesse aveugle, bornée, vaniteuse, ouvrage plus que jamais du hasard, du désordre et des rapines, ou, ce qui est pis encore, de l'antagonisme barbare qu'on proclame aujourd'hui comme la loi définitive de l'économie sociale. Le luxe est partout, le bien-être nulle part. Le *riche* a étouffé le *beau*. Le moindre café des boulevards est plus chargé de dorures que le boudoir de Marie-Antoinette. Nos maisons, miroitantes de sculptures d'un travail inouï, n'ont plus ni ensemble, ni élégance, ni proportions. Quoi de plus laid et de plus misérable qu'une capitale où la caricature d'un palais vénitien ou arabe s'étale à côté d'une masure, et se pare de l'enseigne d'un perruquier et d'un marchand de vin? L'aspect de la masure serre le cœur, et pourtant l'artiste lui consacrera plus volontiers ses crayons qu'à l'antique palais construit ce matin par des boutiquiers. Le romancier y placera plus volontiers la scène de son poëme, parce qu'au moins elle est ce qu'elle est, cette masure, c'est la vérité laide et triste, mais c'est la vérité. Cette maison prétendue *renaissance* n'est qu'un mensonge, un masque sans expression.

Oh! qu'il serait bien meilleur aller prendre le café sous les tilleuls du village, assis sur le soc de charrue d'où Werther contemple les deux enfants de la paysanne! Que ce valet de ferme, dont il reçoit là les confidences et qui traverse le poëme de son amour d'une manière si dramatique et si saisissante, est un bien autre personnage que tous ceux que nous détaillons si minutieusement des pieds à la tête, sans oublier un bouton d'habit, sans omettre une expression de leur harangue, un geste, un regard, une réticence.

Ce personnage-là est un de ces grands traits que la main d'un maître est seule capable de graver. Et non-seulement il n'est pas nommé, mais encore il ne dit pas lui-même un seul mot; il occupe à peine trois pages du livre. Et cependant quelle place il remplit dans l'âme de Werther, et de quelle influence il s'empare, sans le savoir, sur sa destinée! Détachez cet épisode, et l'épisode ne sera rien par lui-même; mais le poëme est incomplet et la fin de Werther mal motivée. Ce personnage ne se fait-il pas voir et comprendre sans nous rien dire, ne se fait-il pas plaindre et aimer, malgré son crime; ne se fait-il pas absoudre sans plaider sa cause? Werther l'explique, et s'explique lui-même tout entier par ce cri profond du désespoir : « Ah! malheureux, on ne peut te sauver, on ne peut nous sauver ! »

Ainsi travaillent les maîtres, sans qu'on aperçoive leur trame, sans qu'on sente l'effort de leur création. Ils ne songent pas à étonner : ils semblent l'éviter au contraire. Il y a en eux un profond dédain pour tous nos puérils artifices. Ils prennent dans la réalité, dans la convenance et la vraisemblance la plus vulgaire ce qui leur tombe naturellement sous la main, et ils le transforment, ils l'idéalisent sans que leur main paraisse occupée. Il semble qu'il suffise que cela ait été porté un instant dans leur pensée pour prendre vie et durer éternellement. Loin de s'appesantir, comme nous faisons, sur toutes les parties de leur œuvre, ils laissent penser et comprendre ce qu'ils ne disent pas. Il y a, dans la vie d'amour de Werther, une lacune apparente que nous appellerions aujourd'hui lacune d'intérêt; c'est quand il s'éloigne de Charlotte, résolu à l'oublier, et à se jeter dans le tumulte du monde. Pendant plusieurs lettres il n'entretient plus son ami que de choses indifférentes et, en quelque sorte, étrangères au sujet. C'est encore là un trait de génie. Dans ce semblant d'oubli de son amour, on voit profondément la plaie de son cœur, la crainte de nommer celle qu'il aime, ses efforts inutiles pour s'attacher à une autre, pour se distraire, pour s'étourdir. Le dégoût profond que les affaires et le monde lui inspirent sont l'expression muette plus qu'éloquente de la passion qui l'absorbe. Aussi, quand tout d'un coup, à propos d'un incident puéril, il déclare qu'il abandonne toute carrière et qu'il va retrouver Charlotte, le lecteur n'est pas surpris un instant. Il s'écrie avec naïveté : « Je le savais bien, moi, qu'il l'aimait davantage depuis qu'il n'en parlait plus! » L'intérêt ne naît donc pas de la surprise, et ce qui est profondément clair et vrai s'explique de soi-même! Inclinons-nous donc devant les maîtres, quel que soit le goût de nos contemporains, quelque peu de succès qu'obtiendrait un chef-d'œuvre comme Werther, s'il venait à nous pour la première fois, sans l'appui du nom de Gœthe.

La traduction de M. Pierre Leroux n'est pas seulement admirable de style, elle est d'une exactitude parfaite, d'un mot-à-mot scrupuleux. On ne conçoit pas qu'en traduisant un style admirable on ait pu en faire jusqu'ici un style monstrueux. C'est pourtant ce qui était arrivé, et il est assez prouvé, d'ailleurs, que pour ne pas gâter le beau en y touchant, il faut la main d'un homme supérieur.

GEORGE SAND.

www.ingramcontent.com/pod-product-compliance
Lightning Source LLC
Chambersburg PA
CBHW071528160426
43196CB00010B/1703